Artur-Axel Wandtke (Hrsg.)

Medienrecht
Praxishandbuch

Band 4:
Rundfunk- und Presserecht / Veranstaltungsrecht / Schutz von Persönlichkeitsrechten

Medienrecht

Praxishandbuch

Herausgegeben von
Artur-Axel Wandtke

Band 4:
Rundfunk- und Presserecht /
Veranstaltungsrecht / Schutz von Persönlichkeitsrechten

Redaktionelle Bearbeitung:
Dr. Kirsten-Inger Wöhrn

2., neu bearbeitete Auflage

De Gruyter

Herausgeber:
Dr. *Artur-Axel Wandtke*, em. o. Professor der Humboldt-Universität zu Berlin

ISBN 978-3-11-024872-2
e-ISBN 978-3-11-024873-9

Bibliografische Information der Deutschen Nationalbibliothek

Die Deutsche Nationalbibliothek verzeichnet diese Publikation
in der Deutschen Nationalbibliografie; detaillierte bibliografische Daten sind im Internet
über http://dnb.d-nb.de abrufbar.

Datenkonvertierung/Satz: WERKSATZ Schmidt & Schulz GmbH, Gräfenhainichen
Druck: Hubert & Co. GmbH & Co. KG, Göttingen

∞ Gedruckt auf säurefreiem Papier

Printed in Germany

www.degruyter.com

Vorwort

Die Medien spielen für die Unternehmen und für die Nutzer in den Informations- und Kommunikationsprozessen eine immer stärker werdende Rolle. Dem Medienrecht als Gestaltungsmittel kommt dabei sowohl ein kulturelles als auch ein wirtschaftliches Gewicht zu. Die rechtlichen Rahmenbedingungen für die Produktion, Verbreitung und Nutzung von Medienprodukten werden für die Unternehmen und für die Nutzer immer komplexer. Das betrifft zB die Schutzfähigkeit von Medienprodukten genauso wie Werbemaßnahmen und den Schutz von Persönlichkeitsrechten. Mit der vorliegenden Publikation wird der Versuch unternommen, eine systematische und problemorientierte Darstellung der Rechtsfragen auf dem Gebiet des Medienrechts aufzuzeigen. Es werden schwerpunktmäßig in der zweiten Auflage die Rechtsfragen aufgeworfen, die sich vor allem aus der Vermarktung der Medienprodukte zwischen den Unternehmen in der realen und der virtuellen Medienwelt ergeben. Das betrifft die Produktion, Distribution und Konsumtion immaterieller Güter als Medienprodukte (zB Zeitungsartikel, Musikwerke, Computerspiele, Filme) im Internet und die Vermarktung von Persönlichkeitsrechten. Deshalb werden medienrechtliche Grundsätze und Spezifika einzelner Rechtsgebiete erläutert (zB Presse-, Rundfunk-, Werbe-, Wettbewerbs-, Urheber-, Kartell-, Telemedien-, Telekommunikations-, Design-, Marken-, Datenschutz- und Medienstrafrecht) und deren Anwendungsprobleme dargestellt. Da das Medienrecht ein stark expandierendes Rechtsgebiet ist, war es erforderlich, vor allem die neuen höchstrichterlichen Entscheidungen *sowie neuere Literatur* einzuarbeiten. In der zweiten Auflage sind zudem auch neue Rechtsgebiete (Theater- und Sportrecht) aufgenommen *sowie bereits bearbeitete ausgeweitet* worden. Aufgrund des Umfangs des Medienrechts wurde eine fünfbändige Herausgabe desselben als notwendig erachtet. In den einzelnen Bänden werden die spezifischen Rechtsprobleme angesprochen.

Die Publikation wendet sich in erster Linie an Rechtsanwälte, Richter, Staatsanwälte und Juristen in den Unternehmen. Sie gilt aber auch für die Masterausbildung von Rechtsanwälten auf dem Spezialgebiet des Medienrechts.

Im vierten Band werden rechtliche Fragen wie der des Schutzes des Persönlichkeitsrechts von Politikern und Prominenten behandelt. Der Fall des Wettermoderators Kachelmann hat mit aller Deutlichkeit gezeigt, wo die Möglichkeiten und Grenzen des Schutzes des allgemeinen und kommerzialisierten Persönlichkeitsrechts liegen. Ein Schwerpunkt in diesem Band ist der Bildnis- und Jugendschutz, einschließlich des rechtlichen Rahmens der Presse und des Rundfunks. Erstmalig werden auch Rechtskonflikte im Zusammenhang mit Sportveranstaltungen und Theateraufführungen erörtert.

Mein Dank gilt vor allem meiner wissenschaftlichen Mitarbeiterin, Frau Dr. Kirsten-Inger Wöhrn, die mit Engagement das schwierige Publikationsprojekt zu organisieren und redaktionell zu bearbeiten vermochte.

Den Lesern bin ich für kritische Hinweise und Anregungen dankbar.

Berlin, im Juni 2011 Artur-Axel Wandtke

Verzeichnis der Bearbeiter

Rechtsanwältin Dr. **Sabine Boksanyi**, Fachanwältin für Urheber- und Medienrecht, München
Professor Dr. **Oliver Castendyk**, MSc. (LSE), Berlin
Rechtsanwalt Dr. **Ilja Czernik**, Salans, Berlin
Rechtsanwältin Dr. **Claire Dietz**, LL.M. (Fordham University), Linklaters LLP, Berlin
Rechtsanwalt Dr. **Jan Ehrhardt**, Ehrhardt Anwaltssozietät, Berlin
Rechtsanwalt Dr. **Soenke Fock**, LL.M., Fachanwalt für Gewerblichen Rechtsschutz, Wildanger Rechtsanwälte, Düsseldorf
Rechtsanwalt **Alexander Frisch**, LOH Rechtsanwälte, Berlin
Hon. Professor **Hans Joachim von Gottberg**, Freiwillige Selbstkontrolle Fernsehen e.V., Berlin
Rechtsanwalt **Matthias Hartmann**, HK2 Rechtsanwälte, Berlin
Professor Dr. **Bernd Heinrich**, Humboldt-Universität zu Berlin
Dr. **Thomas Tobias Hennig**, LL.M., Georg-August-Universität Göttingen
Rechtsanwalt Dr. **Ulrich Hildebrandt**, Lubberger Lehment, Berlin, Lehrbeauftragter der Heinrich-Heine-Universität, Düsseldorf
Professor Dr. **Thomas Hoeren**, Westfälische Wilhelms-Universität Münster
Rechtsanwalt Dr. **Ole Jani**, CMS Hasche Sigle, Berlin
Rechtsanwalt Dr. **Michael Kauert**, Heither & von Morgen – Partnerschaft von Rechtsanwälten, Berlin
Rechtsanwalt Dr. **Volker Kitz**, LL.M. (New York University), Köln,
Rechtsanwalt Dr. **Alexander R. Klett**, LL.M. (Iowa), Reed Smith LLP, München
Dr. **Gregor Kutzschbach**, Bundesministerium des Innern, Berlin
Rechtsanwältin **Andrea Kyre**, LL.M., Leiterin der Rechtsabteilung Grundy UFA TV Produktions GmbH, Berlin
Rechtsanwalt Dr. **Wolfgang Maaßen**, Justiziar des BFF Bund Freischaffender Foto-Designer, Düsseldorf
Professor Dr. **Ulf Müller**, Fachhochschule Schmalkalden
Dr. **Maja Murza**, LL.M., Justiziarin, Berlin
Rechtsanwältin Dr. **Claudia Ohst**, Berlin, Fachanwältin für Informationstechnologierecht, Justiziarin der BBAW, Lehrbeauftragte der Humboldt-Universität zu Berlin
Rechtsanwalt Dr. **Stephan Ory**, Püttlingen, seit 2001 Lehrbeauftragter der Universität des Saarlandes, Vorsitzender des Medienrates der Landesmedienanstalt Saarland
Rechtsanwalt Dr. **Jan Pohle**, DLA Piper UK LLP, Köln, Lehrbeauftragter der Carl-von-Ossietzky-Universität Oldenburg sowie der Heinrich-Heine-Universität Düsseldorf
Rechtsanwalt Dr. **Cornelius Renner**, LOH Rechtsanwälte, Berlin, Fachanwalt für Gewerblichen Rechtsschutz, Lehrbeauftragter an der Humboldt-Universität zu Berlin
Professor Dr. **Sebastian Schunke**, Professor für privates Wirtschaftsrecht, Hochschule für Wirtschaft und Recht, Berlin
Rechtsanwalt Dr. **Axel von Walter**, München, Fachanwalt für Urheber- und Medienrecht, Lehrbeauftragter an der Ludwig-Maximilians-Universität München
Professor Dr. **Artur-Axel Wandtke**, em. o. Professor der Humboldt-Universität zu Berlin
Rechtsanwalt Dr. **Bernd Weichhaus**, LL.M., Lubberger Lehment, Berlin
Rechtsanwalt Dr. **Marcus von Welser**, LL.M., München, Fachanwalt für Gewerblichen Rechtsschutz, Lehrbeauftragter an der Humboldt-Universität zu Berlin
Rechtsanwältin Dr. **Kirsten-Inger Wöhrn**, Dierks + Bohle Rechtsanwälte, Berlin

Inhaltsübersicht

Abkürzungsverzeichnis

aA	anderer Ansicht
abl	ablehnend
ABl	Amtsblatt der Europäischen Gemeinschaft
Abs	Absatz
abw	abweichend
AbzG	Gesetz betreffend die Abzahlungsgeschäfte (Abzahlungsgesetz)
aE	am Ende
aF	alte Fassung
AfP	Archiv für Presserecht
AG	Amtsgericht; Arbeitsgemeinschaft
AGB	Allgemeine Geschäftsbedingungen
AGC	Automatic Gain Control
AGICOA	Association de Gestion Internationale Collective des Œuvres Audiovisuelles
AIPPI	Association Internationale pour la Protection de la Propriété Industrielle
allg M	allgemeine Meinung
Alt	Alternative
AmtlBegr	Amtliche Begründung
Anm	Anmerkung
AP	Arbeitsrechtliche Praxis (Nachschlagewerk des Bundesarbeitsgerichts)
ArbG	Arbeitsgericht
ArbNErfG	Gesetz über Arbeitnehmererfindungen
ARD	Arbeitsgemeinschaft der öffentlich-rechtlichen Rundfunkanstalten der Bundesrepublik Deutschland
ARGE	Arbeitsgemeinschaft
ASCAP	American Society of Composers, Authors and Publishers (www.ascap.com)
ASCII	American Standard Code for Information Interchange
AuR	Arbeit und Recht
ausdr	ausdrücklich
Az	Aktenzeichen
AVA	Allgemeine Vertragsbestimmungen zum Architektenrecht
BAG	Bundesarbeitsgericht
BAGE	Entscheidungen des Bundesarbeitsgerichts
BayObLG	Bayerisches Oberstes Landesgericht
BB	Betriebs-Berater
BDS	Bund Deutscher Schriftsteller
BdÜ	Bund deutscher Übersetzer
Begr	Begründung
Bek	Bekanntmachung
Beschl	Beschluss
BFH	Bundesfinanzhof
BG	(Schweizerisches) Bundesgericht
BGB	Bürgerliches Gesetzbuch
BGBl	Bundesgesetzblatt
BGH	Bundesgerichtshof
BGHSt	Entscheidungen des Bundesgerichtshofes in Strafsachen
BGHZ	Entscheidungen des Bundesgerichtshofes in Zivilsachen

BIEM	Bureau International gérant les Droits de l'Enrégistrement et de la Reproduction Méchanique
BKartA	Bundeskartellamt
BlPMZ	Blatt für Patent-, Muster- und Zeichenwesen
BMJ	Bundesministerium der Justiz
BNotO	Bundesnotarordnung
BOS(chG)	Bühnenoberschiedsgericht
BPatG	Bundespatentgericht
BR-Drucks	Bundesrats-Drucksache
BRegE	Entwurf der Bundesregierung
BRRG	Beamtenrechtsrahmengesetz
BSHG	Bundessozialhilfegesetz
Bsp	Beispiel
bspw	beispielsweise
BT	Bundestag
BT-Drucks	Bundestags-Drucksache
BuB	Buch und Bibliothek
Buchst	Buchstabe
BVerfG	Bundesverfassungsgericht
BVerfGE	Entscheidungen des Bundesverfassungsgerichts
BVerfGG	Gesetz über das Bundesverfassungsgericht (Bundesverfassungsgerichtsgesetz)
BVerwG	Bundesverwaltungsgericht
bzgl	bezüglich
bzw	beziehungsweise
CGMS	Copy Generation Management System
CIS	Common Information System
CISAC	Confédération Internationale des Sociétés d'Auteurs et Compositeurs
CLIP	European Max Planck Group for Conflict of Laws in Intellectual Property
CMMV	Clearingstelle Multimedia (www.cmmv.de)
CORE	Internet Council of Registrars (www.corenic.org)
CPRM/CPPM	Content Protection for Recordable and Prerecorded Media
CR	Computer und Recht
CRi	Computer und Recht International
CSS	Content Scrambling System
c't	Magazin für computertechnik
DAT	Digital Audio Tape
DB	Der Betrieb
DEFA	Deutsche Film AG (www.defa-stiftung.de)
DENIC	Domain Verwaltungs- und Betriebsgesellschaft eG (www.denic.de)
ders	derselbe
dies	dieselbe(n)
DIN-Mitt	Mitteilungen des Deutschen Instituts für Normung e.V.
Diss	Dissertation
DLR-StV	Staatsvertrag über die Körperschaft des öffentlichen Rechts „Deutschlandradio"
DMCA	Digital Millennium Copyright Act (US-Bundesgesetz)
DOI	Digital Object Identifier
Dok	Dokument
DPMA	Deutsches Patent- und Markenamt
DRiG	Deutsches Richtergesetz
DRM	Digital Rights Management
DStR	Deutsches Steuerrecht

DTCP	Digital Transmission Content Protection
DtZ	Deutsch-Deutsche Rechts-Zeitschrift
DuD	Datenschutz und Datensicherheit
DVB	Digital Video Broadcasting
DVBl	Deutsches Verwaltungsblatt
DVD	Digital Versatile Disc
DZWIR	Deutsche Zeitschrift für Wirtschafts- und Insolvenzrecht
E	Entwurf
ECMS	Electronic Copyright Management System
EG	Europäische Gemeinschaft
EGBGB	Einführungsgesetz zum Bürgerlichen Gesetzbuch
EGV	Vertrag zur Gründung der Europäischen Gemeinschaft
Einf	Einführung
Einl	Einleitung
EIPR	European Intellectual Property Review
ENTLR	Entertainment Law Review
EPA	Europäisches Patentamt
epd-medien	Evangelischer Pressedienst – Medien
EU	Europäische Union
EuFSA	Europäisches Fernsehschutzabkommen
EuG	Europäisches Gericht erster Instanz
EuGH	Europäischer Gerichtshof
EuGV(V)O	Verordnung (EG) Nr. 44/2001 des Rates über die gerichtliche Zuständigkeit und die Anerkennung und Vollstreckung von Entscheidungen in Zivil- und Handelssachen
EuGVÜ	Europäisches Gerichtsstands- und Vollstreckungsübereinkommen
EUPL	European Union Public Licence
EuZW	Europäische Zeitschrift für Wirtschaftsrecht
EV	einstweilige Verfügung
EVertr	Einigungsvertrag
EWG	Europäische Wirtschaftsgemeinschaft, jetzt EG
EWiR	Entscheidungen zum Wirtschaftsrecht
EWS	Europäisches Wirtschafts- und Steuerrecht
f	folgende
FDGewRS	Fachdienst Gewerblicher Rechtsschutz
ff	folgende
FFG	Gesetz über Maßnahmen zur Förderung des deutschen Films (Filmförderungsgesetz)
FIDE	Féderation Internationale pour le droit Européen
FinG	Finanzgericht
Fn	Fußnote
FS	Festschrift
FSK	Freiwillige Selbstkontrolle der deutschen Filmwirtschaft
FuR	Film und Recht
GA	Goltdammer's Archiv für Strafrecht
GATT	General Agreement on Tariffs and Trade
GBl	Gesetzblatt (der DDR)
GebrMG	Gebrauchsmustergesetz
gem	gemäß
GEMA	Gesellschaft für musikalische Aufführungs- und mechanische Vervielfältigungsrechte (www.gema.de)
GeschmMG	Geschmacksmustergesetz

GewStG	Gewerbesteuergesetz
GG	Grundgesetz
ggf, ggfs	gegebenenfalls
gif	Graphic Interchange Format (Format für Bilddateien)
GmbH	Gesellschaft mit beschränkter Haftung
GMBl	Gemeinsames Ministerialblatt
GNU	GNU's Not Unix
GPL	GNU General Public License
GPRS	General Packet Radio Service
grds	grundsätzlich
GRUR	Gewerblicher Rechtsschutz und Urheberrecht
GRUR Int	Gewerblicher Rechtsschutz und Urheberrecht International
GRUR-RR	Gewerblicher Rechtsschutz und Urheberrecht Rechtsprechungs-Report
GrZS	Großer Senat für Zivilsachen
GTA	Genfer Tonträgerabkommen
GÜFA	Gesellschaft zur Übernahme und Wahrnehmung von Filmaufführungsrechten (www.guefa.de)
GVBl	Gesetz- und Verordnungsblatt
GVL	Gesellschaft zur Verwertung von Leistungsschutzrechten (www.gvl.de)
GWB	Gesetz gegen Wettbewerbsbeschränkungen
GWFF	Gesellschaft zur Wahrnehmung von Film- und Fernsehrechten (www.gwff.de)
Halbbd	Halbband
HalblSchG	Gesetz über den Schutz der Topographien von mikroelektronischen Halbleitererzeugnissen (Halbleiterschutzgesetz)
HS	Halbsatz
HauptB	Hauptband
Hdb	Handbuch
HDCP	High-bandwidth Digital Content Protection
hL	herrschende Lehre
hM	herrschende Meinung
Hrsg	Herausgeber
ICANN	Internet Corporation for Assigned Names and Numbers (www.icann.org)
idF	in der Fassung
idR	in der Regel
idS	in diesem Sinne
iE	im Ergebnis
IFPI	International Federation of the Phonographic Industry (www.ifpi.org)
IIC	International Review of Industrial Property and Copyright Law
IMHV	Interessengemeinschaft Musikwissenschaftlicher Herausgeber und Verleger (Gründungsname v. 1.3.1966 der heutigen VG Musikedition)
insb	insbesondere
InstGE	Entscheidungen der Instanzgerichte zum Recht des geistigen Eigentums
IPQ	Intellectual Property Quaterly
IPR	Internationales Privatrecht
IPRax	Praxis des Internationalen Privat- und Verfahrensrechts
ISO	International Standards Organization
iSd	im Sinne des/der
iSv	im Sinne von
IT	Informationstechnologie
ITRB	Der IT-Rechtsberater
ITU	International Telecommunication Union
IuKDG	Informations- und Kommunikationsdienste-Gesetz

IuR	Informatik und Recht
iVm	in Verbindung mit
jpg	Dateinamenerweiterung von Bilddateien im Format JPEG, benannt nach der *J*oint *P*hotographic *E*xperts *G*roup der ITU und der ISO
Jura	Juristische Ausbildung
jurisPR-WettbR	juris PraxisReport Wettbewerbs- und Immaterialgüterrecht
jurisPT-ITR	juris PraxisReport IT-Recht
JurPC	Internet-Zeitschrift für Rechtsinformatik und Informationsrecht
JVEG	Justiz-Vergütungs- und Entschädigungsgesetz
JW	Juristische Wochenschrift
JZ	Juristenzeitung
Kap	Kapitel
KG	Kammergericht; Kommanditgesellschaft
krit	kritisch
KSVG	Gesetz über die Sozialversicherung der selbständigen Künstler und Publizisten (Künstlersozialversicherungsgesetz)
KUG	Gesetz betreffend das Urheberrecht an Werken der bildenden Künste und der Photographie
KUR	Kunstrecht und Urheberrecht
K&R	Kommunikation und Recht
KWG	Kreditwesengesetz
LAG	Landesarbeitsgericht
LAN	Local Area Network
LG	Landgericht; *(in Österreich:)* Landesgericht
LGPL	GNU Lesser General Public License
lit	litera (Buchstabe)
LM	Lindenmaier/Möhring, Nachschlagewerk des Bundesgerichtshofes
LPG	Landespressegesetz
LUG	Gesetz betreffend das Urheberrecht an Werken der Literatur und der Tonkunst
LZ	Leipziger Zeitschrift für Deutsches Recht
MA	Der Markenartikel
MarkenG	Markengesetz
MarkenR	Zeitschrift für deutsches, europäisches und internationales Markenrecht
MDR	Monatsschrift für Deutsches Recht
MDStV	Mediendienste-Staatsvertrag
Mio	Million
MIR	Medien Internet und Recht
Mitt	Mitteilungen (der deutschen Patentanwälte)
MMA	Madrider Markenrechtsabkommen
MMR	Multimedia und Recht, Zeitschrift für Informations-, Telekommunikations- und Medienrecht
mp3	Dateinamenerweiterung für bestimmte mpeg-Tondateien
mpeg	Komprimierungsstandard für digitale Bewegtbilder und Toninformationen, benannt nach der *M*oving *P*ictures *E*xperts *G*roup der ISO
MPL	Mozilla Public License
MR-Int	Medien und Recht international
MünchKommBGB	Münchener Kommentar zum BGB
mwN	mit weiteren Nachweisen
Nachw	Nachweise
nF	neue Fassung

NJ	Neue Justiz
NJW	Neue Juristische Wochenschrift
NJW-RR	NJW-Rechtsprechungs-Report Zivilrecht
NJW-CoR	NJW-Computerreport
NJWE-WettbR	NJW-Entscheidungsdienst Wettbewerbsrecht (jetzt GRUR-RR)
n rkr	nicht rechtskräftig
NV	Normalvertrag
ÖBGBl	Österreichisches Bundesgesetzblatt
ÖBl	Österreichische Blätter für gewerblichen Rechtsschutz und Urheberrecht
ÖSGRUM	Österreichische Schriftenreihe zum Gewerblichen Rechtsschutz, Urheber- und Medienrecht
öUrhG	öst. UrhG
OGH	Oberster Gerichtshof (Wien)
ÖJZ	Österreichische Juristenzeitung
OLG	Oberlandesgericht
OLGZ	Entscheidungen der Oberlandesgerichte in Zivilsachen
OMPI	Organisation Mondiale de la Propriété Intellectuelle
OPAC	Online Public Access Catalogue
OVG	Oberverwaltungsgericht
OWiG	Gesetz über Ordnungswidrigkeiten
PatG	Patentgesetz
PDA	Personal Digital Assistant
pdf	portable document format
PGP	Pretty Good Privacy
php	PHP: Hypertext Preprocessor
PIN	Personal Identification Number
pma	post mortem auctoris
PR	Public Relations
PrPG	Gesetz zur Stärkung des Schutzes des geistigen Eigentums und zur Bekämpfung der Produktpiraterie
PVÜ	Pariser Verbandsübereinkunft zum Schutz des gewerblichen Eigentums
RA	Rom-Abkommen
RabelsZ	Zeitschrift für ausländisches und internationales Privatrecht
RBÜ	Revidierte Berner Übereinkunft zum Schutz von Werken der Literatur und der Kunst
RdA	Recht der Arbeit
RefE	Referentenentwurf
RegE	Regierungsentwurf
RG	Reichsgericht
RGBl	Reichsgesetzblatt
RGSt	Entscheidungen des Reichsgerichts in Strafsachen
RGZ	Entscheidungen des Reichsgerichts in Zivilsachen
RIAA	Recording Industry Association of America
RIDA	Revue Internationale du Droit d'Auteur
RiStBV	Richtlinien für das Strafverfahren und das Bußgeldverfahren
RIW	Recht der Internationalen Wirtschaft
RL	Richtlinie
Rn	Randnummer
Rspr	Rechtsprechung
RzU	E. Schulze (Hg), Rechtsprechung zum Urheberrecht
S	Seite, Satz

s	siehe
SACEM	Société des Auteurs, Compositeurs et Éditeurs de Musique (www.sacem.fr)
SatÜ	Brüsseler Satellitenübereinkommen
SchSt	Schiedsstelle nach dem Gesetz über die Wahrnehmung von Urheberrechten und verwandten Schutzrechten
SCMS	Serial Copyright Management System
SigG	Gesetz zur digitalen Signatur – Signaturgesetz
SJZ	Süddeutsche Juristenzeitung
SMI	Schweizerische Mitteilungen zum Immaterialgüterrecht
so	siehe oben
sog	so genannte(r/s)
SortenSchG	Sortenschutzgesetz
SpuRt	Zeitschrift für Sport und Recht
STAGMA	Staatlich genehmigte Gesellschaft zur Verwertung musikalischer Urheberrechte
StGB	Strafgesetzbuch
StPO	Strafprozessordnung
str	strittig
stRspr	ständige Rechtsprechung
StV	Staatsvertrag
su	siehe unter/unten
TCPA	Trusted Computing Platform Alliance
TDG	Gesetz über die Nutzung von Telediensten (Teledienstegesetz)
TKG	Telekommunikationsdienstegesetz
TKMR	Telekommunikations- & Medienrecht
TMG	Telemediengesetz
TRIPS	WTO-Übereinkommen über handelsbezogene Aspekte der Rechte des geistigen Eigentums
TV	Tarifvertrag
TVG	Tarifvertragsgesetz
Tz	Textziffer
ua	unter anderem
uä	und ähnliches
UFITA	Archiv für Urheber-, Film-, Funk- und Theaterrecht
UMTS	Universal Mobile Telecommunications System
UmwG	Umwandlungsgesetz
URG	Urheberrechtsgesetz (der DDR)
UrhG	Urheberrechtsgesetz
UrhGÄndG	Gesetz zur Änderung des Urheberrechtsgesetzes
Urt	Urteil
UStG	Umsatzsteuergesetz
UWG	Gesetz gegen den unlauteren Wettbewerb in der Fassung vom 3. Juli 2004
Var	Variante
VerlG	Gesetz über das Verlagsrecht
VersG	Versammlungsgesetz
VFF	Verwertungsgesellschaft der Film- und Fernsehproduzenten (www.vffvg.de)
VG	Verwertungsgesellschaft; Verwaltungsgericht
VG Bild-Kunst	Verwertungsgesellschaft Bild-Kunst (www.bildkunst.de)
VGF	Verwertungsgesellschaft für Nutzungsrechte an Filmwerken
vgl	vergleiche
VG Media	Gesellschaft zur Verwertung der Urheber- und Leistungsschutzrechte von Medienunternehmen mbH

VG Musikedition	Verwertungsgesellschaft zur Wahrnehmung von Nutzungsrechten an Editionen (Ausgaben) von Musikwerken (www.vg-musikedition.de)
VG Satellit	Gesellschaft zur Verwertung der Leistungsschutzrechte von Sendeunternehmen
VG WORT	Verwertungsgesellschaft der Wortautoren (www.vgwort.de)
VO	Verordnung
VPRT	Verband Privater Rundfunk und Telemedien
VS	Verband deutscher Schriftsteller
WahrnG	Gesetz über die Wahrnehmung von Urheberrechten und verwandten Schutzrechten
WAN	Wide Area Network
WAP	Wireless Application Protocol
WCT	WIPO Copyright Treaty
WIPO	World Intellectual Property Organization (www.wipo.org)
WM	Wertpapier-Mitteilungen
WPPT	WIPO Performances and Phonograms Treaty
WRP	Wettbewerb in Recht und Praxis
WRV	Weimarer Reichtsverfassung
WTO	World Trade Organization (www.wto.org)
WUA	Welturheberrechtsabkommen
WuW	Wirtschaft und Wettbewerb
XML	Extensible Markup Language
zB	zum Beispiel
ZBR	Zeitschrift für Beamtenrecht
ZBT	Zentralstelle Bibliothekstantieme
ZDF	Zweites Deutsches Fernsehen
ZEuP	Zeitschrift für Europäisches Privatrecht
ZfBR	Zeitschrift für deutsches und internationales Bau- und Vergaberecht
ZFS	Zentralstelle Fotokopieren an Schulen
ZfZ	Zeitschrift für Zölle
ZGR	Zeitschrift für Unternehmens- und Gesellschaftsrecht
ZHR	Zeitschrift für das gesamte Handels- und Wirtschaftsrecht
ZIP	Zeitschrift für Wirtschaftsrecht
zit	zitiert
ZKDSG	Zugangskontrolldiensteschutzgesetz
ZPO	Zivilprozessordnung
ZPÜ	Zentralstelle für private Überspielungsrechte
ZS	Zivilsenat
ZSEG	Gesetz über die Entschädigung von Zeugen und Sachverständigen (Zeugen- und Sachverständigen-Entschädigungsgesetz)
ZSR NF	Zeitschrift für Schweizerisches Recht – Neue Folge
ZUM	Zeitschrift für Urheber- und Medienrecht
ZUM-RD	Rechtsprechungsdienst der ZUM
zust	zustimmend
ZVV	Zentralstelle Videovermietung
ZZP	Zeitschrift für Zivilprozess

Teil 1
Rundfunkrecht und Presserecht

Kapitel 1

Rundfunkrecht

Literatur

Bauer/Ory Recht in Hörfunk und Fernsehen, Loseblatt, Neuwied Dezember 2005; Beck'scher TKG-Kommentar – Telekommunikationsgesetz, 3. Aufl München 2006 (zit BeckTKG-Komm/*Bearbeiter*); *Bullinger* Bedeutungsverlust der Pressefreiheit? AfP-Sonderheft 2007, 21; *Calliess/Ruffert* (Hrsg) EUV-EGV – Kommentar, 3. Aufl München 2006 (zit Calliess/Ruffert/*Bearbeiter*); *von Coelln* Publizistische Vielfaltssicherung – „altes Denken" oder zukunftsträchtiges Postulat?, in Stern/Pfeiffer/Hain (Hrsg), Publizistischer und ökonomischer Wettbewerb unter den Bedingungen der neuen Medienwelt, Schriftenreihe des Instituts für Rundfunkrecht an der Universität zu Köln, Bd 103, Köln 2010 (zit Stern/Pfeiffer/Hain/*von Coelln* Bd 103); *Degenhart* Der Funktionsauftrag des öffentlich-rechtichen Rundfunks in der Digitalen Welt, Heidelberg 2001; *ders* Duale Rundfunkordnung im Wandel AfP-Sonderheft 2007, 24; *ders* Der Funktionsauftrag des öffentlich-rechtlichen Rundfunks in der „Digitalen Welt", Heidelberg 2001; *ders* Online-Angebote öffentlich-rechtlicher Rundfunkanstalten, Frankfurt 1998; *Di Fabio* Medienfreiheit: Kontinuität und Wandel AfP-Sonderheft 2007, 3; *DLM* (Hrsg) Medienrelevante verwandte Märkte in der rundfunkrechtlichen Konzentrationskontrolle, Berlin 2006; *Dörr* Vielfaltssicherung im bundesweiten Fernsehen AfP-Sonderheft 2007, 33; *van Eimeren/Frees* Nutzungsoptionen digitaler Audio- und Videoangebote Media Perspektiven 2009, 349; *Engel* Zuschaueranteile in der publizistischen Konzentrationskontrolle. Grenzwert oder bloß ein Indiz unter vielen? ZUM 2005, 776; *Fiedler* Meinungsfreiheit in einer vernetzten Welt, Baden-Baden 2002; *Flatau* Neue Verbreitungsformen für Fernsehen und ihre rechtliche Einordnung: IPTV aus technischer Sicht ZUM 2007, 1; *Gattringer/Klingler* Radionutzung in Deutschland mit leichten Zuwächsen MP 2010, 442; *Gersdorf* Grundzüge des Rundfunkrechts, München 2003; *ders* Internet über Rundfunkfrequenzen – Vergabe digitaler terrestrischer Rundfunkübertragungskapazitäten an Anbieter von Nicht-Rundfunkdiensten, Berlin 2006; *ders* Der verfassungsrechtliche Rundfunkbegriff im Lichte der Digitalisierung der Telekommunikation, Berlin 1995; *Goldhammer* Vielfalt lässt sich nicht verordnen, aber man kann sie zulassen, München 2005; *Hahn/Vesting* (Hrsg) Rundfunkrecht Kommentar, München 2003 (zit Hahn/Vesting/*Bearbeiter*); *Hain* Die zeitlichen und inhaltlichen Einschränkungen der Telemedienangebote von ARD, ZDF und Deutschlandradio nach dem 12. RÄndStV, Baden-Baden 2009; *Herrmann/Lausen* Rundfunkrecht, 2. Aufl München 2004; *Hesse* Rundfunkrecht, 3. Aufl München 2003; *Heselhaus/Nowak* (Hrsg) Handbuch EU-Grundrechte, München/Wien/Bern 2006 (zit Heselhaus/Nowak/*Bearbeiter*); *Hochstein* Teledienste, Mediendienste und Rundfunkbegriff – Anmerkungen zur praktischen Abgrenzung multimedialer Erscheinungsformen NJW 1997, 2977; *Hoeren/Sieber* (Hrsg) Handbuch Multimediarecht, Loseblatt München November 2010 (zit Hoeren/Sieber/*Bearbeiter*); *Hoffmann-Riem* Regulierung der dualen Rundfunkordnung – Grundfragen, Baden-Baden 2000; *ders* Rundfunkordnung im Aufbruch vom Binnen- zum Außenpluralismus – Anmerkungen zum Entwurf eines schleswig-holsteinischen Landesrundfunkgesetzes MP 1984, 613; *Holznagel* Anreize für die vertikale Verflechtung zwischen Presse und Rundfunk oder wirksame Konzentrationsbegrenzung? – Zur Verfassungsgemäßheit der §§ 33a–33d LMG-E NRW, ZUM 2009, 620; *Jarvis* Was würde Google tun? – Wie man von den Erfolgsstrategien des Internet-Giganten profitiert, München 2009; *Kleist/Scheuer* Audiovisuelle Mediendienste ohne Grenzen MMR 2006, 127; *dies* Neue Regelungen für audiovisuelle Mediendienste MMR 2006, 206; *Koch* Medienkonzentrationsrecht in Deutschland – sind wir auf dem richtigen Weg? AfP 2007, 305; *Kleist/Roßnagel/Scheuer* Wettbewerb beim Netzbetrieb, Schriftenreihe der Landesmedienanstalten, Band 42, Berlin 2010; *Korteweg/McGonagle* Die digitale Dividende: Chancen und Hindernisse, in EAI (Hrsg), Umstellung auf die digitale Dividende, IRIS *plus* 2010-6, Straßburg 2010 (zit EAI/*Korteweg/McGonagle*); *Kull* Realitätsferne und dogmatische Inkonsequenz – Bermerkungen zum 5. Rundfunkurteil des Bundesverfassungsgerichts AfP 1987, 568; *Ladeur* Zur Kooperation von staatlicher Regulierung und Selbstregulierung im Internet ZUM 1997, 372; *ders* Terrestrische Übertragungsformen für digitalen Fernseh- und Hörfunk (DVB-T und DAB-T) – Rechtsprobleme des Bitratenmanagements MMR 1999, 266; *Lenski* Personenbezogene Massenkommunikation als verfassungsrechtliches Problem, Berlin 2007; *Lerche* Aspekte des Schutzbereichs der Rundfunkfreiheit AfP-Sonderheft 2007, 52; *Mailänder* Crossmediale Zusammenschlüsse – eine Herausforderung für die medienrechtliche Konzentrationskontrolle AfP 2007, 297; *Neuberger/Lobigs* Die Bedeutung des Internets im Rahmen der Vielfaltssicherung, – Gutachten für die KEK, Berlin 2010; *Nowosadtko* Frequenzplanungsrecht – Nutzung terrestrischer Rundfunkfrequenzen durch öffentlich-rechtliche Rundfunkanstalten, Baden-Baden 1999; *Oehmichen/Schröter* Alltagswirklichkeit der Onlinenutzung MP 2010, 457, 466; *Ory* Programmveranstalter sind Träger der subjektiven Rundfunkfreiheit ZUM 1998, 484; *ders* Freiheit der Massenkommunikation – Am Beispiel der Programmveranstalter im Kabelpilotprojekt Ludwigshafen, Frankfurt/Bern/New York 1987; *ders* Marktchancen und Meinungsfreiheit ZUM 1987, 427; *ders* Rundfunkgebühr zwischen Staatsfreiheit und Parlamentsvorbehalt AfP 1989, 616; *ders* Das Dilemma mit den Rundfunkgebühren – oder: Prozeduraler Grundrechtsschutz ZUM 1994, 610; *ders* Differenzierte Regelungen für Rundfunk, Mediendienste und Teledienste, in Roßnagel (Hrsg) Neuordnung des Medienrechts Baden-Baden 2005 (zit Roßnagel/*Ory*); *ders* Impressum und Gegendarstellung bei Mediendiensten AfP 1998, 465; *ders* Rechtsfragen des Abonnementfernsehens ZUM 1988, 225; *ders* Internet-Radio: Lizenz für Private, Gebühr für Anstalten? AfP 1997, 845; *ders* Digitaler Hörfunk (DAB) – Eine Herausforderung für das Rundfunkrecht AfP 1994, 18; *ders* Kein Wettbewerb trotz Deregulierung – oder: was macht der Bitratenmanager? in Bauer/Ory (Hrsg) Inhalt gestalten – Technik Nutzen, Beiträge zur Medienentwicklung im vereinten Deutschland, Festschrift für Claus Detjen, Berlin 1996 (zit *Ory* FS Detjen); *ders* Über die Ausübung der Rundfunktätigkeit ZUM 1986, 578; *Ory/Schmittmann* Freie Mitarbeiter in den Medien, München 2002; *ders* Die Zeitung auf dem Bildschirm, in GFU (Hrsg) Kommunikationstechnik, Berlin 1979; *ders* Rundfunk und Presse im Internet AfP 2010, 20; *Papier* Gutachten zur Abgrenzung der Rundfunk- und Pressefreiheit zur Auslegung des Begriffs der „Presseähnlichkeit" und Anwendung des Verbots nicht sendungsbezogener presse ähnlicher Angebote gemäß § 11d Abs 2 Nr 3 HS 3 RStV (unter Berücksichtigung der Frage der Verfassungsmäßigkeit der Regelung und ggf Korrekturnotwendigkeit des Staatsvertrags in Bezug auf programmgestaltende Verbote), München 2010; *Peters* Öffentlich-rechtliche Online-Angebote – Was dürfen die Rundfunkanstalten im Netz?, Baden-Baden 2010; *Potthast* Medienrechtliche Einordnung neuer Angebote über neue Übertragungswege ZUM 2007, 443; *Ricker/Schiwy* Rundfunkverfassungsrecht, München 1997; *Ring* Medienrechtliche Einordnung neuer Angebote über neue Übertragungswege ZUM 2007, 433; *Roßnagel* (Hrsg) Recht der Multimediadienste, Kommentar, Loseblatt Stand April 2005 (zit Roßnagel/*Bearbeiter*); *Roßnagel/Scheuer* Das europäische Medienrecht MMR 2005, 271; *Rupp* „Dienende" Grundrechte, „Bürgergesellschaft", „Drittwirkung" und „Soziale Interdependenz" der Grundrechte JZ 2001, 271; *Schütz/Attendorn/König* Elektronische Kommunikation – Europarechtliche Vorgaben und ihre Umsetzung in Deutschland, München 2003; *Schulz/Held/Kops* Perspektiven der Gewährleistung freier öffentlicher Kommunikation, Baden-Baden 2002; *Schwarz-Schilling* „Pay-TV" – und doch kein Rundfunk! ZUM 1989, 487; *Schwarze* Rundfunk und Fernsehen in der europäischen Gemeinschaft, in Schwarze (Hrsg) Fernsehen ohne Grenzen, Baden-Baden 1985 (zit Schwarze/*Bearbeiter*); *Schweda* Die audiovisuellen Medien im reformierten EG-Rechtsrahmen für elektronische Kommunikation, K&R 2010, 81; *Schwendinger* Gemeinschaftsrechtliche Grenzen öffentlicher Rundfunkfinanzierung, Baden-Baden 2007; *Sjurts* Einfalt trotz Vielfalt in den Medienmärkten: Eine ökonomische Erklärung, in Friedrichsen/Seufert (Hrsg) Effiziente Medienregulierung, Baden-Baden 2004, 71; *Sturm* Bildschirmzeitung und Rundfunkrecht, BDZV-Gutachten, in Ratzke (Hrsg) Die Bildschirmzeitung – Fernlesen statt Fernsehen, Berlin

1977, 94; *Verdenhalven* Grenzenlose Expansion – Die öffentlich-rechtlichen Rundfunkanbieter im Internet, in BDZV, Zeitungen 2002, Berlin 2002, 258; *Vesting* Prozedurales Rundfunkrecht, Baden-Baden 1997; *Weißenborn* Der Zugang des Rundfunks zu seinen Frequenzen, IRIS plus, Ausgabe 2007-2; *Wolff* Folgt auf den dualen Rundfunk eine duale Presse? in BDZV, Zeitungen 2007, Berlin 2007, 96.

Übersicht

1 Das Rundfunkrecht ist vom Ersten Senat des Bundesverfassungsgerichts (BVerfG) geprägt. Die Gesetzgebung hat einen durchaus erheblichen Spielraum, scheut sich jedoch oft, diesen zu nutzen. Denn auf die Betonung des weiten gesetzgeberischen Gestaltungsspielraums erfolgt in Karlsruhe oft das Verdikt des Verfassungsverstoßes, im konkreten Fall gehe der Spielraum dann doch nicht so weit. Die Gebührenfestsetzung für die öffentlich-rechtlichen Rundfunkanstalten im Jahr 2004 und das auf deren Verfassungsbeschwerden hin ergangene zweite Gebührenurteil vom 11.9.2007 ist ein Beispiel hierfür.[1] Das Rundfunkrecht wird in der Wahrnehmung der Akteure am Medienmarkt als hochgradig reguliert, wenig flexibel, den neuen technischen Möglichkeiten nicht gerecht werdend, komplex und föderal zersplittert wahrgenommen. Die Folge ist der Versuch, diesem Regelungsbereich zu entrinnen, was regelmäßig zu fruchtlosen Diskussionen um die Rundfunkdefinition führt.

2 Dieser Beitrag will einen Überblick über die Regelungsabsicht des Rundfunkrechts geben, wie sie vom BVerfG vorgegeben ist. Die Notwendigkeit differenzierter Regelungen wird angesprochen. Die Digitalisierung des Rundfunks hat Fragen aufgeworfen, zu denen das bisherige Rundfunkrecht noch keine schlüssigen Konzepte vorweisen kann. Die nationale Rechtsordnung gerät unter den Druck europäischer Entwicklungen mit völlig andersartigem Verständnis von der Regelungsmaterie. Als Beitrag zu einem Handbuch will der Text nicht eine Zusammenfassung der Lehrbücher[2] des behandelten Rechtsgebietes sein.

§ 1
Rechtsprechung des Bundesverfassungsgerichts

3 Die Rechtsprechung des BVerfG erfolgt vor dem Hintergrund eines Kommunikationsmodells,[3] das die Meinungsbildung und Meinungsäußerung des Individuums, die Meinungsäußerung in der Gesellschaft, die Willensbildung im politischen Raum unter Einschluss der Parteien und so die Legitimation staatlicher Macht in der Demokratie umfasst. Die Möglichkeit des Einzelnen, sich eine Meinung zu bilden, die Aufteilung zwischen gesellschaftlicher Sphäre und staatlichem Bereich und die Mittlerrolle der politischen Parteien bei der Willensbildung des Volkes gehören zum Grundgerüst dieses Modells. Die Rundfunkfreiheit des Art 5 Abs 1 S 2 GG wird daher in ständiger Rechtsprechung als dienende Freiheit[4] verstanden. Im zweiten Gebührenurteil heißt es unter Rückgriff auf eine feststehende Formel: „Die Rundfunkfreiheit dient der freien, individuellen und öffentlichen Meinungsbildung".[5]

4 Der Rundfunk hat in diesem Kommunikationsmodell eine herausragende Stellung, das Verfassungsgericht sieht ihn als das Leitmedium an, eine Formulierung die das BVerfG in der Entscheidung zur Kurzberichterstattung auf das Fernsehen anwendet.[6] Die Besonderheit des Rundfunks wurde in der Rechtsprechung unterschiedlich begründet, was unten unter Rn 10 ff darzulegen sein wird. Wegen der besonderen Rolle des Rundfunks ist sicherzustellen, „dass die Vielfalt der bestehenden Meinungen im

---

[1] BVerfGE 119, 181.
[2] *Gersdorf* Grundzüge des Rundfunkrechts; *Herrmann/Lausen*; *Hesse*.
[3] Vgl *Di Fabio* AfP-Sonderheft 2007, 3.
[4] Zur Kritik *Rupp* JZ 2001, 271.
[5] BVerfGE 119, 181, 241 verweisend auf BVerfGE 57, 295, 319; BVerfGE 73, 118, 152; BVerfGE 107, 299, 332; BVerfGE 114, 371, 386 f.
[6] BVerfGE 97, 228, 257.

Rundfunk in möglichster Breite und Vollständigkeit Ausdruck findet".[7] Dabei handelt es sich um die Meinungen in der Gesellschaft, deren Bereich der Rundfunk zuzuordnen ist, weshalb schon entsprechend der Grundkonstellation des ersten Rundfunkurteils das BVerfG stets vorausgesetzt hat, dass der Staat weder unmittelbar noch mittelbar Einfluss auf den Rundfunk ausübt,[8] was gemeinhin unter dem Stichpunkt der **„Staatsfreiheit"** diskutiert wird.

Die Rundfunkfreiheit wird vom BVerfG als „dienende Freiheit" stark institutionell gewichtet. Die daran geäußerte Kritik und die Vorschläge, eine einheitliche Medienfreiheit im Rahmen des Art 5 Abs 1 GG anzunehmen,[9] sind vom Gericht nicht aufgegriffen worden. Gleichwohl versagt es sich einer auch subjektiven Interpretation der Rundfunkfreiheit nicht. So können sich private Anbieter ab der Antragstellung auf den Schutz der Rundfunkfreiheit berufen.[10] In diesem Sinn strahlt die Rundfunkfreiheit als Schutz der öffentlich-rechtlichen und privaten Veranstalter in andere Rechtsbereiche ein, bspw ist im Arbeitsrecht die Beschäftigung freier Mitarbeiter bei der Gestaltung des Programms wegen der inhaltlichen, auf die Vielfalt bezogenen Abwechslungsbedürfnisse der Programmveranstalter in besonderer Weise zulässig.[11] 5

Die Bestimmung des Schutzbereichs der Rundfunkfreiheit[12] setzt eine Abgrenzung zum Bereich der Telekommunikation (früher: des Fernmeldewesens) auf der einen und der Presse auf der andren Seite voraus. Beides ist nicht konfliktfrei. 6

I. Angrenzung zum Telekommunikationsrecht

Der Bereich der Telekommunikation und des Rundfunks können mit den Argumenten bereits der ersten Rundfunkentscheidung[13] in der Weise abgegrenzt werden, dass zum **Telekommunikationsrecht** die rein technischen Sachverhalte etwa der Frequenznutzung gehören, zum Rundfunkrecht die inhaltsbezogenen Aspekte des programmtragenden Signals gehören. Spätestens die Erkenntnis, dass ein Frequenzmanagement im Bereich des Telekommunikationsrechts Vorgaben für den Rundfunk in tatsächlicher Weise hervorbringt, so dass bestimmte Angebote mangels Frequenz nicht oder nur eingeschränkt möglich sind, zeigt den Konflikt zwischen beiden Rechtsgebieten auf. Da für die Telekommunikation der Bund nach Art 73 Abs 1 Nr 7 GG ausschließlich zuständig ist, für das Rundfunkrecht die Länder (Art 70 Abs 1 GG), führt diese Abgrenzungsfrage zu ganz praktischen Konsequenzen. Aus Sicht des Rundfunks hat das Rundfunkrecht Vorrang und die Telekommunikation eine dienende Funktion. Ein Beispiel aus diesem Problembereich ist unten unter Rn 70 ff abgehandelt. 7

7 BVerfGE 119, 181 (214), BVerfGE 57, 295, 319; BVerfGE 73, 118, 152 f; BVerfGE 90, 60, 88; BVerfGE 114, 371, 387 ff.

8 BVerfGE 12, 205, 263.

9 Vgl *Lenski* 29 ff.

10 BVerfGE 97, 298, 310 f; *Ory* ZUM 1998, 484.

11 BVerfGE 59, 231; zur darauf basierenden Rechtsprechung der Arbeitsgerichte für programmgestaltende Mitarbeiter vgl *Ory/Schmittmann* 13 ff.

12 Vgl hierzu *Lerche* AfP-Sonderheft 2007, 52.

13 BVerfGE 12, 205, 225 ff.

II. Angrenzung zur Pressefreiheit

8 Die Abgrenzung des Schutzbereichs der Rundfunkfreiheit auf der einen und der **Pressefreiheit** auf der anderen Seite ist ebenso umstritten. So reklamieren zB Zeitungsverlage seit den Zeiten der Tests mit Videotext[14] für ihre Online-Angebote den Schutz der Pressefreiheit, nicht der Rundfunkfreiheit.[15] Im Hinblick auf die Eingangs geschilderte Betrachtungsweise, dass das Rundfunkrecht von besonders intensiver Regelungsdichte sei (oben Rn 1), ist dies nachvollziehbar. Jedoch sieht das BVerfG Kommunikationsformen, die Text und Ton miteinander kombinieren und auf neuartigen Verbreitungsformen und -wegen distribuiert werden, im Schutzbereich der Rundfunkfreiheit.[16] Hinzuweisen ist an dieser Stelle im Vorgriff auf die Überlegungen unter Rn 26 ff darauf, dass die Frage des Anwendungsbereichs der Rundfunk- oder der Pressefreiheit noch nichts über die Zulässigkeit differenzierter Regelungen aussagt und damit eine Einordnung hier oder dort noch nichts über die praktischen Folgen des einfachen Gesetzes.

9 Nach der hier vertretenen Auffassung gilt die Rundfunkfreiheit für alle elektronisch an die Allgemeinheit verbreiteten Informationen, die Pressefreiheit für alle in körperlicher Form an die Allgemeinheit verbreiteten Inhalt.[17] Bei der Abgrenzung der Rundfunk- und Pressefreiheit auf verfassungsrechtlicher Ebene gibt es also keine „elektronische Presse" als verfassungsrechtliche Exklave der Pressefreiheit im technischen Lebenssachverhalt des Rundfunks.

III. Die Besonderheit des Rundfunks

1. Die technische und finanzielle Sondersituation

10 Die derart abgegrenzte Rundfunkfreiheit hat für das BVerfG im Rahmen des von ihm zugrunde gelegten Kommunikationsmodells eine herausragende Bedeutung. 1961 war sie durch die „**Sondersituation**" begründet: Eine große Zahl nach ihrer Tendenz, politischen Färbung oder weltanschaulichen Grundhaltung miteinander konkurrierender Programme werde sich nicht realisieren lassen und zwar sowohl aus technischen Gründen als auch mit Rücksicht auf den außergewöhnlich großen finanziellen Aufwand für die Veranstaltung von „Rundfunkdarbietungen".[18] Der Hinweis auf die technischen Besonderheiten meinte die knappen Frequenzressourcen für die seinerzeit notwendigerweise terrestrische Ausstrahlung des Rundfunks.

2. Die „Medium-und-Faktor"-Rechtsprechung

11 Dieser Ansatz war – und ist es im Kern auch heute noch – durch die im Jahr 1961 noch sehr frischen Erfahrungen des Dritten Reichs geprägt. Das erste Rundfunkurteil beinhaltet recht ausführliche historische Bezugnahmen[19] und referiert auch für die Zeit vor 1933 „Versuche, politischen Einfluss auf die Programmgestaltung zu gewinnen".[20] Dies und die seinerzeitigen Erfahrungen mit dem neuen „Massenmedium

---

14 Ratzke/*Sturm* Die Bildschirmzeitung, 94 ff; vgl auch *Degenhart* Online-Angebote öffentlich-rechtlicher Rundfunkanstalten, 49.
15 *Fiedler* 28 ff.
16 BVerfGE 119, 181, 214.
17 Zur Begründung *Ory* Freiheit der Massenkommunikation 168 f.
18 BVerfGE 12, 205, 261.
19 BVerfGE 12, 205, 230 ff.
20 BVerfGE 12, 205, 235.

Rundfunk" führten zur Aussage, der Rundfunk sei mehr als nur „Medium" der öffentlichen Meinungsbildung, er sei ein „eminenter Faktor" der öffentlichen Meinungsbildung.[21] Diese Formulierung zog sich eine lange Zeit durch die Rechtsprechung und Literatur.

Bereits 1961 im ersten Fernsehurteil war also die Besonderheit des Rundfunks doppelt begründet, einmal mit der technischen und finanziellen Sondersituation, ein weiteres Mal mit der Rolle als modernes Massenkommunikationsmittel, durch das **Einfluss auf die öffentliche Meinung** genommen und diese öffentliche Meinung mit gebildet wird.[22] In der folgenden rechtlichen Diskussion wurde ganz überwiegend auf die „Sondersituation" Bezug genommen, denn diese war 1961 vom Gericht als die Besonderheit herausgestellt worden, durch die sich der Rundfunk von der Presse unterscheidet, während er im Hinblick auf die Rolle als Massenkommunikationsmittel und Faktor der öffentlichen Meinungsbildung als „mindestens gleich bedeutsam" mit der Presse angesehen wurde.[23] **12**

3. Die herausgehobene Bedeutung des Rundfunks

Bereits zwanzig Jahre später, in der dritten Rundfunkentscheidung, hat sich das Gericht von der „Sondersituation" verabschiedet: Die Notwendigkeit besonderer Regelungen bestehe auch dann, wenn die durch die Knappheit der Sendefrequenzen und den hohen finanziellen Aufwand für die Veranstaltung von Rundfunkdarbietungen bedingte Sondersituation des Rundfunks im Zuge der modernen Entwicklung entfalle[24]. Dies wird damit begründet, dass „gerade bei einem Medium von der Bedeutung des Rundfunks" die Möglichkeit einer **Konzentration von Meinungsmacht und die Gefahr des Missbrauchs zum Zwecke einseitiger Einflussnahme auf die öffentliche Meinung** ausgeschlossen werden müsse[25]. Bereits hier ist eine Unterscheidung zur Presse argumentativ angelegt. Bei jener habe „die geschichtliche Entwicklung" zu einem Gleichgewicht geführt, weshalb eine umfassende Information und Meinungsbildung durch die Presse grds sichergestellt sei, beim Rundfunk sei dies nicht sicher und wegen der Gefahr, dass einmal eingetretene Fehlentwicklungen – wenn überhaupt – nur bedingt und nur unter erheblichen Schwierigkeiten rückgängig gemacht werden könnten, müsse es bei besonderen Vorkehrungen für den Rundfunk bleiben.[26] **13**

Die Entscheidung des Jahres 2007 hat genau hierauf Bezug genommen und nochmals betont, dass gesetzliche Regelungen zur Ausgestaltung der Rundfunkordnung nicht durch den Wegfall der durch die Knappheit von Sendefrequenzen bedingten Situation entbehrlich geworden sind, was sich im Grundsatz durch die technologischen Neuerungen der letzten Jahre und die dadurch ermöglichte Vermehrung der Übertragungskapazitäten sowie die Entwicklung der Medienmärkte nicht geändert hat.[27] **14**

a) **Breitenwirkung, Aktualität und Suggestivkraft.** Die besondere Bedeutung des Rundfunks hat für das BVerfG drei Elemente, die im Sinne einer Typologie, nicht einer Definition verwendet werden.[28] **15**

---

21 BVerfGE 12, 205, 260.
22 BVerfGE 12, 205, 260.
23 BVerfGE 12, 205, 60 f.
24 BVerfGE 57, 295, 322.
25 BVerfGE 57, 295, 323.
26 BVerfGE 57, 295, 323 f.
27 BVerfGE 119, 181, 214.
28 BVerfGE 119, 181, 214 f.

16 Erstes Element ist die „**Breitenwirkung**“, die sich durch die Reichweite und die Möglichkeit der Beeinflussung großer Bevölkerungsteile ergibt. Hingewiesen wird auf den großen Anteil des Zeitbudgets, den Rezipienten täglich den audiovisuellen Massenmedien widmen. Ein knapper Hinweis auf eine Veröffentlichung zur Dauer des TV-Konsums genügt dem Gericht an dieser Stelle. Diese unter dem Begriff Reichweite zusammenzufassenden Argumente waren stets Anknüpfungspunkt des Rundfunkrechts und letztlich in der medienpolitischen Debatte um die Einführung des Privatfunks das maßgebliche Motiv.[29]

17 Ein weiteres Element für die Bedeutung des „Hör- und Fernsehfunks“ ist seine **Aktualität**, die Möglichkeit, Inhalte schnell, „sogar zeitgleich“ zu übertragen. Das ist wohl das schwächste Argument im vorliegenden Begründungszusammenhang, denn Schnelligkeit ist weder ein Alleinstellungsmerkmal der elektronischen Medien, noch verlieren nicht-aktuelle Angebotsformen den Charakter der Rundfunkdarbietung.

18 Drittes Element der Besonderheit des Rundfunks ist seine „**Suggestivkraft**“. Das ist „insbesondere“ der Anschein hoher Authentizität, die erreicht wird durch die Kombination der Kommunikationsformen Text und Ton. Beim „Fernsehfunk“ werden zusätzlich auch bewegte Bilder genannt. Das ist eine in ihrer Bedeutung nicht zu unterschätzende Akzentverschiebung.[30] In der Diskussion um den Rundfunkbegriff tauchte bislang meist die „Suggestivkraft des Bildes“[31] auf, bis hin zur Frage, wie suggestiv welche bildliche Darstellung sein mag.[32] Das Gericht selbst hat früher[33] die Suggestivkraft ohne Erläuterung verwendet, den Begriff im Jahr 2005 auf „Hörfunk und Fernsehen“ bezogen.[34] So hat auch die Direktorenkonferenz der Landesmedienanstalten (DLM)[35] bei der Suggestivkraft auf die „Kombination von Bewegtbild und Ton“ verwiesen, vor allem bei der Live-Berichterstattung. Die DLM beruft sich darauf, dass Bilder und Bildfolgen manipulierbar seien und Bewegtbilder große dramaturgische Möglichkeiten hätten. Das Gericht weitet in der zweiten Gebührenentscheidung den „Anwendungsbereich“ der Suggestivkraft deutlich aus, ein Bild ist nicht mehr notwendig. Damit rückt der gesamte Online-Bereich in das Blickfeld der Ausgestaltungsaufgabe des Rundfunkgesetzgebers.

19 **b) Das Marktversagen.** Die Mitglieder des Ersten Senates des BVerfG misstrauen dem Markt gründlich.[36] Eine **Steuerung des Verhaltens der Rundfunkveranstalter allein über den Markt gefährde das für die Funktionsweise einer Demokratie besonders wichtige Ziel der inhaltlichen Vielfalt**, schreiben sie in ihrer Entscheidung des Jahres 2007. Insb wegen der Werbefinanzierung setzten sich „wirklichkeitsverzerrende Darstellungen“ durch.[37] Begründet wird dies mit einer Analyse „in der medienökonomischen Literatur“, wobei „statt vieler“ zwei Zitate gebracht werden. Das Gericht bezieht sich zB auf eine Arbeit des Hans-Bredow-Instituts im Auftrag der ARD[38] zu

---

29 *Ory* Freiheit der Massenkommunikation 191.

30 Zutreffend bemerkt *Degenhart*, dass sich die Rundfunk-Rechtsprechung bislang am Fernsehen orientierte AfP-Sonderheft 2007, 24, 25. Die jüngste Rechtsprechung überträgt dies bewusst auf andere mediale Erscheinungsformen jenseits des TV.

31 Vgl Begr zu § 2 MDStV, abgedr bei *Bauer/Ory* Nr 5.2, 3 f.

32 *Hochstein* NJW 1997, 2977.

33 BVerfGE 90, 60, 87.

34 BVerfG ZUM 2006, 130.

35 *Direktorenkonferenz der Landesmedienanstalten* www.alm.de/fileadmin/user_upload/3strukturpapier.pdf 7.

36 Zur früheren Rechtsprechung und der Lage zum Zeitpunkt des Entstehens des Privatfunks *Ory* ZUM 1987, 427.

37 BVerfGE 119, 181, 215 f.

38 *Schulz/Held/Kops* 107 ff.

der Frage, inwieweit bei neuen Kommunikationsdiensten, etwa im Internet, das kommerzielle Angebot ausreiche, um die freie öffentliche und individuelle Meinungsbildung zu sichern, oder ob es hierzu alternativer, nicht-kommerzieller Angebote bedürfe. Die Antwort an die ARD, im Internet reiche das privatwirtschaftliche Angebot nicht aus, wird auf den gesamte Rundfunk übertragen – dabei handelt es sich schon für das Internet um einen nicht unumstrittenen Befund angesichts der aktuellen Sorge von Verlagen und sonstigen Inhalteanbietern vor einem Übergewicht der vom Markt freigestellten Rundfunkanstalten.[39]

Die Aussage, dass die Werbefinanzierung zur Standardisierung des Angebots führe, **20**
wird „statt vieler" mit einer Fundstelle von *Sjurts* belegt.[40] Unerwähnt bleibt an dieser Stelle ihr Fazit, in dem sie „derzeit" eher von publizistischer Einfalt im deutschen Medienmarkt spricht, aber auch ausführt, dass bei genauerer Analyse nicht die Medienunternehmen als primärer Ansatzpunkt für eine Änderung geeignet sind, sondern die Anreize zur Vielfaltssicherung letztlich nur vom Rezipienten ausgehen können, weshalb die Erhöhung der Medienkompetenz notwendig sei.[41]

Während der Erste Senat 1981 den Blick noch auf die Presse und die dort ohne **21**
positive Ordnung geschaffene Vielfalt lenkte,[42] fehlt ein solcher Hinweis in der aktuellen Urteilsbegründung. Und es fehlt die Erörterung, ob die bisherige Regulierung möglicherweise – zumindest zu einem großen Teil – selbst die Ursachen dafür gesetzt hat, dass Anbieter vor allem des Hörfunks mit begrenzter Programmzahl ökonomisch ihr Glück in Mainstream-Formaten suchen und nicht bei kleinen Zielgruppen.[43]

Die Argumentation des Gerichts gibt schließlich keine Antwort darauf, durch wel- **22**
che gesetzgeberische Ausgestaltung des Rundfunks jene Zielgruppe, die die „wirklichkeitsverzerrenden" Darstellungen, die das Gericht zum Anlass der Regulierung nimmt, ausschließlich konsumiert, mit vielfältigen Inhalten erreicht und in den gesellschaftlichen Diskurs eingebunden wird – was ja der Ansatz ist für die zutreffende Schlussfolgerung von *Sjurts*, auf die Stärkung der **Medienkompetenz** komme es an.

c) **Entwicklung der Medienmärkte.** Die Übertragung dieses „analogen" Befundes **23**
in die digitale Welt durch das BVerfG erfolgt im Wesentlichen durch den Satz der Begründung des zweiten Gebührenurteils, dass nämlich diese „Wirkungsmöglichkeiten" zusätzliches Gewicht dadurch gewönnen, dass die neuen Technologien eine Vergrößerung und Ausdifferenzierung des Angebots und der Verbreitungsformen und -wege gebracht hätten und **neuartige programmbezogene Dienstleistungen** möglich wurden.[44] Eigentlich hätte man ja erwartet, dass im Gegenteil die herausgehobene Bedeutung eines einzelnen Angebots des Rundfunks abnimmt, wenn eine Ausdifferenzierung des Angebots stattfindet – und damit der Anlass der Regulierung zurückgeht, früher hieß das „**Außenpluralismus**".[45] Insoweit bleibt die Feststellung des BVerfG, ein ausdifferenziertes Angebot mache Regulierung notwendig, ohne nähere Begründung. Warum eine „Ausdifferenzierung des Angebots" eine Gefahr für die publizistische Vielfalt ist, erschließt sich nicht.

Es werden die Digitalisierung und die „Entwicklung der Medienmärkte" in einem **24**
Abschnitt der Begründung der zweiten Gebührenentscheidung behandelt.[46] Wenn es

39 *Verdenhalven* BDZV, Zeitungen 2002, 258; *Wolff* BDZV, Zeitungen 2007, 96.
40 *Sjurts* 71, 77 ff.
41 *Sjurts* 84.
42 BVerfGE 57, 295, 323.
43 *Goldhammer* 111.
44 BVerfGE 119, 181, 214 f.
45 *Hoffmann-Riem* MP 1984, 613.
46 BVerfGE 119, 181, 216 f, C I 1 lit c.

da um den „**Konzentrationsdruck im Bereich privatwirtschaftlichen Rundfunks**" und um „internationale Finanzinvestoren" geht, ist das bei Lichte gesehen eine Wiederholung des Vorwurfs des Marktversagens und nur sehr bedingt ein eigenständiges Argument. Zutreffend sind die Hinweise des Gerichts auf die Gefahr der Einflussnahmen von Telekommunikationsunternehmen als Betreiber von Plattformen für Rundfunkprogramme und auf die Bedeutung von Navigatoren und elektronischen Programmführern.

25 Ein wenig akzentuierend urteilte – seit langem einmal wieder zum Rundfunk – der zweite Senat des BVerfG. Er pflichtet der vorstehend zitierten Gebührenentscheidung bei, wonach die Anforderungen an die gesetzliche Ausgestaltung der Rundfunkordnung zur Sicherung der Rundfunkfreiheit iSd Art 5 Abs 1 S 2 GG durch die Entwicklung von Kommunikationstechnologie und Medienmärkten nicht überholt sei. Deutlicher heißt es aber, die Erweiterung der Übertragungskapazitäten aufgrund der neueren technischen Entwicklungen sowie die weitreichende Verknüpfung der Medien untereinander, insb auch die Verbreitung von Rundfunkprogrammen über das Internet, stellten den Gesetzgeber vor neue Herausforderungen.[47] Das kann als Auftrag an den Gesetzgeber verstanden werden, jedenfalls aber als Hinweis auf einen größeren Gestaltungsspielraum.

IV. Die positive Ordnung des Rundfunks

26 Das BVerfG sieht also die Notwendigkeit, die Rundfunkfreiheit durch den Gesetzgeber auszugestalten. Die Ausgestaltung ist Aufgabe des Landesgesetzgebers, der einen beachtlichen Ausgestaltungsspielraum vorfindet. Das Ergebnis ist die „**positive Ordnung des Rundfunks**". Diese **Ausgestaltung unterscheidet sich systematisch von der Grundrechtseinschränkung** und ist insb nicht an die Voraussetzung des Art 5 Abs 2 GG gebunden, darf im Ergebnis aber auch nicht zu einer Einschränkung der Rundfunkfreiheit führen.

1. Differenzierte Regelungen im Schutzbereich der Rundfunkordnung

27 Schon im Hinblick auf den seinerzeit in Vorbereitung befindlichen Privatfunk hat das BVerfG 1981 bei der Ausgestaltung der Rundfunkordnung Flexibilität angedeutet. Unter den die „Sondersituation" prägenden Beschränkungen seien „andere Mittel erforderlich" als in der Lage, in der eine solche Beschränkung nicht mehr besteht.[48] Im Jahr 2007 greift die zweite Gebührenentscheidung des BVerfG darauf zurück und betont zugleich den **weiten Gestaltungsspielraum des Gesetzgebers,**[49] der „**Differenzierungen insb nach der Regelungsart und Regelungsdichte**" vornehmen kann.[50] Mit Blick auf die Wesentlichkeitslehre,[51] wonach der Gesetzgeber die für die Freiheitsentfaltung wichtigen Regelungen selbst zu treffen hat, kann argumentiert werden, dass der Gesetzgeber die Ausgestaltung selbst vorzunehmen habe.[52] dies also nicht dem internen Recht der einzelnen Beteiligten überlassen könne. Die Gegenkonzeption ver-

47 BVerfGE 121, 30, 51.
48 BVerfGE 57, 295, 322.
49 BVerfGE 119, 181, 214, Bezug nehmend auf BVerfGE 12, 205, 262 f; BVerfGE 57, 295, 321 f, 325 f; BVerfGE 83, 238, 296, 315 f; BVerfGE 90, 60, 94; BVerfGE 114, 371, 387.
50 Kritik an der Tendenz zur „allgemeinen Medienordnung", die die besondere Pressefreiheit erodiert, bei *M Bullinger* AfP-Sonderheft 2007, 21, 22 f.
51 Vgl BVerfGE 98, 218, 251.
52 So *Ricker/Schiwy* B Rn 166.

weist auf die Komplexität der Regelungsmaterie und propagiert Modelle der Selbststeuerung unter dem Stichwort „**regulierte Selbstregulierung**".[53] Als drittes Element kommen Überlegungen des „**prozeduralen Grundrechtsschutzes**"[54] hinzu, wenn Detailregelungen normativ nicht möglich sind, so dass gesetzlich ein Verfahren ausgeformt und bereitgestellt werden muss, das möglichst die Gewähr dafür bietet, dass die unterschiedlichen Rechtspositionen zum Ausgleich gebracht werden können – dieses Modell kommt bei der Gebührenfestsetzung in den prozeduralen Stufen der Bestimmung des Funktionsauftrags[55] der öffentlichen-rechtlichen Rundfunkanstalten, der auf dieser Basis erstellten Bedarfsanmeldungen der Anstalten, der Nachprüfung durch die Kommission zur Ermittlung des Finanzbedarfs der öffentlich-rechtlichen Rundfunkanstalten (KEF) und der am Ende politischen Verantwortung des Landesgesetzgebers mit der nur eingeschränkten Abweichungsmöglichkeit zum Ausdruck.[56]

2. Gestaltungsspielraum des Gesetzgebers

Die **duale Ordnung eines Nebeneinanders von öffentlich-rechtlichem und privatwirtschaftlichem Rundfunk** ist verfassungsrechtlich nicht vorgegeben, sondern das Ergebnis der politischen Ausschöpfung des dem Gesetzgeber zustehenden Gestaltungsspielraums. Dieses duale System ist Rechtswirklichkeit und als solche vom BVerfG akzeptiert. Das Nebeneinander nutze die durch die verschiedenartigen Strukturen der Veranstalter ermöglichten unterschiedlichen Programmorientierungen als Beitrag zur Sicherung der Breite und Vielfalt des Programmangebots.[57] Dies gilt für das Gericht jedoch nur solange, als der Status quo zwischen den beiden Teilen der dualen Rundfunkordnung unverändert bleibt. Das ist im Ergebnis eine besondere Betonung des öffentlich-rechtlichen Rundfunks und seines Schutzes durch das BVerfG. 28

a) Vorgaben für die Ausgestaltung des öffentlich-rechtlichen Rundfunks. Im zweiten Gebührenurteil des Jahres 2007 ist die „**Grundversorgung**" als Hervorhebung des öffentlich-rechtlichen Rundfunks abhanden gekommen, jedenfalls als Begriff. Wer in der Einleitung zu den Ausführungen über das Nebeneinander öffentlich-rechtlicher und privater Anbieter die von früher bekannten Argumente[58] liest, vermisst den Begriff, zumal es dann mit der alt bekannten „**Bestands- und Entwicklungsgarantie**" weiter geht.[59] Das Gericht spricht durchgehend nur noch vom **Funktionsauftrag**, gelegentlich mit dem Adjektiv „klassisch" versehen. Damit entledigt sich das Gericht der Diskussion, was zum Grundversorgungsauftrag gehört, was Zusatzfunktion ist, ob das eine den Anstalten, das andere den Privaten als Schwerpunkt zugeordnet sei, ob es für das eine einen Finanzgewährleistungsanspruch, für das andere die Möglichkeit der Zusatzfinanzierung gebe. Damit ist zwar das frühere literarische Bemühen um eine Differenzierung zwischen Angeboten innerhalb und jenseits der Grundversorgung überholt, aber immerhin die Auffassung bestätigt, dass sie *als Rechtsbegriff* wenig taugte.[60] 29

Das BVerfG stellte in seiner zweiten Entscheidung zur Rundfunkgebühr an das Programmangebot der öffentlich-rechtlichen Anstalten „normative Erwartungen"[61], 30

---

53 ZB *Ladeur* ZUM 1997, 372.
54 Vgl *Vesting*.
55 Vgl *Degenhart* Der Funktionsauftrag des öffentlich-rechtichen Rundfunks in der Digitalen Welt.
56 BVerfGE 119, 181, 225 ff.
57 BVerfGE 119, 181, 217, C I 2, Bezug nehmend auf BVerfGE 74, 297, 331 f; BVerfGE 114, 371, 387 f.
58 BVerfGE 119, 181, 217 f.
59 BVerfGE 119, 181, 218.
60 *Ory* AfP 1989, 616.
61 BVerfGE 119, 181, 217.

was gesetzliche Vorgaben an die Programminhalte meint. Neu in dieser Form ist der ausdrückliche Auftrag des BVerfG an den Gesetzgeber zur „fortwährenden Überprüfung",[62] ob diese normativen Erwartungen erfüllt werden. Das hat das Gericht zwar nur im Kontext des Einflusses von Werbung und Sponsoring auf die Programme der öffentlich-rechtlichen Anstalten erwähnt. Zugleich hat es aber dem Gesetzgeber ausdrücklich aufgegeben, „Vorsorge dafür zu treffen", dass der öffentlich-rechtliche Rundfunk seine Funktion erfüllen kann. Letzteres versteht sich nicht als bloße Zulässigkeit, sondern als Verpflichtung zum Handeln.

31 **Programmbegrenzungen der Anstalten** sind nach wie vor zulässig.[63] Zulässig ist es insb, die **Funktion des öffentlich-rechtlichen Rundfunks in abstrakter Weise festzulegen.**[64] Die Grenze dieser Ausgestaltung des Funktionsauftrags liefert das Gericht in seiner Entscheidung des Jahres 2007 mit: Die Bestimmung dessen, was die verfassungsrechtlich vorgegebene und gesetzlich näher umschriebene Funktion aus publizistischer Sicht erfordert, steht den Anstalten wegen der **Programmfreiheit** selbst zu. Das bedeutet nun nicht, dass der Gesetzgeber faktisch dann doch nichts unternehmen dürfe. Er muss sich vielmehr hüten, solche Vorgaben zu machen, nach denen die Anstalten nicht mehr von einer Freiheit Gebrauch machten, sondern ein vorgegebenes Programm zu vollziehen hätten. Auch wenn das Gericht hier auf seine frühere Rechtsprechung[65] verweist, wird es in der aktuellen Entscheidung ein Stück weit konkreter und vermeidet insb den Begriff vom „strukturellen Dilemma"[66] aus der ersten Gebührenentscheidung. Abstrakte Vorgaben, die den Rundfunkanstalten den Gebrauch der Programmfreiheit ermöglichen und nicht zum Vollzug eines vorgegebenen Programms führen, sind nämlich vielfältig denkbar. So ist es dem Rundfunkgesetzgeber bspw bei Online-Aktivitäten möglich, Grenzen des Funktionsauftrags entlang der herausgehobenen Bedeutung des Rundfunks zu ziehen. So erscheint es zulässig, den öffentlich-rechtlichen Rundfunk von zu umschreibenden Angebotstypen mit geringer Breitenwirkung auszuschließen.

32 Man würde die zweite Gebührenentscheidung aus dem Jahr 2007 wohl falsch verstehen, wenn man daraus ableiten wollte, dass der Gesetzgeber bei der Ausgestaltung des öffentlich-rechtlichen Rundfunks die **Auswirkungen innerhalb des dualen Systems** nicht in den Blick nehmen dürfte. Der entgegenstehende Hinweis[67] findet sich in der Urteilsbegründung im Zusammenhang mit dem Verfahren der Gebührenfestsetzung, das aber gerade von der allgemeinen Ausgestaltung der Rundfunkordnung zu trennen ist. Maßgeblich ist im Rahmen der Ausgestaltungsaufgabe vielmehr die Sicht des Gerichts, dass das Nebeneinander von öffentlich-rechtlichem und privatem Rundfunk in der dualen Ordnung als solches einen Beitrag zur Sicherung der Breite und Vielfalt des Programmangebots bewirkt.[68] Deshalb darf bei der Ausgestaltung des einen Teils auf die Auswirkungen auf den anderen Teils dieser dualen Ordnung Rücksicht genommen werden. Eine weiter gehende Frage ist, ob bei der Ausgestaltung der Rundfunkfreiheit für Sachverhalte, die einfachgesetzlich nicht mehr „Rundfunk" sind, also Telemedien betreffen, auch andere Belange berücksichtigt werden dürfen oder müssen, was unter unten Rn 53 ff abgehandelt wird.

---

62 BVerfGE 119, 181, 220.
63 BVerfGE 119, 181, 219.
64 BVerfGE 119, 181, 221.
65 BVerfGE 90, 60, 95.
66 Dazu *Ory* ZUM 1994, 610.
67 BVerfGE 119, 181, 239.
68 BVerfGE 119, 181, 217.

b) **Vorgaben für die Ausgestaltung des privaten Rundfunks.** Die Vorgaben für die Ausgestaltung der Rundfunkordnung wurden vom BVerfG wesentlich aus Anlass der Zulassung privater Anbieter entwickelt. Grundlegend ist aus Sicht der Anbieter privaten Rundfunks die Aussage aus der NRW-Entscheidung, dass die **Zulassung der Privaten nicht zu solchen Konditionen erfolgen darf, die ihnen ihre Tätigkeit im Grunde unmöglich machen.**[69] Das Gericht lässt es auch in seinem zweiten Gebührenurteil nach wie vor durchgehen, dass der Gesetzgeber seinen Spielraum dahingehend ausübt, bei den privaten Anbietern im Wesentlichen auf Marktprozesse zu vertrauen.[70] Sie dürfen weiterhin **weniger strengen Anforderungen unterliegen**[71]**, solange es dem Anstaltsfunk gut geht.** 33

Die **Differenzierungsmöglichkeiten des Gesetzgebers** sind vom BVerfG im Bereich des privaten Rundfunks vor allem bei neuartigen Angeboten in der Digitalisierung nicht vorgegeben. Diese sind entlang den Kriterien der Breitenwirkung, Aktualität und Suggestivkraft zu suchen, die die herausgehobene Bedeutung des Rundfunks ausmachen.[72] Das greifbarste Abgrenzungskriterium für eine differenzierte Regelung in diesem Katalog ist die Breitenwirkung, also die tatsächliche Reichweite und die Nutzungsdauer. So setzt die Plattformregulierung des § 52 Abs 1 RStV zum Beispiel an 10.000 angeschlossenen Wohneinheiten oder an 20.000 Nutzern an; erst bei der Überschreitung der vorgegebenen Werte gelten die medienrechtlichen Vielfaltssicherungen. 34

c) **Vorgaben für die Ausgestaltung neuer Marktbeteiligter.** Die Aufgabe des Gesetzgebers, die Rundfunkordnung auszugestalten, gilt für alle publizistischen Belange des Rundfunks im verfassungsrechtlichen Sinn. Ausdrücklich erwähnt das BVerfG in seiner zweiten Gebührenentscheidung im Jahr 2007 **Navigatoren und elektronische Programmführer**, die die Auswahlentscheidung der Rezipienten berühren.[73] Damit unterstützt das Gericht die Position der Rundfunkanbieter gegenüber den Anbietern von Telekommunikationsdienstleistungen: Die Vielfalt berührenden Aspekte der Navigatoren und EPGs unterliegen der Ausgestaltung des Rundfunks, nicht der Regulierung durch das Telekommunikationsrecht. Auch der an gleicher Stelle[74] folgende Hinweis auf Telekommunikationsunternehmen als **Betreiber von Plattformen für Rundfunkprogramme** im Rahmen des Ausgestaltungsauftrags an den Gesetzgeber ist von erheblicher praktischer Bedeutung. Die zuvor erwähnte Plattformregulierung in §§ 50 ff RStV stützt sich hierauf. 35

d) **Kontrolle durch das BVerfG.** Der zweite Senat des BVerfG hat die Rolle des Gerichtes gegenüber dem Gesetzgeber präzisiert. Es lag ein Verfahren der SPD zu Grunde, die gegen den vollständigen Ausschluss jeglicher Beteiligung am Privatfunk in Hessen vorging. Ganz im Einklang mit dem ersten Senat werden in der Entscheidung die Grundsätze des Rundfunkrechts und die tragenden Prinzipien in der Rechtsprechung des Gerichts betont. Dann geht der zweite Senat der Frage nach, in welchem Umfang das BVerfG den ja als weit bezeichneten Ausgestaltungsspielraum des Gesetzgebers knotrolliert.[75] Es sei nicht Aufgabe des Gerichts, dem Gesetzgeber die Ausgestaltung der jeweiligen Rundfunkordnung im Einzelnen vorzugeben. Seine Kontrolle beschränke sich darauf festzustellen, ob eine angemessene Zuordnung der betroffenen 36

69 BVerfGE 83, 238, 318.
70 BVerfGE 119, 181, 217.
71 BVerfGE 119, 181, 218.
72 BVerfGE 119, 181, 214 f.
73 BVerfGE 119, 181, 216 f.
74 BVerfGE 119, 181, 216 f.
75 BVerfGE 121, 30, 59.

verfassungsrechtlichen Positionen vorgenommen wurde. Dabei zitiert die Entscheidung das Judikat des ersten Senats zur Kurzberichterstattung[76] mit dem Hinweis auf die „weitgehende Freiheit" des Gesetzgebers, dem die Verfassung bestimmte Modelle der Rundfunkordnung oder bestimmte Mittel der Zielerreichung nicht vorschreibe. Gesetze, die die Rundfunkfreiheit ausgestalten, seien dann verfassungsrechtlich nicht zu beanstanden, wenn sie geeignet sind, das Ziel der Rundfunkfreiheit zu fördern, und die von Art 5 Abs 1 S 2 GG geschützten Interessen angemessen berücksichtigen, hatte es seinerzeit geheißen.

37 Der zweite Senat variiert ein wenig, wenn er die Geeignetheit der Gesetzgebung betont und zugleich die angemessene Berücksichtigung der rundfunkrechtlichen Positionen der Gruppen, die Rundfunk veranstalten, in den Blick nimmt. Denn das Grundrecht der Rundfunkfreiheit stehe sowohl objektiv-rechtlich als auch subjektiv-rechtlich im Dienst der Grundrechtssicherung und gebe seinem Träger jedenfalls einen Anspruch darauf, dass bei der Auslegung und Anwendung seine Position als Träger des Grundrechts hinreichend beachtet wird, heißt es ausdrücklich. Damit wird die Ausgestaltungsgesetzgebung der Kontrolle nach Geeignetheit und Erforderlichkeit unterworfen, was ein Stück weit an die Grundsätze der grundrechtsbeschränkenen Gesetzgebung und ihre Kontrolle erinnert.

§ 2
Umsetzung der Vorgaben des BVerfG durch den Gesetzgeber

38 Die vorangestellten verfassungsrechtlichen Überlegungen, die durch die Rechtsprechung des BVerfG vorgezeichnet sind, gehen also von einem **weiten Schutzbereich der Rundfunkfreiheit** aus. Der Gesetzgeber hat einen Auftrag zur Ausgestaltung der Freiheit, indem er eine positive Ordnung schafft. Er hat die Möglichkeit, zwischen öffentlich-rechtlichem und privatem Rundfunk, innerhalb des privaten Rundfunks und auch im Hinblick auf neue Marktbeteiligte wie Plattformbetreiber differenzierte Regelungen zu schaffen. Nach der hier vertretenen Auffassung ist der Gesetzgeber auch per Verfassungsrecht verpflichtet, Differenzierungen vorzunehmen. Würde ein Anbieter eines elektronischen Angebots von nur geringer Einflussnahmemöglichkeit auf die öffentliche Meinungsbildung mit den Regulierungen, wie sie für beeinflussungsstarke Programme gelten, überzogen werden, würde das für den betroffenen Veranstalter die Grenze der Ausgestaltung der Rundfunkfreiheit überschreiten und zu einer Beschränkung führen, deren Zulässigkeit sich nach Art 5 Abs 2 GG zu richten hat.

39 **Das Differenzierungsgebot bezieht sich auf** die unterschiedlichen Lebenssachverhalte, die unter den Schutzbereich der Rundfunkfreiheit fallen. Das sind im Sprachgebrauch des einfachen Gesetzes – des Rundfunkstaatsvertrages und der Mediengesetze der Länder – **Rundfunk und Telemedien als Angebotsformen sowie Plattformen** als für die Verwirklichung der Angebotsvielfalt relevante Erscheinungsformen.

40 Die differenzierte Ausgestaltung der Rundfunkfreiheit durch eine positive Ordnung erfolgt durch die Länder. Sie haben hierzu den Rundfunkstaatsvertrag, die Landesmediengesetze und die gesetzlichen Grundlagen der öffentlich-rechtlichen Rundfunkanstalten – letztere auf Basis von Staatsverträgen und Landesgesetzen – geschaffen.

---

[76] BVerfGE 97, 228, 267.

Eine Sonderstellung nimmt die Deutsche Welle als Auslandsrundfunk ein, die an dieser Stelle der Vollständigkeit halber erwähnt ist, ohne dass die damit verbundenen Fragen des Schutzbereichs der Rundfunkfreiheit für diese Anstalt aufgegriffen werden sollen. Eine Darstellung der einzelnen Regelungen würde dem Charakter eines Beitrages für ein Handbuch nicht gerecht. Im Rahmen der Schwerpunktbildung dieser Darstellung sollen exemplarisch zwei Themenbereiche herausgehoben werden. Es geht darum, wie der Rundfunkgesetzgeber die ihm mögliche Differenzierung zwischen einzelnen Angebotsformen vorgenommen hat. Es geht schließlich um die Abgrenzung zwischen Rundfunk und Telemedien auf der Ebene des einfachen Gesetzes, da dies für die Anwendung der unterschiedlich strukturierten Regelungen von zentraler Bedeutung ist.

Klärungsbedürftig ist vorab der in diesem Zusammenhang benutzte Begriff „Rundfunk". **41**

I. Der Rundfunkbegriff

Der Begriff „Rundfunk" kommt in der rechtlichen Diskussion dreifach vor, was **42** das Bemühen um begriffliche Klarheit auf der jeweiligen Ebene der Diskussion nicht fördert.[77] Vor allem der Kampf um die „**Rundfunkdefinition**" vermischt meistens die Ebene des Verfassungsrechts und des einfachen Gesetzes. Es ist zu differenzieren.

1. Rundfunkbegriff der Verfassung

Der Begriff „Rundfunk" in Art 5 Abs 1 GG bezieht sich auf die Rundfunkfrei- **43** heit – nur jener Begriff wird im Rahmen dieser Ausführung benutzt, wenn die verfassungsrechtliche Ebene gemeint ist.[78] Wie unter oben § 1 dargelegt ist der Schutzbereich der Rundfunkfreiheit sehr weit gefasst.

2. Rundfunk im einfachen Mediengesetz

Unter den Schutzbereich des verfassungsrechtlichen Begriffs fallen entsprechend **44** der Begrifflichkeit des einfachen Mediengesetzes der „Rundfunk" und die „Telemedien". **Der einfachgesetzliche Begriff „Rundfunk" ist also deutlich enger als der verfassungsrechtliche Begriff in Art 5 Abs 1 GG.** Die Argumente aus dem Schutzbereich der Rundfunkfreiheit können also nicht auf den Anwendungsbereich des Begriffs „Rundfunk" der einfachen Gesetze übertragen werden. Auf die Aussagen im Zusammenhang mit der Abgrenzung von Rundfunk und Telemedien bei Rn 61 ff wird verwiesen.

3. Rundfunkdienst in der Telekommunikation

Der dritte Rundfunkbegriff taucht im Telekommunikationsrecht auf. §§ 57 Abs 1, **45** 61 Abs 2 und 62 Abs 3 TKG sprechen vom „**Rundfunkdienst**". Es geht um Frequenzzuteilungen für jene Bereiche, die im Frequenzbereichszuweisungsplan (§ 53 TKG) dem Rundfunk zugewiesen sind. Eine Definition enthält das TKG nicht. § 4 Nr 33 der

77 *Potthast* ZUM 2007, 443.
78 Vgl *Gersdorf* Der verfassungsrechtliche Rundfunkbegriff im Lichte der Digitalisierung der Telekommunikation.

Frequenzbereichszuweisungsplanverordnung (FreqBZPV) definiert den Rundfunkdienst als „Funkdienst", dessen Aussendungen zum unmittelbaren Empfang durch die Allgemeinheit bestimmt sind und der Tonsendungen, Fernsehsendungen oder andere Arten von Sendungen umfasst. Diese Begrifflichkeit orientiert sich am Sprachgebrauch der Internationalen Fernmeldeunion (ITU) und ist sehr weitgehend, ähnelt dem verfassungsrechtlichen Rundfunkbegriff der Information durch elektronische Mittel – hier: Funk – an die Allgemeinheit. Bei der Anwendung der Frequenzvorschriften des TKG ist also der weite Begriff, wie er dem Anwendungsbereich der Rundfunkfreiheit zugrunde liegt, anzuwenden, die Frequenzvorschriften dürfen nicht verkürzt werden auf den Lebenssachverhalt „Rundfunk" im Sinne des Rundfunkstaatsvertrages oder der Landesmediengesetze der Länder.

46 Dementsprechend finden sich an vielen anderen Stellen des TKG Hinweise auf „Rundfunk und vergleichbare Telemedien", ohne dass die Begriffe immer ganz einheitlich wären, wenn wiederum auf „Rundfunkveranstalter" oder auf „Rundfunknetze" abgestellt wird. Nach der hier vertretenen Auffassung handelt es sich in all diesen Fällen, in denen das TKG auf Rundfunk Bezug nimmt, um Lebenssachverhalte, die vom Schutz der Rundfunkfreiheit umfasst sind – nur so lässt sich die Abgrenzung zwischen Rundfunkfreiheit und Telekommunikationsrecht einschließlich der unterschiedlichen Zuweisung von Kompetenzen an Bund und Länder sachgerecht behandeln.

II. Beispiele differenzierter Regelung im einfachen Gesetz

47 Die Differenzierung[79] der Anforderungen an die unterschiedlichen Angebotsformen, die sich auf den Schutz der Rundfunkfreiheit berufen können, erfolgt durch eine Trennung zwischen Rundfunk und Telemedien auf der einen Seite sowie innerhalb der beiden Bereiche noch einmal durch Abschichtungen.

1. Regelungen für Rundfunkangebote

48 Die Regulierung des Rundfunks erfolgt in zwei Schritten, nämlich einmal durch die **Zulassung als Veranstalter** und auf der anderen Seite durch die **Zuweisung von Übertragungskapazität zur Verbreitung eines Angebots.** Diese Differenzierung hat sich erst im Laufe der Zeit herausgebildet, ursprünglich war dies in einer „Lizenz" zusammengefasst – ein Antragsteller wurde als Rundfunkveranstalter zugelassen und ihm im Radio zB eine ganz bestimmte UKW-Frequenz zugewiesen. Die Zulassung als Veranstalter und die Zuweisung von Kapazitäten, die aus der Nutzung einer Frequenz resultieren, folgen indes unterschiedlichen Regelungszielen.

49 a) **Zulassung als Rundfunkveranstalter.** Die Zulassung als Rundfunkveranstalter hat zur Folge, dass bestimmte als Rundfunk klassifizierte Angebote dargeboten werden können. Für das Fernsehen, zumal bundesweite TV-Angebote,[80] gelten besondere Vorschriften. Zur Vielfaltssicherung gilt das „**Zuschaueranteilsmodell**", wonach vorherrschende Meinungsmacht bei einem Rundfunkunternehmen vermutet wird, wenn ein Zuschaueranteil[81] von 30 % erreicht wird; 25 % reichen, wenn das Unternehmen

---

79 Vgl Roßnagel/*Ory* 67.
80 Vgl *Dörr* AfP-Sonderheft 2007, 33.
81 Zum Problem s *Engel* ZUM 2005, 776.

auf einem medienrelevanten verwandten Markt eine marktbeherrschende Stellung hat oder eine Gesamtbeurteilung seiner Aktivitäten im Fernsehen und auf medienrelevanten verwandten Märkten eine Gleichstellung nahe legt (§ 26 Abs 2 RStV)[82]. Eingebunden ist die Kommission zur Ermittlung der Konzentration im Medienbereich (KEK), ein Organ der jeweils zuständigen Landesmedienanstalt (§ 35 Abs 2, 36 Abs 4 RStV).

Soweit aufgrund der normierten Schwellen vielfaltssichernde Maßnahmen notwendig werden, ist unabhängigen Dritten Sendezeit einzuräumen oder ein Programmbeirat zu errichten (§§ 30–32 RStV). Auf diese Weise sollen durch die Zulassung und die Struktur von Programmveranstaltern Vielfalt hergestellt werden. **50**

b) **Besondere Regelungen für Programmkategorien.** Unterschieden wird bei der Anwendung des Rundfunkrechts zwischen **Vollprogrammen** und **Spartenprogrammen** (§ 2 Abs 2 RStV). Ein Vollprogramm hat vielfältige Inhalte mit Information, Bildung, Beratung und Unterhaltung als wesentlichen Teil des Gesamtprogramms zu beinhalten. Ein Spartenprogramm darf im Wesentlichen gleiche Rundfunkinhalte transportieren. Vollprogramme des Fernsehens haben nach § 6 Abs 3 RStV weitere Verpflichtungen, etwa jene zur Berücksichtigung europäischer Eigenproduktionen. Auch die Pflicht zur Einplanung regionaler Fenster trifft die beiden bundesweit reichweitenstärksten TV-Vollprogramme (§ 25 Abs 4 RStV). Derartige, der Meinungsvielfalt in besonderer Weise verpflichteten Vollprogramme haben bei der Zuweisung von Übertragungskapazitäten allerdings einen Vorteil, etwa bei der Plattformbelegung (§ 52b Abs 1 Nr 1 lit b RStV). Auf diese Weise will die abgestufte Regulierung auf der einen Seite Vielfalt bei bestimmten Angeboten erzeugen, ihnen dafür aber einen ökonomischen Vorteil bei der Frequenznutzung einräumen, was zugleich auch sicherstellt, dass beim Rezipienten diese der Vielfalt dienenden Programme verfügbar sind. **51**

c) **Sonstige vielfaltssichernde Regelungen.** Weitere, für Rundfunkanbieter geltende Normen sollen ebenfalls Vielfalt herstellen. Das Recht auf unentgeltliche **Kurzberichterstattung** über Veranstaltungen und Ereignisse, die öffentlich zugänglich und von allgemeinem Informationsinteresse sind, dient dazu, die Vielfalt bei der Berichterstattung nicht durch Exklusiv-Rechte von Ereignisveranstaltern einzuschränken, denn eine Monopolisierung der Berichterstattung über Gegenstände von allgemeiner Bedeutung oder allgemeinem Interesse bei einem einzelnen Rundfunkveranstalter würde das Vielfaltsziel gefährden.[83] Die **Werbevorschriften** über die Art der Platzierung und den Umfang der Werbung sollen die Einflussnahme auf die Programminhalte reduzieren. Gleiches gilt für Sponsor-Regelungen, die im nationalen Rechtsrahmen ohnehin nur deshalb gesondert neben der Werbung normiert sind, damit die Fiktion des „werbefreien" Abendprogramms von ARD und ZDF aufrecht erhalten werden kann. **52**

2. Regelungen für Telemedien

Telemedien fallen unter den Schutzbereich der verfassungsrechtlichen Rundfunkfreiheit (Rn 43). Auf der Ebene des einfachen Gesetzes sind sie aber zulassungs- und anmeldefrei. Die im Zusammenhang mit Rundfunkangeboten genannten einfachge- **53**

---

82 Zum Streit bei der Auslegung dieser Norm vgl *Mailänder* AfP 2007, 297; *Koch* AfP 2007, 305; *DLM*.

83 BVerfGE 97, 228.

setzlichen Auflagen zur Vielfaltssicherung gelten für sie nicht. Gleichwohl differenziert das Medienrecht in § 54 ff RStV zwischen verschiedenen Arten von Telemedien, für die im Übrigen das Telemediengesetz (TMG) des Bundes weitere, vorwiegend zivilrechtliche Bestimmungen enthält. Im Rahmen des RStV sind die Telemedien, soweit sie nicht dem Rundfunk zugeordnet werden, dreigeteilt, was nachfolgend nur sehr kurz skizziert wird, da die Darstellung von Rechtsfragen der Online-Medien nicht zum Gegenstand dieses Beitrages gehört.

54 a) **Telemedien für persönliche oder familiäre Zwecke. Telemedien, die ausschließlich persönlichen oder familiären Zwecken dienen**, werden in § 55 Abs 1 S 1 RStV genannt. Für sie gelten keine medienrechtlichen Anforderungen. Damit soll nach der Begründung abweichend von der älteren Rechtslage sichergestellt werden, dass Kommunikation im privaten (persönlichen oder familiären) Bereich ohne Nennung des Namens und der Anschrift erfolgen kann. Dies soll dem Schutz der Privatsphäre Rechnung tragen. Nicht kennzeichnungspflichtig ist demnach private Kommunikation, auch wenn sie über die reine Telekommunikation hinausgeht. Dies betrifft nach der Begründung der gesetzlichen Regelung etwa die Einstellung von Meinungsäußerungen in Foren – was nebenbei zu Problemen führen könnte, wenn sich ein Dritter äußerungsrechtlich wehren möchte, der Äußernde (zulässigerweise) anonym bleibt und der Forumsbetreiber auf eine Priviligierung bei der Haftung für Inhalte Dritter hinweist. Ohne Kennzeichnungspflicht soll nach dieser Regelung auch der gelegentliche private wirtschaftliche Geschäftsverkehr bleiben, etwa bei der Veräußerung von Waren, unmittelbar durch den privaten Anbieter oder aber über dritte Plattformen. In diesen Fällen ist ebenfalls nach der Begründung entweder durch die persönliche Bekanntschaft zwischen Anbieter und Nutzer oder aber über den Plattformanbieter sichergestellt, dass die schutzwürdigen Belange der Beteiligten gewahrt werden können. Eine Kennzeichnungspflicht würde ansonsten dazu führen, dass entweder die Privatsphäre in diesen Fällen nicht mehr geschützt wäre oder aber die Kommunikation unterbliebe. Diese Beispiele der Gesetzesbegründung machen deutlich, dass die Auslegung der Begriffe „persönlich" bzw „familiär" eng erfolgen muss: Nur wenn sich beide Seiten – Anbieter und Nutzer – ohnehin gut kennen, kann die Kennzeichnung entfallen. Ansonsten handelt es sich um ein Telemedium an die Allgemeinheit entsprechend unten Rn 56.

55 b) **Telemedien mit journalistisch-redaktionell gestalteten Angeboten.** Auf der anderen Seite werden **Telemedien mit journalistisch-redaktionell gestalteten Angeboten,** in denen insb vollständig oder teilweise Inhalte periodischer Druckerzeugnisse im Text oder Bild wiedergegeben werden (§ 54 Abs 2 RStV), hervorgehoben. Es handelt sich nicht nur um Angebote von Zeitungsverlagen, wie gelegentlch mit dem insoweit irreführenden Begriff der „elektronischen Presse" suggeriert wird. Das „insbesondere" im Gesetzestext belegt, dass es die Online-Versionen von Zeitungen und Zeitschriften nur beispielhaft erwähnt sind. Die Regelung wendet sich gleichermaßen an Blogs und Websiten mit Branchennachrichten, die keinerlei Bezug zu Print-Publikationen haben. Für diese Kategorie von Telemedien gilt bspw die Verpflichtung, eine Gegendarstellung zu transportieren (§ 56 RStV),[84] und besondere Impressumsverpflichtungen (§ 55 Abs 2 RStV).

[84] Zur weitgehend deckungsgleichen Vorläuferbestimmung s *Ory* AfP 1998, 465.

c) Fernsehähnliche Telemedien. Diese Kategorie von Telemedien wurde zur Umsetzung der europäischen Richtlinie 89/552/EWG für audiovisuelle Mediendienste auf Abruf durch den 13. Rundfunkänderungsstaatsvertrag (RÄndStV) eingefügt. § 58 Abs 3 S 1 RStV beinhaltet eine Definition der fernsehähnlichen Telemedien, also der audiovisuellen Mediendienste auf Abruf des Europarechts und erklärt bestimmte für die Veranstaltung und Verbreitung von Rundfunk geltenden Vorschriften für fernsehähnliche Telemedien entsprechend anwendbar. Reine Audiodienste fallen nicht unter die Regelung 56

Die Bestimmungen der europäischen Richtlinie gelten nur für diejenigen audiovisuellen Mediendienste auf Abruf, die nach Form und Inhalt fernsehähnlich, das heißt mit herkömmlichem Fernsehen vergleichbar sind. Nach der Richtlinie sind das insb Spielfilme, Sportberichte, Fernsehfilme und -spiele sowie Dokumentarfilme. Es geht also um Massenmedien an einen wesentlichen Teil der Allgemeinheit, wie die Begründung des 13. RÄndStVes hervorhebt; der Staatsvertrag will das europäische Recht ohne Einschränkung oder Erweiterung umsetzen. Der Regelung unterfallen demnach Angebote, die auf das gleiche Publikum wie Fernsehsendungen ausgerichtet sind und bei denen der Nutzer aufgrund der Art und Weise des Zugangs vernünftigerweise einen vergleichbaren Regelungsschutz erwarten kann. Der RStV übernimmt damit die dynamische Auslegung des Begriffs entsprechend Erwägungsgrund 17 der Richtlinie. 57

Fersehähnliche Telemedien werden nicht in einer vom Anbieter wirksam kontrollierten Abfolge der Beiträge angeboten, er wählt vielmehr die Filme und Sendungen aus, die sich der Nutzer selbst zeitsouverän zusammenstellt. Daher sind rein nutzergenerierte Videoportale keine fernsehähnliche Telemedien, denn der Diensteanbieter übt keine Kontrolle über die Sendungen aus, die auf dem Portal abrufbar sind. 58

Für fernsehähnliche Telemedien gelten die Bestimmungen über die Rechtshoheit in § 1 Abs 3 RStV sowie die Werbegrundsätze und Kennzeichnungspflichten des § 7 RStV – insb die Vorschriften über Produktplatzierung – und die Regelung über Sponsoring in § 8 RStV entsprechend. 59

d) Übrige Telemedien an die Allgemeinheit. Für alle Telemedien gelten Mindestanforderungen für die Kennzeichnung (§ 55 Abs 1 RStV) und für Werbung und Sponsoring (§ 58 Abs 1 RStV). 60

III. Abgrenzung von Rundfunk und Telemedien

Die differenzierte Ausgestaltung der Lebenssachverhalte, die sich auf die Rundfunkfreiheit berufen können, erfolgt durch die medienrechtlichen Bestimmungen der Länder zwischen den hohen Anforderungen an die bundesweit marktführenden TV-Vollprogramme auf der einen Seite bis hin zu Mindestanforderungen an Telemedien für ausschließlich persönliche oder familiäre Zwecke. Die Hauptunterscheidung ist die Zulassungspflicht, die nur für Rundfunkangebote im einfachgesetzlichen Sinn gilt, während Telemedien einer Zulassung nicht bedürfen. 61

1. Auslegungsbedürftige gesetzliche Bestimmung

Maßgeblich ist § 20 RStV, wonach entsprechend Abs 1 private Veranstalter einer Zulassung zur Veranstaltung von Rundfunk bedürfen; für reine Webradios ist nur eine Anzeigepflicht durch § 20b RStV normiert. Gem Abs 2 der Norm bedarf ein Anbieter eines elektronischen Informations- und Kommunikationsdienstes ebenfalls einer Zu- 62 lassung, wenn dieser „dem Rundfunk zuzuordnen ist“. Damit stellt sich die Frage nach der **Abgrenzung zwischen Rundfunk und ihm zuzuordnenden Diensten einerseits und Telemedien andererseits.** Wie zuvor dargestellt, sind die materiellen medienrechtlichen Anforderungen an die eine oder die andere Kategorie recht unterschiedlich.

63 Rundfunk ist nach § 2 Abs 1 S 1 und 2 RStV ein linearer Informations- und Kommunikationsdienst. Er ist die für die Allgemeinheit und zum zeitgleichen Empfang bestimmte Veranstaltung und Verbreitung von Angeboten in Bewegtbild oder Ton entlang eines Sendeplans unter Benutzung elektromagnetischer Schwingungen. Der Begriff schließt Angebote ein, die verschlüsselt verbreitet werden oder gegen besonderes Entgelt empfangbar sind. Diese Neufassung der Rundfunkdefinition geht auf den 12. RÄndStV zurück. Die „Darbietung“ ist entfallen ebenso wie die Schwingungen „ohne Verbindungsleitung oder längs oder mittels eines Leiters“. Die Begründung der Neuregelung hebt hervor, dass es sich wie bisher um für die Allgemeinheit bestimmte Angebote, die unter Benutzung elektromagnetischer Schwingungen verbreitet werden, handelt. Zur Verdeutlichung neu im Rundfunkstaatsvertrag wiedergegeben ist die Klarstellung, dass Rundfunk ein linearer Informations- und Kommunikationsdienst ist. Die Einfügung des Kriteriums „zum zeitgleichen Empfang“ grenzt Rundfunkangebote von Abrufangeboten ab. Unter „zeitgleichem Empfang“ ist auch eine Übertragung zu verstehen, die allein aus technischen Gründen kurzen zeitlichen Verzögerungen unterliegt wie etwa das Zusammenstellen von mehreren Signalen zu einem digitalen Multiplex. Die Begründung betont ferner, dass die so konkretisierte Begriffsbestimmung unverändert die Veranstaltung von Angeboten für die Allgemeinheit umfasst und damit die bisher herangezogenen Kriterien der Breitenwirkung, Aktualität und Suggestivkraft.

64 Nach § 2 Abs 1 RStV sind Telemedien alle elektronischen Informations- und Kommunikationsdienste, soweit sie nicht Telekommunikationsdienste nach § 3 Nr 24 TKG sind, die ganz in der Übertragung von Signalen über Telekommunikationsnetze bestehen, oder telekommunikationsgestützte Dienste nach § 3 Nr 25 TKG oder Rundfunk nach § 2 Abs 1 S 1, 2 RStV sind. Kürzer: Telemedium ist alles, was nicht auf der einen Seite als Rundfunk zu § 20 RStV zu klassifizieren ist bzw auf der anderen Seite nicht bloß reine technische Kommunikation ist, sondern bei dem Inhalte vom Anbieter bereitgestellt werden. Damit ist aber nur die Abgrenzung zwischen Telemedien und Telekommunikationsdienstleistung halbwegs unproblematisch.

65 **Die Abgrenzung zwischen Rundfunk und Telemedien innerhalb des RStV ist ungelöst.** Der Konflikt,[85] wie er früher zwischen Rundfunk und „Mediendienst“ im Sinne des MDStV die Literatur bewegte, ist auch nach Inkrafttreten des 9. RÄndStVes (Einfügung der Mediendienste als Telemedien in den RStV) und des 10. RÄndStVes (neue Rundfunkdefinition) weitgehend geblieben. Die Definitionen von Mediendienst und Rundfunk waren früher beinahe deckungsgleich, beim Rundfunk kam lediglich die „Darbietung“[86] hinzu. Die zwischenzeitlich vorgenommenen und zuvor beschriebenen Änderungen haben aber nichts daran geändert, dass Telemedien nur negativ vom Rundfunk abgegrenzt werden. Da – wie vorstehend aus der Begründung der Rechtsänderung entnommen – die Konkretisierung des einfachgesetzlichen Begriffs von Rundfunk die bisherige Rechtslage im Kern unberührt lassen will, kann auf die bisher geführte Diskussion sehr weitgehend zurückgegriffen werden. Die zum Teil

---

85 Vgl Roßnagel/*Meier* § 2 MDStV Rn 21 ff; Hoeren/Sieber/*Holznagel/Kiebele* 5 zusammenfassend Rn 73.

86 Zur Auslegung Hahn/Vesting/*Schulz* § 20 Rn 66 ff.

kasuistische Argumentation zu bestimmten technischen Details wie etwa zum „Abrufdienst“ ist indes überholt.[87]

2. Intensität der Beeinflussung als Abgrenzungskriterium

Grundlage ist, dass sich ein **Telemedium an die Allgemeinheit** richtet, denn sonst wäre es **Individualkommunikation** außerhalb des Schutzbereichs der Rundfunkfreiheit. Damit hört das sichere Terrain aber auch schon auf. 66

Es geht um die Differenzierung von Regelungen innerhalb des Schutzbereichs der Rundfunkfreiheit, denn sowohl Rundfunk im Sinne des einfachen Gesetzes als auch Telemedien gehören verfassungsrechtlich zum Rundfunk, die Differenzierung im RStV dient der Differenzierung der materiellen Regelung.[88] Da für die Regulierung bei der Ausgestaltung der verfassungsrechtlich verstandenen Rundfunkordnung die Suggestivkraft die grundlegende Begründung ist,[89] liegt es nahe, an diesem Kriterium auch bei der Abgrenzung auf der Ebene des einfachen Gesetzes anzuknüpfen und Abschichtungen zu suchen. Weil es hier aber um eine Differenzierung innerhalb der Tatbestände, die dem Schutzbereich der Rundfunkfreiheit unterfallen, geht, ist nicht danach zu suchen, ob überhaupt eine Beeinflussungsmöglichkeit auf die öffentliche Meinungsbildung besteht – das ist bei an die Allgemeinheit gerichteten Informationen grds der Fall und daher Grund für das *Ob* der Regulierung; das gleiche Argument kann auf der nachgelagerten Ebene des *Wie* der Regulierung nicht noch einmal unverändert verwendet werden. 67

Es geht an dieser Stelle vielmehr darum, **die Grenze zu erfassen, ab welcher Intensität von Beeinflussungsmöglichkeit eine Zulassung notwendig ist** und in der Folge das striktere rundfunkrechtliche Regime zur Anwendung kommt, bis wohin also noch zulassungsfrei und im Wesentlichen mit geringen Ordnungsvorgaben elektronische Informationen öffentlich gemacht werden dürfen. 68

Gerade die Regelung, dass journalistisch-redaktionell gestaltete Telemedien besonderen Anforderungen unterliegen, macht deutlich, dass nicht jegliche redaktionelle Gestaltung im Hinblick auf ihre Auswirkungen auf die Meinungsbildung zur Einordnung unter Rundfunk führen kann. Mit journalistisch-redaktionell gestalteten Telemedien ist auch die elektronische Presse gemeint, also durchaus breit gestaltete, professionelle und in der Ausrichtung im Einzelfall mit deutlicher Tendenz ausgestattete Angebote. Diese sollen nach dem klaren Willen des Gesetzgebers weiterhin Telemedien bleiben, das heißt außerhalb der zulassungspflichtigen besonders regulierten Veranstaltung von Rundfunk im Sinne des einfachen Gesetzes angeboten werden. Andererseits sind die Regeln des 9. RÄndStVes, der den MDStV abschaffte und die Mediendienste als Telemedien in RStV einfügte, vor dem Hintergrund von Erscheinungen wie bspw **IPTV**[90] zu sehen. Dies versteht sich als IP-basierter Vertriebsweg neben der terrestrischen Übertragung von Rundfunk und neben dem **„Kabel- und Satellitenfernsehen“** als alternative Vertriebswege von Programmen, die im Sinne der üblichen Typologie „klassischer Rundfunk“ sind, unter Nutzung anderer Übertragungsstandards. 69

---

[87] *Ring* ZUM 2007, 433, 437.

[88] So für die Vorläuferregelung im RStV und MDStV *Hoffmann-Riem*, Regulierung der dualen Rundfunkordnung – Grundfragen, 242.

[89] Rn 12 ff.

[90] *Flatau* ZUM 2007, 1.

3. Beispiele der Abgrenzung

70 Mit dieser Betrachtung ist man der Lösung des Abgrenzungsproblems indes keinen Schritt näher. Eine generell-abstrakte Formulierung, die mit Rechtssicherheit handhabbar wäre, lässt sich angesichts der geltenden Gesetzeslage nicht finden – so sehr die Praxis darauf wartet. Nachfolgend soll das Problem an einzelnen Beispielen skizziert werden, um daran die maßgeblichen Kriterien beschreibend zu erläutern.

71 a) **Passwortgeschütztes Intranet.** Eine Webseite, die auf der Einstiegsseite bereits ein Passwort verlangt, damit bspw Mitarbeiter einer Firma dort für sie hinterlegte Informationen abrufen können, ist noch nicht einmal ein Telemedium, es fehlt am Begriff der Allgemeinheit.

72 Würde man das Beispiel variieren und es würde sich um ein entgeltpflichtiges Angebot handeln, für das am Markt geworben wird, das also jeder abonnieren und dann konsumieren kann, wäre der Begriff der Allgemeinheit gegeben. Auf die Frage, ob die Inhalte verschlüsselt vorliegen, kommt es also in diesem Zusammenhang nicht an. Dies ähnelt der früher erörterten Frage, ob Pay-TV wegen der Verschlüsselung nicht an die Allgemeinheit gerichtet und daher kein Rundfunk[91] sei – eine Ansicht, die Mindermeinung blieb.

73 b) **Private Website.** Jene Webseiten, in denen Private sich, ihr Haus, ihr Auto, ihr Boot und den Hund vorstellen, sind zwar Telemedien, dienen aber regelmäßig einem höchst persönlichen Zweck, weshalb nach § 55 Abs 1 S 1 RStV keine Mindestanforderungen gelten. Sobald aber über die persönlichen Belange hinaus Äußerungen über Dritte jenseits des familiären Zusammenhangs enthalten sind, handelt es sich um ein Telemedium, auf das die Mindestanforderungen wie die Kennzeichnungspflicht Anwendung finden (oben Rn 54, 60).

74 c) **Website mit aktueller Berichterstattung (Wort, Bild, Video).** Die Webseite einer Tageszeitung, die ihre Texte und Fotos – durchaus medienspezifisch aufgemacht – ins Netz stellt, ist ein Telemedium mit journalistisch-redaktionell gestalteten Angeboten (§ 54 Abs 2 RStV), für das keine Rundfunkzulassung notwendig ist. Es gelten die besonderen Vorschriften bspw im Hinblick auf das Impressum und Gegendarstellungen.

75 Die **Tageszeitungen** gehen mehr und mehr dazu über, zu den **Nachrichten in Wort und Foto auch abrufbare Filme**, etwa von Nachrichtenagenturen, zu stellen. Würde man unter dem Stichwort „Suggestivkraft des Bildes“ einzig darauf abstellen, dass die mögliche Beeinflussung der Meinungsbildung nicht mehr nur durch lesbaren Text und stillstehende Fotos erfolgt, sondern durch bewegte Bilder, würde sich die Frage stellen, ob nur diese Bewegtbilder oder gleich das ganze Angebot als Rundfunk nach § 20 Abs 2 RStV einzustufen wäre. Der Lebenssachverhalt, wie er sich mit diesen anklickbaren Bewegtbildern üblicherweise darstellt, ist aber von der Wirkungsintensität und der Authentizität, wie das klassischerweise dem Rundfunk entspricht, soweit entfernt, dass nach der hier vertretenen Auffassung kein Unterschied zu dem oben abgehandelten Beispiel der elektronischen Presse ohne bewegte Bilder besteht.

76 Eine Parallelwertung, die mehrere Prämissen setzen muss, würde zu einer Einordnung als Rundfunk führen: Vorausgesetzt, die Tagesschau wird nicht mehr im klassi-

---

91 So *Schwarz-Schilling* ZUM 1989, 487;
aA *Ory* ZUM 1988, 225.

schen Fernsehen gezeigt, sondern nur noch ins Netz gestellt; vorausgesetzt, das findet nicht im Sinne eines linearen Streams statt, sondern jeder Nutzer kann die Sendung ab 20 Uhr abrufen, wie das in sein persönliches Zeitbudget passt; vorausgesetzt, es würden dann immer noch genauso viele Menschen diese Form der Tagesschau sehen, wie derzeit im ARD-Hauptprogramm – *dann* wäre das von der Wirkungsmacht auf die öffentliche Meinungsbildung dem Rundfunk gleichzustellen. Auf die reine Möglichkeit des individuellen Abrufs der einzelnen Beiträge kommt es also nicht an, sondern maßgeblich ist die typisierende Gesamtbetrachtung.

d) **Webradios.** Mit Webradio ist an dieser Stelle das lineare Angebot von Radio- 77
programmen gemeint, also nicht Formen, die als Podcast individuell abrufbar sind. Die Hörfunknutzung der großen Masse des Publikums erfolgt über UKW. Die UKW-Programme sind regelmäßig auch im Internet verfügbar vorrangig mit dem Ziel, dass Nutzer außerhalb des terrestrischen Verbreitungsgebietes darauf zugreifen können. Daneben gibt es eine Vielzahl von reinen Internetradios mit sehr geringer Nutzung. Die Diskussion um die Sinnhaftigkeit einer Rundfunkzulassung für solche Angebote[92] mündete in ihre bloße Anzeigepflicht nach § 20b RStV (oben Rn 62). Der Anbieter eines reinen Webradios hat sein Angebot der zuständigen Landesmedienanstalt anzuzeigen, die die Anzeige für die Kommission und Aufsicht (ZAK) entgegen nimmt (§ 36 Abs 2 Nr 1 RStV). Die Begründung sieht darin eine abgestufte Regulierung. Den Landesmedienanstalten soll durch die Anzeige die Möglichkeit erleichtert werden, gegen einen Veranstalter vorzugehen, etwa wenn er gegen die persönlichen Zulassungsvoraussetzungen des § 20a RStV verstößt.

An dieser Regelung ist Kritik angemeldet worden verbunden mit der Frage, ob es 78
verfassungsrechtlich haltbar sei, zweierlei Arten von Hörfunk zu haben, nämlich einen mit Zulassungserfordernis und einen im Internet mit bloßer Anzeige.[93] Die Kritik endet mit der Feststellung, der Gesetzgeber müsse „Farbe bekennen", was eine bewusste Nicht-Antwort auf die aufgeworfene Frage ist. Die referierte Position zeigt ein Unbehagen, dass einerseits ein abgestuftes Regulierungskonzept gefordert wird, andererseits Abstufungen aber verfassungsrechtlich angreifbar sind, weil an der jeweiligen Grenzziehung zur Ungleichheit führend. Soweit der referierte Standpunkt in diesem Zusammenhang in Erwägung zieht, den Hörfunk bis auf Wortprogramme insgesamt zulassungsfrei zu stellen, legt das offen, dass die Unsicherheit schon beim Grund für eine strikte Regulierung mit Zulassungserfordernis besteht.

Die Anzeigepflicht für Internetradio ist ein rechtspolitischer Kompromiss. Der im 79
Auftrag der bayerischen Landeszentrale für neue Medien (BLM) in Auftrag gegebene Webradiomonitor 2010[94] weist 2.700 Webradios aus, die in Deutschland veranstaltet werden. Der Datenbankanbieter vTuner, der Webradio-Endgeräte mit den Listen von erreichbaren Stationen versorgt, verzeichnet 1.185 Stationen aus Deutschland.[95] Zum Vergleich: Bei der Gesellschaft zur Verwertung von Leistungsschutzrechten mbH (GVL) sind 1.956 Webradios lizenziert,[96] bei der GEMA sind es 1.759. Die ZAK hat im Internet[97] eine Liste mit insgesamt 108 angezeigten Webradios veröffentlicht. Die Zahlen lassen die Vermutung zu, dass § 20b RStV in 96 % aller Fälle nicht angewandt

92 *Ory* AfP 1997, 845.
93 Stein/Pfeiffer/Hain/*von Coelln* Bd 103, 42 ff.
94 http://www.webradiomonitor.de/webradiomonitor-studie/webradiomonitor-2010/ [abgerufen am 24.10.2010].
95 Auskunft v 5.10.2010.
96 Auskunft der GVL am 4.10.2010.
97 http://www.alm.de/503.html, die abrufbare Liste hat den Stand v 30.7.2010 [aufgerufen am 24.10.2010].

wird. Das als Kompromiss gefundene Regulierungsinstrumentarium geht am Lebenssachverhalt vorbei.

80 Dabei ist die Bedeutung der Webradios für die Meinungsbildung gegenwärtig sehr gering. Radio erreicht täglich 76,7 % der Bevölkerung ab zehn Jahren in Deutschland – ganz überwiegend über terrestrische Frequenzen. Alle Webradios zusammen erreichen gerade 0,5 %.[98] Da liegt es nahe, auf eine Anzeige oder gar Zulassung von Webradios ganz zu verzichten. Das kann für alle Radioangebote gelten. Erst bei der Zuweisung der Übertragungskapazität, also bei der Auswahl unter verschiedenen Bewerbern um eine terrestrische Frequenz, sind Maßnahmen zum Schutz der Meinungsvielfalt sinnvoll und hier sind sie effektiv.

§ 3
Die Fortentwicklung des Rundfunkrechts – Einzelfragen

81 Das Rundfunkrecht erscheint gelegentlich als Melange zwischen tradierten, nicht mehr weiter hinterfragten Positionen. Auf der anderen Seite wird am RStV und den Landesmediengesetzen ständig novelliert; zum Zeitpunkt der Formulierung dieses Beitrages scheiterte der 14. RÄndStV überraschenderweise mit dem neuen Jugendmedienschutzstaatsvertrag, der 15. RÄndStV mit dem neuen Rundfunkbeitrag war gerade unterschrieben. An dieser Stelle sollen einige Problemfelder, die vor allem durch die Digitalisierung des Rundfunks und die damit beschleunigt einhergehenden Veränderungen hervorgerufen werden, skizziert werden.

I. Vielfaltssicherung durch Strukturvorgaben statt durch Auswahlentscheidungen

82 Die **Digitalisierung** stellt das Rundfunkrecht vor Herausforderungen, denen das derzeitige einfachgesetzliche Instrumentarium noch nicht gewachsen ist. Waren bspw an einzelnen Orten einige wenige Radioangebote als Rundfunk zuzulassen, wird das im Fall Digitalisierung der terrestrischen Rundfunkübertragung durch DAB oder andere Systeme wie den fortgeschriebenen TV-Standard DVB-T2 oder den zukünftigen Mobilfunk-Standard Long Term Evolution (LTE) deutlich anders. Das stellt die Frage, ob der bisherige rundfunkrechtliche Ansatz, durch die Auswahl geeigneter Angebote und inhaltliche Vorgaben die Vielfalt zu sichern, zukünftig noch geeignet ist, um das regulatorische Ziel zu erreichen. Das Rundfunkrecht könnte in anderer Weise Vorgaben machen, um das Vielfaltsziel zu erreichen, das durch eine Auswahl unter einzelnen Angeboten nicht (mehr) zu organisieren ist.

1. Bedarfsanmeldung und „Frequenzverwaltung“ der Länder

83 Diese Überlegung führt in der Welt der digitalen terrestrischen Versorgung, die jedenfalls beim Hörfunk nach wie vor die wichtigste Verbreitungsart ist und beim digitalen Fernsehen als DVB-T eine wichtige Rolle spielte. Dies führt damit zum Verhältnis zwischen der Frequenzzuteilung durch die Bundesnetzagentur an einen Sender-

98 *Gattringer/Klingler* MP 2010, 442, 445, 454.

netzbetreiber und die sich daraus ergebenden Möglichkeiten innerhalb der Bundesländer, die so geschaffene Frequenzressource zwischen dem öffentlich-rechtlichen und dem privaten Rundfunk aufzuteilen und im Bereich des privaten Rundfunks Auswahlentscheidungen vorzunehmen. Das bisherige Modell der Auswahlentscheidungen für die Nutzung vorhandener Frequenzressourcen ist nämlich „analog". So war in der Vergangenheit bei UKW-Frequenzen deren Anzahl und das Verbreitungsgebiet weithin vorgegeben. Frequenz, Leistung und Standort waren aufgrund der 1984 auf der Genfer Wellenkonferenz vorgenommenen Planung kaum zu modifizieren. Eine „entdeckte" UKW-Füllfrequenz wurde von der Bundesnetzagentur dem jeweiligen Bundesland zur Verfügung gestellt, das im Rahmen der gelegentlich so bezeichneten **„Frequenzoberverwaltung"**[99] die Entscheidung zu treffen hatte, ob diese Frequenz im dualen Rundfunk dem öffentlich-rechtlichen oder dem privaten Teil zur Verfügung stehen sollte. Die Ausgestaltung ist in den einzelnen Bundesländern sehr unterschiedlich, sie muss entsprechend der Klarstellung des BVerfG[100] staatsfrei erfolgen.

Digitale terrestrische Übertragungsmöglichkeiten folgen jedoch anderen Gesetz- **84**
mäßigkeiten. Sie sind nicht in erster Linie abhängig von einzelnen Standorten und Frequenzen, sondern es handelt sich um Gleichkanalnetze, die für bestimmte Flächen geplant werden, so dass danach innerhalb der Flächen Standorte gesucht werden können. Damit ist es notwendig, derartige Flächen für die terrestrische Versorgung zu definieren. Dies erfolgt über eine sog **Bedarfsanmeldung der einzelnen Bundesländer gegenüber der Bundesnetzagentur** iSd § 57 Abs 1 TKG. Die Bundesländer legen dabei fest, innerhalb welcher Fläche sie Bedarf für welche Art von Rundfunkdienst (im Sinne der Begrifflichkeit des TKG – oben Rn 35) haben. Die Bundesnetzagentur sucht die passende Frequenzressource und teilt sie einem Sendernetzbetreiber zu, der den vom Land mitgeteilten Bedarf zu erfüllen hat. Erst dann hat das jeweilige Land eine Frequenzressource, die zwischen öffentlich-rechtlichem und privatem Teil des dualen Rundfunks aufgeteilt werden kann. Im Gegensatz zur „analogen Welt" wird die entscheidende Weichenstellung also vorverlegt auf die Bedarfsanmeldung eines Landes gegenüber dem Bund. Die **Sicherstellung der Meinungsvielfalt setzt also Strukturentscheidungen des jeweiligen Bundeslandes** voraus, die dann bei der Bundesnetzagentur angemeldet und von ihr im Rahmen des Vorrangs des Rundfunks in den für ihn vorgesehenen Frequenzbändern umgesetzt werden. Die **Bedarfsanmeldung setzt eine medienpolitische Entscheidung voraus** – beim Hörfunk bspw die Grundentscheidung, ob lokale und regionale Hörfunkmodelle verfolgt, also entsprechende Flächen als Bedarf für eine eigenständige Programmversorgung angemeldet werden. Auch die Frage, wie viele Programme im Bundesland gesendet werden sollen, ist in der digitalen Welt, die die Sondersituation der Frequenzknappheit hinter sich gelassen hat, vorab zu planen, bevor ein entsprechender Bedarf des Landes angemeldet wird. Dazu gibt es seit dem 10. RÄndStV für bundesweite Bedarfe eine rudimentäre Regelung in § 51 Abs 1 RStV, wonach die Länder darüber einstimmig entscheiden – wer und nach welchen Kriterien das sein mag, bleibt offen und damit dem politischen Tagesgeschäft zugänglich. In den einzelnen Landesmediengesetzen gibt es keine Regelung.

2. Fehlendes Fachplanungsrecht für technische Infrastrukturen des Rundfunks

Notwendig wären **Normen, nach welchem materiellen Recht die Planung vor einer** **85**
Bedarfsanmeldung eines Landes bei der Bundesnetzagentur vorzusehen ist, ob also bspw lokale Versorgungsgebiete zu berücksichtigen sind, ob die Ballungsräume eines

99 Vgl *Nowosadtko*.

100 BVerfGE 83, 238, 322 ff.

Bundeslandes anders zu planen sind als die Fläche und wie viele Programme mindestens gewünscht sind. Erst aus dieser Planung kann eine Bedarfsanmeldung formuliert werden. Notwendig wäre eine Bestimmung, welche Landesstelle dies fachlich und zugleich staatsfrei im Sinne der oben erwähnten Rechtsprechung des BVerfG (oben Rn 68) vornimmt.

86 Die Bedarfsanmeldung für den Hörfunk in Umsetzung der Genfer Wellenkonferenz der ITU[101] des Jahres 2006 erfolgten durch die Staatskanzleien nach der Vorbereitung in technischen Kommissionen der Landesmedienanstalten und der ARD und auf Basis von Interessensbekundungen der bestehenden Radioanbieter.[102] Eine bewusste, rundfunkrechtlich an Kriterien der Vielfalt orientierte strukturelle Weichenstellung ist darin noch nicht zu erblicken.

3. Ungeklärte Bindungswirkung einer Bedarfsanmeldung

87 Im Verhältnis des Bundes und der Länder ist zudem unklar, welchen **Charakter eine Bedarfsanmeldung eines Landes** für Ressourcen hat. Nach Eckpunkten der Bundesnetzagentur[103] aus dem Jahr 2006 betreffend die **Berücksichtigung von Nicht-Rundfunkdiensten in Frequenzbändern, die für Rundfunkdienste vorgesehen sind,**[104] stellt sich die Frage, in welchem Umfang sich die Bundesnetzagentur an Bedarfsanmeldungen gebunden sieht. Klar ist, dass die Bundesbehörde den Bedarf eines Landes vorrangig erfüllt. Würde aber ein Bundesland aus medienpolitischen, medienökonomisch fundierten Überlegungen zB ein Hörfunksystem vorsehen, das nicht alle theoretisch denkbaren Frequenzen (im ersten Schritt) als Bedarf anmeldet, könnte die Bundesnetzagentur die Auffassung vertreten, der angemeldete Bedarf des Landes sei befriedigt und, wenn weitere Sendernetzbetreiber um Frequenzen nachsuchen, könne unabhängig von einem Versorgungsbedarf des Landes der Zuschlag gewährt werden. Ob die Bundesnetzagentur hierzu befugt ist, ob also eine Bedarfsanmeldung eines Landes nur als Minimum der für Rundfunk zur Verfügung zu stellenden Frequenzen zu verstehen ist, über darüber hinaus die Bundesnetzagentur frei ist, Rundfunkfrequenzen auch an Dritte abzugeben, oder ob jede Frequenzzuteilung in einem Rundfunkband stets eine Bedarfsanmeldung eines Bundeslandes voraussetzt, ist nicht geklärt.

Wenn man – in zutreffender Weise – das Medienrecht als vorgreiflich und das Telekommunikationsrecht als dienend betrachtet, müsste eine Frequenzzuteilung ohne den medienrechtlich definierten Bedarf unzulässig sein.

4. Schlussfolgerung für die Zukunft

88 Derzeit fehlt es sowohl an den medienrechtlichen Grundlagen für eine an Vielfaltsgesichtspunkten orientierte Bedarfsanmeldung als auch an einer genauen Bestimmung, inwieweit Bedarfsanmeldungen der Länder in Rundfunkbändern die Bundesnetzagen-

101 Zur rechtlichen Verknüpfung internationaler und nationaler Frequenzplanung für den Rundfunk s *Weißenborn* IRIS plus, Ausgabe 2007-2.

102 Mainzer Erklärung zur Zukunft des digitalen Hörfunks in Deutschland v 8.10.2007, www.privatfunk.de/thm/TextThemen071008.html, abgerufen am 6.1.2011.

103 Eckpunkte für die bedarfsgerechte Bereitstellung von Übertragungskapazitäten v 11.1.2006, ABl 2006, 34.

104 Zum Problemkreis *Gersdorf* Internet über Rundfunkfrequenzen.

tur binden. **Diese Fragen stellten sich bislang in der analogen Welt des Frequenzmangels, in der das Medienrecht Vielfalt durch Auswahlentscheidungen sicherstellte, nicht.** In einer Welt, in der aufgrund vielfach vorhandener digitaler Übertragungsmöglichkeiten die kommunikative Vielfalt durch strukturelle Weichenstellungen geschaffen wird, stellen sich andere, bislang nicht beantwortete Fragen.

Das materielle Rundfunkrecht wird die Herausforderungen der Digitalisierung **89**
nicht meistern, wenn es an der Auswahl verschiedener Anbieter für die Nutzung von Übertragungsressourcen ansetzt. Wenn etwa terrestrisches digitales Radio mit 40 bis 60 Sendeplätzen an jedem Ort empfangbar würde, davon ein Drittel für lokale terrestrische Programme, ginge es nicht mehr um die Frage, wer einen Platz nutzen darf – es geht darum, ob Frequenz-„Blöcke" gefüllt werden können oder ob man sie erst gar nicht aufbaut. Vielfalt wird nicht durch Auswahl von Angeboten für knappe Ressourcen hergestellt, sondern durch die planvolle Bereitstellung dieser Ressourcen in der Weise, dass sich Vielfalt tatsächlich entwickeln kann. Immer noch am Beispiel des Hörfunks heißt das, dass Ressourcen für terrestrisches Radio auch im lokalen und regionalen Bereich zu ökonomisch realistischen Bedingungen vorhanden sein müssten, damit wirtschaftlich und publizistisch die elektronische Kommunikation auch die Nahräume und nicht nur nationale oder größere Märkte bedient. Das Ziel der Vielfaltssicherung durch eine positive Ordnung des Rundfunks ist unbestritten. Nur muss das Instrumentarium zukünftig sehr viel anders aussehen.

II. Regulierung des Plattformbetriebs

Bereits früher im Zusammenhang mit der Digitalisierung des Hörfunks durch das **90**
System DAB war erkannt worden, dass Sendernetzbetreiber anders als im analogen Bereich, wo ein Programm auf einer Frequenz übertragen wurde, besondere Aufgaben erfüllen,[105] indem sie **verschiedene Programme und Dienste in einen Multiplex für eine größere Bandbreite** bündeln. Es entstehen vielfältige medienrechtliche Fragen dadurch, dass ein Frequenzblock von mehreren Programmveranstaltern für mehrere Programme genutzt werden können. Zwischen dem Anbieter eines Programms und den reinen Sendernetzbetreiber schiebt sich ein Dritter, der in der früheren Diskussion „Bitratenmanager"[106] genannt wurde, gelegentlich seiner Funktion nach als „Aggregator" für Programme bezeichnet wird und in der aktuellen rundfunkrechtlichen Diskussion der „Plattformbetreiber"[107] ist.

1. Begriff des Plattformbetreibers

Der Begriff ist schillernd, zumal er nicht nur für Frequenzblöcke terrestrischer Über- **91**
tragungssysteme verwendet wird, sondern auch in Bezug auf Kabel- und Satellitenanbieter und auch für einzelne Internet-Angebote und dort gelegentlich als Synonym für „Portal" steht. Die Definition in § 2 Nr 13 RStV definiert als Anbieter einer Plattform, wer auf digitalen Übertragungskapazitäten oder digitalen Datenströmen Rundfunk und an die Allgemeinheit gerichtete Telemedien auch von Dritten mit dem Ziel zusammenfasst oder über die Auswahl für die Zusammenfassung entscheidet, diese

105 Vgl *Ory* AfP 1994, 18.

106 *Ory* FS Detjen 221; *Ladeur* MMR 1999, 266.

107 Zur aktuellen Anknüpfung durch das BVerfG s oben Rn 19.

Angebote als Gesamtangebot zugänglich zu machen. Plattformanbieter ist nach dieser Definition nicht, wer Rundfunk oder vergleichbare Telemedien ausschließlich vermarktet. Im Gegensatz zum Anbieter von Plattformen wird nun nach § 2 Abs 2 Nr 11 RStV als Rundfunkveranstalter definiert, wer ein Rundfunkprogramm unter eigener inhaltlicher Verantwortung anbietet.

92 §§ 52 ff RStV gelten für Plattformen auf allen technischen Übertragungswegen wie etwa im Internet, im Kabel, auf Satelliten oder beim Mobilfunk. Als Ausnahme gilt indes: Nicht erfasst sind Plattformen in offenen Netzen wie dem Internet, soweit sie über keine marktbeherrschende Stellung verfügen. Nicht erfasst sind drahtgebundene Plattformen mit in der Regel weniger als 10000 angeschlossenen Wohneinheiten. Nicht erfasst sind ferner drahtlose Plattformen mit in der Regel weniger als 20000 Nutzer. Für diese Plattformen von geringer Bedeutung gelten Mindestanforderungen insb mit Blick auf Befugnisse der Landesmedienanstalten, nicht aber die Belegungsvorschriften des § 52b RStV.

2. Belegungsvorgaben zur Vielfaltssicherung

93 Die **Belegungsnorm** des § 52b RStV ist von zentraler Bedeutung und offenbart zugleich, dass die rundfunkrechtliche Diskussion die mit der Digitalisierung verbundenen Fragestellungen noch nicht systematisch befriedigend zu lösen vermag. Nach § 52b Abs 1 RStV gilt für Plattformen privater Anbieter mit Fernsehprogrammen eine bestimmte Belegungsregel, wonach zunächst Programme des öffentlich-rechtlichen Rundfunks, dann private Fernsehprogramme mit Regionalfenstern und dann weitere Programme zu transportieren sind. Hierfür ist bis zu einem Drittel der Gesamtkapazität zur Verfügung zu stellen. Innerhalb eines weiteren Drittels der technischen Kapazität hat der Plattformbetreiber ein Auswahlermessen, muss aber zB ein vielfältiges Angebot an Vollprogrammen berücksichtigen. Erst im letzten Drittel der Kapazität trifft er die Entscheidung über die Belegung allein nach Maßgabe der allgemeinen Gesetze. Für den Bereich des Hörfunks normiert § 52b Abs 2 RStV eine **Must-Carry-Verpflichtung** in höchstens einem Drittel der Kapazität nur für öffentlich-rechtliche Anbieter vor, während im zweiten Drittel der Kapazität ein vielfältiges Angebot unter Berücksichtigung der Interessen „der angeschlossenen Teilnehmer" erstellt werden soll, während im letzten Drittel der Plattformbetreiber alleine entscheidet.

94 Auffällig an dieser Regelung sind mehrere Punkte. Zum einen sind die materiellen Unterschiede der Belegungsvorgabe für Hörfunk und Fernsehen nicht gerechtfertigt. Erklärbar sind die Unterschiede nur damit, dass der gesamte RStV im Grunde genommen immer ein TV-Staatsvertrag war und andere Mediengattungen, die unter Rundfunk fallen, nur punktuell berücksichtigt sind. Es schließlich wird zukünftig vielfach der Fall sein, dass gemischt sowohl Hörfunk als auch Bewegtbildangebote (und damit wohl begrifflich „Fernsehen") transportiert werden. Letzten Endes läuft es dann immer auf die Belegung entsprechend der für das Fernsehen geltenden Spezialnorm des § 52b Abs 1 RStV hinaus. Die Regelung übersieht, dass es sich um transparente Netze handelt, die für verschiedene Mediengattungen belegt und genutzt werden können. Notwendig sind rundfunkrechtliche Regelungen, die Vielfalt mehrdimensional verstehen: Zum einen als eine Vielfalt unterschiedlicher Mediengattungen, die auf einzelnen Plattformen zu berücksichtigen sind. Dann geht es um die inhaltliche Vielfalt der einzelnen Angebote. Auch bei der Plattformregulierung gibt das Rundfunkrecht noch keine ausreichenden Antworten auf jene Fragen, die die Digitalisierung aufwirft.

III. Tripolare Medienordnung im Internet

Die zukünftige Herausforderung des Rundfunkrechts wird an einem kleinen Stück Software diskutiert: An der App der Tagesschau auf dem iPhone.[108] Es geht darum, wie gebührenfinanzierter öffentlich-rechtlicher Rundfunk und auf Bezahlmodelle angewiesene Privatmedien wie die Presse im Internet koexistieren. Das wirft die Frage auf, ob dies aus der Perspektive alleine des Rundfunkrechtes zu beantworten ist, weil es sich um einen Sachverhalt der Rundfunkfreiheit handelt, oder ob auch andere Freiheitsrechte in den Blick genommen und zum Ausgleich gebracht werden müssen. 95

1. Presse und Rundfunk treffen sich im Internet

Die Rechtsprechung des Bundesverfassungsgerichts sah Presse[109] und Rundfunk[110] als getrennte Bereiche mit jeweils eigenständigem Rechtsrahmen. Als der Privatfunk zugelassen war, wurde die Beteiligung der Presse am privaten Teil des Rundfunks durch die als Rechtsbegriff benutzte Formel von der „publizistischen Gewaltenteilung“[111] in Frage gestellt – ganz im Sinne der völligen Trennung beider Bereiche. Aus der zulässigen Beschränkung dieses Zugangs entwickelte sich das Medienkonzentrationsrecht[112]. 96

Das Rundfunkrecht beschäftigte sich sodann mit den Verhältnissen innerhalb des Rundfunks also dem Miteinander des privaten und des öffentlich-rechtlichen Teils in der dualen Rundfunkordnung. Das BVerfG entwickelte in diesem Zusammenhang die Rechtsfigur der Grundversorgung der öffentlich-rechtlichen Rundfunkanstalten[113] und daraus abgeleitet ihre Bestands- und Entwicklungsgarantie[114] sowie der Finanzgewährleistungsanspruch[115] gegenüber dem Staat. Die privaten Anbieter können einer geringeren Regulierung unterworfen werden konnten, solange und soweit die öffentlich-rechtlichen Rundfunkanstalten die Grundversorgung innerhalb des dualen Rundfunks erfüllten. Dabei wird nach dem Fortfall der frequenztechnischen Sondersituation die besondere Bedeutung des Rundfunks für die Sonderdogmatik herangezogen. Das Ergebnis ist ein ungeheuer starker öffentlich-rechtlicher Rundfunk, dessen Bestand rechtlich gesichert, dessen Fortentwicklung rechtlich garantiert und dessen Finanzierung im Sinne eines Anspruchs gegen den Staat abgesichert ist. 97

Die Logik des Internets[116] hat aber wenig mit der hergebrachten Ökonomie der Presse zu tun und gar nichts mit der Sonderdogmatik des deutschen Rundfunkrechts. Das Medienverhalten der Nutzer hat sich dramatisch geändert, sie erwarten, dass Rundfunk und Presse mit ihrem Inhalt im Internet sind. Vor allem die Möglichkeit, Inhalte unabhängig von einem Verbreitungsgebiet der Presse oder einem Sendegebiet 98

---

108 *Ory* AfP 2010, 20 ff.
109 BVerfGE 20, 162 , 174 f – Spiegel-Entscheidung.
110 BVerfGE 12, 205, 260 – Erstes Rundfunkurteil, abgrenzend auf BVerfGE 10, 118 (121).
111 BVerfGE 73, 118, 175 – Niedersachsen-Entscheidung: Das BVerfG ist dem nicht gefolgt, sondern hat formuliert: „Das Grundgesetz verwehrt Presseunternehmen nicht den Zugang zum Rundfunk; der Satz, solche Unternehmen hätten sich im Sinne einer ‚publizistischen Gewaltenteilung‘ auf die Printmedien zu beschränken, ist kein Verfassungssatz.“
112 Vgl zuletzt die Diskussion um die Novelle des LMG NRW – *Holznagel* ZUM 2009, 620.
113 BVerfGE 73, 118, 157 – Niedersachsen-Entscheidung.
114 Angelegt bereits in BVerfGE 74, 297 – Baden-Württemberg-Entscheidung, heftig kritisiert von *Kull* AfP 1987, 568.
115 BVerfGE 90, 60, 90 – Erstes Gebührenurteil, anknüpfend an BVerfGE 73, 118, 158; 87, 181, 199.
116 Etwa *Jarvis*.

des Rundfunks und unabhängig von einer tagesaktuellen Ausgabe oder einer gerade laufenden Sendung zu konsumieren, wird als wesentlich angesehen.[117]

99 Notwendigerweise sieht das Angebot der Verlage im Netz anders aus als das auf Papier. So warb der Bundesverband Deutscher Zeitungsverleger eV (BDZV) Anfang Januar 2010, sozusagen parallel zum Streit um die ARD-App für eine Tagung „Bewegtbild – Zeitungen gehen auf Sendung" mit folgender Feststellung: „Videos spielen im Internet eine immer größere Rolle; Verlage können es sich kaum noch leisten, ohne ein entsprechendes Angebot auszukommen"[118].

2. 12. Rundfunkänderungsstaatsvertrag

100 Wie dargelegt (Rn 8) unterfallen Online-Medien dem Schutzbereich der Rundfunkfreiheit. Bei der einfachgesetzlichen Ausgestaltung hat der Gesetzgeber ein großes Ermessen (Rn 27), auf dieser Ebene sind nur die wenigsten Online-Medien Rundfunk oder „fernsehähnliche Telemedien". Wie weit aber die verfassungsrechtliche Sonderdogmatik des Rundfunkrechts in der Praxis reicht, ist umstritten mit praktischen Folgen bei den Online-Aktivitäten der öffentlich-rechtlichen Rundfunkanstalten – und beispielsweise der App auf dem iPhone für die Tagesschau.

101 Der Rundfunkgesetzgeber beabsichtigte, durch den 12. RÄndStV den Auftrag des öffentlich-rechtlichen Rundfunks für Rundfunkprogramme und Telemedien sowie das Verfahren für neue und veränderte Telemedienangebote zu präzisieren (§§ 11 bis 11f). Die Verfahrensregelungen führten den Dreistufentest ein. Die Begründungen zu Telemedien der Anstalten müüse so konkret sein, dass die zuständige Rechtsaufsicht das Angebot beurteilen könne, so die Begründung zum 12. RÄndStV. § 11f RStV regelt die Inhaltsbeschreibung, die Berechenbarkeit, die Kriterien, wann ein Angebot als neu oder verändert gilt, die Prüfmaßstäbe, die Stellungnahmen Dritter und die Grundlagen des Verfahrens.

102 Anlass der Präzisierung war der „Beihilfekompromiss", also die Zusagen Deutschlands gegenüber der Generaldirektion Wettbewerb der Europäischen Kommission, die Aufgaben der öffentlich-rechtlichen Rundfunkanstalten wegen der Gebührenfinanzierung, deren beihilferechtliche Zulässigkeit in Streit stand, genauer zu fassen. Aus Sicht des klassischen Rundfunkrechts erschien dies ein verfassungsrechtlich bedenkliches Vorgehen.

103 Das soll an dieser Stelle am Beispiel des für ARD, ZDF und das Deutschlandradio vorgelegten Gutachtens zum 12. RÄndStV nachvollzogen werden. Die funktionsgerechte Ordnung des Rundfunks habe eine publizistische Orientierung und sei vom Gedanken der publizistischen Konkurrenz geprägt.[119] Die „Systemelemente" der Rundfunkordnung seien mit Blick auf tatsächliche Veränderungen anpassungsfähig und entwicklungsoffen, um diese publizistische Funktion zu erfüllen. Der Position der Rundfunkanstalten nähert sich das Gutachten über die Programmautonomie,[120] die nicht erst nach der Aufgabenausgestaltung durch den Gesetzgeber zu beachten sei, sondern schon bei der Konkretisierung des Funktionsauftrags durch den Gesetzgeber selbst. Das schließe aus, dass der Gesetzgeber das „Ob" einer Aufgabenzuweisung festschreibt, die Anstalten dann im Rahmen der Programmfreiheit das „Wie" ausfüllen;[121]

---

117 *Van Eimeren/Frees* 349, 354; s auch http://www.ard-zdf-onlinestudie.de.
118 www.bdzv.de/bdzv_intern+M53a5852d08b.html.
119 *Hain* 33.
120 *Hain* 37.
121 *Hain* 38 ff.

der Gutachter meint, dass die Entfaltung journalistisch-publizistischer Eigenrationalität der Anstalten den Gesetzgeber schon beim „Ob“ einschränkt, er also bestimmte Angebote gar nicht ausschließen darf. Die Grundversorgung – die Anstalten müssten gegenüber den privaten Anbietern publizistisch konkurrenzfähig sein[122] – im dualen System und die Bestands- und Entwicklungsgarantie sowie die Möglichkeit der Funktionserfüllung darüber hinaus sind weitere Argumente.[123]

Die nächste Weichenstellung folgt bei der Entscheidung zwischen einerseits der Ausgestaltung der Rundfunkordnung durch den Gesetzgeber bzw andererseits der Einschränkung der Rundfunkfreiheit.[124] Die Förderung des publizistischen Wettbewerbs gehöre zur Ausgestaltung,[125] der Schutz ökonomischer Interessen privater Veranstalter indes der Beschränkung.[126] Der Schwerpunkt wird deutlich: „Das Funktionserforderliche ist nicht unverhältnismäßig zu Lasten privater Anbieter, die gesetzgeberische Beauftragung mit weniger ... hingegen Unverhältnismäßigkeit zu Lasten des öffentlich-rechtlichen Rundfunks“.[127] Diese Argumentation setzt allerdings das „Funktionserforderliche“ aus rein rundfunkrechtlicher Perspektive an den Anfang der Abwägung statt das Funktionserforderliche durch den Abwägungsprozess selbst zu bestimmen. 104

3. Keine presseähnlichen Angebote der Rundfunkanstalten

Ein Versuch, das Zusammentreffen von Presse und Rundfunk im Internet durch eine Ausgestaltung der Rundfunkordnung zu regeln, erfolgte mit § 11d Abs 2 Nr 3 RStV wonach „nicht sendungsbezogene presseähnliche Angebote“ bei den öffentlich-rechtlichen Rundfunkanstalten unzulässig sind. Die Begriffsdefinition des § 2 Abs 2 Nr 19 RStV fasst unter den Begriff nicht nur elektronische Ausgaben von Printmedien, sondern alle journalistisch-redaktionell gestaltete Angebote, die nach Gestaltung und Inhalt Zeitungen oder Zeitschriften entsprechen. 105

Der Versuch, den öffentlich-rechtlichen Rundfunk davon abzuhalten, gebührenfinanzierte Angebote in der publizistischen Domäne der Presse anzubieten setzt voraus, dass es entsprechend abgrenzbare Bereiche gibt. Die Konvergenz erweist sich auch hier als der natürliche Feind einer Grenzziehung. Das haben die Autoren des 12. RÄndStV geahnt, als sie in der Begründung formulierten, einerseits solle der Tendenz begegnet werden, dass nicht-sendungsbezogene Telemedien der Anstalten den inhaltlichen und gestalterischen Schwerpunkt in Texten setzten. Andererseits sei das Verfassen von Lesen und Texten eine Kulturtechnik, die man schon für den „zielgerichteten Zugriff auf ein Telemedium“ benötige. Noch klarer wird das bei der Begründung zur Definition:[128] Die neu eingefügte Nr 19 bei den Begriffsbestimmungen definiere „presseähnliche Angebote“. Sowohl die öffentlich-rechtlichen Rundfunkanstalten als auch privatrechtliche Medienunternehmen seien journalistisch redaktionell tätig, heißt es sodann, um anzuführen, das grenze sie von anderen Angeboten ab. Man kann daraus die Einschätzung lesen, dass zwar journalistisch-redaktionelle Angebote von anders aufbereiteten Inhalten abgrenzbar sind, die Differenzierung innerhalb der journalistisch aufbereiteten Inhalte jedenfalls rechtlich im Internet gegebenenfalls schwierig ist. 106

122 *Hain* 42.
123 *Hain* 41 ff.
124 *Hain* 47 ff.
125 *Hain* 48.
126 *Hain* 53. Nur das Unterbinden von Marktzutrittsbarrieren und eines Verdrängungswettbewerbs durch die Anstalten zu Lasten privaten Rundfunks wird als Gegenstand der Ausgestaltung angesehen (48, 66).
127 *Hain* 67.
128 Zur Kritik einer Begriffsdefinition auch *Peters* 1124 f.

107 Das zuvor erwähnte Gutachten legt diese Regelung einschränkend aus: Da Zeitungen und Zeitschriften aber alles Mögliche an Inhalt haben könnten, sei das Verbot der Anstalten nicht auf bestimmte Inhalte bezogen, sondern auf das alle Zeitungen oder Zeitschriften gemeinsame Gestaltungsmerkmal „Kombination von Text und Standbild". In verfassungskonformer Auslegung[129] heiße das aber nicht, dass Text und Standbild bei den Anstalten verboten sind, sondern ein Gesamtangebot wie *tagesschau.de* sei dann nicht „presseähnlich", wenn es neben Text und Bild auch noch zusätzlich Video und Audio enthält. In der Konsequenz werden derartige Angebote sozusagen als „presseähnlich plus" zulässig, sofern ihnen im Drei-Stufen-Test publizistischer Mehrwert zugebilligt wird.

108 Ein weiteres, nun von der Gremienvorsitzendenkonferenz der ARD in Auftrag gegebenes Gutachten verstärkt diese rein rundfunkrechtliche Kritik. Es kommt zum Ergebnis, „dass die üblichen Internetangebote nicht als presseähnlich eingestuft werden dürfen, mag es auch im Internet ähnliche Angebote geben, die von Presseunternehmen veranstaltet"[130] werden. Das ist im Ergebnis zutreffend: Web-Inhalte von drei Viertel der deutschen Zeitungsverlagen beschränken sich bereits heute nicht mehr nur auf Text und Bild (oben Rn 75), was ohnehin schon seit den frühen Zeiten der „Bildschirmzeitung" erklärtes Ziel war[131]. Und würde man eine „Restriktion" der Anstalten so auslegen, dass ihnen die Behandlung eines bestimmten Themas mit Text und Standbild nicht möglich sei, derselbe Text und dasselbe Bild aber angereichert um einen Videoclip möglich wird, erscheint eine solche etwaige Regelungsabsicht nur bedingt durchdacht.

4. Online-Vielfalt nicht nur durch Rundfunkanstalten

109 Die Beschreibung des Zusammentreffens von Rundfunk und Presse im Internet aus der Sichtweise des Rundfunkverfassungsrechts verleitet dazu, Argumente bei der Binnensicht des Rundfunkrechts zu übertragen, obwohl die Logik des Internets eine völlig andere ist.

110 So hinterfragt das für die Anstalten gefertigte Gutachten völlig auf dem Boden der Sonderdogmatik des Rundfunkrechts, inwieweit der 12. RÄndStV eine Ausgestaltung der Rundfunkordnung oder eine Beschränkung der Rundfunkfreiheit der Anstalten ist. Wenn es dabei neben den Anstalten andere Beteiligte in den Blick nimmt, sind das private Rundfunkanbieter. Seine Argumente betreffen das Verhältnis der Beteiligten innerhalb der dualen Rundfunkordnung. Sie werden auf alle übrigen Beteiligten im Internet, darunter auch die dorthin konvergierte Presse übertragen. Die Fragestellung, welche Auswirkungen die Weichenstellungen innerhalb der Sonderdogmatik des Rundfunks auf beispielsweise die Pressefreiheit haben, wird ausgeblendet. Es wird so argumentiert, als seien Rundfunk und Presse nach wie vor zwei völlig isolierte Bereiche, obwohl doch der Ausschluss presseähnlicher Telemedien beim öffentlich-rechtlichen Rundfunk dem Schutz der Presse und damit der stärkeren Gewichtung der Pressefreiheit dienen soll. Man wird je nach Standpunkt zu unterschiedlichen Ergebnissen kommen. Aber die Frage, ob im Sinne eines übergreifenden Ausgleichs dort, wo Rundfunk und Presse sich im Internet begegnen, die Ausgestaltung der Rundfunkordnung zugleich in ihrer Auswirkung eine Beschränkung der Pressefreiheit bewirkt, muss diskutiert werden. Dass es eine ökonomische Verschränkung gibt, wodurch

---

129 *Hain* 107 f.
130 *Papier* 35; ähnl *Hain* 107 f.
131 *Ory* Die Zeitung auf dem Bildschirm, 99.

wirtschaftliche Auswirkungen des Rundfunks die Presse in verfassungsrechtlich relevanter Weise beeinträchtigen können, hat das BVerfG dem Grunde nach bei der Werbefinanzierung privaten Rundfunks anerkannt: „Verfassungsrechtlich ist dies von Bedeutung, weil eine solche Entwicklung die Pressefreiheit berühren würde, welche auch das Institut ‚Freie Presse', also den Bestand und die Funktionsfähigkeit der Presse gewährleistet".[132]

Blendet man in der aktuellen Diskussion indes diesen Aspekt aus, muss es zu einer Überbewertung der Rundfunkfreiheit kommen, mit der Folge, dass die innerhalb des dualen Rundfunks oben beschriebene Dominanz der Anstalten wegen der Bestands- und Entwicklungsgarantie und des Finanzgewährleistungsanspruches über das Zusammentreffen von Rundfunk und Presse im Internet entsprechend den publizistischen und ökonomischen Rechtstatsachen bei der Presse im angestammten Bereich des körperlichen Vertriebs von Information und damit im Bereich der Pressefreiheit fortgeschrieben wird. Die Diskussion um die iPhone-App der ARD macht dies ganz deutlich: Die Presse erleidet in ihrem Kerngeschäft Einbußen, muss im Internet Fuß fassen und dort Bezahlmodelle für Inhalte etablieren, wenn sie überleben will. Gerade wenn sie damit auf dem iPhone erste Versuche macht, bietet der öffentlich-rechtliche Rundfunk den potentiell gleichen Inhalt kostenfrei. **111**

Deutlich wird das auch im Gutachten für die Gremienvorsitzendenkonferez der ARD, wenn es formuliert, letztlich befinde sich die Presse in derselben Situation, die private Rundfunkanbieter vorfinden, die im klassischen Rundfunk mit den öffentlich-rechtlichen Sendern konkurrieren.[133] Die „Grundversorgung" im Verständnis als verfassungsrechtlich garantierte Mindestaufgabe einer öffentlich-rechtlichen Rundfunkanstalt auch für nicht-sendungsbezogene Online-Inhalte ist der Hebel, um zu diesem Ergebnis zu gelangen.[134] In Erinnerung zu rufen ist dagegen, dass die Grundversorgung[135] nicht als Abgrenzung zwischen privatem und öffentlich-rechtlichem Rundfunk formuliert war, sondern dazu diente, die Anforderungen an die privaten Anbieter zu reduzieren, „solange und soweit" die Grundversorgung durch den öffentlich-rechtlichen Rundfunk wirksam sichergestellt war.[136] Wie weit weg die Grundversorgung von Online-Sachverhalten formuliert wurde, zeigt sich an der Beschreibung des BVerfG, die Grundversorgung sei Sache der öffentlich-rechtlichen Anstalten, „weil ihre terrestrischen Programme nahezu die gesamte Bevölkerung erreichen ...".[137] Das Gutachten für die Gremienvorsitzenden wendet also bewusst eine im Verhältnis zwischen öffentlich-rechtlichen Anstalten und privater Konkurrenz entwickelte Rechtsfigur gegen alle anderen Beteiligten im Internet an. **112**

Das führt zu dem, was an unverdächtiger Stelle[138] als „Vielfaltsluxus" bezeichnet wird. Im Rahmen einer empirischen Untersuchung, die als Basis weiterer Schritte für die Medienkonzentration dienen soll, heißt es, paradoxerweise führe der heutige „Vielfaltsluxus" auf der Nachfrageseite zu neuen Vielfaltsgefährdungen auf der Angebotsseite. Das wird zum einen mit Mediensubstitutionseffekten hin zum Internet vor allem bei den Verlagen mit der Folge weiterer Verluste auf den Stammmärkten begründet. Zugleich trage das kostenlose Angebot der journalistischen Online-Produkte erheblich zum Refinanzierungsproblem gerade der Verlage im Internet bei. Das **113**

132 BVerfGE 73, 118, 180, bezugnehmend auf BVerfGE 20, 162, 175 f; BVerfGE 57, 295, 324.
133 *Papier* 34.
134 *Papier* 25.
135 BVerfGE 73, 118, 157 – Niedersachsen Entscheidung.
136 BVerfGE 73, 118, 158 f.
137 BVerfGE 73, 118, 157.
138 *Neuberger/Lobigs* 199.

führe zu einem Konsolidierungsdruck auf die Verlage und zur Fortsetzung eines starken Konzentrationsprozesses auf dem Pressemarkt selbst.

114 Ein solcher Befund nötigt zur Frage, ob die Ausgestaltung bei der Rundfunkordnung vor allem bei den öffentlich-rechtlichen Anstalten, bei ihrer Finanzierung und ihren Betätigungsmöglichkeiten im Internet eine Rücksichtnahme auf den Bereich der privaten Medien und namentlich der Presse erfordert – ist sie zulässig oder gar geboten? Mit einer rein aus dem bisherigen Rundfunkrecht abgeleiteten Argumentation ist die Frage nicht zu beantworten.

115 Die im Gremien-Gutachten beschriebene Position lehnt dies ab. Unzulässig sei die Erwägung, es bedürfe einer Kompensation für den Bedeutungsverlust der klassischen Presse. Begebe sich die Presse auf das Gebiet des Rundfunks, der im „modernen Sinn auch Internetangebote umfasst", müsse sie die öffentlich-rechtliche Konkurrenz „aushalten".[139] Der Begriff „aushalten" kann im Einzelfall angesichts des in diesem Zusammenhang ja durchaus erkannten „Bedeutungsverlusts der klassischen Presse" recht schnell existenzielle Formen annehmen. Denn es ist die Presse, die in der medialen Konkurrenz zum Internet am meisten verliert, während das Medium Fernsehen empirisch weniger betroffen ist.[140]

116 Erstaunlicherweise wird an dieser Stelle der Frage, ob eine solche Position am Ende bezogen auf alle Medien nicht etwa zu weniger Vielfalt führt, erst gar nicht gestellt. Da ausschließlich die Binnensicht des Rundfunks erörtert wird, werden Kollateralschäden außerhalb nicht in den Blick genommen und nicht einer Abwägung zugeführt. Aus diesem Grund wird von dieser Rechtsmeinung der gesetzgeberische Versuch in 12. RÄndStV, mit der Regelung zu presseähnlichen Angeboten die Belange der Verlage zu schützen, im Wege der „verfassungskonformen Auslegung" restriktiv interpretiert.

117 Das führt zu der Frage, welche Markterwartungen durch den Gesetzgeber bei seiner Ausgestaltungsentscheidung zu berücksichtigen sind. Die Trennung von Marktchancen und Meinungsfreiheit,[141] die sich in der Baden-Württemberg-Entscheidung des BVerfG findet, dürfte so rigoros heute nicht mehr gelten. Es ging dort um das Verhältnis beider Teile des dualen Rundfunks zueinander um die Frage, ob mit Blick auf die Marktchancen der privaten Rundfunkanbieter die Anstalten sich bestimmter Aktivitäten enthalten müssen. Richtig ist, dass die Rundfunkregulierung nicht den Sinn hat, die Marktchancen einzelner Unternehmen abzusichern. Andererseits sind im dualen Rundfunk die Vorgaben für den privaten Rundfunk so zu setzen, dass nicht eine Veranstaltung privater Programme in hohem Maße erschwert oder gar ausgeschlossen oder der Privatfunk „funktionsunfähig" würde.[142] Es ist legitim, die Verhinderung oder Beseitigung von Marktverdrängung und Marktzutrittsbarrieren durch das Verhalten der Rundfunkanstalten durch gesetzliche Vorgaben zu berücksichtigen.[143]

118 Von zentraler Bedeutung ist am Ende, in welcher Weise man den Gesetzgeber an rundfunkrechtlich determinierte Vorgaben bindet. Es geht darum, welche Einschätzungen zum Markt und zu den Auswirkungen seiner Maßnahmen der Gesetzgeber zugrunde legen darf und wie weit sein Spielraum bei der Gestaltung geht. Nach der

139 *Papier* 34.
140 *Oehmichen/Schröter* MP 2010, 457, 466 f.
141 BVerfGE 74, 297, 334 f; *Ory* ZUM 1987, 427.
142 BVerfGE 73, 118, 171, vgl 83, 238, 318, 329.
143 *Hain* 53, wenngleich nicht im Zusammenhang mit der Ausgestaltung der Rundfunkordnung, sondern als (eingeschränkt zulässig) Beschränkungszweck.

hier vertretenen Auffassung geht es nicht nur um eine Gestaltung der Rundfunkordnung, sondern auch um eine Gestaltung der Medienordnung insgesamt. Betroffen sind auch in das Betätigungsfeld der Presse und auf die Zutrittsmöglichkeiten Dritter zur Massenkommunikation, die weder bei der Presse noch dem Rundfunk tätig waren, sondern erst durch das Internet die Chance zur Teilhabe haben. Die hier vertretene Auffassung geht davon aus, dass eine Ausgestaltung nur der Rundfunkordnung in Bezug auf das Internet nicht möglich ist, weil gleichzeitig die Belange aller anderen derart betroffen sind, dass auch ihnen gegenüber die Ausgestaltung bei ihrer Tätigkeit insgesamt greift – bei der Presse ist nicht nur das Konkurrenzverhältnis zum Rundfunk im Internet betroffen, sondern auch ihr Handlungsspielraum im Printbereich, wenn es um die Frage geht, wie viel davon zu welchen Konditionen ins Internet gehen können und welche Rückwirkungen das Internet umgekehrt auf den Printbereich hat.

Nach der hier vertretenen Konzeption hat also der Gesetzgeber die Medienordnung insgesamt in den Blick zu nehmen, auch wenn es um die Ausgestaltung der Rundfunkordnung geht. Je weiter deren Ausgestaltung vom angestammten Bereich des Rundfunks hinein in das Internet reicht, umso mehr gilt, dass die Risiken für Fehlentwicklungen auch außerhalb des Rundfunks nicht nur berechtigterweise einbezogen werden dürfen, sondern dass sie im Rahmen der gesetzgeberischen Prognose zwingend berücksichtigt werden müssen. Fehlentwicklungen für das gesamte Mediensystem sind nach Möglichkeit zu minimieren – im Einzelfall auch um den Preis, dass der öffentlich-rechtliche Rundfunk sich nicht zu Lasten anderer zu seinen Bedingungen in neuen Betätigungsfeldern bewegt. **119**

§ 4
Europäisches Rundfunkrecht

Der Begriff „Europäisches Rundfunkrecht“ erscheint auf den ersten Blick als Widerspruch in sich, denn eine Kompetenznorm findet sich im Vertrag über die Arbeitsweise der Europäischen Union (AEUV) nicht, der Vertrag über die Europäische Union (EUV) hat ohnehin eine andere Zielrichtung. Dennoch hat sich auf europäischer Ebene ein Medienrecht herausgebildet, da eine Vielzahl von Maßnahmen insb der **Harmonisierung des Rechts der Mitgliedstaaten erhebliche Auswirkungen auf die Tätigkeit der Medien** und damit auch des Rundfunks haben.[144] Nicht erst seit der Diskussion um den Beihilfecharakter der Rundfunkgebühr (unten Rn 102) wird Klage geführt, die Rundfunkpolitik werde „in Brüssel“ gemacht – was zumindest für wichtige Teilbereiche stimmt, aber nicht zuletzt deshalb, da die in der rechtspolitischen Diskussion im Inland unterlegene Partei regelmäßig dazu neigt, über die „Brüsseler Bande zu spielen“. Und der Kommission kommen solche Hilferufe nicht ungelegen. Insgesamt wird der Auswirkung des europäischen Rechts auf den Rundfunk zu wenig Aufmerksamkeit geschenkt. Auch bei diesem Aspekt will dieser Beitrag einen Überblick bieten und kann nicht in die Details der Themen vordringen. **120**

144 Übersicht bei *Roßnagel/Scheuer* MMR 2005, 271.

I. Europäische Grundrechte

121 Das europäische Recht beinhaltete in den Römischen Verträgen zunächst keine Grundrechte, wenn man einmal davon absieht, dass wesentliche Inhalte wie Diskriminierungsverbote durchaus auf Wertungen beruhen, wie sie in den nationalen Rechtsordnungen dem Grundrecht entsprechen. Die Entwicklung des Europarechts hin zur Grundrechtsbindung lässt sich an den „Solange"-Entscheidungen des BVerfG ablesen. „Solange I" beinhaltete einen Vorbehalt der Kontrolle europäischer Rechtsakte durch das BVerfG, solange der Integrationsprozess der Gemeinschaft nicht so weit fortgeschritten war, dass das Gemeinschaftsrecht auch einen von einem Parlament beschlossenen Grundrechtskatalog enthalte, der dem Grundrechtskatalog des Grundgesetzes adäquat ist.[145]

122 „Solange II" stellte fest, dass insb **die Rechtsprechung des Gerichtshofs der Europäischen Gemeinschaften (EuGH) einen wirksamen Schutz der Grundrechte gegenüber der Hoheitsgewalt der Gemeinschaft generell gewährleistet** und – solange das der Fall ist – das BVerfG seine Gerichtsbarkeit über die Anwendbarkeit von abgeleiteten Gemeinschaftsrechten nicht mehr ausüben wird.[146] Zur weiteren Kontrolle des Unionsrechts und der auf diesem beruhenden Handlungen nationaler staatlicher Stellen vgl das Lissabon-Urteil des BVerfG.[147]

123 Die nachfolgende Entwicklung der Grundrechte der EU wurde wesentlich geprägt durch den Europäischen Rat von Köln am 4.6.1999, der das Mandat erteilte, eine Charta der Grundrechte zu erstellen. Beraten wurde diese im Konvent unter dem Vorsitz von Roman Herzog. Die Proklamation der **Grundrechtecharta (GRC)** am 7.12.2000 schaffte allerdings keine Rechtsverbindlichkeit. Es handelte sich vielmehr um ein Dokument, das die allgemein in der Europäischen Union akzeptierten Werte und Rechtsüberzeugungen zum Ausdruck bringt.[148] Die Charta ging ein in den Entwurf des letztendlich politisch gescheiterten Vertrags über eine Verfassung (EVV) für Europa. Mit dem Vertrag von Lissabon, der am 1.12.2009 in Kraft trat und mit dem die Mitgliedstaaten letztlich erfolgreich die bisher (mit Ausnahme des Verfassungsvertrages) eingeschlagene Linie weiter verfolgten, die europäischen Grunddokumente durch Änderungsverträge fortzuentwickeln, ist nunmehr auch die im Jahre 2007 neu gefasste GRC verbindlicher Teil des Unionsrechts geworden (Ausnahmen sollen bestehen für Polen, das Vereinigte Königreich (gemäß Protokoll Nr 30) sowie Tschechien) und steht im gleichen Rang mit den Verträgen, Art 6 Abs 1 EUV. Im Titel II unter der Überschrift „Freiheiten" findet sich das Recht jeder Person auf freie Meinungsäußerung, welches die Meinungsfreiheit und die Freiheit einschließt, Informationen und Ideen ohne behördliche Eingriffe und ohne Rücksicht auf Staatsgrenzen zu empfangen und weiterzugeben. Zugleich wird die Freiheit der Medien und ihre Pluralität geachtet (Art 11 GRC). Hinzuweisen ist auf die Regelung aus Titel 7 (Allgemeine Bestimmungen). Nach Art 52 Abs 3 GRC haben Rechte der Charta, die den durch die Europäische Konvention zum Schutze der Menschenrechte und Grundfreiheiten (EMRK) garantierten Rechten entsprechen, die gleiche Bedeutung und Tragweite wie im Konventionsrecht, können im Recht der Union indes einen weitergehenden Schutz gewähren. Gem Art 6 Abs 2 EUV tritt die EU der EMRK bei, nähere Maßgaben für die dazu erforderliche Übereinkunft enthält das Protokoll Nr 8.

---

145 BVerfGE 37, 271.

146 BVerfGE 73, 339.

147 BVerfG Urt v 30.6.2009, Az 2 BvE 2/08, 2 BvE 5/08, 2 BvR 1010/08, 2 BvR 1022/08, 2 BvR 1259/08 und 2 BvR 182/09, insb Rn 240 ff mwN.

148 Heselhaus/Nowak/*Nicolaysen* § 1 Rn 70.

In den Blick gerät in Bezug auf die Rundfunkfreiheit Art 11 Abs 2 GRC. Die genannte Bestimmung beinhaltet im Unterschied zu Art 10 Abs 1 EMRK eine explizite selbstständige Garantie der Medienfreiheit, die erst im Laufe der Konventionsberatungen aus Sorge um die Absicherung der Meinungs- und Integrationsvielfalt und Pluralität angesichts einer verstärkten Medienkonzentration formuliert wurde. Gerade der Begriff „Pluralität" sollte die Einigkeit des Konvents in der Auffassung deutlich machen, dass die Sicherung der Meinungsvielfalt überragende Bedeutung für die Demokratie hat (vgl auch Art 2 S 2 EUV).[149] Insoweit basiert der europäische Grundrechtsgedanke auf einem Modell, das dem des BVerfG (oben Rn 4) stark ähnelt. Die Kommentierung weist zur Pluralismussicherung darauf hin, dass es sich – neben der subjektiv-rechtlichen Ebene der Kommunikationsrechte – um einen objektiv-rechtlichen Schutz insb der Rundfunk- und Pressefreiheit handelt und hierbei eine zusätzliche Grundlage in der Rezipientenfreiheit findet. Andererseits beeinträchtigt die Pluralismussicherung die Freiheit des Programmveranstalters, was zu einer Abwägung der betroffenen Interessen in dieser grundrechtsinternen Kollision zwingt.[150] Die sich anschließende Frage nach konkreten gesetzgeberischen Handlungspflichten zur Pluralismussicherung, zum gesetzgeberischen Ermessensspielraum und zu denkbaren Differenzierungen sind bei diesem konzeptionellen Ansatz den oben für die deutsche Rechtsordnung geschilderten Problemen recht ähnlich, auch wenn die Diskussion auf europäischer Ebene in einem komplexeren, weil gerade im Bereich der Medien durchaus unterschiedliche Rechtstraditionen berücksichtigenden politischen und Rechtsrahmen stattfindet. **124**

II. Primärrecht

Die europäischen Institutionen werden innerhalb der Grenzen der durch den Vertrag zugewiesenen Befugnisse tätig, was allgemein (Art 5 Abs 2 EUV) und ausdrücklich noch einmal für die Organe der Gemeinschaft (Art 13 Abs 2 EUV) normiert ist. In den Verträgen als europäisches Primärrecht ist das Subsidiaritätsprinzip normiert, wonach die Gemeinschaft nur tätig wird, sofern und soweit die Ziele der in Betracht gezogenen Maßnahmen auf Ebene der Mitgliedsstaaten nicht ausreichend erreicht werden können, Art 5 Abs 3 EUV. Basis ist das **Prinzip der begrenzten Einzelermächtigung**, weshalb eine Auseinandersetzung mit einzelnen Kompetenznormen im Einzelfall notwendig erscheint. Wie erfindungsreich vorgegangen werden kann, zeigt die für die Medien wesentliche Diskussion um Werbeverbote wie etwa jenes für die Tabakwerbung.[151] **125**

1. Kulturelle Angelegenheiten

Für den Rundfunk beachtlich ist Art 167 AEUV (Art 151 EGV aF), der einen Auftrag zur Kulturförderung auf europäischer Ebene beinhaltet. Begrifflich geht es um die „Entfaltung der Kulturen der Mitgliedstaaten unter Wahrung ihrer nationalen und regionalen Vielfalt sowie gleichzeitiger Hervorhebung des gemeinsamen kulturellen Erbes". Hervorgehoben ist in Art 151 Abs 2 EGV aF der „audiovisuelle Bereich", in dem die Gemeinschaft durch ihre Tätigkeit die Zusammenarbeit zwischen den Mitgliedstaaten fördert und unterstützt sowie deren Tätigkeit im Bereich künstlerisches und literarisches Schaffen ergänzt. **126**

---

149 Heselhaus/Nowak/*Kühling* § 24 Rn 6.
150 Heselhaus/Nowak/*Kühling* § 24 Rn 45.
151 Vgl EuGH, Az C-380/03, *Deutschland gegen Parlament und Rat* (Tabakwerbe-RL II), Slg 2006, I-11573.

127 Eine Regelungskompetenz für den Rundfunk als ein Teil des audiovisuellen Bereichs ist das nicht. Die Kommentierung formuliert, es handele sich um ein „Forum zur Förderung der Einzelkünste", wobei der audiovisuelle Bereich neben Video und Film auch den Rundfunk einschließlich des Hörfunks umfasse. „Komplementäre Aktionen" – ausdrücklich also keine harmonisierende Regulierung – der Gemeinschaft zu Gunsten der umfassend zu verstehenden Kunst im Bereich der audiovisuellen Medien seien denkbar etwa in Form eines „Sponsorship" von Drehbüchern, Hörspielen, Autorenlesungen, musikalischen Wettbewerben, Filmfestivals und kulturell ausgerichteten Hörfunk- und Fernsehkanälen.[152] Die wiedergegebene Kommentierung erscheint weitgehend, weil aus der Förderung der Künste in den Medien eine Finanzierung spezieller Kanäle der Medien oder einzelner Medienanbieter werden könnte. Die Norm wäre überdehnt angewendet, wenn sie als Grundlage bspw für einen europäischen TV-Kanal verwendet würde.

2. Dienstleistungsfreiheit

128 Dienstleistungen iSd Art 56, 57 AEUV sind grenzüberschreitende Leistungen, die in der Regel gegen Entgelt erbracht werden. Beschränkungen des freien Dienstleistungsverkehrs innerhalb der Gemeinschaft sind unzulässig). Der Rundfunk wird vom EuGH in ständiger Rechtssprechung der Dienstleistungsfreiheit zugeordnet.[153] Beschränkungen der Dienstleistungsfreiheit etwa aus Gründen des ordre public sind nach Art 51, 52 Abs 1 AEUV zulässig. Beschränkungen sind ferner aus zwingenden Gründen des Allgemeininteresses zulässig, sofern sie zur Verwirklichung des mit ihm verfolgten Ziels geeignet sind und auch im Übrigen dem Grundsatz der Verhältnismäßigkeit entsprechen. Für den Bereich des Rundfunks sind die wesentlichen Fragen durch die Richtlinie über audiovisuelle Mediendienste (dazu Rn 56) ausgeformt.

3. Niederlassungsfreiheit

129 Für den Rundfunk ist ferner die Niederlassungsfreiheit des Art 49 AEUV von Belang. Danach ist die Niederlassung von Staatsangehörigen eines Mitgliedstaates im Hoheitsgebiet eines anderen Mitgliedstaates zulässig. Das Verbot von Beschränkungen gilt auch für die Gründung von Niederlassungen und für Beteiligungen. Damit sind Gründung von und Beteiligung (hierauf kann, insb bei Minderheitsbeteiligungen, auch bzw vorrangig die Kapitalsverkehrsfreiheit gem Art 63 AEUV anwendbar sein) an Rundfunkunternehmen innerhalb des Gemeinschaftsgebietes diskriminierungsfrei zulässig. Eine Ungleichbehandlung durch nationales Recht, die an der Gesellschafterstruktur eines Rundfunkanbieters anknüpft, ist damit ebenso ausgeschlossen wie alle nicht gerechtfertigten Maßnahmen (s oben Rn 128), die es für eine Person aus einem Mitgliedstaat schwieriger machen – und damit eine spürbar abschreckende Wirkung entfalten –, sich im EU-Ausland zu engagieren.

4. Wettbewerbsrecht

130 Von erheblicher praktischer Bedeutung ist Art 107 AEUV, in dem die Unzulässigkeit von Beihilfen dem Grundsatz nach normiert und die Möglichkeit von Ausnahmen geregelt ist.

---

152 Calliess/Ruffert/*Blanke* Art 151 EGV Rn 11.

153 *Gersdorf* Grundzüge des Rundfunkrechts Rn 538.

a) **Rundfunkgebühr als gerechtfertigte Beihilfe.** Die **Finanzierung der öffentlich-rechtlichen Rundfunkanstalten** in Deutschland wurde vor dem Hintergrund dieser Vorschrift diskutiert. Dabei ging es um zwei Fragen: Handelt es sich überhaupt um eine **Beihilfe** im Sinne einer Zuwendung ohne marktgerechte Gegenleistung?[154] Dies wurde zum Teil verneint, schon wegen angeblich fehlender staatlicher Zurechenbarkeit der Finanzmittel für den öffentlich-rechtlichen Rundfunk.[155] Demgegenüber wurde der Beihilfecharakter der konkreten Gebührenfinanzierung auch im Licht des „Protokolls über den öffentlich-rechtlichen Rundfunk in den Mitgliedsstaaten" zum EGV vom 1.5.1999 bejaht (jetzt: Protokoll Nr 29 zum Lissabon-Vertrag) und eine Rechtfertigung dieser besonderen Beihilfe begründet.[156] In ihrer einschlägigen Entscheidung vom 24.5.2007 hat die Europäische Kommission bekräftigt, dass es sich um eine Beihilfe handelt, die zumindest zum Teil nicht durch die Erfüllung eines öffentlichen Auftrags durch die Anstalten gerechtfertigt ist, da es etwa bei Onlinediensten und digitalen Zusatzkanälen an einer ausreichend konkreten Auftragsdefinition für die Anstalten fehle und zudem auch rein kommerzielle Tätigkeiten verfolgt werden, bei denen nicht ausgeschlossen werden könne, dass diese möglicherweise in den Genuss staatlicher Mittel kommen. Schließlich gewährleisteten die bestehenden rechtlichen Rahmenbedingungen in Deutschland nicht, dass der den öffentlich-rechtlichen Rundfunkanstalten gewährte Ausgleich auf das für die Erfüllung des öffentlichen Auftrags erforderliche Maß beschränkt ist, dass die kommerziellen Tätigkeiten der Anstalten nach marktkonformen Grundsätzen ausgeübt werden und dass insb bei der Finanzierung der Sportübertragungsrechte die nachteiligen Auswirkungen auf den Wettbewerb nicht unverhältnismäßig seien.[157] 131

Die Kommission hielt nach Gesprächen mit den deutschen Behörden, insb also den Bundesländern, eine Reihe von Maßnahmen für geeignet, um die Vereinbarkeit der Rundfunkgebühr mit den Wettbewerbsvorschriften herzustellen. Dazu gehört die **klare Definition des öffentlich-rechtlichen Auftrags hinsichtlich neuer Mediendienste.** Gefordert wurde, dass den öffentlich-rechtlichen Rundfunkanstalten ein „hinreichend präzise definierter öffentlicher Auftrag förmlich übertragen wird". Es müsse sichergestellt werden, „dass die Länder in letzter Instanz darüber befinden", ob Vorschläge der Anstalten für neue Medienangebote vom öffentlichen Auftrag erfasst sind. Die Entscheidung beinhaltet eine Reihe anderer Vorgaben wie die getrennte Buchführung und die Verbote von Überkompensierung und Quersubventionierung kommerzieller Tätigkeiten sowie das Gebot marktkonformen Verhaltens im kommerziellen Bereich. Diese Auffassung der Kommission konnte in einen Konflikt mit den Vorgaben des BVerfG im jüngsten Gebührenurteil 2007 münden. Während das BVerfG die Anstalten insgesamt vom ökonomischen Markt abkoppeln will (Rn 19), will die Kommission die Anstalten in Teilbereichen zu marktkonformem Verhalten zwingen. Das BVerfG hingegen kennt in seiner Argumentation keinen eigenständigen kommerziellen Bereich der Anstalten, sondern fasst alle Aktivitäten unter den verfassungsrechtlich vorgegebenen, gesetzlich allenfalls umschreibbaren Funktionsauftrag. Demgegenüber verlangt die Kommission eine präzise Aufgabenzuweisung. 132

Diesen Konflikt zu lösen, war Aufgabe des 12. Rundfunkänderungsstaatsvertrages. Stichwort war der sog **„public value test"**, auf deutsche Verhältnisse übertragen: „2-Stufen-Test", dem neue Angebote der Anstalten zu unterziehen sind. Die Anstalten 133

---

154 Zum Beihilfebegriff *Cremer* § 87 Rn 9 ff.

155 *Cremer* § 87 Rn 28.

156 *Schwendinger.*

157 Europäische Kommission Entscheidung v 24.4.2007, K(2007) 1761 endg, Rn 307.

stützen sich auf hierbei auf ihre Rundfunkräte, die traditionell eher nicht als besonders kritische Instanz gegenüber neuen Aktivitäten der Leitungsebene aufgefallen waren. Die Länder ihrerseits fürchteten angesichts des deutschen Verfassungsrechts eine präzise Umschreibung und setzten eher auf vermittelnde Verfahren, bei denen zB externe – wie etwa die privatrechtlichen Anbieter – zu neuen Angeboten gehört werden sollen. Auf jeden Fall sollten Zeiten, in denen neue Online-Angebote öffentlich-rechtlicher Anstalten auch „ohne publizistische Relevanz" möglich sind,[158] der Vergangenheit angehören.

134 b) **Technikförderung und Beihilferecht.** Das europäische Wettbewerbsrecht mit dem grundsätzlichen Verbot von Beihilfen spielt auch in anderen Bereichen des Rundfunks eine Rolle. So hat die Kommission am 24.10.2007 entschieden, dass die Förderung von DVB-T in Nordrhein-Westfalen mit dem europäischen Beihilferecht unvereinbar sei. Es ging darum, dass ein Teil der Entgelte finanziert wird, die private Rundfunkanbieter für die Übertragung ihrer Programme über das terrestrische digitale TV-Netz zu zahlen haben.[159] Bereits am 9.11.2005 war die Kommission zum Ergebnis gekommen, dass Zuschüsse in Höhe von rund € 4 Mio, die privaten Rundfunkanbietern für die Nutzung des digitalen terrestrischen DVB-Sendernetzes in Berlin und Brandenburg gewährt wurden, gegen die Beihilfevorschrift des EG-Vertrages verstößt, da dies den Wettbewerb verfälschen könne.[160] Begründet wird das damit, dass die Förderung des digitalen terrestrischen Fernsehens kein angemessenes Mittel sei, um die besonderen Probleme im Zusammenhang mit der Digitalisierung zu beheben. Die Förderung sei auch nicht erforderlich, um die Digitalisierung zu vollziehen. Es sei nicht nachgewiesen, dass die Förderung eine Änderung im Verhalten der privaten Rundfunkanbieter bewirken würde („Anreizeffekt"). Schließlich sei der „Grundsatz der Technologieneutralität" nicht befolgt und lediglich die Übertragung über die digitale terrestrische Plattform gefördert worden. Dies verfälsche den Wettbewerb zwischen verschiedenen Übertragungswegen (Terrestrik, Kabel und Satellit). Das Gericht erster Instanz (jetzt: „Gericht") hat diese Kommissions-Entscheidungen bestätigt (vgl etwa EuG Urt v 6.10.2009, Az T-8/06 bzw zu Italien: EuG Urt v 15.6.2010, Az T-177/07), Klagen hiergegen sind vor dem EuGH anhängig.

III. Sekundärrecht

135 Eine ganze Reihe von Vorschriften des europäischen Sekundärrechts hat Auswirkungen auf die Tätigkeit von Rundfunkanbietern in Deutschland. An dieser Stelle sollen exemplarisch zwei Rechtsgebiete herausgegriffen werden.

1. TK-Richtlinienpaket

136 Das Recht der elektronischen Kommunikation ist durch ein Paket von fünf Harmonisierungsrichtlinien des Jahres 2002 geprägt, die zuletzt durch Änderungsrichtlinien aus dem Jahre 2009 modifiziert wurde; dem waren europarechtliche Schritte für die Marktöffnung vorangegangen. Es ging bei Erlass des Richtlinienpakets um die Änderung der recht dichten **sektorspezifischen Regulierung** nach der Marktöffnungs-

158 epd medien Nr 67 v 25.8.2007, S 13.

159 Zit nach der Pressemitteilung IP/07/1587 der EU-Kommission v 24.10.2007.

160 Zit nach der Pressemitteilung IP/05/1394 der EU-Kommission v 9.11.2005.

phase und ihre Überführung in eine bedarfsabhängige, sektorspezifische Regulierung in der Übergangsphase, um **am Ende die allgemeine wettbewerbsrechtliche Regulierung** greifen zu lassen. Das Richtlinienpaket beinhaltet den allgemeinen Rahmen unter anderem mit dem Procedere und den Kriterien für die Marktdefinition und -analyse, ferner die Genehmigungs-RL, die Zugangs-RL, die Universaldienst-RL und die Datenschutz-RL.[161]

Die Vorschläge der Europäischen Kommission für die Fortentwicklung dieses Rechtsrahmens („**TK-Review**") haben zu einer weiteren Deregulierung und zugleich zu einer Verstärkung der auf der supranationaler Ebene angesiedelten Kompetenzen geführt. Eine für den Bereich des Rundfunks ganz praktische Konsequenz (bereits im Vorfeld der letzten Änderungen) war die Herausnahme des Marktes der Sendernetzbetreiber aus den von den nationalen Regulierungsbehörden (NRB) (jedenfalls) zu untersuchenden und für eine Vorabregulierung in Betracht zu ziehenden Märkten mit der Folge, dass die jetzige ex ante-Entgeltregulierung entfallen könnte und allenfalls noch eine nachträgliche Missbrauchsaufsicht stattfinden würde.[162] **137**

Angesichts des Umstandes, dass ein zugelassener Rundfunkveranstalter, dem Übertragungskapazität auf einer Frequenzressource medienrechtlich zugeteilt ist, (bislang) keine Auswahl beim Sendernetzbetrieb hat, sondern den für dieselbe Frequenz ausgesuchten Sendernetzbetreiber als Vertragspartner akzeptieren muss, sind derartige europarechtliche Vorgaben von handfesten ökonomischen und in der Folge strukturellen Auswirkungen für die Rundfunkveranstalter und ihre tatsächliche Möglichkeit der Betätigung.[163] **138**

Hinzuweisen ist ferner auf europäische Maßnahmen zur **Frequenzharmonisierung** mit dem Ziel der nicht diskriminierungsfreien Frequenzzuteilung.[164] Dieser bislang nicht harmonisierte Bereich steht (erneut) zur Überprüfung an und es zeichnet sich ein Konflikt zwischen der europäischen Betrachtungsweise, die eher marktwirtschaftlich orientiert ist, auf der einen und der eher rundfunkrechtlich orientierten Betrachtungsweise aus Deutschland auf der anderen Seite ab. Ein Streitpunkt ist, inwieweit koordinierte Vorgaben dazu gemacht werden, wie und wann die „digitale Dividende" erzielt werden soll und ob sie dem Rundfunkbereich oder anderen Nutzern zu Gute kommt. Der Kern des Konflikts lässt sich an der Frage festmachen, ob für Frequenzzuteilungen etwa im Wege der Versteigerung etwas zu zahlen ist oder nicht. Im Gegensatz zu den Mobilfunkfrequenzen bei UMTS werden Rundfunkfrequenzen in Deutschland nicht versteigert. Dahinter stehen unterschiedliche Begriffe von Effizienz bei der Frequenznutzung. Bei kommerziellen Angeboten außerhalb des Rundfunks spielte die Überlegung eine Rolle, dass die Ressource „Frequenz" einen Marktwert hat, der über Versteigerungen ermittelt wird, und die Geschäftsidee verwirklicht werden soll, wie man die Frequenz in einem ökonomisch verstandenen Sinn am Effektivsten nutzt. Die Sichtweise des Rundfunkrechts ist eine andere und misst die Effektivität an der Herstellung der Meinungsvielfalt, die gerade nicht finanziell zu erfassen ist; im Gegenteil **139**

---

161 Vgl die Darstellung bei *Schütz/Attendorn/König* Rn 3.

162 S die Empfehlung der Kommission v 17.12.2007 über relevante Produkt- und Dienstmärkte des elektronischen Kommunikationssektors, die aufgrund der RL 2002/21/EG für eine Vorabregulierung in Betracht kommen, K(2007) 5406, abrufbar unter: http://eur-lex.europa.eu/LexUriServ/LexUriServ.do?uri=OJ:L:2007:344:0065:0069:DE:PDF.

163 Gutachten *Ory* AfP 98, 155; vgl auch *Kleist/Roßnagel/Scheuer* Wettbewerb beim Netzbetrieb.

164 BeckTKG-Komm/*Grusmann* Einl B Rn 144 ff.

sind die Auflagen zur Vielfaltssicherung als Korrektiv zu den Marktkräften vorgesehen (zum Konzept des BVerfG oben Rn 19).[165]

140 Sowohl bei den Kriterien, nach denen Frequenzressourcen zugeteilt werden sollen, als auch bei der Frage der Zuständigkeit – Bündelung auf europäischer Ebene oder unterschiedliche Behandlung im jeweiligen Mitgliedstaat – ergeben sich Konflikte mit der Rundfunkordnung, wie sie sich in Deutschland herausgebildet hat. Im Wesentlichen wird der Bund den geänderten Rechtsrahmen durch eine Novelle des TKG umsetzen.

2. Richtlinie zu audiovisuellen Mediendiensten

141 Die sog Revision der **„Fernseh-RL"** war in der zurückliegenden Zeit ein medienpolitisches Diskussionsthema.[166] Die Fernseh-RL war 1989 nach langen Auseinandersetzungen[167] mit dem Ziel verabschiedet worden, Mindestanforderungen für nationale und grenzüberschreitende TV-Angebote zu normieren.[168]

142 Die Änderung der Richtlinie war nötig, um über den Oberbegriff des **„audiovisuellen Mediendienstes"** neue mediale Erscheinungsformen wie etwa Abrufdienste erfassen zu können. Dem Modell der **abgestuften Regelungsdichte** folgend werden alle Angebote audiovisueller Inhalte gewissen Mindestanforderungen etwa im Hinblick auf den Jugendschutz und die Anbieterkennzeichnung unterworfen. Für lineare Dienste, insb also das Fernsehen, gelten weiterhin detaillierte Bestimmungen etwa zur Werbung oder zur Kurzberichterstattung. Hierdurch soll insb der jeweiligen Bedeutung von Angeboten für die öffentliche Meinungsbildung Rechnung getragen werden. Die Neuregelung beinhaltet Vorschriften für nicht-lineare „On-Demand-Dienste". Es werden ferner Ausnahmen vom Herkunftslandprinzip und dem Grundsatz der freien Weiterverbreitung festgelegt. Künftig sind Maßnahmen gegen Anbieter solcher Dienste unter den erweiterten Voraussetzungen, wie sie bislang schon die Ecommerce-Richtlinie regelt, zulässig. So können die Mitgliedstaaten nun auch strengere nationale Rechte durchsetzen; engere Jugendschutzregelungen im deutschen Recht sind ein Beispiel dafür.

143 Umstritten waren Werberegelungen und Product Placement. Durch die Ausweitung der Anwendung der Richtlinie auf die audiovisuelle kommerzielle Kommunikation werden nunmehr alle Anbieter entsprechender Inhalte bzw die diese verbreitenden Mediendiensteanbieter grds den AnforderungenF an die Werbung im weiteren Sinn unterworfen. Die Vorschriften für Werbeformen im Fernsehen wurden abgeändert, so dass unter anderem das Blockwerbegebot für Sportprogramme aufgehoben ist. Product Placement ist – eingeschränkt – zulässig, in besonderen Programmen, wie etwa dem für Kinder, allerdings ausgeschlossen. Die entsprechende Umsetzung erfolgte auf Länderebene durch den 13. RÄStV, auf Seiten des Bundes durch Änderungen des TMG und des Tabakgesetzes.

---

165 S insb zu politischen Initiativen der Kommission im Vorfeld der Erarbeitung des ersten Programms zur Europäischen Funkfrequenzpolitik EAI/*Korteweg*/*McGonagle*, sowie *Schweda* K&R 2010, 81.

166 *Kleist*/*Scheuer* MMR 2006, 127 ff; *Kleist*/*Scheuer* MMR 2006, 206 ff.

167 Vgl etwa Schwarze/*Schwarze* 11.

168 Zum frühen Stadium des Entwurfs *Ory* ZUM 1986, 578; vgl auch *von Gottberg* Teil 4 Rn 304 ff.

Kapitel 2

Presserecht

Literatur

Bullinger Bedeutungsverlust der Pressefreiheit? AfP 2007, 21 (Sonderheft); *Brüning* Der Schutz der Pressefreiheit im Straf- und Strafprozessrecht – Anmerkungen zum Urteil des BVerfG wistra 2007, 177; *von Coelln* Unterlassungsanspruch eines Straftäters gegen identifizierende Artikel jurisPR-ITR 8/2007 Anm 3 (online); *Dolzer/Vogel/Graßhof* (Hrsg) Bonner Kommentar zum Grundgesetz, Stand 148. Aktualisierung, Heidelberg 2010 (zit *Dolzer/Vogel/Graßhof*/Bearbeiter); *Dreier* Grundgesetz-Kommentar, 2. Aufl Tübingen 2007; *Fechner* Entscheidungen zum Medienrecht, Stuttgart 2007; *Gaede* Neuere Ansätze zum Schutz der Pressefreiheit beim „Geheimnisverrat durch Journalisten" AfP 2007, 410; *Feldmann* Berichterstattung über das Privat- und Alltagsleben prominenter Personen jurisPR-ITR 8/2008 Anm 2 lit D (online); *Gas* Die Variantenlehre des BVerfG bei mehrdeutigen Äußerungen: Vereinheitlichung ja, Aufgabe nein! AfP 2006, 428; *Gas/Körner* Mit wahren Worten das Falsche sagen – zugleich Besprechung der Entscheidung des BVerfG – 1 BvR 1060/02 vom 24.5.2006 AfP 2007, 17; *Helle* „Variantenlehre" und Mehrdeutigkeit der verletzenden Äußerung AfP 2006, 110; *Hochhuth* Kein Grundrecht auf üble Nachrede – Der Stolpe-Beschluss des BVerfG schützt das Personal der Demokratie NJW 2006, 189; *ders* Schatten über der Meinungsfreiheit – Der „Babycaust"-Beschluss des BVerfG bricht mit der „Vermutung für die Zulässigkeit der freien Rede" NJW 2007, 192; *Jarass/Pieroth* Kommentar zum Grundgesetz, 9. Aufl München 2007; *Jutzi* Durchsuchung und Beschlagnahme bei Presseunternehmen NJ 2007, 218; *Libertus* Persönlichkeitsrechtliche Aspekte der Berichterstattung über ehemalige Stasi-Mitarbeiter sowie der Beweiswert der SIRA- und Rosenholz-Dateien ZUM 2010, 221; *Löffler* Presserecht, 5. Aufl München 2006; *Löffler/Ricker* Handbuch des Presserechts, 5. Aufl München 2005; *Mann* Werbung auf CD-ROM-Produkten mit redaktionellem Inhalt NJW 1996, 1241; *Molle* Die Verdachtsberichterstattung ZUM 2010, 331; *Musiol* BVerfG Urteil vom 27.2.2007 – 1 BvR 538/06, 1 BvR 2045/06 (Anmerkung) Beck-Online Fachdienst gewerblicher Rechtsschutz (FD-GewRS) 2007, 218348; *Nieland* Störerhaftung bei Meinungsforen im Internet – Nachträgliche Löschungspflicht oder Pflicht zur Eingangskontrolle? NJW 2010, 1494; *Sachs* Grundgesetz-Kommentar, 5. Aufl München 2009; *Sajuntz* Die Entwicklung des Presse- und Äußerungsrechts in den Jahren 2008 bis 2010 NJW 2010, 2992; *Schmidt-De Caluwe* Pressefreiheit und Beihilfe zum Geheimnisverrat i.S. des § 353b StGB – Der Fall „Cicero" und die Entscheidung des BVerfG NVwZ 2007, 640; *Seelmann-Eggebrecht* Im Zweifel gegen die Meinungsfreiheit? AfP 2007, 86; *Seitz/Schmidt* Der Gegendarstellungsanpruch, 4. Aufl München 2010; *Seyfarth* Der Einfluß des Verfassungsrechts auf zivilrechtliche Ehrschutzklagen NJW 1999, 1287; *Soehring* Presserecht, 4. Aufl Köln 2010; *Starke* Informantenschutz zwischen Pressefreiheit und staatlichem Strafverfolgungsinteresse AfP 2007, 91; *Teubel* Unterlassungsanspruch bei mehrdeutigen Äußerungen und zweifelhaftem Wahrheitsgehalt – Kritische Anmerkung zu BVerfG, 1 BvR 1696/98 v. 25.10.2005 – „IM-Sekretär" Stolpe AfP 2006, 20; *Wandtke/Bullinger* Praxiskommentar zum Urheberrecht, 3. Aufl München 2009; *Zöller* Kommentar zur ZPO, 28. Aufl Köln 2010.

Übersicht

§ 1
Presse und Presserecht im Wandel

I. Das Presserecht

1 Während bei den modernen Medien die rechtlichen Regelungen der technischen Entwicklung oft hinterherhinken, verfügt das Presserecht über eine lange Tradition.[1]

[1] Zur Geschichte des Presserechts *Löffler/ Ricker* Kap 4.

Ausgangspunkt des Presserechts ist die Garantie der Pressefreiheit gem **Art 5 Abs 1 GG.** Dort steht die Pressefreiheit gleichberechtigt neben den beiden weiteren Verfassungsgarantien der Rundfunk- und Filmfreiheit. Diese Freiheiten werden ergänzt durch die Meinungs- und Informationsfreiheit sowie durch das Zensurverbot.[2] Sie finden ihre Grenzen gem Art 5 Abs 2 GG in den allgemeinen Gesetzen, den gesetzlichen Bestimmungen zum Jugendschutz sowie dem Recht der persönlichen Ehre.[3] 2

Das hierauf aufbauende **einfachgesetzliche Presserecht** ist keine klar umrissene Materie. In der Regel wird zwischen einem weiten und einem engen Begriff des Presserechts unterschieden. Zum **Presserecht im weiten Sinne** gehören alle Vorschriften, die im Bereich der Presse – aber eben nicht nur dort – eine Rolle spielen. Dies sind neben den Regeln des allgemeinen Zivil- und Strafrechts bspw auch Vorschriften aus dem Urheberrecht, dem Wettbewerbsrecht, dem Kartellrecht und dem Arbeitsrecht.[4] So weitgehend soll der Begriff des Presserechts nachfolgend allerdings nicht verstanden werden. 3

Das **Presserecht im engen Sinne** beschränkt sich auf diejenigen Regelungen, die sich unmittelbar auf die Presse beziehen und die Rechte und Pflichten der Presse unter Berücksichtigung ihrer öffentlichen Aufgabe regeln.[5] 4

In erster Linie sind dies die **Landespressegesetze der einzelnen Bundesländer.** Diese im Wesentlichen inhaltsgleichen Gesetze definieren die einzelnen Rechte und Pflichten der Presse. So gewähren sie der Presse zB ein gesetzliches Auskunftsrecht gegenüber Behörden, verpflichten sie aber auch zu journalistischer Sorgfalt und wahrheitsgemäßer Berichterstattung. Daneben enthalten die Landespressegesetze ordnungspolitische Grundpfeiler der Presse wie die Impressumspflicht und das redaktionelle Trennungsgebot bzw die Pflicht kommerzielle Anzeigen entsprechend zu kennzeichnen.[6] 5

Neben den Landespressegesetzen soll nachfolgend zum Presserecht im engen Sinne auch derjenige Rechtsbereich gerechnet werden, der sich in den letzten Jahren und Jahrzehnten im Wege des **case law** in der deutschen und europäischen Rechtsprechung herausgebildet hat. Dieser Bereich umfasst einen bunten Strauß pressespezifischer Einzelfragen, die von der Zulässigkeit von Bildveröffentlichungen von Personen aus dem Bereich der Zeitgeschichte über Fragen zulässiger Verdachtsberichterstattung bis hin zu den Grenzen zulässiger Meinungsäußerungen im politischen Umfeld reichen. Eine umfassende Aufzählung der Fragenkomplexe ist an dieser Stelle nicht möglich. Wesentlich ist aber, dass es in der Rechtsprechung zum Presserecht immer wieder um die einzelfallbezogene Abwägung der Pressefreiheit und der öffentlichen Aufgabe der Presse einerseits mit dem allgemeinen Persönlichkeitsrecht des von der Berichterstattung Betroffenen andererseits geht. Auch und vor allem dieses case law soll nachfolgend als Presserecht im engen Sinne untersucht werden. 6

Das Presserecht ist somit nicht mehr und nicht weniger als das gesetzte und gesprochene Recht, das den Bereich der Presse regelt. Damit wird eine Definition der Presse erforderlich. Was umfasst der Begriff der „Presse"? War zu Zeiten der Zweigleisigkeit von Presse und Rundfunk eindeutig geklärt, dass es sich bei der Presse um die verkörperlichte, bei Rundfunk um die nicht-verkörperlichte Form der Kommuni- 7

---

2 Sachs/*Bethge* Art 5 GG Rn 16.

3 Zur Schrankenregelung des Art 5 Abs 2 *Jarass*/Pieroth Art 5 GG Rn 55 ff; zu den Schranken aus kollidierendem Verfassungsrecht, Art 5 Rn 65 ff.

4 *Löffler/Ricker* Kap 1 Rn 1.

5 *Löffler/Ricker* Kap 1 Rn 3.

6 Löffler/*Bullinger* Einl Rn 7.

kation zum Zwecke der Information und Meinungsbildung der Allgemeinheit gehandelt hat, stellt sich die Frage zu Zeiten der **elektronischen Medien** neu.

II. Die Presse

8 Ebenso wie für den Begriff den „Presserechts" sucht man auch nach einer Legaldefinition der „Presse" vergeblich. Der Begriff der Presse wird in den einschlägigen Rechtsnormen als bekannt vorausgesetzt. Bei der Erforschung des Sinngehalts dieses Begriffs muss zwischen dem einfachgesetzlichen und dem verfassungsrechtlichen Pressebegriff unterschieden werden.

1. Einfachgesetzlicher Pressebegriff

9 Der Pressebegriff in den Landespressegesetzen beschränkt sich auf **Druckwerke.** Die wichtigste Untergruppe sind dabei Zeitungen und Zeitschriften. Diese werden ihrerseits als periodische Druckwerke definiert, die in Abständen von maximal sechs Monaten erscheinen. Ein Teil der Regelungen in den Landespressegesetzen gilt ausschließlich für diese Gruppe. Druckwerke im übrigen sind nach der Definition der Landespressegesetze alle mittels eines Vervielfältigungsverfahrens hergestellten und zur Verbreitung in der Öffentlichkeit bestimmten Schriften, bildliche Darstellungen und Musikalien mit Text oder Erläuterungen. Hierzu zählen neben Büchern, Prospekten, Flugblättern und anderen klassischen Printprodukten nach weiter teleologischer Auslegung auch Veröffentlichungen auf CD-ROM und DVD.[7]

10 Der einfachgesetzliche Pressebegriff stellt damit nach wie vor auf die technische Seite der Herstellung und Verbreitung ab. Entscheidendes Kriterium ist die **verkörperte Massenvervielfältigung.**[8] Nicht von diesem Pressebegriff umfasst sind damit alle körperlosen Verbreitungsformen wie Rundfunk und Fernsehen, aber auch die öffentliche Kommunikation im Internet.[9] Hierfür gelten nicht die Landespressegesetze, sondern das Telemediengesetz und die Vorschriften für Telemedien im Rundfunkstaatsvertrag.

11 Es erscheint fraglich, ob es heute noch zeitgemäß ist, jegliche **Kommunikation im Internet** vom einfachgesetzlichen Pressebegriff und damit vom Anwendungsbereich der Landespressegesetze auszunehmen. Für reine Anbieter von Produkten und Dienstleistungen im Internet ist dies sicherlich richtig, da insoweit keine klassischen, dh redaktionellen Presseleistungen erbracht werden. Demgegenüber ist es in Zeiten, in denen alle großen Verlagshäuser neben ihren Printpublikationen auch über umfassende **Onlineauftritte** und Onlinepublikationen verfügen, kaum verständlich, warum der identische redaktionelle Artikel unterschiedlichen gesetzlichen Regelungen unterfällt, je nachdem, ob er in einer Zeitung abgedruckt oder im Internet veröffentlicht wird. Noch weniger nachvollziehbar ist es, den Artikel, der im Internet erscheint, erst gar nicht unter den Begriff der Presse fallen zu lassen, obwohl zweifellos auch er die öffentliche Aufgabe der Presse – die Information der Bevölkerung zum Zwecke der Meinungsbildung – wahrnimmt. Den Pressebegriff rein anhand des Trägermediums zu bestimmen und Internetpublikationen hiervon per se auszunehmen erscheint heute nicht mehr zeitgemäß.

---

7 *Löffler/Ricker* Kap 1 Rn 7 mwN; *Mann* NJW 1996, 1241, 1243.

8 Löffler/*Bullinger* Einl Rn 13.

9 *Löffler/Ricker* Kap 1 Rn 9.

Den ersten Schritt in Richtung einer einheitlichen Regelung von Print- und Onlinepublikationen haben inzwischen zwei Bundesländer – das Saarland und Rheinland-Pfalz – vollzogen, indem sie ihre Landespressegesetze abgeschafft und durch übergreifende **Mediengesetze** ersetzt haben.[10] 12

Begrifflich gehen zwar auch diese Mediengesetze weiterhin von einem auf Printprodukte beschränkten Pressebegriff aus. Beide Gesetze stellen Regelungen, die sowohl für Printmedien als auch für Rundfunk und Onlinepublikationen gelten sollen, in einem allgemeinen Teil voran. Sodann unterscheiden sie zwischen Regelungen für die Presse einerseits und Regelungen für Rundfunk und Mediendienste andererseits. Immerhin führt dies aber dazu, dass sich zB die Gegendarstellung zu ein und demselben Artikel, der sowohl in einer Zeitung, als auch im Internet erschienen ist, nach denselben Vorschriften in demselben Gesetz richtet. Eine Erweiterung des Pressebegriffs auf Onlinemedien geht damit jedoch noch nicht einher. 13

2. Verfassungsrechtlicher Pressebegriff

Von dem einfachgesetzlichen Pressebegriff, ist der verfassungsrechtliche Pressebegriff zu unterscheiden. Auch hier ist die **Einordnung der Onlinemedien** umstritten und insb die Abgrenzung zur Rundfunkfreiheit nicht letztgültig geklärt. Zwar wird der verfassungsrechtliche Pressebegriff bereits heute als „entwicklungsoffen" und auch im Blick auf die neuen Medien „weit" verstanden[11]. Dies wird zutreffend damit begründet, dass die verfassungsrechtliche Garantie der Pressefreiheit darauf basiert, dass die Verbreitung von Tatsachenberichten und Meinungen gegenüber der Öffentlichkeit schutzwürdig ist, und zwar völlig unabhängig davon, ob die Verbreitung in gedruckten Schriften oder im Internet erfolgt.[12] Die entsprechende Konsequenz, dass dann aber auch redaktionelle Online-Publikationen, die Tatsachenberichte und Meinungen verbreiten, ebenso wie Printprodukte, vom verfassungsrechtlichen Pressebegriff umfasst sein müssten, wird in der Literatur jedoch nur vereinzelt gezogen.[13] Vielmehr wird in der Literatur auch für den verfassungsrechtlichen Pressebegriff überwiegend an einer Verkörperung festgehalten. Fehlt es an einer Materialisierung, wie bei Inhalten des Internets bzw „Online-Medien", soll die Rundfunkfreiheit einschlägig sein,[14] und zwar unabhängig davon, ob der Inhalt eventuell vom Nutzer ausgedruckt wird.[15] Demgegenüber wird zum Teil auch bei Onlinemedien dann von Presse und nicht von Rundfunk ausgegangen, wenn es sich bei der Online-Veröffentlichung um ein reines Pressesurrogat handelt. Damit sind Fälle gemeint, in denen tatsächlich vorhandene, gedruckte Printprodukte auf elektronischem Wege lediglich verbreitet werden, die fernmeldetechnische Übertragung also allein die Zustellung an den Empfänger ersetzt. Dies ist jedoch dann nicht mehr der Fall, wenn es – wie im Falle von Newslettern – an einer körperlichen Vervielfältigung fehlt.[16] 14

10 Saarländisches Mediengesetz (SMG) v 27.2.2002 sowie Landesmediengesetz Rheinland-Pfalz (LMG) v 4.2.2005, in Kraft seit 1.4.2005; krit zu der Einbindung des Presserechts in allgemeine Mediengesetze: *Bullinger* Bedeutungsverlust der Pressefreiheit? AfP-Sonderheft 2007, 21.

11 Dreier/*Schulze-Fielitz* Art 5 I, II GG Rn 90; Sachs/*Bethge* Art 5 Rn 68.

12 OLG Hamburg GRUR-RR 2005, 385, 386 mit weiterem Verweis auf *Jarass/Pieroth* Art 5 GG Rn 25 und Maunz/Dürig/Herzog/*Herzog* Art 5 GG Rn 130.

13 *Fechner* Medienrecht Rn 1065.

14 Dreier/*Schulze-Fielitz* Art 5 I, II GG Rn 93.

15 *Dolzer/Vogel/Graßhof/Degenhardt zu* Art 5 I, II GG Rn 376.

16 *Dolzer/Vogel/Graßhof/Degenhardt zu* Art 5 I, II GG Rn 377.

15 „Presse" im verfassungsrechtlichen Sinne ist letztlich all das, was von der Pressefreiheit gem Art 5 Abs 1 GG geschützt wird. Was aber genau schützt die Pressefreiheit gem Art 5 Abs 1 GG?

III. Die Pressefreiheit

16 Wie bereits für die Begriffe des Presserechts und der Presse fehlt es auch für Inhalt und Umfang der grundgesetzlich gewährleisteten Pressefreiheit an einer Legaldefinition. Insoweit hat allerdings das BVerfG durch mehrere grundlegende Entscheidungen klare Richtlinien gesetzt.

1. Träger der Pressefreiheit

17 Träger des Grundrechts der Pressefreiheit sind alle Personen, Institutionen und Organisationen, die die – nachfolgend noch näher beschriebene – Aufgabe der Presse wahrnehmen. Hierunter fallen der Verleger und der Herausgeber eines Presseerzeugnisses ebenso wie der Redakteur, der Autor, der Informant, der Drucker und der Verbreiter des Presseprodukts.[17]

2. Inhalt der Pressefreiheit

18 Die Pressefreiheit wird oft als Freiheit der jeweiligen Presseangehörigen missverstanden, ihre Meinung öffentlich und frei von staatlicher Beeinflussung zu äußern. Diese Äußerungsfreiheit ist jedoch bereits vom Grundrecht der Meinungsfreiheit umfasst. Einer eigenen Garantie der Pressefreiheit bedürfte es hierfür nicht. Die Pressefreiheit ist insoweit auch kein Spezialgrundrecht für drucktechnisch verbreitete Meinungen und ebenso wenig eine auf die Presse gemünzte verstärkende Wiederholung der Meinungsfreiheit[18].

19 Vielmehr bezieht sich die Pressefreiheit nach der Rechtsprechung des BVerfG auf die die einzelne Meinungsäußerung *übersteigende* Bedeutung der Presse für die freie, individuelle und öffentliche Meinungsbildung. Es sollen vor allem die Voraussetzungen gewährleistet werden, die gegeben sein müssen, damit die Presse ihre Aufgabe im Kommunikationsprozess erfüllen kann. Gemeint ist damit die **Garantie der institutionellen Eigenständigkeit der Presse** von der Beschaffung von Informationen bis zur Verbreitung von Nachrichten und Meinungen.[19] Auf den Pressebetrieb übertragen bedeutet dies den Schutz des gesamten Pressewesens von der Recherche über die Redaktionsarbeit und das Anzeigengeschäft bis hin zum Pressevertrieb.[20]

20 Die Pressefreiheit schützt also all das, was nötig ist, damit die Presse ihre öffentliche Aufgabe erfüllen kann. Worin genau aber liegt diese Aufgabe?

3. Öffentliche Aufgabe der Presse

21 Das BVerfG sieht nach ständiger Rechtsprechung in der freien Presse ein unabdingbares Wesenselement der Demokratie. Der mündige Bürger soll politische Entscheidungen treffen können, wozu er einer umfassenden Information bedarf. Diese Infor-

17 Sachs/*Bethge* Art 5 GG Rn 75; *Jarass/Pieroth* Art 5 GG Rn 28 und 27a.
18 BVerfG NJW 1992, 1439.
19 BVerfG NJW 1992, 1439.
20 St Rspr seit BVerfG NJW 1966, 1603.

mation zu liefern ist die Aufgabe der Presse. Sie fungiert als ständiges Verbindungs- und Kontrollorgan zwischen dem Volk und seinen gewählten Vertretern in Parlament und Regierung.[21] Die Garantie der Pressefreiheit dient nicht allein der Presse, sondern in gleicher Weise dem Schutz des Prozesses öffentlicher Meinungsbildung und damit der Meinungsbildung der Bürger.[22] Um der Presse die Erfüllung dieser Aufgabe zu ermöglichen, interpretiert das BVerfG die Pressefreiheit sowohl als **subjektives Grundrecht** für die im Pressewesen tätigen Personen und Unternehmen, als auch zugleich als eine **objektiv-rechtliche Garantie** des Instituts der „freien Presse".[23]

An der so definierten Aufgabe der Presse hat sich bis zum heutigen Tage nichts geändert. Sie entspricht nicht nur dem deutschen, sondern auch dem europäischen Verständnis der Aufgabe der freien Presse. Nicht umsonst spricht der EGMR von der Presse als „Watchdog" der Gesellschaft und folgert hieraus trotz seiner sonst sehr strengen Rechtsprechung in diesem Bereich,[24] dass im Falle von Politikern ausnahmsweise auch die Veröffentlichung von Fotos aus ihrem Privatleben zulässig sein kann.[25] **22**

Es darf allerdings nicht übersehen werden, dass sich die Aufgabe der Presse nicht in der beschriebenen politischen Kontrollfunktion erschöpft. Vielmehr ist unbestritten, dass grds auch die Unterhaltungs- und weniger seriöse Presse dem Schutzbereich der Pressefreiheit gem Art 5 GG unterfällt.[26] **23**

4. Aktuelle Entwicklungen in der Rechsprechung

Abschließend soll ein Blick auf die Entwicklung der Pressefreiheit in der Rechtsprechung geworfen werden. Zu diesem Zweck seien zwei Urteile herausgegriffen, von denen das eine die Pressefreiheit stärkt, wogegen das andere die Pressefreiheit deutlich einschränkt. **24**

a) **Stärkung der Pressefreiheit durch „Cicero".** In der Rechtsprechung des BVerfG ist seit langem anerkannt, dass die Pressefreiheit auch das **Redaktionsgeheimnis** schützt. Die Presse kann ihre öffentliche Aufgabe nur dann wirksam erfüllen, wenn die Vertraulichkeit der Redaktionsarbeit vor Eingriffen durch den Staat und insb das Vertrauensverhältnis zwischen der Presse und ihren Informanten entsprechend geschützt ist.[27] **25**

Durchsuchungen und Beschlagnahmen in Presseunternehmen stellen daher stets einen Eingriff in die Pressefreiheit dar, dem grds mit Zurückhaltung zu begegnen ist. Ein solcher Eingriff muss durch ein zumindest gleichwertiges rechtsstaatliches öffentliches Interesse im Einzelfall gerechtfertigt sein. **26**

Im Rahmen der vieldiskutierten **„Cicero"-Entscheidung**[28] ging es darum, dass der Artikel eines Journalisten in zum Teil sehr detaillierter Weise aus einem Bericht des Bundeskriminalamtes zitierte, der nur für den internen Gebrauch bestimmt war. Die Staatsanwaltschaft vermutete aufgrund des Artikels, dass sich ein Mitarbeiter des Bundeskriminalamtes des Geheimnisverrats gem § 353b StGB schuldig gemacht hatte und leitete sowohl gegen den Chefredakteur des Magazins als auch gegen den Jour- **27**

---

21 BVerfG NJW 1966, 1603.
22 BGH GRUR 2009, 150.
23 BVerfG NJW 1966, 1603.
24 Vgl Teil 1 Kap 2 Rn 35 ff.
25 EGMR NJW 2004, 2647.
26 BVerfG NJW 2000, 1021; BVerfG NJW 1984, 1741; BVerfG NJW 1973, 1221; BVerfG WRP 2008, 645.
27 BVerfG NJW 1966, 1603; BVerfG NJW 1984, 1741; BVerfG NJW 2007, 1118.
28 BVerfG NJW 2007, 1117.

nalisten, der den Artikel verfasst hatte, Ermittlungsverfahren wegen Beihilfe zum Geheimnisverrat ein. Im Rahmen dieser Ermittlungen wurde eine Durchsuchung der Redaktionsräume durchgeführt und es wurden Beweismittel beschlagnahmt. Sowohl der Journalist, als auch der Chefredakteur legten Verfassungsbeschwerde gegen diese Maßnahmen ein und erhielten vor dem BVerfG Recht.

28 Die **Beschlagnahmevorschriften der §§ 94 ff StPO** sind im Hinblick auf das Redaktionsmaterial eines Presseunternehmens gem § 97 Abs 5 StPO eingeschränkt. Danach ist ua die Beschlagnahme von Schriftstücken, die sich im Gewahrsam eines Presseangehörigen oder der Redaktion befinden, in demselben Umfange unzulässig, wie das **Zeugnisverweigerungsrecht gem § 53 Abs 1 S 1 Nr 5** dieser Personen reichen würde. Nach dieser Vorschrift dürfen Presseangehörige ua das Zeugnis über die Person ihres Informanten verweigern.

29 Der in § 97 Abs 5 S 1 StPO dem Zeugnisverweigerungsrecht angepasste Beschlagnahmeschutz für Presseangehörige gilt nach § 97 Abs 5 S 2 Halbs 1 iVm Abs 2 S 3 StPO dann nicht, wenn die betroffenen Pressemitarbeiter selbst der Teilnahme an einer Straftat verdächtig sind. In diesen Fällen sind Beschlagnahmen zulässig, wenn auch gem § 97 Abs 5 S 2 Halbs 2 StPO nur dann, wenn sie auch unter Berücksichtigung von Art 5 Abs 1 S 2 GG der Verhältnismäßigkeit entsprechen.

30 Diese Grenze der Verhältnismäßigkeit war vorliegend nicht einschlägig. Denn wenn Medienmitarbeiter – wie hier – durch die Einleitung eines staatsanwaltschaftlichen Ermittlungsverfahrens nicht nur selbst einer Straftat verdächtig, sondern bereits beschuldigt sind, entfällt die Anwendbarkeit des § 97 StPO vollständig. Es entspricht der herrschenden Meinung in Rechtsprechung und Literatur und wurde auch vom BVerfG als verfassungskonform anerkannt, dass der Beschlagnahmeschutz nach § 97 StPO insgesamt nicht einschlägig ist, wenn ein Presseangehöriger Beschuldigter oder Mitbeschuldigter einer Straftat ist.[29]

31 Allerdings – und dies ist der entscheidende Punkt in der aktuellen Entscheidung – bleibt auch *ohne* Anwendbarkeit der in § 97 Abs 5 S 2 Halbs 2 StPO ausdrücklich normierten Verhältnismäßigkeitsgrenze das **Grundrecht der Pressefreiheit** gem Art 5 Abs 1 GG von Bedeutung. Dies stellte das BVerfG in der Cicero-Entscheidung ausdrücklich klar und entschied, dass jedenfalls im *konkreten* Fall der zugrundeliegende Tatverdacht unter Berücksichtigung der Pressefreiheit für eine Durchsuchung und Beschlagnahme der Redaktionsräume nicht ausreichte. Mit Ausnahme der streitgegenständlichen Veröffentlichung selbst gab es keine hinreichenden Anhaltspunkte für die Haupttat, somit dafür, dass ein Geheimnisverrat gem § 353b StGB begangen worden war. Hierfür fehlte es an Kenntnissen darüber, ob das Handeln des Geheimnisträgers auf Veröffentlichung des Geheimnisses abgezielt hatte. Aus der bloßen Veröffentlichung in der Presse konnte dies nicht gefolgert werden. Damit verstieß nach Auffassung des BVerfG die Anordnung von Durchsuchung und Beschlagnahme mangels hinreichender Anhaltspunkte für einen auf die Veröffentlichung gerichteten Tatplan des Geheimnisträgers gegen Art 5 Abs 1 S 2 GG.

32 Die Entscheidung des BVerfG ist zu begrüßen. Das Hauptargument hierfür wird vom BVerfG selbst deutlich dargelegt. Würde jedweder Tatverdacht für die Anordnung einer Durchsuchung oder Beschlagnahme auch bei Presseangehörigen ausreichen, so hätte es die Staatsanwaltschaft selbst in der Hand, durch die Einleitung eines Ermittlungsverfahrens gegen die Presseangehörigen deren besonderen grundrecht-

29 BVerfG NJW 2007, 1117, 1119 mwN.

lichen Schutz zum Wegfall zu bringen, und zwar selbst dann, wenn die Anhaltspunkte für eine Beihilfe schwach sind. Es bestünde damit die Gefahr, dass die Staatsanwaltschaft ein Ermittlungsverfahren ausschließlich oder überwiegend mit dem Ziel einleitet, mittels Durchsuchungen und Beschlagnahmen einen bislang unzureichenden Verdacht weiter erhärten zu können. Dies aber widerspräche dem verfassungsrechtlich gewährleisteten Informantenschutz als Teil der Pressefreiheit.

Dem BVerfG ist deshalb darin zuzustimmen, dass die strafprozessualen Normen über Durchsuchung und Beschlagnahme dahingehend ausgelegt werden müssen, dass die bloße Veröffentlichung des Dienstgeheimnisses durch einen Journalisten nicht ausreicht, um einen ausreichenden Verdacht der Beihilfe des Journalisten zum Geheimnisverrat zu begründen. Zu fordern sind vielmehr spezifische tatsächliche Anhaltspunkte für das Vorliegen einer vom Geheimnisträger bezweckten Veröffentlichung des Geheimnisses und damit einer beihilfefähigen Haupttat. Sind solche Anhaltspunkte nicht gegeben, dürfen Durchsuchung und Beschlagnahme nicht eingesetzt werden. Diese Maßnahmen setzen einen entsprechenden Verdacht gerade *voraus* und können nicht dazu dienen, diesen Verdacht erst zu begründen. 33

Die Cicero-Entscheidung wurde in der presserechtlichen Literatur zu Recht als Stärkung der Pressefreiheit gesehen.[30] Zustimmung verdienen allerdings auch diejenigen Stimmen, die darauf hinweisen, dass das Urteil sehr deutlich auf den konkreten Einzelfall abstellt und die Übertragbarkeit auf zukünftige Fälle fraglich bleibt.[31] Insb lässt das Urteil die grundsätzliche Frage offen, ob Journalisten auf die **Veröffentlichung interner Papiere** grds verzichten müssen oder ob Geheimnisse nur von Amts wegen zu wahren sind. Einer nachhaltigen Stärkung der Pressefreiheit würde erst eine Entscheidung dienen, die auch insoweit feststellt, dass die Wahrung von Amtsgeheimnissen nicht Aufgabe der Presse ist. Zwar darf sich die Presse keiner illegalen Mittel bedienen, um an geheime Informationen zu gelangen. Werden solche Informationen der Presse von Amtsträgern aber geradezu in die Hände gespielt, kann die Presse nicht in demselben Umfang wie die Amtsträger selbst zur Wahrung der entsprechenden Geheimnisse verpflichtet sein. Eine diesbezügliche Klarstellung durch den Gesetzgeber ist mit dem „Gesetz zur Stärkung der Pressefreiheit" derzeit in Arbeit.[32] 34

b) Schwächung der Pressefreiheit durch „Caroline". Eine deutliche Einschränkung erfuhr die Pressefreiheit durch die sog Caroline-Entscheidung des EGMR[33]. Diese Entscheidung hat inzwischen auch zu einer strengeren, wengleich zwischenzeitlich auch wieder differenzierten und verfeinerten Rechtsprechung des BGH[34] und des BVerfG[35] in Fragen der **Bildveröffentlichung Prominenter im privaten Umfeld** geführt. 35

Ausgangspunkt war eine detaillierte Rechtsprechung des BGH und des BVerfG zu der Frage, wann Prominente, die sich in der Öffentlichkeit aufhalten, auch bei privaten Tätigkeiten fotografiert bzw die entsprechenden Fotos veröffentlicht werden dürfen. Handelte es sich um sog **absolute Personen der Zeitgeschichte**, die der Öffentlichkeit unabhängig von einem bestimmten Ereignis bekannt waren, so hatten BGH und 36

---

30 ZB *Musiol* Urteilsanmerkung FD-GewRS 2007, 218, 348; *Starke* AfP 2007, 91; keine Stärkung der Pressefreiheit hingegen sieht *Jutzi* NJ 2007, 218.

31 *Fechner* Entscheidungen zum Medienrecht, 44.

32 Gesetzesentwurf gem BT-Drucks 17/3355 v 21.10.2010; s auch *Sajuntz* NJW 2010, 2992 ff, 2997.

33 EGMR NJW 2004, 2647.

34 BGH NJW 2007, 1977; BGH, NJW 2009, 757; BGH, NJW 2009, 1499.

35 BVerfG WRP 2008, 645; BVerfG NJW 2008, 1793.

BVerfG das bloße Auftreten dieser Personen in der Öffentlichkeit als **zeitgeschichtliches Ereignis** anerkannt, über das auch durch die Veröffentlichung von Fotos berichtet werden durfte. Ausnahmen galten für Fotos von Minderjährigen, für **Situationen elterlicher Zuwendung** oder wenn sich die Betroffenen an einen **Ort der Abgeschiedenheit** zurückgezogen hatten.

37 Dieser Rechtsprechung hat der EGMR mit einer Entscheidung aus dem Jahr 2004 ein jähes Ende gesetzt. Streitgegenstand waren Fotos von Caroline von Monaco, die diese bei privaten Tätigkeiten in der Öffentlichkeit zeigten und die von den deutschen Gerichten für zulässig erklärt worden waren. Nach der Auffassung des EGMR hätten diese Fotos nicht veröffentlicht werden dürfen. Zur Begründung verwies der EGMR darauf, dass die Fotos nicht als **Beitrag zu irgendeiner Diskussion von allgemeinem Interesse für die Gesellschaft** angesehen werden konnten, sondern nur die Neugier eines bestimmten Publikums über das Privatleben von Caroline von Monaco befriedigen wollten. In einem solchen Fall verdiene der Schutz des Privatlebens der Betroffenen den Vorrang vor der Meinungs- und Pressefreiheit.

38 Diese Entscheidung des EGMR hat dazu geführt, dass inzwischen auch der BGH seine Rechtsprechung geändert hat. Fotos von absoluten Personen der Zeitgeschichte im Sinne der früheren Rechtsprechung dürfen künftig nur noch dann ohne Einwilligung abgebildet werden, wenn die Berichterstattung ein ***Ereignis* von zeitgeschichtlicher Bedeutung** betrifft. Dieses Ereignis liegt nicht mehr per se darin, dass sich die Person in der Öffentlichkeit gezeigt hat. In einem vom BGH später entschiedenen Fall ging es um Urlaubsfotos von Caroline von Monaco und ihrem Ehemann. Die Veröffentlichung der meisten dieser Fotos hielt der BGH für unzulässig, da der Urlaub der Betroffenen kein Vorgang von allgemeinem Interesse und kein zeitgeschichtliches Ereignis sei. Für zulässig erklärte der BGH nur ein einzelnes Foto, das zwar ebenfalls Caroline von Monaco während ihres privaten Urlaubs zeigte, das aber in Zusammenhang mit einer Wortberichterstattung, über die Erkrankung ihres Vaters, des damals regierenden Fürsten von Monaco und dem Verhalten der Familienmitgliedern während dieser Krankheit stand. Hierin sah der BGH eine Berichterstattung über ein zeitgeschichtliches Ereignis, die mit dem fraglichen Foto illustriert werden durfte. Eine weitere, richtungsweisende Entscheidung des EGMR über diesen Fall wird in Kürze erwartet.[36]

39 Quintessenz der neuen Entscheidungspraxis des BGH ist, dass das zeitgeschichtliche Ereignis, das eine Fotoveröffentlichung von Personen ohne deren Einwilligung ermöglicht, nicht mehr *personen-*, sondern nur noch *ereignis*bezogen begründet werden kann. Damit wurde die Figur der „absoluten Person der Zeitgeschichte" faktisch abgeschafft und ersetzt durch das sog abgestufte Schutzkonzept der §§ 22, 23 KUG. Ob ein Foto infolge seines zeitgeschichtlichen Bezugs gem § 23 Abs 1 Nr 1 KUG veröffentlicht werden darf, hängt danach maßgeblich von dem von den Medien selbst zu bestimmenden Informationsinteresse ab. Kommt einem Bild für sich genommen keine oder kaum meinungsbildende Relevanz zu, kann diese aus dem Begleittext folgen. Ist ein legitimer Anlass für die Veröffentlichung gegeben, kann sich das Persönlichkeitsinteresse gegen die Bildveröffentlichung nur noch ausnahmsweise nach § 23 Abs 2 KUG durchsetzen.[37]

40 Sowohl der EGMR, als auch der BGH betonen, dass bei der Abwägung zwischen Pressefreiheit einerseits und Persönlichkeitsrecht der betroffenen Person andererseits

---

36 *Sajuntz* NJW 2010, 2992, 2995.

37 *Sajuntz* NJW 2010, 2992, 2994.

wesentlich darauf abzustellen ist, ob der jeweilige Beitrag ein **Thema von allgemeinem, gesellschaftlichem Interesse** behandelt oder ob er der **reinen Befriedigung der Neugier** des Publikums dient. Im letzteren Fall, müsse die Informationsfreiheit regelmäßig gegenüber dem Schutz der Privatsphäre zurücktreten.

Diesen Aspekt hat auch das BVerfG[38] nochmals betont. Zur Überprüfung durch **41**
das BVerfG stand die oben zitierte, spätere Entscheidung des BGH, bei der es um Urlaubsbilder von Caroline von Monaco und ihrem Ehegatten ging. Das BVerfG bestätigte zwar in großen Teilen die aktuelle Rechtsprechung des BGH, hob dessen Verbotsentscheidung aber hinsichtlich eines Urlaubsfotos von Caroline und ihrem Ehegatten auf, das zur Illustration eines Berichts über die Vermietung des Ferienhauses der Betroffenen diente.

Das BVerfG betonte, dass der bloße Hinweis auf einen erhöhten Schutzbedarf bei **42**
Urlaubsfotos nicht ausreicht, um ein Überwiegen des Persönlichkeitsschutzes vor der Pressefreiheit zu begründen. Vielmehr schloss das BVerfG aus dem Begleittext, der sich mit Sparsamkeit und ökonomischem Denken der Reichen befasste, dass hierin durchaus der Anlass zu einer sozial-kritischen Debatte und damit einem erhöhten Informationsgehalt gesehen werden könne. Auch bloßer Unterhaltung könne ein Bezug zur Meinungsbildung nicht von vorneherein abgesprochen werden, denn auch Unterhaltung könne Realitätsbilder vermitteln und Gesprächsgegenstände für Diskussionsprozesse zur Verfügung stellen. Dies gelte auch für Beiträge über das Privat- oder Alltagsleben von Prominenten und ihr soziales Umfelds.

Diesen Ausführungen des BVerfG ist zuzustimmen. Dennoch bleibt die Frage, wo **43**
Unterhaltung mit ausreichendem, meinungsbildendem Sachbezug endet und wo die Befriedigung bloßer Neugier beginnt. Die von BGH und BVerfG gewählte Lösung über die verstärkte Abwägung im Einzelfall bedeutet in der Praxis ein deutliches Weniger an Rechtssicherheit.[39] So ist zB die Differenzierung zwischen der (zulässigen) Berichterstattung über den Einkaufsbummel einer Ministerpräsidentin nach ihrem Amtsverlust[40] und der (unzulässigen) Veröffentlichung über den Einkaufsbummel einer prominenten Fernsehmoderatorin im Urlaub in Begleitung ihrer Putzfrau[41] ein schmaler Grat. Mag man auf den ersten Blick den Unterschied in dem Zusammenhang zum politischen Amtsverlust im ersten gegenüber der reinen Urlaubssituation im zweiten Fall sehen, stellt sich auf den zweiten Blick doch die Frage, ob sich nicht – einerseits – die Ministerpräsidentin bei ihrem Einkaufsbummel gerade in ihr Privatleben zurückziehen wollte und ob nicht – andererseits – ein Thema von öffentlichem Interesse durchaus daraus abgeleitet werden kann, dass sich manche Prominente offenkundig auch am Urlaubsort eine Putzfrau leisten. Der Abstand zu der oben dargestellten Berichterstattung über die Vermietung der privaten Ferienvilla scheint jedenfalls nicht groß.

Es bleibt dabei, dass die Pressefreiheit durch die beschriebene Entwicklung in der **44**
Rechtsprechung eine Minderung erfahren hat. Die langfristigen Folgen auf die Entwicklung insb der Unterhaltungspresse sind weiter abzuwarten.

---

38 BVerfG WRP 2008, 645.
39 *Feldmann* juris PR-ITR 8/2008, Anm 2 lit D.
40 BGH NJW 2008, 3134.
41 BGH NJW 2008, 3138.

§ 2
Grundlegende presserechtliche Ansprüche im Überblick

I. Unterlassung

45 Der grundlegende und in presserechtlichen Auseinandersetzungen in der Regel als erstes geltend gemachte Anspruch ist der zukunftsgerichtete Unterlassungsanspruch. Es handelt sich dabei um einen im Wesentlichen aus § 1004 BGB abgeleiteten, **verschuldensunabhängigen** Anspruch, der darauf gerichtet ist, den für eine rechtswidrige Veröffentlichung Verantwortlichen zur **zukünftigen Unterlassung** der identischen Veröffentlichung zu verpflichten.

46 Gegenstand des Unterlassungsanspruchs können sowohl **Tatsachenbehauptungen**, als auch **Meinungsäußerungen** sein. Zudem kommen Unterlassungsansprüche auch gegen rechtswidrige **Bildveröffentlichungen** in Betracht.

47 Unterlassungsansprüche werden meist zunächst im **Eilverfahren** geltend gemacht.[42] Ergeht in einem solchen Verfahren eine Unterlassungsverfügung, hat der Verletzer durch die Abgabe einer Abschlusserklärung die Möglichkeit die Verfügung als endgültige Regelung anzuerkennen und so die Durchführung eines in der Regel inhaltsgleichen Hauptsacheverfahrens zu vermeiden. In der Praxis werden die meisten Unterlassungsansprüche im Presserecht im Rahmen dieser Vorgehensweise abschließend geklärt. Die Durchführung von Hauptsacheverfahren statt oder im Anschluss an die Inanspruchnahme im einstweiligen Rechtsschutz ist die Ausnahme.

48 Voraussetzung für das Bestehen eines Unterlassungsanspruchs ist eine rechtswidrige, bereits erfolgte oder zu befürchtende Beeinträchtigung, deren **Erstbegehung** oder **Wiederholung** bevorzustehen droht. Die Wiederholung wird bei bereits erfolgter Beeinträchtigung dabei nach ständiger Rechtsprechung vermutet[43], wogegen es für die Annahme einer Erstbegehungsgefahr konkreter Anhaltspunkte bedarf. Vor allem im Recherchestadium kann eine Erstbegehungsgefahr nur unter sehr engen Voraussetzungen angenommen werden, zB wenn der Recherchetätigkeit der rechtswidrige Eingriff bereits eindeutig anhaftet. Die Befürchtung oder die bloße Möglichkeit der Rechtsbeeinträchtigung allein reichen im Hinblick auf Presse- und Meinungsfreiheit nicht aus.[44]

49 An den Nachweis des Wegfalls der Wiederholungsgefahr werden grds strenge Anorderungen gegenüber gestellt[45]. In der Regel wird für den Wegfall der Wiederholungsgefahr die Abgabe einer strafbewehrten Unterlassungsverpflichtungserklärung gefordert. Im Falle einer **Drittunterwerfung**, dh des Berufens darauf, dass bereits gegenüber einer dritten Person eine strafbewehrte Unterlassungsverpflichtungserklärung abgegeben wurde, werden an den Nachweis der Ernsthaftigkeit dieser Erklärung ebenfalls hohe Anforderungen gestellt.

50 Es entspricht gefestigter Rechtsprechung, dass nach der sog **Kerntheorie** von einem Unterlassungstenor nicht nur die identische Veröffentlichung, sondern auch kerngleiche Publikationen umfasst sind.[46] Die Beurteilung der Frage, ob eine neue Publi-

---

42 Zu den prozessualen Einzelheiten *Soehring* § 30, Rn 17 ff.

43 BGH NJW 1986, 2503; BGH NJW 1987, 2225, 2227; BGH NJW 1994, 1281; BGH NJW 1998, 1391, 1392.

44 OLG Koblenz NJW-RR 2008, 1259.

45 BGH GRUR 1975, 89; BGH NJW 1994, 1281.

46 Zöller/*Stöber* § 890 ZPO Rn 3a; OLG Frankfurt NJW-RR 2001, 187; OLG München ZUM-RD 2001, 232–233.

kation mit der untersagten Veröffentlichung kerngleich ist oder nur ähnlich und ob damit ein Verstoß gegen die Unterlassungsverfügung vorliegt oder nicht, obliegt dem Vollstreckungsgericht. Dies bedeutet für den Fall eines Verstoßes durch eine ähnliche, jedoch nicht identische Veröffentlichung für den Unterlassungsgläubiger eine Rechtsunsicherheit im Bestrafungsverfahren.

Es wird oft versucht, diese Rechtsunsicherheit im Rahmen der Vollstreckung dadurch zu vermeiden, dass nach einer erfolgten Verletzung bereits der Untersagungstenor für zukünftige Verletzungen möglichst weit gefasst wird. Die Grenze liegt allerdings darin, dass eine erfolgte Verletzung nur für identische – oder eben kerngleiche – Verstöße eine Wiederholungsgefahr indiziert, während gegen lediglich ähnliche, jedoch bislang nicht begangene Verstöße kein Unterlassungsanspruch besteht. **51**

Der BGH[47] hat zudem kürzlich entschieden, dass im Bereich der Bildberichterstattung die Kerntheorie nicht gilt. Die Beurteilung der Zulässigkeit einer Bildveröffentlichung erfordert in jedem Einzelfall eine Abwägung zwischen dem Informationsinteresse der Öffentlichkeit und den Interessen des Abgebildeten. Eine in einem konkreten Fall unzulässige Bildveröffentlichung kann daher in einem anderen Kontext zulässig sein. Anlass der Entscheidung des BGH war die Klage einer Sportlerin, die sich gegen die ungenehmigte Verbreitung von Urlaubsbildern wehrte. Sie begehrte in diesem Zusammenhang das generelle Verbot, Bildnisse aus ihrem privaten Alltag zu veröffentlichen, wie in diesem Fall geschehen. Wie schon zuvor in einem ähnlich gelagerten Fall das KG,[48] verneinte der BGH zu Recht einen derart weiten Unterlassungsanspruch. Der vorzunehmende Abwägungsprozess bei der Beurteilung der Zulässigkeit der Bildveröffentlichung im Einzelfall könne nicht vorweggenommen werden. Die Kerntheorie sei auf Bildveröffentlichungen daher nicht anwendbar. **52**

Die Entscheidung des BGH ist zu begrüßen. Es würde eine unangemessene Einschränkung der Pressefreiheit bedeuten, wenn ein einzelner Verstoß allzu generalisierend ausgelegt werden und damit ein breites Spektrum zukünftiger Veröffentlichungen ohne Abwägung im Einzelfall pauschal gesperrt werden könnte. **53**

II. Gegendarstellung

Der Anspruch auf Gegendarstellung ist für Druckwerke in den Landespresse- bzw Landesmediengesetzen geregelt. Für Telemedien findet sich ein entsprechender Anspruch in § 56 Rundfunkstaatsvertrag. Gegenstand des Anspruchs ist es, dem von einer – aus seiner Sicht unrichtigen – **Tatsachenbehauptung** Betroffenen die Möglichkeit zu geben, eine eigene Sachverhaltsdarstellung entgegenzusetzen. Dabei wird dem Betroffenen nicht gestattet, selbst umfassend zu der jeweiligen Thematik Stellung zu nehmen. Vielmehr muss sich die Gegendarstellung kurz und knapp auf denjenigen Text der Erstveröffentlichung beziehen, der als unwahr gerügt wird und hierauf eine knappe Erwiderung liefern. Der Begriff der „Gegendarstellung" ist in diesem Sinne wörtlich zu verstehen und nicht im Sinne einer „Eigendarstellung" weit auszulegen. **54**

Im Interesse der Beschleunigung werden von dem entscheidenden Gericht weder **Wahrheitsgehalt** der gerügten Erstveröffentlichung, noch Wahrheitsgehalt der entgegensetzten Erwiderung überprüft. Die Grenze bildet insoweit erst die Offensichtlich- **55**

---

[47] BGH WRP 2008, 673; in Abgrenzung hierzu OLG Hamburg NJW 2009, 87 im Hinblick auf Minderjährige.

[48] KG Urt v 27.3.2007, Az 9 U 103/06.

keit, da es dem zur Veröffentlichung der Gegendarstellung verpflichteten Verlag nicht zugemutet werden soll, eine Gegendarstellung zu veröffentlichen, die für jedermann offenkundig oder gerichtsbekannt den **„Stempel der Lüge"** trägt.[49] Praktische Bedeutung entfaltet diese Grenze nur in Fällen, in denen sich die Unwahrheit der verlangten Gegendarstellung entweder aus eigenen öffentlichen Äußerungen des Betroffenen ergibt, die dem Gericht aufgrund eigener Wahrnehmung, zB aufgrund eines anderen Prozesses bekannt sind oder in Fällen, in denen sich die Unwahrheit eindeutig aus Urkunden ergibt, die der Anspruchsgegner dem Gericht vorlegt.[50]

56 Neben verbalen Tatsachenbehauptungen kann sich ein Gegendarstellungsanspruch auch gegen Bildveröffentlichungen richten. Dies ist zB dann der Fall, wenn es sich bei der Erstveröffentlichung um eine unzulässige **Fotomontage** handelt[51]. Denn letztlich beinhaltet jede Fotoveröffentlichung die konkludente Tatsachenaussage, dass die entsprechende Situation wie abgebildet stattgefunden hat. Ist diese Aussage unrichtig, weil die abgebildete Situation Ergebnis einer für den Betrachter nicht erkennbaren Fotomontage ist, ist die Gewährung des Gegendarstellungsanspruchs konsequent.

57 Der Gegendarstellungsanspruch ist ein **Eilanspruch**. Wird die Gegendarstellung nicht freiwillig abgedruckt, kommt zu ihrer Durchsetzung praktisch ausschließlich das einstweilige Verfügungsverfahren in Betracht wenngleich für Bayern und Sachsen eine Zulässigkeit auch für eine Durchsetzung im Wege der Hauptsacheklage anerkannt wird.[52] Örtlich zuständig ist nach hM ausschließlich das Gericht am Sitz des Verlages.[53] Der Gegendarstellungsanspruch ist an eine Reihe unabdingbarer **Formalien** geknüpft. Er muss zunächst gegenüber dem Verpflichteten in Gestalt eines Abdrucksverlangens geltend gemacht werden. Dem Abdrucksverlangen muss die verlangte Gegendarstellung schriftlich, in druckreifer Fassung und vom Anspruchsteller persönlich[54] unterzeichnet beigefügt sein.

58 In einer Reihe von Landespressegesetzen wird die Gegendarstellung einer dreimonatigen **Ausschlussfrist** unterstellt.[55] Demgegenüber hat zB in Bayern, wo eine entsprechende Ausschlussfrist im Gesetz nicht vorgesehen ist, die Rechtsprechung diese durch das ungeschriebene Tatbestandsmerkmal der **Aktualitätsgrenze** ersetzt. Danach kann die Gegendarstellung nur solange gefordert werden, so lange davon auszugehen ist, dass sich die Erstmitteilung noch „in den Köpfen der ursprünglichen Leser" befindet. Hiervon geht die Rechtsprechung bei Tageszeitungen in der Regel für die Dauer von vier,[56] für wöchentlich erscheinende Zeitschriften in der Regel für die Dauer von vier bis sechs[57] Wochen aus.

59 Über den Vorstoß des LG München I, die Rechtsprechung zur flexiblen Aktualitätsgrenze abzuschaffen und in Analogie zu Landesrundfunk- und Landesmediengesetz durch eine kenntnis- und verschuldensunabhängige zweimonatige Ausschluss-

---

49 *Seitz/Schmidt* Kap 5 Rn 181.
50 *Seitz/Schmidt* Kap 5 Rn 192 ff.
51 LG München I NJW 2004, 606.
52 *Wenzel/Burkhardt* Kap 11 Rn 222; *Seitz/Schmidt* Kap 9 Rn 85.
53 Zu Einzelheiten der örtlichen Zuständigkeit vgl *Seitz/Schmidt* Kap 9 Rn 11 ff.
54 Zur umstrittenen Zulässigkeit der Unterzeichnung durch einen gewillkürten Stellvertreter in Berlin, Bremen, Niedersachsen, Sachsen-Anhalt vgl *Seitz/Schmidt* Kap 5 Rn 115 ff.
55 ZB § 11 Abs 2 S 3 Bad-WürtPrG, § 10 Abs 2 S 4 BerlPresseG, § 12 Abs 2 S 4 BbgPresseG, § 11 Abs 2 S 4 HambPrG, § 11 Abs 2 S 4 LandespresseG NRW, § 11 Abs 2 S 4 Rhl-PfPresseG, § 10 Abs 3 S 2 SächsPresseG.
56 OLG München NJW-RR 2002, 1271; OLG München NJW-RR 2001, 832.
57 OLG München NJW-RR 2001, 832.

frist zu ersetzen,[58] hat das OLG München soweit ersichtlich bislang nicht entschieden. Im konkreten, vom LG München I entschiedenen Fall musste das OLG München[59] die Frage nicht abschließend klären, da die regelmäßig anerkannten Fristen zur Bestimmung der Aktualitätsgrenze nur knapp überschritten waren. Da die Rechtsprechung diese Standardfristen jeweils nur auf Veröffentlichungen von durchschnittlicher Bedeutung anwendet, im konkreten Fall hinsichtlich Thematik und Aufmachung aber von einem überdurchschnittlich bedeutungsvollen Fall ausgegangen wurde, sah das OLG München die Aktualitätsgrenze noch für eingehalten an und ließ die Frage nach der zukünftigen Bemessung der Aktualitätsgrenze offen.

III. Widerruf

Während der Gegendarstellungsanspruch dem *Betroffenen* die Möglichkeit gibt, 60
selbst mit eigenem Namenszug einen Sachverhalt im Eilverfahren anders als verbreitet darzustellen, zeichnet sich der Widerrufsanspruch dadurch aus, dass der ***Verbreiter*** einer Veröffentlichung – zumeist also der Verlag – zum Widerruf seiner ursprünglichen Behauptung gezwungen wird. Voraussetzung für diesen Anspruch ist ebenso wie im Falle der Gegendarstellung eine Tatsachenbehauptung. Eine Meinungsäußerung mag zwar als überzogene Schmähkritik unzulässig sein und bei besonders schwerwiegenden Persönlichkeitsrechtsverletzungen sogar einen Geldentschädigungsanspruch begründen. Die Verpflichtung zum Widerruf bzw zur Berichtigung der eigenen Meinung verbietet allerdings schon das Grundrecht der Meinungsfreiheit.

Der Widerrufsanspruch ist ein aus der analogen Anwendung von § 1004 BGB fol- 61
gender Folgenbeseitigungsanspruch, der aus der Verletzung des Persönlichkeitsrechts abgeleitet wird.[60] Er steht demjenigen zu, über den unwahre **Tatsachenbehauptungen** verbreitet wurden, die sein Persönlichkeitsrecht auch zum Zeitpunkt der Entscheidung weiterhin beeinträchtigen.

Der Widerrufsanspruch beinhaltet eine Reihe von **Fallgruppen**, die je nach Fall- 62
gestaltung auf Richtigstellung, auf Nichtaufrechterhaltung, auf Ergänzung oder auf Distanzierung gerichtet sein können. Die Vielfalt der Ansprüche ist in der Rechtsprechung weitgehend geklärt, wenngleich die dogmatische Einordnung schwierig bleibt.[61]

Der Widerrufsanspruch ist als schwerwiegender Eingriff in die Pressefreiheit aner- 63
kannt. Er unterliegt deshalb, im Gegensatz zur Gegendarstellung, einem **strengen Wahrheitsbeweis** und ist deshalb nur im **Hauptsacheverfahren** durchsetzbar.

Ebenso wie die Gegendarstellung sind auch ein Widerruf bzw eine Berichtigung 64
grds **an demselben Ort und in derselben Aufmachung** abzudrucken, wie die Ursprungsveröffentlichung. Dabei ist allerdings stets das **Maß der Verhältnismäßigkeit** im Auge zu behalten. Für die Veröffentlichung einer Gegendarstellung auf der **Titelseite** hat das BVerfG klargestellt, dass damit die Titelseite nicht ihre Funktion verlieren darf. Es muss weiterhin möglich sein, auf der Titelseite das Blatt zu identifizieren, die als besonders wichtig erachteten Mitteilungen aufzunehmen und das Interesse des Publikums zu erregen.[62] Im Falle des Widerrufs gebietet es schon der bis zum

58 LG München I NJW-RR 2005, 56.

59 OLG München Urt v 11.1.2005, Az 18 U 5011/04.

60 BVerfG NJW 1998, 1381, 1383; BVerfG NJW 1999, 1322, 1324; BGH AfP 2000, 167, 169.

61 BVerfG NJW 1998, 1381, 1383; *Seyfarth* NJW 1999, 1287, 1293.

62 BVerfG NJW 1998, 1381, 1384.

Abdruck in der Regel viel weiter fortgeschrittene Zeitablauf, die Grenze der Verhältnismäßigkeit noch enger zu bemessen und einen Abdruck auf der Titelseite nur in Ausnahmefällen zuzulassen.

65 Rechtsprechung und Literatur bestätigen stets aufs Neue, dass ein Anspruch auf Widerruf neben einer unwahren Tatsachenbehauptung voraussetzt, dass die damit verbundene **Beeinträchtigung für den Betroffenen noch andauert**. Bedauerlicherweise wird dieses an sich unstreitige Tatbestandsmerkmal von den Gerichten in der Praxis kaum einer ernsthaften, eigenständigen Überprüfung unterzogen. Vielmehr wird die fortdauernde Rechts- bzw Rufbeeinträchtigung meist automatisch aus der Schwere der Rechtsverletzung gefolgert. Dies überzeugt nicht.

66 Angesichts der Fülle der Medien wird eine unrichtige Behauptung oft sehr schnell durch neue Schlagzeilen überlagert und von den Lesern nicht in Erinnerung behalten. Es ist deshalb durchaus denkbar, dass eine – auch schwerwiegende – Rechtsverletzung den Betroffenen zum Zeitpunkt der Entscheidung über einen Widerruf nicht mehr beeinträchtigt. Insoweit wäre es konsequent entweder auf das Tatbestandsmerkmal der **fortdauernden Rufbeeinträchtigung** zu verzichten und es – ähnlich dem Geldentschädigungsanspruch – von vorne herein nur auf eine schwerwiegende Persönlichkeitsrechtsverletzung ankommen zu lassen oder das beschriebene Tatbestandsmerkmal der „Fortdauer“ ernsthaft als solches zu behandeln und im konkreten Fall jeweils zu prüfen. Die fortdauernde Beeinträchtigung stattdessen automatisiert aus der Schwere der Verletzung abzuleiten, wie es in der Rechtsprechung meist geschieht, überzeugt demgegenüber nicht.

67 Eine wichtige Rolle kommt der Geltendmachung eines Widerrufsanspruchs als **Vorbereitung für etwaige Geldentschädigungsansprüche** zu. Ein Anspruch auf immaterielle Geldentschädigung besteht unabhängig von seinen weiteren Voraussetzungen nur dann, wenn die Zubilligung einer Entschädigung in Geld unbedingt erforderlich ist, da eine Wiedergutmachung anders nicht in ausreichendem Maße erzielt werden kann. Hieraus folgert die Rechtsprechung zu Recht, dass ein Geldentschädigungsanspruch in der Regel dann scheitert, wenn der Abdruck eines Widerrufs im Vorfeld nicht ernsthaft gefordert bzw auf eine gerichtliche Durchsetzung verzichtet wurde, obwohl er geeignet gewesen wäre, die Rechtsverletzung zu beheben.[63]

IV. Zahlungsansprüche

68 Eine zunehmend wichtige Rolle spielen die Zahlungsansprüche infolge rechtswidriger Presseveröffentlichungen.

69 Der Grund hierfür liegt zum einen in der zunehmenden Kommerzialisierung von Persönlichkeitsrechten. Werden Prominente ohne ihre Einwilligung für Werbemaßnahmen eingesetzt, folgen hieraus oft hohe Schadensersatz- bzw Lizenzansprüche, die meist sowohl aus Delikts-, als auch aus Bereicherungsrecht hergeleitet werden. Bei der Berechnung der **fiktiven Lizenzgebühr**, die ein Prominenter für eine entsprechende Werbung hätte verlangen können, geht die Rechtsprechung zum Teil von Beträgen in Millionenhöhe aus.[64] Ein pauschalierter Zuschlag, wie er in Form der doppelten

---

63 BVerfG NJW-RR 2007, 1194; OLG Stuttgart NJW 1981, 2817; OLG München NJW-RR 2000, 427; KG AfP 1974, 720.

64 Das LG München I hat den Werbewert von Boris Becker in einer der Höhe nach allerdings inzwischen aufgehobenen Entscheidung mit € 1,2 Mio beziffert, vgl LG München I ZUM 2003, 416.

Lizenzgebühr in den „GEMA"-Fällen anerkannt ist und teilweise für das gesamte Immaterialgüterrecht gefordert wird, wird für die Verletzung von Persönlichkeitsrechten bislang nicht diskutiert.[65]

Zum anderen haben seit den viel besprochenen Caroline-Urteilen hohe **Geldentschädigungsbeträge für immaterielle Schäden** Einzug in das Presserecht gehalten. Es steht heute[66] außer Frage, dass im Falle **besonders schwerer Persönlichkeitsrechtsverletzungen**, die nicht anders als durch eine Entschädigung in Geld ausgeglichen werden können, aus § 823 Abs 1 BGB iVm Art 1 und 2 Abs 1 GG ein Geldentschädigungsanspruch für erlittene immaterielle Schäden folgt. Dieser immaterielle Entschädigungsanspruch soll sowohl dem Betroffenen Genugtuung verschaffen, als auch präventive Zwecke erfüllen. Eine Funktion des Geldentschädigungsanspruchs als strafrechtliche Sanktion lehnt die Rechtsprechung ab.[67] **70**

Während die Prüfung eines schuldhaften Handelns im Rahmen dieses Anspruchs in der Regel entfällt, weil ein solches Verschulden indiziert wird, spielt die Abgrenzung zwischen einer „nur" rechtswidrigen und einer „besonders schwerwiegenden" Persönlichkeitsrechtsverletzung eine wichtige Rolle. Die Grenzziehung wird stets nur im Einzelfall möglich sein. Sie hängt sowohl von der Tragweite des Eingriffs selbst ab, als auch von Anlass, Beweggrund und Verschuldensgrad des Verletzers.[68] **71**

Die bislang höchste immaterielle Geldentschädigung wegen Presseveröffentlichungen wurde Madeleine von Schweden zugesprochen. Das OLG Hamburg[69] verurteilte die Beklagte, die in der Zeit von Januar 2000 bis Juli 2004 in zwei unterschiedlichen Zeitschriften insgesamt 86 Beiträge über die Klägerin auf unstreitig unwahrer Tatsachengrundlage veröffentlicht hatte, zu einer Geldentschädigung in Höhe von € 400 000,–. Dabei ging das Gericht davon aus, dass die zahlreichen unwahren Berichte offensichtlich eine rücksichtslose Vermarktung der Persönlichkeitsrechte der Prinzessin von Schweden zum Zwecke der Auflagensteigerung und Gewinnerzielung darstellten. **72**

Ebenfalls hohe immaterielle Geldentschädigungen haben Caroline von Monaco und deren jüngste Tochter Alexandra von Hannover zugesprochen erhalten. Für die Veröffentlichung von Fotos, die Alexandra von Hannover als Säugling und Caroline von Monaco in Situationen elterlicher Zuwendung zu ihr zeigen, wurde zunächst der Mutter vom LG Hamburg[70] eine Geldentschädigung in Höhe von DM 125 000,– zugesprochen und sodann für im wesentlichen dieselben Veröffentlichungen der Tochter vom LG Berlin[71] – bestätigt durch das KG[72] und den BGH[73] – ein Betrag in Höhe von DM 150 000,–.

Eine **Verfassungsbeschwerde** mit dem Argument, die zweifache Verurteilung wegen derselben Veröffentlichungen widerspreche dem verfassungsrechtlich verankerten Verbot der Doppelbestrafung gem Art 103 GG (ne bis in idem), blieb ohne Erfolg.[74] Dies wurde vom BVerfG damit begründet, dass die Geldentschädigung keine Kriminal- **73**

---

65 *Wandtke/Bullinger/v Wolff* § 97 Rn 78.

66 Zur Entstehungsgeschichte des Anspruchs vgl Wenzel/*Burkhardt* Kap 14 Rn 83 ff.

67 BGH NJW 2005, 215, 216.

68 Wenzel/*Burkhardt* Kap 14 Rn 102 mit zahlreichen Beispielen aus der Rechtsprechung; *Heuchemer* AfP 2010, 222 unter Besprechung von BGH GRUR 2010, 171.

69 OLG Hamburg NJW 2010, 624.

70 LG Hamburg Urt v 21.9.2001, Az 324 O 89/01.

71 LG Berlin Urt v 11.12.2001, Az 27 O 361/01.

72 KG ZUM-RD 2003, 527.

73 BGH NJW 2005, 215.

74 BVerfG ZUM-RD 2007, 1.

strafe sei und auch keine ihr vergleichbare Sanktion darstelle. Mit dem Hauptargument der Beschwerdeführerin, dass ein Strafcharakter zumindest dann nicht von der Hand zu weisen sei, wenn – wie hier – die Betroffene als Säugling sich der Rechtsverletzung nicht bewusst war und der Genugtuungsgedanke somit keine große Rolle spielen kann, setzte sich das BVerfG nicht weiter auseinander. Die Richtigkeit der Absolutheit, mit der das BVerfG einen Strafcharakter der Geldentschädigung für immaterielle Schäden verneint, ist aus dem genannten, aber noch aus einem weiteren Grund fraglich. Es besteht Einigkeit darüber, dass bei der Frage, ob eine Persönlichkeitsrechtsverletzung als besonders schwerwiegend anzusehen ist oder nicht, auch der Grad des Verschuldens des Verletzers eine Rolle spielt. Dies zeigt aber, dass mit dem Zuspruch einer Geldentschädigung zumindest *auch* ein besonders hohes Verschulden sanktioniert werden soll. Der Geldentschädigung vor diesem Hintergrund grds jegliche Straffunktion abzusprechen erscheint nicht konsequent und steht zudem in Widerspruch dazu, dass das BVerfG bereits sehr früh anerkannte, dass der Geldentschädigung „pönale Elemente" nicht fremd seien.[75]

74 Als Besonderheit des geschilderten Falls um Caroline von Monaco und Alexandra von Hannover bleibt zu erwähnen, dass die besondere Schwere der Persönlichkeitsrechtsverletzung in diesem Fall nicht aus den einzelnen Bildern, sondern vielmehr aus der **hartnäckigen Wiederholung** der Veröffentlichung gefolgert wurde. Der oft fälschlich verbreitete Grundsatz, die rechtswidrige Veröffentlichung von Fotos Minderjähriger habe stets einen Geldentschädigungsanspruch zur Folge, ist nicht richtig. Keineswegs wird von der Rechtsprechung die einmalige Veröffentlichung des Fotos eines Minderjährigen automatisch als schwerwiegende Persönlichkeitsrechtsverletzung im Sinne eines immateriellen Geldentschädigungsanspruch gesehen. Vielmehr bedarf es hierzu besonderer Umstände oder – wie im erwähnten Fall – einer hartnäckigen und wiederholten Widersetzung gegen den erklärten Willen der Betroffenen. Dabei ist zu beachten, dass – wie das OLG Hamburg[76] zu Recht klarstellte – die oben dargestellte sog „Hartnäckigkeitsrechtsprechung" nur im Rahmen rechtswidriger Bild-, demgegenüber nicht bei Textveröffentlichungen Anwendung finden kann. Der erhebliche Unterschied zwischen den beiden Formen der Persönlichkeitsrechtsverletzung liegt dabei darin, dass das Persönlichkeitsrecht in der besonderen Gestalt des Rechs am eigenen Bild in den §§ 22, 23 KUG scharf umrissen normiert ist, während bei Persönlichkeitsverletzungen durch Wortbeiträge auf die allgemeinen Grundrechtsnormen der Art 1 und 2 GG zurückgegriffen werden muss. Darüber hinaus erreichen Persönlichkeitsrechtsverletzungen durch Wortberichterstattungen nur ganz selten dieselbe Qualität wie solche durch Bildveröffentlichungen. Eine Übertragung der „Hartnäckigkeitsrechtsprechung" auf den Bereich der Wortberichterstattung käme einer übermäßigen Einschränkung der Pressefreiheit gleich.

75 Neben den vorgenannten Ansprüchen auf fiktive Lizenzgebühr und immaterielle Geldentschädigung kommt dem **materiellen Schadensersatzanspruch** wegen rechtswidriger, schuldhafter Presseveröffentlichungen in der Praxis nur eine untergeordnete Rolle zu. Zwar hat das BVerfG anerkannt, dass ein solcher Schadensersatzanspruch keine Verletzung der Pressefreiheit begründet, und zwar selbst dann nicht, wenn er die wirtschaftliche Grundlage des Pressunternehmens berührt.[77] Allerdings scheitert ein solcher Anspruch zumeist an den strengen Anforderungen, die an den Nachweis der Kausalität zwischen rechtswidriger Veröffentlichung und Schadenseintritt gestellt wer-

75 BVerfG GRUR 1974, 44, 50.
76 OLG Hamburg ZUM 2009, 234.
77 BVerfG NJW 2001, 1639.

den. Vor allem dann, wenn über skandalträchtige Sachverhalte in einer Vielzahl von Medien gleichzeitig berichtet wird, wird der Verletzte oft außer Stande sein nachzuweisen, auf welches Medium ein bestimmter Schadenseintritt zurückgeht.[78]

§ 3
Tatsachen und Meinungen

Am Anfang jeder Prüfung eines presserechtlichen Anspruchs steht die Frage, ob es sich bei der zu beurteilenden Äußerung um eine Tatsachenbehauptung oder um eine Meinungsäußerung handelt. Der **Abgrenzung zwischen Tatsachenbehauptung und Meinungsäußerung** kommt daher eine grundlegende Rolle zu. 76

Dies ist zum einen schon deshalb der Fall, weil sich einige presserechtlichen Ansprüche von vorne herein nur auf (unwahre) Tatsachenbehauptungen beziehen. Der Abdruck einer Gegendarstellung oder eines Widerrufs kommt nur in Bezug auf Tatsachenbehauptungen in Betracht. Mögen Meinungsäußerungen jenseits bestimmter Grenzen auch unzulässig und sogar geldentschädigungspflichtig sein, so widerspräche es doch der grundlegenden Vorstellung der Meinungsfreiheit, jemanden zum Widerruf seiner eigenen Meinung zu zwingen. Noch weniger ist es denkbar, jemandem das Recht zur Gegendarstellung in Bezug auf die Meinung eines anderen einzuräumen. Denn eine Meinung ist und bleibt eine persönliche Meinung, die nicht „wahr" oder „unwahr" sein kann. 77

Zum anderen spielt die Einordnung einer Äußerung als Tatsache oder Meinung aber auch im Rahmen der Prüfung von Unterlassungs- und Schadensersatzforderungen eine wichtige Rolle. Zwar ist nach höchstrichterlicher Rechtsprechung anerkannt, dass sich das **Grundrecht der Meinungsfreiheit** grds auch auf Tatsachenbehauptungen bezieht, jedenfalls dann, wenn diese Tatsachen geeignet sind, Grundlage für die Bildung von Meinungen zu sein.[79] Jedoch schützt das Grundrecht der Meinungsfreiheit Tatsachen und Meinungen nicht in identischem Umfang. 78

Während bei Tatsachenbehauptungen die Frage nach dem **Wahrheitsbeweis** eine große Rolle spielt, ist dies bei Meinungsäußerungen nicht der Fall. Meinungen sind in sehr weitem Umfang, grds bis zur Grenze von Beleidigung und **Schmähkritik**, zulässig und können bis zu dieser Grenze auch weder Unterlassungs- noch Zahlungsansprüche auslösen. Insoweit ist der Schutz der Meinungsfreiheit aus Art 5 GG bei Meinungsäußerungen weit stärker ausgeprägt als bei Tatsachenbehauptungen.[80]

I. Tatsachen

Eine Tatsachenbehauptung ist nach herrschender Meinung gegeben, wenn das Gesagte nach dem Verständnis des Durchschnittsempfängers der objektiven Klärung zugänglich ist, dh wenn Beweis darüber erhoben werden kann, ob die Tatsache zutrifft oder nicht.[81] 79

---

78 *Soehring* § 32 Rn 5.

79 BVerfG NJW 1992, 1439, 1440; BVerfG NJW 1980, 2072; BVerfG NJW 1983, 1415.

80 BGH NJW 2007, 686.

81 BVerfG NJW 2002, 1192.

1. Unwahre Tatsachen

80 Wahre Tatsachen nehmen am Grundrechtsschutz des Art 5 GG teil, da sie als Grundlage für die Meinungsbildung ebenso wichtig sind, wie die Verbreitung der Meinungen selbst. Nach der Rechtsprechung des BVerfG endet dieser Schutz allerdings dort, wo Tatsachen zur Meinungsbildung nichts mehr beitragen können. Dies wird für unwahre Tatsachenbehauptungen angenommen, die insoweit kein schützenswertes Gut sind.[82]

81 Allerdings dürfen die Anforderungen an die Wahrheitspflicht nicht so bemessen werden, dass darunter die Funktion der Meinungsfreiheit leidet und auch zulässige Äußerungen aus Furcht vor Sanktionen unterlassen werden.[83] Es kann durchaus der Aufgabe der Presse entsprechen, über Vorgänge zu berichten, bevor der endgültige Wahrheitsbeweis erbracht ist oder erbracht werden kann. In solchen Fällen gilt, dass mitunter auch unwahre Tatsachen am Grundrecht der Meinungsfreiheit teilhaben können. Voraussetzung hierfür ist allerdings, dass der Journalist eine sorgfältige Recherche nachweisen kann und darüber hinaus ein bedeutendes öffentliches Interesse an der Mitteilung der ungesicherten Tatsache besteht. Die trotz sorgfältiger Recherche verbleibende Unsicherheit muss zudem offengelegt und dem Leser mitgeteilt werden.[84]

2. Verschwiegene Tatsachen

82 Auch das Verschweigen von Umständen kann eine Tatsachenbehauptung darstellen. Dies ist vor allem dann der Fall, wenn eine bestimmte Schlussforderung bei Mitteilung der verschwiegenen Tatsache weniger wahrscheinlich gewesen wäre und damit beim Leser infolge des Verschweigens ein falscher Eindruck entsteht. Eine besonders wichtige Rolle spielt dies bei der Mitteilung entlastender Umstände im Rahmen von Verdachtsberichterstattungen.

83 Der BGH[85] nahm einen Fall rechtswidrig verschwiegener Tatsachen zB in Zusammenhang mit einem Bericht an, bei dem es um die Vergabe eines öffentlich-rechtlichen Bauauftrags und einen damit in Zusammenhang stehenden Korruptionsverdacht ging. Der Bericht hatte über die langjährige persönliche Beziehung zwischen den Beteiligten berichtet sowie darüber, dass diese Beteiligten den Auftrag persönlich verhandelt und das fragliche Bauunternehmen den Auftrag letztlich erhalten hatte. Über die Wahrheit all dieser Aussagen bestand kein Streit. Gleichwohl bejahte der BGH Unterlassungsansprüche, da in dem Bericht verschwiegen worden war, dass das betroffene Unternehmen auch das betragsmäßig niedrigste Angebot abgegeben hatte. Dieser Umstand hätte nach Auffassung des BGH in den Augen der Leser eine Entlastung bewirken können, weshalb er nicht hätte verschwiegen werden dürfen.

3. Gerüchte

84 In der Wiedergabe eines Gerüchts liegt sowohl eine Tatsachenbehauptung in Bezug auf die ***Existenz* des Gerüchts** als auch in Bezug auf seinen **Inhalt**. Nur wenn an der Verbreitung des Gerüchts ein öffentliches Interesse besteht und sich der Äußernde hin-

---

82 BVerfG NJW 1992, 1439, 1440; BVerfG NJW 1983, 1415.

83 BVerfG NJW 1994, 1779 unter weiterem Verweis auf BVerfG NJW 1980, 2072; BVerfG NJW 1983, 1415.

84 Vgl ausf zur Verdachtsberichterstattung unter § 6.

85 BGH NJW 2000, 656.

reichend deutlich von dem **Inhalt des Gerüchts** distanziert hat, beschränkt sich der Gehalt der Äußerung auf die reine Existenz des Gerüchts.[86] Andernfalls umfasst die Äußerung aus Sicht des Empfängers zugleich die – verdeckte – Behauptung, dass das Gerücht „wahr" oder zumindest „etwas Wahres daran" sei.[87] Ist eine ausreichende Distanzierung nicht gegeben, stehen dem von dem Gerücht Betroffenen gegen den Verbreiter dieselben Ansprüche zu wie gegen denjenigen, der den Inhalt als Tatsachenbehauptung aufstellt.

Der Inhalt des Gerüchts wird somit demjenigen zugerechnet, der das Gerücht wiedergibt, solange er sich nicht ernsthaft und eindeutig davon distanziert hat. An eine solche Distanzierung werden in der Rechtsprechung hohe Anforderungen gestellt. Die Kennzeichnung als „Gerücht" oder die Formulierung, etwas sei „angeblich" geschehen, reicht hierfür nicht aus.[88] Das OLG Brandenburg ließ auch die vom Verbreiter geäußerte Hoffnung, dass das Gerücht nicht zutreffe, nicht für eine Distanzierung ausreichen. Dabei hatte der Äußernde in diesem Fall allerdings gleichzeitig mitgeteilt, das Gerücht sei ihm „glaubhaft zu Ohren gekommen" und hatte Umstände angeführt, die aus seiner Sicht für die Richtigkeit des Gerüchts sprachen.[89] **85**

Entsprechendes gilt auch, wenn ein von einem Presseorgan bereits verbreitetes Gerücht von einem anderen Verlag aufgegriffen wird. Der BGH hatte dies anhand eines Falls zu entscheiden, in dem zunächst die französische Zeitschrift „Ici Paris" über Hochzeitsgerüchte um Caroline von Monaco berichtet hatte. Sodann titelte eine deutsche Zeitschrift: *„Ici Paris will wissen: Hochzeit im September …"*. Der BGH rechnete das Gerücht der deutschen Zeitschrift als eigene Aussage zu.[90] Er begründete die Zurechenbarkeit damit, dass es an einer Distanzierung fehle. Insb habe der deutsche Verlag den Eindruck erweckt, dass er das verbreitete Gerücht für zutreffend hält, indem er die Aussage in einem Herz aus Blumen neben der Schlagzeile *„Caroline im Glück"* veröffentlicht hatte. **86**

4. Fragen

Bei Fragen wird in der Rechtsprechung zwischen **echten und unechten Fragen** unterschieden. Echte Fragen sind solche, die tatsächlich im Ergebnis offen gestellt werden und es dem Leser überlassen, aus den mitgeteilten Umständen die für ihn wahrscheinlichste Antwort auf die Frage zu finden. Derartige Fragen unterliegen in vollem Umfange dem Schutz der Meinungsäußerung nach Art 5 Abs 1 GG und stehen Meinungsäußerungen gleich. **87**

Demgegenüber sind unechte Fragen solche, die ausschließlich rhetorischen Charakter haben und als feststehende Aussagen aufzufassen sind. Hierbei handelt es sich um Fragen, die dem Leser eine bestimmte Antwort bereits suggerieren. Derartige Fragen sind wie Tatsachenbehauptungen zu behandeln. **88**

Bei der Bestimmung, ob ein Fragesatz eine echte oder eine unechte Frage darstellt, sind der Kontext und die Umstände der Äußerung insgesamt zu berücksichtigen. Die als Schlagzeile von einer Zeitung gestellte Frage *„U im Bett mit Caroline?"* wertete der BGH[91] als unechte Frage und hielt einen Richtigstellungsanspruch für begründet. Dabei berücksichtigte er insb auch den Untertitel der Schlagzeile: *„In einem Playboy-* **89**

86 BGH NJW 1996, 1131, 1132; OLG Brandenburg NJW-RR 2002, 1269.
87 OLG Brandenburg NJW-RR 2002, 1269.
88 LG München I NJW-RR 1999, 104.
89 OLG Brandenburg NJW-RR 2002, 1269.
90 BGH NJW 1995, 861.
91 BGH NJW 2004, 1034.

Interview antwortet er eindeutig zweideutig." Insb dieser zweite Teil der Äußerung suggeriere dem Leser, dass die bejahende Alternative vorrangig in Betracht komme.

90 Ob diese Entscheidung des BGH mit dem Grundsatz des BVerfG[92] vereinbar ist, wonach im Interesse eines wirksamen Grundrechtsschutzes im Zweifel von einem **weiten Fragebegriff** auszugehen ist, darf mit Recht bezweifelt werden. Insb erscheint fraglich, ob die vom BGH angenommene Suggestion, dass eine bestimmte Antwort auf die Frage *vorrangig* in Betracht komme, ausreicht, um in einer Fragestellung eine unechte Frage zu sehen, die einer Tatsachenbehauptung gleich kommt. Richtigerweise sollte hierfür die nahezu *zwingende* Beantwortung der Frage in die eine oder andere Richtung verlangt werden.

5. Zitate

91 Im Falle von wörtlich wiedergegebenen Zitaten eines Dritten stellen sich in der Regel zwei getrennt voneinander zu betrachtende Problemkreise.

92 Zum einen beinhaltet jedes **wörtliche Zitat** automatisch die Tatsachenbehauptung, dass sich der Zitierte entsprechend geäußert hat. Wie jede andere Tatsachenbehauptung auch, muss dieser Umstand wahr sein. Wird ein Zitat in wörtlicher Rede wiedergegeben, so stellt die Rechtsprechung sehr hohe Anforderungen an die sog **Zitattreue.** Unrichtige Zitate sind durch Art 5 Abs 1 GG nicht geschützt.[93] Abweichungen vom tatsächlich Gesagten können auch dann Unterlassungsansprüche des Zitierten auslösen, wenn die Änderungen den Sinn des Zitats unberührt lassen.[94] Sind aus redaktionellen Gründen Kürzungen oder sonstige Änderungen des Zitats erforderlich, sollten diese deshalb entweder mit dem Zitierten abgeklärt oder das Zitat nicht in wörtlicher Rede wiedergegeben werden, wobei auch in letzterem Fall dem Zitierten selbstverständlich keine unrichtigen oder sinnentstellenden Äußerungen untergeschoben werden dürfen.

93 Unabhängig von der richtigen *Wiedergabe* eines Zitats spielt für den Verbreiter auch der ***Inhalt* des Zitats** eine wichtige Rolle. Auch ein zutreffend wiedergegebenes Zitat kann inhaltlich falsch oder beleidigend sein. Hier geht es um die Frage, inwieweit sich der Zitierende die Tatsachenbehauptung oder Meinungsäußerung des Zitierten zurechnen lassen muss. Neben dem Zitierten selbst haftet in der Regel auch der Zitierende für den rechtswidrigen Inhalt eines von ihm verbreiteten Zitats. Gegenteiliges gilt nur, wenn sich der Zitierende von dem Zitat ausdrücklich distanziert hat oder das Zitat im Rahmen eines „Marktes der Meinungen" wiedergegeben wurde.[95]

6. Innere Tatsachen

94 Ein Sonderfall unter den Tatsachenbehauptungen sind die sog inneren Tatsachen. Hierbei handelt es sich um **innere Vorgänge wie Absichten, Motive oder Gefühle**, zu denen letztlich nur der Betroffene selbst zuverlässig Auskunft geben kann. Grds ist die Mitteilung innerer Tatsachen nicht anders zu behandeln als andere Tatsachenbehauptungen. Der Wahrheitsbeweis ist in diesen Fällen allerdings besonders schwer zu führen. Wenn der Betroffene eine innere Tatsache bestreitet, hat der Äußernden in der Regel keine Handhabe das Gegenteil zu beweisen.

---

92 BVerfG NJW 1992, 1442; BVerfG NJW 2003, 660.

93 BVerfG NJW 1980, 2072, 2073.

94 Zu einem gleichwohl zulässigen Abweichen mangels verbleibender Interpretationsunsicherheiten vgl OLG Brandenburg NJW-RR 2007, 1641.

95 Vgl unter § 7 III.

Hiervon zu unterscheiden sind Fälle, die noch als **Meinungsäußerung des Journalisten** einzuordnen sind. So ist bspw die Aussage, jemand sei traurig, wütend oder verärgert gewesen, eine innere Tatsache, die vom Betroffenen durch bloßes Bestreiten widerlegt werden kann. Ist die innere Tatsache dagegen als **Eindruck des Journalisten** formuliert, so wird es dem Betroffenen weit schwerer fallen, hiergegen zu argumentieren, da der persönliche Eindruck und damit die Meinung des Journalisten in vollem Umfange der Meinungsfreiheit nach Art 5 GG unterfällt. **95**

7. Beweislast

Die Zulässigkeit von Tatsachenbehauptungen steht und fällt in der Regel mit der Frage, ob die betreffende Behauptung wahr oder unwahr ist. Die Frage der Beweislastverteilung spielt deshalb eine wichtige Rolle. **96**

Grds muss derjenige, der die Unterlassung einer unrichtigen Tatsachenbehauptung begehrt, die Unrichtigkeit beweisen. Diese Beweislast kehrt sich jedoch um, wenn es um ehrenrührige Tatsachen geht. In diesem Fall muss in analoger Anwendung von § 186 StGB derjenige die Richtigkeit der Behauptung beweisen, der sich entsprechend geäußert hat. **97**

Das BVerfG hat anerkannt, dass der Äußernde der ihm obliegenden Darlegungslast für ehrenrührige Behauptungen durch Verweis auf unwidersprochen gebliebene Pressemitteilungen nachkommen kann.[96] Dies gilt jedoch nur, wenn diese Presseberichte zur Stützung der aufgestellten Behauptung geeignet sind.[97] Ist dem Äußernden dagegen bekannt, dass die Richtigkeit der verbreiteten Behauptung in Frage steht, so kann er sich auf diese Berichterstattung nicht stützen.[98] Es reicht nicht aus, wenn der Äußernde die ihm offen stehenden Nachforschungsmöglichkeiten ausgeschöpft hat. Eine nach seinem Kenntnisstand umstrittene oder zweifelhafte Tatsache muss er vielmehr als solche kennzeichnen und darf sie auch nach sorgfältiger Recherche nicht als feststehend weitergeben.[99] **98**

II. Meinungen

1. Schutz der Meinungsfreiheit

Im Gegensatz zu einer Tatsachenbehauptung ist eine Meinung eine subjektive Wertung oder Beurteilung, die weder einem Beweis, noch einer Einordnung als „richtig" oder „falsch" zugänglich ist. Die ständige Rechtsprechung spricht insoweit von den **Elementen der Stellungnahme, des Dafürhaltens oder Meinens.**[100] Dabei gilt eine Äußerung nur dann als Meinung, wenn sie für den Durchschnittsempfänger als solche erkennbar ist. Die Mitteilung eines Umstandes als feststehendes Faktum kann vom Äußernden nicht nachträglich als seine persönliche Meinung relativiert werden. **99**

Meinungsäußerungen unterfallen der grundgesetzlich geschützten Meinungsfreiheit. Der Schutz besteht hinsichtlich **Inhalt, Form, Ort und Zeit einer Meinungskundgabe** und zwar unabhängig davon, ob die Äußerung rational oder emotional, begründet oder grundlos, für andere nützlich oder schädlich, wertvoll oder wertlos ist. Auch **100**

---

96 BVerfG AfP 1992, 53.
97 BVerfG AfP 1999, 57.
98 BVerfG NJW-RR 2000, 1209, 1211.
99 BVerfG NJW-RR 2000, 1209.
100 BVerfG NJW 1983, 1415; BVerfG NJW 1992, 1439; BVerfG NJW 2002, 1193.

eine polemische oder verletzende Formulierung entzieht eine Aussage grds nicht dem Schutzbereich des Grundrechts.[101]

101 Die Meinungsfreiheit unterliegt den in Art 5 Abs 2 GG festgelegten **Schranken der allgemeinen Gesetze, der Bestimmungen zum Schutze der Jugend und dem Recht der persönlichen Ehre**. Dazu gehört insb auch der Straftatbestand der Beleidigung gem § 185 StGB, der die Meinungsäußerungsfreiheit einschränken kann. Allerdings muss auch § 185 StGB im Hinblick auf die konstituierende Bedeutung der Meinungsfreiheit für die freiheitlich demokratische Ordnung interpretiert werden. Lediglich bei Angriffen auf die Menschenwürde, die absolut gilt und mit keinem anderen Grundrecht abwägungsfähig ist, und bei Schmähkritik hat die Meinungsfreiheit regelmäßig hinter dem Ehrschutz zurückzustehen.[102]

2. Schmähkritik

102 Der Begriff der Schmähkritik ist wegen seines die Meinungsfreiheit des Art 5 Abs 1 GG verdrängenden Effekts eng auszulegen.[103] Auch eine überzogene, ungerechte oder gar ausfällige **Kritik** macht eine Äußerung nicht automatisch zur unzulässigen Schmähung. Von einer solchen geht die ständige Rechtsprechung vielmehr nur dann aus, wenn bei der Äußerung nicht mehr die Auseinandersetzung in der Sache selbst, sondern die Diffamierung des Betroffenen im Vordergrund steht und dieser jenseits polemischer und überspitzter Kritik herabgesetzt und an den Pranger gestellt werden soll.[104] Hieraus folgt im Gegenschluss, dass auch polemische und überspitzte Kritik zulässig sein kann.

103 Lässt sich eine negative Äußerung weder als Angriff auf die Menschenwürde noch als **Formalbeleidigung oder Schmähung** einstufen, so kommt es für die Abwägung auf die Schwere der Beeinträchtigung der betroffenen Rechtsgüter an. Dabei fällt es auch ins Gewicht, ob von dem Grundrecht der Meinungsfreiheit in privatem Rahmen zur Verfolgung von Eigeninteressen oder im Zusammenhang mit einer die Öffentlichkeit wesentlich berührenden Frage Gebrauch gemacht wurde. Handelt es sich bei der umstrittenen Äußerung um einen Beitrag zur öffentlichen Meinungsbildung, so spricht nach der ständigen Rechtsprechung des BVerfG eine Vermutung zugunsten der Freiheit der Rede.[105]

104 Dieser ständigen Rechtsprechung entspricht zB eine Entscheidung des OLG Karlsruhe.[106] Streitgegenstand war eine Fernsehsendung, in der es um Missstände in der Vitaminindustrie ging. In diesem Zusammenhang wurde ein Arzt und Wissenschaftler als personifizierter Vertreter dieser Industrie vorgestellt und im Verlauf der Sendung als „Scharlatan" und „Pfuscher" bezeichnet. Das OLG hielt die Aussagen für zulässig. Im Rahmen einer Auseinandersetzung über ein gesundheitspolitisches Thema von erheblichem öffentlichen Interesse müsse sich der Betroffene diese Äußerungen gefallen lassen. Entscheidend war für das Gericht dabei, dass sich der Beitrag insgesamt mit bestimmten Geschäftspraktiken auf dem Vitaminmarkt – also mit der Sache – auseinandersetzte und nicht vorrangig die Verunglimpfung des Klägers zum Ziel hatte.[107] In entsprechender Art und Weise hat das BVerfG aktuell auch die Bezeich-

101 BVerfG NJW 1995, 3303.
102 BVerfG NJW 1995, 3303.
103 BGH NJW 2005, 283.
104 BGH NJW 2005, 283 und BGH NJW 2002, 1192, jeweils mit Verweis auf BGH NJW 2000, 1036 und BGH NJW 2000, 3421.
105 BVerfG NJW 1958, 257.
106 OLG Karlsruhe NJW-RR 2002, 1695.
107 OLG Karlsruhe NJW-RR 2002, 1696.

nung einer Person als „Dummschwätzer“[108] und die Bezeichnung eines Staatsanwaltes als „durchgeknallt“[109] für zulässig erachtet, wenn die Äußerung nicht ohne sachlichen Anlass erfolgt, sondern dadurch gezielt – im ersten Fall – die Äußerungen der Person in einer bestimmten Debatte gemeint ist, oder – im zweiten Fall – nicht die grundlose Diffamierung des Staatsanwaltes, sondern die Kritik an der Ausübung staatlicher Gewalt im Vordergrund steht.

Insgesamt wird scharfe Kritik vor allem dann für zulässig erachtet und nicht als Schmähkritik eingestuft wird, wenn sie im Rahmen einer öffentlichen Auseinandersetzung zu einem **Thema von öffentlichem Interesse** erfolgt. Entsprechend hatte es auch der BGH[110] für zulässig erachtet, den Vorstandsvorsitzenden eines großen Chemieunternehmens im Rahmen der öffentlichen Diskussion über den Klimaschutz auf einem Greenpeace-Plakat, das sich gegen die FCKW-Produktion aussprach mit dem Text „Alle reden vom Klima – Wir ruinieren es“, identifizierbar abzubilden und zu benennen. **105**

Um angreifbar zu sein, muss sich eine unzulässige Schmähkritik nach außen wenden. So können zB nach ständiger und zutreffender Rechtsprechung des BGH ehrkränkende Äußerungen, die der **Rechtsverfolgung oder Rechtsverteidigung** in einem Gerichtsverfahren oder dessen konkreter Vorbereitung dienen, in aller Regel nicht unter Berufung auf Ehrschutz abgewehrt werden. Denn das Ausgangsverfahren soll nicht durch eine Beschneidung der Äußerungsfreiheit der daran Beteiligten beeinträchtigt werden. Vielmehr sollen die Parteien und auch ihre Prozessbevollmächtigten in einem Gerichtsverfahren alles vortragen dürfen, was sie zur Wahrung der Rechte ihrer Parteien für erforderlich halten, auch wenn hierdurch die Ehre eines anderen berührt wird.[111] Dies gilt aber dann nicht mehr, wenn die entsprechenden Äußerungen außerhalb des Verfahrens in einer Art Rundschreiben, mit dem der sich Äußernde an die Öffentlichkeit tritt, aufgestellt werden. **106**

3. Politischer Meinungskampf

Äußerungen im politischen Meinungskampf müssen gesondert beurteilt werden. Zwar darf auch insoweit weder Unwahres verbreitet noch Schmähkritik geübt werden. Es kann jedoch im Interesse, die Öffentlichkeit in wirksamer Weise auf politisch bedenkliche Entwicklungen aufmerksam zu machen, durchaus auch eine entschiedene und scharfe Stellungnahme geboten sein.[112] Das BVerfG erkennt die Meinungsfreiheit in ihrer Kernbedeutung als Voraussetzung für freie und offene politische Prozesse an. Geht es bei einer zu beurteilenden Äußerung um einen Beitrag zum geistigen Meinungskampf in einer die Öffentlichkeit wesentlich berührenden Frage, so dürfen keine überhöhten Anforderungen an die Zulässigkeit öffentlicher Kritik im politischen Meinungskampf gestellt werden. Gegenteiliges ist mit Art 5 GG nicht vereinbar. Dabei spielt es auch eine wichtige Rolle, ob der sich Äußernde private oder eigennützige Ziele verfolgt, ob es ihm vorsätzlich um die Kränkung des Gegners geht, oder ob er sich vorrangig in der Sache äußert. Ist letzteres der Fall, ist die Äußerung in der Regel zulässig. **107**

Auch der EGMR erkennt an, dass die **Freiheit der politischen Diskussion** zum Kernbereich des Begriffs einer demokratischen Gesellschaft gehört und zieht die Gren- **108**

---

108 BVerfG NJW-RR 2009, 749.
109 BVerfG NJW-RR 2009, 3016.
110 BGH NJW 1994, 124.
111 BGH NJW 2005, 279; BGH NJW 1992, 1314.
112 BGH GRUR 1960, 449, 454.

zen zulässiger Kritik bei Politikern weiter als bei Privatpersonen. Anders als Privatpersonen setzten sich Politiker unvermeidlich und wissentlich der eingehenden Kontrolle aller ihrer Worte und Taten durch die Presse und die Öffentlichkeit aus und müssen daher ein größeres Maß von Toleranz zeigen. Der im Rahmen einer politischen Kontroverse von einem Journalisten getätigte Vorwurf, Äußerungen des damaligen österreichischen Bundeskanzlers Kreisky seien „unmoralisch", „würdelos" und „übelster Opportunismus" durften nach Ansicht des EGMR daher nicht – wie von den österreichischen Gerichten geschehen – untersagt werden.[113]

109 Für zulässig hielt auch das BVerfG[114] Äußerungen in einem Interview, in dem der verstorbene bayerische Ministerpräsident Strauß als „Zwangsdemokrat" bezeichnet worden war. Das Gericht lehnte eine Einstufung des Begriffs „Zwangsdemokrat" als Schmähkritik ab. Dabei spielte es allerdings auch eine entscheidende Rolle, dass der Interviewte den Begriff des „Zwangsdemokraten" zunächst allgemein erläutert hatte und es ihm nach Auffassung des Gerichts primär darum ging, auf die Gefährdung der demokratischen Ordnung durch Personen hinzuweisen, die diese Staatsform nur äußerlich anerkennen, innerlich aber ablehnen. Strauß wurde nur als Beispiel für den Typus des „Zwangsdemokraten" genannt, im Vordergrund blieb die Sachaussage. Als Konsequenz hieraus vertrat das BVerfG die Auffassung, dass sich *„... im Rahmen einer Auseinandersetzung um die Sache ... auch ein demokratischer Politiker den in der Bezeichnung „Zwangsdemokrat" enthaltenen Vorwurf gefallen lassen muß."*[115]

III. Abgrenzungsproblematik

110 Tatsachenbehauptungen sind objektive, dem Beweis zugängliche Umstände. Meinungen sind subjektive Einschätzungen des sich jeweils Äußernden. Soweit die Theorie.

111 In der Praxis erweist sich die **Einordnung** als Meinungsäußerung oder Tatsachenbehauptung jedoch in der weit überwiegenden Mehrzahl aller Fälle als problematisch. Oft vermengen sich Tatsachen- und Meinungselemente in einer einzigen Aussage. Die vermeintliche Lösung, auf das jeweils überwiegende Element abzustellen, löst das Problem nicht, sondern verschiebt es lediglich. Denn statt entscheiden zu müssen, ob eine Tatsachenbehauptung oder eine Meinungsäußerung vorliegt, muss nach diesem Ansatz entschieden werden, wo der Schwerpunkt der jeweiligen Äußerung liegt. Zudem dürfen – wie der BGH kürzlich klargestellt hat – Teile einer Äußerung nicht isoliert als unwahre Tatsachen oder Schmähungen eingestuft und Ihnen dadurch der Schutz der Meinungsfreiheit entzogen werden, wenn sie im Gesamtkontext betrachtet Teile einer zulässigen, wertenden Meinungsäußerung sind.[116]

Weiter sei die Problematik an einigen Beispielen aus der Rechtsprechung verdeutlicht.

1. Die „Terroristentochter"[117]

112 Diesem vom BGH entschiedenen Fall lag ein Artikel über die Tochter einer RAF-Terroristin zu Grunde. Die Tochter arbeitete selbst als freie Journalistin verschiedener Zeitschriften und hatte mehrfach Artikel veröffentlicht, in denen sie sich mit dem

---

[113] EGMR NJW 1987, 2143.
[114] BVerfG NJW 1991, 95.
[115] BVerfG NJW 1991, 95, 96.
[116] BGH NJW 2009, 915; BGH NJW 2009, 3580.
[117] BGH NJW 2007, 686.

RAF-Terrorismus auseinandergesetzt und auch ihre eigene Abstammung offen gelegt hatte. Auch auf ihrer eigenen Homepage setzte sie sich mit dieser Thematik auseinander. In dem streitigen Artikel wurde die Tochter als „Terroristentochter" bezeichnet, wogegen sie sich zur Wehr setzte. Der BGH sah in dieser Bezeichnung überwiegend eine Meinungsäußerung und erklärte diese im konkreten Zusammenhang für zulässig.

Die Vorinstanz[118] hatte in der Bezeichnung „Terroristentochter" eine Tatsachenbehauptung im Sinne von „Tochter einer Terroristin" gesehen. Die Wahrheit dieser Tatsachenaussage, stand außer Frage. Allerdings hatte die Vorinstanz die Aussage gleichwohl für unzulässig erachtet, da sie ohne Einwilligung der Betroffenen ihre familiären Beziehungen, die Teil ihrer Privatsphäre waren, offenlegte und zwar noch dazu durch das eindringliche Schlagwort der „Terroristentochter". Ob die reine Veröffentlichung der familiären Abstammung auch ohne dieses eindringliche Schlagwort hätte geduldet werden müssen, ließ die Vorinstanz offen. Jedenfalls in dieser Form habe die Betroffene einen Unterlassungsanspruch. **113**

Im Gegensatz hierzu sah der BGH in dem Begriff der „Terroristentochter" trotz des vorhandenen Tatsachengehalts überwiegend eine **Meinungsäußerung**. Er begründete dies damit, dass die Formulierung als solche und nicht ihr unstreitig wahrer Tatsachenkern in Streit standen. Nach dieser Einordnung der Aussage als Meinungsäußerung stellte der BGH fest, dass eine Abwägung zwischen den widerstreitenden Grundrechten des Art 5 Abs 1 GG einerseits und dem allgemeinen Persönlichkeitsrecht der Betroffenen andererseits stattzufinden habe. Der BGH verneinte zunächst das Vorliegen einer Schmähung oder Formalbeleidigung vor allem mit der Begründung, dass sich die Äußerung im Bereich des öffentlichkeitsrelevanten Meinungskampfes bewege und darüber hinaus Fragen betreffe, die die Betroffene selbst mit eigenen Veröffentlichungen aufgeworfen hatte. Eine von vorne herein unzulässige Schmähkritik sei daher nicht gegeben. **114**

Sodann wog der BGH die **widerstreitenden Interessen** gegeneinander ab. Er bejahte zwar eine gravierende persönliche Belastung der Betroffenen durch die Bezeichnung als „Terroristentochter". Auf der anderen Seite sah es der BGH aber als entscheidend an, dass die Betroffene die zugrunde liegende Thematik und ihren persönlichen Lebenshintergrund durch entsprechende Veröffentlichungen selbst der Öffentlichkeit zugänglich gemacht hatte. Er verwies insoweit auf seine inzwischen gefestigte und vom BVerfG anerkannte Rechtsprechung, wonach sich niemand auf den Schutz seiner Privatsphäre für solche Tatsachen berufen kann, die er selbst der Öffentlichkeit preisgegeben hat.[119] **115**

Vor diesem Hintergrund hielt der BGH die Bezeichnung als „Terroristentochter" für zulässig. Der Entscheidung ist im Ergebnis zuzustimmen. Es würde den Sinn der Formulierung verkennen, wollte man die Aussage auf eine reine Tatsachenbehauptung und damit auf ihren sachlichen Inhalt reduzieren. Denn es macht zweifellos einen entscheidenden Unterschied, ob über eine Person sachlich berichtet wird, dass sie die Tochter einer Terroristin sei, oder ob dieselbe Person schlagwortartig mit dem Begriff der „Terroristentochter" bezeichnet wird. Der in dieser Bezeichnung liegende abwertende Charakter bliebe völlig außer Acht, wollte man nicht erkennen, dass es sich bei dem Begriff in erster Linie um eine Meinungsäußerung handelt. **116**

---

118 OLG München Urt v 25.1.2005, Az 18 U 4588/04.

119 Insoweit verweist der BGH auf BVerfG NJW 2000, 1021; BGH NJW 2005, 594; BGH NJW 2004, 762; BGH NJW 2004, 766.

117 Im konkreten Fall hatte sich die Einordnung als Meinungsäußerung zu Gunsten des Verlags ausgewirkt, da Meinungsäußerungen in stärkerem Maße den Schutz des Art 5 GG genießen als reine Tatsachenbehauptungen. Andererseits kann sich die Einordnung von vergleichbaren Schlagworten als Meinungsäußerung in anderen Konstellationen aber durchaus auch zu Gunsten der Betroffenen auswirken. Im Falle der „Terroristentochter" war wegen der konkreten Umstände das Vorliegen einer Schmähkritik verneint worden. In einem anderen Fall könnte eine solche Schmähkritik aber gerade vorliegen. Dies würde die Meinungsäußerung unzulässig machen. Würde man sich in einem solchen Fall auf den rein sachlichen Inhalt der Äußerung beschränken und wäre dieser inhaltlich zutreffend, so könnte ggf. auch eine Schmähkritik wegen ihres wahren Tatsachenkerns zulässig sein. Schon aus diesem Grunde ist es wichtig, in gleichartigen Fällen dem Meinungselement durchaus Beachtung zu schenken. Zu wessen Gunsten sich dies dann im konkreten Fall auswirkt, ist eine Frage des Einzelfalls.

118 Unabhängig davon, dass dem BGH im Ergebnis zuzustimmen ist, überrascht ein dogmatischer Aspekt der Entscheidung. Der BGH berücksichtigt den Umstand, dass sich niemand auf seine selbst öffentlich gemachte Privatsphäre berufen kann, im Rahmen der Prüfung der Äußerung als Meinungsäußerung. Dies ist weder zwingend noch überzeugend. Ob Fakten trotz ihres privaten Charakters öffentlich gemacht werden dürfen oder nicht, betrifft den Tatsachenkern der Äußerung und nicht ihren Meinungsaspekt. Es wäre insoweit konsequenter, den Tatsachenkern und den Meinungsteil einer Aussage, getrennt voneinander zu prüfen. Darf bereits der Tatsachenkern nicht veröffentlicht werden, zB weil er den Betroffenen in seiner Intim- oder Privatsphäre verletzt, so ist die Veröffentlichung unzulässig und zwar unabhängig von ihrem überschießenden Meinungscharakter. Kommt man bei diesem Teil der Prüfung demgegenüber zu dem Ergebnis, dass der Tatsachenkern veröffentlicht werden durfte, zB weil – wie hier – die Betroffene die Tatsache bereits selbst öffentlich gemacht hat, so muss die Aussage zusätzlich noch als Meinungsäußerung geprüft werden. Als solche ist sie zulässig, soweit sie nicht die Grenze zur Schmähkritik übersteigt.

119 Inhaltlich hat der BGH beide Aspekte mit dem auch hier vertretenen Ergebnis berücksichtigt. Dogmatisch richtiger erscheint aber die getrennte Prüfung.

2. Die „Busenmacher-Witwe"

120 Einen mit der „Terroristentochter" vergleichbaren Fall hatte zuvor das OLG München[120] zu entscheiden. Streitgegenstand war die Bezeichnung der Witwe eines Schonheitschirurgen als „Busenmacher-Witwe". Es gab zahlreiche öffentliche Aussagen der Betroffenen, wonach sie sich auch selbst mehrfach von ihrem Gatten hatte operieren lassen. Auch im Übrigen war die Betroffene für ein sehr intensives und freizügiges Auftreten in der Presse bekannt. Die Parallelität zum zuvor erläuterten Fall der „Terroristentochter" ist offensichtlich. Sie beruht zum einen auf dem unstreitig wahren Tatsachenkern der Aussage, zum anderen darauf, dass die Betroffene die Thematik selbst der Öffentlichkeit preisgegeben hatte.

121 Auch das OLG München erkannte den überwiegend wertenden Charakter der Äußerung an und stufte sie als **Meinungsäußerung** ein. Ähnlich wie der BGH nahm auch das OLG München eine **Abwägung der widerstreitenden Interessen** vor und kam zu dem Ergebnis, dass die Betroffene, insb unter Berücksichtigung ihrer Selbstdarstel-

120 OLG München ZUM 2005, 564.

lung in der Öffentlichkeit, die Äußerung zu dulden habe. Die Bezeichnung des verstorbenen Ehemannes als „Busenmacher“ sei zwar plakativ und überspitzt, überschreite jedoch nicht die **Grenze zur Diffamierung.**

Auch diese Entscheidung verdient im Ergebnis Zustimmung. Allerdings erscheint auch hier dogmatisch fragwürdig, weshalb eine etwaige Verletzung der Intim- oder Privatsphäre bzw die gegen eine solche Verletzung sprechende Selbstdarstellung der Betroffenen in der Öffentlichkeit nicht in Zusammenhang mit dem zu Grunde liegenden Tatsachenkern diskutiert wurde, sondern ebenfalls ausschließlich im Rahmen der Interessenabwägung in Bezug auf die Meinungsäußerung. **122**

3. Das „Tätervolk“

Interessant im Hinblick auf die Abgrenzung zwischen Tatsachenbehauptung und Meinungsäußerung ist auch ein Urteil des OLG Frankfurt aM.[121] Streitgegenstand war ein Bericht in einer Jahreschronik, über die Rede eines Politikers. In dem Bericht wurde die Rede dahingehend zusammengefasst, der betreffende Politiker habe die Juden als „Tätervolk“ bezeichnet. Der betroffene Politiker verlangte die Unterlassung dieser Aussage. Er habe in seiner Rede zwar an einem Punkt gesagt, man könne Juden mit einiger Berechtigung als „Tätervolk“ bezeichnen. Sodann habe er in seiner Rede aber herausgearbeitet, dass dies gerade falsch sei und weder Deutsche noch Juden als „Tätervolk“ bezeichnet werden könnten. Das OLG Frankfurt gab dem Unterlassungsbegehren statt. **123**

Unstreitig war, dass die Rede so aufgebaut war, wie vom Betroffenen dargelegt. Das OLG Frankfurt urteilte, dass es sich bei der streitgegenständlichen Zusammenfassung der Rede um eine Tatsachenbehauptung handele, die nicht erweislich wahr sei. Insb in einer Jahreschronik würden Tatsachen über das vergangene Jahr mitgeteilt. Als Meinungsäußerung könne die Aussage daher nicht gewertet werden. **124**

Allerdings könne – so das OLG Frankfurt weiter – der Inhalt der fraglichen Rede unterschiedlich ausgelegt werden. Die Tatsachenbehauptung, der Politiker habe sich in der zitierten Art und Weise geäußert, sei daher weder erweislich wahr, noch erweislich unwahr. Die Tatsachenbehauptung hätte aus diesem Grund als eine Interpretation der Rede gekennzeichnet werden müssen und war ohne eine solche Klarstellung unzulässig. **125**

Das Besondere an dieser Entscheidung ist, dass das OLG Frankfurt damit eine Art **Kennzeichnungspflicht für Meinungsäußerungen** verlangt. Zwar ordnet das OLG Frankfurt die fragliche Aussage als Tatsachenbehauptung ein. Dies schließt das Gericht aber nicht aus der Aussage selbst, sondern aus dem Umstand, dass in einer Jahreschronik Tatsachen erwartet würden. Unabhängig davon sieht das OLG Frankfurt in der Aussage eine persönliche Interpretation der in Frage stehenden Rede. Diese Interpretation hätte als solche gekennzeichnet werden müssen. Ohne es auszusprechen, geht das OLG Frankfurt damit mehr von einer Meinung, als von einer Tatsachenbehauptung aus. Denn wo liegt der Unterschied zwischen einer Meinung und der „persönlichen Interpretation“ einer Tatsachenbehauptung? Die „persönliche Interpretation“ misst das OLG Frankfurt aber nicht an den großzügigen Voraussetzungen, die für Meinungsäußerungen nach Art 5 GG zu gelten haben. Vielmehr hält es an seiner ursprünglichen Einstufung der Aussage als Tatsachenbehauptung fest **126**

121 OLG Frankfurt aM NJW-RR 2005, 54.

und verweist darauf, dass nicht erweisliche Tatsachenbehauptungen nicht vom Schutz des Art 5 Abs 1 GG erfasst seien.

127 Es verdient Zustimmung, dass das OLG Frankfurt die Aussage, der betroffene Politiker habe sich in seiner Rede in einer bestimmten Art und Weise geäußert, als Tatsachenbehauptung gewertet hat. Diese Einstufung ist vor allem deshalb richtig, weil es nicht um eine Wiedergabe in eigenen Worten, sondern um ein wörtliches Zitat aus der Rede ging. Allerdings wäre es überzeugender gewesen, wenn dass OLG Frankfurt die Problematik dann über die Konstellation „verschwiegene Tatsachen“ [122] gelöst hätte. Das Zitat aus der Rede war zwar zutreffend, jedoch aus dem Zusammenhang gerissen. Isoliert wiedergegeben legte es dem Leser einen anderen Inhalt nahe, als ihn die Rede in ihrer Gesamtheit hatte. Dieses Problem hätte vom OLG Frankfurt aber dahingehend gelöst werden können, dass es dem Äußernden hätte auferlegen müssen, die fragliche Aussage nicht zu verbreiten, ohne den relativierenden Teil der Rede ebenfalls zu erwähnen. Diese Lösung wäre dogmatisch eindeutiger und konsequenter gewesen, als eine Tatsachenbehauptung als „persönliche Interpretation“ einzustufen und ihr als solche dann eine Kennzeichnungspflicht aufzuerlegen.

§ 4
Mehrdeutige Aussagen

I. Rechtliche Situation vor „Stolpe“ und „Babycaust“

128 Äußerungen sind nicht immer eindeutig, sondern können oft unterschiedlich ausgelegt werden. Es stellt sich deshalb in presserechtlichen Auseinandersetzungen häufig die Frage, welche **Deutung einer Aussage** der Entscheidung über ihre Zulässigkeit zugrunde zu legen ist. In vielen Fällen hängt das Ergebnis des Rechtsstreits von dieser Frage ab, denn nicht selten führt eine Auslegung zu einem zulässigen, eine andere Auslegung zu einem unzulässigen Ergebnis.

129 Lange Zeit galt der Grundsatz, dass die Gerichte bei mehrdeutigen Aussagen im Zweifel immer diejenige Deutungsvariante zugrunde legen müssen, die für den sich Äußernden **günstiger** ist.[123] Nur wenn alle anderen Alternativen mit tragfähigen Gründen ausgeschlossen werden konnten, durfte eine Deutung angenommen werden, die zu einer Verurteilung des sich Äußernden führt.[124] Dieser Grundsatz galt sowohl für die Auslegung mehrdeutiger Tatsachenbehauptungen und Meinungsäußerungen, als auch für die Einordnung einer Aussage in eine dieser beiden Kategorien.

130 Diese Rechtsprechung hat durch zwei Entscheidungen des BVerfG eine grundlegende Änderung erfahren. Es handelt sich hierbei um die Entscheidungen, die unter den Stichworten „Stolpe“[125] und „Babycaust“[126] in der Literatur sehr kontrovers diskutiert werden[127] und auch nachfolgend so benannt werden sollen.

---

122 Vgl Rn 82 f.
123 Wenzel/*Burkhardt* Kap 4 Rn 2 aE unter Verweis auf BGH NJW 1998, 3047; BGH NJW 2002, 1192, 1193; OLG Karlsruhe NJW-RR 2001, 766, 767.
124 BVerfG NJW 1977, 799; BVerfG NJW 1991, 1529; BVerfG NJW 1991, 3023; BVerfG NJW 1992, 2012.
125 BVerfG AfP 2006, 41.
126 BVerfG AfP 2006, 349.
127 Zur Stolpe-Entscheidung im Wesentlichen wohlwollend *Helle* AfP 2006, 110; *Hochhuth* NJW 2006, 189; krit *Teubel* AfP 2006, 20; *Gas* AfP 2006, 428; krit zur Babycaust-Entscheidung: *Gas/Körner* AfP 2007, 17; *Hochhuth* NJW 2007, 192; zu beiden Entscheidungen krit *Seelmann-Eggebrecht* AfP 2007, 86.

II. Die Stolpe-Entscheidung

1. Die Entscheidung

Die sog „Stolpe“-Entscheidung betraf eine Aussage über den ehemaligen Ministerpräsident von Brandenburg Dr. Manfred Stolpe. Im Rahmen der Diskussion über die Vereinigung der Bundesländer Berlin und Brandenburg hatte ein ranghoher Politiker einer konkurrierenden politischen Partei über Stolpe gesagt, dieser sei *„IM-Sekretär, über 20 Jahre im Dienste des Staatssicherheitsdienstes tätig ...“* gewesen. Stolpe verlangte die Unterlassung dieser Aussage, da er niemals als Inoffizieller Mitarbeiter im Dienste des Ministeriums für Staatssicherheit tätig gewesen sei. 131

In dem Rechtsstreit ging es um zwei mögliche Auslegungsvarianten. Nach Auffassung der Gerichte konnte die Aussage, Stolpe sei *„IM-Sekretär, über 20 Jahre im Dienste des Staatssicherheitsdienstes tätig ...“* gewesen entweder – für Stolpe stärker belastend und daher **für den Äußernden ungünstiger** – dahingehend ausgelegt werden, 132

– Stolpe habe aufgrund einer *ausdrücklichen oder konkludenten Verpflichtungserklärung* im Auftrage des Staatssicherheitsdienstes gearbeitet und Informationen über Dritte an diesen als Dienstherrn zu dessen Nutzen weitergegeben.

Alternativ erkannten die Gerichte die – für Stolpe weniger belastende und daher **für den Äußernden günstigere** – zweite Auslegungsalternative

– Stolpe habe dem Staatssicherheit nur Dienste geleistet, indem er ihm in seiner Eigenschaft als Vertreter der Kirche und im Rahmen seiner insoweit zu dem Ministerium bestehenden Kontakte entsprechend dessen Erwartungen Informationen über Dritte oder bestimmte Vorgänge geliefert habe.

Keine der beiden Auslegungsvarianten war nachweisbar. Hiervon ging auch der BGH aus. Allerdings führte dies nicht automatisch zur Unzulässigkeit der Aussage. Vielmehr hatte der BGH zu prüfen, ob die Aussage als Wahrnehmung berechtigter Interessen nach § 193 StGB gleichwohl gerechtfertigt war.[128] Eine solche Rechtfertigung ist gegeben, wenn es um eine die Öffentlichkeit wesentlich berührende Angelegenheit geht und vor Mitteilung der unbewiesenen Tatsachen hinreichend sorgfältige Recherchen über den Wahrheitsgehalt angestellt worden waren.[129] Bei der Entscheidung ob diese Voraussetzungen erfüllt waren, hatte der BGH eine Abwägung zwischen dem Persönlichkeitsrecht Stolpes einerseits und der Meinungs- und Pressefreiheit andererseits vorzunehmen. Er legte seiner Abwägung unter Berufung auf die bisherige Rechtsprechung des BVerfG die für den Äußernden *günstigere* Deutungsvariante zu Grunde und kam zu dem Ergebnis, dass die so verstandene Aussage zulässig war. 133

Die Entscheidung des BGH wurde vom BVerfG aufgehoben und an den BGH zurückverwiesen. Dabei kritisierte das BVerfG zum einen die vom BGH vorgenommene Abwägung als solche, die nicht einmal im Hinblick auf die gewählte, mildere Auslegungsvariante der Überprüfung durch das BVerfG standhalte. Der Äußernde hätte die Unsicherheit hinsichtlich des Wahrheitsgehalts seiner Aussage offenlegen müssen. Zum anderen – und hierin liegt die Bedeutung der Entscheidung – habe der BGH für seine Abwägung aber schon den falschen Ausgangspunkt gewählt. Für den im Raum stehenden **Unterlassungsanspruch** hätte er nicht von der für den Äußernden *günstigeren*, sondern von der das Persönlichkeitsrecht stärker verletzenden und damit für den sich Äußernden *ungünstigeren* Auslegungsvariante ausgehen müssen. 134

---

[128] BGH NJW 1987, 2225, 2226.

[129] BGH NJW 1996, 1131.

135 Das BVerfG bestätigte in diesem Zusammenhang zwar, dass bei der Überprüfung von **straf- oder zivilrechtlichen Sanktionen** die für den sich Äußernden günstiger Variante zugrunde gelegt werden müsse. Ein Strafurteil oder eine Verurteilung zum Schadensersatz, Widerruf oder zur Berichtigung verstoße gegen Art 5 Abs 1 GG, wenn Formulierung oder Umstände der Äußerung auch eine das Persönlichkeitsrecht *nicht* verletzende Deutung zulassen. Dies gelte aber gerade nicht bei einer Entscheidung über Unterlassungsansprüche. Denn während eine staatliche Sanktion wegen ihrer einschüchternden Wirkung die freie Rede, freie Information und freie Meinungsbildung empfindlich berühren und damit die Meinungsfreiheit in ihrer Substanz treffen könne, sei dies bei einer Verurteilung zur ***zukünftigen*** **Unterlassung** gerade nicht der Fall. Der Äußernde habe die Möglichkeit sich in der Zukunft eindeutig auszudrücken und damit zugleich klarzustellen, welcher Äußerungsinhalt der rechtlichen Prüfung einer Verletzung des Persönlichkeitsrechts zu Grunde zu legen sei. Sei er dazu nicht bereit, bestehe kein verfassungsrechtlich tragfähiger Grund, von einer Verurteilung zum Unterlassen nur deshalb abzusehen, weil die Äußerung mehrere Deutungsvarianten zulasse, darunter auch solche, die zu keiner oder nur einer geringen Persönlichkeitsverletzung führten.

136 Das BVerfG verwies den Rechtsstreit an den BGH zurück, da nicht ausgeschlossen werden könne, dass der BGH zu einem anderen Ergebnis gelangt wäre, wenn er seiner Abwägung den zutreffenden Ausgangspunkt zugrunde gelegt hätte, nämlich die das Persönlichkeitsrecht Stolpes stärker verletzende Auslegungsvariante.

2. Stellungnahme

137 Die Entscheidung des BVerfG erscheint auf den ersten Blick nachvollziehbar. Auf den zweiten Blick ist sie es nicht.

138 a) **Keine Einschüchterungswirkung von Unterlassungsansprüchen.** Es klingt überzeugend, wenn das BVerfG darauf abstellt, dass es im Rahmen von Unterlassungsansprüchen ausschließlich um ein zukünftiges Verhalten des Äußernden geht. Weshalb sollte es dem Äußernden nicht zumutbar sein, künftig eine Klarstellung vorzunehmen, wenn er durch das vorangegangene Unterlassungsverfahren Kenntnis von der Mehrdeutigkeit seiner Aussage hat?

139 Dem Argument des BVerfG von dem rein zukunftsorientierten Unterlassungsanspruch gehe aus den genannten Gründen keine Einschüchterungswirkung und damit keine Gefahr für die Meinungsfreiheit aus, muss jedoch entgegengehalten werden, dass dies zumindest im Hinblick auf die Medien nicht zutrifft. Zu Recht werden der Entscheidung des BVerfG deshalb auch verfassungsrechtliche Bedenken entgegengehalten.[130] Denn zum Schutzbereich des Art 5 GG zählt das gesamte Pressewesen einschließlich des Vertriebs von Presseerzeugnissen. Wenn Presseerzeugnisse aber infolge eines Unterlassungsurteils früher als geplant vom Markt genommen werden müssen, so hat dies für den betroffenen Verlag in der Regel einen hohen Ruf- und Vermögensschaden zur Folge. Auch ein Unterlassungsanspruch hat insoweit zumindest für die Medien durchaus einen stark sanktionierenden Charakter und Einschüchterungseffekt, womit eine Gefahr für die Pressefreiheit einhergeht. Denn wenn ein Verlag befürchten muss, einem Unterlassungsanspruch und damit der Gefahr des Rückrufs seiner Publikation vom Markt ausgesetzt zu sein, sobald einer Aussage *auch* eine

---

130 *Seelmann-Eggebrecht* AfP 2007, 86, 89.

unzulässige Deutungsvariante nicht abgesprochen werden kann, wird der Verlag auf diese Aussage zur Vermeidung dieses Risikos im Zweifel eher verzichten.[131]

b) Bloße Verpflichtung zur Offenlegung von Recherche-Unsicherheiten. Weiter wird teilweise vertreten, die Entscheidung des BVerfG verbiete lediglich, umstrittene Tatsachen als unstreitig hinzustellen. Alles Bewiesene dürfe nach wie vor behauptet werden, nur bei unsicherer Recherchelage müsse der Äußernden genau dies auch offenlegen.[132] Auch diese Konsequenz scheint in der Tat tragbar. **140**

Bei näherer Betrachtung kann jedoch nicht der Auffassung gefolgt werden, dass die Entscheidung des BVerfG nur diese Konsequenz habe. Es ist zwar richtig, dass das BVerfG im Rahmen der Stolpe-Entscheidung kritisiert hat, dass die unsichere Recherchelage nicht offengelegt worden war. Insoweit kann dem Urteil auch zugestimmt werden. Dieser Teil der Entscheidung basiert aber auf der Besonderheit, dass in dem Fall Stolpe *beide* im Raum stehenden Deutungsvarianten nicht nachweisbar waren. Das BVerfG hatte insoweit Recht anzunehmen, dass egal welche Deutungsvariante man zu Grunde legt, in beiden Fällen eine Klarstellung zur unsicheren Recherchelage erforderlich gewesen wäre. **141**

Dies räumt aber nicht die Bedenken dagegen aus, dass das BVerfG nicht nur für den konkreten Fall, sondern ganz allgemein vertreten hat, bei Unterlassungsansprüchen müsse stets von der für den Äußernden negativeren Deutungsvariante ausgegangen werden. Es ist durchaus denkbar, dass es in einem anderen Fall eine positive Auslegungsvariante gibt, die zu einer *nachgewiesenen* Tatsachenbehauptung führt, während eine andere Auslegung zu einer unbewiesenen Tatsachenbehauptung führt. Die Konsequenz wäre, dass in diesem Fall der sich Äußernde, der seine Aussage im Sinne der nachgewiesenen Tatsachenbehauptung gemeint hat, im Falle der Mehrdeutigkeit immer alle weiteren Deutungsvarianten mitberücksichtigen und sämtlichen etwaigen Unsicherheiten in der Recherchelage auch hinsichtlich dieser – von ihm gar nicht gemeinten – Deutungsvarianten offenlegen muss. Im Zweifel wird er in einem solchen Fall von seiner Aussage insgesamt eher absehen. Dass auch diese Konsequenz zu einer sehr deutlichen Gefahr für die Meinungs- und Pressefreiheit führt, kann kaum bestritten werden. **142**

III. Die Babycaust-Entscheidung

1. Die Entscheidung

In der sog Babycaust-Entscheidung setzt das BVerfG die in Sachen Stolpe eingeführte Rechtsprechung fort und überträgt sie auf mehrdeutige Werturteile und Meinungsäußerungen. **143**

Dem Fall zugrunde lagen Flugblätter, die von Abtreibungsgegnern auf dem Gelände eines Klinikums verteilt wurden, auf dem auch ein auf Schwangerschaftsabbrüche spezialisierter Arzt seine Praxis betrieb. Auf dem Flugblatt hieß es ua wörtlich: **144**

---

131 Vgl *Seelmann-Eggebrecht* AfP 2007, 86, 89, der zutreffend auch darauf verweist, dass die Berichterstattung oft auch auf eine vereinfachte (und damit möglicherweise angreifbare) Darstellung komplexer Sachverhalte geradezu angewiesen ist.

132 *Hochhuth* NJW 2006, 189, 191.

„Stoppen Sie den Kinder-Mord im Mutterschoß auf dem Gelände des Klinikums …
Damals: Holocaust
Heute: Babycaust
Wer hierzu schweigt wird mitschuldig!"

145 Der Arzt verlangte die Unterlassung mehrerer Aussagen aus dem Flugblatt. Gegenstand der Verfassungsbeschwerde war ein Urteil des OLG Nürnberg, das dem Unterlassungsanspruch nicht stattgegeben hatte.

146 Das OLG Nürnberg sah in dem Text „Kinder-Mord im Mutterschoß auf dem Gelände des Klinikums N" eine wertende Meinungsäußerung. Diese sei aufgrund ihrer Mehrdeutigkeit allerdings im Sinne der für den sich Äußernden günstigeren Variante auszulegen, nämlich dahingehend, dass „Mord" nicht im rechtstechnischen, sondern im alltäglichen Sprachsinne zu verstehen sei. Die Äußerung sei so aufzufassen, dass die Abtreibung als besonders verwerfliche, vorsätzliche, nichtstrafbare Tötung ungeborener Kinder eingestuft würde. Eine Güterabwägung ergebe, dass die Ehre des Arztes dadurch zwar eine schwere Kränkung erfahre, die Grenze zur Schmähung jedoch nicht überschritten und die Aussage damit zulässig sei.

147 Ebenso sah das OLG Nürnberg in der Äußerung *„damals: Holocaust – heute: Babycaust"* eine zulässige Meinungsäußerung. Auch hier sei von der für den sich Äußernden günstigsten Auslegungsvariante auszugehen. Diese erschöpfe sich in dem Vorwurf, die Abtreibungspraxis stelle eine verwerfliche Massentötung menschlichen Lebens dar. In Gestalt dieser Auslegung handele es sich um eine Meinungsäußerung zu fundamentalen, die Öffentlichkeit bewegenden Fragen, die als Beitrag zur politischen Willensbildung hingenommen werden müsse.

148 Das BVerfG gab der Verfassungsbeschwerde statt. Es sei verfassungsrechtlich nicht tragfähig, wenn das OLG Nürnberg in der Formulierung *„Kinder-Mord im Mutterschoß"* ein zulässiges Werturteil gesehen habe. Im Rahmen des zukunftsorientierten Unterlassungsanspruchs hätte das OLG nicht die für den Äußernden günstigste Interpretation zugrunde legen dürfen. Wie bereits zuvor bei Stolpe meinte das BVerfG auch hier, die Meinungsfreiheit sei nicht verletzt, wenn dem Betroffenen im Interesse des Persönlichkeitsschutzes anderer auferlegt werde, den Inhalt seiner Aussage künftig klarzustellen. Die **Grundsätze aus der Stolpe-Entscheidung** seien nicht auf Tatsachenaussagen begrenzt, sondern **ebenso maßgeblich, wenn – wie hier – ein Werturteil in Frage stehe.** Im Rahmen des Unterlassungsbegehrens hätte deshalb auch die andere und nach Auffassung des BVerfGs ebenfalls naheliegende Deutung berücksichtigt werden müssen, dass „Mord" im rechtstechnischen Sinne zu verstehen sei.

149 Ebenso wenig akzeptierte das BVerfG die Verneinung des Anspruchs auf Unterlassung im Hinblick auf den Vergleich zwischen *„Holocaust"* und *„Babycaust"*. Auch hier sei im Rahmen des Unterlassungsanspruchs nicht auf die für den Äußernden günstigste Variante abzustellen. Vielmehr könne die Äußerung auch dahingehend verstanden werden, dass der nationalsozialistische Holocaust mit dem als *„Babycaust"* umschriebenen Sachverhalt unmittelbar gleichgesetzt werden sollte.

150 Das Gericht verwies die Angelegenheit unter dieser Prämisse zur Entscheidung an das OLG Nürnberg zurück.

2. Stellungnahme

151 Die Entscheidung ist im Hinblick auf Art 5 GG und den Schutz der Meinungsfreiheit noch bedenklicher, als die Entscheidung zu Stolpe.

Bei Stolpe ging es um eine **mehrdeutige Tatsachenbehauptung**, die der Auslegung bedurfte. Es wird aus den oben genannten Gründen hier zwar nicht der Auffassung des BVerfG zugestimmt, wonach im Rahmen von Unterlassungsansprüchen bei mehrdeutigen Tatsachenbehauptungen die für den Äußernden ungünstigste Deutungsvariante zugrunde zu legen ist. Der Auslegungsprozess als solcher ist im Rahmen von Tatsachenbehauptungen aber richtig und schon deshalb erforderlich, um zu erforschen, was der sich Äußernde tatsächlich sagen wollte. **152**

Dies ist im Falle von **Meinungsäußerungen** anders. Hier macht sich der sich Äußernde in der Regel nicht über die eine oder andere Auslegungsmöglichkeit Gedanken, sondern meint genau das, was er sagt, jedoch nicht mit Tatsachengehalt, sondern als Meinung. Zustimmung verdient insoweit die Auffassung in der Literatur, die davon ausgeht, dass Meinungsäußerungen in der Regel gar nicht auslegungsfähig sind und ihre Interpretation eher dazu führt, dass sie künstlich in absurde Tatsachenaussagen umgedeutet werden.[133]

Es kann nicht ernsthaft angenommen werden, dass die Abtreibungsgegner den Begriff „Mord" rechtstechnisch verstanden wissen wollten. Ebenso sind die unterschiedlichen Auslegungsversuche zu dem „Holocaust-Babycaust"-Vergleich schon per se nicht nachvollziehbar. Sie schließen sich vor allem gegenseitig gar nicht aus. Die Abtreibungsgegner wollten die Abtreibungspraxis als Massentötung menschlichen Lebens kritisieren und sie als solche dem Holocaust gleichsetzen. Weder „Mord" noch „Holocaust" waren dabei in ihrem engen, ursprünglichen Sinn zu verstehen. Vielmehr wollten die Abtreibungsgegner eine Parallele zwischen der Abtreibungspraxis einerseits und den unter „Mord" und „Holocaust" fallenden Sachverhalten andererseits ziehen und die Sachverhalte einander moralisch gleichsetzen. **153**

Vor diesem Hintergrund wäre es richtiger gewesen, von einer Erforschung möglicher Deutungsvarianten im Fall Babycaust abzusehen und die Zulässigkeit der Aussagen danach zu entscheiden ob mit den gezogenen Vergleichen – die ohne Zweifel nicht wörtlich, wohl aber wertend gemeint waren – die Grenze der Schmähkritik überstiegen wird oder nicht. Diese Entscheidung soll hier dahinstehen.[134] Die Ausführungen an dieser Stelle sollen sich darauf beschränken aufzuzeigen, dass es bei Meinungsäußerungen nicht um die Aufdeckung unterschiedlicher Deutungsvarianten geht. Vielmehr geht es bei Meinungsäußerungen um einen offen zu Tage tretenden, wertenden Sinngehalt, der danach bewertet werden muss, ob er die Grenze der Schmähkritik übersteigt oder nicht. Wenn eine Meinungsäußerung vorliegt, dann geht eine allzu wörtliche Auslegung – zB des Begriffes „Mord" als juristischer Straftatbestand – fehl. Denn damit wird einer Meinung der stärkere Schutz, den sie unter Art 5 GG gegenüber einer Tatsachenbehauptung genießt, zu Unrecht wieder genommen. Damit in Einklang steht auch die kürzlich erfolgte Klarstellung des BGH, wonach es sich bei der Einstufung eines Vorgangs als strafrechtlich relevant – etwa der Vorwurf einer „Korruption" – in der Regel um eine auf Wertung beruhende subjektive Beurteilung und damit um eine Meinungsäußerung und nicht um eine Tatsachenbehauptung handelt.[135] **154**

133 *Hochhuth* NJW 2007, 192, 193.
134 Für die Zulässigkeit mit guten Argumenten *Hochhuth* NJW 2007, 192.
135 *Sajuntz* NJW 2010, 2992 unter Verweis auf BGH NJW 2009, 1872 Rn 15.

IV. Übertragbarkeit auf Widerruf und Gegendarstellung

155 Das BVerfG betont, dass die Rechtsprechung zu Stolpe und Babycaust auf Widerruf, Berichtigung und Schadensersatz nicht anzuwenden ist.

156 Abzulehnen ist insoweit eine andere in der Literatur vertretene Auffassung,[136] die die neue Rechtsprechung des BVerfG zumindest auch auf den Widerrufsanspruch anwenden will. Sie begründet dies dogmatisch damit, dass auch der Widerruf – wie der Unterlassungsanspruch – Zukunftsbezug habe, da er darauf gerichtet sei, eine andauernde Störung für die Zukunft zu beseitigen. Der Ansatz ist dogmatisch sicherlich richtig. Praktisch ist jedoch mit dem BVerfG davon auszugehen, dass der Abdruck eines Widerrufs eine nachträgliche Sanktion darstellt. Gemeint ist damit nicht die Zielrichtung des Widerrufs, sondern die Tatsache, dass der Widerruf eine nachträgliche Sanktion für eine Äußerung darstellt, an der der sich Äußernde nichts mehr ändern kann. Während er es im Hinblick auf einen Unterlassungsanspruch zukünftig in der Hand hat, sich nicht mehr in derselben Art und Weise zu äußern und ihm durch ein gegen ihn ergangenes Unterlassungsurteil deshalb keine Nachteile entstehen müssen, muss der zum Widerruf verurteilte den Widerruf durch entsprechenden Abdruck bzw Verbreitung erst noch erfüllen. Im Ergebnis kommt dies einer nachträglichen Sanktion gleich.

157 Vor diesem Hintergrund ist es richtig, die neue Rechtsprechung allenfalls auf Unterlassungsansprüche anzuwenden. Wollte man sie auch auf sonstige presserechtliche Ansprüche erstrecken, ergäbe sich hieraus eine noch größere Gefahr für die Meinungsfreiheit als sie – wie oben dargestellt – in der neuen Rechtsprechung ohnehin bereits gesehen werden muss.

158 Für den Gegendarstellungsanspruch hat das BVerfG in diesem Sinne entschieden. Mit der Pressefreiheit ist es unvereinbar, einen Gegendarstellungsanspruch zu gewähren, wenn nur eine „nicht fernliegende Deutung“ oder gar ein „nicht fernliegender Eindruck“ einen gegendarstellungsfähigen Inhalt ergibt.[137] In ähnlicher Weise hat das OLG Karlsruhe einen Gegendarstellungsanspruch im Falle von verdeckten Tatsachen abgelehnt, wenn nur bei einem unbedeutenden Teil der Adressaten von 5 bis 10 % der Eindruck entsteht, die Erstmitteilung enthalte die bekämpfte Tatsachenbehauptung.[138]

§ 5
Identifizierende Berichterstattung/Namensnennung

I. Grundsätzliches

159 Es ist ein immer wiederkehrendes Problem des Presserechts, ob und unter welchen Umständen namentlich oder in sonst identifizierbarer Art und Weise – zB durch eine Fotoveröffentlichung – über Personen berichtet werden darf.

160 Nach der gefestigten Rechtsprechung des BVerfG ist es Teil des allgemeinen Persönlichkeitsrechts, selbst darüber zu bestimmen, ob und in welchem Umfang eine Person in das Licht der Öffentlichkeit tritt. Hierzu gehört auch das Recht, anonym zu

136 *Helle* AfP 2006, 110, 114.
137 BVerfG ZUM 2008, 325, 328; anders, wenn sich eine verdeckte Aussage dem Leser als unabweisliche Schlussfolgerung aufdrängt.
138 OLG Karlsruhe ZUM-RD 2008, 70.

bleiben und die eigene Person überhaupt nicht in der Öffentlichkeit dargestellt zu sehen.[139]

Dieses **Recht auf Anonymität** gilt allerdings nicht grenzenlos. Vielmehr findet es sein Ende dort, wo ein begründetes Informationsinteresse der Öffentlichkeit an einer entsprechenden Berichterstattung besteht. **161**

Dabei muss zwischen dem Informationsbedürfnis der Öffentlichkeit an einem Vorgang als solchen und an der Identifizierbarkeit der Beteiligten unterschieden werden. Besteht ein öffentliches Interesse an dem Vorgang als solchen, kann die Presse darüber berichten. Dies bedeutet allerdings nicht automatisch, dass auch die an dem Vorgang Beteiligten identifizierbar gemacht werden dürfen. Nur wenn auch an der Beteiligung der konkreten Personen ein Informationsbedürfnis der Öffentlichkeit besteht, zB weil sie der Öffentlichkeit als Politiker oder in anderer herausragender Position bekannt sind, wird man auch eine identifizierende Berichterstattung für zulässig erachten können. Büßt der Vorgang demgegenüber nichts an seiner Bedeutung ein, wenn die daran beteiligten Personen anonym bleiben, so ist eine Identifizierung dieser Personen in der Berichterstattung in der Regel unzulässig. **162**

Demgegenüber kann in der Regel dann von der Zulässigkeit einer identifizierenden Berichterstattung ausgegangen werden, wenn die zu Objektivität und Achtung der Grundrechte verpflichtete Staatsanwaltschaft den Namen eines Verdächtigen selbst verlautbart hat.[140] **163**

II. Identifizierbarkeit

Es ist ein nicht abschließend geklärtes Problem, ab wann von Identifizierbarkeit einer Person auszugehen ist. Insb stellt sich oft die Frage in wie weit außer dem Namen und dem Foto einer Person auch sonstige Umstände nicht genannt werden dürfen, aus denen sich für den einen oder anderen die Identifizierbarkeit der Person ergeben könnte. **164**

Oft bejaht die Rechtsprechung eine Identifizierbarkeit auch in Fällen, in denen die Presse eine Person zB durch Änderung oder Abkürzung ihres Namens bewusst anonymisiert hat. Sie begründet dies damit, dass der Betroffene auch aus der Mitteilung anderer Umstände zumindest **für einen kleinen Personenkreis erkennbar** werden kann. Das LG Berlin hat zB in Zusammenhang mit einer Gerichtsberichterstattung über einen Mordprozess Aussagen für unzulässig erklärt, die zwei Zeugen als den Hausarzt und das Firmpatenkind der Ermordeten identifizierten und sich mit den zivil- und erbrechtliche Auseinandersetzungen in Zusammenhang mit dem Mordopfer befassten.[141] Die Namen der Betroffenen waren von der Presse bewusst geändert worden. Das LG Berlin berief sich aber auf die Rechtsprechung von BGH und BVerfG, wonach es für die Identifizierbarkeit einer Person ausreichen kann, wenn durch die Übermittlung von Teilinformationen jedenfalls ein Teil der Leserschaft, und sei es auch nur der Bekanntenkreis des Betroffenen, auf dessen Identität schließen kann.[142] Dies sei durch die Beschreibung der Betroffenen als Hausarzt bzw Patenkind der Fall. **165**

---

139 BVerfG NJW 1973, 1226; BVerfG NJW 1980, 2070.

140 *Sajuntz* NJW 2010, 2992, 2993 unter Verweis auf BVerfG NJW-RR 2010, 1195, Rn 34 ff.

141 LG Berlin Urt v 21.6.2007, Az 27 O 578/07 und LG Berlin Urt v 17.7.2007, Az 27 O 586/07.

142 LG Berlin Urt v 21.6.2007, Az 27 O 578/07 unter Verweis auf BGH NJW 1963, 1155; BGH NJW 1992, 1312, 1313; BVerfG NJW 2004, 3619.

166 Die allzu großzügige Bejahung der Identifizierbarkeit einer Person in einer Presseberichterstattung ist im Hinblick auf Art 5 GG bedenklich. Zwar ist es einerseits sicherlich richtig, die Identifizierbarkeit nicht ausschließlich an **Namensnennung** oder **Bildveröffentlichung** zu knüpfen, sondern insgesamt zu prüfen, ob eine Person möglicherweise durch **andere mitgeteilte Umstände** identifizierbar wird. Andernfalls wäre eine unzulässige identifizierende Berichterstattung zu leicht zu umgehen.

167 Andererseits erscheint es im Interesse der Pressefreiheit erforderlich dort eine Grenze zu ziehen, wo der Betroffene nur für einen sehr kleinen Personenkreis, zB seinen eigenen Bekanntenkreis, identifizierbar wird. Gerade in der Gerichtsberichterstattungen ist die Presse darauf angewiesen, die Beziehungen unter den Beteiligten zu erläutern, um der Leserschaft die erforderlichen Zusammenhänge verständlich zu machen. Die Rolle, die ein Zeuge im Leben eines Mordopfers gespielt hat – sei es zB als Hausarzt oder als Patenkind – muss dabei erwähnt werden können. Andernfalls ist **Gerichtsberichterstattung** insgesamt sinnvoll kaum möglich. Auch wenn damit der Betroffene für einen kleinen Kreis identifizierbar wird, dürfte diese Beeinträchtigung seines Persönlichkeitsrechts in Abwägung zu Pressefreiheit und Informationsbedürfnis der Öffentlichkeit hinzunehmen sein.

III. Namensnennung von Beteiligten am Wirtschaftsleben

168 Die Zulässigkeit einer identifizierenden Berichterstattung kann sich auch aus der Position ergeben, die der Betroffene im Wirtschaftsleben einnimmt. Eine Grundsatzentscheidung hierzu ist der vom BGH[143] entschiedene Fall über die Abberufung des Geschäftsführers einer Klinik GmbH. Der Streitigkeit zugrunde lag die Meldung einer Presseagentur, in der unter namentlicher Nennung über den Betroffenen berichtet worden war, dass er als **Klinik-Geschäftsführer** abberufen und mit sofortiger Wirkung beurlaubt worden war. Weiter wurde mitgeteilt, das Vertrauensverhältnis zu einem Großteil der Mitarbeiter sei nachhaltig gestört gewesen, die Mitarbeiter hätten dem Betroffenen Beleidigungen, Bedrohungen, Lügen und Verleumdungen vorgeworfen.

169 Der BGH hat die namentliche Nennung des Geschäftsführers für zulässig erachtet. Er stellte dabei ausdrücklich auf die herausragende Position ab, die der Betroffene als Geschäftsführer eines großen Klinikums inne hatte und führte aus, dass derjenige, der sich am Wirtschaftsleben betätigt, sich auch in erheblichem Umfang der Kritik an seinen Leistungen aussetze.[144] Er müsse es daher dulden, dass über ihn auch namentlich in der Presse berichtet werde. Dabei spiele es auch eine wichtige Rolle, dass der Betroffene durch den Bericht lediglich in seiner Sozialsphäre, nämlich in derjenigen Rolle betroffen, war, in der er nach Außen auftrat. Ein Eingriff in das Privatleben des Betroffenen war mit der Berichterstattung nicht verbunden gewesen.

IV. Vorfälle mit politischem Hintergrund

170 Weiter kann sich die Zulässigkeit einer identifizierenden Berichterstattung auch aus der politischen Bedeutung eines Vorfalls ergeben. Das OLG Braunschweig[145] hat

---

143 BGH GRUR 2007, 350.

144 BGH GRUR 2007, 350 mit Verweis auf BGH GRUR 1995, 270 und BGH NJW 1998, 2141; ähnl auch KG ZUM-RD 2009, 533 zu der namentlich identifizierenden Berichterstattung über einen prominenten Rechtsanwalt.

145 OLG Braunschweig NJW-RR 2005, 195.

zB die namentliche Berichterstattung über einen Anhänger der Jugendorganisation der NPD für zulässig erachtet. Der Betroffene hatte an einer von Gegendemonstranten begleiteten Demonstration der NPD teilgenommen und in diesem Zusammenhang eine Körperverletzung begangen.

Zwar stand in diesem Fall der Betroffene nicht bereits aufgrund seiner Position in der Öffentlichkeit. Auch gestattet die Rechtsprechung im Falle von Berichten über Straftaten in der Regel eine namentliche Berichterstattung nur im Falle **schwerer Kriminalität**, was hier ebenfalls nicht gegeben war. Allerdings wurde in diesem Fall die Berichterstattung mit der Begründung für zulässig erachtet, dass die Vorkommnisse und auch die daran beteiligten Personen bereits aus ihrem **aktuellen politischen Kontext** heraus ein zeitgeschichtliches Geschehen bilden würden, über das auch unter Namensnennung der Betroffenen berichtet werden dürfe. Das OLG Braunschweig betonte in diesem Zusammenhang, dass der Fall anders zu beurteilen wäre, wenn es sich nicht um einen Täter, sondern um ein Opfer oder um eine sonst unfreiwillig in das Tatgeschehen hineingezogene Person handeln würde. Dies entspricht der zutreffenden Auffassung, dass über Verbrechensopfer und Zeugen nicht oder nur in sehr begrenztem Rahmen namentlich berichtet werden darf.[146] **171**

Im vorliegenden Fall handelte es sich aber zum Einen um ein **bewusstes Handeln** des Betroffenen, zum Anderen um zeitgeschichtlich relevante Geschehnisse. Das OLG Braunschweig erklärte es unter diesen Umständen ausdrücklich – und zu Recht – für zulässig, *„den von ihr für die politische Kultur bei Demonstrationsveranstaltungen unter politischen Extremisten exemplarisch herausgegriffenen Vorfall in der geschehenen Weise, nämlich unter Namensnennung zu personalisieren"*. **172**

Ebenso kann eine presserechtliche Auseinandersetzung durch die politische Bedeutsamkeit des beanstandeten Artikels ein öffentliches Informationsbedürfnis begründen mit der Folge, dass die an dem Rechtstreit Beteiligten identifizierbar gemacht werden dürfen.[147] Entsprechendes entschied das KG[148] im Hinblick auf den presserechtlichen Prozess eines Polizeibeamten, der sich gegen einen Artikel wehrte, der sich mit der möglichen Beteiligung deutscher Behörden an der illegalen Verschleppung deutscher Staatsbürger beschäftigt hatte. **173**

V. Namentliche Nennung von Straftätern

Eine wichtige Rolle spielt im Presserecht auch die namentliche Berichterstattung über Straftäter. Grds hält die Rechtsprechung eine namentliche Nennung eines bereits verurteilten Straftäters für zulässig, da in diesen Fällen regelmäßig ein Informationsbedürfnis der Presse bzw der Öffentlichkeit angenommen werden kann, das die Persönlichkeitsrechte des Straftäters zumindest in unmittelbarer **zeitlicher Nähe zu der Tat bzw der Verurteilung** überwiegt.[149] **174**

Diese Grundregel gilt allerdings nicht gegenüber **jugendlichen Straftätern** sowie auch im Übrigen vorrangig nur in Fällen schwerer Kriminalität. Sowohl bei Jugendlichen als auch im Bereich der **Kleinkriminalität** überwiegt in der Regel das Recht **175**

146 Wenzel/*Burkhardt* Kap 10 Rn 194.
147 Einen umfassenden Überblick über die Rechtsprechung zur Zulässigkeit der namentlichen Nennung ehemaliger Stasi-Mitarbeiter gibt *Libertus* ZUM 2010, 221.
148 KG ZUM-RD 2008, 119.
149 BVerfG NJW 1973, 1226; OLG Celle NJW 1990, 2571; OLG Köln AfP 1986, 347 OLG Nürnberg NJW 1996, 530.

des Betroffenen an der Geheimhaltung seiner Identität. Ausnahmen bestätigen aber auch hier die Regel. Die Zulässigkeit einer Berichterstattung auch unterhalb der Grenze der Schwerkriminalität kann sich auch aus der **besonderen Stellung des Betroffenen** ergeben.

176 Das OLG München[150] erklärte eine identifizierende Berichtserstattung für zulässig, die ein Strafverfahren gegen einen wegen Strafvereitelung angeklagten Rechtsanwalt zum Gegenstand hatte. Das Gericht bejahte ein besonderes Interesse der Öffentlichkeit, weil der angeklagte Rechtsanwalt ein **Organ der Rechtspflege** sei. Es bestehe daher ein legitimes Interesse Rechtssuchender, nicht nur über den Vorgang als solchen, sondern auch über die Person des Angeklagten informiert zu werden, um ggf. Konsequenzen daraus ziehen zu können. Eine Besonderheit dieses Falls bestand allerdings darin, dass der betroffene Rechtsanwalt nicht mit vollem Namen genannt war, sondern nur aus den Umständen und mit einiger Recherche identifiziert werden konnte. Sein Nachname war in der Berichterstattung abgekürzt, was die Identifizierbarkeit zumindest erschwerte. Das Gericht folgerte daraus, dass nur Personen, die ein besonderes Interesse daran haben, die Identität des im Bericht genannten Rechtsanwalts zu erfahren, sich die Mühe einer entsprechenden Recherche machen würden. Ein solches Interesse würde zum Einen nur bei Personen bestehen, die auf der Suche nach einem Anwalt ihres Vertrauens sind, zum Anderen aber auch bei Mandanten, die Gewissheit haben wollen, dass es sich bei dem im Bericht genannten Rechtsanwalt nicht um ihren eigenen Rechtsanwalt handelt. Für diese Personen aber war ein Informationsbedürfnis gegeben, so dass unter Berücksichtigung der erschwerten Identifizierbarkeit die namentliche Nennung zulässig war.

177 Neben der Position des Betroffenen in Beruf oder Gesellschaft kann sich die Zulässigkeit identifizierender Berichtserstattung auch aus dem **vorherigen eigenen Verhalten** des Betroffenen ergeben. Das KG[151] erklärte die identifizierende Berichterstattung über die Festnahme einer Person für zulässig, die des Drogenhandels verdächtig war und die zuvor in einem Interview öffentlich bejaht hatte, „*Unterweltkönig*" zu sein. Ausdrücklich entschied das KG, dass dieses Verhalten des Betroffenen in der Öffentlichkeit dazu geführt hatte, dass eine namentliche Berichtserstattung über ihn auch unterhalb der Schwelle der Schwerkriminalität zulässig war.

VI. Zeitliche Grenze

178 Die zulässige namentliche Berichterstattung über Straftäter ist einer engen zeitlichen Grenze unterworfen. Es entspricht der gefestigten Rechtsprechung des BVerfG, dass das Interesse des Betroffenen an Resozialisierung mit fortschreitender Zeit vermehrt an Bedeutung gewinnt.[152] Dementsprechend darf nur in **engem zeitlichen Zusammenhang** mit der Straftat bzw der Verurteilung eine entsprechende Berichterstattung erfolgen. Liegt kein erneuter Anlass vor, so ist eine spätere erneute Erwähnung zurückliegender Verurteilungen nicht zulässig. In der Praxis besteht oft Streit darüber, was als **„erneuter Anlass"** die Erwähnung zurückliegender Verurteilungen rechtfertigt. Hierfür reicht in der Regel nicht aus, dass der Betroffene erneut straffällig wird. Etwas anderes kann gelten, wenn die neue Tat mit der früheren Tat in derart engem Zusammenhang steht, dass ein Informationsbedürfnis der Öffentlichkeit es rechtfertigt, über alte und neue Verurteilung im Zusammenhang berichten zu können. Demgegenüber

---

150 OLG München NJW-RR 2003, 111.

151 KG NJW-RR 2007, 345.

152 BVerfGE NJW 1973, 1226.

bildet eine bevorstehende Haftentlassung keinen erneuten Anlass, um über eine frühere Verurteilung namentlich berichten zu können. Im Gegenteil ist gerade zu diesem Zeitpunkt das Resozialisierungsinteresse des Betroffenen besonders hoch zu bewerten. Er soll nach seiner Haftentlassung die Möglichkeit haben, sich wieder in die Gesellschaft einzugliedern und nicht ab dem ersten Tag seiner Entlassung durch eine kurz zuvor erfolgte, erneute Berichterstattung über seine Tat öffentlich gebrandmarkt sein.

Eine feste zeitliche Grenze, ab wann über eine Straftat nicht mehr berichtet werden darf, gibt es nicht. Grds gilt, dass das öffentliche Interesse an der Tat umso länger anhält, je größer das Informationsbedürfnis der Öffentlichkeit an der Tat war. Je nach Schwere des Delikts werden **Fristen zwischen einer Woche und sechs Monaten** vertreten.[153] In Einzelfällen wurden in der Rechtsprechung allerdings auch weit **längere Zeiträume** für zulässig erachtet. Bspw erkannte das KG[154] eine namentliche Berichterstattung über die *„zentrale Figur eines blutigen Machtkampfes im Gangstermilieu“* auch noch zwei Jahrzehnte nach den zugrundeliegenden Ereignissen als zulässig an. Ebenso bejahte das OLG Frankfurt aM[155] die Zulässigkeit der namentlichen Nennung eines Straftäters fünf Jahre nach der Tat, *„wenn es sich bei (der) Straftat … aufgrund der Persönlichkeit des Täters und des Opfers, der vorangegangenen kriminellen Karriere des Täters, der besonderen Brutalität der Tat und nicht zuletzt aufgrund des Verhaltens des Täters vor Gericht um einen der spektakulären Kriminalfälle der jüngeren Geschichte handelt.“* 179

VII. Löschungspflicht für Online-Archive?

Wurde ein Bericht über eine Straftat innerhalb der dargestellten zeitlichen Grenzen rechtmäßig veröffentlicht, so hat der Straftäter nach lange Zeit umstrittener, nun aber vom BGH bestätigter, zutreffender Auffassung auch nach Ablauf dieser zeitlichen Grenze kein Recht darauf, dass der betreffende Beitrag aus einem Online-Archiv gelöscht wird.[156] Wie bereits zuvor das OLG Frankfurt[157] stellte der BGH zum einen auf die geringe Breitenwirkung der Online-Archive ab. Schon diesem Argument ist uneingeschränkt zuzustimmen. Auch wenn sich die Zugriffsmöglichkeiten auf Archive durch die Bereitstellung in Form der neuen Medien erheblich erleichtert haben, ist im Unterschied zur redaktionellen Präsentation von Inhalten bei Archiven nach wie vor eine aktive Recherchehandlung des Nutzers nötig. Weitere wichtige Aspekte waren für den BGH die Kenntlichmachung des Beitrags als Altmeldung sowie die Informationsfreiheit nach Art 5 Abs 1 S 1 GG, die auch ein historisches Arbeiten aus allgemein zugänglichen Quellen ermöglichen muss.[158] Diese Quellen dürfen nicht dadurch verändert werden, dass eine ursprüngliche Berichterstattung nachträglich gelöscht wird. Dies würde zu einer Verfälschung der historischen Abbildung führen und der besonderen Bedeutung von **Archiven** nicht gerecht werden.[159] 180

---

153 Wenzel/*Burkhardt* Kap 10 Rn 201.

154 KG AfP 1992, 302.

155 OLG Frankfurt AfP 2006, 601.

156 BGH NJW 2010, 757 und BGH NJW 2010, 2728; entsprechend bereits früher OLG Köln AfP 2007, 126; OLG Frankfurt aM AfP 2006, 571; OLG Frankfurt aM ZUM-RD 2007, 471; demgegenüber aA früher OLG Hamburg MMR 2007, 377.

157 OLG Frankfurt ZUM-RD 2007, 471, 472.

158 So ebenfalls bereits zuvor OLG Frankfurt aM AfP 2006, 571, 572 und OLG Frankfurt am Main ZUM-RD 2007, 471, 473.

159 Auf den Schutz der Quelle durch die Informationsfreiheit nur in ihrem jeweiligen Bestand (im Gegensatz zu einem Schutz vor Quellenänderung) weist präzisierend *von Coelln* hin, jurisPR-ITR 8/2007 Anm 3 Lit E.

181 Schließlich darf nach zutreffender Auffassung des BGH die Freiheit der Berichterstattung nicht dadurch gehemmt werden, dass die legitime Onlinearchivierung von ursprünglich zulässig veröffentlichten Beiträgen durch ein Haftungsrisiko zu unterbleiben droht oder bereits bei der Erstveröffentlichung eine zu diesem Zeitpunkt noch nicht erforderliche Selbstzensur greift.[160] Denn der Presse ist es wirtschaftlich ebenso unmöglich wie unzumutbar, ihre Archive laufend daraufhin zu durchforsten, ob ursprünglich zulässige Berichterstattungen durch Zeitablauf wegen des Anonymisierungsinteresses eines Straftäters möglicherweise unzulässig geworden sein könnten. Dies gilt umso mehr, als es keine klare zeitliche Grenze gibt, ab wann über eine Straftat nicht mehr berichtet werden darf, sondern insoweit jeweils eine Abwägung im Einzelfall erforderlich wäre. Diese Abwägung sowie die auch dann noch verbleibende Rechtsunsicherheit darüber, ob ein ursprünglich zulässiger Beitrag bereits gelöscht werden muss oder noch nicht, würde die Sorgfaltspflichten der Presse überspannen und ihre Rechte aus Art 5 GG unverhältnismäßig beschneiden.

182 All dies gilt wohlgemerkt nur für das schlichte Verbleiben eines Artikels im Archiv. Anders sind aktuelle redaktionelle Verweise auf Archivmaterial, bspw die Verlinkung aufgrund aktuellem Anlass einzuordnen. Es kann dann eine strenger zu beurteilende erneute Berichterstattung vorliegen.[161]

VIII. Sonderfall: RAF

183 Die Frage, inwieweit auch nach Jahren noch identifizierbar über ehemalige Straftäter berichtete werden darf, stellte sich auch anlässlich der bevorstehenden Haftentlassung einiger RAF-Terroristen. Zwar ist es grds gefestigte Rechtsprechung, dass infolge des überwiegenden **Resozialisierungsinteresses** der Betroffenen eine Haftentlassung gerade kein begründeter Anlass ist, der eine erneute Berichterstattung über lange zurück liegende Straftaten rechtfertigt. Im Rahmen der Freilassung früherer RAF-Terroristen stellte sich die Frage angesichts der **politischen und historischen Bedeutung der RAF** gleichwohl in einem anderen Licht.

184 Gegenstand einiger Urteile der Berliner Gerichte[162] sowie des BVerfG[163] war die Veröffentlichung von Archivbildern einer ehemaligen RAF-Terroristin, deren vorzeitige Haftentlassung bevorstand. In sämtlichen Entscheidungen wurde die Veröffentlichung von Archivfotos der RAF-Terroristin aus den Jahren 1985 und 1986 für zulässig erklärt. Dabei spielte es zum Einen eine Rolle, dass die Betroffene selbst während ihrer Haftzeit eine Ausbildung zur Fotografin vollzogen und mit der Veröffentlichung eines Bildbandes, das auch ein Selbstportrait enthielt, zuvor selbst an die Öffentlichkeit getreten war. Ebenso hatte die Betroffene sich öffentlich in einem Interview geäußert.

185 Zum anderen betonten die Gerichte aber vor allem, dass die Straftaten der RAF nicht nur um der Taten selbst Willen ein besonders Gewicht hatten, sondern vor allem auch die Geschichte der BRD in einer Art und Weise geprägt hatten, die den Betroffenen auch heute noch eine historische Rolle zukommen ließ. Bereits in dem Urteil „Lebach I", in dem das BVerfG die Bedeutung des Resozialisierungsgedankens erstmals entwickelt hat, hatte das Gericht im Ergebnis noch offen gelassen, aber angedeu-

160 *Sajuntz* NJW 2010, 2992, 2996.
161 LG Düsseldorf ZUM 2008, 156.
162 LG Berlin AfP 2007, 282; KG AfP 2007, 376.
163 BVerfG Urt v 20.8.2007, Az 1 BvR 1913/2024/07.

tet, dass es Ausnahmefälle von überragendem historischen Interesse geben kann, bei denen der Resozialisierungsgedanke zurücktreten muss.[164] Einen solchen Fall sahen die Gerichte hier als gegeben an. Angesichts der sowohl geschichtlichen, als auch politischen Bedeutung, die die Geschichte der RAF für die Bundesrepublik Deutschland hatte und immer noch hat, kann dem nur zugestimmt werden.

Dabei ist zu berücksichtigen, dass es sich bei den Fotos, deren Veröffentlichung Streitgegenstand waren, um Archivaufnahmen gehandelt hat. Offen bleibt, ob auch die Veröffentlichung eines aktuellen Fotos aus der Zeit der Haftentlassung zulässig gewesen wäre. Dies dürfte zu verneinen sein. Denn hier würde sich der Faden der historisch bedeutsamen Rolle der RAF verlieren und in eine persönliche Berichterstattung über die Straftäter selbst übergehen. Eine solche wird sich an der nach wie vor geltenden Rechtsprechung zum Resozialisierungsinteresse messen lassen müssen. Die Veröffentlichung von aktuellen Bildern ehemaliger RAF-Terroristen nach ihrer Haftentlassung wird daher im Zweifel unzulässig sein. Hierfür spricht auch eine Bemerkung des KG, das in seinem Urteil abschließend ausführt: *„Die Befürchtung der Antragstellerin, künftig gerade aufgrund der Veröffentlichung der hier angegriffenen Archivaufnahmen „Freiwild" für die Medien zu werden, trifft nicht zu. Jede künftige Veröffentlichung von Fotos der Antragstellerin, wie auch jede Wortberichterstattung wird sich der Abwägung der widerstreitenden Interessen und Rechtsgüter zu stellen haben."*[165] **186**

§ 6
Verdachtsberichterstattung

I. Grundkonflikt

Von dem Problem namentlicher Berichterstattung über bereits *verurteilte* Straftäter grundlegend zu unterscheiden ist der Fall einer zulässigen Berichterstattung in Fällen, in denen die Schuld bzw Tat des Betroffenen noch nicht feststeht. **187**

In diesem Bereich gerät die Pflicht der Presse, ausschließlich über wahre Tatsachen zu berichten, in Konflikt zu ihrer Aufgabe, Sachverhalte und Missstände aufzudecken und die Öffentlichkeit zeitnah zu informieren, möglicherweise auch bereits bevor ein endgültiger Wahrheitsbeweis erbracht werden kann. **188**

Bei der Beleuchtung des Problems ist zwischen Berichterstattungen über behördliche Ermittlungs- oder Gerichtsverfahren einerseits und Berichterstattungen über von der Presse selbst recherchierte Sachverhalte andererseits zu unterscheiden. **189**

II. Berichterstattungen über behördliche Ermittlungs- oder Gerichtsverfahren

Die Zulässigkeit einer Berichterstattung über ein behördliches Ermittlungs- oder Gerichtsverfahren ist **je nach Stadium, in dem sich das Verfahren befindet**, unterschiedlich zu beurteilen. Grds kann zwischen den vier Stadien der Erstattung einer Strafanzeige, der Durchführung eines Ermittlungsverfahrens, der öffentlichen Klageerhebung und der erfolgten Verurteilung unterschieden werden. **190**

---

164 BVerfG NJW 1973, 1226, 1232.

165 KG AfP 2007, 376, 378.

1. Erstattung einer Strafanzeige

191 Eine Strafanzeige kann jederzeit und von jedermann gegen jeden erstattet werden. Über die Begründetheit eines Verdachts, geschweige denn über eine etwaige Schuld des Betroffenen sagt die Erstattung einer Strafanzeige nichts aus. In diesem Stadium gehen deshalb die Geheimhaltungsinteressen des Betroffen in der Regel vor. Dies gilt jedenfalls dann, wenn kein besonderes **Informationsbedürfnis der Öffentlichkeit an der Anzeigenerstattung** besteht. Ein solches Informationsbedürfnis kann sich zB aus der öffentlichen Bekanntheit des Betroffenen, gegen den Anzeige erstattet wurde, ergeben, wenn dieser zB in Politik oder Wirtschaft eine wichtige Stellung einnimmt. Ist dies nicht der Fall und liegt ein öffentliches Informationsbedürfnis nicht vor, darf über eine erstattete Strafanzeige in der Regel nicht unter Offenlegung der Identität des Betroffenen berichtet werden.

2. Staatsanwaltschaftliches Ermittlungsverfahren

192 Auch die Eröffnung eines Ermittlungsverfahrens durch die Staatsanwaltschaft sagt noch nichts über die etwaige Schuld des Betroffenen aus. In diesem Stadium hat zwar die Staatsanwaltschaft bereits den erforderlichen **Anfangsverdacht** bejaht, um das Ermittlungsverfahren überhaupt zu eröffnen. Ein Informationsbedürfnis der Öffentlichkeit wird in diesem Stadium eher zu bejahen sein, als noch im Stadium der Anzeigenerstattung. Auch in diesem Stadium ist allerdings noch besondere Vorsicht geboten.

193 Der Grund für die zu Recht strenge Rechtsprechung im Bereich der Berichterstattung über laufende Ermittlungsverfahren liegt darin, dass der juristische Laie die Einleitung eines solchen Verfahrens oft bereits mit dem Nachweis der Schuld gleichsetzt. Selbst wenn das Ermittlungsverfahren später eingestellt wird und die Presse auch hierüber erneut berichtet, besteht die Gefahr, dass der Betroffene im Bewusstsein der Leser nie mehr vollständig rehabilitiert wird. An die Zulässigkeit einer Berichterstattung über ein laufendes Ermittlungsverfahren werden daher zu Recht hohe Anforderungen gestellt. Dabei sind an die **Sorgfaltspflicht der Presse** umso höhere Anforderungen zu stellen, je schwerer und nachhaltiger das Ansehen des Betroffenen durch die Veröffentlichung und die im Raum stehenden Vorwürfe beeinträchtigt wird. Die Rechtsprechung bezeichnet dies als gleitenden Sorgfaltsmaßstab.[166]

194 Andererseits dürfen nach der zutreffenden Rechtsprechung des BGH die Anforderungen an die journalistische Sorgfalt und die Wahrheitspflicht nicht überspannt und insb nicht so bemessen werden, dass darunter die **Funktion der Meinungsfreiheit** leidet. Straftaten gehören zum Zeitgeschehen, dessen Vermittlung zu den originären Aufgaben der Medien gehört. Dürfte die Presse, falls der Ruf einer Person gefährdet ist, nur solche Informationen verbreiten, deren Wahrheit im Zeitpunkt der Veröffentlichung bereits mit Sicherheit feststeht, könnte sie ihre Aufgaben bei der öffentlichen Meinungsbildung nicht erfüllen. Die ohnehin begrenzten Mittel der Presse zur Ermittlung der Wahrheit sind durch den Zwang der aktuellen Berichterstattung verkürzt. Deshalb verdienen im Rahmen der Abwägung zwischen dem Eingriff in das Persönlichkeitsrecht des Betroffenen und dem Informationsinteresse der Öffentlichkeit regel-

166 BGH NJW 1972, 1658, 1659; BGH NJW 1977, 1288; OLG Brandenburg NJW 1995, 886, 888; BGH NJW 2000, 1036.

mäßig die aktuelle Berichterstattung und damit das Informationsinteresse jedenfalls dann den Vorrang, wenn die nachfolgend dargestellten Sorgfaltsanforderungen eingehalten sind. Stellt sich in einem solchen Fall später die Unwahrheit der Äußerung heraus, so ist diese als im Äußerungszeitpunkt rechtmäßig anzusehen. Widerruf und Schadensersatz kommen dann nicht in Betracht.[167]

Voraussetzung für eine zulässige Verdachtsberichterstattung ist zunächst, dass ein **Mindestbestand an Beweistatsachen** vorliegt, die für den Wahrheitsgehalt der Information sprechen. In diesem Zusammenhang muss die Presse selbst recherchieren und vor allem alle Möglichkeiten ausschöpfen, eine **Stellungnahme des Betroffenen** selbst einzuholen.[168] Ist der Betroffene nicht erreichbar oder verweigert er eine Stellungnahme, wird die Presse zumindest ernsthafte Versuche zur Kontaktaufnahme mit dem Betroffenen nachzuweisen haben. Eine Berufung darauf, den Betroffenen auf ersten Versuch hin nicht angetroffen oder nicht erreicht zu haben, wird für eine erfolgreiche Verteidigung der Presse in der Regel nicht ausreichen. **195**

Weitere Voraussetzung für eine zulässige Verdachtsberichterstattung ist, dass die Berichterstattung **keine Vorverurteilung** des Betroffenen enthalten darf. Insb darf nicht der unzutreffende Eindruck erweckt werden, der Betroffene sei der ihm vorgeworfenen strafbaren Handlung bereits überführt.[169] Unzulässig ist auch eine von einer Sensation ausgehende, bewusst einseitige oder verfälschende Darstellung. Vielmehr müssen auch **die zur Verteidigung und Entlastung des Beschuldigten vorhandenen Tatsachen und Argumente** berücksichtigt[170] und der jeweilige Ermittlungs- und Verfahrensstand zutreffend und objektiv wiedergegeben werden. **196**

Schließlich muss es sich insgesamt um einen **Vorgang von gravierendem Gewicht** handeln, dessen Mitteilung durch ein Informationsbedürfnis der Allgemeinheit gerechtfertigt ist.[171] Dies ist zumindest bei schwerer, die Öffentlichkeit besonders betreffender Kriminalität in der Regel der Fall. **197**

Eine grundlegende Entscheidung zum Thema der Verdachtsberichterstattung, in der auch die Voraussetzungen einer zulässigen Berichterstattung über ein laufendes Ermittlungsverfahren nochmals klar aufgezeigt wurden, stellt eine Entscheidung des BGH aus dem Jahre 1999 dar.[172] **198**

Dem Fall zugrunde lag ein Bericht über ein Ermittlungsverfahren wegen **Vorteilsannahme und Bestechlichkeit**, das gegen eine ehemals auch kommunalpolitisch aktive Mitarbeiterin eines Straßenbauamtes eingeleitet worden war. Der fragliche Artikel war auf der Titelseite ohne Namensnennung unter der Überschrift *„Behörde unter Verdacht"* angekündigt worden. Im Leitartikel des Lokalteils wurde die Betroffene unter der Überschrift *„Ex-Mitarbeiterin unter schwerem Verdacht"* auch namentlich genannt. Einen Monat nach Erscheinen des Artikels wurde das Ermittlungsverfahren mangels hinreichenden Tatverdachts eingestellt. **199**

Der BGH entschied, dass der Artikel die Grenzen zulässiger Verdachtsberichterstattung eingehalten hatte und im konkreten Fall auch die namentliche Nennung der Klägerin gerechtfertigt war. Zu Recht ging das Gericht davon aus, dass sich ein besonderes Interesse der Öffentlichkeit schon aus der **Verbindung zwischen staatlichem** **200**

167 BGH NJW 2000, 1036, 1037.
168 BGH NJW 1996, 1131; BGH NJW 2000, 1036, 1037.
169 OLG Brandenburg NJW 1995, 886; OLG München NJW-RR 1996, 1487, 1488; OLG München NJW-RR 1996, 1493, 1494; OLG Frankfurt aM NJW-RR 1990, 989, 990; BGH NJW 2000, 1036, 1037.
170 BVerfG NJW 1973, 1226; BGH NJW 1965, 2395, 2396; BGH NJW 2000, 1036, 1037.
171 BGH NJW 2000, 1036, 1037.
172 BGH NJW 2000, 1036.

Handeln und dem etwaig strafbaren Verhalten einer Amtsträgerin ergab. Für das Gericht spielte es auch eine Rolle, dass die Betroffene nur im Lokalteil namentlich genannt wurde, während die Titelseite anonym blieb. Weiter berücksichtigte das Gericht, dass vorhandene Überweisungsbelege, die auf den Namen der Klägerin lauteten, sowie unstreitig an den Verein erfolgte Zahlungen hinreichende Belegtatsachen boten. Eine Anonymisierung wäre nur bei einer unsichereren Tatsachen- und Recherchegrundlage erforderlich gewesen, wovon das Gericht hier nicht ausging.

3. Klageerhebung

201 Auch die Erhebung einer öffentlichen Klage bzw der Beginn der Hauptverhandlung sagen noch nichts über Schuld oder Unschuld des Angeklagten aus. Diese Frage soll im Laufe des Verfahrens gerade erst geklärt werden. Allerdings kann die Presse ab diesem Stadium grds von einem **ausreichenden Anfangsverdacht** ausgehen mit der Folge, dass die Befragung des Betroffenen entbehrlich wird. Der Grund hierfür liegt darin, dass bei Zulassung der Anklage der hinreichende Tatverdacht durch das Gericht überprüft wurde, nachdem dem Angeschuldigten rechtliches Gehör gewährt worden war.[173] Im Übrigen gelten auch in diesem Stadium weiterhin die dargelegten Anforderungen an eine zulässige Verdachtsberichterstattung. Insb darf auch in diesem Stadium keine Vorverurteilung durch die Presse stattfinden.

4. Erfolgte Verurteilung

202 Ab erfolgter Verurteilung kann die Presse von der Richtigkeit der Verurteilung und damit von der **Schuld des Betroffenen** ausgehen. Bei Vorliegen eines entsprechenden öffentlichen Interesses an der Tat darf die Presse ab diesem Stadium über die Straftat und die erfolgte Verurteilung berichten. Dabei sind allerdings die Anforderungen zu beachten, die an das **öffentliche Informationsbedürfnis** und den **zeitlichen Rahmen** gestellt werden, innerhalb dessen über eine strafrechtliche Verurteilung berichtet werden darf.[174]

III. Berichte über selbstrecherchierte Sachverhalte

203 Voraussetzung jeder zulässigen Verdachtsberichterstattung ist ein Mindestbestand an Beweistatsachen, der für den Wahrheitsgehalt der Information spricht. Dies gilt unabhängig davon, ob sich der Bericht auf bereits laufende polizeiliche oder staatsanwaltschaftliche Ermittlungen stützen kann, oder ob die Presse über selbst recherchierte Missstände berichtet. Dabei beschränken sich die Grundsätze der Verdachtsberichterstattung nicht auf den Bereich von Straftaten, sondern betreffen jeden Fall, in dem die Medien über einen bestimmten Verdacht gegen eine oder mehrere Personen berichten und dabei die Namen dieser Personen offenlegen oder sie zumindest identifizierbar machen.[175]

204 Im Falle öffentlicher Ermittlungen durch Polizei oder Staatsanwaltschaft ist die Presse von der Pflicht zu Sorgfalt und eigenen Recherchen zwar nicht entbunden. Sie kann sich jedoch zumindest darauf berufen, dass auch behördliche Ermittlungen

---

173 OLG München NJW 2003, 111.

174 Vgl Rn 174 ff und Rn 178 f.

175 *Molle* ZUM 2010, 331.

durchgeführt werden, der Verdacht somit jedenfalls nicht vollkommen „aus der Luft gegriffen“ ist. Weitaus schwieriger ist die Lage, wenn die Presse von einem Dritten von einem möglichen Verdacht erfährt. Für die Frage, ob die Presse über einen solchen Verdacht berichten darf, kommt es auf die individuell zu beurteilende **Zuverlässigkeit des jeweiligen Informanten** an.

In einem vom OLG Dresden[176] entschiedenen Fall hatte **ein Informant aus den Reihen der Mordkommission** gegenüber der Presse bestätigt, dass eine (weitere) Person, gegen die kein Ermittlungsverfahren eröffnet war, in den Kreis der Verdächtigen an einem Mordfall aufgenommen war. Wie sich später herausstellte, hatte der Betroffene mit dem Mordfall nichts zu tun. Das OLG Dresden erklärte eine identifizierende Berichterstattung über den neuen Verdächtigen für unzulässig. Es stellte dabei entscheidend darauf ab, dass Angaben eines Informanten aus den Reihen der Polizei nicht denselben Stellenwert haben wie eine offizielle Behördenerklärung. Die Presse hätte daher vor der Verbreitung der Mitteilung des Informanten zunächst auch eigene Recherchen anstellen müssen, um die Wahrscheinlichkeit bzw den Wahrheitsgehalt der erhaltenen Information zu überprüfen. **205**

Auch das BVerfG[177] hatte sich mit der erhöhten Sorgfaltspflicht der Presse bei der Verbreitung ehrenrühriger Verdachtsbehauptungen eines Informanten zu beschäftigen. Dabei ging es um einen Artikel, der sich auf die Pressemitteilung des Aktionärs einer Tochtergesellschaft stützte, in der dieser Aktionär Vorwürfe gegen den Vorstandsvorsitzenden der Muttergesellschaft erhob. In dem Artikel war die Pressemitteilung in Auszügen wiedergegeben und mit dem Kommentar bewertet worden, die Sache *„stinke zum Himmel“*. Der Autor der Pressemitteilung wurde als **Informant mit der besonderen Qualität eines ehemaligen Insiders** bezeichnet. Das BVerfG bestätigte die Urteile der Instanzgerichte, die die Berichterstattung mangels ausreichender Eigenrecherchen der Presse für unzulässig erklärt hatten. **206**

Schließlich ließ auch das OLG München,[178] zwei in ihrer Formulierung wörtlich übereinstimmende, damit offensichtlich abgesprochene eidesstattliche Versicherungen von zwei **Zeugen vom Hörensagen** nicht ausreichen, um den für eine zulässige Verdachtsberichterstattung erforderlichen Mindestbestand an Tatsachen zu gewährleisten. **207**

In sämtlichen Entscheidungen spielte es eine entscheidende Rolle, dass die Presse ihre Berichterstattung ausschließlich auf die Mitteilungen der jeweiligen Informanten gestützt hatte, ohne darüber hinaus eigene Recherchen anzustellen. Solche eigenen Recherchen wird man von der Presse in Fällen wie den geschilderten im Rahmen der ihr obliegenden **Sorgfaltspflicht** aber verlangen können und müssen. Parallel zum Sorgfaltsmaßstab sind auch an die **Recherchepflichten** der Presse umso höhere Anforderungen zu stellen, je schwerer der im Raum stehende Vorwurf wiegt und je zweifelhafter die Zuverlässigkeit des vorhandenen Informanten erscheint. **208**

---

176 OLG Dresden NJW 2004, 1181.

177 BVerfG NJW 2007, 2686.

178 OLG München NJW-RR 2002, 186.

§ 7
Aussagen Dritter

I. Zueigenmachung und Distanzierung

209 Werden in einem Pressebeitrag Aussagen Dritter veröffentlicht, so stellt sich regelmäßig die Frage, ob sich die Presse die fremde Aussage als eigene Äußerung zurechnen lassen muss. Dies ist grds dann der Fall, wenn sich die Presse ein Fremdzitat zueigen gemacht hat.

210 Bei der Beurteilung, ob ein solches **Zueigenmachen** vorliegt, legt die Rechtsprechung sehr großzügige Maßstäbe an und geht immer dann von einem Zueigenmachen aus, wenn sich der Zitierende von der fraglichen Äußerung weder ernsthaft **distanziert** hat, noch die Äußerung lediglich als Teil einer **Dokumentation des Meinungsstandes** (**„Markt der Meinungen"**) wiedergegeben wird. Letzteres setzt voraus, dass auch andere, gegenteilige Meinungen zitiert werden.

211 Die wesentlichen Grundsätze hat der BGH in drei Entscheidungen festgelegt.

212 In der sog **„Panorama-Entscheidung"**[179] bejahte der BGH in Zusammenhang mit einem kritischen Filmbericht eine Zueigenmachung von Äußerungen Dritter, weil die Äußerungen derart in die eigene kritische Stellungnahme der Autoren der Sendung eingebettet waren, dass die Sendung insgesamt als eine „lediglich mit verteilten Rollen gesprochene eigene Kritik des Fernsehsenders" erschien. Der Sender konnte sich dementsprechend nicht darauf berufen, dass die Äußerungen der Dritten keine eigenen Äußerungen waren.

213 Ähnlich entschied der BGH in der sog **„SternTV"-Entscheidung.**[180] Auch hier musste sich ein Fernsehsender die in einer kritischen Fernsehsendung wiedergegebenen Vorwürfe einer Reihe von Assistenz- und Oberärzten gegen einen Chefarzt zurechnen lassen. Der Fernsehsender hatte sich von den Vorwürfen der Ärzte nicht nur nicht distanziert, sondern hatte diese – für den Zuschauer erkennbar – als alleinige Grundlage seines Beitrages verwertet. Hierin sah der BGH ein Zueigenmachen, so dass sich der Sender die erhobenen Vorwürfe als eigene Äußerungen zurechnen lassen musste.

214 Schließlich mussten sich auch Herausgeber und Autor des Buchs **„Der Lohnkiller"** die Fremdaussage einer angeblich im Rotlichtmilieu tätigen Person über einen inzwischen pensionierten Polizeirat zurechnen lassen. Der BGH[181] entschied in diesem Fall, dass die Frage eines aktiven Zueigenmachens offen gelassen werden könne. Denn jedenfalls fehle es an einer eigenen ernsthaften Distanzierung. Das Zitat werde auch nicht im Rahmen eines „Markts der Meinungen" wiedergegeben.

215 Die Entscheidungen verdienen Zustimmung, soweit sie einem Medienunternehmen Fremdzitate zurechnen, auf die sich der gesamte Inhalt eines Berichts offenkundig stützt. Wird das Zitat eines Dritten als Beleg für die eigene Meinung verwendet und aus dem redaktionellen Begleittext deutlich, dass das Medienunternehmen die Äußerung des Dritten für zutreffend hält, so ist es richtig, das Medienunternehmen in gleichem Maße wie den Äußernden selbst für die Verbreitung des Zitats in Anspruch zu nehmen.

216 Bedenklich wird die geschilderte Rechtsprechung allerdings dort, wo auf ein aktives Zueigenmachen – bspw durch zustimmenden redaktionellen Begleittext – ver-

---

179 BGH NJW 1976, 1198.
180 BGH NJW 1997, 1148.
181 BGH NJW 1996, 1131, 1132.

zichtet und eine ausdrückliche und ernsthafte Distanzierung von jedem Fremdzitat gefordert wird, das ein Medienunternehmen weitergibt. Recherchiert die Presse einen bestimmten Sachverhalt und bindet sie Aussagen Dritter, auf die sie im Rahmen ihrer Recherchen gestoßen ist, in einen ansonsten ausgewogenen und ergebnisoffenen Bericht ein, so kann es nicht sein, dass die Presse bei jedem wiedergegebenen Fremdzitat aktiv betonen muss, dass dies die Aussage eines Dritten und ihr nicht zurechenbar ist. Dies würde die Anforderungen an die Presse zur Distanzierung insb dort deutlich überspannen, wo die Tatsache, dass es sich bei den Äußerungen um Aussagen Dritter handelt, für den Leser bzw Zuschauer offenkundig ist.

II. Interviews

Besonders deutlich wird das Problem der Distanzierung im Rahmen von Interviews, die insoweit jedoch als Sonderfall anerkannt sind. Insoweit hat der BGH in einer aktuellen Entscheidung zu Recht klargestellt, dass sich ein Presseorgen nicht schon deshalb die ehrenrührige Äußerung eines Dritten im Rahmen eines Interviews zu eigen macht, weil es sich von der Äußerung nicht ausdrücklich distanziert hat.[182] **217**

Das Interviews bei der Frage nach der Distanzierung als Sonderfall zu behandeln sind, hat der BGH[183] in seinem Urteil zu dem Buch „Der Lohnkiller" konkludent bestätigt. In diesem Urteil bejahte der BGH die Zurechenbarkeit eines in dem Buch „Lohnkiller" wiedergegebenen Zitats ausdrücklich mit dem Hinweis, dass das Zitat nicht so zu behandeln sei, als sei es lediglich in einem Interview veröffentlicht worden. Bereits hieraus folgt, dass bei einem Interview etwas anderes gilt. **218**

Eine **Sonderbehandlung für Interviews** ist nicht nur richtig, sondern erforderlich. Interviews wären praktisch nicht mehr durchführbar, wenn sich die Presse während eines Interviews laufend ausdrücklichen von den Aussagen des Interviewten distanzieren müsste. Eine solche Distanzierung ist im Rahmen eines Interviews auch nicht erforderlich, denn es kann kaum offensichtlicher als im Rahmen eines Interviews sein, dass es sich bei den wiedergegebenen Fremdzitaten um die Aussagen einer dritten Person und nicht um die Behauptungen oder Meinungen des Presseorgans handelt. Auf eine ausdrückliche Distanzierung der Presse von den Aussagen des Interviewten kann daher in der Regel verzichtet werden. **219**

Allerdings ist auch hier Vorsicht geboten. Machen sich der Interviewer und damit das Presseorgan die Aussagen des Interviewten durch entsprechende Folgefragen oder ausdrückliche Zustimmung zueigen oder verwendet die Zeitung Aussagen aus dem Interview als **Überschriften oder Zwischenüberschriften** und erweckt damit den Eindruck, dass sie die Aussagen für wahr hält, so ist auch insoweit von einem Zueigenmachen auszugehen sein. In solchen Fällen muss die Presse für die fraglichen Aussagen wie für eigene Äußerungen einstehen. Ob auf Stellungnahmen von Interviewpartnern die Grundsätze der Verdachtsberichterstattung[184] anzuwenden sind, ist nicht geklärt. **220**

---

[182] BGH NJW 2010, 760, 761.
[183] BGH NJW 1996, 1131, 1132.
[184] BVerfG NJW 2007, 2685.

III. Markt der Meinungen

221 Unabhängig von einer ausreichenden Distanzierung haftet ein Presse- bzw Medienunternehmen dann nicht für den Inhalt einer von ihm verbreiteten Aussage eines Dritten, wenn die Wiedergabe der Aussage als Teil einer **Dokumentation des Meinungsstandes** erfolgt. Dies ist dann der Fall, wenn im Rahmen eines **„Marktes der Meinungen"** Äußerungen und Stellungnahmen verschiedener Seiten zusammengetragen und einander gegenübergestellt werden.[185] Der BGH hat einen solchen „Markt der Meinungen" zB für den Fall einer **Live-Diskussion im Fernsehen** anerkannt.[186]

222 Diese Grundsätze können nach Auffassung des BGH auf ein **Meinungsforum im Internet** nicht übertragen werden.[187] Wie der BGH zu Recht ausführt, ist der Betreiber eines Internetforums – im Gegensatz zu dem Verantwortlichen einer Live-Diskussion im Fernsehen – „Herr des Angebots" und verfügt über die Möglichkeit auf einzelne Beiträge zuzugreifen und sie erforderlichenfalls auch zu löschen. Die Verbreitung einer Aussage im Internet ist somit weniger mit einer Live-Diskussion im Fernsehen, als mit deren Wiederholung vergleichbar. Auf solche Wiederholungen erstreckt sich die Privilegierung von Live-Sendungen aber gerade nicht. Ebenso wie eine Live-Diskussion im Fernsehen nicht mehr verbreitet werden darf, sobald der Verantwortliche Kenntnis von darin enthaltenen rechtswidrigen Aussagen hat, ist auch der Betreiber eines Internet-Forums zur Löschung rechtswidriger Beiträge ab Kenntnis verpflichtet.[188]

---

185 BGH NJW 1996, 1131; BGH NJW 1970, 187.

186 BGH NJW 1976, 1181.

187 BGH GRUR 2007, 724.

188 Zur Haftung der Betreiber von Meinungsforen im Internet im Einzelnen *Nieland* NJW 2010, 1494.

Kapitel 3

Presserechtliche Ansprüche

Literatur

Damm/Rehbock Widerruf, Unterlassung und Schadensersatz in den Medien, 3. Aufl München 2008; *Dörre* Der medienrechtliche Rückrufanspruch GRUR-Prax 2010, 4; *Flechsing/Hertel/Vahrenhold* Die Veröffentlichung von Unterlassungsurteilen und Unterlassungserklärungen NJW 1994, 2441; *Flechsing/Karg* Inhalt und Umfang der Nachbesserungsmöglichkeiten im Gegendarstellungsrecht ZUM 2006, 177; *Fricke* Grundlagen und Grenzen des Berichtigungsanspruchs im Äußerungsrecht AfP 2009, 552; *ders* Keine Geldentschädigung für „Hassprediger" AfP 2005, 335; *Groß* Die Gegendarstellung im Spiegel von Literatur und Rechtsprechung AfP 2003, 497; *Heuchemer* Die Kriterien einer Zuerkennung von Geldentschädigung im Persönlichkeitsrecht AfP 2010, 222; *Hochrathner* Die gerichtliche Durchsetzung von Gegendarstellungsansprüchen ZUM 2000, 916; *Köhler/Bornkamm* Gesetz gegen den unlauteren Wettbewerb, 28. Aufl München 2010 (zit Köhler/Bornkamm/*Bearbeiter*); *Löffler* Kommentar zu den deutschen Landespressegesetzen mit systematischen Darstellungen zum pressebezogenen Standesrecht, Anzeigenrecht, Werbe- und Wettbewerbsrecht, Vertriebsrecht, Urheber- und Verlagsrecht, Arbeitsrecht, Titelschutz, Jugendmedienschutz und Steuerrecht, 5. Aufl München 2006 (zit Löffler/*Bearbeiter*); *Löffler/Ricker* Handbuch des Presserechts, 5. Aufl München 2005; *Münchener Kommentar zum Bürgerlichen Gesetzbuch*, 3. Aufl München 2006 (zit MünchKomm/*Bearbeiter*) *Paschke/Busch* Hinter den Kulissen des medienrechtlichen Rückrufanspruchs NJW 2004, 2620; *Prinz* Der Schutz der Persönlichkeitsrechte vor Verletzungen durch die Medien NJW 1995, 817; *Prinz* Geldentschädigung bei Persönlichkeitsrechtsverletzungen durch Medien NJW 1996, 953; *Prinz/Peters* Medienrecht, München 1999; *Renner* Die deliktische Haftung für Hilfspersonen in Europa Berlin 2002; *Sedelmeier* Zur Änderung der Gegendarstellung im Verfahren und der Wahrung der Unverzüglichkeit/Aktualitätsgrenze durch unzulässige Erstfassung AfP 2006, 24; *Seitz/Schmidt* Der Gegendarstellungsanspruch, 4. Aufl München 2010; *Senfft* Begehungsgefahr bei Recherchen der Presse NJW 1980, 367; *Schmidt* Aktuelle Probleme des Gegendarstellungsrechts NJW 1991, 1009; *Soehring* Presserecht, 4. Aufl 2009; *ders* Die neuere Rechtsprechung zum Presserecht NJW 1994, 16; *Spindler/Schuster* Recht der elektronischen Medien, München 2008 (zit Spindler/Schuster/*Bearbeiter*); *Steffen* Schmerzensgeld bei Persönlichkeitsverletzung durch Medien – Ein Plädoyer gegen formelhafte Berechnungsmethoden bei der Geldentschädigung NJW 1997, 10; *Wanckel* Die Abwehr von presserechtlichen Unterlassungsansprüchen NJW 2009, 3497; *ders* Die Durchsetzung von presserechtlichen Unterlassungsansprüchen NJW 2009, 3353; *Wenzel* Das Recht der Wort- und Bildberichterstattung, 5. Aufl Köln 2003 (zit Wenzel/*Bearbeiter*).

Übersicht

§ 1
Einleitung

Die Ansprüche bei widerrechtlicher Berichterstattung ergeben sich in erster Linie aus dem allgemeinen Zivilrecht. Rechtsgrundlage für den Unterlassungsanspruch und den Berichtigungsanspruch sind §§ 823, 1004 BGB, der Auskunftsanspruch wird aus § 242 BGB hergeleitet, und der Schadensersatzanspruch ergibt sich wiederum aus § 823 BGB. Der daneben bestehende Anspruch auf Ersatz des immateriellen Schadens wird unmittelbar der Verfassung entnommen, und nur für den Gegendarstellungsanspruch gibt es genuin äußerungsrechtliche Anspruchstatbestände in den Landespressegesetzen, Landesmedien- und -rundfunkgesetzen und mehreren Staatsverträgen. 1

Die allgemeinen Grundlagen der Ansprüche im Medienrecht sind an anderer Stelle[1] ausführlich dargestellt. Die wesentlichen Grundsätze gelten auch im Äußerungsrecht. Im Folgenden werden daher vor allem die Besonderheiten behandelt. 2

§ 2
Unterlassungsanspruch

Der Unterlassungsanspruch ist der praktisch bedeutsamste Anspruch bei einer widerrechtlichen Berichterstattung. Er hat durch das Internet noch an Bedeutung gewonnen. Denn während früher in vielen Fällen, in denen es um die Untersagung der Berichterstattung von einmaligen Ereignissen ging, der noch über Monate oder Jahre ausgetragene Streit, ob eine erneute Berichterstattung zulässig ist, nicht selten nur noch von akademischem Interesse war, bleibt heute nahezu jede Berichterstattung in Presse und Rundfunk im Internet dauerhaft abrufbar, so dass der Unterlassungsanspruch nunmehr häufig auch darauf abzielt, die Internetveröffentlichung entfernen zu lassen. 3

I. Anspruchsgrundlage

Der äußerungsrechtliche Unterlassungsanspruch wird aus §§ 1004, 823 BGB analog iVm dem allgemeinen Persönlichkeitsrecht aus Art 1 Abs 1, 2 Abs 1 GG[2] hergeleitet. Im Ausnahmefall[3] ist auch ein Anspruch wegen des Eingriffs in den eingerichteten und ausgeübten Gewerbebetrieb[4] denkbar. Daneben kommen als Anspruchsgrundlage auch §§ 1004, 823 Abs 2 BGB iVm den § 185 StGB[5] sowie § 1004 BGB iVm § 824 BGB[6] oder § 826 BGB[7] in Betracht. Teilweise wird von einem „quasinegatorischen" Anspruch in Abgrenzung zu dem in § 1004 BGB ausdrücklich geregelten negatorischen Anspruch gesprochen.[8] Die Terminologie wird jedoch uneinheitlich gebraucht, hat ohnehin keine Bedeutung[9] und sollte daher aufgegeben werden.[10] 4

---

1 S Band 1 Kap 4.
2 Vgl schon BGH GRUR 1960, 449, 452 – Alte Herren.
3 S Rn 6.
4 BGH GRUR 1985, 470, 471 – Mietboykott.
5 Vgl etwa BGH GRUR 2007, 724, 725 – Meinungsforum.
6 Vgl etwa BGH GRUR 1975, 89, 91 – Brüning-Memoiren I.
7 Vgl OLG Stuttgart NJW 1976, 628, 631; LG Stuttgart NJW-RR 2001, 834, 836.
8 *Damm/Rebock* Rn 796.
9 Köhler/Bornkamm/*Bornkamm* UWG § 8 Rn 1.6.
10 So zu Recht MünchKomm/*Baldus* § 1004 Rn 13.

II. Voraussetzungen

5 Der Anspruch setzt zunächst entweder eine bereits begangene oder eine drohende Verletzung durch eine Berichterstattung voraus, von der der Anspruchsinhaber betroffen sein muss. Daraus muss sich entweder eine Erstbegehungs- oder eine Wiederholungsgefahr ergeben. Ferner muss die Verletzung rechtswidrig, nicht aber zwingend schuldhaft erfolgt sein.

1. Verletztes Rechtsgut

6 Der Eingriff in das allgemeine **Persönlichkeitsrecht** wird an anderer Stelle ausführlich behandelt.[11] Besonderheiten weist der Anspruch bei einem **Eingriff in den eingerichteten und ausgeübten Gewerbebetrieb** auf. Er wird im Bereich des Äußerungsrechts nur in seltenen Ausnahmefällen in Betracht kommen. Denn der deliktische Schutz des eingerichteten und ausgeübten Gewerbebetriebs erfasst nur betriebsbezogene Eingriffe und damit nur spezifische Eingriffe, die sich gegen den betrieblichen Organismus oder die unternehmerische Entscheidungsfreiheit richten und denen eine Schadensgefahr eigen ist, die über eine bloße Belästigung oder eine sozialübliche Behinderung hinausgeht.[12] Bei äußerungsrechtlichen Streitigkeiten geht es regelmäßig um einen Eingriff in die wirtschaftliche Wertschätzung, dem es an der notwendigen Betriebsbezogenheit fehlt.[13] Hier steht dem Anspruch dann zudem häufig die bei den Rahmenrechten des § 823 Abs 1 BGB zu beachtende Subsidiarität gegenüber dem Spezialtatbestand des § 824 BGB entgegen.[14] Betriebsbezogene Eingriffe durch die Medien sind aber im Einzelfall denkbar. So hat der BGH[15] einen solchen Eingriff bei einem Aufruf einer Tageszeitung zu einem Boykott von Mietzahlungen bejaht.[16]

2. Betroffenheit

7 Der Anspruchsinhaber muss von der Berichterstattung betroffen sein.[17] Dies ist zunächst dann fraglich, wenn über eine Person in einem Beitrag zwar berichtet wird, diese aber weder **namentlich genannt** noch **gezeigt** wird. Die **Erkennbarkeit** kann sich dann auch aus den sonstigen dargestellten Umständen ergeben, etwa aus der Nennung der beruflichen Position („Bauamtsleiter der Stadt ..." oder „Pressesprecher von ...") oder einer näher bezeichneten Tätigkeit („Architekt des ..."[18]). Sie muss mindestens für einen Personenkreis vorhanden sein, den der Betroffene nicht mehr ohne weiteres selbst unterrichten kann.[19]

8 Nicht ausreichend ist die Betroffenheit innerhalb einer größeren **Gruppe**,[20] etwa, wenn allgemein über „Polizisten"[21] oder „Kommunalpolitiker" negativ berichtet wird. Auch ein Händler ist nicht betroffen, wenn negativ über die von ihm und vielen anderen Händlern vertriebenen Produkte berichtet wird.[22] Anders kann es etwa sein, wenn

---

11 S Teil 3 Kap 1.
12 BGH GRUR 1985, 470, 471 – Mietboykott.
13 BGH GRUR 1992, 201, 202 – Bezirksleiter Straßenbauamt.
14 BGH GRUR 1992, 201, 202 – Bezirksleiter Straßenbauamt.
15 BGH GRUR 1985, 470, 471 – Mietboykott.
16 Vgl zu weiteren Fällen des betriebsbezogenen Eingriffs durch die Presse Löffler/*Steffen* § 6 LPG Rn 144.
17 S auch Rn 39 ff.
18 Wenzel/*Burkhardt* 12. Kap Rn 54.
19 LG Köln ZUM-RD 2005, 351, 353; vgl zu dieser Entscheidung *Fricke* AfP 2005, 335.
20 BayObLG NJW 1961, 2075.
21 *Wanckel* NJW 2009, 3353, 3354.
22 *Wanckel* NJW 2009, 3497, 3498.

eine überschaubare Zahl von Betroffenen in Betracht kommt. Hier kann jedes Gruppenmitglied, bei dem sich nicht ausschließen lässt, dass die Mitteilung auf ihn bezogen wird, einen Unterlassungsanspruch geltend machen.[23]

Ein **Unternehmen** kann von Äußerungen über seine Mitarbeiter oder Gesellschaf- 9
ter betroffen sein, wenn eine kritische Berichterstattung über sie von den Empfängern der Mitteilung auch als Kritik an dem Unternehmen aufzufassen ist. Der Gesellschafter oder Betriebsangehörige muss in dieser Eigenschaft oder wegen Tätigkeiten angegriffen werden, mit denen die Verkehrsauffassung auch die Gesellschaft identifiziert.[24] Auch bei einer Personengesellschaft genügt, wenn ein Gesellschafter kritisiert wird, nicht allein der Umstand, dass solche Kritik in aller Regel wegen der personalen Prägung eines Unternehmens auch auf die Gesellschaft ausstrahlt; die Kritik muss vielmehr die Gesellschaft selbst (unmittelbar) treffen.[25] Werden etwa einem Mitarbeiter eines Unternehmens Straftaten zu Gunsten des Unternehmens vorgeworfen, wird die Betroffenheit stets zu bejahen sein. Werden ihm hingegen Straftaten zu Lasten des Arbeitgebers vorgeworfen (etwa der Diebstahl von Büromaterial), dürfte eine Betroffenheit in der Regel ausscheiden. Hier kommt es aber auf die Umstände des Einzelfalls an. Nimmt ein Unternehmen etwa schwerpunktmäßig fremde Vermögensinteressen wahr und lebt damit auch vom Vertrauen auf die Integrität seiner Mitarbeiter, kann auch in einem solchen Fall eine Betroffenheit in Betracht kommen.

Nach dem Tod des Betroffenen können den Angehörigen Unterlassungsansprüche 10
zustehen. Der Schutz besteht indes nur bei **schwerwiegenden Herabsetzungen** des Ansehens des Verstorbenen und **gegen Entstellungen seines Lebensbildes.**[26] Der Anspruch kann von denjenigen geltend gemacht werden, die der Verstorbene zu Lebzeiten dazu ermächtigt hat; gibt es keinen Ermächtigten, steht der Anspruch den Angehörigen zu.[27]

3. Wiederholungs- und Erstbegehungsgefahr

Der Unterlassungsanspruch setzt entweder eine Wiederholungsgefahr oder als vor- 11
beugender Unterlassungsanspruch eine Erstbegehungsgefahr voraus.

Eine widerrechtliche Berichterstattung begründet eine Vermutung der **Wiederho-** 12
lungsgefahr.[28] Diese entfällt grundsätzlich nur durch Abgabe einer strafbewehrten Unterlassungserklärung.[29] Ausnahmsweise kann eine Wiederholungsgefahr aber auch dann ausscheiden, wenn der Eingriff durch eine einmalige Sondersituation veranlasst gewesen ist[30] oder wenn nach Verbreiten einer unzulässigen Behauptung freiwillig ein Widerruf oder eine Richtigstellung veröffentlicht wird.[31] Gleiches kann gelten, wenn in einer späteren Berichterstattung klargestellt wird, dass die ursprüngliche Behauptung sich als falsch erwiesen habe.[32] Im Falle der Veröffentlichung eines **Leserbriefes** wird die Wiederholungsgefahr nicht vermutet, sondern muss konkret festgestellt wer-

23 Wenzel/*Burkhardt* 12. Kap Rn 55.
24 BGH GRUR 1980, 1090, 1092 – Medizin-Syndikat I; *Prinz/Peters* Rn 307.
25 BGH GRUR 1980, 1090, 1092 – Medizin-Syndikat I.
26 BVerfG NJW 2001, 2957, 2959 – Wilhelm Kaisen; NJW 1971, 1645 – Mephisto.
27 BGH GRUR 2000, 709, 714 – Marlene Dietrich.
28 BGH ZUM-RD 2008, 117, 119; BGH NJW-RR 1994, 1242, 1243; BGH GRUR 1994, 394, 395 – Bilanzanalyse.
29 BGH GRUR 1994, 394, 395 f – Bilanzanalyse.
30 BGH GRUR 1994, 394, 395 – Bilanzanalyse.
31 OLG Köln AfP 1989, 764.
32 OLG Köln AfP 1993, 744, 745.

den, weil hier regelmäßig davon auszugehen ist, dass Leserbriefe nur einmal veröffentlicht werden.[33]

13 Eine **Erstbegehungsgefahr** besteht, wenn ernsthafte und greifbare tatsächliche Anhaltspunkte dafür vorhanden sind, der Anspruchsgegner werde sich in naher Zukunft rechtswidrig verhalten.[34] Die bloß theoretische Möglichkeit der Begehung genügt nicht.[35] Eine Erstbegehungsgefahr besteht insb, wenn sich jemand des Rechts berühmt, bestimmte Handlungen vornehmen zu dürfen.[36]

14 Die bloße **Recherche** begründet grundsätzlich noch keine Erstbegehungsgefahr.[37] Etwas anderes gilt nur, wenn feststeht, dass die geplante Veröffentlichung widerrechtlich ist.[38] Dies wird aber, da die Frage der Widerrechtlichkeit meist von der konkreten Art der Berichterstattung abhängt, nur selten der Fall sein.[39] Das OLG München[40] hat einen vorbeugenden Unterlassungsanspruch etwa im Fall eines Anwalts bejaht, der einem Fernsehteam mitgeteilt hatte, dass er mit der Veröffentlichung von Aufnahmen seiner Person nicht einverstanden sei.

15 Zum **Ausräumen einer Erstbegehungsgefahr** wird regelmäßig die Abgabe einer einfachen Unterlassungserklärung ohne Vertragsstrafeversprechen ausreichen.[41]

4. Rechtswidrigkeit

16 Gerade wegen des fehlenden Verschuldenserfordernisses spielt die Rechtswidrigkeit der Berichterstattung im Rahmen des Unterlassungsanspruchs eine größere Rolle als bei sonstigen zivilrechtlichen Ansprüchen. Denn es sind Fälle denkbar, in denen zwar die Wahrheit einer Äußerung nicht erwiesen ist, in denen es die Pressefreiheit aus Art 5 Abs 1 S 2 GG aber gebietet, dass eine Berichterstattung gleichwohl zulässig sein muss.

17 Die Rechtsprechung kommt daher im Rahmen der nach Art 5 Abs 1 GG und § 193 StGB vorzunehmenden Güterabwägung zu dem Ergebnis, dass eine zumindest nicht als unwahr erwiesene Berichterstattung so lange nicht rechtswidrig ist, als derjenige, der sie aufstellt oder verbreitet, sie zur **Wahrnehmung berechtigter Interessen** für erforderlich halten durfte.[42]

18 Dies setzt voraus, dass der auf Unterlassung in Anspruch Genommene vor Aufstellung oder Verbreitung der Behauptung hinreichend sorgfältige Recherchen über den Wahrheitsgehalt angestellt hat.[43] Die Sorgfaltsanforderungen für die Medien sind dabei höher als diejenigen für Privatpersonen,[44] die etwa in Foren Äußerungen verbreiten. Für Presseagenturen gilt derselbe Maßstab wie für die Presseunternehmen.[45] Einzuhalten sind die **pressemäßigen Sorgfaltsanforderungen.**[46] Diese Sorgfaltsanforde-

33 BGH NJW 1986, 2503, 2505; Wenzel/*Burkhardt* 12. Kap. Rn 16.
34 BGH ZUM-RD 2002, 59, 61; GRUR 1992, 318, 319 – Jubiläumsverkauf; BGH GRUR 1999, 1097, 1099 – Preissturz ohne Ende.
35 OLG Frankfurt ZUM-RD 2008, 128, 130.
36 BGH ZUM-RD 2002, 59, 61; BGH GRUR 1987, 125, 126 – Berühmung.
37 OLG Hamburg AfP 1992, 279, 280; LG Essen ZUM-RD 2006, 183, 184; *Prinz/Peters* Rn 329; vgl auch *Senfft* NJW 1980, 367 ff.
38 OLG Celle AfP 1984, 236, 237.
39 OLG Hamburg ZUM 2000, 163.
40 OLG München AfP 1992, 78, 80.
41 BGH NJW 1984, 1607, 1610 – Bundesbahnplanungsvorhaben; vgl auch OLG Köln AfP 1993, 744, 745; Löffler/*Steffen* § 6 LPG Rn 269.
42 BGH GRUR 1997, 396, 399 – Polizeichef.
43 BGH GRUR 1997, 396, 399 – Polizeichef; vgl auch BGH GRUR 1987, 316, 317 – Türkei-Flug.
44 BVerfG NJW 2004, 589 – Haarfarbe des Bundeskanzlers; BVerfG NJW 1999, 1322, 1324 – Fall Helnwein.
45 BVerfG NJW 2004, 589, 590 – Haarfarbe des Bundeskanzlers.
46 BGH GRUR 1997, 396, 399 – Polizeichef; NJW 1987, 2225, 2226 – Chemiegift.

rungen dürfen nicht überspannt werden, um den durch Art 5 Abs 1 GG geschützten freien Kommunikationsprozess nicht zu sehr „einzuschnüren“.[47]

Für die Verbreitung **unwahrer Tatsachenbehauptungen** gibt es dagegen in der Regel keinen rechtfertigenden Grund. Außerhalb des Schutzbereichs der Meinungs- und Pressefreiheit liegen aber nur bewusst unwahre Tatsachenbehauptungen und solche, deren Unwahrheit bereits im Zeitpunkt der Äußerung unzweifelhaft feststeht.[48] Sonstige Tatsachenbehauptungen mit Meinungsbezug genießen den Grundrechtsschutz, auch wenn sie sich später als unwahr herausstellen. Zwar tritt die Meinungsfreiheit bei unwahren Tatsachenbehauptungen grundsätzlich hinter das Persönlichkeitsrecht zurück; etwas anderes kann aber gelten, wenn die Wahrheit im Zeitpunkt der Äußerung **ungewiss** ist und sich erst als Ergebnis eines Diskussionsprozesses oder auch einer gerichtlichen Klärung herausstellt. Die Pressefreiheit würde in unzulässiger Weise eingeschränkt, wenn die nachträglich als unwahr erkannte Äußerung immer mit Sanktionen belegt werden dürfte; insb wäre damit ein vom Grundrechtsgebrauch abschreckender Effekt verbunden, der aus Gründen der Meinungsfreiheit vermieden werden muss[49]. Sind die Sorgfaltspflichten eingehalten und handelt es sich bei den verbreiteten Äußerungen nicht um völlig haltlose, aus der Luft gegriffene Tatsachenbehauptungen, können auch unwahre Tatsachenbehauptungen nicht mit Sanktionen belegt werden, so dass insb Schadensersatz und Widerrufsansprüche ausgeschlossen sind.[50] An einer weiteren Verbreitung einer erwiesenermaßen unwahren Äußerung besteht allerdings kein schützenswertes Interesse, so dass der Unterlassungsanspruch gleichwohl bestehen kann, allerdings, da die ursprüngliche Veröffentlichung nicht rechtswidrig war und damit eine Wiederholungsgefahr ausgeschlossen ist,[51] nur bei Bestehen einer **Erstbegehungsgefahr**.[52] Es müssen dann aber tatsächliche Anhaltspunkte vorliegen, die vermuten lassen, dass der Äußernde die Behauptungen erneut aufstellen wird, obwohl der Betroffene ihnen entgegengetreten ist und Beweis für die Unwahrheit angetreten hat.[53] **19**

Die Anforderungen an die pressemäßige Sorgfalt hängen im Einzelfall insb von der **Schwere des Vorwurfs** ab[54] sowie von den jeweils gegebenen **Aufklärungsmöglichkeiten** und der **Stellung des Äußernden** im Prozess der öffentlichen Meinungsbildung.[55] So ist es regelmäßig erforderlich, dem Betroffenen die Gelegenheit zur Stellungnahme einzuräumen.[56] Dem kann nicht entgegengehalten werden, dass eine Aufklärung durch die Stellungnahme nicht zu erwarten wäre.[57] Nicht gewahrt sind die Sorgfaltsanforderungen auch dann, wenn der Berichtende sich allein auf für den Betroffenen nachteilige Gesichtspunkte stützt und Umstände verschweigt, die gegen die Richtigkeit der Behauptung sprechen.[58] **20**

Als Überspannung der Anforderungen an die pressemäßige Sorgfalt hat es der BGH[59] etwa angesehen, von einer Zeitung zu verlangen, ein Sachverständigengutach- **21**

---

47 BVerfG NJW 1999, 1322, 1324 – Fall Helnwein.
48 BVerfG NJW 1999, 1322, 1324 – Fall Helnwein; BVerfG NJW 1994, 1781; BVerfG NJW 1983, 1415, 1416.
49 BVerfG NJW 1977, 799; NJW 1999, 1322.
50 BVerfG NJW 1999, 1322, 1324 – Fall Helnwein.
51 BGH NJW 1986, 2503, 2505.
52 BVerfG NJW 1999, 1322, 1324 – Fall Helnwein; BGH NJW 1987, 2225, 2227 – Chemiegift.
53 BGH NJW 1986, 2503, 2505.
54 BVerfG NJW 2006, 207, 210 – IM Sekretär; BGH GRUR 1997, 396, 399 – Polizeichef.
55 BVerfG NJW 2004, 589 – Haarfarbe des Bundeskanzlers.
56 BGH GRUR 1997, 396, 399 – Polizeichef.
57 BGH GRUR 1997, 396, 399 – Polizeichef.
58 BVerfG NJW 2006, 207, 210 – IM Sekretär.
59 BGH NJW 1987, 2225, 2226 f – Chemiegift.

ten einzuholen, bevor sie über ein Unternehmen berichtet, dem behördlich untersagt worden ist, giftige Chemiestoffe in das Abwasser einzuleiten. Für einen Plagiatsvorwurf hat es das OLG Köln[60] als ausreichend erachtet, wenn sich eine Zeitung auf Informationen einer anerkannten **Presseagentur** verlässt.

III. Umfang und Reichweite

22 Der Unterlassungsanspruch beschränkt sich auf das Verhalten, hinsichtlich dessen eine Wiederholungs- oder Erstbegehungsgefahr besteht. Zu untersagen ist grundsätzlich nur die konkrete Verletzungsform, wobei gewisse Verallgemeinerungen zulässig sind, soweit darin noch das **Charakteristische des festgestellten konkreten Verletzungstatbestandes** zum Ausdruck kommt.[61] Dieser im gewerblichen Rechtsschutz entwickelte Grundsatz muss auch bei der Wortberichterstattung grundsätzlich gelten.[62] Die Verurteilung muss allerdings deutlich erkennen lassen, welche Aussage verboten werden soll,[63] und eine abstrahierende Verallgemeinerung darf die Grenze des durch die konkrete Verletzungshandlung begründeten Unterlassungsanspruchs nicht überschreiten.[64]

23 In der Praxis bietet es sich an, den konkreten Wortlaut der konkret beanstandeten Passage der Berichterstattung **im Antrag wiederzugeben** oder bei einer abstrakten Umschreibung zumindest auf die konkrete Berichterstattung Bezug zu nehmen, etwa mit einem Zusatz „wie geschehen in der Sendung ... am ...“. Nicht zulässig ist ein Antrag, der darauf abzielt, dem Unterlassungsschuldner das Erwecken eines näher beschriebenen Eindrucks zu verbieten.[65] Die Anknüpfung an einen Eindruck ist aber möglich, wenn auch die konkrete Äußerung wiedergegeben wird, aus der sich der Eindruck ergibt, so dass der Antrag lautet: „Durch die Äußerung „...“, den Eindruck zu erwecken, dass ...“.[66]

24 Wird der konkrete Wortlaut wiedergegeben, genügt es, wenn der Satz oder Absatzteil die **im Kern zu verbietende Behauptung** enthält; es schadet dann nicht, wenn in diesem Kontext auch für sich genommen zulässige Aussagen mit aufgenommen werden, wenn sich aus Antrag und Begründung der Klage oder des Verfügungsantrages ergibt, dass nicht jede Einzelheit der konkreten Behauptung, sondern nur die konkrete Behauptung im Kontext mit dem zu verbietenden Kern nicht wiederholt werden darf.[67] Dem Betroffenen ist nicht zuzumuten, den Kern der bekämpften Aussage auf eigenes Risiko sinngemäß herauszuschälen.[68]

25 Über die konkrete Verletzungsform hinausgehend kann dann Unterlassung verlangt werden, wenn neben der Gefahr der Wiederholung der konkreten Verletzung eine **Erstbegehungsgefahr** hinsichtlich andersartiger Verletzungen besteht.[69] Hierfür bedarf es aber konkreter Anhaltspunkte.

---

60 OLG Köln NJW-RR 2002, 1341, 1344.
61 BGH GRUR 1982, 681, 683 – Skistiefel.
62 KG NJW-RR 2007, 109, 110.
63 BVerfG NJW 2004, 1942, 1943.
64 KG NJW-RR 2007, 109, 110.
65 Löffler/*Steffen* § 6 LPG Rn 271 mwN.
66 *Prinz/Peters* Rn 383.
67 OLG München ZUM-RD 2003, 577, 580 – Oberammergauer Passionsspiele; OLG München AfP 2000, 174; OLG München ZUM 1999, 331, 332 – Undercover.
68 OLG München ZUM-RD 2003, 577, 580 – Oberammergauer Passionsspiele; OLG München ZUM 1999, 331, 332 – Undercover.
69 BGH GRUR 1982, 681, 683 – Skistiefel.

Im Bereich der Bildberichterstattung können kerngleiche Verletzungshandlungen hingegen nicht mit verboten werden.[70] 26

IV. Anspruchsverpflichteter

Für eine Äußerung haftet grundsätzlich derjenige, der sie selbst getätigt oder wenigstens verbreitet hat.[71] Ein **Verleger** hat stets für die von ihm publizierten Äußerungen einzustehen, weil er als „Herr der Zeitung" für deren Inhalt verantwortlich ist.[72] Der **Herausgeber** haftet nur, wenn er entweder selbst inhaltlichen Einfluss auf seine Publikationen nimmt oder selbst an einem Beitrag mitgewirkt hat.[73] Gleiches gilt für **Mitherausgeber**.[74] 27

V. Anspruchsdurchsetzung

Der Unterlassungsanspruch kann mit einer Klage oder mit einem Antrag auf Erlass einer einstweiligen Verfügung durchgesetzt werden. Hinsichtlich der Einzelheiten kann auf die allgemeinen Ausführungen verwiesen werden.[75] 28

Besonderheiten sind bei der **Beweislast** zu beachten. Grundsätzlich hat der Gläubiger eines Unterlassungsanspruches im Rechtsstreit die Unwahrheit der ihn betreffenden ehrverletzenden Äußerungen zu beweisen. Allerdings trifft denjenigen, der eine ehrrührige Behauptung aufgestellt hat, eine erweiterte Darlegungslast.[76] Ist der Tatbestand einer üblen Nachrede erfüllt, ergibt sich aus § 186 StGB, der über § 823 Abs 2 BGB auch im Zivilrecht Anwendung findet, eine Beweislastumkehr, und der Äußernde muss die Wahrheit der ehrverletzenden Behauptung beweisen.[77] 29

Kommt es zu einem *non liquet*, lässt sich also die Wahrheit oder Unwahrheit einer Äußerung nicht feststellen, führt dies aber nicht zwangsläufig dazu, dass der Unterlassungsanspruch besteht. Der Anspruch scheidet, wie oben[78] dargelegt, dann aus, wenn der Äußernde sich auf die Wahrnehmung berechtigter Interessen berufen kann.[79] 30

Im **Verfügungsverfahren** gelten grundsätzlich die Beweislastgrundsätze des Hauptsacheverfahrens.[80] Dies gilt jedenfalls, wenn das Gericht nach einer mündlichen Verhandlung über den Erlass entscheidet sowie im Widerspruchsverfahren über den Bestand der einstweiligen Verfügung. Soll das Gericht ohne mündliche Verhandlung entscheiden, hat der Antragsteller auch zu den vom Antragsgegner darzulegenden und glaubhaft zu machenden Umständen Stellung zu nehmen und seinen Vortrag gegebenenfalls auch insofern glaubhaft zu machen, zumindest soweit diese Umstände nach der vorprozessualen Korrespondenz streitig sind.[81] 31

---

70 BGH GRUR 2008, 446, 447 – „kerngleiche" Berichterstattung; GRUR 2004, 592, 593 – Charlotte Casiraghi; vgl dazu ausf Teil 3 Kap 3 Rn 177 f.

71 Vgl im Einzelnen Teil 1 Kap 2 Rn 210 ff.

72 BGH GRUR 1986, 683, 684.

73 Vgl Löffler/*Steffen* § 6 LPG Rn 278; *Soehring* NJW 1994, 16, 21.

74 *Prinz/Peters* Rn 314.

75 S Band 1 Kap 5.

76 BGH GRUR 1975, 36, 38 – Arbeits-Realitäten.

77 BGH GRUR 1989, 781, 783 – Wassersuche.

78 S Rn 17 ff.

79 BGH GRUR 1989, 781, 783 – Wassersuche.

80 OLG Brandenburg NJW-RR 2002, 1127, 1128.

81 Vgl MünchKomm-*Drescher* § 920 Rn 21.

§ 3 Gegendarstellung

I. Zweck und Rechtsgrundlagen

32 Das BVerfG leitet aus dem allgemeinen Persönlichkeitsrecht die Pflicht des Staates ab, den Einzelnen wirksam gegen Einwirkungen der Medien auf seine Individualsphäre zu schützen.[82] Dazu gehört, dass der von einer Berichterstattung Betroffene die rechtlich gesicherte Möglichkeit haben muss, ihr mit seiner eigenen Darstellung entgegenzutreten,[83] da er andernfalls zum bloßen Objekt öffentlicher Erörterung herabgewürdigt wäre.[84] Die Gegendarstellung gewährt dem Betroffenen ein Recht auf Selbstverteidigung.[85] Sie kommt damit gleichzeitig der öffentlichen Meinungsbildung zugute, weil dem Adressaten der Gegendarstellung neben der Information durch die Medien auch die Sicht des Betroffenen vermittelt wird.[86]

33 Geregelt ist die Gegendarstellung in § 10 der Landespressegesetze (LPG) der Länder, Bayern (BayPrG), Berlin (BerlPresseG), Hessen (HPresseG), Mecklenburg-Vorpommern (LPrG M-V), Sachsen (SächsPresseG), Sachsen-Anhalt (PresseG LSA), § 11 der Landespressegesetze der Länder Baden-Württemberg (PresseG BW), Bremen (PresseG Bremen), Hamburg (PrG Hamburg), Niedersachsen (NPresseG), Nordrhein-Westfalen (LPG NRW), Schleswig-Holstein (LPG SH), Thüringen (TPG), § 12 des Landespressegesetzes Brandenburg (BbgPG), § 9 des Landesmediengesetzes Baden-Württemberg (LMG BW), in Art 18 des Bayerischen Mediengesetzes (BayMG), § 19 des Bremischen Landesmediengesetzes (BremLMG), § 21 des Niedersächsischen Mediengesetzes (NMedienG), § 44 des Landesmediengesetzes Nordrhein-Westfalen (LMG NRW), § 11 des Landesmediengesetzes Rheinland-Pfalz (LMG RP), § 10 des Saarländischen Mediengesetzes (SMG), § 26 des Mediengesetzes des Landes Sachsen-Anhalt (MedienG LSA), § 24 des Thüringer Landesmediengesetzes (ThürLMG), § 28 des Hessischen Privatrundfunkgesetzes (HPRG), § 30 des Landesrundfunkgesetzes Mecklenburg-Vorpommern (RundfG M-V), § 19 des Sächsischen Privatrundfunkgesetzes (SächsPRG), § 31 des Landesrundfunkgesetzes Schleswig-Holstein (LRG), Art 17 des Bayerischen Rundfunkgesetzes (BayRG), § 18 des Deutsche-Welle-Gesetzes (DWG), § 24 des Radio Bremen-Gesetzes (RBG), § 9 des Gesetzes über den Westdeutschen Rundfunk (WDR-Gesetz), § 8 des ARD-Staatsvertrages (ARD StV), § 9 des Deutschlandradio-Staatsvertrages (DRadio StV), § 10 des Medienstaatsvertrages Hamburg und Schleswig-Holstein (MedienStV HSH), § 15 des MDR-Staatsvertrages (MDR StV), § 12 des NDR-Staatsvertrages (NDR StV), § 9 des RBB-Staatsvertrages (RBB StV), § 10 des SWR-Staatsvertrages (SWR StV), § 9 des ZDF-Staatsvertrages (ZDF StV) und § 56 des Rundfunkstaatsvertrages (RStV).

---

82 BVerfG NJW 1999, 483, 484.

83 BVerfG NJW 1999, 483, 484; NJW 1983, 1179, 1180.

84 BVerfG NJW 1983, 1179, 1180.

85 BGH NJW 1976, 1198, 1201; OLG Köln NJW-RR 1986, 418.

86 BVerfG NJW 1998, 1381, 1382; vgl zu den dogmatischen Grundlagen des Gegendarstellungsanspruchs auch *Groß* AfP 2003, 497.

II. Voraussetzungen

Der Gegendarstellungsanspruch setzt zunächst voraus, dass Tatsachen über eine Person verbreitet werden, die für die Rezipienten der Berichterstattung erkennbar ist. Meinungsäußerungen kann eine Gegendarstellung nicht entgegengesetzt werden und zwar selbst dann nicht, wenn es sich um eine unzulässige Meinungsäußerung handelt, die dem Verbreitenden untersagt werden kann. Es genügt für eine Gegendarstellung allerdings, wenn der Rezipient einer Mitteilung diese als Tatsachenbehauptung verstehen *kann*.[87] Auch ein erweckter Eindruck oder eine verdeckte Tatsachenbehauptung können Anlass für eine Gegendarstellung sein,[88] ebenso die Äußerung eines Verdachts.[89] Für die Abgrenzung zwischen Tatsachenbehauptungen und Meinungsäußerungen gelten dieselben Grundsätze wie im übrigen Äußerungsrecht.[90] 34

Entgegnet werden kann auch auf in einem Medium dargestellte **Äußerungen Dritter**.[91] Dies gilt auch bei Rundfunk- und Fernsehinterviews.[92] In der Gegendarstellung muss dann allerdings auch deutlich gemacht werden, dass einer Behauptung eines Dritten entgegengetreten wird.[93] Ebenso kann die Ausgangsmitteilung in einem **Leserbrief** enthalten sein.[94] 35

1. Periodische Erscheinung/Internet

Die Gegendarstellung setzt bei Druckwerken ferner voraus, dass dieses periodisch verbreitet wird. Periodisch ist ein Druckwerk, das regelmäßig erscheint. Hinsichtlich des Zeitabstandes kann auf die Legaldefinition in § 7 Abs 4 LPG NRW zurückgegriffen werden, der verlangt, dass ein periodisches Druckwerk mindestens alle sechs Monate erscheinen muss. 36

Bei Veröffentlichungen im Internet ist zu differenzieren. Hier regelt § 56 Abs 1 S 1 RStV, dass „Anbieter von Telemedien mit journalistisch-redaktionell gestalteten Angeboten, in denen insb vollständig oder teilweise Inhalte periodischer Druckerzeugnisse in Text oder Bild wiedergegeben werden" zum Abdruck einer Gegendarstellung verpflichtet sein können. Die Regelung hat offensichtlich in erster Linie die **Internetauftritte von periodisch erscheinenden Druckerzeugnissen** im Blick. Hier ist es zwingend, dass eine Gegendarstellung auch im Internet zu veröffentlichen ist, weil der Adressatenkreis einer auch im Internet veröffentlichten Ausgangsmitteilung bei einer nur in dem Druckerzeugnis veröffentlichten Gegendarstellung nicht erreicht würde. Ausgeschlossen von der Pflicht zur Veröffentlichung einer Gegendarstellung sollen dagegen vor allem **private Internetseiten** sein.[95] Das LG Düsseldorf[96] hat etwa einen Gegendarstellungsanspruch zu einer Meldung auf einer Internetseite mit der Begründung verneint, dass die Internetseite nicht einmal periodisch überarbeitet werde. 37

Die Beschränkung auf periodisch verbreitete Texte erklärt sich daraus, dass ihre Ersteller durch die regelmäßige Verbreitung einen besonderen Einfluss auf die öffentliche Meinungsbildung haben, der ein Gegendarstellungsrecht rechtfertigt. Gerade 38

87 OLG Frankfurt AfP 1985, 288, 290.
88 OLG Hamburg NJW-RR 2001, 186.
89 Löffler/*Sedelmeier* § 11 LPG Rn 99.
90 *Prinz/Peters* Rn 486; vgl im Einzelnen Teil 1 Kap 2 Rn 77 ff.
91 OLG Karlsruhe NJW-RR 2000, 323.
92 OLG Dresden ZUM-RD 2007, 117, 118; OLG Frankfurt NJW-RR 1986, 606, 607; Wenzel/*Burkhardt* 11. Kap Rn 292.
93 OLG Karlsruhe NJW-RR 2000, 323, 324.
94 Wenzel/*Burkhardt* 11. Kap Rn 47.
95 Vgl auch Spindler/Schuster/*Waldenberger/Jury-Fischer* § 56 RStV Rn 11.
96 LG Düsseldorf NJW-RR 1998, 1633.

durch die Stetigkeit des Erscheinens wird eine nachhaltige Wirkung erzielt.[97] Zwischen dem Internetauftritt der Tageszeitung und der einmalig erstellten und nicht überarbeiteten privaten Internetseite sind aber zunehmend Fälle denkbar, in denen die Frage nach der Möglichkeit einer Gegendarstellung schwerer zu beantworten ist. Bei einem **Blog** kann es sich um eine Veröffentlichung handeln, die der Gegendarstellung zugänglich ist, zumal zahlreiche Journalisten Informationen mittlerweile auch auf diesem Weg transportieren. Voraussetzung muss auch hier eine gewisse **Stetigkeit bei der Aktualisierung** sein. Eine weitere Ausdehnung des Gegendarstellungsrechts auf sämtliche Inhalte im Internet ist aber abzulehnen.[98] Die Verbreitung einer unwahren Tatsachenbehauptung, etwa auf einer Unternehmenshomepage, ist in ihrer Wirkung auf die Meinungsbildung nicht mit einer journalistischen Nachricht im Internet vergleichbar, die immer auch eine gewisse Behauptung der Objektivität in sich trägt. Auch kann der Betroffene seine Sicht der Dinge ohne weiteres auch in einer eigenen Internetveröffentlichung verbreiten. Anders als bei einer Nachricht auf der Internetseite einer Tageszeitung ist hier nicht von Vornherein ausgeschlossen, dass ein ähnlicher Adressatenkreis erreicht wird wie durch die Ausgangsmitteilung. Dem Bedürfnis, die weitere Verbreitung einer falschen Meldung zu unterbinden, ist durch den Unterlassungsanspruch hinreichend Rechnung getragen.[99]

2. Betroffenheit

39 Derjenige, der eine Gegendarstellung verlangt, muss von der Ausgangsmitteilung betroffen sein. Dies ist vor allem dann der Fall, wenn eine Äußerung auf eine bestimmte Person zielt, indem von ihren Handlungen und Unterlassungen, von ihren Äußerungen und Eigenschaften berichtet wird.[100] Die Ausgangsmitteilung muss sich in individueller, die Interessensphäre des Anspruchsberechtigten berührender Weise auf ihn beziehen.[101]

40 Eine **Namensnennung** ist nicht erforderlich, wenn der Betroffene erkennbar ist, weil sich seine Identität aus den Umständen ergibt oder unschwer ermitteln lässt.[102] Die Erkennbarkeit muss mindestens für einen Personenkreis vorhanden sein, den der Betroffene nicht mehr ohne weiteres selbst unterrichten kann.[103] Die Rechtsprechung hat danach eine Erkennbarkeit etwa bejaht für den ohne weiteres feststellbaren Eigentümer eines in einem kleinen Ort befindlichen Misthaufens,[104] für einen einer Straftat Verdächtigen, der als „31jähriger Schlachter" beschrieben und in der Folge von zahlreichen Kunden auf die Berichterstattung angesprochen wird[105] oder eine „Restaurantleiterin" in einem bestimmten Ort, der eine Unterschlagung vorgeworfen wird.[106] Es kann keine Rolle spielen, ob sich die Ausgangsmitteilung auf eine Person beziehen *sollte*; betroffen ist auch eine Person, auf die die Ausgangsmitteilung fälschlicherweise von den Rezipienten bezogen *wird*.[107]

---

97 LG Düsseldorf NJW-RR 1998, 1633.
98 Für eine Ausdehnung spricht sich jedenfalls *de lege ferenda Theißen* MMR 1998, 678, aus.
99 Vgl auch Spindler/Schuster/*Waldenberger*/*Jury-Fischer* § 56 RStV Rn 12.
100 OLG Köln NJW-RR 1986, 418.
101 OLG Hamburg ArchPR 1977, 47, 48.
102 BGH NJW 1963, 1155; Spindler/Schuster/*Waldenberger*/*Jury-Fischer* § 56 RStV Rn 15.
103 LG Oldenburg NJW 1986, 1268 f; vgl auch OLG Köln ZUM-RD 2005, 351, 353 – zum Schadensersatz- und Geldentschädigungsanspruch.
104 OLG München ArchPR 1977, 47.
105 LG Oldenburg NJW 1986, 1268 f.
106 OLG Koblenz NJW-RR 2000, 1356, 1357.
107 BayObLG NJW 1961, 2075; OLG Karlsruhe ArchPR 1977, 47.

Die Betroffenheit einer Person kann auf andere **ausstrahlen**, etwa diejenige der Kinder auf ihre Eltern, so dass auch eine mittelbare Betroffenheit genügen kann.[108] Ebenso kann ein Arbeitgeber betroffen sein, wenn über schlechte Leistungen seiner Arbeitnehmer berichtet wird[109] oder ein Medienunternehmen, wenn die Arbeit seiner Redakteure kritisiert wird. Hingegen kann es nicht genügen, wenn die Berichterstattung nur ganz entfernt auf eine bestimmte Person ausstrahlt. So hat das OLG Köln[110] einen Politiker nicht als von einer Berichterstattung betroffen angesehen, wenn, ohne ihn zu erwähnen, Tatsachen behauptet werden, die für einen Bereich der Politik relevant sind, in dem er sich betätigt, auch wenn die Tatsachenbehauptungen dazu dienen sollen, seine Politik in Frage zu stellen. 41

Nicht ausreichend ist auch die Betroffenheit innerhalb einer größeren **Gruppe**,[111] etwa eines Maklers, wenn in einer Zeitung kritisch über das Geschäftsgebaren von Maklern berichtet wird. Etwas anderes kann bei einer sehr kleinen Gruppe gelten, wenn offen gelassen wird, um wen es tatsächlich geht, etwa wenn über einen nicht näher bezeichneten Makler eines identifizierbaren dreiköpfigen Maklerbüros behauptet wird, er sei in betrügerische Machenschaften verwickelt. 42

Inhaber des Anspruchs kann jede natürliche oder juristische Person oder sonst rechtsfähige Persönlichkeit sein; auch Behörden können als „Stelle" Betroffene sein;[112] Anspruchsinhaber ist in diesem Fall aber die Körperschaft des öffentlichen Rechts, der die Behörde angehört.[113] 43

3. Berechtigtes Interesse

Die meisten Presse- und Mediengesetze sehen vor, dass die Pflicht zum Abdruck einer Gegendarstellung dann entfällt, wenn kein berechtigtes Interesse daran besteht.[114] In den Ländern, in denen eine solche Einschränkung nicht in der gesetzlichen Regelung existiert, leitet die Rechtsprechung sie aus §§ 242 und 226 BGB her.[115] 44

Kein berechtigtes Interesse besteht, wenn die begehrte Gegendarstellung **Belanglosigkeiten** der Ausgangsmitteilung betrifft.[116] Eine bloße Belanglosigkeit ist es etwa, wenn in der Ausgangsmitteilung erklärt wird, ein Gegenstand sei von der Staatsanwaltschaft beschlagnahmt worden, während die Beschlagnahme tatsächlich von einem Amtsgericht angeordnet wurde.[117] 45

Das berechtigte Interesse kann auch entfallen, wenn der Betroffene schon **in der Ausgangsmitteilung ausreichend zu Wort gekommen** ist[118] und nicht weitere, dort 46

---

108 Wenzel/*Burkhardt* 11. Kap Rn 58. Art 10 Abs 1 BayPrG fordert hingegen ausdrücklich eine unmittelbare Betroffenheit, so dass etwa eine Betroffenheit des Ehegatten oder der Eltern ausscheidet, BayObLG NJW 1961, 2075.

109 Wenzel/*Burkhardt* 11. Kap Rn 58.

110 OLG Köln NJW-RR 1986, 418, 419.

111 BayObLG NJW 1961, 2075.

112 Vgl im Einzelnen Löffler/*Sedelmeier* § 11 LPG Rn 49.

113 OLG Hamburg NJW 1967, 734, 735.

114 So in den Landespressegesetzen Baden-Württemberg, Berlin, Brandenburg, Bremen Hessen, Nordrhein-Westfalen, Sachsen, Schleswig-Holstein, Thüringen, in den Landesmediengesetzes Baden-Württemberg, Niedersachsen, Nordrhein-Westfalen, Rheinland-Pfalz, Saarland, im Sächsischen Privatrundfunkgesetz und im Medienstaatsvertrag Hamburg und Schleswig-Holstein.

115 Vgl OLG Naumburg ZUM 2006, 482, 486 zum LPG Sachsen-Anhalt; OLG München ZUM-RD 2001, 163, 165 zum BayPrG.

116 OLG Naumburg ZUM 2006, 482, 484; OLG Dresden ZUM-RD 2002, 287, 288; Löffler/*Sedelmeier* § 11 LPG Rn 62; *Soehring* § 29 Rn 21a.

117 OLG Köln NJW-RR 1990, 1119.

118 *Prinz/Peters* Rn 492 f.

nicht berücksichtigte Tatsachen mitzuteilen hat, es sei denn, die Aussage wird in der Ausgangsmitteilung so dargestellt, dass sie als völlig unglaubwürdig erscheint.[119]

47 Auch eine bereits abgedruckte **Berichtigung** auf Verlangen des Betroffenen oder eine freiwillige Berichtigung können das Interesse an einer Gegendarstellung entfallen lassen, wenn die Funktion und die Anforderungen an die Gegendarstellung vollständig erfüllt werden, insb wenn die aus Sicht des Betroffenen entstandene Fehlvorstellung hinreichend ausgeräumt wird[120] und die Richtigstellung an der Stelle und in der Größe erschienen ist, in der auch eine Gegendarstellung hätte erscheinen müssen.[121] Nicht ausreichend ist etwa eine Korrektur in der Rubrik „Leserbriefe".[122] Eine wortgleiche Gegendarstellung eines anderen Betroffenen lässt das Recht auf den Abdruck einer Gegendarstellung grundsätzlich nicht entfallen;[123] anders ist es aber, wenn die Vielzahl der Gegendarstellungen zu einer unbilligen Belastung der Presse führen kann.[124] Es kann dann geboten sein, die Gegendarstellungen zusammenzufassen, etwa indem die Ausgangsmitteilung nur einmal wiedergegeben wird und anschließend mehrere Gegendarstellungen abgedruckt sind.[125]

48 Das berechtigte Interesse kann schließlich entfallen, wenn die begehrte Darstellung **irreführend**[126] oder **offensichtlich unwahr**[127] ist.

49 Die **Beweislast** liegt grundsätzlich bei demjenigen, der die Ausgangsmitteilung verbreitet hat. Abweichend davon verlangt § 30 Abs 1 RundfG M-V, dass der Betroffene sein berechtigtes Interesse darlegt, und auch § 10 Abs 2 HPresseG legt nahe, dass derjenige, der die Gegendarstellung verlangt, sein berechtigtes Interesse darlegen muss.

4. Ausnahmen von der Gegendarstellungspflicht

50 Ausgeschlossen von der Pflicht zur Veröffentlichung einer Gegendarstellung sind *wahrheitsgetreue* Parlaments- und Gerichtsberichte. Daraus folgt unmittelbar, dass eine Gegendarstellung dann verlangt werden kann, wenn Äußerungen von Parlamentariern in einem Bericht *falsch* wiedergegeben werden. Privilegiert ist nur die wahrheitsgetreue Wiedergabe der Äußerung, die allerdings auch dann nicht angegriffen werden kann, wenn sie *inhaltlich* falsch ist.

51 Ausgeschlossen ist in den meisten Landespressegesetzen auch eine Gegendarstellung zu Behauptungen in **Anzeigen**, die ausschließlich dem geschäftlichen Verkehr dienen.[128] Im Anwendungsbereich derjenigen Pressegesetze, in denen sich eine solche Einschränkung nicht findet, ist davon auszugehen, dass ein Gegendarstellungsanspruch auch im Hinblick auf Tatsachenbehauptungen in Anzeigen besteht;[129] denn die Landesgesetzgeber haben sich offenbar bewusst für unterschiedliche Regelungen entschieden und teilweise sogar ausdrücklich geregelt, dass die Veröffentlichung einer Gegendarstellung gegen Anzeigen nicht kostenfrei ist, so etwa in § 19 Abs 5 BremLMG. Bei

119 Wenzel/*Burkhardt* 11. Kap Rn 54.
120 OLG Köln NJW-RR 2001, 337 zu einem Gegendarstellungsverlangen, das nach Zuleitung in einem weiteren Artikel wiedergegeben wurde.
121 Wenzel/*Burkhardt* 11. Kap Rn 55.
122 OLG Hamburg ZUM-RD 2010, 227.
123 OLG Karlsruhe ZUM-RD 2006, 515, 516; Wenzel/*Burkhardt* 11. Kap Rn 59.
124 Wenzel/*Burkhardt* 11. Kap Rn 59.
125 OLG Karlsruhe ZUM-RD 2006, 515, 516.
126 S Rn 69 ff.
127 S Rn 67 f.
128 So in den Landespressegesetzen in Baden-Württemberg, Berlin, Brandenburg, Bremen, Nordrhein-Westfalen und Thüringen sowie den Landesmediengesetzen in Rheinland-Pfalz und im Saarland.
129 Wenzel/*Burkhardt* 11. Kap Rn 55.

nicht kommerziellen Anzeigen besteht unzweifelhaft ein Gegendarstellungsanspruch; die Veröffentlichung ist aber teilweise kostenpflichtig.[130]

Kein Anspruch besteht schließlich auf eine Entgegnung zu **Behauptungen in einer Gegendarstellung.**[131] 52

III. Anforderungen an die Gegendarstellung

1. Inhaltliche Anforderungen

a) **Wiedergabe der Ausgangsmitteilung.** Die Gegendarstellung hat sich auf Tatsachenmitteilungen zu beschränken und an die Erstmitteilung anzuknüpfen. Die **Bezeichnung der beanstandeten Erstmitteilung** ist allerdings nur nach Art 10 Abs 1 S 2 BayPrG Voraussetzung einer zulässigen Gegendarstellung. Auch nach den übrigen Anspruchsgrundlagen ist eine Bezeichnung und zumindest sinngemäße[132] Wiedergabe aber zweckmäßig, um eine nachvollziehbare Darstellung der Entgegnung zu ermöglichen. In der Praxis empfiehlt sich zunächst die Wiedergabe der Ausgangsmitteilung, der sich nach einem Einleitungssatz die eigene Darstellung anschließt. 53

Beispiel: „In der Zeitung „...“ vom ... heißt es auf Seite ... unter der Überschrift „...“: ... Hierzu stelle ich fest: ...“ 54

Die von *Burkhardt*[133] vorgeschlagene kürzere Fassung „Gegenüber der Behauptung in der Zeitung, ich hätte ..., stelle ich fest, dass ich in Wirklichkeit ...“ kann bei einer einfach gelagerten Ausgangsmitteilung geboten sein. Häufig ist aber der Sachverhalt zu komplex, um ihn verständlich in einem einzigen Satz darzustellen. 55

Die Ausgangsmitteilung darf nicht **verfälscht** dargestellt werden; so darf insb die Behauptung eines Dritten nicht als Äußerung einer Zeitung bezeichnet werden, sondern es muss deutlich gemacht werden, dass sich die Gegendarstellung gegen ein Zitat richtet.[134] Wird nur einem **Eindruck** entgegengetreten, muss dies deutlich gemacht werden, und in der Gegendarstellung darf nicht suggeriert werden, es gehe um eine ausdrückliche Behauptung. Es kann etwa formuliert werden: 56

„Durch die Berichterstattung ... ist der Eindruck entstanden, ...“. 57

Es müssen dann alle Tatsachen, die den Eindruck hervorgerufen haben, genannt werden.[135] 58

b) **Bezug zur Ausgangsmitteilung.** Die Gegendarstellung muss eine Entgegnung sein, muss also mit der Ausgangsmitteilung in einen **gedanklichen Zusammenhang** gestellt werden.[136] Es dürfen folglich nur Tatsachen mitgeteilt werden, die sich auf die Ausgangsmitteilung beziehen, so dass die Gegendarstellung insb nicht dazu genutzt 59

---

130 So in den Landespressegesetzen in Berlin, Bremen, Hamburg, Niedersachen, Rheinland-Pfalz, Sachsen-Anhalt und Schleswig-Holstein sowie in den meisten Landesmedien- und Rundfunkgesetzen sowie Staatsverträgen.

131 Dies ist teilweise ausdrücklich geregelt, etwa in § 9 Abs 5 ZDF-StV; vgl zu den Einzelheiten Wenzel/*Burkhardt* 11. Kap Rn 67.

132 OLG Hamburg AfP 1983, 289, 290; OLG Hamburg AfP 1980, 106, 107.

133 In Wenzel/*Burkhardt* 11. Kap Rn 93.

134 OLG Karlsruhe NJW-RR 2000, 323, 324.

135 OLG Stuttgart ZUM 2000, 773, 774.

136 OLG Köln NJW-RR 2001, 337, 338.

werden darf, weitere Tatsachen „unter die Leute" zu bringen. Zulässig kann ein bloßes **Dementi** sein.[137]

60 *Beispiele: „Dies trifft nicht zu" / „Diese Darstellung ist unwahr"*

61 Dies gilt aber dann nicht, wenn durch die reine Verneinung der Ausgangsmitteilung nicht deutlich wird, welchen anderen Sachverhalt der Betroffene mit der Gegendarstellung behaupten will;[138] dann ist jedenfalls bei verschiedenen Deutungsmöglichkeiten eine Irreführungsgefahr denkbar,[139] so dass es weitergehender Erläuterungen bedarf:

62 *Beispiel: „In der Zeitung"..." vom ... heißt es auf Seite ... unter der Überschrift „..." über mich: „Er betrog seine Bank um € 300000,–." Hierzu stelle ich fest: Tatsächlich habe ich meine Bank nur um € 50000,– betrogen."*

63 In dem Beispiel wäre ein schlichtes Dementi irreführend, weil der Eindruck entstünde, der Verfasser der Gegendarstellung habe seine Bank überhaupt nicht betrogen.

64 c) **Erläuterungen.** Weitergehende Erläuterungen, die sich auf in der Ausgangsmitteilung nicht dargestellte Vorgänge beziehen, sind zulässig, wenn sie zur **Klarstellung des Sachverhaltes** notwendig sind.[140] Allerdings kann es geboten sein, Ergänzungen mit den Worten „Hierzu ist anzumerken" einzuleiten.[141]

65 *Beispiel: „In der Zeitung"..." vom ... heißt es auf Seite ... unter der Überschrift „...": „Herr ... hat seinen Fehler eingestanden und eine Unterlassungserklärung abgegeben. Hierzu ist anzumerken: Mit der Abgabe der Unterlassungserklärung habe ich keinen Fehler eingestanden. Ich habe diese ausdrücklich ohne Anerkennung einer Rechtspflicht abgegeben."*

66 Auch **Belege** dürfen angeführt werden, wenn sie den Schluss zulassen, dass die Erstmitteilung nicht zutrifft, etwa die Mitteilung des Ergebnisses eines Sachverständigengutachtens[142] oder Gerichtsentscheidungen, die die Entgegnung bestätigen. **Schlussfolgerungen** sind nur zulässig, wenn sie sich auf Tatsachenbehauptungen beschränken und keinen wertenden Inhalt haben.[143]

67 d) **Keine offensichtliche Unwahrheit.** Die Unwahrheit der Ausgangsmitteilung ist, anders als beim Unterlassungsanspruch, nicht Voraussetzung des Gegendarstellungsanspruchs.[144] Die Wahrheitsunabhängigkeit der Gegendarstellung ist Folge des aus der staatlichen Schutzpflicht für das Persönlichkeitsrecht resultierenden Gebots der Sicherstellung gleicher publizistischer Wirkung.[145]

---

137 OLG Hamburg AfP 1980, 106, 107; vgl auch LG Köln NJW-RR 2006, 846, 847; kritisch Wenzel/*Burkhardt* 11. Kap Rn 102.

138 Wenzel/*Burkhardt* 11. Kap Rn 102.

139 Vgl dazu Rn 69 ff.

140 OLG München NJW-RR 2001, 832, 834; OLG Frankfurt NJW-RR 1986, 606, 607; OLG Köln NJW-RR 1986, 418; LG Berlin Urt v 9.2.2006, Az 27 O 1191/05 (unveröffentlicht).

141 OLG Hamburg AfP 1987, 625, 626; *Prinz/Peters* Rn 539; Wenzel/*Burkhardt* 11. Kap Rn 102.

142 OLG Frankfurt NJW-RR 1986, 606, 607.

143 Wenzel/*Burkhardt* 11. Kap Rn 112.

144 BVerfG NJW 2002, 356, 357 – Gysi I; OLG München ZUM-RD 2001, 163, 165. Abweichend davon sieht § 3 Nr 9 des Gesetzes über den Hessischen Rundfunk vor, dass nur unwahre Tatsachenbehauptungen einer Gegendarstellung zugänglich sind (vgl auch Wenzel/*Burkhardt* 11. Kap Rn 127).

145 BVerfG NJW 2002, 356, 357 – Gysi I.

An einem berechtigten Interesse an der Verbreitung einer Gegendarstellung fehlt es gleichwohl dann, wenn die Gegendarstellung **offensichtlich unwahr** ist, wenn sie also den „Stempel der Lüge"[146] auf der Stirn trägt, weil es ein „Recht auf Lüge" nicht gibt.[147] Diese Einschränkung wird vom BVerfG[148] gebilligt. 68

e) **Keine Irreführung.** Auch eine irreführende Gegendarstellung kann nicht verlangt werden, wobei auch die Irreführung offensichtlich sein muss.[149] Eine Irreführung ist gleichwohl praktisch bedeutsamer als die offensichtliche Unwahrheit, weil sie sich nicht selten bereits aus der Formulierung der Gegendarstellung selbst ergibt. 69

Die Gefahr der Irreführung besteht etwa, wenn eine Behauptung, die lediglich der Ergänzung oder Einschränkung bedarf, **vollständig negiert wird.**[150] So ist es irreführend, wenn ein Sänger in einer Gegendarstellung bestritten hat, mit einer Reisegruppe auf Kaffeefahrt gewesen zu sein, obwohl er zwar tatsächlich nicht gemeinsam mit den Teilnehmern im Bus gesessen, wohl aber bei einer Veranstaltung im Rahmen der Kaffeefahrt gesungen hatte.[151] Gleiches gilt, wenn in einer Gegendarstellung der Eindruck erweckt wird, es habe in einer juristischen Auseinandersetzung keine Entscheidung zugunsten eines Dritten gegeben, wenn dieser tatsächlich zumindest in erster Instanz obsiegt hat.[152] Die Gefahr der Irreführung besteht auch dann, wenn eine Gegendarstellung derart vage gehalten ist, dass nicht deutlich wird, welcher Sachverhalt der Ausgangsmitteilung entgegengesetzt werden soll, etwa, wenn es in der Gegendarstellung heißt, jemand sei bei einem anderen nicht „beschäftigt" gewesen, obwohl er tatsächlich für ihn tätig war, jedoch nicht als „Beschäftigter".[153] 70

Für die Feststellung der Irreführung oder der Unwahrheit dürfen nur **unstreitige oder offenkundige Tatsachen** verwendet werden.[154] Sobald das Gericht in eine Abwägung und Wertung von Glaubhaftmachungsmitteln eintreten muss, fehlt es an der Offenkundigkeit.[155] Das OLG Hamburg[156] ist daher davon ausgegangen, dass nicht einmal die Vorlage einer schriftlichen Aussage eines Dritten, die in der Ausgangsmitteilung behauptet und in der Gegendarstellung bestritten worden war, den Anspruch entfallen lässt, soweit der Betroffene die Authentizität der Erklärung des Dritten bestreitet. 71

f) **Kein strafbarer Inhalt.** Schließlich darf die Gegendarstellung keinen strafbaren Inhalt haben. In Betracht kommen vor allem beleidigende oder verleumderische Aussagen, etwa, wenn sich der Betroffene gegen einen Vorwurf in der Ausgangsmitteilung damit verteidigt, tatsächlich habe sich ein Dritter in der beanstandeten Weise verhalten. Nur dann, wenn das identifizierbare Bezichtigen eines Dritten unbedingt erforderlich ist, um den Vorwurf gegen die eigene Person zu entkräften, kann eine solche Gegendarstellung wegen der Wahrnehmung berechtigter Interessen nach § 193 StGB zulässig sein.[157] Keine Beleidigung stellt es aber dar, dass die Ausgangsmitteilung in der Gegendarstellung als **„falsch"**, **„unrichtig"** oder **„unwahr"** bezeichnet wird.[158] 72

---

146 So OLG Naumburg ZUM 2006, 482, 484.
147 OLG Dresden ZUM-RD 2002, 287.
148 BVerfG NJW 2002, 356, 357 – Gysi I.
149 OLG München NJW-RR 1999, 386, 387.
150 OLG Düsseldorf ZUM-RD 2005, 25, 28.
151 *Prinz/Peters* Rn 559; Wenzel/*Burkhardt* 11. Kap Rn 133.
152 OLG Dresden ZUM-RD 2002, 287, 288.
153 Vgl *Prinz/Peters* Rn 559.
154 OLG Düsseldorf ZUM-RD 2005, 25, 28; OLG München NJW-RR 1999, 386, 387.
155 OLG Hamburg NJW-RR 1994, 1179, 1180; Wenzel/*Burkhardt* 11. Kap Rn 128.
156 OLG Hamburg NJW-RR 1994, 1179, 1180.
157 Wenzel/*Burkhardt* 11. Kap Rn 122.
158 *Prinz/Peters* Rn 535.

73 g) **Angemessener Umfang.** Der Umfang der Gegendarstellung muss angemessen sein. Die meisten Landespressegesetze konkretisieren diese Anforderung dahingehend, dass der Umfang als angemessen gilt, wenn er den der beanstandeten Passage der Erstmitteilung nicht überschreitet.[159] Dies stellt keine quantitative Begrenzung des Umfangs dar, sondern fingiert nur für den Fall, dass die Gegendarstellung den bezeichneten Umfang nicht überschreitet, die Angemessenheit. Bei der Prüfung, ob dem Erfordernis der knappen Darstellung genügt ist, darf jedoch **kein kleinlicher Maßstab** angewandt werden. Die Gegendarstellung darf so lang sein, wie es eine sachgemäße, auf einen Tatsachenvortrag beschränkte Rechtfertigung des von einer Pressekritik Betroffenen vor dem Forum der Öffentlichkeit erfordert.[160]

74 Es ist nicht erforderlich, dass die kürzeste denkbare Formulierung verwendet wird. Andererseits ist es aber problematisch, darauf zu verweisen, dass nicht jedem die Kunst einer knappen Darstellungsweise gegeben sei.[161] Denn wenn der Betroffene zur Formulierung einer knappen Gegendarstellung nicht in der Lage ist, muss er sich gegebenenfalls rechtlichen Rat einholen. Jedenfalls darf die Gegendarstellung nicht zu **weitschweifig** sein.[162] Entscheidend ist, ob die Gegendarstellung auf die Anführung echter Gegentatsachen sowie etwaige zulässige Ergänzungen oder Erläuterungen oder Beweistatsachen beschränkt bleibt.[163] Die exakte Wortwahl kann nicht angegriffen werden[164] und obliegt dem Gläubiger des Anspruchs; andererseits kann ein künstliches Aufblähen der Gegendarstellung, etwa durch das Aufspalten einer Aussage in möglichst viele Sätze, die Gegendarstellung unzulässig machen.

75 Eine Gegendarstellung ist noch nicht von unzulässiger Länge, wenn die Zusammenfassung einer in zwei Sätzen erfolgenden Aussage in einem einzigen Satz zwar möglich wäre, dies aber nicht zu einer wesentlichen Verkürzung des Textes führen würde.[165] Das OLG München[166] hat allerdings etwa eine Gegendarstellung, die den Umfang der Ausgangsmitteilung um das doppelte überschritt, für unzulässig gehalten. Eine derartige Grenze kann aber nicht pauschal gelten.[167] Sind die dargestellten Grundsätze eingehalten, ist also insb eine umfängliche Entgegnung tatsächlich erforderlich und lässt sich auch nicht wesentlich verkürzen, muss auch ein größerer Umfang noch als angemessen angesehen werden.

76 **Rechtsfolge** einer zu umfänglichen Gegendarstellung ist nach den meisten Landespressegesetzen, dass der Abdruck überhaupt nicht verlangt werden kann. Aus Art 10 Abs 2 S 3 und 4 BayPrG lässt sich – abweichend hiervon – ableiten, dass eine zu umfängliche Gegendarstellung nicht zum Wegfall des Anspruchs führt,[168] sondern nur zu einer Pflicht zur Zahlung von Annoncegebühren; aus § 10 Abs 3 S 3 HPresseG ergibt sich dies unmittelbar.

77 h) **Überschrift.** Der Betroffene kann verlangen, dass die Gegendarstellung mit einer Überschrift versehen wird. Die Überschrift „Gegendarstellung" kann einerseits vom Anspruchsberechtigten regelmäßig verlangt werden, wird andererseits aber auch zumeist ausreichen.[169] Bei einer Gegendarstellung ohne Überschrift bestünde die Ge-

159 § 10 Abs 2 HPresseG enthält keine derartige Fiktion, nach Art 10 Abs 2 S 3 BayPrG „soll" der Umfang den des beanstandeten Textes nicht wesentlich überschreiten. In der Sache dürften sich aber keine wesentlichen Unterschiede ergeben.
160 OLG Hamburg NJW 1968, 1337.
161 OLG Hamburg NJW 1968, 1337.
162 OLG Hamburg NJW 1968, 1337.
163 Wenzel/*Burkhardt* 11. Kap Rn 142.
164 LG München I NJW 2004, 606, 607.
165 OLG Karlsruhe NJOZ 2007, 5189, 5191.
166 OLG München AfP 1999, 72, 73.
167 Vgl auch Wenzel/*Burkhardt* 11. Kap Rn 142.
168 OLG München AfP 1999, 72, 73.
169 KG NJW-RR 2009, 767, 768.

fahr, dass die Leser die Gegendarstellung für einen gewöhnlichen, sie vielleicht nicht interessierenden redaktionellen Beitrag halten oder sie ihnen wie ein einfacher Leserbrief ohne besondere Bedeutung erscheint.[170] Anders ist es, wenn auch die Ausgangsmitteilung in einem **Leserbrief** enthalten ist und auch die Gegendarstellung in diesem Teil des Druckwerks abgedruckt werden muss, weil es für die Leser von Vorneherein deutlich wird, dass hier einzelne Leser ihre unterschiedlichen Meinungen zu allgemein interessierenden Themen zum Ausdruck bringen und auch der ursprüngliche Leserbrief nicht das Gewicht eines redaktionellen Teils besitzt.[171] Ein Anspruch auf eine „Gegenüberschrift" mit eigenem Aussagegehalt steht dem Betroffenen nur zu, wenn die beanstandete Behauptung in der Überschrift der Ausgangsmitteilung enthalten war.[172]

Im **Rundfunkbereich** wird schon das verpflichtete Medienunternehmen selbst ein Interesse daran haben, die Gegendarstellung durch das Verlesen oder Einblenden dieses Wortes von redaktionellen Beiträgen abzugrenzen. **78**

i) Erkennbarkeit des Verfassers. Die Gegendarstellung muss die Person des Betroffenen eindeutig erkennen lassen. Bei einer juristischen Person ist deshalb grundsätzlich die vollständige Firmenbezeichnung anzugeben.[173] Ferner müssen in diesem Fall die Funktion des Unterzeichners und der Umstand, dass die Unterzeichnung in Vertretung der juristischen Person erfolgt, deutlich werden.[174] **79**

2. Formelle Anforderungen

Bei der Abfassung und Zuleitung der Gegendarstellung sind zahlreiche formelle Anforderungen zu erfüllen, deren Nichtbeachtung den Anspruch entfallen lassen kann. **80**

a) Schriftform. Zunächst ist die Gegendarstellung schriftlich abzufassen. Dies sollte zweckmäßigerweise, muss aber nicht zwangsläufig, in einem gesonderten Dokument neben dem Anschreiben, das die Geltendmachung des Anspruchs enthält, erfolgen.[175] Die Gegendarstellung ist im Original eigenhändig (vgl § 126 BGB) zu unterzeichnen, und das Dokument mit der Originalunterschrift ist dem Anspruchsverpflichteten zuzuleiten. Auch eine handschriftliche Abfassung ist zulässig, sie muss aber lesbar sei.[176] **81**

Wegen des Erfordernisses einer Unterschrift im Original genügt keine Zuleitung per **Fax.**[177] Die gegenteilige Auffassung[178] überzeugt nicht.[179] Zumindest seit Einführung der Textform in § 126a BGB, die vor allem Fälle der Faxübermittlung erfasst, kann nicht mehr davon gesprochen werden, dass vom Gesetz nur eine Unterschrift verlangt werde, die dann auch in Kopie übermittelt werden könne. Dies muss insb für Regelungen gelten, die nach dem § 126a BGB in Kraft getreten sind und nach wie vor **82**

---

170 OLG Düsseldorf NJW 1986, 1270; Wenzel/*Burkhardt* 11. Kap Rn 137.
171 OLG Düsseldorf NJW 1986, 1270.
172 OLG Hamburg ArchPR 1975, 43, 44; München AfP 1978, 27, 28.
173 KG ZUM-RD 2008, 229.
174 Wenzel/*Burkhardt* 11. Kap Rn 149 und 156.
175 Wenzel/*Burkhardt* 11. Kap Rn 146.
176 Löffler/*Sedelmeier* § 11 LPG Rn 139.
177 OLG Hamburg NJW 1990, 1613.
178 OLG Dresden ZUM-RD 2007, 117; OLG Saarbrücken NJW-RR 1992, 730, 731; OLG München NJW 1990, 2895; *Prinz/Peters* Rn 517.
179 So auch Löffler/*Sedelmeier* § 11 LPG Rn 154; *Soehring* § 29 Rn 31a.

die Schriftform vorsehen, etwa § 9 RBB-StV. *De lege ferenda* wäre eine Regelung, die nur noch Textform fordert, allerdings sachgerecht.

83 Die Unterschrift muss den gesamten Text erfassen und sich daher an dessen Ende befinden.[180]

84 b) **Vertretung.** Auch wenn natürliche Personen betroffen sind, muss die Gegendarstellung in Fällen der gesetzlichen Vertretung von dem Vertreter unterzeichnet werden.[181] Die Landespressegesetze von Baden-Württemberg, Brandenburg, Hamburg, Mecklenburg-Vorpommern, Nordrhein-Westfalen, Rheinland-Pfalz, Saarland, Sachsen und Schleswig-Holstein beschränken die Zulässigkeit der Vertretung ausdrücklich auf die Fälle gesetzlicher Vertretung oder sehen eine eigenhändige Unterschrift vor. Im Anwendungsbereich der übrigen Regelungen ist strittig, ob auch eine **rechtsgeschäftliche Stellvertretung**, etwa durch einen Rechtsanwalt, zulässig ist. Das OLG Frankfurt[182] verneint diese Frage für § 10 Abs 2 S 3 HPresseG, der eine Unterschrift „des Betroffenen" voraussetzt. Zugelassen wird die rechtsgeschäftliche Vertretung etwa vom KG[183] sowie den Oberlandesgerichten Bremen,[184] Celle[185] und Naumburg.[186] Die Entscheidungen folgen konsistent dem Gesetzeswortlaut. Nur dort, wo das Gesetz ausdrücklich mehr fordert als die Schriftform der Gegendarstellung, nämlich eine eigenhändige Unterschrift oder eine Unterschrift des Betroffenen,[187] scheidet eine gewillkürte Stellvertretung aus.[188] Auch wenn die Gegendarstellung keine Willenserklärung ist, so ist doch zumindest ihr Verlangen eine rechtsgeschäftsähnliche Handlung,[189] was nicht zuletzt an der Anwendung der Regelungen zur gesetzlichen Vertretung deutlich wird. Im Übrigen ist kein sachlicher Grund ersichtlich, warum die Stellvertretung nicht möglich sein soll, zumal das Eilbedürfnis eine Vertretung, etwa wenn der Betroffene nur telefonisch erreichbar ist, nicht selten erforderlich machen wird.

85 c) **Zugang.** Der Zugang ist nach den allgemeinen Regeln (§ 130 BGB) bewirkt, wenn die Erklärung in den Machtbereich des Abdruckverpflichteten gelangt ist. Es genügt der Eingang bei der Redaktion oder dem Verlag, so dass auch keine Adressierung an eine bestimmte Person erforderlich ist.[190] Für die hausinterne Weiterleitung ist der Anspruchsverpflichtete zuständig, so dass etwa auch die Abgabe beim Pförtner des Verlages den Zugang bewirkt.

86 d) **Frist.** Die Gegendarstellung muss innerhalb einer kurzen Frist zugeleitet werden, wobei die einzelnen Regelungen unterschiedliche Zeiträume für die Geltend machung vorsehen.

87 aa) **Unverzüglichkeit.** Eine besondere Bedeutung kommt dem Unverzüglichkeitserfordernis zu, das – mit Ausnahme von Bayern – in allen Bundesländern nach den Landespressegesetzen besteht. Unverzüglich bedeutet – wie im allgemeinen Zivilrecht – ohne schuldhaftes Zögern (vgl § 121 Abs 1 S 1 BGB). Die Frage der Unverzüglichkeit

180 Löffler/*Sedelmeier* § 11 LPG Rn 143.
181 Wenzel/*Burkhardt* 11. Kap Rn 154.
182 OLG Frankfurt AfP 2003, 459; OLG Frankfurt NJW 1958, 1068, 1069.
183 KG ZUM-RD 2008, 229; KG NJW 1970, 2029, 2031.
184 OLG Bremen AfP 1978, 157 f.
185 OLG Celle NJW-RR 1988, 956, 957.
186 OLG Naumburg NJW-RR 2000, 475, 476.
187 Art 10 Abs 1 S 2 BayPrG spricht vom „Einsender". Die Formulierung spricht eher dafür, dass der „Einsender" nicht der Betroffene sein muss.
188 AA Wenzel/*Burkhardt* 11. Kap Rn 154 f.
189 So auch Wenzel/*Burkhardt* 11. Kap Rn 158.
190 Wenzel/*Burkhardt* 11. Kap Rn 161.

bedarf einer Einzelfallentscheidung, bei der einerseits das Interesse des Betroffenen an einer angemessenen Überlegungsfrist zu berücksichtigen ist, andererseits das Interesse der Medien an der Aktualität ihres Inhalts.[191] Soweit die Rechtsprechung früher eine starre Zwei-Wochen-Frist angenommen hat,[192] wird dies heute nicht mehr vertreten.[193] Denn das BVerfG[194] hat die früher im NDR-Staatsvertrag vorgesehene Zwei-Wochen-Frist für verfassungswidrig erklärt.

Auch wenn der unbestimmte Rechtsbegriff der Unverzüglichkeit naturgemäß für eine gewisse Rechtsunsicherheit sorgt, sind die zugrunde liegenden Regelungen in der Sache nicht zu beanstanden.[195] Zwar verstieße eine **starre Frist** – von weniger als drei Monaten – nach Auffassung des BVerfG[196] nicht gegen das Grundgesetz und eine pauschale Grenze würde ohne Zweifel mehr Rechtssicherheit bieten. Sie würde der Vielschichtigkeit der möglichen Sachverhalte aber nicht gerecht. Das Kriterium der Unverzüglichkeit bietet Raum für eine Berücksichtigung der Umstände des Einzelfalls und stellt zugleich sicher, dass die Gegendarstellung bei der Verbreitung ihre Aktualität nicht verloren hat.[197] Sachgerechte Ergebnisse lassen sich mit den gegenwärtigen Gesetzesfassungen ohne weiteres erreichen. Es ergibt sich etwa auch kein Problem bei Viertel- oder Halbjahrespublikationen;[198] denn die Häufigkeit der Veröffentlichung ist ein im Rahmen der konkreten Einzelfallbetrachtung zu berücksichtigendes Kriterium.[199] So ist es eben kein „schuldhaftes Zögern", wenn eine Gegendarstellung, die frühestens in einem halben Jahr erscheint, erst einen Monat nach der Veröffentlichung der Ausgangsmitteilung zugeleitet wird. Bei Tageszeitungen[200] oder Rundfunk- und Fernsehberichten[201] mit meist hoher Aktualität gelten hingegen strengere Maßstäbe. 88

Der Ablauf von **zwei Wochen** kann als grobe Richtschnur dienen,[202] darf aber nicht als „Regelfrist" verstanden werden.[203] Eine großzügigere Frist kann etwa angemessen sein, wenn die Formulierung der Gegendarstellung besondere Schwierigkeiten bereitet,[204] das Thema noch fortwährend in der Öffentlichkeit behandelt wird[205] oder Vergleichsverhandlungen[206] zwischen den Parteien geführt wurden. Zu berücksichtigen ist ferner die Möglichkeit, einen Rechtsanwalt zu konsultieren[207] sowie bei Rundfunk- und Fernsehsendungen das Erfordernis, das Sendemanuskript anzufordern.[208] Letzteres wird heute allerdings nicht mehr viel Zeit in Anspruch nehmen. 89

Im Einzelnen hat die Rechtsprechung eine Zuleitung nach zwei Wochen dann nicht für ausreichend gehalten, wenn der Anspruchsberechtigte bereits vorher den Sachverhalt ermittelt, sich offensichtlich bereits zur Durchsetzung des Anspruchs entschieden und dies dadurch dokumentiert hat, dass er schon vor Ablauf der Zwei-Wochen-Frist dem Anspruchsverpflichteten eine Gegendarstellung im Entwurf zugeleitet hatte, in der 90

191 OLG Stuttgart ZUM 2000, 773, 774.
192 Vgl OLG Hamburg NJW 1967, 159, 160.
193 Vgl OLG Stuttgart ZUM 2000, 773, 774.
194 BVerfG NJW 1983, 1179.
195 AA Wenzel/*Burkhardt* 11. Kap Rn 167.
196 BVerfG NJW 1983, 1179, 1180.
197 BVerfG NJW 1983, 1179, 1180.
198 Mit derartigen Veröffentlichungen begründet Wenzel/*Burkhardt* 11. Kap Rn 167, ua seine Kritik am Erfordernis der Unverzüglichkeit.
199 So auch OLG Stuttgart ZUM 2000, 773, 774.
200 KG ZUM 2009, 228.
201 OLG Stuttgart ZUM 2006, 427, 429; Wenzel/*Burkhardt* 11. Kap Rn 168.
202 OLG Dresden ZUM-RD 2007, 117; OLG Stuttgart ZUM 2006, 427, 428; OLG Hamburg NJW-RR 2001, 186.
203 KG ZUM 2009, 228.
204 OLG Hamburg AfP 1971, 87.
205 OLG Dresden ZUM-RD 2007, 117; *Löffler/Ricker* 25. Kap Rn 26.
206 Vgl auch OLG Hamburg AfP 1971, 87, 88; aA OLG Köln NJW-RR 1990, 1119.
207 OLG Dresden ZUM-RD 2007, 117.
208 BVerfG NJW 1983, 1179, 1180.

unterschriebenen, endgültigen Fassung jedoch erst später.[209] Bei **Fernsehsendungen** kann schon ein Zuwarten von mehr als zwei Wochen bei einer alle drei Wochen ausgestrahlten Sendung nicht mehr unverzüglich sein, weil die Ausstrahlung andernfalls frühestens in der übernächsten Sendung nach sechs Wochen hätte erfolgen können.[210] Andererseits hat das LG Köln[211] eine Zuleitung nach fünf Wochen bei einer wöchentlichen Sendung noch als ausreichend erachtet. Das OLG Koblenz[212] hat eine Geltendmachung des Anspruchs einen Monat nach der Ausstrahlung der Ausgangsmitteilung und vier Tage vor der nächsten Sendung nicht mehr als rechtzeitig angesehen. Eine Zwei-Wochen-Frist hat sich auch im Rundfunk als „Faustregel" herausgebildet.[213]

91 bb) **Aktualitätsgrenze.** Sieht das Gesetz keine zeitliche Grenze der Geltendmachung vor,[214] entfällt der Anspruch nach dem Überschreiten der Aktualitätsgrenze.[215] Für die Frage, wann diese Grenze erreicht ist, kommt es auf die Bedeutung des Vorgangs, die Art und das Medium der Verbreitung und darauf an, ob andere Medien das Thema aufgegriffen haben.[216] Das OLG München nimmt bei einer Veröffentlichung in einer Tageszeitung eine Frist von vier Wochen an,[217] bei wöchentlich erscheinenden Publikationen von vier bis sechs Wochen[218] und lässt im Ausnahmefall auch eine Zuleitung nach mehr als drei Monaten genügen.[219] Muss der Anspruch gerichtlich durchgesetzt werden, ist es ausreichend, aber auch erforderlich, so rechtzeitig ein Verfügungsverfahren einzuleiten, dass eine erstinstanzliche Entscheidung noch innerhalb der Aktualitätsfrist möglich ist.[220]

92 cc) **Starre Höchstfrist.** Neben dem Unverzüglichkeitserfordernis gilt nach den **Landespressegesetzen** – mit Ausnahme von Bayern und Hessen – eine Drei-Monats-Frist, nach deren Ablauf der Anspruch unabhängig von der Kenntniserlangung nicht mehr geltend gemacht werden kann. Die Frist ist verfassungsgemäß[221] und trägt dem Umstand Rechnung, dass nach Ablauf von drei Monaten eine Vermutung dafür spricht, dass der Betroffene kein berechtigtes Interesse mehr an einer Gegendarstellung hat.

93 Die **Landesmedien- und Rundfunkgesetze** sowie die **Staatsverträge** sehen teilweise ebenfalls eine Drei-Monats-Frist,[222] teilweise kürzere Höchstfristen von einem Monat,[223] sechs Wochen[224] oder zwei Monaten[225] vor.

94 Eine Gegendarstellung gegen Veröffentlichungen im **Internet** muss nach § 56 Abs 2 Nr 4 RStV spätestens sechs Wochen nach dem letzten Tage des Angebots des beanstandeten Textes, jedenfalls jedoch drei Monate nach der erstmaligen Einstellung des Angebots zugeleitet werden.

---

209 OLG Stuttgart ZUM 2000, 773, 774.
210 OLG Stuttgart ZUM 2000, 773, 774.
211 LG Köln AfP 1995, 684, 686.
212 OLG Koblenz NJW-RR 1998, 25, 26.
213 Vgl etwa OLG Dresden ZUM-RD 2007, 117; LG Mainz ZUM-RD 2008, 95, 96.
214 Vgl Art 10 BayPrG.
215 BayObLG NJW 1970, 1927.
216 Wenzel/*Burkhardt* 11. Kap Rn 172.
217 OLG München NJW-RR 2002, 1271; OLG München NJW-RR 2001, 832, 833.
218 OLG München NJW-RR 2001, 832, 833.
219 OLG München ArchPR 1974, 108 f.
220 OLG München NJW-RR 2001, 832, 833; OLG München NJW-RR 1998, 26, 27.
221 BVerfG NJW 1983, 1179, 1180.
222 Eine Drei-Monats-Frist regeln § 19 Abs 2 S 3 BremLMG, § 18 Abs 3 S 3 DWG, § 24 Abs 3 S 3 RBG, § 30 Abs 2 S 1 RundfG M-V.
223 Vgl § 9 Abs 3 Nr 4 RBB-StV.
224 Vgl § 28 Abs 1 S 2 HPRG, § 10 Abs 3 Nr 4 SMG für den Rundfunkbereich (3 Monate bei Druckerzeugnissen).
225 Vgl § 9 Abs 2 S 3 LMG BW; § 44 Abs 3 S 3 LMG NRW, § 11 Abs 3 Nr 4 LMG RP, § 31 Abs 2 S 1 LRG SH, §§ 17 Abs 1 S 2 BayRG, 19 Abs 3 S 2 SächsPRG, § 24 Abs 1 S 2 ThürLMG, § 9 Abs 3 S 2 D-Radio-StV, § 15 Abs 3 S 2 MDR-StV, § 12 Abs 2 S 1 NDR-StV, § 9 Abs 3 S 3 WDR-Gesetz, § 9 Abs 3 S 3 ZDF-StV.

dd) **Mehrfache Zuleitung.** Fraglich ist, wie sich die in der Praxis nach einer Beanstandung des Gegendarstellungsverlangens durch den Anspruchsverpflichteten oder das Gericht häufige Überarbeitung und erneute Zuleitung der Gegendarstellung auf das Unverzüglichkeitserfordernis auswirkt.[226] Der überwiegende Teil der Rechtsprechung nimmt an, dass die Frist noch gewahrt ist, wenn der Betroffene nach Zurückweisung seiner Gegendarstellung durch den Verpflichteten unverzüglich eine überarbeitete Fassung zuleitet.[227] Dies ist grundsätzlich zutreffend, da angesichts der inhaltlichen Anforderungen an ein den Pressegesetzen genügendes Gegendarstellungsverlangen und der deshalb bei der Abfassung bestehenden Schwierigkeiten eine Überarbeitung, um eine effektive Durchsetzung des Anspruchs zu ermöglichen, regelmäßig zulässig sein muss.[228] Auch eine mehrfache Überarbeitung ist möglich.[229] Allerdings ist der Zeitablauf wegen einer Überarbeitung und erneuten Zuleitung einer Gegendarstellung dann nicht mehr unverschuldet, wenn die Erstfassung inhaltlich an groben, ohne weiteres erkennbaren Mängeln litt.[230] 95

ee) **Fristbeginn.** Die von der Kenntnisnahme abhängige Frist beginnt, da andernfalls kein Verschulden für die Verzögerung vorliegen kann, erst mit der Kenntnisnahme des Betroffenen von der Ausgangsmitteilung. Bei Unternehmen ist entweder die Kenntnis ihrer vertretungsberechtigten Organe oder desjenigen maßgeblich, der im Unternehmen für die Geltendmachung derartiger Ansprüche zuständig ist. 96

IV. Anforderungen an die Veröffentlichung

Die Landespressegesetze sehen überwiegend vor, dass die Gegendarstellung in der auf den Zugang folgenden, für den Druck noch nicht abgeschlossenen Ausgabe in dem gleichen Teil des Druckwerks und mit gleicher Schrift wie der beanstandete Text ohne Einschaltungen und Weglassungen abgedruckt werden muss und dass sie nicht gegen den Willen des Betroffenen in der Form eines Leserbriefes erscheinen darf. Soweit einzelne Landespressegesetze – insb diejenigen von Hessen und Bayern – abweichende Formulierungen vorsehen, ergeben sich daraus in der Sache keine Unterschiede.[231] 97

1. Nächste Ausgabe

Drucktechnisch noch nicht abgeschlossen ist eine Ausgabe, wenn die Aufnahme ohne wesentliche technische Schwierigkeiten noch möglich ist und nicht zu Verzögerungen führt.[232] 98

---

226 Vgl zum Ganzen *Flechsing/Karg* ZUM 2006, 177, 179 ff; *Sedelmeier* AfP 2006, 24.

227 OLG Stuttgart ZUM 2006, 427, 429.

228 OLG Stuttgart ZUM 2006, 427, 429; OLG Hamburg NJW-RR 2001, 186; OLG Koblenz NJW-RR 1998, 23; 24; *Seitz/Schmidt* Rn 137; *Prinz/Peters* Rn 571; *Soehring* § 29 Rn 38a; vgl allerdings OLG München NJW-RR 2002, 1271, das zumindest beim Überschreiten der Aktualitätsgrenze die Zuleitung einer korrigierten Fassung nicht mehr für zulässig hält.

229 OLG Hamburg NJW-RR 2001, 186.

230 OLG Stuttgart ZUM 2006, 427, 429; OLG Koblenz NJW-RR 1998, 23, 24. Vgl auch Löffler/*Sedelmeier* § 11 LPG Rn 158, der schon bei jeglichen Änderungen, die die Gegendarstellung erst formal zulässig machen oder bei Änderungen, die nicht durch bloße Streichungen vorgenommen werden können oder das Verständnis ändern, davon ausgeht, dass durch die Erstzuleitung das Unverzüglichkeitserfordernis nicht mehr gewahrt sei.

231 Wenzel/*Burkhardt* 11. Kap Rn 182 und 189.

232 OLG München Ufita 72/1975, 337, 339; vgl im Einzelnen Löffler/*Sedelmeier* § 11 LPG Rn 166 f.

99 Eine Veröffentlichung an einem **bestimmten Wochentag** kann nur verlangt werden, wenn die Ausgangsmitteilung entweder in einer besonderen Ausgabe, wie der Wochenendausgabe, die oft einen erweiterten Leserkreis hat,[233] oder in einer Rubrik abgedruckt war, die nicht in jeder Ausgabe enthalten ist. Andererseits muss sich der Betroffene, wenn die Rubrik, in der die Erstmitteilung enthalten war, erst mit großem zeitlichen Abstand oder in einer weniger weit verbreiteten Ausgabe wieder erscheint, nicht auf diese spätere Ausgabe verweisen lassen, sondern kann auch eine frühere Veröffentlichung verlangen.[234]

2. Gleicher Teil eines Druckwerks

100 Die Gegendarstellung muss nach dem Wortlaut der meisten Landespressegesetze **„im gleichen Teil" des Druckwerks** veröffentlicht werden, nach Art 10 Abs 2 BayPrG in „demselben Teil" des Druckwerks wie die Ausgangsmitteilung. Entgegen der Auffassung des OLG München[235] ist dem Gesetzgeber trotz der unbestritten unterschiedlichen Bedeutung zwischen „demselben" und „dem gleichen" nicht zu unterstellen, dass unterschiedliche Folgen beabsichtigt waren; so wird man bei einer teleologischen Auslegung der Worte „im gleichen Teil" zum Ergebnis gelangen, dass auch hier nicht ein „vergleichbarer" Teil des Druckwerks ausreicht.[236] So dürfte es etwa nicht ausreichen, eine Gegendarstellung zu einer Ausgangsmitteilung der Unterrubrik „Unternehmen" des Wirtschaftsteils in der Unterrubrik „Finanzmarkt" abzudrucken.

101 In der Regel wird man die in den **Kopfzeilen** der Seiten genannten Rubriken von Tageszeitungen („Meinungsseite", „Die Seite Drei" ...) als Teile in diesem Sinne ansehen können.[237] Wenn eine Rubrik nicht mehr existiert, kann die Rubrik wieder geschaffen werden[238] oder ein Abdruck kann in diesem Fall auch in einem Teil erfolgen, der nach seinem Inhalt und Charakter am ehesten dem Teil, in dem die Ausgangsmitteilung abgedruckt war, entspricht.[239]

102 Einen eigenen Teil der Zeitung bildet wegen ihrer Bedeutung und ihres Aufmerksamkeitswertes – insb gegenüber so genannten Kiosklesern – die **Titelseite**, so dass eine Gegendarstellung gegen eine Ausgangsmitteilung auf der Titelseite auch dort zu veröffentlichen ist.[240] Der damit verbundene – gegenüber einer Veröffentlichung im Innern eines Blattes schwerwiegendere – Eingriff in die Pressefreiheit ist hinzunehmen, solange die Titelseite durch Umfang und Aufmachung der Gegendarstellung nicht ihre Funktion verliert, eine Identifizierung des Blattes zu ermöglichen, die als besonders wichtig erachteten Mitteilungen aufzunehmen und das Interesse des Publikums zu erregen.[241] Es muss daher stets auch die durch Art 5 Abs 1 GG geschützte redaktionelle Gestaltungsfreiheit beachtet werden.[242] Diesen Gesichtspunkten ist allerdings in erster Linie bei der Schriftgröße der Gegendarstellung und ihrer Überschrift Rechnung zu tragen.

---

233 OLG München AfP 1992, 158.
234 OLG München AfP 1992, 158.
235 ZUM 2000, 969.
236 AA OLG Hamburg ZUM-RD 2000, 490, 492 und wohl auch OLG München ZUM 2000, 969.
237 OLG München ZUM 2000, 969.
238 Wenzel/*Burkhardt* 11. Kap Rn 187.
239 OLG Hamburg ZUM-RD 2000, 490, 492; Wenzel/*Burkhardt* 11. Kap Rn 187.
240 KG NJW-RR 2009, 767, 768; OLG Karlsruhe ZUM-RD 2006, 515, 516.
241 BVerfG NJW 1998, 1381, 1384; OLG Karlsruhe ZUM-RD 2006, 515, 516; OLG Karlsruhe ZUM-RD 2006, 74, 76.
242 KG NJW-RR 2009, 767, 768.

Aus Gründen der Waffengleichheit kann es geboten sein, eine Gegendarstellung im oberen Teil der Titelseite[243] zu veröffentlichen oder sogar über dem Logo einer Zeitung,[244] wenn sich die Ausgangsmitteilung ebenfalls an entsprechender Stelle befunden hat. Befand sich nur eine Ankündigung der Ausgangsmitteilung, nicht aber die beanstandete Passage selbst auf der Titelseite, kann es erforderlich sein, auch auf die Gegendarstellung auf der Titelseite hinzuweisen.[245] **103**

Umfasst der Teil der Zeitung, in dem die Ausgangsmitteilung veröffentlicht war, **mehrere Seiten**, dann kann die Veröffentlichung auf jeder der Seiten geschehen.[246] **104**

3. Schrift

Die Gegendarstellung ist mit gleicher Schrift wie die Ausgangsmitteilung abzudrucken. Entscheidend ist, dass sie die gleiche Aufmerksamkeit finden kann wie die Ausgangsmitteilung.[247] Die Veröffentlichung der Gegendarstellung selbst bereitet regelmäßig keine Probleme, weil ohnehin auch der Text der Ausgangsmitteilung in aller Regel in der normalen Schriftart und -größe eines Blattes erscheint. **105**

Wesentlicher ist die Frage, welche Schriftgröße die **Überschrift** haben muss. War der beanstandete Text nicht in der Überschrift der Ausgangsmitteilung enthalten, kann die Überschrift der Gegendarstellung regelmäßig etwas kleiner ausfallen. Gerade aber auch in den Fällen, in denen die beanstandete Ausgangsmitteilung im Wesentlichen aus einem plakativ hervorgehobenen Text mit sehr großen Buchstaben besteht, kann eine Gestaltung der Gegendarstellung in der Schriftgröße der Ausgangsmitteilung einen unangemessenen Raum einnehmen, insb wenn sie auf der Titelseite abzudrucken ist.[248] Auch in einem solchen Fall kann die Schriftgröße der Gegendarstellung kleiner als die Größe der in der Überschrift enthaltenen Ausgangsmitteilung sein, wobei die Belange des Betroffenen im Hinblick auf die gebotene gleiche Auffälligkeit dadurch gewahrt werden können, dass die verlangte Überschrift „Gegendarstellung" in gleicher Schriftgröße wie die in der Überschrift enthaltene Ausgangsmitteilung zu drucken ist, der Inhalt der Gegendarstellung dann aber etwas kleiner.[249] Das OLG Karlsruhe hat es jedenfalls als unverhältnismäßig angesehen, einen Verlag zum Abdruck einer Gegendarstellung auf der Titelseite einer Zeitschrift zu verurteilen, die 1/3 der Titelseite eingenommen hätte, wobei das Gericht immer noch eine Gegendarstellung zugesprochen hat, die – bei reduzierter Schriftgröße – jedenfalls 150 % der Fläche der Ausgangsmitteilung einnehmen sollte.[250] **106**

4. Keine Einschränkungen und Weglassungen

Die Gegendarstellung ist ohne Einschaltungen und Weglassungen, also als Ganzes, zu veröffentlichen. Dabei liegt zunächst auf der Hand, dass der Anspruchsverpflichtete weder den Text kürzen noch erweitern darf. Ebenso unzulässig ist aber, ihn mit Anmerkungen der Redaktion auseinanderzureißen, und zwar selbst dann, wenn eine Anmerkung (Glossierung) grundsätzlich möglich ist[251] und die Gegendarstellung in meh- **107**

---

243 LG Hamburg AfP 1987, 631, 633.
244 LG Hamburg AfP 1993, 778, 779.
245 OLG München AfP 1991, 531, 533; Wenzel/*Burkhardt* 11. Kap Rn 188.
246 OLG München ZUM 2000, 969.
247 Wenzel/*Burkhardt* 11. Kap Rn 190.
248 KG NJW-RR 2009, 767, 768.
249 KG NJW-RR 2009, 767, 768.
250 OLG Karlsruhe ZUM-RD 2006, 74, 76; die 150 %-Grenze findet sich auch in der Entscheidung OLG Karlsruhe ZUM-RD 2006, 515, 517.
251 Vgl dazu Rn 111 ff.

rere Abschnitte aufgeteilt ist, denn der Leser ist andernfalls an der zusammenhängenden Lektüre gehindert.[252]

5. Erwähnung im Inhaltsverzeichnis

108 War die Ausgangsmitteilung im Inhaltsverzeichnis genannt, ist auch die Gegendarstellung dort anzukündigen.[253] Anders kann es sein, wenn das Inhaltsverzeichnis ohnehin nicht vollständig ist und die Gegendarstellung sich nur gegen eine kurze Passage eines längeren Textes richtet.[254]

6. Besonderheiten in Rundfunk und Internet

109 Im **Rundfunkbereich** gelten diese Grundsätze entsprechend. Allerdings ist die Gegendarstellung zu **verlesen** und nicht etwa dem Betroffenen Sendezeit für eine eigene Darstellung mit **szenischer Gestaltung** einzuräumen.[255] Visuelles Berichtigungsmaterial wird nur in seltenen Ausnahmefällen, etwa bei Bildverwechslungen, in Betracht kommen. *Prinz*[256] schlägt wegen der gegenüber der Ausgangsmitteilung oftmals geringen Wirkung der Gegendarstellung vor, zumindest Anordnungen zu treffen, wonach die Ankündigung der Gegendarstellung eine längere Zeit einzublenden sei. Dies ist abzulehnen. Der damit verbundene Eingriff in die Rundfunkfreiheit lässt sich bei der Gegendarstellung, deren Wahrheit gerichtlich nicht überprüft wird, nicht rechtfertigen. Die Gegendarstellung ist in derselben Sendung wie die Ausgangsmitteilung oder, wenn es sich um eine einmalige Sendung handelte, zur selben Sendezeit auszustrahlen.

110 Im **Internet** ist die Gegendarstellung nach § 56 Abs 1 S 3 RStV so lange wie die Ausgangsmitteilung in unmittelbarer Verknüpfung mit ihr anzubieten. Ausreichend ist ein direkter **Link** von der Seite, auf der die Ausgangsmitteilung veröffentlicht ist,[257] wobei verlangt werden kann, dass der Link sich unmittelbar unter der Ausgangsmitteilung und nicht an völlig anderer Stelle auf der Seite findet. Für den Fall, dass die Ausgangsmitteilung gelöscht wird, sieht § 56 Abs 1 S 4 RStV vor, dass die Gegendarstellung zumindest so lange an vergleichbarer Stelle, also insb in der gleichen Rubrik,[258] zu veröffentlichen ist wie die Ausgangsmitteilung.

V. Redaktionsschwanz

111 Gerade weil die Wahrheit der Gegendarstellung nicht abschließend geprüft wird, wird der Anspruchsverpflichtete häufig das Bedürfnis haben, der Gegendarstellung wiederum eine eigene Anmerkung („Glosse" oder „Redaktionsschwanz") entgegenzusetzen. Soweit die anwendbare Rechtsgrundlage dies nicht ausdrücklich verbietet, ist ein Redaktionsschwanz grundsätzlich zulässig.[259] Einige Landespressegesetze und Mediengesetze sehen eine Beschränkung der Glossierung auf Tatsachen vor.[260] Im

252 OLG Karlsruhe GRUR 1965, 556, 557.
253 OLG Hamburg ZUM-RD 2010, 227, 228; aA OLG München, NJW 1995, 2297: nur, wenn die beanstandete Äußerung selbst im Inhaltsverzeichnis wiedergegeben wurde.
254 OLG München ArchPR 1974, 112.
255 Wenzel/*Burkhardt* 11. Kap Rn 293.
256 *Prinz* NJW 1995, 817, 818.
257 Wenzel/*Burkhardt* 11. Kap Rn 355.
258 Wenzel/*Burkhardt* 11. Kap Rn 356.
259 KG NJW-RR 2008, 357, 358.
260 Vgl Art 19 Abs 2 S 2 BayMG, § 9 Abs 4 LMG BW, § 19 Abs 3 S 3, § 21 Abs 4 S 2 NMedienG, § 10 Abs 3 S 4 MedienStV HSH, § 11 Abs 2 S 3 LMG RP, § 26 Abs 2 S 2 MedienG LSA, § 24 Abs 4 S 2 ThürLMG, § 11 Abs 3 S 3 LMG BW, § 10 Abs 3 S 3 BerlPresseG, § 12 Abs 3 S 3 BbgPG, § 11 Abs 3

Rundfunkbereich verbieten die Landesgesetze teilweise eine Anmerkung in unmittelbarem Zusammenhang mit der Gegendarstellung,[261] teilweise wird eine Ausstrahlung am gleichen Tag verboten.[262]

Fehlt es an einer ausdrücklichen Beschränkung, ist eine Abwägung zwischen dem durch die Gegendarstellung geschützten Persönlichkeitsrecht des Betroffenen sowie der Meinungsfreiheit des die Gegendarstellung veröffentlichenden Mediums erforderlich.[263] Ein Redaktionsschwanz ist dann nur ausnahmsweise unzulässig, wenn er sich als **Schikane, sittenwidrige Schädigung** oder **Verstoß gegen Treu und Glauben** darstellt oder wenn er den Zweck der Gegendarstellung vereitelt, dem Betroffenen Gehör zu geben und die Öffentlichkeit zu informieren.[264] Insb gebietet die Waffengleichheit die Zulässigkeit einer Anmerkung dann, wenn erstmals in der Gegendarstellung Tatsachen behauptet werden, die nicht Gegenstand der Ausgangsmitteilung waren.[265] **112**

Eine Entwertung liegt nicht schon vor, wenn der Glossierung eine **einleitende Bemerkung** vorangestellt wird, in der es heißt, dass der Betroffene in der Gegendarstellung die Unwahrheit sage. Denn es liegt in der Natur einer redaktionellen Anmerkung, dass die Ausgangsmitteilung dort aufrechterhalten und auch vertieft wird.[266] Das Beharren auf der ursprünglichen Meinung beinhaltet stets den Vorwurf, die Gegendarstellung sei unwahr.[267] Dies stellt einen Ausgleich dafür dar, dass die Gegendarstellung unabhängig von ihrem Wahrheitsgehalt verbreitet werden muss.[268] Unzulässig ist es aber zu erklären, die Gegendarstellung sei „frei erfunden" oder „irreführend"[269] oder ihr Verfasser sei ein „Lügner".[270] Nach diesen Grundsätzen hat es das KG für zulässig angesehen, einer Gegendarstellung eines ehemaligen DDR-Politikers, der auf den Vorwurf des Vernichtens von Stasi-Akten in einer Gegendarstellung erwiderte, er habe aufgrund eines Beschlusses des Zentralen Runden Tisches gehandelt, einen Redaktionsschwanz anzufügen, in dem es heißt, er sage die Unwahrheit, diesen Beschluss habe es nie gegeben.[271] **113**

Grundsätzlich zulässig ist, soweit eine Glossierung nicht ausdrücklich verboten ist, die Bemerkung, dass die Gegendarstellung **ohne Rücksicht auf den Wahrheitsgehalt** zu veröffentlichen sei.[272] Für zulässig hält das OLG Dresden[273] auch die Anmerkung „Nach dem Sächsischen Gesetz über die Presse sind wir verpflichtet, nicht nur wahre, sondern auch unwahre Gegendarstellungen zu drucken". Die Formulierung, ein Fernsehsender sei zur Ausstrahlung der Gegendarstellung ohne Rücksicht auf den Wahrheitsgehalt verurteilt worden, ist aber unzulässig, weil der – falsche – Eindruck entsteht, der gerichtliche Tenor enthalte den Passus zur möglichen Unwahrheit.[274] **114**

S 4 PresseG Bremen, § 11 Abs 3 S 4 PrG Hamburg, § 10 Abs 3 S 2 HPresseG, § 10 Abs 3 S 3 LPrG M-V, § 11 Abs 3 S 3 NPresseG, § 11 Abs 3 S 3 LPG NRW, § 10 Abs 4 S 3, SächsPresseG, § 10 Abs 3 S 3 PresseG LSA, § 11 Abs 3 S 3 LPG SH, § 11 Abs 3 S 3 TPG, § 12 Abs 3 S 3 NDR-StV, § 10 Abs 2 S 3 SMG, § 9 Abs 4 S 3 ZDF-StV.

261 Vgl § 28 Abs 4 S 2 HPRG, § 26 Abs 4 S 2 MedienG LSA, § 24 Abs 4 S 2 ThürLMG, § 10 Abs 3 S 4 MedienStV HSH, § 56 RStV.

262 Vgl § 19 Abs 4 SächsPRG; § 15 MDR-StV.

263 BerlVerfGH NJW-RR 2006, 1479, 1480.

264 KG NJW-RR 2008, 357, 358; vgl auch OLG München NJW-RR 1999, 965, 966.

265 KG NJW-RR 2008, 357, 358.

266 BerlVerfGH NJW-RR 2006, 1479, 1480; OLG Dresden ZUM 2002, 295.

267 KG NJW-RR 2008, 357, 358; vgl auch BerlVerfGH NJW-RR 2006, 1479, 1481.

268 KG NJW-RR 2008, 357, 358; OLG Dresden ZUM 2002, 295.

269 BerlVerfGH NJW-RR 2006, 1479, 1480; OLG Dresden ZUM 2002, 295.

270 KG NJW-RR 2008, 357, 358.

271 KG NJW-RR 2008, 357, 358.

272 OLG Brandenburg NJW-RR 2000, 832, 833; Wenzel/*Burkhardt* 11. Kap Rn 203.

273 OLG Dresden ZUM 2002, 295.

274 LG Frankfurt aM NJW-RR 1988, 1022.

115 Bei einer zulässigen Glossierung, die neue Tatsachenbehauptungen enthält, die in der Ausgangsmitteilung nicht enthalten waren, kann **erneut eine Gegendarstellung verlangt** werden.[275] Auf die Anmerkung, dass die Gegendarstellung unabhängig davon abzudrucken sei, ob sie wahr oder frei erfunden sei, kann aber nicht erwidert werden, weil es sich dabei nicht um eine Tatsachenbehauptung handelt.[276] Ist eine Gegendarstellung unzulässig glossiert worden, ist sie erneut ohne die unzulässige Anmerkung auszustrahlen.[277]

VI. Anspruchsverpflichteter

116 Der Gegendarstellungsanspruch kann bei Druckwerken sowohl gegenüber dem **verantwortlichen Redakteur** als auch gegenüber dem **Verleger** geltend gemacht werden. Die doppelte Passivlegitimation spielt indes in der Praxis keine sehr große Rolle, zumal das Rechtsschutzbedürfnis für eine Geltendmachung gegenüber dem Redakteur entfällt, wenn der Anspruch gegenüber dem Verleger anerkannt oder rechtskräftig festgestellt ist.[278] Im Bereich des Rundfunks besteht der Anspruch gegenüber dem Veranstalter, bei Telemedien nach § 56 RStV gegenüber dem Anbieter. Mehrere Verpflichtete haften als Gesamtschuldner und müssen eine gegen den anderen Verpflichteten ergangene rechtskräftige Entscheidung gegen sich gelten lassen.[279]

VII. Anspruchsdurchsetzung

117 Ebenso wie schon beim Abdruckverlangen und der Formulierung der Gegendarstellung sind die Formalitäten auch im gerichtlichen Verfahren um eine Gegendarstellung von großer Bedeutung.

1. Einstweilige Verfügung und Hauptsacheverfahren

118 Der Gegendarstellungsanspruch kann nach sämtlichen in Betracht kommenden landesgesetzlichen Regelungen mit einer **einstweiligen Verfügung** durchgesetzt werden.[280] Mit Ausnahme von Bayern, wo die Rechtsprechung diese Möglichkeit aber ebenfalls anerkennt,[281] ist dies ausdrücklich in den Landespressegesetzen geregelt.

119 Uneinheitlich geregelt ist aber, ob daneben die Geltendmachung auch mit einer **Klage** erfolgen kann. Soweit das zugrunde liegende Gesetz vorsieht, dass die Vorschriften über das Verfahren der einstweiligen Verfügung anwendbar sind, ist daraus zu schließen, dass eine Hauptsacheklage nicht statthaft ist.[282] Teilweise ist ein Haupt-

275 Wenzel/*Burkhardt* 11. Kap Rn 205.
276 OLG Stuttgart AfP 1987, 420.
277 OLG Koblenz NJW-RR 2006, 484, 485; OLG Brandenburg NJW-RR 2000, 832, 833; OLG München NJW-RR 1999, 965, 966; OLG Frankfurt NJW 1965, 2163, 2164.
278 Wenzel/*Burkhardt* 11. Kap Rn 85.
279 Löffler/*Sedelmeier* § 11 LPG Rn 86; *Prinz/Peters* Rn 479.
280 Vgl zur Verfahrenspraxis *Hochrathner* ZUM 2000, 916, 917.
281 OLG München NJW 1965, 2161 f; aA noch OLG Nürnberg NJW 1952, 1418.
282 So in § 45 Abs 1 S 2 LPG NRW, § 26 Abs 6 S 1 MedienG LSA, § 30 Abs 4 S 2 RundfG M-V, § 11 Abs 4 S 3 PrG Hamburg, § 10 Abs 4 S 3 LPrG M-V, § 11 Abs 4 S 3 NPresseG, § 10 Abs 4 S 3 PresseG LSA, § 11 Abs 4 S 2 LPG SH, § 11 Abs 4 S 3 TPG, § 10 Abs 5 S 2 MedienStV HSH und § 19 Abs 5 S 1 SächsPRG.

sacheverfahren auch ausdrücklich ausgeschlossen.[283] Nach § 10 Abs 5 SächsPresseG ist „auch" ein Verfügungsverfahren zulässig, so dass die Möglichkeit der Hauptsacheklage besteht. Auch in Hessen ist eine Hauptsacheklage statthaft.[284] § 10 Abs 4 S 1 HPresseG sieht vor, dass auf Erfüllung des Anspruchs „geklagt" werden kann; Satz 2 ordnet an, dass das Gericht die Abdruckverpflichtung im Wege der einstweiligen Verfügung anordnen kann. S 1 wäre überflüssig, wenn das Gesetz nicht zum Ausdruck bringen wollte, dass auch eine Klage möglich ist.

Eine davon zu unterscheidende Frage ist, ob nach Erlass einer einstweiligen Verfügung ein Antrag nach § 926 ZPO zulässig ist, um den Anspruchsberechtigten zusätzlich in ein Hauptsacheverfahren zu zwingen. Teilweise wird die Zulässigkeit des Antrags ausdrücklich ausgeschlossen.[285] Auch ohne ausdrücklichen Ausschluss lehnt das OLG Frankfurt[286] die Zulässigkeit des Antrags zu Recht mangels eines Rechtschutzbedürfnisses ab, wenn eine einstweilige Verfügung bereits vollzogen ist. **120**

Letztlich ist eine Hauptsacheklage eine eher theoretische Möglichkeit, von der in der Praxis dringend abzuraten ist. Da für die Begründung des Anspruchs häufig eine Glaubhaftmachung von Tatsachen nicht erforderlich sein wird, so dass das Hauptsacheverfahren regelmäßig auch keine Vorteile bei der Beweisführung bringen wird, sind auch maßgebliche Vorteile eines Hauptsacheverfahrens nicht ersichtlich. In den meisten Fällen wird eine Verurteilung im Hauptsacheverfahren ohnehin am Erreichen der Aktualitätsgrenze[287] scheitern, die absolut zu beurteilen ist und nicht allein davon abhängt, ob der Gegendarstellungsberechtigte ein Verfahren zügig eingeleitet hat. **121**

2. Frist für die Einleitung des Verfahrens

Eine Glaubhaftmachung des Verfügungsgrundes ist – außer in Hessen und Bayern – nicht erforderlich. Das bedeutet aber nicht, dass die Anordnung nicht an einem zu langen Zuwarten vor dem Einleiten gerichtlicher Schritte scheitern kann. Dies kann heute als allgemeine Meinung gelten; eine ältere Entscheidung des OLG Köln,[288] die davon ausging, für die Verfahrenseinleitung gebe es keine zeitlichen Grenzen, ist ein Einzelfall geblieben. **122**

Teilweise wird die einzuhaltende Frist unter dem Stichwort „**Verfügungsgrund**" geprüft,[289] teilweise wird eine verspätete gerichtliche Geltendmachung des Anspruchs als **rechtsmissbräuchlich** angesehen,[290] teilweise wird der Anspruch nach Erreichen einer Aktualitätsgrenze als **verwirkt** angesehen.[291] Schließlich nimmt das OLG Mün- **123**

---

283 So in Art 18 Abs 4 S 4 BayMG, Art 17 Abs 5 S 4 BayRG, § 19 Abs 6 S 4 BremLMG, § 18 Abs 6 S 5 DWG, § 9 Abs 6 S 5 DRadio-StV, § 9 Abs 6 S 5 WDR-Gesetz, § 28 Abs 6 S 5 HPRG, § 9 Abs 6 S 5 LMG BW, § 45 Abs 1 S 4 LMG NRW, § 11 Abs 4 S 4 LMG RP, § 11 Abs 4 S 5 PresseG BW, § 11 Abs 4 S 5 PresseG Bremen, § 11 Abs 4 S 5 LPG NRW, § 12 Abs 4 S 5 BbGPG, § 10 Abs 4 S 5 BerlPresseG, § 31 Abs 7 S 4 LRG SH, § 12 Abs 5 S 4 NDR-StV, § 21 Abs 5 S 3 NMedienG, § 56 Abs 3 S 3 RStV, § 10 Abs 4 S 3 SMG, § 24 Abs 6 S 5 ThürLMG und § 9 Abs 6 S 5 ZDF-StV. § 24 Abs 7 S 4 RBG.

284 AA Wenzel/*Burkhardt* 11. Kap Rn 222.

285 So nach § 11 Abs 4 S 5 NPresseG, § 10 Abs 4 S 5 PresseG LSA, § 11 Abs 4 S 5 ThürLMG und § 30 Abs 4 S 4 RundfG M-V.

286 OLG Frankfurt NJW-RR 2002, 1474, 1475; zustimmend *Soehring* § 29 Rn 42.

287 Vgl dazu Rn 91.

288 OLG Köln AfP 1977, 400.

289 OLG Koblenz NJW-RR 1998, 23, 25; OLG Brandenburg NJW 1996, 666; OLG München OLGZ 1990, 244.

290 OLG Hamburg AfP 1980, 210, 211.

291 OLG Karlsruhe NJW-RR 1999, 387; NJW-RR 1989, 181, 182; LG Frankfurt BeckRS 1999 30071858; Wenzel/*Burkhardt* 11. Kap Rn 225.

chen[292] an, nach Erreichen der Aktualitätsgrenze entfalle das **berechtigte Interesse** an der Veröffentlichung der Gegendarstellung. Der letztgenannten Ansicht ist zu folgen. Ersetzt das Verfügungsverfahren, wie nach den meisten Rechtsgrundlagen, das Hauptsacheverfahren, kann ein Verfügungsgrund nicht erforderlich sein;[293] für eine Verwirkung wird es regelmäßig an dem erforderlichen Umstandsmoment fehlen, und in die Kategorie des Rechtsmissbrauchs passt die verspätete Geltendmachung des Anspruchs nicht. Indes entfällt tatsächlich das objektiv zu beurteilende Interesse des Betroffenen, da nach Ablauf einer längeren Zeitspanne der Vorgang im Gedächtnis der Rezipienten nicht mehr aktuell ist. Letztlich ist der Streit aber rein dogmatischer Natur, so dass sich – unabhängig von der Begründung – gewisse Grundsätze für den Wegfall des Anspruchs darstellen lassen:

124 Die erforderliche Aktualität ist regelmäßig jedenfalls nach einem **Vierteljahr** nicht mehr gegeben.[294] Nach **zwei Monaten** kann die Geltendmachung jedenfalls dann verspätet sein, wenn bereits nach einem Monat Klage auf Zahlung von Geldentschädigung wegen derselben Berichterstattung erhoben worden ist.[295] Bei einer **überregionalen Tageszeitung** liegt die Grenze nach Auffassung des OLG München bei **vier Wochen**[296] und bei **vier bis sechs Wochen** bei **wöchentlich erscheinenden Zeitschriften.**[297] Bei **Illustrierten** ist zudem zu beachten, dass sie häufig in Lesezirkeln, vor allem in Arztpraxen, auch erhebliche Zeit nach ihrem Erscheinen noch verbreitet werden.[298] Nach fünf Monaten ist die gerichtliche Geltendmachung des Anspruchs aber auch bei einer wöchentlich erscheinenden Publikation überschritten.[299] Letztlich sind die Umstände des Einzelfalls zu berücksichtigen, etwa das Zuleiten mehrerer Fassungen der Gegendarstellung und die Reaktionszeit des Gegendarstellungsverpflichteten.[300]

3. Veröffentlichungsverlangen

125 Die Zuleitung einer Gegendarstellung ist materielle Anspruchsvoraussetzung,[301] die Verweigerung des Abdrucks ist hingegen nicht Prozessvoraussetzung.[302] Fehlt es an einer zumindest stillschweigenden Verweigerung, kann der Anspruchsverpflichtete den Anspruch aber mit der Folge, dass der Anspruchsberechtigte die Kosten zu tragen hat, nach § 93 ZPO sofort anerkennen.[303]

4. „Alles oder nichts"

126 Zunächst ist davon auszugehen, dass eine Gegendarstellung, die in einzelnen Punkten nicht den Erfordernissen entspricht und daher nicht wörtlich oder ungekürzt übernommen werden kann, nach dem Grundsatz „ganz oder gar nicht" grundsätzlich insgesamt nicht abgedruckt werden muss.[304] Die Gegendarstellung kann daher während des Gerichtsverfahrens nicht ohne weiteres geändert werden;[305] vielmehr ist eine

292 OLG München NJW-RR 1998, 26, 27.
293 Wenzel/*Burkhardt* 11. Kap Rn 225.
294 OLG Brandenburg NJW 1996, 666; OLG München NJW-RR 1989, 180, 181.
295 OLG Karlsruhe NJW-RR 1999, 387.
296 OLG München NJW-RR 2002, 1271.
297 OLG München NJW-RR 2001, 832, 833.
298 OLG München NJW-RR 1989, 180, 181.
299 LG Frankfurt BeckRS 1999 30071858.
300 OLG München OLGZ 1990, 244.
301 OLG Jena OLG-NL 1994, 58, 59.
302 Wenzel/*Burkhardt* 11. Kap Rn 228.
303 OLG Brandenburg NJW-RR 1994, 1022, 1023; Wenzel/*Burkhardt* 11. Kap Rn 229.
304 OLG Karlsruhe ZUM-RD 2010, 31, 36; OLG Köln NJW-RR 2001, 337, 338; OLG Jena OLG-NL 1994, 58, 59; LG Berlin AfP 2008, 532; LG Mainz ZUM-RD 2008, 95, 94.
305 Dazu ausf Löffler/*Sedelmeier* § 11 LPG Rn 288 ff.

erneute Zuleitung des geänderten Abdruckverlangens in den meisten Fällen erforderlich.[306] Dies gilt aber dann nicht, wenn es sich bei der Änderung im Verfahren um eine bloße **Klarstellung** oder **Berichtigung** handelt, die nicht in die **Substanz der Gegendarstellung** eingreift.[307]

Von der Möglichkeit geringfügiger Änderungen durch das Gericht, zumindest bei Verbesserungen von grammatikalischen oder orthografischen Fehlern, geht das OLG Hamburg[308] aus. Das OLG Frankfurt[309] hat in älteren Entscheidungen sogar noch angenommen, dass das Gericht nach § 938 ZPO geringfügige inhaltliche Änderungen der Gegendarstellung selbst vornehmen könne. Diese Auffassung scheint es indes aufgegeben zu haben. In einer neueren Entscheidung lässt es das OLG Frankfurt[310] offen, ob der Betroffene das Gericht persönlich zu Kürzungen ermächtigen kann, weil es jedenfalls nicht mehr von einem unverzüglichen Abdruckverlangen ausgeht, wenn in der Berufungsverhandlung erstmals eine Kürzungsermächtigung vorgelegt wird. Eine Einschränkung des „Alles-oder-nichts-Prinzips" gilt auch für den Fall der **mehrgliedrigen Gegendarstellung**, die aus mehreren voneinander unabhängigen und jeweils aus sich heraus verständlichen Punkten besteht.[311] Allerdings ist auch eine Streichung eines unabhängigen Teils einer Gegendarstellung dem Gericht – weil es sich bei der Gegendarstellung um eine persönliche Erklärung des Betroffenen handelt – nicht aufgrund eigener Befugnis nach § 938 ZPO möglich, sondern nur auf der Grundlage einer Ermächtigung des Antragstellers.[312] Dazu genügt, wenn das Gericht spätestens im Termin eine vom Gegendarstellungsberechtigten persönlich unterzeichnete **Ermächtigung zur Kürzung** erhält.[313] Das OLG Brandenburg[314] lässt hingegen ein geändertes Gegendarstellungsverlangen in einem Hilfsantrag ohne erneute Zuleitung oder persönliche Ermächtigung durch den Gegendarstellungsberechtigten zu. Die unterschiedlichen Auffassungen spitzen sich zu der Frage zu, ob es genügt, wenn der Prozessbevollmächtigte statt des Anspruchsberechtigten die Änderung oder Kürzung der Gegendarstellung verlangt. Handelt es sich tatsächlich nur um die Streichung eines von mehreren Punkten, kann eine persönliche Erklärung indes nicht erforderlich sein, wenn der Gegendarstellungsberechtigte ursprünglich ein persönlich unterzeichnetes Gegendarstellungsverlangen zugeleitet hat. Denn hätte er die gesonderten Punkte in getrennten Gegendarstellungsverlangen geltend gemacht, unterläge es keinen Zweifeln, dass nur einzelne Teile abgedruckt werden dürften. Indes ist der Anspruchsberechtigte an einer getrennten Geltendmachung, da er von der Berechtigung aller Teile der Gegendarstellung ausgeht, regelmäßig gehindert, weil er hinsichtlich einzelner Punkte regelmäßig keine getrennten Gegendarstellungen verlangen kann. Es wäre in diesen Fällen eine bloße Förmelei, eine persönliche Ermächtigung zum Streichen selbständiger Punkte zu verlangen. Insgesamt ist kein zu kleinlicher Maßstab anzulegen, und das Gericht sollte zumindest bei geringfügigen Änderungserfordernissen von seiner Hinweispflicht nach § 139 ZPO Gebrauch machen,[315] da die Formulierung 127

---

306 OLG Jena OLG-NL 1994, 58, 59.
307 OLG Zweibrücken NJOZ 2009, 4188, 4189.
308 OLG Hamburg NJW-RR 1995, 1053, 1054; vgl auch OLG München AfP 1999, 72, 73.
309 OLG Frankfurt NJW-RR 1986, 606, 608; OLG Frankfurt NJW 1971, 471, 473.
310 OLG Frankfurt BeckRS 2010, 11769.
311 OLG Karlsruhe ZUM-RD 2010, 31, 36; OLG München NJW-RR 1998, 1632, 1633.
312 OLG Karlsruhe ZUM-RD 2010, 31, 36; OLG München NJW-RR 1998, 1632, 1633.
313 OLG Karlsruhe ZUM-RD 2010, 31, 36; OLG Frankfurt AfP 2008, 628, 630; OLG München NJW-RR 1998, 1632, 1633.
314 OLG Brandenburg NJW-RR 2000, 326, 327.
315 Vgl auch *Schmidt* NJW 1991, 1009, 1012.

einer Gegendarstellung ohnehin schon zu einer „wahren Kunst, durchsetzt mit Elementen des Glücksspiels“[316] geworden ist.

128 Geht es hingegen um **inhaltliche Änderungen**, wird eine erneute Zuleitung verlangt werden müssen, die dann auch unter Beachtung des Unverzüglichkeitserfordernisses erfolgen muss.[317] Da der Gegendarstellungsverpflichtete zu einer selbständigen Kürzung nicht berechtigt ist und damit – außer im Falle einer außergerichtlichen Einigung – keine Möglichkeit hat, eine Teilerfüllung zu bewirken, wird dann, wenn der Gegendarstellungsberechtigte das Einverständnis mit einer Kürzung im Verfahren erklärt und der Gegendarstellungsverpflichtete iSd § 93 ZPO den geänderten Anspruch sofort anerkennt, der Berechtigte die **Kosten** des Verfahrens zu tragen haben.[318]

129 Unproblematisch kann das Gericht Änderungen hinsichtlich der Modalitäten der Veröffentlichung (Platzierung, Schriftgröße, Überschrift, Erwähnung im Inhaltsverzeichnis) aussprechen.[319]

5. Aufklärungspflichten des Gegendarstellungsschuldners

130 Umstritten ist, ob dem Gegendarstellungsverpflichteten eine vorprozessuale Pflicht obliegt, den Gegendarstellungsberechtigten darauf hinzuweisen, warum er nicht zum Abdruck bereit ist, und wie sich eine Verletzung der Aufklärungspflicht auswirkt. Das OLG Stuttgart[320] hat in einem älteren Urteil entschieden, dass der Anspruchsverpflichtete die **Kosten** des Gerichtsverfahrens zu tragen habe, wenn der Gegendarstellungsberechtigte wegen einer fehlenden Aufklärung seine Gegendarstellung erst im Gerichtsverfahren korrigiere. Das OLG Düsseldorf[321] hat eine Aufklärungspflicht für den Fall angenommen, dass der Abdruckverpflichtete zum Abdruck eines selbständigen Teils der Gegendarstellung bereit ist; erkläre er dann im späteren Gerichtsverfahren, in dem nur dieser Teil der Gegendarstellung noch verlangt wird, dass die Geltendmachung des nunmehr richtigen Gegendarstellungsverlangens verspätet sei, sei dies rechtsmissbräuchlich.

131 Eine umfassende Aufklärungspflicht ist indes abzulehnen. Der Anspruchsberechtigte muss selbst und in eigener Verantwortung entscheiden, wie er die Gegendarstellung formuliert und ist nicht auf die Rechtsberatung durch den Gegendarstellungsverpflichteten angewiesen.[322] Eine Kostentragungspflicht für den Fall, dass der Gegendarstellungsverpflichtete den Anspruch ohne Angabe von Gründen zurückweist, ist daher abzulehnen. Der Einwand des **Rechtsmissbrauchs** kann allerdings in Fällen, in denen die **Unverzüglichkeit** wegen einer verspäteten Korrektur der Gegendarstellung im gerichtlichen Verfahren gerügt wird, tatsächlich in Betracht kommen.[323]

6. Glaubhaftmachung

132 Die Anspruchsvoraussetzungen sind nach § 294 ZPO im Verfügungsverfahren glaubhaft zu machen. Dieses Erfordernis kann sich bei einem Gegendarstellungsanspruch nur auf die Erstmitteilung, die Betroffenheit von der beanstandeten Passage

316 So zu Recht *Prinz/Peters* Rn 449.
317 S Rn 87 ff.
318 Vgl auch OLG Brandenburg NJW-RR 2000, 326, 327.
319 KG ZUM-RD 2007, 400, 402.
320 OLG Stuttgart AfP 1979, 363 f.
321 OLG Düsseldorf NJW 1970, 760, 761.
322 Wenzel/*Burkhardt* 11. Kap Rn 215.
323 OLG Düsseldorf NJW 1970, 760, 761; Wenzel/*Burkhardt* 11. Kap Rn 215.

und das Veröffentlichungsverlangen beziehen; die Unwahrheit der Ausgangsmitteilung ist nicht glaubhaft zu machen.

7. Zuständigkeit

Örtlich zuständig ist das Gericht, in dessen Bezirk der Anspruchsverpflichtete seinen allgemeinen Gerichtsstand hat. Der Gerichtsstand der unerlaubten Handlung nach § 32 ZPO findet bei Streitigkeiten um die Veröffentlichung einer Gegendarstellung keine Anwendung.[324] **133**

Die **sachliche Zuständigkeit** richtet sich nach den allgemeinen Regelungen, so dass es nach § 23 Nr 1 GVG regelmäßig vom Streitwert abhängt, ob das Amtsgericht oder das Landgericht sachlich zuständig ist. Da der Streitwert regelmäßig über € 5 000,– liegen wird, ist in erster Instanz meist das Landgericht anzurufen. Ein Streitwert von € 5 000,– oder weniger wird allenfalls bei einer Ausgangsmitteilung in einer unbedeutenden Publikation mit einer ganz geringen Auflage in Betracht kommen, wenn zudem noch ausgeschlossen ist, dass die Meldung wegen ihres Inhalts deutlich weitere Kreise zieht und andere Leser als den üblichen kleinen Leserkreis erreicht. Bei Meldungen in einer Tageszeitung selbst mit einem kleinen Verbreitungsgebiet und bei Rundfunkmeldungen wird ein Streitwert von € 5 000,– oder weniger regelmäßig nicht in Betracht kommen. **134**

8. Vollziehung und Vollstreckung

Die einstweilige Verfügung, die die Veröffentlichung der Gegendarstellung anordnet, ist innerhalb der Ein-Monats-Frist nach § 929 Abs 2 ZPO zuzustellen, und zwar auch dann, wenn sie durch Urteil erlassen wird.[325] Eine bereits zugestellte Beschlussverfügung, die durch ein Urteil im Widerspruchsverfahren wesentlich verändert wird, ist erneut zuzustellen.[326] Die Vollstreckung erfolgt durch ein Zwangsgeldverfahren nach § 888 ZPO,[327] das aber nicht innerhalb der Monatsfrist eingeleitet werden muss.[328] **135**

§ 4
Berichtigung

Bei einer fortwirkenden Beeinträchtigung wird dem von einer Berichterstattung Betroffenen oftmals nicht allein durch eine Gegendarstellung genüge getan sein, insb verschafft diese deshalb keinen hinreichenden Ausgleich, weil sie nur die eigene Aussage des Betroffenen wiedergibt. Diese Lücke schließt der Berichtigungsanspruch.[329] **136**

---

324 BayObLG NJW 1958, 1825; Wenzel/*Burkhardt* 11. Kap Rn 235.
325 OLG München AfP 2007, 53; KG NJOZ 2007, 3001.
326 KG NJOZ 2007, 3001.
327 Löffler/*Sedelmeier* § 11 LPG Rn 222.
328 OLG München ZUM-RD 2003, 92, unter Verweis auf die Gegenmeinung des OLG Rostock in einem unveröffentlichten Urt v 20.2.2002, Az 2 U 5/02.
329 Vgl zum Ganzen *Fricke* AfP 2009, 552 ff.

I. Rechtsgrundlage und Ausprägungen

137 Die Rechtsprechung[330] leitet den Anspruch aus § 1004 BGB analog her. Dies begegnet keinen verfassungsrechtlichen Bedenken.[331] Daneben kommt § 823 BGB iVm § 249 BGB als Anspruchsgrundlage in Betracht, weil durch die Berichtigung der rechtmäßige Zustand wiederhergestellt werden soll.[332]

138 Zu unterscheiden sind mehrere **Arten von Berichtigungsansprüchen**: Das BVerfG[333] nennt den Widerruf, die Richtigstellung und das Abrücken. *Gamer*[334] unterscheidet daneben noch zwischen Nichtaufrechterhaltung, Ergänzung, Distanzierung und berichtigender Kommentierung und verwendet als Oberbegriff die **Berichtigung.** Dem ist zu folgen.[335] Soweit der Widerruf als Oberbegriff der berichtigenden Ansprüche betrachtet wird,[336] kann dem nicht zugestimmt werden. Der BGH führt zutreffend aus, dass ein Widerruf schon begrifflich bei Äußerungen ausscheide, die von einem Dritten getätigt worden seien, so dass nur eine Distanzierung gefordert werden könne.[337] Der Begriff des Widerrufs ist daher als Oberbegriff ungeeignet.

II. Voraussetzungen

1. Ehrverletzende Tatsachenbehauptung

139 Voraussetzung des Berichtigungsanspruchs ist zunächst eine unwahre und ehrverletzende Tatsachenbehauptung.[338] Die Berichtigung von Äußerungen, die auf ihren Wahrheitsgehalt objektiv nicht überprüft werden können, weil sie nur eine (subjektive) Meinung, ein wertendes Urteil enthalten, kann nicht verlangt werden, und zwar selbst dann nicht, wenn die in ihnen zum Ausdruck kommende Kritik nicht haltbar ist. Denn die durch Art 5 Abs 1 GG geschützte Meinungsfreiheit verbietet es, auf diese Weise mit staatlichen Mitteln zu erzwingen, dass eine Meinung aufgegeben wird.[339] Auch bei **ehrverletzenden Meinungsäußerungen** kann danach nur Unterlassung, nicht aber eine Richtigstellung verlangt werden.[340] Allerdings ist bei einer ehrverletzenden Meinung ein Anspruch auf Veröffentlichung einer Unterlassungserklärung denkbar.[341]

140 Eine Berichtigung kann auch dann verlangt werden, wenn eine Behauptung nicht ausdrücklich aufgestellt, sondern nur ein **falscher Eindruck** erweckt wird.[342] So hat der BGH[343] einen Richtigstellungsanspruch wegen der Schlagzeile „Udo Jürgens: im Bett mit Caroline? – In einem Playboy-Interview antwortet er eindeutig-zweideutig" auf der Titelseite der BILD bejaht, weil sich insb im Zusammenhang mit dem Untertitel der Eindruck einer intimen Beziehung ergab. Anders als beim Unterlassungsanspruch genügt es jedoch nicht, dass eine Äußerung neben einem zutreffenden wah-

---

330 BGH GRUR 1995, 224, 228 – Erfundenes Exclusiv-Interview; GRUR 1982, 631, 633 – Klinikdirektoren; GRUR 1976, 651, 653 – Panorama.
331 BVerfG NJW 1997, 2589; NJW 1999, 1322 – Fall Helnwein.
332 BVerfG GRUR 1974, 44, 45 – Soraya.
333 BVerfG NJW 1998, 1381, 1383.
334 In Wenzel/*Gamer* 13. Kap Rn 61 ff.
335 So auch *Prinz/Peters* Rn 673.
336 *Damm/Rehbock* Rn 843.
337 BGH GRUR 1976, 651, 653 – Panorama.
338 Vgl zur allgemeinen Abgrenzung zwischen Tatsachen und Meinungsäußerungen Teil 1 Kap 2 Rn 77 ff.
339 BGH GRUR 1982, 631 – Klinikdirektoren; vgl auch LG Köln BeckRS 2010, 19920.
340 BGH GRUR 1982, 631 – Klinikdirektoren.
341 BGH GRUR 1987, 189 – Veröffentlichungsbefugnis beim Ehrenschutz.
342 BGH ZUM 2004, 211; GRUR 1982, 318, 319 – Schwarzer Filz; LG Regensburg NJW-RR 1996, 537, 538.
343 BGH ZUM 2004, 211.

ren Eindruck einen nicht fernliegenden unzutreffenden Eindruck erweckt; vielmehr müssen bei mehrdeutigen Äußerungen angesichts der weitreichenden Folgen des Richtigstellungsanspruchs für den Äußernden und zur Vermeidung negativer Auswirkungen auf die generelle Ausübung des Grundrechts der Meinungsfreiheit Deutungen ausgeschlossen werden, die keinen Berichtigungsanspruch begründen würden.[344] Der Eindruck muss also zwingend sein.[345]

Ein **Fragesatz** kann einer Richtigstellung ebenfalls zugänglich sein, wenn er nicht zur Herbeiführung einer – inhaltlich noch nicht feststehenden – Antwort geäußert wird, sondern rein rhetorisch ist und sich auf eine Tatsache bezieht.[346] **141**

Für die Zukunft **angekündigte Ereignisse**, die noch nicht geschehen und demgemäß auch nicht dem Beweis zugänglich sind, stellen keine Tatsachen dar und können daher auch nicht Gegenstand einer Berichtigung sein.[347] **142**

2. Unwahrheit

Die Unwahrheit der Tatsachenbehauptung hat grundsätzlich derjenige zu **beweisen**, der eine Berichtigung verlangt. § 186 StGB greift, anders als beim Unterlassungsanspruch, nicht ein, so dass eine Beweislastumkehr nach dieser Vorschrift ausscheidet.[348] **143**

Allerdings trifft den Äußernden eine **erweiterte (sekundäre) Darlegungslast**, die ihn verpflichtet, **Belegtatsachen** für seine Behauptung anzugeben.[349] Denn der dem Betroffenen obliegende Beweis lässt sich regelmäßig nur führen, wenn ihm die konkreten Fakten bekannt sind, auf die der Äußernde seine Vorwürfe stützt.[350] Kommt er dieser Darlegungslast nicht nach, ist es dem Betroffenen nicht zuzumuten, sich gewissermaßen ins Blaue hinein rechtfertigen zu müssen und dabei Umstände aus seinem persönlichen oder geschäftlichen Bereich in einem Umfang zu offenbaren, so dass dann nach § 138 Abs 3 ZPO von der Unwahrheit der Behauptung auszugehen ist.[351] Hat der Äußernde seine Informationen allerdings aus einer **verlässlichen Quelle**, etwa von einer Agentur oder einem anderen Medienunternehmen erhalten, genügt es, wenn er diese Herkunft der Information darlegt.[352] **144**

3. Rechtswidrigkeit und Verschulden

Trotz des erheblichen Eingriffs, den eine Berichtigung für den Äußernden bedeutet, sind Rechtswidrigkeit und Verschulden nicht in jedem Fall Voraussetzung des Anspruchs. Dies folgt daraus, dass selbst dann, wenn der Äußernde die ihm obliegenden Sorgfaltspflichten bei der Berichterstattung eingehalten hat[353] und die Berichterstattung damit rechtmäßig war, eine Beeinträchtigung des Betroffenen feststehen kann, wenn sich nachher die Unwahrheit der Äußerung herausstellt. Auch bei einer ursprünglich **rechtmäßigen Berichterstattung** gibt es kein legitimes Interesse, nach Feststellung der Unwahrheit an der Behauptung festzuhalten.[354] Dies bedeutet nicht nur, **145**

---

344 BVerfG ZUM 2008, 325, 327; LG Hamburg ZUM-RD 2010, 355, 359.
345 LG Hamburg ZUM-RD 2010, 355, 359.
346 BGH ZUM 2004, 211, 212.
347 BGH NJW 1998, 1223, 1224.
348 BGH ZUM 2009, 61, 63.
349 BGH ZUM 2009, 61, 63; GRUR 1975, 36, 38 – Arbeits-Realitäten.
350 BGH ZUM 2009, 61, 63.
351 BGH ZUM 2009, 61, 63.
352 Wenzel/*Gamer* 13. Kap Rn 18.
353 S Rn 18 ff.
354 BVerfG NJW 1999, 1322, 1324.

dass der Betroffene im Falle einer Erstbegehungsgefahr Unterlassung verlangen kann,[355] sondern auch wegen der fortdauernden Beeinträchtigung eine Berichtigung.[356] Da bei der gebotenen Abwägung allerdings auch die Rechtmäßigkeit der ursprünglichen Äußerung zu berücksichtigen ist, erkennt die Rechtsprechung in derartigen Fällen nur einen **Richtigstellungsanspruch** zu, so dass die schärfste Form der Berichtigung, der **Widerruf**, nicht verlangt werden kann.[357] Er ist – wie der Schadensersatzanspruch – von Rechtswidrigkeit und Verschulden abhängig.

146 Dogmatisch stützt der BGH[358] das Absehen von einem Rechtswidrigkeits- und Verschuldenserfordernis zum einen darauf, dass analog § 1004 BGB derjenige als Störer zu behandeln sei, der die von ihm ursprünglich rechtmäßig aufgestellte Behauptung ehrenrühriger Art trotz gegebener Möglichkeit nicht aus der Welt schaffe, obwohl sie sich inzwischen als unrichtig herausgestellt habe, und der so dazu beitrage, dass sie weiterwirken könne. Zumindest sobald sich bei einer fortwirkenden Beeinträchtigung die Unwahrheit herausstelle, beginne die Beseitigungspflicht. Zum andern decke sich dieses Ergebnis auch mit dem Gedanken der §§ 904, 962 BGB, nach denen der durch einen rechtmäßig vorgenommenen und von ihm zu duldenden Eingriff betroffene Eigentümer Schadensersatz oder einen billigen Ausgleich des ihm durch die gesetzliche Duldungspflicht auferlegten Sonderopfers fordern könne.

147 Das abgestufte Modell bei den verschiedenen Berichtigungsansprüchen, wonach ein rechtswidriger und schuldhafter Eingriff beim Widerrufsanspruch, nicht aber bei den anderen Berichtigungsansprüchen gefordert wird, lässt sich letztlich nur aus dem Verfassungsrecht herleiten. Denn zwar verlangt § 1004 BGB zumindest kein Verschulden, während sich der Anspruch auch aus § 823 iVm § 249 BGB begründen lässt, der ein Verschulden verlangt. Es ist aber nicht einsichtig, warum der Widerrufsanspruch sich nun nur aus dem Gedanken der Naturalrestitution beim Schadensersatz ableiten lassen soll, während die sonstigen Varianten des Berichtigungsanspruchs Beseitigungsansprüche nach § 1004 BGB sein sollen.

4. Notwendigkeit und Geeignetheit zur Beseitigung der Beeinträchtigung

148 Die Berichtigung muss zur Beseitigung der fortdauernden Beeinträchtigung erforderlich sein.[359] Sie muss ferner auch zur Ausräumung oder zumindest Abmilderung der Beeinträchtigung geeignet sein[360] und sich in den Grenzen des Zumutbaren halten, die unter Abwägung der beiderseitigen Interessen zu ziehen sind,[361] so dass letztlich noch eine Prüfung einer Verhältnismäßigkeit des mit der Berichtigung verbundenen Eingriffs vorzunehmen ist.

149 a) **Fortdauernde Beeinträchtigung.** Die Behauptung muss zunächst eine fortwirkende Quelle der Rufschädigung sein.[362] Die Beeinträchtigung kann nach Ablauf eines längeren Zeitraums entfallen. Die Dauer eines Störungszustands wird von dem Zeitablauf, der Entwicklung der Verhältnisse, der Art und Schwere des Vorwurfs, der

---

355 S Rn 13 ff.
356 BVerfG NJW 1999, 1322, 1324; BGH NJW 2000, 1036, 1037.
357 BVerfG NJW 1999, 1322, 1324.
358 BGH GRUR 1960, 500, 502 f – Plagiatsvorwurf.
359 BVerfG NJW 1998, 1381, 1385; BGH NJW 1970, 557, 558 – Remington; BGH GRUR 1969, 236, 238 – Ostflüchtlinge; KG NJW-RR 1995, 479, 481; OLG Hamm NJW-RR 1992, 634, 639.
360 BGH GRUR 1984, 301, 303 – Aktionärsversammlung; BGH NJW 1970, 557, 558 – Remington.
361 BGH GRUR 1960, 500, 502 – Plagiatsvorwurf.
362 BGH NJW 1970, 557, 558 – Remington; BGH GRUR 1960, 500, 502 – Plagiatsvorwurf.

Art und dem Umfang der Verbreitung und den Eigenschaften der angesprochenen Personen beeinflusst.[363] Der BGH[364] hat allerdings einen **Zwei-Jahres-Zeitraum** jedenfalls bei einer Ausgangsmitteilung in einer auflagenstarken Zeitschrift nicht für ausreichend gehalten, um die Beeinträchtigung auszuschließen. Das OLG Hamburg[365] hat hingegen in einer älteren Entscheidung schon nach **neun Monaten** angenommen, eine Veröffentlichung in einem Printmedium sei dem Bewusstsein der Leser entschwunden. Das LG Hamburg[366] geht davon aus, „dass spätestens nach **einem Jahr** ab der Veröffentlichung eines streitgegenständlichen Beitrags das Interesse des Betroffenen am Schutz seiner Ehre und seines Rufes vom Interesse des Mitteilenden verdrängt wird, seine einmal geäußerte Behauptung nicht öffentlich zurücknehmen und sich damit selbst ins Unrecht setzen zu müssen". Letztlich ist es eine Frage des Einzelfalls, wann das Berichtigungsinteresse entfällt. Regelmäßig muss aber insb bei einer **Fernsehberichterstattung** zumindest nach einem Jahr tatsächlich das dann nur noch geringe Interesse des Betroffenen an der Berichtigung gegenüber den Interessen des Äußernden zurücktreten. Eine Meldung in einer **Tageszeitung** wird ähnlich zu behandeln sein. Ist eine Veröffentlichung im **Internet** erfolgt, kann die Frist aber erst nach der Entfernung der Veröffentlichung laufen. Bei einem **Buch** kann der Anspruch noch deutlich länger bestehen, weil dieses ohnehin erfahrungsgemäß viel später und möglicherweise auch mehrmals gelesen und gegebenenfalls lange aufbewahrt wird.

Es genügt, wenn der Betroffene eine Klage auf Berichtigung rechtzeitig erhebt. Eine **150**
lange Verfahrensdauer kann ihm nur entgegengehalten werden, wenn er das Verfahren verschleppt.[367]

Keine fortwirkende Beeinträchtigung kann sich regelmäßig allein daraus ergeben, **151**
dass die angegriffenen Äußerungen in einem **Gerichts- oder Behördenverfahren** eine Rolle spielen können,[368] denn hier kann sich der Betroffene in eben diesem Verfahren gegen die Berichterstattung zur Wehr setzen, und eine Entscheidung über die Berichtigung hätte ohnehin keine präjudizielle Wirkung.

b) **Erforderlichkeit.** Der Verletzte muss auf Berichtigung zur Beseitigung der Beein- **152**
trächtigung angewiesen sein.[369] Insb begründet es kein Berichtigungsinteresse, wenn die Berichtigung einen Vorwurf nur unwesentlich **abschwächen** oder modifizieren kann, etwa wenn ein Beteiligter an einer tätlichen Auseinandersetzung eine Berichtigung dahingehend begehrt, dass der Ablauf der Auseinandersetzung im Einzelnen falsch geschildert worden sei.[370] Auch bei bloßen **Übertreibungen** wird zumeist kein schützenswertes Berichtigungsinteresse bestehen.[371] Die Erforderlichkeit entfällt nicht allein deshalb, weil Äußerungen nur in einem kleinen Kreis getätigt wurden, insb weil derartige persönliche Äußerungen unter Umständen eine noch größere Beeinträchtigung darstellen und mehr Gewicht haben können.[372] Eine Ausnahme gilt regelmäßig bei Äußerungen im engsten **Familienkreis,**[373] weil der Einzelne ein schützenswertes Interesse an einem Freiraum hat, in dem er sich aussprechen kann, ohne eine gerichtliche

363 KG GRUR-RR 2002, 337.
364 BGH GRUR 1995, 224, 227 – Erfundenes-Exclusiv-Interview.
365 OLG Hamburg ArchPR 1971, 105.
366 LG Hamburg Urt v 22.6.2007, Az 324 O 93/07 (unveröffentlicht).
367 Vgl auch Wenzel/*Gamer* 13. Kap Rn 45.
368 BGH GRUR 1969, 236, 238 – Ostflüchtlinge.
369 BGH GRUR 1969, 236, 238 – Ostflüchtlinge.
370 BGH GRUR 1977, 745, 746 – Heimstättengemeinschaft.
371 Wenzel/*Gamer* 13. Kap Rn 27.
372 BGH GRUR 1984, 301, 303 – Aktionärsversammlung.
373 BGH GRUR 1984, 301, 303 – Aktionärsversammlung.

Verfolgung befürchten zu müssen. Entsprechendes gilt bei Äußerungen gegenüber zur Berufsverschwiegenheit verpflichteten Personen, etwa **Rechtsanwälten**, und kann auch für Äußerungen im engsten **Freundeskreis** gelten;[374] hier kommt es aber auf die Umstände des Einzelfalls an.

153 Schließlich sind auch Äußerungen in **Gerichts- und Behördenverfahren** einer Berichtigung grundsätzlich nicht zugänglich,[375] weil der Betroffene den beanstandeten Äußerungen innerhalb des Verfahrens entgegentreten kann. Hiervon sind aber Ausnahmen denkbar, etwa wenn in der Presse über Äußerungen in der mündlichen Verhandlung berichtet wird.[376]

154 Das Berichtigungsinteresse entfällt nicht deshalb, weil sich **allgemein zugänglichen Quellen** entnehmen lässt, dass die angegriffene Darstellung unwahr ist.[377]

155 Eine **freiwillige Berichtigung** des Verletzers kann das Erfordernis einer weitergehenden Äußerung entfallen lassen. Allerdings muss hier der Maßstab gelten, der auch für die Eignung einer in einem Rechtsstreit begehrten Berichtigung gilt. Insb muss die Distanzierung hinreichend deutlich werden und an gleichwertiger Stelle wie die Ausgangsmitteilung erscheinen.[378] Kritisch werden freiwillige Erklärungen nach Beginn einer gerichtlichen Auseinandersetzung über die Berichtigung beurteilt, insb mit dem Argument, die damit verbundene negative Kostenfolge für den Kläger könne nicht toleriert werden.[379] Dem ist nicht zu folgen. Hier müssen die allgemeinen zivilprozessualen Grundsätze gelten, die dem Beklagten grundsätzlich ermöglichen, den streitgegenständlichen Anspruch während des laufenden Verfahrens zu erfüllen. Wird eine ausreichende Berichtigung veröffentlicht, muss der Kläger den Rechtsstreit für erledigt erklären. War der Anspruch ursprünglich berechtigt, wird das Gericht dem Beklagten nach § 91a ZPO die Kosten auferlegen.

156 Eine **Gegendarstellung** beseitigt die Beeinträchtigung regelmäßig nicht in gleicher Weise und lässt die Erforderlichkeit der Berichtigung daher ebenso wenig entfallen wie andere Erklärungen des Betroffenen selbst,[380] weil der richtigstellenden Erklärung des Verletzers ein nicht nur unwesentlich größeres Gewicht zukommt, da der Verletzer anders als bei der Gegendarstellung zur Richtigstellung im eigenen Namen verpflichtet ist.[381] Ausreichen kann eine Anmerkung der Redaktion im Anschluss an eine Gegendarstellung, die der Darstellung des Betroffenen Recht gibt (zB „Herr ... hat Recht. Die Redaktion"). Dies gilt aber nicht, wenn der Hinweis in zu kleiner Schrift oder an einer unbedeutenden Stelle erfolgt.[382]

157 Die **Veröffentlichung eines Unterlassungstitels** wird hingegen regelmäßig das Berichtigungsbedürfnis entfallen lassen. Der Anspruch auf Urteilsveröffentlichung und derjenige auf Berichtigung sind im Regelfall nur alternativ geltend zu machen.[383]

158 Die Erforderlichkeit zur Beseitigung der Beeinträchtigung muss sich auch auf die **konkrete Art der begehrten Berichtigung** beziehen. So ist es nicht erforderlich, eine in einem kleinen Kreis geäußerte Behauptung einem größeren Kreis gegenüber, etwa in einer Zeitung, zu widerrufen.[384]

---

374 Offengelassen in BGH GRUR 1984, 301, 303 – Aktionärsversammlung.
375 BGH GRUR 1969, 236, 239 – Ostflüchtlinge.
376 BGH GRUR 1977, 745, 747 – Heimstättengemeinschaft; BGH GRUR 1969, 236, 239 – Ostflüchtlinge.
377 Wenzel/*Gamer* 13. Kap Rn 34.
378 BGH GRUR 1995, 224, 227 – Erfundenes-Exclusiv-Interview.
379 Wenzel/*Gamer* 13. Kap Rn 39.
380 Wenzel/*Gamer* 13. Kap Rn 40.
381 BVerfG NJW 1998, 1381, 1385.
382 BGH GRUR 1995, 224, 227 – Erfundenes-Exclusiv-Interview.
383 Wenzel/*Gamer* 13. Kap Rn 42.
384 Wenzel/*Gamer* 13. Kap Rn 33.

c) **Geeignetheit.** Die Berichtigung muss das geeignete Mittel sein, einer noch fortbestehenden Ansehensminderung entgegenzuwirken, der der Verletzte gegenüber Personen ausgesetzt ist, denen die inkriminierenden Äußerungen zur Kenntnis gelangt sind oder noch gelangen können.[385] Die Eignung der Berichtigung, dem Betroffenen **Genugtuung zu verschaffen**, genügt nicht.[386] Dies ist nicht die Funktion des Berichtigungsanspruchs, der nur die eingetretene Beeinträchtigung beseitigen soll. Um dem Betroffenen Genugtuung zu verschaffen, kommt einzig ein Geldentschädigungsanspruch in Betracht.[387] **159**

Dass die angegriffenen Behauptungen auch in **anderen Medien** aufgestellt wurden, steht der Geeignetheit, die Beeinträchtigung auszuräumen, nicht entgegen.[388] Anders kann es sein, wenn ein ohnehin bestehender negativer Eindruck nicht wesentlich verschlechtert wird; hier kommt es darauf an, ob die angegriffene Äußerung einen nicht ganz unerheblichen zusätzlichen Eingriff in die Rechte des Betroffenen darstellt.[389] **160**

d) **Interessenabwägung.** Schließlich muss die Berichtigung unter Abwägung der Belange beider Parteien zumutbar sein.[390] Die Frage der Zumutbarkeit spielt in erster Linie eine Rolle bei der Frage, welche Art von Berichtigung dem Betroffenen zusteht. Liegen die sonstigen Voraussetzungen der Berichtigung vor, wird es dem Äußernden häufig zumindest noch zumutbar sein, sich von der beanstandeten Äußerung zu distanzieren.[391] Im Einzelfall kann die Abwägung aber auch zum Entfallen des Anspruchs führen, etwa wenn die Ausgangsäußerung durch eine **Beleidigung provoziert** worden ist.[392] Schließlich besteht ein Berichtigungsanspruch auch dann nicht, wenn eine Aussage im Kern wahr ist.[393] **161**

III. Berichtigungserklärung

Die Berichtigung hat sich ihrerseits auf Tatsachenmitteilungen zu beschränken; wertende Bemerkungen kann der Betroffene nicht verlangen.[394] Im Übrigen muss die konkrete Ausgestaltung der Berichtigungserklärung verhältnismäßig sein. Unter mehreren ausreichenden Mitteln der Abwehr ist das schonendste zu wählen, also die mildeste Variante des Berichtigungsanspruchs, die geeignet ist, die Beeinträchtigung auszuräumen.[395] Der Widerruf darf als letzter Rechtsbehelf und größtmöglicher Eingriff durch eine Berichtigung in die Pressefreiheit nur dort eingesetzt werden, wo dem Interesse des Betroffenen auf anderen Wegen nicht hinreichend entsprochen werden kann.[396] So hat der BGH etwa einen Anspruch auf Rücknahme einer Behauptung mit der Begründung verneint, dass durch die Aussage, eine Behauptung werde zurück- **162**

---

385 BGH GRUR 1984, 301, 303 – Aktionärsversammlung.
386 BGH GRUR 1984, 301, 303 – Aktionärsversammlung; BGH GRUR 1977, 745, 746 – Heimstättengemeinschaft.
387 Vgl unten Rn 223.
388 BGH GRUR 1995, 224, 228 – Erfundenes-Exclusiv-Interview.
389 BGH GRUR 1957, 93, 95 – Jugendfilmverleih.
390 BGH GRUR 1994, 915, 918 – Börsenjournalist.
391 Vgl im Einzelnen Rn 175 f.
392 BGH G RUR 1992, 527, 529 – Plagiatsvorwurf II.
393 Wenzel/*Gamer* 13. Kap Rn 25.
394 BGH GRUR 1992, 527, 529 – Plagiatsvorwurf II.
395 BGH GRUR 1960, 500, 502 – Plagiatsvorwurf.
396 BGH GRUR 1976, 651, 653 – Panorama.

genommen, der im konkreten Fall falsche Eindruck entstanden wäre, die Unwahrheit stehe fest.[397]

163 Eine Grenze besteht hier ohnehin bereits schon insoweit, als der Widerruf anders als die anderen Arten der Berichtigung ein Verschulden voraussetzt.[398] Neben dem Verschulden und dessen Grad sind insb die **Schwere des Eingriffs, Art und Umfang der Verbreitung der Ausgangsmitteilung** sowie die **Folgen der Erstveröffentlichung** zu berücksichtigen.[399] Andererseits ist auch die Schwere des Eingriffs in die Pressefreiheit von Bedeutung. Insb darf die Berichtigung **keine Demütigung** des zur Veröffentlichung Verpflichteten zur Folge haben.[400]

164 Grundsätzlich hat sich die Berichtigung auf die **Negierung** der Ausgangsmitteilung in möglichst knapper Form zu beschränken. Nähere **Erläuterungen und Klarstellungen** können aber zulässig sein, wenn sie erforderlich sind, um die Beeinträchtigung auszuräumen. Hier gelten im Wesentlichen die gleichen Grundsätze wie im Recht der Gegendarstellung.[401]

165 **Weitergehende Erklärungen** werden schon wegen des Demütigungsverbots nur selten in Betracht kommen. Eine Bezeichnung einer eigenen Meldung als „Fälschung" kann nach Auffassung des BGH[402] allenfalls dann verlangt werden, wenn die Absicht des Äußernden feststeht, die Rezipienten einer Mitteilung absichtlich zu täuschen, wobei hier ohnehin Vorsicht geboten ist, denn eine Wertung der Erstmitteilung kann der Betroffene keinesfalls verlangen.

166 Die Berichtigung darf, ebenso wie eine Gegendarstellung, **nicht irreführend** sein und zwar auch nicht durch das **Verschweigen maßgeblicher Umstände**. Begehrt etwa ein Beteiligter an einem Insolvenzverfahren, der eine vom Gericht festzusetzende Vergütung verlangen kann, eine Richtigstellung des Inhalts, er habe eine Vergütung von € 500 000,– beantragt, ohne mitzuteilen, dass er tatsächlich eine in das Ermessen des Gerichts gestellte Vergütung zwischen € 400 000,– und € 600 000,– beantragt hat, so wäre diese Berichtigung irreführend, weil durch sie der Eindruck entstünde, es sei gar keine bezifferte Vergütung oder eine Vergütung in einer völlig anderen Höhe beantragt worden.

Zu den konkreten Formen der Berichtigung im Einzelnen:

1. Widerruf

167 Hat der Anspruchsverpflichtete rechtswidrig und schuldhaft eine unwahre Behauptung selbst aufgestellt, wird zumeist ein förmlicher Widerruf zur Beseitigung des Störungszustandes erforderlich, geeignet und auch zumutbar sein.[403]

168 *Beispiel: „In der Zeitung „..." vom ... haben wir unter der Überschrift „..." behauptet, Herr ... sei im Jahr 2009 wegen Betruges verurteilt worden. Diese Behauptung widerrufen wir als unwahr. Tatsächlich wurde nur ein Ermittlungsverfahren geführt, das mangels hinreichenden Tatverdachts eingestellt wurde."*

397 BGH GRUR 1960, 500, 502 – Plagiatsvorwurf.
398 S Rn 145 ff.
399 BGH GRUR 1995, 224, 228 – Erfundenes Exclusiv-Interview; vgl zu diesen Kriterien *Heuchemer* AfP 2010, 222.
400 BVerfG NJW 1998, 1381, 1383; BGH GRUR 1968, 262, 265 – Fälschung.
401 S Rn 64 f.
402 BGH GRUR 1968, 262, 265 – Fälschung.
403 Vgl BGH GRUR 1995, 224, 227 – Erfundenes Exclusiv-Interview.

2. Richtigstellung

Das mildere Mittel gegenüber dem Widerruf ist die Richtigstellung, die – anders als der Widerruf – nicht impliziert, dass der Anspruchsverpflichtete (bewusst) eine falsche Behauptung aufgestellt hat, sondern nahe legt, dass er nunmehr nach Veröffentlichung der Erstmitteilung zu einer besseren Erkenntnis gelangt sei. Die Richtigstellung kommt vor allem dann in Betracht, wenn entweder für einen Widerruf das erforderliche Verschulden fehlt, der Anspruchsverpflichtete die Erstmitteilung nur verbreitet und sich nicht zu Eigen gemacht hat oder wenn ein Widerruf eine unzumutbare Demütigung für den Anspruchsverpflichteten bedeuten würde.[404] 169

Eine Richtigstellung kommt auch dann in Betracht, wenn die Ausgangsmitteilung nicht unwahr, sondern nur irreführend oder missverständlich war oder ein falscher Eindruck entstanden ist. Dies gilt insb auch, wenn die beanstandete Textstelle nicht schlechthin, sondern nur in jenem Teilaspekt unwahr ist, der den Lesern durch den Kontext, in dem sie steht, vermittelt wird.[405] 170

Beispiel: „In der Zeitung „...“ vom ... haben wir unter der Überschrift „...“ behauptet, Herr ... sei im Jahr 2009 wegen Betruges verurteilt worden. Diese Behauptung stellen wir insoweit richtig, als Herr ... tatsächlich bereits 2008, und zwar wegen eines Diebstahls, verurteilt worden ist.“ 171

3. Nichtaufrechterhaltung

Zwar ist die Unwahrheit der Ausgangsmitteilung grundsätzlich Voraussetzung des Berichtigungsanspruchs. Hiervon macht die Rechtsprechung aber dann eine Ausnahme, wenn nachgewiesen ist, dass die Behauptung zumindest mit hoher Wahrscheinlichkeit unwahr ist.[406] In diesem Fall kommt allerdings weder ein Widerruf noch eine Richtigstellung in Betracht, sondern nur eine Erklärung, dass die Behauptung nicht aufrechterhalten werde. 172

Im Übrigen kommt der Anspruch als milderes Mittel in Betracht, wenn eine schärfere Form der Berichtigung dem Verpflichteten nicht zumutbar ist.[407] 173

Beispiel: „In der Zeitung „...“ vom ... haben wir unter der Überschrift „...“ behauptet, Betriebsratsmitglied ... habe auf Kosten seiner Arbeitgeberin eine Reise nach Brasilien unternommen. Diese Behauptung halten wir nicht aufrecht.“ 174

4. Distanzierung

Bei Äußerungen Dritter, die sich der Verbreiter nicht zu Eigen gemacht hat, besteht kein Anspruch auf Widerruf, Richtigstellung oder Nicht-Aufrechterhaltung, sondern nur ein Anspruch auf Distanzierung.[408] Dass der Anspruchsverpflichtete nunmehr auch innerlich von der Unrichtigkeit der Behauptung überzeugt ist, braucht er nicht zu bekennen.[409] Der Anspruch besteht nicht, wenn sich der die Äußerung Verbreitende bereits in der Erstmitteilung deutlich distanziert hat.[410] 175

---

404 BGH NJW 1972, 431, 433 – Freispruch.

405 BGH GRUR 1982, 631, 633 – Klinikdirektoren.

406 BGH GRUR 1960, 500, 502 – Plagiatsvorwurf.

407 Wenzel/*Gamer* 13. Kap Rn 70.

408 BGH GRUR 1977, 674, 678 – Abgeordnetenbestechung; GRUR 1976, 651, 653 – Panorama.

409 BGH GRUR 1977, 674, 678 – Abgeordnetenbestechung.

410 So zu Recht Wenzel/*Gamer* 13. Kap Rn 80.

176 *Beispiel: „In der Zeitung „...“ vom ... haben wir unter der Überschrift „...“ ein Interview mit Herrn ... abgedruckt. Herr ... wird dort mit der Aussage zitiert, Betriebsratsmitglied ... habe auf Kosten seiner Arbeitgeberin eine Reise nach Brasilien unternommen. Von dieser Behauptung distanzieren wir uns.“*

5. Ergänzung

177 Eine Ergänzung kann verlangt werden, wenn durch eine lückenhafte Darstellung in der Ausgangsmitteilung ein zumindest missverständlicher Eindruck entstehen kann.[411] Drängt sich ein falscher Eindruck auf, kann auch eine Richtigstellung verlangt werden. Der BGH[412] hat einen Anspruch auf Ergänzung etwa wegen der Behauptung in Betracht gezogen, ein Anwalt rechne für eine völlig nutzlose Tätigkeit ein hohes Honorar ab; ihm sei Gelegenheit zu geben, die näheren Umstände der Vergütungsvereinbarung darzulegen.

178 *Beispiel: „In der Zeitung „...“ vom ... haben wir über Herrn ... berichtet, er sei 2009 vom Landgericht ... wegen Betruges zu einer Freiheitsstrafe von 5 Jahren verurteilt worden. Ergänzend ist darauf hinzuweisen, dass das Oberlandesgericht ... die Freiheitsstrafe auf 3 Jahre reduziert hat.“*

179 Der BGH[413] gewährt ferner bei einer zutreffenden Erstmitteilung über einen Strafprozess einen Anspruch auf nachträgliche Ergänzung, wenn der Betroffene später freigesprochen wird. Ist bei der Ausgangsberichterstattung nicht bereits ein falscher Eindruck entstanden, kann dieser Anspruch allerdings nur im Ausnahmefall bestehen, etwa bei einem besonders schwerwiegenden Eingriff durch eine sehr ausführliche Berichterstattung über das Verfahren.[414]

180 *Beispiel: „In den Ausgaben vom ... der Zeitung „...“ haben wir über einen gegen Herrn ... geführten Strafprozess wegen Mordes in neun Fällen sowie weiterer Straftaten berichtet. Hierzu ist ergänzend mitzuteilen, dass Herr ... mittlerweile in allen Punkten von den Vorwürfen freigesprochen wurde.“*

181 In einem solchen Fall kann aber zumindest für das Schreiben, mit dem der Betroffene zur Veröffentlichung der Ergänzung auffordert, keine Kostenerstattung verlangt werden. Denn der Anspruch entsteht erst mit der In-Kenntnis-Setzung des Äußernden von den geänderten Umständen.

6. Veröffentlichung der Unterlassungsverpflichtung

182 Ebenfalls ein Unterfall des Folgenbeseitigungsanspruchs[415] ist die Möglichkeit, die Veröffentlichung eines Unterlassungstitels oder einer Unterlassungserklärung zu verlangen.[416]

183 Im Wettbewerbsrecht ist ein Anspruch auf Urteilsveröffentlichung in § 12 Abs 3 UWG ausdrücklich vorgesehen. Der BGH[417] erkennt ihn auch im Äußerungsrecht grundsätzlich an. Allerdings sind hier strengere Maßstäbe anzulegen, weil im Wettbewerbsrecht die Veröffentlichung regelmäßig nicht in einer eigenen Publikation des An-

---

411 Wenzel/*Gamer* 13. Kap Rn 72; BGH NJW 1966, 245, 246.
412 BGH NJW 1961, 1913, 1914.
413 BGH NJW 1972, 431 – Freispruch.
414 Vgl auch Wenzel/*Gamer* 13. Kap Rn 76.
415 BGH GRUR 1987, 189 – Oberfaschist.
416 Vgl zum Ganzen ausf *Flechsing/Hertel/Vahrenhold* NJW 1994, 2441, 2443 ff.
417 BGH GRUR 1987, 189 – Oberfaschist.

spruchsverpflichteten erscheint, so dass der Eingriff in die Rechtsposition des Äußernden bei Verletzungen des Persönlichkeitsrechts regelmäßig schwerwiegender ist.

Liegen die Voraussetzungen einer Berichtigung vor, besteht regelmäßig ein Anspruch auf Veröffentlichung der Unterlassungsverpflichtung. Grundsätzlich ist davon auszugehen, dass es sich um eine gegenüber den sonstigen Arten der Berichtigung mildere Form handelt, weil die damit verbundene Erklärung, eine Äußerung nicht wiederholen zu dürfen, nicht die Erklärung einschließt, die Erklärung zu widerrufen, richtigzustellen oder von ihr Abstand zu nehmen. **184**

Nicht geklärt ist die Frage, ob der **Nachweis der Unwahrheit** einer Tatsache Voraussetzung des Veröffentlichungsanspruchs ist. Der BGH tendiert in der Entscheidung „Oberfachist"[418] dazu, diese Frage zu verneinen. Dies ist indes nicht überzeugend.[419] Der Nachweis der Unwahrheit ist in analoger Anwendung des § 186 StGB[420] regelmäßig nicht Voraussetzung des Unterlassungsanspruchs, so dass ein Unterlassungstitel auch bei einem *non liquet* erwirkt werden kann. Auch wenn es sich bei der Veröffentlichungsverpflichtung um die mildeste Form der Folgenbeseitigung handelt, würde diese Ansicht dazu führen, dass der Unterlassungsverpflichtete gezwungen würde, mit der Veröffentlichung den Eindruck zu erwecken, die Unwahrheit der beanstandeten Äußerung stehe fest. Denn der unbefangene Leser wird die Nuancen der Rechtsprechung bei der Beweislast zwischen den einzelnen äußerungsrechtlichen Ansprüchen kaum kennen. **185**

Auch bei einer **unzulässigen Meinungsäußerung**, gegenüber der die sonstigen Berichtigungsansprüche nicht bestehen, kann eine Veröffentlichung der Unterlassungsverpflichtung gefordert werden, soweit die sonstigen Voraussetzungen des Berichtigungsanspruchs vorliegen.[421] **186**

IV. Redaktionelle Anmerkung zur Berichtigung

Eine redaktionelle Anmerkung, mit der der Anspruchsverpflichtete zum Ausdruck bringt, dass er die Berichtigung in Erfüllung eines gegen ihn ergangenen rechtskräftigen Urteils abgebe, ist zulässig.[422] Weitergehende Zusätze oder Kommentare sind – anders als bei der Gegendarstellung – regelmäßig nicht zulässig,[423] weil die Berichtigung eine eigene Erklärung des Anspruchsverpflichteten darstellt, die durch weitere – gegenläufige – eigene Erklärungen vollständig konterkariert würde. **187**

V. Abgabe und Verbreitung

Der Betroffene kann zunächst die Abgabe der Berichtigungserklärung und ferner die Verbreitung der Erklärung verlangen. Die Erklärung ist gegenüber demselben Empfängerkreis wie die Ausgangsmitteilung zu verbreiten.[424] Hinsichtlich der Platzierung der Erklärung und ihrer Gestaltung sowie der Dauer ihrer Verbreitung bei Äußerun- **188**

---

418 BGH GRUR 1987, 189, 190 – Oberfaschist.
419 So auch Wenzel/*Gamer* 13. Kap Rn 107; *Flechsing/Hertel/Vahrenhold* NJW 1994, 2441, 2445.
420 S Rn 29.
421 BGH GRUR 1987, 189, 190 – Oberfaschist.
422 BVerfG NJW 1970, 651, 652; BGH GRUR 1977, 674, 678 – Abgeordnetenbestechung.
423 AA *Soehring* § 31 Rn 25.
424 BGH ZUM 2009, 61, 65; BGH GRUR 1968, 262, 265 – Fälschung.

gen im Internet gelten dieselben Grundsätze wie bei der Gegendarstellung.[425] Insb ist auch eine Berichtigung gegenüber einer Meldung auf der Titelseite einer Zeitung auf der Titelseite abzudrucken.[426]

189 Schwierigkeiten, den Empfängerkreis der Ausgangsmitteilung zu erreichen, gibt es regelmäßig, wenn diese nicht in einem periodischen Druckwerk oder einem sonstigen permanent veröffentlichten Medium publiziert worden ist. Bei einer **mündlichen Verbreitung** in einer Rede kann etwa der Abdruck in einer Tageszeitung in Betracht kommen.[427] Bei einer Ausgangsmitteilung in einem **Buch** wird sich der Empfängerkreis kaum erreichen lassen. Hier kommt zum einen das Einlegen einer Berichtigungserklärung etwa in bereits an Bibliotheken ausgelieferte Exemplare in Betracht, wobei es dem Anspruchsverpflichteten nur obliegen kann, dort das Einlegen anzuregen. Um diejenigen zu erreichen, die das Werk bereits erworben haben, ist eine Veröffentlichung der Berichtigung auf einer Internetseite des Autors denkbar, sofern dieser eine solche betreibt.

VI. Anspruchsverpflichteter

190 Der Berichtigungsanspruch besteht grundsätzlich gegenüber demjenigen, der sich in der beanstandeten Weise geäußert hat. Hat jemand **einen Dritten zitiert**, besteht ein Widerrufsanspruch nur, wenn er sich die Äußerung **zu Eigen gemacht** hat.[428] Andernfalls besteht lediglich ein Anspruch darauf, dass derjenige, der die Äußerung eines Dritten verbreitet hat, sich von ihr distanziert, von ihr „**abrückt**", weil derjenige, der eine Behauptung gar nicht selbst aufgestellt hat, auch nichts zu widerrufen hat.[429]

191 Der **verantwortliche Redakteur** haftet, wenn er den beanstandeten Beitrag nicht selbst verfasst hat und ihn auch vor der Veröffentlichung nicht kannte, neben dem veröffentlichenden Medium nur, wenn es zu einer ihm übertragenen redaktionellen Befugnis gehörte, über den Inhalt und die Gestaltung des Teils der Berichterstattung zu entscheiden, in dem die beanstandete Veröffentlichung erschienen ist und dafür Sorge zu tragen, dass unzulässige Übergriffe in den geschützten Persönlichkeitsbereich Dritter durch die Veröffentlichung möglichst verhindert werden.[430]

VII. Anspruchsdurchsetzung

192 Der Anspruchsberechtigte kann im Prozess entweder schlicht beantragen, dass eine näher zu bezeichnende Behauptung zu widerrufen, richtigzustellen oder in anderer Weise zu berichtigen sei, wobei hier im Antrag und in der Begründung des Anspruchs deutlich werden muss, welche Art der Berichtigung der Betroffene begehrt.

193 Meist wird es sich indes anbieten, den **Text der Berichtigung vorzuformulieren.** Dies ist aus Sicht des Betroffenen schon deshalb sinnvoll, weil es dem Anspruchsverpflichteten keinen Spielraum bei der Ausgestaltung der Veröffentlichung lässt.

---

425 S Rn 100 ff.
426 BGH GRUR 1995, 224, 227 – Erfundenes Exclusiv-Interview.
427 BGH GRUR 1984, 231, 233 – Wahlkampfrede.
428 BGH GRUR 1976, 651, 653 – Panorama; vgl zum Zueigenmachen Teil 1 Kap 2 Rn 177 f.
429 BGH GRUR 1976, 651, 653 – Panorama.
430 KG NJW 1991, 1490.

Der Anspruchsverpflichtete muss bei einer konkreten Formulierung – anders als im Recht der Gegendarstellung[431] – auch nicht befürchten, dass seine Klage allein wegen einer zu weit gehenden Formulierung abgewiesen wird. Das Gericht hat vielmehr nach § 139 ZPO auf eine **sachdienliche Antragsfassung hinzuwirken**, wenn es den Anspruch dem Grunde nach zugesteht.[432] Ebenso ist dem Betroffenen auch Gelegenheit zu geben, den Antrag auf Verurteilung zum Widerruf auf eine Verurteilung zu einer anderen Form der Berichtigung umzustellen.[433] Hier kann selbst noch das Revisionsgericht eine Verurteilung zu einer Richtigstellung statt eines beantragten Widerrufs als „Minus“ aussprechen.[434] **194**

Im Wege der **einstweiligen Verfügung** kann eine Berichtigung grundsätzlich nicht durchgesetzt werden,[435] weil nach Erfüllung der geschaffene Zustand nicht rückgängig gemacht werden kann. Teilweise wird die Durchsetzung einer vorläufigen Erklärung in einem Verfügungsverfahren für möglich gehalten[436] wie sie das OLG Hamburg[437] in einer wettbewerbsrechtlichen Angelegenheit bejaht hat. Das OLG Stuttgart[438] hat etwa im Wege einer einstweiligen Verfügung eine Erklärung zugestanden, dass eine Äußerung „im gegenwärtigen Zeitpunkt“ nicht aufrecht erhalten werde. **195**

Wenn es auch nicht völlig undenkbar ist, dass bei besonders schweren Verletzungen eine derartige vorläufige Erklärung in Betracht kommt, ist dies doch eher schwer vorstellbar. Die Situation in wettbewerbsrechtlichen Streitigkeiten ist vor allem angesichts der oft wettbewerbsverzerrenden Konsequenzen eines fortdauernden widerrechtlichen Zustands eine andere, zumal es dort nicht die zusätzliche Möglichkeit gibt, einer rufschädigenden Äußerung in einem ersten Schritt mit einer Gegendarstellung entgegenzutreten. **196**

Die **Zwangsvollstreckung** erfolgt als unvertretbare Handlung nach § 888 ZPO im Wege eines Zwangsgeldverfahrens.[439] **197**

§ 5
Weitergehende Beseitigungsansprüche

Ebenfalls ein Beseitigungsanspruch, der sich aus § 1004 BGB herleiten lässt, ist der Anspruch auf Rückruf persönlichkeitsverletzender Druckerzeugnisse.[440] Der Anspruch spielt praktisch eine eher geringe Rolle. Er setzt neben einer schweren Persönlichkeitsverletzung voraus, dass die Verletzung nicht auf andere Weise beseitigt oder ausgeglichen werden kann.[441] Bei periodischen Erzeugnissen wird der Anspruch zumeist ausscheiden.[442] **198**

---

431 S Rn 126 ff.
432 BGH NJW 1961, 1913, 1914.
433 BGH NJW 1961, 1913, 1914; Wenzel/*Gamer* 13. Kap Rn 60.
434 BGH GRUR 1982, 631, 633 – Klinikdirektoren.
435 LG Dresden BeckRS 2009, 25706; *Prinz/Peters* Rn 707.
436 OLG Stuttgart MDR 1961, 1024; OLG Hamburg AfP 1971, 35, 36; OLG Köln AfP 1972, 331; Wenzel/*Gamer* 13. Kap Rn 84.
437 OLG Hamburg NJW-RR 1996, 1449, 1451.
438 OLG Stuttgart MDR 1961, 1024.
439 BVerfG NJW 1970, 651, 652; BGH GRUR 1977, 674, 677 – Abgeordnetenbestechung; OLG Zweibrücken NJW 1991, 304; LG Stuttgart NJOZ 2009, 45; str vgl zum Meinungsstand Wenzel/*Gamer* 13. Kap Rn 105.
440 Vgl zum Ganzen *Paschke/Busch* NJW 2004, 2620 ff.
441 *Dörre* GRUR-Prax 2010, 4.
442 *Dörre* GRUR-Prax 2010, 4.

199 Der Anspruch kann sich aber nur darauf richten, die Abnehmer zu bitten, die bereits ausgelieferten Exemplare zurückzugeben, da ein Anspruch gegenüber Dritten nicht besteht,[443] wenn sie nicht selbst zumindest Störer sind.

200 Der Anspruch kann nur im **Hauptsacheverfahren** geltend gemacht werden, da die mit einer Entscheidung im Verfügungsverfahren verbundene Vorwegnahme der Hauptsache zu unwiederbringlichen Einbußen bei dem Anspruchsverpflichteten führen kann.[444]

§ 6
Auskunft

201 Zur Vorbereitung eines Anspruches auf Schadensersatz, Herausgabe einer ungerechtfertigen Bereicherung oder Geldentschädigung können dem Verletzten Auskunftsansprüche zustehen. Es muss ausreichen, dass ein derartiger Zahlungsanspruch möglich ist, auch wenn dies unter Umständen erst nach Erteilung der Auskünfte abschließend feststeht.

202 Der Anspruch wird aus § 242 BGB hergeleitet.[445] Voraussetzung ist, dass der Betroffene zum Schutz seiner Ehre und zur Verfolgung seiner Ansprüche **auf die Auskunft angewiesen** ist und andererseits der Schädiger selbst sie **unschwer erteilen kann.**[446] Erforderlich ist die Auskunftserteilung nur dann, wenn der Verletzte in entschuldbarer Weise nicht über die Informationen zur Bezifferung des Anspruchs verfügt.[447]

203 Was den **Umfang** des Auskunftsanspruchs angeht, so sehen die Landesgesetze für den Rundfunkbereich die Verpflichtung vor, Sendungen aufzuzeichnen und Personen, die glaubhaft machen, durch eine Sendung in ihren Rechten verletzt zu sein, Einsicht zu gewähren sowie auf ihre Kosten eine Abschrift der Sendung zur Verfügung zu stellen.[448] Außerhalb des Anwendungsbereichs dieser Normen ist eine derartige Auskunftspflicht problematisch, denn der Auskunftsanspruch dient nur dazu, dem Geschädigten Aufklärung über Umfang und Art eines festgestellten rechtswidrigen Eingriffs zu verschaffen, nicht auch dazu, ihm die Beweislast für die haftungsbegründenden Voraussetzungen abzunehmen.[449] Hier kann allenfalls dann ein Anspruch analog §§ 809, 810 BGB in Betracht kommen, wenn sich bereits eine hohe Wahrscheinlichkeit nachweisen lässt, dass der Anspruch besteht.[450]

204 Ohne Weiteres besteht hingegen ein Anspruch auf Mitteilung des Verletzungsumfangs, insb über die Empfänger der beanstandeten Äußerung.[451] Dies umfasst auch die Mitteilung der Auflagenhöhe,[452] jedenfalls dann, wenn sich diese Information

---

443 Wenzel/*Burkhardt* 15. Kap Rn 18.

444 AA *Dörre* GRUR-Prax 2010, 4, die es darüber hinaus auch noch für diskutabel hält, den Schadensersatzanspruch nach § 945 ZPO zu Lasten des Anspruchsverpflichteten auszuschließen. Dies entbehrt jeder Grundlage.

445 BGH GRUR 1962, 382 – Konstruktionsbüro.

446 BGH GRUR 1962, 382 – Konstruktionsbüro.

447 BGH GRUR 1971, 519, 521 – Urheberfolgerecht.

448 Vgl etwa § 27 Abs 5 Hessisches Privatrundfunkgesetz.

449 BGH GRUR 1980, 1090, 1098 – Das Medizin-Syndikat I; vgl auch Löffler/*Steffen* § 6 LPG Rn 346.

450 MünchKomm-*Rixecker* Anh zu § 12 BGB Rn 236.

451 BGH GRUR 1962, 382 – Konstruktionsbüro.

452 MünchKomm-*Rixecker* Anh zu § 12 BGB Rn 237.

nicht anderweitig beziehen lässt.[453] Steht eine Veröffentlichung der beanstandeten Aussagen grundsätzlich fest, kann auch verlangt werden, über die Verbreitung derselben Äußerung in anderen Medien durch den Anspruchsverpflichteten Auskunft zu erhalten.

Kein Anspruch besteht regelmäßig auf Nennung von Quellen und Informanten, weil ein solcher Anspruch die Arbeit der Presse erheblich einschränken und damit unverhältnismäßig in die Pressefreiheit eingreifen würde.[454] **205**

§ 7
Ersatz materieller Schäden

Der Ersatz materieller Schäden durch eine widerrechtliche Berichterstattung kommt sowohl im Wege eines bereicherungsrechtlichen Anspruchs (§§ 812 ff BGB) als auch als deliktischer Schadensersatzanspruch (§ 823 BGB) in Betracht. **206**

I. Bereicherungsanspruch

Ein Anspruch aus § 812 Abs 1 S 1 Alt. 1 oder Alt. 2 BGB setzt voraus, dass der Anspruchsverpflichtete durch die Leistung eines anderen oder in sonstiger Weise etwas erlangt hat. Der Verpflichtete muss ein vermögenswertes Gut erhalten hat. Dies kommt in erster Linie im Bereich der Bildberichterstattung in Betracht,[455] ferner bei der Verwendung eines bekannten Namens in der Werbung.[456] Im Bereich der Wortberichterstattung wird ein bereicherungsrechtlicher Anspruch eher selten bestehen. Denkbar ist er etwa bei der Verwendung von Tagebuchaufzeichnungen einer bekannten Persönlichkeit.[457] **207**

II. Schadensersatz

Der deliktische Schadensersatzanspruch, der demjenigen zustehen kann, über den eine unwahre Tatsache oder eine unzulässige Meinungsäußerung verbreitet wurde, lässt sich sowohl auf § 823 Abs 1 BGB iVm dem allgemeinen Persönlichkeitsrecht stützen, das als sonstiges Recht anerkannt ist, als auch auf § 823 Abs 2 BGB iVm §§ 185 ff StGB. Voraussetzung sind neben der Rechtsverletzung der Eintritt eines dadurch verursachten Schadens und ein Verschulden des Anspruchsverpflichteten. **208**

1. Verursachung eines Schadens

Durch die widerrechtliche Berichterstattung muss ein Schaden entstanden sein. Es wird nicht selten vorkommen, dass der von einer negativen Berichterstattung Betroffene meint, etwa Umsatzeinbußen hinnehmen zu müssen. Die Kausalität wird sich aber häufig nur schwer nachweisen lassen. **209**

---

453 Etwa bei Zeitungen und Zeitschriften durch die so genannten IVW-Meldungen, vgl *Prinz/Peters* Rn 777.

454 BVerfG NJW 1999, 2880, 2881 – Fall Holst.

455 Vgl Teil 3 Kap 3 Rn 186 ff.

456 Wenzel/*Burkhardt* 14. Kap Rn 8.

457 Wenzel/*Burkhardt* 14. Kap Rn 3.

210 Der entgangene Gewinn ist gleichwohl die praktisch bedeutendste Variante des materiellen Schadens im Äußerungsrecht. Die Berechnung ergibt sich aus § 252 BGB. Als entgangen gilt danach der Gewinn, der nach dem **gewöhnlichen Lauf der Dinge** oder nach den besonderen Umständen, insb nach den getroffenen Anstalten und Vorkehrungen, mit Wahrscheinlichkeit ohne das schädigende Ereignis hätte erwartet werden können. Darzulegen ist demnach eine **hypothetische Umsatz- und Gewinnentwicklung**, so dass der Schaden nur geschätzt werden kann, § 287 ZPO. Dargestellt werden muss etwa der Umsatz der Vormonate oder bei saisonalen Schwankungen auch der Umsatz der vergangenen Jahre zur entsprechenden Zeit im Jahr. Regelmäßig wird es erforderlich sein, weitere Umstände mitzuteilen, die darauf schließen lassen, dass ein etwaiger Umsatzrückgang auf die Berichterstattung zurückzuführen ist, etwa Stornierungen oder Schreiben von Kunden. Die **Beweislast** trägt der Kläger, so dass Zweifel zu seinen Lasten gehen.[458]

211 Zum Schaden gehören auch **schadensmindernde Aufwendungen**, etwa die Kosten eines Rundschreibens,[459] um einen falschen Eindruck zu korrigieren. Sofern sie zu diesem Zweck geeignet sind, dürfen auch **Anzeigen** geschaltet werden. Allerdings ist dem Betroffenen regelmäßig eine Gegendarstellung möglich, um seine Sicht der Dinge zu verbreiten.[460] Die Kosten für weitergehende Erklärungen kann der Verletzte daher nur dann ersetzt verlangen, wenn die konkreten Umstände solche Maßnahmen zur Schadensverhütung oder -minderung bei Würdigung der schutzwürdigen Belange des Schädigers angebracht erscheinen lassen.[461] Die Grenze für die Erstattung richtet sich nach den Maßnahmen, die ein vernünftiger, wirtschaftlich denkender Mensch nach den Umständen des Falles zur Beseitigung der Störung nicht nur als zweckmäßig angesehen hätte, sondern als erforderlich ergriffen haben würde.[462] Dies kommt insb bei schädigenden Äußerungen über ein bestimmtes Produkt des Betroffenen in Betracht.

212 Die Anzeige hat sich grundsätzlich auf die **Berichtigung von Tatsachen** zu beschränken.[463] Enthält sie gleichzeitig **Werbeaussagen**, ist nur ein Teil der Kosten zu erstatten,[464] es sei denn, auch der werbende Inhalt der Anzeige ist zur Beseitigung der eingetretenen Beeinträchtigung zwingend erforderlich, etwa, um einen entstandenen Imageverlust auszugleichen.[465] Der Zusammenhang des Inserats mit der Berichterstattung muss erkennbar sein.[466] Zu beachten ist, dass durch eine eigene Berichtigung in einer Anzeige regelmäßig die Erforderlichkeit für einen weitergehenden Berichtigungsanspruch entfallen wird. Ausnahmen sind aber denkbar.

213 Eine Werbeschaltung kann zunächst in dem Medium verlangt werden, das die Ausgangsmitteilung verbreitet hat. Hier ist zum einen sichergestellt, dass der ursprüngliche **Rezipientenkreis** erreicht wird, zum anderen wird der Verletzer hier weniger belastet als bei Anzeigen in anderen Publikationen. In besonderen Fällen, etwa bei Agenturmeldungen, die zahlreiche Zeitungen verbreiten, ist auch eine Werbeschaltung in anderen Medien denkbar.[467]

458 OLG Stuttgart NJW 1983, 1203, 1204.
459 Wenzel/*Burkhardt* 14. Kap Rn 32.
460 BGH NJW 1979, 2197, 2197 – Falschmeldung.
461 BGH NJW 1978, 210, 211 – Alkoholtest.
462 BGH NJW 1979, 2197, 2197 – Falschmeldung.
463 BGH NJW 1979, 2197, 2198 – Falschmeldung.
464 OLG Hamburg AfP 2002, 50, 53.
465 BGH NJW 1978, 210, 211 – Alkoholtest.
466 BGH NJW 1979, 2197, 2198 – Falschmeldung.
467 Vgl im Einzelnen Wenzel/*Burkhardt* 14. Kap Rn 47 ff.

Eine Schadensberechnung im Wege der **Lizenzanalogie** kommt in Betracht, wenn 214
die Verletzung des Persönlichkeitsrechts für den Verletzer einen wirtschaftlichen Wert hatte. Auch wenn ein Medium von einer redaktionellen Berichterstattung, insb einer solchen in reißerischer Form, wirtschaftlich profitieren kann, wird diese Methode der Schadensberechnung bei redaktionellen Inhalten regelmäßig ausscheiden. In Betracht kommt sie vor allem bei der Verwendung eines Namens oder eines Bildes in der Werbung.[468] Auch die dritte Art der Schadensberechnung, die **Abschöpfung des Verletztergewinns**, kommt nur in Betracht, wenn dem Verletzer ein wirtschaftlicher Wert zugeflossen ist.

Ist die Verletzung auf mehrere **Veröffentlichungen verschiedener Medien** zurückzu- 215
führen, nimmt der BGH[469] an, es müsse jeweils getrennt der durch die einzelnen Verursacher verursachte Schaden ermittelt werden. Gegen jeden bestehe ein gesonderter Schadensersatzanspruch. Zur Begründung führt der BGH aus, dass bei einer verunglimpfenden Berichterstattung in mehreren Zeitschriften der Schaden nicht identisch sei, da jeweils eine andere Leserschaft angesprochen werde und deshalb die Zahlung des gegen einen Zeitschriftenverlag festgesetzten Entschädigungsbetrages den immateriellen Schaden des Verletzten jedenfalls nicht ganz erschöpfen könne. Diese Ansicht ist für den immateriellen Schaden zutreffend, auf den Ersatz des materiellen Schadens aber nicht übertragbar.[470] Denn wenn etwa die Umsätze eines Unternehmens aufgrund einer einheitlichen Berichterstattung in mehreren Medien zurückgehen, wird sich schwerlich ermitteln lassen, welcher Umsatzrückgang auf welche Publikation zurückzuführen ist. Hinsichtlich des materiellen Schadens haften mehrere Anspruchsverpflichtete wegen einer Berichterstattung über einen einheitlichen Gegenstand daher regelmäßig als Gesamtschuldner nach § 840 BGB.[471]

Selbst wenn die Kausalität nachgewiesen ist, genügt dies noch nicht zur Feststel- 216
lung der Schadensersatzpflicht. Erforderlich ist zusätzlich, dass die Verletzungshandlung im Allgemeinen und nicht nur unter besonders eigenartigen, ganz **unwahrscheinlichen** und nach dem regelmäßigen Verlauf der Dinge außer Betracht zu lassenden Umständen zur Herbeiführung des Schadens geeignet war.[472] Für von Vornherein völlig unwahrscheinliche Schadensfolgen haftet der Verletzer nach dieser so genannten **Adäquanztheorie** demnach nicht. So dürfte es regelmäßig kein adäquat verursachter Schaden sein, wenn der von einer Berichterstattung Betroffene unerkannt herzkrank ist und infolge der Aufregung über die Berichterstattung stirbt.

2. Rechtswidrigkeit und Verschulden

Die Rechtswidrigkeit entfällt, wenn der Äußernde in Wahrnehmung berechtigter 217
Interessen gehandelt hat.[473] Umgekehrt wird die Berichterstattung nicht nur rechtswidrig, sondern auch schuldhaft die Verletzung herbeigeführt haben, wenn journalistische Sorgfaltspflichten verletzt sind.[474]

---

468 S Teil 3 Kap 3 Rn 188 ff.
469 BGH NJW 1985, 1617.
470 AA offenbar *Prinz/Peters* Rn 731.
471 Vgl Löffler/*Steffen* § 6 LPG Rn 312; Wenzel/*Burkhardt* 14. Kap Rn 41.
472 BGHZ 3, 261, 267.
473 S Rn 17 ff.
474 Wenzel/*Burkhardt* 14. Kap Rn 21.

3. Anspruchsverpflichtete

218 Der Verletzte wird regelmäßig ein Interesse daran haben, nicht nur den für eine Berichterstattung verantwortlichen Redakteur in Anspruch zu nehmen, sondern auch den für die Verbreitung verantwortlichen Verleger oder die Rundfunkanstalt. Hier ergibt sich regelmäßig das Problem, dass deren eigenes Verschulden Voraussetzung der Haftung ist, da das Deliktsrecht keine dem § 278 BGB entsprechende Zurechnungsnorm kennt.[475]

219 Diese „Lücke" schließt die Rechtsprechung, indem sie an die Pflichten von Verlegern sowie Rundfunk- und Fernsehunternehmen strenge Anforderungen stellt, so dass in der Praxis häufig ein **Organisationsverschulden** oder ein **Verschulden bei der Überwachung** redaktioneller Beiträge angenommen wird. Der BGH nimmt an, dass der Verleger einen besonders gefährlichen Beitrag, mit dem ehr- oder persönlichkeitsrechtliche Beeinträchtigungen verbunden sind – der BGH spricht von „heißen Eisen"[476] –, grundsätzlich entweder selbst überprüfen oder dem damit beauftragten Dritten Organstellung iSv §§ 30, 31 BGB verschaffen muss, so dass sie für sein Verschulden ohne Entlastungsmöglichkeit einzustehen haben.[477] Tun sie dies nicht, greift eine Haftung wegen Organisationsverschuldens.[478] Wird die Kontrolle hingegen einem Mitarbeiter mit Organstellung übertragen, liegt kein Organisationsverschulden mehr vor; der Verleger haftet dann aber nach § 31 BGB für das Fehlverhalten der Organpersonen mit Kontrollbefugnis. Der Herausgeber einer Zeitung haftet nur, wenn er selbst inhaltlich Einfluss nimmt. Beschränkt er sich darauf, die Tendenz vorzugeben, haftet er regelmäßig nicht neben dem Verleger.[479]

4. Anspruchsdurchsetzung

220 Der Anspruch ist grundsätzlich im Wege der **Leistungsklage** durchzusetzen – eine Durchsetzung im Verfügungsverfahren ist nicht möglich. Da sich Folgeschäden bei einer negativen Berichterstattung häufig erst wesentlich später zeigen, kann der Betroffene bereits unmittelbar nach der Verletzung eine die Verjährung unterbrechende Feststellungsklage erheben.

221 Das erforderliche **Feststellungsinteresse** nach § 256 ZPO liegt dann vor, wenn nach der Lebenserfahrung und dem gewöhnlichen Verlauf der Dinge der Schadenseintritt hinreichend wahrscheinlich ist.[480] Insb wenn ein absolut geschütztes Rechtsgut bereits verletzt oder ein Teilschaden schon entstanden ist, genügt es, wenn die spätere Verwirklichung eines weiteren Schadens in absehbarer Zeit nach der Art der Verletzung möglich erscheint und nicht gerade fern liegt.[481]

222 Teilweise wird angenommen, der Verletzte könne auch auf Ersatz eines **künftigen Schadens** klagen, wenn sich eine künftige negative Umsatzentwicklung bereits abzeichne; es könne unter Heranziehung der Rechtsprechung zu KFZ-Schäden der Minderwert des Unternehmens beziffert werden.[482] Dies ist abzulehnen. Der Minderwert eines Unternehmens aufgrund künftiger Umsatzverluste ist von zu vielen Unwägbarkeiten abhän-

[475] Vgl im Einzelnen *Renner* 41 ff.
[476] BGH GRUR 1980, 1099, 1104 – Das Medizinsyndikat II.
[477] BGH GRUR 1998, 167, 168 – Restaurantführer.
[478] BGH GRUR 1980, 1099, 1104 – Das Medizinsyndikat II.
[479] Wenzel/*Burkhardt* 14. Kap Rn 62.
[480] BGH NJW 2006, 830, 833.
[481] BGH NJW 1993, 648, 653.
[482] Wenzel/*Burkhardt* 14. Kap Rn 30; vgl auch Löffler/*Steffen* § 6 LPG Rn 308.

gig. Bereits der aktuelle Schaden lässt sich im Bereich des Äußerungsrechts oft nur schwer beziffern und wird in den seltensten Fällen dem tatsächlichen Schaden entsprechen. Während dies hinzunehmen ist, besteht an der Zuerkennung des Ersatzes künftiger Schäden, die sich noch deutlich unsicherer errechnen lassen, keinerlei Interesse. Wenn ein Schaden nach Jahren noch eintritt, kann der der Verletzte ihn geltend machen, sofern er vorher die Verjährung durch eine Feststellungsklage unterbrochen hat.

§ 8
Geldentschädigung

Der Anspruch auf Geldentschädigung dient der Kompensation immaterieller Schä- **223**
den. § 253 BGB schließt einen derartigen Anspruch an sich aus. Der Anspruch wird aber unmittelbar aus dem Schutzauftrag der Art 1 Abs 1, Art 2 Abs 2 GG hergeleitet.[483] Er besteht nur in besonderen Ausnahmefällen.[484] Die Zubilligung einer Geldentschädigung beruht auf dem Gedanken, dass ohne einen solchen Anspruch Verletzungen der Würde und Ehre des Menschen häufig ohne Sanktion blieben mit der Folge, dass der Rechtsschutz der Persönlichkeit verkümmern würde; es steht also – anders als beim Schmerzensgeld – regelmäßig der Gesichtspunkt der Genugtuung des Opfers im Vordergrund.[485] Zudem dient der Anspruch der Prävention.[486] Eine strafrechtliche Sanktion stellt die Geldentschädigung trotz pönaler Elemente aber nicht dar.[487]

I. Anspruchsvoraussetzungen

Voraussetzung des Anspruchs sind eine schwere Persönlichkeitsverletzung, das Ver- **224**
schulden des Anspruchsverpflichteten und das Fehlen einer anderweitigen Kompensationsmöglichkeit. Daneben ist schon wegen des verfassungsrechtlichen Ursprungs des Anspruchs und des damit verbundenen Eingriffs in die Pressefreiheit eine Interessenabwägung im Einzelfall erforderlich, dh die Zuerkennung des Anspruchs muss letztlich verhältnismäßig sein – die Rechtsprechung fordert ein „unabwendbares Bedürfnis".

1. Schwere Persönlichkeitsverletzung

Für den Anspruch auf Geldentschädigung genügt es nicht, dass eine Persönlichkeits- **225**
verletzung vorliegt; vielmehr muss diese zusätzlich besonders schwerwiegend sein.

Die Frage, ob eine schwere Persönlichkeitsverletzung vorliegt, hängt von der Be- **226**
deutung und Tragweite des Eingriffs, ferner von Anlass und Beweggrund der Berichterstattung sowie dem Grad des Verschuldens ab.[488]

---

483 BVerfG GRUR 1974, 44, 48 – Soraya; BGH GRUR 1996, 373, 374 – Caroline von Monaco; BGH GRUR 1996, 227, 229 – Wiederholungsveröffentlichung.

484 Wandtke/Bullinger/*Fricke* § 22 KUG Rn 30.

485 BGH GRUR 2005, 179, 180 – Tochter von Caroline von Hannover.

486 BGH GRUR 2005, 179, 180 – Tochter von Caroline von Hannover; BGH GRUR 1995, 224, 229 – Erfundenes Exclusiv-Interview; BGH GRUR 1996, 227, 229 – Wiederholungsveröffentlichung.

487 BVerfG GRUR 1974, 44, 50 – Soraya.

488 BGH GRUR 2010, 171, 172 – Esra; BGH ZUM-RD 2009, 576; BGH GRUR 1996, 227, 229 – Wiederholungsveröffentlichung; BGH GRUR 1995, 224, 228 – Erfundenes Exclusiv-Interview.

227 Eine schwere Verletzung setzt bei der Wortberichterstattung regelmäßig voraus, dass entweder die **Privat- oder die Intimsphäre** betroffen ist. Bei einem Eingriff in die Intimsphäre wird eine hinreichende Eingriffsintensität meist vorliegen, während bei einem Eingriff in die Privatsphäre regelmäßig Voraussetzung sein muss, dass die Verletzung wiederholt erfolgt oder besonders hartnäckig oder nachhaltig ist.[489] Ein Eingriff nur in die **berufliche Sphäre** begründet grundsätzlich keine schwere Persönlichkeitsverletzung.[490]

228 Zu berücksichtigen ist auch, für welchen **Kreis von Personen** der Betroffene erkennbar war. Wurde er nicht namentlich bekannt und können ihn daher nur wenige Personen identifizieren, die weitere Begleitumstände der berichteten Vorgänge kennen, scheidet eine schwere Persönlichkeitsverletzung in der Regel aus.[491]

229 Im Bereich der **Satire** ist im Hinblick auf die ihr wesensimmanenten Darstellungsmittel, nämlich die Verfremdung und die Überhöhung bis hin zum Grotesken, die Schwelle für eine schwere Persönlichkeitsrechtsbeeinträchtigung deutlich höher anzusetzen als sonst im Äußerungsrecht.[492] So hat das OLG Zweibrücken[493] eine Geldentschädigung für eine Schauspielerin abgelehnt, die mit ihrer Zustimmung mit dem Text „Wer trinkt, fährt ohne mich, Jahr für Jahr verunglücken junge Frauen, weil der Fahrer getrunken hatte." auf einem Plakat abgebildet war, das dann mit dem Text: „Wer trinkt, fährt besser als ich nüchtern. Jahr für Jahr verunglücken junge Frauen, weil sie kein Auto fahren können." abgedruckt wurde.[494]

230 Eine nur **ungenaue** Darstellung, die im Kern wahr ist, begründet regelmäßig keine schwere Persönlichkeitsverletzung, etwa die Berichterstattung, in einem Strafprozess habe sich herausgestellt, dass jemand ein bestimmtes strafbares Verhalten provoziert habe, während tatsächlich nur die Äußerung gefallen war, es könne zugunsten des Angeklagten nicht ausgeschlossen werden, dass dieser provoziert worden sei.[495] Gegen eine schwere Persönlichkeitsverletzung kann auch sprechen, wenn nur ein **Verdacht** geäußert wurde.[496]

231 Die **erwiesene Unwahrheit** einer Behauptung ist nicht Voraussetzung des Geldentschädigungsanspruchs. Der Anspruch kann auch in dem Fall bestehen, dass sich zumindest die Wahrheit nicht nachweisen lässt, wobei allerdings bei der Gewichtung der Schwere des Eingriffs die offen bleibende Möglichkeit mitzuberücksichtigen ist, dass die inkriminierte Behauptung wahr sein kann.[497]

232 Auch bei **unzulässigen Meinungsäußerungen** ist eine Geldentschädigung denkbar. Hier ist aber große Zurückhaltung geboten. Denn die Sanktion einer Geldentschädigung hat zur Folge, dass die Kundgabe von Meinungen behindert wird, mit denen der Äußernde einen Beitrag zu der durch Art 5 Abs 1 GG geschützten geistigen Auseinandersetzung leisten will. Dies folgt vor allem aus der präventiven Wirkung der Geldentschädigung, die das Äußern kritischer Meinungen einem hohen finanziellen Risiko unterwirft und dadurch die Bereitschaft mindert, in Zukunft Kritik zu üben.[498] So ist eine Geldentschädigung verneint worden wegen der Bezeichnung eines mehrfachen Straftäters als „Doctorand der Knastologie"[499] sowie wegen der Bezeichnung eines

---

489 BGH GRUR 1996, 227, 229 – Wiederholungsveröffentlichung.
490 OLG Jena ZUM-RD 2010, 553, 554.
491 KG Urt v 5.2.2009, Az 10 U 132/08 (unveröffentlicht).
492 LG Hamburg NJW-RR 2000, 978, 980.
493 OLG Zweibrücken AfP 1999, 362, 363.
494 AA Löffler/*Steffen* § 6 LPG Rn 337.
495 OLG München BeckRS 2002 30266047.
496 KG Urt v 5.2.2009, Az 10 U 132/08 (unveröffentlicht).
497 BGH GRUR 1997, 396, 400 – Polizeichef.
498 BVerfG NJW 1980, 2069.
499 LG Nürnberg-Fürth ArchPR 1972, 84.

Sexualverbrechers als „Sexstrolch".[500] Andererseits hat das KG[501] eine Geldentschädigung zugesprochen, weil ein Politiker, der Wohnungen seines Mietshauses zum Zweck der Prostitution vermietet hatte, als „Puff-Politiker" bezeichnet worden war.

Bejaht hat die Rechtsprechung eine schwere Persönlichkeitsverletzung durch die Veröffentlichung eines frei erfundenen Interviews mit Prinzessin Caroline von Monaco, in dem Details aus ihrem Privatleben berichtet werden,[502] durch die nicht hinreichend mit Indizien unterlegte Verdachtsäußerung, ein Polizist habe sich bestechen lassen,[503] durch den in der Presse verbreiteten unwahren Vorwurf, eine nur in ihrem lokalen Umfeld erkennbare Person habe als Vorgesetzter sexuelle Handlungen an seinen Mitarbeitern vorgenommen,[504] durch die unwahre Behauptung einer intimen Beziehung zwischen einer Frau und einem Politiker,[505] durch die mehrfache anprangernde Berichterstattung über die Durchsuchung bei einem bekannten Rechtsanwalt unter Verwendung von Fotos[506] oder durch die Aussage eines Moderators zu einer Teilnehmerin einer Fernsehshow, sie sehe für ihr Alter alt aus und es gebe „übrigens ne schöne Operationsshow bei Pro7" für die er sie vorschlagen könne.[507] 233

Das LG Berlin[508] hat eine schwere Persönlichkeitsverletzung durch einen Verlag bejaht, der in einer Zeitung die Abmahnung eines Rechtsanwalts abgedruckt hat; da es in dem Schreiben um einen schwerer Straftaten beschuldigten Mandanten gegangen sei, werde der Rechtsanwalt in die Auseinandersetzung um seinen Mandanten hineingezogen. Daran ändere es nichts, dass der Rechtsanwalt zuvor eine Gegendarstellung durchgesetzt habe, die er für seinen Mandanten unterzeichnet habe. Indes können diese Umstände nichts daran ändern, dass die Veröffentlichung eines beruflich veranlassten Schreibens, das nicht zur Privatsphäre zählt, zumindest keinen schwerwiegenden Eingriff in das Persönlichkeitsrecht darstellen kann. Besonders fern liegend ist die Annahme in diesem Fall deshalb, weil sich der Betroffene zuvor in seiner Rolle freiwillig – die Gegendarstellung hätte auch durch den Mandanten unterzeichnet werden können – in die Öffentlichkeit begeben hat. 234

Verneint worden ist eine schwere Persönlichkeitsverletzung durch eine in einem Wochenmagazin abgedruckte Äußerung eines Dritten, eine Ministerpräsidentin lüge, wenn deutlich gemacht wird, dass es sich um einen Verdacht handelt und sie die Vorwürfe bestreitet,[509] durch die nicht mehr zulässige Berichterstattung über eine länger zurückliegende Straftat,[510] für die Bezeichnung als „Crack-Braut" in einem Rap,[511] für einen Fernsehbeitrag, der in satirischer Weise die Karrierepläne einer bekannten Persönlichkeit des Fernsehens aufgreift und in eine Filmszene einkleidet, in der die Betroffene als mordende Person in einer pornographischen Filmszene zu sehen ist,[512] durch die Berichterstattung über das Liebesleben eines Schauspielers durch die Äußerung „Per SMS machte der Mime Schluss. »In zwei Stunden heirate ich. Bitte verzeih mir …«; K. L.: »Ich saß gerade im Restaurant. Als ich seine Nachricht bekam, bin ich unter Tränen zusammengebrochen. Ich hatte nichts geahnt.«; Beziehungswrack", wenn sich der Betroffene bereits mit privaten Äußerungen in die Öffentlichkeit be- 235

500 OLG Schleswig ArchPR 1975, 29.
501 KG ZUM-RD 2008, 466, 467.
502 BGH GRUR 1995, 224, 228 – Erfundenes Exclusiv-Interview.
503 BGH GRUR 1997, 396, 400 – Polizeichef.
504 LG Krefeld NJW-RR 1996, 984.
505 OLG Köln NJW-RR 2000, 470.
506 OLG Hamburg NJW-RR 2006, 1707, 1708.
507 LG Hannover ZUM 2006, 574, 576.
508 LG Berlin NJW-RR 2000, 555, 557.
509 LG Berlin ZUM-RD 2003, 316, 318.
510 OLG Koblenz NJW-RR 2010, 1348, 1349.
511 LG Köln BeckRS 2010, 19920.
512 LG Hamburg NJW-RR 2000, 978, 980.

geben hat,[513] durch die nicht belegte Behauptung, ein verurteilter Straftäter habe Leichenteile gegessen, wenn rechtmäßig darüber berichtet wurde, dass er den Mord begangen, die Leiche zerstückelt und Teile davon im Ofen gebraten habe,[514] durch die Aussage „Gynäkologin, nach eigenen Angaben ohne Erfahrungen im Bereich der Mammachirurgie und der plastischen Chirurgie" über eine Ärztin.[515]

2. Fehlende anderweitige Kompensation

236 Es muss ferner an einer Möglichkeit fehlen, die Verletzung auf andere Weise hinreichend auszugleichen.[516] In Betracht kommt bei unwahren Tatsachenbehauptungen in erster Linie die Veröffentlichung einer **Berichtigung**, insb eines Widerrufs oder einer Richtigstellung. Wird die Berichtigung in zeitlicher Nähe zu der Ausgangsmitteilung publiziert, wird sie regelmäßig ausreichen, um die Beeinträchtigung auszuräumen.[517] Anders ist es dann, wenn der Verletzer die begehrte Berichtigung verweigert hat, so dass diese erst sehr spät auf Grund gerichtlicher Entscheidung veröffentlicht werden konnte oder wenn die Berichtigung zur Beseitigung der Beeinträchtigung nicht geeignet war. Dies ist etwa denkbar bei einer nicht periodischen Publikation, bei der damit der Empfängerkreis regelmäßig nicht erreicht wird, oder wenn sich die Verletzung gegen die „Grundlagen der Persönlichkeit" richtet.[518] Gleiches gilt, wenn die Beeinträchtigung einem Widerruf nicht zugänglich war,[519] etwa bei unzulässigen Meinungsäußerungen[520] oder Bildnisveröffentlichungen.[521]

237 Auch wenn es der Verletzte **unterlässt, (rechtzeitig) einen Berichtigungsanspruch zu verlangen**, der an sich für eine hinreichende Beseitigung der Beeinträchtigung gesorgt hätte, steht dies dem Geldentschädigungsanspruch entgegen,[522] insb, wenn dann eine Geldentschädigung in einer überzogenen Höhe verlangt wird, die darauf schließen lässt, dass es dem Verletzten in erster Linie darum geht, Kapital aus der Veröffentlichung zu schlagen.[523]

238 Auch eine **Gegendarstellung** kann als anderweitige Möglichkeit zur Störungsbeseitigung in Betracht kommen.[524] Hier ist aber sorgfältig zu prüfen, ob sich die Lage des Betroffenen durch die Gegendarstellung nennenswert verbessert hat oder, wenn er den Anspruch nicht geltend gemacht hat, verbessert hätte.[525] Da die Gegendarstellung nur die eigene Position des Betroffenen wiedergibt, wird dies eher selten der Fall sein.[526] Der Umstand, dass der Betroffene auf eigene Schritte gegen eine Presseveröffentlichung zunächst verzichtet hat, obwohl er etwa eine Gegendarstellung unschwer hätte erreichen können, kann allerdings Rückschlüsse auf das Gewicht des Genugtuungsbedürfnisses zulassen.[527] Insb ist auch zu fragen, ob die Beeinträchtigung durch

513 LG Berlin ZUM 2005, 330; vgl auch LG Berlin ZUM-RD 2005, 282.
514 OLG Frankfurt ZUM 2007, 390, 392.
515 OLG Jena ZUM-RD 2010, 553, 554.
516 St Rechtsprechung, vgl nur BGH GRUR 2010, 171, 172 – Esra; ZUM-RD 2009, 576; BGH GRUR 1995, 224, 229 – Erfundenes Exclusiv-Interview.
517 BGH GRUR 1970, 370, 373 – Nachtigall.
518 BGH GRUR 1995, 224, 229 – Erfundenes Exclusiv-Interview; OLG München NJW-RR 2000, 472, 473.
519 BGH GRUR 1970, 370, 373 – Nachtigall.
520 BGH NJW 1965, 2395, 2496 – Mörder unter uns.
521 S Teil 3 Kap 3 Rn 198 f.
522 OLG München NJW-RR 2000, 472, 473; OLG Köln AfP 1991, 427, 428.
523 LG Berlin ZUM-RD 2001, 470, 472.
524 BGH GRUR 1976, 651, 656 – Panorama.
525 BGH GRUR 1979, 421, 423 – Exdirektor.
526 Für generell ungeeignet halten *Prinz/Peters* Rn 759 die Eignung der Gegendarstellung zur Störungsbeseitigung.
527 BGH GRUR 1979, 421, 423 – Exdirektor.

eine Kombination aus einem Gegendarstellungsverlangen und einer Berichtigung hätte ausgeräumt werden können.[528]

Allein eine **Unterlassungsverpflichtung** dient nicht der Genugtuung und kann die Beeinträchtigung nicht ausräumen.[529] **239**

3. Unabwendbares Bedürfnis

Die Rechtsprechung der Instanzgerichte spricht in zahlreichen Entscheidungen davon, es müsse ein unabwendbares Bedürfnis für die Geldentschädigung bestehen.[530] Der Begriff wird allerdings uneinheitlich verwendet. Teilweise wird unter diesem Oberbegriff geprüft, ob die Verletzung schwerwiegend ist,[531] teilweise ob andere Möglichkeiten des Ausgleichs bestehen.[532] Der BGH ist in der Entscheidung „Liebestropfen"[533] noch davon ausgegangen, dass ein „unabweisbares Bedürfnis" vorliege, wenn einerseits die Verletzung schwerwiegend sei und es andererseits keine anderen Ausgleichsmöglichkeiten gebe. Demnach verlangt die Rechtsprechung offensichtlich nicht, dass bei Vorliegen einer schweren Persönlichkeitsverletzung zusätzlich ein unabwendbares Bedürfnis nach einer Geldentschädigung zu prüfen sei. *Burkhardt*[534] geht indes offenbar von einer zusätzlichen Voraussetzung des Anspruchs aus. **240**

Richtig ist, dass schon wegen der verfassungsrechtlichen Herleitung des Anspruchs und der Funktion der Geldentschädigung als *ultima ratio*[535] zusätzlich eine Interessenabwägung im Einzelfall erforderlich ist,[536] wobei diese Prüfung angesichts der uneinheitlichen Verwendung der Terminologie nicht unter der Überschrift des unabwendbaren Bedürfnisses erfolgen sollte. Zu berücksichtigen ist etwa, ob der Betroffene, wie insb Personen aus dem Bereich der Unterhaltung, die Publizität in den Medien, vor allem im Boulevardbereich, sucht und damit bis zu einem gewissen Grad die dadurch mit oder ohne ihr Zutun gelegentlich einhergehenden negativen Begleiterscheinungen hinzunehmen hat.[537] **241**

4. Verschulden

Schon die schwerwiegende Persönlichkeitsverletzung setzt nach der dargestellten Rechtsprechung einen besonderen Grad des Verschuldens voraus. Der BGH[538] spricht teilweise von einem „nicht unbeträchtlichen" Verschulden, andere Gerichte und Teile der Literatur fordern ein „schweres Verschulden"[539], und auch der BGH[540] tritt die- **242**

---

528 LG Berlin ZUM-RD 2001, 470, 472.
529 BGH NJW 1965, 2395, 2496 – Mörder unter uns.
530 OLG Frankfurt NJW-RR 2010, 403; OLG Koblenz NJW-RR 2010, 1348, 1349; KG ZUM 2008, 60; OLG München ZUM 2008, 984, 986; OLG Hamburg NJW-RR 1999, 1701, 1703; LG Hamburg BeckRS 2010, 15378; LG Köln BeckRS 2010, 19920.
531 OLG Koblenz NJW-RR 2010, 1348, 1349; KG ZUM 2008, 60.
532 So wohl OLG Brandenburg NJW 1999, 3339, 3343; vgl auch Löffler/*Steffen* § 6 LPG Rn 338.
533 BGH GRUR 1972, 97, 98; vgl auch BGH GRUR 1970, 370, 371 – Nachtigall.
534 In Wenzel/*Burkhardt* 14. Kap Rn 127 ff.
535 Vgl OLG Brandenburg NJW 1999, 3339, 3343.
536 Eine solche nimmt letztlich auch *Sohring* Rn 32 ff unter der Überschrift des unabwendbaren Bedürfnisses vor.
537 OLG Stuttgart NJW 1981, 2817.
538 BGH GRUR 1985, 398, 400 – Nacktfoto.
539 OLG Karlsruhe GRUR 2006, 959; Wandtke/Bullinger/*Fricke* § 22 KUG Rn 33; aA Wenzel/*Burkhardt* 14. Kap Rn 115.
540 BGH GRUR 2010, 171, 172 – Esra; vgl schon BGH GRUR 1980, 259, 260.

ser Terminologie, soweit sie von den Vorinstanzen verwendet wurde, zumindest nicht ausdrücklich entgegen. Jedenfalls finden sich in der Rechtsprechung des BGH aber keine Anhaltspunkte, dass der BGH jede Art der Fahrlässigkeit für die Zubilligung einer Geldentschädigung genügen lässt.[541] Allerdings erscheint es nicht sinnvoll, eine weitere Kategorie des Verschuldens zu schaffen; sachgerecht dürfte es sein, **Vorsatz** oder **grobe Fahrlässigkeit** zu fordern.[542]

II. Anspruchsberechtigte und Anspruchsverpflichtete

243 **Anspruchsberechtigt** sind nur unmittelbar betroffene,[543] lebende natürliche Personen. Nach dem Tod kann der Anspruch von den Erben und Angehörigen nicht geltend gemacht werden, weil die Genugtuungsfunktion des Geldentschädigungsanspruchs nach dem Tod nicht mehr erfüllt werden kann und auch ein Ausgleich für die erlittene Persönlichkeitsverletzung nicht mehr in Betracht kommt.[544] Aus diesem Grund ist auch der bereits vor dem Tod entstandene Geldentschädigungsanspruch nicht vererblich.[545]

244 Anders ist es, wenn gleichzeitig mit dem Persönlichkeitsrecht des Verstorbenen das Persönlichkeitsrecht eines Angehörigen unmittelbar und ausdrücklich tangiert wird.[546] Allein die Abbildung eines Leichnams genügt dafür nicht.[547] Es müssen weitere Umstände hinzukommen. So kann eine Verletzung eigener Rechte der Eltern vorliegen, wenn über den Rauschgifttod ihres erwachsenen Sohnes unter anderem durch Veröffentlichung eines Familienfotos berichtet wird, durch das suggeriert wird, elterliches Versagen sei für den Tod verantwortlich.[548]

245 Hinsichtlich der **Anspruchsverpflichteten** gelten die zum Schadensersatz dargestellten Grundsätze.[549]

III. Höhe

246 Bei der Bemessung der Geldentschädigung sind sowohl die Gedanken der Genugtuung und Prävention als auch die durch die Veröffentlichung erzielten **Gewinne** zu berücksichtigen.[550] Auch die Höhe des Anspruchs hängt insb von der Bedeutung und Tragweite des Eingriffs sowie von **Anlass** und **Beweggrund** des Handelnden ab.[551] Der Zweck der Prävention gebietet es vor allem, den **Grad des Verschuldens** und damit einen etwaigen Vorsatz und eine besondere **Hartnäckigkeit** erhöhend zu berücksich-

541 AA *Prinz/Peters* Rn 755 und Wenzel/*Burkhardt* 14. Kap Rn 115 unter Verweis auf BGH NJW 1971, 698 – Pariser Liebestropfen; BGH NJW 1980, 2801, 2807 – Medizin-Syndikat.

542 So im Ergebnis wohl auch OLG Koblenz NJW 1997, 1375, 1376, Dreier/Schulze/*Dreier* §§ 33–50 KUG Rn 23 und *Soehring* § 32 Rn 26 ff; gegen ein Erfordernis von mindestens grober Fahrlässigkeit spricht sich Löffler/*Steffen* § 6 LPG Rn 335 aus.

543 Wenzel/*Burkhardt* 14. Kap Rn 137.

544 BGH GRUR 2006, 252, 254 – Postmortaler Persönlichkeitsschutz; BGH GRUR 2000, 715, 716 – Der blaue Engel.

545 BGH GRUR 2006, 252 – Postmortaler Persönlichkeitsschutz.

546 LG Heilbronn ZUM 2002, 160, 161.

547 BGH GRUR 2006, 252, 255 – Postmortaler Persönlichkeitsschutz.

548 BGH GRUR 1974, 794, 795 – Todesgift.

549 S Rn 218 f.

550 BGH GRUR 1995, 224, 229 – Erfundenes Exclusiv-Interview; vgl allgemein zur Bemessung *Prinz* NJW 1996, 953, 954 ff; *Steffen* NJW 1997, 10, 11 ff.

551 OLG Hamburg NJW 1996, 2870, 2872; Wenzel/*Burkhardt* 14. Kap Rn 143.

tigen.[552] Allerdings kann der Gedanke der Prävention für sich genommen nicht dazu führen, dass zwingend ein Betrag zuzusprechen ist, der dem Verletzer „wehtut“.[553] Zugunsten des Verletzers kann von Bedeutung sein, ob er auch **Vorteile** durch die Berichterstattung hatte, bei Prominenten etwa die Steigerung des Aufmerksamkeitswertes,[554] ferner, ob der Betroffene sich selbst der **Gefahr der Berichterstattung in besonderer Weise ausgesetzt** hat.[555] Weiter ist zu berücksichtigen, dass die Geldentschädigung nicht eine Höhe erreichen darf, die die Pressefreiheit unverhältnismäßig einschränkt.[556] Schließlich ist von Bedeutung, ob die Verletzung schon **durch andere Maßnahme gemildert** wurde oder hätte gemildert werden können, etwa durch eine berichtigende Berichterstattung oder eine förmliche Berichtigung oder auch durch eine Gegendarstellung.[557] Hier kommt es jeweils auf die Umstände des Einzelfalls an.

Zuerkannt wurden etwa folgende Beträge:

2.000,00 € für die wahrheitswidrige Behauptung in einem Gebrauchtwagenportal, jemand verkaufe sein Fahrzeug „wegen privater Insolvenz“.[558] **3.000,00 €** für die Ausstrahlung eines widerrechtlich angefertigten Tonbandmitschnittes einer therapeutischen Sitzung im Rundfunk;[559] **DM 10000,– (= € 5 112,92)** für satirische Text-Bild-Kombination in einer Zeitschrift, die den Betroffenen als „doofen lederbehosten Bayern“ darstellt;[560] **DM 10000,– (= € 5 112,92)** für den Vorwurf der Bestechlichkeit über einen Amtsleiter;[561] **€ 6000,–** für ein live ausgestrahltes TV-Interview, während dessen Oliver Pocher gegenüber der Interviewten erklärt, sie sehe für ihr Alter „echt ganz schön alt aus“ und es gebe bei Pro7 eine „schöne Operationsshow“;[562] **DM 15000,– (= € 7669,38)** für mangelhaft anonymisierte Veröffentlichung in einem Regionalteil einer bundesweit erscheinenden Tageszeitung aus dem Intimleben einer Person mit dem Titel „140.000,00 Mark für drei Bussis“;[563] **DM 15000,– (= € 7669,38)** für die mit einem Foto des Betroffenen illustrierte Aussage: „Berlins gierigster Lehrer – er machte drei Jahre krank, baute seinen Doktor und will jetzt mehr Gehalt“;[564] € **10000,–** für den unwahren Vorwurf der Unterschlagung von Katzen in einem Zeitungsartikel;[565] **€ 10000,–** für die Veröffentlichung „schmutziger Details“ aus der Scheidungsakte einer bekannten Persönlichkeit in einem Zeitungsartikel;[566] **€ 20000,– (€ 10225,83)** für den Vorwurf von Affären mit mehreren Spielerfrauen gegenüber einem Trainer der Fußball-Bundesliga;[567] **€ 20000,–** für die Bezeichnung eines Bundestagsabgeordneten, der ua Wohnungen an Prostituierte vermietet, als „Puff Politiker“;[568] **€ 35000,–** für ein in einer Zeitung veröffentlichtes Falschzitat einer Buchautorin, das nahe legt, sie habe mit dem Nationalsozialismus sympathisiert;[569] **DM 75000,– (= € 38346,89)** für die Bezeichnung einer Person als „Kinderschänder“, obwohl diese von den Vorwürfen freigesprochen wurde;[570] **€ 50000,–** für die Äuße- 247

552 Vgl BVerfG NJW 2000, 2187, 2188; BGH GRUR 1995, 224, 229 – Erfundenes Exclusiv-Interview.
553 In diese Richtung *Prinz/Peters* Rn 743.
554 LG Berlin ZUM-RD 2006, 133, 135; LG Berlin ZUM 2005, 330, 331; LG Berlin ZUM-RD 2005, 282, 283 unter Berufung auf *Ladeur* NJW 2004, 393, 398.
555 LG Köln AfP 1978, 149, 151.
556 BGH GRUR 1995, 224, 230 – Erfundenes Exclusiv-Interview.
557 Wenzel/*Burkhardt* 14. Kap Rn 147.
558 LG Köln MMR 2004, 183.
559 OLG Karlsruhe ZUM 2003, 504.
560 OLG München NJW-RR 1998, 1036.
561 OLG Köln NJW 1987, 2682.
562 LG Hannover ZUM 2006, 574.
563 OLG München ZUM 2001, 252.
564 LG Berlin NJW 1997, 1373.
565 OLG München BeckRS 2010, 13785.
566 OLG Hamburg BeckRS 2008, 13701.
567 LG München I NJW-RR 1999, 104.
568 KG ZUM-RD 2008, 466, 468.
569 OLG Köln BeckRS 2009, 24283.
570 LG Ansbach NJW-RR 1997, 978.

rung eines Mordverdachts gegenüber einer identifizierbaren Person in mehreren Passagen in dem Buch „Doppelmord an Uwe Barschel“;[571] **€ 70000,–** für eine Filmsequenz einer Minderjährigen in der Sendung „TV-Total“ und sexuellen Anspielungen wegen ihres Namens;[572] **DM 180000,– (= € 92032,54)** für drei Titelgeschichten in unterschiedlichen Publikationen mit erfundenem Exklusiv-Interview über Privatleben und seelische Verfassung von Caroline von Monaco;[573] **€ 400000,–** für die unwahre Berichterstattung in 86 Beiträgen, davon 77 Titelgeschichten, und 52 Fotomontagen einer Illustrierten über die schwedische Prinzessin.[574]

IV. Anspruchsdurchsetzung

248 Der Anspruch kann nur im Klagewege durchgesetzt werden. Ist die Verletzung außerhalb von Presse und Rundfunk erfolgt, kann ein obligatorisches Güteverfahren nach § 15a Abs 1 S 1 Nr 3 EGZPO Zulässigkeitsvoraussetzung der Klage sein, soweit dies durch Landesgesetz bestimmt ist. Folgende Länder haben Schlichtungsgesetze erlassen: Baden-Württemberg, Bayern, Brandenburg, Hessen, Nordrhein-Westfalen, Saarland, Sachsen-Anhalt und Schleswig-Holstein.

249 Die Höhe des Anspruchs kann der Betroffene trotz § 253 Abs 2 Nr 2 ZPO in das Ermessen des Gerichts stellen.[575] Dies bietet sich auch praktisch an, weil es das Risiko eines Teilunterliegens verringert. Eine ungefähre Größenordnung ist aber anzugeben.[576]

§ 9
Kostenerstattung

I. Kosten der Abmahnung

250 Die Kosten einer **berechtigten Abmahnung** hat der Abgemahnte zu erstatten. Während es im gewerblichen Rechtsschutz (vgl § 12 Abs 1 S 2 UWG) und Urheberrecht (vgl § 97a Abs 1 S 2 UrhG) nunmehr teilweise spezialgesetzliche Normierungen des Kostenerstattungsanspruchs gibt, wird der Anspruch im Äußerungsrecht nach wie vor aus einer Geschäftsführung ohne Auftrag hergeleitet (§§ 683 S 1, 677, 670 BGB).[577] Der Anspruch kann sich als Schadensersatz ferner auch aus § 823 Abs 1 BGB iVm dem allgemeinen Persönlichkeitsrecht sowie aus § 823 Abs 2 iVm §§ 185 ff StGB ergeben.[578]

251 Die **Höhe** der für eine Abmahnung anfallenden Geschäftsgebühr hängt vom Einzelfall ab, regelmäßig wird aber im Presserecht zumindest eine 1,5 Geschäftsgebühr angemessen sein.[579]

---

571 LG Frankfurt ZUM-RD 2007, 531.
572 OLG Hamm NJW 2004, 919, 922.
573 OLG Hamburg NJW 1996, 2870 – Caroline von Monaco, nach Zurückverweisung durch den BGH GRUR 1995, 224 – Caroline von Monaco I.
574 OLG Hamburg NJW-RR 2010, 624.
575 BGH NJW 1982, 340.
576 BGH NJW 1982, 340.
577 BGH GRUR 2008, 367, 368 – Rosenkrieg bei Otto.
578 BGH GRUR 2008, 367, 368 – Rosenkrieg bei Otto.
579 KG ZUM-RD 2006, 552, 555.

Die Geltendmachung von **Unterlassungs-, Berichtigungs- und Gegendarstellungsansprüchen** können jeweils **eigene gebührenrechtliche Angelegenheiten** sein.[580] Ob zwei getrennte Abmahnungen wegen der Wort- und der Bildberichterstattung in demselben Zeitungsartikel dieselbe Angelegenheit im gebührenrechtlichen Sinne sind, hat der BGH[581] bisher offen gelassen, und überlässt diese Frage dem Tatrichter; es sei zu prüfen ob vertretbare sachliche Gründe für eine getrennte Geltendmachung bestanden hätten oder ob lediglich Mehrkosten verursacht worden seien, wobei die Frage für das Abmahnverfahren und für einen späteren eventuellen Rechtsstreit unterschiedlich beurteilt werden könne. 252

Allerdings ist nach Auffassung des BGH nicht schon dann von zwei getrennten Angelegenheiten auszugehen, wenn der Anwalt zur Wahrnehmung der Rechte des Geschädigten verschiedene, in ihren Voraussetzungen voneinander abweichende Anspruchsgrundlagen zu prüfen hat.[582] Für die Annahme eines einheitlichen Rahmens der anwaltlichen Tätigkeit ist es grundsätzlich ausreichend, wenn die verschiedenen Gegenstände in dem Sinne einheitlich vom Anwalt bearbeitet werden können, dass sie verfahrensrechtlich zusammengefasst und in einem einheitlichen Vorgehen – zB in einem Abmahnschreiben – geltend gemacht werden können.[583] 253

Häufig werden bei einem Angriff auf eine Veröffentlichung auf beiden Seiten **verschiedene Personen** involviert sein, etwa als Betroffene eine Gesellschaft und deren Organ, auf Verletzerseite der Verlag und der für den Beitrag verantwortliche Redakteur. Der BGH[584] geht davon aus, dass auch bei der Geltendmachung der verschiedenen Ansprüche gebührenrechtlich **eine einheitliche Angelegenheit** vorliegen könne.[585] Auf Auftraggeberseite komme es darauf an, ob der Anwalt für die verschiedenen Auftraggeber gemeinsam oder ob er für jeden von ihnen gesondert tätig werden solle. Die Inanspruchnahme mehrerer Verantwortlicher ist dann dieselbe Angelegenheit, wenn den Schädigern eine gleichgerichtete Verletzungshandlung vorzuwerfen ist und demgemäß die erforderlichen Abmahnungen einen identischen oder zumindest weitgehend identischen Inhalt haben sollen, insb dann, wenn Unterlassungsansprüche die gleiche Berichterstattung betreffen, an deren Verbreitung die in Anspruch Genommenen in unterschiedlicher Funktion mitgewirkt haben. Dem steht nach Auffassung des BGH[586] auch nicht entgegen, dass gegebenenfalls verschiedene Voraussetzungen zu prüfen seien, etwa im Rahmen der Verbreiterhaftung und dass die Ansprüche ein unterschiedliches Schicksal haben könnten; dann könnten gegebenenfalls später unterschiedliche Angelegenheiten entstehen. 254

II. Kosten des Abschlussschreibens

Hat der Unterlassungsgläubiger eine einstweilige Verfügung erwirkt, obliegt es ihm, vor dem Einleiten des **Hauptsacheverfahrens** den Schuldner zur **Abgabe einer Abschlusserklärung** aufzufordern, mit der dieser die einstweilige Verfügung als abschließende Regelung anerkennt. Das Abschlussschreiben ist allerdings erst erforder- 255

580 BGH GRUR-RR 2010, 451, 453.
581 GRUR 2008, 367, 368 – Rosenkrieg bei Otto.
582 BGH BGH GRUR-RR 2010, 269, 271 – Rosenkrieg.
583 BGH GRUR-RR 2010, 269, 271 – Rosenkrieg.
584 BGH NJW 2010, 1035, 1036.
585 AA noch KG BeckRS 2010, 19987: vgl auch LG Berlin BeckRS 2009, 22712.
586 BGH NJW 2010, 1035, 1037.

lich, wenn der Gläubiger dem Schuldner eine angemessene Zeit eingeräumt hat, die Abschlusserklärung von sich aus abzugeben. Der hierfür anzusetzende Zeitraum ist im Einzelnen umstritten.[587] Der BGH[588] hat drei Wochen für eine angemessene Zeitspanne gehalten. Nicht erforderlich ist das Abschlussschreiben, wenn der Schuldner bereits Widerspruch gegen die einstweilige Verfügung eingelegt hat, weil dann die Unsicherheit des Gläubigers, ob der Schuldner möglicherweise bereit ist, nunmehr einzulenken, wegfällt.[589]

256 Die Kosten des Abschlussschreibens sind vom Unterlassungsschuldner zu erstatten, sofern das Schreiben erforderlich war. Das Abschlussschreiben ist gebührenrechtlich eine **eigene, von der Abmahnung zu trennende Angelegenheit**, so dass eine gesonderte Geschäftsgebühr entsteht.[590] Auch das Abschlussschreiben kann je nach Schwierigkeit der Angelegenheit eine 1,3 Geschäftsgebühr[591] oder zumindest eine 0,8 Geschäftsgebühr rechtfertigen.[592] Der für den gewerblichen Rechtsschutz zuständige I. Zivilsenat des BGH[593] geht in wettbewerbsrechtlichen Angelegenheiten ebenfalls davon aus, dass es sich bei einem Abschlussschreiben regelmäßig nicht um ein Schreiben einfacher Art nach Nr 2302 RVG VV handele, für das nur eine 0,3 Gebühr anfalle, sondern dass sich die Geschäftsgebühr nach Nr 2300 RVG VV bemesse (Gebührenrahmen von 0,5–2,5, regelmäßig 1,3); dies könne im Einzelfall anders sein, wenn ein Abmahnschreiben nur Standardformulierungen verwende und auf die in der mündlichen Verhandlung im Verfügungsverfahren bereits nach Rücknahme des Widerspruchs in Aussicht gestellte Bereitschaft zur Abgabe einer Abschlusserklärung Bezug nehme.

III. Zuleitung einer Gegendarstellung

257 Die Kosten der Zuleitung einer Gegendarstellung können nicht nach den Grundsätzen der Geschäftsführung ohne Auftrag, sondern nur dann verlangt werden, wenn die Ausgangsmitteilung eine schuldhaft begangene unerlaubte Handlung ist.[594]

---

587 OLG Hamm GRUR-RR 2010, 267, 268: zwei Wochen; LG Hamburg BeckRS 2009, 89230: zwei Wochen; OLG Stuttgart NJOZ 2007, 3651, 3651: Frage des Einzelfalls zwischen zwei Wochen und einem Monat; OLG Frankfurt GRUR-RR 2003, 294: länger als zwei Wochen kann angemessen sein, wenn Schuldner Bereitschaft zum Einlenken signalisiert hat.

588 BGH GRUR-RR 2008, 368, 370 – Gebühren für Abschlussschreiben.

589 KG NJOZ 2010, 2131, 2134.

590 BGH GRUR-RR 2008, 368, 369 – Gebühren für Abschlussschreiben.

591 AG Hamburg ZUM-RD 2006, 260, 261.

592 OLG Hamburg NJOZ 2009, 3610, 3613; LG Hamburg BeckRS 2009, 89230.

593 BGH GRUR 2010, 1038, 1040 – Kosten für Abschlussschreiben.

594 OLG Saarbrücken NJW 1997, 1376, 1379; Wenzel/*Burkhardt* 11. Kap Rn 211.

Teil 2
Veranstaltungsrecht

Kapitel 1

Sportrecht

Literatur

Agudo y Berbel/*Engels* „Hörfunkrechte" – ein eigenständiges Wirtschaftsgut? WRP 2005, 191; *BKartA* Hintergrundpapier zur Pressekonferenz am 24.7.2008 zum Thema Zentralvermarktung der Verwertungsrechte der Fußball-Bundesliga ab dem 1.7.2009, abrufbar unter www.bundeskartellamt.de/wDeutsch/download/pdf/080724_PK_Hintergrundpapier.pdf (zit Hintergrundpapier); *Bothor* Anm zu LG Frankfurt aM SpuRt 1998, 196; *ders* Anm zu LG Frankfurt aM Zum Verstoß gegen Kartellrecht bei Fernsehübertragungsrechten des Dachverbandes SpuRt 1996, 63; *Brinkmann* Sport und Medien – Die Auflösung einer ursprünglichen Interessengemeinschaft? MP 2000, 491; *Bröcker*/*Neun* Fußballweltmeisterschaft zwingend im Free-TV? ZUM 1998, 766; *Bullinger*/*Jani* Fußballübertragung in der virtuellen Welt – Lizenz erforderlich oder nicht? ZUM 2008, 897; *Diesbach*/*Bormann*/*Vollrath* „Public-Viewing" als Problem des Urheber- und Wettbewerbsrechts ZUM 2006, 265; *Dörr*/*Mailänder* Freiheit und Schranken der Hörfunkberichterstattung über den Spitzensport, rechtsgutachterliche Stellungnahmen im Auftrag der ARD, Baden-Baden 2003; *Dreier*/*Schulze* (Hrsg) Urheberrechtsgesetz, Kommentar, 3. Aufl München 2008 (zit Dreier/Schulze/*Bearbeiter*); *Ehmann* Monopole für Sportverbände durch ergänzenden Leistungsschutz? GRUR Int 2009, 659; *Eilers* Fußballübertragungsrechte für Internet und Mobilfunktechnik – Abgegrenzte Gebiete oder Doppelvergabe der Fernsehrechte? SpuRt 2006, 221; *Emmerich* Unlauterer Wettbewerb, 8. Aufl München 2009; *Enßlin* Der Erwerb von Übertragungsrechten für Sportereignisse im europäischen Wettbewerbsrecht am Beispiel der EBU – die Sicht der Privatsender ZEuP 2006, 380; *Ernst* Anm zu OLG Stuttgart Urt v 19.3.2009, 2 U 47/08 – Unterlassungsanspruch eines Fußballverbandes gegen Internetportal mit Filmen von Amateurfußballspielen jurisPR-WettbR 5/2009 Anm 3; *Feldmann* Anm zu OLG Stuttgart Urt v 19.3.2009, 2 U 47/08 – Unzulässigkeit eines Fußballportals mit Amateuraufnahmen unterklassiger Spielpaarungen („hartplatzhelden.de") jurisPR-ITR 13/2009 Anm 2; *Feldmann*/*Höppner* Verwertungsverbot privater Filmaufnahmen von Amateur-Fußballspielen K&R 2008, 421; *Fezer* Normenkonkurrenz zwischen Kennzeichenrecht und Lauterkeitsrecht WRP 2008, 1; *Fikentscher* Gibt es sog Hörfunkrechte? – Ein Diskussionsbeitrag SpuRt 2002, 186; *Fleischer* Absprachen im Profisport und Art 85 EGV – eine kartellrechtliche Nachlese zum Bosman-Urteil des Europäischen Gerichtshofs WuW 1996, 473; *Frey* Die Vergabe der medialen Rechte an der Fußball-Bundesliga ZUM 2005, 585; *ders* Zur Rechtswidrigkeit der öffentlichen Wiedergabe von Filmausschnitten von Amateur-Sportveranstaltungen CR 2008, 530; *Fritzweiler*/*Pfister*/*Summerer* (Hrsg) Praxishandbuch Sportrecht, 2. Aufl München 2007 (zit PHB SportR/*Bearbeiter*); *Götting* Die Regelung der öffentlichen Wiedergabe nach § 87 Abs 1 Nr 1 UrhG ZUM 2005, 185; *Grabitz*/*Hilf* (Hrsg) Das Recht der Europäischen Union, 40. Aufl München 2009 (zit Grabitz/Hilf/*Bearbeiter*); *Gröpl* Rechtsfragen bei der Rundfunkübertragung von Sportereignissen ZUM 2004, 865; *Haas*/*Reimann* Das „Fernsehrecht" an Sportveranstaltungen als Abwehrrecht SpuRt 1999, 182; *Hahn*/*Vesting* (Hrsg) Rundfunkrecht, 2. Aufl München 2008 (zit Hahn/Vesting/*Bearbeiter*); *Hamacher*/*Efing* Das WM-Erlebnis auf der Großbildleinwand SpuRt 2006, 15; *Hartstein*/*Kuch* Gesetzliche Regelung eines Rechts auf freie Kurzberichterstattung? ZUM 1988, 503; *Hartstein*/*Ring*/*Kreile*/*Dörr*/*Stettner* (Hrsg) Rundfunkstaatsvertrag Kommentar, Loseblattsammlung Heidelberg 2007, Stand 2007 (zit Hartstein/Ring/Kreile/Dörr/Stettner/*Bearbeiter*); *Hausmann* Der Deutsche Fußball Bund (DFB) – Ein Kartell für „Fernsehrechte"? BB 1994, 1089; *Heermann* Fußball-Kurzberichterstattung im Abseits? SpuRt 2001, 188; *ders* Kann der Ligasport die Fesseln des Kartellrechts sprengen? SpuRt 1999, 11; *ders* Sport und europäisches Kartellrecht SpuRt 2003, 89; *ders* Ambush-Marketing anlässlich Sportgroßveranstaltungen – Erscheinungsformen, wettbewerbsrechtliche Bewertung, Gegenmaßnahmen GRUR 2006, 359; *Heinemann* Sportübertragungsrechte im europäischen Kartellrecht am Beispiel der Olympischen Spiele ZEuP 2006, 337; *Hellmann/Bruder* Kartellrechtliche Grundsätze der zentralen Vermarktung von Sportveranstaltungen – Die aktuellen Entscheidungen der Kommission zur Bundesliga und FA Premier League EuZW 2006, 359; *Hilty/Henning-Bodewig* Leistungsschutzrechte zugunsten von Sportveranstaltern? Boorberg 2007 (zit *Hilty/Henning-Bodewig* Leistungsschutzrechte); *Hoeren/Schröder* Anm zu LG Stuttgart Urt v 8.5.2008 (41 O 3/08 KfH, MMR 2008, 551) – Verwertungsrecht des Veranstalters an Videosequenzen von Amateurfußballspielen MMR 2008, 553; *Horn* Zur Problematik der Übertragungsrechte für Fußballspiele im Fernsehen Jura 1989, 17; *Immenga/Mestmäcker* (Hrsg) GWB Kommentar, 4. Aufl München 2007 (zit Immenga/Mestmäcker/*Bearbeiter*); *Jänich* Fußballübertragungsrechte und Kartellrecht – Anmerkungen zu BGH Beschl v 11.12.1997, KVR 7/96 – Europapokalheimspiele GRUR 1998, 438; *Jungheim* Das neue Modell der DFL zur Vermarktung der Bundesliga-Medienrechte SpuRt 2009, 13; *Kirschenhofer* Die Verbreitung von Programmen und Territorialitätsprinzip am Beispiel von Film-, Fernseh- und Sportprogrammen – Rechtsfragen im Bereich Sport ZUM 2006, 15; *Köhler/Bornkamm* (Hrsg) UWG Kommentar, 28. Aufl München 2010 (zit Köhler/Bornkamm/*Bearbeiter* § UWG); *Krekel* Zulässige Public-Viewing-Events bei Einbindung von Sponsoren SpuRt 2006, 59; *Körber/Mann* Werbefreiheit und Sponsoring – Möglichkeiten und Grenzen von Ambush Marketing unter besonderer Berücksichtigung des neuen UWG GRUR 2008, 737; *Kübler* Das Recht auf freie Kurzberichterstattung ZUM 1989, 326; *ders* Massenmedien und öffentliche Veranstaltungen. Das Verhältnis der Berichterstattungsfreiheit zu privaten Abwehr- und Ausschlussrechten, Frankfurt aM 1979 (zit *Kübler* Massenmedien); *Ladeur* Das Recht der Rundfunkprogrammveranstalter auf „Kurzberichterstattung" von Spielen der Fußballbundesliga GRUR 1989, 885; *ders* Pay-TV und Exklusivverträge über Senderechte für Sportveranstaltungen SpuRt 1998, 54; *Lauktien* Anm zu BVerfG Urt v 17.2.1998, BvF 1/91 (Kurzberichterstattung im Fernsehen) ZUM 1998, 253; *Lenz* Das Recht auf Kurzberichterstattung – Bestätigung und Korrektur aus Karlsruhe NJW 1999, 757; *Loewenheim/Meessen/Riesenkampff* (Hrsg) Kartellrecht Kommentar, 2. Aufl München 2009 (zit Loewenheim/Meessen/Riesenkampff/*Bearbeiter*); *Mahler* Ist ein neuer Veranstalterbegriff für den professionellen Ligasport notwendig? SpuRt 2001, 8; *Mailänder* Freiheit der Hörfunkberichterstattung! Der Torjubel muss hörbar bleiben ZUM 2003, 820; *Maume* Anm zu OLG Stuttgart Urt v 19.3.2009 (2 U 47/08, MMR 2009, 395) – Filmmitschnitte auf dem Internetportal hartplatzhelden.de MMR 2009, 398; *ders* Der Amateurfußball in den Fängen des Wettbewerbsrechts MMR 2008, 797; *Ohly* Hartplatzhelden.de oder: Wohin mit dem unmittelbaren Leistungsschutz? GRUR 2010, 487; *Ory* Fußballrechte im untechnischen Sinn AfP 2002, 195; *Paal* Mediale Verwertung von Sportveranstaltungen und Leistungsschutz CR 2009, 438; *Palandt* (Hrsg) Bürgerliches Gesetzbuch, 70. Aufl München 2011 (zit Palandt/*Bearbeiter*); *Peukert* hartplatzhelden.de – Eine Nagelprobe für den wettbewerbsrechtlichen Leistungsschutz WRP 2010, 316; *Piper/Ohly/Sosnitza* (Hrsg) UWG Kommentar, 5. Aufl München 2010 (zit Piper/Ohly/Sosnitza/*Bearbeiter* § UWG); *Rehbinder* Zur Freiheit der Kurzberichterstattung im Rundfunk ZUM 1989, 337; *Reinholz* Marketing mit der FIFA WM 2006 – Werbung, Marken, Tickets, Public Viewing WRP 2005, 1485; *ders* Lizenzgebühren für Public Viewing? K&R 2010, 364; *Ricker/Becker* Grundversorgung kontra Vertragsfreiheit – Anspruch öffentlich-rechtlicher Rundfunkanstalten auf unentgeltliche Kurzberichterstattung über Fußballveranstaltungen? ZUM 1988, 311; *Roth* Rechtsfragen der Rundfunkübertragung öffentlicher Veranstaltungen AfP 1989, 515; *Sack* Die lückenfüllende Funktion der Generalklausel des § 3 UWG WRP 2005, 531; *Sauer* Kartellrechtliche Fragen der Zentralvermarktung von Fernsehrechten an der Fußball-Bundesliga SpuRt 2004, 93; *Schmid-Petersen* Fußball im Radio – Können Sportveranstalter „Hörfunkrechte" vermarkten? SpuRt 2003, 234; *Schricker/Loewenheim* (Hrsg) UrhG Kommentar, 4. Aufl München 2010 (zit Schricker/Loewenheim/*Bearbeiter* § UrhG); *Schröder* Sportrecht und Europäisches Wettbewerbsrecht – Zu neueren Entwicklungen in der Praxis der Kommission und des

EuGH SpuRt 2006, 1; *Schwarze/Hetzel* Der Sport im Lichte des europäischen Wettbewerbs EuR 2005, 581; *Selmer* Kurzberichterstattung und Schutzlisten für Sportübertragungen aus juristischer Sicht Arbeitspapiere des Instituts für Rundfunkökonomie an der Universität zu Köln Heft 133 Köln 2000; *Spindler/Schuster* (Hrsg) Recht der elektronischen Medien, 1. Aufl München 2008 (zit Spindler/Schuster/*Bearbeiter*); *Springer* Die zentrale Vermarktung von Fernsehrechten im Ligasport nach deutschem und europäischem Kartellrecht unter besonderer Berücksichtigung des amerikanischen Antitrust-Rechts WRP 1998, 477; *Stopper* Ligasport und Kartellrecht, Berlin 1997 (zit *Stopper* Ligasport); *ders* Ligasportvermarktung: Verhaltenskoordination oder Gemeinschaftsproduktion ZWeR 2008, 412; *ders* Wer ist Veranstalter und Rechtsträger im Profifußball? SpuRt 1999, 188; *Strauß* Hörfunkrechte des Sportveranstalters, Berlin 2006 (zit *Strauß* Hörfunkrechte); *ders* Zulässigkeit der Sportberichterstattung im Live-Ticker SpuRt 2007, 6; *Summerer* Die neue Struktur des Profi-Fußballs – Zur Gründung des Ligaverbandes und der DFL SpuRt 2001, 263; *ders* Gemeinsame Vermarktung der Fußball-Bundesliga SpuRt 2004, 151; *ders* Sportwetten als Mediengeschäftsmodell der Zukunft? – Wirtschaftsrechtliche Rahmenbedingungen in Büsching Schriften zur Medienwirtschaft, Band 14, Baden-Baden 2005, 209; *Summerer/Blask* Rechte an Spielplänen und Tabellen von Profiligen am Beispiel der DFL SpuRt 2005, 50; *Summerer/Wichert* Kostenlose Radio-Sendungen über Fußball aus den Stadien SpuRt 2006, 55; *von Westerholt* Übertragung von Sportveranstaltungen im Fernsehen ZIP 1996, 264; *Waldhauser* Anm zu BGH Europapokalheimspiele ZUM 1998, 129; *ders* Die Fernsehrechte des Sportveranstalters, Berlin 1999 (zit *Waldhauser* Fernsehrechte); *Wandtke/Bullinger* (Hrsg) Praxiskommentar zum Urheberrecht, 3. Aufl München 2009 (zit Wandtke/Bullinger/*Bearbeiter*); *Wertenbruch* Die zentrale Vermarktung von Fußball-Fernsehrechten als Kartell nach § 1 GWB und Art 85 EGV ZIP 1996, 1417; *ders* Gibt es lizenzierbare Hörfunk-Übertragungsrechte des Sportveranstalters? SpuRt 2001, 185; *Wetzel/Wichert* Fußball-WM im Free-TV: Ungerechtfertigter Eingriff in wirtschaftliche Grundrechte von Veranstalter und Zwischenhändler SpuRt 2001, 228; *Winter* Das Fehlen eines Kurzberichterstattungsrechts für Hörfunksender: Ein Manko des geltenden Rundfunkrechts SpuRt 2004, 98; *ders* Fußball im Radio: Live aus dem Stadion? ZUM 2003, 531.

Übersicht

§ 1
Bedeutung des Sports für Medien und Medienrecht

1 Medien und Sport sind längst ein eingespieltes Team. Medienunternehmen werten mit dem **„Premium-Content"** Sport ihr Programm erheblich auf und sind bereit, hohe Preise für die Übertragungsrechte zu zahlen. Auch Sponsoren nutzen die hohen Aufmerksamkeits- und Werbewerte des Sports, um ihr Markenimage zu stärken. Für die professionellen Sportvereine sind die Fernseh- und Sponsoringgelder mittlerweile zur wichtigsten Einnahmequelle geworden. Zwar spielt die Fernseh-Berichterstattung immer noch die größte Rolle, wie in anderen Bereichen gewinnt aber die Berichterstattung in den neuen Medien, vor allem natürlich im Internet, zunehmend an Bedeutung. Das große Interesse an Sportveranstaltungen motiviert die Rechtsinhaber in jüngster Zeit verstärkt, die Verwertungsmöglichkeiten weiter auszuschöpfen. Zum Teil sind sie dabei erfolgreich: so gestatteten etwa die Vereine der Fußball-Bundesliga seit jeher Hörfunkberichterstattungen ohne dafür eine Lizenzgebühr zu verlangen. Erst seit Beginn der Saison 2001/2002 gewähren sie den Hörfunkveranstaltern den Zutritt zum Spiel und die Hörfunkberichterstattung aus dem Stadion nur noch gegen Zahlung einer Lizenzgebühr. Diese Praxis erklärte der BGH mit seiner „Hörfunkrechte-Entscheidung"[1] im Jahr 2005 für zulässig. Die Rechtsprechung setzt den Vermarktungsinteressen des Sports, die sich nicht mehr nur auf den Profi-, sondern mittlerweile auch auf den Amateursport erstrecken, aber auch Grenzen. Erst jüngst hat der BGH in der mit großer Spannung erwarteten „Hartplatzhelden-Entscheidung"[2] entschieden, dass der Württembergische Fußballverband e.V. kein ausschließliches Verwertungsrecht an den in seinem Verbandsgebiet ausgetragenen Amateur-Fußballspielen innehabe und deshalb dem Onlineportal hartplatzhelden.de nicht verbieten könne, kurze Filmausschnitte von Amateurfußball-Spielen, die von Besuchern der Spiele aufgenommen worden sind, im Internet zum Abruf bereitzustellen.

2 Mit dem stetig wachsenden Interesse der Öffentlichkeit und der Medienunternehmen an Sportveranstaltungen ist auch die **Bedeutung des Sports für das Medienrecht** gestiegen. Immer wieder war der Sport Ausgangspunkt für wegweisende Gerichtsentscheidungen und wichtige Gesetzesvorhaben, meist im Zusammenhang mit der Ver-

1 BGH GRUR 2006, 249 – Hörfunkrechte.

2 BGH Urt v 28.10.2010, Az I ZR 60/09.

wertung der Rechte an den Sportveranstaltungen.[3] Gesetzgeber und Rechtsprechung stehen immer wieder vor der schwierigen Aufgabe, die sich gegenüberstehenden **Interessen der Akteure** in Einklang zu bringen. Die Veranstalter sind einerseits an einer möglichst zeitnahen und umfangreichen Berichterstattung durch die Medien interessiert, da mit der Größe des Publikums auch die Sponsoringeinnahmen wachsen; andererseits wollen sie den Medien möglichst keinen unentgeltlichen Zugang zu den Sportstätten gewähren, da der Verkauf von Übertragungsrechten, zumindest für „Fernsehsportarten" wie Fußball und die Formel 1, eine wichtige Einnahmequelle darstellt.[4] Sportarten mit nur geringer Fernsehpräsenz versuchen verstärkt, ihr Publikum über die neuen Medien zu erreichen. Auf der Nachfrageseite verlangen die Medienunternehmen im Gegenzug meist eine lange Vertragsdauer und möglichst weitgehende Exklusivität. Den bei der Rechtevergabe nicht berücksichtigten Sendeunternehmen darf der Zugang zu und die Berichterstattung über die Sportveranstaltungen in der Regel nicht vollständig verwehrt bleiben. Im Rahmen des Kurzberichterstattungsrechts steht ihnen unter in § 4 RStV näher bestimmten Voraussetzungen ein Kurzberichterstattungsrecht zu.

Da es in Deutschland kein Sportgesetz gibt, ist das Spielfeld der **anwendbaren Gesetze und Vorschriften** groß und unübersichtlich. Von besonderer Bedeutung sind neben Art 5 GG das deutsche und europäische Kartellrecht, der Rundfunkstaatsvertrag, das Urhebergesetz und das Gesetz gegen den unlauteren Wettbewerb. 3

§ 2
Fernsehberichterstattung

I. Das Fernsehübertragungsrecht an Sportveranstaltungen

Fernsehübertragungen von bedeutenden Sportveranstaltungen versprechen den übertragenden TV-Stationen hohe Einschaltquoten[5] und – damit einhergehend – auch hohe Werbeeinnahmen. Die Fernsehanstalten sind deshalb bereit, hohe Preise für die „Fernsehübertragungsrechte" an die Veranstalter zu zahlen. Aber was sind „Fernsehübertragungsrechte" überhaupt? Die deutsche Rechtsordnung kennt den Begriff „Fernsehübertragungsrecht" nicht. Anders als etwa ausübenden Künstlern (§§ 73 ff UrhG), Herstellern von Tonträgern (§§ 85f UrhG) oder Sendeunternehmen (§ 87 UrhG) ge- 4

[3] Vgl etwa § 5 Abs 7 RStV, der vor dem Hintergrund des Kurzberichterstattungs-Urteils des BVerfG (NJW 1998, 1627) eingefügt wurde oder der mittlerweile wieder aufgehobene § 31 GWB, mit dem der Gesetzgeber als Reaktion auf den Europapokalheimspiele-Beschluss des BGH (NJW 1998, 756) die zentrale Vermarktung von Übertragungsrechten an von Sportverbänden durchgeführten Sportwettbewerben vom Kartellverbot des § 1 GWB freistellte.

[4] Die Erlöse der Fußballclubs der 1. und 2. Bundesliga durch den Verkauf der Übertragungsrechte für die Saison 2008/2009 in Höhe von € 593 Mio machten 29,2 % der Gesamteinnahmen aus und sind damit die größte Einnahmequelle, vgl den Wirtschaftsbericht 2010 der DFL, 8, abrufbar unter http://www.dfl.de/de/liga/news/2009/index.php?f=0000145639.php (zuletzt aufgerufen am 10.11.2010).

[5] So belegten im Jahr 2009 Fußballspiele in der Liste der 50 TV-Sendungen mit den besten Einschaltquoten die ersten 31 Plätze, vgl die Meldung auf www.rp-online.de/sport/mehr/.../Koenig-Fussball-regiert_aid_651093.html (zuletzt aufgerufen am 10.11.2010). Auch die höchste jemals in Deutschland erzielte TV-Einschaltquote wurde bei einem Fußballspiel gemessen: das WM-Halbfinale zwischen Deutschland und Spanien verfolgten 31,10 Mio Fernsehzuschauer, vgl die Meldung auf http://kress.de/tv-radio/detail/beitrag/105111-neuer-allzeitrekord-3110-mio-zuschauer-sehen-frust-wm-halbfinale.html (zuletzt aufgerufen am 10.11.2010).

währt auch das Urhebergesetz den an der Sportveranstaltung Mitwirkenden **keinen Sonderrechtsschutz** für ihre erbrachten Leistungen. Eine analoge Anwendung dieser Vorschriften lehnt die überwiegende Ansicht ab, da der Gesetzgeber im Wissen um diese Schutzlücke von einer Regelung abgesehen hat.[6] Diese Untätigkeit des Gesetzgebers ist bedauerlich, da die Rechte an Sportveranstaltungen und insb die Vermarktung dieser Rechte eine Reihe von Fragen aufwerfen, deren Beantwortung für die beteiligten Akteure von erheblicher wirtschaftlicher Bedeutung ist.

5 Es stellt sich zunächst die Frage nach der Rechtsnatur der Fernsehübertragungsrechte. Daran anknüpfend muss geklärt werden, wer Inhaber dieser Rechte ist. In Betracht kommen neben den teilnehmenden Sportlern vor allem die ausrichtenden Vereine[7] und die Verbände. Sodann ist zu klären, welche Rechtspositionen den Inhabern erwachsen. Diese haben nicht nur ein Interesse daran, ungenehmigte Fernsehübertragungen zu verhindern; vor allem wollen die Inhaber die Fernsehübertragungsrechte an ihren Veranstaltungen möglichst gewinnbringend vermarkten. Da die Rechte an den Sportveranstaltungen meist zentral vermarktet und häufig exklusiv eingeräumt werden, schließen sich fast zwangsläufig kartellrechtliche Fragestellungen an. Schließlich muss noch beleuchtet werden, welche Rechte die übertragenden Medienunternehmen selbst durch die Produktion und Ausstrahlung der Übertragung erwerben.

1. Begriff und Rechtsnatur des „Fernsehübertragungsrechts“

6 Die umgangssprachlich verwendeten Begriffe „Fernsehrecht“, „Übertragungsrecht“, „Verwertungsrecht“ oder „Lizenzrecht“ legen die Vermutung nahe, dass es sich um ein dingliches Recht handelt, das mit absoluter Wirkung übertragen werden kann. Dies ist aber nicht der Fall. Fernsehübertragungsrechte sind, mangels ausdrücklicher Regelung des Gesetzgebers, keine Leistungsschutzrechte, wie etwa Urheber- oder Markenrechte.

7 Der BGH äußerte sich zu der Frage der **Rechtsnatur** von Fernsehübertragungsrechten erstmals in einem Rechtsstreit über den so genannten Globalvertrag, mit dem der Deutsche Sportbund (DSB) und ein großer Teil der ihm angeschlossenen Spitzenverbände die ausschließlichen Erstverwertungsrechte an den vom Vertrag erfassten Sportveranstaltungen an die öffentlich-rechtlichen Rundfunkanstalten vergeben hatten. Nach dem Vertrag stand es ARD und ZDF frei, aus den ihnen vorzulegenden Veranstaltungsplänen diejenigen Veranstaltungen auszuwählen, über die sie zu berichten beabsichtigten, wobei sie allerdings keine Übertragungspflicht traf. Die Auswahl musste erst 5 Tage vor dem jeweiligen Ereignis getroffen werden, so dass es für die privaten Anstalten wenig attraktiv war, sich überhaupt um eine Ausstrahlung zu bemühen. Exklusive Erstverwertungsrechte konnten den privaten Fernsehanstalten selbst dann nicht eingeräumt werden, wenn ARD und ZDF rechtzeitig zu erkennen gegeben hätten, dass sie beabsichtigten, bestimmte Sportereignisse nicht zu übertragen.

8 Das Kartellamt erklärte den Globalvertrag wegen unbilliger Beschränkung des Marktes für Sportübertragungsrechte iSd § 18 Abs 1 Nr 2 GWB für teilweise unwirksam,[8] weil er die Spitzenverbände darin beschränke, Rechte für die Übertragung vom Vertrag erfasster Sportveranstaltungen an die privaten Fernsehveranstalter zu vergeben und damit diese in ihren Bezugsmöglichkeiten bei der Programmbeschaffung

6 *Haas/Reimann* SpuRt 1999, 182; *Horn* Jura 1989, 17, 18; *Kübler* Massenmedien 43; *Westerholt* ZIP 1996, 264.

7 Tatsächlich sind die „Vereine“ im heutigen Profisport in der Regel als Kapitalgesellschaften organisiert.

8 WuW/E BKartA 2273.

unbilligbeschränke. Sowohl das KG[9] als auch der BGH[10] bestätigten die Entscheidung des Kartellamts. Bei der Frage, ob es sich bei dem Vertragsgegenstand um „Waren“ oder „gewerbliche Leistungen“ iSd § 18 GWB handele, nahm der BGH zu der Frage der Rechtsnatur der Fernsehübertragungsrechte wie folgt Stellung:[11]

„Falls das KG die Einräumung der Befugnis zur Fernsehübertragung von Sportveranstaltungen im Sinne einer Übertragung von (dinglichen) Verwertungsrechten verstanden haben sollte, so könnte dem nicht gefolgt werden. Anders als der Veranstalter der Darbietung eines ausübenden Künstlers (§ 81 UrhG) genießt ein Veranstalter von Sportveranstaltungen kein verwandtes Schutzrecht. Zum Schutz seiner wirtschaftlichen Interessen können ihm je nach Fallgestaltung Ansprüche aus § 823 Abs 1 BGB (Recht am eingerichteten und ausgeübten Gewerbebetrieb), aus § 826 BGB oder wettbewerbsrechtliche Ansprüche aus § 1 UWG zustehen. Als Besitzer oder Eigentümer des Veranstaltungsorts kann er ferner sein Hausrecht (§§ 858, 1004 BGB) gegenüber einem Dritten geltend machen, der ohne seine Genehmigung versucht, die Veranstaltung aufzuzeichnen und durch Rundfunk zu übertragen. Die Erlaubnis des Veranstalters zur Fernsehübertragung einer Sportveranstaltung ist daher im Rechtssinn keine Übertragung von Rechten, sondern eine Einwilligung in Eingriffe, die der Veranstalter aufgrund der eben genannten Rechtspositionen verbieten könnte. Der Globalvertrag betrifft daher entgegen der Ansicht des KG auch nicht Waren im Sinne des § 18 GWB, sondern gewerbliche Leistungen.“ 9

Der BGH versteht unter der „Vergabe von Fernsehübertragungsrechten“ demnach die entgeltliche Erteilung der Erlaubnis gegenüber Dritten, Sportereignisse fernsehtechnisch aufzuzeichnen, live oder zeitversetzt auszustrahlen und diese Sendung gewerblich zu verwerten.[12] Anders ausgedrückt: der Erwerber zahlt dafür, dass der Rechtsinhaber auf die Ausübung seiner Abwehransprüche verzichtet. Welche der vom BGH genannten Rechtspositionen einschlägig ist, richtet sich nach dem konkreten Einzelfall. 10

a) **Das Hausrecht des Veranstalters.** In vielen Fällen wird sich der Veranstalter auf sein **Hausrecht** berufen können. Dieses beruht auf dem Grundstückseigentum oder -besitz[13] und dient zunächst der Wahrung der äußeren Ordnung in dem Gebäude oder der Örtlichkeit, auf die sich das Hausrecht erstreckt. Es ermöglicht seinem Inhaber, grundsätzlich frei darüber zu entscheiden, wem er den Zutritt zu der Örtlichkeit gestattet und wem er ihn verweigert.[14] Diese Ordnungsfunktion wird in der Literatur teilweise als Grenze des Hausrechts gesehen; eine Vermarktungsfunktion dergestalt, dass für die Einwilligung in die Übertragung eine über den Aufwendungsersatz hinaus gehende Vergütung verlangt werden könne, sei dem Hausrecht nicht zu entnehmen.[15] Diese Bedenken werden vom BGH allerdings nicht geteilt. Dem Inhaber des Hausrechts stehe auch die Befugnis zu, den Zutritt nur zu bestimmten Zwecken zu erlauben oder von Bedingungen wie der Zahlung eines Entgelts abhängig zu machen.[16] 11

9 KG WuW 1989, 247.
10 BGH NJW 1990, 2815 – Sportübertragungen.
11 BGH NJW 1990, 2815, 2817 – Sportübertragungen.
12 Ebenso die Literatur, vgl *Hausmann* BB 1994, 1089, 1091; *Heermann* SpuRt 1999, 11; *Kübler* ZUM 1989, 326 ff; *Roth* AfP 1989, 515 ff; *Stopper* SpuRt 1999, 188; *Westerholt* ZIP 1996, 264 ff.
13 Näher dazu *Waldhauser* Fernsehrechte 68 ff; *Strauß* Hörfunkrechte 125 ff.
14 BGH GRUR 1962, 201 – Rundfunkempfang im Hotelzimmer.
15 *Brinkmann* MP 2000, 491, 494; *Fikentscher* SpuRt 2002, 186, 187.
16 BGH GRUR 2006, 249, 251 – Hörfunkrechte.

Dem ist zuzustimmen, da diese Befugnis nicht Ausdruck einer „Vermarktungsfunktion" des Hausrechts ist, sondern lediglich die faktische Folge der Möglichkeit, den Zutritt Dritter, die die gestellten Bedingungen nicht erfüllen wollen, durch Zugangskontrollen zu unterbinden.[17] Bei berufsmäßig durchgeführten Veranstaltungen wird der Inhalt und die Reichweite des Hausrechts nicht durch die ihm innewohnende Ordnungsfunktion begrenzt, sondern durch die Wertungen des Art 12 Abs 1 GG, der insb auch die wirtschaftliche Verwertung der beruflich erbrachten Leistung schützt,[18] ausgestaltet.

12 Das Hausrecht bietet seinem Inhaber allerdings nur unzureichenden Schutz. Schutzlücken bestehen nicht nur gegenüber Aufnahmen, die von außerhalb der Sportstätte angefertigt werden; an seine rechtlichen und praktischen Grenzen stößt das Hausrecht auch bei Veranstaltungen, die nicht in einer eng umgrenzten Örtlichkeit, bspw in einem Stadion oder einer Halle, sondern unter freiem Himmel stattfinden. Bei solchen Open-Air-Events (etwa Radsportveranstaltungen oder Marathonläufe) kann sich der Veranstalter nicht auf ein Hausrecht berufen, er wird aber regelmäßig eine Sondernutzungserlaubnis[19] eingeholt haben. Sofern die Sondernutzungserlaubnis dem Veranstalter auch gestattet, Zugangkontrollen zu errichten, sollten auch Open-Air-Veranstaltungen Schutz genießen.[20] Die Ausgestaltung des Hausrechts als obligatorisches Recht bereitet auch den Veranstaltern von Amateurspielen Probleme. Wenn sie überhaupt ihr Hausrecht ausüben, werden sie den Besuchern, etwa den Eltern eines Jugendspielers, kaum untersagen wollen, einzelne Szenen der Spiele zu fotografieren oder zu filmen. Stellen die Besucher diese Szenen dann später auf einer Online-Plattform bereit, bietet das Hausrecht keine Handhabe, gegen die Veröffentlichung vorzugehen.

13 **b) Wettbewerbsrechtliche Abwehrrechte des Veranstalters.** Wettbewerbsrechtliche Abwehrrechte können sich vor allem aus dem **ergänzenden Leistungsschutz** nach § 4 Nr 9 UWG ergeben. Zum Teil wird aber bereits das Vorliegen einer „Nachahmung" verneint. Die Fernsehübertragung knüpfe lediglich an die Veranstaltung als eine fremde Leistung an, stelle im Ergebnis aber wegen der erheblichen Eigenleistungen (Regiearbeit, Naheinstellungen, Zeitlupen, verschiedene Kameraperspektiven etc) eine völlig eigenständige Leistung dar.[21] Die Gegenauffassung[22] bejaht eine Nachahmung. Zwar sei es richtig, dass sich das Endprodukt „Fußballübertragung" sowohl aus Leistungen des Veranstalters als auch aus einer Eigenleistung des Fernsehsenders zusammensetze; das „Anreichern" ändere aber nichts daran, dass der Schwerpunkt auf der Übernahme des Bildmaterials liege und die Übertragung eines Sportereignisses deshalb ein besonderer Unterfall der unmittelbaren Leistungsübernahme sei.[23]

14 Die Bildübertragung eines Sportereignisses lässt sich unter den Wortlaut des Begriffs **„Nachahmung"** fassen. Der Begriff der Nachahmung in § 4 Nr 9 UWG umfasst

17 *Winter* ZUM 2003, 531, 538.

18 BGH GRUR 2006, 249, 251 – Hörfunkrechte.

19 Jeder Gebrauch einer öffentlichen Straße, der über den Gemeingebrauch der Straße hinausgeht, ist eine Sondernutzung und bedarf der Erlaubnis der jeweils zuständigen Straßenbaubehörde, vgl zB § 11 Berliner Straßengesetz.

20 Für einen Schutz der Veranstaltung aus der Sondernutzungserlaubnis auch PHB SportR/*Summerer* 4/79, der die Sondernutzungserlaubnis mit einem „begrenzten Hausrecht" vergleicht.

21 Köhler/Bornkamm/*Köhler* § 4 UWG Rn 9.38; *Piper*/Ohly/Sosnitza § 4 UWG Rn 9/80.

22 LG Stuttgart MMR 2008, 551, 553; bestätigt durch OLG Stuttgart MMR 2009, 395, 396 – hartplatzhelden.de; *Mahler* SpuRt 2001, 8, 9; *Maume* MMR 2008, 797, 799.

23 *Maume* MMR 2008, 797, 799.

drei verschiedene Nachahmungsformen: die unmittelbare und die fast identische Leistungsübernahme sowie die nachschaffende Leistungsübernahme.[24] Eine nachschaffende Leistungsübernahme scheidet aus, weil die Sportveranstaltung nicht lediglich als Vorbild genutzt, sondern unmittelbar selbst aufgenommen und gesendet wird. Eine unmittelbare Leistungsübernahme liegt vor, wenn die fremde Leistung unverändert übernommen wird.[25] Stellt man auf das Produkt ab, das beim Verbraucher ankommt, lässt sich schwerlich eine *unveränderte* Übernahme bejahen. Auch die modernsten Übertragungsmethoden können den Livecharakter einer Sportveranstaltung nicht vollständig in die Wohnzimmer der Fernsehzuschauer übertragen. Hinzu kommen die nicht unerheblichen Eigenleistungen der übertragenden Sender, die durch besondere Kameraeinstellungen, technische Analyse-Tools, die Kommentierung des Ereignisses und ergänzende Beiträge ein Produkt erstellen, das sich deutlich vom Original unterscheidet. Es lässt sich aber nicht von der Hand weisen, dass das Sportereignis selbst die unabdingbare Grundvoraussetzung für die Übertragung ist und der Gesamteindruck, zumindest bei einer Live-Übertragung, nicht allzu sehr vom Original abweicht. Hält man sich zudem den Zweck des wettbewerbsrechtlichen Leistungsschutzes vor Augen, den Schutz des Mitbewerbers vor einer unlauteren Ausbeutung seiner Leistung,[26] liegt es nahe, eine fast identische Nachahmung zu bejahen.

Eine Nachahmung ist aber nur wettbewerbswidrig, wenn besondere, die **Unlauterkeit** begründende Umstände hinzukommen. Daran wird es meist fehlen. Die vom Gesetz in § 4 Nr 9a)–c) aufgezählten Unlauterkeitsmerkmale werden regelmäßig nicht erfüllt sein. Der Verkehr wird etwa bei der Übertragung eines Fußball-Bundesligaspiels nicht über die betriebliche Herkunft der Leistung getäuscht, da sowohl die Identität der beiden teilnehmenden Mannschaften als auch der Gesamtwettbewerb, in dessen Rahmen das Spiel stattfindet, offensichtlich bleibt. Auch wird meist keine unangemessene Rufausbeutung oder -beeinträchtigung vorliegen. Denn bei der Frage, ob die Nachahmung unlauter ist, sind die beschriebenen Abweichungen der Übertragung vom Original und die Eigenleistungen der Sender zu berücksichtigen. Nach der so genannten Wechselwirkungslehre gilt Folgendes: je größer der Grad der Übernahme ist, desto geringere Anforderungen sind an die besonderen Umstände zu stellen, die die Wettbewerbswidrigkeit der Nachahmung begründen.[27] Der heute bei Live-Übertragungen übliche technische und personelle Aufwand führt zu einem Leistungsergebnis, dem eine eigenständige wettbewerbliche Eigenart kaum abgesprochen werden kann. Gleiches gilt für die Highlight-Berichterstattung, da auch dort erst erhebliche Eigenleistungen (Szenenauswahl, Schnitt, Kommentierung, Zeitlupen etc) zum Endprodukt führen. Das Unlauterkeitsmerkmal des § 4 Nr 9c) UWG, die unredliche Erlangung der für die Nachahmung erforderlichen Kenntnisse, passt ersichtlich nicht auf die Konstellation der Fernsehübertragung. 15

Der Unlauterkeitskatalog des § 4 Nr 9 UWG ist zwar nicht abschließend; mit Blick auf die grundsätzlich bestehende Nachahmungsfreiheit hinsichtlich sondergesetzlich nicht geschützter Produkte kann das Nachahmen eines fremden Produkts aber nur ausnahmsweise als wettbewerbswidrig angesehen werden.[28] Diese hohe Hürde ist kaum zu überwinden, da auch hier wieder die Unterschiede zwischen den beiden Leistungsergebnissen und die Eigenleistungen der Sender zu berücksichtigen wären. 16

---

24 Köhler/Bornkamm/*Köhler* § 4 UWG Rn 9.34.
25 BGH GRUR 1999, 923, 927 – Tele-Info-CD.
26 Köhler/Bornkamm/*Köhler* § 4 UWG Rn 9.2.
27 BGH GRUR 2008, 793, 795 – Rillenkoffer.
28 BGH GRUR 2007, 795, 799 – Handtaschen.

17 Von der Rechtsprechung bislang unbeantwortet ist die Frage, ob das Lauterkeitsrecht neben dem mittelbaren Leistungsschutz des § 4 Nr 9 UWG auch einen **unmittelbaren Leistungsschutz** gewährt.[29] Am Beispiel der Sportveranstalter zeigt sich, dass gute Gründe dafür sprechen. Sie befinden sich in einer Situation, in der sich etwa Sendeunternehmen, Programmierer von Computerprogrammen oder Ersteller von Datenbanken befanden, bevor der Gesetzgeber ihre Leistungen sondergesetzlich schützen ließ.[30] Ihre erheblichen Investitionen in das Produkt „Sportveranstaltung" genießen keinen ausreichenden Rechtsschutz vor einer schmarotzenden Übernahme. Vor dem Hintergrund der immer schneller voranschreitenden technischen Entwicklung und den damit einhergehenden neuen Möglichkeiten, Filmaufnahmen anzufertigen und zu verbreiten, bedarf es eines Auffangnetzes, das die bestehenden und drohenden Lücken des Sonderrechtsschutzes schließt. Allerdings darf der Rückgriff auf die Generalklausel des § 3 UWG nur in besonders gelagerten Ausnahmefällen in Betracht kommen. Zum einen dürfen die Wertungen des Sonderrechtsschutzes nicht unterlaufen werden, zum anderen muss eine umfassende Abwägung der Interessen aller Beteiligten für den unmittelbaren Leistungsschutz sprechen.[31] Ein unmittelbarer Leistungsschutz für Sportveranstalter unterläuft zumindest nicht die Wertungen des Sonderrechtsschutzes. Weder ist der Gesetzgeber in diesem Bereich bisher tätig geworden, noch lässt sich den einzelnen Rechten des Immaterialgüterschutzes eine Wertung entnehmen, die gegen einen Schutz spräche.[32] Ob auch die umfassende Interessenabwägung für einen unmittelbaren Leistungsschutz spricht, hängt vom konkreten Einzelfall ab. Bei Amateursport-Veranstaltungen wird die Abwägung regelmäßig zu dem Ergebnis kommen, dass das Kommunikationsinteresse der beteiligten Akteure und Zuschauer sowie das von Art 5 GG geschützte Berichterstattungsinteresse der Medien die Verwertungsinteressen der Vereine und Verbände überwiegt. Im Profisport sind dagegen durchaus Konstellationen denkbar, in denen ohne Rückgriff auf die Generalklausel die Gefahr bestünde, dass die getätigten Investitionen nicht amortisiert werden könnten und in Folge dessen bestimmte Sportveranstaltungen nicht mehr stattfänden. So wäre es bspw nicht einzusehen, wenn der unzureichende Schutz durch das Hausrecht des Veranstalters dazu führte, dass Open-Air-Veranstaltungen ohne Zahlung einer Lizenzgebühr aufgenommen und gesendet werden dürften.

18 c) **Deliktische Abwehrrechte.** Der vom BGH ebenfalls angesprochene **deliktische Unternehmensschutz** wird nur selten greifen. Zwar steht außer Frage, dass der Veranstalter eine Vielzahl materieller und immaterieller Betriebsmittel einsetzt und deshalb Inhaber eines eingerichteten und ausgeübten Gewerbebetriebs ist. Die Ansprüche des Veranstalters werden aber meist schon daran scheitern, dass der deliktische Unternehmensschutz zum Unlauterkeitsrecht im Verhältnis der Subsidiarität steht.[33] Nur wenn der Anwendungsbereich des UWG gar nicht eröffnet ist, etwa weil schon gar kein Wettbewerbsverhältnis besteht, kann sich der Veranstalter überhaupt auf sein Recht am eingerichteten und ausgeübten Gewerbebetrieb berufen.

---

29 Dagegen Köhler/Bornkamm/*Köhler* § 4 UWG Rn 9.5c; *Emmerich* § 11 Rn 8; dafür Piper/*Ohly*/Sosnitza § 4 UWG Rn 9/79; *Fezer* WRP 2008, 1, 9; *Sack* WRP 2005, 531, 536 f.

30 Die Lücken des Sonderrechtsschutzes füllte die Rechtsprechung mit Hilfe des Wettbewerbsrechts, vgl für den Schutz von Sendeunternehmen BGH GRUR 1962, 470 – AKI, für den Schutz von Computerprogrammen OLG Frankfurt 1973, 757 – Donkey Kong Junior I und für den Schutz von Datenbanken BGH GRUR 1999, 923, 926 – Tele-Info-CD.

31 Ausf zu den Voraussetzungen für einen unmittelbaren Leistungsschutz *Ohly* GRUR 2010, 487.

32 Piper/Ohly/Sosnitza/*Ohly* § 4 UWG Rn 9/78.

33 Palandt/*Sprau* § 823 BGB Rn 126.

Ansprüche aus § 826 BGB stehen zu den Regelungen des UWG zwar im Verhältnis der Anspruchskonkurrenz. Aber auch dieser Weg bietet keinen ausreichenden Schutz für den Veranstalter. Die Anspruchsvoraussetzungen des § 826 BGB sind deutlich höher als die entsprechenden Bestimmungen des UWG. Insb verlangt § 826 BGB eine vorsätzlich-sittenwidrige Schädigung, während die Unlauterkeit rein objektiv zu beurteilen ist.[34] 19

d) Notwendigkeit einer gesetzlichen Regelung der Veranstalterrechte. Insb an den Fällen, in denen das Hausrecht keine ausreichende Grundlage für Abwehransprüche des Veranstalters bietet, wird deutlich, dass eine ausdrückliche gesetzliche Regelung der Veranstalterrechte notwendig wäre.[35] Der Rückgriff auf die Generalklausel des UWG kann keine dauerhafte Lösung sein. Der Gesetzgeber hätte hier die Gelegenheit, für alle Beteiligten mehr Rechtssicherheit zu schaffen. Ein sonderrechtlicher Schutz wäre dabei nicht nur im Interesse der Sportveranstalter; auch für Sportler, Zuschauer, Rechte-Agenturen und Sendeunternehmen wäre es von Vorteil, wenn eine gesetzliche Regelung die Reichweite der Veranstalterrechte, also auch deren Grenzen, festschriebe. Solange der Gesetzgeber untätig bleibt, obliegt es weiter der Rechtsprechung, die verschiedenen Interessen in Einklang zu bringen. Die Linie des BGH ist bisher überzeugend. Während er im Jahr 2005 mit der Hörfunkrechte-Entscheidung[36] das Hausrecht der Veranstalter gestärkt hat, haben mit der jüngst ergangenen Hartplatzhelden-Entscheidung[37] die Bestrebungen der Amateurverbände, die unter ihrer Fahne ausgetragenen Spiele umfassend wirtschaftlich zu verwerten, einen deutlichen Dämpfer erhalten. Wie der BGH dem lauterkeitsrechtlichen Schutz für Sportveranstalter gegenübersteht, lässt sich bisher nicht abschließend beurteilen. In der „Hörfunkrechte-Entscheidung" konnte der BGH die Abwehrrechte aus dem Hausrecht ableiten und musste deshalb nicht auf die wettbewerbsrechtlichen Anspruchsgrundlagen eingehen. Auch im „Hartplatzhelden-Fall" lag ein lauterkeitsrechtlicher Schutz der Rechtsinhaber eher fern.[38] Die Pressemitteilung des BGH zur Hartplatzhelden-Entscheidung[39] deutet darauf hin, dass gegenüber Filmaufnahmen sowohl ein mittelbarer Nachahmungsschutz über § 4 Nr 9 UWG als auch ein unmittelbarer Nachahmungsschutz über § 3 UWG nur dann in Betracht kommt, wenn eine hinreichende wirtschaftliche Verwertung der Sportveranstaltungen nicht über das Hausrecht sicher gestellt werden kann. Vorerst lässt sich festhalten: das Hausrecht ist das stärkste Abwehrrecht des Sportveranstalters; dem ergänzenden Leistungsschutz des UWG kommt nur in seltenen Fällen eine Reservefunktion zu. 20

---

34 Piper/Ohly/Sosnitza/*Ohly* Einführung D Rn 63.

35 Für eine gesetzliche Regelung auch Piper/Ohly/Sosnitza/*Ohly* § 4 UWG Rn 9/80; PHB SportR/*Summerer* 4/79. Ausf hierzu *Hilty/Henning-Bodewig* Leistungsschutzrechte, abrufbar unter http://www.berlin.de/imperia/md/content/rbm-skzl/bund/leistungsschutzrecht_fuer_sportveranstalter.pdf (zuletzt aufgerufen am 13.11.2010).

36 BGH GRUR 2006, 249 – Hörfunkrechte, vgl zu dieser Entscheidung ausf Rn 104 ff.

37 BGH Urt v 28.10.2010, Az I ZR 60/09, die Entscheidungsgründe lagen bei Redaktionsschluss noch nicht vor; vgl zu dieser Entscheidung ausf Rn 119 ff.

38 S Rn 122 ff.

39 Abrufbar unter http://juris.bundesgerichtshof.de/cgi-bin/rechtsprechung/document.py?Gericht=bgh&Art=pm&Datum=2010&Sort=3&nr=53789&pos=18&anz=224 (zuletzt aufgerufen am 19.11.2010).

2. Rechtsinhaber – Veranstalterbegriff

21 Inhaber der genannten Rechtspositionen ist nach in Rechtsprechung und Literatur einhellig vertretener Ansicht der Veranstalter. Ebenso wenig wie die Rechte des Sportveranstalters ausdrücklich gesetzlich geregelt sind, wird der **Veranstalterbegriff** selbst gesetzlich definiert.

22 a) **Veranstalterbegriff des BGH.** Im Anschluss an das Reichsgericht[40] ging der BGH zunächst davon aus, dass Veranstalter derjenige sei, der in organisatorischer und finanzieller Hinsicht für das betreffende Ereignis verantwortlich sei, dem also Vorbereitung und Durchführung obliege und der das unternehmerische Risiko trage.[41] In der Entscheidung „Bubi-Scholz" beschreibt der BGH die Tätigkeit eines Veranstalters wie folgt:[42]

23 *„Die Tätigkeit eines Veranstalters von Berufsboxkämpfen besteht im wesentlichen in der für deren Zustandekommen und Abwicklung erforderlichen organisatorischen Arbeit, im Abschluss von Verträgen mit den Boxern und deren Managern, in der Miete geeigneter Räume, in der Werbung für die einzelnen Veranstaltungen und in der die vorhandenen wirtschaftlichen Möglichkeiten erschöpfenden Auswertung der einzelnen Veranstaltungen. Hierzu gehören der Verkauf von Eintrittskarten und von Programmheften und auch die entgeltliche Einräumung des Rechts, für Zwecke der aktuellen Berichterstattung – sei es in Lichtspieltheatern, sei es im Fernsehen – die Kämpfe zu filmen oder mit der Fernsehkamera für eine Direktsendung aufzunehmen."*

24 Diese Rechtsprechung des BGH ist in der Literatur auf Zustimmung gestoßen,[43] aber insb im Hinblick auf die Spiele der Fußball-Bundesliga unterschiedlich interpretiert worden. Teilweise wird der jeweilige Heimverein als alleiniger Veranstalter angesehen, da dieser nicht nur das wirtschaftliche Risiko der Veranstaltung trage, sondern auch die wesentlichen Voraussetzungen für die Austragung des Spiels schaffe, zum Beispiel indem er eine geeignete Spielstätte bereit stelle, den Kartenverkauf organisiere und die Gehälter der Spieler, Trainer und Manager übernehme.[44] Andere Stimmen sprechen dagegen dem DFB bzw dem Ligaverband und der DFL[45] zumindest eine Eigenschaft als Mitveranstalter zu.[46] Zunächst der DFB und anschließend der Ligaverband und die DFL hätten seit Gründung der Fußballbundesliga im Jahr 1963 vielfältige sportorganisatorische Leistungen erbracht.[47] Diese Leistungen seien zum einen eine wesentliche Voraussetzung für einen ordnungsgemäßen Spielbetrieb und hätten andererseits erheblich zu dem hohen Ansehen der Bundesliga bei Zuschauern und Vermarktern beigetragen.[48] Die Bedeutung der erbrachten Leistungen zeige auch der

---

40 RGZ 78, 84.
41 BGH GRUR 1956, 515, 516 – Tanzkurse; BGH GRUR 1960, 606, 607 – Eisrevue II; BGH GRUR 1962, 254, 255 – Fußball-Programmheft; BGH NJW 1963, 1742 – Vortragsabend; BGH NJW 1970, 2060 – Bubi Scholz.
42 BGH NJW 1970, 2060 – Bubi Scholz.
43 *Hausmann* BB 1994, 1089, 1091; *Springer* WRP 1998, 477, 481; *Stopper* Ligasport 79 ff; *Wertenbruch* ZIP 1996, 1417, 1420 f.
44 *Hausmann* BB 1994, 1089, 1091; *Springer* WRP 1998, 477, 481; *Wertenbruch* ZIP 1996, 1417, 1420 f.
45 Der Ligaverband eV, der Zusammenschluss aller deutschen Profi-Fußballvereine, hat 2001 sein gesamtes operatives Geschäft auf sein hundertprozentiges Tochterunternehmen DFL abgetreten. Ausf dazu *Summerer* SpuRt 2001, 263.
46 *Jänich* GRUR 1998, 438, 441; *Mahler* SpuRt 2001, 8, 11; *Stopper* SpuRt 1999, 188, 191; *Heermann* SpuRt 1999, 11, 13.
47 PHB SportR/*Summerer* 4/86 führt unter anderem die Durchführung des Lizenzierungsverfahrens, die Erteilung der Spielerlizenzen, die Erstellung des Rahmenterminkalenders, die Erarbeitung des Spielmodus und der Spielpläne auf.
48 PHB SportR/*Summerer* 4/87.

Vergleich zwischen Spielen im Rahmen der organisierten Wettbewerbe, etwa Bundesliga- oder Pokalspiele, und einfachen Freundschaftsspielen; letztere interessierten weniger Zuschauer und erzielten dementsprechend auch deutlich geringere Vermarktungseinnahmen.[49]

Neuen Schwung in die Diskussion um den Veranstalterbegriff brachte der **Europapokalheimspiele-Beschluss des BGH** im Jahr 1997.[50] Das BKartA hatte dem DFB verboten, die Fernsehübertragungsrechte für die Heimspiele der am UEFA-Pokal und am Pokal der europäischen Pokalsieger teilnehmenden deutschen Fußballvereine zentral zu vermarkten. In dieser Entscheidung hält der BGH bei der Frage, wer Veranstalter eines Fußballspiels ist, weiterhin die organisatorischen und wirtschaftlichen Leistungen der Heimvereine für entscheidend. Das Gericht führt dazu aus:[51] 25

„Auch wenn DFB und UEFA einen organisatorischen Rahmen für den Wettbewerbsfußball schaffen, bleiben die die Fußballspiele austragenden Vereine diejenigen, welche wesentliche wirtschaftliche Leistungen für die Vermarktung der Fernsehübertragungsrechte erbringen. Sie stellen vor allem – zusammen mit dem jeweiligen Wettbewerbspartner – die Spieler, deren von den vereinsinternen Betreuern vorbereiteter und begleiteter Wettkampf gegeneinander das Produkt schafft, das auf das Interesse der Zuschauer stößt. Darüber hinaus leistet der jeweilige Heimverein die notwendige organisatorische Arbeit vor Ort: Er hat vor allem das Stadion mit allen seinen Einrichtungen bereitzustellen und herzurichten, den Kartenverkauf und die Werbung hierfür durchzuführen, sowie beim Zu- und Abgang der Zuschauer in Absprache mit der Polizei und den örtlichen Verkehrsunternehmen organisatorisch mitzuwirken. Dadurch wird erst das Fußballspiel als Veranstaltung zu einer gewerblichen Leistung, die eine Vermarktung in umfassender Weise ermöglicht. Der Heimverein ist der natürliche Marktteilnehmer, der die von ihm im Zusammenwirken mit dem anderen Verein erarbeitete Leistung auf der Grundlage abgesprochener Gegenseitigkeit vermarkten darf. Für den Kartenverkauf, für die Veräußerung der Stadionzeitung, von Fan-Artikeln oder Speisen und Getränken im Stadion oder für die Vermietung von Werbeflächen und ähnlichen kommerziellen Aktivitäten besteht daran kein Zweifel. Für die Gestattung von Film- oder Fernsehaufnahmen im Stadion gilt grundsätzlich nichts anderes.“ 26

Danach kann davon ausgegangen werden, dass der die Veranstaltung ausrichtende Heimverein in der Regel die Veranstaltereigenschaft innehat. Der Gastverein wird dagegen regelmäßig kein (Mit-)Veranstalter sein, da er nur selten nennenswerte Organisationsleistungen erbringt und eine bloße Teilnahme an der Veranstaltung als „Auftretender“ keine Veranstalterrechte nach sich ziehen kann. Der BGH deutet in der Entscheidung aber an, dass ein Verband als Mitveranstalter anzusehen sein könnte, sofern er die entsprechenden Wettbewerbe ins Leben gerufen, über Jahre zahlreiche Einzelmaßnahmen organisiert und geleitet und ihnen ein hohes Ansehen bei den Zuschauern verschafft habe.[52] Eine Übernahme des finanziellen Risikos ist damit nicht mehr Voraussetzung für den Rechtserwerb. In der Entscheidung selbst konnte der BGH die Frage offen lassen, da sich nach seiner Auffassung die Mitwirkung des DFB bei der Ausrichtung von Europapokal-Spielen auf bloße Koordinierungsleistungen beschränkt hatte, aus denen keine Veranstalterrechte hergeleitet werden konnten.[53] 27

49 *Bothor* SpuRt 1998, 196, 197; *Jänich* GRUR 1998, 438, 439.
50 BGH NJW 1998, 756 – Europapokal-Heimspiele.
51 BGH NJW 1998, 756, 758 – Europapokal-Heimspiele.
52 BGH NJW 1998, 756, 759 – Europapokal-Heimspiele.
53 BGH NJW 1998, 756, 759 – Europapokal-Heimspiele.

28 **b) Verbände als Mitveranstalter?** Solange es keine gesetzliche Regelung des Veranstalterbegriffs gibt, kann die Frage, ob einem Verband neben dem ausrichtenden Verein, der schon wegen seines Hausrechts Veranstalter ist, eine **Mitveranstaltereigenschaft** zukommen kann, nur mit Blick auf die Rechtsnatur des Fernsehübertragungsrechts beantwortet werden. Sieht man wie der BGH in seinen Entscheidungen „Sportübertragungen“[54] und „Europapokalheimspiele“[55] die Rechtgrundlage der Veranstalterrechte nicht nur in den §§ 858, 1004 BGB, sondern auch in den Vorschriften des UWG, im deliktischen Unternehmensschutz des § 823 Abs 1 BGB und in § 826 BGB, ist die Frage zu bejahen. Die Rechtsposition des Veranstalters leitet sich dann nicht nur aus dem Besitz oder Eigentum an der Veranstaltungsstätte ab, der regelmäßig bei dem ausrichtenden Heimverein liegen wird; durch das UWG und die deliktsrechtlichen Ansprüche können dann auch ideelle, materielle, strukturelle und organisatorische Leistungen der Verbände geschützt sein. Voraussetzung ist allerdings, dass es sich um Leistungen handelt, die wesentlich dazu beitragen, dass die Veranstaltungen zu einem vermarktungsfähigen Produkt werden.[56] Dies wird zum Teil bestritten mit dem Hinweis darauf, dass es sich bei den Leistungen der Verbände letztlich nur um vorgelagerte Hilfsfunktionen handele.[57]

29 Beide Auffassungen sind in ihrem Ausgangspunkt ungenau. Im Anschluss an die genannten Entscheidungen des BGH scheinen beide Ansichten das Fernsehübertragungsrecht als ein Rechtsbündel zu verstehen, in dem sich die einzelnen Rechtspositionen (Hausrecht, Wettbewerbsrecht, Deliktsrecht) zu einem Gesamtrecht vereinen, das im Ergebnis den sondergesetzlich geregelten Immaterialgüterrechten gleichsteht. Zwar hat der BGH seine Ausführungen zur Rechtsnatur des Fernsehübertragungsrechts bisher eher allgemein und vage gehalten. Ein genaueres Eingehen war bisher aber auch nicht angezeigt. Da sämtlichen Entscheidungen kartellrechtliche Fragestellungen zu Grunde lagen, musste die Frage, welchen Beteiligten welche Rechte zustehen, nicht im Einzelnen beantwortet werden.

30 Am **„Hartplatzhelden-Fall“**,[58] bei dem der BGH nun Stellung beziehen muss, zeigt sich sehr deutlich, dass genau unterschieden werden muss, wer Inhaber welcher Rechtsposition ist. Der Amateurverband, der es einem Onlineportal verbieten will, kurze, von Besuchern der Amateurspiele aufgezeichnete Filme einzelner Spielszenen, zum Abruf im Internet bereitzuhalten, ist gerade nicht Inhaber eines umfassenden ausschließlichen Verwertungsrechts.[59] Es ist zunächst danach zu fragen, wer Inhaber des Hausrechts ist. Das werden die jeweiligen Heimvereine sein, weil sie Besitzer oder Eigentümer der Spielstätte sind. Der Verband könnte den Vereinen zwar mit seiner Satzung vorschreiben, den Besuchern der Spiele über das Hausrecht das Filmen der Spiele zu verbieten. Will der Verband dies aber nicht, bleibt nach der hier vertretenen Ansicht in erster Linie der Weg über das Wettbewerbsrecht. Dabei ist im Rahmen des Nachahmungsschutzes nicht undifferenziert danach zu fragen, wer Veranstalter der Spiele ist; es muss vielmehr festgestellt werden, wessen Waren und Dienstleistungen

54 BGH NJW 1990, 2815 – Sportübertragungen.

55 BGH NJW 1998, 756 – Europapokal-Heimspiele.

56 *Mahler* SpuRt 2001, 8, 10; *Stopper* SpuRt 1999, 188, 190; PHB SportR/*Summerer* 4/85.

57 *Hass/Reimann* SpuRt 182, 187; *Waldhauser* ZUM 1998, 129, 131.

58 Vgl hierzu die Entscheidungen des LG Stuttgart MMR 2008, 551 und des OLG Stuttgart MMR 2009, 395 – hartplatzhelden.de, die der BGH mit seinem Urt v 28.10.2010, Az I ZR 60/09 aufgehoben hat. Ausf hierzu Rn 119 ff.

59 So der BGH in der Pressemitteilung zu seinem Urt v 28.10.2010, Az I ZR 60/09, abrufbar unter http://juris.bundesgerichtshof.de/cgi-bin/rechtsprechung/document.py?Gericht=bgh&Art=pm&Datum=2010&Sort=3&nr=53789&pos=4&anz=210.

von einem Mitbewerber nachgeahmt werden. Da nach der Rechtsprechung des BGH die Abtretung von wettbewerbsrechtlichen Abwehransprüchen grundsätzlich ausgeschlossen ist,[60] kann sich ein eigenes Recht des Verbandes aus § 4 Nr 9 UWG nur ergeben, wenn sich in dem angegriffenen Leistungsergebnis tatsächlich genau die vom Verband erbrachten Leistungen wiederfinden. Dies wäre bspw dann der Fall, wenn ein Dritter komplette Spiele oder eine umfassende Highlight-Berichterstattung über einen Ligawettbewerb anböte. Eine solche Berichterstattung würde exakt an den Leistungen des Verbandes (Organisation des Ligabetriebs, Aufstellen von Spielplänen, Bereitstellung von Schiedsrichtern etc) anknüpfen. Bei der Veröffentlichung einzelner, vom Gesamtwettbewerb losgelöster Spielszenen kann sich der Verband dagegen nicht auf einen Nachahmungsschutz berufen, da hier an die individuellen Leistungen der Spieler und die Leistung des aufnehmenden Zuschauers angeknüpft wird.

Der kartellrechtlich geprägte Veranstalterbegriff ist mithin nicht geeignet, den oder die Inhaber des Fernsehübertragungsrechts zu bestimmen. Er verführt dazu, das Fernsehübertragungsrecht als umfassendes dingliches Verwertungsrecht zu verstehen. Es wäre zwar wünschenswert, dass der Gesetzgeber in absehbarer Zeit ein solches Sportveranstalterrecht kodifiziert; bis dahin ist die Vergabe von Fernsehübertragungsrechten aber weiterhin als schuldrechtliche Gestattung, in die jeweils einschlägige Rechtsposition einzugreifen, zu verstehen. Bei der Feststellung, wer Inhaber des jeweiligen Rechts ist, darf nicht pauschal auf den Veranstalter abgestellt werden; es muss vielmehr genau untersucht werden, wer Inhaber des Hausrechts ist bzw wer nach den Vorschriften des UWG aktivlegitimiert ist. **31**

c) **Mehrere Veranstalter.** Wegen dieser Erwägungen ist auch der in der Literatur vertretenen Ansicht, mehrere Veranstalter bildeten eine **Rechtsgemeinschaft** nach §§ 741 ff BGB, nur teilweise zuzustimmen. Da das Hausrecht auf dem Besitz bzw Eigentum an der Sportstätte beruht, kann insoweit durchaus eine Bruchteilsgemeinschaft vorliegen.[61] Dagegen handelt es sich bei den wettbewerbsrechtlichen Abwehransprüchen grundsätzlich um höchstpersönliche Ansprüche, bei denen nach § 399 Alt 1 BGB die Abtretung ausgeschlossen ist, da andernfalls eine unnötige Vervielfachung der Ansprüche zu befürchten wäre.[62] Lauterkeitsrechtliche Ansprüche können damit nur vom jeweils konkret Betroffenen geltend gemacht werden. **32**

Abschließend kann Folgendes festgehalten werden: Verbände können Verwertungsrechte an den von ihnen ins Leben gerufenen und (mit-)organisierten Sportveranstaltungen innehaben. Zum einen können sie über ihre Satzung oder eine anderweitige Vereinbarung zusammen mit den Vereinen das Hausrecht ausüben. Zum anderen kommt auch ein wettbewerbsrechtlicher Schutz für Verbände in Betracht. Hierfür ist allerdings Voraussetzung, dass eine konkret vom Verband erbrachte Leistung übernommen wird. Dies wird mit Blick auf den organisatorischen Aufwand der Verbände und der gerade aus der Einordnung der Spiele in den Gesamtwettbewerb folgenden Attraktivität der einzelnen Spielpaarung zumindest dann der Fall sein, wenn komplette Spiele übertragen werden oder eine umfassende Highlight-Berichterstattung erfolgt. **33**

---

60 BGH GRUR 2007 978, 980 – Rechtsberatung durch Haftpflichtversicherer, wonach auch Unterlassungsansprüche aus einem Eingriff in das Recht am eingerichteten und ausgeübten Gewerbebetrieb grundsätzlich nicht abtretbar sind.

61 Hinsichtlich des Eigentums ergibt sich dies schon aus den §§ 1008 ff BGB. Aber auch der Besitz kann Gegenstand einer Bruchteilsgemeinschaft sein, vgl BGH NJW 2005, 894, 897.

62 BGH GRUR 2007 978, 980 – Rechtsberatung durch Haftpflichtversicherer; Köhler/Bornkamm/*Köhler* § 8 UWG Rn 3.18 f.

II. Zentrale Vermarktung der Fernsehübertragungsrechte

34 Die zentrale Vermarktung von Fernsehübertragungsrechten ist dadurch gekennzeichnet, dass die einzelnen Vereine einer Liga, das Recht, Verträge über die Erlaubnis zur Aufzeichnung und Ausstrahlung ihrer Spiele auszuhandeln und abzuschließen, nicht mehr selbst wahrnehmen, sondern auf eine übergeordnete Institution übertragen.[63] Dieses Modell wird nicht nur seit jeher von der Fußball-Bundesliga praktiziert, auch in den anderen Liga-Sportarten ist es üblich, die Fernsehübertragungsrechte zentral zu vermarkten.[64] Da nun nicht mehr mehrere miteinander konkurrierende Anbieter nebeneinander ihre Produkte anbieten, sondern nur noch ein Anbieter alle Rechte gemeinsam vermarktet, droht eine Ausschaltung des Preis- und Konditionenwettbewerbes und damit eine **Kollision mit dem Kartellverbotstatbestand** des § 1 GWB bzw Art 101 AEUV.[65]

35 Beide Tatbestände erfassen Vereinbarungen zwischen Unternehmen, Beschlüsse von Unternehmensvereinigungen und aufeinander abgestimmte Verhaltensweisen, die eine Verhinderung, Einschränkung oder Verfälschung des Wettbewerbs bezwecken oder bewirken. Der in Art 3 VO Nr 1/2003 angeordnete **Vorrang des europäischen Kartellverbotstatbestandes** gegenüber nationalem Recht hat zur Folge, dass die Zentralvermarktung von Fernsehübertragungsrechten an Art 101 AEUV zu messen ist, sobald sie dazu geeignet ist, den zwischenstaatlichen Handel zu beeinträchtigen, wenn es also – wie bei den Übertragungsrechten der Fußball-Bundesliga[66] – Interessenten aus EU-Mitgliedstaaten gibt. Kommt der Zentralvermarktung keine Eignung zur Beeinträchtigung des zwischenstaatlichen Handels zu, kommt § 1 GWB zur Anwendung. Da das Kartellverbot des § 1 GWB mit der 7. GWB-Novelle[67] noch weitgehender als zuvor an das des Art 101 AEUV angeglichen wurde, ergeben sich für die kartellrechtliche Beurteilung der Zentralvermarktung aber keine Unterschiede.

1. Verstoß gegen das Kartellverbot

36 a) **Wettbewerbsbeschränkung.** Nach übereinstimmender Auffassung der Kartellbehörden[68] und der Rechtsprechung[69] verstößt die zentrale Vermarktung von Fernsehübertragungsrechten gegen den Tatbestand des Kartellverbots des § 1 GWB bzw Art 101 Abs 1 AEUV. So untersagte etwa das BKartA auf Grundlage des § 1 GWB 1994 dem DFB die zentrale Vermarktung der Fernsehübertragungsrechte für die Heim-

---

63 Loewenheim/Meessen/Riesenkampff/*Nordemann* § 1 GWB Rn 242; *Schwabe/Hetzel* EuR 2005, 581, 590.

64 So werden etwa die Fernsehübertragungsrechte der Fußballbundesliga von der DFL, die Fernsehübertragungsrechte der Beko Basketball Bundesliga von der BBL und die Fernsehübertragungsrechte der Deutschen Eishockey Liga durch die DEL vermarktet.

65 Das Kartellverbot des Art 81 EGV ist seit Inkrafttreten des Vertrages von Lissabon am 1.12.2009 wortgleich in Art 101 AEUV (Vertrag über die Arbeitsweise der Europäischen Union) geregelt.

66 Der europäische TV-Sender Eurosport hat im Jahr 2008 die Rechte an der Fußball-Bundesliga für 22 Länder Skandinavien und Osteuropa gekauft, vgl die Meldung auf http://www.handelsblatt.com/sport/fussball/dfl-verkauft-fernsehrechte-an-us-sender;2264949 (zuletzt aufgerufen am 19.11.2010).

67 Trat am 1.7.2005 in Kraft.

68 Zur Haltung des BKartA vgl SpuRt 1995, 118 und das Hintergrundpapier zum Thema „Zentralvermarktung der Verwertungsrechte der Fußballbundesliga ab dem 1.7.2009“, abrufbar unter http://www.bundeskartellamt.de/wDeutsch/download/pdf/080724_PK_Hintergrundpapier.pdf; zur Haltung der EU-Kommission vgl die Entscheidung v 23.7.2003, COMP/C.2-37.398 Rn 113 ff – UEFA Champions League.

69 KG NJWE-WettbR 1996, 187, bestätigt durch BGH NJW 1998, 756 – Europapokalheimspiele.

spiele der am UEFA-Pokal und am Pokal der europäischen Pokalsieger teilnehmenden deutschen Fußballvereine.[70] Die deutschen Teilnehmer hatten ihre jeweiligen Heimspiele zunächst selbst vermarktet, der DFB war dabei lediglich als Vermittler aufgetreten. Ab 1986 vermarktete der DFB dann die entsprechenden Rechte zentral. Nachdem die Übertragungsrechte zunächst spieltageweise oder in Rechtepaketen an Agenturen oder Fernsehunternehmen übertragen worden waren, vergab der DFB für die insgesamt sechs Spielzeiten der Jahre 1992/93 bis 1997/98 die exklusiven Fernsehübertragungsrechte im Gesamtpaket und zwar im jährlichen Wechsel an die Rechteagenturen UFA und ISPR. Die Untersagungsverfügung des BKartA wurde zunächst vom KG[71] und dann vom BGH[72] bestätigt.

Auch die Literatur bejaht größtenteils einen Verstoß gegen das Kartellverbot.[73] 37
Dem ist zunächst zuzustimmen. Die Übertragung der Rechte an den Heimspielen durch die Vereine auf eine übergeordnete Institution stellt eine **wettbewerbsbeschränkende Vereinbarung** von Unternehmen dar.[74] Während die professionellen Sportvereine, in der Regel keine Vereine nach §§ 21 ff BGB, sondern Kapitalgesellschaften, Unternehmen im Sinne des Kartellrechts sind, ist der die Zentralvermarktung ausführende Verband eine Vereinigung von Unternehmen.[75] Die Akteure fallen unter die Vorschriften des Kartellrechts, da sie als Anbieter von Fernsehübertragungsrechten geschäftlich tätig werden.[76] Eine Wettbewerbsbeschränkung liegt vor, wenn sich wenigstens eines der beteiligten Unternehmen gegenüber einem anderen im Hinblick auf den Einsatz wettbewerblicher Handlungsfreiheiten im Verhältnis zu Dritten bindet.[77] Dies ist der Fall. Die ligaangehörigen Vereine sind zumindest Mitveranstalter ihrer jeweiligen Heimspiele. Ohne die zentrale Vermarktung sähen sich die Kaufinteressenten nicht einem Angebotsmonopol gegenüber. Die Vereine träten als Wettbewerber am Markt auf und könnten im Rahmen des dann gegebenen Preis- und Konditionenwettbewerbs unter Umständen einen höheren Erlös für den Verkauf ihrer Rechte erzielen.[78]

b) **Besonderheiten des Sports.** Dieses Ergebnis wird den **Besonderheiten des Sports** 38
allerdings nicht gerecht. Anders als der wirtschaftliche Wettbewerb ist der sportliche Wettbewerb nicht auf Verdrängung ausgerichtet. Der Ligasport ist davon abhängig, dass möglichst viele, annähernd gleichwertige Wettbewerber um den Sieg streiten.[79] Kurzfristig und auf ein Spiel bezogen mag der Spruch „Geld schießt keine Tore" zwar richtig sein; der Blick auf die verschiedenen Sportliegen zeigt, dass die wirtschaftlichen Möglichkeiten mittel- und langfristig aber doch maßgeblich über Erfolg und Misserfolg entscheiden. Eine individuelle Vermarktung hätte zur Folge, dass die „Großen" lukrative Verwertungsverträge schließen könnten, die „Kleinen" hätten dagegen meist das Nachsehen. Die zentrale Vermarktung der Fernsehübertragungsrechte als Instru-

---

70 BKartA SpuRt 1995, 118.
71 KG NJWE-WettbR 1996, 187.
72 BGH NJW 1998, 756 – Europapokalheimspiele.
73 Loewenheim/Meessen/Riesenkampff/*Nordemann* § 1 GWB Rn 242; *Schwabe/Hetzel* EuR 2005, 581, 591 f; *Springer* WRP 1998, 477, 484 f; *Wertenbruch* ZIP 1996, 1417, 1426.
74 Wird die Zentralvermarktung durch verbandsinterne Beschlüsse angeordnet, handelt es sich um einen wettbewerbsbeschränkenden Beschluss einer Unternehmensvereinigung.
75 BGH NJW 1998, 756, 757 f – Europapokalheimspiele.
76 BGH NJW 1998, 756, 757 f – Europapokalheimspiele.
77 BGH GRUR 1976, 37, 39 – Aluminium-Halbzeug; Immenga/Mestmäcker/*Zimmer* § 1 GWB Rn 154.
78 *Schwabe/Hetzel* EuR 2005, 581, 591 f; *Sauer* SpuRt 2004, 93, 94; *Fleischer* WuW 1996, 473, 480.
79 *Fleischer* WuW 1996, 473, 476; *Mahler* SpuRt 2001, 8; *Springer* WRP 1998, 477, 479.

ment „der finanziellen Solidarität" zwischen den Vereinen trägt dazu bei, das Kräftegleichgewicht der Wettbewerbsteilnehmer ausgeglichen zu gestalten.

39 c) **Tatbestandsrestriktion.** Es werden deshalb verschiedene Ansätze diskutiert, die allesamt darauf abzielen, die Zentralvermarktung dem Anwendungsbereich des Kartellverbots zu entziehen.[80] Für diejenigen, die davon ausgehen, dass Verband und Verein eine Rechtsgemeinschaft nach den §§ 741 ff BGB bilden, stellt sich schon die Frage, ob die zentrale Vermarktung der Fernsehübertragungsrechte überhaupt eine Wettbewerbsbeschränkung darstellen kann. Diese Ansicht führt an, dass weder der Verband noch der Verein die Fernsehübertragungsrechte alleine verwerten könnten. Die Zentralvermarktung sei mithin eine **notwendige Folge des originären gemeinschaftlichen Rechtserwerbs** und ein Verstoß gegen das Kartellverbot von vornherein ausgeschlossen.[81] Dem ist entgegenzuhalten, dass sich die Rechtsgemeinschaft nach §§ 741 ff BGB, sofern sie überhaupt existiert, nicht auf die Gesamtheit aller Spiele einer Saison, sondern auf jedes einzelne Spiel bezieht. Die Einbindung des einzelnen Heimspiels in einen Gesamtwettbewerb nimmt ihm nicht den Charakter einer Veranstaltung, die auch als solche Gegenstand der Vermarktung sein kann.[82] Eine individuelle Vermarktung der einzelnen Spiele wäre demnach möglich. Die Vereine, jeweils zusammen mit dem Verband, würden weiterhin als unabhängige Anbieter gegeneinander am Markt auftreten. Obwohl alle einzelnen Spiele von den jeweiligen Vereinen nur gemeinschaftlich mit dem Verband vermarktet werden könnten, bestünde im Hinblick auf die Fernsehübertragungsrechte an den einzelnen Spielen ein Preis- und Konditionenwettbewerb zwischen den Vereinen.[83] Es soll nicht verkannt werden, dass eine solche Einzelvermarktung praktisch nur schwer zu realisieren wäre. Die Vorteile der Gesamtvermarktung führen aber gleichwohl nicht zu einer kartellrechtlichen Neutralität, sondern sind im Rahmen der Freistellungsentscheidung nach § 2 Abs 1 GWB bzw Art 101 Abs 3 AEUV zu berücksichtigen.

40 Auch die **Immanenztheorie**, nach der wettbewerbsbeschränkende Vereinbarungen und Beschlüsse gerechtfertigt sind, wenn sie sich notwendigerweise aus einem eigentlich kartellrechtsneutralem Rechtsverhältnis ergeben,[84] kann keine Ausnahme vom Kartellverbot begründen. Denn die Wettbewerbsbeschränkung muss für den Bestand und die Wirksamkeit des Rechtsverhältnisses notwendig sein.[85] Die Zentralvermarktung ist aber nicht notwendig, um die Übertragung der Sportereignisse überhaupt zu gewährleisten; es wäre den Vereinen auch möglich, die Fernsehübertragungsrechte für einzelne Spiele zu verkaufen und die Einnahmedifferenzen der verschiedenen Vereine durch einen Solidaritätsfonds auszugleichen.[86]

41 Schließlich lässt sich auch aus dem **Arbeitsgemeinschaftsgedanken** keine Ausnahme vom Kartellverbot begründen. Der vom BGH für eine Bietergemeinschaft mehrerer Bauunternehmen entwickelte Arbeitsgemeinschaftsgedanke kann zur Anwendung kommen, wenn erst durch die Kooperation mehrerer selbstständiger Unternehmen und die

---

80 Die verschiedenen Ansätze zusammenfassend *Stopper* ZWeR 2008, 412 ff.

81 PHB SportR/*Summerer* 4/90; *Hellmann/Bruder* EuZW 2006, 359, 361; *Stopper* ZWeR 2008, 412, 419 ff.

82 BGH NJW 1998, 756, 759 – Europapokalheimspiele.

83 *Jungheim* SpuRt 2009, 13; *Springer* WRP 1998, 477, 482.

84 BGH NJW 1994, 384 – Ausscheidender Gesellschafter; ausf zur Immanenztheorie Immenga/Mestmäcker/*Zimmer* § 1 GWB Rn 175 ff.

85 BGH NJW 1710, 1711 – Taxigenossenschaft II.

86 *Springer* WRP 1998, 477, 483 f.

Bündelung ihrer Leistungskraft bei gleichzeitiger Koordinierung ihres Auftretens gegenüber der anderen Seite überhaupt die Möglichkeit geschaffen wird, eine bestimmte, am Markt nachgefragte Leistung zu erbringen.[87] Diese Voraussetzung ist bei der Zentralvermarktung nicht erfüllt. Trotz der Einbettung in den Gesamtwettbewerb besitzt und behält die Einzelbegegnung einen eigenständigen, vom Gesamtwettbewerb unabhängigen Reiz und Marktwert. Zudem ist aus kartellrechtlicher Sicht die Schaffung eines Produktes von dessen anschließender Vermarktung zu trennen; aus der in Grenzen zulässigen Zusammenarbeit im Rahmen einer Arbeitsgemeinschaft kann nicht darauf geschlossen werden, dass auch die gemeinschaftliche Vermarktung des hergestellten Produkts zulässig wäre.[88]

2. Freistellung vom Kartellverbot

Bis zur Reform des europäischen Wettbewerbsrechts durch die VO 1/2003 erlaubte Art 81 Abs 3 EGV unter bestimmten Voraussetzungen an sich gegen den Kartelltatbestand verstoßende Verhaltensweisen vom Kartellverbot freizustellen. Die EU-Kommission machte von dieser Möglichkeit Gebrauch und stellte 2003 die Zentralvermarktung der Medienrechte an der UEFA Champions League frei.[89] Seit Inkrafttreten der VO 1/2003 zum 1.5.2004 und dem damit einhergehenden Wechsel vom umfassenden Verbot wettbewerbswidriger Verhaltensweisen mit Erlaubnisvorbehalt zum Prinzip der Legalausnahme besteht die **Freistellungsmöglichkeit** nur noch eingeschränkt. Zwar kann die EU-Kommission nach Art 10 Abs 1 VO 1/2003 für wettbewerbswidrige Absprachen feststellen, dass das Kartellverbot nach Art 101 Abs 1 AEUV keine Anwendung findet; abgesehen davon, dass eine solche Positiventscheidung nur noch von Amts wegen und nicht mehr auf Antrag ergehen kann, soll die Vorschrift nach dem Willen des Gemeinschaftsgesetzgebers aber nur in Ausnahmefällen greifen, insb wenn zu neuen Formen von Vereinbarungen oder Verhaltensweisen noch keine Rechtsprechung oder Verwaltungspraxis vorliegt.[90] 42

Es bleibt damit nur noch der Weg über Art 9 der VO 1/2003. Nach dieser Vorschrift ist die Kommission befugt, Verpflichtungszusagen für bindend zu erklären, die von Unternehmen im Zusammenhang mit einem Verfahren angeboten werden, bei dem die Kommission eine Entscheidung zur Abstellung einer Zuwiderhandlung (Art 7 VO 1/2003) ins Auge fasst. Da diese **Verpflichtungszusage** die gleiche Wirkung hat wie die Entscheidung über die Freistellung nach Art 101 Abs 3 AEUV, muss sie sich auch an den Tatbestandsvoraussetzungen des Art 101 Abs 3 AEUV messen lassen.[91] Die Rechtsinhaber müssen demnach Vermarktungsmodelle entwickeln, die unter angemessener Beteiligung der Verbraucher an dem entstehenden Gewinn zur Verbesserung der Warenerzeugung oder -verteilung oder zur Förderung des technischen oder wirtschaftlichen Fortschritts beitragen, ohne dass den beteiligten Unternehmen Beschränkungen auferlegt werden, die für die Verwirklichung dieser Ziele nicht unerlässlich sind, oder Möglichkeiten eröffnet werden, für einen wesentlichen Teil der betreffenden Waren den Wettbewerb auszuschalten. 43

---

87 BGH NJW 2002, 2176, 2178 – Jugendnachtfahrten.

88 KG NJWE-WettbR 1996, 187, 190; *Springer* WRP 1998, 477, 483.

89 EU-Kommission Entscheidung v 23.7.2003 COMP/C.2-37.398 – UEFA Champions League.

90 Vgl 14. Begründungserwägung der VO 1/2003.

91 Loewenheim/Meessen/Riesenkampff/*Nordemann* § 1 GWB Rn 242.

44 a) **Haltung der EU-Kommission.** In den Entscheidungen zu den Vermarktungsmodellen für die UEFA Champions League,[92] die Fußball-Bundesliga[93] und die FA Premier League[94] hat die Kommission die Freistellungsvoraussetzungen als erfüllt angesehen, ihre Zustimmungen aber jeweils von bestimmten Bedingungen abhängig gemacht. Welche Anforderungen die EU-Kommission stellt, hängt zwar vom jeweiligen Einzelfall und insb von den jeweils betroffenen Märkten ab, folgende Leitlinien lassen sich den Entscheidungen aber entnehmen:

- Der Verkauf der Rechte findet im Rahmen eines transparenten und diskriminierungsfreien Verfahrens statt.
- Die Rechte werden nach einzelnen Medien und zeitlicher Priorität aufgeteilt und dann in gesonderten Paketen angeboten. Es ist darauf zu achten, dass nicht sämtliche Pakete am Ende des Vergabeverfahrens einem einzigen Anbieter zufallen. Die Bündelung der Rechte zu Einzelpaketen soll den Zugang möglichst vieler verschiedener Medienunternehmen zu den Rechten ermöglichen und einer Marktabschottung gegen neue Wettbewerber vorbeugen.
- Die Fernsehübertragungsrechte dürfen nicht ausschließlich Pay-TV-Anbietern zufallen, auch Anbieter frei empfangbarer Programme müssen berücksichtigt werden.
- Den einzelnen Vereinen verbleiben Rechte, insb im Bereich der neuen Medien. So sah das Vermarktungsmodell der DFL für die Fußballbundesliga vor, dass den Vereinen zeitversetzte Free-TV-Rechte und Internetverwertungsrechte sowie Rechte zur Verwertung ihrer Spiele in Mobilfunknetzen und im Hörfunk verblieben.
- Ungenutzte Rechte fallen an die Vereine zur Verwertung zurück.
- Die Vertragslaufzeit erstreckt sich höchstens über 3 Spielzeiten.

45 Werden ihre jeweiligen Bedingungen erfüllt, überwiegen in den Augen der EU-Kommission die **Vorteile der Zentralvermarktung** die wettbewerbswidrigen Folgen. Die Zentralvermarktung bringe Effizienzvorteile, da den interessierten Medienunternehmen nicht die zahlreichen teilnehmenden Vereine als Einzelvermarkter, sondern lediglich eine Anlaufstelle gegenüberstehe.[95] Die gemeinsame Vermarktung erlaube zudem die Bündelung von Übertragungsrechten und biete den Medienunternehmen die Möglichkeit, den Verbrauchern den Wettbewerb als Ganzes und über die gesamte Spielzeit hinweg zu zeigen.[96] Davon profitierten insb diejenigen Zuschauer, die sich nicht nur für eine bestimmte Mannschaft, sondern für den Wettbewerb insgesamt interessierten.[97] Auch werde durch die Zentralvermarktung das Risiko der Medienunternehmen verringert. Bei einer Einzelvermarktung durch die Vereine liefen sie Gefahr, dass die von einem einzelnen Verein erworbenen Rechte an Wert verlören, wenn dieser Verein im Wettbewerb schlecht abschneide.[98]

46 b) **Haltung des Bundeskartellamts.** Auch das BKartA erachtet entgegen seiner früheren Praxis die Zentralvermarktung mittlerweile als grundsätzlich freistellungsfähig. Trotzdem teilte es der DFL im Juli 2008 mit, dass das vorgeschlagene Vermark-

92 EU-Kommission Entscheidung v 23.7.2003 COMP/C.2-37.398 – UEFA Champions League.
93 EU-Kommission Entscheidung v 19.1.2005 COMP/C.2-37.214 Rn 22 ff – Bundesliga.
94 Mitteilung der EU-Kommission v 30.5.2003 ABlEG Nr L 291 v 30.4.2004 Rn 11 ff zur FA Premier League.
95 EU-Kommission Entscheidung v 23.7.2003 COMP/C.2-37.398 Rn 144 – UEFA Champions League.
96 EU-Kommission Entscheidung v 23.7.2003 COMP/C.2-37.398 Rn 145 – UEFA Champions League.
97 EU-Kommission Entscheidung v 23.7.2003 COMP/C.2-37.398 Rn 147 – UEFA Champions League.
98 EU-Kommission Entscheidung v 23.7.2003 COMP/C.2-37.398 Rn 150 – UEFA Champions League.

tungsmodell der Übertragungsrechte für die Spielzeiten 2009/2010 bis 2014/2015 die Voraussetzungen für eine Freistellung vom Kartellverbot nicht erfülle.[99] Die DFL hatte die Vermarktung der Übertragungsrechte 2007 an die Sportrechteagentur Sirius vergeben, die der Liga im Gegenzug Erlöse von € 500 Mio pro Saison garantierte.[100] Nach dem Vermarktungsmodell wäre es möglich gewesen, dass eine frei empfangbare Highlight-Berichterstattung am Samstag erst nach 22 Uhr gesendet worden wäre. Die dahinter stehende Absicht ist klar: bei einem solch späten Sendetermin wären die Pay-TV-Anbieter bereit gewesen, deutlich höhere Preise für die exklusiven Live-Rechte zu zahlen. Seine ablehnende Haltung begründete das BKartA mit der unzureichenden Beteiligung der Verbraucher an den Vorteilen der Zentralvermarktung. Auf der einen Seite könne die Gesamtexklusivität ein Anreiz für einen Sender sein, sämtliche Exklusivrechte zu einem sehr hohen Preis zu erwerben. Diese hohen Ausgaben müssten dann aber von den Verbrauchern über entsprechend hohe Abonnement-Preise getragen werden.[101] Auf der anderen Seite könnte die Zersplitterung der Rechtepakete dazu führen, dass ein Verbraucher, der jede Woche die Spiele seines Vereins sehen möchte, Abonnement-Verträge mit mehreren Bezahlsendern abschließen müsse, was ebenfalls zu hohen Kosten führen würde. Dem Vermarktungsmodell fehle jede Vorkehrung, um den Preissetzungsspielraum der Bezahlsender zu begrenzen.[102] Für besonders geeignet den Preissetzungsspielraum zu begrenzen, hält das BKartA eine möglichst viele Spiele umfassende Highlight-Berichterstattung, da diese dem Verbraucher bei hohen Pay-TV-Preisen eine – wenn auch unvollkommene – Ausweichmöglichkeit biete.[103] Eine Highlight-Berichterstattung ab 22 Uhr werde diesen Anforderungen nicht gerecht. Wörtlich führt das Amt aus:[104]

„Eine angemessene Beteilung des Verbrauchers (...) sieht das Bundeskartellamt erst dann gewährleistet, wenn die Highlight-Berichterstattung einen wesentlichen Teil des Spieltags umfasst, zeitnah und zu einem weiten Bevölkerungskreisen zugänglichen Sendetermin erfolgt. Dies setzt voraus, dass das Kernstück des Spieltags, d.h. die Samstagsspiele, in einer Free TV-Zusammenfassung an einem Sendeplatz vor 20 Uhr zu empfangen sind." **47**

Das Kartellamt deutet aber an, dass es für die DFL auch andere Möglichkeiten geben könnte, den **Preissetzungsspielraum der Pay-TV-Anbieter** zu begrenzen. So könnten etwa Pay-TV-Pakete zumindest teilweise nur nicht-exklusiv ausgeschrieben werden. Aber auch mit diesem Modell wäre es der DFL nicht möglich, höhere Erlöse zu erzielen, da die Pay-TV-Anbieter für weniger Exklusivität kaum mehr Geld zahlen werden. **48**

Die Haltung des BKartA ist auf Kritik gestoßen. Zunächst müsse bei der Beurteilung, ob die Verbraucher angemessen an dem entstehenden Gewinn beteiligt würden, nicht auf die Fernseh-Zuschauer, sondern in erster Linie auf die Abnehmer der Verwertungspakete abgestellt werden.[105] Zudem könne die angemessene Beteiligung des Verbrauchers am Gewinn auch über eine Verbesserung der Leistung erfolgen; die zu erwartenden höheren Einnahmen der DFL legten eine solche Verbesserung der fußballerischen Qualität zumindest nahe.[106] Schließlich verkenne das BKartA, dass der Preissetzungsspielraum der Pay-TV-Anbieter in Deutschland wegen der starken Kon- **49**

99 BKartA Hintergrundpapier 1.
100 BKartA Hintergrundpapier 2.
101 BKartA Hintergrundpapier 6.
102 BKartA Hintergrundpapier 6.
103 BKartA Hintergrundpapier 6.
104 BKartA Hintergrundpapier 7.
105 *Jungheim* SpuRt 2009, 13, 14 f.
106 Loewenheim/Meessen/Riesenkampff/*Nordemann* § 1 GWB Rn 242.

kurrenz durch die Triple-Play-Angebote[107] der Netzbetreiber beschränkt sei.[108] Das zweite Argument könnte allerdings nur überzeugen, wenn das Vermarktungsmodell der DFL Sorge dafür getragen hätte, dass auf den einzelnen Vertriebskanälen auch unterschiedliche Anbieter zum Zug hätten kommen können. Dies war nach Mitteilung des BKartA nicht der Fall.[109] Das BKartA wies sogar explizit auf die Gefahr hin, ein Sender könnte sämtliche exklusiven Rechte erwerben.[110]

50 Auch wenn es richtig ist, dass bei der Beurteilung, ob die Verbraucher angemessen beteiligt werden, zunächst auf den unmittelbaren Abnehmer abzustellen ist, sind in einem zweiten Schritt auch die Auswirkungen auf die Abnehmer auf den nachgelagerten Märkten, hier also die Zuschauer, zu berücksichtigen.[111] Ein Blick auf den englischen Fernsehmarkt zeigt, welche Folgen eintreten können, wenn weitgehende Exklusivrechte für Pay-TV-Anbieter mit einer frei empfangbaren Highlight-Berichterstattung um 22.30 Uhr einhergehen. Für Pay-TV-Gebühren iHv € 80,– erhalten die Verbraucher Zugriff auf nicht einmal die Hälfte der Spiele der Premier League.[112] Auch wenn dieses Beispiel die Position des BKartA vertretbar erscheinen lässt, ist kaum von der Hand zu weisen, dass die uneinheitliche Beurteilung der Zentralvermarktung durch die jeweiligen nationalen Kartellbehörden und die EU-Kommission[113] zu Wettbewerbsverzerrungen zwischen den europäischen Fußballvereinen führt – ein aus kartellrechtlicher Sicht unbefriedigendes Ergebnis.

III. Zentraler Rechteinkauf durch die European Broadcasting Union (EBU)

51 Während bei der Zentralvermarktung mehrere Anbieter ihre Rechte gemeinsam an einzelne Nachfrager vergeben, stellt sich die Situation beim zentralen Rechteinkauf umgekehrt dar: hier schließen sich mehrere Nachfrager zusammen und treten einem einzelnen Anbieter gegenüber. In der Praxis taucht diese Konstellation bei der Vergabe der Übertragungsrechte an den Olympischen Spielen durch das IOC an die EBU auf. Die EBU ist ein Zusammenschluss von 75 – zumeist öffentlich-rechtlichen – Rundfunkanstalten aus 56 Ländern.[114] Wichtigster Bestandteil der EBU ist das so genannte Eurovisionssystem, das den Teilnehmern ermöglicht, gemeinsam Übertragungsrechte für internationale Sportveranstaltungen zu erwerben und untereinander unentgeltlich Programminhalte auszutauschen.

52 Zweimal erteilte die EU-Kommission die von der EBU beantragte Freistellung vom Kartellverbot,[115] beide Male wurde die Entscheidung durch die europäischen Gerichte

---

107 Netzbetreiber wie Kabel Deutschland oder Deutsche Telekom bezeichnen mit diesem Begriff ein Angebotspaket aus Telefonie, Internet und Video-on-Demand.

108 *Jungheim* SpuRt 2009, 13, 16.

109 BKartA Hintergrundpapier 6.

110 BKartA Hintergrundpapier 6.

111 Grabitz/Hilf/*Aicher/Schuhmacher/Stockenhuber/Schroeder* Art 81 EGV Rn 304.

112 So die Darstellung des Präsidenten des Bundeskartellamtes Bernd Heitzer in einem Statement zum Thema „Zentralvermarktung der Verwertungsrechte der Fußball Bundesliga ab dem 1.7.2009", abrufbar unter www.bundeskartellamt.de/wDeutsch/.../080724_speaking_notes_final.pdf (zuletzt aufgerufen am 19.11.2010).

113 Durch die mit der 7. GWB-Novelle 2005 eingeführten neuen Zuständigkeitsregelungen wird die Praxis der Freistellungsentscheidungen auch in zwischenstaatlichen Sachverhalten zukünftig weniger durch die EU-Kommission als durch das BKartA geprägt werden.

114 Vgl die Selbstauskunft der EBU unter http://www.ebu.ch/en/about/index.php (zuletzt aufgerufen am 19.11.2010).

115 EU-Kommission Entscheidung vom 11.6.1993 ABlEG 1993 L 179/23 – EBU;

aufgehoben.[116] Nach Auffassung der Kommission schränke das Eurovisionssystem zwar den Wettbewerb der EBU-Mitglieder untereinander ein; allerdings könnten vor allem kleine Fernsehsender aus kleineren Ländern wegen der Effizienzgewinne des Systems mehr und attraktivere Sportprogramme ausstrahlen als ohne dieses System. Hinsichtlich der Wettbewerber, die nicht zur EBU gehören, verneinte die EU-Kommission die Ausschaltung wesentlichen Wettbewerbs, da für Nichtmitglieder die Möglichkeit bestünde, über ein Unterlizenzierungssystem „zu vernünftigen Konditionen umfangreichen Zugang zu Rechten für Liveübertragungen und Aufzeichnungen" zu erhalten.[117]

Dieser Auffassung erteilten die europäischen Gerichte eine deutliche Absage. Sowohl die Bestimmungen zur Unterlizenzierung selbst als auch die Durchführung dieser Regelung versetzten die Nichtmitglieder – bis auf wenige Ausnahmen – nicht in die Lage, Unterlizenzen für die nicht verwerteten Eurovisionsrechte für Direktübertragungen zu erwerben. In Wirklichkeit böten sie nur unter sehr engen Bedingungen die Möglichkeit, Unterlizenzen für die Ausstrahlung von Zusammenfassungen der Wettbewerbe zu erwerben.[118] **53**

Die im Jahr 2005 von der EBU geänderten Unterlizenzregelungen[119] halten sich zwar an die Vorgaben des EuG und haben die Marktzutrittschancen für Nicht-Mitglieder verbessert. In Anlehnung an die Kommissionspraxis zur Zentralvermarktung werden mit überzeugenden Argumenten aber weitergehende Anforderungen an das Vergabeverfahren gestellt, denen sowohl die Vergabepraxis des IOC als auch die aktuellen Regelungen der EBU nicht gerecht werden.[120] **54**

IV. Exklusivvereinbarungen

Mit den Übertragungsrechten für Sportveranstaltungen wollen die Sendeunternehmen vor allem hohe Einschaltquoten erzielen, hohe Werbeeinnahmen generieren und – sofern es sich um Pay-TV-Anbieter handelt – neue Abonnenten an sich binden. Diese Ziele können nur erreicht werden, wenn das Sendeunternehmen erstens zeitgleich oder zumindest zeitnah und zweitens exklusiv über die Veranstaltung berichten darf. Deshalb werden Übertragungsrechte für Sportveranstaltungen in der Regel exklusiv vergeben. Die **Exklusivität der Übertragungsrechte** kann unterschiedlich ausgestaltet sein. Denkbar ist zunächst eine Exklusivität im Sinne einer umfassenden und ausschließlichen medialen Verwertung. Die Exklusivität kann sich aber auch nur auf einzelne Distributionskanäle (insb Pay-TV, Free-TV, Internet und Mobilfunk) beziehen oder zeitlich beschränkt werden. **55**

Entscheidung v 10.5.2000 ABlEG 2000 L 151/18 – Eurovision.

116 EuG Entscheidung v 11.7.1996 Slg 1996, 649; Entscheidung v 8.10.2002 Slg 2002, 3805 – Metropole; EuGH Entscheidung v 27.9.2004 Rs C-470/02 P, nicht in der amtlichen Sammlung.

117 EU-Kommission Entscheidung v 10.5.2000 ABlEG 2000 L 151/ 18 Rn 102 f.

118 EuG Entscheidung v 8.10.2002 Slg 2002, 3805 Rn 83 – Metropole.

119 Abrufbar unter www.ebu.ch.

120 Vgl hierzu ausf *Heinemann* ZEuP 2006, 337, 360 ff, der unter anderem ein transparentes Vergabeverfahren mit klaren Vergabekriterien, eine Entbündelung der Rechte in einzelne Pakete und eine Öffnungsklausel fordert, nach der ein Nichtmitglied den Zuschlag für ein bestimmtes Land erhält, wenn das Nichtmitglied für dieses Land ein besseres Angebot abgibt als das EBU-Mitglied des betreffenden Landes.

56 Die **exklusive Vergabe von Übertragungsrechten bringt zwei Gefahren** mit sich. Zum einen besteht durch die exklusive Vergabe der Übertragungsrechte die Gefahr, dass über die Veranstaltung einseitig berichtet wird. Hier schafft das Kurzberichterstattungsrecht des § 5 RStV, dessen Zweck es unter anderem ist, Informationsmonopole und vorherrschende Meinungsmacht zu verhindern, Abhilfe.[121] Zum anderen können umfassende Exklusivvereinbarungen dazu führen, dass die übrigen Marktteilnehmer ausgeschlossen werden. Die Entscheidungen des BKartA und der EU-Kommission zur zentralen Vermarktung von Übertragungsrechten zeigen, dass beide Behörden Exklusivvereinbarungen offen gegenüber stehen, wenn durch zeitliche und sachliche Beschränkungen Marktabschottungswirkungen verhindert werden. Exklusivvereinbarungen sollten deshalb keine längeren Laufzeiten als drei Jahre vorsehen und sich auf einzelne Distributionskanäle beschränken. Ein weiteres, wenn auch meist weniger wirksames, Instrument zur Verhinderung einer Marktabschottung sind Unterlizenzierungsregelungen, die den Erwerber der Übertragungsrechte verpflichten, bestimmte, etwa ungenutzte, Rechte an Dritte weiterzugeben.

57 Wiederholt musste die Rechtsprechung klarstellen, dass dem Erwerber exklusiver Übertragungsrechte an der betreffenden Sportveranstaltung kein Ausschließlichkeitsrecht mit dinglicher Wirkung zusteht. Zwar werden Vermarktungsrechte an Sportveranstalten in der wirtschaftlichen Praxis häufig wie absolute Rechte gehandelt; wegen der Rechtsnatur des Fernsehübertragungsrechts als schuldrechtlicher Gestattungsvertrag haben Verwertungsverträge aber rein obligatorische Wirkung. Überträgt der Rechtsinhaber jeweils **inhaltsgleiche exklusive Verwertungsrechte an zwei verschiedene Erwerber**, gilt deshalb nicht der Grundsatz der Priorität. Beide Gläubiger besitzen dann inhaltsgleiche Ansprüche, die sie jeweils geltend machen können, nach Ansicht des OLG Hamburg sogar im Wege des einstweiligen Rechtsschutzes.[122] Erwirken beide Gläubiger jeweils Titel zu ihren Gunsten, entscheidet sich im Vollstreckungsverfahren, wem die tatsächliche Durchsetzung seiner Rechte gelingt. Der leer ausgegangene Gläubiger kann dann zum einen Schadensersatz vom Schuldner verlangen, zum anderen kann er die Verhängung von Ordnungsmitteln gegen den Schuldner beantragen.[123]

V. Recht auf Kurzberichterstattung und Übertragung von Großereignissen

58 Exklusivität ist ein wertvolles Gut bei der Vermarktung von Fernsehübertragungsrechten. Insb Pay-TV-Anbieter sind bereit, hohe Summen für Exklusivrechte zu zahlen, da sie ihrem Programm ein Alleinstellungsmerkmal verleihen und ein wichtiges Argument im Kampf um Abonnenten liefern. Mit der Vergabe von Exklusivrechten an Pay-TV-Anbieter, die gerade auch in Deutschland nur von einem sehr begrenzten Kreis unverschlüsselt empfangen werden, steigt aber auch die Gefahr, dass Fernsehübertragungen wichtiger Ereignisse nur einem begrenzten Zuschauerkreis zugänglich sind. Das BVerfG hat dazu treffend formuliert:[124]

---

121 Hahn/Vesting/*Michel/Brinkmann* § 5 RStV Rn 3.

122 OLG München ZUM 1996, 527; OLG Hamburg GRUR-RR 2007, 181, 185 unter Bezugnahme auf die vergleichbare Interessenlage bei der so genannten Doppelvermietung.

123 OLG Hamburg GRUR-RR 2007, 181, 185 f, wobei aber die „Zwickmühle" des Schuldners, zwei sich widersprechende gerichtliche Titel nicht gleichzeitig erfüllen zu können, bei der Verhängung der Ordnungsmittel zu berücksichtigen sei.

124 BVerGE 97, 228, 234.

„Nachdem das ursprüngliche Zugangsproblem sich durch die ständig wachsende Reichweite der privaten Programme entschärft hatte, droht es mit der Ausbreitung des Abonnement- Fernsehens aufgrund der digitalen Übertragungstechniken in neuer Form wieder aufzuleben." 59

Dieser Gefahr begegnet der Gesetzgeber mit § 4 RStV, der die Übertragung von 60 Großereignissen zum Gegenstand hat, und dem Recht auf Kurzberichterstattung in § 5 RStV. Beide Vorschriften verschaffen Fernsehveranstaltern – in unterschiedlichem Umfang – die Möglichkeit, von Veranstaltungen, an denen ein besonderes Informationsinteresse besteht, zu berichten; dies selbst dann, wenn der Veranstalter des Ereignisses einem Dritten die exklusiven Übertragungsrechte eingeräumt hat. Für den Erwerber der – dann nicht mehr – exklusiven Rechte kann das gravierende Folgen haben: er muss hinnehmen, dass andere Fernsehveranstalter ebenfalls die Möglichkeit haben, über die Veranstaltung zu berichten. Dies führt zu einer Verschlechterung der wirtschaftlichen Position sowohl des Veranstalters, der in der Regel nur noch einen geringeren Preis für die Übertragungsrechte erzielen kann, als auch der Zwischenhändler und Rechteerwerber, deren Refinanzierungsmöglichkeiten eingeschränkt werden.

1. Recht auf Kurzberichterstattung

Das Recht auf Kurzberichterstattung steht in engem Zusammenhang mit der Ent- 61 stehung des dualen Rundfunksystems in den 80er Jahren. In dem verschärften Wettbewerb um Sportübertragungsrechte schlossen die Sportveranstalter immer häufiger Exklusivvereinbarungen mit Fernsehanbietern.[125] Insb die Vergabe der exklusiven Übertragungsrechte für die Fußball-Bundesliga über drei Jahre im Jahr 1988 durch den DFB an die UFA ließ die Befürchtung wachsen, das **Informationsinteresse der Bevölkerung** könnte nicht ausreichend befriedigt werden, zumal die technischen Reichweiten der privaten Fernsehsender damals noch deutlich geringer waren als heute. Nachdem zunächst lediglich einige Bundesländer in den jeweiligen Landesmediengesetzen entsprechende Regelungen aufgenommen hatten, wurde mit Wirkung zum August 1991 in den Art 10a–10f ein Kurzberichterstattungsrecht in den Rundfunkstaatsvertrag eingefügt. Mit dem 3. RÄStV 1996 fand die Regelung ihren aktuellen Standort in § 5 RStV.[126]

a) **Voraussetzungen des Kurzberichterstattungsrechts.** Nach § 5 Abs 1 RStV steht 62 jedem in Europa zugelassenen Fernsehveranstalter zu eigenen Sendezwecken das Recht auf unentgeltliche Kurzberichterstattung über Veranstaltungen und Ereignisse zu, die öffentlich zugänglich und von allgemeinem Informationsinteresse sind.

Der Anspruch auf Einräumung der Kurzberichterstattung ist gegen den jeweiligen 63 **Veranstalter** gerichtet. Überwiegend wird im Rahmen von § 5 RStV von einem eigenen Veranstalterbegriff ausgegangen. Anders als bei der Vermarktung der Fernsehübertragungsrechte sei auch bei verbandsorganisierten Veranstaltungen nicht von einer Mitveranstaltereigenschaft des jeweiligen Verbandes auszugehen. Da das Kurzberichterstattungsrecht als Zugangsrecht ausgestaltet sei, liege die Veranstaltereigenschaft ausschließ-

---

125 Vgl etwa den so genannten Globalvertrag zwischen dem DSB und den öffentlich-rechtlichen Rundfunkanstalten, BGH NJW 1990, 2815 – Sportübertragungen.

126 Ausf zur Entstehungsgeschichte Hahn/Vesting/*Michel*/*Brinkmann* § 5 RStV Rn 30 ff; Spindler/Schuster/*Holznagel*/*Krone* § 5 RStV Rn 6 ff.

lich beim Heimverein; nur dieser könne als Inhaber des Hausrechts von dem in § 5 Abs 5 RStV geregelten Ausschlussrecht Gebrauch machen.[127]

64 **Öffentlich zugänglich** ist die Veranstaltung, wenn sie für die Allgemeinheit, also für einen individuell nicht bestimmten oder bestimmbaren Personenkreis, unmittelbar physisch oder durch Medienöffentlichkeit zugänglich ist.[128]

65 Bei der Beurteilung, ob ein **allgemeines Informationsinteresse** an der Veranstaltung vorliegt, sollte ein großzügiger Maßstab angelegt werden. Anders als § 4 RStV muss es sich gerade nicht um ein Ereignis von erheblicher gesellschaftlicher Bedeutung handeln; ausreichend ist vielmehr jedes beim Publikum zu vermutende allgemeine Informationsinteresse.[129]

66 b) **Inhalt und Ausgestaltung des Kurzberichterstattungsrechts.** Gem § 5 Abs 1 S 2 RStV schließt das Kurzberichterstattungsrecht die Befugnis zum Zugang, zur kurzzeitigen Direktübertragung, zur Aufzeichnung, zu deren Auswertung zu einem einzigen Beitrag und zur Weitergabe unter in den Abs 2 bis 12 näher bestimmten Voraussetzungen ein.

67 Der Veranstalter hat den Zugangsberechtigten dabei wie einen Dritten zu stellen, dem die Übertragung vertraglich gestattet ist. Dies bedeutet bei Sportveranstaltungen insb, dass dem Berechtigten **Zugang zu der Infrastruktur** gewährt werden muss, die dieser für eine übliche und angemessene Übertragung benötigt (etwa Stellflächen, Verbindungswege, Plätze für die Kamerapositionen, Zugang zum Innenraum und zu den Interviewzonen etc). Für die Gewährung des Zugangs und die Nutzung der Infrastruktur kann der Veranstalter von dem Berechtigten gem § 5 Abs 6 RStV das allgemein vorgesehene Eintrittsgeld sowie den Ersatz solcher Aufwendungen verlangen, die ihm durch die Ausübung des Rechts entstehen. Der **Aufwendungsersatz** ist dabei kein Ersatz für eine Lizenzgebühr, sondern bezieht sich lediglich auf die tatsächlich angefallenen Aufwendungen und Kosten des Veranstalters (etwa Stromkosten, Kosten für die Bereitstellung von Kommentatorenplätzen, Kamerapodesten etc), soweit diese nicht bereits mit dem Eintrittspreis abgegolten worden sind.

68 Der Berechtigte kann sein Recht in zweierlei Weise ausüben: er kann entweder mittels einer kurzfristigen Direktübertragung von der Veranstaltung berichten oder er zeichnet die Veranstaltung lediglich auf und sendet dann nach der Veranstaltung einen Beitrag mit dem wesentlichen Bild- und Tonmaterial.[130]

69 Die Kurzberichterstattung ist sowohl in inhaltlicher als auch in zeitlicher Sicht beschränkt. Inhaltlich ist die Kurzberichterstattung gem § 5 Abs 4 S 1 RStV auf eine **nachrichtenmäßige Berichterstattung** beschränkt; vermittelt werden darf demnach nur der Informationsgehalt, nicht aber der Unterhaltungswert der Veranstaltung. Zutreffend wird für Sportveranstaltungen ein großzügiger Maßstab verlangt,[131] da sich hier das Informationsinteresse regelmäßig gerade auf die – auch unterhaltenden – Höhe-

127 Spindler/Schuster/*Holznagel*/*Krone* § 5 RStV Rn 23; Hahn/Vesting/*Michel*/*Brinkmann* § 5 RStV Rn 86.

128 Hahn/Vesting/*Michel*/*Brinkmann* § 5 RStV Rn 89.

129 Spindler/Schuster/*Holznagel*/*Krone* § 5 RStV Rn 29.

130 Der Berechtigte kann den Kurzbericht solange wiederholt senden, wie er davon ausgehen kann, dass beim Publikum noch ein allgemeines Informationsinteresse besteht (so die amtliche Begründung zum RStV, LT-Drs NW 11/2409, 16).

131 Spindler/Schuster/*Holznagel*/*Krone* § 5 RStV Rn 38; *Hartstein*/*Kuch* ZUM 1988, 509; aA *Ricker*/*Becker* ZUM 1988, 316 ff.

punkte der Veranstaltung beziehen wird.[132] Gem § 5 Abs 4 S 2 RStV bemisst sich die zulässige Dauer des Berichts nach der Länge der Zeit, die notwendig ist, um den nachrichtenmäßigen Informationsgehalt der Veranstaltung zu vermitteln. Für kurzfristig und regelmäßig wiederkehrende Veranstaltungen vergleichbarer Art, hierunter fallen insb Sportveranstaltungen, gibt § 5 Abs 4 S 3 RStV eine regelmäßige Obergrenze von 90 Sekunden vor. Eine Reduzierung dieser Regeldauer kann allerdings für sportliche Kurzereignisse, etwa Sprintwettbewerbe, in Betracht kommen, da andernfalls das gesamte Ereignis im Rahmen des Berichts wiedergegeben werden könnte.[133] Nach § 5 Abs 4 S 4 RStV ist es erlaubt, mehrere Kurzberichte über Veranstaltungen vergleichbarer Art zusammenzufassen, sofern in dieser Zusammenfassung der nachrichtenmäßige Charakter gewahrt bleibt.

Zwei weitere wesentliche Ausgestaltungen des Kurzberichterstattungsrechts gehen **70** zurück auf das **„Kurzberichterstattungsurteil" des BVerfG.**[134] Das BVerfG hielt das Kurzberichterstattungsrecht zwar im Kern mit dem Grundgesetz vereinbar, machte aber zwei wesentliche Einschränkungen. Zwar greife das Recht auf Kurzberichterstattung in den Schutzbereich der Berufsfreiheit des Ereignisveranstalters ein. Dieser müsse nicht nur die nötigen Voraussetzungen für die Kurzberichterstattung am Veranstaltungsort treffen; durch seine Verpflichtung, Fernsehveranstaltern, die keine vertraglichen Übertragungsrechte erworben haben, die unentgeltliche Berichterstattung zu gestatten, könne zudem der wirtschaftliche Wert der Fernsehübertragungsrechte sinken, von dem auch die Erwerber der Rechte betroffen sein könnten, da sie Gefahr liefen, Zuschauer und Werbeeinnahmen zu verlieren.[135]

Dieser Eingriff sei aber unter zwei Voraussetzungen gerechtfertigt. Zum einen müsse **71** das Kurzberichterstattungsrecht verfassungskonform dahin ausgelegt werden, dass in Fällen, in denen der Veranstalter mit dem Inhaber vertraglicher Erstverwertungsrechte eine **Karenzzeit** zwischen Veranstaltungsschluss und Fernsehübertragung vereinbart habe, auch der Kurzberichterstattungsberechtigte sich an eine solche Karenzzeit halten müsse. Insb bei Veranstaltungen wie den Spielen der Fußball-Bundesliga sei anzunehmen, dass für die Erstverwertungsrechte nicht mehr die üblichen Preise erzielt werden könnten, wenn über alle Spiele eines Spieltages unmittelbar nach deren Ende im Wege der Kurzberichterstattung vorab informiert werden dürfte.[136]

Zum anderen sei die Vorschrift dahin zu ergänzen, dass der berufsmäßige Veran- **72** stalter die Kurzberichterstattung nur gegen **Zahlung eines angemessenen Entgelts** dulden müsse.[137] Eine entsprechende Regelung war vom Gesetzgeber ursprünglich nicht vorgesehen, wurde dann aber 2001 als Reaktion auf das Urteil des BVerfG als neuer Abs 7 eingefügt. Danach kann derjenige, der eine Veranstaltung berufsmäßig durchführt, für die Ausübung des Rechts auf Kurzberichterstattung ein dem Charakter der Kurzberichterstattung entsprechendes Entgelt verlangen. Bei der Bemessung ist in der

---

132 Hahn/Vesting/*Michel/Brinkmann* § 5 RStV Rn 104 ff, die den nachrichtenmäßigen Charakter auch dann gewahrt sehen, wenn sich der Kurzbericht über ein Fußballspiel auf die geschossenen Tore konzentriert.

133 Hahn/Vesting/*Michel/Brinkmann* § 5 RStV Rn 109, die eine Reduzierung aber dann ablehnen, wenn mehrere Kurzwettkämpfe zu einem eigenständigen Veranstaltungsabschnitt zusammengefasst werden.

134 BVerfG NJW 1998, 1627. Das BVerfG hatte im Rahmen eines Normenkontrollverfahrens über die Verfassungsmäßigkeit des bereits vor Ergänzung des Rundfunkstaatsvertrages in § 3a des Gesetzes über den „Westdeutschen Rundfunk Köln" und des Rundfunkgesetzes für das Land Nordrhein-Westfalen geregelte Kurzberichterstattungsrecht zu entscheiden.

135 BVerfG NJW 1998, 1627, 1628.

136 BVerfG NJW 1998, 1627, 1630.

137 BVerfG NJW 1998, 1627, 1630.

Regel nicht auf die Entgelte abzustellen, die der Veranstalter für vertragliche Übertragungsrechte erzielt, da das auf eine nachrichtenmäßige Berichterstattung beschränkte Kurzberichterstattungsrecht den wirtschaftlich ausschlaggebenden Unterhaltungswert nur begrenzt vermitteln kann.[138] Können der Veranstalter und der Berechtigte keine Einigung über die Höhe des Entgelts erzielen, soll nach § 5 Abs 7 S 2 RStV ein schiedsrichterliches Verfahren nach §§ 1025 ff ZPO vereinbart werden. Schließlich stellt § 5 Abs 7 S 3 RStV sicher, dass eventuelle Streitigkeiten über die Höhe des Entgelts die Ausstrahlung der Kurzberichterstattung nicht beeinflussen; denn weder eine fehlende Einigung, noch die Durchführung eines Schiedsverfahrens oder ein anhängiger Rechtsstreit über die Entgelthöhe stehen der Ausübung des Rechts entgegen.

73 Mit diesen beiden „Korrekturen" ist der **Eingriff in den Schutzbereich der Berufsfreiheit** gerechtfertigt,[139] da dem Kurzberichterstattungsrecht als Berufsausübungsregelung vernünftige Gemeinwohlerwägungen zu Grunde liegen. Mit Blick auf die Gefahr, dass herausragende Veranstaltungen teilweise nur im Bezahlfernsehen übertragen werden, stellt das Kurzberichterstattungsrecht zunächst eine flächendeckende Versorgung auch der Fernsehteilnehmer sicher, die das von den Pay-TV-Anbietern verlangte Entgelt nicht leisten wollen oder können. Als weitere vernünftige Allgemeinwohlerwägung nennt das BVerfG die Verhinderung von Informationsmonopolen:[140]

74 *„Sämtliche Fernsehveranstalter sollen in die Lage versetzt werden, eigenständig zumindest nachrichtenförmig über Ereignisse und Veranstaltungen (von allgemeinem Informationsinteresse) zu berichten. Damit werden zugleich die Voraussetzungen dafür geschaffen, dass die im Fernsehen übermittelten Informationen nicht aus einer einzigen Quelle stammen, sondern unterschiedlicher Herkunft sind, und damit in Bezug auf ein und denselben Gegenstand verschiedene Blickwinkel, Wahrnehmungen und Deutungen zur Geltung kommen können."*

75 Nach Ansicht des BVerfG trägt das Kurzberichterstattungsrecht damit zur Gewährleistung der Rundfunkfreiheit aus Art 5 Abs 1 S 2 GG bei, die nach ständiger Rechtsprechung der freien individuellen und öffentlichen Meinungsbildung dient.[141] Ausdrücklich hebt das Gericht die Bedeutung des Sports für eine dem Art 5 Abs 1 S 2 GG gerecht werdende Berichterstattung hervor:[142]

76 *„Die Informationsfunktion des Fernsehens beschränkt sich nicht auf politische Informationen im engeren Sinn. Die Meinungsbildung erhält ebenso von anderen Gegenständen des öffentlichen Interesses Nahrung, ohne dass objektive Kriterien für Relevanz oder Irrelevanz vorgegeben werden könnten. Deswegen gehört zur Information im Sinn des klassischen Rundfunkauftrags, der im Rundfunksystem insgesamt erfüllt werden muss, die gegenständlich uneingeschränkte Information über alle Lebensbereiche unter Zugrundelegung publizistischer Kriterien. Dazu zählen gerade auch Berichte über herausragende Sportveranstaltungen, die im Zentrum der Auseinandersetzung um das Kurzberichterstattungsrecht stehen. Die Bedeutung solcher Sportereignisse erschöpft sich nicht in ihrem Unterhaltungswert. Sie erfüllen darüber hinaus eine wichtige gesellschaftliche Funktion. Der Sport bietet Identifikationsmöglichkeiten im lokalen und nationalem Rahmen und ist Anknüpfungspunkt für eine breite Kommuni-*

---

138 BVerfG NJW 1998, 1627, 1630; aA Lenz NJW 1999 757, 760, der einen Abschlag von 25 % gegenüber dem Marktpreis für vertraglich begründete Rechte vorschlägt.

139 Zusammenfassend zu den Zweifeln an der formellen und materiellen Verfassungsmäßigkeit des § 5 RStV PHB SportR/*Summerer* 4/137 f.

140 BVerfG NJW 1998, 1627, 1628.

141 BVerfG NJW 1981, 1774, 1775.

142 BVerfG NJW 1998, 1627, 1629.

kation in der Bevölkerung. Eine umfassende Berichterstattung, wie sie von Art 5 GG Abs 1 S 2 GG gefordert wird, lässt sich daher unter Verzicht auf Sportereignisse nicht verwirklichen."

2. Berichterstattung über Großereignisse

Das Recht auf Kurzberichterstattung ermöglicht lediglich eine kurze und auf den nachrichtenmäßigen Informationsgehalt begrenzte Zusammenfassung des jeweiligen Ereignisses. Wegen dieser zeitlichen und inhaltlichen Einschränkungen vermag es freilich nicht, das Interesse der Bevölkerung zu befriedigen, umfassend an Ereignissen von erheblicher gesellschaftlicher Bedeutung teilzuhaben. Einer breiten Öffentlichkeit wurde die Situation bewusst, als – wie könnte es anders sein – ein wichtiges Fußballspiel, das UEFA-Cup-Halbfinale in der Saison 1995/96 zwischen dem FC Bayern München und dem FC Barcelona, verschlüsselt bei Premiere und erst zeitversetzt im frei empfangbaren Fernsehen zu sehen war. Kurze Zeit später erwarb die Kirch-Gruppe die Fernsehverwertungsrechte für die Fußball-WM 2002 und 2006 und kündigte an, sämtliche Begegnungen mit Ausnahme des Eröffnungsspiels, der Halbfinalbegegnungen sowie des Endspiels live über digitales Pay-TV ausstrahlen zu wollen.[143] Mit dem 1997 neu geschaffenen Art 3a Fernseh-RL erhielten die Mitgliedstaaten dann aber die Möglichkeit, eine Liste mit Ereignissen von erheblicher gesellschaftlicher Bedeutung aufzustellen, die im Wege direkter oder zeitversetzter Berichterstattung in einer frei zugänglichen Fernsehsendung empfangbar sein müssen.[144] Der deutsche Gesetzgeber nutzte diese Möglichkeit und bestimmte in § 5a Abs 2 RStV[145] (durch den 9. RÄStV vom 31.7.2006 wurde § 5a RStV mit Wirkung vom 1.3.2007 zu § 4 RStV) folgende Veranstaltungen zu **„Großereignissen"** – also Ereignissen von erheblicher gesellschaftlicher Bedeutung: 77

- Olympische Sommer- und Winterspiele,
- bei Fußball-Europa- und -Weltmeisterschaften alle Spiele mit deutscher Beteiligung sowie unabhängig von einer deutschen Beteiligung das Eröffnungsspiel, die Halbfinalspiele und das Endspiel,
- die Halbfinalspiele und das Endspiel um den Vereinspokal des Deutschen Fußball-Bundes,
- Heim- und Auswärtsspiele der deutschen Fußballnationalmannschaft,
- Endspiele der europäischen Vereinsmeisterschaften im Fußball (Champions League, UEFA-Cup) bei deutscher Beteiligung.

a) **Zugang zu Großereignissen.** Nach § 4 Abs 1 RStV ist die Fernsehausstrahlung dieser Ereignisse in Deutschland verschlüsselt und gegen besonderes Entgelt nur dann zulässig, wenn der Fernsehveranstalter selbst oder ein Dritter zu angemessenen Bedingungen ermöglicht, dass das Ereignis zumindest in einem frei empfangbaren und allgemein zugänglichen Fernsehprogramm in der Bundesrepublik Deutschland zeitgleich oder, sofern wegen parallel laufender Einzelereignisse nicht möglich, geringfügig zeitversetzt ausgestrahlt werden kann. Besteht keine Einigkeit über die Angemessenheit der Bedingungen, sollen die Parteien rechtzeitig vor dem Ereignis ein schiedsrichterliches Verfahren nach §§ 1025 ff ZPO vereinbaren. 78

---

143 Länderbericht epd medien 1997/Nr 22/23, 26.

144 Nach Änderung der EG-Fernseh-RL durch die RL 2007/65/EG des Europäischen Parlaments und des Rates v 11.12.2007 ABl L 332 v 18.12.2007, 27 befindet sich die entsprechende Regelung nunmehr in Art 3j Abs 1.

145 Zur Entstehungsgeschichte der Vorschrift ausf Hahn/Vesting/*Altes* § 4 RStV Rn 16 ff.

79 Die Vorschrift richtet sich vornehmlich an Fernsehveranstalter, die exklusive Rechte an den in Abs 2 aufgezählten Großereignissen besitzen und diese verschlüsselt und gegen Entgelt im Fernsehen ausstrahlen wollen[146] – mit anderen Worten: an **Pay-TV-Anbieter**, in Deutschland also hauptsächlich an die Sky Deutschland Fernsehen GmbH & Co. KG. Will der Pay-TV-Anbieter eines der benannten Großereignisse verschlüsselt und gegen besonderes Entgelt übertragen, muss er – oder ein Dritter, etwa der Veranstalter oder ein Zwischenhändler[147] – zumindest einem frei empfangbaren und allgemein zugänglichen Fernsehsender die Ausstrahlung ermöglichen.

80 **Frei empfangbar** ist ein Fernsehprogramm, wenn für seinen Empfang neben ohnehin zu entrichtenden Entgelten (Rundfunk- oder Kabelanschlussgebühren) keine weiteren Zahlungen zu leisten sind.[148] Als allgemein zugängliches Fernsehprogramm gelten nach § 4 Abs 1 S 3 RStV nur Programme, die in mehr als zwei Drittel der Haushalte tatsächlich empfangbar sind.[149]

81 Aus der Vorschrift ergibt sich keine *Verpflichtung* zu einer parallelen Ausstrahlung des Ereignisses; es reicht, wenn die Übertragungsrechte zu **angemessenen Bedingungen** angeboten werden, also zu einem Preis, der nicht unverhältnismäßig hoch ist.[150] Dies soll nach einer Ansicht dann der Fall sein, wenn der Angebotspreis nicht höher ist als die Kosten, die der Pay-TV-Anbieter selbst für den Erwerb aufgewendet hat (etwa Kosten für die Übertragungsrechte, Provisionen für Vermittler, Aufwendungen für die Bereitstellung des Signals etc), zuzüglich eines marktüblichen Zuschlags von ca 10–15 Prozent.[151] Daran wird kritisiert, dass ein Abstellen allein auf die Aufwendungen des Pay-TV-Anbieters zu Preisen führen könnte, die über den Möglichkeiten der in Frage kommenden Free-TV-Anbieter liegen.[152] Zuzustimmen ist deshalb der Gegenansicht, die auf den Gesetzeszweck, nämlich die Übertragung im frei zugänglichen Fernsehen zu ermöglichen, verweist und den angemessenen Preis danach bestimmt, zu welchen Preisen die Free-TV-Anbieter die betreffenden Rechte im Wettbewerb untereinander erwerben würden.[153] Da das besondere Interesse der Bevölkerung bei den benannten Großereignissen nur durch eine Direktübertragung befriedigt werden dürfte, sieht § 4 RStV grundsätzlich eine **zeitgleiche Übertragungsmöglichkeit** vor. Lediglich ausnahmsweise, wenn wegen parallel laufender Einzelereignisse eine zeitgleiche Ausstrahlung nicht möglich ist, genügt eine geringfügig zeitversetzte Übertragungsmöglichkeit. Obwohl die Regelung es nicht ausdrücklich ausspricht, muss eine Berichterstattung des *gesamten* Ereignisses ermöglicht werden.[154]

82 **b) Verfassungsmäßigkeit des Großereignisberichterstattungsrechts.** Wie auch bei dem Recht auf Kurzberichterstattung stellt sich die Frage, ob die Regelung im Einklang mit der Verfassung steht. Betroffen sind auch hier insb die Rechte der Sportveranstalter und Pay-TV-Anbieter. § 4 RStV greift einerseits intensiver in ihre Rechte ein

---

146 Hahn/Vesting/*Altes* § 4 RStV Rn 91.
147 Hahn/Vesting/*Altes* § 4 RStV Rn 92.
148 Amtl Begr zum 4. RÄStV LT-Drs NW 12/4372 v 22.10.1999, 87 f.
149 Nach Spindler/Schuster/*Holznagel/Krone* § 4 RStV Rn 17 ist dabei unerheblich, ob die Schwelle über einen oder über mehrere Übertragungswege (etwa terrestrisch, Kabel oder Satellit) zusammen erreicht wird.
150 Spindler/Schuster/*Holznagel/Krone* § 4 RStV Rn 21.
151 Hartstein/Ring/Kreile/Dörr/Stettner/*Stettner* Bd I § 5a RStV Rn 12.
152 Hahn/Vesting/*Altes* § 4 RStV Rn 101.
153 Spindler/Schuster/*Holznagel/Krone* § 4 RStV Rn 21.
154 Hahn/Vesting/*Altes* § 4 RStV Rn 113, unter Hinweis auf eine richtlinienkonforme Auslegung und den systematischen Zusammenhang mit dem Recht auf Kurzberichterstattung aus § 5 RStV.

als das Kurzberichterstattungsrecht, da sich das Übertragungsrecht für Dritte nicht nur auf die kurze nachrichtenmäßige Zusammenfassung, sondern auf die zeitgleiche oder nur geringfügig zeitversetzte Ausstrahlung des *gesamten* Ereignisses bezieht. Andererseits stellt das Großereignisübertragungsrecht deutlich höhere Anforderungen an die Bedeutung der Veranstaltung und wirkt sich damit auf nur einige wenige, in § 4 Abs 2 RStV abschließend benannte, Veranstaltungen aus.

Das Großereignisübertragungsrecht greift zunächst in die **Rundfunkfreiheit der Pay-TV-Anbieter**[155] ein, da diese darin beschränkt werden, erworbene Exklusiv-Übertragungsrechte bestimmungsgemäß auszuüben. Dieser Eingriff in den Schutzbereich ist aber nach Art 5 Abs 2 GG gerechtfertigt. Danach findet die Rundfunkfreiheit ihre Schranke unter anderem in den allgemeinen Gesetzen. Nach der Rechtsprechung des BVerfG sind unter allgemeinen Gesetzen solche Gesetze zu verstehen, „die sich nicht gegen das Grundrecht an sich oder gegen die Äußerung einer bestimmten Meinung richten, sondern dem Schutz eines schlechthin, ohne Rücksicht auf eine bestimmte Meinung, zu schützenden Rechtsguts dienen."[156] Beide Voraussetzungen erfüllt die Vorschrift, da sie sich gerade nicht gegen die Berichterstattung von bestimmten Ereignissen richtet, sondern vielmehr das Ziel verfolgt, einer breiten Öffentlichkeit den Zugang zur Berichterstattung über die genannten Ereignisse zu erleichtern bzw zu ermöglichen.[157] Nach der Wechselwirkungslehre des BVerfG[158] muss § 4 RStV in seiner die Rundfunkfreiheit beschränkenden Wirkung seinerseits im Lichte der Bedeutung des Art 5 Abs 1 S 2 GG gesehen und interpretiert werden. Im Rahmen dieser Verhältnismäßigkeitsprüfung kann nicht einfach auf die Argumentation des BVerfG in der Entscheidung zum Kurzberichterstattungsrecht[159] zurückgegriffen werden. Die „Pluralität von Sichtweisen und Darbietungen"[160] wird bereits durch das in § 5 RStV geregelte Kurzberichterstattungsrecht sichergestellt. Der Eingriff in die Rundfunkfreiheit wäre mithin nur gerechtfertigt, wenn der freie Zugang für den Großteil der Bevölkerung zu einer (nahezu) zeitgleichen Übertragung von bestimmten Ereignissen ein so bedeutendes Allgemeininteresse ist, dass das Interesse der Pay-TV-Anbieter an der Ausübung ihrer Exklusivrechte zurückstehen muss. Dies kann für die in Abs 2 benannten Großereignisse bejaht werden. Zwar wird das bloße Informationsinteresse der Bevölkerung durch die auf Grundlage des Kurzberichterstattungsrechts erfolgende nachrichtenmäßige Aufbereitung der Ereignisse befriedigt. Die Rundfunkfreiheit, die der Gewährleistung der freien und öffentlichen Meinungsbildung dient,[161] bezieht sich aber nicht nur auf den reinen Informationswert eines Ereignisses und schützt nicht nur die diesen Informationswert vermittelnden Nachrichtensendungen; der Prozess der Meinungsbildung vollzieht sich ebenso in Unterhaltungssendungen.[162] Hinzu kommt, dass sich die Bedeutung herausragender Sportveranstaltungen nicht in ihrem Unterhaltungswert erschöpft. Nach der Rechtsprechung des BVerfG „erfüllen sie darüber hinaus eine wichtige gesellschaftliche Funktion." Denn der Sport „bietet Identifikationsmöglichkeiten im lokalen und nationalen Rahmen und ist Anknüpfungspunkt für eine breite Kommunikation in der Bevölkerung."[163] Insb bei den in Abs 2 83

155 Veranstalter und Rechteagenturen sind nicht Träger der Rundfunkfreiheit, so dass ihnen gegenüber insoweit kein Eingriff vorliegt.
156 BVerfG NJW 2007, 1117, 1118; BVerfG NJW 2005, 2912, 2914.
157 *Bröcker/Neun* ZUM 1998, 767, 775.
158 BVerfGE 59, 231, 259; BVerfGE 71, 206, 214.
159 BVerfG NJW 1998, 1627.
160 BVerfG NJW 1998, 1627, 1628 f.
161 BVerfGE 57, 295, 317.
162 BVerfG NJW 1982, 1447, 1448.
163 BVerfG NJW 1998, 1627, 1629.

aufgeführten Großereignissen wird diese Funktion wohl nur durch eine frei zugängliche Direktübertragung im „Leitmedium des Fernsehens" vollends erfüllt, da der Anknüpfungspunkt für die Kommunikation nicht lediglich das Ergebnis, sondern der gesamte Spannungsverlauf der Ereignisse ist.[164] Für die Angemessenheit der Vorschrift sprechen noch zwei weitere Argumente: zum einen wird der Eingriff in den Schutzbereich der Rundfunkfreiheit dadurch abgefedert, dass sich das Großereignisberichterstattungsrecht nur auf einige wenige, abschließend aufgezählte Ereignisse beschränkt, die exklusive Übertragung einer Vielzahl von interessanten Sportveranstaltungen also weiterhin möglich ist. Zum anderen haben die Pay-TV-Anbieter die Ausstrahlung im Free-TV nur unter „angemessenen Bedingungen" hinzunehmen, sie erhalten für die Gestattung also ein angemessenes Entgelt.[165] Im Ergebnis sieht die überwiegende Ansicht die Vorschrift im Einklang mit der Rundfunkfreiheit.[166]

84 Sportveranstalter und Rechteagenturen können sich zwar nicht auf die Rundfunkfreiheit berufen, das Großereignisberichterstattungsrecht weist aber ihnen gegenüber eine objektiv berufsregelnde Tendenz auf, so dass ein **Eingriff in ihre Berufsfreiheit** aus Art 12 Abs 1 GG vorliegt.[167] Da § 4 RStV allein in die Berufsausübung und nicht etwa in die Berufswahl eingreift, reichen schon vernünftige Erwägungen des Allgemeinwohls aus, um den Eingriff zu rechtfertigen.[168] Das Informationsinteresse des Großteils der Bevölkerung ist ein solcher Gemeinwohlbelang. Mit Blick auf die geringe Anzahl der in Abs 2 aufgeführten Großereignisse ist die Einschränkung der Sportveranstalter und Rechteagenturen auch nicht unverhältnismäßig, zumal weiterhin Exklusivrechte an Free-TV-Anbieter vergeben werden können.[169]

85 Da Art 14 Abs 1 GG nicht in der Zukunft liegende Chancen und Verdienstmöglichkeiten, sondern nur rechtlich gesicherte Ansprüche schützt, sind weder der Erwerb der Rechte noch die Erwartung, aus der Vermarktung der benannten Großereignissen Gewinne zu erzielen, vom Schutzbereich des Art 14 Abs 1 GG erfasst. Hinsichtlich bereits erworbener Rechte stellt sich § 4 RStV zwar als Eingriff in Form einer Inhalts- und Schrankenbestimmung dar; nach ganz überwiegender Auffassung ist dieser Eingriff in die Eigentumsfreiheit aber wegen der oben beschriebenen Gemeinwohlerwägungen gerechtfertigt.[170]

---

164 *Bröcker/Neun* ZUM 1998, 766, 777.

165 Hahn/Vesting/*Altes* § 4 RStV Rn 50.

166 Spindler/Schuster/*Holznagel/Krone* § 4 RStV Rn 9, die sogar einen Eingriff in den Schutzbereich verneinen und in § 4 RStV verfassungsgemäßes Ausgestaltungsgesetz sehen; *Bröcker/Neun* ZUM 1998, 766, 775 ff; *Ladeur* SpuRt 1998, 54, 60; PHB SportR/*Summerer* 4/116, mit dem Hinweis, dass eine Ausweitung des Katalogs in § 4 Abs 2 RStV zur Verfassungswidrigkeit führen würde; aA *Selmer* Kurzberichterstattung 13 ff.

167 Hahn/Vesting/*Altes* § 4 RStV Rn 53 zweifelt schon am Eingriff; Spindler/Schuster/*Holznagel/Krone* § 4 RStV Rn 10; *Bröcker/Neun* ZUM 1998, 766, 778, die darauf hinweisen, dass hinsichtlich der Pay-TV-Veranstalter eine Verletzung der Berufsfreiheit aus Gründen der Grundrechtskonkurrenz ausscheidet; *Gröpl* ZUM 2004, 865, 870.

168 Grundlegend dazu BVerfGE 7, 377, 402 ff, stRspr.

169 Einen Verstoß gegen die Berufsfreiheit verneinend Hahn/Vesting/*Altes* § 4 RStV Rn 53; Spindler/Schuster/*Holznagel/Krone* § 4 RStV Rn 11; *Bröcker/Neun* ZUM 1998, 766, 778 f; *Ladeur* SpuRt 1998, 54, 60; ausf zu dieser Frage mit offenem Ergebnis *Gröpl* ZUM 2004, 865, 870.

170 Hahn/Vesting/*Altes* § 4 RStV Rn 53; Spindler/Schuster/*Holznagel/Krone* § 4 RStV Rn 11; *Bröcker/Neun*, ZUM 1998, 766, 778 f; Selmer Kurzberichterstattung 13 ff.

VI. Die Rechtsposition der Sportler

Auch wenn die Sportler im Mittelpunkt der Veranstaltung stehen, kommen sie als Inhaber von Fernsehübertragungsrechten nicht in Betracht. Sie können auch keinen **urheberrechtlichen Schutz** für ihre Leistungen auf dem Spielfeld in Anspruch nehmen. Sie sind keine ausübenden Künstler iSd § 73 UrhG, da sie kein Werk darbieten. Dies mögen Fußballfans angesichts der Leistungen von Fußballstars wie Messi, Schweinsteiger oder Ronaldo zwar bezweifeln; bei aller Kreativität und Perfektion mangelt es ihren Leistungen, die sportlicher und nicht künstlerischer Natur sind, aber – zumindest im Rechtssinne – an einer persönlich geistigen Schöpfung, so dass kein Werk iSd § 2 UrhG vorliegt.[171] Eine Ausnahme wird teilweise für eine Tanzkür oder Eisrevue angenommen, da hier das künstlerisch-schöpferische Element den sportlichen Charakter überwiege.[172] Eine analoge Anwendung des § 73 UrhG scheidet mangels Vorliegen einer planwidrigen Regelungslücke aus.[173] 86

1. Wettbewerbsrechtliche Abwehransprüche

Wettbewerbsrechtliche Abwehransprüche der Sportler gegen eine ungenehmigte Fernsehübertragung scheitern schon daran, dass zwischen ihnen und der übertragenden Rundfunkanstalt kein Wettbewerbsverhältnis besteht. Ein solches liegt dann vor, wenn zwei Unternehmer gleichartige Waren oder Dienstleistungen innerhalb desselben Abnehmerkreises abzusetzen versuchen, mit der Folge, dass die beanstandete geschäftliche Handlung das andere Untenehmen beeinträchtigen, mithin also in seinem Absatz behindern oder stören kann.[174] Da die Fernsehübertragung die Erwerbsquellen der Sportler (Gehaltszahlungen, Vergütung für Auftritte bei Veranstaltungen, Sponsoringeinnahmen etc) nicht beeinträchtigt, wird ein Wettbewerbsverhältnis zwischen einzelnen Sportlern und Rundfunkanstalten überwiegend verneint.[175] 87

2. Bildnisschutz

Auch auf den **Bildnisschutz** nach den §§ 22, 23 KUG, der sowohl auf Fotografien als auch auf Bewegtbilder Anwendung findet, werden sich die an der Veranstaltung teilnehmenden Sportler nicht berufen können. Unabhängig davon, ob sie eine Einwilligung iSd § 22 KUG erteilt haben, handelt es sich bei Sportlern, die an einer Veranstaltung von allgemeinem Interesse teilnehmen, um relative oder absolute Personen der Zeitgeschichte iSd § 23 Abs 1 Nr 1, die – zumindest bei Ausübung ihrer sportlichen Betätigung im Rahmen von öffentlichen Veranstaltungen – auch ohne Einwilligung zur Schau gestellt werden dürfen.[176] Dies wird auch für weniger bekannte Sportler gelten, da bei der Interessenabwägung nach § 23 Abs 2 KUG das Informationsinteresse der Öffentlichkeit an der Veranstaltung die berechtigten Interessen des 88

[171] Ebenso *Hausmann* BB 1994, 1089, 1090; *Horn* Jura 1989, 18; Schricker/Loewenheim/*Loewenheim* § 2 UrhG Rn 131; PHB SportR/*Summerer* 4/73.

[172] Schricker/Loewenheim/*Loewenheim* § 2 UrhG Rn 131; PHB SportR/*Summerer* 4/73.

[173] *Kirschenhofer* ZUM 2006, 15 f; *Siegfried* Fernsehberichterstattung 15; *Haas/Reimann* SpuRt 1999, 182.

[174] BGH GRUR 2001, 260 – Vielfachabmahner.

[175] *Haas/Reimann* SpuRt 1999, 182, 183.

[176] So gehört nach BGH NJW 1968, 1091 ein Fußball-Bundesligaspieler ohne Zweifel zu den Personen der Zeitgeschichte.

Sportlers meist überwiegen wird.[177] Die Duldungspflichten gelten aber nicht ohne Einschränkungen. Nicht erfasst vom Schutzzweck des § 23 KUG sind Abbildungen, an denen ein schutzwürdiges Interesse der Allgemeinheit nicht anzuerkennen ist. Dies gilt einerseits für entstellende Abbildungen, die den Ruf des Sportlers gefährden. Anderseits braucht der Sportler nicht zu dulden, dass sein Bildnis ohne seine Einwilligung zur Werbung für Waren oder gewerbliche Dienstleistungen ausgenutzt wird.[178] Die Abgrenzung zwischen Informations- und Werbezwecken ist mitunter schwierig. In Bezug auf Fotografien überwiegt nach Ansicht des BGH beim Vertrieb von Sammelbildern der Werbezweck, da hier das Bestreben der Sportfreunde, die Bilder im Besitz zu haben, im Vordergrund stehe.[179] Dagegen soll beim Vertrieb eines Wandkalenders, auf dessen Deckblatt ein bekannter Nationalspieler abgebildet ist, das Informationsinteresse überwiegen.[180]

3. Persönlichkeitsrechtsschutz

89 Gleichwohl ist den Veranstaltern von Sportereignissen zu raten, die Einwilligung der Sportler einzuholen. Viele sportliche Leistungen sind nicht nur eine reine Leistungsschau, sondern drücken zugleich auch die Individualität des Sportlers aus und fallen deshalb unter den Schutz des durch Art 1 Abs 1, Art 2 Abs 1 GG gewährleisteten **allgemeinen Persönlichkeitsrechts.** Die herrschende Auffassung leitet daraus zu Recht die Befugnis des Sportlers ab, über Art und Umfang der materiellen Verwertung selbst zu entscheiden.[181] Zur Begründung wird unter anderem auf die „Orchester-Entscheidung" des BGH[182] hingewiesen, nach der neben dem Dirigenten und etwaigen Solisten grundsätzlich auch jedes einzelne Orchestermitglied originärer Träger eines Bearbeiterurheberrechts an der auf einem Tonträger aufgezeichneten Orchesterdarbietung wird. Die Einwilligung der teilnehmenden Sportler sollte der Veranstalter – je nach Art der Veranstaltung – im Rahmen von Arbeits- oder Dienstverträgen und/oder durch die Unterwerfung des Sportlers unter entsprechende Verbandsregelwerke einholen.

VII. Leistungsschutzrecht des Herstellers des Basissignals, § 94, 95 UrhG

90 Nach überwiegender Ansicht sind Aufzeichnungen von Sportveranstaltungen kein Filmwerk iSv § 2 Abs 1 Nr 6 UrhG.[183] Die Aufzeichnungen sind aber als Laufbilder gem § 95 UrhG zu qualifizieren. Durch die Verweisung auf § 94 UrhG wird dem Ersteller des Basissignals das umfassende und ausschließliche Recht zur Verwertung der Bild- und Tonträger, auf denen die Veranstaltung aufgezeichnet ist, zugewiesen.

---

177 *Hausmann* BB 1994, 1089, 1090; PHB SportR/*Summerer* 4/125 mit dem Argument, dass die Veranstaltung regelmäßig auch dann stattfindet, wenn einzelne Sportler, zB verletzungsbedingt, nicht teilnehmen.

178 BGH GRUR 1979, 425, 426 f – Fußballspieler.

179 BGH NJW 1968, 1091 – Ligaspieler.

180 BGH GRUR 1979, 425, 427 – Fußballspieler, mit dem Argument, dass die zwölf Einzelabbildungen des Kalenders nach einem einheitlichen Konzept zusammengestellt worden seien und in der Gesamtheit einen eigenständigen informativen Gehalt vermittelten.

181 PHB SportR/*Summerer* 4/127; *Kirschenhofer* ZUM 2006, 15 f; aA *Westerholt* ZIP 1996, 264; *Haas/Reimann* SpuRt 1999, 182, 184.

182 BGH GRUR 1960, 630 – Orchester Graunke.

183 Wandtke/Bullinger/*Manegold* § 95 UrhG Rn 7; für einen urheberrechtlichen Werkschutz dagegen *Bullinger/Jani* ZUM 2008, 897, 899.

Da § 94 UrhG nur die erstmalige Fixierung auf einem Filmträger schützt, greift die Vorschrift nicht bei echten Live-Sendungen.[184] Die meisten Sportübertragungen sind allerdings keine echten Live-Sendungen, da die Veranstaltungen oft zunächst auf einem Bild- und Tonträger fixiert werden und die Ausstrahlung erst auf Grundlage dieser Erstfixierung leicht zeitversetzt erfolgt. Die DFL hat hier die Chance erkannt, ihre Rechtsposition gegenüber der Verbreitung von unerlaubt hergestelltem Bildmaterial zu stärken. Seit dem Jahr 2006 lässt sie nunmehr von ihrem Tochterunternehmen Sportcast GmbH das Basissignal aller Bundesliga-Spiele produzieren und hat damit das ausschließliche Recht, die Bild- und Tonträger, auf denen die Laufbilder aufgenommen sind, zu vervielfältigen (§ 16 UrhG) und zur öffentlichen Zugänglichmachung zu benutzen (§ 19a UrhG).

VIII. Leistungsschutzrecht des Sendeunternehmen, § 87 UrhG

Auch die Leistungen der **ausstrahlenden Fernsehsender** bleiben nicht ohne Schutz. 91
§ 87 Abs 1 UrhG gewährt dem Sendeunternehmen ein eigenes originäres ausschließliches Leistungsschutzrecht an der von ihm gesendeten Sportübertragung.

1. Schutzgegenstand und Inhalt des Leistungsschutzrechts

Das Leistungsschutzrecht soll den Fernsehsender davor schützen, dass seine investi- 92
tionsintensive technische und wirtschaftliche Leistung von Dritten ohne Erlaubnis und ohne Vergütung übernommen wird.[185] Der Fernsehsender hat danach das ausschließliche Recht, seine Funksendung weiterzusenden und öffentlich zugänglich zu machen (§ 87 Abs 1 Nr 1 UrhG), auf Bild- oder Tonträger zu fixieren und Lichtbilder der Sendung herzustellen (§ 87 Abs 1 Nr 2 UrhG) sowie Dritten zu gestatten, seine Funksendungen an Stellen öffentlich wahrnehmbar zu machen, die der Öffentlichkeit nur gegen Entgelt zugänglich werden (§ 87 Abs 1 Nr 3 UrhG). Vor allem das Recht der öffentlichen Wahrnehmbarmachung hat in den letzten Jahren im Zusammenhang mit sog Public Viewings eine größere Rolle gespielt.

2. Public Viewing

Der Begriff Public Viewing bezeichnet Liveübertragungen von Sportveranstaltun- 93
gen und anderen Großereignissen an öffentlich zugänglichen Orten. Es handelt sich keineswegs um ein neues Phänomen – seit jeher profitieren Gaststätten durch erhöhte Umsätze, wenn sie interessante Sportveranstaltungen in ihren Räumlichkeiten übertragen. Ein wahrer Public-Viewing-Boom wurde durch die zahlreichen Fan-Veranstaltungen bei der Fußball-WM 2006 ausgelöst. Public-Viewings von sportlichen Großereignissen ziehen in Biergärten, auf öffentlichen Plätzen, in Stadien oder Sporthallen zahllose Besucher an. Wie schon bei der Fußball-WM 2006 sahen sich die Veranstalter auch vor der Fußball-WM 2010 mit dem Bestreben der FIFA konfrontiert, jedes Public-Viewing von einer Genehmigung abhängig zu machen. Das Reglement der FIFA[186] unterteilt Public-Viewings in gewerbliche und nicht-gewerbliche Veranstaltun-

184 Wandtke/Bullinger/*Manegold* § 94 UrhG Rn 22.
185 Dreier/Schulze/*Dreier* § 87 UrhG Rn 1.
186 Abrufbar unter http://de.fifa.com/worldcup/organisation/publicviewing/ (zuletzt aufgerufen am 20.11.2010).

gen. Beide Arten des Public-Viewings sollten nach dem Willen der FIFA genehmigungspflichtig sein, für die Genehmigung eines gewerblichen Public-Viewings verlangt die FIFA eine Lizenzgebühr. Nach dem Reglement soll ein gewerbliches Public-Viewing insb dann vorliegen, wenn der Veranstalter ein Eintrittsgeld verlangt oder die Veranstaltung von Sponsoren unterstützt wird. Es stellt sich die Frage, ob der FIFA das von ihr geltend gemachte Recht, jedes Public-Viewing zur Fußballweltmeisterschaft von einer Genehmigung abhängig zu machen und für „gewerbliche Veranstaltungen" eine Lizenzgebühr zu verlangen, tatsächlich zusteht. Das von ihr selbst erlassene Reglement kann der FIFA dieses Recht nicht verschaffen. In Betracht kommen aber Ansprüche aus § 87 Abs 1 Nr 3 UrhG und aus Wettbewerbsrecht.

94 § 87 Abs 1 UrhG räumt Sendeunternehmen das ausschließliche Recht ein, an Stellen, die der Öffentlichkeit nur gegen Zahlung eines Eintrittsgeldes zugänglich sind, seine Funksendungen wahrnehmbar zu machen. Sendeunternehmen ist das Unternehmen, welches eine auf Dauer angelegte und unmittelbar an die Öffentlichkeit gerichtete Sendetätigkeit in eigener Verantwortung ausübt.[187] Keine Sendeunternehmen sind dagegen Unternehmen, die Produktionen für ein Sendeunternehmen herstellen.[188] Zu Recht wird deshalb darauf hingewiesen, dass die FIFA[189] schon kein Sendeunternehmen im Sinne der Vorschrift ist.[190] Auch wenn die FIFA (über beauftragte Unternehmen) das Basissignal zur Verfügung stellt, werden die Programmbeiträge letztlich von den jeweiligen Fernsehanstalten als eigener Programmbeitrag gesendet. Die FIFA könnte aus § 87 Abs 1 Nr 3 UrhG gegen Veranstalter von Public-Viewings demnach nicht aus eigenem, sondern allenfalls aus von den Fernsehanstalten abgetretenem Recht vorgehen.[191]

95 Aber auch die von der FIFA vorgenommene Unterscheidung zwischen gewerblichen und nicht-gewerblichen Veranstaltungen findet keine Stütze im Gesetz. § 87 Abs 1 Nr 3 UrhG nimmt eine solche Unterscheidung nicht vor. Die Vorschrift unterscheidet nicht zwischen gewerblichen und nicht-gewerblichen Veranstaltungen, sondern zwischen Veranstaltungen, die ohne Zahlung eines Eintrittgeldes zugänglich sind und Veranstaltungen, bei denen ein Eintrittsgeld gezahlt werden muss. Von der Norm erfasst sind damit zunächst solche Public-Viewings, bei denen der Veranstalter für den Zugang zur Veranstaltung ein **direktes Eintrittsgeld** verlangt. Das Sendeunternehmen könnte entsprechende Veranstaltungen untersagen oder von der Erteilung einer entgeltlichen Lizenz abhängig machen.

96 Kontrovers diskutiert wird dagegen, ob Veranstaltungen, die zwar keine direkten, dafür aber **verdeckte bzw mittelbare Eintrittsgelder** verlangen, etwa in Form von Mindestverzehranforderungen oder Aufschlägen für Speisen und Getränke, ebenfalls von § 87 Abs 1 Nr 3 UrhG erfasst werden. Zum Teil wird dies mit dem Hinweis darauf bejaht, dass der Gesetzeszweck andernfalls leicht umgangen werden könnte.[192] Auch

---

187 Wandtke/Bullinger/*Ehrhardt* § 87 UrhG Rn 8.

188 Wandtke/Bullinger/*Ehrhardt* § 87 UrhG Rn 13.

189 Bzw die INFRONT Sports & Media AG, die von der FIFA mit der Wahrnehmung der Fernsehrechte für die Fußball-WM 2006 beauftragt war.

190 *Diesbach/Bormann/Vollrath* ZUM 2006, 265, 266.

191 So auch *Diesbach/Bormann/Vollrath* ZUM 265, 266; *Reinholz* K&R 2010, 364, 365. Umstritten ist allerdings, ob es sich bei Live-Streams ohne Möglichkeit zum Download um eine Sendung im Sinne des Urheberrechts handelt. Bejaht man dies, wären diejenigen Veranstalter, die einen Live-Stream selbst anbieten, als Sendeunternehmen zu qualifizieren. Vgl zur Einordnung von Live-Streams Wandtke/Bullinger/*Ehrhardt* §§ 20–20b UrhG Rn 14.

192 Möhring/Nicolini/*Hillig* § 87 UrhG Rn 40.

mache es wirtschaftlich keinen Unterschied, ob der Zuschauer direkt für den Zugang zu der Veranstaltung ein Eintrittsgeld bezahle oder aber mittelbar dadurch, dass bestimmte Mindestverzehrmengen gelten oder die Preise von Speisen und Getränken speziell erhöht würden.[193] Die Gegenmeinung[194] legt den Wortlaut des § 87 Abs 1 Nr 3 UrhG enger aus und lässt auch Veranstaltungen, für die lediglich mittelbare Eintrittsgelder verlangt werden, unter die Privilegierung der Vorschrift fallen. Diese Auffassung verweist auf die Gesetzesbegründung,[195] nach der Fernsehwiedergaben in Gaststätten, die ohne Eintrittsgeld zugänglich sind, ausdrücklich von einer Genehmigung durch die Sendeunternehmen freigestellt werden. Die erstgenannte Ansicht erscheint vorzugswürdig. Der Gesetzgeber hatte 1965 eine Situation vor Augen, in der viele Bürger noch kein eigenes Fernsehgerät besaßen und deshalb wesentlich stärker auf die öffentliche Wiedergabe von Fernsehsendungen angewiesen waren. Da sich diese Situation grundlegend geändert hat und die enge Auslegung sich sowohl mit der Gesetzesbegründung als auch mit dem Wortlaut der Vorschrift in Einklang bringen lässt, sollten auch Veranstaltungen, bei denen verdeckte Eintrittsgelder verlangt werden, von einer Genehmigung des Sendeunternehmens abhängig sein.[196] Ein lediglich **erhöhter Umsatz**, den der Gastwirt nicht durch erhöhte Preise, sondern allein durch die höheren Gästezahlen erzielt, kann dagegen nicht zur Anwendung des § 87 Abs 1 Nr 3 UrhG führen, da der Gesetzgeber – in dem Wissen um höhere Umsatzzahlen – Fernsehübertragungen in Gaststätten bewusst von einer Genehmigungspflicht der Sendeunternehmen freistellen wollte.[197]

Nicht von § 87 Abs 1 Nr 3 UrhG erfasst werden dagegen Public-Viewing-Events, **97**
die zwar auf direkte und verdeckte Zuschauereinnahmen verzichten, dafür aber **Sponsoren in die Veranstaltung einbinden.**[198] Dafür spricht schon der Wortlaut der Vorschrift, der auf die Zahlung eines Eintrittsgeldes für den Zugang und damit auf das Zwei-Personen-Verhältnis zwischen Veranstalter und Zuschauer abstellt. Die Leistungen der Sponsoren sind aber als Leistung eines Dritten zu qualifizieren und werden nicht vom Begriff des „Eintrittsgeldes" erfasst.[199] Auch die systematischen Argumente der Gegenansicht überzeugen nicht. Es ist zwar richtig, dass das Urhebergesetz die Leistungsschutzrechte von Tonträger- und Filmherstellern nicht von der Zahlung eines Eintrittsgeldes abhängig macht; dies stellt aber keine ungerechtfertigte Benachteiligung von Sendeunternehmen, sondern eine rechtspolitisch gewollte Privilegierung von entgeltfreien öffentlichen Wiedergaben von Funksendungen durch den Gesetzgeber dar.[200] Auch der Gedanke, die Sendeunternehmen hätten für die Übertragungsrechte hohe Lizenzgebühren gezahlt und müssten nun vor einer kommerziellen Ausnutzung ihrer Sendeleistung geschützt werden, kann nicht zur Anwendung des § 87 Abs 1 UrhG führen. Die Vorschrift ist eine Reaktion des Gesetzgebers auf die „AKI-Ent-

---

193 *Diesbach/Bormann/Vollrath* ZUM 2006, 265, 266; *Götting* ZUM 2005, 185, 187; *Reinholz* WRP 2005, 1485, 1487.

194 Wandtke/Bullinger/*Ehrhardt* § 87 UrhG Rn 23; *Dreier*/Schulze § 87 Rn 17.

195 UFITA Bd 45 (1965) 316.

196 Schwierig dürften dabei aber solche Public-Viewings zu beurteilen sein, die eigens für besondere Anlässe organisiert werden und für die es deshalb hinsichtlich des Kriteriums „erhöhte Preise" keinen Vergleichsmaßstab gibt.

197 *Reinholz* K&R 2010 364, 366.

198 Ebenso *Diesbach/Bormann/Vollrath* ZUM 2006, 265, 267 ff; *Krekel* SpuRt 2006, 59; *Reinholz* WRP 2005, 1485, 1487; aA Wandtke/Bullinger/*Ehrhardt* § 87 UrhG Rn 23; *Hamacher/Efing* SpuRt 2006, 15, 17 f.

199 *Krekel* SpuRt 2006, 59, 60.

200 Krekel, SpuRt 2006, 59, 61, der auf die Gesetzesbegründung verweist, nach der es nicht gerechtfertigt sei, den Sendeunternehmen in gleicher umfassender Weise an ihren Sendungen zu gewähren, wie der Urhebern an ihren Werken (vgl UFITA Bd 45, 1965, 315).

scheidung" des BGH,[201] in der das Gericht die Großprojektion von Fernsehsendungen in Lichtspieltheatern, vornehmlich von Wochenschauen und Sportsendungen, als einen Verstoß gegen das Wettbewerbsrecht unter dem Gesichtspunkt des „Schmarotzens an fremder Leistung" wertete.[202] Obwohl der Gesetzgeber wusste, dass die Gaststätten auch ohne Eintrittsgelder kommerziell von den Übertragungen profitieren, befreite er sie ausdrücklich von der Erlaubnispflicht der Sendeunternehmen.[203] Zusätzlich zu berücksichtigen ist, dass die Veranstalter größerer Public-Viewings erhebliche Eigenleistungen für den kommerziellen Erfolg ihrer Events erbringen – allein die Miete für die erforderlichen Großbildleinwände liegt meist schon im mittleren fünfstelligen Bereich. Zweifelsohne bleibt die Sendeleistung der entscheidende Anknüpfungspunkt für das Public-Viewing. Zu einem kommerziellen Erfolg wird die Veranstaltung aber erst, wenn die Sendeleistung in einem attraktiven Ambiente mit den richtigen Zusatzleistungen (Speisen, Getränke, Gewinnspiele etc) präsentiert wird.

98 Die Sendeunternehmen können sich in der Regel auch nicht auf einen **ergänzenden wettbewerbsrechtlichen Leistungsschutz** berufen. Dass eine Handlung nicht den Tatbestand einer Urheberrechtsverletzung erfüllt, schließt die Anwendung von § 4 Nr 9 UWG zwar nicht aus; hinzukommen müssten aber besondere, außerhalb des Urheberrechtsgesetzes liegende Umstände, um die Unlauterkeit zu begründen.[204] Diese besonderen Umstände können nicht allein darin bestehen, dass der Veranstalter, sei es durch erhöhte Umsätze oder durch die Einbindung von Sponsoren, kommerziell von der Sendeleistung profitiert. Während eine Rufausbeutung und Rufbeeinträchtigung schwer vorstellbar sind, wäre eine unlautere Herkunftstäuschung aber bspw dann zu bejahen, wenn der Veranstalter sein Public-Viewing fälschlicherweise als „offizielle FIFA-Veranstaltung" bezeichnete oder ohne Genehmigung Marken nutzte, an denen der FIFA die Rechte zustehen. In ihrem Bestreben, die mit ihr verbundenen „Marketingpartner" zu schützen, stellt die FIFA in ihrem Reglement für gewerbliche Veranstaltungen die Einbindung von Sponsoren unter einen Genehmigungsvorbehalt. Erlaubt sein soll lediglich die Einbindung von lokalen Sponsoren, die von der FIFA nicht als Konkurrenten eines ihrer „Marketing-Partner" angesehen werden. Auch diese Vorgabe dürfte mit den rechtlichen Vorgaben nicht zu vereinbaren sein. Das Werben im Umfeld von sportlichen Großveranstaltungen wie einer Fußball-Weltmeisterschaft, die von mehreren Sponsoren gegen Gestattung entsprechender Werbung finanziert werden (sog Ambush Marketing), stellt für sich allein keine gezielte Behinderung des Veranstalters und der Sponsoren dar.[205] Eine gezielte Behinderung könnte aber bspw dann zu bejahen sein, wenn die mit der Fernsehübertragung ausgestrahlte Werbung von FIFA-Sponsoren ausgeblendet wird.[206]

99 Zusammenfassend lässt sich Folgendes festhalten: Public-Viewing-Veranstaltungen, die nur gegen ein Eintrittsgeld – gleich, ob es direkt oder mittelbar durch erhöhte Verzehrpreise geleistet wird – zugänglich sind, unterliegen der Genehmigungspflicht des Sendeunternehmens bzw desjenigen, dem das Sendeunternehmen seine Rechte aus § 87 Abs 1 Nr 3 UrhG abgetreten hat. Der Rechtsinhaber kann die Erteilung der Lizenz von der Zahlung einer Lizenzgebühr und/oder von Vorgaben zum Ablauf der Veranstaltung abhängig machen (etwa eine Übertragungspflicht für Werbung oder

201 BGHZ 37, 1 ff.
202 BGHZ 37, 1, 13 ff, 18.
203 UFITA Bd 45, 1965, 316.
204 Köhler/Bornkamm/*Köhler* § 4 UWG Rn 9.7.
205 Köhler/Bornkamm/*Köhler* § 4 UWG Rn 10.74; Piper/Ohly/Sosnitza/*Ohly* § 4 UWG Rn 10/66; *Heermann* GRUR 2006, 359, 364; *Körber/Mann* GRUR 2008, 737, 741.
206 *Diesbach/Bormann/Vollrath* ZUM 2006, 265, 273; *Reinholz* K&R 2010 364, 368.

Vorgaben zu den Sponsoren, die in die Veranstaltung eingebunden werden dürfen). Handelt es sich wie bei dem Reglement der FIFA um vorformulierte Vertragsbedingungen, unterliegen die Regelungen der Inhaltskontrolle gem §§ 305 ff BGB. Verlangt der Veranstalter kein Eintrittsgeld und verkauft Speisen und Getränke zu den üblichen Preisen, ist seine Veranstaltung genehmigungsfrei. Nach der hier vertretenen Auffassung bleibt die Veranstaltung auch genehmigungsfrei, wenn der Veranstalter Sponsoren einbindet. Solange der Veranstalter keinen Lizenzvertrag mit dem Rechtsinhaber abschließt, ist er auch nicht an dessen Richtlinien gebunden.[207] Bisher ist kein Fall bekannt, in dem bspw die FIFA versucht hat, ihre anders lautende Auffassung gerichtlich durchzusetzen.

§ 3
Hörfunkberichterstattung

I. Einführung

Während es selbstverständlich war und ist, dass Sportveranstalter ihre Einwilligung in die Fernsehübertragung nur gegen Zahlung von – zum Teil erheblichen – Lizenzgebühren von den übertragenden Fernsehanstalten erteilen, stellte sich die Situation für die Hörfunkveranstalter lange Zeit anders dar: Obwohl sich auch die **Hörfunkübertragungen von Sportveranstaltungen** seit jeher großer Beliebtheit erfreuen, hohe Einschaltquoten erzielen[208] und auch wirtschaftlich einträglich sind,[209] verlangten Sportveranstalter lange Zeit von den übertragenden Hörfunkstationen keine Lizenzgebühr, sondern lediglich eine Aufwandsentschädigung für die Bereitstellung der notwendigen Infrastruktur. Für beide Beteiligten schien dies eine „win-win-Situation" zu sein: die Radiostationen bereicherten mit geringem finanziellen Aufwand ihr Programm mit spannenden und emotionalen Sportübertragungen. Auch die Sportveranstalter profitierten durch die mediale Verbreitung; die Medienpräsenz und die gesteigerte Bekanntheit ihrer Veranstaltungen trugen dazu bei, dass sie höhere Sponsoring- und Merchandisingeinnahmen erzielen konnten. Nur wenige Sportveranstalter verlangten für die Radioübertragung Lizenzgebühren. So vergab die Expo 2000 GmbH als Veranstalter der ATP-Tennisweltmeisterschaft in Hannover 1996 die Radioübertragungsrechte für vier Jahre an den Privat-Sender „Hit-Radio Antenne" und kassierte dafür insgesamt 1,5 Mio DM.[210] 100

207 So auch *Reinholz* WRP 2005, 1485, 1487.

208 Die Bundesliga-Konferenz des letzten Spieltags der Saison 2008/09 verfolgten 6,25 Mio Zuhörer, vgl die Nutzungsanalyse des Vermarkters der ARD-Radiowerbung AS&S, abrufbar unter http://www.media-perspektiven.de/1657.html (zuletzt aufgerufen am 20.11.2010). Die Hörfunk-Berichterstattung über die Fußball-WM 2010 sollen täglich mehr als 30 Mio Menschen verfolgt haben, vgl die Pressemitteilung des SWR v 1.7.2010, abrufbar unter http://www.swr.de/presseservice/archiv/2010/-/id=5749186/nid=5749186/did=6590234/1oqndgk/index.html (zuletzt aufgerufen am 20.11.2010).

209 So verlangte der Vermarkter der ARD-Radiowerbung AS&S für einen 30-Sekunden Werbespot für die 16 Spieltage der Rückrunde Bundesliga-Saison 2009/2010 einen Paketpreis von € 140160,–, vgl die Preisliste unter http://www.ass-kombis.de/ligalive.html?&tx_mmsender_pi1[nav]=4&cHash=eafc7bffa0 (zuletzt aufgerufen am 20.11.2010).

210 FAZ v 20.11.1996, 40.

II. Der Streit um die Hörfunkrechte an der Fußball-Bundesliga

101 Auch für die Radio-Übertragung der Spiele der Fußball-Bundesliga mussten die Hörfunkveranstalter jahrelang nur den Eintrittspreis und eine Aufwandsentschädigung für die bereitgestellte Infrastruktur (Technik, Leitung, Kommentatorenplatz, Zugang zum Innenbereich etc) zahlen. Eine zusätzliche Lizenzgebühr forderten die Veranstalter nicht. Inoffiziell galt, dass die Radioreportagen mit den Zahlungen für die Fernsehübertragungsrechte abgegolten waren. Dies änderte sich im Jahr 2001. Im Zuge einer hartnäckig geführten Auseinandersetzung um die Kurzberichterstattung in der „Tagesschau“ drohte die DFL, die Radioreporter der öffentlich-rechtlichen Hörfunkanstalten aus den Bundesligastadien auszusperren.[211] Zur Spielzeit 2001/2002 legten DFL und ARD den Streit bei und schlossen eine Vereinbarung, nach der die Landesrundfunkanstalten nur noch 40 und nicht mehr 90 Minuten live aus den Stadien der 1. Bundesliga berichten durften.[212] Um die Übertragungszeit wieder auf 75 Minuten aufzustocken und um sich die Exklusivität ihrer Schlusskonferenz zu sichern, erklärte sich die ARD dann zur Saison 2003/2004 bereit, für die nächsten 3 Spielzeiten jeweils € 5,2 Mio zu zahlen. Allerdings legte die ARD Wert auf die Feststellung, dass es sich dabei nicht um Lizenzgebühren für ein „Radio-Übertragungsrecht“ handele, sondern lediglich um eine Abgeltung für die von den Veranstaltern bereitgestellte Infrastruktur. Letztlich blieb die Frage, ob es „Radioübertragungsrechte“ überhaupt gibt, in dieser Auseinandersetzung offen.

102 Klärung brachte erst der Streit des privaten Radiosenders „Radio Hamburg“ mit den beiden Fußballklubs Hamburger Sportverein und FC St. Pauli sowie der DFL. Auch hier hatte Radio Hamburg seit Sendebeginn im Jahre 1986 im Rahmen der Nachrichten, aber auch im sonstigen Programm regelmäßig, entweder durch kurze Live-Berichte oder mit aktuellen Spielzusammenfassungen aus den Stadien über die Heimspiele der beiden Hamburger Fußballteams berichtet. Die Reporter und Mitarbeitern des Senders hatten bis zur Saison 1999/2000 für die Hörfunkberichterstattung aus den Stadien unentgeltlich Zutritt zur Pressetribüne, zu den Pressekonferenzen und zu den Interviewzonen erhalten. Weder die beiden Fußballvereine noch die DFL hatten zuvor gegenüber Radio Hamburg Hörfunkrechte beansprucht.

103 Zu Beginn der Saison 2001/2002 verlangte die DFL von Radio Hamburg erstmals eine Vergütung für die Möglichkeit, aus den Fußballstadien des HSV und des FC St. Pauli zu berichten. Radio Hamburg klagte daraufhin auf Feststellung, dass den beiden Vereinen sowie der DFL „keine Rechte für die Live- und/oder sonstige Berichterstattung im Hörfunk“ an den Heimspielen des HSV und des FC St. Pauli zustünden. Die angerufenen Gerichte, zunächst das LG Hamburg, dann das OLG Hamburg und schließlich der BGH, hatten nunmehr also über die Frage zu entscheiden, ob ein dem „Fernsehübertragungsrecht“ entsprechendes „Radioübertragungsrecht“ existiert. Ob also der Veranstalter die Zutrittsrechte und -konditionen dergestalt festlegen kann, dass den Radioreportern der Zutritt – und damit die Hörfunk-Berichterstattung – nur gegen Zahlung einer Lizenzgebühr gewährt wird.

---

211 Vgl SZ v 19.7.2001, 19.

212 Vgl FAZ v 23.7.2001, 13; ausf hierzu *Winter* ZUM 2003, 531, 532 ff.

III. Die Hörfunkrechte-Entscheidung des BGH

Nachdem Radio Hamburg mit seiner Klage schon in den ersten beiden Instanzen erfolglos geblieben war, entschied auch der BGH, dass zu der von Art 12 Abs 1 GG geschützten wirtschaftlichen Verwertung der beruflich erbrachten Leistung bei bedeutsamen Sportereignissen auch die Verwertung der Möglichkeit gehöre, das sportliche Ereignis in Bild *und* Ton unmittelbar oder mittelbar mitzuerleben.[213] Mit anderen Worten: Sportveranstalter sind berechtigt, nicht nur von Fernsehsendern, sondern auch von Hörfunkstationen für die Berichterstattung über die von ihnen organisierten Sportveranstaltungen ein besonderes Entgelt zu verlangen. 104

Zur Begründung greift der BGH, wie bei der Herleitung der TV-Übertragungsrechte, auf das aus den §§ 858 ff, 1004 BGB abgeleitete Hausrecht zurück. Mit diesem Recht, das zunächst der Wahrung der äußeren Ordnung der jeweiligen Örtlichkeit diene, sei zwar kein „Hörfunkrecht" im Sinne einer ausschließlichen Befugnis, von der Örtlichkeit aus über Hörfunk zu berichten, verbunden. Es ermögliche seinem Inhaber jedoch, frei darüber zu entscheiden, wem er Zutritt zu der Örtlichkeit erlaube und wem er ihn verweigere; es berechtige den Inhaber zudem, den Zutritt nur zu bestimmten Zwecken zu erlauben oder von Bedingungen wie der Zahlung eines Entgelts abhängig zu machen.[214] Dem steht nach Ansicht des BGH auch nicht die durch Art 5 Abs 1 S 2 GG gewährleistete Rundfunkfreiheit entgegen. Zwar könne sich eine den Anforderungen des Art 5 Abs 1 S GG gerecht werdende Berichterstattung nicht unter Verzicht auf herausragende Sportereignisse verwirklichen lassen, da diese als Anknüpfungspunkt für eine breite Kommunikation in der Bevölkerung eine wichtige gesellschaftliche Funktion erfüllten.[215] Aus der Rundfunkfreiheit könnten die Hörfunkveranstalter allerdings nicht das Recht ableiten, in der begehrten Weise über das Spiel zu berichten, ohne hierfür ein besonderes Entgelt zu leisten. Denn die Veranstalter könnten sich ihrerseits auf die Berufsfreiheit aus Art 12 Abs 1 GG berufen, die insb auch die wirtschaftliche Verwertung der beruflich erbrachten Leistung umfasse.[216] 105

Verlangt ein Sportveranstalter für die Berichterstattung aus dem Stadion ein Entgelt, muss er aber – da ihm in der Regel eine marktbeherrschende Stellung zukommt – die kartellrechtlichen Schranken beachten. Der BGH führt aus:[217] 106

„Wird ein solches Entgelt von einem marktbeherrschenden Unternehmen beansprucht, darf es ein anderes Unternehmen in einem Geschäftsverkehr, der – wie im Streitfall der Zutritt zu den Stadien zum Zwecke der Berichterstattung – gleichartigen Unternehmen üblicherweise zugänglich ist, allerdings weder unbillig behindern noch gegenüber gleichartigen Unternehmen ohne sachlich gerechtfertigten Grund unterschiedlich behandeln (§ 20 Abs 1 GWB). Die Zutrittsbedingungen dürfen auch nicht von denjenigen abweichen, die sich bei wirksamem Wettbewerb mit hoher Wahrscheinlichkeit ergeben würden (§ 19 Abs 1 und 4 Nr 2 GWB)." 107

Im Streitfall verstießen die Fußballvereine und die DFL nicht gegen diese Verbote.

Der Entscheidung ist zuzustimmen. Es ist nicht einzusehen, dass die Hörfunksender mit ihrer Live-Übertragung den wirtschaftlichen Wert der Sportveranstaltung abschöpfen, ohne den Veranstaltern, die diesen wirtschaftlichen Wert durch den Ein- 108

---

213 BGH GRUR 2005, 249 – Hörfunkrechte.
214 BGH GRUR 2006, 249, 251 – Hörfunkrechte.
215 BGH GRUR 2006, 249, 251 – Hörfunkrechte.
216 Vgl BVerfG NJW 1998, 1627.
217 BGH GRUR 2006, 249, 251 – Hörfunkrechte.

satz erheblicher finanzieller Mittel und durch die Übernahme des wirtschaftlichen Risikos erst geschaffen haben, ein Entgelt für die Übertragung zu zahlen.[218] Zum Teil wird dagegen argumentiert, die Radioübertragung habe im Vergleich zu der TV-Übertragung wegen der erheblichen Eigenleistung des Hörfunkreporters keine oder allenfalls eine geringfügige Eingriffsintensität und sei deshalb vom Veranstalter zu dulden.[219] Zweifellos lebt die Qualität der Radio-Übertragung von der Fähigkeit des Reporters, seine vor allem optischen Eindrücke sprachlich umzusetzen und dem Zuhörer zu übermitteln. Auf visuelle Unterstützung muss er, anders als seine TV-Kollegen, vollständig verzichten. Es ist jedoch zu kurz gegriffen, die schöpferische Eigenleistung des Radiokommentators nur mit der des Fernsehreporters zu vergleichen. Zu Recht wird darauf hingewiesen, dass sich eine gelungene Fernsehübertragung durch das Zusammenspiel etwa der Kameraleute, der Bildregie, des Reporters und den Einsatz technischer Hilfsmittel (zB Zeitlupen, besondere Kameraeinstellungen und -perspektiven, Analysetools etc) auszeichnet.[220]

109 Auch das von Radio Hamburg in dem Verfahren vorgebrachte Argument, die Radioübertragung sei eher mit der Presseberichterstattung als mit einer TV-Übertragung zu vergleichen, überzeugt nicht, da ein Hörfunkveranstalter den Zutritt zum Stadion intensiver nutzt als ein Vertreter der schreibenden Presse. Der Radioreporter berichtet nicht nur über das Spiel, er nutzt den Zutritt darüber hinaus zur Berichterstattung aus dem Stadion[221] und macht sich dabei auch die Live-Atmosphäre der Veranstaltung zu Nutze.

110 Die in der Rechtsprechung und Literatur zuvor diskutierte Frage, ob der Hörfunkveranstalter auch Abwehrrechte aus dem UWG oder aus dem Recht am eingerichteten und ausgeübten Gewerbebetrieb geltend machen kann, ließ der BGH in der „Hörfunkrechte-Entscheidung" offen. Das LG Hamburg[222] lehnte einen **ergänzenden wettbewerbsrechtlichen Leistungsschutz** als Rechtsgrundlage für die Veranstalter ab, da es an einer Unlauterkeit der Nachahmung fehle. Dem ist zuzustimmen. Ansprüche aus § 4 Nr 9 UWG[223] scheitern schon am Tatbestandsmerkmal der „Nachahmung". Eine Radioübertragung knüpft zwar an eine fremde Leistung an, sie stellt aber keine Nachahmung, sondern eine völlig eigenständige Leistung dar.[224] Der Hörfunkreporter „übersetzt" den von ihm optisch wahrgenommenen Spielverlauf durch eine erhebliche Eigenleistung in eine akustische Information für den Zuhörer.[225] Bei der Hörfunkberichterstattung liegt es nahe, zwischen akustischen und visuellen Ereignissen zu unterscheiden. Bei akustischen Ereignissen wie bspw einem Konzert oder einer Lesung, dürfte der Tatbestand des „Schmarotzens" wegen der unmittelbaren Übernahme wesentlich eher erfüllt sein. Bei Sportveranstaltungen handelt es sich dagegen in erster Linie um visuelle Ereignisse, bei denen dann lediglich eine mittelbare Übernahme vorliegt.[226]

---

218 Ebenso *Schmidt-Petersen* SpuRt 2003, 234; PHB SportR/*Summerer* 4/76; *Wertenbruch* SpuRt 2001, 185, 187; *Winter* ZUM 2003, 531; aA *Fikentscher* SpuRt 2002, 186; *Mailänder* ZUM 2003, 820; *Ory* AfP 2002, 195.

219 *Mailänder* ZUM 2003, 820, 826.

220 *Melichar* FS Nordemann 213, 223.

221 BGH GRUR 2006, 249, 251 – Hörfunkrechte.

222 LG Hamburg ZUM 2002, 655, 658.

223 Das LG Hamburg orientierte sich noch an der zur Generalklausel des § 1 UWG aF ergangenen Rechtsprechung des BGH, die mit der UWG-Reform 2004 in § 4 Nr 9 UWG kodifiziert wurde.

224 Vgl auch Köhler/Bornkamm/*Köhler* § 4 UWG Rn 9.38.

225 *Fikentscher* SpuRt 2003, 186, 187; *Mailänder* ZUM 2003, 820, 824; *Waldhauser* Fernsehrechte 146.

226 *Rehbinder* ZUM 1989, 337, 343; *Winter* ZUM 2003, 531, 536; vgl auch BGHZ 39, 352 – Vortragsabend.

Ansprüche der Veranstalter aus § 823 Abs 1 BGB unter dem Gesichtspunkt des **Rechts am eingerichteten und ausgeübten Gewerbebetrieb** scheitern schon an der Subsidiarität dieses Rechts. Der deliktische Unternehmensschutz dient nicht dazu, Lücken des UWG zu füllen – was wettbewerbsrechtlich erlaubt ist, muss auch zivilrechtlich erlaubt sein.[227] Darüber hinaus dürfte es auch an dem erforderlichen betriebsbezogenen unmittelbaren Eingriff in den Gewerbebetrieb der Veranstalter fehlen. Ob der Hörfunkreporter, der die Veranstaltung selbst nicht stört, die exklusive Verwertung der Veranstaltung für eine parallele oder zeitversetzte Fernsehübertragung erschwert, spielt im Rahmen von § 823 Abs 1 keine Rolle, da die Vorschrift vor einer solchen nur mittelbaren Beeinträchtigung nicht schützt.[228] **111**

§ 4
Sportberichterstattung in der Presse und anderen Druckwerken

I. Zugangsrecht der Presse

Sportveranstalter gewähren der Presse[229] in der Regel umfassenden Zugang zu den von ihnen organisierten Veranstaltungen. Die Reporter erhalten Akkreditierungen, mit denen ihnen auch der Zutritt zu Bereichen gewährt wird, die für normale Zuschauer nicht zugänglich sind (Innenraum, Mixed-Zone, Presskonferenzen etc). Es ist dabei auch völlig unstreitig, dass die Presseberichterstattung nicht von der Zahlung eines besonderen Entgelts abhängig gemacht werden darf. Der Schutz der Pressefreiheit iSd Art 5 Abs 1 S 2 Alt 1 GG umfasst insb auch die medienspezifische Informationsbeschaffung aus allgemein zugänglichen Quellen.[230] Zwar ist anerkannt, dass Grundrechte keine unmittelbare Wirkung zwischen Privatrechtssubjekten entfalten. Aus der Grundrechtsbindung der Rechtsprechung und ihrer daraus folgenden Pflicht, das einfache Recht grundrechtskonform auszulegen, ergibt sich aber eine mittelbare Drittwirkung der Grundrechte.[231] Einbruchsstellen für die Wertungen der Grundrechte sind vor allem die zivilrechtlichen Generalklauseln.[232] Bei der Frage, ob ein Pressereporter Anspruch auf Gewährung des Zutritts zu einer Sportveranstaltung hat, ist bei der Auslegung der Anspruchsgrundlagen (va §§ 33, 19, 20 GWB und § 826 iVm 249 ff BGB) die Ausstrahlungswirkung der Pressefreiheit zu berücksichtigen. Dabei kommt es dann zu einer Abwägung mit dem seinerseits durch Art 12 Abs 1 GG geschützten Interesse des Sportveranstalters, seine beruflich erbrachte Leistung wirtschaftlich zu verwerten. Da die Presseberichterstattung die Verwertungsinteressen des Veranstalters deutlich weniger tangiert als etwa die Fernseh- oder Hörfunkberichterstattung, wird das Ergebnis der Interessenabwägung regelmäßig für die unentgeltliche Zutrittsgewährung sprechen. **112**

Dem Veranstalter ist es auch versagt, Reportern, deren Berichterstattung ihm missfällt, den Zutritt zu verweigern.[233] Da der Ausschluss einzelner unliebsamer Reporter **113**

227 LG Hamburg ZUM 2002, 655, 659; *Ladeur* GRUR 1989, 885, 886.

228 *Mailänder* ZUM 2003, 820, 824; zweifelnd auch das LG Hamburg ZUM 2002, 655, 658.

229 Neben den klassischen Druckerzeugnissen gelten die folgenden Ausführungen auch für die „elektronische Presse“ (va Online-Ausgaben von Zeitungen und Zeitschriften).

230 BVerfG NJW 2001, 1633, 1634.

231 BVerfG GRUR 1958, 254, 255 – Lüth.

232 BVerfG NJW 1976, 1677.

233 RGZ 133, 388, 392; LG Dortmund AfP 1966, 602; LG Münster NJW 1978, 1329.

eine sachlich nicht gerechtfertigte Ungleichbehandlung bzw eine sittenwidrige Schädigung ist,[234] kann der ausgeschlossene Pressevertreter über §§ 33 Abs 1, 19, 20 GWB bzw. 826 BGB die Gewährung seines Zutritts zu der Veranstaltung verlangen. Ebenso darf der Veranstalter die Presse nicht durch programmbezogene Auflagen, etwa die Verpflichtung zur Verbreitung redaktioneller Beiträge zu einem bestimmten Thema oder mit einem bestimmten Inhalt, in der freien Gestaltung ihres Angebots behindern.[235]

114 Dagegen ist es dem Veranstalter aufgrund seines ihm zustehenden Hausrechts erlaubt, den Zutritt zu seinen Pressekonferenzen davon abhängig zu machen, dass das Verbot einer Anfertigung von Bewegtbildern für das Internet akzeptiert wird.[236] Ein aufgrund einer entsprechenden Bestimmung in den Akkreditierungsrichtlinien ausgesprochenes Hausverbot verstößt nach Ansicht des OLG München nicht gegen das Behinderungs- oder Diskriminierungsverbot des § 20 GWB. Es stelle auch keine unbillige Behinderung dar, dass es Fernsehanstalten als linearen Medienunternehmen erlaubt sei, die Pressekonferenzen aufzuzeichnen. Anders als bei linearen Medienunternehmen, die ihre Programme zum zeitgleichen Empfang sendeten, ermöglichten Internetanbieter als nicht-lineare Medienunternehmen, insb durch On-Demand-Angebote, den Abruf der Programminhalte zu jedem beliebigen Zeitpunkt an beliebigen Stellen des Werkes.[237]

II. Herstellung und Vertrieb von Programmheften

115 In zwei älteren Entscheidungen hatte sich der BGH mit der Herstellung und dem Vertrieb von Programmheften für Sportveranstaltungen ohne Erlaubnis des Veranstalters zu beschäftigen. In der Entscheidung „Box-Programmheft“[238] ging ein Veranstalter von Boxwettkämpfen gegen einen Verlag vor, der zu den Box-Veranstaltungen ein eigenes Programmheft herausgab. Der BGH bejahte einen Wettbewerbsverstoß, da der Verlag mit dem Vertrieb seiner Programmhefte, die als vollwertiger Ersatz für die Programmhefte der Veranstaltung gedacht waren, den Veranstalter in seinem Recht verletze, über Art und Ausgestaltung der Werbung für seine Veranstaltung zu bestimmen. Durch den Vertrieb werde zudem dem Veranstalter erschwert, die Zahl der von ihm herauszugebenden Programmhefte zu kalkulieren. Schon kurze Zeit später machte der BGH allerdings deutlich, dass es sich um eine Einzelfallentscheidung und nicht etwa um einen allgemeinen Rechtsgrundsatz handelt. Ein Verlag hatte anlässlich eines Fußball-Länderspiels parallel zum DFB ein Programmheft mit den Namen der Spieler und mehreren Berichten rund um das Spiel herausgegeben. Der BGH verneinte hier einen Wettbewerbsverstoß. Ein solcher komme nur dann in Betracht, wenn das Programmheft nach seiner äußeren Aufmachung und seinem übrigen Inhalt geeignet sei, bei den Abnehmerkreisen den irrigen Eindruck zu erwecken, es handele sich um ein vom DFB oder einem von ihm beauftragten Dritten herausgegebenes Programmheft.[239]

116 Nur unter dem Gesichtspunkt der Irreführung dürfte auch heute der Vertrieb von Programmheften wettbewerbswidrig sein. Insb ist es mit Blick auf Art 5 GG nicht

234 *Waldhauser* Fernsehrechte 289.
235 BGH GRUR 2006, 249, 252 – Hörfunkrechte; *Brinkmann* MP 2000, 491, 496; *Ory* AfP 2002, 195, 197.
236 OLG München GRUR-RR 2010, 258.
237 OLG München GRUR-RR 2010, 258, 260 f.
238 BGH GRUR 1958, 549 ff – Box-Programmheft.
239 BGH GRUR 1962, 254, 255 – Fußball-Programmheft.

wettbewerbswidrig, wenn Druckschriften bloße Programmelemente abdrucken[240] oder etwa eine Sportzeitung eine Sonderbeilage herausgibt, die sich mit einer Sportveranstaltung, ihrem Ablauf und den mitwirkenden Sportlern befasst.

§ 5
Internet- und Mobilfunkberichterstattung

I. Sport und Neue Medien

Die neuen Medien bieten vielfältige zusätzliche Möglichkeiten, Sportveranstaltungen zu vermarkten. Zwar spielt die Fernsehübertragung immer noch die dominierende Rolle; die Berichterstattung im Internet und im Mobilfunk gewinnt aber stetig an Bedeutung. Die DFL erhält derzeit für die IPTV-Rechte jährlich ca € 25 Mio von der Deutschen Telekom und ebenfalls ca € 25 Mio für die herkömmlichen Internetrechte von Sky.[241] Auch Sportarten mit weniger TV-Präsenz haben das Internet für sich entdeckt und versuchen über Internet-Fernsehen oder über selbst produzierte und dann online gestellte Beiträge ihr Publikum zu erreichen. Mit den gestiegenen Verbreitungsmöglichkeiten ist aber auch die Missbrauchsgefahr gewachsen. Ähnlich wie Urheber sehen sich Sportveranstalter einer zunehmenden Verbreitung von unerlaubt aufgezeichnetem Bild- und Tonmaterial über das Internet ausgesetzt. **117**

Neben der Berichterstattung in Bild und Ton ist das Internet aber auch hervorragend geeignet, um Daten und Informationen über Sportveranstaltungen mit nur minimaler Zeitverzögerung zu verbreiten: über Twitter, Facebook und Co. kommunizieren Sportvereine – ohne den teilweise als lästig empfundenen Umweg über die klassischen Medien – direkt mit ihren Fans, Onlineportale berichten mit Live-Tickern umfassend über Sportveranstaltungen und Sportfans können in Echtzeit Live-Wetten auf laufende Sportveranstaltungen setzen. Während bei Bild- und Tonübertragungen mittlerweile weitgehend geklärt ist, welche Rechte den Sportveranstaltern zustehen, ist noch völlig unklar, inwieweit Sportveranstalter sich gegen die Verwendung von Daten, die unmittelbar mit den Sportereignissen verbunden sind (Spielpläne, Ergebnisse, Spielverläufe etc), wenden können. **118**

II. Der Fall „hartplatzhelden.de"

Besonders deutlich zeigen sich die vielfältigen Problemstellungen bei der Verwertung von Sportereignissen im Internet an dem Fall „hartplatzhelden.de". Hier trifft nicht nur das Bestreben der (vermeintlichen) Rechtsinhaber, die von ihnen initiierten Sportereignisse umfangreich zu vermarkten, auf die fast unbegrenzten Möglichkeiten, die das Web 2.0 seinen Nutzern für die Veröffentlichung von „**User Generated Content**" bietet. Der Fall zeigt auch, dass die in letzter Zeit zunehmend diskutierte Frage nach der Reichweite des ergänzenden wettbewerbsrechtlichen Leistungsschutzes dringend beantwortet werden sollte.[242] **119**

---

240 PHB SportR/*Summerer* 4/50.
241 Vgl die Meldung auf handelsblatt.com vom 23.4.2009, abrufbar unter http://www.handelsblatt.com/unternehmen/it-medien/bundesliga-telekom-gibt-premiere-einen-korb;2249085;0 (zuletzt aufgerufen am 17.11.2010).
242 Ausf zu dieser Frage *Ohly* GRUR 2010, 487.

120 Auslöser der Diskussion war die Internetseite hartplatzhelden.de. Das werbefinanzierte Onlineportal bietet den Besuchern von Amateur-Fußballspielen die Möglichkeit, selbst aufgenommene Filme einzustellen, die einzelne Szenen der Spiele, etwa ein schönes Tor oder ein spektakuläres Dribbling, wiedergeben. Die Filmausschnitte, meist nicht länger als ein- bis eineinhalb Minuten, werden, ähnlich wie bei Youtube, nach verschiedenen Kategorien („Neuste", „Meist gesehene" und „Beste Bewertung") sortiert und können von anderen Internetnutzern kostenlos aufgerufen und angesehen werden. Der Württembergische Fußballverband e.V. (WFV), der sich selbst als Inhaber des ausschließlichen Rechts zur wirtschaftlichen Verwertung der Spiele ansieht, hatte die Betreiber des Portals auf Unterlassung verklagt und in den ersten beiden Instanzen vom LG Stuttgart[243] und vom OLG Stuttgart[244] Recht bekommen. Beide Gerichte sahen in der Veröffentlichung der Filmsequenzen eine unlautere Nachahmung iSd § 4 Nr 9 UWG. Bei den Fußballspielen handele es sich um Leistungen im wettbewerblichen Sinne, deren wirtschaftlicher Wert allein in der Möglichkeit bestehe, die Wahrnehmung des Spiels in Bild und Ton durch das sportinteressierte Publikum zu verwerten. Der WFV sei Mitveranstalter der in seinem Verbandsgebiet ausgetragenen Fußballspiele und gehöre in Bezug auf diese Leistung zum Kreis der wettbewerbsrechtlich Geschützten. Auch die Wiedergabe von einzelnen Spielausschnitten auf der Internetplattform sei eine unmittelbare Übernahme der Leistungen des Verbandes im Sinne einer Nachahmung. Diese Nachahmung sei bereits dann unlauter, wenn sie ohne Erlaubnis des Veranstalters erfolge. Die Unlauterkeit ergebe sich ferner daraus, dass die veröffentlichten Aufnahmen häufig das allgemeine Persönlichkeitsrecht der teilnehmenden Spieler verletze. Zudem verschaffe sich das Onlineportal auf dem Umweg über die Spielbesucher kostenlos Aufnahmen, die der Veranstalter allenfalls gegen Entgelt gestatten müsste. Das OLG Stuttgart bejaht neben dem Anspruch aus §§ 8 Abs 1 und 3, 4 Nr 9 UWG auch einen Eingriff in das Recht am eingerichteten und ausgeübten Gewerbebetrieb.

121 Beide Urteile sind sowohl in den Medien[245] als auch in der juristischen Literatur scharf kritisiert worden.[246] Der BGH hat den Kritikern letztendlich Recht gegeben und in seinem mit Spannung erwarteten Urteil vom 28.10.2010 entschieden, dass der WFV die Veröffentlichung kurzer Filmausschnitte von Amateur-Fußballspielen seiner Mitglieder im Internet hinnehmen müsse.[247]

122 Das Urteil des BGH ist zu begrüßen, denn das Unterlassungsbegehren des WFV lässt sich mit den herangezogenen Anspruchsgrundlagen nicht begründen. Insb sind die Voraussetzungen des **lauterkeitsrechtlichen Nachahmungsschutzes** nicht erfüllt. Entscheidend sind dafür wohl die folgenden Argumente: Es liegt schon keine Nachahmung im Sinne des Tatbestandes vor. Eine solche läge nur vor, wenn die Hartplatz-

---

243 LG Stuttgart ZUM 2009, 258 – hartplatzhelden.de.

244 OLG Stuttgart MMR 2009, 395 – hartplatzhelden.de.

245 Vgl bspw den harschen Kommentar von *Kaube* am 9.5.2008 auf www.faz.net, abrufbar unter http://www.faz.net/s/Rub475F682E3FC24868A8A5276D4FB916D7/Doc~E93EA25E0EF4148E993AA44C506F3CBFC~ATpl~Ecommon~Scontent.html (zuletzt aufgerufen am 20.11.2010).

246 *Ehmann* GRUR Int 2009, 659; *Ernst* jurisPR-WettbR 5/2009 Anm 3; *Feldmann* jurisPR-ITR 13/2009 Anm 2; *Feldmann/Höppner* K&R 2008, 421; *Frey* CR 2008, 530; *Hoeren/Schröder* MMR 2008, 553; *Maume* MMR 2008, 797; *ders* MMR 2009, 398; *Ohly* GRUR 2010, 487; *Peukert* WRP 2010, 316.

247 BGH Urt v 28.10.2010, Az I ZR 60/09, die Urteilsgründe waren bei Redaktionsschluss noch nicht veröffentlicht. Die Pressemeldung des BGH ist abrufbar unter http://juris.bundesgerichtshof.de/cgi-bin/rechtsprechung/document.py?Gericht=bgh&Art=pm&Datum=2010&Sort=3&nr=53789&pos=4&anz=210.

helden eine fremde Leistung ganz oder teilweise als eigene anböten.[248] Mit dieser Frage setzt sich das OLG Stuttgart nur oberflächlich auseinander. Zunächst stellt es zutreffend fest, dass sich bei einer nur teilweisen Übernahme des Leistungsergebnisses die wettbewerbliche Eigenart gerade aus dem übernommenen Teil ergeben müsste, das heißt, gerade die übernommenen Gestaltungsmerkmale müssten geeignet sein, im Verkehr auf eine bestimmte betriebliche Herkunft oder – ganz allgemein – auf die Besonderheit des jeweiligen Produktes hinzuweisen.[249] Dann begnügt sich das Gericht aber mit dem lapidaren Hinweis, diese Voraussetzung sei auch erfüllt, wenn nicht das gesamte Produkt, sondern lediglich ein zeitlicher Ausschnitt übernommen werde. An dieser Stelle hätte eine Auseinandersetzung mit der Frage erfolgen müssen, ob die von den Hartplatzhelden angebotene Leistung tatsächlich genau die Leistungen übernimmt, die der WFV erbracht hat. Dies ist nicht der Fall. Der WFV erbringt mit dem Aufstellen von Spielplänen, der Ausbildung von Schiedsrichtern und Ordnern sowie der Bereitstellung einer Sportgerichtsbarkeit zweifelsohne organisatorische Vorbereitungsleistungen, die den Spielbetrieb in seinem Verbandsgebiet erst ermöglichen.[250] Die wettbewerbliche Eigenart dieser Leistungen drückt sich in dem Leistungsergebnis „organisierter Amateurfußball im Verbandsgebiet des WFV“ aus. Der Verkehr nimmt den Gesamtwettbewerb als Leistung des Verbandes wahr, also die Aufteilung des Spielbetriebs in mehrere Ligen mit einer festgelegten Anzahl von Spielen an deren Ende jede Mannschaft eine bestimmte Platzierung erreicht. Genau diese Gestaltungsmerkmale werden von den Hartplatzhelden aber nicht übernommen. Wer sich über den Spielbetrieb als solchen, also etwa über das Ergebnis eines bestimmten Spiels, die Tabellensituation, die Ansetzung für den nächsten Spieltag oder Ähnliches informieren möchte, wird auf der Hartplatzhelden-Seite nicht fündig werden. Die einzelnen Filmausschnitte sind nicht mit einer umfassenden Live- oder Highlightberichterstattung vergleichbar; sie geben, völlig losgelöst vom Gesamtwettbewerb, lediglich einzelne, meist unkommentierte Szenen von Fußballspielen wieder, in deren Mittelpunkt die Leistungen Dritter stehen. Die wettbewerbliche Eigenart wird demnach einerseits durch die konkrete sportliche Leistung der Spieler und andererseits durch die Leistung der filmenden Zuschauer geprägt, die im richtigen Moment an der richtigen Stelle waren und durch die Auswahl der Szene, durch die Art der Aufnahme (Blickwinkel, Zoom) ebenfalls einen eigenständigen und wesentlichen Beitrag zu der Gesamtleistung erbracht haben.[251] Dagegen geben die Beiträge oft noch nicht einmal einen Hinweis darauf, welche Mannschaften im Rahmen welchen Wettbewerbs gegeneinander gespielt haben. Die organisatorischen Vorbereitungsleistungen des WFV finden sich in den veröffentlichten Filmausschnitten mithin nicht wieder.[252]

Aber selbst wenn man eine Nachahmung bejahen wollte, wäre im Ergebnis ein Verstoß gegen § 4 Nr 9 UWG zu verneinen. Zum einen würde die Nachahmung nicht von den Hartplatzhelden, sondern von den Zuschauern vorgenommen, die das Bildmaterial anfertigen und auf dem Onlineportal hochladen. Durch das Bereitstellen des Onlineportals eröffnen die Hartplatzhelden zwar in einer ihnen zurechenbaren Weise die Gefahr, dass Dritte mit der Veröffentlichung die Rechte anderer Marktteilnehmer **123**

248 Köhler/Bornkamm/*Köhler* § 4 UWG Rn 9.38.

249 OLG Stuttgart MMR 2009 395, 396 f – hartplatzhelden.de; vgl auch BGH GRUR 1999, 923, 926 – Tele-Info-CD.

250 *Ohly* GRUR 2010, 487, 489 meint, der Verband sei wegen seiner bloßen Vorbereitungsleistungen weniger mit dem Hersteller eines Produkts als mit dem Zulieferer von Rohmaterialien vergleichbar.

251 So auch *Paal* CR 2009, 438, 439.

252 Vgl *Ehmann* GRUR Int 2009, 659, 663; *Heckmann* jurisPR-ITR 13/2009 Anm 2; *Ohly* GRUR 2010, 487, 489.

verletzen. Nach der Rechtsprechung des BGH ist dem **Betreiber eines Internetportals** aber nur dann ein wettbewerbswidriges Verhalten vorzuwerfen, wenn dieser es im Hinblick auf ihm konkret bekannt gewordene Verstöße unterlässt, zumutbare Vorkehrungen zu treffen, um derartige Rechtsverletzungen künftig soweit wie möglich zu verhindern.[253] Hier fehlt es aber schon an einer solchen rechtswidrigen Haupttat. Die Zuschauer verletzen weder durch das Filmen noch durch das Hochladen der Filme Rechte des WFV. Ein Verstoß gegen das UWG scheidet aus, weil die Zuschauer zu privaten Zwecken und nicht geschäftlich handeln (§ 2 Abs 1 Nr 1 UWG). Da die Vereine den Zuschauern auch nicht untersagt haben, Filmaufnahmen von den Spielen anzufertigen, ist auch das Hausrecht der Vereine nicht verletzt.[254]

124 Zum anderen wäre die Nachahmung auch nicht unlauter. Die in § 4 Nr 9a)–c) UWG genannten **Unlauterkeitsmerkmale** sind nicht erfüllt. Während eine unredliche Erlangung von Kenntnissen iSv § 4 Nr 9c) UWG offensichtlich nicht vorliegt, scheidet eine vermeidbare Herkunftstäuschung nach § 4 Nr 9a) UWG aus, weil den Besuchern der Internetseite hartplatzhelden.de nicht suggeriert wird, es handele sich um ein Angebot des WFV. Auch eine Ausnutzung der Wertschätzung iSd § 4 Nr 9b) UWG ist abzulehnen. Hierfür müssten die Gütevorstellungen eines fremden Produkts auf das eigene übertragen werden; nicht ausreichend ist es dagegen, bloße Assoziationen an ein fremdes Produkt zu erwecken.[255]

125 In der Rechtsprechung ist zwar akzeptiert, dass die Aufzählung in § 4 Nr 9a)–c) UWG nicht abschließend ist; mit Blick auf die grundsätzlich bestehende Nachahmungsfreiheit hinsichtlich sondergesetzlich nicht geschützter Produkte kann aber nur in Ausnahmefällen das Nachahmen eines fremden Produkts als wettbewerbswidrig angesehen werden.[256] So bedarf es bspw für die Annahme einer **wettbewerbswidrigen Behinderung** besonderer Umstände.[257] Derartige Umstände sind hier nicht ersichtlich. Insb behindert die Tätigkeit der Hartplatzhelden den WFV nicht in unlauterer Weise bei der wirtschaftlichen Verwertung der in seinem Verbandsgebiet stattfindenden Fußballspiele. Der Hinweis des OLG Stuttgart, es liege auf der Hand, dass jede Fremdveröffentlichung die Verwertungsmöglichkeiten des WFV schmälere,[258] ist nicht geeignet, eine besondere Unlauterkeit zu begründen. Es liegt in der Natur des Wettbewerbs, auf Kosten der Mitbewerber einen Wettbewerbsvorsprung zu erzielen.[259] Deshalb setzt eine unlautere Behinderung von Mitbewerbern eine Beeinträchtigung der wettbewerblichen Entfaltungsmöglichkeiten der Mitbewerber voraus, die zusätzlich zu der mit jedem Wettbewerb verbundenen Beeinträchtigung weitere Merkmale aufweist, damit von einer unzulässigen individuellen Behinderung gesprochen werden kann.[260] Dies ist dann der Fall, wenn gezielt der Zweck verfolgt wird, Mitbewerber an ihrer Entfaltung zu hindern und sie dadurch zu verdrängen, oder wenn die Behinderung doch dazu führt, dass die beeinträchtigten Mitbewerber ihre Leistung am Markt durch eigene Anstrengung nicht mehr in angemessener Weise zur Geltung bringen können.[261]

---

253 BGH GRUR 2007, 890, 892 – Jugendgefährdende Schriften bei eBay.
254 *Ehmann* GRUR Int 2009, 659, 662; *Ohly* GRUR 2010, 487, 489 f.
255 BGH GRUR 2005, 349, 353 – Klemmbausteine III.
256 BGH GRUR 2007, 795, 799 – Handtaschen.
257 Köhler/Bornkamm/*Köhler* § 4 UWG Rn 9.63.
258 OLG Stuttgart MMR 2009, 395, 397 – hartplatzhelden.de.
259 Köhler/Bornkamm/*Köhler* § 4 UWG Rn 10.7.
260 BGH GRUR 2009, 878, 879 f – Fräsautomat.
261 BGH GRUR 2007, 800, 802 – Außendienstmitarbeiter.

Weder kann den Betreibern der Plattform vorgeworfen werden, dass sie den WFV gezielt verdrängen wollen, noch sind dessen Entfaltungsmöglichkeiten übermäßig eingeschränkt, zumal der Verband in der Berufungsinstanz vorgetragen hat, dass er mittlerweile einen Vertrag über die mediale Verwertung für Amateurspiele aus seinem Verbandsspielbetrieb abgeschlossen hat.[262]

Die Frage, ob das Lauterkeitsrecht neben dem mittelbaren Leistungsschutz des § 4 **126**
Nr 9 UWG auch einen **unmittelbaren Leistungsschutz** gewährt,[263], kann hier offen bleiben. Denn selbst wenn man die spezialgesetzlich geregelten Unlauterkeitstatbestände nicht als abschließend versteht, kann ein Rückgriff auf die Generalklausel des § 3 UWG nur in besonders gelagerten Ausnahmefällen in Betracht kommen. Zum einen dürfen die Wertungen des Sonderrechtsschutzes nicht unterlaufen werden, zum anderen muss eine umfassende Abwägung der Interessen aller Beteiligten für den unmittelbaren Leistungsschutz sprechen.[264] Während die erste Voraussetzung noch erfüllt ist, geht die Interessenabwägung zu Lasten des Verbandes aus. Zunächst zielen schon die vom Verband erbrachten organisatorischen Leistungen nicht auf eine Vermarktung der Amateurspiele und sind mithin nicht mit den Leistungen zu vergleichen, die von der DFL erbracht werden, um die Spiele der professionellen Bundesligen zu vermarkten.[265] Auch die Interessen der an den Amateurspielen beteiligten Spieler, die eine der Hauptzielgruppen der Onlineplattform sind, unterscheiden sich grundlegend von den Interessen der Berufsspieler in den Profiligen. Anders als bei den Profis ist der Sport für die Amateure ein reines Hobby, eine Betätigung im rein privaten Umfeld. Mit der Plattform wollen die Betreiber natürlich auch Gewinne generieren, sie dient den Amateuren aber auch zur Kommunikation im privaten Umfeld.[266] Ebenfalls zu berücksichtigen sind die Interessen der Zuschauer, die die jeweilige Szene aufgenommen haben. Auch sie handeln ohne kommerzielles Interesse und nutzen das Portal zur privaten Kommunikation. Entscheidend gegen einen unmittelbaren Leistungsschutz spricht schließlich, dass der Rückgriff auf die Generalklausel nur ultima ratio sein darf; der Verband kann sich aber über die ihm angehörigen Vereine eine wirtschaftliche Verwertung der Fußballspiele in seinem Verbandsgebiet dadurch hinreichend sichern, dass Besuchern der Fußballspiele Filmaufnahmen unter Berufung auf das Hausrecht untersagt werden.[267]

Auch ein **Rückgriff auf das allgemeine Deliktsrecht**, insb auf das Recht am einge- **127**
richteten und ausgeübten Gewerbebetrieb, verbietet sich.[268] Es ist schon zweifelhaft, ob der deliktische Unternehmensschutz überhaupt Anwendung finden kann, da die Wertungen des Unlauterkeitsrecht nicht unterlaufen werden dürfen. Jedenfalls fehlt es hier aber an einem betriebsbezogenen Eingriff, da sich die Onlineplattform nach

---

262 OLG Stuttgart MMR 2009, 395.

263 Der BGH hat diese Frage bislang, soweit ersichtlich, nicht entschieden. Dagegen Köhler/Bornkamm/*Köhler* § 4 UWG Rn 9.5c; *Emmerich* § 11 Rn 8. Dafür Piper/Ohly/Sosnitza/*Ohly* § 4 UWG Rn 9/79; *Fezer* WRP 2008, 1, 9; *Sack* WRP 2005, 531, 536 f.

264 Ausf zu den Voraussetzungen für einen unmittelbaren Leistungsschutz *Ohly* GRUR 2010, 487.

265 Anders das OLG Stuttgart MMR 2009, 395, 396 – hartplatzhelden.de, das keinen prinzipiellen, sondern nur einen graduellen Unterschied zwischen den Leistungen eines Amateurverbandes und Profiverbandes sieht.

266 *Ohly* GRUR 2010, 487, 493.

267 So auch der Hinweis des BGH in der Pressemitteilung zu dem Urteil vom Urt v 28.10.2010, Az I ZR 60/09.

268 AA OLG Stuttgart MMR 2009, 395 397 – hartplatzhelden.de, das neben einem Wettbewerbsverstoß auch einen Eingriff in das Recht des Verbandes an seinem eingerichteten und ausgeübten Gewerbebetrieb bejahte.

einem objektiven Maßstab nicht spezifisch gegen den betrieblichen Organismus oder die unternehmerische Entscheidungsfreiheit des Verbandes richtet. Die wirtschaftlichen Verwertungsmöglichkeiten des Verbandes sind allenfalls mittelbar beeinträchtigt. Der Ersatz mittelbarer Vermögensschäden ist über § 823 Abs 1 BGB aber nicht möglich.[269]

128 Die Entscheidung des BGH ist zu begrüßen. Die berechtigten Vermarktungsinteressen des Sports müssen ihre Grenze dort finden, wo die Interessen Dritter überwiegen. Diese Grenze wird im Amateursport, zu dessen Hauptaufgaben es gehört, ein Umfeld für den Freizeit- und Breitensport zu schaffen, deutlich früher erreicht als bei professionellen Sportveranstaltungen. Die Funktion des Sports als Anknüpfungspunkt für eine breite Kommunikation in der Bevölkerung[270] verlangt, dass neben der wirtschaftlichen Verwertung von Sportveranstaltungen ein **ausreichender Raum für die private Kommunikation** der Beteiligten bleiben muss. Die Möglichkeiten der modernen Technik und vor allem des Web 2.0 lassen diesen Kommunikationsraum immer größer werden. Die verschiedenen Formen und die Schnelligkeit der modernen privaten Kommunikation kommen der medialen Berichterstattung immer näher. Mit Hilfe von Youtube, Facebook und Twitter ist es heute jedem Besucher ohne weiteres möglich, mit Texten, Bildern, Audio- oder Videoaufnahmen fast zeitgleich über Sportereignisse zu berichten. Zwar erlaubt das Hausrecht den Veranstaltern, das Filmen und Fotografieren zu untersagen. Ob sich ein solches Verbot praktisch wirksam durchsetzen lässt, ist fraglich. Bei Massenveranstaltungen wie Bundesliga-Fußballspielen erscheint es wenig realitätsnah, allen Besuchern ihre kamerafähigen Mobiltelefone abzunehmen. Es wird auch kaum im Sinne der Amateurverbände sein, etwa Eltern zu untersagen, die Jugendspiele ihrer Kinder festzuhalten. Es wird dem Sport nichts anderes übrig bleiben, als mit diesen privaten Angeboten in Wettbewerb zu treten. Im Falle des Amateurfußballs ist dies auch schon geschehen. Bereits während des Verfahrens startete ein vom DFB initiiertes Konkurrenzangebot, auf dem neben ausführlichen Berichten über die Fußball-Bundesligen von Nutzern bereitgestellte Fotos und Videos zu finden sind. Genau wie dem Profisport verbleibt dem Amateursport daneben zusätzlich ein Bereich, in dem er, gemeinsam mit den Vereinen, exklusiv tätig werden kann: eine umfassende Bild- und Hörfunkberichterstattung über den Verlauf der einzelnen Spiele, entweder in Form von Live- oder Nachberichten, oder eine auf den jeweiligen Spieltag bezogene Highlightberichterstattung dürfte nur mit der Erlaubnis der Veranstalter angeboten werden.

II. Live-Ticker-Berichterstattung

129 Zahlreiche Online-Medien bieten ihren Nutzern die Möglichkeit, Sportveranstaltungen über so genannte Live-Ticker zu verfolgen. Die Nutzer werden mit ständig aktualisierten, meist kurzen Textbotschaften über das Spielgeschehen informiert. Die Berichterstattung findet zwar anders als die Fernseh- und Hörfunkübertragung nicht zeitgleich, aber doch mit einer nur kurzen Verzögerung statt, so dass von einer **„Near-Live-Berichterstattung“** gesprochen wird. Insb für Sportinteressierte, die die Fernsehübertragung nicht verfolgen können, etwa weil sie nur gegen ein besonderes Entgelt zu empfangen ist, ist der Live-Ticker ein beliebtes Informationsmedium. Auch Sportarten ohne Fernsehpräsenz bietet die Live-Ticker-Berichterstattung eine willkommene

269 Palandt/*Sprau* § 823 BGB Rn 11, 128.

270 BVerfG NJW 1627, 1629.

Möglichkeit, mit geringem technischen und finanziellen Aufwand ein größeres Publikum zu erreichen.

Wird der Live-Ticker nicht vom Veranstalter selbst, sondern einem Dritten angeboten, stellt sich wie bei einer Fernseh- oder Hörfunkübertragung die Frage, ob die Veranstalter ein Entgelt für ihre Einwilligung in diese Form der Berichterstattung verlangen. Auch die übertragenden Fernsehsender, die meist erhebliche Summen für die Übertragungsrechte gezahlt haben, könnten ein Interesse daran haben, die Berichterstattung via Live-Ticker zu unterbinden. **130**

1. Live-Ticker-Berichterstattung vom Veranstaltungsort

Erfolgt die Live-Ticker-Berichterstattung vom Veranstaltungsort aus, können sich Abwehrrechte des Veranstalters aus seinem Hausrecht am Veranstaltungsort ergeben. Als Inhaber des Hausrechts kann der Veranstalter grundsätzlich nicht nur frei darüber entscheiden, wem er den Zutritt zu der Örtlichkeit gestattet und wem er ihn verweigert. Er kann darüber hinaus den Zutritt nur zu bestimmten Zwecken erlauben und von Bedingungen wie der Zahlung eines Entgelts abhängig machen.[271] Dies gilt nach der „Hörfunkrechte-Entscheidung" des BGH zumindest, wenn der Zutritt zu der Örtlichkeit dazu dienen soll, das Sportereignis aufzuzeichnen und im Fernsehen oder Hörfunk zu übertragen.[272] Das Hausrecht gilt aber nicht grenzenlos; es kann insb vom Grundrecht der Rundfunkfreiheit, auf das sich in der Regel auch die Anbieter von Live-Tickern berufen können,[273] eingeschränkt werden.[274] Im Fall der Fernseh- und Hörfunkberichterstattung führt die Rundfunkfreiheit indes nicht zu einem Berichterstattungsanspruch, da die Verwertung der Möglichkeit, das Sportereignis in Bild und Ton mitzuerleben, ihrerseits unter dem verfassungsrechtlichen Schutz der Berufsfreiheit steht und die Abwägung der beiden gegenüberstehenden Grundrechte[275] vom BGH zu Gunsten der Veranstalter entschieden worden ist.[276] **131**

Bei der Live-Ticker-Berichterstattung stehen die schutzwürdigen Interessen der Sportveranstalter hinter der Rundfunk- und Informationsfreiheit zurück.[277] Der Eingriff des Live-Ticker-Anbieters in die von der Berufsfreiheit geschützten Vermarktungsinteressen der Veranstalter ist wesentlich weniger intensiv als der Eingriff der Fernseh- und Hörfunkveranstalter. Die Verwertungsmöglichkeiten der Veranstalter werden nur unwesentlich beeinträchtigt, da der Live-Ticker den Unterhaltungswert des Sportereignisses nur rudimentär vermitteln kann. Im Gegensatz zur Fernsehübertragung ist die Live-Ticker-Berichterstattung nicht geeignet, den Stadionbesuch zu substituieren. Ist der Live-Ticker auch noch so authentisch, bietet er dem Zuschauer keine sinnliche **132**

---

271 BGH GRUR 2006, 249, 251 – Hörfunkrechte.

272 BGH GRUR 2006, 249, 251 f – Hörfunkrechte.

273 *Strauß* SpuRt 2007, 6, 9.

274 Neben kartellrechtlichen Vorschriften, insb den §§ 19 und 20 GWB, kann auch das Willkürverbot das Hausrecht des Veranstalters beschränken.

275 Da sich zwei Private gegenüberstehen, wirken die Grundrechte hier nicht unmittelbar, sondern nur im Wege ihrer mittelbaren Drittwirkung.

276 BGH GRUR 2006, 249 – Hörfunkrechte.

277 Anders *Strauß* Spurt 2007, 6, 9 f, der ein Überwiegen der Rundfunkfreiheit nur dann bejaht, wenn sich der Live-Ticker darauf beschränkt über die wesentlichen Fakten (Zwischenstände, Torschützen, Verwarnungen, Ein- und Auswechslungen) zu informieren. Ist der Live-Ticker dagegen darauf ausgerichtet, das sportliche Geschehen möglichst umfassend, also durch eine ständig aktualisierte Beschreibung der Geschehnisse, wiederzugeben, soll die Berufsfreiheit der Veranstalter überwiegen.

Teilhabe an dem Sportereignis, dessen Vermittlung stark abhängig ist von einer akustischen und visuellen Wahrnehmung. Verfolgt der Internetnutzer die Sportveranstaltung über den Live-Ticker, erlebt er sie nicht, er informiert sich lediglich über sie. Zuzugeben ist, dass die Information nahezu zeitgleich geschieht und dass dieser Near-Live-Charakter zu den Spannungselementen gehört, die darauf abzielen, den Nutzer für die gesamte Dauer der Veranstaltung an das Medium zu binden.[278] Dies kann im Zuge des immer schneller und aktueller werdenden Informationsflusses aber nicht entscheidend sein. Denn die Rundfunkfreiheit gewährleistet gerade auch die aktuelle Information, die dem Zuhörer die Möglichkeit gibt, sich nahezu zeitgleich über das Spielgeschehen zu unterrichten.[279] Es wäre auch nicht einzusehen, den Live-Ticker, der gerade wegen der meist nur wenige Sekunden betragenden Zeitverzögerung nur in begrenztem Umfang über das Geschehen berichten kann, anders zu behandeln als etwa die ausführlichen und mit Bilder angereicherten Spielberichte der Internetmedien, zumal solche Berichte nicht nur unmittelbar nach Spielende, sondern in der Regel auch während der Veranstaltung, etwa zur Viertel- oder Halbzeitpause, veröffentlicht werden. Richtig ist auch, dass die Live-Ticker wegen ihres kundenbindenden Charakters und der geringen Kosten für die Anbieter wirtschaftlich sehr attraktiv sind. Diese wirtschaftliche Attraktivität kann aber nicht entscheidend sein, andernfalls müsste auch die Presseberichterstattung nur gegen Zahlung eines besonderen Entgelts gestattet werden, da auch diese für die Verlage wirtschaftlich äußerst attraktiv ist und einen nicht unerheblichen Teil zur Auflage beiträgt.

2. Live-Ticker-Berichterstattung aufgrund einer Fernsehübertragung

133 a) **Ansprüche des Veranstalters.** Einfacher lässt sich die Frage nach Abwehrrechten der Veranstalter beantworten, wenn die Live-Ticker-Berichterstattung nicht vom Veranstaltungsort selbst erfolgt, sondern auf Grundlage einer Fernsehübertragung. Da hier das Hausrecht offensichtlich nicht greift, wäre allenfalls ein Unterlassungsanspruch aus **ergänzendem wettbewerbsrechtlichen Leistungsschutz** iSd §§ 3, 4 Nr 9b) UWG denkbar. Es liegt aber schon keine Nachahmung im Sinne der Vorschrift vor. Der Tatbestand des § 4 Nr 9 UWG unterscheidet drei verschiedene Arten der Nachahmung: die unmittelbare, die fast identische und die nachschaffende Nachahmung. Bei der hier einzig in Betracht kommenden nachschaffenden Nachahmung bildet das Original das Vorbild für eine mehr oder weniger angelehnte eigene Leistung des Übernehmers. Entscheidend ist, ob die Nachahmung wiedererkennbare wesentliche Elemente des Originals aufweist oder sich deutlich davon absetzt.[280] Der Live-Ticker wäre zwar ohne das Sportereignis nicht denkbar und knüpft durch seine Bezugnahme an eine fremde Leistung an; die Transferleistung des Live-Ticker-Redakteurs, der das Sportereignis in zahlreiche meist kurze Textbotschaften „übersetzt", stellt aber keine Nachahmung, sondern eine völlig selbständige Leistung dar. Selbst wenn man eine nachschaffende Leistungsübernahme bejahen wollte,[281] wäre ein Anspruch aus ergänzendem wettbewerbsrechtlichem Leistungsschutz zu verneinen. Denn die bloße Tatsache, dass die angebotene Leistung eine Nachahmung ist, begründet für sich allein

---

278 *Strauß* SpuRt 2007, 6, 9.

279 BGH GRUR 2006, 249, 251 – Hörfunkrechte.

280 Köhler/Bornkamm/*Köhler* § 4 UWG Rn 9.37.

281 *Strauß* SpuRt 2007, 6, 8, der im Ergebnis aber auch einen wettbewerbsrechtlichen Unterlassungsanspruch ablehnt, da keine schmarotzende Nachahmung vorliege und der Gewerbetreibende nicht um die Früchte seines Arbeitsergebnisses gebracht werde.

nicht die Unlauterkeit gem § 4 Nr 9 UWG. Hinzukommen müssen besondere Umstände, die dieses Verhalten unlauter machen.[282] Wegen des großen Abstandes zwischen der Sportveranstaltung und der Live-Ticker-Berichterstattung wären an diese besonderen Umstände hohe Anforderungen zu stellen.[283] Solche liegen indes nicht vor. Der Veranstalter wird in seinen Möglichkeiten, das Ereignis zu vermarkten, allenfalls geringfügig beeinträchtigt, da der Live-Ticker, trotz seines Near-Live-Charakters und seiner Spannungselemente, dem Nutzer keine unmittelbare Teilhabe ermöglicht.[284]

b) **Ansprüche der Fernsehsender.** Mit der gleichen Begründung sind auch An- **134**
sprüche der das Sportereignis übertragenden Fernsehsender aus § 4 Nr 9 UWG abzulehnen. Zwar haben die Fernsehsender meist erhebliche finanzielle Mittel in den Erwerb der Fernsehübertragungsrechte und die Produktion der Übertragung investiert; doch auch hier fehlt es wegen des großen Abstandes zwischen dem Original, der Fernsehübertragung, und der Live-Ticker-Berichterstattung schon an einer Nachahmung und – falls man doch von einer nachschaffenden Nachahmung ausgehen will – an besonderen, die Unlauterkeit begründenden Umständen. Wie der Sportveranstalter werden die Fernsehanstalten bei der wirtschaftlichen Verwertung ihrer Leistung kaum gestört, da der Live-Ticker die Übertragung des Ereignisses in Bild und Ton nicht ersetzen kann.[285]

Erfolgt die **Live-Ticker-Berichterstattung auf der Grundlage einer Pay-TV-Übertra- **135**
gung, könnte dem Fernsehsender ein schuldrechtlicher Abwehranspruch zustehen, sofern der Vertrag mit dem Zuschauer eine kommerzielle Verwertung des Angebots untersagt.[286] Aber auch hier darf die mittelbare Drittwirkung der Grundrechte auf das Verhältnis der beiden Privaten nicht außer Acht gelassen werden. Im Rahmen der Prüfung, ob die Klausel, mit der der Fernsehsender eine kommerzielle Verwertung des Angebots untersagen will, eine zulässige AGB-Bestimmung ist, sind abermals die sich gegenüberstehenden grundrechtlichen Positionen – die Rundfunk- und Informationsfreiheit des Live-Ticker-Anbieters auf der einen und die Berufsfreiheit der Fernsehsender auf der anderen Seite – zu berücksichtigen. Mit den obigen Erwägungen sind auch hier die Interessen des Live-Ticker-Anbieters höher zu gewichten. Die Inhaltskontrolle nach den §§ 305 ff BGB führt somit zur Unwirksamkeit der Klausel.

IV. Rechte an Spielplänen und Tabellen

Insb Wettanbieter nutzen die Spielpläne und Ergebnistabellen von Sportveranstal- **136**
tungen als Grundlage für die von ihnen angebotenen Wetten. Für die Veranstalter stellt sich hier die Frage, ob ihnen Rechte zustehen, mit denen sie den Wettanbietern die Nutzung der Spielpläne und Ergebnistabellen untersagen können oder – näher liegend – zumindest von der Zahlung einer Lizenzgebühr abhängig machen können. In Betracht kommen vor allem Ansprüche aus Urheber- und Wettbewerbsrecht.

282 Köhler/Bornkamm/*Köhler* § 4 UWG Rn 9.40.
283 Vgl zu dieser Wechselwirkung zwischen den Tatbestandsmerkmalen Köhler/Bornkamm/*Köhler* § 4 UWG Rn 9.40 und 9.69.
284 So auch *Strauß* SpuRt 2007, 6, 8.
285 *Strauß* SpuRt 2007, 6, 8.
286 So untersagen die AGB der Sky Deutschland Fernsehen GmbH&Co KG (abrufbar unter www.sky.de) ausdrücklich die Nutzung des Angebots für Internet-Ticker und SMS-Dienste.

1. Datenbankschutz nach §§ 87a ff UrhG

137 Ein Schutz nach den §§ 87a ff UrhG, die dem Hersteller einer Datenbank ein ausschließliches Recht zur Vervielfältigung, Verbreitung und öffentlichen Wiedergabe der Datenbankinhalte gewähren, scheidet aus. Nach der Rechtsprechung des EuGH können etwa Spielpläne von Fußballmeisterschaften zwar grundsätzlich eine Datenbank iSv Art 1 Abs 2 Datenbank-RL, auf den auch der Begriff der Datenbank nach § 87a Abs 1 UrhG zurückgeht, darstellen;[287] im konkreten Fall entschied der EuGH jedoch, dass weder für die Beschaffung, noch für die Überprüfung oder die Darstellung von Spielplänen für Fußballmeisterschaften eine wesentliche Investition im Sinne der Vorschrift erforderlich sei. Der Begriff der wesentlichen Investition umfasse nur die Arbeiten zur Ermittlung, Zusammenstellung, Überprüfung und Darstellung vorhandener Elemente. Nicht erfasst seien dagegen die Mittel, die zum Erzeugen der Elemente, aus denen die Datenbank bestehe, eingesetzt würden.[288] Eine Investition ist nach dieser Rechtsprechung nur dann wesentlich, wenn sich die bei der Errichtung der Datenbank aufgewendeten Investitionen von den im Zeitraum der Datenerzeugung aufgewendeten Kosten trennen lassen. Dies ist bei Fußballspielplänen nicht der Fall. Es ist zwar richtig, dass die Veranstalter einen erheblichen personellen und finanziellen Aufwand betreiben, um den Spielbetrieb zu organisieren und dass dieser Aufwand auch erst die Erzeugung sinnvoller Daten ermöglicht.[289] Die – davon zu trennende – Ermittlung und Zusammenstellung der Daten, aus denen der Spielplan besteht, erfordert von den Veranstaltern dann allerdings keine besondere Anstrengung mehr. Erzeugung und Ermittlung der Daten sind untrennbar verbunden. Nach Sinn und Zweck der Datenbank-RL, die einen Schutz der Investition in die Beschaffung, Überprüfung und Darstellung von Datenbankinhalten sicherstellen will, kann eine wesentliche Investition in die Beschaffung der Daten dann nicht bejaht werden.[290]

138 Ebenso entschied der EuGH in Bezug auf Listen der an einem Pferderennen teilnehmenden Pferde und Reiter.[291] Auch hier seien die Investitionen, die mit der Aufstellung der Teilnahmelisten verbunden sind, untrennbar mit der Erzeugung der Daten, die sich in der Datenbank befinden, verbunden und könnten daher bei der Beurteilung, ob die mit der Erstellung dieser Datenbank verbundene Investition wesentlich sei, nicht berücksichtigt werden.[292] Ebenso verneint der EuGH eine mit der Überprüfung des Inhalts der Datenbank verbundene Investition. Zwar erfordere das Verfahren der Eintragung eines Pferdes auf der Liste für ein Rennen eine Reihe von vorherigen Überprüfungen, die sich auf die Identität desjenigen, der die Anmeldung vornimmt, die Merkmale des Pferdes sowie die Qualifikationen des Pferdes, seines Eigentümers und des Jockeys erstreckten. Diese Arbeit der vorherigen Überprüfung erfolge jedoch im Stadium der Erzeugung der Liste für das betreffende Rennen und stelle daher eine mit dem Erzeugen von Daten und nicht mit der Überprüfung des Inhalts der Datenbank verbundene Investition dar.[293]

---

287 EuGH GRUR 2005, 254, 255 f – Fixtures-Fußballspielpläne II.
288 EuGH GRUR 2005, 254, 256 Rz 41. – Fixtures-Fußballspielpläne II.
289 Vgl *Summerer/Blask* SpuRt 2005, 50 f, die am Beispiel der DFL unter anderem auf das aufwendige Lizenzierungsverfahren verweisen.
290 Ebenso Wandtke/Bullinger/*Thum* § 81a UrhG Rn 73; aA *Summerer/Blask* SpuRt 2005, 50 f.
291 EuGH GRUR 2005, 244, 247, Rz 38–41.
292 EuGH GRUR 2005, 244, 247, Rz 38.
293 EuGH GRUR 2005, 244, 247, Rz 39, 40.

2. Datenbankschutz nach § 4 UrhG

Bisher ungeklärt ist, ob ein Spielplan ein Datenbankwerk iSd § 4 Abs 2 UrhG darstellen kann. Die Vorschrift schützt Datenbanken, bei denen die Auswahl oder Anordnung der in ihnen enthaltenen Elemente auf einer schöpferischen Leistung beruht.[294] Die Spielpläne von Fußballmeisterschaften sind Datenbanken im Sinne der Vorschrift, da Datum, Uhrzeit, und Identität der beiden Mannschaften in Bezug auf ein Fußballspiel einen eigenständigen Informationswert besitzen und damit unter den Begriff „unabhängige Elemente" gem § 4 Abs 1 UrhG fallen.[295] Nach dem Wortlaut des § 4 Abs 1 UrhG ist dabei unschädlich, dass die Einzelelemente der Spielpläne selbst keinen urheberrechtlichen Schutz genießen. Entscheidend ist damit, ob der Spielplan als Sammlung von Daten das Resultat einer persönlichen geistigen Schöpfung ist. Da auch in § 4 UrhG der Schutz der kleinen Münze gilt,[296] dürfen keine allzu hohen Anforderungen gestellt werden. Eine persönliche geistige Schöpfung liegt vor, wenn der Sammlung ein individueller Sammlungsschwerpunkt oder ein individuelles Ordnungsprinzip zugrunde liegt, das sie von anderen Sammlungen oder Sammlungen anderer Urheber unterscheidet und sie deshalb dem Sammelnden persönlich zugerechnet werden kann.[297] Dies kann bei der Erstellung eines Spielplanes für eine ganze Saison durchaus zu bejahen sein.[298] Zwar unterliegt bspw die Erstellung des Spielplanes für die Fußballbundesliga einigen zwingenden Kriterien. So müssen etwa die Vorgaben des internationalen Spielkalenders oder der Sicherheitsbehörden beachtet werden. Es verbleibt aber ein ausreichender Gestaltungsspielraum, um schöpferisch tätig zu werden. So hängt die Attraktivität des Wettbewerbs schon entscheidend von der Anzahl der teilnehmenden Mannschaften, dem festzulegenden Spielmodus und der daraus folgenden Anzahl der Spiele ab. Auch die nächsten Schritte werden in der Regel das Ergebnis einer individuellen schöpferischen Leistung sein: zunächst werden die möglichen Spieldaten festgelegt. Nachdem die Klubs anhand dieses Rahmenspielplanes eigene Vorstellungen geäußert haben (etwa Termine an denen die Spielstätten wegen anderer Veranstaltungen nicht zur Verfügung stehen), werden die genauen Spieldaten samt der jeweiligen Paarungen bestimmt. Insb dieser Vorgang bietet Gelegenheit, dem Spielplan ein ausreichendes Maß an Individualität zu verleihen. Einerseits gilt es, für alle Teilnehmer möglichst ausgeglichene Wettbewerbschancen zu schaffen, andererseits soll die Reihenfolge der Paarungen zu einer möglichst spannenden Meisterschaft führen. Insgesamt dürfte Saisonspielplänen für einen Ligabetrieb[299] ein geistiger Gehalt innewohnen, der über die Summe der Inhalte der Einzelelemente hinausgeht und die Individualität des Urhebers zum Ausdruck kommen lässt.[300] 139

---

294 Wegen des unterschiedlichen Schutzgegenstandes besteht der Schutz nach § 4 UrhG unabhängig von einem etwaigen Schutz nach §§ 87a ff UrhG, vgl BGH GRUR 2007, 685, 687 f – Gedichttitelliste I.

295 Vgl zu Art 1 Abs 2 der Datenbank-RL EuGH GRUR 2005, 254, 255 – Fixtures-Fußballspielpläne II.

296 BGH GRUR 2007, 685, 687 – Gedichttitelliste I; Wandtke/Bullinger/*Marquardt* § 4 UrhG Rn 5.

297 Dreier/Schulze/*Dreier* § 4 UrhG Rn 12.

298 PHB SportR/*Summerer* 4/56; *Summerer*/*Blask* SpuRt 2005, 50, 51.

299 Angesichts des kleineren Gestaltungsspielraumes dürfte ein Schutz für Spielpläne für Turniere, die sich lediglich über einige Tage oder Wochen erstrecken, wohl zu verneinen sein.

300 Entsprechend hat der High Court of Justice in London mit Urt v 23.4.2010 einen Schutz der Spielpläne der englischen und der schottischen Premier League als Datenbankwerke bejaht (das Urteil ist abrufbar unter http://www.bailii.org/ew/cases/EWHC/Ch/2010/841.html). Auch die DFL erwägt, von den Wettanbietern eine Lizenzgebühr zu verlangen, vgl die Meldung auf www.faz.net v 12.9.2010, abrufbar unter http://www.faz.net/s/RubFB1F9CD53135470AA600A7D04B278528/Doc~E9BF8638ACD6B492BBF6D6DAA881F4EA3~ATpl~Ecommon~Sspezial.html (zuletzt aufgerufen am 20.11.2010). Die DFL erwartet

3. Ansprüche aus UWG und Deliktsrecht

140 Unabhängig davon, ob man einen Schutz von Spielplänen nach § 4 UrhG bejaht oder verneint, dürften wettbewerbsrechtliche Ansprüche der Veranstalter ausscheiden. Zwar kommt der wettbewerbsrechtliche Schutz des UWG neben dem bestehenden Sonderrechtsschutz von Datenbanken nach § 4 Abs 2 UrhG und §§ 87a ff UrhG grundsätzlich in Betracht. Es müssen aber besondere, außerhalb des urheberrechtlichen Tatbestandes liegende, Unlauterkeitsumstände gegeben sein. Bei der Anwendung insb des ergänzenden wettbewerbsrechtlichen Leistungsschutzes nach § 4 Nr 9 UWG ist dabei zu berücksichtigen, dass die wettbewerbsrechtlich geprägten §§ 87a ff UrhG die erforderliche Abwägung zwischen dem Schutz der Investitionsleistung und den Freiheitsinteressen der Nutzer und Mitbewerber bereits vorgenommen und in den Schutzvoraussetzungen sowie dem Eingriffstatbestand zum Ausdruck gebracht haben.[301] Ansprüche aus § 4 Nr 9 UWG können demnach nicht mit dem personal- und kostenintensiven Aufwand der Veranstalter begründet werden.[302] Wettbewerbsrechtliche Ansprüche könnten nur auf Umstände gestützt werden, die der Gesetzgeber noch nicht bei den § 4 Abs 2 UrhG und §§ 87a ff UrhG berücksichtigt hat, etwa eine Irreführung des Verkehrs über die Identität des Anbieters.[303] Aus dem gleichen Grund müssen auch Ansprüche aus § 823 Abs 1 BGB unter dem Gesichtspunkt des Rechts am eingerichteten und ausgeübten Gewerbebetrieb ausscheiden.

---

eine jährliche Lizenzsumme von € 80 Mio, vgl die Meldung auf www.dradio.de v 15.5.2010, abrufbar unter http://www.dradio.de/dlf/sendungen/sport/1186031/ (zuletzt aufgerufen am 20.11.2010).

301 Dreier/Schulze/*Dreier* v §§ 87a ff UrhG Rn 9; Wandtke/Bullinger/*Thum* v §§ 87a ff UrhG Rn 35 ff.

302 So aber *Summerer*/*Blask* SpuRt 2005, 50, 52.

303 Dreier/Schulze/*Dreier* v §§ 87a ff UrhG Rn 9.

Kapitel 2

Theaterrecht

Literatur

Ankermann Über die Rechte des Konzertbesuchers bei Absage der bekannten Solistin NJW 1997, 1134; *Asmussen* Die Geschichte des Deutschen Theaterrechts, Köln 1980; *Bach* Weiterveräußerungsverbot für Fußballbundesligakarten durch AGB JR 1007, 137; *Bastuck* Rechtliche Strukturen von Konzerthäusern NJW 2010, 709; *Beater* Grundkenntnisse und Fallbearbeitung im Urheberrecht JuS 2000, 666; *Beilharz* Der Bühnenvertriebsvertrag als Beispiel eines urheberrechtlichen Wahrnehmungsvertrages, München 1970; *Boden* Über die Unzulänglichkeit des Leistungsschutzes der ausübenden Künstler GRUR 1968, 537; *Böckenförde/Greiffenhagen* Der Stellvertreter-Fall JuS 1966, 359; *Czychowski/Nordemann* Die Entwicklung der ober- und untergerichtlichen Rechtsprechung zum Urheberrecht in den Jahren 2008 und 2009 (Teil 1) GRUR-RR 2010, 177; *Deckers* Gläubigerverzug beim Theaterbesuchsvertrag JuS 1999, 1160; *Depenheuer* Gegen den Urheberschutz des Theaterregisseurs – kurze Replik auf Hieber, ZUM 1/1997, 17, ZUM 1997, 734; *A Dietz* Werkänderungen durch Regie FuR 1976, 816; *C Dietz* Der Werkintegritätsschutz im deutschen und US-amerikanischen Recht, Berlin 2009; *Dreier/Schulze* (Hrsg) Urheberrechtsgesetz, 3. Aufl München 2008 (zit Dreier/Schulze/*Bearbeiter*); *Dreyer/Kotthoff/Meckel* (Hrsg) Heidelberger Kommentar zum Urheberrecht, 2. Aufl Heidelberg 2009 (zit Dreyer/Kotthof/Meckel/*Bearbeiter*); *Dünnwald* Zum Begriff des ausübenden Künstlers UFITA 52 (1969), 49; *ders* Inhalt und Grenzen des künstlerischen Leistungsschutzes UFITA 65 (1972), 99; *ders* Regie – Interpretation, Bearbeitung oder Werk? FuR 1976, 804; *Dünnwald/Gerlach* Schutz des ausübenden Künstlers, Kommentar zu den §§ 73 bis 83 UrhG, Stuttgart 2008; *Eidenmüller* Der unliebsame Kritiker: Theaterkritik und Schmähkritik NJW 1991, 1439; *Erdmann* Werktreue des Bühnenregisseurs aus urheberrechtlicher Sicht, in: Bruchhausen/Hefermehl/Hommelhoff/Messer (Hrsg) Festschrift für Rudolf Nirk zum 70. Geburtstag, München 1992, 209; *Erman* (Hrsg) BGB, Band I und II, 12. Aufl Köln 2008; *Fessmann* Theaterbesuchsvertrag oder wann krieg ich als Zuschauer mein Geld NJW 1983, 1164; *Fischer/Reich* Der Künstler und sein Recht, 2. Aufl München 2007; *Flechsig* Urheberrechtliche Abwehransprüche und Ambivalente Regieleistung FuR 1976, 829; *Fromm* Das Recht des Regisseurs und der Schutz seiner künstlerischen Leistung GRUR 1962, 561; *Fromm/Nordemann* (Hrsg) Urheberrecht, 10. Aufl Stuttgart 2008 (zit Fromm/Nordemann/*Bearbeiter*); *Genenger* Das Bühnenarbeitsrecht oder Hai già vinat la causa?! NJW 2009, 714; *Garloff* Copyright und Kunstfreiheit – zur Zulässigkeit ungenehmigter Zitate in Heiner Müllers letztem Theaterstück GRUR 2001, 476; *Goldbaum* Theaterrecht, Berlin 1914; *Gostomzyk* Wahrheit, keine Dichtung NJW 2008, 737; *Grunert* Götterdämmerung, Iphigenie und die amputierte Csárdasfürstin – Urteile zum Urheberrecht des Theaterregisseurs und die Folgen für die Verwertung seiner Leistung ZUM 2001, 210; *ders* Werkschutz contra Inszenierungskunst – Der urheberrechtliche Gestaltungsspielraum der Bühnenregie, München 2002; *Hieber* Für den Urheberrechtsschutz des Theaterregisseurs – die Inszenierung als persönlich geistige Schöpfung ZUM 1997, 17; *Hirte* Der praktische Fall: Bürgerliches Recht – Shakespeare im Regen JuS 1992, 401; *Hubmann* Zum Leistungsschutzrecht der Tonmeister GRUR 1984, 620; *Kewenig* Theater und Staat UFITA 58 (1970), 91; *Knies* Schranken der Kunstfreiheit als verfassungsrechtliches Problem, München 1967; *Knothe* „Umfunktionierte" Klassiker-Aufführungen ohne Hinweis – vertragsgemäße Theaterleistung? NJW 1984, 1074; *Kolberg* Der Veranstaltungsbesuchsvertrag, Kassel 2002; *Krause* Zur Abgrenzung der Werkvermittlungsarten GRUR 1960, 14; *Kreile/Becker/Riesenhuber* (Hrsg) Recht und Praxis der GEMA. Handbuch und Kommentar, 2. Aufl Berlin 2008; *Körner* Der Text und seine bühnenmäßige Aufführung, Hamburg 1999; *Krüger-*

Nieland Die Rechtsstellung des Bühnenregisseurs aus urheberrechtlicher Sicht UFITA 64 (1972), 129; *Kuhn* Bühneninszenierung als komplexes Werk, Baden-Baden 2005; *Kurz* Praxishandbuch Theaterrecht, München 1999; *Ladeur* Der prozedurale Schutz der Medienfreiheit ZUM 2004, 1; *P Larenz* Muss der Theaterleiter an jedermann Eintrittskarten ablassen UFITA 5 (1932), 355; *Larenz* Lehrbuch des Schuldrechts, Band II/1 Besonderer Teil, 13. Aufl München 1986; *Larenz/Canaris* Lehrbuch des Schuldrechts, Band II/2 Besonderer Teil, 13. Aufl München 1994; *Leinveber* Urheberrechtsschutz des Regisseurs GRUR 1971, 149; *Lilia* Urheberrechte an der Regie, Leipzig 1914; *List* Straßenbahnschein und Theaterkarte UFITA 13 (1940), 16; *Loewenheim* (Hrsg) Handbuch des Urheberrechts, 2. Aufl München 2010 (zit Loewenheim/*Bearbeiter*); *Loewenheim/Meesen/Riesenkampf* Kartellrecht. Europäisches und Deutsches Recht. Kommentar, 2. Aufl München 2010; *Marx-Probst* Das Recht der Theaterbesuchsorganisationen UFITA 72 (1975), 147; *Meier* Das Schauspiel als Werk zweiter Hand UIFTA 117 (1991), 43; *Metzger* „Germania 3 Gespenster am toten Mann" oder Welchen Zweck darf ein Zitat gemäß § 51 Nr 2 UrhG verfolgen? ZUM 2000, 924; *Meyer-Cording* Die provozierenden „entstellenden" Inszenierungen der Theaterregisseure, in: Baugärtel/Heinz (Hrsg) Festschrift für Heinz Hübner zum 70. Geburtstag, ua Berlin 1984, 745; *Nordemann* Kann der Theaterregisseur Urheber sein? FuR 1970, 73; *Obergfell* Tanz als Gegenwartskunstform im 21. Jahrhundert ZUM 2005, 621; *Opet* Theaterrecht, Berlin 1987; *Ott* Versammlungsfreiheit contra Kunstfreiheit? NJW 1981, 2397; *Opolony* Die Rechtsnatur des Gastspielvertrages darstellender Bühnenkünstler ZUM 2007, 519; *Pakuscher* Zum Rechtsschutz vor Entstellungen gemeinfreier Werke UFITA 93 (1982), 47; *Palandt* (Hrsg) Bürgerliches Gesetzbuch, 70. Aufl 2011; *Peters* Der verspätete Konzertbeginn – AG Passau, NJW 1993, 1473, JuS 1993, 803; *Raschèr* Für ein Urheberrecht des Bühnenregisseurs, Baden-Baden 1989; *ders* Werktreue: Ein tauglicher Prüfstein für Bühneninszenierungen? ZUM 1990, 281; *ders* Werktreue und Werkqualität von Bühneninszenierungen aus der Sicht der Analytischen Theaterwissenschaft UFITA 117 (1991), 21; *Raue* EVA & ADELE – der Mensch als „Werk" im Sinne des Urheberrechts GRUR 2000, 951; *Rehbinder* Rechtsfragen zum Theaterprogramm UFITA 67 (1973), 31; *ders* Die Mitbestimmung des Urhebers bei der Vermarktung seiner Werke ZUM 1996, 613; *ders* Bühnenbild und Urheberrecht, Willisau 1987; *ders* Die Mitbestimmung des Urhebers bei der Vermarktung seiner Werke ZUM 1996, 613; *ders* Urheberrecht, 16. Aufl München 2010; *Robak* Von „Esra" zu „Rothenburg" AfP 2009, 325; *Rogger* Urheberrechtliche Fragen bei der Inszenierung von Bühnenwerken, München 1976; *Rosmann* Die rechtliche Natur des Theaterbesuchsvertrages und das Theaterbillet, Greifswald 1914; *Roth* Teilunmöglichkeit bei Typenkombinationsverträgen – AG Herne Wanne, NJW 1998, 3651, JuS 1999, 220; *Säcker/Rixecker* (Hrsg) Münchener Kommentar zum BGB, Band 3, 5. Aufl 2008, Band 5, 5. Aufl 2009; *Samson* Urheberrecht oder Leistungsschutzrecht des Bühnenregisseurs? Bemerkungen zu dem Urteil des OLG Frankfurt vom 4. Dezember 1975 in GRUR 1976, 199, GRUR 1976, 191; *Sattler* Das Urheberrecht nach dem Tode des Urhebers in Deutschland und in Frankreich, Göttingen 2010; *Schack* Brecht, der Theaterregisseur und sein Publikum: Wer verletzt wen? GRUR 1983, 555; *ders* Urheber- und Urhebervertragsrecht, 5. Aufl Tübingen 2010; *Schlatter-Krüger* Zur Urheberrechtsschutzfähigkeit choreographischer Werke in der Bundesrepublik Deutschland und der Schweiz GRUR Int 1985, 299; *Schmieder* Zur Rechtsstellung des Bühnenregisseurs UFITA 63 (1972), 133; *ders* Werkintegrität und Freiheit der Interpretation NJW 1990, 1945; *Schricker/Loewenheim* (Hrsg) Urheberrechtskommentar, 4. Aufl München 2010 (zit Schricker/Loewenheim/*Bearbeiter*); *Ulmer* Urheber- und Verlagsrecht, Berlin ua 1980; *von Foerster* Das Urheberrecht des Theaterregisseurs, Berlin 1973; *Wandtke/Fischer/Reich* Theater und Recht, Band 2, Hamburg 1994; *Wandtke* Zu einigen leistungsschutzrechtlichen Aspekten im Bühnenarbeitsrecht ZUM 1993, 163; *ders* Theaterzensur und Urheberpersönlichkeitsrecht am Anfang des 20. Jahrhunderts in Preußen UFITA 136 (1998), 257; *ders* Zum Bühnentarifvertrag und zu den Leistungsschutzrechten der ausübenden Künstler im Lichte der Urheberrechtsreform 2003 ZUM 2004, 505; *ders* Choreografische und pantomimische Werke und deren Urheber, in: Rainer (Hrsg) Festschrift für Peter Raue zum 65. Geburtstag, Köln ua 2006, 745; *Wandtke* (Hrsg) Urheberrecht, 2. Aufl Berlin 2010 (zit Wandtke/*Bearbeiter*); *Zimmermann/Walter* Theater im Theater Jura 1992, 149; *Wandkte/Bullinger* (Hrsg) Praxiskommentar zum Urheberrecht, 3. Aufl München 2009 (zit Wandtke/Bullinger/*Bearbeiter*).

Übersicht

§ 1
Das Theaterrecht als Bestandteil des Medienrechts

I. Einführung

1 **„Gerade die dramatische Kunst ist wegen ihres Einflusses auf die Masse recht eigentlich dazu da, dafür zu sorgen, daß die Kultur nicht erstarre.“**[1]

Dieser Satz von *Goldbaum* beschreibt mit wenigen, aber äußerst treffenden Worten, warum das Theater auch in der heutigen Zeit ein bedeutsames Medium in unserem kulturellen Leben ist. **Theater** – aus dem Griechischen für θέατρο (théatro) „Schauplatz, Bühne“ – meint die szenische Darstellung eines Geschehensablaufs als künstlerisches Mittel der Kommunikation zwischen Darstellern und Publikum.[2] Bereits durch diese Begriffsdefinition wird deutlich, warum das „Recht des Theaters“ dem **Medienrecht** zuzuordnen ist, welches als Oberbegriff alle Teilgebiete des Rechts umfasst, die sich mit der individuellen und massenhaften Information und Kommunikation befassen.

2 Es gibt viele **Arten des Theaters**, wobei klassischerweise zwischen Sprechtheater (Tragödie, Komödie, Schauspiel), Musiktheater (Oper, Operette, Musical), Tanztheater und Ballett sowie Figurentheater und Pantomime unterschieden wird. Die Motivation für Theateraufführungen kann religiöser, gesellschaftlicher oder politischer Art sein.

---

[1] *Goldbaum* 64. Mein herzlichster Dank gilt meiner Kollegin Dr Wöhrn für kritische Anmerkungen und eine intensive Durchsicht sowie den Studentischen Hilfskräften am Lehrstuhl von Prof Wandtke, Caroline Leinemann und Till Völger; sie waren mir bei der Rechercheearbeit eine sehr wertvolle Unterstützung.

[2] Daneben wird auch der Aufführungsort als Theater bezeichnet.

In neuerer Zeit geht es oft auch nur um den künstlerischen Ausdruck, der ohnehin jedem Theater immanent ist (**Theater als darstellende Kunst**).

Das Theater ist ein sehr eingehendes Kommunikationsmittel, es wirkt durch Bilder, Sprache und Musik – eine Kombination verschiedener Medien – intellektuell und umfassend auf den Zuschauer ein. Ziel des Theaters ist die Identifikation des Zuschauers mit den Handelnden. Er soll Lehren, Perspektiven und Kritik für das reale Leben aus dem Stück ziehen. Durch die Live-Aufführung kann dieser Effekt besonders gut erreicht werden. Natürlich ist entscheidend, ob der Schauspieler seine Rolle so gut verkörpert, dass sie dem Zuschauer glaubhaft erscheint. Daher auch die heute noch gängige Umschreibung für „jemandem etwas vorgeben, vorspiegeln“ mit „Theater spielen“. Eine verstärkte Kommunikation tritt durch die Verwendung zeitgemäßer Medien, zB Filmprojektionen, ein. 3

II. Historische Entwicklung

Der kurze Streifzug durch die **Geschichte** des Theaters und sein Recht, die mit der Entstehung des griechischen Dramas im athenischen Dionysostheater beginnt, verdeutlicht durch die stetige Zunahme von Reglementierung und Zensur die soziale Sprengkraft des Theaters. 4

Schon in der **Antike** zeigt sich, welches politische und religiöse Konfliktpotential das Theater hat, als Ereignisse der Zeitgeschichte zum Gegenstand von Aufführungen gemacht wurden.[3] Zu dieser Zeit entsteht sowohl im antiken Griechenland als auch im römischen Reich die direkte Zensur von Theateraufführungen durch amtliche Prüfverfahren oder indirekt durch die Überwachung der Stadtpolizei, welche zur körperlichen Züchtigung, Inhaftierung und Verbannung der Schauspieler für unliebsame Texte führte.[4] Waren es in der Antike meist die Tragödie, Komödie und Pantomime, so standen im **Mittelalter** die geistlichen Schauspiele, wie Passionsspiele und Mirakelspiele, und die weltlichen Aufführungen, zB Fastnachspiele, auf dem Programm.[5] In der **Neuzeit** kam es zur Wiedergeburt des klassischen Theaters als Kunstform, welche ihren Ausgangspunkt in Italien fand, mit der Aufführung von Komödien, der Commedia dell'arte und der Oper. 5

Die Anfänge des Theaters in **Deutschland** sind im 15. Jahrhundert mit lateinischen Aufführungen antiker Lustspiele und Studentendramen zu verorten.[6] Das 16. Jahrhundert ist gekennzeichnet durch das Schul- und Humanistendrama sowie die Wandertheater. Zu jener Zeit kam es zur polizeilichen Regelung des Theaters und der Einführung der Zensur, speziell durch die Kirche.[7] Das folgende Jahrhundert ist geprägt durch die Errichtung fester Spielstätten, vornehmlich für Opernaufführungen und Komödien, wobei der Auftritt der Schauspieler an die Verleihung eines **Privilegs** durch die Landesherren oder Städte gebunden war.[8] 6

Während der **Aufklärungszeit** entstanden in Deutschland die bekanntesten Theater, zB die Semperoper in Dresden und das Markgräfliche Opernhaus in Bayreuth, das Residenztheater (Cuvilliés Theater) in München oder der Sitz des Weimarer Hoftheaters im Komödienhaus. Zeitgleich bildete sich ein spezifisches Theaterrecht heraus, 7

---

3 *Kurz* Kap 1 Rn 1.
4 *Kurz* Kap 1 Rn 7, 14; *Wandtke* UFITA 136 (1998), 257, 263; *Asmussen* 10, 18, 42.
5 *Kurz* Kap 1 Rn 28, 31; *Rogger* 6.
6 *Kurz* Kap 1 Rn 36 f; *Asmussen* 23.
7 *Kurz* Kap 1 Rn 42 f.
8 *Wandtke* UFITA 136 (1998), 257, 264; *Asmussen* 27.

zunächst in Form von **Hausordnungen** (Theatergesetzen) und vertraglichen Bestimmungen in den Bühnenengagementverträgen.[9] Rechtsgrundlage für die weitere Zensur des Theaters bildeten die Generalklausel des Allgemeinen Landrechts für die preußischen Staaten von 1974 (§ 10 Teil II Titel 17) und entsprechende Landesvorschriften, wonach es Aufgabe der Polizei ist die „nötigen Anstalten zur Erhaltung der öffentlichen Ruhe, Sicherheit und Ordnung und zur Abwehr der dem Publiko oder einzelnen Mitgliedern derselben bevorstehenden Gefahren zu treffen (...)."[10]

8 Im 19. Jahrhundert trat die **gewerberechtlich-polizeiliche Konzession** an die Stelle der Privilegien.[11] Alles Weitere regelten in Deutschland mehr als 300 **Theaterordnungen** (Theaterhausgesetze).[12] Mit der Gewerbeordnung von 1869 des Deutschen Reiches fiel das Theater unter ihren Regelungsbereich. Ergänzt wurden die gewerberechtlichen Regelungen durch polizeirechtliche Vorschriften der einzelnen Länder. Anfang des 20. Jahrhundert kam es kurzfristig zur vollständigen Abschaffung der Vorzensur durch Reichsgesetz bis die Nationalsozialisten im Rahmen der ideologischen Gleichschaltung des Kulturlebens auch das Theaterwesen streng reglementierten, so durch das Reichskulturkammergesetz von 1933 und das Theatergesetz von 1934.[13] Nach Ende des Krieges unterlag das Theater wieder den gewerbe- und polizeirechtlichen Reglementierungen, die vor dem Krieg galten. Zunehmend wurde das Theater jedoch von den Vorschriften des Urheber- und Leistungsschutzrechts erfasst, besonders durch den Erlass des **Urheberrechtsgesetzes** von 1965.

III. Theater in der modernen Medienwelt

9 Das Theater war von Anfang an ein Medium zur Äußerung von gesellschaftskritischen Ansichten und wurde deshalb von der Obrigkeit gefürchtet und kontrolliert. Zwar sind es heute nicht mehr die gewerbe- und polizeirechtlichen Vorschriften, sondern das **Urheber und Leistungsschutzrecht**, welches den entscheidenden rechtlichen Rahmen für Theateraufführungen bildet. Was sich aber nicht geändert hat, ist das Theater als **Kommunikationsmittel** und Bühne für **Kritik** an Politik, Gesellschaft und Religion, das ein großes Publikum bewegt und „erreicht". Laut Deutschem Bühnenverein besuchen jährlich rund 35 Mio Zuschauer aller Altersgruppen fast 105 000 Theateraufführungen.[14] Das Theater ist fester Bestandteil der modernen Medienwelt. Dies zeigt nicht zuletzt die zunehmende Möglichkeit, Theateraufführungen im Fernsehen, auf DVD oder im Rahmen von On-Demand-Services zu sehen.[15] Hier macht sich das Theater die neuesten Formen der Kommunikation, insb die digitalen Medien und das Internet zu nutze.

---

9 *Kurz* Kap 1 Rn 51; *Asmussen* 35.

10 *Goldbaum* 56 ff, insb 61, 63 krit zur preußischen Theaterzensur aufgrund von § 10 II 17 des Allgemeinen Landrechts und der Ansicht, dass die Norm nicht eine Zensur des Inhalts des Werkes, sondern nur im Hinblick auf die Wirkung beim Publikum und zum Schutz der Integrität ausnahmsweise erlaubt; ebenso *Opet* 139 f, s auch *Wandtke* UFITA 136 (1998), 257, 264 f zur Verordnung der Polizei über öffentliche Lustbarkeiten vom 10.7.1851 und *Goldbaum* 66 ff zur Theaterzensur in den anderen deutschen Staaten.

11 S *Asmussen* 39 ff, der darauf hinweist, dass mit der Einführung einer in der Gewerbeordnung geregelten Konzessionspflicht nur „äußerlich" das Privilegiensystem abgeschafft wurde.

12 Dazu *Asmussen* 63 ff.

13 Dazu *Asmussen* 87 ff.

14 www.buehnenverein.de/de/theater-und-orchester/19.html (7.10.2010).

15 ZB Opernaufführungen, http://www.metoperafamily.org/met_player/index.aspx (7.10.2010).

In der folgenden Darstellung des Theaterrechts soll es daher nicht um die Innenbeziehungen des Theaters gehen, wie bspw die Arbeits- und Dienstverträge mit den Schauspielern, Musikern und Tänzern, sondern um dessen **Kommunikation mit der Außenwelt als Teil des Medienrechts** zu den Bühnenautoren, Bühnenverlagen und Verwertungsgesellschaften sowie den Mitwirkenden und Besuchern. Da das Theaterrecht die unterschiedlichsten **Aufführungsformen** und deren Kombinationen erfasst, können die Ausführungen auch für andere Veranstaltungen, zB Konzerte, Lesungen, Varieté, Kabarett und Comedy, herangezogen werden. Allerdings immer in dem Bewusstsein, dass es in jedem Kulturbereich bestimmte Besonderheiten und Gepflogenheiten gibt, die eine **Anpassung** erforderlich machen. **10**

§ 2
Die Theaterorganisation

I. Klassisches Theater

Die Theater (**Bühnenunternehmen**) werden sowohl in privater Organisation – dann meist als GmbH oder BGB-Gesellschaft – als auch in öffentlicher Trägerschaft – als Regiebetrieb, Eigenbetrieb oder Anstalt – betrieben.[16] In Deutschland gibt es ca 280 Privattheater und 145 Theater (Staats-, Stadttheater, Landesbühnen) in öffentlicher Hand; hinzu kommen ca 130 Opern-, Sinfonie- und Kammerorchester sowie 40 Festspiele.[17] Theater in öffentlicher Trägerschaft gliedern sich im Regelfall in drei Bereiche, den künstlerischen Bereich, die Technik und die Verwaltung; dabei obliegt die künstlerische Leitung dem Intendanten.[18] Die Verträge im Namen der Bühne schließt bei den großen Theaterhäusern ein juristisch, betriebs- und/oder kulturwirtschaftlich ausgebildeter Verwaltungsdirektor oder Geschäftsführer. Die überwiegende Anzahl der Theater ist im **Deutschen Bühnenverein**, dem Interessen- und Arbeitgeberverband der Theater und Orchester, zusammengeschlossen. **11**

II. Tourneetheater, Gastspiel

Aufgrund der allseits angespannten Finanzlage, die dazu führt, dass gerade im kulturellen Bereich öffentliche Mittel gestrichen werden bzw private Investitionen wegfallen, haben sich in Deutschland **neue Theaterformen** – ca 150 Theater- und Spielstätten ohne festes Ensemble und 100 Tournee- und Gastspielbühnen ohne feste Spielstätte – herausgebildet.[19] **12**

Üblich ist, dass die großen Theater mit eigener Spielstätte einzelne ihrer Produktionen zur Aufführung an andere Veranstalter, zB kleine Stadttheater, verkaufen. Dabei organisieren sie selbst ein **Gastspiel** oder eine ganze Tournee (**Gesamtgastspiel**).[20] Teil- **13**

---

16 *Kurz* Kap 2 Rn 1–10; *Bastuck* NJW 2010, 709, 713.

17 www.buehnenverein.de/de/theater-und-orchester/19.html (7.10.2010).

18 *Kuhn* 16 f zur Betriebsorganisation der Theater in öffentlicher Hand.

19 www.buehnenverein.de/de/theater-und-orchester/19.html (7.10.2010). S auch *Ehrhardt* Rn 182 zu Tourneeproduktions- und Veranstalterverträgen.

20 BOSchG UFITA 97 (1984), 231, 232 zur Abgrenzung von Gesamtgastspiel und Co-Produktion.

weise wird auch ein Tourneeveranstalter eingeschaltet. Eine weitere Variante ist der **Austausch von Produktionen.** Ein Verkauf muss nicht notwendigerweise bedeuten, dass die Darsteller und das Bühnenpersonal der Originalproduktion mitreisen; dieser liegt selbst dann vor, wenn nur die Ausstattung an den Gastspielort weitergegeben wird und ein Regieassistent mit dem Ensemble des anderen Theaters die Produktion einstudiert.[21] Regelungen für derartige Produktionskauf- und Austauschvereinbarungen finden sich im Normalvertrag Bühne (NV Bühne) ua in den §§ 7 II b, 26, 56, 64 NV Bühne.

14 Immer häufiger gibt es Theater, die von vornherein nur Gastspiele und Tourneen mit wechselnden Spielstätten und wechselnder Besetzung geben und bspw als GmbH lediglich einen Firmensitz unterhalten.[22] Die Tourneen werden dann von Fall zu Fall zusammengestellt; meistens mit einem zugkräftigen Darsteller besetzt und als modernes Schauspiel oder Musical inszeniert. Die **Tourneetheater** schließen hierfür mit Darstellern, Technikern und sonstigem Bühnenpersonal spezielle Verträge. Weitere vertragliche Beziehungen unterhält das Tourneetheater mit dem Regisseur, dem die Tournee begleitenden Tourneeleiter und dem Veranstalter an den einzelnen Veranstaltungsorten.

§ 3
Der Regelungsbereich des Theaterrechts

I. „Theaterrecht" als Rechtsbegriff

15 Das Theaterrecht, synonym kann der Terminus **Bühnenrecht** verwandt werden, umfasst alle allgemeinen und speziellen Regelungen, die für Theaterschaffende und Bühnenbetriebe von Relevanz sind.[23] Diese entstammen in erster Linie dem **Werkvertragsrecht**, dem **Arbeitsrecht** und dem **Urheberrecht**. Da im Rahmen des Medienrechts aber nur die Außenbeziehungen interessieren, liegt der Schwerpunkt der rechtlichen Ausführungen bei den Urheber- und Leistungsschutzrechten im Theaterbereich. In der modernen Informationsgesellschaft sind es vor allem die neuen Formen der öffentlichen Wiedergabe der bühnenmäßigen Umsetzung durch DVD, Live-Streaming und Public-Viewing, welche rechtliche Fragen aufwerfen.

16 Aber nicht nur die gesetzlichen Regelungen, sondern auch die besonderen Rechtsbeziehungen und Verträge – die sog **Bühnen- und Engagementverträge** – sind von dem weiten Begriff des Theaterrechts erfasst; wobei die Besonderheiten des **Bühnentarifvertragsrechts** zu beachten sind. Der **Normalvertrag Bühne (NV Bühne)** vom 15.10.2002, in Kraft getreten am 1.1.2003, derzeit in der Fassung vom 12.4.2010, regelt den urheber- und leistungsschutzrechtlichen Teil und gibt bühnenarbeitsrechtliche Bestimmungen des Anstellungsvertrags vor.[24] In den §§ 7, 8 NV Bühne AT ist insb die Abtretung von Leistungsschutzrechten, die Pflicht zur Mitwirkung bei allen Veranstaltungen sowie bei Bild- und/oder Tonträgeraufnahmen, die Übertragung durch Funk

---

21 *Loewenheim/Schlatter* § 72 Rn 26.
22 *Loewenheim/Schlatter* § 72 Rn 25.
23 *Opet* 1 ff, der zwischen dem Theaterrecht im engen (Spezialrecht) und im weiten (für den Theaterverkehr modifiziertes allgemeines Recht) Sinne unterscheidet; ebenso *Asmussen* 3 ff.
24 Schricker/Loewenheim/*Rojahn* § 79 UrhG Rn 42 ff.

sowie die Duldung der Wiedergabe für den theatereignen Gebrauch geregelt (Theaterdokumentation, Theaterarchiv, Öffentlichkeitsarbeit, Werbung).[25] Die Verträge mit Autoren, Komponisten, Choreographen, Regisseuren, und Darstellern fallen unter das Bühnenvertragsrecht. Sie sind meist Arbeitsverträge, auch wenn es sich nur um Saison- oder Gastspielverträge handelt.[26] Ferner sind die vertraglichen Vereinbarungen mit Bühnen-, Kostüm- und Maskenbildnern, Dramaturgen, Toningenieuren und Licht-Designern darunter einzuordnen. Zu den Bühnenverträgen gehören nicht die Verträge, die das Bühnenunternehmen im technischen oder administrativen Bereich abschließt, ua mit Hausmeistern, Lieferanten oder Handwerkern. Die Bühnenverträge regeln zudem das Rechtsverhältnis zwischen dem Theater oder anderen Veranstaltern von Bühnenaufführungen und bspw den Bühnenverlagen, Bühnenvertrieben, Tourneeveranstaltern sowie Sendeanstalten. Mehr als eine beispielhafte Aufzählung ist an dieser Stelle nicht möglich, denn die Verträge sind sehr vielgestaltig und komplex. Daher wird erst unter § 3 IV und § 9 näher auf deren Ausgestaltung eingegangen.[27]

II. „Bühnenwerk“ als Sammelbegriff

Der Begriff **Bühnenwerk** ist im UrhG nicht zu finden; er ist der Bühnenpraxis entsprungen und wird mittlerweile im Urheberrecht verwendet. Er meint als **Sammelbegriff** die Gesamtheit der für eine Theateraufführung genutzten und urheberrechtlich geschützten Werke, die im Regelfall miteinander verbunden sind.[28] Bei den Bühnenwerken ist zu unterscheiden zwischen Werken, die der Aufführung zu Grunde liegen und denjenigen, die erst in Vorbereitung der Aufführung entstehen, wie zB Bühnenbilder und Masken als Werke der bildenden Kunst (§ 2 Abs 1 Nr 4 UrhG).[29] Bühnenwerk kann auch das vom Regisseur geschaffene Inszenierungswerk sein.[30] **17**

Bei den Bühnenwerken der ersten Kategorie handelt es sich um **Sprachwerke** (§ 2 Abs 1 Nr 1 UrhG; zB Drama, Komödie), **Musikwerke** (zB Bühnenmusik, Musikeinlagen) und **musikdramatische Werke** (§ 2 Abs 1 Nr 2 UrhG; zB Oper, Operetten, Musical, Ballett) sowie **pantomimische bzw choreografische Werke** (§ 2 Abs 1 Nr 3 UrhG; zB Volkstänze).[31] Die Einordnung von **Bühnen-Happenings**, welche sich durch eine örtliche und personelle Begrenzung auszeichnen, unter die Kategorie Bühnenwerk ist strittig.[32] Die **Performance** wird größtenteils nur den Werken der bildenden Kunst **18**

---

25 S dazu *Wandtke/Fischer/Reich* Rn 174 ff (410 ff).

26 BOSchG Köln UFITA 75 (1976), 283, 286; LAG Düsseldorf UFITA 92 (1982), 293, 295; Schricker/Loewenheim/*Rojahn* § 79 UrhG Rn 20; Wandtke/Bullinger/*Büscher* § 79 UrhG Rn 28; *Opolony* ZUM 2007, 519, 522; aA Einordnung als Dienstvertrag BAG ZUM 2007, 507, 508; Dreier/Schulze/*Dreier* § 79 UrhG Rn 8; Möhring/Nicolini/*Kroitzsch* § 79 UrhG Rn 5; zur Entscheidung des BAG s *Genenger* NJW 2009, 714.

27 Rn 31 ff, 174 ff.

28 Wandtke/Bullinger/*Bullinger* § 2 UrhG Rn 55; *Kurz* Kap 13 Rn 46; *Ulmer* 143; *Wandtke/Fischer/Reich* Rn 100 (216); krit zu der undifferenzierten Verwendung des Begriffs *Grunert* 85 f; vgl auch BGH GRUR 1985, 529 – Happening mit Anm *Jacobs*.

29 BGH GRUR 1974, 672, 674 – Celestina mit Anm *Reimer*; BGH GRUR 1986, 458 f – Oberammergauer Passionsspiele I; BGH GRUR 1989, 106, 107 – Oberammergauer Passionsspiele II.

30 Rn 55 ff.

31 Dreyer/Kotthoff/Meckel/*Dreyer* § 19 UrhG Rn 19; *Dünnwald/Gerlach* § 73 Rn 8; Wandtke/Bullinger/*Bullinger* § 2 UrhG Rn 77; *Schlatter-Krüger* GRUR Int 1985, 299, 306 f.

32 Offen gelassen in BGH GRUR 1985, 529, 531 – Happening mit Anm *Jacobs*; Werk der bildenden Kunst in KG GRUR 1984, 507; Werk eigener Art oder pantomimisches/choeografisches Werk zB *Dünnwald/Gerlach* § 73 Rn 9; s auch *Beater* JuS 2000, 666, 667 f, *Raue* GRUR 2000, 951, 953 zum Kunstwerk „EVA & ADELE“.

zugeordnet.[33] Bei Darbietungen aus dem Show-Bereich oder Varieté, die meist artistische und sportliche Einlagen enthalten, stellt sich überhaupt erst die Frage der Urheberrechtsschutzfähigkeit.[34] Auch **Lichtbildwerke** (künstlerische Fotografie iSd § 2 Abs 1 Nr 5 UrhG in Abgrenzung von Lichtbildern iSd § 72 UrhG) als Bühnenausstattung, in Schaukästen oder Programmheften können Bühnenwerke sein. Dies gilt ebenso für **Filmwerke** (§ 2 Abs 1 Nr 6 UrhG), die auf der Bühne für die Inszenierung verwendet werden; dabei ist der Filmregisseur im Regelfall der Urheber des Filmwerkes.[35]

III. Urheberschaft an Bühnenwerken

1. Urheber

19 Für die urheberrechtliche Beurteilung von Bühnenwerken ergeben sich keine Besonderheiten.[36] **Urheber** von Bühnenwerken sind vornehmlich Autoren, Komponisten, Choreographen, Pantomimen und Kabarettisten ebenso wie die Schöpfer der anderen Werke, die für eine bühnenmäßige Darstellung iSd § 19 Abs 2 UrhG in Betracht kommen (§ 7 UrhG).[37] Der Urheber erfährt durch die Zuerkennung von **Urheberpersönlichkeits- und Verwertungsrechten** einen **umfassenden Schutz** seiner materiellen und ideellen Interessen (vgl § 11 UrhG). Von den Schöpfern der Bühnenwerke müssen die Theater, meist über eingeschaltete Verwerter – Bühnenverleger und Musikverlage – die Aufführungsrechte erwerben. Der Urheber eines Bühnenwerks gilt selbst dann als solcher, wenn er diese im Auftrag einer Bühne oder in Erfüllung eines Arbeitsvertrages geschaffen hat (vgl §§ 7, 43 UrhG). Der Urheberrechtsschutz endet 70 Jahre nach dem Tod des Urhebers (§ 64 UrhG); danach sind die Werke **gemeinfrei**. Das Ende des Urheberschutzes hat große Bedeutung für die modernen Inszenierungen klassischer Theaterstücke, welche von diesem Zeitpunkt an ohne die Gefahr eine Urheberrechtsverletzung möglich sind.[38]

2. Miturheber

20 Bühnenwerke werden oft derart durch mehrere Personen geschaffen, dass ihre Anteile nicht gesondert verwertbar sind; dann liegt **Miturheberschaft** iSv § 8 UrhG vor.[39] Miturheberschaft ist bspw gegeben, wenn ein Haupt-Regisseur und sein Co-Regisseur die Inszenierung gemeinsam schaffen oder ein Musikstück von zwei Orchestermitgliedern komponiert wird. Sie setzt voraus, „dass beide Parteien in wechselseitigen Einverständnis an der Gestaltung (...) als einer Aufgabe gleichberechtigt zusammenarbeiten oder (...), daß jeder unter Unterordnung unter die Gesamtidee für einzelne Teile selbständig künstlerisch tätig wurde."[40] Gerade wenn mehrere Personen an der Schaffung eines Bühnenstücks beteiligt sind, ist die Unterscheidung zwischen Ideengebung und wirklicher schöpferischer Leistung besonders schwierig.[41] Szenen aus einem Bühnenwerk (Lustspiel, Oper) sind im Regelfall äußerlich trennbar, aber – mit wenigen

---

33 *Loewenheim/Schlatter* § 72 Rn 7.
34 OLG Köln GRUR-RR 2007, 263, 264 – Arabeske; s auch *Dünnwald/Gerlach* § 73 Rn 17, dort wird darauf hingewiesen, dass mangels Werkaufführung keine Darbietung iSd § 73 UrhG vorliegt.
35 BGH GRUR 1984, 730, 732 – Filmregisseur.
36 *Löwenheim* § 9 Rn 207 ff.
37 Vgl Rn 41 ff.
38 S auch *Jani* Band 2 Kap 1.
39 *Wandtke/Wöhrn* 2. Kap Rn 151 ff.
40 RGZ 88, 333, 336.
41 *Wandtke/Fischer/Reich* Rn 83 (169).

Ausnahmen (Verwendung im Rahmen eines Vortrags) – nicht gesondert verwertbar, zB als literarisches Werk.[42]

Das Recht zur Veröffentlichung und zur **Verwertung** des Werkes steht den Miturhebern **zur gesamten Hand** zu, wobei es ihnen aber freisteht auf ihren Anteil an den Verwertungsrechten zu verzichten (§ 8 Abs 2, 4 UrhG).[43] Die Aufgabe der Verwertungsrechte schließt nicht einen Verzicht auf die Urheberpersönlichkeitsrechte mit ein.[44] Änderungen des Werkes sind nur mit Einwilligung der Miturheber zulässig. Den Miturhebern ist es verwehrt ihre Einwilligung zur Veröffentlichung, Verwertung oder Änderung wider Treu und Glauben zu verweigern. Das Miturheberrecht erlischt 70 Jahre nach dem Tod des längstlebenden Miturhebers (§ 65 Abs 1 UrhG). **21**

3. Urheber verbundener Werke

Zu unterscheiden ist die Miturheberschaft von der **Verbindung von Werken** zu einem Bühnenwerk, wenn bspw ein Sprachwerk von einem Librettisten mit einem Musikwerk eines Komponisten zu einem musikdramatischen Werk wie einer Oper oder einem Musical verknüpft wird.[45] Ein weiteres Beispiel ist die Zusammenfügung eines Werks der Tanzkunst (Choreografie) mit einem Sprach-(Libretto) und einem Musikwerk zu einem Ballettstück.[46] Die Werke sind meistens unterschiedlichen Werkkategorien zuzuordnen; dies ist jedoch nicht zwingend, zB kann eine Operette Lieder mehrerer Komponisten enthalten.[47] Die verbundenen Werke sind im Gegensatz zu den Werken, die in Miturheberschaft entstanden sind, eigenständig verwertbar, so etwa die Musik und der Text einer Oper, einer Operette oder eines Musicals.[48] Die Werkverbindung führt nicht zu einem einheitlichen Werk.[49] Sie besteht auch, wenn – was selten vorkommt – derselbe Urheber beide Werke geschaffen hat; denn entscheidend ist allein, dass es sich um verschiedene, separat verwendbare Werkarten handelt.[50] **22**

Die Pflichten der Urheber verbundener Werke richten sich nach § 9 UrhG. Die **Verwertung** erfolgt in der Regel in Form der **BGB-Gesellschaft** (§§ 705 ff BGB).[51] Die Möglichkeit der selbstständigen Verwertung eines verbundenen Werks hängt von der vertraglichen Gestaltung im Gesellschaftsvertrag bzw im Vertrag mit den Theatern ab. Die Werke verschiedener Künstler können auf diese Weise beliebig kombiniert werden und ein neues Bühnenwerk hervorbringen. Für die Theater bedeutet die Verbindung den Erwerb der Rechte für die Bühnenaufführung von allen beteiligten Urhebern. **23**

---

42 BGH GRUR 1959, 335, 336 – Wenn wir alle Engel wären; Dreyer/Kotthoff/Meckel/*Dreyer* § 8 UrhG Rn 6; Möhring/Nicolini/*Ahlberg* § 8 UrhG Rn 13; *Ulmer* 189; vgl auch BT-Drucks IV/270, 41, UFITA 45 (1965), 240, 255: „Es kommt nicht auf die Untrennbarkeit der Beiträge an, sondern darauf, ob die einzelnen Beiträge unvollständige Teile des ganzen Werks sind."

43 Zur Gesamthandsgemeinschaft s Wandtke/Bullinger/*Thum* § 8 Rn UrhG 22 f.

44 *Wandtke/Fischer/Reich* Rn 85 (174).

45 Vgl BGH GRUR 1982, 743, 744 – Verbundene Werke. S auch *Wandtke/Wöhrn* 2. Kap Rn 175 ff.

46 KG Schulze KGZ 55 – Puppenfee.

47 BGH GRUR 1962, 256 – Zum weißen Rössl; vgl auch BT-Drucks IV/270, 42, UFITA 45 (1965), 240, 256: „Eine solche Werkverbindung liegt stets vor, wenn Werke verschiedener Art miteinander verbunden werden, zB ein Werk der Musik oder ein Werk der bildenden Kunst mit einem Werk der Literatur (Lied, Oper, Illustration eines Romans); doch ist die Verbindung von Werken gleicher Gattung möglich (...)."

48 BGH GRUR 1982, 743, 744 – Verbundene Werke; BGH GRUR 2000, 228 – Musical Gala; Dreyer/Kotthoff/Meckel/*Dreyer* § 8 UrhG Rn 9; Schricker/Loewenheim/*Loewenheim* § 9 UrhG Rn 5.

49 BT-Drucks IV/270, 42, UFITA 45 (1965), 240, 256.

50 *Loewenheim/Schlatter* § 72 Rn 6; *Wandtke/Fischer/Reich* Rn 112 f (251 ff).

51 BGH GRUR 1982, 41, 42 – Musikverleger III.

4. Bearbeiter

24 Da für die bühnenmäßige Aufführung häufig Werke herangezogen werden, die ursprünglich nicht für die Bühne konzipiert waren, bspw Romane, Gedichte, Reden, Briefe,[52] stellen Bühnenwerke sehr oft **Bearbeitungen** (Textmodernisierungen; Änderung der Instrumentierung) iSd § 3 S 1 UrhG dar.[53] Auch die Übersetzung eines Bühnenwerks ist eine Bearbeitung.[54] Der **Bearbeiter** hat dieselben Rechte wie der Urheber, da seine Bearbeitung als persönliche geistige Schöpfung wie ein selbstständiges Werk geschützt wird. Die nur unwesentliche Bearbeitung eines nicht geschützten Werkes der Musik wird aber nicht als selbstständiges Werk geschützt (§ 3 S 2 UrhG). Bei Neuübersetzungen und Modernisierungen gemeinfreier Bühnenwerke werden großzügig Bearbeiterurheberrechte anerkannt.

5. Ausübende Künstler

25 **Ausübender Künstler** ist, wer ein Werk oder eine Ausdrucksform der Volkskunst (Volkstänze, Volksmusik, Volksstücke) aufführt, singt, spielt oder auf eine andere Weise darbietet oder an einer solchen Darbietung künstlerisch mitwirkt (§ 73 UrhG). Gegenstand des Leistungsschutzes ist nicht wie beim Urheberrechtsschutz ein bestimmtes Werk, sondern die **Darbietung** eines Werks – dieses kann gemeinfrei sein, muss aber ein Werk iSv § 2 UrhG sein:[55] Konkret, die von dem Darsteller erbrachte künstlerische (in Abgrenzung zur sportlichen, artistischen und technischen) Leistung, die **Werkinterpretation**, sogar im Probestadium.[56] Insofern kommen nur solche Werkarten in Betracht, die dargeboten werden können, also nicht die in § 2 Abs 1 Nr 4–7 UrhG genannten Werkarten, wie bspw Lichtbildwerke.

26 Interpretation meint die Vermittlung eines die Stimmung, das Empfinden, das Gefühl oder die Phantasie anregenden Sinneseindrucks. So muss „[b]ei der Umsetzung des Schriftwerkes von der begrifflichen in die sinnlich faßbare Sphäre (...) ein künstlerischer Eigenwert zutage treten".[57] Die Darbietung braucht nicht öffentlich sein, aber für Dritte muss ein Werk wahrnehmbar gemacht werden. Neben dem unmittelbar Darbietenden ist auch derjenige über § 73 UrhG geschützt, der an der Darbietung – selbst in geringem Maße – mitwirkt, dh Einfluss auf die Werkinterpretation und nicht nur auf das äußere Erscheinungsbild der Darbietung nehmen kann.[58] Die Tätigkeit des Regisseurs und des Dirigenten genügt diesen Anforderungen, nicht aber die des Bühnen- und Maskenbildners sowie des Ballettmeisters.[59] Rein technische, organisatorische oder vorbereitende Tätigkeiten bei Aufführungen lassen keine Leistungsschutzrechte entstehen, zB von Souffleuren, Requisiteuren, Toningenieuren und Korrepetitoren.[60]

---

52 Vgl KG NJW 1995, 3392 – Botho Strauß und LG Berlin UFITA 56 (1970), 349, 352 – Alfred-Kerr-Briefe zur Veröffentlichung von vertraulichen Briefen in einem Theatermagazin bzw einer Zeitschrift für Literatur und Diskussion.

53 *Loewenheim/Schlatter* § 72 Rn 5.

54 *Wandtke/Fischer/Reich* Rn 109 (245).

55 Wandtke/Bullinger/*Büscher* § 73 UrhG Rn 4.

56 Wandtke/Bullinger/*Büscher* § 73 UrhG Rn 6 f; *Wandtke/Fischer/Reich* Rn 162 (379).

57 BGH GRUR 1981, 419, 420 – Quizmeister.

58 BGH GRUR 1974, 672, 673 – Celestina mit Anm *Reimer*; BGH GRUR 1981, 419, 420 – Quizmaster; OLG Hamburg GRUR 1976, 708 – Staatstheater; Wandtke/Bullinger/*Büscher* § 73 UrhG Rn 14.

59 BGH GRUR 1974, 672 – Celestina mit Anm *Reimer*; s die Auflistung bei Wandtke/Bullinger/*Büscher* § 73 UrhG Rn 21 und Rn 44, 67.

60 BGH GRUR 1981, 419, 420 – Quizmaster; BGH GRUR 1983, 22, 24 – Tonmeister.

Ausschließlich die vom Schutzbereich des § 73 UrhG erfassten Personen können Rechte oder Ansprüche nach den §§ 74 ff UrhG herleiten. Die **Leistungsschutzrechte** sind für die Bühnenkünstler im Hinblick auf die Sicherung der technischen Auswertung ihrer künstlerischen Darbietung durch Fernsehen, Film, Rundfunk und Internet sowie auf CDs von höchstem Interesse. Der Leistungsschutz für ihre Live-Darbietung im Theater hat dabei eher untergeordnete Bedeutung. Dem Leistungsschutzberechtigten stehen bestimmte **Einwilligungs- oder Verbotsrechte** im Rahmen der **Erstverwertung** seiner Darbietung (§§ 77, 78 UrhG) und **Vergütungsansprüche** im Falle der **Zweitverwertung** (§ 78 Abs 2 UrhG) sowie der Schutz über das **Künstlerpersönlichkeitsrecht** (§§ 74, 75, 76 UrhG) zu. Die Leistungsschutzrechte sind demnach lange nicht so umfassend ausgestaltet wie das Urheberrecht. Der Künstlerpersönlichkeitsschutz wird über § 125 Abs 6 UrhG auch ausländischen Künstlern zu Teil. Ansonsten erfahren diese nur Leistungsschutz, wenn die Darbietung im Inland stattfindet (§ 125 Abs 2 UrhG). 27

Das Einwilligungserfordernis wird bei **Künstlergruppen** (Bühnenensemble, Chor, Orchester, Ballett) dadurch erleichtert, dass dieses von einem gesetzlichen oder gewählten Vertreter ausgeübt wird (§§ 80, 74 Abs 2 UrhG).[61] Damit soll verhindert werden, dass ein einzelnes Ensemble-, Chor- oder Orchestermitglied durch seinen Widerspruch „seine Kollegen um eine vielleicht erwünschte zusätzliche Einnahme aus ihrer Leistung bringen könnte. Auch die Rechtssicherheit und die Erleichterung des Rechtsverkehrs erfordern in diesen Fällen eine einheitliche Wahrnehmung der Leistungsschutzrechte aller Mitwirkenden durch wenige Repräsentanten des Ensembles."[62] Der Vertreter ist gesetzlicher **Prozessstandschafter.**[63] Fehlt ein solcher kann zwar jeder Einzelne die Verletzung der Rechte geltend machen, aber Zahlung nur an die Gruppe bzw in Höhe seines Anteils verlangen.[64] 28

Ein Leistungsschutzrecht steht zudem den **veranstaltenden Unternehmen**, mithin den Theater- und Konzertveranstaltern, zu (§ 81 UrhG).[65] Es entfällt für diese aber ein persönlichkeitsrechtlicher Schutz. Ferner besteht das Leistungsschutzrecht des Unternehmens nur 25 Jahre, das des ausübenden Künstlers dagegen 50 Jahre (§ 82 UrhG), sofern die Darbietung auf einen Bild- oder Tonträger aufgenommen wurde und erschienen bzw öffentlich wiedergegeben worden ist.[66] Daneben haben das **Sendeunternehmen** (§ 87 UrhG) und der **Filmhersteller** (§ 94 UrhG) ein Leistungsschutzrecht, zB für den Fall, dass die Theateraufführung aufgezeichnet und im Fernsehen gezeigt wird. 29

6. Verhältnis von Urheber- und Leistungsschutz

Die Leistungsschutzrechte bestehen unabhängig von den Urheberrechten am dargebotenen Bühnenwerk.[67] Nutzungsrechtseinräumung und Übertragung nach § 79 UrhG sind daher ohne die Zustimmung des Urhebers möglich; jedoch braucht der 30

---

61 Dazu Wandtke/*Wandtke* 7. Kap Rn 32 f.

62 BT-Drucks IV/270, 94, UFITA 45 (1965), 240, 312; s auch BGH GRUR 1960, 614, 617 f – Figaros Hochzeit; KG UFITA 91 (1981), 224, 227.

63 OLG Frankfurt GRUR 1985, 380, 381 – Operneröffnung; OLG München GRUR 1989, 55 f – Cinderella; s auch BGH GRUR 2005, 502, 503 f – Götterdämmerung, der eine wirksame Prozessstandschaft des Vorstands bei wechselndem Mitgliederbestand eines Ensembles annimmt, hier bei den Bayreuther Festspielen und Rn 154.

64 BGH GRUR Int 1993, 699, 700 – The Doors; Wandtke/Bullinger/*Büscher* § 80 Rn 15.

65 Dazu *Rehbinder* Rn 810.

66 Vgl OLG Hamburg GRUR Int 1986, 416, 419 – Karajan; AG Hamburg GRUR Int 1990, 532 – Bayreuther Orchester.

67 Dreier/Schulze/*Dreier* § 73 UrhG Rn 15; Wandtke/Bullinger/*Büscher* § 73 UrhG Rn 19.

Lizenznehmer die Zustimmung des Urhebers zur weiteren Verwertung.[68] Der Schauspieler bedarf somit zur Aufzeichnung seiner Aufführung nicht der Erlaubnis des Autors des Bühnenstücks. **Urheberrechte und Leistungsschutzrechte** können **nebeneinander** bestehen, sofern die schöpferische von der arbeitenden Leistung getrennt werden kann, und derselben Person zustehen, so zB wenn ein Komponist sein Musikwerk selbst auf der Bühne darbietet und dabei improvisiert.[69] „Urheber und ausübender Künstler in einer Person ist danach, wer das Werk schöpferisch (mit-)gestaltet und unabhängig davon bei dessen Vortrag oder Aufführung als ausübender Künstler mitwirkt, also insoweit unterschiedliche, voneinander getrennte Leistungen – wenn auch gegebenenfalls gleichzeitig – erbringt. (...) Das [gleichzeitiger Urheber- und Leistungsschutz] setzt aber voraus, daß diese Leistungen – mögen sie auch wie beim Stegreifgedicht und der musikalischen Improvisation zeitlich zusammenfallen – ihrem Wesen nach etwas Verschiedenes sind, also insoweit sachlich auseinander gehalten werden können."[70] Fallen dagegen wie bspw bei der Filmherstellung „schöpferische Filmgestaltung und künstlerisch mitwirkende Regieleistung untrennbar zusammen, liegt also eine untrennbare einheitliche Leistung vor, so ist auch kein Raum für einen gleichzeitigen Urheberrechts- und Leistungsschutz für eben dieselbe Leistung."[71] Begehrt deshalb ein Urheber und ausübender Künstler Leistungsschutz für eine Tätigkeit, die unmittelbar die Werkschöpfung betrifft, hat der **Urheberrechtsschutz Vorrang** bzw absorbiert den Leistungsschutz. Relevant wird dies bei der Arbeit des Theaterregisseurs.[72]

IV. Vertragsbeziehungen

1. Regelfall: Treuhänderische Wahrnehmung des Aufführungsrechts durch Bühnenverlag

31 Der **Urheber eines Bühnenwerkes** (Dramatiker, Librettist, Komponist) nimmt die ihm zustehenden **Verwertungsrechte** in der Regel nicht selbst wahr. Üblicherweise räumt er seine Rechte einem **Bühnenverlag** (Bühnenvertrieb) ein. Das gilt sowohl für Werke, die für das **Sprechtheater** bestimmt sind, als auch und erst recht – wegen des mit der Herstellung des Notenmaterials verbundenen besonderen finanziellen Aufwandes – für **Musikdramatik.** Der Komponist ist in den meisten Fällen nicht in der Lage, das Musikmaterial selbst herzustellen oder auf eigene Kosten herstellen zu lassen. Der **Verlag** hält die ihm eingeräumten **Rechte** lediglich **treuhänderisch.**[73] Er ist verpflichtet, für die bestmögliche Verwertung zu sorgen. Hierzu gehören insb eine branchenübliche Bewerbung des Bühnenwerkes sowie persönliche Kontakte des Verlages zu Dramaturgie und Regie der Theater.[74] Einen Bühnenautor bekannt zu machen und erfolgreich durchzusetzen, benötigt in der Regel Jahre. Es erfordert ein sehr großes Engagement des Verlages, gerade auch in wirtschaftlicher Hinsicht. Die Inverlagnahme eines Bühnenwerkes zieht in der Regel erste Zahlungsverpflichtungen an den Urheber

---

68 BGH GRUR 1962, 370, 375 – Schallplatteneinblendung mit Anm *Ulmer;* Schricker/Loewenheim/*Krüger* § 73 UrhG Rn 36.
69 Wandtke/Bullinger/*Büscher* § 73 UrhG Rn 20; *Rehbinder* Rn 789; *Schricker* GRUR 1984, 733, 734 (Anm); *Kuhn* 58.
70 BGH GRUR 1984, 730, 732 – Filmregisseur.
71 BGH GRUR 1984, 730, 732 – Filmregisseur.
72 S dazu Rn 59.
73 *Beilharz* 47 ff; *G Schulze* Rechtliche Stellungnahme zum Vorabzug bei Urhebervergütungen, München 2004 (nicht veröffentlicht); Wandtke/Bullinger/*Ehrhardt* § 19 UrhG Rn 43 mwN.
74 Wandtke/Bullinger/*Ehrhardt* § 19 UrhG Rn 44 mwN.

nach sich, die später mit den im Erfolgsfall fließenden Tantiemen verrechnet werden und erst dann die finanzielle Vorleistung des Verlages ausgleichen. Insb bei angloamerkanischen Originalwerken fallen erhebliche Kosten für Vorschüsse und Übersetzung an, die der Verlag aufbringen muss. Die Präsenz des Bühnenverlages „vor Ort" ist deshalb zumindest bei Ur- und deutschsprachigen Erstaufführungen unabdingbar. Die Bühnenverlage halten aus diesem Grunde über ihre Dramaturgien – viele Verlagsmitarbeiter waren vorher am Theater selbst als Dramaturg beschäftigt – engen Kontakt zu den einzelnen Häusern. Die Inszenierung eines Bühnenwerkes wird von Verlag und Urheber begleitet. Obgleich weder Verlag noch Urheber *de jure* auf die Inszenierung einen direkten Einfluss nehmen können,[75] kommt es in den meisten Fällen zu einer engen und fruchtbaren Zusammenarbeit, bei der Theaterregisseure Vorschläge für Inszenierung und Besetzung der Rollen aufgreifen. Die Bühnenverlage haben für sich und ihre Urheber mit der Datenbank www.theatertexte.de ein sehr effizientes Medium geschaffen. Die Datenbank weist Rechte an urheberrechtlich geschützten Sprachwerken und zum Teil auch für Musikdramatik nach. Die Datenbank wird von den Dramaturgien der Theater bei der Zusammenstellung ihrer Spielpläne genutzt und stellt sich damit sowohl als ein Mittel der Kommunikation als auch des Marketings dar.

Die treuhänderische Wahrnehmung der Rechte durch einen Bühnenverlag hat sich **32** in Jahrzehnten bewährt. Zum einen profitiert der Urheber von der professionellen dramaturgischen Betreuung und dem Netzwerk, das den Verlag mit Theatern verbindet. Zum anderen kommen dem Urheber mittelbar Vereinbarungen zugute, die die Bühnenverlage mit den Theatern und anderen Verwertern auf Verbandsebene zum Umfang der Rechte und zur Vergütung abschließen.

2. Anteil des Urhebers an den Urhebervergütungen (Aufführungstantiemen)

An den **Urhebervergütungen**, die die Theater an die Bühnenverlage zahlen (**Aufführ- 33 ungstantiemen**), sind die Urheber in der Regel mit 75 % beteiligt. Der **Verlagsanteil** (Verlagsprovision) beträgt bei der Abgeltung der Aufführungsrechte ein Viertel des von den Theatern geschuldeten Betrages. Die Beteiligung des Urhebers an der **Musikmaterialvergütung**[76] variiert nach Werk und Bekanntheit des Librettisten/Komponisten. Allgemeine Regeln lassen sich hier nicht aufstellen. Die Beteiligung fällt allerdings deutlich niedriger aus als bei den Aufführungstantiemen. Die Musikmaterialvergütung ist nur zu einem Teil urheberrechtlichen Ursprungs. Der Rechtsgrund liegt im Wesentlichen in einer schuldrechtlichen Zahlungsverpflichtung des Theaters für die Überlassung des Aufführungsmaterials. Die Musikverlage geben Einnahmen aus der Musikmaterialvergütung an ihre Urheber in der Regel zumeist erst dann weiter, wenn die Kosten für die Herstellung des Musikmaterials abgedeckt sind.

3. Weitere Rechte und Vergütungsansprüche

Die Bühnenverlage lassen sich neben dem Aufführungsrecht insb das **Senderecht** **34** (§ 20 UrhG) und – wegen der rundfunkrechtlichen Vorgaben des Rundfunkstaatsvertrages[77] zunehmend bedeutend – das **Recht der öffentlichen Zugänglichmachung**

---

75 Zur Regelsammlung Bühne unten D § 7.
76 Dazu unter D § 7.
77 Staatsvertrag für Rundfunk und Telemedien idF des 12. Änderungsvertrages, abrufbar ua www.kef-online.de/inhalte/staatsvertraege/index.html.

(§ 19a UrhG) einräumen. Für die Nutzung von Bühnenwerken im Rundfunk (Hörfunk/Fernsehen) existieren Vereinbarungen zwischen Verlagen und öffentlichen-rechtlichem Rundfunk auf Verbandsebene (ARD/ZDF), die mittlerweile Aspekte der öffentlichen Zugänglichmachung mit umfassen. Der Anteil des Bühnenautors beträgt bei Verwertungen meist zwischen 80 % und 90 % der dem Verlag vom Rundfunk gezahlten Urhebervergütung (**Sendevergütung**). Die überkommenen Vergütungsmodelle stehen allerdings wie alle anderen urhebervertrags- und urhebertarifrechtlichen Regelungen seit 2010 auf dem Prüfstand. Neue Modelle der Rechteübertragung und Rechteabgeltung müssen erst entwickelt werden. Es ist allerdings damit zu rechnen, dass sich das sog Folgevergütungsmodell – jede Wiederholung einer Hörfunk-/Fernsehproduktion wird zusätzlich vergütet – im bisherigen Umfang nicht wird weiter aufrecht erhalten lassen können. Die sog kommerzielle Verwertung (Programmvertrieb, off-line-Produkte wie DVD usw) unterliegt besonderen einzelvertraglichen Regularien.

4. Verlagsvertrag

35 Grundlage der Vertragsbeziehungen zwischen Urheber und Bühnenverlag ist ein **Verlagsvertrag**, bei Sprachwerken auch Autorenvertrag genannt. Die Vertragsbedingungen werden üblicherweise schriftlich niedergelegt. Mangels Formzwangs ist das zwar keine Voraussetzung für die rechtliche Verbindlichkeit der Übereinkunft. Die Schriftform ist aber allein schon aus Gründen der Klarheit der gegenseitigen Rechte und Pflichten dringend zu empfehlen. Die Fixierung erleichtert zudem den Nachweis, welche Rechte vom Verlag wahrgenommen und etwa in eine Verwertungsgesellschaft eingebracht werden können und welche Rechte beim Urheber verbleiben.[78]

36 Bei dem **Vertrag** handelt es sich allerdings um **keinen Verlagsvertrag im Sinne des Verlagsgesetzes** (vgl § 1 VerlG). Denn im Vordergrund der Rechtewahrnehmung steht nicht die körperliche Verwertung durch Vervielfältigung und Verbreitung eines Werkes (§§ 15 Abs 1, 16, 17 UrhG), die das Verlagsrecht prägt, sondern die Übertragung der eingeräumten Rechte zur Verwertung in unkörperlicher Form (§ 15 Abs 2 UrhG), das **Recht der öffentlichen Wiedergabe**. Dieses Recht umfasst (1) das Vortrags-, Aufführungs-, Vorführungsrecht nach § 19 UrhG, (2) das Recht der öffentlichen Zugänglichmachung nach § 19a UrhG, (3) das Senderecht nach § 20 UrhG, (4) das Recht der Wiedergabe durch Bild- und Tonträger gem § 21 UrhG sowie (5) das Recht der Wiedergabe von Funksendungen und öffentlicher Zugänglichmachung gem § 22 UrhG. Der zwischen Urheber und Bühnenverlag geschlossene **Vertrag** ist ein **urheberrechtlicher Nutzungsvertrag eigener Art**, der Elemente unterschiedlicher gesetzlicher Vertragstypen vereint. Er weist insb eine Nähe zur entgeltlichen Geschäftsbesorgung auf (§ 675 BGB).[79]

37 Der Urheber räumt dem Verlag vertraglich (§ 31 UrhG) das **Vortrags- und Aufführungsrecht** und in der Regel zusätzlich das **Recht der öffentlichen Zugänglichmachung** sowie das **Senderecht** ein. Das ebenfalls mit eingeräumte Vervielfältigungs- und Verbreitungsrecht wird vom Verlag für die Theatertexte („Rollensatz“) bzw für die Herstellung des Notenmaterials zu dramatisch-musikalischen Werken benötigt.

---

78 So etwa die Vergütungsansprüche des Urhebers gem §§ 20b, 137l UrhG.

79 *Beilharz* 48 ff; Dreier/Schulze/*Schulze* Vor § 31 UrhG Rn 204 ff; Schricker/Loewenheim/*Schricker/Loewenheim* Vor § 28 UrhG Rn 125; Loewenheim/*Schlatter* § 72 Rn 30 ff; Fromm/Nordemann/*JB Nordemann* Vor §§ 31 ff UrhG Rn 337; Wandtke/Bullinger/*Ehrhardt* § 19 UrhG Rn 43.

Texte für das Sprechtheater werden den Theatern inzwischen fast ausschließlich als pdf-Datei übermittelt. Das Theater ist berechtigt, die für die Theaterproduktion benötigte Anzahl von Ausdrucken selbst herzustellen. Die Musikverlage halten sich bei der digitalen Übermittlung des Musikmaterials zurück; üblich ist die **Auslieferung des Musikmaterials** aufgrund eines besonderen **Mietvertrages** („revers-gebundenes Material"), der wiederum Voraussetzung für die Übertragung der Aufführungsrechte in einem gesonderten Aufführungsvertrag ist. Die Theater müssen sich deshalb *de facto* mit den Musikverlagen über die Bedingungen für die Lieferung des Musikmaterials und der Konditionen des Aufführungsvertrages einigen, ehe das Theater die entsprechenden Aufführungsrechte nutzen kann.

Bei Verlagsverträgen über dramatisch-musikalische Werke sind **Exklusivbindungen** der Urheber an den Verlag auch **hinsichtlich** ihres **zukünftigen Werk**schaffens nicht unüblich (vgl § 40 UrhG). **38**

Gesetzliche Pflichten, die den Bühnenverlag in Zusammenhang mit dem Verlagsvertrag treffen, sind nicht Gegenstand der Vereinbarung.[80] **39**

§ 4
Die Urheber- und Leistungsschutzberechtigten im Theaterbereich

I. Akteure im Theater

Neben dem Autor des Bühnentextes, dem Regisseur als dem Gestalter der bühnenmäßigen Aufführung und den Darstellern als den Umsetzenden wirken noch etliche weitere Personen an der Theateraufführung mit, ua die Bühnen-, Kostüm- und Maskenbildner, der Komponist, der Dirigent und das Orchester sowie Lichtbildner, Choreographen und technisches Bühnenpersonal. Im Folgenden werden die Tätigkeitsbereiche und der Umfang der Mitwirkung an der Aufführung der wichtigsten Akteure im Theaterbereich kurz umschrieben, um sie anschließend als Urheber- und/oder Leistungsschutzberechtigte einzuordnen. Dies ist von ausschlaggebender Bedeutung für die Bestimmung der ihnen zustehenden Rechte und Ansprüche. **40**

II. Autor, Komponist, Choreograf

Als **Autor** wird der Urheber von Werken der Literatur (§ 2 Abs 1 Nr 1 UrhG) bezeichnet, zB der Opern- oder Bühnenautor. Er liefert dem Theater die **Spielvorlage**. Der **Komponist** ist der Erschaffer von Musikwerken (Kompositionen; § 2 Abs 1 Nr 2 UrhG). Dabei liegt seine schöpferische Leistung nicht nur in dem Kreieren, sondern auch in der Instrumentierung und Orchestrierung von Musikwerken; er ist im letztgenannten Fall dann meist Bearbeiter.[81] Beim Autor und Komponisten ist die Ur- **41**

[80] Neben steuerlichen Bestimmungen ist hier die Verpflichtung der Bühnenverlage gemeint, für ihre selbstständig tätigen Urheber die Künstlersozialabgabe auf die diesen gezahlten Honorare zu entrichten (§§ 24, 25 KSVG); dazu näher Wandtke/Bullinger/*Ehrhardt* § 19 UrhG Rn 45 mwN.

[81] BGH GRUR 1968, 321, 324 – Haselnuß; BGH UFITA 51 (1968), 315, 322 – Gaudeamus igitur; BGH GRUR 1991, 533, 535 – Brown Girl II; Dreier/Schulze/*Schulze* § 3 Rn 24; Wandtke/Bulliinger/*Bullinger* § 3 UrhG Rn 26.

heberschaft in der Regel unstreitig, da sie Werke schaffen, die sich durch ein Mindestmaß an Individualität auszeichnen bzw eine gewisse Gestaltungshöhe aufweisen (§ 2 Abs 2 UrhG).[82]

42 Schwieriger lässt sich die Frage der Urheberschaft beim **Choreografen** als dem Gestalter und Übermittler einer Choreografie, einer Abfolge von Bewegungen, Schritten, Gebärden und Techniken, die rhythmisch, metrisch und tempogebend gestaltet werden, kurz einer Tanzkomposition, beantworten (§ 2 Abs 1 Nr 3 UrhG).[83] Er vereint die Rolle von Erfinder und Regisseur, vergleichbar mit dem Fall, dass der Autor sein Stück selbst inszeniert.[84] Oft entwickelt er das Libretto, welches als Sprachwerk nach § 2 Abs 1 Nr 1 UrhG schutzfähig ist. Aus seiner **Doppelfunktion** ergeben sich komplexe urheberrechtliche Fragen. In Oper, Schauspiel und Musical arbeitet der Choreograf meist mit ihm übergeordneten Regisseuren zusammen. In Einzelfällen kann es deshalb zur Miturheberschaft von Choreograf und Bühnenregisseur kommen.[85]

43 „Beim Tanze vollzieht sich die Gestaltung des gedanklichen Inhalts durch eine Aufeinanderfolge rhythmischer Bewegungen und Gesten, wobei der Wechsel von Verharren und Bewegung, die Abstimmung des gleichzeitigen Verhaltens mehrerer Personen zueinander und der einzelnen nacheinander den in der Vorstellung des Schöpfers lebenden Empfindungs- und Spannungsgehalt sinnfällig macht."[86] Somit entscheidet über den Urheberrechtsschutz von choreografischen Werken die **Vielfalt der Bewegungs- und Körpersprache** bzw der möglichen Gestaltungsformen mit Bewegung, Mimik und Gebärde.[87] Der Choreograf kann zudem, bspw durch Änderungen eines klassischen Balletts wie „Schwanensee", ein Bearbeiterurheberrecht erlangen.[88] Nicht entscheidend für den Schutz ist die Länge der Choreografie, auch Einlagen oder kurze Tänze fallen hierunter. Tanzstile und Tanzfiguren sind nicht geschützt.[89] Im Gegensatz zur körperbezogenen **Pantomime** ist die Choreografie raumbezogen.[90] Die Fotografie einer Choreografie, zB einer Klammerpose, kann ebenfalls geschützt sein; dann haben Choreograf und Fotograf beide Urheberrechte.[91]

44 Der Choreograf ist vom **Tanz-/Ballettmeister** zu unterscheiden, der das tägliche Tanztraining leitet, neue Stücke einprobt und die Choreografie überwacht; er ist für die tänzerische Qualität der Aufführung verantwortlich. Seine Funktion entspricht in vielem der des Regieassistenten in Schauspiel und Oper. Grundsätzlich kann er jedoch keinen Leistungsschutz an einer Darbietung des Werkes der Tanzkunst beanspruchen, außer er hat beim Einstudieren künstlerischen Interpretationsspielraum.[92]

---

82 Vgl Wandtke/Bullinger/*Bullinger* § 2 UrhG Rn 21, 23 ff.

83 *Wandtke* FS Raue, 745, 748. Choreografische Werke (Tanzwerke) sind ein Unterfall der pantomimischen Werke, dazu *Wandtke/Fischer/Reich* Rn 104 ff (228 ff).

84 *Wandtke* FS Raue, 745, 751.

85 *Obergfell* ZUM 2005, 621, 626.

86 LG Essen UFITA 18 (1954), 243, 247 f.

87 OLG München UFITA 74 (1975), 320, 322 – Brasiliana; LG Essen UFITA 18 (1954), 243, 247 f; *Dünnwald* UFITA 52 (1969), 49, 83 f; Loewenheim/*Schlatter* § 9 Rn 88; *Obergfell* ZUM 2005, 621, 623 f; Wandtke/Bullinger/*Bullinger* § 2 UrhG Rn 74, 76; s auch BGH GRUR 1960, 604, 606 – Eisrevue I.

88 *Wandtke* FS Raue, 745, 752.

89 *Rehbinder* Rn 81.

90 *Wandtke* FS Raue, 745, 749.

91 OLG Köln GRUR 2000, 43, 33 – Klammerpose.

92 Wandtke/Bullinger/*Büscher* § 73 UrhG Rn 16; *Schack* Rn 675; *Wandtke/Fischer/Reich* Rn 106 (237), 164 (381).

III. Regisseur, Spielleiter

Regisseure bzw **Spielleiter** sind künstlerisch verantwortlich für die Theateraufführungen.[93] Sie interpretieren, überarbeiten und bearbeiten die aufzuführenden Werke in ihrem Sinne, so dass eine bühnengerechte Fassung, ein Bühnenkonzept, entsteht. Auch besetzen sie für die einzelnen Aufführungen die Rollen und überwachen die Proben. Ferner organisieren sie die übrigen künstlerischen und technischen Mitwirkenden – Bühnen-, Masken- und Kostümbildner, Beleuchter, Bühnentechniker etc. Des Weiteren werden sie wegen ihrer **umfassenden Verantwortung** für die Theaterproduktion an der Kostenkalkulation und Presse- und Öffentlichkeitsarbeit beteiligt. Damit leiten sie den kompletten Mitarbeiterstab bis zur fertigen Produktion. 45

1. Regisseur als ausübender Künstler

Die Tätigkeit des Theaterregisseurs als auch die des Co-Regisseurs fallen als künstlerische Mitwirkung bei einer Darbietung unter § 73 UrhG.[94] Beide sind ausübende Künstler. Mitwirkung bedeutet eine Einflussnahme auf die Werkinterpretation, welche auch nur gering sein kann, sofern sie nur die Werkinterpretation mitbestimmt.[95] „Bei" meint keinen zeitlichen, sondern einen sachlichen Zusammenhang. So ist es unschädlich, dass die Leistung des Regisseurs der Darbietung regelmäßig vorausgeht.[96] Auch kann der Leistungsschutz nicht daran festgemacht werden, dass die Inszenierungsarbeit in gewissem Maße wiederholbar ist und nicht, wie bspw bei der Leistung der Darsteller, „flüchtig".[97] Ein bloßer Regieeinfall stellt noch keine interpretierende Regieleistung und folglich keine künstlerische Mitwirkung dar.[98] Der **Regieassistent** wird nur ausnahmsweise künstlerisch mitwirken, sofern er einzelne Szenen unter bestimmender Einflussnahme mitgestaltet.[99] 46

2. Regisseur als Urheber

Umstritten ist, ob der Theaterregisseur im Rahmen seiner Regietätigkeit ein urheberrechtlich geschütztes **Inszenierungswerk** schafft, indem er der Aufführung eine bestimmte Gestalt verleiht. Dabei sind sich Rechtsprechung und Lehre uneins, ob dieses als Bearbeitung nach § 3 UrhG und/oder als eigenständiges Werk sui generis nach § 2 Abs 2 UrhG Schutz erlangen kann. Die Diskussion wirkt sich in der Praxis wenig aus, da sowohl dem Urheber als auch dem ausübenden Künstler Entstellungsschutz zuteil wird (vgl §§ 14, 75 UrhG).[100] Entscheidender und bedeutender Unterschied ist 47

---

93 S *Raschèr* 86 ff zu den Tätigkeitsbereichen des Regisseurs.

94 OLG Koblenz UFITA 70 (1974) 331, 335 – Liebeshändel in Chioggia; OLG München NJW 1996, 1157 – Iphigenie in Aulis; OLG Dresden ZUM 2000, 955, 957 – Csárdásfürstin mit Anm *Wündisch*; Möhring/Nicolini/*Ahlberg* § 3 Rn 16; Schricker/*Loewenheim* § 3 Rn 19; Wandtke/Bullinger/*Büscher* § 73 UrhG Rn 14, 18; *Schack* Rn 663, 675; *Ulmer* 160, 524; *Wandtke/Fischer/Reich* Rn 164 (384); *Schmieder* UFITA 63 (1972) 133, 134; *Kuhn* 83; aA *Rehbinder* Rn 788.

95 BGH GRUR 1981, 419, 420 – Quizmaster; OLG Hamburg GRUR 1976, 708, 710 – Staatstheater.

96 BGH GRUR 1983, 22, 25 – Tonmeister; Schricker/*Krüger* § 73 Rn 32; krit Dreyer/Kotthoff/Meckel/*Dreyer* § 2 UrhG Rn 257.

97 Vgl *v Foerster* 68.

98 OLG Dresden ZUM 2000, 955, 957 – Csárdásfürstin mit Anm *Wündisch*; LG Berlin FuR 1978, 136, 144; Wandtke/Bullinger/*Büscher* § 73 UrhG Rn 18.

99 Wandtke/Bullinger/*Büscher* § 73 UrhG Rn 16; *Wandtke/Fischer/Reich* Rn 164 (384).

100 S OLG Dresden ZUM 2000, 955 – Csárdásfürstin mit Anm *Wündisch*: Das Gericht hat

aber, dass die Verbotsrechte der §§ 77, 78 Abs 1 UrhG keinen Schutz vor **Nachahmung** der Inszenierung durch andere Regisseure bieten.[101] Zwar mag eine Inszenierung nicht eins zu eins „kopiert" werden können, allerdings kann es zu einer Übernahme wesentlicher Elemente kommen, die denselben Gesamteindruck vermitteln und auf diese Weise dem „falschen" Regisseur zugeschrieben werden.

48 a) **Stand der Diskussion.** Der **BGH** hat die Frage, ob die Regieleistung des Bühnenregisseurs ein urheberrechtlich geschütztes Werk iSd § 2 UrhG sein kann, bislang offen gelassen, aber durchaus anerkannt, dass der Regisseur „schöpferische Tätigkeit entfalten kann, deren Eigenwert (...) anzuerkennen ist"[102] und ihm deshalb ein **Bearbeiterurheberrecht** nach § 3 UrhG zuerkannt, wenn seine Regieleistung das ursprüngliche Werk schöpferisch umgestaltet.[103] Das OLG Frankfurt „hält ein Urheberrecht an einer Regieleistung ausnahmsweise für möglich, wenn es sich um eine grundlegende, schöpferische Neugestaltung der bühnenmäßigen Ausdrucksmittel handelt und die Inszenierung dadurch über eine bloße Interpretenleistung hinaus einen selbständigen Aussagewert erhält."[104] In der Literatur wird ohnehin zahlreich ein **eigenständiges Urheberrecht** an der Regieleistung bejaht, sofern die künstlerische Leistung des Regisseurs gegenüber anderen Regieleistungen ausreichend individuell ist.[105]

49 Ein anderer Teil der Rechtsprechung[106] und Literatur[107] lehnt die generelle Anerkennung eines Inszenierungwerks ab, gewährt dem Regisseur aber mehrheitlich Schutz über § 3 UrhG, wenn das Bühnenwerk umgearbeitet wird. Der eigenständige urheberrechtliche Schutz für die Regietätigkeit wird dem Regisseur mit der Begründung versagt, die Inszenierung sei bloße Wiedergabe eines fremden Werks, aber selbst kein Werkschaffen:[108] „Denn die bloße Inszenierung – und sei sie künstlerisch auch noch so hervorragend – stellt keine individuelle geistige Leistung dar; sie geht vielmehr auf

---

hier den Schutz über das Urheber- oder Leistungsschutzrecht offen gelassen, weil es kein abweichendes Ergebnis gesehen hat; *Grunert* ZUM 2001, 210, 216 f, 218; s Rn 48.

101 *Raschèr* 111; *Rogger* 186 ff. S auch Wandtke/*Wandkte* 7. Kap Rn 15 zur urhebervertragsrechtlichen Stellung.

102 BGH GRUR 1971, 35, 37 – Maske in Blau.

103 BGH GRUR 1972, 143, 144 – Biografie: Ein Spiel; so auch LG Leipzig ZUM 2000, 331, 333. – Csárdásfürstin. Das RG (RGZ 107, 62, 64) erkannte allein im Falle der Regie von Balletten, Pantomimen und ähnlichen Werken, „die nur auf einem Szenarium beruhen", eine urheberrechtsschutzfähige Leistung des Regisseurs an, da hier der Regisseur noch „wesentliches dazu tun [müsse], um das Kunstgebilde lebendig erstehen zu lassen", indem er die Wortsprache in Gebärdensprache umsetzt.

104 OLG Frankfurt aM GRUR 1976, 199, 201 – Götterdämmerung. S auch OLG Dresden ZUM 2000, 955, 957 – Csárdásfürstin mit Anm *Wündisch*: Das Gericht erkennt „gewichtige Gründe" für einen Urheberrechtsschutz des Regisseurs; LG Frankfurt aM UFITA 77 (1976), 278 f – Götterdämmerung.

105 Dreier/Schulze/*Schulze* § 3 UrhG Rn 23; Wandtke/Bullinger/*Bullinger* § 2 UrhG Rn 54, § 3 Rn 26; *Rehbinder* Rn 788; *Wandtke/Fischer/Reich* Rn 108 (243 f); *A Dietz* FuR 1976, 816, 820; *Flechsig* FuR 1976, 829, 831, 846; *Fromm* GRUR 1962, 561, insb. 566; *Grunert* ZUM 2001, 210, 215; *Hieber* ZUM 1997, 17, 26; *Kurz* UFITA 2006/III, 865, 871 f; *Leinveber* GRUR 1971, 149; *Meier* UFITA 117 (1991), 43; *Raschèr* UFTIA 117 (1991), 21, 41; *Schmieder* UFITA 63 (1972) 133, 137; *Erdmann* FS Nirk, 209, 228 f; *Grunert* 135; *Körner* 103; *Rogger* 155, 162, 279; *von Foerster* 56 ff, 74.

106 OLG Köln UFITA 87 (1980), 331, 334 – Der vierte Platz.

107 *Dünnwald/Gerlach* § 73 Rn 13; Fromm/Nordmann/*A. Nordemann* § 2 UrhG Rn 96; Möhring/Nicolini/*Ahlberg* § 2 UrhG Rn 16; Schricker/Loewenheim/*Lowenheim* § 3 UrhG Rn 19; *Ulmer* 161 f; *Depenheuer* ZUM 1997, 734, 736; *Dünnwald* FuR 1976, 804, 813 ff; *Krüger-Nieland* UFITA 64 (1972), 129, 137 ff, 142; *Nordemann* FuR 1970, 73, 76; *Meyer-Cording* FS Hübner, 745, 750 f; vgl auch *v Foerster* 52.

108 *Ulmer* 160 f.

eine persönliche Leistung des Schöpfers des Bühnenwerks zurück und ist eine Offenbarung eines Fremdwerks."[109] „Der Regisseur ist hier nur Gehilfe des Dichters."[110]

b) **Stellungnahme.** Im Prinzip ist die Frage der Urheberrechtsschutzfähigkeit der Arbeit des Regisseurs recht einfach zu beantworten, sofern zwei Tätigkeitsbereiche des Regisseurs auseinandergehalten werden und zwar die **Änderungsarbeit** an dem aufzuführenden Sprachwerk, um es für die Umsetzung in ein Bühnenstück tauglich zu machen, und die **Inszenierungsarbeit** auf Grundlage des geänderten Sprachwerks. Wichtig ist ferner, den Unterschied zwischen Regie und Inszenierung zu kennen, obwohl beide untrennbar miteinander verbunden sind. Die **Regie** umfasst die Einrichtung, Einstudierung, künstlerische Gesamtleitung sowie die Ausführung der Inszenierung.[111] Die **Inszenierung** ist dagegen umfassender zu verstehen und meint die künstlerische Tätigkeit des Regisseurs, das in (dramatischer, musikalischer oder musikdramatischer) Textform vorliegende Bühnenstück durch Entwicklung einer Regiekonzeption zur Aufführung zu bringen.[112] **50**

Urheberrechtsschutz für die bühnenmäßige Umsetzung des aufzuführenden Werks kann der Regisseur nicht verlangen, wenn er nur „rein **handwerksmäßige Änderungen** (etwa eine reine Textrevision ...)" oder Umgestaltungen, welche die Umsetzung des Textes in die bühnenmäßige Darbietung (an einem bestimmten Ort zu einer bestimmten Zeit) erfordern, und „**technisch bedingte** und jedem Regisseur ohne weiteres geläufige **Änderungen** (etwa den Werkgehalt und die Werkgestalt unberührt lassende Abweichungen von Regieanweisungen des Originals ...)," sowie „**bloße Weglassungen** ohne individuelle gedankliche Leistung (etwa einfache Streichung von für die Gedankenführung und Formgestaltung unwesentlichen Teilen ...)," vornimmt „oder umgekehrt **einfache Beifügungen** ohne eigenen geistigen Gehalt und ohne schöpferischen Einfluß auf den Werkinhalt und dessen Gestaltung" durchführt.[113] So sieht das auch der **BGH**, wenn er den Theatern gewisse Änderungen nach Treu und Glauben gestattet: *„Da jede Bühnenaufführung von den Realitäten des jeweiligen Theaters abhängig ist, seinen räumlichen Verhältnissen, der Zusammensetzung seines künstlerischen Personals, dem für die Ausstattung zur Verfügung stehenden Etat, ist die Theaterpraxis darauf angewiesen, nicht zu eng an die Werkfassung des Bühnenautors, insbesondere an seine etwaigen Regieanweisungen gebunden zu sein und daher insbesondere eigenmächtig unwesentliche Kürzungen, Streichung kleinerer Rollen oder dergleichen vornehmen zu dürfen."*[114] **51**

aa) **Bearbeiterurheberrecht am aufzuführenden Sprachwerk.** Urheberrechtsschutz für **Bearbeitungen** am aufzuführenden Sprachwerk kann der Regisseur unter den Voraussetzungen des § 3 UrhG erlangen. Demnach sind Bearbeitungen Abwandlungen – Änderungen, Erweiterungen, Fortentwicklungen – eines bereits bestehenden Werks, welche die notwendige Schöpfungshöhe aufweisen, um selbst urheberrechtlichen Schutz **52**

---

109 OLG Koblenz UFITA 70 (1974), 331, 335 – Liebeshändel in Chioggia.
110 RGZ 107, 62, 64.
111 *Raschèr* UFITA 117 (1991), 21 f.
112 Vgl *Raschèr* UFITA 117 (1991), 22; *Erdmann* FS Nirk, 209, 211; *von Foerster* 12 ff.
113 BGH GRUR 1972, 143, 145 – Biografie: „Ein Spiel" mit Anm *Bielenberg* unter Verweis auf RGZ 121, 357, 363 f – Universal Rechner; BGH GRUR 1959, 379, 381 – Gasparone mit Anm *Ulmer*; BGH GRUR 1961, 631, 632 – Fernsprechbuch; BGH GRUR 1965, 45, 47 – Stadtplan; BGH GRUR 1971, 35, 37 – Maske in Blau.
114 BGH GRUR 1971, 35, 37 – Maske in Blau.

zu genießen.[115] Erforderlich ist, dass das neue Werk urheberrechtlich geschützte Bestandteile eines anderen Werks enthält und beide insofern eine innere Verbindung haben, als das Originalwerk in der Bearbeiterfassung erkennbar bleibt.[116] Der Regisseur bedarf zur Veröffentlichung oder Verwertung der Bearbeitung der Zustimmung des Urhebers oder seiner Erben, außer das Originalwerk ist bereits gemeinfrei (vgl § 23 UrhG). Auch die Abgrenzung zur freien Benutzung (§ 24 UrhG) ist stets vorzunehmen.[117]

53 „Die Frage, welcher **Eigentümlichkeitsgrad** zur Zubilligung des Urheberrechtsschutzes erforderlich und ausreichend ist, bemißt sich nach der Auffassung der mit literarischen und künstlerischen Fragen einigermaßen vertrauten und hierfür aufgeschlossenen Verkehrskreise."[118] Dies ist eine rein objektive Bewertung, die subjektive Einschätzung des Verfassers und Regisseurs sowie deren Wille sind irrelevant.[119] Etliche Autoren ziehen bei der Diskussion um die Urheberrechtsschutzfähigkeit der Inszenierung eine Parallele zur großzügigen Anerkennung des Schutzes von Werken der kleinen Münze wie Telefonbüchern, Sammlungen von Kochrezepten und Werbeprospekten, insb weil die Regietätigkeit besonders anspruchsvoll sei.[120] Der BGH lehnt eine Übertragung der Anforderungen an die Schaffenshöhe von Werken der kleinen Münze auf die Bearbeitung von Bühnenwerken kategorisch ab: „An die Urheberrechtsschutzfähigkeit einer Bearbeitung von Bühnenwerken, die gegenüber den Werken der kleinen Münze des Urheberrechts im allgemeinen eine erheblich stärkere Eigenprägung und Schöpfungskraft aufweisen, sind vielmehr grundsätzlich strengere Maßstäbe anzulegen."[121] Zweifel dürften jedenfalls berechtigt sein, „die Vorstellung, ein Kunstwerk von hoher Gestaltungshöhe könne nur mit einer vergleichbar hohen Gestaltungskraft bearbeitet werden, zumal es bei der Inszenierung einer Spielvorlage um etwas ganz anderes geht als um dichterisches Werkschaffen."[122]

54 Dabei darf der Schutz über die Bearbeitung nicht mit dem eigenständigen Schutz über die Inszenierung vermengt werden.[123] Einerseits geht es darum, ob die „zur Aufführung gelangte Inszenierung als solche urheberrechtsschutzfähig ist", also den „Schutz einer Umsetzung des Schriftwerks in die bühnengemäße Darstellungsform", andererseits „um einen etwaigen Urheberrechtsschutz an Änderungen und Umgestaltungen des Schriftwerks selbst, also am Werktext, -inhalt und an der Szenenfolge".[124] In der **Nichtbeachtung von Regieanweisungen**, die im Originalwerk enthalten sind, kann eine Bearbeitung, jedenfalls aber eine Umgestaltung, liegen, wenn dadurch in den Handlungsablauf oder die Tendenz eingegriffen wird.[125] Selbst **Streichungen** können „je nach ihrem auf die Werkgestaltung ausgeübten Einfluß" eine schutzfähige Werkbearbeitung darstellen; zu Fragen ist immer, ob es sich um eine bloße Werk-

---

115 Wandtke/Bullinger/*Bullinger* § 3 UrhG Rn 8, § 23 UrhG Rn 3.

116 BGH GRUR 1959, 379, 380 – Gasparone mit Anm *Ulmer*; BGH GRUR 1972, 143, 144 – Biografie: Ein Spiel mit Anm *Bielenberg*; s auch KG ZUM-RD 2005, 381, 382 – Die Weber.

117 S die Ausführungen Rn 144.

118 BGHZ 22, 209, 218 – Morgenpost; BGHZ 27, 351, 356 – Candida-Schrift; BGH GRUR 1972, 143, 144 – Biografie: Ein Spiel mit Anm *Bielenberg*.

119 BGH GRUR 1959, 379, 381 – Gasparone mit Anm *Ulmer*.

120 So bspw *Grunert* ZUM 2001, 210, 215; in diese Richtung auch OLG Dresden ZUM 2000, 955, 957 – Csáradsfürstin mit Anm *Reimer*.

121 BGH GRUR 1972, 143, 144 f – Biografie: Ein Spiel mit Anm *Bielenberg*.

122 *Grunert* ZUM 2001, 210, 215; krit auch *Raschèr* 88.

123 *Kurz* Kap 13 Rn 45, insb Fn 107.

124 BGH GRUR 1972, 143, 144; *Rogger* 69.

125 *Kurz* Kap 13 Rn 45.

kürzung oder eine individuelle gedankliche Prägung im Hinblick auf das Werk, insb dessen Inhalt und Handlungsablauf handelt.[126] Als bloße Textrevision und Sprachglättung und daher nicht als Bearbeitung wurden die **Auswechslung von Spracheigentümlichkeiten** in hochdeutsche Ausdrücke, die **Beseitigung ortsgebundener Bezeichnungen**, die Abschwächung oder **Beseitigung einzelner Derbheiten** und die **Zurückdrängung politischer Anklänge** angesehen.[127] Andererseits ist „[b]ei einem Bühnenwerk (...) nicht nur die konkrete Textfassung oder die unmittelbare Formgebung eines Gedankens gegen Entlehnungen geschützt. Wenn auch die bloße Idee als allgemeine Anregung nach der herrschenden Ansicht nicht schutzfähig ist, so kann doch schon die **Einfügung eines bestimmten Einfalls** in einen Handlungsablauf unabhängig von der Wortgestaltung im einzelnen Urheberrechtsschutz erlangen, ebenso wie der Gang der Handlung mit seinen dramatischen Konflikten und Höhepunkten, die Akt- und Szenenführung, also die **Gliederung und Anordnung des Stoffes**, sowie die Rollenverteilung und Charakteristik der handelnden Personen Schutz genießen können. Denn in all diesen Einzelheiten handelt es sich um gestaltete Bestandteile und formbildende Elemente eines bestimmten Werkes, denen dann Schutz gebührt, wenn sie eine eigenpersönliche Prägung aufweisen."[128]

bb) **Urheberrecht am Inszenierungswerk.** Die Vorschrift des § 2 UrhG lässt den urheberrechtlichen Schutz eines Inszenierungswerks zu. Die in Abs 1 aufgelisteten Werke sind nicht abschließend. Dies bringt der Gesetzgeber durch die Wahl des Wortes „insbesondere" zum Ausdruck, das eine beispielhafte Aufzählung meint. Zugegebenermaßen geht das Gesetz vom Regisseur als Leistungsschutzberechtigten aus.[129] Interpretation und Schöpfung schließen sich jedoch nicht aus, vielmehr hat jeder Interpretationsvorgang ein schöpferisches Element.[130] Entscheidend ist, ob der Regisseur durch seine Regietätigkeit eine „persönliche geistige Schöpfung" (§ 2 Abs 2 UrhG) erbringt. „Dies wird jedenfalls dann anzunehmen sein, wenn es sich bei der Regieleistung um eine **grundlegende schöpferische Neugestaltung** der bühnenmäßigen Ausdrucksmittel handelt und die Inszenierung dadurch über eine bloße Interpretenleistung hinaus einen selbständigen Aussagewert erhält."[131] 55

Zunächst arbeitet der Regisseur meist ein **Regiekonzept** aus, was ihm bei der weiteren Entwicklung der Theateraufführung als Grundlage dient; dies hält er gewöhnlicherweise in einem **Regiebuch** fest. Regiekonzeption und Regiebuch haben Entwurfcharakter.[132] Das im Regiebuch niedergelegte Regiekonzept ist als Sprachwerk unstreitig urheberrechtsschutzfähig.[133] Der Regisseur kann eine klassische „werkgetreue" oder eine eher freie Interpretation zur szenischen Gestaltung wählen. Jedenfalls wird er einen Text in unvergleichlicher, eigener Weise in Szene setzen und damit nicht nur dem Individualitätserfordernis genüge tun, sondern auch ein eigenständiges, vom 56

---

126 BGH GRUR 1972, 143, 145 – Biografie: Ein Spiel mit Anm *Bielenberg* (Streichung von Revolver- und Maskenszenen).

127 BGH GRUR 1972, 143, 145 – Biografie: Ein Spiel mit Anm *Bielenberg*.

128 BGH GRUR 1959, 379, 381 – Gasparone mit Anm *Ulmer*.

129 BT-Drucks IV/270, 90, UFITA 45 (1965), 240, 308: „Die Fassung des Entwurfs stellt klar, dass nicht nur die unmittelbar das Werk Vortragenden oder Aufführenden, wie die Sänger, Musiker, Schauspieler oder Tänzer, als ausübende Künstler im Sinne des Gesetzes anzusehen sind, sondern auch die sonst bei dem Vortrag oder der Aufführung künstlerisch Mitwirkenden, also insbesondere der Dirigent und der Regisseur."

130 BGH GRUR 1971, 35, 37 – Maske in Blau; *Rogger* 120; *Grunert* 82 ff; *Kuhn* 83.

131 LG Dresden ZUM 2000, 331, 332 – Csárdásfürstin.

132 *Kurz* Kap 13 Rn 44.

133 *Kuhn* 88 ff.

Text losgelöstes Gesamtwerk schaffen, dass neben der Umsetzung von Text in Schauspiel die Gestaltung der Bühne und des Tonerlebnisses zB durch Musik erfasst.[134]

57 Dabei führt die **Interpretation als Schöpfungsakt** zur Schöpfung, dem **Inszenierungswerk** selbst. In der Regieleistung geht das aufzuführende Werk auf; diese muss grundsätzlich als geistige persönliche Schöpfung angesehen werden; denn die Anforderungen an die Gestaltungshöhe dürften unter Beachtung der verfassungsrechtlich garantieren Kunstfreiheit (Art 5 Abs 3 GG) bei der Regietätigkeit erfüllt sein.[135] Anders zu bewerten ist dies nur bei einfachen Aufführungen ohne künstlerische Gestaltung, bei denen der Regisseur rein beratende oder ausführende Tätigkeiten ausübt, so beim Laientheater. Die Unterscheidung wird ebenso beim Lichtbild und Lichtbildwerk oder beim Laufbild und Filmwerk vorgenommen.

58 Ein Vergleich mit der Mitwirkungsart des Schauspielers verdeutlicht, dass der Regisseur nicht nur fremde Werke wiedergibt, sondern andere Akteure seine Inszenierung des aufzuführenden und nach seinen Vorstellungen abgeänderten Sprachwerks, sein Inszenierungwerk, wiedergeben lässt. Der Zuschauer bewertet diese Leistungen – Ursprungswerk, Umsetzung und Schauspiel – richtigerweise und instinktiv separat.[136] Zudem spricht die wiederholte Verwertbarkeit des Regiewerks im Gegensatz zu der Darbietung des Schauspielers für dessen Urheberrechtsschutzfähigkeit.[137]

59 cc) **Zusammenfassung und Verhältnis der „beiden“ Urheberrechte.** Der Regisseur setzt nicht das Originalwerk durch die Änderung des Textes in Szene, sondern inszeniert das geänderte Werk.[138] Somit kann das „In-Szene-Setzen“ nicht Bearbeitung iSd § 3 UrhG sein, sondern allein die Änderungen an der Spielvorlage, welche vom Regisseur im Regiebuch festgehalten werden.[139] Um den eigenständigen Schutz eines Inszenierungswerkes geht es dann, wenn „er daran geht, sein Konzept in die Tat umzusetzen, also mit Beginn der Proben.“[140] Jeder Regisseur wird versuchen das Stück möglichst nach der Intention des Autors zu deuten, „werkgetreu“ umzusetzen, dabei beginnt seine persönliche Schöpfungsarbeit. In der individuellen Auffassung des Regisseurs liegt dann die Originalität der Inszenierung.[141] Eine Aufspaltung bei der Bewertung, bspw in Text und Rahmenregie,[142] darf nicht stattfinden. **Regieleistung und In-Szene-Setzen** des Bühnenstücks sind eine **untrennbare Einheit.**[143] Der Grad der Eigentümlichkeit der Inszenierung hängt wesentlich von den Regieanweisungen des Autors ab. Der Regisseur erlangt folglich quasi ein Urheberrecht an all demjenigen was im Vergleich zum Text zusätzlich von ihm durch seine Regie- und Inszenierungsarbeit geschaffen wurde.[144]

60 Abschließend zur Verdeutlichung ein Auszug aus der Entscheidung „Csárdásfürstin“ des OLG Dresden: *„Dass die Inszenierung deutlich die Gestaltungshöhe einer routinemäßigen, alltäglichen Regieleistung übersteigt und aus dem Rahmen des Üblichen fällt, wird vom Verfügungsbeklagten letztlich eingeräumt. Gerade die schockierenden, provozierenden, be- und verfremdenden Ausdrucksformen und Stilmittel, die die Hand-*

134 So auch *Kurz* Kap 13 Rn 44; *Rogger* 105 ff, insb 112, 118; *Grunert* 131 f.

135 *Rogger* 118; *Raschèr* 101 f; aA *Schack* Rn 679; *Dünnwald* FuR 1976, 804, 814, 816; *Krüger-Nieland* UFITA 64 (1972), 129, 136 ff.

136 AA *Rehbinder* ZUM 1996, 613, 616 und *Schack* GRUR 1983, 555, 556, welche der Ansicht sind das Publikum rechne das Aufgeführte dem Autor zu.

137 *Rogger* 122 ff, insb 126.

138 *Nordemann* FuR 1970, 73, 76.

139 *Kuhn* 86 f.

140 *Rogger* 73.

141 *Rogger* 75 f, 107.

142 *Lilia* 14.

143 So auch *Rogger* 83, 145 f.

144 *Rogger* 143 f und *von Foerster* 13 (zur Inszenierung als das zusätzlich Geschaffene).

schrift des Regisseurs tragen, sind Stein des Anstoßes. Der Verfügungskläger verfolgte bei seiner Inszenierung die Konzeption, die Handlung der Operette »Die Csárdásfürstin« in Bezug zu den geschichtlichen Ereignissen im Zeitpunkt ihrer Entstehung zu setzen. Damit nimmt er eine über bloße technische Änderungen oder Streichungen bzw geringfügige Nuancierungen hinausgehend wesentliche Umgestaltung vor, die der Aufführung einen eigenständigen Charakter verleiht, der sich klar erkennbar von durchschnittlichen routinemäßigen Regieleistungen abhebt. Diese schöpferische Eigentümlichkeit zeigt sich insbesondere daran, dass der Verfügungskläger die Schauplätze der Handlung des 2. und 3. Aktes in und um einen Schützengraben des 1. Weltkrieges verlegt, Bühnenbild, Kostümierung, Requisiten und Bühnenlicht zur Visualisierung der Realität des Krieges einsetzt und schließlich die Protagonisten mitunter in drastischer Weise kriegstypische Handlungen ausführen lässt. Akustisch wird der Bezug zum Krieg durch Detonationen und Kriegsgeräusche bewusst gemacht. Die mit dem Stück traditionell verbundenen Illusionen leichter Unterhaltung werden mit den grausamen Realitäten des Krieges, wie sie sich zur Zeit der Entstehung der Operette im Jahre 1915 darstellten, konfrontiert und konterkariert, so dass die Operette in einem anderen Licht erscheint und die Erwartungen des Publikums bewusst enttäuscht werden. Die heile Innenwelt der Unterhaltung und die grausame Außenwelt des Krieges werden gegeneinander ausgespielt.“[145]

Neben dem Bearbeiterurheberrecht entsteht in der Person des Regisseurs im Regel- **61**
fall durch die Umsetzung der Spielvorlage ein Urheberrecht an der Inszenierung als unabhängigem Werk durch die künstlerisch eigenständische und von künstlerisch-ästhetischen Entscheidungen geprägte Tätigkeit des Regisseurs.[146] Die schöpferische Eigenleistung und die **Kombination der Einzelleistungen** ergibt die **Bühneninszenierung als Gesamtwerk.**[147] Und zwar zu dem Zeitpunkt, in dem der Regisseur durch seine „komplexe und künstlerisch anspruchsvolle“ Tätigkeit die erforderliche „Gestaltungshöhe“ erreicht hat, dh ein gewisses Maß an Individualität zum Ausdruck gebracht hat.[148] Dies wird an Hand der im Regiebuch festgehaltenen Entwicklungsstufen der Inszenierung feststellbar sein. So kann es zum Schutz eines Inszenierungswerkes gleichzeitig oder als Folge der Bearbeitung kommen. Drama und Inszenierung sowie andere Werke sind miteinander verbunden.[149] Ist dem Regisseur eine schöpferische Leistung zu attestieren, tritt das Urheberrecht an dem Inszenierungswerk an die Stelle des Leistungsschutzes an der Inszenierung, weil Werkinterpretation und Werkschöpfung unweigerlich zusammenfallen und notwendigerweise eine Einheit bilden.[150]

IV. Darsteller und Komparsen, Sänger, Tänzer

Dem **Darsteller** bzw Schauspieler als auch dem **Komparsen** ist in der Theaterauf- **62**
führung eine bestimmte Rolle oder Figur zugewiesen, die er unter Anleitung des Regisseurs interpretiert und so seinen Teil zur Inszenierung beiträgt. Er verkörpert

145 OLG Dresden ZUM 2000, 955, 958 – Csárdásfürstin mit Anm *Bielenberg*.

146 Wandtke/Bullinger/*Bullinger* § 2 UrhG Rn 55; *Kurz* UFITA 2006/III, 865, 871; *Kuhn* 188 f, 226 f (Bühneninszenierung als Gesamtkunstwerk und „komplexes Werk“, daher Miturheberschaft am Gesamt-Inszenierungswerk); diff *Schack* Rn 678 f; abl *Dünnwald/Gerlach* § 73 Rn 13, wegen der akzessorischen Natur der Inszenierung.

147 Fischer/Reich/*Reich* Rn 22; *Kuhn* 188.

148 *Grunert* ZUM 2001, 210, 215; *ders* 74 ff, 135.

149 *Rogger* 156, 158.

150 Vgl BGH GRUR 1984, 730, 732 – Filmregisseur; *Dünnwald/Gerlach* § 73 Rn 13.

seine Rolle mit den Mitteln der Sprache, der Mimik und Gestik oder Pantomimik und wirkt auf diese Weise künstlerisch an der Aufführung mit. Grundsätzlich ist der Darsteller ausübender Künstler iSd § 73 UrhG.[151] Bei **Statisten** dürfte ein künstlerisches Mitwirken dagegen mangels Einflusses zu verneinen sein.[152]

63 Der Beitrag des Darstellers zur Werkinterpretation ist in der Regel nicht ausreichend, um eine Bearbeitung iSv § 3 UrhG zu bejahen, allerdings mag es im Einzelfall zu einer originellen Einzeldarstellung kommen, zB wenn ein Schauspieler einen Teil des Dialogs improvisiert und sich derart von der literarischen Vorlage entfernt, dass er eigenschöpferisch tätig wird.[153] Anders ist dies aber beim **Stegreifspiel**; hier besteht ein urheberrechtlicher Schutz als Sprachwerk für den voll improvisierten Dialog.[154] Ein Schauspieler erlangte auch Urheberrechtsschutz für Sätze und Textpassagen von ihm verfasster Bücher aufgrund seiner höchst eigentümlichen Art zu sprechen.[155] Somit ist das Zusammentreffen von Leistungs- und Urheberrechtsschutz nicht ausgeschlossen.

64 Dasselbe gilt entsprechend für den **Sänger** und **Tänzer**.[156] Der Tänzer muss alle klassischen und zeitgenössischen Techniken und Bewegungsstile beherrschen, um unter Anleitung des Choreografen, die von diesem vorgesehenen tänzerischen Abläufe umzusetzen. Meist ist der Tänzer, wie beim Ballett, Teil eines Ensembles. Es mag Fälle geben, in denen Tänzer durch **Improvisationen** eigenschöpferisch an der Entwicklung eines choreografischen Werks mitwirken, weil ihnen der Choreograf einen Gestaltungsfreiraum eingeräumt hat, in denen eine Miturheberschaft der einzelnen Tänzer am choreografischen Werk anerkannt werden muss.[157]

V. Bühnen-, Kostüm- und Maskenbildner, Theater- und Bühnenmaler, Bühneplastiker

65 **Bühnen- und Kostümbildner** sind in allen gestaltenden Bereichen des Theaters tätig. Sie sind hauptsächlich damit beschäftigt, die Bühne und alle damit verbundenen Elemente sowie die Kostüme der Schauspieler für jede Szene der Inszenierung künstlerisch zu gestalten. **Maskenbildner** arbeiten eng mit Regie, Kostüm- und Bühnenbildnern zusammen und erarbeiten maskenbildnerische Konzepte. Sie sind zuständig für das Make-up und die Frisur (Perücken, Haarteile, Toupets) der Darsteller, Tänzer und Sänger. Zudem sorgen sie für deren realitätsnahe Verkleidung; sie verändern die Mitwirkenden mit Hilfe von Bühnen-Make-up, Modelliermasse und anderen Hilfsmitteln (Schön-, Charakter-, Alt- und Rassenschminken sowie das Schminken von Tier- und Fantasiegestalten), zB Gesichts- und Körperbehaarung, wie Bärte, Narben, Wunden.

66 **Theater- bzw Bühnenmaler** und **Bühnenplastiker** setzen die Entwürfe und Konzeptionen der Bühnenbildner in zeichnerischer, malerischer und plastischer Weise um. Bühnenmaler sind in erster Linie mit dem Malen von Dekorationen und Prospekten beschäftigt, Bühnenplastiker mit der Anfertigung plastischer Arbeiten, wie Säulen,

---

151 OLG Koblenz UFITA 70 (1974), 331, 335 – Liebeshändel in Chioggia.

152 *Schack* Rn 676; *Kuhn* 66; aA *Kurz* Kap 13 Rn 109; *ders* UFITA 2006/III, 865, 866.

153 Schricker/Loewenheim/*Loewenheim* § 3 UrhG Rn 18; Fischer/Reich/*Reich* Rn 23; *Kuhn* 64; vgl auch Wandtke/Bullinger/*Bullinger* § 3 UrhG Rn 26.

154 *Kuhn* 65.

155 LG Köln Urt v 14.1.2009, Az 28 O 647/08.

156 Zum Bearbeitungsrecht von Musikern Dreier/Schulze/*Schulze* § 3 UrhG Rn 27; Möhring/Nicolini/*Ahlberg* § 3 UrhG Rn 22.

157 Loewenheim/*Schlatter* § 9 Rn 92; *Obergfell* ZUM 2005, 621, 625 f.

Figuren, Möbel, unter Verwendung der unterschiedlichsten Materialien (Gips, Stein, Kunststoffe etc). Beide müssen sowohl handwerklich, was bspw die Bespielbarkeit von Kulissenteilen angeht, als auch künstlerisch begabt sein. In diesem Bereich nimmt die Arbeit mit digitalen Medien zu.

Bühnen-, Masken- und Kostümbildner sind ebenso wie die Bühnenmaler – auch wenn ihre Leistungen als „künstlerisch" eingestuft werden können – **keine ausübenden Künstler** iSd § 73 UrhG; denn ihre Werke der bildenden Kunst bedürfen keiner Interpretation im Rahmen der Darbietung und können daher nicht iSd § 19 UrhG bühnenmäßig dargestellt werden.[158] Sie wirken nur auf das äußere Erscheinungsbild der Darbietung ein, üben aber keinen bestimmenden Einfluss darauf aus. Ihre Arbeit ist überwiegend handwerklich; sie setzen eine vorgegebene Formgestaltung um. 67

Bühnenbilder und Masken sind häufig als Werke der bildenden Kunst geschützt (§ 2 Abs 1 Nr 4 UrhG).[159] Als Bespiel für eine „bühnenbildnerische Leistung, die den Charakter einer individuellen Schöpfung in sich trägt" kann „[d]ie bühnenbildnerische Formgebung der Idee, das Fauststudierzimmer mit einer Sternwarten-Kuppel zu überwölben und diese Kuppel durch ein Gewölbegerippe anzudeuten" angesehen werden.[160] Bei Masken kommt es darauf an, ob der Maskenbildner nur eine Vorgabe – bspw des Regisseurs – handwerklich umsetzt oder ob er frei gestaltend tätig wird.[161] Auch bereits die **Entwürfe** (zB die Figurinen der Kostümbildner; Zeichnungen mit den Entwürfen der Kostüme) können Urheberrechtsschutz erlangen.[162] An diesen haben die Bühnen- und Kostümbildner im Regelfall nach § 950 BGB Eigentum, da sie nur der Vorbereitung der Theaterproduktion dienen und nicht der Verwertung für die Aufführung.[163] 68

VI. Dirigent, Orchester- und Theatermusiker, Chor

Der **Dirigent** ist der künstlerisch-musikalische Leiter eines musizierenden Ensembles (Chor oder/und Orchester) und interpretiert mit dessen Hilfe ein Musikstück. Er regelt durch die Zeichnung der Taktfiguren mit dem Taktstock den äußeren metrischen Ablauf der Musik. Durch die Art und Weise der Zeichengebung kann er Einfluss nehmen auf Dynamik, Phrasierung, Ausdruck, Einsätze etc. Das **Orchester** ist ein 69

---

158 BGH GRUR 1974, 672, 674 – Celestina mit Anm *Reimer*; *Dünnwald/Gerlach* § 73 Rn 32; Fromm/Nordmann/*Schaefer* § 73 UrhG Rn 13; Loewenheim/*Vogel* § 38 Rn 45; Schricker/Loewenheim/*Krüger* § 73 UrhG Rn 13; Wandtke/Bullinger/*Büscher* § 73 UrhG Rn 16; *Schack* Rn 663, 676; *Wandtke/Fischer/Reich* Rn 163 (380); *Dünnwald* UFITA 65 (1972), 99, 109, 114; 52 (1969) 49, 84; *Wandtke* ZUM 1993, 163, 165; *ders* ZUM 2004, 505, 506; *Kuhn* 114, 140; aA *Rehbinder* Rn 787; *Boden* GRUR 1968, 537, 538; *Reimer* GRUR 1974, 674 (Anm).

159 BGH GRUR 1986, 458 – Oberammergauer Passionsspiel I; BGH GRUR 1989, 106 – Oberammergauer Passionsspiel II; LAG Berlin GRUR 1952, 100, 101 f; LG Köln GRUR 1949, 303; LG Köln UFITA 18 (1954), 374, 378 f – Urfaust; LG Düsseldorf UFITA 77 (1976) 282, 284; Dreier/Schulze/*Schulze* § 2 Rn 153, 162; *Dünnwald/Gerlach* § 73 Rn 9; Möhring/Nicolini/*Ahlberg* § 2 UrhG Rn 2; Schricker/Loewenheim/*Krüger* § 73 UrhG Rn 13; *Rehbinder* Rn 32, 181, 185; *Schack* Rn 227; *Reimer* GRUR 1974, 674 (Anm); *Wandtke* ZUM 2004, 505, 506; *Kuhn* 102 ff, 138 ff, insb 114.

160 LG Köln UFITA 18 (1954), 374, 378.

161 Vgl BGH GRUR 1974, 672, 673 f – Celestina mit Anm *Reimer*.

162 *Rehbinder* Rn 32; *Wandtke/Fischer/Reich* Rn 107 (240); *Kuhn* 102 ff, 110.

163 KG ZUM-RD 1998, 8, 10 – Berliner Ensemble; Wandtke/Bullinger/*Wandtke* § 43 UrhG Rn 44 f; § 44 Rn 6; *Wandtke/Fischer/Reich* Rn 144 (334); s auch *Kurz* Kap 13 Rn 67.

größer besetztes Instrumentalensemble, das dadurch gekennzeichnet ist, dass zumindest einzelne Stimmen mehrfach („chorisch") besetzt sind. Unter einem **Chor** wird in der Musik eine Gemeinschaft von Singenden verstanden, in der ebenfalls jede Stimme mehrfach vorhanden ist.

70 Auch Dirigenten, Orchester- und Chormitglieder sind Leistungsschutzberechtigte, da sie künstlerisch Einfluss auf die Darbietung nehmen können.[164] Dem Dirigenten kann im Einzelfall ein Urheberrecht zuerkannt werden, sofern er ausreichend eigenschöpferisch tätig wird, zB wenn er ein Musikstück abweichend von der Partitur von den Orchestermusikern nach seinen eigenen Vorstellungen umsetzen lässt. Bei der Bestimmung der Urheberrechtsschutzfähigkeit hilft ein Vergleich mit dem Regisseur, der ein fremdes Sprachwerk aufführen lässt.[165]

VII. Dramaturg, Intendant, Theaterleiter

71 **Dramaturgen** sind musik- und literaturkritisch tätig. Sie sind an der Entwicklung von Spielplanentwürfen und Spielvorlagen beteiligt. Sie beraten die Regie bei der Umsetzung der Bühnenstücke. Darüber hinaus beschäftigen sie sich mit der Presse- und Öffentlichkeitsarbeit. **Intendanten** (Theaterdirektoren) sind gesamtverantwortliche Geschäftsführer und künstlerische Leiter eines Festspielhauses, eines Theaters, eines Opernhauses oder eines Festivals. Sie sind vom **Theaterleiter** zu unterscheiden, der eigenverantwortlich eine Bühne führt und diese oft zugleich gepachtet hat oder besitzt.

72 Dem Dramaturgen kann ein Bearbeiterurheberecht an der Spielvorlage und ein Urheberrecht am Regie- und Inszenierungskonzept zustehen, sofern er als **Literatur-Sachverständiger** in ausreichendem Maße in die Inszenierungsarbeit involviert ist.[166] Dies ist in der heutigen Zeit aber immer weniger der Fall, denn der Dramaturg ist mehr mit Publikationen, wie Jahres-, Monats- und Programmheften, beschäftigt. So kann er für das von ihm gestaltete **Theaterprogrammheft** Urheberrechtsschutz erlangen, wenn dieses als Sammelwerk bspw literarische Texte zusammenfasst, um dem Besucher Material zur Theateraufführung an die Hand zu geben.[167] Wirkt der Intendant oder der Theaterleiter an der Erstellung des Programmhefts inhaltlich mit, ist seine Miturheberschaft zu prüfen. Der Urheber des Programmhefts muss zur Schaffung seines Sammelwerkes die Einwilligung des jeweiligen Urhebers von Texten und Bildern einholen, die er für sein Heft verwenden möchte, zB Texte, Übersetzungen, Szenenfotos. Will wiederum eine andere Bühne das Programmheft für sich nutzbar machen, muss sich diese die Nutzungsrechte von dem Urheber des Programmhefts und etwaigen ausschließlichen Nutzungsberechtigten, zB einem Verlag im Hinblick auf das Vervielfältigungsrecht, einräumen lassen sowie uU von den ursprünglichen Urhebern (vgl §§ 10 Abs 2, 31 Abs 3 UrhG).[168]

73 Es ist denkbar, dass dem Dramaturgen und Intendanten bzw Theaterleiter an weiterem Werbematerial, wie Prospekten, Spielplänen und Plakaten ein Urheberrecht zusteht. **Theaterzettel**, auf denen der Name des Theaters, das Datum der Aufführung, der Titel des Vorgeführten sowie die Namen der Darsteller und der Urheber eines Theaterabends aufgeführt werden, stellen im Regelfall keine urheberrechtsschutzfähi-

---

164 BGH GRUR 1983, 22, 24 – Tonmeister; KG UFITA 91 (1981), 224, 226; *Schack* Rn 663.
165 S Rn 47 ff.
166 *Kuhn* 149 ff.
167 *Rehbinder* UFITA 67 (1973), 31, 34 f; s auch RGZ 121, 357, 358 f zur Werkeigenschaft von Sammlungen.
168 *Rehbinder* UFITA 67 (1973), 31, 36 ff.

gen Werke dar.[169] Nicht ausgeschlossen ist ein Urheberrechtsschutz im Einzelfall, wenn es sich um „eine originelle – etwa poetische oder witzige – Art der Darstellung“[170] handelt.

VIII. Tonmeister, Beleuchter, Lichtgestalter

Bei Theaterveranstaltungen ist der **Tonmeister** verantwortlich für die Musik-, Sprach-, und Videoübertragung, dh die Realisierung einer hochwertigen Beschallung und die akustische Umsetzung von Regiekonzepten. Häufig ist er auch zuständig für die Gerätewartung und -installation bis hin zur Überprüfung und Umsetzung der jeweils geltenden Sicherheitsrichtlinien. Tonmeister benötigen neben technischen Kenntnissen besonders umfassende musikalische Kenntnisse und Fähigkeiten und dienen als Vermittler zwischen künstlerischem Anspruch und technischer Umsetzung von Klang. 74

Beleuchter sind beim Theater für die Einrichtung, Bedienung und Wartung der lichttechnischen Anlagen und Geräte zuständig. Hierzu gehören insb Scheinwerfer, mit denen bestimmte Beleuchtungssituationen und Lichtstimmungen erzeugt werden können. Der Beleuchter ist von einem **Lichtgestalter** bzw **Lighting Designer** zu unterscheiden. Ersterer ist eher handwerklich ausgebildet. Lichtgestaltung ist heute ein fester Bestandteil vieler Inszenierungen und erfordert eine künstlerische Interpretation, weshalb hier ein Leistungsschutzrecht anzuerkennen ist, sofern „das Licht die Darbietung der Interpreten beherrscht“.[171] 75

Beim Tonmeister und Beleuchter wird man im Einzelfall genau zu prüfen haben, ob sie bei der Aufführung wirklich künstlerisch und nicht nur technisch mitwirken, wie für den Fall, dass der Tonmeister „mit dem Dirigenten die eigentliche Interpretation des Werkes abspricht und klärt, welche Instrumente an welcher Stelle hervorgehoben werden sollen, welche Lautstärken oder Tempi für die eine oder andere Stelle angemessen sind, und schließlich auch andere, die spätere Aufführung betreffende Anregungen gibt“ oder wenn er vom Komponisten angehalten ist, auf elektro-akustischem Weg Klänge zu erfinden und zu produzieren, um so Einfluss auf den Interpretationsprozess zu nehmen.[172] 76

---

169 RGZ 66, 227, 230; s auch RGSt 39, 282, 283 f; *Rehbinder* Rn 166; *ders* UFITA 67 (1973), 31, 40 ff.

170 RGSt 39, 282, 284.

171 *Kuhn* 122, s auch 119 ff zum Urheberrechtsschutz für Licht-Designer.

172 BGH GRUR 1983, 22, 25 – Tonmeister; OLG Hamburg GRUR 1976, 708, 710 – Staatstheater; OLG Hamburg ZUM 1995, 52, 57; Wandtke/Bullinger/*Büscher* § 73 UrhG Rn 16, 18; *Schack* Rn 674, 676; *Wandtke/Fischer/Reich* Rn 164 (382); *Wandtke* ZUM 2004, 505, 506; weitergehend Loewenheim/*Vogel* § 38 Rn 57; *Hubmann* GRUR 1984, 620, 625 f; ebenso *Rehbinder* Rn 787 f, der den Tonmeister mit Hinweis auf die neuen Produktionstechniken (Audio-Desinger) als ausübenden Künstler sieht und dem Beleuchter die Eigenschaften eines ausübenden Künstlers abspricht; s auch *Dünnwald/Gerlach* § 73 Rn 32, der wenn überhaupt, ein Urheberrecht für Lichtdesigner und Tongestalter anerkennt; *Dünnwald/Gerlach* § 73 Rn 37, der Tonmeister und Toningenieur nicht als ausübende Künstler ansieht.

§ 5
Urheber- und Leistungsschutzrechte der Akteure

I. Rechtseinräumung

77 Der folgende Abschnitt ist den zur Durchführung der Theateraufführung erforderlichen Rechten und ihren jeweiligen Inhabern gewidmet. Im Konkreten werden die betroffenen Urheberpersönlichkeitsrechte und die Rechte, welche die Werkverwertung in körperlicher und unkörperlicher Form im Rahmen der Theateraufführung erlauben, dargestellt. Besondere Berücksichtigung finden dabei die Rechte zur Fernseh- und Rundfunkaufzeichnung sowie zur Werbung im Theaterbereich.

78 Im Regelfall treffen die Mitwirkenden untereinander keine vertraglichen Abreden, sondern jeweils nur mit dem Theater. Vertraglich geregelt ist regelmäßig aber die **Gesamtverantwortung des Regisseurs** für die Aufführung. Um die Einzelwerke miteinander zur **rechtlichen Einheit „Bühnenwerk"** zu verbinden, muss das Theater für die Theaterproduktion nicht nur das Aufführungsrecht vom Autor des aufzuführenden Sprachwerks und das Recht zur Nutzung der Inszenierung vom Regisseur erlangen, sondern auch die Rechte der anderen Mitwirkenden. Der Autor des aufzuführenden Sprachwerks hat dabei die gewichtigste Stellung, denn ohne seine Einwilligung ist eine bühnenmäßige Darstellung nicht machbar (vgl § 23 UrhG). Die **Vertragsgestaltung** hängt davon ab, ob der Urheber bzw der Leistungsschutzberechtigte selbstständig oder unselbstständig für das Theater tätig wird. Im ersten Fall besteht mit dem Theater eine werkvertragliche Absprache. Im letzteren Fall wir es sich um einen Dienst- oder Arbeitsvertrag handeln, der die (stillschweigende) Überlassung der Nutzungsrechte an im Rahmen des Anstellungsverhältnisses geschaffenen Werken regelt. Das Urheber- und Leistungsschutzrecht entsteht zwar unabhängig von der jeweiligen rechtlichen Verbindung zum Theater, allerdings hat diese Einfluss auf die Form der Rechteübertragung. In diesem Zusammenhang ist auch § 8 NV Bühne AT zu beachten.

II. Urheber- und Künstlerpersönlichkeitsrechte

1. Erstveröffentlichung und Erstmitteilung bei Bühnenwerken

79 Bei der Theateraufführung ist eigentlich immer das Veröffentlichungsrecht (§ 12 UrhG) der mitwirkenden Urheber relevant und bedarf deshalb einer vertraglichen Regelung mit dem Theater, denn Ziel ist die Veröffentlichung in Form der bühnenmäßigen Darbietung.[173] Ganz deutlich wird dies bei der Uraufführung. In der Praxis räumt ein Bühnenverlag mehreren Theatern das Aufführungsrecht ein, aber nur einem von ihnen das Uraufführungsrecht.[174] Nicht betroffen ist das Veröffentlichungsrecht dagegen, wenn das Bühnenwerk schon lange vor seiner bühnenmäßigen Aufführung in Buchform erschienen ist.

80 § 12 Abs 1 UrhG gewährt dem Urheber das Recht über die Erstveröffentlichung seines Werkes zu bestimmen. Er darf darüber entscheiden, ob und wann sein Werk veröffentlicht wird, um im Rechtsverkehr wirtschaftlich verwertet zu werden, und vor allem in welcher Form dies geschieht.[175] Sofern keine speziellen Abreden getroffen

---

173 Ausf zum Veröffentlichungsrecht Wandtke/ C *Dietz* 3. Kap Rn 14 ff.
174 *Rehbinder* Rn 397.
175 KG NJW 1995, 3392, 3394 – Botho Strauß; KG GRUR-RR 2008, 188 – Günter-Grass-Briefe.

sind, wird das Ob, Wann und Wie maßgebend von den Produktionsbedingungen bestimmt.[176] Der Urheber soll davor bewahrt werden, dass ein nicht für die Öffentlichkeit bestimmtes oder unfertiges Werk an die Öffentlichkeit gelangt. Das Verbotsrecht erfasst ausschließlich die **Erstveröffentlichung**, nicht aber eine spätere, unberechtigte Veröffentlichung.[177] Allerdings kann der Urheber sich gegen Letztere gem §§ 97, 15 ff UrhG wegen Verletzung seiner Verwertungsrechte wehren; sein Recht aus § 12 Abs 1 UrhG ist dann bereits „verbraucht".[178] § 12 Abs 1 UrhG bietet zudem keinen Schutz gegen die unerwünschte Art und Weise weiterer Veröffentlichungen. Der Urheber kann durch die Einräumung von Nutzungsrechten nachfolgende Veröffentlichungen seines Werks beeinflussen.

Der Verzicht auf das bzw die Übertragung des Veröffentlichungsrechts ist – wie im **81**
Übrigen auch bei den anderen Urheberpersönlichkeitsrechten – nicht möglich. Dieser Grundsatz ist § 29 Abs 1 UrhG zu entnehmen und folgt ebenso aus der persönlichkeitsrechtlichen Natur des Rechts.[179] Allerdings kann die Ausübung des Rechts einer anderen Person übertragen werden. Die Ausübung des Veröffentlichungsrechts vollzieht sich in der Praxis meist nicht ausdrücklich, sondern durch die (vorbehaltslose) Einräumung von Verwertungsrechten, welche eine Veröffentlichung zwingend erfordern. Ist die Rechtsausübung unklar oder zweifelhaft, muss auf die Zweckübertragungslehre zurückgegriffen werden.[180] Durch die Einräumung des Aufführungsrechts durch den Autor oder Komponisten erlangt das Theater im Regelfall das Recht zur Ausübung des Veröffentlichungsrechts. Weiter ist davon auszugehen, dass ein Regisseur durch die Übernahme der Inszenierung stillschweigend der öffentlichen Aufführung des durch ihn bearbeiteten Bühnenwerks bzw seines Inszenierungwerks zustimmt.[181]

§ 12 Abs 2 UrhG gewährt dem Urheber ein **Recht auf Erstmitteilung**. Dieses steht **82**
selbstständig neben dem Veröffentlichungsrecht und schützt den Urheber eines unveröffentlichten Werkes vor einer unerlaubten öffentlichen Inhaltsangabe oder Werkbeschreibung. Mit Hilfe des Rechts kann sich der Regisseur bspw gegen die Übernahme der Inszenierungskonzeption in das Theaterprogrammheft oder in Theaterkritiken wehren.

Ein **Recht auf Erstveröffentlichung** steht den **ausübenden Künstlern** nicht zu. Dies **83**
lässt sich aber leicht erklären: Sie sind es, die fremde Werke (zum ersten Mal) bühnenmäßig aufführen. Ihre Darbietung ist an den Willen zur Veröffentlichung der Urheber von Bühnenwerken gebunden.

---

176 *Wandtke/Fischer/Reich* Rn 87 (179).

177 OLG Zweibrücken GRUR 1997, 363, 364 – Jüdische Friedhöfe; OLG München NJW-RR 1997, 493, 494 – Ausgleich Nichtvermögensschaden; OLG Köln GRUR-RR 2005, 337 – Dokumentarfilm Massaker; Dreier/Schulze/*Schulze* § 12 UrhG Rn 6; Fromm/Nordemann/*Dustmann* § 12 UrhG Rn 9; Schricker/Loewenheim/*Dietz* § 12 UrhG Rn 7; Wandtke/Bullinger/*Bullinger* § 12 UrhG Rn 9; *Schack* Rn 366; aA Möhring/Nicolini/*Kroitzsch* § 12 UrhG Rn 2 und *v Gramm* § 12 Rn 7, die davon ausgehen, dass das Veröffentlichungsrecht nur für eine bestimmte Art und Weise der Veröffentlichung verbraucht wird und daher für andere Veröffentlichungsformen weiterbesteht; *Kurz* Kap 13 Rn 51.

178 OLG München NJW-RR 1997, 493, 494 – Ausgleich Nichtvermögensschaden.

179 Möhring/Nicolini/*Kroitzsch* § 11 UrhG Rn 13 f; Schricker/Loewenheim/*Dietz* Vor §§ 12 ff UrhG Rn 26. S auch Wandtke/*C Dietz* 3. Kap Rn 6.

180 BGH GRUR 1955, 201, 203 – Cosima Wagner; BGH GRUR 1977, 551, 554 – Textdichtersammlung; LG Leipzig ZUM 2006, 893, 894 – Glockenzier.

181 Vgl BGH GRUR 1955, 201, 205 – Cosima Wagner.

2. Anerkennung und Namensnennung bei Bühnenwerken

84 Alle mitwirkenden Urheber haben ein Recht auf Anerkennung der Urheberschaft nach § 13 UrhG, dh sie können sich auf ihre Urheberschaft berufen und darüber bestimmen ob und wie ihre Werke mit einer **Urheberbezeichnung** zu versehen sind.[182] Das Recht umfasst sowohl die körperliche als auch die unkörperliche Wiedergabe ebenso wie die Vervielfältigungsstücke des Werkes.[183] Allein dem Urheber als **natürlicher Person** und seinen Rechtsnachfolgern steht dieses Recht zu.[184] Das Theater als Unternehmen kann aus § 13 S 1 UrhG für sich kein Nennungsrecht ableiten. Dieses muss seine Namensnennung vertraglich vereinbaren. Die beteiligten Urheber dagegen können die Nennung ihres Namens in einer bestimmten Form verlangen oder aber diese gerade untersagen, wenn sie nicht in Zusammenhang mit dem Werk gebracht werden wollen, zB wenn die Inszenierung von einem neuen Regisseur übernommen wird, weil sich das Theater mit dem Vorgänger verworfen hat. Der Urheber verliert sein unverzichtbares Recht auf Anerkennung der Urheberschaft nicht durch eine **Nutzungsrechtseinräumung.**

85 Bei Bearbeitungen behält der Originalurheber sein Recht auf Anerkennung der Urheberschaft und ist als Urheber des bearbeiteten Werkes zu nennen, bspw der Autor des aufzuführenden Sprachwerks.[185] Daneben steht dem Bearbeiter, im Umfeld des Theaters also insb dem Regisseur, sofern er eine urheberrechtlich schutzfähige Leistung erbracht hat, ein eigenes **Recht auf Anerkenng der Berarbeiterurheberschaft** zu.

86 § 39 Abs 1 UrhG erlaubt dem Urheber (Autor, Regisseur, Dirigent) und dem Inhaber des Nutzungsrechts (Theater, Bühnenverlag) **Vereinbarungen über die Urheberbezeichnung.** Üblich sind Vereinbarungen über eine bestimmte Reihenfolge der Namensnennung der Urheber von Bühnenwerken.[186] Ändert der Nutzungsrechtsinhaber die Urheberbezeichnung ohne Zustimmung des Urhebers, kann er sich nicht auf Treu und Glauben berufen (vgl § 39 Abs 2 UrhG). Darüber hinaus ist es dem Urheber gestattet mit dem Werknutzer ausdrücklich oder stillschweigend zu vereinbaren, dass sein Werk im Rahmen einer konkreten Werknutzung ohne die Nennung seines Namens der Öffentlichkeit zugänglich gemacht wird.[187] Dies resultiert aus § 13 S 2 Alt 1 UrhG. An Vereinbarungen über den Entfall oder die Änderung der Urheberrechtsbezeichnung sind jedoch strenge Anforderungen zu stellen.[188] Eine stillschweigende vertragliche Abbedingung der Urheberbezeichnung kann sich ua aus **Verkehrsgewohnheiten** und einer bestimmten **Branchenübung** ergeben.[189] Entsprechend der Zweckübertragungslehre ist im Zweifel von einem Recht auf Namensnennung auszugehen.[190]

---

182 So auch *Schack* Rn 374; s zudem OLG Brandenburg GRUR-RR 2009, 413, 414 – MFM-Bildhonorartabellen; LG Köln UFITA 18 (1954), 374,380 (Nichterwähnung des Bühnenbildners bei Wiedergabe des Bühnenbildes in Festschrift); LG München GRUR-RR 2009, 92, 94 – Foto von Computertastatur. Ausf zum Recht auf Anerkennung der Urheberschaft Wandtke/*C Dietz* 3. Kap Rn 27 f.

183 BGH GRUR 1995, 671, 672 – Namensnennungsrecht des Architekten.

184 LG Berlin GRUR 1990, 270 – Satellitenfoto.

185 BGH GRUR 1963, 40, 42 – Straßen – gestern und morgen; BGH GRUR 2002, 799 – Stadtbahnfahrzeug.

186 *Wandtke/Fischer/Reich* Rn 88 (182).

187 OLG Hamm GRUR 1967, 260, 261 – Irene von Velden.

188 OLG Hamm ZUM-RD 2008, 8, 15 – Hotelsoftware; *Czychowski/Nordemann* GRUR-RR 2010, 177, 179.

189 BGH GRUR 1995, 671 – Namensnennungsrecht des Architekten; OLG München GRUR-RR 2004, 33, 34 – Pumuckel-Illustrationen; krit Wandtke/Bullinger/*Büscher* § 74 Rn 19.

190 OLG München GRUR 1969, 146 f – Bundeswehrplakat.

Besteht keine vertragliche Abrede zwischen dem Urheber und dem Theater, richtet sich die Form und die Ausgestaltung der Urheberbezeichnung nach den üblichen **Gepflogenheiten des Rechtsverkehrs.**[191] Im Theterbereich ist es üblich, den Namen der Autoren und Komponisten von Bühnenwerken im Rahmen der Öffentlichkeitsarbeit und Werbung zu verwenden, so auf Aushängen, Plakaten und in Programmheften; Bühnen- und Kostümbildner signieren meist ihr Originalwerk der bildenden Künste.[192] **87**

Dem **ausübenden Künstler** steht ein **Recht auf Anerkennung und Namensnennung** im gleichem Umfang wie dem Urheber zu. Insofern kann ergänzend auf die obigen Ausführungen verweisen werden. Der ausübende Künstler hat gem § 74 Abs 1 UrhG das Recht, in Bezug auf seine Darbietung als solcher anerkannt zu werden. Dies ermöglicht bspw einem Sänger, sich gegen den Vorwurf zu wehren, er habe die Oper nicht selbst gesungen, sondern diese sei als Playback gelaufen. Zudem kann der ausübende Künstler bestimmen, ob und mit welchem Namen er genannt wird. Dem Anspruch auf Namensnennung wird üblicherweise durch die Nennung im **Programmheft** oder auf **Plakaten**, sowie durch Angabe des Namens auf dem **CD-Cover/Booklett** oder im **Vor- oder Abspann einer Fernsehsendung** sowie durch mündliche **Ansage im Radio** genüge getan. **88**

Haben mehrere ausübende Künstler gemeinsam eine Darbietung erbracht und erfordert die Nennung jedes einzelnen von ihnen einen unverhältnismäßigen Aufwand, bspw beim Chor oder Orchester, können sie nur verlangen, als **Künstlergruppe** genannt zu werden, es sei denn ein Künstler kann ein **besonderes Interesse** an der Nennung seines Namens darlegen (§ 74 Abs 2 S 1, 4 UrhG). Die Geltendmachtung des Rechts obliegt in diesen Fällen dem Vorstand, Leiter (Dirigent, Chorleiter, Ballettmeister) oder mehrheitlich gewählten Vertreter der Gruppe (§ 74 Abs 2 S 2, 3 UrhG).[193] So wird in den Programmheften und auf Plakaten sowie allgemein in der Werbung für das Stück zumindest bzgl der **Hauptdarsteller** und Schauspieler mit „großen und gewichtigen Rollen“ ein besonders Interesse an der Namensnennung bejaht werden müssen.[194] Entscheidend ist, ob die Einzelleistung im konkreten Fall in der Gesamtleistung des Ensembles aufgeht, oder sich in irgendeiner Weise erkennbar von den anderen Leistungen abhebt, was bei **Regisseuren, Solisten** und **Dirigenten** der Fall sein dürfte.[195] Allerdings haben die Hauptdarsteller ohne ausdrückliche Vereinbarung keinen Anspruch auf Nennung an erster Stelle; diesbezüglich gibt es keinen Bühnenbrauch.[196] Dabei kann der ausübende Künstler auch die Nennung seines Namens verweigern, wenn er nicht mit der Darbietung in Zusammenhang gebracht werden will. **89**

Im Bezug auf **Filmwerke** ist die Nennung der ausübenden Künstler nicht erforderlich, wenn sie einen unverhältnismäßigen Aufwand bedeutet (§ 93 Abs 2 UrhG). Über die Verweisung in § 79 Abs 2 S 2 UrhG findet § 39 UrhG entsprechende Anwendung. In § 76 UrhG ist die Schutzdauer geregelt. **90**

191 BGH GRUR 1995, 671, 672 – Namensnennungsrecht des Architekten; BGH GRUR 2007, 691, 693 – Staatsgeschenk; LG München I ZUM-RD 2009, 116, 117 – Pumuckel.

192 *Wandtke/Fischer/Reich* Rn 88 (181).

193 Vgl BGH GRUR 1960, 614 – Figaros Hochzeit; BGH GRUR1960, 630 f – Orchester Graunke; BGH GRUR 2005, 502, 504 – Götterdämmerung.

194 BOSchG UFITA 4 (1931), 554 f (Theaterzettel); so auch *Kurz* Kap 13 Rn 116.

195 Wandtke/Bullinger/*Büscher* § 75 UrhG Rn 29.

196 *Kurz* Kap 13 Rn 116.

3. Änderungen an Bühnenwerken

91 a) **Werktreue.** In der Vergangenheit mussten die Schöpfer von Bühnenwerken teils umfangreiche Änderungen ihrer Werke durch die Regie und das Theater aufgrund der etatmäßigen Schwierigkeiten der Ausstattung, der wechselnden räumlichen Verhältnisse und des künstlerischen Personals hinnehmen. In diesem Zusammenhang wurde immer wieder die Frage der **Werktreue** der Inszenierung aufgeworfen. Allerdings hilft dieser Begriff bei der rechtlichen Bewertung von Änderungen am inszenierten Werk wenig weiter.[197] Dies wird schon offenbar, wenn man sich vor Augen hält, dass die Druckausgaben von angeblichen Originalfassungen stark variieren können; meist handelt es sich bereits um Bearbeitungen.[198] Allgemein anerkannt ist, dass ältere Theaterstücke den Bedürfnissen der Gegenwart angepasst werden müssen, um noch die beabsichtigte Wirkung zu erzielen. Dazu meinte schon Goethe in einem Brief an Georg Sartorius im Jahr 1811: „Beym Theater kommt freylich alles auf eine frische unmittelbare Wirkung an. (...) Dießmal aber haben wir ein Stück, das vor nahe 200 Jahren, unter ganz anderm Himmelsstriche für ein ganz anders gebildetes Volk geschrieben ward, so frisch wiedergegeben, als wenn es eben aus der Pfanne käme."

92 Verbindliche Vorgaben bzgl der zulässigen Bearbeitung und Aktualisierung von Theaterstücken sind nicht möglich, müssten sie sich doch nach dem Willen des Autors richten und dieser ist Jahrhunderte später nur schwer erfassbar:[199] Was ist die „richtige" Werkinterpretation, insb, wenn der Autor womöglich nicht nur eine Interpretation beabsichtigt hat? In rechtlicher Hinsicht geht es schlicht um die **dreistufige Prüfung** der Tatbestandsvoraussetzungen der §§ 14, 39 UrhG; denn es ist das urheberrechtliche Änderungsverbot betroffen: (1) Liegt eine Entstellung oder Beeinträchtigung vor? (2) Ist diese geeignet, die berechtigten Interessen des Autors zu gefährden? (3) Ist die Änderung unter Abwägung der widerstreitenden Interessen unzulässig bzw zulässig?[200]

93 b) **Allgemeines Änderungsverbot.** § 14 UrhG ist die zentrale änderungsrechtliche Vorschrift; sie enthält ein **grundlegendes Änderungsverbot** und untersagt Entstellungen und andere Beeinträchtigungen.[201] Mit Hilfe des Verbietungsrechts aus § 14 UrhG kann sich der Urheber vor verfälschenden und entstellenden Eingriffen in sein Werk schützen. Die Vorschrift schützt nicht die Integrität des Werkes als solches, sondern das geistige und persönliche Interesse des Urhebers an der Integrität seines Werkes. Der Urheber will darüber bestimmen können, in welcher Gestalt sein Werk der Öffentlichkeit präsentiert wird.[202] Unter einer **Beeinträchtigung** wird jede Veränderung des ästhetischen Gesamteindrucks des Werkes verstanden. Das Werk muss in seiner Wirkung gehemmt, behindert, eingeschränkt oder geschmälert werden. Dabei braucht es sich nicht um eine nachteilige Veränderung zu handeln.[203] Denn das Änderungsverbot schützt das Interesse des Urhebers, dass sein Werk der Nachwelt so erhal-

---

197 Zu Recht den Begriff der „Werktreue" als konturlos, emotional besetzt und schlagwortartig ablehnend *Grunert* 95; in diesem Sinne auch *Wandtke/Fischer/Reich* Rn 90 (186); *Schmieder* NJW 1990, 1945, 1947; *Erdmann* FS Nirk, 209, 211; *Raschèr* 66, 77; *v Foerster* 45.

198 *Raschèr* UFITA 117 (1991), 21, 25 f.

199 *Raschèr* UFITA 117 (1991), 26 f.

200 Ausf zur dreistufigen Prüfung Wandtke/*C Dietz* 3. Kap Rn 49 ff.

201 Die Rspr sieht dagegen das allgemeine Änderungsverbot im Wesen und Inhalt des Urheberrechts begründet, vgl zB BGH GRUR 1971, 35, 37 – Maske in Blau; BGH GRUR 1974, 675, 676 – Schulerweiterung; BGH GRUR 1982, 107, 109 – Kirchen-Innenraumgestaltung; BGH GRUR 2008, 984, 986 – St Gottfried.

202 BGH GRUR 1971, 35, 37 – Maske in Blau; BGH GRUR 1999, 230, 231 – Treppenhausgestaltung.

203 BGH GRUR 1989, 106, 107 – Oberammergauer Passionsspiele II; OLG Köln GRUR-RR 2010, 182, 184 – Pferdeskulptur.

ten bleibt, wie er es geschaffen hat. Die Beeinträchtigung erfasst als Oberbegriff auch die Entstellung.[204] Die **Entstellung** ist ein besonders schwerer Fall der Beeinträchtigung und liegt vor, wenn die Wesenszüge des Werkes verzerrt, verstümmelt oder verfälscht werden.[205] Eine Beeinträchtigung ist immer dann gegeben, wenn ein verfälschender Eingriff nicht den Grad einer Entstellung erreicht. Werke können in vielfältiger Weise entstellt und beeinträchtigt werden, bspw durch Übermalen oder Zerteilen, Veränderung der Form oder des Formats, Kürzungen[206] und Hinzufügungen.[207] Aber ebenso durch Veränderungen des Kontexts. Werden die Werke deshalb nicht nur für die Theateraufführung, sondern in Programmheften oder im Fernsehen, zB in der Werbung verwendet, liegt darin grundsätzlich eine Beeinträchtigung.[208]

Bestimmte Änderungen der Werke sind im Rahmen der Nutzung unabwendbar. **94** Dies erkennt auch § 39 UrhG an. Der im Rahmen der Interessenabwägung des § 14 UrhG relevant wird. Nach § 39 Abs 2 UrhG sind dem Nutzungsrechtsinhaber Änderungen gestattet, denen der Urheber nach Treu und Glauben zustimmen müsste. Im Regelfall ist das Theater Inhaber des Aufführungsrechts sowohl am Sprach- und Musikwerk des aufzuführenden Werkes als auch am Inszenierungswerk des Regisseurs. Durch die Einräumung dieses Rechts ist dem Urheber bekannt, dass sich durch die bühnenmäßige Darstellungen Änderungsbedürfnisse ergeben können. Fraglich ist, wie weit Änderungen ohne Einwilligung vorgenommen werden können.

§ 39 Abs 1 UrhG gibt darüber hinaus die Möglichkeit, Änderungen zu vereinbaren. **95** **Änderungsvereinbarungen** sollen grundsätzlich so bestimmt sein, dass der Urheber im Zeitpunkt der Gestattung im Großen und Ganze erkennen kann, in welcher Gestalt sein Werk in der veränderten Form an die Öffentlichkeit gelangen wird.[209] Je intensiver der Eingriff in das Originalwerk, umso konkreter sollte die Einwilligung gefasst sein.[210] Dies kann ausdrücklich oder stillschweigend geschehen. In der Praxis wird sich die genaue Unterscheidung zwischen einer stillschweigenden Einräumung und einer nach Treu und Glauben erlaubten Änderungsbefugnis im Regelfall dann erübrigen, wenn sie von § 39 Abs 1 UrhG gedeckt ist.

c) Änderungen an einzelnen Bühnenwerken. aa) Sprachwerk. Problematisch ist, **96** dass jede Inszenierung zwangsläufig eine Interpretation des Sprach- und Musikwerkes durch den Regisseur und die mitwirkenden Darsteller voraussetzt. Eine nach § 14 UrhG relevante Änderung, die das Erfordernis einer Einwilligung nach § 39 Abs 1 UrhG hervorruft, liegt deshalb erst dann vor, wenn sie die **Tendenz des Werkes** oder dessen **Charakter tiefgreifend verändert.**[211] Dies ist eine Frage des Einzelfalls, wobei gilt: Je

---

204 OLG München ZUM 1996, 165, 166 – Dachgauben.

205 RGZ 79, 397, 401 – Felseneiland mit Sirenen: Übermalung; RGZ 102, 134, 141 f – Strindberg Übersetzung: Kürzung; BGH GRUR 1954, 80, 81 – Politische Horoskope: Streichungen; BGH GRUR 1971, 525 – Petite Jacqueline: Verstümmelung; BGH GRUR 1971, 35, 37 – Maske in Blau: Hinzufügungen; BGH NJW 2007, 772, 774, 775 – Klingelton; BGH GRUR Int 2009, 616, 618 – Klingeltöne für Mobiltelefone: Zweckentfremdung.

206 RGZ 102, 134, 141 f – Strindberg-Übersetzung; OLG Frankfurt GRUR 1989, 203, 205 – Wüstenflug.

207 BGH GRUR 1971, 35, 39 – Maske in Blau.

208 Vgl LG Düsseldorf ZUM 1986, 158, 159 – West Side Story.

209 OLG München GRUR 1986, 460, 463 – Die unendliche Geschichte; KG ZUM-RD 2005, 381, 385 – Die Weber.

210 S dazu Wandtke/Bullinger/*Grunert* § 39 UrhG Rn 11.

211 BGH GRUR 1971, 35, 37, 39 – Maske in Blau; OSchG Berlin UFITA 3 (1930), 330, 334 – Der Fall Dreyfus; KG UFITA 58 (1970), 285, 287 f; KG ZUM-RD 2005, 381, 383, 387 – Die Weber; Fromm/Nordemann/*Dustmann* § 14 UrhG Rn 39; Möhring/Nicolini/*Spautz* § 39 UrhG Rn 13; Wandtke/Bullinger/*Bullinger* § 14

origineller die Schöpfung und größer die künstlerische Qualität des Sprachwerkes, je stärker dessen Aussagekraft und intendierte Botschaft, desto geringer die Änderungsfreiheit des Regisseurs.[212] Weiter ist zu beachten, dass den Urheberinteressen Jahre oder Jahrzehnte nach dem Tod des Urhebers nicht notwendig dasselbe Gewicht beizumessen ist.[213] Die Interessen des Theaters und des Regisseurs werden mit zunehmendem Abstand zum Tod des Autors mehr Gewicht und Raum für inszenatorische Freiheiten erlangen.

97 Welche Änderungen dann nach Treu und Glauben zulässig sind, wird sich nicht ohne die Betrachtung des **Theaterbrauchs** bestimmen lassen.[214] Hinzu kommt, dass im Regelfall das Theater Nutzungsrechtsinhaber ist und (über einen Bühnenverlag) vertragliche Beziehungen zum Autor unterhält, der ihm das Aufführungsrecht und bestimmte **Änderungsbefugnisse** vorab einräumt.[215] Der Regisseur ist aus dem Vertragsverhältnis mit dem Theater verpflichtet, dessen Verpflichtungen gegenüber Autor und Verlag zu respektieren.[216] Er ist Erfüllungsgehilfe des Theaters, so dass diesem ein mögliches Verschulden zuzurechnen ist.[217] Das Änderungsrecht hat seine Grenze in der Hinzufügung komplett neuer, umfangreicher Texte ohne inhaltlichen Bezug zu der im Original erzählten Geschichte.[218] Bei der vorzunehmenden Interessenabwägung kommt es somit neben den Interessen des Autors und des Regisseurs, der den Gestaltungsspielraum des Theaters wahrnimmt und Kunstfreiheit hat, auf die Interessen des Theaters an.[219] Weiter muss im Auge behalten werden, dass das Theater wesentliche Änderungsbefugnisse von Anfang an kennt und um das Erfordernis der Einwilligung des Autors in Änderungen weiß.[220] Nimmt es folglich unautorisierte Änderungen vor, liegt eine Verletzung des Urheberpersönlichkeitsrechts nahe.

98 Der Autor muss **unwesentliche Streichungen** (kleinerer Rollen) oder Hinzufügungen, Sprachglättungen oder **kleine Umstellungen** hinnehmen.[221] Denn die Theaterpraxis muss gewisse Änderungen und Anpassungen an der Werkfassung des Autors vornehmen, die von dem Zustand des jeweiligen Theaters – wie Raum, Personal, Ausstattung – abhängen.[222] Der Autor kann seine Zustimmung insofern nicht versagen kann.[223] **Hinzufügungen** bedürfen einer intensiveren Prüfung, da sie die Gefahr der unerlaubten Werkverfälschung in besondere Maße hervorrufen.[224] Bspw braucht „[d]er

---

UrhG Rn 58; Rehbinder ZUM 1996, 613, 615; *Schack* GRUR 1983, 555, 556; *Rogger* 242.

212 *Krüger-Nieland* UFITA 64 (1972), 129, 141; *Rehbinder* ZUM 1996, 613, 616; *Schack* GRUR 1983, 555, 556.

213 BGH GRUR 1989, 106, 107 – Oberammergauer Passionsspiele II (zur stillschweigenden Änderungsbefugnis wegen Veränderung des Zeitgeschmacks); *A. Dietz* FuR 1976, 816, 825, 829; *Rehbinder* ZUM 1996, 613, 616; *Sattler* 63.

214 *Rogger* 231.

215 *Grunert* 136 f.

216 BoSchG Köln UFITA 75 (1976), 283; *Körner* 40.

217 S BGH GRUR 1971, 35, 39 – Maske in Blau; *Körner* 40; vgl auch KG UFITA 58 (1970), 285, 287 f: Dem Theater wird ein Verschulden des Verlags nicht zugerechnet.

218 KG ZUM-RD 2005, 381, 383 – Die Weber; Dreier/Schulze/*Schulze* § 39 Rn 21.

219 *Grunert* 138, ab 182 zur Interessenabwägung.

220 BGH GRUR 1971, 35, 38 – Maske in Blau; KG ZUM-RD 2005, 381, 384 – Die Weber; *A Dietz* FuR 1976, 816, 822; *Rehbinder* ZUM 1996, 613, 616; *Erdmann* FS Nirk, 209, 221.

221 OSchG Berlin UFITA 3 (1930), 330, 334 – Der Fall Dreyfus; *Krüger-Nieland* UFITA 64 (1972), 129, 141; *Schack* GRUR 1983, 555, 556.

222 BGH GRUR 1971, 35, 37 – Maske in Blau mit Anm *Ulmer*.

223 BGH GRUR 1971, 35, 37 – Maske in Blau mit Anm *Ulmer*; Dreier/Schulze/*Schulze* § 39 UrhG Rn 21; Möhring/Nicolini/*Spautz* § 39 UrhG Rn 13; Wandtke/Bullinger/*Bullinger* § 14 UrhG Rn 58; *Kurz* Kap 13 Rn 58; *Schmieder* NJW 1990, 1945, *Rogger* 229.

224 *Erdmann* FS Nirk, 209, 225.

Werkurheber (...) nicht zu dulden, daß ein Bühnenunternehmen das Werk lediglich zum Anlaß nimmt um durch Vornahme zahlreicher Änderungen in Gestalt von Kürzungen und Hinzufügungen Gelegenheit zur Anbringung von Regieeinfällen zu erhalten, so daß von Text und Musik des Werkes in der Aufführung nur noch ein mehr oder minder dürres Gerippe seinen Niederschlag findet, das von den Hinzufügungen überwuchert wird."[225] Ferner sind solche Änderungen zulässig, die eine Anpassung an den **Zeitgeschmack** mit sich bringen, vor allem bei Regieanweisungen; hier hat der Regisseur Modernisierungsspielraum.[226] Andernfalls wäre die Theaterproduktion zum (finanziellen) Scheitern verurteilt.

Nicht erlaubt ist die „eigenmächtige **Verfälschung der Charaktere** der Hauptfiguren, 99
die Streichung wesentlicher Musiknummern, die Einfügung mehrerer Musikstücke anderer Komponisten."[227] Der Urheber kann sich deshalb dagegen wehren, „daß sein Werk nur zum Anlaß genommen wird, um eine abschätzige Auffassung über die künstlerische Bedeutung dieses Werkes oder der Werkgattung, der es angehört, zum Ausdruck zu bringen, zumal wenn dies durch eine Verfälschung der Charaktere der Hauptfiguren und Musikeinlagen fremder Komponisten erreicht werden soll."[228]

Des Weiteren kann „[b]ei Änderungen von so einschneidender Bedeutung, die eine 100
Hauptperson des Stücks in ihrer Weltanschauung und ihrer politischen Stellungnahme plötzlich verwandelt erscheinen lassen", nicht mehr von einer nach § 39 Abs 2 UrhG zulässigen Modifikation des Ursprungswerks ausgegangen werden.[229] Bei der Besetzung einer Frauen- mit einer Männerrolle oder entgegen der Anweisung des Regisseurs mit einem Darsteller schwarzer statt weißer Hautfarbe ist genau zu prüfen, ob die Themen alle Menschen gleichermaßen betreffen können oder nicht; im ersten Fall handelt es sich um eine unschädliche Interpretation der Spielvorlage; außerdem ist immer die personelle Ausstattung des Theaters im Auge zu behalten.[230]

Gehen die Änderungen soweit, dass es sich defacto um eine **Neugestaltung** handelt 101
(zB bei der Parodie), ist eine Zustimmung nach § 24 UrhG nicht erforderlich.[231] Jedoch dürfte eine derartige Neuschöpfung im Regelfall mit der vertraglich vereinbarten Aufführungsverpflichtung des Theaters gegenüber dem Autor kollidieren. Bedeutung erlangt das Änderungsverbot ebenfalls bei der Erstellung von Programmheften im Hinblick auf die Übernahme von Teilen bereits erstellter Hefte als auch im Bezug auf die Originaltexte, Bilder und Musikstücke.[232]

bb) Bühnenbild und Kostüme. Änderungen am Bühnenbild oder **an den Kostümen**, 102
sofern diese Urheberrechtsschutz genießen, sind gleichfalls an §§ 14, 39 UrhG zu messen. Bei der Interessenabwägung dürfen die **wirtschaftlichen Verwertungsmöglichkeiten** Berücksichtigung finden.[233] Umstritten ist, ob die **Kritik** von Publikum und

---

225 BGH GRUR 1971, 35, 38 – Maske in Blau mit Anm *Ulmer*.
226 BGH GRUR 1971, 35 – Maske in Blau mit Anm *Ulmer*; KG ZUM-RD 2005, 381, 383 – Die Weber; *Erdmann* FS Nirk, 209, 222 f.
227 BGH GRUR 1971, 35 – Maske in Blau mit Anm *Ulmer*.
228 BGH GRUR 1971, 35, 38 – Maske in Blau mit Anm *Ulmer*.
229 OSchG Berlin UFITA 3 (1930), 330, 334 – Der Fall Dreyfus.
230 FuR 1974, 534 („Endstation Sehnsucht" von Tennesse Williams; Besetzung mit schwarzem Darsteller); FuR 1982, 492 f („Warten auf Godot" und „Endspiel" von Samuel Bekett; Besetzung mit Frauen); s auch *Wandtke/Fischer/Reich* Rn 89 f (184, 187); *Schmieder* NJW 1990, 1945, 1950 f; *Grunert* 250 f; *Körner* 54 ff; *Rogger* 238 f.
231 Vgl *Ulmer* GRUR 1971, 40, 41 (Anm).
232 *Rehbinder* UFITA 67 (1973), 31, 39; s auch Rn 72.
233 Vgl OLG Frankfurt aM GRUR 1976, 199, 202 – Götterdämmerung.

Presse in der Inszenierung umgesetzt werden darf.[234] Dem kann entgegengehalten werden, dass die künstlerische Leitung und Produktion schon vor der Premiere hätte Einfluss nehmen können. Das Direktionsrecht des Arbeitgebers eines angestellten Bühnenbildners deckt deshalb keine Änderungen des Bühnenbilds, die beim Publikum einen ganz anderen als den intendierten Eindruck hervorrufen.[235] Die Anpassung an den **Zeitgeschmack** ist erlaubt, sofern damit nicht die Grenze der Entstellung überschritten wird.[236] Die **Reparatur** von Schäden oder die **Erneuerung** bei langen Spielzeiten ist stets zulässig. Des Weiteren sind die gesetzlichen Vorgaben des Brandschutzes beachtliche Gründe für Änderungen.

103 Die weitere Benutzung von Einzelteilen als freie Benutzung ist ebenfalls gestattet. Handelt es sich bei den Einzelteilen aber um eigenständige Kunstwerke, sind diese weiterhin nur mit Zustimmung des Urhebers veränderbar bzw bearbeitbar. Ein Änderungs- und Bearbeitungsrecht an den Bühnenbildern kann zudem stillschweigend eingeräumt werden. So im Fall des Spielleiters der Oberammergauer Passionsspiele. „Da er sein Werk im übrigen aber ausschließlich und vorbehaltlos in den Dienst der Gemeinschaft der Dorfbewohner gestellt hatte, mußte er damit rechnen, daß spätere Generationen auch auf seinem Schaffen aufbauend die Bühnenbilder entsprechend gewandelten Vorstellungen abändern und weiterentwickeln werden."[237]

104 cc) **Inszenierungswerk. Änderungen am Inszenierungswerk** sind nach der Abnahme der Regieleistung durch die Generalprobe nur unter strengen Voraussetzungen zulässig.[238] Denn die Theaterleitung hatte hier bereits die Möglichkeit durch die Wahl eines bestimmen Regisseurs und die Überwachung des Entstehungsprozesses, Einfluss auf die Inszenierung zu nehmen und die Interessen des Ensembles zu vertreten (vgl § 75 S 2 UrhG). Auch kann sie den „Abschluss des Regievertrages von einem Änderungsvorbehalt abhängig machen."[239] Aus diesem Grund geht es in den Streitfällen meist um **Änderungen** seitens des Theaters **nach der Erstaufführung.** Die künstlerische Leistung des Regisseurs ist gegenüber den wirtschaftlichen, praktischen und künstlerischen Interessen des Theaters in der Regel schutzwürdig.[240]

105 Aus **Theaterkritiken** und der Reaktion der Zuschauer kann sich bei „misslungenen" Aufführungen das Bedürfnis einer Umbesetzung oder Kürzung bzw Streichung von Aufführungsteilen ergeben.[241] Allerdings nicht, wenn die Theaterleitung wegen der „drastischen Ausdrucksmittel" von Anfang an mit heftigen Kritiken und Kontro-

---

234 Schricker/Loewenheim/*Rojahn* § 43 UrhG Rn 87.

235 LAG Berlin UFITA 24 (1957), 134, 142 – Tod eines Handelsreisenden.

236 BGH GRUR 1986, 458, 459 – Oberammergauer Passionsspiele I; Dreyer/Kotthoff/Meckel/*Dreyer* § 14 UrhG Rn 68.

237 BGH GRUR 1986, 458, 459 – Oberammergauer Passionsspiele I; krit *Sack* JZ 1986, 1015, 1018 (Anm).

238 Fromm/Nordemann/*Dustmann* § 14 UrhG Rn 41; Wandtke/Bullinger/*Bullinger* § 14 UrhG Rn 58.

239 OLG Dresden ZUM 2000, 955, 958 – Csárdásfürstin mit Anm *Wündisch*; *Samson* GRUR 1976, 191, 192; s auch *Raschèr* 125.

240 OLG München NJW 1996, 1157, 1158 f – Iphigenie in Aulis; OLG Dresden ZUM 2000, 955, 958 – Csárdásfürstin mit Anm *Wündisch*; LG Leipzig ZUM 2000, 331, 334 – Csárdásfürstin; Wandtke/Bullinger/*Grunert* § 39 UrhG Rn 32; aA OLG Frankfurt aM GRUR 1976, 199, 202 – Götterdämmerung; Schricker/Loewenheim/*Dietz* § 39 UrhG Rn 21; Möhring/Nicolini/*Spautz* § 39 UrhG Rn 13.

241 OLG Frankfurt aM GRUR 1976, 199, 202 – Götterdämmerung; Dreier/Schulze/*Schulze* § 14 UrhG Rn 33; Fromm/Nordemann/*Dustmann* § 14 UrhG Rn 40; vgl *Rogger* 270, der der Ansicht ist in diesen Fällen müsse der Regisseur aufgrund seiner Treuepflicht gegenüber dem Theater Verbesserungsvorschläge machen.

versen gerechnet hat und deshalb angesichts der **Vorhersehbarkeit** der Risiken, „die angeblich drohende wirtschaftliche Einbuße und Ansehensminderung nicht einen Eingriff“ in das Urheberrecht des Regisseurs rechtfertigt.[242] Die angestrebten Veränderungen werden im Regelfall nicht den Grad von Bearbeitungen erreichen. Bei der Interessenabwägung im Rahmen des § 39 Abs 2 UrhG ist entscheidend, ob die Änderungen **prägende Elemente** der Inszenierung betreffen, ob die Interessen der anderen an der Bühnenaufführung Beteiligten angemessen berücksichtigt werden und, ob die Interessen des Theaters an der Änderung begründet sind. Ein weitergehendes Änderungsrecht ergibt sich auch dann nicht, wenn der Regisseur eine feste Anstellung am Theater hat (Hausregisseur); er ist **künstlerisch unabhängig.**[243] Änderungen, die **technisch erforderlich** sind, zB eine neue Soundanlage, muss der Regisseur wohl hinnehmen. Bei einer **Umbesetzung** kommt es auf die Begründung an (Erkrankung oder bloße Differenzen mit dem Theater).[244] Eine unerlaubte Änderung einer Theateraufführung ist dagegen in der Eliminierung eines Bewegungschors im Rahmen der Wiederaufnahme eines Stückes zu sehen, der einen **Verlust an modernisierenden Effekten und Dynamik** bewirkt, weil „die Chormitglieder (...) vielfältige, genau festgelegte und mit dem Handeln der Schauspieler abgestimmte Bewegungen und Geräusche ausführen wie Weinen, Stampfen, Wimmern, Trommeln, Pfeifen und damit bestimmte Szenen oder Szenenübergänge mit Leben erfüllen.“[245]

d) **Zerstörung von Bühnenwerken.** Im Bereich des Theaters wird zudem der Streit **106**
um die Erfassung der Werkvernichtung durch § 14 UrhG höchst relevant, da die für eine Bühnenproduktion geschaffenen Werke üblicherweise nicht darauf angelegt sind, langfristig (unverändert) fortzubestehen. Vielmehr werden die meisten Werke, nach der letzten Aufführung demontiert oder eingelagert und später weiterverkauft, wie das mit Kostümen und der Bühnenausstattung geschieht, sofern sie nicht wieder als Teil des Fundus für andere Stücke verwendet werden können.

§ 14 UrhG muss erst Recht im Falle der **Werkzerstörung** greifen, welche als die **107**
stärkste Form der „anderen Beeinträchtigung“ anzusehen ist.[246] Das UrhG sieht mit § 11 S 1 UrhG einen umfassenden Schutz der persönlichen und geistigen Interessen des Urhebers vor, welche durch die Zerstörung des Werkes verletzt werden. Es ist folglich nicht hinzunehmen, dass die Zerstörung, die nicht immer leicht von einer Entstellung zu unterscheiden ist, insb weil beide oft ineinander übergehen, nicht von § 14 UrhG erfasst sein soll. Ein gangbarer Weg ist daher, den Schutz vor Werkzerstörung in § 11 S 1 UrhG zu verankern; denn auch hier hängt der Schutz letztlich von dem Ergebnis einer Interessenabwägung ab.[247] Die Rechtsprechung ist hier anderer Meinung und lehnt ein urheberrechtliches Zerstörungsverbot ab; § 14 UrhG schütze nur das Interesse des Urhebers am unverfälschten Bestand seines Werkes.[248]

---

[242] OLG Dresden ZUM 2000, 955, 958 – Csárdásfürstin mit Anm *Wündisch*; s auch LG Dresden ZUM 2000, 331, 334 – Csárdásfürstin.

[243] Schricker/Loewenheim/*Dietz* § 14 UrhG Rn 34; Wandtke/Bullinger/*Grunert* § 39 UrhG Rn 32.

[244] Vgl OLG München NJW 1996, 1157 – Iphigenie in Aulis.

[245] OLG München NJW 1996, 1157, 1158 – Iphigenie in Aulis; s auch OLG Dresden ZUM 2000, 955, 958 – Csárdásfürstin mit Anm *Wündisch*.

[246] Dreier/Schulze/*Schulze* § 14 UrhG Rn 27; Schricker/Loewenheim/*Dietz* § 14 UrhG Rn 38; Wandtke/C *Dietz* 3. Kap Rn 61.

[247] So zB *Schmelz* GRUR 2007, 565.

[248] AA RGZ 79, 397, 401 – Felseneiland mit Sirenen; LG München I NJW 1983, 1205 – Hajek/ADAC II; LG Hamburg GRUR 2005, 672, 674 f – Astra Hochhaus; Fromm/Nordemann/*Dustmann* § 14 UrhG Rn 32 ff; Wandtke/Bullinger/*Bullinger* § 14 UrhG Rn 22 ff (dieser verweist auf das aPR, vgl BVerfG ZUM-RD 2005, 169, 170 – Topographie des Terrors). Die teilweise Werk-

108 Weitestgehend Einigkeit besteht darüber, dass den Eigentümer von Originalwerken vor Werkzerstörung – natürlich im Rahmen des Zumutbaren – eine **Andienungspflicht** trifft: Er muss dem Urheber sein Werk zur Rücknahme gegen Erstattung des Materialwerts anbieten.[249] Beim Inszenierungswerk überdauert ohnehin nur die im Regiebuch schriftlich festgehaltene Regiekonzeption. Da aber auch Entwürfe urheberrechtsschutzfähig sind, erstreckt sich der Schutz von § 14 UrhG zumindest auf diese.

109 e) **Veränderung der künstlerischen Darbietung.** Die **ausübenden Künstler** haben das Recht, eine Entstellung oder eine andere Beeinträchtigung ihrer Darbietung zu verbieten, die geeignet ist, ihr Ansehen oder ihren Ruf als ausübende Künstler zu gefährden (§ 75 S 1 UrhG). Die Vorschrift ist § 14 UrhG nachgebildet, weshalb bzgl der zentralen Begrifflichkeiten und des **dreistufigen Prüfungsverfahrens** auf die obigen Ausführungen verwiesen werden kann.[250] Die Vorschrift dient dem Interesse des ausübenden Künstlers an der Integrität seiner Werkinterpretation.

110 § 75 UrhG ist insofern enger als die Norm nur Schutz vor **Beeinträchtigung von Ruf und Ansehen** gewährt und zwar nur in Bezug auf die Tätigkeit als ausübender Künstler. Andererseits reicht eine bloße Eignung zur Gefährdung aus, dh es muss weder eine tatsächliche Verletzung noch eine tatsächliche Gefährdung von Ansehen und Ruf eingetreten sein. Die Ansehens- und Rufgefährdung wird durch die Beeinträchtigung der Darbietung bereits indiziert.[251] Zudem ist bei der Bewertung der Änderung nicht auf die Sicht des ausübenden Künstlers, sondern auf die eines unvoreingenommenen Durchschnittsverbrauchers abzustellen.[252] Unerheblich ist ob es sich um eine festgelegte oder eine Live-Darbietung handelt. „Bei der **Abwägung** sind vor allem die ‚Leistungs- und Gestaltungshöhe' der Darbietung, die Intensität des Eingriffs, das Maß der Abweichung von Vereinbarungen und die Möglichkeit der vertraglichen Gestaltung, die wirtschaftlichen Interessen und Vermögensdispositionen der Parteien, die Fürsorgepflicht für Mitarbeiter (…) zu berücksichtigen."[253] Haben mehrere ausübende Künstler gemeinsam eine Darbietung erbracht, so haben sie bei der Ausübung des Rechts aufeinander angemessene Rücksicht zu nehmen (§ 75 S 2 UrhG), zB Chor-, Orchester-, Ballett- und Bühnenensemblemitglieder. Das **Rücksichtnahmegebot** ist im Rahmen der Interessenabwägung zu beachten.

111 In reinen **Rollenänderungen** wird zwar eine Beeinträchtigung der Darbietung, aber keine Ansehensgefährdung liegen, da diese nicht dem Schauspieler, sondern der künstlerischen Leitung bzw dem Regisseur zugeschrieben wird.[254] Eine Entstellung wird zu bejahen sein, wenn eine schauspielerische Leistung mit einer **fremden Stimme** in derselben Sprache unterlegt wird, da dies die „Einheit der schauspielerischen Leistung"

---

zerstörung soll aber auch nach der Gegenmeinung von § 14 UrhG erfasst sein, da hier Werkfragmente übrig blieben, welche das Werk in verfälschter Form darstellten, vgl dazu OLG München GRUR-RR 2001, 339 – Kirchenschiff.

249 Dreier/Schulze/*Schulze* § 14 UrhG Rn 28; Schricker/Loewenheim/*Dietz* § 14 UrhG Rn 38a; *Schack* Rn 398 mwN; *C Dietz* 77; *Erdmann* FS Piper, 655, 673 ff; *Hegemann* FS Hertin, 87, 103.

250 Vgl OLG Dresden ZUM 2000, 955, 957 – Csárdásfürstin mit Anm *Bielenberg*; *Grunert* ZUM 2001, 210, 216.

251 OLG München NJW 1996, 1157, 1158 – Iphigenie in Aulis; OLG Dresden ZUM 2000, 955, 957 – Csárdásfürstin mit Anm *Bielenberg*; Dreier/Schulze/*Dreier* § 75 Rn 6; Wandtke/Bullinger/*Büscher* § 75 UrhG Rn 13 UrhG.

252 OLG München ZUM 1991, 540, 541 f – U2; Dreier/Schulze/*Dreier* § 75 UrhG Rn 5; Schricker/Loewenheim/*Vogel* § 75 UrhG Rn 24.

253 OLG Dresden ZUM 2000, 955, 957 – Csárdásfürstin mit Anm *Bielenberg*.

254 *Kurz* Kap 13 Rn 113.

zerstört,[255] oder die Mimik und Bewegung eines Schauspielers verändert.[256] Wird die künstlerische Leistung in einem anderen Kontext, zB zu **Werbezwecken**, in einem Internetportal zum Zwecke des Streaming oder in anstößig gestalteten CD-Hüllen verwendet, liegt hierin eine Beeinträchtigung.[257]

Eine Veränderung der **Video- oder Fernsehaufzeichnung** kann eine Verletzung des § 75 UrhG darstellen, allerdings verlangt das Gesetz im Fall von Filmwerken eine gröbliche Beeinträchtigung (vgl § 93 UrhG). Wird die bühnenmäßige Darbietung nur **technisch unsauber aufgezeichnet** oder durch Lautsprecher übertragen, kann darin keine Ansehensgefährdung gesehen werden, da technische Mängel nicht dem mitwirkenden Darsteller, sondern den Technikern zugeschrieben wird.[258] Dasselbe gilt für **Live-Mitschnitte**, bei denen der Hörer in der Regel durch einen ausdrücklichen Hinweis auf die mindere Qualität hingewiesen wird. Den Tatbestand des § 75 S 1 UrhG erfüllen weder historische noch mit Mitteln der digitalen Technik aufbereitete Aufnahmen (**Ditigal Remastering** für CD oder DVD).[259] Beim **Sound Sampling**, bei dem ein Teil einer Ton- oder Musikaufnahme in einem neuen, häufig musikalischen Kontext verwendet wird, sind Entstellungen möglich.[260] **112**

Das Integritätsrecht des ausübenden Künstlers ist ebenfalls unverzichtbar, weshalb vertragliche Vereinbarungen nicht dessen Kernbestand betreffen dürfen.[261] Das Gesetz sieht nicht wie im Falle des Anerkennungsrechts eine Geltendmachung durch Dritte vor, weshalb nur die Form der **gewillkürten Prozessstandschaft** in Betracht kommt.[262] Die Schutzfrist ist wiederum § 76 UrhG zu entnehmen. **113**

4. Allgemeines Persönlichkeitsrecht

Grundsätzlich geht das Urheberpersönlichkeitsrecht als lex specialis dem Allgemeinen Persönlichkeitsrecht aus Art 1 Abs 1, 2 Abs 1 GG vor.[263] Nur in wenigen Ausnahmefällen kann zur Lückenschließung auf das Allgemeine Persönlichkeitsrecht zurückgegriffen werden (**Auffangfunktion**). Bspw können sich Angehörige des Urhebers eines gemeinfreien Werkes mit Hilfe des postmortalen allgemeinen Persönlichkeitsrechts gegen schwere Eingriffe in das Werk wehren.[264] Anders liegt der Fall bei den ausübenden Künstlern. Hier kann nicht von einer abschließenden Regelung des Künstlerpersönlichkeitsrechts im UrhG ausgegangen werden. Eine dem § 11 UrhG entsprechende Norm gibt es nicht. Insofern ist ein **ergänzender bzw paralleler Schutz** über die §§ 22 ff KUG und Art 1 Abs 1, 2 Abs 1 GG möglich,[265] zB wenn durch die Verwendung der **114**

---

255 OLG München UFITA 28 (1958), 342, 344 (Nachsynchronisation in gleicher Sprache).

256 Loewenheim/*Vogel* § 38 Rn 118; Schricker/Loewenheim/*Vogel* § 75 UrhG Rn 28.

257 BGH GRUR 1979, 637, 638 – White Christmas; BGH GRUR 1987, 814, 817 – Die Zauberflöte I; LG München I 87 (1980), 342, 345 – Wahlkampfwerbung; Wandtke/Bullinger/*Büscher* § 75 UrhG Rn 11 UrhG.

258 BGH GRUR 1987, 814, 816 – Die Zauberflöte I; OLG Hamburg GRUR 1989, 525, 526 f – Die Zauberflöte II; OLG Köln GRUR 1992, 388, 389 – Prince; Dreyer/Kotthoff/Meckel/*Dreyer* § 14 UrhG Rn 68; *Rehbinder* Rn 805.

259 Dreier/Schulze/*Dreier* § 75 UrhG Rn 12; Schricker/Loewenheim/*Vogel* § 75 UrhG Rn 27; Wandtke/Bullinger/*Büscher* § 75 UrhG Rn 9 f UrhG.

260 Schricker/Loewenheim/*Vogel* § 75 UrhG Rn 29; Wandtke/Bullinger/*Büscher* § 75 UrhG Rn 10 UrhG.

261 LG München I UFITA 87 (1980), 342, 345 – Wahlkampfwerbung.

262 BGH GRUR 1971, 35, 37 – Maske in Blau; Schricker/Loewenheim/*Vogel* § 75 UrhG Rn 7; Wandtke/Bullinger/*Büscher* § 75 UrhG Rn 5 UrhG.

263 S auch *Boksanyi* 4 Teil 3 Kap 1.

264 BGH GRUR 1995, 668, 670 – Emil Nolde; OLG München NJW 1999, 1975, 1977 – Stimme Brecht.

265 Vgl BGH GRUR 1995, 668, 670 f – Emil Nolde.

Darbietung zu Werbezwecken in das Recht auf wirtschaftliche und persönliche Selbstbestimmung eingriffen wird.[266] Die alternativen Schutzmöglichkeiten werden in § 8 ausgeführt.[267]

5. Zugangsrecht

115 Das Zugangsrecht kann für die mitwirkenden Urheber ebenfalls wichtig werden.[268] Im Rahmen der Werkvernichtung hat sich bereits gezeigt, dass die Bühnenwerke nicht auf eine lange Lebenszeit angelegt sind. Das in § 25 UrhG geregelte Zugangsrecht ist überwiegend persönlichkeitsrechtlich geprägt.[269] Es verpflichtet den (unmittelbaren und mittelbaren) **Besitzer** eines Originalwerkes oder eines Vervielfältigungsstückes dem Urheber[270] den Zugang zum Werk zu ermöglichen, um **Vervielfältigungsstücke** (zB Abschriften, Fotokopien, Fotografien) **oder Bearbeitungen** herstellen zu können (§ 25 Abs 1 UrhG). Der Urheber muss auf den Zugang angewiesen sein, insb weil er selbst kein Werkexemplar mehr besitzt oder sich alle weiteren Werkexemplare in privater Hand befinden (**Erforderlichkeit**).[271] Das Zugangsrecht dient neben dem Interesse des Urhebers an der Werkverwertung auch dessen Interesse an der Dokumentation und Katalogisierung seiner Werke.[272] Den Besitzer trifft **keine Erhaltungspflicht**, damit der Urheber sein Recht ausüben kann. Bühnen-, Kostüm- und Maskenbildner können auf diese Weise zumindest Kopien von ihren Werken anfertigen. Zudem ermöglicht das Recht dem Komponisten die Herstellung einer Tonaufzeichnung, dem Regisseur die Bild- und Tonaufzeichnung.[273] Allerdings wird hierzu die Einwilligung aller Betroffener Urheber- und Leistungsschutzberechtigen erforderlich, denn ihre Interessen stehen ansonsten dem Zugang entgegen.

III. Verwertungsrechte

1. Aufnahme- und Vervielfältigungsrecht

116 Das Vervielfältigungsrecht ist in §§ 15 Abs 1 Nr 1, 16 Abs 1 UrhG geregelt und gewährt dem Urheber das Recht, „Vervielfältigungsstücke des Werkes herzustellen, gleichviel, ob vorübergehend oder dauerhaft, in welchem Verfahren und in welcher Zahl." **Vervielfältigung** meint jede **körperliche Festlegung**, die geeignet ist, ein Werk oder Werkteile auf irgendeine Weise den menschlichen Sinnen unmittelbar oder mittelbar zugänglich zu machen.[274] Davon erfasst ist jede erstmalige oder wiederholte Werkfixierung. Das Fotografieren der Inszenierung stellt daher eine Vervielfältigungs-

---

266 BGH GRUR 1979, 425, 427 – Fußballspieler; BGH GRUR 1992, 557 – Talkmaster-Fotos; vgl Rn 168 ff.

267 Rn 156 ff.

268 Wandtke/*C Dietz* 3. Kap Rn 69 ff.

269 BGH GRUR 1952, 257, 258 – Krankenhaus-Kartei; Dreier/Schulze/*Schulze* § 25 UrhG Rn 1; Fromm/Nordemann/*ANordemann* § 25 UrhG Rn 1; Möhring/Nicolini/*Spautz* § 25 UrhG Rn 1; Schricker/Loewenheim/*Vogel* § 25 UrhG Rn 6; Wandtke/Bullinger/*Bullinger* § 25 UrhG Rn 1.

270 Dies kann jeder Miturheber, Bearbeiter oder Rechtsnachfolger sein, vgl OLG Düsseldorf GRUR 1969, 550 f – Geschichtsbuch für Realschulen.

271 Dabei trägt der Besitzer die Beweislast dafür, dass der Urheber nicht auf den Zugang angewiesen ist, Dreier/Schulze/*Schulze* § 25 UrhG Rn 20; Fromm/Nordemann/*A Nordemann* § 25 UrhG Rn 21; Schricker/Loewenheim/*Vogel* § 25 UrhG Rn 15.

272 OLG Nürnberg ZUM-RD 2003, 260, 266.

273 *Kurz* Kap 13 Rn 66.

274 RGZ 107, 277, 279; BGHZ 17, 266, 269 f – Grundig-Reporter; BGH GRUR 2001, 51, 51 – Parfumflakon; Wandtke/Bullinger/*Heerma* § 16 UrhG Rn 2, 4.

handlung dar.[275] Die Projektion von Bildern oder Fernsehsendungen auf eine Leinwand der Theaterbühne ist dagegen mangels körperlicher Fixierung kein Vervielfältigen.[276] Dasselbe gilt für die Lautsprecherübertragung.

Auch **Bearbeitungen** und **Umgestaltungen** sind Vervielfältigungen, sofern sie zur Herstellung eines Werkstückes führen. Allerdings enthält § 23 UrhG eine vorrangige Sonderregelung, wonach nur in den in S 2 genannten Fällen – ua Verfilmung, Entwurfsumsetzung – eine Einwilligung erforderlich ist.[277] Als Beispiel eines Vervielfältigungsvorgangs, der nach § 23 S 2 UrhG eine Nutzungsrechtseinräumung erfordert, sei das Anfertigen von Bühnenbildern und Kostümen durch die Theaterwerkstatt nach den Entwürfen der Bühnen- und Kostümbildner genannt; die Einräumung wird im Regelfall arbeitsvertraglich erfolgen. Auch die Verfilmung urheberrechtlich geschützter Sprachwerke, „um sie bei der bühnenmäßigen Aufführung des Werks einzublenden", ist Vervielfältigung und Bedarf demnach der Einwilligung des Urhebers.[278] **117**

Als weitere Form der Vervielfältigung nennt das Gesetz in § 16 Abs 2 UrhG „die Übertragung des Werkes auf Vorrichtungen zur wiederholbaren Wiedergabe von Bild- oder Tonfolgen (Bild- oder Tonträger), gleichviel, ob es sich um die Aufnahme einer Wiedergabe des Werkes auf einen Bild- oder Tonträger oder um die Übertragung des Werkes von einem Bild- oder Tonträger auf einen anderen handelt." Eine Vervielfältigung liegt demnach vor, wenn die **Theateraufführung** (auf Tonband, Videoband oder digitalen Speichermedien sowie als Film) **aufgezeichnet** oder ein Mitschnitt der Theateraufführung im Fernsehen gezeigt oder im Rundfunk **ausgestrahlt** wird.[279] Davon zu unterscheiden ist die Live-Übertragung im Fernsehen oder Rundfunk, welche dem Senderecht (§ 20 UrhG) unterfällt. **118**

Dem **ausübenden Künstler** steht nach § 77 Abs 2 UrhG das ausschließliche Recht zu, den Bild- oder Tonträger, auf den seine Darbietung aufgenommen worden ist, zu vervielfältigen, zB auf CDs. Dies ist ein äußerst wichtiges Recht, da viele Theaterproben und -aufführungen technisch aufgezeichnet und mitgeschnitten werden. Interessant ist dabei, dass es eigentlich zweier Einwilligungen des ausübenden Künstlers bedarf. Denn er muss bereits mit der Aufnahme seiner Darbietung auf Bild- und Tonträger einverstanden sein (§ 77 Abs 1 UrhG). Auf diese Weise hat der ausübende Künstler die Möglichkeit, seine Vorstellungen von einem gewissen Entgelt durchzusetzen. Das **Aufnahmerecht** umfasst nicht nur den direkten Mitschnitt im Theaterraum, sondern auch die erstmalige Aufzeichnung einer durch Außenübertragung oder Live-Sendung zugänglich gemachten Darbietung.[280] Ein Szenenfoto der Theateraufführung fällt nicht darunter.[281] **119**

---

275 Schricker/Loewenheim/*Loewenheim* § 16 UrhG Rn 5; Wandtke/Bullinger/*Heerma* § 16 UrhG Rn 11.

276 BGHZ 37, 1, 6 – AKI.

277 Dreier/Schulze/*Schulze* § 16 UrhG Rn 5; Wandtke/Bullinger/*Heerma* § 16 UrhG Rn 6; Wandtke/Bullinger/*Bullinger* § 23 UrhG Rn 25; s Rn 142.

278 BGH GRUR 1971, 35, 39 – Maske in Blau mit Anm *Ulmer*.

279 BGH GRUR 1960, 614, 616 – Figaros Hochzeit (Rundfunksendung); BGH GRUR 2006, 319, 321 – Alpensinfonie (Fernsehaufzeichnung); KG UFITA 91 (1981), 224, 227 (Schallplattenaufnahme); OLG München ZUM-RD 1998, 163 (Videoaufzeichnung); Fischer/Reich/*Reich* Rn 93.

280 Loewenheim/*Vogel* § 38 Rn 62; Schricker/Loewenheim/*Krüger* § 77 UrhG Rn 6.

281 LG München I GRUR 1979, 852 – Godspell.

2. Verbreitungsrecht

120 Ein weiteres Verwertungsrecht, dass bei Theateraufführungen betroffen ist, stellt das Verbreitungsrecht dar (§§ 15 Abs 1 Nr 2, 17 UrhG), dh das Recht, das Original oder Vervielfältigungsstücke des Werkes der Öffentlichkeit anzubieten oder in Verkehr zu bringen. Nur die Verbreitung körperlicher Werkstücke fällt unter § 17 UrhG, also nicht die Verbreitung eines Werkes in Vortragsform durch eine Aufführung oder Sendung.[282] Eine Verletzung des Rechts liegt deshalb nicht vor, wenn Werkstücke nur zur öffentlichen Wiedergabe benutzt werden, so wenn ein Orchester bei Aufführungen im Inland aus dem Ausland mitgebrachte und dort rechtmäßig vervielfältigte Noten verwendet.[283] **„Anbieten"** meint jede Aufforderung zum Eigentums- oder Besitzerwerb iSd §§ 145 ff BGB sowie in Form der „invitatio ad offerendum" (zB Katalog, Prospekt) gegenüber der Öffentlichkeit (vgl § 15 Abs 3 S 2 UrhG).[284] Dagegen bedeutet das **„Inverkehrbringen"** die Zuführung mindestens eines einzigen Werkstückes aus der internen Betriebssphäre an die Öffentlichkeit. Dabei setzt nach Meinung des EuGH das Inverkehrbringen die Übertragung des Eigentums voraus.[285] Eine Verbreitung ist gegeben, wenn die Videoaufzeichnung eines Theaterstücks an 317 (potentielle) Kunden einer Agentur für Motivation und Kommunikation, die der Theateraufführung beigewohnt haben, verteilt wird.[286] Zudem liegt eine Verbreitungshandlung in dem Verkauf von Programmheften, in denen Textpassagen des aufzuführenden Werks oder Fotografien des Bühnenbilds enthalten sind, oder des Fundus, der die ausrangierten Kostüme und Masken enthält.[287]

121 Die Einräumung des Verbreitungsrechts ist insb bei Bühnenbildern und Kostümen problematisch; denn der Urheber möchte diese Werke im Regelfall nur für eine bestimmte Theateraufführung genutzt sehen und nicht für eine andere Aufführung oder den freien Verkauf. Strebt das Theater die **Weiterverwendung** an, ist es gut beraten, eine derartige Absprache zu treffen und sich damit das Verbreitungsrecht zu sichern. Eine dahingehende branchenübliche, stillschweigende Vereinbarung kann nicht angenommen werden.[288] Eine interne Nutzung der alten Bühnenbilder und Kostüme zu Proben bedarf nicht der Einräumung des Verbreitungsrechts (vgl § 17 Abs 3 Nr 2 UrhG). Das Verbreitungsrecht ist ferner von Bedeutung, wenn das Sprachwerk, auf dem die Aufführung basiert, erst nach der Uraufführung zum Verkauf angeboten werden soll.

122 Es gilt die **europaweite Erschöpfung** des Verbreitungsrechts, die dann eintritt, wenn ein Werk oder Vervielfältigungsstücke mit Zustimmung des Urhebers im Gebiet der Europäischen Union oder eines anderen Vertragsstaates des Abkommens durch Veräußerung in den Verkehr gelangt ist (§ 17 Abs 2 UrhG).[289] Die Frage der Erschöpfung

---

282 BGH GRUR 1986, 742, 743 – Videofilmvorführung; KG GRUR 1983, 174 – Videoraubkassetten.

283 BGH GRUR 1972, 141 – Konzertveranstalter; Schricker/Loewenheim/*Loewenheim* § 17 UrhG Rn 4.

284 BGH GRUR 1991, 316 – Einzelangebot; BGH GRUR 2007, 871, 873 – Wagenfeld-Leuchte (Anbieten erfasst auch Werbemaßnahmen); KG GRUR 1983, 174 – Videoraubkassetten; Wandtke/Bullinger/*Heerma* § 17 UrhG Rn 7 ff.

285 EuGH GRUR 2008, 604, 605 – Le Corbusier-Möbel II; aA BGH GRUR Int 2007, 74, 75 – Le Corbusier; Schricker/Loewenheim/*Loewenheim* § 17 UrhG Rn 12; Wandtke/Bullinger/*Heerma* § 17 UrhG Rn 11.

286 OLG München ZUM-RD 1998, 163.

287 Vgl BGH GRUR 1972, 141 – Konzertveranstalter (Verteilen von Noten an Symphonieorchester ist keine Verbreitung). Im Rahmen des Fundusverkaufs kann zudem das Folgerecht aus § 26 UrhG relevant werden.

288 So auch *Kurz* Kap 13 Rn 70.

289 Wandtke/Bullinger/*Heerma* § 17 UrhG Rn 13 f.

ist für ein Theater von Interesse, sofern es Bühnenbilder, Kostüme, Masken etc vergangener Aufführungen anderer Bühnen erwerben möchte.

Strittig ist, ob dem **Regisseur** an seinem Inszenierungswerk ein Verbreitungsrecht zusteht, da dieses eine Verkörperung voraussetzt. Einfach ist die Frage zu beantworten, wenn ein Regiebuch existiert. Hieran besteht natürlich ein Verbreitungsrecht. Schwierig wird es, wenn keine schriftliche Fixierung der Regiekonzeption existiert. Aber auch in diesem Fall ist durch die konkrete Darbietung eine Verkörperung des Werkes gegeben, an welcher dem Regisseur ein Verbreitungsrecht zukommt.[290] Zur Ausübung dieses Rechts durch das Theater, zB der Weitergabe an andere Bühnen, nicht aber nur in Form des Gastspiels, bedarf es deshalb der vorherigen Verbreitungsrechtseinräumung der Bühnen- und Kostümbildner sowie des Regisseurs.[291] Des Weiteren ist eine **Vermietung** der Inszenierung (als Verbreitungshandlung) an ein anderes Theater denkbar (vgl § 17 Abs 3 S 1 UrhG). Davon abzugrenzen ist das Aufführungsrecht (§ 19 Abs 2 UrhG), das Recht der öffentlichen bühnenmäßigen Darstellung. 123

Da das Gesetz davon ausgeht, dass ein mitwirkender, **ausübender Künstler** bei der Darbietung anwesend ist, regelt es die Verbreitung für die Darbietung selbst nicht, sondern nur dessen ausschließliches Recht, den Bild- oder Tonträger, auf den seine Darbietung aufgenommen worden ist, zu verbreiten (§ 77 Abs 2 UrhG). Die Lücke schließt in gewisser Hinsicht § 96 Abs 1 UrhG, der die Verbreitung und öffentliche Wiedergabe rechtswidrig hergestellter Vervielfältigungsstücke verbietet, zB von heimlich gemachten Mitschnitten der Theateraufführung.[292] Wird dem Regisseur nur ein Leistungsschutzrecht zugebilligt, so wird er sein Recht aus § 77 Abs 2 UrhG mangels Aufzeichnung des Inszenierungswerkes kaum wahrnehmen können; denn es wird nicht immer ein Regiebuch vorhanden sein.[293] Eventuell hilft ihm in diesem Fall sein Recht aus § 75 UrhG weiter, zB um sich gegen die Übertragung der Darbietung auf andere Theater zu wehren. Da seine Mitwirkung nicht wie bei den anderen Beteiligten unbedingt erforderlich ist, besteht leicht die Gefahr, dass er umgangen wird. 124

3. Ausstellungsrecht

Das Ausstellungsrecht ist das Recht, das Original oder Vervielfältigungsstücke eines unveröffentlichten Werkes der bildenden Künste und eines unveröffentlichten Lichtbildwerkes oder Lichtbildes öffentlich zur Schau zu stellen (§§ 6 Abs 1, 15 Abs 1 Nr 3, 18, 72 Abs UrhG). Der Einräumung dieses Rechts bedarf es bspw seitens der Bühnenbildner oder Fotografen für die Uraufführung. Allerdings hat § 18 UrhG wegen § 12 UrhG kaum praktische Bedeutung, da das Ausstellungsrecht mit der ersten Ausstellung des Werks „verbraucht" wird.[294] Es ist wie das Veröffentlichungsrecht ein „**Einmalrecht**".[295] 125

4. Vortrags-, Aufführungs- und Vorführungsrecht

Die für das Theater **zentralen Nutzungsrechte** sind in § 19 UrhG geregelt. Das Vortrags-, Aufführungs- und Vorführungsrecht betreffen **unkörperliche Formen der öffentlichen Werkwiedergabe** (vgl § 15 Abs 3 UrhG) und ermöglichen dem Theater somit 126

290 *Kurz* Kap 13 Rn 73.
291 Vgl ArbG München UFITA 50 (1967), 303.
292 BVerfG GRUR 1990, 438, 440 – Bob Dylan.
293 *Kurz* Kap 13 Rn 117; s oben 56.
294 Loewenheim/*Schertz* § 18 Rn 8; s Rn 80.
295 Wandtke/Bullinger/*Heerma/Bullinger* § 18 UrhG Rn 2.

die öffentliche Wiedergabe der Bühnenwerke.[296] Dazu bedarf es zunächst der Nutzungsrechtseinräumung seitens des Autors oder Komponisten des aufzuführenden Werks; diese lassen ihre Rechte aus § 19 UrhG grundsätzlich von Verwertungsgesellschaften und Verlagen wahrnehmen.[297] Die Einräumung des Aufführungsrechts am Inszenierungswerk erfolgt im Regelfall im Rahmen des Regievertrages oder beim festangestellten Regisseur im Arbeitsvertrag. Die Weiterübertragung hängt grundsätzlich von der Zustimmung des Urhebers ab, darf aber nicht entgegen Treu und Glauben verwehrt werden (§ 34 UrhG).

127 a) **Aufführungsrecht.** Die größte Bedeutung für Theateraufführungen hat das Aufführungsrecht, welches zwei verschiedene Sachverhalte regelt: Zum einen die Darbietung von Musikwerken, die öffentlich zu Gehör gebracht werden; zum anderen die bühnenmäßige Aufführung von wortdramatischen und dramatisch-musikalischen Werken.

128 aa) **Bühnenmäßige Aufführung.** Gegenstand des Rechts der **bühnenmäßigen Aufführung** sind die Bühnenwerke, dh Sprach-, Musik- und pantomimische Werke, unabhängig davon, ob sie für die Bühne geschaffen wurden, sofern sie nur bühnenmäßig dargestellt werden können (§§ 15 Abs 2 S 2 Nr 1, 19 Abs 2 Alt 2 UrhG).[298] Entscheidend ist also die Art und Weise der Werkwiedergabe.[299] Bei einer Oper, einer Operette oder einem Ballett wird kein einheitliches Werk bühnenmäßig aufgeführt, sondern verbundene Werke, die auch in anderer Kombination zur Aufführung gelangen können, zB ein Opernlibretto mit anderer Musik.[300]

129 Eine **Bühnenaufführung** ist gegeben, wenn das Werk öffentlich (§ 15 Abs 3 UrhG) „durch ein für das Auge oder für Auge und Ohr bestimmtes bewegtes Spiel" im dreidimensionalen Raum – auch im Solo – dargeboten wird.[301] **Öffentlich** ist iSd § 15 Abs 3 UrhG zu verstehen, weshalb Proben mit Ausnahme von Schlussproben, bei denen bereits Testzuschauer oder Medienvertreter zugelassen sind, keine Form der öffentlichen Wiedergabe sind. Das **bewegte Spiel im Raum** erfordert den Ausdruck des Sinngehaltes des Werks in individueller Form. Rein artistische und sportliche Darbietungen oder rhythmische Bewegungen sind ebenso wie bloße Mimik und Gestenspiel nicht ausreichend. Als Negativbeispiele seien genannt: Eisartistik und Eistanz unter musikalischer Begleitung durch einzelne Stücke aus Operetten oder die rein konzertmäßige Wiedergabe von Operettenteilen ohne szenische Darstellung, bei der die Sänger die Kostüme der jeweiligen Ursprungsoperette tragen.[302] Kein bewegtes Spiel ist außerdem die Lesung der Novelle „Fräulein Else" von Artur Schnitzler.[303] Erforderlich ist eine **persönliche Darbietung**, die ebenso beim Puppen- oder Marionettenspiel gegeben ist, aber bei der Verfilmung fehlt.[304] Es reicht aus, wenn die Wiedergabe

---

296 S zu den drei Verwertungsrechten Wandtke/*Wöhrn* 3. Kap Rn 116 ff.
297 S *Ehrhardt* Rn 184 f.
298 BGH GRUR 1960, 606, 608 – Eisrevue II; BGH GRUR 2000, 228, 230 – Musical Gala.
299 Schricker/Loewenheim/*von Ungern-Sternberg* § 19 UrhG Rn 16.
300 Schricker/Loewnheim/*von Ungern-Sternberg* § 19 UrhG Rn 17.
301 BGH GRUR 2000, 228 – Musical Gala; BGH ZUM 2008, 953, 954 f – Musical Starlights; OLG Frankfurt aM ZUM 2008, 963, 964; Möhring/Nicolini/*Kroitzsch* § 19 UrhG Rn 15, 18; Schricker/Loewenheim/*von Ungern-Sternberg* § 19 UrhG Rn 18 f, 26; s auch *Krause* GRUR 1960, 14, 16.
302 BGH GRUR 1960, 604, 605 – Eisrevue I; OLG Braunschweig ZUM 1989, 134, 136; Schricker/Loewenheim/*von Ungern-Sternberg* § 19 UrhG Rn 20; s auch OLG Frankfurt aM ZUM 2008, 963, 964.
303 OLG Dresden UFITA 1 (1928) 686, 687 f; s auch Möhring/Nicolini/*Kroitzsch* § 19 UrhG Rn 21.
304 *Rehbinder* Rn 345 f.

der Worte oder Musik durch Tonband, Lautsprecher oder Mikrofon erfolgt.[305] Auf die Bühnendekoration und die Kostümierung kommt es genauso wenig an,[306] wie darauf, ob das Werk auf der Bühne oder im Zuschauerraum oder an der freien Luft stattfindet.[307] Problematisch wird die Abgrenzung zum **Vortragsrecht** – dieses betrifft die Wiedergabe für das Ohr – bei szenischen Lesungen; hier kommt es auf den Umfang der szenischen Elemente, wie Auf- und Abtritte sowie Bewegungsarrangements an.[308]

bb) Übernahme von Werkteilen. Des Weiteren kann sich bei der **Übernahme von Werkteilen** die Frage der bühnenmäßigen Wiedergabe stellen.[309] Dies wurde bei der Aufführung von Highlights der Disney-Musicals „Die Schöne und das Biest", „Der Glöckner von Notre Dame", „Der König der Löwen" und „Aida" unter dem Titel „The Musical" im Rahmen von Tourneen relevant. Für die bühnenmäßige Aufführung ist „eine fortlaufende Handlung oder die Wiedergabe von Teilstücken, die den gesamten Gang des Werks erkennen lassen, nicht nötig."[310] Es kann mitunter auch „die Aneinanderreihung einzelner Bilder aus den geschützten Bühnenwerken und die lose Aufeinanderfolge einzelner Handlungselemente aus ihnen genügen, um die Voraussetzung einer bühnenmäßigen Aufführung von Teilen dieser Werke zu erfüllen. Entscheidend ist bei der Aufführung von Teilen eines Werks, dass ein Handlungsablauf innerhalb der zur Aufführung gebrachten Teile und Bruchstücke erkennbar wird und die szenischen Ausschnitte für sich jeweils als geschlossene Handlungsabläufe erscheinen. Deshalb kommt es auch nicht entscheidend darauf an, ob im Einzelfall die Szenenabfolge erhalten bleibt, nur einzelne Szenen oder Ausschnitte hieraus zur Aufführung gelangen oder die Reihenfolge einzelner, jeweils für sich abgeschlossener Szenen verändert wird."[311] 130

cc) Musikalische Aufführung. Die Darbietung von Konzertwerken unterfällt dem **musikalischen Aufführungsrecht**, welches in der Regel von der GEMA wahrgenommen wird.[312] Schwierigkeiten kann die Frage bereiten, ob eine bühnenmäßige Aufführung von Musik vorliegt. Dient die Musik allein der Untermalung, dann handelt es sich um eine Aufführung von Musik iSv § 19 Abs 2 Alt 1 UrhG. Ist die Musik aufgrund eines inneren Zusammenhangs integraler Bestandteil des Spielgeschehens, dann liegt eine bühnenmäßige Aufführung vor.[313] Dieselbe Unterscheidung ist bei der Einfügung einzelner Werke in eine bühnenmäßige Aufführung zu treffen.[314] 131

dd) Umfang des Aufführungsrechts. Für den Nutzungsberechtigten ist § 37 Abs 3 UrhG zu beachten, wonach das Recht zur öffentlichen Wiedergabe des Werkes im 132

---

305 BGH GRUR 1960, 606, 608 – Eisrevue II; Möhring/Nicolini/*Kroitzsch* § 19 UrhG Rn 19.
306 OLG Hamburg ZUM-RD 1998, 11 – Joseph and the amazing technicolor dreamcoat; *Krause* GRUR 1960, 14, 16.
307 Möhring/Nicolini/*Kroitzsch* § 19 UrhG Rn 24; *Ulmer* 144.
308 Wandtke/Bullinger/Ehrhardt § 19 UrhG Rn 10.
309 Schricker/Loewenheim/*von Ungern-Sternberg* § 19 UrhG Rn 25.
310 OLG Frankfurt aM ZUM 2008, 963, 964 unter Bezugnahme auf KG Schulze KGZ 13.
311 OLG Frankfurt aM ZUM 2008, 963, 964; s auch BGH GRUR 1960, 604, 605 – Eisrevue I; KG UFITA 9 (1936) 422, 423 f; LG Hamburg ZUM 1996, 980, 981 f.
312 Wandtke/Bullinger/*Ehrhardt* § 19 UrhG Rn 15. S auch Wandtke/*Schunke* 6. Kap Rn 36 f; *Ehrhardt* Rn 185.
313 BGH GRUR 1960, 604, 605 – Eisrevue I; 1960, 606, 607 f – Eisrevue II; 1962, 256, 257 – Im weißen Rössl; BGH GRUR 2000, 228, 229 – Musical Gala; OLG Frankfurt aM ZUM 2008, 963, 965.
314 OLG Braunschweig ZUM 1989, 134, 136.

Zweifel nicht dazu berechtigt, die Wiedergabe außerhalb der Veranstaltung, für die sie bestimmt ist, durch Bildschirm, Lautsprecher oder ähnliche technische Einrichtungen öffentlich wahrnehmbar zu machen. Daraus ist zu schließen, dass es dem Urheber auch möglich ist, sein **Aufführungsrecht** auf einen bestimmten Theatersaal zu **beschränken**. Tut er dies allerdings nicht, so gilt die Rechtseinräumung für die gesamte Veranstaltung, ggf in mehreren Darbietungsräumen.[315] Der **Umfang der Rechtseinräumung** wird relevant bei der Übertragung der Theateraufführung ins Foyer für zu spät gekommene Besucher. Strittig ist, ob darin eine öffentliche Wahrnehmbarmachung liegt, welche ein umfassenderes Aufführungsrecht voraussetzt, oder, ob diese zu verneinen ist, weil die Besucher nicht Teil der Öffentlichkeit, sondern Teil der Zuschauer der eigentlichen Aufführung sind.[316] Der ersten Meinung ist zuzustimmen, da der Zutritt ins Foyer in der Regel keiner Kontrolle unterliegt und eine Zutrittsmöglichkeit daher auch für Leute besteht, die bspw Karten für andere Aufführungen erwerben oder sich einfach über den laufenden Spielplan informieren möchten.

133 b) **Vorführungsrecht.** Im Gegensatz zum Aufführungsrecht meint das **Vorführungsrecht** die Wiedergabe für das Auge auf der Fläche und zwar eines Werkes der bildenden Kunst, eines Lichtbildwerks oder eines Filmwerks (§ 19 Abs 4 S 1 UrhG).[317] Das Vorführungsrecht gilt auch für Lichtbilder (§ 72 UrhG). Laufbilder sind dagegen von § 21 UrhG erfasst. Will das Theater im Rahmen der Darbietung Bilder oder Filmausschnitte zeigen, zB durch eine Projektion auf die Bühne, so muss es sich von dem jeweiligen Urheber- oder Leistungsschutzberechtigten die Rechte einräumen lassen. Bei der Aufnahme von Live-Darbietungen von Theater- und Opernaufführungen handelt es sich im Regelfall um Laufbilder, da es hier um die bloße Aufzeichnung der Veranstaltung (mit feststehender Kamera) geht.[318] Üblich ist es heutzutage aber Opern- und Musikfilme nicht mehr nur aus dem Blickwinkel des Zuschauers aufzunehmen, sondern dem Zuschauer besondere Einblicke durch den Wechsel von Groß-, Detail-, Nah- und Fernaufnahmen zu gewähren. In der Folge kann der Anordnung, Auswahl und Zusammenstellung der Aufnahmen Werkcharakter zukommen.[319] Auch kann es sein, dass von Anfang an ein Theaterfilm als Filmwerk entstehen soll.

134 c) **Recht der öffentlichen Wahrnehmbarmachung außerhalb des Veranstaltungsorts.** Dem Urheber und ausübenden Künstler steht gem §§ 19 Abs 3 UrhG und 78 Abs 1 Nr 3 UrhG das ausschließliche Recht zu, die Darbietung außerhalb des Raumes oder Platzes, in oder auf dem sie stattfindet, durch **Bildschirm**, **Lautsprecher** oder

---

315 *Kurz* Kap 13 Rn 79; s auch Schricker/*Schricker* § 37 Rn 13 zum Begriff „Veranstaltung".

316 Für öffentliche Wahrnehmbarmachung: Schricker/*Krüger* § 74 Rn 3; § 78 UrhG Rn 13; Wandtke/Fischer/Reich Rn 168 (391 f); gegen öffentliche Wahrnehmbarmachung: *Kurz* Kap 13 Rn 79, 120.

317 *Rehbinder* Rn 346.

318 BT-Drucks IV/270, 103, 201, UFITA 45 (1965), 240, 321: „Ein typischer Fall des Laufbildes ist die einfache filmische Aufzeichnung oder Live-Sendung einer Werkdarbietung ausübender Künstler, etwas einer Opernaufführung, Aufführung eines Bühnenstückes oder auch der Solodarbietung einzelner Sänger, Tänzer oder Musiker." S zudem OLG Koblenz UFITA 70 (1974), 331, 335 – Liebeshändel in Chioggia; Fromm/Nordemann/*JB Nordemann* § 95 UrhG Rn 5, 7; Schricker/Loewenheim/*Katzenberger* § 95 UrhG Rn 9; *Beater* JuS 2000, 666, 668.

319 Vgl KG ZUM 2003, 863, 864 – Beat Club; OLG München NJW 2003, 683, 684 – Alpensinfonie; LG München I ZUM 2003, 69, 71 – Alpensinfonie; Dreier/Schulze/*Schulze* § 2 UrhG Rn 209, § 95 UrhG Rn 10.

ähnliche technische Einrichtungen öffentlich wahrnehmbar zu machen.[320] Diese Form der **öffentlichen Wahrnehmbarmachung** ist Vervielfältigung iSd § 16 Abs 1 UrhG und deshalb zustimmungsbedürftig. Die Norm erfasst **Live-Übertragungen**, zB Projektionen auf Großbildleinwände auf dem Theatervorplatz, nicht aber das Live-Streaming.[321] Der Einsatz technischer Hilfsmittel am Ort der Darbietung fällt unter § 19 Abs 1 und 2 UrhG, zB das Aufstellen von Lautsprechern innerhalb des Zuschauerraums, um die Tonqualität zu verbessern.[322] War die Darbietung bereits auf Bild- oder Tonträger aufgenommen oder durch Funk gesendet, so steht dem ausübenden Künstler wegen der Zweitverwertung ein Vergütungsanspruch zu (§ 78 Abs 3 S 3 UrhG). In § 8 Abs 3 NV Bühne AT befindet sich eine Sonderregelung zur Rechtseinräumung für Solisten, Chor und Tanz.

5. Senderecht und Recht der Wiedergabe durch Bild- und Tonträger sowie Funksendungen

Das **Senderecht** ist das Recht, das Werk durch Funk, wie Ton- und Fernsehrundfunk, Satellitenrundfunk, Kabelfunk oder ähnliche technische Mittel, der Öffentlichkeit zugänglich zu machen (§ 20 UrhG). Entscheidend ist hier, dass öffentliche Sendungen gleichzeitig empfangbar sind.[323] Die Übertragung von der Bühne ins Foyer unterfällt bspw dem Senderecht.[324] **135**

§ 21 UrhG regelt die öffentliche **Wiedergabe von Vervielfältigungsstücken** durch geeignete Trägermedien (CD-Rom oder DVD) für einen an demselben Ort versammelten Empfängerkreis.[325] Und zwar auch außerhalb des Raumes, in dem die persönliche Darbietung stattfindet, durch Bildschirm, Lautsprecher oder ähnliche technische Einrichtungen (vgl § 19 Abs 3 UrhG). Das Recht der **Wiedergabe von Funksendungen** und der **Wiedergabe von öffentlicher Zugänglichmachung** ist das entsprechende Recht, Funksendungen und auf öffentlicher Zugänglichmachung beruhende Wiedergaben des Werkes durch Bildschirm, Lautsprecher oder ähnliche technische Einrichtungen öffentlich wahrnehmbar zu machen (§ 22 UrhG). Bei den beiden letztgenannten Rechten handelt es sich um Zweitverwertungsrechte, deren Wahrnehmung größtenteils durch die GEMA oder VG Wort erfolgt.[326] **136**

Der **ausübende Künstler** hat das ausschließliche Recht, seine Darbietung zu senden, es sei denn, dass die Darbietung erlaubterweise auf Bild- oder Tonträger aufgenommen worden ist, die erschienen oder erlaubterweise öffentlich zugänglich gemacht worden sind (§ 78 Abs 1 Nr 2 UrhG); denn in diesem Fall ist dem ausübenden Künstler eine **angemessene Vergütung** zu zahlen (§ 78 Abs 2 Nr 1 UrhG). Der Anspruch besteht gegenüber dem Sendeunternehmen und wird im Regelfall von der GVL wahrgenommen. Erfasst sind die Live-Aufnahme und Sendung von Theateraufführungen.[327] **137**

Hingewiesen sei auf die Regelung in § 8 Abs 1 NV Bühne AT. Dort heißt es: „Bei Veranstaltungen für Funkzwecke (live oder aufgezeichnet) überträgt das Mitglied dem Arbeitgeber die für die Sendung und deren Wiedergabe – einschließlich der Wieder- **138**

---

320 BGH GRUR 1954, 216, 218 – Lautsprecherübertragung; Wandtke/Bullinger/Ehrhardt § 19 UrhG Rn 47.

321 Wandtke/Bullinger/*Ehrhardt* § 19 UrhG Rn 48.

322 *Wandtke/Fischer/Reich* Rn 168 (392).

323 Wandtke/Bullinger/*Ehrhardt* §§ 20–20b UrhG Rn 9.

324 Dreyer/Kotthoff/Meckel/*Dreyer* § 20 UrhG Rn 26.

325 Wandtke/Bullinger/*Ehrhardt* § 21 UrhG Rn 3, 4 UrhG.

326 S *Ehrhardt* Rn 184 f.

327 Vgl OLG Frankfurt aM GRUR 1985, 380, 382 – Operneröffnung.

holungen – erforderlichen zeitlich, räumlich und inhaltlich unbegrenzten Rechte und willigt in die Verwertung dieser Rechte ein, insbesondere auch in die Ausstrahlung durch ausländische Sender (zB Eurovision)." Die Einwilligung erfasst die Verwertung für Online-Dienste.

139 Den Solisten (§ 59 NV Bühne SR Solo), dem Chor (§ 80 NV Bühne SR Chor) und den Tänzern (§ 93 NV Bühne SR Tanz) wird neben der normalen Gage eine **Sondervergütung** für Sendezwecke gewährt.[328] Die Sondervergütung entfällt jedoch, sofern die Sendung zu „theatereigenen Zwecken" erfolgt, zB im Rahmen von Reportagen, und die Wiedergabezeit nicht 6 Minuten überschreitet sowie nicht mehr als ein Viertel des Werkes wiedergegeben wird.

6. Recht der öffentlichen Zugänglichmachung

140 Das **Recht der öffentlichen Zugänglichmachung** (§ 19a, 78 Abs 1 Nr 1 UrhG) ist das Recht, das Werk drahtgebunden oder drahtlos der Öffentlichkeit in einer Weise zugänglich zu machen, dass es Mitgliedern der Öffentlichkeit von Orten und zu Zeiten ihrer Wahl zugänglich ist. Der Wortlaut der Norm macht deutlich, dass sie vor allem auf die **Internetnutzung** zugeschnitten ist. Das Zugänglichmachen setzt voraus, dass das Werk zum **interaktiven Abruf** bereitgestellt wird.[329] Vom Senderecht (§ 20 UrhG) ist es durch das zeitliche Moment der Nutzung abzugrenzen: Wenn der Nutzer den Zeitpunkt des Zugriffs selbst bestimmen kann, ist § 19a UrhG einschlägig, bei der Werknutzung zu festgelegten Zeiten § 20 UrhG.[330] So unterfällt sowohl die Möglichkeit, Theaterstücke in Form von alle 60 Sekunden aktualisierten Live-Bildern einer Webcam im Internet abzurufen unter § 20 UrhG (**Near-on-Demand-Dienst**)[331] als auch das Miterleben einer Opernaufführung mittels **Live-Streaming** (als Webcast oder Simulcast).[332]

7. Bearbeitungsrecht und Recht auf freie Benutzung

141 a) **Bearbeitung und Umgestaltung. Bearbeitungen** des Werkes – Abwandlungen, meist Änderungen, des Ausgangswerks iSd § 14 UrhG, welche die erforderliche Schöpfungshöhe besitzen (vgl § 3 UrhG) – oder andere **Umgestaltungen** – Änderungen des Werkes die keine geistige persönliche Schöpfung darstellen und daher nicht urheberrechtsschutzfähig sind – dürfen nur mit Einwilligung des Urhebers des bearbeiteten oder umgestalteten Werkes veröffentlicht (§ 12 UrhG) oder verwertet werden (§ 23 UrhG).[333] Eine Bearbeitung liegt bspw vor, wenn ein Autor einen Roman in ein Theaterstück umsetzt.[334] Bearbeitungen sind bei einem Bühnenwerk in Veränderungen am Gang der Handlung, der Akt- und Szenenführung sowie der Rollenverteilung und der Cha-

---

328 Vgl § 8 Abs 5 NV Bühne AT, der besagt, dass sofern nichts anderes vertraglich vereinbart wurde, die Vergütung mit der Gage abgegolten ist.

329 Wandtke/Bullinger/Bullinger § 19a UrhG Rn 10.

330 Wandtke/Bullinger/*Bullinger* § 19a UrhG Rn 16.

331 EuGH MMR 2005, 517; *Poll* GRUR 2007, 476, 481; *Schack* GRUR 2007, 639, 641 f; aA Wandtke/Bullinger/*Ehrhardt* § 19 UrhG Rn 5; Wandtke/Bullinger/*Bullinger* § 19a UrhG Rn 20, 26.

332 Wandtke/Bullinger/*Ehrhardt* § 19 UrhG Rn 5; Wandtke/Bullinger/*Bullinger* § 19a UrhG Rn 20, 34.

333 Wandtke/Bullinger/*Bullinger* § 23 UrhG Rn 3 f; Wandtke/*Wandtke* 3. Kap Rn 164 ff.

334 Vgl BGHZ 26, 52, 55 f – Sherlock Holmes; OLG Hamburg UFITA 86 (1980), 289, 293 f – Häschenschule; KG NJW-RR 2001, 125 – Synchronbuchfassung.

rakterisierung von Figuren zu sehen.[335] Keine Bearbeitung ist die Einarbeitung längst bekannter und häufig wiederkehrender Einfälle.[336] Zudem ist die Veränderung des Bühnenbilds eine Bearbeitung.[337]

Grundsätzlich ist die Herstellung der Bearbeitung oder Umgestaltung erlaubt, dh einwilligungsfrei; eine Grenze zieht jedoch § 14 UrhG bei Werkoriginalen.[338] Ausnahmen sind auch in § 23 S 2 UrhG, ua für die Verfilmung eines Werkes und die Ausführung von Plänen und Entwürfen eines Werkes der bildenden Künste, vorgesehen. Solange sich die Bearbeitung im Rahmen der Änderungsbefugnis nach § 39 Abs 1 UrhG hält, ist zugleich eine Einwilligung nach § 23 S 1 UrhG gegeben, da die Änderung den Begriff der Bearbeitung und Umgestaltung mit umfasst.[339] Es muss ein gewisser Gleichlauf zwischen §§ 14, 39 UrhG und § 23 UrhG hergestellt werden.[340] **142**

Das Bearbeitungsrecht wird in vielerlei Hinsicht relevant. Für die Bühnen-, Masken- und Kostümbildner bereits bei der Ausführung ihrer Entwurfsarbeiten durch die Theaterwerkstatt. Die Herstellung der Bühnenbilder, Kostüme und Masken bedarf bereits ihrer Erlaubnis. Dasselbe gilt für die filmische Aufzeichnung der Theateraufführung.[341] Bei dem Autor des aufzuführenden Werks und dem Regisseur als Urheber des Inszenierungswerks dreht sich alles um die Einwilligung zur Veröffentlichung und Verwertung von Bearbeitungen und Umgestaltungen. Wann von einer Bearbeitung, die selbstständig Urheberschutz genießt, auszugehen ist, wurde in diesem Zusammenhang bereits oben diskutiert, insb die Frage, ob jede Inszenierung der Spielvorlage zwangsläufig eine Bearbeitung darstellt.[342] Zur bloßen „Einrichtung" ist nur eine Umgestaltung erforderlich.[343] **143**

b) **Freie Benutzung.** Die Bearbeitung iSd § 23 UrhG muss stets von der freien Benutzung (§ 24 UrhG) als privilegierte Form der Werknutzung abgegrenzt werden.[344] Problematisch sind bspw die Fälle, in denen wie bei der **Parodie** die Spielvorlage erkennbar bleiben muss.[345] Ein Werk wird frei benutzt, wenn es lediglich als **Anregung** für die Schaffung eines neuen Werkes dient.[346] Dabei muss das ältere Werk urheberrechtlich geschützt sein. Urheberrechtlich nicht geschützte „Schöpfungen" (zB Regieeinfälle) oder gemeinfreie Werke können von jedermann beliebig genutzt werden. So können die klassischen Theaterstücke vom Regisseur nach seinem Belieben inszeniert, zB auch völlig verfremdet, werden. Die §§ 23, 24 UrhG sind immer im Zusammenhang zu sehen. Bei der Prüfung, ob eine Bearbeitung vorliegt, ist auf die **Übereinstimmungen**, nicht auf die Unterschiede zum alten Werk abzustellen.[347] Des Weiteren ist der **Grad der Individualität des Ausgangwerks** entscheidend. Der für eine freie Benutzung erforderliche Abstand ist schneller erreicht, wenn das Ausgangswerk **144**

---

335 Möhring/Nicolini/*Ahlberg* § 3 UrhG Rn 14; *Ulmer* 162.
336 BGH GRUR 1959, 379, 381 – Gasparone mit Anm *Ulmer*.
337 BGH GRUR 1986, 458, 459 Oberammergauer Passionssiele I; Dreyer/Kotthoff/Meckel/*Dreyer* § 3 UrhG Rn 35.
338 Wandtke/Bullinger/*Bullinger* § 23 UrhG Rn 22 ff; aA BGH GRUR 1989, 106, 107 – Oberammergauer Passionsspiele II.
339 Wandtke/Bullinger/*Bullinger* § 23 UrhG Rn 12.
340 *Grunert* 152. S auch Rn 93 ff.
341 BGH GRUR 1971, 35, 39 – Maske in Blau; BGH GRUR 2006, 319, 321 f – Alpensinfonie; Dreyer/Kotthoff/Meckel/*Dreyer* § 3 UrhG Rn 35.
342 S Rn 52 ff.
343 *Grunert* 150.
344 Motiv eines Theaterfotos: OLG Hamburg ZUM-RD 1997, 217, 220 f; Wandtke/*Wandtke* 3. Kap Rn 173 ff.
345 *Grunert* 143.
346 BGH GRUR 1999, 894, 987 – Laras Tochter; Wandtke/Bullinger/*Bullinger* § 24 UrhG Rn 1 f.
347 ZB BGH GRUR 1981, 267, 269 – Dirlada; BGH GRUR 2006, 53, 54 – Wagenfeld-Leuchte.

einen geringen Grad an Individualität aufweist; hier verblassen die Züge des Werks leichter.[348] „Die Grenze für die Zulässigkeit einer derartigen Anknüpfung wird nicht überschritten, wenn trotz dieser Anlehnung ein neues selbständiges Werk entsteht, dessen Prägung einen so eigentümlichen Charakter aufweist, daß demgegenüber die übernommenen Wesenszüge des vorbestehenden Werkes verblassen.“[349] § 24 S 2 UrhG enthält einen besonderen Schutz für Musikwerke, der die Schaffensfreiheit des Komponisten immens einschränkt. Demnach ist eine freie Benutzung zu verneinen, sofern eine Melodie erkennbar dem Werk entnommen und einem neuen Werk zugrunde gelegt wird. Prinzipiell gilt: Die Übertragung eines Werks in eine andere Werkgattung, zB Verfilmung eines Theaterstücks, kann Bearbeitung sein, nicht dagegen die Übertragung eines Werks der Literatur, bildenden Kunst oder Tonkunst in die jeweils andere Kunstform; dies ist freie Benutzung.[350]

145 Als Beispiel für eine freie Benutzung kann ein **Theaterstück**, welches zu 1/3 aus zitierten Textpassagen eines Schauspielers besteht, um dessen Person zu charakterisieren, angeführt werden. „Zwar ergeben sich die eigenpersönlichen Züge der jeweils zitierten Textpassagen sowohl aus dem Inhalt als auch aus der Art der Formulierung und der Sprachwahl des Ausgangstextes. Im Gesamtkontext der Darstellung (...) stellt jedoch bereits die Anordnung und teilweise Umformulierung der zitierten Textstellen kein bloßes Stilmittel, sondern ein eigenständiges künstlerisches Schaffen dar. (...) [So zeigt dies beispielhaft genannte Zitat], dass die entlehnten Textstellen im Zusammenhang mit der künstlerischen Auseinandersetzung mit der Person [des Schauspielers] verwandt wurden.“[351]

146 Die Abgrenzung von Bearbeitung und freier Benutzung stellt sich gleichfalls bei **Operettenführern.** Es ist weder von einer freien Benutzung noch von einer Bearbeitung auszugehen, wenn sich ein Operettenführer eng an die Operette selbst anlehnt und größtenteils aus Notenbeispielen und zugehörigen Textstellen, mithin Zitaten, besteht, wobei er durch einen reinen „Handlungsbericht ohne eigenen irgendwie beträchtlichen Gedanken“ verbunden ist, wenn dieser auch für die Veranschaulichung und „das Verständnis des erläuterten Stücks von Wert“ ist.[352] Denn hier geht es nicht um die rein mechanische Wiedergabe von bereits Bekanntem, sondern um abhängige geistige Tätigkeit in geringem Grade. Ein Operettenführer ohne „bemerkenswerten Gehalt noch persönlicher Farbe“ kann keine eigentümliche Neuschöpfung darstellen. Eine freie Benutzung liegt erst dann vor, wenn „sich der Verfasser des neuen Werks von Darstellung und Gedanken des älteren so weit losgelöst ha[t], dass es billig erschein[t], seine Tätigkeit als eine selbständige literarische Leistung aufzufassen“.[353] Deshalb ist die **Neugestaltung der Operette** als freie Benutzung zu werten, wenn diese „in so hohem Maße Ausfluß der selbständigen Denktätigkeit ihrer Verfasser ist, daß demgegenüber die Entlehnungen aus dem Lustspiel als unwesentlich in den Hintergrund treten.“[354]

---

348 BGH GRUR 1991, 531, 532 – Brown Girl I; BGH GRUR 1991, 533, 534 – Brown Girl II; BGH GRUR 2000, 703, 706 – Mattscheibe; KG-RD ZUM-RD 2005, 381, 382 – Die Weber.
349 BGH GRUR 1958, 402, 403 f – Lili Marleen.
350 Dreyer/Kotthoff/Meckel/*Dreyer* § 3 UrhG Rn 35; Schricker/Loewenheim/*Loewenheim* § 23 UrhG Rn 6, § 24 UrhG Rn 20.
351 LG Köln Urt v 14.1.2009, Az 28 O 647/08 Rz 38 ff.
352 RGZ 129, 252, 256 f – Operettenführer; LG Leipzig UFITA 12 (1939), 215, 219 f.
353 RGZ 129, 252, 254 – Operettenführer; s auch RGZ 63, 158, 159; RGZ 82, 16, 17; RGZ 121, 357, 358 f.
354 RGZ 82, 16, 19.

§ 6
Die Schranken der Urheber- und Leistungsschutzrechte

Das Urheberrecht unterliegt im Interesse der Allgemeinheit den in §§ 44a ff UrhG geregelten Schranken, die auch für die Rechte der ausübenden Künstler und des Veranstalters durch die Verweisung in § 83 UrhG gelten.[355] Sie erlauben bestimmte Verwertungshandlungen, bspw zum rein privaten Gebrauch oder zur Befriedigung des Informationsinteresses der Allgemeinheit. Die Beachtung des Änderungsverbots des § 14 UrhG wird über §§ 62, 39 UrhG sichergestellt. 147

I. Bild- und Tonberichterstattung über Tagesereignisse

Zulässig nach § 50 UrhG ist die **Bild- und Tonberichterstattung über ein Tagesereignis** in Rundfunk, Fernsehen und Zeitung. Das Tagesereignis muss eine **gewisse Gewichtigkeit** und Bedeutung für die Öffentlichkeit haben. Dies trifft auf die Berichterstattung aus den Bereichen Kunst und Kultur zu, zB bei einer Operneröffnung.[356] Der Begriff „**Tagesereignis**" impliziert zudem eine gewisse **Aktualität**, die solange gegeben ist, wie der Verkehr die Berichterstattung als der Gegenwart zugehörig empfindet.[357] In der Folge ist der Bericht über eine Theaterpremiere in einer monatlich erscheinenden Kulturzeitschrift „tagesaktuell" oder der Bericht im Rundfunk nur wenige Tage nach der Premiere.[358] Gegenstand der Berichterstattung muss das Ereignis als solches sein, zB die Premiere, nicht aber die Werkinszenierung.[359] Der **Zweck der Berichterstattung** entscheidet über die Anzahl und den Umfang der Werke, die wiedergegeben werden dürfen.[360] Handelt es sich um die Berichterstattung anlässlich der Wiedereröffnung eines Opernhauses, geht die vierzigminütige Übertragung der Ouvertüre zu „Don Giovanni" von Mozart und der Symphonie „Mathis der Maler" von Hindemith über das zulässige Maß hinaus.[361] Dagegen ist eine über die Operettenwochen in Bad Ischl hergestellte, ca zwanzigminütige Fernsehreportage selbst dann zulässig, wenn sie das Milieu der Operettenwochen zum Teil etwas breit schildert und durch kleine Bild- und Tonstellen der aufgeführten Werke illustriert.[362] Bei der Fernsehberichterstattung über eine Theatertournee dürfte nur die kurze Ausstrahlung von Live-Mitschnitten der Aufführungen gedeckt sein, nicht aber die komplette Wiedergabe einer Aufführung. Bei einer Fernsehsendung über ein Theaterfestival auf der Münchner Theresienwiese wurde der Berichterstattungszweck über ein Tagesereignis verfehlt, da es um die vertiefte Darstellung der Probleme und Ziele von Theatergruppen ging und das Theaterfestival als Veranstaltung nur als Aufhänger diente.[363] 148

---

355 S *Jani* Band 2 Kap 1 zu den Schranken des Urheberrechts.

356 OLG Frankfurt GRUR 1985, 380, 382 – Operneröffnung.

357 Möhring/Nicolini/*Engels* § 50 UrhG Rn 5; Wandtke/*Schunke* 5. Kap Rn 24.

358 LG Hamburg GRUR 1989, 591, 592 – Neonrevier; Wandtke/Bullinger/*Lüft* § 50 UrhG Rn 4.

359 BGH GRUR 1983, 25, 26 f – Presseberichterstattung und Kunstwiedergabe I; OLG Hamburg AfP 1983, 405, 407; LG Berlin ZUM 1989, 473, 474.

360 Wandtke/Bullinger/*Lüft* § 50 UrhG Rn 7.

361 OLG Frankfurt GRUR 1985, 380, 382 – Operneröffnung.

362 OHG GRUR Int 1971, 411 – Bad Ischler Operettenwochen.

363 OLG Hamburg AfP 1983, 405, 408. Der Senat wies darauf hin, dass eine Berichterstattung über ein Tagesereignis schon deshalb ausscheide, weil der Beitrag auch 4 Jahre nach seiner Erstsendung immer noch aktuell und informativ sei.

II. Zitat mit Quellenangabe

149 Die Vervielfältigung, Verbreitung und öffentliche Wiedergabe eines veröffentlichten Werkes ist dann zulässig, wenn es sich um ein **Zitat mit Quellenangabe** handelt und sich dieses im Rahmen des Zitierzwecks hält (§§ 51, 63 UrhG). Grundsätzlich entspricht ein Zitat dem **Zitierzweck**, wenn es als **Belegstelle oder Erörterungsgrundlage** für selbstständige Ausführungen oder als **Hilfsmittel** der eigenen Darstellung des Zitierenden erscheint.[364] Entscheidend ist „eine innere Verbindung zwischen der zitierten Stelle und den eigenen Gedanken des Zitierenden."[365] Relevant wird diese Schranke bei der Gestaltung von Programmheften, Theaterkritiken oder Opernführern.[366]

150 Bei **Zitaten in Theaterstücken** muss der Zitiergrundsatz unter **Berücksichtigung der Kunstfreiheit** weiter gezogen werden. Hierzu ein Beispiel. Die Brecht-Erben klagten gegen den Verleger von Heiner Müllers Theaterstück „Germania 3 Gespenster toter Mann", in welches längere Zitate aus Brechts „Leben des Galilei" und „Coriolan" eingebettet sind. Strittig war, ob die Einfügung der „Zwischentexte", „Intermedien" oder auch „Aggregate"[367] einer Auseinandersetzung mit den zitierten Stellen, die § 51 Nr 2 UrhG verlangt, genügten. Im Prinzip ging es um die verfassungskonforme Auslegung des Urheberrechts als Folge der Drittwirkung von Grundrechten bzw welche Grenzen Art 14 Abs 1 GG der Kunstfreiheit setzt.[368]

151 Das OLG Brandenburg war der Auffassung die Verwendung der Brechtschen Thesen in der Kunstform der Collage als „Material" für das Bühnenstück seien vom Zitierzweck des § 51 Nr 2 UrhG gedeckt: *„Die Auseinandersetzung mit den geistigen Hervorbringungen Brechts findet hier dadurch statt, daß der Autor Müller den Zusammenhang, in den die Zitate gestellt werden, bestimmt und sie dadurch kommentiert, gefärbt und in dem von ihm gewählten Licht hat erscheinen lassen."*[369] Das OLG München verbot dagegen die Zitate, mit der Begründung, hier würden die Zitate nicht interpretiert und als Belege angeführt, sondern nur in einen neuen Kontext gestellt.[370] In der Folge blieb die Frage offen, ob § 51 Nr 2 UrhG auch das ästhetische Zitat erfasst.[371] Letztendlich aber beantwortete das **BVerfG** die Frage im Rahmen einer Verfassungsbeschwerde des Verlags, der sich durch das Zitierverbot in Art 5 Abs 3 GG verletzt sah, folgendermaßen: *„Im Kontext einer eigenständigen künstlerischen Gestaltung reicht die Zitierfreiheit über die Verwendung des fremden Textes als Beleg, dh zur Verdeutlichung übereinstimmender Meinungen, zum besseren Verständnis der eigenen Ausführungen oder zur Begründung oder Vertiefung des Dargelegten, hinaus. Der Künstler darf urheberrechtlich geschützte Texte auch ohne einen solchen Bezug in sein Werk aufnehmen, soweit sie als solche Gegenstand und Gestaltungsmittel seiner eigenen künstlerischen Aussage bleiben. Wo es, wie hier, ersichtlich darum geht, den fremden Autor (Brecht) selbst als Person der Zeit- und Geistesgeschichte*

---

364 BGH GRUR 1959, 197, 199 – Verkehrs-Kinderlied; BGHZ 50, 147, 155 – Kandinsky I; BGH GRUR 1986, 59, 60 – Geistchristentum; BGH GRUR 1987, 34, 35 – Liedertextwiedergabe I; BGH WRP 2008, 1121, 1125 – TV Total.

365 BGH WRP 2008, 1121, 1125 – TV Total.

366 RGZ 129, 252, 254 f – Operettenführer; Dreyer/Kotthoff/Meckel/*Dreyer* § 51 UrhG Rn 44.

367 Zu den Begriffen *Metzger* ZUM 2000, 924, 925 mit Verweis auf Müller, Gesammelte Irrtümer: Interviews, 1986, 18 f und Schulz, Heiner Müller, 1980, 62 sowie Hauschild, Heiner Müller, 2000, 94.

368 *Garloff* GRUR 2001, 476, 477.

369 OLG Brandenburg NJW 1997, 1162, 1163.

370 OLG München NJW 1999, 1975, 1976.

371 *Garloff* GRUR 2001, 476, 479.

kritisch zu würdigen, kann es ein von der Kunstfreiheit gedecktes Anliegen sein, diesen Autor, seine politische und moralische Haltung sowie die Intention und Wirkungsgeschichte seines Werkes dadurch zu kennzeichnen, dass er selbst durch Zitate zu Wort kommt. Ob das Zitat – auch in dem gewählten Zuschnitt – einer solchen Würdigung und nicht bloß der Anreicherung eines Werkes durch fremdes geistiges Eigentum dient, ist aufgrund einer umfassenden Würdigung des gesamten Werkes zu ermitteln."[372] Es reicht somit aus, wenn das Zitat in das neue „Werk als Material ästhetischer, selbstbezüglicher Sinnbildung integriert wird,"[373] einer Interpretation im klassischen Sinne bedarf es nicht.

In diesem Zusammenhang ist erneut der vom Zitierrecht gedeckte Fall zu erwähnen, dass ein Theaterstück zu 1/3 aus zitierten Textpassagen eines Schauspielers, der eine höchst eigentümliche Art zu sprechen hatte, bestand, um dessen Person zu charakterisieren und sein Lebenswerk zu reflektieren.[374] Erlaubt ist grundsätzlich auch das Zitieren von Bildern oder Filmsequenzen der Aufführung ua in einem Sprachwerk oder einer Fernsehsendung (vgl § 51 Abs 1 S 2 Nr 2 UrhG).[375] **152**

III. Sonstige Schranken

Im Bereich der bühnenmäßigen Aufführungen entfallen zudem die in §§ 52, 53 UrhG ansonsten vorgesehene **Privilegierungen**. So sind nach § 52 Abs 3 UrhG öffentliche, bühnenmäßige Darstellungen stets nur mit Einwilligung des Berechtigten zulässig. Dasselbe gilt für die Aufnahme von Aufführungen oder Vorführungen eines Werkes auf Bild- oder Tonträger, zB Filmaufnahmen von einer Theateraufführung, sowie die Ausführung von Plänen und Entwürfen zu Werken der bildenden Künste (§ 53 Abs 7 UrhG). **153**

§ 7
Ein kurzer Überblick der Ansprüche

Urheber- und Leistungsschutzberechtigte, deren Rechtsnachfolger und die Inhaber von Nutzungsrechten sind berechtigt, Auskunfts-, Beseitigungs-, Schadens- und Unterlassungsansprüche nach den §§ 97 ff UrhG geltend zu machen.[376] Jeder Miturheber ist zwar berechtigt, Ansprüche aus Verletzungen des gemeinsamen Urheberrechts einzuklagen; er kann jedoch nur Leistung an alle Miturheber verlangen (§ 8 Abs 2 UrhG). Haben mehrere ausübende Künstler gemeinsam eine Darbietung erbracht, so ist im Regelfall nur der Vorstand, Leiter oder gewählte Vertreter aktivlegitimiert (§ 80 Abs 2, 74 Abs 2 S 2, 3 UrhG). Gewillkürte Prozessstandschaft ist grundsätzlich möglich, bei der Verletzung von Urheberpersönlichkeitsrechten aber nur, sofern die Ansprüche übertragbar sind.[377] Materieller Schadensersatz und Zahlung einer Lizenz nach § 812 BGB wegen Urheberpersönlichkeitsrechtsverletzung kann ausschließlich zu **154**

372 BVerfG GRUR 2001, 149, 152 – Germania 3; s auch *Metzger* ZUM 2000, 924, 928 ff zum Urteil des BVerfG.

373 *Garloff* GRUR 2001, 476, 481.

374 LG Köln Urt v 14.1.2009, Az 28 O 647/08 Rz 62; s auch Rn 145

375 Vgl BGH GRUR 1987, 362, 363 – Filmzitat; OLG Hamburg GRUR 1993, 666 – Altersphoto; OLG Köln GRUR 1994, 47 – Filmausschnitt; Wandtke/Bullinger/*Lüft* § 51 UrhG Rn 15, 17; Fischer/Reich/*Reich* Rn 192, 195.

376 Ausf *von Welser* Band 1 Kap 4.

377 BGH GRUR 1983, 379, 381 – Geldmafiosi; BGHZ 107, 384, 389 – Emil Nolde.

Gunsten des Urhebers verlangt werden.[378] Die Aktivlegitimation der Verwertungsgesellschaften ist in §§ 1, 6 WahrnG geregelt.[379]

155 Im Gegensatz zum **Unterlassungsanspruch**, der nur eine Erstbegehungs- oder Wiederholungsgefahr voraussetzt, ist beim **Schadensersatz** vorsätzliches oder fahrlässiges Verhalten des Verletzers erforderlich (vgl § 276 BGB). So handelt ein Verleger von Theaterprogrammen schuldhaft, der deren Inhalt nicht überprüft.[380] Der Anspruch auf Ersatz des materiellen Schadens ist in § 97 Abs 2 S 1–3 UrhG geregelt. Bei der Berechnung der Höhe des Schadensersatzes gibt es **drei Berechnungsarten** – den **konkreten Schaden**, den **Verletzergewinn** oder die **fiktive Lizenzgebühr** (**Lizenzanalogie**).[381] Dem Berechtigten steht insofern ein **Wahlrecht** zu. Urheber und ausübende Künstler – nicht aber Lizenznehmer – können wegen schwerwiegender, nicht anders ausgleichbarer Verletzung des Urheber- bzw Künstlerpersönlichkeitsrecht auch **immateriellen Schadensersatz**, dh eine billige Entschädigung in Geld, beanspruchen (§ 97 Abs 2 S 4 UrhG).[382] Jedoch wurde Balletttänzern, die in einem für das Fernsehen aufgezeichneten und ausgestrahlten Bühnenwerk nackt auftraten keine Entschädigung gewährt.[383] Der Anspruch ist vererblich. Es gibt aber keinen postmortalen Schutz, der einen Anspruch zu Gunsten der Erben neu entstehen lässt.[384]

§ 8
Die Medienfreiheit des Theaters

I. Staatliche Eingriffe in die Kunstfreiheit

156 Die Theater können sich auf die in Art 5 Abs 3 S 1 GG verfassungsrechtlich verbürgte und „schrankenlos“ gewährte **Kunstfreiheit** berufen, denn diese ist „ihrem Wesen nach“ auch auf die Theater anwendbar (vgl Art 19 Abs 3 GG). Jegliche Form von Zensur ist verboten (Art 5 Abs 1 S 3 GG) und ist deshalb der modernen Medienwelt fremd. Dennoch kommt es mitunter zu Konflikten zwischen der Kunstfreiheit und ordnungsbehördlichem Einschreiten, welche die Frage der Grenzen der Kunstfreiheitsgarantie aufwerfen.

157 Das Theater unterliegt keiner besonderen Aufsicht, weshalb als Ermächtigungsgrundlage für Eingriffe nach der hM nur die **polizeiliche Generalklausel** in Betracht kommt.[385] Unter Beachtung der großen Bedeutung der Kunstfreiheit für unsere freiheitliche Grundordnung ist es mehr als zweifelhaft, ob damit den Anforderungen der **Wesentlichkeitstheorie**, die in der Lehre vom Vorbehalt des Gesetzes wurzelt, genüge

---

378 Fromm/Nordemann/*JB Nordemann* § 97 UrhG Rn 141; Schricker/Loewenheim/*Wild* § 97 UrhG Rn 33; Wandtke/Bullinger/*von Wolff* § 97 UrhG Rn 12.

379 ZB OLG Hamburg GRUR 2001, 832.

380 BGH GRUR 1959, 331, 334 – Dreigroschenroman II.

381 Wandtke/Bullinger/*von Wolff* § 97 UrhG Rn 58 ff; eingehender *von Welser* Band 1 Kap 4.

382 BGH GRUR 1971, 525, 526 – Petite Jacqueline; s auch BGH GRUR 1995, 224, 228 f – Erfundenes Exklusiv-Interview.

383 OLG Hamburg Schulze OLGZ 149.

384 BGH GRUR 1974, 797, 800 – Fiete Schulze.

385 BVerwG NJW 1999, 304; OVG Koblenz NJW 1997, 145; *Böckenförde/Greiffenhagen* JuS 1966, 359, 361; *Kewenig* UFITA 58 (1970), 91, 97 f; aA *Knies* 71 ff, insb 77 und 283 f, der die Kunstfreiheit für polizeifest hält; s auch *Goldbaum* 61 zu Theaterverboten aufgrund der polizeilichen Generalklausel § 10 II 17 Allgemeines Landrecht.

getan ist, speziell was ein grundrechtskonformes Verfahren angeht.[386] Hier geht es um eine wesentliche Frage der Grundrechtsausübung, welche den **Werk- und Wirkbereich** der Kunstfreiheit, die künstlerische Betätigung genauso wie die Darbietung und Verbreitung von Kunst betrifft.[387]

Ein gutes Beispiel ist das Verbot der öffentlichen Aufführung des Rock-Comical **„Das Maria-Syndrom"** durch Ordnungsverfügung im Jahr 1994, weil angeblich die Gefahr bestand, dass eine Straftat nach § 166 Abs 1 StGB durch Beschimpfung des religiösen Bekenntnisses anderer begangen wird.[388] Der Schutzzweck des § 166 Abs 1 StGB – Bewahrung des öffentlichen Friedens – hat verfassungsrechtliches Gewicht, da er in engem Zusammenhang mit den grundrechtlichen Gewährleistungen des Art 4 Abs 1 GG steht. Insofern muss nach dem **Grundsatz der praktischen Konkordanz** – der verfassungsimmanenten Schranke der Kunstfreiheit – ein Ausgleich zwischen den hier in Rede stehenden verfassungsrechtlichen Belangen gefunden werden und zwar unter Abwägung ihrer einzelfallbezogenen Bedeutung „ohne daß es entscheidend darauf ankommt, zwischen einem im Vordergrund und einem ‚dahinterstehenden' Rechtsgut zu unterscheiden."[389] Im oben beschriebenen Fall wurde das „Maria Syndrom" von dem OVG Koblenz unter besonderer Berücksichtigung der Kunstfreiheit als friedensstörende Beschimpfung gewertet, bei der Fairness und Anstand in der religiösen Auseinandersetzung nicht mehr gewahrt sind. Das „Maria-Syndrom" stelle sich *„nach den Gesamtumständen als bloße Verächtlichmachung christlicher Glaubensvorstellungen dar, mit denen das, was von vielen Gläubigen als heilig verehrt wird, im wahrsten Sinne des Wortes in den Schmutz gezogen wird. Diese Wertung beruht nicht nur auf einzelnen Textpassagen, sondern berücksichtigt den Inhalt des Rock-Comicals, seine Sprache und Ausdrucksweise sowie die Art und Weise der Aufführung. Nach diesem Gesamteindruck stehen Worte und Darstellung des Sexual- und Fäkalbereichs im Vordergrund, die möglicherweise vom Autor beabsichtigte kritische Ansätze völlig überlagern. Die Geschichte selbst ist – wie es der Erzähler gleich zu Beginn formuliert – ‚obszön und geschmacklos', ohne daß eine Distanz zu den nachfolgenden gravierenden Obszönitäten und Geschmacklosigkeiten geschaffen wird. (...) Allein die Herabwürdigung und Schmähung des christlichen Glaubens stehen im Vordergrund, nicht aber die Auseinandersetzung in der Sache. Zum inneren Frieden gehört aber die Toleranz in Glaubens- und Weltanschauungsfragen, ohne die eine freiheitlich-pluralistische Gesellschaft nicht existieren kann. Jeder soll seinem Glauben nachgehen können (‚jeder soll nach seiner Facon selig werden können'), ohne befürchten zu müssen, deshalb diffamiert und ins Abseits gestellt zu werden."*[390] 158

Bedauerlicherweise hat sich das OVG Koblenz in diesem Zusammenhang nicht kritisch mit der Beeinträchtigung des Grundrechts der Besucher auf uneingeschränkte **Informationsfreiheit** auseinandergesetzt (Art 5 Abs 1 S 1 GG). Diese sah jedenfalls das BVerwG nicht gefährdet; denn die Informationsfreiheit gewährleiste „Personen, die an dem Besuch einer Veranstaltung aus Informationsgründen interessiert sind, kein Recht darauf, daß die Veranstaltung stattfinden darf. Ob die Veranstaltung durchgeführt werden darf, ist in Fällen der vorliegenden Art grundrechtlich eine Frage der Meinungs- und Kunstfreiheit des Veranstalters bzw Autors."[391] 159

386 *Ladeur* ZUM 2004, 1, 4.
387 BVerfG NJW 1971, 1645 – Mephisto; s auch Wandtke/*Wandtke* 1. Kap Rn 68.
388 S auch den konstruierten Fall bei *Böckenförde/Greiffenhagen* JuS 1966, 359 ff.
389 BVerwG NJW 1999, 304; s auch BVerfG NJW 1990, 1982, 1983 und die Ausführungen von *Kewenig* UFITA 58 (1970), 91, 96 f.
390 OVG Koblenz NJW 1997, 1174.
391 BVerwG NJW 1999, 304.

160 Ganz ähnliche verfassungsrechtliche Fragen betrafen die versammlungsrechtlichen Auflagen für den „**Anachronistischen Zug**" im Jahr 1980, einem politischen Straßentheater, welches sich die Interpretation des Gedichts „Der anachronistische Zug oder Freiheit und Democracy" von Berthold Berecht, in dem es um die Nutznießer des Naziregimes ging, zur Aufgabe machte.[392] Die Veranstalter konnten sich mit unterschiedlichem Erfolg gegen die Verbote wehren, Masken lebender Personen, Bundeswehruniformen und imitierte Uniformen des Dritten Reichs zu tragen sowie NS-Symbole zu verwenden.

161 Die Beispiele verdeutlichen eines gut: Mögen die Eingriffe auch selten sein, so wiegen sie in einem freiheitlichen, pluralistischen Staatswesen als Einzelfälle umso mehr und bedürfen einer starken Rechtfertigung. Wegen dieser Bedeutung kann es nicht den Ordnungsbehörden oder Polizeibeamten überlassen sein, einen derart weitreichenden Eingriff in die Kunstfreiheit aufgrund der **Moralvorstellungen** eines „**Durchschnittsmenschen**" – dies ist der unscharfe und recht zweifelhafte Maßstab – zu legitimieren.[393] Sehr fraglich scheint ferner, ob die **Verletzung „religiöser Empfindungen"** als Eingriff in Art 4 Abs 1 GG ausreichen kann, um die **künstlerische Freiheitssphäre** zu beschränken.[394] Gerade unter Berücksichtigung der Tatsache, dass niemand gezwungen ist, sich eine Vorstellung in einem „geschlossenen" Theater anzuschauen.[395] Richtigerweise wurde deshalb die Klage eines gläubigen Katholiken gegen einen Fernsehbeitrag im Morgenmagazin des WDR abgewiesen.[396] Der Bericht zeigte eine Szene aus der Aufführung des Theaters „Sie" von Jean Genet, in welcher der Papst bei der Verrichtung der Notdurft dargestellt wurde. Anders ist die Sachlage natürlich zu beurteilen, wenn die Aufführung des Theaterstücks zu Unruhen und Störaktionen führt, welche eine Gefahr für die öffentliche Sicherheit, insb die körperliche Integrität der Zuschauer oder der Eigentumsrechte des Theaters, sind.[397]

II. Private Eingriffe in die Kunstfreiheit

162 Recht häufig ist – im Gegensatz zu den seltenen Fällen der staatlichen Verbote von Theateraufführungen – die Geltendmachung von Unterlassungsansprüchen Privater gegen die Theater wegen Verletzung ihrer **Persönlichkeitsrechte** nach §§ 1004, 823 Abs 1 BGB iVm Art 1 Abs 1, 2 Abs 1 GG oder § 823 Abs 2 BGB (zB iVm. §§ 185, 186 StGB).[398] Auch in diesen Fällen geht es letztlich um die Abwägung zwischen Kunst-, Meinungs- sowie Berichterstattungsfreiheit und dem Persönlichkeitsrecht.

163 Der neuste Fall betrifft die erfolgreiche Klage eines Theaterverlags gegen die Mutter eines getöteten Mädchens, welcher die Feststellung begehrte, dass die Inszenierung, Aufführung und Veröffentlichung des Jugendtheaterstücks „**Ehrensache**", das auf dem sog „Hagener-Mädchenmord-Fall" beruht, keine schwerwiegende **postmortale Persönlichkeitsrechtsverletzung** ihrer Tochter darstellt.[399] Zuvor hatte die Mutter bereits mit

392 VGH München NJW 1981, 2428 (keine Verletzung von §§ 186, 86a StGB); VG Köln NJW 1983, 1212, 1214 f (Verletzung von §§ 166 Abs 2, 186, 189 StGB, jedoch nicht von §§ 86a, 132a Abs 1 Nr 4 StGB); s auch die Kommentierung von *Ott* NJW 1981, 2397.

393 *Kewenig* UFITA 58 (1970), 91, 98 f.

394 So auch *Böckenförde/Greiffenhagen* JuS 1966, 359, 361; *Kewenig* UFITA 58 (1970), 91, 99 f.

395 So auch *Hufen* JuS 1999, 911, 912.

396 OVG Münster NJW 1997, 1176, 1177.

397 Vgl *Böckenförde/Greiffenhagen* JuS 1966, 359, 365.

398 Ausf zum allgemeinen Persönlichkeitsrecht *Boksanyi* 4 Teil 3 Kap 1.

399 BGH GRUR 2009, 83 – Ehrensache. Die Vorinstanz OLG Köln GRUR-RR 2008, 324 – Mädchenmord hatte ebenso wie das LG Hagen ZUM-RD 2007, 249 noch entgegen der ersten Instanz LG Köln Urt v 14.2.2007, Az 28 O 292/06 die Klage abgewiesen; s auch *Ahrens* JZ

unterschiedlichem Erfolg gegen einzelne Theater wegen der Aufführung des Stücks geklagt, die ua durch Informationsblätter die Verbindung zum realen Geschehen offenbarten.[400] Der **BGH** führt zum **Prüfungsmaßstab** folgendes aus: *„Zu den Spezifika literarischer Kunstformen wie etwa eines zeitgenössischen Theaterstücks gehört, dass solche Stücke zwar häufig an die Realität anknüpfen, der Künstler dabei aber eine neue ästhetische Wirklichkeit schafft. Das erfordert eine kunstspezifische Betrachtung zur Bestimmung des durch das Theaterstück im jeweiligen Handlungszusammenhang dem Leser nahegelegten Wirklichkeitsbezugs, um auf dieser Grundlage die Schwere der Beeinträchtigung des Persönlichkeitsrechts bewerten zu können. Die künstlerische Darstellung ist an einem kunstspezifischen, ästhetischen Maßstab zu messen. Dabei ist zu beachten, ob und inwieweit das ‚Abbild' gegenüber dem ‚Urbild' durch die künstlerische Gestaltung des Stoffs und seine Ein- und Unterordnung in den Gesamtorganismus des Kunstwerks so verselbstständigt erscheint, dass das Individuelle, Persönlich-Intime zu Gunsten des Allgemeinen, Zeichenhaften der ‚Figur' objektiviert ist. Ein literarisches Werk, vorliegend ein Theaterstück, ist zunächst als Fiktion anzusehen, das keinen Faktizitätsanspruch erhebt. Die Vermutung der Fiktionalität gilt im Ausgangspunkt auch dann, wenn hinter den Figuren reale Personen als Urbilder erkennbar sind.“*[401] Eine Verletzung der Menschenwürde und damit des postmortalen Persönlichkeitsrechts der Tochter wurde verneint, weil „[f]ür ein literarisches Werk, das an die Wirklichkeit anknüpft, (...) vielmehr kennzeichnend [sei], dass es tatsächliche und fiktive Schilderungen vermengt. Unter diesen Umständen verfehlte es den Grundrechtsschutz solcher Literatur, wenn man die Persönlichkeitsrechtsverletzung bereits in der Erkennbarkeit als Vorbild einerseits und in bestimmten negativen Zügen der Figur andererseits sähe.“[402]

Die in dem Fall **„Esra“** aufstellte **Je-Desto-Formel**, der sich auch das BVerfG anschloss – kurz: Je mehr Realität und je mehr Intimität, desto wahrscheinlicher die Persönlichkeitsrechtsverletzung – wurde in dem beschriebenen Fall „Ehrensache“ vom BGH in positiver Weise zu Gunsten der Kunstfreiheit weiterentwickelt und konkretisiert:[403] Im Bereich des Theaters reicht somit – anders wie bei einem Roman – die Erkennbarkeit des realen Vorbilds nicht aus, um die **Vermutung der Fiktionalität** zu widerlegen und eine Persönlichkeitsrechtsverletzung zu bejahen.[404] Zudem stellte das Gericht klar, dass es für die Frage, ob der Autor oder Regisseur seinem Leser oder Zuschauer die Faktizität und Authenzität der künstlerischen Darstellung nahe legt, nicht auf die objektive Übereinstimmung von erzählter und realer Geschichte ankommt.[405] **164**

2009, 214, 216 (Anm) zum Schutzumfang des postmortalen Persönlichkeitsrecht.

400 Verletzung der Menschenwürde bejahend: LG Hagen ZUM 2006, 655; ZUM-RD 2007, 249; verneinend: LG Essen ZUM-RD 2007, 92; OLG Hamm, Beschl v 16.5.2007, Az 3 U 258/06. Der BVerfG wies in dem Verfahren die Verfassungsbeschwerde zurück, BVerfG GRUR-RR 2008, 206.

401 BGH GRUR 2009, 83, 85 – Ehrensache; s auch BVerfG GRUR-RR 2008, 206, 207 – Theaterstück „Ehrensache“.

402 BGH GRUR 2009, 83, 85 – Ehrensache, ebenso BVerfG GRUR-RR 2008, 206 – Theaterstück „Ehrensache“; LG Hamburg ZUM-RD 2007, 94, 95.

403 BVerfG GRUR 2007, 1085 – Roman „Esra“; BGH GRUR 2005, 788, 790 f – Esra; BGH GRUR 2008, 931, 932 – Esra; krit zu den Vorgaben der Esra-Entscheidung und positiv zur Relativierung von Esra im Ehrensache Urteil *Robak* AfP 2009, 325, 329 f, 332; s auch die Kritik von *Gostomyzk* an der Je-Desto-Formel in NJW 2008, 737, 739.

404 Eine Abschwächung der Esra-Entscheidung stellt auch die Entscheidung des OLG Frankfurt ZUM 2009, 952, 955 dar. S auch BVerfG ZUM 2007, 730, 733 f – Contergan und OLG Frankfurt ZUM 2006, 407, 410 f – Kannibale von Rothenburg mit krit Anm *Kaboth* zur Kunstfreiheit, Berichterstattungsfreiheit und Fiktionalitätsvermutung im Film sowie OLG Köln ZUM 2009, 324 – Baader Meinhof Komplex.

405 *Robak* AfP 2009, 325, 335.

165 Interessant ist des Weiteren die erfolgreiche Klage einer Aktiengesellschaft, die Spezialmaschinen herstellt, gegen die Aufführung eines Theaterstücks, welches Szenen zum Arbeitsalltag in dem Unternehmen enthielt, wobei die Verwendung der Firmenkurzbezeichnung und abgewandelter Namen der kritisierten Betriebsangehörigen die Zuordnung eindeutig ermöglichten. Der BGH bejahte eine **Persönlichkeitsrechtsverletzung der juristischen Person**, weil „die juristische Person und ihre Betriebsangehörigen unter Verwendung ihrer realen Existenz und Tätigkeit zu Objekten einer herabwürdigenden Kritik gemacht werden, die ihre Bezugspunkte nicht in den konkreten Verhältnissen solcher ‚Trägerpersonen', sondern in allgemeinen kritischen Einsichten des Verfassers gegenüber einem von ihm aus grundsätzlichen Erwägungen abgelehnten Wirtschaftssystem hat."[406]

166 Entscheidungslos, aber durchaus lehrreich, ist ferner die Klage eines im Immobiliengeschäft tätigen jüdischen Kaufmanns gegen die Aufführung des Stückes „**Der Müll, die Stadt und der Tod**" von Rainer Fassbinder, insb gegen die Figur des „Reichen Juden", in dem es um die Entwicklung der Frankfurter Innenstadt von einem Villen- in ein Geschäfts- und Verwaltungsviertel und die damit zusammenhängenden Geschäftspraktiken ging. Das OLG Frankfurt konnte wegen der Absetzung des Stücks und der damit verbundenen Erledigung die Entscheidung offen lassen, sah zwar eine Verletzung des Persönlichkeitsrechts wegen der antisemitischen Tendenzen des Textes als naheliegend an, hielt jedoch eine Untersagung des Theaterstücks – da hier die antisemitischen Anklänge weitgehend zurückgedrängt wurden und wegen der Kunstfreiheitsgarantie – eher für unwahrscheinlich.[407] Dieser Fall unterscheidet sich von den zuvor Dargestellten insofern, als dass hier **keine Bezüge zu realen Personen** und ihren Handlungen bestehen. Diese Tatsache spricht für eine **stärkere Gewichtung der Kunstfreiheit**, die wohl auch das OLG Frankfurt gesehen hat.

167 Keinen außergewöhnlichen Fall hatte das LG Dresden zu behandeln, allerdings wiederholte es einen **Leitsatz von großer Bedeutung**. Das Gericht betonte in Anlehnung an die Rechtsprechung des BVerfG den Grundsatz, dass sofern eine „angegriffene Äußerung in einer Theateraufführung in dem Zusammenhang der Inszenierung **verschiedene** – nahe liegende – **Interpretationen**" zulasse, „diejenige der Beurteilung zu Grunde zu legen [sei], welche die Rechtsgüter anderer am wenigsten beeinträchtigt."[408] „Denn künstlerische Äußerungen sind interpretationsfähig und interpretationsbedürftig; ein unverzichtbares Element dieser Interpretation ist die Gesamtschau des Werkes."[409] In der Folge sah es in dem in einer Theateraufführung gesprochenen Satz, der eine Journalistin und Moderatorin des ersten Deutschen Fernsehens betraf „Wen ich schnell erschießen würde, wäre Frau C…" keine Persönlichkeitsrechtsverletzung. Der Satz stelle keine Aufforderung zur Ermordung, sondern eine im Zorn getätigte Verzweiflungsäußerung einzelner Mitglieder des „Chors der Arbeitslosen" dar; zudem schließe sich eine kritische Auseinandersetzung an.[410] Die Aufführung drehte sich um die Fragestellung „wer oder was ist schlecht für die Gesellschaft – wer oder was trägt die meiste Schuld an der Misere, in der Sie sich befinden – wer oder was hindert Sie an ihrer persönlichen Entfaltung".

406 BGH GRUR 1976, 210, 212 – Der Geist von Oberzell.

407 OLG Frankfurt NJW 1987, 1411, 1412; krit insb zum Begriff der „kollektiven Beleidigung" *Hufen* JZ 1966, 837, 838 (Anm).

408 LG Dresden NJW-RR 2005, 411, 413; BVerfG NJW 1985, 261, 263 (politisches Straßentheater); BVerfG NJW 1990, 1985, 1986.

409 BVerfG NJW 1985, 261, 263 (politisches Straßentheater).

410 LG Dresden NJW-RR 2005, 411, 413.

III. Eingriffe in das Recht am eigenen Bild der Künstler und Theaterbesucher

Ein weiterer Problemkreis im Rahmen der Medienfreiheit ist die Verletzung des **Rechts am eigenen Bild** von Künstler und Publikum (§§ 22 ff KUG). Neben einem **Unterlassungs- und Schadensersatzanspruch** (§§ 823 Abs 1, 1004 BGB iVm Art 1 Abs 1, 2 Abs 1 GG; §§ 823 Abs 2, 1004 BGB iVm §§ 22, 23 KUG) ist stets auch an einen **Bereicherungsanspruch** (§§ 812 Abs 1 S 1 Alt 2, 818 Abs 2 BGB) zu denken. Zur Bestimmung der Höhe des **materiellen Schadensersatzanspruchs** bei Verletzung seines Ausschließlichkeitsrechts kann sich der Geschädigte – sofern sein **Bild kommerzialisierbar** ist – auf den tatsächlichen Schaden, den entgangenen Gewinn oder eine fiktive Lizenzgebühr berufen (vgl § 97 Abs 2 S 1–3 UrhG).[411] Ein **immaterieller Schadensersatzanspruch** besteht nur im Falle einer schwerwiegenden Persönlichkeitsverletzung. Der Bereicherungsanspruch ist in Höhe derjenigen Vergütung begründet, die nach der in den beteiligten Kreisen herrschenden Übung für die Erlaubniserteilung zu zahlen gewesen wäre (fiktive Lizenzgebühr).[412] 168

Als Beispiel sei der Fall genannt, dass ein **Schauspieler** während der Theaterprobe gegen seinen Willen mit entblößtem Oberkörper fotografiert und sein Foto in sechs auflagenstarken Zeitungen zusammen mit einer Theaterbesprechung veröffentlicht wird. Das LG Saarbrücken gab dem Schauspieler, der sich gegen die Veröffentlichung zu Wehr setzte, wegen Verletzung des § 22 KUG Recht. Zwar sei davon auszugehen, dass § 23 Abs 1 Nr 1 KUG greife, weil es sich bei der Theateraufführung um eine Welturaufführung, ein über die Grenzen des Saarlandes hinausgehendes, bundesweites kulturelles Ereignis handelte. Dennoch müsse dem **Alleinbestimmungsrecht** des Schauspielers gem § 23 Abs 2 KUG, da in besonders intensiver Weise in seine Intimsphäre eingegriffen worden sei, vor dem **Publikationsinteresse der Allgemeinheit** Vorrang gewährt werden. Dabei sei einerseits zu berücksichtigen gewesen, dass der Schauspieler auch später in der Theateraufführung nackt gezeigt wurde, andererseits sei die Öffentlichkeit einer Theateraufführung eine andere als die von 700 000 gedruckten Zeitungsexemplaren.[413] Anders lag ein vom OLG Hamburg zu entscheidender Fall. Eine bekannte Schauspielerin, die sich in einem Männermagazin in einer Serie von erotischen Aufnahmen halbnackt darstellen ließ, musste es hinnehmen, dass eine Tageszeitung darüber berichtete und die Abbildung wiedergab. Das Gericht war der Ansicht, sie habe durch die bewussten Nacktaufnahmen der Veröffentlichung in der Presse und der Kenntnisnahme durch einen größeren Personenkreis zugestimmt.[414] 169

Voraussetzung für die Geltendmachung eines Vermögensschadens in Höhe der fiktiven Lizenzgebühr durch den betroffenen Künstler ist außerdem, dass dieser das Bild tatsächlich **kommerziell** verwertet hätte, zB zu Werbezwecken des Theaters. Beruft er sich hierauf, wird aber in der Regel ein Schmerzensgeldanspruch ausgeschlossen sein, weil von seiner grundsätzlichen Bereitschaft zur Erteilung einer Einwilligung in die Veröffentlichung des Bildes (**fiktive Einwilligung**) auszugehen ist.[415] 170

---

411 BGHZ 20, 345, 353 f – Paul Dahlke, vgl bereits RGZ 35, 63, 67 f und eingehender *von Welser* Band 1 Kap 4; s auch *Boksanyi* 4 Teil 3 Kap 2 zur Kommerzialisierbarkeit von Persönlichkeitsrechten.

412 BGHZ 20, 345, 354 f – Paul Dahlke.

413 LG Saarbrücken NJW-RR 2000, 1571 f; dazu auch BGH GRUR 1985, 398, 399 – Nacktfoto (nur Zustimmung für Schulgebrauch, nicht für Fernsehen).

414 OLG Hamburg ZUM 1991, 550, 551; s auch OLG Frankfurt aM NJW 2000, 594 f.

415 LG Saarbrücken NJW-RR 2000, 1571, 1572 f; so auch BGH GRUR 1958, 408, 409 – Herrenreiter; aA OLG München NJW-RR 1996, 539, 540 ff.

171 Die Einwilligung ist eine empfangsbedürftige Willenserklärung, für welche die §§ 104 ff BGB gelten.[416] Bei der (stillschweigenden) **Einwilligung** ist immer die Reichweite im Auge zu behalten, die im Zweifelsfall mit Hilfe er **Zweckübertragungslehre** zu ermitteln ist.[417] In der Folge erstreckt sich die Einwilligung eines Schauspielers, ihn mit der Brille eines Modehauses abzulichten, bestenfalls auf die Verwendung des Bildnisses für die Werbezwecke des Modehauses, nicht aber für eine Optikerkette.[418] Die **Beweislast** bzgl der Einwilligung und dem damit verbundenen Umfang des Verbreitungsrechts trifft denjenigen, der als Verletzer des Rechts am eigenen Bild in Anspruch genommen wird.[419] Bei einem bekannten Schauspieler als zumindest relativer Person der Zeitgeschichte entfällt zwar grundsätzlich das Einwilligungserfordernis nach § 23 Abs 1 Nr 1 KUG, allerdings fallen Veröffentlichungen, die sich nicht mit dem **Informationsbedürfnis der Allgemeinheit** rechtfertigen lassen, „weil sie in Wahrheit allein den Geschäftsinteressen der mit der fraglichen Abbildung Kundenwerbung treibenden Firmen dienen", von vornherein aus dem Anwendungsbereich dieser Ausnahmebestimmung; jedenfalls hat der Schauspieler ein **berechtigtes Interesse** iSd § 23 Abs 2 KUG, dass sein Bildnis nicht zum Anreiz eines Warenkaufs gemacht wird.[420] Es ist immer auch an § 23 Abs 1 Nr 4 KUG zu denken, wenn das Lebensbild einer Person auf der Bühne dargestellt wird; denn dann liegt ua eine **Bildnisnutzung zu künstlerischen Zwecken** vor.[421]

172 Die Veröffentlichung eines Fotos, das einen **Besucher** beim Anziehen seines Mantels zeigt, im Zusammenhang mit einem Bericht über das Publikum eines Theaters, stellt einen Eingriff in das Recht aus § 22 KUG dar, welches einen Unterlassungsanspruch begründet. Der Besucher hat aber mangels schwerwiegenden Eingriffs in das allgemeine Persönlichkeitsrecht weder einen Schmerzensgeldanspruch noch mangels Kommerzialisierbarkeit des Bildes – die Abbildung einer **Alltagstätigkeit** hat keinen eigenständigen Vermögenswert – einen Anspruch auf Herausgabe der Bereicherung in Höhe einer fiktiven Lizenzgebühr.[422] Eine andere Bewertung könnte sich nur ergeben, wenn das Foto zu Werbezwecken des Theaters, zB im Programmheft oder auf Plakaten, verwendet wird.

173 Einen Unterlassungsanspruch kann der Besucher dagegen nicht geltend machen, wenn während der Theatervorstellungen **Aufnahmen vom Zuschauerraum** gemacht werden, weil es sich hierbei um ein **Bildnis der Zeitgeschichte** als Teil des kulturellen Lebens, zumindest aber um ein Bild handelt, bei dem die Person im Regelfall nur als Beiwerk neben der Örtlichkeit „Theater" erscheint (vgl § 23 Abs 1 Nr 1, 2 KUG), an dem die Öffentlichkeit ein vorrangiges Informationsinteresse hat.[423] Eine **stillschwei-**

---

416 OLG München ZUM 2001, 708; Wandtke/Bullinger/*Fricke* § 22 KUG Rn 13.

417 BGHZ 20, 345 – Paul Dahlke (keine Einwilligung in Verwendung zu Werbezwecken).

418 BGH GRUR 1992, 557 – Joachim Fuchsberger; OLG München ZUM 2006, 936.

419 KG UFITA 1940, 160, 162.

420 BGHZ 20, 345, 350 f – Paul Dahlke; vgl RGZ 125, 80, 83 ff – Tull Harder. Das RG verneinte ein berechtigtes Interesse des bekannten Fußballspielers Tull Harder. Dieser könne sich als Person der Zeitgeschichte nicht dagegen wehren, dass sein Bild mit einigen erläuternden Worten zu seiner Person Zigarettenschachteln beigelegt werde. Denn hierbei ginge es in erster Linie um „Anschaulichkeit und Unterhaltung", der Anreiz zum Sammeln und damit dem Kauf von Waren und Kundenwerbung sei zweitrangig. Der BGH hegte zwar an der weitern Gültigkeit der Entscheidung Zweifel, meinte aber jedenfalls unterscheide sich der Fall Paul Dahlke insofern, als dessen Bildnis unmittelbar in Verbindung mit einer Ware (Motorroller) und einer Firma gebracht worden sei.

421 Loewenheim/*Schertz* § 18 Rn 52.

422 Vgl AG Hamburg GRUR 1991, 910.

423 BGH GRUR 2005, 74, 75 – Charlotte Casiraghi II (Teilnehmer einer Sportveranstaltung); zum weiten Begriff der Zeitgeschichte BVerfG GRUR 2008, 539, 542 – Caroline von

gende Einwilligung kann nicht allein in dem Theaterbesuch gesehen werden; sie ist aber zu bejahen, wenn der Besucher wahrnimmt, dass er fotografiert wird und in die Kamera lächelt, freundlich winkt oder sich bewusst ins Bild stellt (vgl §§ 133, 157 BGB).[424] Die Ausführungen gelten entsprechend im Hinblick auf Filmaufnahmen. Neben einem Schadensersatz- und Unterlassungsanspruch kann der Betroffene im Regelfall die **Vernichtung** oder **Herausgabe** der Fotos und Negative als Vervielfältigungsstücke verlangen (§ 37, 38 KUG; §§ 823, 249 S 1; 1004 BGB).[425]

§ 9
Bühnenaufführungs- und andere Verträge

I. Bühnenaufführungsverträge

Die von den Bühnenverlagen gegenüber Theatern verwendeten **Aufführungsverträge** sind im Wesentlichen aufgrund von Rahmenvereinbarungen standardisiert. Für Vertragsabschlüsse mit „professionellen" Theatern gibt es besondere Vorgaben. Zu den „professionellen" Theatern zählen die Häuser, die dem Deutschen Bühnenverein angehören. Die Vorgaben beziehen sich sowohl auf den Umfang der Nutzungsrechte als auch auf die Höhe der Urhebervergütungen. Für den Bereich der Tourneetheater, der „semiprofessionellen" Bühnen und des „Amateurtheaters" fehlt bislang eine Entsprechung. Gleichwohl haben sich hier ebenfalls bestimmte Gepflogenheiten durch die Praxis herausgebildet. **174**

1. Rahmenvereinbarungen

Die Wichtigsten der deutschsprachigen Bühnenverlage und belletristischen Verlage mit eigenständigen Bühnenabteilungen haben sich im **Verband Deutscher Bühnen- und Medienverlage eV**[426] zusammengeschlossen. Zum Verband gehören österreichische und schweizerische Verlage, die unabhängig von der unmittelbaren Mitgliedschaft im deutschen Verband jeweils einen eigenen nationalen Verband haben. **„Gegenseitigkeitsvereinbarungen"** zwischen den Verbänden, ähnlich denen der Verwertungsgesellschaften, stellen sicher, dass die Absprachen der jeweiligen nationalen Verbände mit Theatern und anderen Verwertern auch zugunsten der Mitglieder der anderen Verbände gelten, wenn die Verwertung im eigenen Land erfolgt. Der Verband Deutscher Bühnen- und Medienverlage hat mit dem Dachverband der Staats- und Stadttheater sowie der Landesbühnen, dem **Deutschen Bühnenverein, Bundesverband der Theater und Orchester eV**[427] seit Mitte der 1970iger Jahre Eckpunkte für den Geschäftsverkehr zwischen Verlagen und Theatern vereinbart. Diese Eckpunkte sind in der sog **Regelsammlung Bühne**[428] zusammengefasst. Die ursprüngliche Version der Regelsammlung **175**

Monaco; BGH GRUR 2007, 899, 900 – Grönemeyer; RGZ 125, 80, 82 – Tull Harder; Loewenheim/*Schertz* § 18 Rn 41 (bei § 23 Abs 1 Nr 2 KUG darf die Personenabbildung nicht im Vordergrund stehen).

424 LG Bielefeld NJW-RR 2008, 715, 716 – Die Super-Nanny; OLG Köln NJW-RR 1994, 865; Wandtke/Bullinger/*Fricke* § 22 KUG Rn 15.

425 Wandtke/Bullinger/*Fricke* § 22 KUG Rn 37 f.

426 www.buehnenverleger.de.

427 www.buehnenverein.de.

428 Als Vereinbarung zwischen Verbänden ist der Anwendungsbereich auf die jeweiligen Verbandsmitglieder beschränkt.

Bühne erfuhr mehrere Änderungen und Ergänzungen. Die zuletzt geltende „Wiesbadener Fassung“ wurde im Jahre 2005 durch die „Kölner Fassung“ abgelöst. Wegen des kartellrechtlichen Verbots wettbewerbsbeschränkender Vereinbarungen und fehlender gesetzlicher Freistellung hatte sie lediglich einen in einer Präambel festgehaltenen empfehlenden Charakter, war also für Verbandsmitglieder beider Seiten rechtlich gesehen nicht bindend.[429] Sie wurde jedoch den Aufführungsverträgen weitgehend zugrunde gelegt.

176 Die „Kölner Fassung“ der **Regelsammlung Bühne** brachte in mehrerlei Hinsicht **Neuerungen.** Zum einen wurden vertragsrechtliche und urheberrechtliche Bestimmungen der besseren Übersicht halber jeweils getrennt geregelt. Überdies wurden **Muster-Aufführungsverträge** vereinbart, die die Regelsammlung Bühne inkorporieren und so zu deren größerer Verbindlichkeit führen. Für reversgebundenes Musikmaterial einigte man sich auf einen Muster-Mietvertrag. Hinzu kamen aber auch gesetzgeberische Gründe. Mit der **Urheberrechtsreform** des **„Ersten Korbes“** (2002) hatte der Gesetzgeber einen unverzichtbaren Anspruch des Urhebers auf die **angemessene Vergütung** für die Nutzung seiner Werke (§ 32 UrhG) sowie einen Anspruch auf eine **weitere Beteiligung** für den Fall eines auffälligen Missverhältnisses zwischen Erträgnissen und Vorteilen aus der Werknutzung (§ 32a UrhG) eingeführt. Die wirtschaftliche Absicherung des Urhebers wurde als ausdrückliches Ziel des Urheberrechts festgeschrieben (§ 11 S 2 UrhG). Parallel dazu schaffte man die Möglichkeit für **Vereinigungen von Urhebern und Werknutzern**, die Angemessenheit der Vergütung in **Gemeinsamen Vergütungsregeln** festzulegen (§ 36 UrhG). Tarifverträge mit entsprechenden urheberrechtlichen Regelungen haben dabei nach der gesetzlichen Konzeption gegenüber Gemeinsamen Vergütungsregeln Vorrang (§ 36 Abs 1 S 3 UrhG). Diese Neuregelungen führten im Ergebnis zur Aufhebung des Kartellierungsverbots für den Bereich des Urhebervertragsrechts.[430] Obwohl die **Regelsammlung Bühne** nach überwiegendem Verständnis selbst **keine Gemeinsame Vergütungsregel**[431] im Sinne der gesetzlichen Bestimmung darstellt, profitiert sie als überkommenes Instrument des Interessenausgleichs ebenfalls von dieser Privilegierung. Das gesetzgeberische Anliegen bestand darin, in nicht oder nur einseitig (Allgemeine Geschäftsbedingungen) geregelten Bereichen die angemessene Beteiligung der Urheber durchzusetzen. Die Aufhebung funktionierender Marktmechanismen war nicht Ziel der Reform.

2. Muster-Verträge und Regelsammlung Bühne[432]

177 Das **Zustandekommen eines Aufführungsvertrages** folgt den allgemeinen Bestimmungen (§§ 145 ff BGB). Der Bühnenverlag leitet dem Theater üblicherweise vorab den Entwurf eines Aufführungsvertrages zu, der dann im Weiteren abgestimmt wird, ehe es zum rechtlich verbindlichen Vertragsabschluss kommt (Vertragsangebot des Theaters auf der Grundlange des abgestimmten Entwurfs – Annahme seitens des Ver-

---

429 Statt aller Loewenheim/Meessen/Riesenkampf/*J B Nordemann* § 1 GWB Rn 215 ff, 224.

430 Schricker/Loewenheim/*Dietz/Haedicke* § 36 UrhG Rn 26.

431 Loewenheim/Meessen/Riesenkampf/*J B Nordemann* § 1 GWB Rn 224; Loewenheim/*Schlatter* § 72 Rn 56; die kartellrechtliche Privilegierung soll Verträge über reversgebundenes Musikmaterial wegen ihres nur schuldrechtlichen Charakters nicht erfassen, Loewenheim/Meessen/Riesenkampf/*JB Nordemann* § 1 GWB Rn 221, 224 mwN.

432 Regelsammlung Bühne, Muster-Aufführungsvertrag, und Muster-Mietvertrag veröffentlicht in: *Deutscher Bühnenverein*, Bühnen- und Musikrecht, Teil III A.

lages). Der **Muster-Aufführungsvertrag** beschränkt sich wegen der ausdrücklichen **Einbeziehung der Regelsammlung Bühne** auf die Eckdaten der konkreten Theaterproduktion. So enthält der Vertrag lediglich Bestimmungen über Werk, Urheber, Spielorte und Spielstätten, vorab genehmigte Gastspiele, Laufzeit, Höhe der Urhebervergütung, Art und Weise, wie das Aufführungsmaterial zur Verfügung gestellt werden soll (bei Musikdramatik ist der Abschluss eines Mietvertrages vorgesehen) sowie über eine eventuelle Vertragsstrafenregelung bei gröblicher Verletzung der jeweiligen Vertragspflichten. Vereinbart wird zusätzlich regelmäßig die Möglichkeit der Bühnenverlage, die Tantiemeabrechnungen der Theater überprüfen zu lassen. Die Verlage bedienen sich hier einer von ihrem Verband getragenen Revisionsgesellschaft, die ihrerseits mit einer Wirtschaftsprüfungsgesellschaft zusammenarbeitet.

Die **Regelsammlung Bühne** ist **obligatorischer Bestandteil des Aufführungsvertrages.** 178
Ihr sind die einzelnen Regelungen zu den dem Theater überlassenen Rechten, der Höhe der Urhebervergütung und deren Berechnung zu entnehmen.[433] Verlag und Theater können Vereinbarungen treffen, die über die Regelsammlung Bühne hinausgehen, etwa über die Aufzeichnung der Theaterproduktion und deren kommerzieller Verwertung. Soweit einzelne Bestimmungen des Aufführungsvertrages von der Regelsammlung Bühne abweichen, müssen diese im Aufführungsvertrag in einer gesonderten Passage ausdrücklich aufgeführt werden, um wirksam vereinbart werden zu können. Grund hierfür war, dass die Verlage in der Vergangenheit vielfach eigene Vertragsmuster entwickelt hatten, die sich in Aufbau und Inhalt unterschieden. Die Theater sahen sich bei der Vielzahl der Verträge nicht in der Lage zu prüfen, ob und wo der Aufführungsvertrag von dem Regelwerk abwich. Die im Muster-Aufführungsvertrag vorgesehene Verpflichtung, Abweichungen von der Regelsammlung Bühne (nochmals) in einer gesonderten Bestimmung aufzuzählen, hat insoweit für die Theater eine gewisse „Warnfunktion". Dank dieser Transparenz können die Theater schneller entscheiden, ob sie die vom Verlag vorgeschlagenen Vertragsmodalitäten mittragen möchten.

3. Nutzungsrechte

Gegenstand des Aufführungsvertrages ist in erster Linie das **Aufführungsrecht** (§ 19 179
Abs 2 Alt 2 UrhG). Vereinbart wird, ob es sich um die **Uraufführung**, die **deutschsprachige Erstaufführung** oder die **Aufführung** einer bereits am selben Theater (Wiederaufnahme) oder auf anderen Bühnen gezeigten Produktion handelt. Bei Verträgen mit Landesbühnen werden für deren übliche Spielorte regelmäßig die sog **regionalen Abstecherorte** zugrunde gelegt, die dem „Versorgungsauftrag" der jeweiligen Landesbühne Rechnung tragen. Die regionalen Abstecherorte werden von den Verbänden festgelegt. Andere Spielorte der Landesbühnen gelten als Gastspiel. Im Sprechtheater wird das Aufführungsrecht in der Regel als örtlich ausschließliches Recht vergeben, im Musiktheater üblicherweise nur als einfaches Recht. Die Regelsammlung Bühne sieht für das Theater beide Male Verpflichtung zur Nutzung des Werkes vor, also eine Aufführungspflicht auch dann, wenn es lediglich über einfache Rechte verfügt (vgl § 31 Abs 2 UrhG).

Das Theater erhält neben dem Aufführungsrecht die Möglichkeit, die **Aufführung** 180
öffentlich zugänglich (§ 19a UrhG) und **öffentlich wahrnehmbar** zu machen (§ 19 Abs 3 UrhG). Letzteres ist für das **„public viewing"** von Bedeutung: Bei Veranstaltun-

433 Hierzu im Einzelnen Wandtke/Bullinger/*Ehrhardt* § 19 UrhG Rn 29 ff.

gen, die einen „Event-Charakter“ haben, wird eine zusätzliche Vergütung erhoben. Für Theatereigene Zwecke einschließlich der Bewerbung des Aufführungsprogramms dürfen nur Ausschnitte bis zu zehn Minuten im Internet verwendet werden. Eine darüber hinaus gehende Nutzung muss mit dem Bühnenverlag abgestimmt und ausdrücklich vereinbart werden. Bei **fremdsprachigen Libretti dramatisch-musikalischer Werke** sind **Übertitelungen** üblich geworden. Da die Übertitelung die Übersetzung des Originaltextes nicht eins zu eins wiedergibt und wiedergeben kann, sondern ähnlich einem *abstract*[434] den Inhalt der Szene zusammenfasst, ist fraglich, ob hiermit überhaupt Urheberrechte wie das Vervielfältigungs-, Verbreitungs- und Bearbeitungsrecht berührt sein können. Aus Gründen der Praktikabilität hat man sich darauf verständigt, die Übertitelung grundsätzlich gegen eine bestimmte zusätzliche Vergütung zu erlauben. Für diese Regelung spricht auch, dass die endgültige Fassung der Übertitelung meist erst zur Generalprobe feststeht, ein frühes „Abklopfen“ des Lauftextes auf urheberrechtliche Relevanz kaum möglich ist. Urheberpersönlichkeitsrechtliche Belange sind von dieser Regelung nicht berührt. Der Urheber kann unabhängig von der Zahlungsverpflichtung des Theaters gegen die Übertitelung vorgehen, wenn er seine Urheberpersönlichkeitsrechte beschädigt sieht.

4. Urhebervergütungen (Aufführungstantiemen)

181 Die **Urhebervergütung** wird grundsätzlich als sogenannte **Urheberabgabe** berechnet, dem Anteil der vom Theater zu zahlenden Urhebervergütung je verkaufter/ausgegebener Eintrittskarte. Bestimmte Beträge werden bei der Tantiemisierung nicht berücksichtigt. Es handelt sich insb um Kartensystementgelte, Tickets für den öffentlichen Nahverkehr und Zuschläge für die Altersversorgung der Schauspieler. Ebenfalls nicht einbezogen in die Tantiemisierung werden Aufwendungen des Theaters für Garderobe und Programmhefte, die zusammen nicht mehr als 20 % des durchschnittlichen Kartenverkaufspreises ausmachen dürfen. Die Ausschöpfung der Deckelung ist vom Theater nachzuweisen. Die Höhe der Urheberabgabe richtet sich nach dem sog **„künstlerischen Etat“**. Das sind die haushalterischen Ansätze, die dem einzelnen Theater für die Herstellung von Theaterproduktionen zur Verfügung steht. Die Theater sind entsprechend der Höhe der Etats in Gruppen eingruppiert, auf die sich die Verbände verständigt haben. Die Tantiemen betragen mindestens 13 %, höchstens aber 17 % dessen, was das Theater aus dem Verkauf der Theaterkarten abzüglich der nicht zu tantiemisierenden Positionen einnimmt. Bei Theatern, die nicht einer Gruppe zugeordnet sind, beträgt die Urhebervergütung 10% der Einnahmen. Die Regelung betrifft vor allem Privattheater; sie gilt außerdem für Gastspiele. Bei sog **„kleinen Spielstätten“** (Spielstätten mit bis zu 99 bzw mit bis zu 200 Plätze) können die Vertragsparteien **Pauschalbeträge** vereinbaren, deren Höhe sich wiederum nach der jeweiligen Eingruppierung des Theaters richtet. Die Pauschalen sind als Rahmenbeträge (von-bis-Sätze) ausgestaltet, wobei dem konkreten Betrag in der Regel das arithmetische Mittel, der **Mittelwert**, zugrunde zu legen ist. Dabei ist es Sache des Verlages, diejenigen Gesichtspunkte in seine Verhandlungen mit dem Theater einzuführen, die für eine höhere Bewertung sprechen. Ähnliche Regelungen finden sich bei den reduzierten Urhebervergütungen im Kinder- und Jugendtheater, bei Tagesvorstellungen und bei Musikmaterialvergütungen. In der Praxis entzünden sich am „Mittelwert“ die meisten Diskussionen zwischen Verlagen und Theatern.

---

434 Vgl *Jani* Band 2 Kap 1.

II. Tourneeproduktions- und Veranstalterverträge

Die meisten **Tourneetheater** haben sich in der Interessengemeinschaft der deutschsprachigen Tourneetheater im internationalen Show- und Unterhaltungskunst eV[435] zusammengeschlossen. Ungeachtet dessen, dass es auf Verbandsebene keine Rahmenvereinbarungen für die Ausgestaltung von **Tourneeproduktionsverträgen** gibt, ähneln sich die von den Bühnenverlagen mit den Tourneeunternehmen abgeschlossenen Verträge weitgehend. Sie beschränken sich im Wesentlichen darauf, Produktion und Aufführung eines bestimmten Werkes zu gestatten. Festgelegt werden Spielorte und die Dauer der Tournee. Fertigstellung einer Produktion und deren Verkauf benötigen in der Regel eine längere Vorlaufzeit. Der Vereinbarung der vorgesehenen Spielorte kommt deshalb eine große Bedeutung zu, um Überschneidungen mit Produktionen insb der Landesbühnen auszuschließen. Zusätzlich zum Tourneeproduktionsvertrag schließen die Verlage mit den abnehmenden jeweiligen Veranstaltern vor Ort einen **Veranstaltervertrag.** Der Veranstalter rechnet die Aufführungstantiemen gegenüber dem Verlag auf der Grundlage des Tourneeproduktionsvertrages ab. Tourneeproduktionen für das Sprechtheater befinden sich seit einiger Zeit auf dem Rückzug. Dem Publikumsgeschmack nach leichten und unterhaltenden Stoffen folgend, bestreiten zunehmend Musikproduktionen das Repertoire der Tourneetheater. Neben originären Musicals werden Bearbeitungen literarischer Vorlagen oder des Sprechtheaters geboten. Auch die für das Sprechtheater bestimmten Bühnenwerke greifen auf musikalische Werke zurück, was immer wieder zu Abgrenzungsschwierigkeiten bei der Rechtewahrnehmung führt.[436] 182

III. Amateurtheater

Verträge mit **Amateurtheatern** gleichen in ihrer Struktur Tourneeproduktionsverträgen. Einen Sonderfall stellt das **Schultheater** dar, nachdem in den Lehrplänen der Bundesländer **darstellendes Spiel** als Unterrichtsfach der allgemeinbildenden Schulen eingeführt wurde.[437] Möglicherweise wegen knapper finanzieller Resourcen häufen sich Fälle, in denen sich Schulen weigern, mit den Verlagen Aufführungsverträge abzuschließen. Prüfstein ist die **Schrankenregelung** für die unentgeltliche öffentliche **Wiedergabe veröffentlichter Werke** mit den maßgeblichen Kriterien des abgegrenzten Personenkreises und des Überwiegens der erzieherischen Zweckbestimmung (§ 52 Abs 1 S 3 UrhG).[438] 183

---

435 www.tourneetheater-portal.de.
436 Dazu unten D II.
437 Lehrpläne der Bundesländer (kostenpflichtig) abrufbar unter www.kmk.org/dokumentation/rechtsvorschriften-und-lehrplaene-der-laender/lehrplan-datenbank,html; www.bildungsserver.de/zeigen.html?seitte=400.
438 Wandtke/Bullinger/*Lüft* § 52 UrhG Rn 13 sieht Aufführungen einer Schultheatergruppe, die auch von Eltern der Schüler besucht werden können, immer als privilegiert an; ähnl Dreier/Schulze/*Dreier* § 52 UrhG Rn 14. Für strenge Anforderungen an die Voraussetzungen des Wegfalls der Vergütungspflicht dagegen Schricker/Loewenheim/*Melichar* § 52 UrhG Rn 55, Vor 44a UrhG Rn 31 ff; Loewenheim/*Götting* § 31 Rn 224; Fromm/Nordemann/*Wilhelm Nordemann* § 52 UrhG Rn 20 f.

§ 10
Verwertungsgesellschaften

I. VG Wort

184 **Bühnenwerke des Sprechtheaters** sind **nicht Gegenstand der Wahrnehmung** durch die **VG Wort.**[439] Das trifft sowohl auf das **Vortragsrecht** (Lesungen) dieser Werke als auch auf die der Verwertungsgesellschaft eingeräumten/übertragenen sog **„Kleinen Senderechte"** zu. Das Aufführungsrecht an dramatischen Werken fällt als sogenanntes **„Großes Recht"** nicht in ihre Zuständigkeit.[440] Die VG Wort nimmt zugunsten der Urheber und Bühnenverlage die **gesetzlichen Vergütungsansprüche** wahr. In erster Linie bedeutend ist hier die **Kabelweitersendevergütung** (§ 20b Abs 2 UrhG) und der gegen den Bühnenverlag gerichtete Anspruch des Urhebers auf eine angemessene Vergütung der Rechte an **Nutzungsarten,** die **bei Vertragsabschluss unbekannt** waren. Über diese konnte bis zum Inkrafttreten der Urheberrechtsreform 2007 (Zweiter Korb) zum 1.1.2008 nicht wirksam verfügt werden (§ 137l Abs 5 S 3 UrhG). Die VG Wort hat hierfür einen Tarif beschlossen, der die Vergütungsansprüche des Urhebers für die Fälle regelt, in denen dem Bühnenverlag solche Rechte mangels Widerspruchs des Urhebers mit Wirkung zum 1.1.2009 zugefallen sind (§ 137l Abs 1 UrhG). Der Tarif kommt nicht zum Tragen, wenn sich Bühnenverlag und Urheber nachträglich über die angemessene Abgeltung dieser Rechte einzelvertraglich verständigt haben (§ 137l Abs 3 UrhG).

II. GEMA

185 Bei **Werken der Musik** ist die Lage komplexer. Hier bedarf es der **Abgrenzung** zwischen dem **musikalischen Aufführungsrecht** (§ 19 Abs 2 Alt 1 UrhG) und dem **Bühnenaufführungsrecht** (Alt 2).[441] Die **musikalische Verwertungsgesellschaft GEMA**[442] nimmt zwar ebenfalls **keine Rechte** an der **bühnenmäßigen Aufführung dramatisch-musikalischer Werke** wahr. Sie sieht sich jedoch zuständig, wenn es um die Benutzung von **nicht-dramatischen Werken der Musik** geht, die ihrerseits **„integrierender Bestandteil"** eines dramatisch-musikalischen Werkes sind.[443] Unsicherheiten ergeben sich immer wieder dann, wenn Musikverlage, insb die Industrieverlage der U-Musik, entsprechende Rechte an Songs als „Großes Recht" selbst vergeben wollen und die Lizenzierungsmöglichkeit durch die GEMA bestreiten. Den Theatern als Nutzern der Musikwerke wird mit dieser Art „konkurrierender Zuständigkeit" das Risiko aufgebürdet, letztlich nicht über die benötigten Rechte zu verfügen und sich damit Unterlassungsansprüchen auszusetzen. Obgleich die Bühnenverlage auf den zusätzlich erforderlichen Erwerb der Rechte an den musikalischen Werken seitens des Theaters ausdrücklich hinweisen und diese ausdrücklich nicht zum Gegenstand des Aufführungs-

---

439 www.vgwort.de; Wahrnehmungsvertrag abrufbar unter www.vgwort.de/fileadmin/wahrnehmungsvertraege/w_autor_juni_2010_muster.pdf.

440 Schricker/Loewenheim/*von Ungern-Sternberg* § 19 UrhG Rn 10, 27 ff; Fromm/Nordemann/*Dustmann* § 19 UrhG Rn 7 f, 11; Loewenheim/*Schlatter* § 72 Rn 29 f.

441 S *Dietz* Rn 127 ff.

442 www.gema.de; der Berechtigungsvertrag sowie die beiden Tarife Musik in Bühnen und Theatern (Tarif BM) und Vergütungssätze U-Büh für die Nutzung von Rechten an Bühnenaufführungen an vorbestehenden Werken des Kleinen Rechts im Zusammenhang mit Shows, Revuen etc (Tarif U-Büh) sind über die Startseite zugänglich.

443 Kreile/Becker/Riesenhuber/*Staudt* § 1 lit A Rn 56 ff, 60, 62 f mwN.

vertrages machen, spielen diese Zuständigkeitskonflikte auch für sie eine Rolle. Die Produktion von Musical-ähnlichen Bühnenwerken unter Rückgriff auf nicht-dramatische Musikwerke hat zugenommen; diese haben auch Eingang in Bühnenwerke gefunden, die für das Sprechtheater konzipiert sind.[444] Die GEMA nimmt das Senderecht in ähnlichem Umfang wie die VG Wort wahr; der Katalog der ihr von den Berechtigten übertragenen Rechte ist im übrigen nicht deckungsgleich.

§ 11
Das Vertragsverhältnis zwischen Theater und Besucher

Im Vertragsverhältnis zwischen Theater und Besucher können sich vielfältige rechtliche Probleme ergeben, insb dann wenn es zu Leistungsstörungen kommt. Was ist, wenn eine Theatervorstellung ausfällt bzw anders als angekündigt stattfindet, bspw der Hauptdarsteller krank oder ausgewechselt wird? Oder der Besucher von seinem Platz aus die Bühne nicht richtig einsehen kann? Darf der Besucher in diesen Fällen seinen Eintrittspreis zurückverlangen? Was ist, wenn dem Zuschauer die Inszenierung einfach nicht gefällt? Ist es möglich einen Besucher von der Theateraufführung auszuschließen, wenn er zu spät kommt oder die Gefahr besteht, dass er diese kritisiert? **186**

Es darf vorausgeschickt werden, dass es in der Praxis verhältnismäßig selten zur Geltendmachung von Leistungsstörungsrechten durch Theaterbesucher kommt. Diese fügen sich vielmehr den von den Theatern getroffenen Regelungen, zB dem Angebot einer Ersatzvorstellung oder der Rückerstattung des Eintrittspreises. Die Anzahl der Gerichtsentscheidungen ist deshalb auch recht gering gemessen an der Vielzahl der täglich in Deutschland stattfindenden Aufführungen. Bevor auf die einzelnen Leistungsstörungen eingegangen wird, soll zunächst der Theaterbesuchsvertrag näher beleuchtet werden. Dessen Charakter ist nicht ganz einfach zu bestimmen, muss er doch den gesamten Komplex „Veranstaltung“ abdecken. **187**

I. Theaterbesuchsvertrag

1. Vertragscharakter

a) **Typenverschmelzungsvertag.** Der sog **Theaterbesuchsvertrag**, der Vertrag zwischen dem Theater als Veranstalter und dem Besucher, ist ein **Werkvertrag** (§§ 631 ff BGB) **mit mietrechtlichem Einschlag** im Hinblick auf den Zuschauerplatz.[445] Die Bereitstellung des bzw eines bestimmten Sitzplatzes während der Aufführung ist inso- **188**

444 Beispiele sind Songs von Popgruppen und bekannten Sänger.

445 RGZ 133, 388, 389; LG Rostock NJW-RR 2006, 90, 91 (Fußballspiel); AG Hannover NJW 1981, 1219 (Rockkonzert); AG Bonn NJW 1983, 1200 (Theateraufführung); AG Passau NJW 1993, 1473 (Open-Air-Konzert); AG Aachen NJW 1997, 2058 (Oper); AG Herne-Wanne NJW 1998, 3651 (Pop-Konzert); AG Rüdesheim NJW 2002, 615 (Autorenlesung); *Erman* Vor §§ 631–651 BGB Rn 24; Palandt/*Sprau*, Einf v 631 BGB Rn 29; *Kurz* Kap 15 Rn 1, 10; *Larenz/Canaris* II/2 § 63 II 1; *Ankermann* NJW 1997, 1134, 1135; *Deckers* JuS 1999, 1160; *Eidenmüller* NJW 1991, 1439, 1441; *Fessmann* NJW 1983, 1164, 1165; *Hirte* JuS 1992, 401, 402; *Marx-Probst* UFITA 72 (1975), 147, 193 f; *Roth* JuS 1999, 220; *Zimmermann/Walter* JURA 1992, 149, 152; *Grunert* 97; *Rosmann* 30; vgl auch *Kolberg* 24, 30 f, 162, die zwar ein mietvertragliches Element enthalten sieht, aber nur Werkvertragsrecht anwenden will.

fern eine selbstständige vertragliche Hauptpflicht.[446] Eine bloße Nutzungsgestattung kann hierin nicht gesehen werden, da die Wahl des Sitzplatzes für das Erlebnis der Theateraufführung von ausschlaggebender Bedeutung ist, was sich auch in der Einteilung in Kategorien und Preisgruppen bemerkbar macht. Dabei sind die Mitwirkenden (Schauspieler, Tänzer, Sänger, Orchester, Chor etc) Erfüllungsgehilfen (§ 278 BGB) des Veranstalters.[447] Bei dem Theaterbesuchsvertrag handelt es sich um einen gemischten Vertrag und zwar in Form des **Typenverschmelzungsvertrags.**[448]

189 In der Praxis ist immer vom „**Kauf**" der Eintrittskarte die Rede.[449] Deshalb stellt sich die Frage, ob der Theaterbesuchsvertrag kaufrechtliche Elemente beinhaltet. Das Lösen der Eintrittskarte bedeutet konkludent den Abschluss des Theaterbesuchsvertrags, der werkvertragliche und mietvertragliche Pflichten – hier interessiert die Vergütungspflicht – auslöst.[450] Dabei wird bzgl der Eintrittskarte kein Kaufvertrag abgeschlossen.[451] Für das Eigentum an der Eintrittskarte möchte der Besucher keine gesonderte Vergütung zahlen, sondern allein für die Darbietung und den Sitzplatz, die materielle Berechtigung der Aufführung auf einem bestimmten Platz beizuwohnen. Die Karte bekommt er als Nachweis für den Vertragsabschluss und die Vertragskonditionen (Aufführung, Ort, Zeit) sowie zur Geltendmachung seiner Rechte aus dem Vertrag (Beweisurkunde).[452]

190 b) **Vertragsgegenstand.** Der Veranstalter schuldet die Möglichkeit des Besuchs der Theateraufführung als Darbietung an einem bestimmten Ort zu einer bestimmten Zeit und mit einem bestimmten Inhalt.[453] Die Vertragskonditionen sind im Regelfall der Eintrittskarte zu entnehmen. Der Besucher ist berechtigt an der angekündigten Theateraufführung teilzunehmen, dh sie zu hören und zu sehen. Seine Verpflichtung, die Zahlung des Eintrittspreises, hat er in der Regel als der Vorleistungspflichtigte – dies ist oft in den AGBs der Theater festgelegt – bereits erfüllt. Dies stellt eine Abweichung der Regelung in den §§ 641, 646 BGB dar. Gegenstand des Werkvertrages ist somit nicht die Produktion eines Theaterstücks, sondern eine bereits produzierte Theateraufführung.

191 Dabei können nicht alle **Regelungen des Werkvertragsrechts** Anwendung finden bzw diese müssen zum Teil **modifiziert** werden.[454] Denn mit der vollständigen „Herstellung", dem Ende der Aufführung, ist das Werk auch schon vorbei. Schwer fällt des Weiteren die genaue Erfassung des geschuldeten Erfolgs.[455] Außerdem kann die Darbietung nicht abgenommen, dh im Rahmen der Besitzübertragung körperlich hingenommen und gebilligt werden (vgl § 640 Abs 1 S 1 BGB).[456] Bei Theateraufführungen ist die **Abnahme** somit nach „der Beschaffenheit des Werkes (...) ausgeschlossen",

---

446 *Rosmann* 12; aA *Marx-Probst* UFITA 72 (1975), 147, 194 f; *Kolberg* 29 f.

447 RGZ 59, 22, 23.

448 AG Passau NJW 1993, 1473 (Open-Air-Konzert); Palandt/*Grüneberg*, Überbl v § 311 BGB Rn 23; *Fessmann* NJW 1983, 1164, 1165; *Marx-Probst* UFITA 72 (1975), 147, 194; aA *Larenz/Canaris* § 63 II 1 und *Rosmann* 29: Typenkombinationsvertrag; *Roth* JuS 1999, 220.

449 So zB auch *Kurz* Kap 15 Rn 1, 11; *Fessmann* NJW 1983, 1164 und *Zimmermann/Walter* JURA 1992, 149, 152, die nicht näher auf den kaufrechtlichen Einschlag eingehen.

450 *Marx-Probst* UFITA 72 (1975), 147, 194.

451 So auch *Marx-Probst* UFITA 72 (1975), 147, 194; *Kolberg* 37 ff.

452 Vgl BGH NJW 2006, 54, 55; *Kolberg* 37 ff; *Rosmann* 49; aA *Kurz* UFITA 2003/III, 896, 898.

453 RGZ 59, 22, 23; 133, 388, 389; *Kurz* Kap 15 Rn 2; *ders* UFITA 2003/III, 896; *Kolberg* 23; *Grunert* 97; *Rosmann* 12.

454 *Kurz* Kap 15 Rn 1; *Larenz* II/1 § 53 III.

455 S Rn 190.

456 Dazu *Erman* § 640 BGB Rn 3 f; Palandt/*Sprau* § 640 BGB Rn 3.

weshalb an ihre Stelle die Vollendung tritt.[457] Wichtig ist dieser Fakt für die Wirkungen der Vollendung, den Gefahrübergang und die Fälligkeit der Vergütung.

c) **Abschlusszwang.** Für die Theater besteht – auch wenn sie von öffentlich-rechtlichen Körperschaften betrieben oder aus öffentlichen „Töpfen" bezahlt werden – wegen der das Privatrecht beherrschenden **Vertragsfreiheit** grundsätzlich **kein Abschlusszwang**; will das Theater einer Person den Besuch nicht gestatten, kann es dieser die Einwendung aus § 796 BGB entgegensetzen.[458] Die Grenze bildet jedoch § 826 BGB: Das Theater kann nicht aus „willkürlichen oder offensichtlich nichtssagenden Gründen" den Abschluss eines Theatervertrages verweigern, insb nicht bei „unparteiischer Berichterstattung und sachlicher Kritik", da ansonsten die „freie Meinungsäußerung der **Theaterkritik**" erschwert oder unterbunden würde.[459] Dem Theater ist es aber erlaubt sich vor **Schmähkritik** zu schützen; es kann insofern ein **Hausverbot** aussprechen, welches der Kritiker nicht dadurch umgehen kann, dass er sich die Karte von Dritten „kaufen" lässt.[460] Das Theater darf dem Besuchsanspruch (§§ 807, 793 Abs 1 S 1 BGB) dann die Arglisteinrede gem § 796 Alt 3 BGB entgegenhalten.[461] Betritt der Kritiker ohne gültige Eintrittskarte das Theater, so kann er ohnehin nach §§ 1004, 903, 859 BGB des Hauses verwiesen werden.[462] Zudem können sich bspw der Regisseur, die Darsteller und der Intendant gesondert gegen verächtliche Kritik gem §§ 823 Abs 1 BGB iVm Art 2 Abs 1, 1 Abs 1 GG wegen Verletzung ihres Persönlichkeitsrechts oder gem §§ 823 Abs 2 BGB iVm §§ 185–187 StGB wehren. 192

d) **Vertretung.** Erwirbt eine Person mehrere Karten für dieselbe Vorstellung, dh schließt sie mehrere Besucherverträge ab, so ist davon auszugehen, dass sie das Rechtsgeschäft in **Vertretung** (§ 164 BGB) vornimmt, da es ihr unmöglich ist, alle Karten selbst zu nutzen.[463] Die Offenkundigkeit des Vertretergeschäfts ist bei Geschäften des täglichen Lebens ohnehin nicht erforderlich. Auf Seiten des Theaters ist des Öfteren eine **Vorverkaufsstelle** als Vertreter eingeschaltet, wobei sich die Vertretungsmacht aus § 166 Abs 2 BGB ergibt.[464] Dabei kommt – sofern es neben dem örtlichen Veranstalter auch einen Tourneeveranstalter gibt – der Vertrag mit beiden zu Stande, wobei diese als **Gesamtschuldner** haften (§ 426 BGB).[465] Die Vollmachtserteilung erfolgt in 193

---

457 *Erman* § 640 BGB Rn 9 (Wiederholung möglich, dann aber nicht mehr das ursprüngliche Werk); *Kurz* Kap 15 Rn 5; *Larenz* II/1 § 53 III; *Kolberg* 48; *Rosmann* 35.

458 RGZ 133, 388, 389 f; OLG Hamm UFITA 4 (1931) 192, 195 f; *Erman* § 807 BGB Rn 5; Palandt/*Sprau* § 807 BGB Rn 3; *Kurz* Kap 15 Rn 15; *Heese* JA 2007, 691, 695; ein Abschlusszwang kann sich ua aus kommunalen Vorschriften ergeben, dazu *Eidenmüller* NJW 1991, 1439, 1443 oder aus der Monopolstellung eines Stadttheaters, dazu *P Larenz* UFITA 5 (1932), 355, 357 ff.

459 RGZ 133, 388, 392: In diesem Fall verneinte das Gericht ein Verstoß gegen § 826 BGB. Das städtische Theater beschloss einem Kritiker den Eintritt zu untersagen, weil dieser nachdem ihm die Stadtverwaltung eine geldliche Unterstützung verweigerte nicht wie in der Vergangenheit stets lobende, sondern unsachliche, höhnische und absprechende Kritiken veröffentlichte; s auch OLG Hamm UFITA 4 (1931) 192, 196; *Heese* JA 2007, 691, 695.

460 Zur Erteilung eines Hausverbots durch ein Landestheater gegenüber einem Abonnementinhaber, der einen offenen, die Inszenierungen stark kritisierenden Brief schrieb, VG Bayreuth GB v 24.4.2008, Az B 2 K 07.849, Rz 26, 31.

461 RGZ 133, 388, 389; OLG Hamm UFITA 4 (1931) 192, 195, 197; *Eidenmüller* NJW 1991, 1439, 1443.

462 Zum Hausverbot BGH NJW 2006, 1054.

463 AG Herne-Wanne NJW 1998, 3651, 3652; *Kolberg* 74 f, s auch 75 ff Vertrag zu Gunsten Dritter § 328 BGB, sofern Karte verschenkt werden soll.

464 Vgl BGH NJW-RR 1986, 709 (Handelsvertreter); *Kolberg* S 69 ff (Zivilmakler).

465 AG Schöneberg VuR 1995, 359, 360 (Vertrag mit örtlichem Veranstalter und

diesem Fall durch schlüssiges Verhalten. Der Kartenverkauf durch die Vorverkaufsstelle geschieht gleichfalls im Auftrag des Tourneeveranstalters und könnte ohne entsprechende Vollmacht nicht vorgenommen werden.[466]

194 e) **Allgemeine Geschäftsbedingungen.** Der Regelungsgegenstand der **Allgemeinen Geschäftsbedingungen** (AGB) beim Theaterbesuchsvertrag ist vielfältig und betrifft vor allem die Bestellung und den Verkauf von Karten, die Kartenermäßigungen, den Kartenverlust, die Platzkategorien, die Garderobe, den Ausfall, den Abbruch oder die Änderung der Aufführung ebenso wie die Zulässigkeit von Bild- und Tonaufnahmen.

195 Bei der wirksamen **Einbeziehung** von AGB, die sich nach den §§ 305, 310 Abs 3 BGB richtet, können sich Schwierigkeiten ergeben. Der bloße Aufdruck bzw Hinweis auf den Eintrittskarten genügt nicht, da sie in der Regel erst nach Vertragsschluss ausgehändigt werden.[467] Erforderlich ist entweder die Aushändigung an der Kasse (bzw Vorverkaufsstelle) oder, weil dies wegen der Art des Vertragsschlusses nur unter unverhältnismäßigen Schwierigkeiten möglich ist, ein deutlich sichtbarer Aushang der AGB an der Kasse (bzw Vorverkaufsstelle) als Ort des Vertragsschlusses (§ 305 Abs 2 Nr 1 BGB).

196 Die **Inhaltskontrolle** richtet sich nach den §§ 307 ff BGB. Demnach ist es nicht gestattet, in AGBs ein generelles Verbot der **Weiterveräußerung** aufzunehmen; allein der gewerbliche und kommerzielle Handel mit Karten darf untersagt werden.[468] Auch kann ein Veranstalter sich nicht vorbehalten, den Termin oder den Ort der Vorstellung zu ändern, ohne dass der Besucher das Recht behält, den Eintrittspreis gegen Rückgabe der Karte zurückzubekommen.[469] Dem Konzertveranstalter ist es zudem nicht erlaubt, die Haftung für bestehende **Verkehrssicherungspflichten** auf den Besucher abzuwälzen. Das Aufbürden von **Gesundheits- und Gehörschäden** verstößt gegen § 307 Nr 7 BGB.[470] So hat er bspw die „vertragliche Nebenpflicht, Vorkehrungen dahingehend zu treffen, daß eine Gesundheitsschädigung der Konzertbesucher nicht eintritt".[471] „Ob im konkreten Einzelfall ein überwiegendes oder sogar ausschließliches Verschulden des Konzertbesuchers vorliegen würde, wenn er sich zu nahe an Lautsprecherboxen begibt, ist je nach den Einzelumständen zu beurteilen. Keinesfalls kann gesagt werden, daß ein grob fahrlässiges oder sogar (bedingt) vorsätzliches Handeln eines Veranstalters dadurch ausgeschlossen ist, daß der in der angegriffenen Klausel erteilte Gefahrenhinweis erteilt wird."[472] Vielmehr sind Verkehrssicherungspflichten im Rahmen einer Veranstaltung **Kardinalpflichten**, die auch einen Haftungsausschluss für leichte Fahrlässigkeit nicht zulassen.[473] Ferner ist die Einräumung eines Rechts zur **körperlichen Durchsuchung** bzw **Taschenkontrolle** der Veranstaltungsbesucher unwirksam; dies stellt eine unangemessene Benachteiligung dar, weil damit vom gesetzlichen

---

Tourneeveranstalter); diff nach dem Rechtsschein der Verantwortlichkeit *Kolberg* 55 f; aA AG Düsseldorf VuR 1995, 358 f (Vertrag nur mit dem örtlichen Veranstalter); s auch LG Dortmund VuR 1995, 137, 138 (nicht mit der Tourneeleitung).

466 Palandt/*Ellenberger* §167 BGB Rn 1.

467 BGH NJW 1984, 801, 802; AG Halle/Westfalen NJW-RR 1994, 884; Palandt/*Grüneberg* § 305 BGB Rn 30; *Kolberg* 87 f.

468 *Ankermann* NJW 1997, 1134, 1135 f; *Bach* JR 2007, 137, 139 (mit Klauselvorschlag).

469 LG München I NJW 1991, 1491; LG Dortmund VuR 1995, 137, 140; *Erman* § 307 BGB Rn 130 (Verstoß gegen § 308 Nr 4 BGB).

470 LG Trier NJW 1993, 1474, 1475; *Erman* § 307 BGB Rn 130.

471 LG Dortmund VuR 1995, 137, 139.

472 LG München I NJW 1991, 1491.

473 LG Dortmund VuR 1995, 137, 138.

Grundgedanken abgewichen wird, wonach Kontrollen nur bei konkretem Diebstahlsverdacht zulässig sind.[474]

f) **Mietvertragsrecht.** Im Hinblick auf die anwendbaren **mietvertraglichen Regelungen**, sind vor allem die Vorschriften über die Haftung für Sachmängel relevant (§§ 536 ff BGB), sollte bspw ein Platz nicht (rechtzeitig) gewährt werden können oder keine bzw eine schlechte Sicht und/oder Hörmöglichkeit bieten.[475] Dabei ist die Anwendbarkeit der mietvertraglichen Vorschriften selbst dann angebracht, wenn die Sitzplätze nicht nummeriert sind, denn es reicht, wenn die Mietsache nur der Gattung nach bestimmt ist.[476] Gibt es eine freie Sitzplatzwahl, wird die Miete für einen vom Besucher frei zu wählenden Platz entrichtet (§ 315 BGB). **197**

Die **Pflicht zur Überlassung** überhaupt **eines Platzes** ergibt sich als Hauptleistungspflicht aus § 535 Abs 1 S 1 BGB.[477] Ist der Platz für den nach dem Vertrag vorausgesetzten Zweck nicht geeignet, mithin „mangelhaft" – in diesem Fall für ein Seh- und Hörerlebnis nach der bezahlten Platzkategorie –, kann der Mieter die Bereitstellung eines vertragsgemäßen Platzes verlangen (§ 535 Abs 1 S 2 BGB) oder den Mietzins entsprechend mindern (§ 536 Abs 1 S 2 BGB).[478] Hat das Theater die Nichterfüllung bzw Schlechtleistung verschuldet, so kann der Theaterbesucher Schadensersatzansprüche geltend machen (§ 536a Abs 1, Alt 2 BGB). Bei der Bestimmung der Höhe der Minderung oder des Schadensersatzes kann auf die Preise für die Plätze minderer Kategorie zurückgegriffen werden.[479] Denn die Einordnung in die einzelnen Kategorien erfolgt in der Regel nach Qualität von Sicht und Akustik. Eine Selbstvornahme, dh dass der Besucher sich selbst einen entsprechenden Platz verschafft, kommt nach der Natur des Theaterbesuchsvertrages nicht in Betracht (§ 536a Abs 2 BGB). Dies würde dazu führen, dass das Theater auch anderen Besuchern gegenüber den mietvertraglichen Teil des Theaterbesuchsvertrages nicht oder nur mangelhaft erfüllen könnte. **198**

Dem Theaterbesucher steht zudem ein Recht zur außerordentlichen **Kündigung** gem § 543 Abs 1, 2 Nr 1 BGB zu, wenn das Theater ihm den Platz nicht, nicht rechtzeitig oder mangelhaft gewährt, wobei die Setzung einer Abhilfefrist oder eine erfolglose Abmahnung nach § 543 Abs 3 S 2 Nr 2 BGB entbehrlich sein dürften.[480] Allerdings kann der Besucher seine Rechte aus den §§ 536, 536a Abs 1, 543 Abs 3 S 1 BGB nur geltend machen, wenn er dem Theater den Mangel des Platzes vorher angezeigt und diesem insofern die Gelegenheit zur sofortigen **Abhilfe** gegeben hat (§ 536c BGB).[481] Besteht seitens des Theaters überhaupt keine Möglichkeit dem Zuschauer einen (mangelfreien) Platz zu bieten (§ 275 Abs 1 BGB), so kann der Besucher Schadensersatz wegen Unmöglichkeit der Leistung (§§ 283, 280 Abs 1 BGB) geltend machen und den Preis für die Vorstellung erstattet bekommen (§§ 326 Abs 1, 812 BGB).[482] **199**

---

474 OLG Naumburg VuR 1997, 59; *Erman* § 307 BGB Rn 130; aA *Heese* JA 2007, 691, 697 insb wenn Aufbewahrungsmöglichkeiten für mitgebrachte Gegenstände zur Verfügung stehen; vgl BGH NJW 1996, 2574, 1575 f – Taschenkontrolle.

475 AA *Kolberg*, die die Anwendung von Mietrecht für überflüssig hält.

476 AG Herne-Wanne NJW 1998, 3651; MüKo/*Häublein* § 535 BGB Rn 63.

477 Palandt/*Weidenkaff* § 535 BGB Rn 14, 35.

478 AG Hannover NJW 1981, 1219; AG Hamburg NJW-RR 1988, 120; Palandt/*Weidenkaff* § 535 BGB Rn 17; *Rosmann* 33 f.

479 AG Hannover NJW 1981, 1219.

480 Vgl *Rosmann* 34, der die Anwendung der Kündigungsvorschrift wegen dem Fixcharakter ablehnt.

481 Vgl AG Hamburg NJW-RR 1988, 120 (Ordner wurde um Zuweisung eines Stehplatzes gebeten).

482 Palandt/*Grüneberg* § 326 BGB Rn 4; – *Weidenkaff* § 536 Rn 10.

200 Grundsätzlich ist neben den mietvertraglichen Kündigungsrechten (nach Überlassung der Mietsache) kein Raum für ein **Rücktrittsrecht**. Wenn aber wie hier die Gebrauchsüberlassung nicht oder nur mit einem (unbehebaren) Mangel möglich ist, findet das allgemeine Leistungsstörungsrecht Anwendung und der Besucher kann zurücktreten (§§ 323 Abs 1, 326 Abs 5 BGB).[483] Da der Besucher an dem Besuch einer Theateraufführung ohne (tauglichen) Sitzplatz im Regelfall kein Interesse haben wird, hat er das Recht vom ganzen Theaterbesuchsvertrag zurückzutreten und großen Schadensersatz zu verlangen (§§ 281 Abs 1, 323 Abs 1, 5, 325 BGB).[484]

201 Des Weiteren kann der Mieter nach §§ 286, 288 BGB einen **Verzögerungsschaden** geltend machen. Die umsonst aufgewendete Freizeit ist kein erstattungsfähiger immaterieller Schaden; § 651 f BGB kann als reiserechtliche Ausnahmevorschrift keine entsprechende Anwendung finden.[485] Die Einbuße an Freizeit stellt auch keinen Vermögensschaden dar, da sie defacto mit jedem Schadensfall verbunden ist; allerdings muss dem Besucher wohl ein Ersatzanspruch für entgangene Genussmöglichkeiten zugestanden werden, der dem Preis der Theaterkarte entspricht (§ 251 BGB).[486]

202 Ist der Zuschauer an dem Besuch der Theateraufführung aus persönlichen Gründen – verschuldet oder unverschuldet – gehindert, wird er hierdurch nicht von der Zahlung des Eintrittspreises frei (§ 537 BGB). Kann das Theater den Platz jedoch anderweitig nutzen, zB durch einen Weiterverkauf der Karte, muss es sich die ersparten Aufwendungen und erlangten Vorteile anrechnen lassen.

203 Dem Besucher kann, sofern er sich über seine Platzkategorie geirrt hat, ein **Anfechtungsrecht** (§§ 119 Abs 2, 121 Abs 1 BGB) zustehen. Das Angebot eines Platzes seitens des Theaters ist gleichzeitig Nebenpflicht des Werkvertrages, dessen Gegenstand das Anschauen und Anhören der Vorstellung gemäß der vereinbarten Platzkategorie ist. Somit können sich Ansprüche bei Platzmangel auch aus §§ 631, 280, 241 BGB ergeben.[487]

204 g) **Obhut- und Verwahrpflicht.** Als Nebenpflicht ist im Theaterbesuchsvertrag regelmäßig eine **Obhut- und Verwahrpflicht** des Theaterbetreibers für die abgelegte Garderobe des Besuchers enthalten, insb dann, wenn diese in seinem Interesse liegt, wie es regelmäßig aus Platzgründen, wegen des Gesamtbildes und aus Gründen des Feuerschutzes der Fall ist.[488] Bei der unentgeltlichen Verwahrung ist die Konstruktion eines separaten **Verwahrvertrags** abzulehnen. Die §§ 688 ff BGB können (mit Ausnahme des § 690 BGB) aber ergänzend zur Vertragsauslegung herangezogen werden.[489] Von einem eigenständigen Verwahrvertrag ist dagegen auszugehen, wenn die Garderobe besonders bewacht wird, Garderobenmarken ausgegeben werden oder eine gesonderte Vergütung verlangt wird.[490] Gegenstand des Verwahrvertrages ist die Aufbewahrung

483 Palandt/*Weidenkaff* § 536 BGB Rn 10, § 542 Rn 6; – *Grüneberg* § 323 Rn 4; *Rosmann* 34.
484 AG Herne-Wanne NJW 1998, 3651, 3652: Das alternative Angebot eines Stehplatzes steht der Annahme von Unmöglichkeit nicht entgegen.
485 AG Herne-Wanne NJW 1998, 3651, 3652 f; *Kolberg* 97.
486 AG Berlin-Schöneberg NJW 1989, 2824 (kein Eintritt zu Silvesterparty); Palandt/*Grüneberg* § 249 BGB Rn 68 f; *Kolberg* 98 f.
487 *Kurz* Kap 15 Rn 10.
488 OLG Hamm VersR 1982, 760 mit krit Anm *Kuhn*; s auch BGH NJW 1973, 2102, 2103 (zur Sorgfaltspflicht der Universität für in der Garderobe abgelegte Kleidungsstücke); Palandt/*Sprau* § 688 BGB Rn 6.
489 *Erman* § 688 BGB Rn 7.
490 S RGZ 99, 35, 36; 103, 265, 266; *Erman* § 688 BGB Rn 10; Palandt/*Sprau* § 688 BGB Rn 6; *Zimmermann*/*Walter* JURA 1992, 149, 150.

einer beweglichen Sache für den Hinterleger durch den Verwahrer, der sie durch Übergabe erlangt, ihr Raum gewährt und die Obhut für sie übernimmt.[491]

Fraglich ist, wie das Theater seiner Obhutspflicht nachkommen kann. Eine bewachte Garderobe oder geeignete (verschließbare) Schränke, die eine gewisse Sicherheit auch für höherwertige Kleidungsstücke bieten, wie sie der durchschnittliche Veranstalter bereithält, genügen der Pflicht. Im Gegensatz dazu ist das Anbringen von Wandhaken an einer schwer einsehbaren Stelle wohl kaum ausreichend. Ein etwaiges **Mitverschulden** (§ 254 BGB) der Theaterbesucher ist (im Falle eines Diebstahls) zu berücksichtigen und kann zum Ausschluss der Haftung des Theaters führen, wenn diese wertvollen Schmuck oder Kleidung (zB Pelze) und höhere Geldbeträge, die eigentlich in einen Safe gehören, in der Garderobe ablegen ohne den Veranstalter zumindest darauf hinzuweisen.[492] Denn jeder vernünftige und auf den Schutz seines Eigentums bedachte Besucher würde das Mitbringen und Abgeben derartiger Gegenstände vermeiden. **205**

Will das Theater seine **Haftung** ausschließen oder beschränken, ist es gehalten, deutlich sichtbare Schilder anzubringen, ein Hinweis auf den Eintrittskarten oder Garderobenmarken reicht wegen § 305 BGB nicht aus; zudem sind die Grenzen der §§ 276 Abs 3, 309 Nr 7 BGB zu beachten.[493] Im Falle eines Verwahrvertrages verstößt die vollständige Freizeichnung allerdings gegen § 307 Abs 2 Nr 1 BGB, denn hier ist die Obhut Hauptpflicht. Interessant ist auch die Konstellation, dass das Theater den Garderobenbetrieb verpachtet hat (§ 581 BGB) und auf diese Weise die eigenen Obhutspflichten erfüllt.[494] Möchte das Theater sich in diesen Fällen von jeglicher Haftung befreien, so muss es die Verpachtung deutlich kenntlich machen. **206**

h) **Verkehrssicherungspflicht.** Weiterhin bestehen gegenüber den Theaterbesuchern allgemeine **Verkehrssicherungspflichten**, deren Verletzung Schadensersatzansprüche aus positiver Vertragsverletzung (§§ 280, 241 BGB) oder Deliktsrecht (§§ 823, 831 BGB) nach sich ziehen können. Das Theater trifft in erster Linie die Pflicht, Besucher vor **Körper- und Gesundheitsschäden** zu schützen, die aus dem Theaterbetrieb resultieren, mit denen aber bei einem Theaterbesuch nicht gerechnet werden muss.[495] Das gilt in gleicher Weise für **Rutsch- und Sturzgefahren** vor dem, wie auch im Theater.[496] So muss das Theater für das gefahrlose Betreten von Eingangsbereich, Zuschauerraum, Fluren und Treppen sorgen.[497] Das Theater ist dabei nicht verpflichtet jegliche, überhaupt denkbare Gefahr ausräumen. Der Besucher ist weiterhin angehalten in zumutbarer Weise auf seine Sicherheit zu achten. Es reicht deshalb aus, dass das Theater diejenigen Sicherheitsvorkehrungen trifft, „die ein verständiger, umsichtiger, vorsichtiger und gewissenhafter Angehöriger dieser Berufsgruppe für ausreichend halten darf, um andere Personen vor Schäden zu bewahren, und die ihm den Umständen nach zuzumuten sind; Voraussetzung für eine Verkehrssicherungspflicht ist, dass sich voraus- **207**

---

491 Palandt/*Sprau* § 688 BGB Rn 1.

492 Vgl OLG Karlsruhe NJW-RR 1991, 1245.

493 RGZ 113, 425, 427; OLG Hamm VersR 1982, 760, 761; Palandt/*Sprau* § 688 BGB Rn 7; *Zimmermann/Walter* JURA 1992, 149, 150 f.

494 Dazu RGZ 140, 206, 207 f.

495 BGH NJW 2006, 610, 611 (Theateraufführung); s auch BGH NJW 2001, 2019 (Musik-Festival).

496 BGH VersR 1985, 973 (Streupflicht für Gehweg vor dem Theater); OLG Jena NJW 2006, 624 (Stufengang in Theaterraum).

497 BGH NJW 1990, 905 f (Adventsfeier in Veranstaltungshalle); OLG Karlsruhe VersR 1985, 1196 (glatter Parkettfußboden; Hinweispflicht des Gerichts, dass Achtung-Schild nicht ausreichend gewesen wäre); OLG München VersR 1988, 740.

schauend für ein sachkundiges Urteil die nahe liegende Gefahr ergibt, dass Rechtsgüter anderer verletzt werden können."[498]

208 In diesem Zusammenhang ist eine Entscheidung des BGH aus dem Jahr 2005 sehr lehrreich, welcher folgender Sachverhalt zu Grunde lag: Während der 74. Aufführung der Inszenierung des „Faust" von Johann Wolfgang von Goethe im Hessischen Staatstheater setzte ein Schauspieler kurz vor der Pause einen Gehörschutz auf und feuerte einen Schuss aus einer 9 mm-Schreckschusspistole ab, der am Sitzplatz des Besuchers zwischen 128 und 129 dB (A) laut war. Der Besucher litt infolge eines Knalltraumas durch einen Pistolenschuss seit zwei Jahren an einem chronischen Tinnitus (Ohrgeräusch) und behauptete dieses Leiden hätte sich durch den Theaterbesuch verschlimmert. Das Gericht verneinte eine Verkehrssicherungspflicht des Theaters, beim Einsatz von Schusswaffen darauf zu achten, dass allenfalls ein Lärm erzeugt wird, der im Zuschauerraum einen Schallpegel von 128 dB (A) erheblich unterschreitet. Denn es könne nicht davon ausgegangen werden, dass sich im damaligen Zeitpunkt vorausschauend für einen Sachkundigen die nahe liegende Gefahr einer Schädigung von Rechtsgütern anderer ergeben hätte, die in Abwägung von Art 5 Abs 3 und Art 2 Abs 2 GG einen Schuss als Mittel künstlerischer Gestaltung verboten hätte.[499]

209 In jedem Fall ist das **Mitverschulden** des Theaterbesuchers zu prüfen (§ 254 BGB), zB ob er fahrlässigerweise, (hochhackige) Schuhe getragen hat, die eine Verletzungsgefahr in sich bergen oder, ob er von der Verwendung von geräuschintensiven Utensilien wusste und trotz Vorerkrankung an der Vorstellung teilnahm.

2. Eintrittskarten

210 Es gibt die unterschiedlichsten **Eintrittskarten** für Theateraufführungen: normale und ermäßigte Karten, Abonnementkarten, kombinierte Karten, die gleichzeitig als Fahrkarte zum Vorstellungsort dienen, oder auch Ersatzkarten.[500] Allen Eintrittskarten für Theateraufführungen ist gemein, dass es sich um **Wertpapiere** in der Form der **kleinen Inhaberpapiere** (§ 807 BGB) handelt, auf welche die Vorschriften der §§ 793 Abs 1, 794, 796 und 797 BGB entsprechende Anwendung finden.[501] Kleine Inhaberpapiere sind Urkunden und dadurch gekennzeichnet, dass „der Aussteller des Papiers sich durch Leistung an den Inhaber befreien kann, der Inhaber die versprochene Leistung zu fordern berechtigt ist und der Besitz der Urkunde zur Geltendmachung des Rechts oder der Forderung erforderlich ist" (vgl § 739 Abs 1 BGB).[502] Sie können von Inhaberschuldverschreibungen dadurch unterschieden werden, dass sie das Rechtsverhältnis und den Gegenstand der Leistung unvollkommen angeben, oft den Aussteller nicht nennen und keine Namensunterschrift des Ausstellers aufweisen.[503] Das Besuchsrecht ist infolgedessen an das Papier, die Eintrittskarte, geknüpft und wird zusammen mit diesem wie eine Sache nach §§ 929 ff BGB veräußert.[504] Das Recht

---

498 BGH NJW 2006, 610, 611.

499 BGH NJW 2006, 610, 612 f; so bereits die Vorinstanz OLG Frankfurt aM NJW 2004, 2833; aA dagegen die erste Instanz LG Wiesbaden NJW-RR 2004, 887; s auch die Anm von *Ebert*, jurisPR-BGHZivilR 5/2006 Anm 3.

500 Vgl *Rosmann* 38.

501 *Erman* § 807 BGB Rn 5; Palandt/*Sprau* § 807 BGB Rn 3; *Kurz* Kap 15 Rn 11; *Heese* JA 2007, 691, 694; *List* UFITA 13 (1940), 16, 19 f; *Kolberg* 36 f; *Rosmann* 46 ff.

502 BGH NJW 2006, 54, 55; AG Mannheim NJW 1991, 1490; Palandt/*Sprau* § 807 BGB Rn 3.

503 Palandt/*Sprau* § 807 BGB Rn 3.

504 *Erman* § 793 BGB Rn 6; Palandt/*Sprau* § 793 BGB Rn 9; *Heese* JA 2007, 691, 694; *Kurz* UFITA 2003/III, 896, 898; *Marx-Probst* UFITA 72 (1975), 147, 197, 200; *Rosmann* 55.

aus dem Papier folgt dem Recht an dem Papier, weshalb auch ein gutgläubiger Erwerb möglich ist (vgl § 935 Abs 2 BGB). Mit dem Abschluss des Theaterbesuchsvertrages erlangt der Besucher das Eigentum an der Theaterkarte.[505] Die Eintrittskarte darf nicht mit der Garderobenmarke verglichen werden, bei welcher es sich um ein einfaches Legitimationspapier handelt.[506]

Die Eintrittskarten werden durch Errichtung, Ausstellung und Verbindung mit einem Theaterbesuchsvertrag – Forderungsbegründung (**Begebungsvertrag**) und Eigentumsübertragung an der Karte – zu Inhaberpapieren.[507] Das Theater als Aussteller ist gegenüber dem Inhaber der Theaterkarte auch dann verpflichtet, wenn sie dem Theater gestohlen worden oder verloren gegangen oder wenn sie sonst ohne dessen Willen in den Verkehr gelangt ist (§ 974 BGB). Das Theater kann dem Karteninhaber **Einwendungen** gegen die verbriefte Forderung entgegenhalten (§§ 796 BGB), jedoch nur solche, welche die Gültigkeit der Ausstellung betreffen oder sich aus der Urkunde ergeben oder dem Aussteller unmittelbar gegen den Inhaber zustehen, so zB die Fälschung der Karte, der Verfall der Karte oder die personengebundene Ausgabe der Karte. Des Weiteren dürften Einwendungen aus den AGBs herzuleiten sein, da sich diese unmittelbar aus der Urkunde ergeben.[508] **211**

Das Theater ist jedem berechtigten Karteninhaber zur Leistung, der Teilnahme an der Theateraufführung, verpflichtet; dies aber nur gegen Aushändigung der Karte. Das Theater erwirbt dann wieder Eigentum an der Karte und kann sie auch (durch Einreißen, Wegschmeißen) entwerten (§ 797 BGB). Andererseits ist das Theater zur Leistung an den Inhaber der Eintrittskarte berechtigt und wird deshalb von seiner Leistungsverpflichtung selbst dann frei, wenn der Inhaber Nichtberechtiger ist (§ 793 Abs 1 S 2 BGB; zB gegenüber einem Dieb), außer natürlich dem Theater ist die Nichtberechtigung positiv bekannt. **212**

3. Theaterabonnementvertrag

Der **Abonnementvertrag** ist ebenfalls ein Werkvertrag mit mietrechtlichem Einschlag.[509] Er gilt meist für eine gesamte Spielsaison, dh für eine bestimmte Anzahl von Karten zu einem ermäßigten Preis. Entweder tauschen die Theater Berechtigungsscheine gegen Eintrittskarten oder lassen den Abonnementausweis als Eintrittskarte gelten. Der Abonnementvertrag verschafft dem Besucher neben einem günstigeren Preis oft noch weitere Vorteile, zB kann sich der Besucher bestimmte Aufführungen aussuchen oder bekommt einen besonderen Premierenplatz. **213**

II. Leistungsstörungen

Klar ist, dass bei Theateraufführungen **Leistungsstörungen** an der Tagesordnung sind. Mitwirkende erkranken, bei Freiluftaufführungen spielt das Wetter nicht mit oder die Aufführung verzögert sich, weil die Bühnentechnik nicht funktioniert. Denk- **214**

Nach weit verbreiteter Ansicht kann das Recht auch nach § 398 BGB übertragen werden, so MüKo/*Habersack* § 793 BGB Rn 32 mit dem Hinweis, dass er der notwendige Zusammenhang von Forderung und Urkunde durch § 952 Abs 2 BGB hergestellt wird.

505 Palandt/*Sprau* § 793 BGB Rn 9.
506 Palandt/*Sprau* Einf v § 793 BGB Rn 5.
507 *Kolberg* 37.
508 *Kurz* Kap 15 Rn 14.
509 *Kurz* Kap 15 Rn 33.

bare Konstellationen sind vielfältig. Dabei kann die Störung von Seiten des Theaters oder von Seiten des Besuchers herrühren.

1. Fixgeschäft

215 Vorweg muss die Frage geklärt werden, ob es sich bei der Theateraufführung um ein **absolutes** oder **relatives Fixgeschäft** handelt; dies ist prinzipiell **Auslegungsfrage** (§§ 133, 157 BGB). Diese Einordnung ist entscheidend für die Geltendmachung von etlichen Ansprüchen aus dem Leistungsstörungsrecht. Der **Fixcharakter** des Theaterbesuchsvertrages ergibt sich aus dem Erwerb einer Eintrittskarte für eine zeitlich festgelegte Vorstellung. Bei einem absoluten Fixgeschäft begründet die Nichteinhaltung der Leistungszeit dauernde Unmöglichkeit. Es liegt vor, wenn die Einhaltung der Leistungszeit nach dem Vertragszweck und der Interessenlage für den Gläubiger so wesentlich ist, dass für ihn eine verspätete Leistung keine Erfüllung mehr darstellt, so dass die §§ 275, 283, 326 BGB und nicht die §§ 281, 323 BGB anwendbar sind.[510] Beim relativen Fixgeschäft muss der Gläubiger den Fortbestand seines Leistungsinteresses im Vertag an die Rechtzeitigkeit der Leistung gebunden haben; das Geschäft fällt und steht nach dem Parteiwillen mit der zeitgerechten Leistung, was in der Festlegung eines genauen Leistungstermins bzw einer Leistungsfrist zum Ausdruck kommt.[511]

216 Der auf der Eintrittskarte festgelegte Aufführungszeitraum ist für den Besucher zwar wichtig, allerdings nicht derart, dass er bei einer Verzögerung kein Interesse mehr an der Vorstellung hat, zumindest so lange diese noch einigermaßen innerhalb des vorgegebenen Zeitrahmens stattfindet. Im Regelfall haben die Besucher aber auch noch an einem Ersatztermin als (nachträglicher) Leistungserfüllung ein großes Interesse, zB wenn der Lieblingskünstler erkrankt.[512] Nach dem Vertragszweck kommt es den Besuchern grundsätzlich auf das Erlebnis der Inszenierung und nicht auf deren Zeitpunkt an. Dies spricht **in der Regel** für ein **relatives Fixgeschäft.**[513] Problematisch sind zugegebenermaßen die Fälle, in denen ein Star nur ein Konzert seiner Welttournee in Deutschland hat und wegen der engen Tourdaten eine Verschiebung nicht in Betracht kommt. Oder man denke an ein Freiluftkonzert am Saisonende, ein einmaliges Gastspiel bzw ein Morgenkonzert, dass kaum am Abend nachgeholt werden kann; ferner an Premierenveranstaltungen, insb wenn es um Uraufführungen geht. Die Beispiele verdeutlichen, dass hier die Aufführung zu einem anderen Zeitpunkt nicht mehr dieselbe wäre; die Szenarien bewegen sich augenscheinlich an der Grenze zur Unmöglichkeit. In diesen eng umrissenen **Ausnahmefällen** muss deshalb von einem **absoluten Fixgeschäft** ausgegangen werden, was einen Rückgriff auf das Unmöglichkeitsrecht erfordert, um sachgerechte Ergebnisse zu erzielen.[514]

---

510 BGH NJW 1973, 318 (Reisevertrag); Palandt/*Grüneberg* § 271 BGB Rn 17; § 323 BGB Rn 19.

511 BGH NJW 1990, 2065, 2067 (Kaufvertrag); BGH NJW 2009, 2744 f (Flugbeförderungsvertrag).

512 Wird von einem absoluten Fixgeschäft ausgegangen, so handelt es sich bei dem Besuch Ersatzvorstellung um einen neuen Theaterbesuchsvertrag.

513 *Hirte* JuS 1992, 401, 402; *Peters* JuS 1993, 803; *Kolberg* 111; s auch *Heese* JA 2007, 691, 694 f aA *Kurz* Kap 5 Rn 108; Kap 15 Rn 7; *ders* UFITA 2003/III, 896, 899 f; *Rosmann* 31, 33.

514 *Kolberg* 111 f; so wohl auch *Heese* JA 2007, 691, 694 f.

2. Leistungsstörungen von Seiten des Theaters

a) **Verspäteter Beginn der Theateraufführung.** Eine gewisse **Verzögerung** muss ein Besucher von Massenveranstaltungen regelmäßig hinnehmen.[515] Bei einer nicht unerheblichen Verzögerung des Beginns der Theateraufführung während des Erfüllungszeitraums kann der Besucher gegen Rückerstattung seines Eintrittspreises vom Vertrag zurücktreten (§ 323 BGB). Eine Fristsetzung ist nach § 323 Abs 2 Nr 2 BGB entbehrlich, sofern beim Theaterbesuchsvertrag von einem relativen Fixgeschäft ausgegangen wird. Als Beispiel sei die Verspätung eines Open-Air-Konzerts um 4 1/2 Stunden wegen Problemen beim Bühnenaufbau genannt.[516] Kann nur ein Teil der Theateraufführung nicht rechtzeitig beginnen, dürfte dennoch nach § 323 Abs 5 BGB ein kompletter Rücktritt möglich sein, so zB bei Regen nach der Pause, der den Einsatz von Technik nicht erlaubt.[517] 217

b) **Ausfall oder Abbruch der Theateraufführung.** Zu einem **Ausfall** der Theateraufführung kann es kommen, wenn der Hauptdarsteller verstirbt, das Wetter eine Aufführung nicht zulässt oder gestreikt wird.[518] Liegt ein Fall der Nichtleistung vor, kann der Besucher nach 323 Abs 1, 2 Nr 2 BGB ohne Fristsetzung zurücktreten. Bei Unmöglichkeit – diese ist immer beim absoluten Fixgeschäft gegeben –, wird das Theater von seiner Leistungspflicht nach § 275 BGB frei und verliert seinen Vergütungsanspruch nach § 326 BGB. Der Besucher hat dann einen Anspruch auf Rückerstattung seines Eintrittsgeldes Zug-um-Zug gegen Rückgewähr der Eintrittskarte (§ 797 BGB; §§ 346 Abs 1, 348, 326 Abs 4, 323 Abs 1 BGB).[519] Das Theater ist verpflichtet den Besucher so frühzeitig wie möglich über den Ausfall zu informieren, ansonsten kann es sich nach §§ 280 Abs 1, 241 Abs 2 BGB schadensersatzpflichtig machen. Aus dem Gedanken des **Übernahmeverschuldens** können sich auch weitergehende Ersatzansprüche (zB Ersatz der Fahrt- und Unterbringungskosten) ergeben, wenn das Theater weiter Karten verkauft, obwohl der Ausfall der Vorstellung nahe liegt. 218

Kommt es zu einem unverschuldeten **Abbruch** der Theateraufführung, zB wegen eines unerwarteten Regengusses oder weil sich ein Schauspieler verletzt oder ein Sänger seine Stimme verliert oder die Bühne beschädigt ist, so ist fraglich, ob darin ein Fall der vollständigen oder der teilweisen Nichterfüllung zu sehen ist, da die komplette Darbietung als Erfolg geschuldet ist. Dabei kommt eine vollständige Nichterfüllung einem Ausfall gleich. Es ist danach zu differenzieren, ob die Aufführung ein einheitliches Werk darstellt oder nicht.[520] Dabei ist maßgeblich, ob der Besucher schon etwas für sein Geld bekommen hat.[521] Dies dürfte eher der Fall sein bei musikalischen Darbietungen, die aus einzelnen Stücken bestehen. Dagegen geht es dem Zuschauer einer Schauspielaufführung darum, die vollständige Handlung des Stückes zu sehen, gerade der Schluss bietet oft unvorhergesehene Wendungen. Opern, Operetten oder Musicals nehmen eine Zwitterstellung ein, weshalb im Einzelfall noch genauer geprüft werden muss, ob hier von einer teilweisen oder vollständigen Nichterfüllung ausgegangen werden muss. 219

Besteht eine Theateraufführung folglich aus voneinander unabhängigen Teilen, liegt ein Fall der Teilschlechtleistung oder Teilunmöglichkeit vor, der das Theater von sei- 220

---

515 Vgl AG Herne-Wanne NJW 1998, 3651, 3652.

516 AG Passau NJW 1993, 1473.

517 AG Passau NJW 1993, 1473.

518 Vgl AG Mannheim NJW 1991, 1490 (Tod des angekündigten Dirigenten).

519 AG Mannheim NJW 1991, 1490; s aber AG Halle/Westfalen NJW-RR 1994, 884 zum Ausfall eines Tennisturniers.

520 Vgl dazu AG Hamburg NJW-RR 1988, 120 zu einem Tennisspiel.

521 S dazu ausf *Fessmann* NJW 1983, 1164, 1166; *Kolberg* 105 f.

ner weiteren Leistungspflicht befreit (§ 275 BGB) und seinen Vergütungsanspruch mindert (§ 326 Abs 1 S 1 BGB). Eine (teilweise) Rückgewähr des Eintrittspreises dürfte nach Treu und Glauben nicht in Betracht kommen, wenn die Vorstellung nur noch wenige Minuten gedauert hätte. Im Falle des Abbruchs eines einheitlichen Werks, gilt das zum Ausfall der Vorstellung Gesagte entsprechend.[522]

221 Bei einem **verschuldeten Abbruch oder Ausfall** kann der Theaterbesucher neben dem Rücktritt (§§ 323 Abs 1, 326 Abs 5 BGB) Schadensersatz wegen Nicht- oder Schlechtleistung bzw Unmöglichkeit verlangen (§§ 281 Abs 1, 283, 280 Abs 1, 325 BGB). Der Schadensersatz erfasst auch die Auslagen (Kosten für Unterbringung, Fahrt etc). Das Theater muss sich ein Fehlverhalten der Mitwirkenden über § 278 BGB zurechnen lassen. Als Beispiel sei der Fall genannt, dass ein Dirigent nach einem Leistenbruch das Theater nicht über seinen möglichen Ausfall informiert, um frühzeitig einen Ersatz zu suchen.[523] Auch steht es dem Besucher frei, alternativ Aufwendungsersatz nach § 284 BGB zu verlangen. Außergewöhnliche Kosten, wie zB eine Auslandsreise oder ein teures Hotel sind nur (voll) ersatzfähig, wenn der Zuschauer sich kurz vorher noch einmal über die tatsächliche Durchführung der Veranstaltung informiert hat.[524]

222 Der **örtliche Veranstalter** und der **Tourneeveranstalter** haften dem Besucher für den Ausfall bzw Abbruch einer Aufführung als **Gesamtschuldner** (§ 426 BGB), denn beide müssen zur Herbeiführung des Erfolgs arbeitsteilig zusammenwirken.[525] Dem Besucher, der keinen Einblick in die vertraglichen Innenbeziehungen hat, kann das Risiko nicht zugemutet werden, dass sich jede Partei auf das Verschulden der anderen beruft und er dabei leer ausgeht. Er möchte deshalb erkennbar den Theaterbesuchsvertag mit beiden abschließen.

223 Oft finden sich in den **AGBs** Regelungen über den Abbruch oder Ausfall der Vorstellung. Ein pauschaler vollständiger oder hälftiger **Ausschluss der Rückerstattung** ist gemessen an § 309 Nr 7 BGB unwirksam. Die Klausel in den AGB eines Veranstalters „Die Rücknahme der Eintrittskarten erfolgt ausschließlich bei genereller Absage der Veranstaltung." ist nicht zulässig, da generelle Absagen einer Veranstaltung nicht zur Bedingung der Erstattungsfähigkeit des Eintrittspreises gemacht werden dürfen.[526] Dasselbe gilt im Hinblick auf eine Klausel, welche dem Konzertbesucher die Pflicht auferlegt, nach Absage des Konzerts, die Konzertkarten innerhalb von zwei Wochen nach dem Konzerttermin zurückzugeben, um seinen **Rückzahlungsanspruch** zu erhalten, da sie diesen unangemessen benachteiligt (vgl § 307 BGB).[527] Den Rückzahlungsanspruch kann das Theater selbst wenn es an dem Vorstellungsausfall kein Verschulden trifft, nicht komplett ausschließen. Der Verweis auf ein **Umtauschrecht** für Ersatzvorstellungen dürfte nur für den Fall des fehlenden Verschuldens seitens des Theaters zulässig sein. Eine formularmäßige Regelung der Eintrittskartenrücknahme gegen Preiserstattung bei Konzertabsage beinhaltet einen unzulässigen Haftungsausschluss für über den Eintrittspreis hinausgehende Kosten.[528]

224 c) **Mangelhafte Theateraufführung.** Vorweg der Satz „Wer ins Theater geht, läuft eben die Gefahr minderwertiger Aufführung."[529] Es ist offensichtlich, dass dieselbe Vorstellung nicht auf alle Besucher die gleiche Wirkung haben kann. „Der eine ist

522 Vgl Rn 219.
523 OLG München NJW-RR 2005, 616, 617.
524 *Kurz* Kap 15 Rn 23.
525 AG Schöneberg VuR 1995, 359, 360 f; aA AG Düsseldorf VuR 1995, 358 f; s oben Rn 193.
526 LG München I NJW-RR 1991, 1143; LG München I NJW 1991, 1491.
527 LG München I NJW 1991, 1491 f
528 LG Dortmund VuR 1995, 137, 140.
529 *Goldbaum* 250; so auch *Rosmann* 31 f.

befriedigt, während dem anderen entweder das Stück oder die Darstellung oder beides missfällt. Jedem einen Genuß zu verschaffen, liegt nicht in der Macht des Unternehmers und da die Ansprüche, die die Besucher an eine gute Vorstellung stellen, meistens sehr verschieden sind, so kann für den künstlerischen Wert der Aufführung nicht die Ansicht eines einzelnen maßgebend sein."[530]

Das Werkvertragsrecht sieht im Falle von Mängeln etliche Rechte des Bestellers vor, Nacherfüllung, Selbstvornahme, Rücktritt, Minderung, Schadens- und Aufwendungsersatz (§ 634 BGB). Die Frage, ob eine „nicht werkgetreue" Aufführung – wenn man diesen unscharfen Begriff denn verwenden will[531] – einen Mangel der Darbietung darstellt, ist im Prinzip einfach zu beantworten. Die Art und Weise der Inszenierung und die künstlerische Qualität kann wegen der Kunstfreiheit und dem Verständnis moderner Regiearbeit dem Mängelbegriff nicht unterfallen und deshalb schon gar nicht Geschäftsgrundlage sein.[532] So kann insb nicht die aktualisierte und kritische Aufführung von klassischen Stücken (umfunktionierte Aufführung) bemängelt werden.[533] Geschuldet ist ja auch nur der Besuch der Aufführung in ihrer bestehenden Form und nicht die Herstellung eines Werks in einer vom Besucher gewünschten Art und Weise.[534] Der BGH hat dies bereits treffend formuliert: *„Der künstlerisch Schaffende genießt grundsätzlich im Rahmen eines Werk- oder Werklieferungsvertrags eine Gestaltungsfreiheit, die seiner künstlerischen Eigenart entspricht und es ihm erlaubt, in seinem Werk seiner individuellen Schöpferkraft und seinem Schöpferwillen Ausdruck zu verleihen. Wer einen Künstler mit der Herstellung eines Kunstwerks beauftragt, muß sich vorher mit dessen künstlerischen Eigenarten und Auffassung vertraut machen. Er darf die Abnahme des fertiggestellten Werks nicht deshalb verweigern, weil es nicht seinem Geschmack entspricht. Der Gestaltungsfreiheit des Künstlers entspricht das Risiko des Bestellers sein Werk abnehmen zu müssen, das ihm nicht gefällt. Das den vereinbarten Zweckgedanken und die tragende Idee zum Ausdruck bringende Kunstwerk stellt daher grundsätzlich das versprochene Werk iSd § 631 Abs 1 BGB dar."*[535] Daher kann der Besucher keine Ansprüche wegen Nicht- oder Schlechterfüllung geltend machen, wenn ihm das Stück einfach nicht gefällt. 225

Auch dürfte der Besucher von derartigen Aufführungen selten überrascht sein. Er hat es in der Hand, sich über das angekündigte Stück, den Produzenten, die Mitwirkenden und die Kritik, zB in der Tagespresse, Informationen einzuholen und dementsprechend seine Erwartungen zu überprüfen.[536] In der Folge unterliegt der Besucher vor dem Kauf der Eintrittskarte einer **Informationspflicht**. Dem Theater kann im Gegenzug keine Pflicht zur Angabe, ob es sich um die Originalfassung oder eine (moderne) bearbeitete Interpretation handelt, in Programmheften, der Werbung (zB auf Plakaten) oder mittels Aushang, auferlegt werden.[537] 226

530 *Rosmann* 32.
531 Vgl Rn 91 Fn 197.
532 So auch AG Bonn NJW 1983, 1200; *Kurz* Kap 15 Rn 3 f; *Fessmann* NJW 1983, 1164, 1170 f; *Raschèr* ZUM 1990, 281, 284; *Schack* GRUR 1983, 555 Fn 5; *Grunert* 97; aA *Knothe* NJW 1984, 1074, 1075, 1078 (unter Annahme einer Hinweispflicht des Theaters); *Pakuscher* UFITA 93 (1982) 43, 47 ff (Wegfall der Geschäftsgrundalge bei entstellenden Inszenierungen), *Rehbinder* ZUM 1996, 614 (zu gemeinfreien Werken); *Meyer-Cording* FS Hübner, 745, 748.
533 AG Bonn NJW 1983, 1200; AG Hamburg NJW 2009, 782, 783; dazu auch *Zimmermann/Walter* JURA 1992, 149, 152 f; *Kolberg* 141 ff.
534 *Kurz* Kap 15 Rn 3.
535 BGHZ 19, 382, 384.
536 AG Bonn NJW 1983, 1200; AG Hamburg NJW 2009, 782, 783.
537 AG Hamburg NJW 2009, 782, 783; *Raschèr* ZUM 1990, 281, 284; aA *Knothe* NJW 1984, 1074, 1077; *Pakuscher* UFITA 93 (1982) 49 f im Hinblick auf entstellende Inszenierungen; *Meyer-Cording* FS Hübner 1984, 745, 749.

227 Eine **Anfechtung** wegen Eigenschaftsirrtums (§ 119 Abs 2 BGB) kommt alternativ nicht in Betracht, weil es sich bei den Erwartungen im Hinblick auf eine bestimmte Inszenierung um einen unbeachtlichen **Motivirrtum** handelt, denn für Theaterstücke lässt sich keine dauerhafte Art und Weise der Aufführung festlegen.[538]

228 Problematisch ist die Aufführung eines anderen als des angekündigten Stücks, eines **aliuds**. Hierin muss ein Mangel gesehen werden (§ 633 Abs 2 S 2 BGB). Fraglich ist nur, wann ein anderes Stück gespielt wird und es sich nicht mehr um eine inszenierungsbedingte Veränderung des Stückes handelt, die hinzunehmen ist. Hier greift eine rein urheberrechtliche Bewertung zu kurz, die danach differenziert, ob es sich um eine Bearbeitung oder freie Nutzung des Aufführungswerks handelt.[539] Erst bei einer dramaturgischen Bearbeitung, die nicht nur die äußere Form des Werkes abwandelt und „den Kerngehalt des Stückes" tangiert und dann zur Aufführung gelangt, ist von einem aliud auszugehen.[540]

229 Dem Veranstalter muss – wenn auch in engen Grenzen – die Möglichkeit gelassen werden, umzudisponieren, um seine Leistung zu erfüllen, die an so vielen Mitwirkenden hängt, zB durch den Austausch von einzelnen (erkrankten) Komparsen, Orchestermusikern oder Chormitgliedern.[541] Ein Mangel kann aber durchaus in einer anderen **Besetzung** liegen, insb dann, wenn davon auszugehen ist, dass der Besucher den Vertrag nur wegen einer Starbeteiligung abgeschlossen hat.[542] In einem stark **verzögerten Aufführungsbeginn** liegt zwar eine Verletzung der vertraglichen Leistungspflicht, aber im Regelfall kein Mangel der Aufführung, da das Werk trotz der Zeitverzögerung die geschuldete Beschaffenheit aufweist; zudem sieht das Gesetz für den Verzugsfall eigenständige Regelungen vor (§§ 280 Abs 1, 2, 286 BGB).[543] Nicht zulässig ist die Änderung wesentlicher Umstände, die zum Vertragsinhalt geworden sind, zB die Bereitstellung eines anderen **Aufführungsraums** mit schlechterer Akustik oder der Austausch eines Großteils der Schauspieler. Ferner begründet die schlechte Tonqualität bei der Aufführung einen Mangel.[544]

230 Eine Fristsetzung ist meist wegen Unmöglichkeit der Mängelbeseitigung, zB bei Erkrankung des Stars, entbehrlich. Der Veranstalter darf aber mit einem Vergütungsanspruch für geleistete Dienste aufrechnen, sofern der Besucher einen Teil der Aufführung besucht hat (§§ 346 Abs 1, 387 BGB).[545] Zudem bleibt dem Besucher die Möglichkeit der Minderung (§ 638 BGB). So bspw, wenn der Besucher einen Teil des Konzertes hört, die Aufführung dann aber wegen der andauernden Mängel verlässt.[546]

---

538 *Zimmermann/Walter* JURA 1992, 149, 153.

539 Zu eng *Fessmann* NJW 1983, 1164, 1168 f, der schon in einer Bearbeitung ein aliud sieht.

540 *Raschèr* ZUM 1990, 281, 284.

541 *Ankermann* NJW 1997, 1134, 1136; *Rosmann* 12, 32.

542 AG Düsseldorf NJW 1990, 2559; AG Mannheim NJW 1991, 1490: Der Einsatz eines anderen Dirigenten bei dem Konzert eines Symphonie-Orchesters, weil der ursprüngliche Dirigent verstorben ist, stellt einen Mangel dar; AG Rüdesheim NJW 2002, 615: Das Gericht sah in der Durchführung einer Lesung durch einen engen Mitarbeiter an Stelle des erkrankten Autors einen Mangel, denn hier sei die Lesung durch den Autor werterhöhend, da sie in hohen Maß Authentizität vermittle. S auch AG Hamburg Urt v 15.5.1966 – 18a C 2434/95 zum Ausfall einer international renommierten Starsolistin im Rahmen einer Konzertreihe eines Sinfonieorchesters; dazu *Ankermann* NJW 1997, 1134, 1135 f; *Fessmann* NJW 1983, 1164, 1169 f; *Rosmann* 32.

543 Vgl BGH NJW 2009, 2743, 2744; aA AG Passau NJW 1993, 1473; *Kolberg* 131.

544 AG Passau NJW 1993, 1473 (keine Hauptleistungspflicht, reine Gläubigerobliegenheit).

545 AG Passau NJW 1993, 1473.

546 AG Passau NJW 1993, 1473.

2. Leistungsstörungen von Seiten des Besuchers

a) **Verspätung des Besuchers.** Mit der Kurzformel „Vorhang auf – Türen zu" kann die **Obliegenheit** des Theaterbesuchers rechtzeitig zum auf der Eintrittskarte angegebenen Zeitpunkt zu erscheinen auf den Punkt gebracht werden.[547] Oder wie es das AG Hamburg drastisch formuliert hat: „Wer zu spät kommt, den bestraft das Leben."[548] Denn ein **verspäteter Einlass** führt im Regelfall nicht nur zur Störung der anderen Besucher, sondern auch der Akteure auf der Bühne, durch Licht, Geräusche und andere Immissionen sowie Sichtbehinderungen. Ferner kann das Theater durch die Störung seine Vertragsverpflichtung, eine ungestörte und reibungslose Aufführung, gegenüber den anderen Besuchern nicht mehr erfüllen. Der Besucher erscheint rechtzeitig, wenn er sich spätestens mit dem Ertönen eines Gongs, dem Leuten einer Glocke oder ähnlichen Signalen für den Beginn der Aufführung und/oder dem Schließen der Türen an seinen Sitzplatz begibt. 231

Obliegenheiten begründen für den Berechtigten, hier das Theater, weder einen Erfüllungs- noch einen Schadensersatzanspruch.[549] Ihre Befolgung liegt vielmehr im eigenen Interesse des Verpflichteten, da dieser durch ihre Verletzung rechtliche Nachteile erleidet, die meist zum Vorteil des Berechtigten gereichen. Beim Theaterbesuchsvertrag hat die **Obliegenheitsverletzung** durch Verspätung des Besuchers zur Folge, dass das Theater zu einem verspäteten Einlass nur verpflichtet ist, wenn dies ohne Beeinträchtigung der Aufführung möglich ist, zB in weniger störanfällige Bereiche des Zuschauerraums oder in der Pause.[550] Eine Differenzierung des Nacheinlasses nach der Art der Aufführung – Darstellung eines Kriegsschauplatzes – oder dramaturgisch günstigen Momenten, zB geräuschvoll tumultartige Szene, ist nicht praktikabel.[551] Nebenpflicht des Theaters ist es aber, eine angemessene Lösung für verspätete Zuschauer zu schaffen, zB die Übertragung der Aufführung ins Foyer und Einlass nach der Pause. Den Einlass komplett zu verweigern, kommt nur dann Betracht, wenn bis zum Ende der Vorstellung keine zumutbaren Einlassmöglichkeiten mehr bestehen. Eine Verpflichtung des Theaters zum Hinweis auf die Obliegenheit des rechtzeitigen Erscheinens besteht nicht, da sich deren Bestehen hinreichend aus dem Theaterbesuchsvertrag ergibt.[552] Eine Schadensersatzpflicht des Besuchers wegen Nebenpflichtverletzung des Theaters nach §§ 280, 241 BGB wegen verspäteten oder verweigerten Einlasses, dürfte grundsätzlich am Verschulden scheitern; zumindest aber durch das Mitverschulden des Besuchers (§ 254 BGB) entfallen.[553] 232

Die Werkerbringung, dh die Erfüllungsleistung seitens des Theaters, hängt nicht von dem **Erscheinen** des Besuchers **als Mitwirkungshandlung** ab; insofern ist es unerheblich, ob der Besucher die Aufführung tatsächlich (optisch und akustisch, zB während eines „Opferschläfchens") wahrnimmt.[554] Das Theater kann den Besuch der Aufführung ohne die Anwesenheit des Karteninhabers gewährleisten. Die „Interaktion zwischen Bühnenakteuren und lauschendem Publikum" ist nicht notwendig für die Werkherstellung, vielmehr kann ein Theater auch vor leerer Bühne spielen.[555] Anders verhält es sich 233

547 AG Aachen NJW 1997, 2058; *Deckers* JuS 1999, 1160, 1162.
548 AG Hamburg MDR 1994, 665.
549 Zur Verletzung von Obliegenheiten BGH NJW 2008, 145 f; 2009, 587, 588; Palandt/*Grüneberg* Einl v § 241 BGB Rn 12.
550 AG Aachen NJW 1997, 2058.
551 So aber das AG Hamburg MDR 1994, 665, 666, wenn es danach differenziert, ob der Nachzügler im Halbdunkel mit dem Phantom der Oper verwechselt werden könnte.
552 AG Hamburg MDR 1994, 665, 666.
553 AG Hamburg MDR 1994, 665, 666.
554 *Deckers* JuS 1999, 1160; aA AG Aachen NJW 1997, 2058 im Falle eines schlafenden Besuchers; *Kolberg* 48 f.
555 So aber AG Aachen NJW 1997, 2058.

bei einer Operation, einer Anprobe für einen Maßanzug oder einer Portraitsitzung, hier kann ohne die persönliche Anwesenheit des Bestellers das Werk nicht „hergestellt" werden.[556] Ginge man von einer notwendigen Mitwirkungshandlung des Besuchers aus, hätte es dieser allein in der Hand, die Erfüllungswirkung eintreten zu lassen oder auch nicht. Bei lebensnaher Betrachtung schuldet das Theater prinzipiell auch nur die Möglichkeit der Teilnahme an der Theateraufführung. Würde es den tatsächlichen Besuch, dh die Durchführung der Theateraufführung bei Anwesenheit des Theaterbesuchers schulden, so müsste seitens des Besuchers von einer Pflicht zum Erscheinen ausgegangen werden, um unfaire Ergebnisse zu vermeiden. Daher ist die Anwendung des § 642 BGB, der eine Entschädigungspflicht des Unternehmers bei unterlassener Mitwirkung des Bestellers vorsieht, im Rahmen des Theaterbesuchsvertrags abzulehnen.[557]

234 Bei verspätetem oder begründet verwehrtem Einlass liegt somit kein Fall des (verschuldensunabhängigen) **Annahmeverzugs** vor.[558] Denn die Regelungen der §§ 293 ff BGB gelten nur für Leistungspflichten, zu deren Erfüllung eine Mitwirkung des Gläubigers erforderlich ist.[559] In der Folge erübrigt sich auch die Auseinandersetzung mit der im Werkvertragsrecht oft schwierigen Abgrenzung zwischen Gläubigerverzug und Unmöglichkeit. Die Verneinung des Annahmeverzugs ist im Hinblick auf § 644 Abs 1 BGB unschädlich. Die Konzeption der Norm, welche grundsätzlich von einem Gefahrübergang bei Abnahme des Werks ausgeht und im Falle des Annahmeverzugs den Gefahrübergang wegen der Obliegenheitsverletzung des Bestellers vorverlagert (§ 644 Abs 1 BGB), ist – weil es bei dem Theaterbesuchsvertrag nicht um die Herstellung eines Werkes geht, das abgenommen werden könnte – nicht anwendbar.[560]

235 b) **Nichterscheinen des Besuchers.** Dem Zuschauer steht es frei, sein Besuchsrecht durch den Verkauf oder eine anderweitige Weitergabe der Eintrittskarte auf einem Dritten zu übertragen.[561] Was aber ist, wenn er dies nicht macht und deshalb nicht erscheint? Da seitens des Besuchers eine Abnahme der Theateraufführung sowie eine Mitwirkungshandlung nicht erforderlich sind,[562] kann das Theater den Theaterbesuchsvertrag auch ohne die Anwesenheit des Besuchers erfüllen und insofern einen Vergütungsanspruch geltend machen.

236 In dem Nichterscheinen einen Fall der Unmöglichkeit (§ 275 Abs 1 BGB) zu sehen (der durch die Weiterveräußerung jederzeit behebbar sein soll) und einen Vergütungsanspruch des Theaters nach § 326 Abs 2 S 1 BGB zu bejahen,[563] weil den Besucher im Regelfall ein Verschulden trifft, ist unnötig kompliziert und entspricht nicht den Realitäten. Einen Vorteil hat die erste Variante schon deshalb, weil dann nicht die komplizierte und nur schwer nachweisbare Frage des Verschuldens der Unmöglichkeit beantwortet werden muss. Es wäre auch nicht gerecht, den Besucher, zB bei einer Erkran. kung als Fall der unverschuldeten Unmöglichkeit von seiner Vergütungsverpflichtung zu befreien. Das Theater führt die Aufführung ja dennoch durch, trägt hierfür die Ausgaben und hält einen Sitzplatz bereit.[564] Kurz gesagt, es erbringt seine volle Erfüllungsleistung. Deshalb muss die Gegenmeinung hier eine Korrektur des Ergebnisses,

556 Palandt/*Sprau* § 642 BGB Rn 1.
557 *Deckers* JuS 1999, 1160, 1161; aA AG Aachen NJW 1997, 2058.
558 AA AG Hamburg MDR 1994, 665, 666; *Kolberg* 107.
559 Palandt/*Grüneberg* § 293 BGB Rn 2.
560 Vgl Rn 191.
561 S dazu 196.
562 Vgl Rn 233.
563 Im Fall der möglichen Weiterveräußerung, weil die Karte bspw hinterlegt war, müsste sich das Theater dann den erzielten Erlös anrechnen lassen (§ 326 Abs 2 S 2 BGB). So *Kurz* Kap 15 Rn 24 ff.
564 Im Bezug auf den Sitzplatz kann der Gedanke auch aus § 537 BGB hergeleitet werden.

die letztendlich ebenfalls zu einer Verneinung der Vergütungspflicht führt, vornehmen und zwar mit einer analogen Anwendung des § 537 BGB und dem Gedanken des „entindividualisierten" Besuchsvertags, der eine Abkopplung von persönlichen Hinderungsgründen impliziert.[565]

Ferner ist die Korrektur über eine entsprechende Anwendung des § 645 BGB abzulehnen; die vorliegende Situation ist nicht mit einer der Risikolagen vergleichbar, welche die Norm erfassen will. Zwar bejaht der BGH die entsprechende Anwendung in den Fällen, in denen die Leistungsstörung aus der Sphäre des Bestellers herrührt (Sphärentheorie), um einen billigen Interessenausgleich zu schaffen.[566] Diese extreme Risikoverlagerung widerspricht aber der gesetzlichen Regelung beim Werkvertrag und missachtet, dass der Gesetzgeber für derartige Situationen die Norm des § 313 BGB geschaffen hat.[567] **237**

Die Annahme einer **Kündigung** nach § 649 BGB, wenn der Theaterbesucher bewusst einer Vorstellung fern bleibt bzw diese frühzeitig verlässt, ist abzulehnen. Die Norm passt nicht auf den Theaterbesuchsvertrag. Das Theater muss so oder so die kostenintensive Veranstaltung durchführen. Der Besucher hat die Möglichkeit seine Karte weiterzugeben. Auch wenn der Besucher (unverschuldet) nicht erscheint, muss er die Platzmiete zahlen, sofern die Verhinderung seiner Risikosphäre entstammt, zB Krankheit und Tod (§ 537 BGB).[568] **238**

c) **Störung durch Besucher.** Das Theater hat das Recht, störende Besucher, zB durch laute Buh-Rufe, nach entsprechender Abmahnung aus der Vorstellung zu verweisen (§§ 859, 903, 1004 BGB). Bei öffentlich-rechtlichen Theaterbetrieben ergibt sich dieses **Hausrecht** aus der Natur der Sache, der Möglichkeit der ordnungsgemäßen Aufgabenerfüllung; es bedarf insofern keiner speziellen Ermächtigungsgrundlage.[569] So kann es einen Zuschauer, der unerlaubterweise im Theater fotografiert von der Aufführung ausschließen.[570] **239**

In dem Ausschluss ist zudem die Geltendmachung eines außerordentlichen **Kündigungsrechts** zu sehen. Bei der Pflicht des Zuschauers die Aufführung nicht zu stören, handelt es sich um eine vertragliche Nebenpflicht aus dem Besuchsvertrag, deren Verletzung eine Schadensersatzpflicht nach §§ 280 Abs 1, 241 Abs 2 BGB auslöst, zB bei der Besetzung eines freien Platzes einer anderen Kategorie durch den Besucher, der zusätzlich einen Bereicherungsanspruch §§ 812 Abs 1 S 1 Alt 2, 818 Abs 2 Alt 1 BGB begründet.[571] In den AGBs finden sich zumeist Regelungen zu den möglichen Störfällen. **240**

Zum Abschluss ein Zitat des deutschen Literaturkritikers und Journalisten *Gustav Seibt*, welches das Theater als Medium in treffender Weise beschreibt und dazu anregen soll die ganze Vielfalt unserer modernen Medienwelt zu nutzen: **241**

„Das Theater ist das schönste und älteste Lügengewerbe der Welt. Ein wunderbarer Zauberkasten: Es zeigt wirklich, was in Wirklichkeit nicht ist. Hamlet stirbt und geht anschließend Spaghetti essen."

565 *Kurz* Kap 15 Rn 26 f.
566 BGHZ 136, 303, 308; 137, 35, 38.
567 Palandt/*Sprau* § 645 BGB Rn 9 mwN.
568 *Erman* § 537 BGB Rn 2; vgl BGH ZMR 1991, 57.
569 VG Frankfurt NJW 1998, 1424.
570 BGH NJW 1975, 778; s auch OVG Nordrhein-Westfalen ZUM-RD 2010, 377 zum Verbot von Fotoaufnahmen bei Opern-Aufführungen wegen unzumutbarer Beeinträchtigungen.
571 LG Rostock NJW-RR 2006, 90, 91 (Fußballfans, die während des Spiels auf das Feld laufen).

Teil 3
Schutz der Persönlichkeit

Kapitel 1

Allgemeines Persönlichkeitsrecht

Literatur

Di Fabio Persönlichkeitsrechte im Kraftfeld der Medienwirkung AfP 1999, 126; *Gostomzyk* Äußerungsrechtliche Grenzen des Unternehmenspersönlichkeitsrechts – Die Gen-Milch-Entscheidung des BGH NJW 2008, 2082 ff; *Gounalakis* „Soldaten sind Mörder" NJW 1996, 481; *Heiderhoff* Eine europäische Kollisionsregel für Pressedelikte EuZW 2007, 428; *Holzner* Meinunsfreiheit und Unternehmenspersönlichkeitsrecht: Neue Abwägungsmaßstäbe erforderlich? MMR-Aktuell 2010, 298851; *Koppehele* Voraussetzungen des Schmerzensgeldanspruchs bei prominenten Personen aus dem Showgeschäft AfP 1981, 337; *Lettmaier* Prominente in der Werbung für Presseerzeugnisse – Ende des Presseprivilegs? WRP 2010, 695; *Mitsch* Postmortales Persönlichkeitsrecht verstorbener Straftäter NJW 2010, 3479; *Münchner Kommentar* zum BGB, Bd 1, 5. Aufl München 2007; *Schönke/Schröder* Strafgesetzbuch, 28. Aufl München 2010; *Schröder* Persönlichkeitsrechtsschutz bei Bewertungsportalen im Internet VerwArch 2010, 205; *Soehring* Presserecht, 4. Aufl Köln 2010; *Soehring* Caroline und ein Ende? AfP 2000, 230; *Teichmann* Abschied von der absoluten Person der Zeitgeschichte NJW 2007, 1917; *Wenzel* Das Recht der Wort- und Bildberichterstattung, Handbuch des Äußerungsrechts, 5. Aufl Köln 2003.

Übersicht

§ 1
Allgemeines

I. Bedeutung des Allgemeinen Persönlichkeitsrechts

1 Die Medien und insb die Presse haben sowohl das Recht als auch die Aufgabe die Öffentlichkeit über gesellschaftlich relevante Themen und Vorgänge zu informieren. Hierzu zählt die aktuelle Nachrichtenberichterstattung aus Politik und Wirtschaft ebenso wie die Information über allgemeine Themen zB aus der Wissenschaft und über fremde Länder, aber auch die reine Unterhaltung und der investigative Journalismus zur Aufdeckung bislang unbekannter Sachverhalte. Die für die Medien zur Erfüllung dieser Aufgaben erforderlichen Rechte sind in Gestalt der Meinungs-, Presse- und Rundfunkfreiheit in Art 5 GG verfassungsrechtlich verankert.

2 Allerdings bestehen diese Rechte nicht schrankenlos. Denn ebenso, wie es nach unserem modernen Demokratieverständnis unverzichtbar ist, von den Medien in umfassender und objektiver Art und Weise informiert zu werden, ist es für den Einzelnen wichtig, den Medien nicht schutzlos ausgeliefert zu sein. An dieser Stelle setzt das von der Rechtsprechung entwickelte **allgemeine Persönlichkeitsrecht**[1] an, das der Presse- und Medienfreiheit Grenzen setzt. Es schützt den Einzelnen sowohl vor **unwahrer Berichterstattung,** als auch vor der **Verletzung seiner Intim- und Privatsphäre** und vor ungewollter **kommerzieller Ausbeutung.**

II. Rechtsgrundlagen und Qualifikation als Rahmenrecht

3 Das allgemeine Persönlichkeitsrecht ist als sonstiges Recht iSv § 823 BGB anerkannt. Es leitet sich aus dem verfassungsrechtlichen Schutzauftrag der Art 1 Abs 1, Art 2 Abs 1 GG ab,[2] deren Schutzgegenstand die **Unverletzlichkeit der Menschenwürde** und die **freie Entfaltung der Persönlichkeit** sind. Das allgemeine Persönlichkeitsrecht beschränkt als allgemeines Gesetz iSv Art 5 Abs 2 GG die Meinungs-, Presse- und Rundfunkfreiheit aus Art 5 Abs 1 GG. Als sog **offenes Recht oder Rahmenrecht** ist das allgemeine Persönlichkeitsrecht jedoch weder abschließend im Gesetz geregelt, noch von Rechtsprechung und Literatur anhand fester Tatbestandsmerkmale bestimmt. Es unterliegt in seinem Umfang vielmehr der Herausbildung im jeweiligen Einzelfall und muss anhand des konkreten Sachverhalts stets neu definiert und in seinen Grenzen festgelegt werden.[3] Ein Eingriff in dieses Recht indiziert nicht automatisch die Rechtswidrigkeit. Vielmehr muss in jedem Einzelfall durch eine Güterabwägung ermittelt werden, ob der Eingriff durch schutzwürdige andere Interessen gerechtfertigt ist oder nicht.[4] Dabei geht es in der Regel um eine **Abwägung** zwischen den Mediengrundrechten bzw dem Informationsbedürfnis der Öffentlichkeit einerseits und dem Wunsch des Einzelnen andererseits, ausschließlich selbst darüber zu bestimmen ob, wann und wie er von den Medien in der Öffentlichkeit dargestellt wird.[5]

---

1 Zur Rechtsentwicklung Wenzel/*Burkhardt* 5. Kap Rn 3; *Prinz/Peters* Rn 50.

2 MünchKommBGB/*Rixecker* Anh zu § 12 BGB Rn 3 mwN.

3 *Soehring* § 12 Rn 51.

4 BGH NJW 2007, 684, 685 unter Verweis auf BGH NJW 2004, 762, 764 und BGH NJW 2005, 2766, 2770 jeweils mwN.

5 Zu Grundlagen und Entwicklung des allgemeinen Persönlichkeitsrecht ausführl mwN Wenzel/*Burkhardt* 5. Kap Rn 1 ff.

Neben dem *allgemeinen* Persönlichkeitsrecht gibt es die ***besonderen* Persönlichkeitsrechte**,[6] die jeweils eigene gesetzliche Normierungen gefunden haben.[7] Hierzu gehören ua die Urheberpersönlichkeitsrechte nach §§ 12 ff UrhG,[8] das Namensrecht nach § 12 BGB,[9] die im Datenschutz geregelten Rechte zur informationellen Selbstbestimmung[10] und das in den §§ 22 ff KUG geregelte Recht am eigenen Bild.[11] 4

III. Europarechtliche Einflüsse auf das allgemeine Persönlichkeitsrecht

Die Ausgestaltung des allgemeinen Persönlichkeitsrechts wird neben der deutschen Rechtsprechung auch durch gemeinschafts- bzw europarechtliche Aspekte geprägt.[12] Eine zentrale Rolle spielen dabei die **Garantien der EMRK**. Art 8 Abs 1 EMRK gewährt jedermann den Anspruch auf Achtung seines Privat- und Familienlebens, seiner Wohnung und seines Briefverkehrs. Parallel zu dem Konflikt im deutschen Recht zwischen dem allgemeinen Persönlichkeitsrecht einerseits und den Mediengrundrechten aus Art 5 GG andererseits, steht im europäischen Recht Art 8 Abs 1 EMRK in demselben Spannungsverhältnis zu Art 10 Abs 1 EMRK, der jedermann den Anspruch auf freie Meinungsäußerung gewährt. Die Abwägung zwischen dem Schutz der Privatsphäre einerseits und dem Schutz der Meinungs- und Äußerungsfreiheit anderseits laufen mithin parallel, sei es gestützt auf das deutsche Grundgesetz und die Auslegung durch das BVerfG, sei es gestützt auf die Garantien der EMRK und die Behandlung durch den EGMR. 5

Die Schwierigkeiten, die auftreten, wenn es zu **unterschiedlichen Interpretationen und Gewichtungen desselben Sachverhalts durch das BVerfG einerseits und durch den EGMR andererseits** kommt, zeigen sich an dem Fall um Caroline von Monaco, der letztlich durch einen Entscheidung des EGMR zu einer Änderung der deutschen Rechtsprechung geführt hat. 6

Der Rechtssprechung des EGMR im Bereich des Presserechts kommt nicht zuletzt auch deshalb eine große Bedeutung zu, weil der EGMR – mag man seine Entscheidungen befürworten oder kritisieren – einheitliche Leitlinien vorgibt, wo die nationalen Auffassungen stark von einander abweichen. Eine europäische Kollisionsregelung für Pressedelikte, die in Bezug auf die nationale Gerichtszuständigkeit Rechtssicherheit schafft, ist zwar geplant, wird jedoch noch einige Zeit auf sich warten lassen.[13] 7

IV. Systematisierung des Allgemeinen Persönlichkeitsrechts

Die Möglichkeiten das allgemeine Persönlichkeitsrecht und dessen Ausgestaltungen zu typisieren und zu systematisieren sind ebenso zahlreich wie die hierzu in der Literatur vorhandenen Ansätze.[14] Nachfolgend wird in § 4 die Einteilung in unterschied- 8

---

6 Wenzel/*Burkhardt* 5. Kap Rn 18.

7 Umfassend zu den gesetzlich geregelten, besonderen Persönlichkeitsrechten und zu deren Verhältnis zum allgemeinen Persönlichkeitsrecht MünchKommBGB/*Rixecker* Anh zu § 12 BGB Rn 4.

8 Vgl zum UrhR *Jani* in Band 2 Kap 1.

9 Zur Abgrenzung Allgemeines Persönlichkeitsrecht und Namensrecht vgl MünchKomm/*Bayreuther* § 12 Rn 5.

10 Vgl zum Datenschutzrecht *Obst* in Band 5 Kap 3.

11 Vgl zum Bildnisschutz *Renner* in Band 4 Teil 3 Kap 3.

12 Vgl hierzu ausführl mwN MünchKommBGB/*Rixecker* Anh zu § 12 BGB Rn 12.

13 *Heiderhoff* EuZW 2007, 428.

14 *Soehring* § 12 Rn 52 mwN; besonders gelungen erscheint die Systematisierung in

liche Schutzsphären vorgenommen. Diese Einteilung ist keineswegs zwingend, deckt jedoch die wichtigsten Ausprägungen des allgemeinen Persönlichkeitsrechts ab und lässt eine Zuordnung der wichtigsten, die Rechtsprechung immer wieder beschäftigenden Fallgruppen zu.

§ 2
Träger des Allgemeinen Persönlichkeitsrechts

I. Natürliche Personen

9 Träger des allgemeinen Persönlichkeitsrechts ist in erster Linie jede natürliche Person. Die Erreichung eines bestimmten Alters bei **Kindern** ist dabei ebenso wenig Voraussetzung wie die Fähigkeit, sich der Verletzung seines allgemeinen Persönlichkeitsrechts bewusst zu sein. So können sowohl Kleinkinder, als auch Personen, die zB infolge von Alter, Krankheit oder Behinderung unfähig sind, die eigene Ehr- oder Intimitätsverletzung zu empfinden, im Verletzungsfalle entsprechende Ansprüche geltend machen.

10 Im Gegenteil nimmt die Rechtsprechung insb bei Kindern sogar ein gesteigertes Schutzbedürfnis an, das in der Regel Vorrang vor den Mediengrundrechten genießt.[15] Entsprechendes gilt für das allgemeine Persönlichkeitsrecht von **Eltern in Situationen elterlicher Hinwendung** zu ihren Kindern. In solchen Fällen erfährt der Schutzgehalt des allgemeinen Persönlichkeitsrechts nach der Rechtsprechung des BVerfG eine Verstärkung durch Art 6 Abs 1 und 2 GG.[16]

II. Gruppierungen und Kollektive

11 Gruppierungen von nicht anderweitig organisierten, sondern lediglich zu einem bestimmten Kollektiv gehörenden Personen sind als solche nicht Träger eines allgemeinen Persönlichkeitsrechts. Dementsprechend ist bspw die **Familie** mangels klar bestimmbaren Zuordnungssubjekts nicht Träger eines eigenen Persönlichkeitsrechts.[17] Dies bedeutet jedoch nicht, dass durch eine sog **Kollektivbeleidigung**, also eine herabsetzende Äußerung, die sich auf eine solche Personengruppe bezieht, nicht die einzelnen Mitglieder dieser Gruppe in ihrem jeweiligen allgemeinen Persönlichkeitsrecht verletzt sein können. Die Behauptung zB, eine Familie führe ein sittlich verfehltes Leben, kann durchaus die Ehre der einzelnen Familienmitglieder verletzen und entsprechende Ansprüche auslösen.[18]

12 Im Falle der Beleidigung von Personengruppen nimmt die **Strafrechtsprechung** eine Beleidigung eines einzelnen Mitglieds dann an, wenn der Kreis der Betroffenen deutlich abgegrenzt und zahlenmäßig überschaubar ist und wenn die Äußerung an ein

Wenzel/*Burkhardt* Kap 5 Rn 18; krit MünchKommBGB/*Rixecker* Anh zu § 12 Rn 9.

15 BVerfG NJW 2000, 2191; BGH NJW 2005, 215.

16 BVerfG NJW-RR 2007, 1191 unter Verweis auf BVerfG NJW 2000, 1021.

17 MünchKommBGB/*Rixecker* Anh zu § 12 BGB Rn 19 mit Verweis auf BGH GRUR 1974, 794.

18 BGH NJW 1969, 1110.

Merkmal anknüpft, das auf alle Mitglieder des Kollektivs zutrifft.[19] Für das Zivilrecht wird diese Wertung nicht eindeutig übernommen. Zustimmung verdient die Auffassung, wonach ehrverletzende Äußerungen über Kollektive nur dann als Persönlichkeitsrechtsverletzungen der einzelnen Mitglieder betrachtet werden sollten, wenn erkennbar (auch) der Einzelne gemeint ist, wenn somit nach Art und Umständen der Äußerung, die **persönliche Diffamierung des Einzelnen** im Vordergrund steht und nicht die soziale Funktion einer Gruppe oder Institution das eigentliche Angriffsziel ist.[20]

III. Juristische Personen des Privatrechts/ Nichtrechtsfähige Personenvereinigungen

Juristische Personen des Privatrechts und nichtrechtsfähige Personenvereinigungen **13**
können grds ebenfalls Träger eines (Unternehmens-)Persönlichkeitsrechts gem Art 2 Abs 1 GG sein.[21] Zwar gewährt das Unternehmenspersönlichkeitsrechts infolge des fehlenden Bezugs zur Menschenwürde einen ungleich schwächeren Schutz als das allgemeine Persönlichkeitsrecht natürlicher Personen.[22] Gleichwohl wird Unternehmen ein eigenes **Namensrecht** ebenso zugesprochen wie ein Schutz vor Verletzungen ihrer **Ehre**, vor Offenbarung ihrer **Geheimnisse**, vor Verfälschungen ihrer **Identität** und vor dem **Belauschen der Worte ihrer Angehörigen**.[23] Anders als bei einer Verletzung des allgemeinen Persönlichkeitsrechts natürlicher Personen wird Personenvereinigungen allerdings kein Anspruch auf immaterielle Geldentschädigung zugebilligt, und zwar wegen Fehlens der für diesen Anspruch als Grundlage vorausgesetzten „personalen Würde".[24]

Allerdings sollen juristische Personen des Privatrechts und nichtrechtsfähige Perso- **14**
nenvereinigungen nur in dem Umfang Träger eines Unternehmenspersönlichkeitsrechts sein, der sich aus *„ihrem Wesen als Zweckschöpfung des Rechts und den ihr zugewiesenen Funktionen"* ergibt.[25] Eine juristische Person des Privatrechts kann danach in ihrem Persönlichkeitsrecht verletzt sein, wenn ihr **sozialer Geltungsanspruch als Arbeitgeber oder als Wirtschaftsunternehmen** betroffen ist.

Dies bejahte zB das OLG Köln[26] in dem Fall einer Klage des Verlags der **Boule- 15**
vardzeitschrift „Express" gegen die Produzentin des Films „Schtonk", in dem die reale und weltweit beachtete Affäre um die gefälschten Hitlertagebücher satirisch verarbeitet worden war. In diesem Film war anstelle des Namens des seinerzeit tatsächlich betroffenen Verlags der erfundene Zeitschriftenname „Expressmagazin" verwendet worden. Das OLG Köln bejahte Unterlassungsansprüche des Verlags der Zeitschrift

---

19 MünchKommBGB/*Rixecker* Anh zu § 12 BGB Rn 20 mit Verweis auf BGHSt 2, 39; 11, 207; 36, 83; *Schönke/Schröder* Vor §§ 185 StGB Rn 7c mwN.

20 MünchKommBGB/*Rixecker* Anh zu § 12 BGB Rn 20 auch unter Verweis auf *Gounalakis* NJW 1996, 481; richtungsweisend zum Kollektiven Ehrenschutz BVerfG NJW 1995, 3303.

21 *Holzner* MMR-Aktuell 2010, 298851 unter Verweis auf BVerfG NJW 1994, 1784 ff.

22 *Gostomzyk* NJW 2008, 2082 ff, 2084.

23 MünchKommBGB/*Rixecker* Anh zu § 12 BGB Rn 21 mit umfassenden weiteren Nachweisen in Fn 71.

24 MünchKommBGB/*Rixecker* Anh zu § 12 BGB Rn 21 mit Verweis in Fn 72 auf BGH NJW 1980, 2807, 2810 – Medizin-Syndikat I; OLG München ZUM 2003, 252; OLG München OLGR 1996, 217; OLG Frankfurt AfP 2000, 576; aA BGH NJW 1981, 675 – BKA Bericht.

25 Wenzel/*Burkhardt* Kap 5 Rn 125 mit Verweis auf BVerfG NJW 1957, 665; BVerfG NJW 1967, 1411; BGH NJW 1970, 378, 381.

26 OLG Köln NJW 1992, 2641.

„Express“, da in der Verwendung des Titels „Express“ für die in der Filmsatire erscheinende Zeitschrift der soziale Geltungsanspruch und das Ansehen des Verlag als Wirtschaftsunternehmen beeinträchtigt werde.

16 In ähnlicher Art und Weise bejahte das OLG Köln[27] eine Verletzung des Persönlichkeitsrecht eines Wirtschaftsverlags durch einen redaktionellen Beitrag, in dem in Bezug auf die Berichterstattung eines Wirtschaftsmagazins zunächst die Zahl der Anzeigen von Telekommunikationsunternehmen und sodann deren redaktionelle Erwähnung gegenübergestellt wurden. In Bezug auf die **Telekom** hieß es sodann, diese dominiere nicht nur das Werbeeinkommen, sondern vor allem auch die Redaktion. In dem darin verkörperten **Vorwurf des Gefälligkeitsjournalismus** lag nach Auffassung des Gerichts eine Verletzung der von dem unternehmerischen Persönlichkeitsrecht erfassten Geschäftsehre des betroffenen Verlags.

17 Gegenteilig entschied der BGH[28] in einem Fall, in dem **BMW gegen einen Hersteller von Geschenk- und Scherzartikeln** klagte. Der Unternehmer hatte unter Abwandlung des Firmenkürzels und Emblems von BMW Aufkleber mit der Aufschrift *„Bumms Mal Wieder“* vertrieben. Darin sei – so der BGH – weder eine Aussage zu der Qualität der Produkte von BMW, noch zu dem Auftreten des Unternehmens im Wirtschaftsleben zu sehen, ebenso wenig eine ehrverletzende, herabwürdigende Kritik des Unternehmens insgesamt. Auch sei der geschützte Bereich wirtschaftlicher Entfaltung nicht betroffen, weshalb das dem Unternehmen grds zustehende Persönlichkeitsrecht hier nicht verletzt sei.

18 Juristische Personen des Privatrechts können sich auch auf das **Recht am gesprochenen Wort** als Teil ihres allgemeinen Persönlichkeitsrechts berufen. Das BVerfG hat eine Verletzung dieses Rechts in zwei Fällen bejaht, in denen Zivilgerichte Zeugenaussagen gegen juristischen Personen des Privatrechts verwertet hatten, die darauf beruhten, dass die Zeugen ohne Kenntnis und Einwilligung der betroffenen Unternehmen Telefonate über Mithöreinrichtungen mitgehört hatten.[29]

19 Umfassend ist der verfassungsrechtliche Persönlichkeitsschutz juristischer Personen allerdings noch nicht geklärt. **Letzte Klärung** hat auch das BVerfG im sog ***Contergan-Fall*** nicht erbracht. Gegenstand des Verfahrens war die Verfassungsbeschwerde des pharmazeutischen Unternehmens, das vor fünfzig Jahren das Schlaf- und Beruhigungsmittel Contergan auf den Markt gebracht hatte, dessen Einnahme durch Schwangere zu zahlreichen Missbildungen bei den von den Betroffenen geborenen Kindern geführt hat. Das Unternehmen wehrte sich gegen die Ausstrahlung eines Films zu diesem Thema, der insb die Bemühungen des betroffenen Unternehmens schildert, Entschädigungszahlungen und die Bestrafung von Mitarbeitern zu verhindern, wobei sich der Film allerdings ausdrücklich nicht als Dokumentarfilm, sondern als *„Spiel- und Unterhaltungsfilm auf der Grundlage eines historischen Stoffes“* versteht.

20 Es liegt nur die Entscheidung des BVerfG über die Eilanträge des Unternehmens vor.[30] In dieser Entscheidung, in der das BVerfG den Erlass einer einstweiligen Anordnung in Gestalt eines Ausstrahlungsverbots ablehnt, wird der Umfang der verfassungsrechtlichen **Fundierung des Unternehmenspersönlichkeitsrechts weiterhin offen** gelassen. Bestätigt wird insoweit nur, dass einem als juristische Person des Privatrechts

27 OLG Köln AfP 2001, 332.
28 BGH NJW 1986, 2951.
29 BVerfG NJW 2002, 3619, 3622.
30 BVerfG ZUM 2007, 730. Das Unternehmen hat die Verfassungsbeschwerde in der Hauptsache im Januar 2008 zurückgezogen.

organisierten Unternehmen in seiner beruflichen Betätigung durch Art 12 Abs 1 GG zumindest ein Schutz vor der Verbreitung inhaltlich unzutreffender Informationen zukommen kann. Im konkreten Fall überwogen aus Sicht des BVerfG allerdings die Schutzrechte der Medien nach Art 5 GG.

IV. Juristische Personen des öffentlichen Rechts

Juristische Personen des öffentlichen Rechts sind grds nicht Träger von Persönlichkeitsrechten. Dies hat seinen Grund vor allem darin, dass sie **in Wahrnehmung ihrer öffentlichen Aufgaben keine Grundrechtsträger** sind, solange ihre öffentliche Aufgabe nicht unmittelbar einem Grundrecht zuzuordnen ist wie zB im Falle der Rundfunkanstalten.[31] Allerdings besteht auch für juristische Personen des öffentlichen Rechts der Schutz durch die strafrechtlichen Normen der §§ 185 ff StGB.[32] Hieraus können sich zivilrechtliche Unterlassungsansprüche aus § 823 Abs 2 BGB iVm §§ 185 ff StGB ergeben.[33] 21

Die **Bundesrepublik Deutschland und die Bundesländer** können nach herrschender Meinung in Rechtsprechung und Literatur keinen Persönlichkeitsrechtsschutz für sich beanspruchen.[34] Anders sieht dies bereits seit längerer Zeit das LG Hamburg.[35] Das LG Hamburg betont, dass aus § 194 Abs 3 S 2 StGB[36] immerhin die Beleidigungsfähigkeit und zivilrechtliche Klagebefugnis von Behörden folge. Unter Verweis auf *Soehring*[37] vertritt das LG Hamburg die Auffassung, dass juristische Personen des öffentlichen Rechts sich zumindest dann zivilrechtlich gegen eine Medienberichterstattung wehren können, wenn sie wie ein Privater am Rechtsverkehr teilnehmen, mag dies auch zur Wahrnehmung öffentlicher Aufgaben geschehen. Mit dieser Begründung spricht das LG Hamburg juristischen Personen des öffentlichen Rechts einen eingeschränkten, aber gleichwohl grundgesetzlich verankerten Persönlichkeitsrechtsschutz zu. In dem vom LG Hamburg konkret entschiedenen Fall wurde ein Richtigstellungsanspruch der Bundesrepublik Deutschland zwar verneint. Das Gericht will einen solchen Richtigstellungsanspruch aber in besonders gravierenden Einzelfällen gewähren. Es spricht dabei von solchen Fällen, die zum Zuspruch einer beträchtlichen Geldentschädigung führen würden, wenn der Betroffene eine natürliche Person wäre. 22

Diese Richtung wurde inzwischen auch vom BGH bestätigt. Dieser hatte im Frühjahr 2008 über die Frage zu entscheiden, ob einer Körperschaft des öffentlichen Rechts ein Richtigstellungsanspruch zustehen kann.[38] Die Bundesrepublik Deutschland hatte ein Nachrichtenmagazin verklagt, welches in einem Bericht dem BKA vorgeworfen hatte, Geheiminformationen über einen Top-Terroristen zweckwidrig zur Suche nach einem internen Geheimnisverräter eingesetzt und die Zusmmenarbeit mit anderen Geheimdiensten gefährdet zu haben. Der ua für das Allgemeine Persönlichkeitsrecht zuständige VI. Zivilsenat hat den Anspruch bejaht und klargestellt, dass auch einer Behörde ein Richtigstellungsanspruch zustehen kann, wenn die konkrete 23

31 BVerfG NJW 1967, 1411; BVerfG NJW 1979, 1875.
32 BVerfG NJW 1990, 1982; BVerfG NJW 1995, 3303, 3304; BGH, NJW 1956, 1367.
33 BGH NJW 1983, 1183; BGH, NJW 1984, 1607.
34 LG Wiesbaden AfP 1979, 327; *Soehring* § 13 Rn 18; *Prinz/Peters* Rn 141.
35 LG Hamburg AfP 2002, 450.
36 § 194 Abs 3 S 2 StGB regelt die Zuständigkeit des Behördenleiters für die Stellung eines Strafantrags im Falle der Beleidigung gegen eine Behörde oder sonstige Stelle, die Aufgaben der öffentlichen Verwaltung wahrnimmt.
37 *Soehring* damals noch 3. Aufl Rn 13.2 ff.
38 BGH NJW 2008, 2262.

Äußerung geeignet ist, die Behörde schwerwiegend in ihrer Funktion zu beeinträchtigen. Dies wurde hier angenommen, da durch die Äußerung die Vertrauenswürdigkeit des BKA in Frage gestellt und dadurch dessen Funktionsfähigkeit beeinträchtigt wurde.

§ 3
Das Persönlichkeitsrecht Verstorbener

I. Der postmortale Achtungsanspruch

24 Das allgemeine Persönlichkeitsrecht einer Person endet mit deren Tod, denn Träger des Grundrechts der freien Entfaltung der Persönlichkeit aus Art 2 Abs 1 GG sind nur lebende Personen.[39] Allerdings folgt aus der **Garantie der Menschenwürde** gem Art 1 Abs 1 GG, dass die Persönlichkeit des Menschen auch über den Tod hinaus geschützt wird. Auf dieser Basis hat die Rechtsprechung den Schutz des postmortalen Persönlichkeitsrechts entwickelt.[40] Nach dem Tod eines Menschen können dementsprechend nur noch solche Eingriffe abgewehrt werden, die nicht „nur" das allgemeine Persönlichkeitsrecht, sondern darüber hinausgehend die Menschenwürde des Betroffenen verletzen.[41]

25 Postmortal geschützt ist nach der Rechtsprechung des BVerfG zum einen der allgemeine Achtungsanspruch, der einem Menschen *„kraft seines Personseins"* zusteht. Dieser Schutz bewahrt den Verstorbenen insb vor **Herabwürdigungen oder Erniedrigungen.**[42] Darüber hinaus ist auch der sittliche, personale und soziale Geltungswert geschützt, den eine Person durch ihre eigene Lebensleistung erworben hat.[43]

II. Postmortale Verletzung der Menschenwürde

26 Von einer Verletzung der Menschenwürde ist bei **schweren Eingriffen und groben Entstellungen** auszugehen.[44] Eine Veröffentlichung, die diese Voraussetzungen erfüllt, ist **immer unzulässig.** Anders als im Fall des allgemeinen Persönlichkeitsrechts ist eine Abwägung der Menschenwürde im Konflikt mit der Meinungsfreiheit nicht möglich, da eine Verletzung der Menschenwürde immer unzulässig ist.[45] Eine Güterabwägung zB mit kollidierenden Freiheitsrechten der Medien findet insoweit nicht statt.[46]

27 Wie hoch allerdings die Hürde für eine Verletzung der Menschenwürde ist, zeigt der nachfolgend geschilderte **Beispielsfall *Kaisen*.** Das BVerfG[47] stellte in dieser Entscheidung ausdrücklich klar, dass ein *Berühren* der Menschenwürde des Verstorbenen für Unterlassungsansprüche der Angehörigen nicht ausreicht. Vielmehr bedarf es einer *Verletzung* der Menschenwürde und einer sorgfältigen Begründung, wenn angenom-

---

39 St Rspr für alle BVerfG AfP 2006, 452, 453; weitergehend offenbar *Mitsch* mit Blick auf das postmortale Persönlichkeitsrecht verstorbener Straftäter unter strafrechtlichen Aspekten, NJW 2010, 3479 ff.

40 St Rspr ausdrücklich zB BGH AfP 2007, 42, 43.

41 BVerfG NJW 2001, 2957; BVerfG NJW 2001, 594; BVerfG NJW 2006, 3409.

42 BVerfG NJW 1991, 1645; BVerfG NJW 2001, 2957, 2959.

43 BVerfG NJW 2001, 2957, 2959.

44 Wenzel/*Burkhardt* Kap 5 Rn 115.

45 BVerfG NJW 2001, 594.

46 BVerfG AfP 2006, 452, 453 mit Verweis auf BVerfG NJW 2001, 594 f und BVerfG NJW 2001, 2957, 2959.

47 BVerfG NJW 2001, 2957, 2960.

men werden soll, dass der Gebrauch eines Grundrechts auf die unantastbare Menschenwürde durchschlägt.[48]

Dem Fall lag die **Wahlkampfbehauptung der politischen Partei DVU** zugrunde, der verstorbene Präsident des Senats und Bürgermeister der Freien Hansestadt Bremen, Wilhelm Kaisen, würde, wenn er noch lebte, im Jahre 1991 die DVU wählen. Diese Aussage wurde vom BVerfG als wertende Wahlkampfaussage für zulässig erachtet, weil sie Wilhelm Kaisen nicht in seiner Menschenwürde verletze.[49] **28**

Dabei spielte es für das BVerfG eine entscheidende Rolle, dass die DVU sich das Renommee von Wilhelm Kaisen im politischen Wahlkampf zu Nutze machen wollte. Dies sei gerade kein Ausdruck von Verachtung, sondern eher das Gegenteil. Eine weitere Rolle spielte es für das BVerfG, dass es sich bei der Äußerung um eine *„erkennbar spekulative Meinung des Verfassers"* gehandelt habe. Dem Adressaten, der diese Spekulation selbst auf ihre Plausibilität hin überprüfen könne, sei in aller Regel bewusst, dass Wahlkampfaussagen – ähnlich wie kommerziellen Zwecken dienende Werbeaussagen – häufig Übertreibungen enthielten und verzerrte Bilder zeichneten. Solche Äußerungen widersprächen zwar den ungeschriebenen Regeln des politischen Anstands und guten Geschmacks, stellten aber nicht die Lebensleistung des Betroffenen in Frage und verfälschten diese auch nicht. **29**

Die Entscheidung erscheint **vor dem Hintergrund der Rechtsprechung zur Vererblichkeit der kommerziellen Bestandteile des Persönlichkeitsrechts fragwürdig.** Dieser Rechtsprechung lag ein Fall zugrunde, in dem ein Unternehmen für die Umweltfreundlichkeit der von ihm vertriebenen Fotokopiergeräten mit dem Slogan geworben hatte *„Vom Blauen Engel schwärmen, genügt uns nicht"*. Die Werbung war mit einem nachgestellten Bild aus dem berühmten Film „Der blaue Engel" mit Marlene Dietrich illustriert. In diesem Zusammenhang entschied das BVerfG,[50] dass eine derartige Ausbeutung der Persönlichkeit eines Verstorbenen zu Werbezwecken dessen Menschenwürde zwar regelmäßig unberührt lasse. Gleichzeitig akzeptierte das BVerfG aber die richterliche Rechtsfortbildung, die der Erbin von Marlene Dietrich wegen der Ausbeutung der kommerziellen Bestandteile des Persönlichkeitsrechts von Marlene Dietrich einen Anspruch auf Schadensersatz zusprach.[51] **30**

Auch im oben geschilderten Fall *Kaisen* entschied das BVerfG, dass die Menschenwürde von der Wahlkampfaussage der DVU nicht berührt sei. Schon dies erscheint zweifelhaft. Denn wenn die innere, politische Einstellung einer Person, noch dazu eines Politikers, nach seinem Tod für Wahlkampfzwecke verfremdet wird, so kann dies durchaus als grobe Entstellung seines Lebensbildes gesehen werden. Viel mehr aber stellt sich noch die Frage, ob in der ungenehmigten Verwendung einer Person im Rahmen einer **Wahlkampfwerbung** nicht – ebenso wie im Falle der Verwendung in einer Werbung für Fotokopiergeräte – eine Verletzung der kommerziellen Bestandteile des Persönlichkeitsrechts liegt. Zwar geht es bei Wahlkampfwerbung nicht um reine Wirtschaftswerbung. Gleichwohl macht sich der Werbende den Werbe- und Imagewert des ungefragt in die Werbung Einbezogenen zu Nutze. Im Ergebnis scheint jedenfalls die werbliche Verwendung eines Verstorbenen für die Wahlkampfwerbung einer politischen Partei, die er zu Lebzeiten abgelehnt hätte, weitaus mehr nach einer Entschädigung zu verlangen, als die rein kommerzielle, jedoch wertneutrale werbliche Verwendung im Rahmen der Werbung für Fotokopiergeräte. Es erscheint im Ergebnis nicht **31**

---

[48] BVerfG NJW 2001, 2957, 2959 unter Verweis auf BVerfG NJW 1995, 3303.
[49] BVerfG NJW 2001, 2957, 2960.
[50] BVerfG NJW 2006, 3409.
[51] BGH NJW 2000, 2201.

akzeptabel, dass im Fall Marlene Dietrich Schadensersatz an die Erben zu zahlen war, während im Fall Kaisen den Angehörigen nicht einmal Abwehransprüche zustehen sollen.

III. Keine postmortale immaterielle Geldentschädigung

32 Anspruchsinhaber im Falle von postmortalen Verletzungen der **ideellen Bestandteile** des Persönlichkeitsrechts sind nicht die Erben, sondern die **Angehörigen des Verstorbenen**. Allerdings ist insoweit anerkannt, dass den Angehörigen **lediglich Abwehransprüche** zustehen. Immaterielle Geldentschädigungsansprüche scheitern daran, dass die Genugtuungsfunktion, die diesen Ansprüchen zu Grunde liegt, beim Verstorbenen nicht mehr greifen kann.[52]

33 Gegenteilig hatte das Oberlandesgericht München[53] in einem Fall entschieden, in dem es der Tochter von Marlene Dietrich (auch) einen Schadens-/Wertersatzanspruch wegen der postmortalen Veröffentlichung eines angeblichen Nacktfotos von Marlene Dietrich zugesprochen hatte. Es argumentierte, dass Marlene Dietrich zu Lebzeiten einen solchen Geldentschädigungsanspruch gehabt hätte, der Schutz des allgemeinen Persönlichkeitsrechts aus Art 2 Abs 1 iVm Art 1 Abs 1 GG aber nicht weiter reichen könne als der Schutz der Menschenwürde nach dem Tod. Ebenso wenig sei einzusehen, dass der Schutz der postmortalen Persönlichkeitsrechte im kommerziellen Bereich verstärkt, der ideelle Bereich aber den Zugriffen der Medien deutlich schutzloser freigegeben werde.

34 Diesem Vorstoß hat der BGH[54] inzwischen eine Absage erteilt. Er hatte über immaterielle Geldentschädigungsansprüche der Angehörigen einer Verstorbenen zu entscheiden, die in rechtswidriger Weise durch Mitarbeiter eines TV Senders in entkleidetem Zustand gefilmt worden war. Der BGH lehnte immateriellen Geldentschädigungsansprüche der Angehörigen ab. Zur Begründung führte der BGH aus, Genugtuung komme für die Verstorbene nicht mehr in Betracht, da eine an Angehörige fließende Entschädigung wegen eines verletzenden Angriffs auf das Ansehen oder die Würde des Verstorbenen diese Genugtuungsfunktion nicht erfüllen könne. Das Gleiche gelte für einen Ausgleich der erlittenen Beeinträchtigung des Persönlichkeitsrechts.[55]

§ 4
Schutzbereiche des Allgemeinen Persönlichkeitsrechts

35 Das allgemeine Persönlichkeitsrecht schützt nicht generell vor Berichterstattung in den Medien. Auch nachteilige Aussagen müssen von dem Betroffenen grds hingenommen werden, wenn sie wahr und durch ein entsprechendes Öffentlichkeitsinteresse gerechtfertigt sind.[56] Auch in Bezug auf wahre Aussagen und Tatsachen muss eine Person jedoch nicht *jede* Berichterstattung über sich dulden. Das Persönlichkeitsrecht gesteht dem Einzelnen vielmehr auch einen Lebensbereich zu, der von den Blicken

52 BGH NJW 1974, 1371; BGH NJW 2006, 605.
53 OLG München ZUM 2002, 744; OLG München GRUR-RR 2002, 341.
54 BGH ZUM 2006, 211.
55 BGH ZUM 2006, 211, 212.
56 BVerfG NJW 1999, 1322, 1324 mwN.

Außenstehender geschützt, nur ihm selbst bzw dem von ihm selbst bestimmten Personenkreis wie Freunden und Familie zugänglich ist. Dieses **Recht auf einen eigenen Lebensraum** ist heute unbestritten.[57]

Der Umfang dieses Schutzes ist **gegen das Informationsbedürfnis der Öffentlichkeit** 36
abzuwägen. Während eine reine Privatperson sich in der Regel in sehr weitem Umfang darauf berufen kann, in ihrem Leben vor den Augen der Öffentlichkeit geschützt zu sein, steht dieses Recht Prominenten und insb Politikern nur in sehr viel beschränkterem Umfang zu. Es kann für die Öffentlichkeit durchaus von Relevanz und anerkennenswertem Interesse sein, ob zB ein Politiker privat auch „lebt", was er öffentlich „predigt". Hier gewinnt die Rolle der Presse als „Watchdog der Gesellschaft" ihre Bedeutung, die es auch nach der insoweit strengen Rechtsprechung des EGMR möglich macht, Personen in öffentlichen Funktionen in gewissen Grenzen auch in ihrem Privatleben zu fotografieren oder sonst über ihr Privatleben zu berichten.

Um hier gewisse Anhaltspunkte für die zu beachtenden Grenzen zu haben, anhand 37
derer die sodann erforderliche Abwägung zwischen Persönlichkeitsschutz einerseits und Pressefreiheit andererseits vorzunehmen ist, gehen die Rechtsprechung und weite Teile der Literatur von **Sphären jeweils unterschiedlicher Schutzintensität** aus.[58]

I. Geheimsphäre

Die Geheimsphäre steht in engem Zusammenhang mit dem vom BVerfG anerkann- 38
ten **Recht auf informationelle Selbstbestimmung.**[59] Das Recht beruht auf dem Gedanken, dass grds jedermann selbst darüber bestimmen können soll, ob, wann und in welchem Umfang er persönliche Lebenssachverhalte offenbart. Deshalb ist die Weitergabe personenbezogener Daten ebenso unzulässig wie die Weitergabe des Inhalts persönlicher Briefe, das Abhören von Telefonaten, die Öffentlichmachung vertraulicher Aufzeichnungen und Tagebuchinhalten sowie sonstiger Informationen, die offenkundig oder mutmaßlich vom Geheimhaltungswillen des Betroffenen erfasst sind. Mangels entgegenstehender, überwiegender Informationsinteressen ist dieser Geheimhaltungswille des Betroffenen zu respektieren.

Bei der Bestimmung dessen, was in die Geheimsphäre einer Person fällt, kommt es 39
maßgeblich auf das **Verhalten der betroffenen Person selbst** an. In Bezug auf Umstände, die der Betroffene selbst freimütig preisgibt, zB sich in Interviews oder sonst in der Öffentlichkeit dazu äußert, kann er sich nicht auf den Schutz der Geheimsphäre berufen. Er wird nicht in seinen Rechten verletzt, wenn die Medien das Thema dann auch entsprechend aufgreifen. Dabei kommt es jedoch nur auf eine vom Betroffenen selbst und freiwillig veranlasste Aufhebung der Geheimsphäre an. Unzulässige Veröffentlichungen durch Dritte können weitere Veröffentlichungen nicht rechtfertigen, denn sonst ließe sich der Geheimschutz jederzeit durch einen einmaligen Verstoß für die Zukunft aufheben und unterlaufen.[60] Ebenso können genehmigte Veröffentlichungen den Geheimnisschutz nur insoweit aufheben, als derselbe Umfang erneut betrof-

---

57 Vgl eine Vielzahl von Nachweisen bei Wenzel/*Burkhardt* Kap 5 Rn 35.

58 Zu den unterschiedlichen Ansätzen der Sphärenbildung unter entsprechenden weiteren Nachweisen vgl Wenzel/*Burkhardt* Kap 5 Rn 38; krit zu dieser Art der Systematisierung MünchKommBGB/*Rixecker* Anh zu § 12 BGB Rn 9.

59 BVerfG NJW 1984, 419.

60 LG Hamburg NJW 1989, 1160.

fen ist. Gewährt zB ein politischer Agent Interviews, lässt sich jedoch stets nur so abbilden, dass er letztlich nicht erkennbar ist, so bleibt die Veröffentlichung von Fotos, die ihn identifizierbar machen und damit – im konkreten Fall – einer Gefährdung aussetzen, verboten.[61]

II. Intimsphäre

40 Die Intimsphäre umfasst den engsten persönlichen Lebensbereich einer Person. Sie ist **unantastbar**, ihr Schutz ist **absolut.**[62] Eingriffe Dritter in die Intimsphäre sind mangels entsprechender Einwilligung immer rechtswidrig. Eine Abwägung gegen die Rechte der Medien bzw gegen das Informationsbedürfnis der Öffentlichkeit findet in diesem Bereich nicht statt.

41 Zum Bereich der Intimsphäre zählen **Vorgänge aus dem Sexualbereich, ärztliche Untersuchungen** und deren Ergebnisse sowie **körperliche Gebrechen und Krankheiten.** Inkonsequent erscheint insoweit auf den ersten Blick, dass der BGH eine schwere Brustkrebserkrankung lediglich der Privat- und nicht der Intimsphäre zugeordnet hat.[63] Allerdings lässt die Entscheidung des BGH erkennen, dass bei einem ungenehmigten Bericht über die Erkrankung von einer besonders schweren Persönlichkeitsverletzung ausgegangen wird, die auch einen Geldentschädigungsanspruch rechtfertigt. Insoweit ist eher davon auszugehen, dass der BGH hier mit der Verwendung des Begriffs „der Privatsphäre" einen besonders schützenswerten Bereich der Betroffenen definieren und die Privatsphäre nicht gegen die Intimsphäre abgrenzen wollte. Aus der Entscheidung ist daher nicht zu folgern, dass entsprechende Krankheiten nicht der Intimsphäre zuzurechnen seien.

42 Nicht vom absolut geschützten Bereich der Intimsphäre erfasst ist, was der Betroffene selbst öffentlich macht oder was offenkundig sichtbar ist. Das BVerfG[64] hat klargestellt, dass der Schutz der Privatsphäre entfällt *„wenn sich jemand selbst damit einverstanden zeigt, dass bestimmte, gewöhnlich als privat geltende Angelegenheiten öffentlich gemacht werden, etwa indem er Exklusivverträge über die Berichterstattung aus seiner Privatsphäre abschließt"*. Für den Bereich der Intimsphäre kann nichts anderes gelten.[65]

43 Auch **religiöse Überzeugungen** und Zugehörigkeiten zu religiösen Vereinigungen können der Intimsphäre zugeordnet werden. Die Rechtssprechung ist insoweit nicht ganz einheitlich. Sie geht teilweise von einer Zurechnung zur Intimsphäre,[66] teilweise zur Privatsphäre[67] aus. Auch hier ist allerdings davon auszugehen, dass das BVerfG, das eine Zuordnung zur Privatsphäre vornimmt, den Begriff der Privatsphäre im konkreten Fall als Oberbegriff für den Bereich der Privat- und Intimsphäre verwendet. Eine Abgrenzung findet in der zitierten Entscheidung nicht statt und im konkreten Fall entschied das BVerfG ohnehin *zu Gunsten* des Betroffenen. Aus der Verwendung des Begriffs der Privatsphäre durch das BVerfG ist an dieser Stelle daher ebenfalls nicht zu folgern, dass das Gericht – wäre es auf die Unterscheidung zwischen Intim-

---

61 OLG München ZUM 1990, 145.

62 BVerfG NJW 2000, 2189; BGH NJW 1979, 647; BGH NJW 1981, 1366; BGH NJW 1999, 2893, 2894.

63 BGH NJW 1996, 984, 985; krit insoweit Wenzel/*Burkhardt* Kap 5 Rn 48.

64 BVerfG NJW 2000, 1021, 1023.

65 Wenzel/*Burkhardt* Kap 5 Rn 51 mit Verweis auf *Koppehele* AfP 1981, 337 und *Soehring* AfP 2000, 230, 234.

66 So wohl OLG München NJW 1986, 1260.

67 BVerfG NJW 1990, 1980.

und Privatsphäre angekommen – von dem Bereich der Privatsphäre anstelle der Intimsphäre ausgegangen wäre.

Letztlich bleibt die **Abgrenzung zwischen Intim- und Privatsphäre fließend** und hängt nicht zuletzt auch davon ab, wie detailliert über einen Sachverhalt berichtet wird. So wurde zB die Erwähnung eines Ehebruchs nicht der Intimsphäre, sondern nur der (abwägungsfähigen) Privatsphäre zugerechnet, mit der Begründung, dass der Umstand des Ehebruchs im konkreten Fall lediglich als Tatsache erwähnt, jedoch nicht im Detail darüber berichtet worden war.[68] 44

III. Privatsphäre

Die Privatsphäre ist weiter als die Intimsphäre. Sie stellt denjenigen Lebensbereich einer Person dar, der zwar keine intimen Themen wie den Sexualbereich oder Krankheiten erfasst, in dem sich aber das **private, nicht freiwillig nach außen getragene Leben des Betroffenen** abspielt. Es geht dabei um den sowohl **räumlich als auch thematisch abzugrenzenden**[69] **Schutzbereich**, zu dem nur der Betroffene selbst Zugang hat sowie diejenigen Personen, denen er selbst diesen Zugang gestattet. 45

1. Räumliche Abgrenzung

In räumlicher Hinsicht gehört zur Privatsphäre insb der **häusliche Bereich**, von dem eine Person annehmen darf, dass er ohne konkrete Hilfsmittel oder Maßnahmen zur Ausspähung den Augen Dritter entzogen ist.[70] 46

Daneben zählt zur Privatsphären in räumlicher Hinsicht auch derjenige Bereich, der eine gewisse **örtliche Abgeschiedenheit** bietet. Gemeint sind Orte, an denen der Betroffene begründetermaßen davon ausgehen kann, vor den Blicken der Öffentlichkeit geschützt zu sein. Eine Verletzung dieses räumlichen Bereichs hat das LG Hamburg[71] zB in einem Fall angenommen, in dem über die Versöhnung eines bekannten deutschen Sportlers mit seiner Ehefrau berichtet worden war. Es war ua beschrieben worde, wo und in welcher Weise die beiden einen Kurzurlaub verbrachten. Aus der Berichterstattung ergab sich, dass es sich um einen Urlaub in einem speziellen Bereich eines Hotels gehandelt hatte, der gerade nicht der Öffentlichkeit zugänglich war und in den sich das Paar zurückgezogen hatte. Bei **„öffentlichen Orten"** wie öffentlichen Badeanstalten, öffentlichen Wegen, Märkten etc wird hiervon demgegenüber nicht ausgegangen. Das Kriterium der „örtlichen Abgeschiedenheit" basiert auf der Rechtsprechung des BGH und des BVerfG zu Caroline von Monaco.[72] Die örtliche Abgeschiedenheit wurde als entscheidend dafür angesehen, ob eine absolute Person der Zeitgeschichte[73] auch bei privaten Tätigkeiten fotografiert werden durfte oder nicht. Spielte sich die fragliche Tätigkeit in einem Bereich örtlicher Abgeschiedenheit ab, wie zB in dem hinteren Teil eines Gartenrestaurants, war dies nicht der Fall.[74] Bei privaten Tätigkeiten außerhalb örtlicher Abgeschiedenheit, wie zB bei dem Besuch eines öffent- 47

68 BGH NJW 1999, 2893.
69 BVerfG NJW 2000, 2194; BGH NJW 1996, 1128; BVerfG WRP 2008, 645, 651.
70 KG NJW-RR 2000, 1714; BVerfG NJW 2006, 2836.
71 LG Hamburg Urt v 18.11.2008, Az 324 O 647/08.
72 BVerfG NJW 2008, 1793, 1799 – Caroline von Hannover; BGH NJW 1996, 1128; BVerfG NJW 2000, 1021; BVerfG NJW 2000, 2192.
73 Zum Begriff der absoluten Person der Zeitgeschichte vgl Teil 1 Kap 2 Rn 36.
74 BVerfG NJW 2000, 1021.

lichen Marktes, durfte die absolute Person der Zeitgeschichte demgegenüber abgelichtet werden.[75]

48 Diese Rechtsprechung hat zunächst durch den EGMR[76] sowie inzwischen auch durch die Veränderung der deutschen Rechtsprechung aufgrund der Entscheidung des EGMR eine Wandelung erfahren. Man könnte deshalb vertreten, dass damit auch der Raum der Privatsphäre neu definiert werden müsse.

49 Dieser Ansatz ist jedoch nicht richtig und eine Neudefinition des räumlichen Aspekts der Privatsphäre nicht erforderlich. Der Grund hierfür liegt darin, dass der private Einkaufsbummel oder der private Besuch eines Straßencafes schon immer der Privatsphäre zuzuordnen waren und dies auch bleiben. Der räumliche Bereich der Privatsphäre hat sich somit nicht verändert. Was sich geändert hat, ist die Gewichtung der Interessen im Rahmen der Abwägung, wann und unter welchen Umständen im Hinblick auf das Informationsinteresse der Öffentlichkeit Bilder aus diesem Bereich der Privatsphäre veröffentlicht werden dürfen. Mit Abschaffung oder jedenfalls Relativierung der Figur der absoluten Person der Zeitgeschichte[77] gibt es jedenfalls keine Personen mehr, die per se im Rahmen ihrer Privatsphäre abgelichtet werden dürfen und zwar auch dann nicht, wenn sich die Privatsphäre im öffentlichen Raum abspielt. Eine Neudefinition des räumlichen Bereichs der Privatsphäre geht damit aber nicht einher.

Entsprechend hat auch das OLG Köln[78] in einer Entscheidung über die Veröffentlichung eines Fotos von der Hohzeit eines bekannten deutschen Fernsehmoderators ua darauf abgestellt, dass das Foto in „örtlicher Abgeschiedenheit" entstanden ist. Das Gericht nahm eine Verletzung des Persönlichkeitsrechts an, da das streitgegenständliche Foto einen sehr privaten Moment vor Beginn der eigentlichen Trauungszeremonie zeigte, bei der sich die Braut in „örtlicher Abgeschiedenheit" befand. Das Gericht maß dem gesteigerten Schutz der Privatsphäre in diesem Bereich besondere Bedeutung bei und berücksichtigte, dass sich die Betroffene in einem Bereich des Rückzugs befand, in dem sie nicht damit rechnen musste fotografiert zu werden. Das OLG Köln stellte klar, dass für die Frage der Persönlichkeitsrechtsverletzung durch eine Bildnisveröffentlichung allein das konkret streitgegenständliche Bild maßgeblich ist. Dies erklärt auch die Tatsache, dass Veröffentlichungen anderer Fotografien von derselben Hochzeit durch das OLG Hamburg[79] als rechtmäßig angesehen wurden, da sie eben nicht in „örtlicher Abgechiedenheit" entstanden waren.

2. Thematische Abgrenzung

50 Thematisch gehören zum Bereich der Privatsphäre alle Vorgänge, die nach allgemeinem Verständnis als „privat" gelten, also alle Umstände, die in Zusammenhang mit **Familie, Freunden und privaten Tätigkeiten** stehen. Hierzu zählen auch **Heirats- und Scheidungsabsichten** und damit in Zusammenhang stehende sonstige Einzelheiten aus dem Privatleben. Auch hier kommt es für die Frage, ob über private Themen berichtet werden darf, auf eine Abwägung des Schutzes der Privatsphäre des Betroffenen mit dem Informationsbedürfnis der Öffentlichkeit an. So mag zB die geplante Hochzeit eines Politikers zwar eine private Angelegenheit sein, das Informationsbedürfnis der

75 BVerfG NJW 2000, 1021, 1026.
76 EGMR NJW 2004, 2647.
77 BVerfG NJW 2008, 1793, 1798 – Caroline von Hannover; vgl *Teichmann* NJW 2007, 1917.
78 OLG Köln NJOZ 2009, 3647.
79 OLG Hamburg, ZUM 2009, 297.

Öffentlichkeit kann eine Berichterstattung hierüber allerdings rechtfertigen. So hat auch das OLG Hambug in zwei Entscheidungen[80] über die Rechtmäßigkeit der Veröffentlichungen von Hochzeitsfotos des oben bereits erwähnten, bekannten deutschen Fernsehmoderators eine Verletzung des allgemeinen Persönlichkeitsrechts verneint. Das Gericht stellte dabei klar, dass bei einer Person von überragender Bekanntheit ein hohes öffentliches Interesse daran besteht, ob sie die von ihr öffentlich repräsentierten Werte und Erscheinungsformen auch tatsächlich lebt oder ob sie in Wirklichkeit nicht ganz anders ist, als sie sich in den Medien gibt. Gerade Feierlichkeiten wie Hochzeiten sind – so das OLG Hamburg – dazu geeignet, das reale Leben prominenter Persönlichkeiten damit zu vergleichen, wie sie sich bislang präsentiert haben. Entsprechendes hat das OLG Karlsruhe im Falle von Albert II. von Monaco sogar für sehr intime Gespräche zwischen ihm und seiner Freundin bzw für Aussagen über eine gemeinsame Liebesnacht der Beiden mit der Begründung angenommen, da Albert II. von Monaco ein regierendes Staatsoberhaupt sei. Die Frage der Thronfolge in Monaco sei noch ungeklärt, weshalb ein hohes Öffentlichkeitsinteresse an den beschriebenen Vorgängen anzunehmen sei.[81]

Auch **Einkommens- und Vermögensverhältnisse** sind grds Privatsache. So hat auch **51**
der BGH in einer jüngeren Entscheidung[82] angenommen, dass die Frage, in welchem Umfang und zu welchem Zweck ein prominenter Politiker in völlig legaler und legitimer Weise Vermögensinvestitionen getätigt hat, seiner Privatsphäre zuzuordnen sei. Gleiches gilt für **private Gespräche** und zwar auch dann, wenn sie berufliche oder sogar politische Themen zum Gegenstand haben. Hier kommt es weniger auf das Thema als auf die Umstände des Gesprächs an. Ähnlich wie bei der Annahme „örtlicher Abgeschiedenheit" im Rahmen des Bildnisschutzes, kann der Einzelne in Bezug auf ein privat geführtes Telefonat davon ausgehen, vor den Augen bzw Ohren der Öffentlichkeit geschützt sprechen zu können. Dementsprechend hat der BGH auch den Inhalt eines Telefonats zwischen dem damaligen Kanzlerkandidaten Kohl und dem Generalsekretär seiner Partei Biedenkopf über die politischen Aussichten im Wahlkampf der Privatsphäre zugeordnet.[83]

Soweit **Krankheiten, Krankenhausaufenthalte, ärztliche Behandlungen** etc nicht **52**
ohnehin bereits der Intimsphäre zuzuordnen sind, zB weil sie nach außen offenkundig sind, gehören sie jedenfalls der Privatsphäre an. Gleiches gilt für religiöse Überzeugungen und kirchliche Zugehörigkeiten.

Richtigerweise greift der Schutz der Privatsphäre aber dort nicht ein, wo der Betroffene den privaten Bereich selbst – zB im Rahmen von Interviews oder Homestories – geöffnet hat. Vollkommen zu Recht hat das KG[84] daher eine Wort- und Bildberichterstattung über den öffentlich eskalierten Streit einer bekannten Schauspielerin mit ihrem Lebensgefährten für zulässig erklärt, nachdem diese zuvor offen und ausführlich über ihre Beziehung und den jeweiligen Zustand ihrer Partnerschaft gegenüber der Presse gesprochen hatte.

---

80 OLG Hamburg ZUM 2009, 56 und OLG Hamburg ZUM 2009, 297.
81 OLG Karlsruhe NJW 2006, 617.
82 BGH GRUR 2009, 1089.
83 BGH NJW 1979, 647.
84 KG Urt v 19.3.2010, Az 9 U 163/09.

IV. Sozialsphäre

53 Die Sozialsphäre umfasst denjenigen Bereich einer Person, der außerhalb des Privaten liegt und in dem die Person mit Ihrer Umwelt in Kontakt tritt. Dieser Bereich kann grds von jedem wahrgenommen werden, ohne dass eine persönliche Beziehung bestehen muss. Gleichwohl tritt der Betroffene in diesem Bereich nicht bewusst in das Licht der Öffentlichkeit. Es geht hier um den **Bereich der beruflichen, gewerblichen oder politischen Betätigung des Betroffenen als Glied der sozialen Gesellschaft.**[85] Der BGH hat den Begriff der „Sozialsphäre" in seiner Entscheidung *Wallraff I*[86] geprägt und verwendet ihn seither in ständiger Rechtsprechung.[87] Auch in diesem Bereich steht dem Einzelnen vom Grundsatz her das Bestimmungsrecht darüber zu, in welchem Umfang er sich der Öffentlichkeit aussetzt.[88] Im Rahmen der Abwägung kommt dem Öffentlichkeitsinteresse in diesem Bereich aber ein wesentlich gewichtigerer Rang zu.[89] Die Äußerung wahrer Tatsachen muss in diesem Bereich regelmäßig hingenommen werden.[90] Eine entscheidende Rolle spielte die Einordnung eines Sachverhalts in die Sozialsphäre auch in der sog „spickmich.de"-Entscheidung des BGH,[91] in der es um die Zulässigkeit von Lehrerbewertungen in einem Schülerportal im Internet ging. Eine klagende Lehrerin hatte in der Erhebung und Speicherung der von Schülern vorgenommenen Lehrer-Benotungen unter Nennung ihres Namens, der Schule und der von ihr unterrichteten Fächer eine Verletzung ihres allgemeinen Persönlichkeitsrechts gesehen. Der BGH führte hierzu aus, dass die Bewertungen seitens der Schüler lediglich die Sozialsphäre der Klägerin tangieren, da sie ihre berufliche Tätigkeit und mithin einen Bereich betreffen, in dem sich die persönliche Entfaltung von vorneherein im Kontakt mit der Umwelt vollzieht. Äußerungen im Rahmen der Sozialsphäre dürfen, so der BGH weiter, nur im Falle schwerwiegender Auswirkungen auf das Persönlichkeitsrecht mit negativen Sanktionen verknüpft werden, so etwa dann, wenn eine Stigmatisierung, soziale Ausgrenzung oder Prangerwirkung zu besorgen sind. Dies wurde im konkreten Fall abgelehnt.[92]

54 Im Bereich der Sozialsphäre stellt sich zumeist weniger das Problem, ob über einen bestimmten Sachverhalt berichtet werden darf, oder nicht, als vielmehr, ob der davon Betroffene namentlich genannt werden oder durch ein Foto **identifizierbar** gemacht werden darf. Zu dieser Problematik wird auf Band 4 Teil 1 Kap 2 § 5 in diesem Werk verwiesen.

V. Öffentlichkeitssphäre

55 Die Öffentlichkeitssphäre betrifft denjenigen Bereich einer Person, in der sie sich bewusst und aktiv in das Licht der Öffentlichkeit stellt. Hierunter fallen vor allem **öffentliche Auftritte** von Politikern, Wissenschaftlern und Künstlern. Über solche öffentlichen Auftritte und die Einzelheiten, die dabei zu Tage treten, darf durch die Medien in der Regel berichtet werden.

---

85 Wenzel/*Burkhardt* Kap 5 Rn 65.
86 BGH NJW 1981, 1089, 1091.
87 BGH AfP 1995, 404.
88 BGH NJW 1981, 1366.
89 BGH AfP 1995, 404.
90 BVerfG Urt v 18.2.2010, Az 1 BvR 2477/08.
91 BGH ZUM 2009, 753.
92 Zum Persönlichkeitsschutz bei Bewertungsportalen im Internet weiter *Schröder* VerwArch 2010, 205 ff.

Der Begriff des „Auftritts“ ist hierbei allerdings problematisch. Richtigerweise kann als „öffentlicher“ Auftritt nicht nur ein „offizieller“ Auftritt gelten, der gegen Entgelt erfolgt. Vielmehr muss hierunter auch ein sonstiges öffentliches Erscheinen fallen, bei dem sich eine allgemein bekannte Person **bewusst dem Licht der Öffentlichkeit zuwendet**. Ein Beispiel hierfür ist das öffentliche Auftreten von Prominenten oder deren Angehörigen auf Sportveranstaltungen und Ehrentribünen. Es kann nach der hier vertretenen Auffassung nicht richtig sein, dass sich zB Ehefrauen von Fußballnationalspielern – teilweise gemeinsam mit ihren Kindern – bei weltweit übertragenen Spielen zB im Rahmen einer Fußballweltmeisterschaft prominent auf der Zuschauerbühne präsentieren, sich bei der Veröffentlichung entsprechender Fotos dann aber auf eine angebliche Verletzung ihrer Privatsphäre berufen. Ähnliches gilt auch für „Auftritte“ Prominenter in bestimmten Lokalen oder bei Feierlichkeiten, die zwar einen privaten Anlass haben mögen, die aber offenkundig mit der Zielsetzung besucht werden, „zu sehen und gesehen zu werden“. Hier wäre eine differenziertere Betrachtung durch die Rechtsprechung wünschenswert und eine Zurechnung auch dieser Art von „Auftritten“ zu der Öffentlichkeitssphäre geboten. 56

Kapitel 2

Kommerzialisierte Persönlichkeitsrechte

Literatur

Balthasar Eingriffskondiktion bei unerlaubter Nutzung von Persönlichkeitsmerkmalen – Lafontaine in Werbeannonce NJW 2007, 664; *Beuthien* Was ist vermögenswert, die Persönlichkeit oder ihr Image? – Begriffliche Unstimmigkeiten in den Marlene-Dietrich-Urteilen NJW 2003, 1220; *Bodewig/Wandtke* Die doppelte Lizenzgebühr als Berechnungsmethode im Lichte der Durchsetzungsrichtlinie GRUR 2008, 220; *Byung Ha Ahn* Der vermögensrechtliche Zuweisungsgehalt des Persönlichkeitsrechts, 1. Aufl Berlin 2009; *Ehmann* Zum kommerziellen Interesse an Politikerpersönlichkeiten AfP 2007, 81; *Fricke* Personenbildnisse in der Werbung für Medienprodukte GRUR 2003, 406; *Götting* BGH, Urt vom 5.10.2006 – I ZR 277/03 – kinski.klaus.de (Anmerkung) GRUR 2007, 170; *Helle* Privatautonomie und kommerzielles Persönlichkeitsrecht JZ 2007, 444; *ders* Zu den Grundlagen des kommerziellen Persönlichkeitsrechts AfP 2010, 438; *Koch* Lafontaine und Maddie WRP 2009, 10; *Münchner Kommentar* zum BGB, Bd 1, 5. Aufl München 2007; *Reber* Die Schutzdauer des postmortalen Persönlichkeitsrechts in Deutschland und den USA (von Marlene Dietrich über Klaus Kinski zu Marilyn Monroe) – ein Irrweg des Bundesgerichtshofs? GRUR Int 2007, 492; *Röthel* Dauer des Schutzes der vermögenswerten Bestandteile des postmortalen Persönlichkeitsrechts LMK 2007, 213345; *Schierl* (Hrsg) Prominenz in den Medien. Zur Genese und Verwertung von Prominenten in Sport, Wirtschaft und Kultur Köln 2007; *Schricker/Loewenheim* Urheberrecht, 4. Aufl München 2010; *Schubert* Von Kopf bis Fuß auf Verwertung eingestellt? Die Dogmatik der Vermögensrechte der Persönlichkeit im Licht der neuesten Rechtsprechung von BGH und BVerfG AfP 2007, 20; *Strothmann* Werbung mit bekannten Persönlichkeiten – Zugleich Anmerkungen zur neueren Rechtsprechung des BGH – GRUR 1996, 693; *Ujica* Quod licet jovi, non licet bovi – Was darf die Kunst, was die Medien nicht dürfen ZUM 2010, 670; *Ullmann* Persönlichkeitsrechte in Lizenz? AfP 1999, 209; *Wanckel* Foto- und Bildrecht, 2. Aufl München 2006; *Wandtke/Bullinger* Praxiskommentar zum Urheberrecht, 3. Aufl München 2009; *Wenzel* Das Recht der Wort- und Bildberichterstattung, Handbuch des Äußerungsrechts, 5. Aufl Köln 2003; *Zagouras* Satirische Politikerwerbung – Zum Verhältnis von Meinungsfreiheit und Persönlichkeitsschutz WRP 2007, 115.

Übersicht

§ 1
Bestandteile des allgemeinen Persönlichkeitsrechts

I. Ideeller Bestandteil des allgemeinen Persönlichkeitsrechts

1 Das allgemeine Persönlichkeitsrecht wurde von der Rechtssprechung zunächst ausschließlich dazu entwickelt, den Menschen in seinem **immateriellen Wert- und Achtungsanspruch**, in seiner Menschenwürde und der freien Entfaltung seiner Persönlichkeit zu schützen. Der von einer Medienberichterstattung Betroffene sollte sowohl in seinem **Selbstbestimmungsrecht** darüber, was er der Öffentlichkeit über seine Person zugänglich macht und was nicht, als auch in seinem Interesse auf unverfälschte Darstellung seiner Persönlichkeit geschützt werden. Es ging somit zunächst ausschließlich um den ideellen, in Geld nicht messbaren Wert, dem Betroffenen einen „autonomen Bereich eigener Lebensgestaltung zuzugestehen, in dem er seine Individualität unter Ausschluss anderer entwickeln und wahrnehmen kann."[1]

2 Dieser ideelle Wert ist ebenso wie das so verstandene allgemeine Persönlichkeitsrecht **unauflöslich mit der Person des Betroffenen verbunden und nicht auf Dritte übertragbar.**[2] Ebenso wenig kann der ideelle Teil des Persönlichkeitsrechts vererbt werden, weshalb Geldentschädigungsansprüche von Erben oder Angehörigen eines Verstorbenen für Verletzungen des postmortalen, ideellen Persönlichkeitsrechts bis heute verneint werden.[3]

II. Kommerzieller Bestandteil des allgemeinen Persönlichkeitsrechts

3 In zunehmendem Maße erwiesen sich in der modernen Medienwelt, insb in der Werbewirtschaft, die Kennzeichen einer prominenten Person aber auch als wirtschaftlich verwertbar.[4]

4 So hat die Werbewirtschaft in den letzten Jahren und Jahrzehnten verstärkt damit begonnen, berühmte Persönlichkeiten zum Zwecke der Bewerbung eigener Produkte oder Dienstleistungen einzusetzen und die Rechtssprechung musste anerkennen, dass auch dann, wenn die entsprechende Werbung nicht gegen den ideellen Teil des Persönlichkeitsrechts verstößt, also weder entwürdigend noch herabsetzend ist, der **wirtschaftliche (Werbe-)Wert einer Person** geschützt werden musste. Name, Stimme und Aus-

---

1 MünchKommBGB/*Rixecker* Anh zu § 12 BGB Rn 3 mit Verweis auf BGHZ 131, 332, 337 und *Di Fabio* AfP 1999, 126 mwN.

2 BGH NJW 2000, 2195, 2197.

3 BGH NJW 1974, 1371; BGH NJW 2000, 2195, 2197; LG Heilbronn ZUM 2002, 160; Wenzel/*Burkhardt* Kap 14 Rn 139.

4 *Schierl.*

sehen – letztlich das ganze „Image" einer Person[5] – werden heute als eigentumsähnliches Persönlichkeitsgüterrecht einer Person anerkannt.

Endgültig höchstrichterlich anerkannt ist die Trennung von ideellen und kommerziellen Bestandteilen des Persönlichkeitsrechts seit den sog **Marlene-Entscheidungen** des BGH[6] und des BVerfG.[7] Diese Entscheidungen trugen der zunehmenden Kommerzialisierung von Persönlichkeitsmerkmalen in den Massenmedien Rechnung. Persönlichkeitsmerkmale wie Name, Bild und Unterschriftszug von Marlene Dietrich waren von Unternehmen zur Vermarktung und Bewerbung diverser Produkte eingesetzt worden. Konkret ging es um die Bewerbung von Fotokopiergeräten in dem einen[8] bzw Fotos, Kosmetika und Merchandising-Artikeln in dem anderen Fall.[9] Der BGH entschied, dass Auskunfts- und Schadensersatzansprüche zugunsten der Erbin von Marlene Dietrich begründet seien.[10] In diesen Entscheidungen erkannte der BGH zum ersten Mal ausdrücklich die Trennung von ideellen und kommerziellen Bestandteilen des Persönlichkeitsrechts an. Bei einer schuldhaften Verletzung der vermögenswerten Bestandteile des Persönlichkeitsrechts sollten Schadensersatzansprüche unabhängig von der Schwere des Eingriffs bestehen und nach dem Tod der Betroffenen auch zugunsten seiner Erben aufrecht erhalten bleiben. Das BVerfG bestätigte diese Entwicklung. Diese sei verfassungsrechtlich zwar nicht geboten, als richterliche Rechtsfortbildung auf der Ebene des einfachen Rechts aber zulässig und verfassungsrechtlich nicht zu beanstanden. 5

III. Geldentschädigung und/oder fiktive Lizenz bei Verletzung

Die widerrechtliche Verwendung der Persönlichkeitsmerkmale einer Person zu Zwecken der Wirtschaftswerbung kann **parallel sowohl einen immateriellen Geldentschädigungs-, als auch einen materiellen Schadensersatz- bzw Lizenzanspruch** auslösen. Der Anspruch auf immaterielle Geldentschädigung, somit auf Ersatz des Nichtvermögensschadens besteht gegebenenfalls selbstständig neben demjenigen auf Ersatz des Vermögensschadens und muss auch selbstständig und ausdrücklich geltend gemacht werden. Dabei berührt die Geltendmachung eines etwaigen materiellen Schadensersatz- bzw Lizenzanspruchs den eventuellen Anspruch auf eine immaterielle Geldentschädigung allenfalls der Höhe nach, jedoch nicht dem Grunde nach.[11] Die Ansprüche unterliegen unterschiedlichen Voraussetzungen. 6

1. Geldentschädigung für immaterielle Verletzung

Der Zuspruch einer immateriellen Geldentschädigung setzt eine **besonders schwerwiegende Persönlichkeitsrechtsverletzung** voraus. In der „nur" widerrechtlichen Einbindung einer Person in eine wertneutrale Werbung wird dies nach heutigem Ver- 7

5 *Beuthien* NJW 2003, 1220; ausf zu den Identitätsmerkmalen der Persönlichkeit als Wirtschaftsgüter *Byung Ha Ahn* § 2 sowie Buchbesprechung dazu von *Helle* AfP 2010, 438 ff, 439.

6 BGH NJW 2000, 2195; BGH NJW 2000, 2201.

7 BVerfG NJW 2006, 3409.

8 BGH NJW 2000, 2201.

9 BGH NJW 2000, 2195.

10 Unterlassungsansprüche waren bereits durch die Abgabe von Unterlassungserklärungen erledigt worden.

11 Wenzel/*Burkhardt* Kap 14 Rn 113; OLG Frankfurt ZUM 1985, 570; OLG München ZUM 1996, 160; LG Hamburg AfP 1995, 526.

ständnis nicht (mehr) gesehen.[12] Vielmehr müssen **besondere Umstände** hinzutreten, die die konkrete Werbung als etwas Negatives und Ehrenrühriges erscheinen lassen. Dies kann in der Peinlichkeit des beworbenen Produkts selbst liegen, zB bei der Werbung für ein Sexualpräparat.[13] Entsprechendes ist aber auch denkbar, wenn der Betroffene aus beruflichen oder sonst anzuerkennenden Gründen, zB als Politiker oder Theologe, es als ehrenrührig oder seiner Position abträglich ansehen muss, dass der Eindruck erweckt wird, er habe sich für eine entsprechende Werbung zur Verfügung gestellt.[14]

8 Vor diesem Hintergrund verwundert es, dass das nachfolgend noch näher besprochene Urteil des BGH zu Oskar Lafontaine[15] den Aspekt der immateriellen Geldentschädigung nicht thematisiert hat bzw ein solcher offenbar nicht geltend gemacht wurde. Zwar führt der BGH in diesem Urteil im Rahmen des Anspruchs auf fiktive Lizenzgebühr aus, dass ein Bereicherungsanspruch nicht daran scheitert, dass der Kläger wegen des für Bundesminister geltenden Verbots anderer besoldeter Tätigkeiten gem Art 66 GG oder aus Gründen der politischen Glaubwürdigkeit an der eigenen kommerziellen Verwertung seines Bildnisses gehindert gewesen wäre.[16] Der Anspruch scheitert an späterer Stelle der Prüfung aus anderen Gründen.[17] Nicht thematisiert wird aber, ob der Gedanke politischer Glaubwürdigkeit für Oskar Lafontaine eine immaterielle Geldentschädigung begründen hätte können.

9 Insgesamt fällt auf, dass sämtliche Urteile, die sich aktuell mit der Gewährung von Entschädigungsansprüchen wegen ungewollter Einbindung in Werbemaßnahmen beschäftigen, dies nicht zumindest auch parallel auf der Basis eines immateriellen Geldentschädigungsanspruchs tun, sondern ausschließlich in Zusammenhang mit der Frage nach einer fiktiven Lizenzgebühr. Der immaterielle Geldentschädigungsanspruch spielt in der Praxis insoweit nur sehr selten eine Rolle, obwohl unstreitig anerkannt ist, dass beide Ansprüche selbstständig nebeneinander bestehen können und nur entsprechend geltend gemacht werden müssen. Der Grund hierfür liegt vermutlich darin, dass wie oben dargestellt **die – auch ungewollte – Einbindung in Wirtschaftswerbung für sich betrachtet nicht als geldentschädigungswürdig angesehen wird.** Die Hürde für darüber hinausgehende Umstände, die eine Werbung aufgrund ihrer Peinlichkeit selbst geldentschädigungspflichtig machen, ist aber offenbar zu hoch, um in der Praxis oft überschritten zu werden.

10 Es erscheint durchaus fraglich, ob es richtig ist, nicht bereits den **ungewollten Einsatz einer Person in der Werbung** selbst als geldentschädigungswürdig anzusehen. Dabei geht es gar nicht um die Frage, ob es nach heutigem Verständnis ehrenrührig ist, den Eindruck zu erwecken, jemand habe sich zu Vermarktungszwecken zur Verfügung gestellt. Die *freiwillige* Mitwirkung in einer wertneutralen Werbung mag heute tatsächlich nichts Ehrenrühriges mehr an sich haben. Dies ändert aber nichts daran, dass es gleichwohl das immaterielle Persönlichkeitsrecht einer Person verletzen dürfte, wenn diese *unfreiwillig* zu Vermarktungszwecken eingesetzt und vor den Karren der Werbung gespannt wird. Im Falle einer **Zwangskommerzialisierung** erscheint eine solche Sichtweise geboten und zwar nicht deshalb, weil Werbung als solches ehrenrührig oder peinlich ist, sondern weil es das ureigenste Selbstbestimmungsrecht einer Person

12 Wenzel/*Burkhardt* Kap 14 Rn 113.
13 Wenzel/*Burkhardt* Kap 14 Rn 112 unter Verweis auf „Herrenreiter“, BGH NJW 1958, 827.
14 Wenzel/*Burkhardt* Kap 14 Rn 111.
15 Vgl näher unter Teil 2 Kap 2 § 4 II Rn 64 ff.
16 BGH GRUR 2007, 139, 140.
17 Vgl hierzu näher Rn 63 ff.

verletzt, wenn andere zu eigenen kommerziellen Zwecken ohne entsprechende Einwilligung über die Persönlichkeitsmerkmale eines anderen verfügen.

Folgt man dieser Auffassung nicht, tut sich zudem eine gefährliche **Schutzlücke** 11
auf. Die Werbewirtschaft kann sich nach gegenwärtigem Verständnis nämlich all derjeniger relativ risikolos bedienen, die nicht entsprechend prominent sind und damit keinen anerkannten Werbewert haben. Eine fiktive Lizenzgebühr wird in diesen Fällen scheitern, da solche Personen einen fiktiven Lizenzwert nicht haben. Eine immaterielle Geldentschädigung scheitert aber ebenfalls, solange nicht die Werbung für sich genommen peinlich oder herabwürdigend ist, was in den meisten Fällen nicht der Fall sein wird. Es ist fraglich, ob die Rechtsprechung diese Schutzlücke gewollt, bewusst in Kauf genommen oder übersehen hat. Richtig erscheint sie jedenfalls nicht.

2. Fiktive Lizenzgebühr wegen materieller Verletzung

Wird eine Person ungefragt in der Werbung eingesetzt und damit ihr Werbewert 12
ausgebeutet, so führt dies zu einem **materiellen Schadensersatz- bzw Lizenzanspruch** der betroffenen Person. Sie hat dabei ein Wahlrecht, den Schaden entweder konkret oder nach der **Lizenzanalogie** zu berechnen oder den Verletzergewinn herauszuverlangen.[18] In der Praxis spielt in den weit überwiegenden Fällen ausschließlich die Lizenzanalogie eine Rolle. Dies dürfte seinen Grund in den Beweisproblemen haben, die mit jeder konkreten Berechnung – sei es des Schadens auf Seiten des Verletzten oder des Gewinns auf Seiten des Verletzers – zusammenhängen.

Bei der Berechnung der fiktiven Lizenzgebühr ist derjenige Betrag zu ermitteln, den 13
der Betroffene für eine entsprechende Werbung als Lizenzgebühr hätte verlangen können. Dabei ist insb auf die **Bekanntheit und den Sympathie- bzw Imagewert des Abgebildeten** abzustellen[19] sowie auf den Aufmerksamkeitswert, den Verbreitungsgrad und die Rolle, die dem Abgebildeten in der Werbung zugeschrieben wird.[20] Das OLG München hat zB den Lizenzwert für das Werbemotiv „Blauer Engel" aus dem berühmten Film mit Marlene Dietrich in Höhe von € 70 000,– festgesetzt.[21]

Im Zuge der Annäherung des Allgemeinen Persönlichkeitsrechts an ein kommer- 14
zialisiertes Verwertungsrecht könnte man auch über eine doppelte Lizenzgebühr als pauschalierten Schadensersatz nachdenken. Anerkannt ist ein solch 100 %iger Aufschlag auf die übliche Lizenzgebühr im Bereich des Urheberrechts bei der Verletzung von unkörperlichen Wiedergaberechten (GEMA-Fälle)[22], wird aber für das gesamte Immaterialgüterrecht diskutiert.[23] In Einzelfällen spricht die Rechtsprechung einen solchen Aufschlag auch bei der Verletzung des Urheberpersönlichkeitsrechts zu, insb bei Fehlen der Urheberbenennung, rechtlich allerdings unter dem Gesichtspunkt einer Vertragsstrafe.[24] Für einen pauschalierten Aufschlag spricht, den Präventionsgedanken zu stärken und nicht den redlichen Nutzer mit dem (vorsätzlichen) Verletzer gleichzusetzen. Bei Persönlichkeitsrechtsverletzungen besteht jedoch nicht das gleiche Bedürfnis nach präventiven Elementen, wie bei den Immaterialgüterrechten. Denn neben der Schadensberechnung nach der Lizenzanalogie ist der zusätzliche Ersatz

18 BGH NJW 2000, 2201, 2202; BGH NJW 2007, 689.
19 BVerfG GRUR-RR 2009, 375.
20 LG Hamburg GRUR 2002, 143 unter Verweis auf OLG München ZUM 2003, 139 und LG Hamburg ZUM 2004, 399.
21 OLG München NJW-RR 2003, 767.
22 BGH GRUR 1973, 379.
23 *Bodewig/Wandtke* GRUR 2008, 220.
24 OLG Düsseldorf GRUR 2006, 393; LG Köln Urt v 29.11.2007, Az 29 O 102/07.

immaterieller Schäden möglich und üblich. Präventive Erwägungen werden dabei seit langem mit einbezogen.[25]

15 Die nachfolgenden Ausführungen und die darin erläuterten Urteile beziehen sich ausschließlich auf die Gewährung eines Anspruchs auf Zahlung einer fiktiven Lizenzgebühr wegen Verletzung der kommerziellen Persönlichkeitsrechte der betroffenen Person. Sie sind nicht mit immateriellen Geldentschädigungsansprüchen zu verwechseln.

§ 2
Das Persönlichkeitsrecht als selbstständiges Wirtschaftsgut

I. Das Persönlichkeitsrecht als frei verfügbares Ausschließlichkeitsrecht

16 Der BGH hat bereits in sehr frühen Entscheidungen das Recht am eigenen Bild als „vermögenswertes Ausschließlichkeitsrecht" bezeichnet.[26] Allerdings hat er in der sog *Nena*-Entscheidung[27] die Übertragbarkeit dieses Rechts wegen seines Rechtscharakters als allgemeines Persönlichkeitsrecht in Frage gestellt und damit gleichzeitig die Übertragbarkeit des allgemeinen Persönlichkeitsrechts selbst verneint.

17 Die Qualifizierung des allgemeinen Persönlichkeitsrechts als nichtübertragbar und nichtvererblich ist seit der Marlene-Rechtsprechung des BGH zumindest in dieser Absolutheit passé. In den Entscheidungen zu Marlene Dietrich hat der BGH die **kommerziellen Bestandteile des Persönlichkeitsrechts als vererbliches Rechtsgut anerkannt**, das bei ungenehmigter Verwendung Lizenzansprüche der Erben auslösen kann.

18 Weitere Fragen sind nach wie vor offen. Dies gilt zum einen weiterhin für die **Frage nach der Übertragbarkeit des Persönlichkeitsrechts unter Lebenden**. Für den ideellen Bestandteil des Persönlichkeitsrechts kann eine solche Übertragbarkeit sicherlich nicht in Frage kommen. Was den kommerziellen Bestandteil des Persönlichkeitsrechts betrifft, stellt sich die Situation jedoch anders dar. Die – zutreffende – Anerkennung der kommerziellen Bestandteile des Persönlichkeitsrechts sollte ihre logische Folge durchaus auch in der Anerkennung der Übertragbarkeit unter Lebenden haben. Zwar ist dem BGH darin zuzustimmen, dass die im Schrifttum teilsweise erhobenen Bedenken gegen eine immer weiter fortschreitende Kommerzialisierung der Persönlichkeit und damit verbundene etwaige gesellschaftliche Fehlentwicklung nicht von der Hand zu weisen sind. Letztlich greifen diese aber – wie der BGH ebenfalls zutreffend weiter ausführt – nicht durch. Denn dem Recht kommt auch eine dienende Funktion zu, die im Interesse beider Seiten einen Ordnungsrahmen für neue Formen der Vermarktung bieten muss.[28] Die Vermarktung der kommerziell verwertbaren Persönlichkeitsmerkmale Prominenter ist heute ein Faktum im Wirtschaftsleben, das durch Nichtanerkennung in der Rechtsprechung weder verhindert, noch die dahinter stehende gesellschaftliche Entwicklung rückgängig gemacht werden kann.

19 In der sog *Nena*-Entscheidung[29] war der BGH noch gezwungen, den Umweg über die ergänzende Vertragsauslegung zu wählen, um zu einem interessengerechten Ergeb-

---

25 *Rixecker* in MüKo Anhang zu § 12 Rn 225 ff.

26 BGH GRUR 1956, 427, 429; später auch BGH GRUR 1992, 557, 558.

27 BGH GRUR 1987, 128.

28 BGH NJW 2000, 2195, 2199.

29 BGH GRUR 1987, 128.

nis zu kommen. Dies wäre heute angesichts der Weiterentwicklung und Anerkennung der kommerziellen Bestandteile des Persönlichkeitsrechts nicht mehr erforderlich. Es spricht insoweit viel dafür, die im Wirtschaftsleben praktizierte Übertragung kommerzialisierter Persönlichkeitsrechte auch juristisch anzuerkennen. Bedenkliche Ausuferungen oder gesellschaftliche Fehlentwicklungen sind insoweit schon deshalb nicht ernsthaft zu befürchten, weil ihnen durch das unstreitige und zu Recht nicht übertragbare ideelle Persönlichkeitsrecht Einhalt geboten wird.

Ungeklärt und soweit ersichtlich bislang nicht thematisiert ist auch die Frage nach **20**
der **bewussten und zielgerichteten Vererblichkeit** des kommerzialisierten Persönlichkeitsrechts. Die Anerkennung materieller Schadensersatzansprüche der Erben im Verletzungsfall muss nicht automatisch auch bedeuten, dass das kommerzielle Persönlichkeitsrecht ein selbstständiges Vermögensgut ist, über das der Erblasser beliebig testamentarisch verfügen kann. Kann er bspw sein kommerzielles Persönlichkeitsrecht im Sinne eines Vermächtnisses einer anderen Person als seinen Erben vermachen? Auch diese Frage ist bislang nicht geklärt.

Weiter stellt sich die Frage, was der Erblasser tun muss, wenn er *nicht* möchte, **21**
dass sein Persönlichkeitsrecht nach seinem Tod überhaupt verwertet wird. Muss er dann genau dies testamentarisch festlegen, weil die Befugnis zur Verwertung sonst automatisch auf seine Erben übergeht? Die Überlegung liegt nahe, denn immerhin hat der BGH die Vererblichkeit des kommerziellen Persönlichkeitsrechts dahingehend eingeschränkt, dass die Erben ihr Benutzungsrecht **nicht *gegen* den mutmaßlichen Willen des Erblassers** ausüben dürfen.[30] Wie aber soll dieser mutmaßliche Wille festgestellt und gewahrt werden, wenn nicht durch ausdrückliche testamentarische Verfügung womöglich mit gleichzeitiger Bestimmung einer Person als „Wächter" hierüber?[31]

Trotz aller offenen Fragen hat der BGH mit der Marlene-Rechtsprechung zumindest **22**
eine Grundlage für die wirtschaftliche, auch postmortale Verwertbarkeit von Ansehen und Bekanntheit einer Person vor allem auch zu Werbezwecken geschaffen.[32] Teilweise wird in der Literatur zwar die Tragfähigkeit dieser Grundlage in Frage gestellt, da das BVerfG darauf hingewiesen hat, dass das allgemeine Persönlichkeitsrecht nicht im Interesse einer Kommerzialisierung der eigenen Person gewährleistet sei.[33] Diese Bedenken erscheinen jedoch vernachlässigbar, da das BVerfG diese Aussage in einem anderen Zusammenhang getätigt hat. Es wollte damit der exklusiven Vermarktung von Bildnissen einer Person Einhalt gebieten, wenn es um *redaktionelle* Berichterstattung geht. Was eine Person in einem bestimmten Medium selbst der Öffentlichkeit zugänglich gemacht hat, soll nicht willkürlich für andere Medien gesperrt sein und nach Belieben des Betroffenen trotz eigener Offenlegung dann doch wieder dem Schutz der Privatsphäre unterliegen. Mit der Anerkennung der kommerziellen Bestandteile des Persönlichkeitsrechts als vermarktbares Vermögensgut im Rahmen der Werbung hat dies nichts zu tun.

Fakt ist in jedem Fall, dass der BGH mit der Anerkennung der Vererblichkeit der **23**
kommerziellen Bestandteile des Persönlichkeitsrechts einen deutlichen Schritt in Richtung Anerkennung des Persönlichkeitsrechts als vermarktbares Ausschließlichkeitsrecht getan hat. Die weitere Entwicklung hierzu bleibt abzuwarten.

---

30 BGH NJW 2000, 2195, 2199.

31 Vgl insoweit auch die berechtigten Bedenken von Wenzel/*Burkhardt* Kap 5 Rn 117 ff.

32 Wandtke/Bullinger/*Fricke* § 22 KUG Rn 4.

33 Wandtke/Bullinger/*Fricke* § 22 KUG Rn 4 unter Verweis auf BVerfG GRUR 2000, 446.

II. Vermarktungsbereitschaft des Betroffenen

24 Es ist anerkannt, dass die ungenehmigte Verwertung der Persönlichkeitsmerkmale einer Person für den Betroffenen bzw nach seinem Tod für seine Erben Lizenzansprüche auslösen kann. Fraglich ist jedoch, ob die Geltendmachung solcher Ansprüche voraussetzt, dass der Betroffene – wäre er vorher gefragt worden – zu einer entsprechenden **Vermarktung bereit und in der Lage** gewesen wäre.

25 In der nachfolgend noch näher besprochenen Entscheidung zu Oskar Lafontaine[34] gibt der BGH ausdrücklich seine frühere Rechtsprechung[35] auf, wonach ein Schadens- oder Bereicherungsausgleich ein solch grundsätzliches Einverständnis des Abgebildeten mit der Vermarktung seiner Person vorausgesetzt hat. Der **BGH** begründet diese **Änderung seiner Rechtsprechung** damit, dass die unbefugte kommerzielle Nutzung des Bildnisses einer Person in deren Recht am eigenen Bild eingreife, das vermögensrechtlich ausschließlich ihr selbst zustehe. Bereicherungsgegenstand sei die Nutzung des Bildes und da diese nicht herausgegeben werden könne, sei nach § 818 Abs 2 BGB Wertersatz zu leisten. Der Zahlungsanspruch fingiere nicht die Zustimmung des Betroffenen, sondern stelle vielmehr den Ausgleich für einen rechtswidrigen Eingriff in eine dem Betroffenen ausschließlich zugewiesene Dispositionsbefugnis dar.[36]

26 Diese Änderung der Rechtsprechung des BGH wird in der Literatur höchst kontrovers diskutiert.[37] Zum Teil wurde auch bereits vor der Entscheidung des BGH vertreten, dass es richtigerweise auf eine Vermarktungsbereitschaft des Betroffenen nicht ankommen kann. Ähnlich zu der jetzigen Begründung des BGH wurde darauf verwiesen, dass der Bereicherungsausgleich nicht dazu diene, eine Vermögensminderung beim Rechteinhaber auszugleichen, sondern einen grundlosen Vermögenszuwachs beim Rechtsverletzer.[38] Die Vermarktungsbereitschaft des Betroffenen sei dazu nicht Voraussetzung.

27 Gegen die Rechtsprechung des BGH wird von anderen Stimmen in der Literatur ins Feld geführt, der Inhaber der verletzten Persönlichkeitsrechte sei zu widersprüchlichem Verhalten gezwungen, wenn er sich immer gegen eine Kommerzialisierung seiner Persönlichkeit gewehrt habe, im Falle einer ungewollten Vermarktung durch einen Dritten aber gezwungen sei, seine Schadensberechnung bzw die Bereicherungsliquidation auf den Eingriff in ein Persönlichkeitsrecht als Wirtschaftsgut zu stützen.[39]

28 Dieser Kritik ist nicht zuzustimmen. Derjenige, der sich im Rahmen seines Selbstbestimmungsrechts dazu entschließt, sein Persönlichkeitsrecht nicht zu vermarkten bzw zu kommerzialisieren, nimmt damit seinem Persönlichkeitsrecht nicht dessen kommerziellen Wert. Ein solcher Vermögenswert entsteht nicht durch ein aktives Tun oder Unterlassen des Betroffenen, sondern durch eine entsprechende Nachfrage auf

34 Vgl näher Rn 63 ff.

35 BGH NJW 1958, 827; BGH, NJW 1959, 1269; BGH NJW 1979, 2205; zum Meinungsstand in der Literatur vor allem auch in Bezug auf unterschiedliche Konsequenzen fehlender Vermarktungsbereitschaft für Schadensersatzansprüche einerseits und Bereicherungsansprüche andererseits vgl ausf mit zahlreichen weiteren Nachweisen *Helle* JZ 2007, 444, 447.

36 BGH GRUR 2007, 139, 141 unter Verweis auf MünchKommBGB/*Rixecker* § 12 Anh Rn 226; Schricker/Loewenheim/*Götting* § 60 UrhG, §§ 33–50 KUG Rn 10, 14; Wenzel/*von Strobl-Albeg* Das Recht der Wort- und Bildberichterstattung, Kap 9 Rn 10 mwN; *Ullmann* AfP 1999, 209, 212.

37 Im Ergebnis zust *Balthasar* NJW 2007, 664 und *Ehmann* AfP 2007, 81; abl demgegenüber *Helle* JZ 2007, 444.

38 Wandtke/Bullinger/*Fricke* § 22 KUG Rn 26 unter Verweis Schricker/Loewenheim/*Götting* §§ 33–50 KUG/§ 60 Rn 15.

39 *Helle* JZ 2007, 444, 450.

dem Markt. Entschließt sich der Inhaber des Rechts, diesen Marktwert nicht zu nutzen, so steht dies nicht im Widerspruch dazu, ihn gleichwohl zu liquidieren, wenn dieser Marktwert ihm ungewollt genommen wurde und eine Rückgängigmachung des Vorgangs nicht mehr möglich ist. Die neue Rechtsprechung des BGH, die auf eine grundsätzliche Vermarktungsbereitschaft oder Vermarktungsfähigkeit des Rechtsinhabers als Voraussetzung für bereicherungsrechtliche Ausgleichsansprüche im Verletzungsfalle verzichtet, verdient daher Zustimmung.

III. Schutzdauer

Mit der Marlene-Rechtsprechung haben BGH und BVerfG die Vererblichkeit der kommerziellen Bestandteile des Persönlichkeitsrechts anerkannt. Offen war allerdings noch, wie lange nach dem Tod des Betroffenen dieser Schutz fortbestehen soll. Der BGH musste im Falle von Marlene Dietrich hierüber nicht entscheiden, da die dort streitgegenständlichen Verletzungshandlungen jeweils nur kurz nach dem Tod von Marlene Dietrich vorgenommen worden waren. **29**

Der BGH hielt damals in zeitlicher Hinsicht nur fest, dass der Schutz kommerzieller Interessen nicht über den Schutz der ideellen Interessen an der Persönlichkeit hinausreichen könne. Einen Anhaltspunkt böte insofern die Zehn-Jahres-Frist des § 22 S 3 KUG, wobei offen bleiben könne, ob ein längerer Schutz der kommerziellen Interessen dann in Betracht zu ziehen sei, wenn und soweit sich aus dem allgemeinen Persönlichkeitsrecht ausnahmsweise ein längerer Schutz ideeller Interessen ergebe. **30**

Die damals noch offene Frage der Schutzdauer hat der BGH[40] in seiner **Entscheidung zu Klaus Kinski** dahingehend beantwortet, dass der Schutz der vermögenswerten Bestandteile des postmortalen Persönlichkeitsrechts **analog § 22 S 3 KUG auf zehn Jahre nach dem Tod begrenzt** sei. Streitgegenstand war in dieser Entscheidung die Registrierung des Domain-Namens „kinski-klaus.de“, mit dem die Beklagten des Rechtsstreits für eine von ihnen veranstaltete Ausstellung über Klaus Kinski werben wollten. Vor dem BGH ging es nicht um fiktive Lizenzgebühren, sondern um Schadensersatz in Gestalt der Erstattung der zuvor entstandenen Abmahnkosten. Diese Schadensersatzansprüche ließ der BGH daran scheitern, dass die analog anzuwendende Schutzfrist für das postmortale Recht am eigenen Bild nach § 22 S 3 KUG überschritten war. **31**

Die Entscheidung des BGH ist in der Literatur heftig umstritten[41] und wird teilweise als Rückschritt zu der Marlene-Rechtsprechung gewertet. Der BGH stützt sich im Wesentlichen auf zwei Argumente. Zum einen schaffe die klare Frist Rechtssicherheit. Zum anderen berücksichtige sie das berechtigte Interesse der Öffentlichkeit, sich mit Leben und Werk einer zu Lebzeiten weithin bekannten Persönlichkeit auseinanderzusetzen. Die Entscheidung des Gesetzgebers über die Dauer des Schutzes des postmortalen Rechts am eigenen Bild sei daher auf die Dauer des Schutzes für die vermögenswerten Bestandteile des postmortalen Persönlichkeitsrechts zu übertragen. **32**

Der Entscheidung kann nicht zugestimmt werden. Soweit der BGH auf ein berechtigtes Öffentlichkeitsinteresse abstellt, greift dieses Argument dann nicht durch, wenn es gerade *nicht* um eine öffentliche Auseinandersetzung mit Leben und Werk einer **33**

---

40 BGH NJW 2007, 684.

41 Zust *Röthel* LMK 2007, 213, 345; abl *Reber* GRUR Int 2007, 492; *Götting* GRUR 2007, 170.

berühmten Person geht, sondern um die kommerzielle Verwertung der vermögenswerten Bestandteile des Persönlichkeitsrechts in der reinen Wirtschaftswerbung. Der BGH führt zu Beginn seiner Entscheidung selbst aus, dass auch bei bestehendem Einwilligungserfordernis eine Rechtfertigung nach Art 5 GG möglich sei und gesondert geprüft werden müsse. Zur Sicherung dieser Interessen ist eine zeitliche Begrenzung der Schutzfrist somit nicht erforderlich.

34 Das zweite Argument des BGH, der Wunsch nach Rechtssicherheit, ist sicherlich nachvollziehbar. Gleichwohl ist mehr als fraglich, ob eine starre Grenze wie diejenige des § 22 S 3 KUG den **unterschiedlichen Bekanntheitsgraden von Prominenten** gerecht wird. Der BGH stellt darauf ab, dass die Begrenzung der Schutzdauer des Rechts am eigenen Bild ua auch auf dem Gedanken beruht, dass das Schutzbedürfnis nach dem Tod mit zunehmendem Zeitablauf abnimmt. Dies hat aber mit dem Verblassen der Erinnerung an den Verstorbenen zu tun und ist von Person zu Person verschieden. Während die eine Person ihre Bekanntheit bereits wenige Jahre nach ihrem Tod eingebüßt haben kann, gedeiht eine andere Person zum Mythos und ist auch noch viele Jahre nach ihrem Tod in der Erinnerung der Öffentlichkeit sehr präsent. Vor diesem Hintergrund ist es dann aber auch erforderlich, den unterschiedlichen Fällen durch individuell zu bestimmende und am Einzelfall auszurichtende Schutzfristen gerecht zu werden.

35 Eine Analogie zu der Schutzfrist nach § 22 KUG ist auch dogmatisch abzulehnen. Der BGH meint, „*die Entscheidung des Gesetzgebers über die Dauer des Schutzes des postmortalen Rechts am eigenen Bild (sei) auf die Dauer des Schutzes für die vermögenswerten Bestandteile des postmortalen Persönlichkeitsrechts zu übertragen.*“ Diese Analogie passt aber schon deshalb nicht, weil § 22 KUG einen vollkommen anderen Bereich, nämlich die nicht-kommerzielle Verbreitung eines Bildes betrifft.

36 Die **kommerzielle Verbreitung des Bildes einer Person zu Wirtschaftszwecken** ist **von § 22 KUG nicht erfasst.** Dies zeigt sich schon daran, dass es hier auch *während* der Dauer der ersten zehn Jahre nach dem Tod um eine ganz andere Einwilligung geht, als um die in § 22 S 3 KUG geregelte Einwilligung der *Angehörigen*, nämlich um die Einwilligung der *Erben*. Analog zu der Einwilligung der Angehörigen in eine nicht-kommerzielle Verwertung könnte insoweit noch eher überlegt werden, ob mit Blick auf das Recht am eigenen Bild auch die sonstigen, nicht-materiellen Bestandteile des Persönlichkeitsrechts auf zehn Jahre begrenzt werden müssten. Dies geschieht aber – zu Recht – gerade nicht, denn auch nach Ablauf von zehn Jahren müssen den Angehörigen einer Person zumindest gegen grobe Entstellungen und Verletzungen Abwehransprüche weiterhin zustehen.

37 Die kommerzielle Verwertung der Persönlichkeitsmerkmale einer Person ist demgegenüber ein vollkommen anderer Rechtsbereich der eine Analogie zu 22 KUG nicht nahelegt. So sehr man sich Rechtsicherheit wünschen mag, ist zumindest die starre Zehn-Jahres-Frist für rein wirtschaftliche Zwecke nicht akzeptabel.

§ 3
Werbung für Presseerzeugnisse

I. Bedeutung und Kategorisierung

Von den Fällen reiner Wirtschaftswerbung zu unterscheiden sind diejenigen Fälle, in denen eine Person in der **Werbung für ein Presseerzeugnis** eingesetzt wird. 38

Diesen Fällen kommt sowohl in der Praxis, also auch in der juristischen Diskussion deshalb eine besondere Bedeutung zu, weil in diesen Fällen das Persönlichkeitsrecht des Betroffenen in **Konflikt zu der nach Art 5 GG gewährleisteten Pressefreiheit** tritt und die beiden Rechtspositionen gegeneinander abgewogen werden müssen. Es ist höchstrichterlich anerkannt, dass die verfassungsrechtlich geschützte Pressefreiheit den Bereich des gesamten Pressewesens und damit auch die Werbung für Presseerzeugnisse umfasst.[42] Inwieweit rechtfertigt dies aber den Eingriff in die Persönlichkeitsrechte zu Werbezwecken Abgebildeter? 39

Fest steht, dass sich auch im Bereich des Pressewesens niemand ohne irgendeinen Zusammenhang für die Werbezwecke eines Medienunternehmens einspannen lassen muss. Fraglich ist aber, wie eng der Zusammenhang zwischen dem redaktionellen Inhalt des Presseprodukts und dem zu Werbezwecken Abgebildeten sein muss, um die Werbung auch ohne dessen Einwilligung zu rechtfertigen. 40

Richtigerweise sind hier **drei Fallgruppen unterschiedlicher Werbearten** zu unterscheiden: 41
- Werbung *im* Presseprodukt selbst zB durch Abbildung auf der Titelseite
- Werbung *außerhalb* des Presseprodukts, jedoch *für* eine bestimmte Ausgabe des Produkts und
- allgemeine Imagewerbung zugunsten eines Verlags oder einer Publikation.

Die genannten Fallgruppen werden in den nachfolgenden Abschnitten einzeln behandelt.

II. Werbung in oder auf dem Presseprodukt

Grds stellt jede Abbildung einer Person auf der **Titelseite** einer Zeitschrift eine Werbung für eben diese Zeitschrift dar.[43] Eine solche Abbildung muss von niemandem hingenommen werden, wenn sich in der fraglichen Zeitschrift kein redaktioneller Inhalt über den Abgebildeten befindet. Die damit einhergehende Persönlichkeitsverletzung des Betroffenen wegen Ausnutzung seines Werbewerts ist umso größer, wenn das Titelbild der Zeitschrift auch in der sonstigen Werbung, zB auf Plakaten oder im Fernsehen gezeigt wird. 42

Allerdings stellt die Rechtsprechung relativ niedrige Anforderungen an **Umfang und Inhalt eines redaktionellen Inhalts**, mit dem die Abbildung einer Person auf der Titelseite gerechtfertigt werden kann. In einer Entscheidung, in der ein bekannter Schauspieler auf der Titelseite der **Kundenzeitschrift einer Drogerie** abgebildet wurde, genügte nach Auffassung des BGH ausdrücklich ein sehr kurzer, inhaltsarmer Beitrag im Inneren der Zeitschrift, um die Abbildung des Schauspielers auf der Titelseite zu rechtfertigen.[44] Die Grenze sah der BGH mit Blick auf die Tatsache, dass es sich um 43

---

42 BGH GRUR 2002, 690, 691.

43 Wenzel/*von Strobl-Albeg* Kap 8 Rn 95.

44 BGH AfP 1995, 495; zust *Strothmann* GRUR 1996, 693, 695.

die Kundenzeitschrift eines Drogeriemarktes handelte, erst dort, wo der Eindruck erweckt worden wäre, der Abgebildete empfehle die Produkte des Unternehmens. Hierfür fehlte es im konkreten Fall an Anhaltspunkten.

44 In einem anderen Fall hob der BGH[45] ein Urteil des OLG Hamburg auf und verwies die Angelegenheit zur Bestimmung einer angemessenen Lizenzentschädigung zurück. Dabei ging es um die Klage eines bekannten **Quiz-Moderators, der auf der Titelseite einer Rätselzeitschrift** abgebildet worden war. Die Zeitschrift enthielt keinen redaktionellen Inhalt über den Betroffenen. Lediglich die Titelseite selbst zeigte den Moderator vor dem Hintergrund eines Kreuzworträtsels und trug eine Bildunterschrift, die besagte, dass der Betroffene mit seiner bekannten Sendung zeige, wie spannend Quiz sein könne.

45 Das OLG Hamburg hielt die Abbildung des Moderators auf der Titelseite für zulässig. Dabei stellte es entscheidend darauf ab, dass nicht der Eindruck erweckt werde, der Moderator empfehle die Zeitschrift. Zudem hielt das Gericht die Bildunterschrift für ausreichend, ein bestehendes **Informationsinteresse** zu befriedigen, wobei auch die Bekanntheit des Moderators eine wichtige Rolle spielte. Der BGH betonte demgegenüber, dass der Informationswert von Abbildung und Bildunterschrift zu gering sei, um einen schützenswerten Beitrag zur öffentlichen Meinungsbildung erkennbar werden zu lassen. Ein schutzwürdiges Informationsinteresse fehle bei Werbeanzeigen, wenn diese ausschließlich den Geschäftsinteressen des mit der Abbildng werbenden Unternehmens dienten. In diesem Fall – so der BGH – werde rein der Werbe- und Imagewert des Prominenten ausgenutzt. In dem sich anschließenden erneuten Verfahren vor dem OLG Hamburg über die Entschädigungssumme gab das OLG Hamburg der Klage des Moderators auf Zahlung einer Entschädigung in Höhe von € 100000,– jedoch nur iHv € 20000,– statt. Das Gericht würdigte zwar den überragenden Bekanntheitsgrad des Moderators, berücksichtigte aber neben der geringen Verkaufszahlen lizenzmindernd, dass der Kläger nicht als Testimonial erscheine und die Veröffentlichung nur „knapp die Qualität verfehle“, die sie zu einem presserechtlichen geschützten Beitrag werden lasse.

III. Werbung für eine bestimmte Ausgabe außerhalb des Presseprodukts

46 Von der Abbildung einer Person auf der Titelseite einer Zeitung oder Zeitschrift ist derjenige Fall zu unterscheiden, in dem auf anderem Wege **für eine bestimmte Ausgabe** einer Publikation geworben wird. Auch in diesem Fall, zB in der **TV-Werbung**, ist die Abbildung einer Person nur dann zulässig, wenn ein Zusammenhang zu dem **redaktionellen Inhalt** der beworbenen Ausgabe besteht.

47 Offen war bis vor kurzem die Frage, ob in Fällen, in denen ein ausreichender Zusammenhang zum redaktionellen Inhalt der Publikation besteht, nur das **identische Bild** verwendet werden darf, das auch in der beworbenen Ausgabe selbst erscheint oder ob in der Werbung auch die Verwendung anderer Bilder zulässig ist. Über diese Frage hatte der BGH anhand einer Fernsehwerbung für eine Beilage zu der Zeitung „BILD“ zu entscheiden. Die **Beilage zum Thema „50 Jahre Deutschland“** enthielt einen kurzen redaktionellen Beitrag nebst Bild über einen Besuch von Marlene Dietrich in München. Die Beilage wurde in einem TV-Werbespot mit einem anderen Foto

45 BGH NJW 2009, 3032.

von Marlene Dietrich beworben. Die Tochter von Marlene Dietrich machte wegen der Verwendung dieses anderen Fotos in der Werbung Schadensersatzansprüche geltend. Im Gegensatz zu den Vorinstanzen[46] wies der BGH[47] die Klage ab.

Der BGH stellte maßgeblich darauf ab, dass die Verwendung des anderen Fotos in der Werbung **keine *zusätzliche* Beeinträchtigung** darstelle, als wenn das identische Bild aus der Publikation auch in der Werbung verwendet worden wäre. Nur in diesem Fall würde aber das Persönlichkeitsrecht von Marlene Dietrich gegenüber der Pressefreiheit überwiegen. Der BGH nimmt in diesem Zusammenhang auch Bezug auf die Rechtsprechung des BVerfG, die bei der Illustration zeitgeschichtlicher Ereignisse neben Fotos, die bei diesen Ereignissen entstanden sind, auch kontextneutrale Fotos zulässt, wenn ihre Verwendung in dem neuen Zusammenhang keine *zusätzliche* Beeinträchtigung für den Betroffenen darstellt.[48] 48

Die Entscheidung des BGH verdient Zustimmung. Für die Frage, ob das Foto einer Person in der Werbung verwendet werden darf oder nicht, kann es nicht auf formale, sondern nur auf materielle Kriterien ankommen.[49] Ist ein inhaltlicher Bezug zwischen dem Werbeträger und dem Inhalt des Presseprodukts gegeben, so ist die Werbung grds zulässig. Richtig ist es, erst dort die Grenze zu ziehen, wo dem Betroffenen durch die Verwendung eines anderen Fotos in der Werbung als in dem Beitrag eine zusätzliche Belastung widerfährt. Dies wäre zB der Fall, wenn das in der Werbung verwendete Foto besonders nachteilig ist oder fälschlicherweise der Eindruck erweckt wird, der Betroffene empfehle die Publikation. Ist dies nicht der Fall, muss die konkrete Gestaltung der Werbung und damit auch die Auswahl des verwendeten Fotos ebenso der Pressefreiheit unterliegen wie die Gestaltung des damit in Zusammenhang stehenden Artikels. 49

Die identische Frage, die hier im Zusammenhang mit einem TV-Werbespots zu entscheiden war, könnte man auch für die Abbildung einer Person auf der Titelseite einer Zeitungs- oder Zeitschriftenausgabe aufwerfen. Hier wird die Problematik aber gar nicht thematisiert, sondern es wird vollkommen selbstverständlich davon ausgegangen, dass ein Prominenter auf der Titelseite abgebildet werden darf, zu dem es im Heftinneren einen Bericht gibt. Dabei muss der Bericht im Heftinneren nicht einmal Bilder enthalten, geschweige denn müssen auf der Titelseite die identischen Bilder wie im Innenteil verwendet werden. Es gibt keinen Grund, den TV-Fernsehspot strenger zu behandeln. 50

IV. Imagewerbung für ein Presseprodukt

Von der Bewerbung der konkreten *Ausgabe* einer Publikation – sei es auf der Titelseite oder durch andere Medien – ist derjenige Fall zu unterscheiden, in dem ein Presseprodukt insgesamt beworben wird. In diesem Fall werden oft Prominente in der Werbung abgebildet mit dem Argument, Berichte über sie seien **potentieller Inhalt** des beworbenen Presseprodukts. Da in diesen Fällen keine konkrete Ausgabe, sondern die **Zeitungs- oder Zeitschriftenreihe insgesamt** beworben wird, kann die Werbung nicht auf einen bestimmten redaktionellen Inhalt Bezug nehmen. Es stellt sich die Frage, ob auch diese Art der Werbung zulässig ist. Von der Rechtsprechung wurde dies in den 51

46 OLG München AfP 1999, 507.
47 BGH GRUR 2002, 690.
48 BVerfG NJW 2001, 1921.
49 So auch *Fricke* GRUR 2003, 406.

letzten Jahren mehrfach verneint. Den Betroffenen wurden teilweise **hohe fiktive Lizenzgebühren** zugesprochen.

52 In einem der Fälle hatte eine neu erscheinende Sonntagszeitung das Bild von Boris Becker verwendet, um eine fiktive Titelseite zu gestalten, auf der ein Beitrag über Boris Becker angekündigt wurde. Das Bild von Boris Becker war mit der Bildunterschrift *„Der strauchelnde Liebling"* und *„... mühsame Versuche, nicht von der Erfolgsspur geworfen zu werden"* versehen. Der angekündigte Artikel erschien später jedoch nie. Sein Erscheinen war auch nie geplant gewesen. Die fiktive Titelseite wurde als sog Dummy zum einen in der Werbewirtschaft verbreitet. Zum anderen wurde der Dummy – und nur hierauf bezieht sich der Streitfall vor Gericht – in der Publikumswerbung für die Zeitung verwendet.

53 Das **LG München I** sprach **Boris Becker** für diese Werbung eine fiktive Lizenzgebühr in Höhe von € 1,2 Mio zu.[50] Der Anspruch wurde vom OLG München[51] dem Grunde nach bestätigt, vom BGH[52] dann aber teilweise aufgehoben und für das Betragsverfahren zurückverwiesen. Der BGH befand, Becker stünden zwar für die Zeit nach dem Erscheinen der Erstausgabe fiktive Lienzansprüche zu, da die Beklagte ab diesem Zeitpunkt gehalten gewesen wäre, nicht mehr das fiktive Testexemplar, sondern ein tatsächlich erschienenes Exemplar in der Werbekampagne abzubilden. Für die Zeit davor sei dem verfassungsrechtlich geschützten Grundrecht der Pressefreiheit aber der Vorrang gegenüber dem nur einfachrechtlich geschützten Recht am eigenen Bild einzuräumen, da bei der Werbung weder davon ausgegangen werden könne, dass Becker sich mit der beworbenen Sonntagszeitung identifiziere oder diese anpreise, noch das Ansehen des Klägers beschädigt werde. Es handele sich vielmehr um eine bloße Aufmerksamkeitswerbung, so dass der Eingriff in das Persönlichkeitsrecht nur dessen vermögenswerte Bestandteile, nicht aber auch die verfassungsrechtlich gewährleisteten ideellen Bestandteile des allgemeinen Persönlichkeitsrechts berühre. Dagegen stehe die Werbung zur Einführung eines neuen Presseerzeugnisses in besonderem Maße unter dem Schutz der Pressefreiheit. Aus diesem Grund wurde hier auch ohne eine die Abbildung rechtfertigende Bericherstattung im Inneren der Zeitung von der Zulässigkeit der Abbildung Beckers ausgegangen. Sie diene dem Zweck, die Öffentlichkeit über die Gestaltung und die Thematik einer neuen Zeitung zu informieren. Die differenzierte Sichtweise des BGH verdient Zustimmung und wird dem hohen Schutz der Pressefreiheit gerecht.

54 In ähnlicher Art und Weise hatte das **LG Hamburg**[53] über einen Fall zu entscheiden, in dem eine Zeitung im Rahmen einer umfassenden, allgemeinen Werbekampagne ein Foto des ehemaligen Bundestagsabgeordneten und Bundesaußenministers **Joschka Fischer** verwendet hatte. Wie auch im Fall von Boris Becker verteidigte sich die Zeitung ua damit, dass der Abgebildete beispielhaft für den potentiellen Inhalt der beworbenen Zeitung stehe. In diesem Fall kam als Besonderheit hinzu, dass das Gesicht von Joschka Fischer dergestalt abgewandelt war, dass die Gesichtszüge denjenigen eines Kindes entsprachen. In ähnlicher Art und Weise hatte die Zeitung im Rahmen der Werbekampagne eine Vielzahl von Prominenten – ihre Gesichter jeweils zu Kindergesichtern verfremdet – in der Werbung eingesetzt. Die Abgebildeten blieben jeweils erkennbar. Das LG Hamburg sprach Joschka Fischer auf entsprechende Klage eine fiktive Lizenzgebühr in Höhe von € 200 000,– zu.

---

50 LG München I NJOZ 2006, 4633.
51 OLG München K&R 2007, 320.
52 BGH GRUR 2010, 546.
53 LG Hamburg GRUR 2007, 143.

In beiden Fällen betonten die Gerichte zwar, dass die Werbung für ein Presseerzeugnis vom Schutz des Art 5 GG umfasst sei. Im Falle von Joschka Fischer entschied das LG Hamburg aber, dass die Eigenwerbung der Presse den Schutz von Art 5 GG und damit das Privileg des § 23 Abs 1 Ziff 1 KUG nur dann genieße, wenn in der Werbung auf eine konkrete Berichterstattung Bezug genommen und die Öffentlichkeit über diesen Bericht in Kenntnis gesetzt werde. Dies gelte nicht, wenn ein Foto – wie hier – nur als Sinnbild für den potentiellen Inhalt der Zeitung stehe. 55

Im Gegensatz zu der Entscheidung des LG Hamburg ließen das OLG München und der BGH die Abbildung von Boris Becker auf dem Dummy grds dem Schutz der Presse- und Informationsfreiheit und damit auch dem Schutzbereich des § 23 Abs 1 Ziff 1 KUG unterfallen. Allerdings ließ das OLG München – und für den Zeitraum ab Erscheinen der Erstausgabe auch der BGH – sodann im Rahmen der Abwägung gem § 23 Abs 2 KUG die Interessen von Boris Becker überwiegen, und zwar insb deshalb, weil es an einem thematischen Bezug zwischen Werbung und Inhalt des Presseerzeugnisses fehle und darüber hinaus der besonders hohe Image- und Werbewert von Boris Becker für die wirtschaftlichen Interessen des Werbetreibenden kommerzialisiert werde. 56

Die Entscheidungen des LG Hamburg zu Joschka Fischer und des OLG Münchens sowie des BGH zu Boris Becker unterscheiden sich vor allem darin, dass das LG Hamburg bereits den **Schutzbereich des Art 5 GG** bzw das Privileg für die Veröffentlichungen von Bildnissen der Zeitgeschichte nicht als eröffnet angesehen hat. Demgegenüber haben OLG München und BGH erst auf der Ebene der **Interessenabwägung** gem § 23 Abs 2 KUG dem Persönlichkeitsrecht von Boris Becker den Vorrang eingeräumt hat. Insoweit verdienen OLG München und BGH Zustimmung. Vollkommen unstreitig und vom LG Hamburg auch anerkannt umfasst Art 5 GG den gesamten Bereich des Pressewesens einschließlich der Werbung und Vermarktung von Presseerzeugnissen. Nicht zuzustimmen ist dem LG Hamburg aber darin, dass es diesen Schutzbereich auf Fälle beschränken will, in denen auf eine konkrete Berichterstattung Bezug genommen wird. Damit wird der Presse generell die Möglichkeit genommen, für ein Presseprodukt zB für den Marktauftritt einer neuen Zeitschrift, insgesamt zu werben und dabei beispielhaft auch Prominente abzubilden, über die typischerweise in dem Presseerzeugnis berichtet wird. Auch dieser Art der Werbung darf der Schutz der Pressefreiheit nicht per se entzogen werden. 57

Richtigerweise muss die Problematik der reinen Imagewerbung für Presseprodukte unter Verwertung der Bilder von Prominenten im Rahmen der Interessenabwägung abgehandelt werden. An dieser Stelle angesiedelt, wäre das Urteil des LG Hamburg zu Joschka Fischer im Ergebnis jedenfalls nachvollziehbar. Dem als Baby-Gesicht abgewandelten Bild von Joschka Fischer, das als reines Werbemittel eingesetzt wurde, fehlt ein eigener Aussagegehalt. Vielmehr wird versucht, den positiven Image- und Sympathiewert von Joschka Fischer auf die beworbene Zeitung zu übertragen. Mit dieser Begründung ist es durchaus vertretbar im Rahmen der Abwägung zwischen der grds einschlägigen Pressefreiheit einerseits und den kommerziellen Bestandteilen des Persönlichkeitsrechts von Joschka Fischer andererseits letzteren den Vorrang einzuräumen und dem vom LG Hamburg zugesprochen Lizenzanspruch zumindest dem Grunde nach zuzustimmen. 58

In einem weiteren, vom OLG Hamburg entschiedenen Fall[54] ging es um die Veröffentlichung eines Fotos in der BILD am SONNTAG im Rahmen einer redaktionellen 59

54 OLG Hamburg ZUM 2010, 884.

Berichterstattung. Das Foto zeigte einen Prominenten auf seiner Jacht in St-Tropez bei der Lektüre eben dieser Zeitung. Dazu hieß es: *„Auf einer Jacht in St-Tropez schaukelt G.S. Bild am Sonntag ist sein Hafen"* und *„G.S. auf der Jacht … . Er liest Bild am Sonntag, wie über elf Millionen andere Deutsche auch."* Das OLG Hamburg nahm eine Persönlichkeitsrechtsverletzung an und sprach dem Kläger eine fiktive Lizenzgebühr in der geforderten Höhe von € 50000,– zu. Trotz der redaktionellen Inhalte sei der Bericht – so das Gericht – dadurch gekennzeichnet, dass die Beklagte offen für ihr Produkt werbe. Inhaltlich handele es sich daher weitgehend um eine Werbeanzeige für die Zeitung, für die das Gericht die genannte Summe als angemessen erachtete.

§ 4
Art 5 GG für allgemeine Wirtschaftswerbung

I. Art 5 GG trotz kommerzieller Zwecke

60 Von der Werbung für Presseprodukte zu unterscheiden ist Werbung für medienfremde Produkte. Diese Werbung ist nicht bereits per se von Art 5 GG geschützt, sondern nur dann, wenn ihr selbst neben den vom Werbetreibenden verfolgten kommerziellen Interessen ein eigener meinungsbildender Gehalt zukommt. In den bereits mehrfach erwähnten Marlene-Dietrich-Entscheidungen des BGH[55] und des BVerfG[56] war dies nicht der Fall.

61 In Zusammenhang mit der **Werbung für medienfremde Produkte**, spielt Art 5 GG aber dann eine Rolle, wenn die Werbung selbst als Meinungsäußerung in den Bereich der Meinungs- und Pressefreiheit fällt. Spätestens seit den beiden Entscheidungen des BVerfG[57] zu der von dem Textilunternehmen Benetton betriebenen „Schockwerbung" ist höchstrichterlich anerkannt, dass **auch Wirtschaftswerbung den Schutz des Art 5 Abs 1 GG für sich in Anspruch nehmen kann**, wenn sie einen **wertenden, meinungsbildenden Inhalt** hat. Der mit der Werbung zugleich verfolgte kommerzielle Zweck der Absatzförderung der Produkte oder Dienstleistungen des werbenden Unternehmens ändert hieran grds nichts.

62 Die grundsätzliche **Anwendbarkeit von Art 5 GG trotz kommerzieller Interessen** des Werbetreibenden wird auch in der Marlene-Dietrich-Entscheidung zu Merchandising-Artikeln deutlich, wenngleich sie im konkreten Fall zu Recht verneint wird. Der BGH lehnte in diesem Fall eine Rechtfertigung der Werbung unter dem Aspekt der Kunstfreiheit des Art 5 Abs 3 GG[58] ab, da die Merchandising-Artikel zwar anlässlich eines Musicals auf den Markt kamen, auf dieses Musical selbst aber nicht Bezug nahmen. Insoweit bestand kein erkennbarer Zusammenhang zwischen den Produkten und dem Musical.[59] Die ausdrückliche Ablehnung von Art 5 Abs 3 GG im konkreten Fall macht aber deutlich, dass eine andere Entscheidung in Frage gekommen wäre, hätte es einen Zusammenhang zwischen den beworbenen Produkten und dem von Art 5 Abs 3 GG geschützten Musical gegeben. Auch hieraus wird deutlich, dass auch kommerzielle Wirtschaftswerbung jedenfalls nicht von vorne herein vom Anwendungs- und Schutzbereich des Art 5 GG ausgeschlossen ist.

---

55 BGH NJW 2000, 2201.
56 BVerfG NJW 2006, 3409.
57 BVerfG NJW 2001, 591; BVerfG NJW 2003, 1303.
58 Grundsätzlich zum Verhältnis Kunstfreiheit – Medienfreiheit *Ujica* ZUM 2010, 670 ff.
59 BGH NJW 2000, 2195, 2200.

II. Meinungsbildender Inhalt einer Wirtschaftswerbung

Allerdings stellt sich die Frage, wie hoch die Anforderungen sind, die an den Inhalt einer Werbung zu stellen sind, um ihr den Schutz von Art 5 GG zu gewähren. Im Falle der Verwendung von Fotos einer Person stellt sich **dieselbe Frage im Rahmen von § 23 Abs 1 Nr 1 KUG**, der es grds – und vorbehaltlich der unter III. näher behandelten Interessenabwägung – gestattet, Bilder aus dem Bereich der Zeitgeschichte und damit auch Fotos prominenter Persönlichkeiten ohne deren Einwilligung zu veröffentlichen. Auf § 23 Abs 1 Nr 1 KUG darf sich allerdings nicht berufen, wer keinem schutzwürdigen Informationsinteresse der Allgemeinheit nachkommt, sondern *ausschließlich* eigene Geschäftsinteressen verfolgt. Sowohl bei der Frage, ob der Text einer Werbung vom Schutzbereich des Art 5 Abs 1 GG erfasst ist, als auch bei der Frage, ob für die Abbildung einer Person eine Rechtfertigung nach § 23 Abs 1 Nr 1 KUG in Betracht kommt, kommt es deshalb darauf an, ob die Werbung zumindest *auch* einen meinungsbildenden Informationsgehalt hat. Hierzu nachfolgend eine Entscheidung des BGH[60] zu Oskar Lafontaine und eine Entscheidung des OLG Hamburg[61] zu Prinz Ernst August von Hannover: 63

In der **Entscheidung des BGH zu Oskar Lafontaine** ging es um die Werbung einer Autovermietung, die kurz nach dem Rücktritt von Oskar Lafontaine als Finanzminister erschienen war. Die Werbung zeigte Porträtaufnahmen aller 16 Mitglieder der damaligen Bundesregierung. Das Bild von Oskar Lafontaine war durchkreuzt, jedoch weiterhin erkennbar. Der Slogan zu der Anzeige lautete: 64

„... verleast auch Autos für Mitarbeiter in der Probezeit.“.

Nachdem Oskar Lafontaine auf entsprechende Klage vom LG Hamburg und bestätigt vom OLG Hamburg[62] eine fiktive Lizenzgebühr in Höhe von € 100 000,– zugesprochen bekommen hatte, hob der BGH diese Entscheidungen auf und wies die Klage unter Hinweis auf den von Art 5 GG geschützten meinungsbildenden Inhalt der Werbung ab. 65

Der BGH stellte zunächst erneut klar, dass sich der Schutz des Art 5 GG auch auf kommerzielle Meinungsäußerungen und sogar auf reine Wirtschaftswerbung erstreckt, wenn diese einen eigenen **wertenden, meinungsbildenden Inhalt** hat.[63] Im konkreten Fall bejahte der BGH in der Anzeige eine **politische Meinungsäußerung in Form der Satire**. Der Werbetreibende konnte sich damit nach Auffassung des BGH auf § 23 Abs 1 Ziff 1 KUG berufen, da mit der Verwendung des Fotos nicht nur Werbung betrieben, sondern zumindest *auch* ein zeitgeschichtliches Ereignis behandelt wurde. 66

Im Ergebnis gegenteilig entschied das **OLG Hamburg** in einem Fall, in dem es Prinz **Ernst August von Hannover** eine fiktive Lizenzgebühr in Höhe von € 60 000,– für die Werbeanzeige eines Zigarettenherstellers zusprach. Die Anzeige zeigte eine von allen Seiten eingedrückte Zigarettenschachtel und war mit dem Text kommentiert: 67

„War es Ernst? Oder August?“

Allerdings sah auch das OLG Hamburg den Schutzbereich des Art 5 GG grds als eröffnet an. Er erkannte an, dass sich der Schutz des Art 5 Abs 1 GG auch auf kommerzielle Meinungsäußerungen und Wirtschaftswerbung erstreckt, wenn sie einen Informationsgehalt oder meinungsbildenden Inhalt hat. Gleichzeitig führte das Ge- 68

60 BGH GRUR 2007, 139.
61 OLG Hamburg NJW-RR 2007, 1417, aufgehoben durch BGH GRUR 2008, 1124.
62 OLG Hamburg ZUM 2005, 164.
63 Zust zu Recht *Schubert* AfP 2007, 20, 21.

richt aus, dass die Meßlatte für solch meinungsbildenden Inhalt nicht zu hoch angelegt werden dürfe. Vielmehr erfasse Art 5 Abs 1 GG auch Äußerungen, die auf niedrigerem intellektuellen Niveau lägen oder aus anderen Gründen geringe Bedeutung hätten. Dem ist ohne Einschränkung zuzustimmen. Das im Ergebnis gleichwohl gegenteilige Urteil des OLG Hamburg fand seine Begründung im Rahmen der nachfolgend behandelten Interessenabwägung.

III. Güter- und Interessenabwägung

69 Hat eine Werbeanzeige einen nach Art 5 Abs 1 GG geschützten meinungsbildenden Inhalt bzw handelt es sich bei einem veröffentlichten Foto um ein Bildnis aus dem Bereich der Zeitgeschichte iSv § 23 Abs 1 Nr 1 KUG, hat dies nicht automatisch die Rechtmäßigkeit der Anzeige zur Folge. Vielmehr stehen sich dann die nach den genannten Normen geschützten Rechte des Werbetreibenden einerseits und das Persönlichkeitsrecht des Prominenten andererseits gegenüber und müssen einzelfallbezogen gegeneinander abgewogen werden.[64]

70 Im Fall von Oskar Lafontaine stellte der BGH zunächst klar, dass die **Interessenabwägung** im Falle der ungewollten Verwendung des Bildnisses einer Person in einer Werbeanzeige im Regelfall zugunsten des Abgebildeten ausgehen werden. Denn es stelle einen wesentlichen Bestandteil des allgemeinen Persönlichkeitsrechts dar, selbst darüber zu entscheiden, ob und in welcher Weise das eigene Bildnis für Werbezwecke zur Verfügung gestellt werden soll. Dem ist im Grundsatz zuzustimmen.

71 Allerdings gehe es – so der BGH weiter – dabei zumeist um die Ausnutzung des Image- oder Werbewerts des Abgebildeten, indem der Eindruck erweckt wird, der Abgebildete identifiziere sich mit dem beworbenen Produkt, empfehle es oder preise es an. Dies war im Fall der Werbung der Autovermietung mit Oskar Lafontaine nach zutreffender Auffassung des BGH nicht der Fall. Vielmehr setzte sich die Werbung in satirisch-spöttischer Form mit einem aktuellen politischen Tagesereignis – dem Rücktritt von Oskar Lafontaine als Finanzminister – auseinander. Sie nutzte gerade nicht einen etwaig positiven Image- oder Sympathiewert Oskar Lafontaines für die eigene Werbung aus, sondern präsentierte diesen im Rahmen einer Satire als eine Art „Anti-Helden". Die Entscheidung des BGH, das Persönlichkeitsrecht von Oskar Lafontaine in diesem Fall hinter die Rechte des Werbetreibenden aus Art 5 GG zurücktreten zu lassen, verdient Zustimmung[65].

72 Zum gegenteiligen Ergebnis kam – vom BGH inzwischen aufgehoben[66] das OLG Hamburg in dem oben geschilderten Fall, in dem der Name von Prinz Ernst August von Hannover in der Werbung einer Zigarettenfirma verwendet wurde. In Gestalt eines satirischen Wortspiels wurde dort auf die vermeintliche Bereitschaft des Prinzen Ernst August von Hannover zu tätlichen Auseinandersetzungen angespielt.

73 Das OLG Hamburg sah den entscheidenden **Unterschied zu der Entscheidung zu Oskar Lafontaine** darin, dass im Falle von Prinz Ernst August von Hannover kein politisches Ereignis thematisiert wurde, wie im Falle des Rücktritts des Finanzministers. Die Anzeige der Zigarettenfirma sei nicht dazu geeignet, die Meinung der Öffentlichkeit zu Handgreiflichkeiten von Prinz Ernst August von Hannover zu beeinflussen.

---

64 Zur Abwägung vgl auch *Koch* WRP 2009, 10.

65 AA *Zagouras* WRP 2007, 115.

66 Vgl Rn 75.

Vielmehr werde im Rahmen der Anzeige lediglich ein Witz auf Kosten von Prinz Ernst August von Hannover gemacht. Er werde zu kommerziellen Zwecken, nämlich zur Förderung des Absatzes einer Zigarettenmarke, öffentlich verspottet. Angesichts dieses nur geringfügig meinungsbildenden Charakters der Werbeanzeige sei dem Persönlichkeitsrecht von Prinz Ernst August von Hannover der Vorrang einzuräumen.

Die Differenzierung des OLG Hamburg zwischen den Fällen zu Oskar Lafontaine **74**
und Prinz Ernst August von Hannover überzeugt nicht. Soweit das OLG Hamburg argumentiert, die Anzeige um Prinz Ernst August von Hannover diene nicht der Beeinflussung der öffentlichen Meinung und erschöpfe sich in einem Witz auf Kosten des Genannten, kann für die Anzeige um Oskar Lafontaine kaum etwas anderes gelten. Auch diese Anzeige dürfte kaum geeignet gewesen sein, die öffentliche Meinung zum Rücktritt von Oskar Lafontaine als Finanzminister zu beeinflussen. Ebenso ist es gleichermaßen der Kern beider Anzeigen einen Witz auf Kosten des Betroffenen zu machen. Dies ist aber nun einmal der Inhalt einer Satire. Bejaht man – zu Recht – zugunsten einer Satire den Schutz nach Art 5 GG, so ist es widersprüchlich ihr eben diesen Schutz im Rahmen der Interessenabwägung mit dem Argument wieder zu entziehen, dass es sich nur um einen Witz auf Kosten des Betroffenen handele.

Es entspricht der dargestellten Rechtsauffassung, dass der BGH die Entscheidung **75**
des OLG Hamburg zu Prinz Ernst August von Hannover dann auch aufgehoben und die Klage abgewiesen hat.[67] Zu Recht verweist der BGH dabei erneut darauf, dass das auch im Bereich der Wirtschaftswerbung bestehende Recht auf freie Meinungsäußerung, auf das sich der Beklagte berufen könne, auch unterhaltende Beiträge umfasse, die Fragen von allgemeinem gesellschaftlichen Interesse aufgreifen. Entscheidend war für den BGH im konkreten Fall weiter, dass durch die Verwendung des prominenten Namens nicht der Eindruck erweckt wurde, Prinz Ernst August von Hannover würde die beworbene Zigarettenmarke empfehlen sowie dass die Werbeanzeige keinen den Genannten beleidigenden oder herabsetzenden Inhalt hatte.

IV. Ausblick

Die Folgen der Entscheidungen zu Oskar Lafontaine und zu Prinz August von **76**
Hannover auf die Werbewirtschaft, sind beschränkt. Auf den ersten Blick wäre zu erwarten, dass sich künftig Werbemaßnahmen unter Einsatz Prominenter darum bemühen, zumindest *auch* einen meinungsbildenden, möglichst politisch gefärbten Inhalt aufzuweisen, um unter Berufung auf das Urteil zu Oskar Lafontaine in den Genuss der Meinungsfreiheit nach Art 5 GG zu kommen. Wie das – wenngleich inzwischen aufgehobene – Urteil des OLG Hamburg zu Prinz Ernst August von Hannover zeigt, ist hier allerdings bei weitem noch keine Rechtssicherheit geschaffen. Es wird einer Reihe weiterer Entscheidungen bedürfen, bis eine prognostizierbare Linie in der Rechtsprechung erkennbar sein wird. Sollte die Rechtsprechung des BGH allerdings dazu führen, dass sich die Werbung künftig mehr in Richtung einer geistreichen, meinungsbildenden Satire und weg von einer platten Wirtschaftswerbung entwickelt, so wäre dies nur zu begrüßen. Die entsprechende Werbung sollte dann auch vollkommen zu Recht auf den besonderen Schutz der Meinungs- und Pressefreiheit nach Art 5 GG vertrauen dürfen.

---

67 BGH GRUR 2008, 1124.

Kapitel 3

Bildnisschutz

Literatur

Balthasar Eingriffskondiktion bei unerlaubter Nutzung von Persönlichkeitsmerkmalen – Lafontaine in Werbeannonce NJW 2007, 664; *Beuthien/Hieke* Unerlaubte Werbung mit dem Abbild prominenter Personen AfP 2001, 353; *Bodewig/Wandtke* Die doppelte Lizenzgebühr als Berechnungsmethode im Lichte der Durchsetzungsrichtlinie GRUR 2008, 220; *Damm/Rehbock* Widerruf, Unterlassung und Schadensersatz in Presse und Rundfunk, 3. Aufl. München 2008; *Dreier/Schulze* Urheberrechtsgesetz, 3. Aufl München 2008 (zit Dreier/Schulze/*Bearbeiter*); *Erbs/Kohlhaas* Strafrechtliche Nebengesetze 178. Ergänzungslieferung, München 2010 (zit Erbs/Kohlhaas/*Bearbeiter*); *Ernst-Moll* Das Recht am eigenen Bildnis – vor und vor allem nach dem Tode GRUR 1996, 558; *Fricke* Keine Geldentschädigung für „Hassprediger" AfP 2005, 335; *Frommeyer* Persönlichkeitsschutz nach dem Tode und Schadensersatz – BGHZ 143, 214 („Marlene Dietrich") und BGH, NJW 2000, 2201 („Der blaue Engel") JuS 2002, 13; Götting Anmerkung zu BGH Urteil vom 5.10.2006 – I ZR 277/03, GRUR 2007, *170; Helle* Die Einwilligung beim Recht am eigenen Bild AfP 1985, 93; *Hochrathner* Hidden Camera – Ein zulässiges Einsatzwerkzeug des investigativen Journalismus? ZUM 2001, 669; *Hölk* Von Finanzministern, Zigarettenschachteln und Rätselheften WRP 2009, 1201; *Klass* Die neue Frau an Grönemeyers Seite – ein zeitgeschichtlich relevantes Ereignis? ZUM 2007, 818; *Ladeur* Fiktive Lizenzentgelte für Politiker? ZUM 2007, 111; *Libertus* Die Einwilligung als Voraussetzung für die Zulässigkeit von Bildnisaufnahmen und deren Verbreitung ZUM 2007, 621; *Lindner* Persönlichkeitsrecht und Geo-Dienste im Internet – zB Google Street View/Google Earth ZUM 2010, 292; *Löffler* Kommentar zu den deutschen Landespressegesetzen mit systematischen Darstellungen zum pressebezogenen Standesrecht, Anzeigenrecht, Werbe- und Wettbewerbsrecht, Vertriebsrecht, Urheber- und Verlagsrecht, Arbeitsrecht, Titelschutz, Jugendmedienschutz und Steuerrecht, 5. Aufl München 2006 (zit Löffler/*Bearbeiter*); *Löffler/Ricker* Handbuch des Presserechts, 5. Aufl München 2005; *Möhring/Nicolini* Urheberrechtsgesetz, 2. Aufl München 2000 (zit Möhring/Nicolini/*Bearbeiter*); *Prinz/Peters* Medienrecht München 1999; *Ott* Die Entwicklung des Suchmaschinen- und Hyperlink-Rechts im Jahr 2007 WRP 2008, 393; *Reber* Die Schutzdauer des postmortalen Persönlichkeitsrechts in Deutschland und den USA (von Marlene Dietrich über Klaus Kinski zu Marilyn Monroe) – ein Irrweg des Bundesgerichtshofs? GRUR Int 2007, 492; *Schmitt* Auswirkungen der Caroline-Entscheidung auf die Reichweite des Persönlichkeitsschutzes von Begleitpersonen? ZUM 2007, 186; *Schricker/Loewenheim* Urheberrecht, 4. Aufl 2010 (zit Schricker/Loewenheim/*Bearbeiter*); *Söder* Persönlichkeitsrecht in der Presse ZUM 2008, 89; *Soehring/Seelmann-Eggebert* Die Entwicklung des Presse- und Äußerungsrechts in den Jahren 2000 bis 2004 NJW 2005, 571; *Starck* Das Caroline-Urteil des Europäischen Gerichtshofs für Menschenrechte und seine rechtlichen Konsequenzen JZ 2006, 76; *Staudinger/Schmidt* Marlene Dietrich und der postmortale Schutz vermögenswerter Persönlichkeitsrechte JURA 2001, 241; *Stender-Verwachs* Veröffentlichung von Fotos minderjähriger Kinder von Prominenten NJW 2010, 1414; *Teichmann* Abschied von der absoluten Person der Zeitgeschichte NJW 2007, 1917; *von Gamm* Urheberrechtsgesetz, München 1968; *Wandtke* Doppelte Lizenzgebühr im Urheberrecht als Modell für den Vermögensschaden von Persönlichkeitsrechtsverletzungen im Internet? GRUR 2000, 942; *Wandtke/Bullinger* Praxiskommentar zum Urheberrecht, 3. Aufl München 2009 (zit Wandtke/Bullinger/*Bearbeiter*); *Wenzel* Das Recht der Wort- und Bildberichterstattung, 5. Aufl Köln 2003 (zit Wenzel/*Bearbeiter*); *Zentai* Das Recht auf eine originalgetreue Darstellung des eigenen Bildnisses? ZUM 2003, 363.

Übersicht

§ 1
Einleitung

I. Rechtsgrundlage und Systematik

1 Die Veröffentlichung von Bildnissen einer Person ist in §§ 22, 23 des Gesetzes betreffend das Urheberrecht an Werken der bildenden Künste und der Photographie (KUG) geregelt.

Nach § 22 KUG bedarf die Veröffentlichung und das öffentliche Zurschaustellen eines Bildnisses grundsätzlich der Einwilligung des Abgebildeten. Ausnahmen sieht § 23 Abs 1 KUG vor, etwa für Bildnisse aus dem Bereich für Zeitgeschichte. Eine Rückausnahme findet sich dann wiederum in § 23 Abs 2 KUG, der bestimmt, dass eine Veröffentlichung auch in den Fällen des § 23 Abs 1 KUG unzulässig ist, wenn ihr berechtigte Interessen des Abgebildeten entgegenstehen. Der VI. Zivilsenat des BGH spricht von einem „abgestuften Schutzkonzept".[1] 2

II. Entstehungsgeschichte

Das KUG stammt aus dem Jahr 1907 und regelte bis zum Inkrafttreten des Urheberrechtsgesetzes am 1. Januar 1966 auch das Urheberrecht. Heute sind nur noch die Regelungen in Kraft, die den Schutz von Bildnissen betreffen (§§ 22, 23, 24, 33, 37, 38, 42, 43, 44, 48 und 50 KUG). 3

Die Regelungen in §§ 22, 23 KUG sind im Zuge rechtspolitischer Diskussionen nach einer Entscheidung des Reichsgerichts[2] zu Aufnahmen Bismarcks auf dem Totenbett entstanden.[3] Denn das Reichsgericht konnte die Veröffentlichung von Bildnissen mangels spezialgesetzlicher Regelung vor Inkrafttreten des KUG nur versagen, wenn ein Straftatbestand verwirklicht war, im Falle Bismarcks der des Hausfriedensbruchs. 4

III. Bedeutung und Gesetzeszweck

Ziel der Regelungen ist ein angemessener Ausgleich zwischen der Achtung der Persönlichkeit und den Informationsinteressen der Allgemeinheit.[4] Das Schutzbedürfnis ergibt sich vor allem aus der Möglichkeit, das Erscheinungsbild eines Menschen in einer bestimmten Situation von diesem abzulösen, datenmäßig zu fixieren und jederzeit vor einem unüberschaubaren Personenkreis zu reproduzieren.[5] Gefahren für den Abgebildeten sind damit vor allem auch deshalb verbunden, weil sich mit dem Wechsel des Kontextes, in dem eine Abbildung reproduziert wird, auch der Sinngehalt der Bildaussagen ändern und sogar absichtlich manipuliert werden kann.[6] 5

Während die Regelungen im KUG im Jahr 1907 eine Reaktion auf die wachsende Bedeutung der Fotografie und der zunehmenden Verbreitung von Massenmedien waren, ist ihre Bedeutung durch den Fortschritt der Aufnahmetechnik,[7] der Abbildungen 6

---

[1] Vgl BGH GRUR 2009, 584, 585 – Enkel von Fürst Rainier; BGH GRUR 2009, 150 – Karsten Speck; BGH GRUR 2009, 86 – Gesundheitszustand von Prinz Ernst August von Hannover; BGH GRUR 2008, 1024 – Shopping mit Putzfrau auf Mallorca; BGH GRUR 2008, 1020, 1021 – Urlaubsfoto von Caroline; BGH GRUR 2008, 1017, 1018 – Einkaufsbummel nach Abwahl; BGH GRUR 2007, 902, 903 – Abgestuftes Schutzkonzept II; BGH GRUR 2007, 899 – Grönemeyer; BGH GRUR 2007, 527 – Caroline von Hannover.

[2] RGZ 45, 170.

[3] Verhandlungen des 27. DJT, 1904, 4. Band 27 ff.

[4] Vgl Verhandlungen des Reichstages, 11. Legislaturperiode, II. Session, 1. Sessionsabschnitt 1905/1906, Anlagenband 2,1526, 1540 f; BVerfG GRUR 2000, 446, 451 – Caroline von Monaco.

[5] BVerfG GRUR 2008, 539, 541 – Caroline von Hannover; BVerfG GRUR 2000, 446, 449 – Caroline von Monaco.

[6] BVerfG GRUR 2000, 446, 449 – Caroline von Monaco.

[7] BVerfG GRUR 2000, 446, 449 – Caroline von Monaco.

auch aus weiter Entfernung, sogar aus Satellitendistanz, unter schlechten Lichtverhältnissen und mit winzigen Aufnahmegeräten erlaubt, sowie durch das Internet und die damit verbundene Möglichkeit, sich Fotos einer Vielzahl von Personen einfach durch das Kopieren einer Datei zu beschaffen, noch gewachsen. Es kommt hinzu, dass es früher meist vom Zufall abhängig war, ob dann, wenn ein Prominenter sich unerwartet in der Öffentlichkeit zeigte, eine Kamera zur Hand war, während heute nahezu jedermann zu jeder Zeit eine in ein Mobiltelefon integrierte Kamera bei sich hat.

7 Das Verständnis der Vorschriften hat sich seit ihrem Inkrafttreten dahingehend gewandelt, dass sie sich nicht mehr nur, wie es der Wortlaut nahe legt, auf das Recht an der Abbildung der eigenen Person auf einem Lichtbild beziehen, sondern auch bei jeder anderen Art der Abbildung mit und ohne Namensnennung und der Darstellung einer Person durch einen Schauspieler auf der Bühne, im Film oder im Fernsehen herangezogen werden.[8] Seit Inkrafttreten des Grundgesetzes werden die §§ 22, 23 KUG als eine besondere Ausprägung des allgemeinen Persönlichkeitsrechts angesehen.[9]

8 Auch wenn das Recht am eigenen Bild dem Einzelnen die Möglichkeit gibt, grundsätzlich über die Anfertigung und Verwendung von Fotografien oder Aufzeichnungen seiner Person durch andere zu entscheiden,[10] gewährt das allgemeine Persönlichkeitsrecht dem Einzelnen keinen Anspruch, nur so von anderen dargestellt zu werden, wie er sich selber sieht oder gesehen werden möchte.[11]

9 Als Teil des Persönlichkeitsrechtes bezweckt der Bildnisschutz nicht nur den Schutz ideeller Interessen, sondern hat auch eine vermögensrechtliche Seite,[12] so dass auch ein materieller Schaden bei der Verletzung des Rechts am eigenen Bild in Betracht kommt. Das BVerfG[13] geht davon aus, dass eine Werbung, die auf dem Geltungswert einer Person aufbaut, zwar nicht dessen Menschenwürde beeinträchtigt, weil die Anerkennung des Abgebildeten nicht geschmälert wird; nicht zu beanstanden sei aber, wenn die Gerichte durch richterliche Rechtsfortbildung mit der Anerkennung vermögensrechtlicher Interessen des Abgebildeten dem Umstand Rechnung trügen, dass die Vermarktung des Rechts am eigenen Bild, vor allem in der Werbung, üblich geworden sei.

IV. Verfassungsmäßiger Rahmen und EMRK

10 Das BVerfG geht in der „Caroline"-Entscheidung[14] ausdrücklich davon aus, dass die §§ 22, 23 KUG mit dem Grundgesetz vereinbar sind. Nach Art 2 Abs 1 GG ist das allgemeine Persönlichkeitsrecht nur im Rahmen der verfassungsmäßigen Ordnung gewährleistet. Dazu zählen auch die Vorschriften der §§ 22 und 23 KUG. Gleichzeitig handelt es sich um allgemeine Gesetze iSd Art 5 Abs 2 GG, die die Äußerungsgrund-

8 BGH NJW 1958, 459, 462 – Sherlock Holmes; KG JW 28, 363 – Piscator; vgl auch BVerfG GRUR 1973, 541, 545 – Lebach.
9 BVerfG GRUR 1973, 541, 545 – Lebach; NJW 1962, 1004, 1005 – Doppelmörder; BVerfG GRUR 1956, 427, 428 – Paul Dahlke.
10 BVerfG GRUR 2000, 446, 449 – Caroline von Monaco.
11 BVerfG NJW 2002, 3767, 3768; GRUR 2000, 446, 449 – Caroline von Monaco; BVerfG NJW 1999, 1322, 1323 – Der Fall Helnwein.
12 BVerfG GRUR 2006, 1049, 1050 – Werbekampagne mit blauem Engel; BGH GRUR 2000, 715, 716 – Der blaue Engel.
13 BVerfG GRUR 2006, 1049, 1050 – Werbekampagne mit blauem Engel.
14 BVerfG GRUR 2000, 446, 451.

rechte einschränken.[15] Die flexible Gestaltung der §§ 22, 23 KUG bietet ausreichenden Raum für eine der Verfassung entsprechende Anwendung.[16]

Die Auslegung und Anwendung der Schrankenregelungen und ihre abwägende Zuordnung zueinander durch die Fachgerichte hat allerdings der interpretationsleitenden Bedeutung der von der Schrankenregelung berührten Grundrechtsposition Rechnung zu tragen; daneben sind die betroffenen Gewährleistungen der Europäischen Menschenrechtskonvention zu berücksichtigen,[17] insb das in Art 8 EMRK verankerte Recht auf Achtung des Privatlebens, das ein allgemeines Gesetz iSd Art 5 Abs 2 GG ist. Der Europäischen Menschenrechtskonvention kommt im nationalen Recht der Rang von einfachem Bundesrecht zu,[18] und sie kann darüber hinaus auf der Ebene des Verfassungsrechts als Auslegungshilfe für die Bestimmung von Inhalt und Reichweite von Grundrechten dienen, sofern dies nicht zu einer – von der Konvention selbst nicht gewollten – Einschränkung oder Minderung des Grundrechtsschutzes nach dem Grundgesetz führt.[19] **11**

§ 2
Gegenstand des Schutzes

I. Bildnisbegriff

Der Bildnisbegriff ist in §§ 22 KUG nicht näher erläutert. Die amtliche Begründung zum KUG[20] definiert das Bildnis als „Darstellung einer Person in ihrer wirklichen, dem Leben entsprechenden Erscheinung". Die Darstellung muss dazu bestimmt und geeignet sein, eine Person in ihrer dem Leben nachgebildeten äußeren Erscheinung dem Beschauer vor Augen zu führen und das Aussehen, wie es gerade dieser bestimmten Person eigen sei, im Bild wiederzugeben.[21] **12**

Der Schutz ist damit nicht auf Fotografien beschränkt, sondern erfasst auch **Fotomontagen,**[22] **Karikaturen,**[23] **Zeichnungen,**[24] **Schattenrisse,**[25] **Comic-Figuren**[26] oder **Puppen,**[27] die an reale Personen angelehnt sind, Abbildungen auf **Gedenkmünzen**[28] oder **digitale Reproduktionen von Personen in Computerspielen.**[29] Auch die Darstellung einer anderen Person durch einen **Schauspieler** oder einen **Doppelgänger**[30] kann ein Bild dieser Person sein.[31] Daneben ist die Abbildung eins Schauspielers in seiner Rolle regelmäßig auch ein Bildnis des Schauspielers selbst; etwas anderes kann nur **13**

---

15 BVerfG GRUR 1973, 541, 545 – Lebach.
16 BVerfG GRUR 1973, 541, 544 – Lebach.
17 BVerfG GRUR 2008, 539, 541 – Caroline von Hannover.
18 BVerfG GRUR 2008, 539, 541 – Caroline von Hannover; BVerfG NJW 2004, 3407, 3412.
19 BVerfG GRUR 2008, 539, 541 – Caroline von Hannover; BVerfG NJW 2004, 3407, 3408.
20 Vgl Verhandlungen des Reichstages, 11. Legislaturperiode, II. Session, 1. Sessionsabschnitt 1905/1906, Anlagenband 2, 1526, 1541.
21 BGH GRUR 1966, 102 – Spielgefährtin.
22 BGH GRUR 2004, 590 – Satirische Fotomontage.
23 OLG Hamburg AfP 1983, 282 – Tagesschausprecher.
24 *Prinz/Peters* Rn 825.
25 LG Berlin NJW-RR 2000, 555, 556.
26 LG München AfP 1997, 559, 560 – Gustl Bayrhammer.
27 AG Hamburg NJW-RR 196, 197; Wenzel/*von Strobl-Albeg* 7. Kap Rn 20.
28 BGH GRUR 1996, 195, 196 – Abschiedsmedaille.
29 OLG Hamburg MMR 2004, 413.
30 BGH GRUR 2000, 715, 717 – Doppelgänger.
31 BGH NJW 1958, 459, 462 – Sherlock Holmes; KG ZUM-RD 2009, 181.

ausnahmsweise dann gelten, wenn er hinter seiner Maske nicht mehr „eigenpersönlich“ in Erscheinung tritt, also von seiner Erscheinung im realen Leben erheblich abweicht.[32]

II. Erkennbarkeit

14 Der Abgebildete muss auf dem Bildnis erkennbar sein.[33] Die Rechtsprechung trägt den besonderen Gefahren, die mit der Bildnisveröffentlichung verbunden sind, dadurch Rechnung, dass sie zu Gunsten des Anonymitätsinteresses des Betroffenen geringe Anforderungen an die Erkennbarkeit stellt.[34]

15 Regelmäßig ergibt sich die Erkennbarkeit aus den **Gesichtszügen.**[35] Auch wenn die Gesichtszüge nicht (vollständig) sichtbar sind, ist die Erkennbarkeit aber keineswegs ausgeschlossen. Sie kann sich auch aus **sonstigen Merkmalen** der abgebildeten Person ergeben, die ihr gerade eigen sind,[36] etwa aus Bewegungen, Haltung, Haarschnitt,[37] einer auffälligen Tätowierung[38] oder Narbe.[39] Denkbar ist auch eine Erkennbarkeit durch besonders charakteristische Kleidung[40] oder durch die im Zusammenhang mit dem Bild, etwa in einem Film, wiedergegebene Stimme des Abgebildeten. Weitere abgebildete Personen[41] oder die Umgebung[42] können die Erkennbarkeit ebenfalls begründen.

16 Die Erkennbarkeit kann sich auch aus **Umständen außerhalb des Bildes**, etwa aus dem Begleittext zu einer Abbildung[43] oder durch den Zusammenhang mit früheren Veröffentlichungen[44] ergeben. So kann etwa ein für sich genommen nicht aussagekräftiger Fotoausschnitt ein Bildnis iSd § 22 KUG sein, wenn der Abgebildete deshalb erkennbar ist, weil das vollständige Foto bereits zuvor abgebildet worden war.[45]

17 Die **Erkennbarkeit eines durch einen Schauspieler Dargestellten** ist nicht dadurch **ausgeschlossen**, dass der Schauspieler ihm nicht ähnlich sieht. Sie kann auch aus anderen, die betreffende Person kennzeichnenden Elementen folgen, wenn der Schauspieler erkennbar das *äußere* Erscheinungsbild nachahmt.[46] So hat der BGH[47] angenommen, dass es ein Bildnis von Marlene Dietrich darstellt, wenn die bekannte Originalszene, in der sie in der Rolle der Barsängerin in aufreizender Pose sitzend – das rechte Bein nach oben gezogen und abgewinkelt – zu sehen ist, in einem Werbefoto mit einer ähnlich gekleideten Person nachgeahmt wird, deren Gesichtszüge Marlene Dietrich aber nicht ähnlich waren. Dieser Beurteilung ist zuzustimmen. Auch wenn die Gesichtszüge denen des Dargestellten nicht ähnlich sind, wird doch ein bestimmtes Bild seiner Persönlichkeit transportiert, das im Gedächtnis des Betrachters haften bleibt. Gerade in einem solchen Fall kann die Gefahr verwirklicht werden, dass eine Person in einem ihr nicht genehmen Kontext dargestellt wird.[48]

---

32 BGH GRUR 1961, 138, 139 – Familie Schöllermann.
33 BGH NJW 1974, 1974, 1948.
34 OLG Karlsruhe ZUM 2004, 771.
35 BGH GRUR 1966, 102 – Spielgefährtin.
36 BGH GRUR 1979, 732, 733 – Fußballtor.
37 OLG Karlsruhe ZUM 2001, 883, 887.
38 *Prinz/Peters* Rn 827.
39 *Löffler/Ricker* 43. Kap Rn 5.
40 OLG Karlsruhe ZUM 2001, 883, 887.
41 OLG Frankfurt NJW 1992, 441, 442.
42 OLG Düsseldorf GRUR 1970, 618 – Schleppjagd.
43 BGH GRUR 1966, 102 – Spielgefährtin.
44 BGH GRUR 1979, 732, 733 – Fußballtor.
45 LG Bremen GRUR 1994, 897, 898 – Fotoausschnitt.
46 BGH GRUR 2000, 715, 717 – Der blaue Engel; KG ZUM-RD 2009, 181.
47 BGH GRUR 2000, 715, 717 – Der blaue Engel.
48 BVerfG GRUR 2000, 446, 449 – Caroline von Monaco.

Anders ist es aber zu beurteilen, wenn sich in einem Film nur aus dem Kontext und eben nicht aus der Darstellung eine Verbindung zu einer bestimmten Person ergibt. So hat das OLG München[49] zu Recht eine Verletzung des § 22 KUG durch den Spielfilm „Der Baader Meinhof Komplex" verneint. Die Tochter von Ulrike Meinhof hatte geltend gemacht, durch ihre Darstellung in dem Film durch eine Schauspielerin in ihrem Recht am eigenen Bild verletzt zu sein. Die Erkennbarkeit ergab sich indes ausschließlich aus der gespielten Rolle und aus ihrer Beziehung zu der Filmfigur Ulrike Meinhof. Damit wird die Dargestellte nicht durch sie identifizierende äußere Merkmale abgebildet, nachgeahmt oder nachgestellt oder in Maske, Bewegung und Sprechweise imitiert.[50] Denkbar ist in derartigen Fällen allein eine Verletzung des Allgemeinen Persönlichkeitsrechts,[51] wenn durch eine filmische Darstellung ohne äußere Ähnlichkeiten falsche Tatsachen vermittelt werden; für eine Anwendung des § 22 KUG ist indes kein Raum. 18

Erst recht reicht schließlich eine **bloße Assoziation**, die durch ein Bild hervorgerufen wird, ohne dass Merkmale einer Person wiedergegeben werden, nicht aus.[52] 19

Die übliche Praxis, ein Gesicht zu **verpixeln**[53] oder es teilweise mit einem Augenbalken[54] zu überdecken, schließt die Erkennbarkeit dann nicht aus, wenn der Abgebildete entweder wegen der geringen Verfremdung der Aufnahme oder durch andere Merkmale wie Frisur oder Kleidung erkennbar bleibt; besonders ungeeignet ist der Augenbalken dann, wenn nicht nur das Gesicht, sondern der gesamte Körper des Abgebildeten gezeigt wird, weil dies weitere Identifizierungsmöglichkeiten eröffnet.[55] 20

Umstritten ist, für welchen **Kreis von Betrachtern** der Betroffene erkennbar sein muss. Teilweise wird der „engere" Familien- und Freundeskreis nicht für ausreichend gehalten, solange ihn der Betroffene noch ohne weiteres selbst unterrichten kann.[56] Nach Auffassung des BGH genügt allerdings die Erkennbarkeit im „engeren" Bekanntenkreis.[57] Dem ist zuzustimmen. Auch gegenüber dem engeren Bekanntenkreis besteht ein legitimes Interesse des Betroffenen, über die Veröffentlichung von Bildnissen und damit auch darüber zu entscheiden, in welchem Licht er erscheint. Ob eine Verletzung auch bei der Erkennbarkeit im engsten Kreis, etwa nur durch die Eltern des Abgebildeten, vorliegt, ist eine Frage des Einzelfalls. Kein taugliches Abgrenzungskriterium ist aber bei einer Bildnisveröffentlichung – anders als möglicherweise bei der Behauptung unwahrer Tatsachen –, ob der Betroffene diejenigen, die ihn auf dem Bild erkennen, „unterrichten" kann.[58] Denn gerade bei einer Bildnisveröffentlichung lässt sich der Eingriff in die Rechte des Betroffenen, der regelmäßig intensiver ist als durch eine Wortberichterstattung,[59] durch die Übermittlung von Informationen nicht ohne weiteres ausräumen, zumal ohnehin fraglich ist, ob es Aufgabe des Betroffenen ist, einen 21

49 OLG München ZUM 2007, 932 ff.
50 OLG München ZUM 2007, 932, 933.
51 OLG München ZUM 2007, 932, 933.
52 OLG Karlsruhe ZUM 2004, 771; vgl auch LG München AfP 1997, 559, 560 – Gustl Bayrhammer.
53 LG Frankfurt ZUM-RD 2006, 357, 358.
54 Vgl OLG Hamburg NJW-RR 1993, 923; OLG Karlsruhe ZUM 2001, 883, 887.
55 OLG Frankfurt NJW 2006, 619.
56 Wandtke/Bullinger/*Fricke* § 22 KUG Rn 6.
57 BGH ZUM 2005, 735 (zur Erkennbarkeit einer Romanfigur); BGH GRUR 1979, 732, 733 – Fußballtor; BGH GRUR 1972, 97, 98 f – Liebestropfen; BGH GRUR 1962, 211 – Hochzeitsbild.
58 So zu unwahren Tatsachenbehauptungen das LG Köln ZUM-RD 2005, 351, 353. In der Entscheidung ging es um die Erkennbarkeit einer Person, deren Äußerungen sinnentstellt wiedergegeben worden waren. Im Kontext des § 22 KUG lässt sich die Entscheidung daher nicht heranziehen (aA Wandtke/Bullinger/*Fricke* § 22 KUG Rn 6); vgl zu der Entscheidung auch *Fricke* AfP 2005, 335.
59 BGH GRUR 1967, 205, 208 – Vor unserer eigenen Tür.

möglicherweise durch eine Veröffentlichung eines andern entstandenen Eindruck aus der Welt zu schaffen.

22 Eine Verletzung liegt sogar schon dann vor, wenn der Abgebildete **begründeten Anlass** hat anzunehmen, er könne nach der Art der Abbildung erkannt werden, weil dem Betroffenen nicht zugemutet werden kann, im Einzelnen Beweis dafür anzutreten, wer von den oft hunderten oder tausenden Betrachtern eines Bildes ihn tatsächlich erkannt hat.[60]

§ 3
Verbreitung und öffentliche Zurschaustellung

23 § 22 KUG verbietet das Verbreiten und die öffentliche Zurschaustellung von Bildnissen ohne Einwilligung des Abgebildeten. Nicht erfasst ist das **Herstellen** des Bildes, das aber einen Eingriff in das allgemeine Persönlichkeitsrecht darstellen kann.[61]

I. Verbreitung

24 Die Verbreitung eines Bildnisses setzt, wie § 17 UrhG, seine Weitergabe in körperlicher Form voraus,[62] die das Risiko einer nicht mehr zu kontrollierenden Kenntnisnahme in sich birgt.[63] Erfasst sind die Verbreitung von Abzügen, Negativen, Kopien, Ausdrucken von Digitalfotos[64] oder das Verschicken einer Datei, die ein Foto enthält.[65] Die Verbreitung kann in Zeitungen, in Zeitschriften, in Büchern, auf Postkarten oder Werbeträgern[66] erfolgen. Unbeachtlich ist, ob für die Verbreitung ein Entgelt gezahlt wird. Anders als bei der zweiten Tatbestandsalternative der Zurschaustellung und nach § 17 UrhG ist eine Verbreitung in der Öffentlichkeit nicht erforderlich.[67] Ein Verbreiten kann auch durch die Weitergabe an eine einzelne Person verwirklicht werden, weil dem Abgebildeten grundsätzlich die Kontrolle und das Selbstbestimmungsrecht vorbehalten bleiben soll, in wessen Verfügungsgewalt ein Bildnis gelangt.[68]

II. Öffentliche Zurschaustellung

25 Die öffentliche Zurschaustellung ist die grundsätzlich unkörperliche Sichtbarmachung[69] eines Bildnisses gegenüber einer nicht bestimmt abgegrenzten und nicht untereinander persönlich verbundenen Mehrzahl von Personen;[70] es muss Dritten er-

---

60 BGH GRUR 1962, 324 – Doppelmörder.
61 BGH GRUR 1995, 621 – Grundstücksnachbarn; BGH GRUR 1967, 205, 208 – Vor unserer eigenen Tür. Zulässig kann etwa das Herstellen von Fotografien zu Beweiszwecken sein; unzulässig sind insb Aufnahmen gegen den erklärten Willen des Abgebildeten und das Herstellen von Bildnissen aus den Bereichen der Privat- und Intimsphäre, vgl im Einzelnen *Prinz/Peters* Rn 810 ff.
62 OLG Frankfurt MMR 2004, 683 – Online Fotoservice.
63 *Von Gamm* Einführung IX Rn 105; Wandtke/Bullinger/*Fricke* § 22 KUG Rn 8.
64 OLG Frankfurt ZUM-RD 2009, 314, 315.
65 LG Frankfurt NJOZ 2008, 3545, 3546.
66 Dreier/Schulze/*Dreier* § 22 KUG Rn 9.
67 Dreier/Schulze/*Dreier* § 22 KUG Rn 9.
68 OLG Frankfurt ZUM-RD 2009, 314, 315; Dreier/Schulze/*Dreier* § 22 KUG Rn 9.
69 LG Düsseldorf NJOZ 2003, 2883, 2884; Wandtke/Bullinger/*Fricke* § 22 KUG Rn 9.
70 OLG München MMR 2007, 659.

möglicht werden, das Bildnis wahrzunehmen.[71] Wie auch beim Begriff des Verbreitens findet sich ein Pendant zur öffentlichen Zurschaustellung im UrhG, nämlich in § 15 Abs 2 UrhG.[72] Erfasst vom Begriff der Zurschaustellung werden etwa das Ausstellen in einem Museum, das Zeigen in Film und Fernsehen und die Öffentliche Zugänglichmachung iSd § 19a UrhG im Internet.[73] Nach Auffassung des OLG München[74] kann auch das **Setzen eines Links** auf eine Internetseite mit einem Bildnis eine öffentliche Zurschaustellung sein. Allerdings ist mit der grundsätzlichen Aussage, das Linksetzen sei eine öffentliche Zurschaustellung, Vorsicht geboten. Die gewöhnliche Verlinkung einer gesamten Internetseite, auf der sich ein Bildnis iSd § 22 KUG befindet, macht dieses Bild nicht zugänglich. Hier können die Grundsätze herangezogen werden, die der BGH[75] zu der Frage aufgestellt hat, ob eine Verlinkung eine öffentliche Zugänglichmachung iSd § 19a UrhG darstellt. Danach verweist der Verlinkende lediglich auf das Werk in einer Weise, die Nutzern den bereits eröffneten Zugang erleichtert und hält weder das geschützte Werk selbst öffentlich zum Abruf bereit, noch übermittelt er dieses selbst auf Abruf an Dritte. Nur derjenige, der das Werk in das Internet gestellt hat, entscheidet darüber, ob das Werk der Öffentlichkeit zugänglich bleibt, weil der Link ins Leere geht, wenn die Webseite mit dem geschützten Werk nach dem Setzen des Hyperlinks gelöscht wird.[76] Der Konstruktion einer stillschweigenden Einwilligung in die Verlinkung bedarf es daher nicht.[77] Eine öffentliche Zurschaustellung liegt aber vor, wenn – wie in dem Sachverhalt, über den das OLG München zu entscheiden hatte[78] – ein Bild über einen Link in die eigene Internetseite eingebunden wird, so dass das Bild auf der eigenen Seite angezeigt wird. Dann kann es keinen Unterschied machen, ob die Bilddatei auf dem eigenen Server liegt oder von einem fremden Server geladen und in die eigene Seite eingebettet angezeigt wird. Jegliche technische Art der Einbindung eines Bildes in eine Internetseite ist grundsätzlich auch nicht deshalb von einer stillschweigenden Einwilligung gedeckt, weil der Betroffene der Veröffentlichung im Internet auf einer bestimmten anderen Seite zugestimmt hat.[79]

§ 4
Einwilligung

Die Verbreitung und das öffentliche Zurschaustellen setzen grundsätzlich die Einwilligung des Abgebildeten voraus. **26**

I. Allgemeines

Der Begriff der Einwilligung entspricht demjenigen in § 185 BGB. Die Einwilligung ist demnach die vorherige Zustimmung. Sie ist eine einseitige empfangsbedürftige Willenserklärung,[80] so dass die §§ 104 ff. BGB anwendbar sind. Demzufolge kann die Ein- **27**

---

71 Dreier/Schulze/*Dreier* § 22 KUG Rn 11.
72 Dreier/Schulze/*Dreier* § 22 KUG Rn 11.
73 Möhring/Nicolini/*Gass* § 60 Anh § 22 KUG Rn 37.
74 OLG München MMR 2007, 659.
75 BGH GRUR 2003, 958, 962 – Paperboy.
76 BGH GRUR 2003, 958, 962 – Paperboy.
77 AA Wenzel/*von Strobl-Albeg* 7. Kap Rn 64.
78 OLG München MMR 2007, 659.
79 Vgl Wenzel/*von Strobl-Albeg* 7. Kap Rn 78.
80 OLG München ZUM 2001, 708, 709; OLG München NJW-RR 1990, 999, 1000; *Prinz/Peters* Rn 832.

willigung von einem Stellvertreter wirksam erklärt werden,[81] setzt die Geschäftsfähigkeit des Erklärenden voraus und ist nicht frei widerruflich. Die Einwilligung kann formfrei erklärt werden,[82] dem Bildnisverwerter ist aus Beweisgründen allerdings eine schriftliche Einwilligung anzuraten.

II. Stellvertretung

28 Der Zulässigkeit einer Stellvertretung steht es nicht entgegen, dass die Einwilligung nach § 22 KUG einen persönlichen Bereich betrifft. Der Gesetzgeber hat für derartige Fälle zwar Einschränkungen ausdrücklich vorgesehen, etwa ein Schriftformerfordernis im Bereich des Betreuungsrechts in § 1904 Abs 5 BGB für die ärztliche Behandlung oder in § 1906 Abs 5 BGB für die Unterbringung.[83] Da eine solche Ausnahmevorschrift im KUG allerdings nicht existiert, ist davon auszugehen, dass eine Stellvertretung ohne Einschränkungen möglich ist.[84] Gegen eine tatsächlich nicht erteilte, aber behauptete Vollmacht ist der Abgebildete im Übrigen dadurch hinreichend geschützt, dass die Einwilligung von demjenigen zu beweisen ist, der das Bildnis verbreitet oder zur Schau gestellt hat. Schließlich trägt dieses Ergebnis praktischen Bedürfnissen Rechnung, denn häufig wird bei Verhandlungen über kommerzielle Bildnisveröffentlichungen eine Agentur zwischengeschaltet sein. Die Vollmacht zur Erklärung der Einwilligung kann auch für den Fall des Todes des Abgebildeten wirksam erteilt werden.[85]

III. Minderjährige

29 Dass die Veröffentlichung von Bildnissen Minderjähriger der Zustimmung des **gesetzlichen Vertreters** bedarf, ist unbestritten.[86] Daneben stellt sich aber die Frage, ob zusätzlich die **Einwilligung des abgebildeten Minderjährigen** erforderlich ist. Der BGH hat diese Frage bereits in der Entscheidung „Nacktaufnahme"[87] ausführlicher diskutiert, diese „Doppelzuständigkeit" dann aber erst eher beiläufig in der Entscheidung „Charlotte Casiraghi II"[88] bejaht. Voraussetzung für dieses zusätzliche Erfordernis ist aber, dass der Minderjährige über die erforderliche **Einsichtsfähigkeit** verfügt. Diese wird regelmäßig ab einem Alter von 14 Jahren angenommen.[89] Praktisch bedeutet dies, dass sich der Bildnisverwerter immer vergewissern sollte, ob der Abgebildete minderjährig ist und gegebenenfalls, ob dessen Einwilligung und diejenige der gesetzlichen Vertreter vorliegt. Nach § 113 BGB kann die Einwilligung des Minderjährigen ausreichen, wenn der gesetzliche Vertreter einer Tätigkeit, etwa als Fotomodell, zugestimmt hat, bei der es regelmäßig zum Anfertigen und Veröffentlichen von Fotos kommt.[90]

---

81 OLG München ZUM 2001, 708, 709.
82 Dreier/Schulze/*Dreier* § 22 KUG Rn 11.
83 OLG München ZUM 2001, 708, 709.
84 Vgl BGH GRUR 1987, 128 – NENA zur Erteilung einer umfassenden Befugnis an einen Dritten, Bildnisse zu verwerten.
85 OLG München ZUM 2001, 708, 709.
86 BGH GRUR 2005, 74, 75 – Charlotte Casiraghi II.
87 BGH GRUR 1975, 561, 562.
88 BGH GRUR 2005, 74, 75.
89 *Libertus* ZUM 2007, 621, 624.
90 Dreier/Schulze/*Dreier* § 22 KUG Rn 27; offen gelassen in BGH GRUR 1975, 561, 563 – Nacktaufnahmen.

IV. Stillschweigende Einwilligung

Wie andere Willenserklärungen kann die Einwilligung stillschweigend erteilt werden.[91] Mit der Annahme einer konkludenten Einwilligung ist aber in dem sensiblen Bereich der Bildnisveröffentlichung große Zurückhaltung geboten. 30

Gleichwohl sind zahlreiche Fälle denkbar, in denen eine konkludente Einwilligung angenommen werden kann. Offensichtlich ist dies regelmäßig, wenn jemand ein **Fernsehinterview** gibt.[92] Entsprechendes muss regelmäßig auch für die spontane Beantwortung von Fragen vor laufender Kamera oder das Fotografieren bei einem Spontaninterview gelten, soweit der Abgebildete, ohne Unwillen zu zeigen,[93] Fragen beantwortet und nicht **überrumpelt** wird.[94] Auch die Teilnahme an einem **Sportereignis** oder an einer anderen **öffentlichen Veranstaltung**, bei der offensichtlich Pressefotografen zugelassen sind, wird regelmäßig eine konkludente Einwilligung in die Bildnisveröffentlichung im Zusammenhang mit der Veranstaltung einschließen.[95] Gleiches gilt auch für die Teilnahme an Ereignissen, bei denen eine **Fernseh-Live-Übertragung** vorher bekanntgegeben wurde.[96] Eine konkludente Einwilligung soll auch gegeben haben, wer ein Fernsehteam bemerkt und vor der Kamera mehrmals demonstrativ hin und her läuft,[97] winkt oder der Kamera Kusshände zuwirft.[98] Auch bei Veranstaltungen, die mit einer besonderen Reputation verbunden sind und an der die Anwesenden gerade auch teilnehmen, weil sie von der Öffentlichkeit wahrgenommen werden wollen, wie etwa einem Opernball, ist es den Teilnehmern zuzumuten, ihre fehlende Einwilligung zum Ausdruck zu bringen.[99] 31

Eine wirksam erteilte Einwilligung ist unwirksam, wenn dem Einwilligenden Zweck, Art und Umfang der geplanten Bildnisverwendung nicht bekannt war; erst recht scheidet in einem derartigen Fall eine stillschweigende Einwilligung von vornherein aus.[100] Allerdings dürfen an die **Erkennbarkeit des Verwendungszwecks** keine überhöhten Anforderungen gestellt werden. Wird ein Steuerberater vor laufender Kamera mit dem Fund von nicht unkenntlich gemachten Mandantenunterlagen in seinem Müllcontainer konfrontiert und äußert sich dazu sichtlich betroffen mit dem Ergebnis, dass er versichert, einen Reißwolf anschaffen zu wollen, so muss er sich darüber bewusst sein, dass dieses Interview in einem Bericht gesendet werden wird, der sich mit dem Datenschutz befasst.[101] Je weitergehend allerdings die geplante Veröffentlichung die Privatsphäre des Betroffenen betrifft, desto klarer muss er über Verwendung und Art des Beitrags aufgeklärt worden sein, damit seine Duldung der Aufnahmen als wirksame stillschweigende Einwilligung gedeutet werden kann.[102] Zu berücksichtigen sind auch die intellektuellen Fähigkeiten des Abgebildeten und seine Erfahrenheit im Umgang mit den Medien[103] sowie der **Kontext der Befragung**; so kann eine Befragung in 32

---

[91] BGH GRUR 2005, 74, 75 – Charlotte Casiraghi II; BGH GRUR 1996, 195, 196 – Abschiedsmedaille.
[92] OLG Hamburg GRUR-RR 2005, 140.
[93] *Libertus* ZUM 2007, 621.
[94] LG München I ZUM-RD 2008, 309; zurückhaltender Dreier/Schulze/*Dreier* § 22 KUG Rn 11.
[95] BGH GRUR 2005, 74, 75 – Charlotte Casiraghi II.
[96] *Libertus* ZUM 2007, 621, 622.
[97] OLG Köln NJW-RR 1994, 865 f.
[98] *Libertus* ZUM 2007, 621.
[99] Wenzel/*von Strobl/Albeg* 7. Kap, Rn 63; *Libertus* ZUM 2007, 621.
[100] OLG Frankfurt GRUR 1991, 49 – Steuerberater.
[101] AA OLG Frankfurt GRUR 1991, 49 – Steuerberater; *Prinz/Peters* Rn 834.
[102] OLG Hamburg GRUR-RR 2005, 140.
[103] OLG Hamburg GRUR-RR 2005, 140.

Anwesenheit von Polizeibeamten anders zu beurteilen sein,[104] weil sich der Betroffene hier aus anderen Gründen bemüßigt fühlen kann, trotz der Anwesenheit von Kameras zu antworten.

V. Reichweite der Einwilligung

33 Die Reichweite der Einwilligung ist nach dem objektiven Empfängerhorizont nach § 133, 157 BGB[105] unter Berücksichtigung aller Umstände des Einzelfalls[106] zu ermitteln; eine generalisierende Betrachtung verbietet sich. Sie hängt wesentlich von der Art der Veröffentlichung ab, die den unmittelbaren Anstoß für ihre Erteilung gegeben hat; ihr darüber hinaus Bedeutung auch für spätere Veröffentlichungen eines anderen Zuschnitts beizulegen, ist in aller Regel nur auf Grund eines dahingehenden besonderen Interesses des Betroffenen möglich.[107]

34 Gerade bei spontanen Aufnahmen durch Fernsehteams wird es indes häufig an ausdrücklichen Regelungen zum Umfang der Einwilligung fehlen, sofern überhaupt eine ausdrückliche Erklärung vorliegt. Hier kann auf die **urheberrechtliche Zweckübertragungsregel** zurückgegriffen werden.[108]

35 Entscheidend für die Auslegung ist auch, ob die geplante Verwendung zum Zeitpunkt der ausdrücklichen oder konkludenten Einwilligung erkennbar war. So hat das OLG Karlsruhe[109] zu Recht die konkludente Einwilligung einer Mutter in die Ausstrahlung eines Spontaninterviews zum Verschwinden ihres Kindes so ausgelegt, dass sie nicht die Befugnis umfasst, das Interview in einer Sendung auszustrahlen, die sich mit „Skurrilitäten des Alltags“ befasst. Ein Einverständnis eines Bundeskanzlers mit der Aufnahme einer Münze mit seiner Abbildung in eine Gesamtedition von „Kanzler-Medaillen“ lässt nicht den zwingenden Schluss zu, dass er ohne weiteres auch in die Verbreitung einer allein auf ihn bezogenen, nach seinem Tode erscheinenden „Abschiedsmedaille“ eingewilligt hätte.[110] Ein Bildnis, das bei einem Sportereignis entstanden ist und das zur Illustration eines Berichts über dieses Sportereignis verwendet werden dürfte, darf nicht im Zusammenhang mit einem Zeitungsartikel gedruckt werden, der keinerlei Informationen über das eigentliche Ereignis liefert, sondern sich mit der Präsentation der Abgebildeten beschäftigt, über deren Beziehung zu Pferden und zu Jungen spekuliert und die Abgebildete mit den Attributen „bildschön“ und „Glamourprinzessin der Zukunft“ beschreibt.[111] Ein Foto, das mit dem Einverständnis des Abgebildeten für eine Modebeilage erstellt wurde und ihn in Unterwäsche zeigt, darf nicht zur Illustration eines redaktionellen Beitrages abgedruckt werden, in dem über einen Dritten berichtet wird, dass es nach Aussagen seiner Freundin „im Bett bestens klappe“, sie öfter Reizwäsche trage und von ihm erwarte, „doch mal schärfere Slips“ zu kaufen.[112]

---

104 OLG Hamburg GRUR-RR 2005, 140.
105 BGH GRUR 1956, 427, 428 – Paul Dahlke; *Prinz/Peters* Rn 837.
106 BGH GRUR 2005, 74, 75 – Charlotte Casiraghi II; BGH GRUR 1956, 427, 428 – Paul Dahlke.
107 BGH GRUR 2005, 74, 75 – Charlotte Casiraghi II; BGH GRUR 1996, 1996, 195, 196 – Abschiedsmedaille.
108 LG München I ZUM 2006, 937, 939; OLG Hamburg ZUM 1996, 789, 790; OLG Köln AfP 1999, 377; KG ZUM-RD 1998, 554; Dreier/Schulze/*Dreier* § 22 KUG Rn 21; *Prinz/Peters* Rn 837, Wandtke/Bullinger/*Fricke* § 22 KUG Rn 16.
109 Vgl auch OLG Karlsruhe ZUM 2006, 568.
110 BGH GRUR 1996, 1996, 195, 196 – Abschiedsmedaille.
111 BGH GRUR 2005, 74, 75 – Charlotte Casiraghi II.
112 KG NJW-RR 1999, 1703, 1704.

Ohnehin sind an die Einwilligung umso strengere Anforderungen zu stellen, je intimer die veröffentlichten Fotos sind. So deckt die Einwilligung von Nacktaufnahmen für ein Biologie-Schulbuch nicht die Veröffentlichung des Fotos in einem Fernsehbericht[113] oder in einer Zeitschrift.[114] Wird eine umfassende Einwilligung ausdrücklich sehr weitreichend für alle Verwendungs- und Werbezwecke erteilt, soll sie auf Erotik-Internetseiten auch dann veröffentlicht werden dürfen, wenn der Bereich „Erotik“ in der Einwilligungserklärung nicht erwähnt oder angedeutet ist.[115] 36

Zurückhaltung ist insb bei der Verwendung von **Fotos in der Werbung** geboten, wenn hierfür keine ausdrückliche Zustimmung vorliegt. Selbst in der ausdrücklichen Einwilligung, ein Bildnis veröffentlichen zu dürfen, wird regelmäßig keine Zustimmung zu sehen sein, das Bild auch kommerziell zu Werbezwecken zu verwenden.[116] Auch eine erklärte Zustimmung, ein Foto für Werbezwecke zu verwenden, reicht nur so weit, wie die Verwendung vorhersehbar war. So hat der BGH es für unzulässig gehalten, dass ein Optiker ein Foto eines Talkmasters, das mit dessen Zustimmung für die Werbung eines Modehauses verwendet werden durfte, nutzte, um für seine Produkte zu werben.[117] 37

Umgekehrt kann bei einer ausdrücklichen Einwilligung einer Veröffentlichung für Werbezwecke nicht automatisch – gewissermaßen *a maiore ad minus* – von einer Einwilligung zur Veröffentlichung im **journalistischen Kontext** ausgegangen werden.[118] Denn wenn eine Abbildung zur Illustration eines Zeitungsartikels verwendet wird, besteht eher die Gefahr, dass der Abgebildete auch mit dem Inhalt des Artikels in Verbindung gebracht wird,[119] während dieser Effekt bei Werbefotos eher nicht zu befürchten ist, bei denen dem Verkehr in der Regel bewusst ist, dass der Abgebildete eine Rolle spielt. 38

Weitere Fragen stellen sich im Zusammenhang mit dem **Internet**. Hier kommt es häufig zu einer Zweitverwertung von Bildnissen aus Zeitungen und von Fernsehbildern. Es ist dann zu prüfen, ob die (stillschweigende) Einwilligung in die Zeitungs- oder Fernsehveröffentlichung auch eine Verwendung im Internet deckt. Das LG Düsseldorf[120] hat zu einem Auftritt bei einer öffentlichen Modenschau ausgeführt, dass „im heutigen Informations- und Kommunikationszeitalter“ mit einer parallelen Veröffentlichung im Internet gerechnet werden müsse. Diese grundsätzlich zutreffende Aussage darf aber keinesfalls so verstanden werden, dass jeder, der mit einer Presse oder Fernsehveröffentlichung einverstanden ist, gleichzeitig auch einer Veröffentlichung im Internet zustimmt. Denn die Veröffentlichung von Bildnissen im Internet ist ungleich folgenschwerer als ein Zeitungsfoto und selbst als ein einmal ausgestrahlter Fernsehbericht. Der Unterschied ist nicht in erster Linie die weltweite Abrufbarkeit – denn auch ein Fernsehbericht hat eine große Reichweite, und zahlreiche Zeitungen sind auch im Ausland erhältlich. Das Problematische sind die dauerhafte Veröffentlichung, die einfache Zugriffsmöglichkeit für jedermann und die Unkontrollierbarkeit der weiteren Ausbreitung. Wer früher in einer Zeitung oder in einem Fernsehbericht gezeigt 39

113 BGH GRUR 1985, 398, 399 – Nacktfoto.
114 OLG Stuttgart NJW 1982, 652.
115 LG Berlin Urt v 22.10.2009 – 27 O 630/09 – unveröffentlicht.
116 BGH GRUR 1956, 427 – Paul Dahlke.
117 BGH GRUR 1992, 557 – Talkmaster-Foto.
118 AA offenbar OLG Frankfurt GRUR-RR 2003, 122, 123 – Zeitungsglosse.
119 So war der Kläger in der Entscheidung OLG Frankfurt GRUR-RR 2003, 122, 123 – Zeitungsglosse – im Zusammenhang mit einem Artikel über die Trennung eines homosexuellen Paares abgebildet worden.
120 LG Düsseldorf ZUM 2003, 541, 543.

wurde, war für einen kurzen Moment für die Öffentlichkeit identifizierbar. Die Fotoveröffentlichung im Internet gibt einem unbegrenzten Personenkreis dauerhaft die Möglichkeit der Fotoansicht. Ist ein Foto – wie im journalistischen Kontext regelmäßig – noch mit einer Namensnennung verbunden, ist der Name über das Internet dauerhaft für jedermann einem Gesicht zuzuordnen. Daher ist Zurückhaltung bei der Auslegung der Einwilligung im Hinblick auf Internetveröffentlichungen geboten.

40 Der Umstand, dass heute in vielen Fällen mit einer Veröffentlichung insb von journalistischen Inhalten im Internet gerechnet werden muss, darf gleichwohl nicht außer Betracht bleiben. So wird man zumindest beim Live-Streaming, bei dem ein Fernsehbericht gleichzeitig mit der Fernsehausstrahlung auch im Internet einmalig gesendet wird, mangels anderweitiger Anhaltspunkte regelmäßig von einer konkludenten Einwilligung ausgehen können,[121] weil hier der Unterschied zu der Fernsehausstrahlung eher zu vernachlässigen ist. Auch die Einwilligung in eine dauerhafte Speicherung eines Fernsehberichts und eines Zeitungsartikels wird man in vielen Fällen deshalb annehmen können, weil derjenige, der ausdrücklich einer Zeitungsveröffentlichung oder dem Abbilden in einem Fernsehbeitrag, etwa bei einem Interview, zugestimmt hat, auch mit einer Veröffentlichung im Internet rechnen muss.[122] Vorsichtiger wird man aber bei ohnehin schon nur konkludent erteilten Einwilligungen sein müssen. Im Übrigen muss auch heute nicht bei jeder Veröffentlichung in einem Medium stets von einer Zweitveröffentlichung im Internet ausgegangen werden. So gibt etwa ein Lehrer, der sich einverstanden erklärt, in einer Schulbroschüre abgebildet zu werden, damit nicht ohne weiteres die Einwilligung in eine Veröffentlichung im Internet.[123] Und schließlich können diese Grundsätze keine Anwendung bei Werbeveröffentlichungen finden.

VI. Wegfall der Einwilligung

41 Die Einwilligung ist wie jede andere Willenserklärung – zumindest nach ihrem Zugang – nicht frei widerruflich. Gleichwohl sind zahlreiche Fälle denkbar, in denen ein großes Bedürfnis nach einem Widerruf besteht – man denke etwa an Nacktfotos als „Jugendsünde“, die der Abgebildete später bereut.[124] Teilweise wird deshalb auch vertreten, dass die Einwilligung zumindest für spätere Publikationen, die nicht mehr von einer zunächst über die Verwertung getroffenen ausdrücklichen Vereinbarung erfasst sind, frei widerruflich sei.[125]

42 So pauschal ist dies allerdings nicht überzeugend. Insb in Fällen, in denen die Einwilligung auf einer ausdrücklichen vertraglichen Abrede beruht und nicht lediglich auf einer einseitigen Erklärung, ist grundsätzlich von einer Bindung des Abgebildeten auszugehen.[126]

43 Möglich sein muss der Widerruf aber beim Vorliegen eines **wichtigen Grundes**. Die Rechtsprechung[127] greift hier auf eine analoge Anwendung des § 42 UrhG zurück, der einen Rückruf der Nutzungsrechte durch den Urheber vorsieht, wenn das Werk seiner Überzeugung nicht mehr entspricht und ihm deshalb die Verwertung des Werkes nicht mehr zugemutet werden kann. Dies soll etwa der Fall sein, wenn sich nach

---

121 *Libertus* ZUM 2007, 621, 623.
122 *Libertus* ZUM 2007, 621, 623.
123 *Libertus* ZUM 2007, 621, 624.
124 Vgl auch LG Hamburg NJW-RR 2005, 1357, 1358.
125 Möhring/Nicolini/*Gass* § 22 KUG Rn 32.
126 OLG München NJW-RR 1990, 999, 1000.
127 OLG München NJW-RR 1990, 999, 1000; LG Bielefeld NJW-RR 2008, 715, 716 f – Die Super Nanny.

Ablauf eines längeren Zeitraums – von drei bis fünf Jahren – nach der Erklärung der Einwilligung die innere Einstellung zu den Aufnahmen, etwa zu Aktaufnahmen, ändert, wobei allerdings die schlichte Behauptung der inneren Wandlung nicht genügt, wenn nicht sicher ist, ob der Abgebildete wieder ähnlichen Bildern zustimmen würde.[128]

Aber auch in anderen Fällen kann es geboten sein, den Widerruf zuzulassen. 44
Jedenfalls kann kein wichtiger Grund im Sinne einer schwerwiegenden Vertragsverletzung verlangt werden, wie ihn bspw § 314 BGB oder § 626 BGB voraussetzen. Es ist stets eine **Abwägung zwischen dem allgemeinen Persönlichkeitsrecht und den Interessen des Verwerters vorzunehmen.**[129] Das LG Hamburg[130] hat etwa den Widerruf einer Mutter für zulässig gehalten, die wegen des Bezuges eines erhöhten Erziehungsgeldes von Prüferinnen des Sozialamts in Begleitung eines Kamerateams aufgesucht worden war. Das Gericht führt aus, es liege zwar kein Fall gewandelter Überzeugung vor. Es müsse aber berücksichtigt werden, dass die Gefilmte durch das plötzliche Auftauchen der Prüferinnen eingeschüchtert gewesen – das Gericht verweist hier auf den Rechtsgedanken der §§ 312, 355 BGB – und dass ihre Privatsphäre betroffen gewesen sei, wenn ihr Schlafzimmer und der Inhalt ihrer Schränke gezeigt worden seien; zudem sei sie nicht vorteilhaft, sondern eingeschüchtert und verunsichert dargestellt worden.

Kein hinreichender Grund für einen Widerruf soll es sein, wenn bei einem **Interview** 45
andere Fragen gestellt werden als vorher abgesprochen.[131] Hier wird man differenzieren müssen: nicht ausreichend kann sein, dass die Fragen geringfügig abweichen oder der Interviewte die Aufzeichnung für misslungen hält.[132] Werden aber Fragen zu einem völlig anderen Themenkomplex gestellt als vorher vereinbart, wird der Interviewte also gewissermaßen unter Vortäuschung falscher Tatsachen in eine Falle gelockt, muss der Widerruf möglich sein, ist dann allerdings unverzüglich zu erklären.[133]

Wer ausdrücklich eine **uneingeschränkte Einwilligung** erteilt, wird sich daran in der 46
Regel festhalten lassen müssen. Wer ohne Einschränkung darin einwilligt, dass sein Foto zu Werbezwecken veröffentlicht wird, muss es etwa auch hinnehmen, dass das Foto auch im Zusammenhang mit Werbemaßnahmen verwendet werden kann, mit denen er wegen unerwünschter Assoziationen zwischen beworbenem Produkt und abgebildeter Person an sich nicht identifiziert werden wollte.[134] Bei der erforderlichen Abwägung muss allerdings auch berücksichtigt werden, ob und gegebenenfalls in welcher Höhe der Abgebildete ein Entgelt erhält.[135]

Bei **Minderjährigen** muss es für den Widerruf genügen, wenn entweder die Einwil- 47
ligung des Minderjährigen oder seiner gesetzlichen Vertreter widerrufen wird. Nicht überzeugend ist es, den Widerruf all derjenigen zu verlangen, die in die Veröffentlichung des Bildnisses eingewilligt haben.[136] Denn wenn man von einer „Doppelzuständigkeit" und damit davon ausgeht, dass die Einwilligung des Minderjährigen und der gesetzlichen Vertreter erforderlich ist, liegen die Voraussetzungen der Veröffentlichung schon dann nicht mehr vor, wenn eine der Einwilligungen wirksam widerrufen wird.

---

128 OLG München NJW-RR 1990, 999, 1000.

129 OLG München NJW-RR 1990, 999, 1000; *Helle* AfP 1985, 93, 100.

130 LG Hamburg NJW-RR 2005, 1357.

131 So Wandtke/Bullinger/*Fricke* § 22 KUG Rn 20; aA *Libertus* ZUM 2007, 621, 626.

132 AA *Libertus* ZUM 2007, 621, 626.

133 Vgl auch *Libertus* ZUM 2007, 621, 626.

134 OLG Frankfurt GRUR-RR 2003, 122, 123 – Zeitungsglosse.

135 *Helle* AfP 1985, 93, 100.

136 So Wandtke/Bullinger/*Fricke* § 22 KUG Rn 20.

48 **Rechtsfolge** des Widerrufs ist nicht nur die Unzulässigkeit künftiger Veröffentlichungen; der Widerruf kann auch einen Sekundäranspruch des Verwerters auf Schadensersatz begründen. Wegen der besonderen Stellung des Rechts am eigenen Bild als Konkretisierung des Allgemeinen Persönlichkeitsrechts verbietet sich aber eine analoge Anwendung des § 42 Abs 3 UrhG, der für den Fall des Rückrufs eingeräumter Nutzungsrechte einen Entschädigungsanspruch vorsieht. Für den Bereich des Bildnisschutzes ist diese Regelung zu pauschal. Sachgerechter ist eine analoge Anwendung des § 122 BGB,[137] der zusätzlich voraussetzt, dass ein schutzwürdiges Vertrauen auf Seiten des Verwerters bestand[138] und den Ersatz desjenigen Schadens vorsieht, der durch das Vertrauen auf den Bestand einer Willenserklärung entstanden ist.

49 Neben dem Widerruf kommt auch die **Anfechtung** der Einwilligung nach § 119 BGB oder § 123 BGB wegen Irrtums, Täuschung oder Drohung in Betracht,[139] wobei die Einwilligung hier *ex tunc* wegfällt (§ 142 Abs 1 BGB).

VII. Beweislast

50 Die Beweislast für das Vorliegen der Einwilligung und auch deren Umfang trägt der Bildnisverwerter.[140] Eine Ausnahme sieht § 22 S 2 KUG vor. Danach gilt die Einwilligung als erteilt, wenn der Abgebildete dafür, dass er sich abbilden ließ, ein Entgelt erhalten hat. Die Einwilligung wird in diesem Fall widerleglich vermutet, so dass es dann dem Abgebildeten obliegt, darzulegen und zu beweisen, dass gleichwohl nicht von einer Einwilligung auszugehen ist. Voraussetzung für die Anwendung des § 22 S 2 KUG ist, dass das Entgelt gerade für die Abbildung gezahlt wird. Nicht anwendbar ist die Regelung daher etwa, wenn ein Arbeitnehmer, der nicht als Fotomodell angestellt ist, sich bereit erklärt, Fotos von sich anfertigen zu lassen. Denn dann erhält er das Entgelt für seine Arbeitsleistung, nicht für die Anfertigung der Fotos.[141] Steht fest, dass sich die Einwilligung nur auf ein bestimmtes Projekt bezieht, gilt die Vermutung auch nur für dieses Projekt und nicht hinsichtlich darüber hinausgehender Veröffentlichungen.[142] Für den **Widerruf der Einwilligung** ist der Abgebildete beweisbelastet,[143] während der Bildnisverwerter die besonderen Umstände darlegen muss, die eine Bindungswirkung der Einwilligung begründen. Beruft sich schließlich der Abgebildete auf wichtige Gründe, die einen Widerruf gleichwohl erlauben, trägt er dafür die Darlegungs- und Beweislast.[144]

---

137 Löffler/*Steffen* § 6 LPG Rn 127.

138 So auch AG Charlottenburg GRUR-RR 2002, 187, 188.

139 Dreier/Schulze/*Dreier* § 22 KUG Rn 34; *Prinz/Peters* Rn 838.

140 BGH GRUR 1965, 495 – Wie uns die anderen sehen; BGH GRUR 1956, 427, 428 – Paul Dahlke; KG ZUM-RD 2004, 511; LG Hannover ZUM 2000, 970.

141 OLG Nürnberg GRUR 1957, 296, 297 – Fotomodell.

142 OLG München ZUM 2006, 936 f.

143 *Damm/Rehbock* Rn 181.

144 Löffler/*Steffen* § 6 LPG Rn 128.

§ 5
Schutzdauer/Postmortaler Bildnisschutz

51 Das Recht am eigenen Bild entsteht mit der Geburt und endet nach § 22 S 3 KUG zehn Jahre nach dem Tod des Abgebildeten. Die Fristberechnung erfolgt nach §§ 186 ff. BGB.[145] Nach dem Tod können den Angehörigen und Erben Ansprüche wegen einer unzulässigen Abbildung des Verstorbenen zustehen. Zu unterscheiden ist zwischen den von § 22 KUG geschützten ideellen und den vermögenswerten Interessen an der Abbildung.

I. Ideelle Bestandteile des Persönlichkeitsrechts

52 Verletzungen der ideellen Bestandteile des Persönlichkeitsrechts können von den Angehörigen iSd § 22 S 4 KUG geltend gemacht werden. Dies sind der Ehegatte oder Lebenspartner und die Kinder oder, wenn keiner der Vorgenannten (mehr) existiert, die Eltern des Abgebildeten. Grundsätzlich stehen den Angehörigen wegen der Verletzung der ideellen Bestandteile des Persönlichkeitsrechts dieselben Rechte zu wie dem Abgebildeten vor seinem Tod.

53 Die Rechtsprechung schränkt diesen Grundsatz aber insoweit ein, als nach dem Tod **kein Anspruch auf Geldentschädigung** wegen der Verletzung der ideellen Bestandteile des Persönlichkeitsrechts geltend gemacht werden kann, weil die Funktion des Anspruchs, dem Betroffenen Genugtuung zu verschaffen, nach dem Tod nicht mehr erfüllt werden könne und auch ein Ausgleich für die erlittene Persönlichkeitsverletzung nicht mehr in Betracht komme.[146] Aus diesem Grund ist auch der bereits vor dem Tod entstandene Geldentschädigungsanspruch nicht vererblich.[147] Uneingeschränkt können die Angehörigen aber für die Dauer von zehn Jahren die Abwehransprüche wegen der Veröffentlichung einer Abbildung ohne Einwilligung des Verstorbenen geltend machen.

54 Noch über die Zehnjahresfrist hinausgehend wirkt der **postmortale Achtungsanspruch** gegen **schwerwiegende Herabsetzungen** des Ansehens des Verstorbenen und **gegen Entstellungen seines Lebensbildes.**[148] Der Anspruch kommt – ebenso wie bei Verletzungen durch eine Wortberichterstattung – auch Bildnisveröffentlichungen in Betracht.[149] Anspruchsgrundlage ist dann allerdings nicht § 22 KUG, sondern §§ 823, 1004 BGB iVm Art 1 Abs 1, Art 2 Abs 1 GG. § 22 KUG ist insoweit nicht abschließend.

55 Fraglich ist, ob die Verwendung eines Bildnisses in der **Werbung** grundsätzlich auch den postmortalen Achtungsanspruch verletzt oder ob die Verwertung nach Ablauf der Zehnjahresfrist grundsätzlich möglich ist.[150] Unzulässig ist jedenfalls solche Werbung, die den Abgebildeten herabwürdigt, etwa die Werbung für ein Potenzmittel, oder eine Werbung, die falsche Tatsachenbehauptungen über den Verstorbenen transportiert. So

---

145 Dreier/Schulze/*Dreier* § 22 KUG Rn 28.
146 BGH GRUR 2006, 252, 254 – Postmortaler Persönlichkeitsschutz; GRUR 2000, 715, 716 – Der blaue Engel.
147 BGH GRUR 2006, 252 – Postmortaler Persönlichkeitsschutz.
148 BVerfG NJW 2001, 2957, 2959 – Wilhelm Kaisen; BVerfG NJW 1971, 1645 – Mephisto.
149 OLG Hamburg ZUM 2005, 168.
150 Für eine grundsätzliche Zulässigkeit Dreier/Schulze/*Dreier* § 22 KUG Rn 30.

hat der BGH[151] etwa eine Werbung für ein Schönheitspräparat, „entwickelt nach Erkenntnissen der Frischzellen-Therapie" eines namentlich genannten Wissenschaftlers untersagt, weil dieser Wissenschaftler die Anwendung der Erkenntnisse auf Kosmetikprodukte zu Lebzeiten stets abgelehnt hatte und der falsche Eindruck entstand, er habe die Frischzellentherapie auch Gebiet der Kosmetik angewandt und trage selbst die wissenschaftliche Verantwortung für die Kosmetikserie. Entsprechendes dürfte bei einer Abbildung gelten, bei der der Abgebildete in einem falschen Zusammenhang dargestellt wird. Andererseits kann nicht davon ausgegangen werden, dass pauschal jede Art der Werbung die ideellen Bestandteile des postmortalen Persönlichkeitsrechts verletzt.

56 Das **Ende des Schutzes** durch den postmortalen Achtungsanspruch lässt sich nicht pauschal bestimmen, sondern ist eine Frage des Einzelfalls. Das Schutzbedürfnis schwindet in dem Maße, in dem die Erinnerung an den Verstorbenen verblasst und im Laufe der Zeit auch das Interesse an der Nichtverfälschung des Lebensbildes abnimmt.[152] Kriterien für die Schutzdauer sind daher die Bekanntheit und Bedeutung des Abgebildeten[153] und die Schwere der Beeinträchtigung.

57 Der BGH hat etwa den Schutz der Angehörigen Emil Noldes gegen die Signierung nicht von ihm stammender Bilder mit seinem Namen nach 30 Jahren bejaht,[154] das OLG Bremen ging davon aus, dass Friedrich Ebert noch 67 Jahre nach seinem Tod Schutz genoss.[155]

58 Nicht nur die Bekanntheit des Betroffenen, auch die Schwere des Eingriffs kann eine lange Schutzdauer begründen. So muss auch ein zu Lebzeiten weniger bekannter Verstorbener auch 30 Jahre nach seinem Tod noch Schutz dagegen genießen, wahrheitswidrig als Stasi-Spitzel oder SS-Mitglied bezeichnet zu werden. Das OLG München[156] hat etwa den Unterlassungsanspruch der Angehörigen eines ehemaligen KZ-Arztes gegenüber nicht belegten Behauptungen zu seinen Operationsmethoden noch nach 29 Jahren bejaht, obwohl es sich ersichtlich nicht um eine bekannte Persönlichkeit handelte.

59 In der Literatur[157] wird teilweise in Anlehnung an § 64 UrhG eine grundsätzliche Schutzdauer von 70 Jahren angenommen. Eine solche pauschale Obergrenze des Schutzes ist indessen abzulehnen,[158] weil § 64 UrhG nur einen kleinen Ausschnitt des Persönlichkeitsrechts betrifft und sich die Interessenlage von derjenigen der Angehörigen eines zu Unrecht Abgebildeten unterscheidet. Während bei der Wortberichterstattung eher Fälle denkbar sind, in denen auch nach Ablauf von 70 Jahren noch Schutz besteht, sind allerdings die Fälle, in denen der postmortale Achtungsanspruch bei einer Bildnisveröffentlichung noch betroffen ist, eher schwer vorstellbar. Schon wegen der damit verbundenen Rechtsunsicherheit[159] sollten Ansprüche nach derart langen Zeiträumen nur bei gravierenden Verletzungen zugesprochen werden.

60 Die Geltendmachung des postmortalen Achtungsanspruchs muss in Anlehnung an § 22 S 4 KUG auf die dort genannten **Angehörigen** beschränkt sein.[160]

---

151 BGH GRUR 1984, 907 f – Frischzellenkosmetik.
152 BGH GRUR 1995, 668, 670 f – Emil Nolde.
153 BGH GRUR 1995, 668, 670 – Emil Nolde.
154 BGH GRUR 1995, 668, 670 f – Emil Nolde.
155 OLG Bremen NJW-RR 1993, 726, 727.
156 OLG München NJW-RR 1994, 925.
157 *Götting* GRUR 2007, 170, 171.
158 OLG München NJW-RR 1994, 925; aA Wandtke/Bullinger/*Fricke* § 22 KUG Rn 11.
159 Vgl auch Dreier/Schulze/*Dreier* § 22 KUG Rn 30.
160 Dreier/Schulze/*Dreier* § 22 KUG Rn 30.

II. Kommerzielle Bestandteile des Persönlichkeitsrechts

Daneben geht die Rechtsprechung[161] von einem Schutz der vermögenswerten Bestandteile des Persönlichkeitsrechts aus, die die dem Berechtigten zustehende freie Entscheidung darüber schützen sollen, ob und unter welchen Voraussetzungen sein Bildnis den Geschäftsinteressen Dritter dienstbar gemacht wird. Das BVerfG[162] spricht von einem ideell gebundenen Schutz von Vermögensinteressen. 61

Da diese Vermögensinteressen nicht unmittelbar an die Person ihres Trägers gebunden sind, ist dieser Teil der Persönlichkeitsrechte vererblich. Der BGH[163] begründet die Vererblichkeit der vermögenswerten Bestandteile des Persönlichkeitsrechts damit, dass Abwehransprüche den Erben nur wenig nützten, wenn die Rechtsverletzung bereits beendet sei und es unbillig erscheine, den durch die Leistungen des Verstorbenen geschaffenen und in seinem Bildnis, seinem Namen oder seinen sonstigen Persönlichkeitsmerkmalen verkörperten Vermögenswert nach seinem Tode dem Zugriff eines jeden beliebigen Dritten preiszugeben. 62

Anspruchsberechtigt sind dann allerdings konsequenterweise nicht die in § 22 S 4 KUG genannten Angehörigen, sondern die **Erben** des Abgebildeten. Dass damit die Geltendmachung der ideellen und der kommerziellen Bestandteile des Persönlichkeitsrechts möglicherweise durch verschiedene Personen erfolgen muss, spricht nicht gegen die Vererblichkeit der vermögenswerten Bestandteile des Persönlichkeitsrechts, weil eine Trennung der Wahrnehmung derartiger Rechte nicht ungewöhnlich ist, wie das Urheberrecht zeigt, das zwischen urheberpersönlichkeitsrechtlichen Befugnissen und den Nutzungsrechten unterscheidet.[164] 63

Umstritten ist die **Dauer des Schutzes.** Der BGH[165] hat in der Entscheidung „Marlene Dietrich“ noch darauf hingewiesen, dass die Zehnjahresfrist des § 22 S 3 KUG einen Anhaltspunkt bieten könne, ließ dann aber letztlich die Frage offen, ob eine Erstreckung des Schutzes über diese Frist hinaus bei der Verletzung des postmortalen Achtungsanspruchs möglich sei. In der Literatur wird eine solche Erstreckung teilweise befürwortet.[166] In der Entscheidung „klaus-kinski.de“[167] hat der BGH sich dann für eine zehnjährige Schutzdauer ausgesprochen und führt aus, das Persönlichkeitsbild einer zu Lebzeiten bekannten Person sei nach ihrem Tod auch Teil der Geschichte, so dass das Interesse der Erben nach Ablauf von zehn Jahren zurücktreten müsse;[168] insofern muss, so der BGH zu Recht, die Wertung des § 22 S 3 KUG berücksichtigt werden, der die Interessen der Angehörigen nach mehr als zehn Jahren zurücktreten lässt. In der Literatur[169] wird eine Begrenzung vielfach abgelehnt. 64

---

161 BGH GRUR 2000, 709, 712 – Marlene Dietrich; BGH GRUR 1979, 732, 734 – Fußballtor; BGH GRUR 1961, 138, 140 – Familie Schölermann; BGH GRUR 1956, 427 – Paul Dahlke.

162 BVerfG GRUR 2006, 1049, 1051 – Werbekampagne mit blauem Engel.

163 BGH GRUR 2000, 709, 713 – Marlene Dietrich.

164 BGH GRUR 2000, 709, 714 – Marlene Dietrich.

165 BGH GRUR 2000, 709, 714.

166 *Staudinger/Schmidt* JURA 2001, 241, 246; *Frommeyer* JuS 2002, 13, 18 (Schutz bis zu 30 Jahren); Schricker/Loewenheim/*Götting*, Anh zu § 60 UrhG § 22 KUG Rn 63 (bis zu 70 Jahren).

167 BGH GRUR 2007, 168, 170 – klaus-kinski.de.

168 BGH GRUR 2007, 168, 170 – klaus-kinski.de.

169 *Götting* GRUR 2007, 170, 171; *Reber* GRUR Int 2007, 492, 495.

III. Zuständigkeit für Einwilligung und Widerruf

65 Zuständig für die Erteilung der Einwilligung in die Bildnisverwertung sind nach dem Tod des Abgebildeten die Angehörigen. Dies gilt jedoch nicht, wenn der entgegenstehende Wille des Verstorbenen bekannt ist. Eine bereits vom Verstorbenen erteilte Einwilligung können die Angehörigen nicht widerrufen.[170]

§ 6
Gesetzlich normierte Abbildungsfreiheit

66 § 23 Abs 1 KUG nennt vier Fälle, in denen es der Einwilligung des Abgebildeten oder seiner Angehörigen für die Verbreitung oder die öffentliche Zurschaustellung nicht bedarf, nämlich Bildnisse aus dem Bereich der Zeitgeschichte, die Darstellung von Personen als Beiwerk, Bilder von Versammlungen und Bilder, die einem höheren Interesse der Kunst dienen. Diese Schranken des Bildnisschutzes rechtfertigen sich aus der Kulturgebundenheit des Menschen.[171]

67 Die Tatbestände des § 23 Abs 1 KUG finden ihre Grenzen in § 23 Abs 2 KUG; der die Verwertung der Abbildung verbietet, wenn ihr berechtigte Interessen des Abgebildeten oder seiner Angehörigen entgegenstehen. Eine Interessenabwägung nimmt die Rechtsprechung indes schon bei der Prüfung der Tatbestände des § 23 Abs 1 KUG vor.[172]

68 Einen weiteren Ausnahmetatbestand enthält **§ 24 KUG**, der die Veröffentlichung von Bildnissen aus Gründen der Rechtspflege oder der öffentlichen Sicherheit zulässt und zwar auch in den Massenmedien, insb, soweit diese in Abstimmung mit den Ermittlungsbehörden geschieht.[173]

I. Bildnisse aus dem Bereich der Zeitgeschichte

69 Die in der Praxis bedeutsamste Fallgruppe des § 23 Abs 1 KUG ist das Verwerten von Bildnissen aus dem Bereich der Zeitgeschichte. Die Vorschrift statuiert „ein gewisses publizistisches Anrecht an der freien Darstellung“ von Personen an, die „dem öffentlichen Leben angehören“.[174] Nach der gesetzgeberischen Intention ist der Begriff der Zeitgeschichte „im weitesten Sinne“[175] zu verstehen und umfasst nicht nur das eigentliche politische, sondern auch das soziale, wirtschaftliche und kulturelle Leben[176] und Vorgänge von historischer oder politischer Bedeutung, sondern der Begriff wird vom Informationsinteresse der Öffentlichkeit bestimmt,[177] so dass alle

---

170 Löffler/*Ricker* 43. Kap Rn 8.
171 Wenzel/*von Strobel-Albeg* Kap 8 Rn 1.
172 BVerfG GRUR 2008, 539, 545 – Caroline von Hannover; BGH GRUR 2007, 899, 890 – Grönemeyer; krit dazu *Söder* ZUM 2008, 89, 90.
173 Vgl im Einzelnen Löffler/*Ricker* 43. Kap Rn 24.
174 Verhandlungen des Reichtstages, 11. Legislaturperiode, II. Session, 1. Sessionsabschnitt 1905/1906, 2. Anlagenband, 1526, 1540.
175 Vgl auch BGH GRUR 2007, 899, 900 – Grönemeyer.
176 Verhandlungen des Reichtstages, 11. Legislaturperiode, II. Session, 1. Sessionsabschnitt 1905/1906, 2. Anlagenband, 1526, 1540 f.
177 BVerfG GRUR 2000, 446, 452 – Caroline von Monaco.

Ereignisse erfasst sind, die „vom Volke beachtet werden, bei ihm Aufmerksamkeit finden und Gegenstand der Teilnahme oder Wissbegier weiter Kreise sind".[178]

Es genügt, wenn die Aufmerksamkeit vorübergehend besteht und nicht „über den Tag hinaus"[179] geht. Presse und Rundfunk müssen dabei einen gewissen Spielraum besitzen, innerhalb dessen sie nach ihren publizistischen Kriterien entscheiden können, was öffentliches Interesse beansprucht. Dabei kann sich auch im Meinungsbildungsprozess herausstellen, was eine Angelegenheit von öffentlichem Interesse ist.[180] Es reicht allerdings nicht aus, wenn mit einer Wortberichterstattung lediglich ein Anlass für die Abbildung einer Person geschaffen werden soll.[181] 70

Grundsätzlich ist jedoch der Presse bei der Beurteilung, ob ein Ereignis der Zeitgeschichte vorliegt, ein weiter Beurteilungsspielraum zu belassen. Dies ist insofern nicht ganz unproblematisch, als die Medien ein möglicherweise objektiv gesehen unbedeutendes Ereignis derart in den Fokus der Berichterstattung nehmen können, dass es dadurch zu einem Ereignis von öffentlichem Interesse wird. Diesem Umstand ist aber bei der Abwägung der grundrechtlichen Positionen Rechnung zu tragen. Die Entscheidung, wie das Informationsinteresse im Zuge der Abwägung mit kollidierenden Rechtsgütern zu gewichten und der Ausgleich zwischen den betroffenen Rechtsgütern herzustellen ist, ist der Einschätzungsprärogative der Medien entzogen.[182] 71

1. Entwicklung der Rechtsprechung

a) **Frühere Rechtsprechung.** Der **BGH** hat bei der Prüfung, ob eine zulässige Berichterstattung vorliegt, zwischen relativen und absoluten Personen der Zeitgeschichte differenziert. Als **relative Person der Zeitgeschichte** ist eine Person angesehen worden, die durch ein bestimmtes zeitgeschichtliches Ereignis das Interesse auf sich gezogen hat und deshalb ohne ihre Einwilligung nur *im Zusammenhang mit diesem Ereignis* abgebildet werden durfte. Als **absolute Person der Zeitgeschichte** galt eine Person, die auf Grund ihres Status und ihrer Bedeutung allgemein öffentliche Aufmerksamkeit fand, so dass sie selbst Gegenstand der Zeitgeschichte war und deshalb über sie berichtet werden durfte.[183] 72

Auch absolute Personen der Zeitgeschichte brauchten es nach der Rechtsprechung des BGH zwar nicht zu dulden, dass von ihnen im Kernbereich der Privatsphäre (etwa im häuslichen Bereich) ohne ihre Einwilligung Bildaufnahmen zum Zwecke der Veröffentlichung angefertigt wurden.[184] Nur ausnahmsweise konnte bei ihnen die Verbreitung von Bildnissen aus diesem Bereich statthaft sein, wenn überwiegende öffentliche Interessen einen solchen Eingriff rechtfertigten. Auch außerhalb des häuslichen Bereichs hat die Rechtsprechung eine schützenswerte Privatsphäre anerkannt, wenn sich jemand in eine örtliche Abgeschiedenheit zurückgezogen hat, in der er objektiv erkennbar für sich allein sein wollte und in der er sich in der konkreten Situation im Vertrauen auf die Abgeschiedenheit so verhielt, wie er es in der breiten Öffentlichkeit nicht getan hätte. In diesen Schutzbereich greife in unzulässiger Weise ein, wer Bilder 73

---

178 RGZ 125, 80, 81 f – Tull Harder.
179 RGZ 125, 80, 82 – Tull Harder.
180 BVerfG GRUR 2000, 446, 452 – Caroline von Monaco.
181 BVerfG GRUR 2008, 539, 543 – Caroline von Hannover.
182 BVerfG GRUR 2008, 539, 543 – Caroline von Hannover.
183 BGH GRUR 2007, 523, 524 – Abgestuftes Schutzkonzept.
184 BGH GRUR 1996, 923, 925 – Caroline von Monaco II; BGH GRUR 1962, 211, 212 – Hochzeitsbild.

veröffentliche, die von dem Betroffenen in dieser Situation heimlich oder unter Ausnutzung einer Überrumpelung aufgenommen worden seien; jedenfalls ein reines Unterhaltungsinteresse könne einen Eingriff in die Privatsphäre nicht rechtfertigen. Außerhalb dieses Bereichs sollte eine absolute Person der Zeitgeschichte indes grundsätzlich keine Möglichkeit haben, sich gegen die Bildnisveröffentlichung zu wehren; die Allgemeinheit habe ein berechtigtes Interesse daran, auch zu erfahren, wo sich eine absolute Person der Zeitgeschichte aufhalte und wie sie sich in der Öffentlichkeit gebe, sei es beim Einkaufen auf dem Marktplatz, in einem Cafe, bei sportlicher Betätigung oder sonstigen Tätigkeiten des täglichen Lebens.[185] Ein Bezug zu einem aktuellen Ereignis oder einer öffentlichen Funktion der Person sollte nicht erforderlich sein.[186]

74 Das **BVerfG**[187] hat diese Grundsätze im Wesentlichen gebilligt und nur insofern modifiziert, als es einerseits für den Schutz der Privatsphäre im außerhäuslichen Bereich nicht verlangt hat, dass der Abgebildete sich so verhält, wie er es in der Öffentlichkeit nicht tun würde, und es andererseits für die Verletzung nicht als ausreichend erachtete, dass Aufnahmen heimlich angefertigt wurden.[188]

75 b) **Entscheidung des EGMR.** Der **Europäische Gerichtshof für Menschenrechte**[189] hat im Jahr 2004 entschieden, dass diese Auslegung des § 23 Abs 1 Nr 1 KUG durch die deutschen Gerichte Art. 8 EMRK verletze. Art. 8 EMRK schütze vorrangig das Recht des Einzelnen, seine Persönlichkeit in seinen Beziehungen zu seinen Mitmenschen ohne Einmischung von außen zu entwickeln. Der EGMR differenziert zwischen Bildern, die einen Beitrag zu einer Diskussion in einer demokratischen Gesellschaft leisten und Personen des politischen Lebens betreffen, bei denen die Presse als „Wachhund" in der demokratischen Gesellschaft fungiert, und Fotos, die nur die Neugier eines bestimmten Publikums über das Privatleben einer Person befriedigen wollten und trotz des hohen Bekanntheitsgrades dieser Person nicht als Beitrag zu irgendeiner Diskussion von allgemeinem Interesse für die Gesellschaft dienen könnten. Im letztgenannten Fall soll die Freiheit der Meinungsäußerung enger zu fassen sein.[190]

76 Die Einordnung einer Person als absolute Person der Zeitgeschichte mit ihrem sehr beschränkten Schutz des Privatlebens und des Rechts am eigenen Bild als Folge könne für Personen des politischen Lebens in Frage kommen, die amtliche Funktionen wahrnähmen, nicht aber für Privatpersonen, bei denen das Interesse des breiten Publikums und der Presse einzig auf ihrer Zugehörigkeit zu einem regierenden Haus beruhe, während sie selbst keine amtlichen Funktionen hätten. Im Übrigen müsse auch die Unterscheidung zwischen absoluten und relativen Personen der Zeitgeschichte klar und eindeutig sein, damit die Betroffenen wüssten, wie sie sich zu verhalten hätten und wo sie sich in geschützten Räumen bewegten; dem würden die von der deutschen Rechtsprechung entwickelten Kriterien nicht gerecht.[191]

---

185 BGH GRUR 1996, 923, 926 – Caroline von Monaco II.
186 BGH GRUR 1996, 923, 927 – Caroline von Monaco II.
187 BVerfG GRUR 2000, 446, 453 – Caroline von Monaco.
188 Vgl allgemein zu heimlich angefertigten Aufnahmen *Hochrathner* ZUM 2001, 669 ff.
189 EGMR GRUR 2004, 1051 ff – von Hannover/Deutschland; vgl zu der Entscheidung *Schmitt* ZUM 2007, 186; *Starck* JZ 2006, 76.
190 EGMR GRUR 2004, 1051, 1054 – von Hannover/Deutschland.
191 EGMR GRUR 2004, 1051, 1054 – von Hannover/Deutschland.

c) **Reaktion der deutschen Rechtsprechung.** Die deutsche Rechtsprechung hat sich in der Folgezeit nach und nach von den Begriffen der absoluten und relativen Person der Zeitgeschichte abgewandt. Der BGH[192] hat zunächst in mehreren Entscheidungen offen gelassen, ob er diese Fallgruppen weiter anwendet, hat aber jedenfalls eine Einordnung nicht mehr ausdrücklich vorgenommen, sondern mehr auf das zeitgeschichtliche Ereignis abgestellt, und in der Entscheidung „Abgestuftes Schutzkonzept"[193] ausgeführt, er habe mit seiner Rechtsprechung dem Urteil des EGMR Rechnung getragen. Das BVerfG hat dies in der Entscheidung „Caroline von Hannover"[194] bereits als Verzicht auf die Rechtsfigur der Person der Zeitgeschichte angesehen und ausgeführt, dass diese Abkehr verfassungsrechtlich nicht zu beanstanden sei; auch bei absoluten Personen der Zeitgeschichte sei seit jeher eine einzelfallbezogene Abwägung – unter Berücksichtigung der Vorgaben der Art 8 und 10 EMRK als Schranken[195] – erforderlich gewesen, wobei es der Rechtssicherheit dienen könne, wenn die Rechtsprechung wieder auf bestimmte typisierende Hilfsbegriffe oder Fallgruppen zurückgreife.[196] Das BVerfG verweist darauf, dass der EGMR mittlerweile zwischen Politikern, sonstigen im öffentlichen Leben oder im Blickpunkt der Öffentlichkeit stehenden Personen und gewöhnlichen Privatpersonen (politicians/personnes politiques, public figures/personnes publiques, ordinary person/personne ordinaire) differenziert.[197] Danach ist bei der Abbildung „öffentlicher Personen" erforderlich, dass ein Bezug zu einer Sachdebatte von allgemeinem Interesse besteht und dass die Abwägung keine schwerwiegenden Interessen des Betroffenen ergibt, die einer Veröffentlichung entgegenstehen.[198] **77**

Der BGH hat diese Differenzierung aufgegriffen und sich in der Entscheidung „Karsten Speck"[199] noch deutlicher von der Rechtsfigur der Person der Zeitgeschichte entfernt. Das Gericht führt zum Begriff des Zeitgeschehens aus, er umfasse nicht nur Vorgänge von historisch-politischer Bedeutung oder spektakuläre und ungewöhnliche Vorkommnisse, sondern ganz allgemein alle Fragen von allgemeinem gesellschaftlichem Interesse.[200] Als Anlass kann etwa schon die Darstellung der Lebensweise und des Verhaltens prominenter Personen in ihren Gesellschaftskreisen ausreichen, die eine Leitbild- oder Kontrastfunktion für große Teile der Bevölkerung im Blick hat und auch Anlass zu sozialkritischen Überlegungen geben kann.[201] Bei der Abwägung der Interessen greift der BGH dann allerdings wiederum auf die bisherige Rechtsprechung zu den Funktionen prominenter Personen, zum Informationswert der Abbildung und zum Schutzbereich der Privatsphäre zurück und hält auch insofern an seiner Linie fest, als er ausführt, es bleibe nur wenig Spielraum, die Gewährleistung des Art 10 Abs 1 EMRK zurücktreten zu lassen, falls eine Medienberichterstattung einen Bezug zu einer Sachdebatte von allgemeinem Interesse aufweise.[202] **78**

---

192 BGH GRUR 2006, 257, 259 – Ernst August von Hannover; BGH GRUR 2005, 76, 77 – „Rivalin" von Uschi Glas.
193 BGH GRUR 2007, 523, 524.
194 BVerfG GRUR 2008, 539, 544 – Caroline von Hannover.
195 BVerfG GRUR 2008, 539, 541 – Caroline von Hannover.
196 BVerfG GRUR 2008, 539, 545 – Caroline von Hannover.
197 EGMR Urt v 17.10.2006 – 71678/01 Nr 59 – Gourguenidze/Georgien.
198 BVerfG GRUR 2008, 539, 544 – Caroline von Hannover.
199 BGH GRUR 2009, 150, 151.
200 BGH GRUR 2009, 150, 152 – Karsten Speck; BGH GRUR 2009, 584, 585 – Enkel von Fürst Rainier.
201 BGH GRUR 2011, 259, 260 – Rosenball in Monaco.
202 BGH GRUR 2009, 150, 152 – Karsten Speck.

2. Der Begriff des Zeitgeschehens

79 Entsprechend der nunmehr auch vom BGH angewandten Unterscheidung soll im Folgenden nicht mehr von absoluten oder relativen Personen der Zeitgeschichte gesprochen, sondern zwischen Politikern, sonstigen im öffentlichen Leben stehenden Personen und gewöhnlichen Privatpersonen unterschieden werden. Gleichwohl lässt sich auf die Rechtsprechung zur absoluten und relativen Person der Zeitgeschichte noch zurückgreifen.[203] Zu beachten ist allerdings stets, dass sich eine pauschalierte Betrachtung verbietet und die Interessen im Einzelfall abzuwägen sind, so dass die Einordnung von Personen in die nachfolgend dargestellten Kategorien „von begrenztem Nutzen" ist.[204] Erforderlich ist neben einem Berichterstattungsanlass – wie bereits der Begriff der Zeitgeschichte impliziert –, dass dieser Anlass noch **aktuell** ist.[205]

80 a) **Politiker.** Bei Personen des politischen Lebens besteht ein gesteigertes Informationsinteresse des Publikums unter dem Gesichtspunkt demokratischer Transparenz und Kontrolle, das stets als legitim anerkannt worden ist; Politiker stehen in besonderem Maße für bestimmte Wertvorstellungen und Lebenshaltungen, bieten vielen Menschen Orientierung bei eigenen Lebensentwürfen, werden zu Kristallisationspunkten für Zustimmung oder Ablehnung und erfüllen Leitbild- oder Kontrastfunktionen.[206]

81 Bilder von Politikern dürfen daher nicht nur bei skandalösen, sittlich oder rechtlich zu beanstandenden Verhaltensweisen verwertet werden, sondern der Öffentlichkeit auch die Normalität des Alltagslebens oder in keiner Weise anstößige Handlungsweisen vor Augen führen, soweit dies der Meinungsbildung zu Fragen von allgemeinem Interesse dienen kann.[207] Auch der EGMR erkennt an, dass Politiker nicht nur bei ihrer Amtsführung, sondern auch im privaten Leben abgebildet werden dürfen.[208] Der BGH hat es demzufolge für zulässig gehalten, Heide Simonis am Tag nach ihrer Abwahl bei einem Einkaufsbummel zu zeigen.[209]

82 Treten die **Ehepartner** von Politikern mit diesen bei öffentlichen Anlässen auf, ist eine Bildberichterstattung auch darüber zulässig. Ein anerkennenswertes Interesse allein daran, wie etwa die Ehepartner von Politikern aussehen, die nicht freiwillig in der Öffentlichkeit auftreten, liegt aber in der Regel nicht vor. Anders kann dies bei Ehegatten von Staatsoberhäuptern und Politikern in besonders wichtigen Positionen sein.[210]

83 b) **Sonstige Personen des öffentlichen Interesses.** Sonstige Personen, die im Blickpunkt der Öffentlichkeit stehen, sind nach wie vor anders zu beurteilen als „gewöhnliche Privatpersonen". Für die Frage, wer zu diesen Personen im öffentlichen Blickpunkt gehört, kann auf die Rechtsprechung zur absoluten Person der Zeitgeschichte zurückgegriffen werden. Zu diesen Personen gehören Mitglieder der regierenden **Fürs-**

---

203 Vgl Wandtke/Bullinger/*Fricke* § 23 KUG Rn 7; Dreier/Schulze/*Dreier* § 23 KUG Rn 4.
204 So schon Löffler/*Steffen* § 6 LPG Rn 131; *Prinz/Peters* Rn 825 zu der Unterscheidung zwischen absoluter und relativer Person der Zeitgeschichte.
205 Wenzel/*von Strobl-Albeg* 8. Kap Rn 18.
206 BGH GRUR 2008, 1017, 1018 – Einkaufsbummel nach Abwahl.
207 BGH GRUR 2008, 1017, 1018 – Einkaufsbummel nach Abwahl.
208 EGMR GRUR 2004, 1051, 1053 – von Hannover/Deutschland.
209 BGH GRUR 2008, 1017, 1018 – Einkaufsbummel nach Abwahl.
210 Dreier/Schulze/*Dreier* § 23 KUG Rn 6.

ten- und **Königshäuser,**[211] **Schauspieler,**[212] **Fernsehmoderatoren,**[213] **Musiker,**[214] **Führungspersonen aus der Wirtschaft**[215] oder **Sportler**[216] sowie ihre **Trainer** und **Manager.**[217] Auch bei **Schriftstellern** dürfte grundsätzlich ein Informationsinteresse bestehen. Bei Autoren, die sich bewusst nicht ablichten lassen und nicht zu den Bestseller-Autoren gehören, überwiegt allerdings das Interesse an ihrer Privatsphäre.[218]

Bei weniger prominenten Personen, die der Öffentlichkeit eher **beiläufig bekannt** sind, die aber in den Medien bestimmte Funktionen ausüben und daher auch im Licht der Öffentlichkeit stehen, wie Nachrichtensprecher im Fernstehen, kommt es für die Frage, in welchem Zusammenhang Abbildungen von ihnen erlaubt sind, entscheidend darauf an, ob sie auch neben ihrer eigentlichen Funktion die Öffentlichkeit suchen und etwas von sich preisgeben oder ob sie eher zurückgezogen leben.[219] **84**

Auch nach der bisherigen Rechtsprechung, die vor dem Urteil des EGMR ergangen ist, war eine Veröffentlichung von Fotos absoluter Personen der Zeitgeschichte nicht per se zulässig, sondern es bedurfte einer Abwägung, die dazu führen konnte, dass eine Verbreitung der Abbildung nicht zulässig war, wenn hierdurch berechtigte Interessen des Abgebildeten verletzt waren. Dies gilt naturgemäß nach wie vor.[220] **85**

Der Unterschied im Vergleich zur früheren Rechtsprechung dürfte darin liegen, dass bei den absoluten Personen der Zeitgeschichte bisher eher eine negative Prüfung erfolgte, ob der Berichterstattung trotz der Betroffenheit einer Person der Zeitgeschichte ausnahmsweise besondere Umstände entgegenstanden, wie etwa bei einer Betroffenheit der engeren Privatsphäre. Nunmehr ist positiv festzustellen, ob die Berichterstattung zu einer **Debatte mit einem Sachgehalt** beiträgt, der über die Befriedigung bloßer Neugier hinausgeht. Das schließt es allerdings nicht aus, dass je nach Lage des Falls für den **Informationswert einer Berichterstattung** auch der **Bekanntheitsgrad** des Betroffenen von Bedeutung sein kann. In jedem Fall ist bei der Beurteilung des Informationswerts bzw der Frage, ob es sich um ein zeitgeschichtliches Ereignis im Sinn des allgemein interessierenden Zeitgeschehens handelt, ein **weites Verständnis** geboten, damit die Presse ihren meinungsbildenden Aufgaben gerecht werden kann.[221] **86**

Insb sind keine skandalösen oder widerrechtlichen Verhaltensweisen erforderlich, um eine Berichterstattung zu rechtfertigen, weil nicht nur Politiker, sondern auch sonstige in der Öffentlichkeit stehende Personen Orientierung bei eigenen Lebensentwür- **87**

---

211 BGH GRUR 1996, 923, 924 f – Caroline von Monaco II; OLG Karlsruhe NJW 2006, 617, 618.

212 BGH GRUR 2009, 150, 151 – Karsten Speck; BGH GRUR 2002, 690, 691 – Marlene Dietrich.

213 BGH GRUR 2009, 665, 666 – Sabine Christiansen; BGH GRUR 2009, 150, 151 – Karsten Speck; BGH GRUR 1992, 557 –Talkmaster-Foto; LG Berlin NJW-RR 2006, 1639 – Günther Jauch; vgl auch BGH GRUR 2009, 1085, 1087 – Wer wird Millionär?.

214 BGH GRUR 1997, 125, 126 – Künstlerabbildung in CD-Einlegeblatt (Bob Dylan); OLG Hamburg GRUR 1990, 35 – Begleiterin (von Roy Black); krit offenbar LG Hamburg, ZUM-RD 2009, 30, 32, das ausführt, es spreche gegen die Einordnung einer Person als absolute Person der Zeitgeschichte, wenn sie überwiegend oder ausschließlich im Bereich der Unterhaltung in Erscheinung trete.

215 BGH GRUR 1994, 391, 392 – FCKW.

216 BGH GRUR 1979, 425, 426 – Fußballspieler (zu Franz Beckenbauer); OLG Düsseldorf GRUR-RR 2003, 1 – Jan Ullrich; OLG Frankfurt ZUM-RD 2000, 119, 120 – Katharina Witt; OLG Frankfurt NJW 1989, 402 – Boris Becker.

217 RGZ 125, 80; Dreier/Schulze/*Dreier* § 23 KUG Rn 6.

218 Dreier/Schulze/*Dreier* § 23 KUG Rn 6.

219 Wandtke/Bullinger/*Fricke* § 23 KUG Rn 10.

220 BGH GRUR 2007, 527, 528 – Winterurlaub.

221 BGH GRUR 2007, 527, 528 – Winterurlaub.

fen bieten sowie **Leitbild- oder Kontrastfunktionen** erfüllen können.[222] Auch die Normalität des Alltagslebens oder in keiner Weise anstößige Handlungsweisen prominenter Personen dürfen der Öffentlichkeit daher vor Augen geführt werden, wenn dies der Meinungsbildung zu Fragen von allgemeinem Interesse dienen kann.[223]

88 Dies dürfte der Rechtsprechung des EGMR[224] gerecht werden, der ebenfalls davon ausgeht, dass ein von Art 10 EMRK gewährleisteter Beitrag von allgemeinem Interesse in der Ermöglichung öffentlicher Kontrolle auch des privaten Gebarens einflussreicher Personen etwa des Wirtschaftslebens, der Kultur oder des Journalismus bestehen könne. So hält der EGMR[225] etwa die Berichterstattung über eine führende Persönlichkeit der Wirtschaft für zulässig, auch wenn es um sein rechtswidriges Verhalten im privaten Bereich geht; gleiches gilt für die Berichterstattung über mögliche Steuervergehen eines Managers.[226]

89 Auch die bloße **Unterhaltung** kann einen Bezug zur Meinungsbildung haben; sie ist ein wesentlicher Bestandteil der Medienbetätigung, der am Schutz der Pressefreiheit in seiner subjektiv-rechtlichen wie objektiv-rechtlichen Dimension teilhat.[227] Gerade bei unterhaltenden Inhalten bedarf es allerdings in besonderer Weise einer abwägenden Berücksichtigung der kollidierenden Rechtspositionen, wobei es nicht ausreicht, wenn lediglich die Neugier des Publikums befriedigt werden soll.[228] Andererseits ist es problematisch, wenn das LG Hamburg[229] die Einordnung eines bekannten Schlagersängers als Person der Zeitgeschichte mit der Begründung ablehnt, er sei nicht in irgendeiner nennenswerten Weise politisch oder mit Bezug zum demokratischen Prozess in Erscheinung getreten.

90 In den Bereich der bloßen Neugierbefriedigung gehören regelmäßig **Urlaubsfotos** von Prominenten, bei denen jeglicher Bezug zu einem aktuellen Ereignis fehlt. Der Urlaub gehört zum **Kernbereich der Privatsphäre** und genießt daher besonderen Schutz.[230] Das Berichterstattungsinteresse kann gleichwohl überwiegen, wenn ein über die Neugierbefriedigung hinausgehender Anlass besteht. Dies hat das BVerfG etwa angenommen bei einem Bericht über den Urlaub der Kinder des erkrankten Fürsten von Monaco; es dürfe darüber berichtet werden, wie es seinen Kindern gelinge, Verpflichtungen zur innerfamiliären Solidarität mit der Wahrung berechtigter Belange ihres eigenen Privatlebens unter Einschluss des Wunsches nach Urlaub zu einem Ausgleich zu bringen.[231] Eine Rückausnahme kann sich wiederum gerade in einer schwierigen familiären Situation ergeben, wenn die Abgebildeten beim Entstehen der Aufnahme belästigt wurden.[232]

---

222 BGH GRUR 2011, 259, 260 – Rosenball in Monaco.
223 BVerfG GRUR 2008, 539, 542 – Caroline von Hannover.
224 EGMR Urt v 1.3.2007 – 510/04 Nr 87 lit f – Tønsbergs Blad u.a./Norwegen; EGMR Urt v 14.12.2006 – 10520/02 Nrn 35 ff – Verlagsgruppe News-GmbH/Österreich.
225 EGMR Urt v 1.3.2007 – 510/04 Nr 87 lit f – Tønsbergs Blad ua/Norwegen.
226 EGMR Urt v 14.12.2006 – 10520/02 Nrn 35 ff – Verlagsgruppe News-GmbH/Österreich.
227 BVerfG GRUR 2008, 539, 542 – Caroline von Hannover.
228 BVerfG GRUR 2008, 539, 543 – Caroline von Hannover.
229 LG Hamburg ZUM-RD 2009, 30, 32 – Hansi Hinterseer. Keine Bedenken hat das LG Hamburg ZUM-RD 2009, 610, 612, dagegen, Dieter Bohlen grundsätzlich als Person des öffentlichen Interesses anzusehen.
230 BVerfG GRUR 2008, 539, 545 – Caroline von Hannover.
231 BVerfG GRUR 2008, 539, 546 – Caroline von Hannover.
232 BVerfG GRUR 2008, 539, 546 – Caroline von Hannover.

91 Ein hinreichender Anlass zu einer Berichterstattung über den Urlaub liegt auch vor, wenn bekannte Persönlichkeiten ihr Feriendomizil vermieten, soweit sich der Bericht in einem Bericht damit beschäftigt, dass auch „die Reichen und Schönen" sparsam seien und einen Hang zu ökonomischem Denken entwickelt hätten.[233] Derartige Berichte über Personen, die in anderen Kontexten und mit eigenem Zutun im Zentrum öffentlicher Aufmerksamkeit stehen, dürfen zur **Illustration des Beitrags** auch bildlich dargestellt werden, wobei die Bilder nicht in unmittelbarem Zusammenhang mit dem Beitrag stehen müssen, sondern die betroffenen Personen bei anderen Gelegenheiten zeigen können.[234] In der Literatur wird teilweise kritisiert, dass Fotos damit zu bloßen **„Eye-Catchern"** würden.[235] Es ist allerdings der Bildberichterstattung immanent, dass Fotos die Funktion haben, die Aufmerksamkeit der Leser zu wecken. Auch dies unterliegt dem Schutz der Pressefreiheit. Die mit dieser Rechtsprechung verbundene **Aufwertung von Archivbildern**[236] dürfte durchaus auch im Interesse der Abgebildeten liegen. Denn eine gegenteilige Annahme würde dazu führen, dass bei einem aktuellen Berichterstattungsinteresse nicht mehr auf vorhandene Fotos zurückgegriffen werden könnte, so dass die Medien in noch größerem Umfang darauf angewiesen wären, ständig neue Fotos anzufertigen. Die damit verbundenen Belästigungen liegen auf der Hand.

92 Ob ein Foto aus anderem Zusammenhang im konkreten Fall veröffentlicht werden darf, ist allerdings eine Frage des Einzelfalls. Zulässig dürfte vor allem die Verwendung von „neutralen" Fotos sein, nicht aber auch von Fotos, die wiederum eine über die Wortberichterstattung hinausgehende „eigene Geschichte" erzählen, für die an sich kein ausreichender Berichterstattungsanlass bestand,[237] etwa wenn sich aus den Bildern weitere Informationen entnehmen lassen, die sich bspw schon aus der Bekleidung des Abgebildeten ergeben können.[238]

93 Im Übrigen gelten sowohl bei Bildern im Urlaub als auch bei sonstigen Bildern aus dem Alltagsleben von Personen des öffentlichen Lebens die von der Rechtsprechung schon zur absoluten Person der Zeitgeschichte postulierten Grenzen, insb bei Bildern aus dem Bereich **privater Zurückgezogenheit.**[239]

94 Die Bekanntheit eines Prominenten kann auf seinen **Ehegatten** oder **Lebenspartner** ausstrahlen. Der Schutz der Privatsphäre ist allerdings in besonderer Weise zu beachten, soweit es um Bilder geht, die den Prominenten mit seinem Partner in trauter Zweisamkeit zeigen. Vor allem liegt aber – anders als bei Politikern in wichtigen Positionen – selten ein ausreichendes Interesse an der Berichterstattung nur separat über den Ehegatten oder Lebenspartner vor. Jedenfalls insoweit gelten dann grundsätzlich die Maßstäbe, die bei gewöhnlichen Privatpersonen anzulegen sind.[240] So hat das OLG Köln[241] etwa die Veröffentlichung von Fotos für unzulässig gehalten, auf denen allein die Ehefrau von Günther Jauch abgebildet war. Auch genügt es als Berichterstattungsanlass nicht, wenn die Begleitperson nur einmal mit einem Prominenten in der Öffentlichkeit gesehen wird.[242] Das OLG Hamburg[243] hält die Verwertung eines Bild-

---

233 BVerfG GRUR 2008, 539, 547 – Caroline von Hannover.
234 BVerfG GRUR 2008, 539, 547 – Caroline von Hannover.
235 *Pfeifer* GRUR 2008, 547, 548.
236 *Pfeifer* GRUR 2008, 547, 548.
237 BVerfG NJW 2001, 1921, 1924 – Prinz Ernst August von Hannover.
238 LG Hamburg ZUM-RD 2000, 200, 201.
239 S Rn 139 ff.
240 Vgl OLG Hamburg GRUR 1990, 35 (Begleiterin von Roy Black als relative Person der Zeitgeschichte).
241 OLG Köln ZUM 2009, 486, 488.
242 LG Hamburg NJW-RR 1991, 99 – Begleiterin von Boris Becker.
243 OLG Hamburg GRUR 1990, 35 – Begleiterin (von Roy Black als relative Person der Zeitgeschichte).

nisses eines Prominenten bei einem Einkaufsbummel mit einer Begleiterin für zulässig. Der BGH[244] geht hingegen zu Recht davon aus, dass Abbildungen aus dem Alltagsleben von Prominenten mit ihren Begleitpersonen ein Beitrag zu einer Diskussion von allgemeinem Interesse oder eine Information über ein zeitgeschichtliches Ereignis nicht zu entnehmen sei. Anders kann es sein, wenn sich ein Lebenspartner eines Prominenten selbst bewusst in besonderer Weise in das Licht der Öffentlichkeit begibt.

95 Das Interesse an der Berichterstattung kann schon mit der **Trennung**[245] enden, die für sich genommen kein zeitgeschichtliches Ereignis darstellen muss, wenn die Beziehung zuvor selbst in der Öffentlichkeit nicht Anlass eines Berichterstattungsinteresses gewesen ist. Nach der Trennung von einer sehr bekannten Person wird der getrennte Partner aber regelmäßig die Berichterstattung noch einen gewissen Zeitraum hinnehmen müssen;[246] insb kann ein Scheidungsverfahren einen Berichterstattungsanlass darstellen.[247] Jedenfalls nach einem Ablauf von mehreren Jahren besteht aber kein überwiegendes Berichterstattungsinteresse mehr.[248]

96 Auch **sonstige Angehörige** von Prominenten können im Licht der Öffentlichkeit stehen, so dass auch ihre Abbildung zulässig sein kann. Grundsätzlich teilen aber Angehörige den bildnisrechtlichen Status von Personen der Zeitgeschichte nur unter strengen Voraussetzungen,[249] so dass allein die verwandtschaftliche Beziehung als solche ein hinreichendes Informationsinteresse in aller Regel nicht rechtfertigen wird.[250] **Kinder** unterliegen einem besonderen Schutz, weil sie sich erst zu eigenverantwortlichen Personen entwickeln müssen, so dass der Bereich, in dem sie sich frei von öffentlicher Beobachtung fühlen und entfalten dürfen, umfassender geschützt sein muss als derjenige erwachsener Personen.[251] Die Berichterstattung über Kinder ist nur dann zulässig, wenn sie im Pflichtenkreis ihrer Eltern öffentliche Funktionen wahrnehmen[252] oder von ihren Eltern in der Öffentlichkeit „präsentiert" werden.[253]

97 Grundsätzlich nicht durch ein zeitgeschichtliches Interesse gerechtfertigt werden kann die Veröffentlichung von Bildern Prominenter zu **Werbezwecken**. Bildnisse in der Werbung sind zwar nicht grundsätzlich der Privilegierung des § 23 Abs 1 Nr 1 KUG entzogen. In vielen Fällen wird der Werbung mit Prominenten der Bezug zu einem zeitgeschichtlichen Ereignis jedoch fehlen. Selbst wenn die Werbung Informationen zu einem zeitgeschichtlichen Ereignis transportiert, wird die Zulässigkeit einer Abbildung einer Person des öffentlichen Lebens meist an deren überwiegenden Interessen im Rahmen der Abwägung nach § 23 Abs 2 KUG scheitern, weshalb die Problematik in diesem Zusammenhang zu erörtern ist.[254]

---

244 BGH GRUR 2007, 899, 902 – Grönemeyer; vgl zu der Entscheidung *Klass* ZUM 2007, 818.
245 LG Hamburg ZUM-RD 2004, 131, 132 – Ehefrau des Außenministers.
246 OLG Hamburg AfP 1993, 576 – frühere Freundin von Boris Becker.
247 LG Hamburg ZUM 2003, 577, 579 – Ehefrau von Guildo Horn.
248 OLG Hamburg AfP 1985, 209 – Günther Netzer.
249 BGH GRUR 1996, 227 – Wiederholungsveröffentlichung; AG Hamburg GRUR-RR 2004, 158 – Saddams Giftmischer.
250 OLG München NJW-RR 1996, 93, 95 zur Tochter der Geigerin Anne-Sophie Mutter.
251 BVerfG GRUR 2000, 446, 450 f – Caroline von Monaco; BGH GRUR 2005, 179, 181 – Tochter von Caroline von Hannover; vgl auch BGH GRUR 2004, 592, 593 – Charlotte Casiraghi.
252 BGH GRUR 1996, 227 – Wiederholungsveröffentlichung (zum Sohn von Caroline von Monaco); AG Hamburg GRUR-RR 2004, 158 – Saddams Giftmischer.
253 BGH GRUR 2010, 173, 175 – Kinder eines ehemaligen Fußballprofis; vgl zu der Entscheidung *Stender-Vorwachs* NJW 2010, 1414.
254 S Rn 131 ff.

c) **Gewöhnliche Privatpersonen.** „Gewöhnliche Privatpersonen" genießen einen noch größeren Schutz. Der EGMR geht davon aus, dass der Bereich der Privatheit, der auch Personen des öffentlichen Lebens zusteht, hier noch weiter definiert werden muss.[255] Anders als bei Personen des öffentlichen Lebens kann keine alltägliche Situation – wie das Vermieten eines Ferienhauses oder der Urlaub während der Erkrankung eines wichtigen Familienmitglieds – genügen, um eine Berichterstattung zu rechtfertigen. **98**

Zeitgeschichtliche Ereignisse, in deren Kontext auch über gewöhnliche Privatpersonen berichtet werden darf, sind etwa die Teilnahme an einer öffentlichen Diskussion zu einem die Öffentlichkeit stark berührenden Thema,[256] die Teilnahme an einer öffentlichen Sportveranstaltung[257] oder das öffentliche Engagement einer Person in der rechtsradikalen Szene.[258] Die größte Rolle haben in der Rechtsprechung zur relativen Person der Zeitgeschichte allerdings **Straftaten** gespielt, die unten gesondert behandelt werden.[259] Als gewöhnliche Privatpersonen können auch Partner und Angehörige von Politikern und Personen des öffentlichen Lebens zu behandeln sein.[260] **99**

Bei gewöhnlichen Privatpersonen ist in besonderer Weise zu beachten, dass ein **thematischer Zusammenhang** zwischen dem zeitgeschichtlichen Ereignis und der Abbildung bestehen muss. *Prinz/Peters*[261] fordern für die relative Person der Zeitgeschichte, dass die Aufnahme anlässlich des zeitgeschichtlichen Ereignisses entstanden ist und dieses auch zeigt. Eine derartige Beschränkung ist indes zu eng[262] und wird auch den Interessen des Abgebildeten nicht gerecht, weil sie dazu führen kann, dass es zu einer deutlich größeren Beeinträchtigung des Betroffenen dadurch kommt, dass die Medien gezwungen sind, stets aktuelle Bilder im Zusammenhang mit einem gerade aktuellen Thema anzufertigen. Auch die Verwendung kontextneutraler Fotos ist daher zulässig.[263] Keinesfalls darf es aber durch einen falschen Kontext zu Fehlvorstellungen bei den Rezipienten kommen. So unzulässig ein Foto eines Journalisten bei einer Preisverleihung Jahre später im Zusammenhang mit einer kritischen und anprangernden Berichterstattung über seine Arbeit zu veröffentlichen.[264] **100**

d) **Bildberichterstattung über Straftaten.** Straftaten sind grundsätzlich ein zeitgeschichtliches Ereignis, das bei Personen des öffentlichen Lebens eine identifizierende Berichterstattung rechtfertigen kann.[265] Davon erfasst ist auch die Darstellung von Bildnissen im Zusammenhang mit der Wortberichterstattung. Die Verletzung der Rechtsordnung und die Beeinträchtigung individueller Rechtsgüter, die Sympathie mit den Opfern, die Furcht vor Wiederholungen solcher Straftaten und das Bestreben, dem vorzubeugen, begründen ein anzuerkennendes Interesse an einer näheren Information über Tat *und Täter*.[266] Das Interesse ist umso stärker, je mehr sich die Tat in Begehungsweise und Schwere von der gewöhnlichen Kriminalität abhebt, so dass etwa bei schweren Gewaltverbrechen ein über bloße Neugier und Sensationslust hinaus- **101**

---

255 EGMR Urt v 11.1.2005 – 50774/99 Nr 27 ff – Sciacca/Italien.
256 LG Berlin AfP 2008, 222, 223.
257 BGH GRUR 2005, 74, 75 – Charlotte Casiraghi II.
258 OLG Braunschweig NJW 2001, 160, 161 – Gesicht zeigen.
259 S Rn 101 ff.
260 Vgl im Einzelnen zu Begleitpersonen von Politikern Rn 82 und von sonstigen Personen des öffentlichen Lebens Rn 94 ff.
261 Rn 850.
262 So zu Recht Wandtke/Bullinger/*Fricke* § 23 KUG Rn 21.
263 LG Hamburg ZUM-RD 2000, 200, 201.
264 LG Ellwangen Urt v 8.12.2006 – 1 S 134/06 (unveröffentlicht).
265 BVerfG ZUM 2010, 243, 246.
266 BVerfG ZUM 2010, 243, 246.

gehendes Informationsinteresse an detaillierter Information über die Tat und ihren Hergang, über die Person des Täters und seine Motive sowie über die Strafverfolgung anzuerkennen ist.[267] Bei der erforderlichen Abwägung kommt es auf die Art und Weise der Darstellung und die Natur und Schwere der Tat sowie die Bekanntheit und Bedeutung der Person des Täters an.[268] Ein an sich geringeres Interesse der Öffentlichkeit über leichte Verfehlungen kann im Einzelfall durch Besonderheiten, etwa in der Person des Täters oder des Tathergangs, aufgewogen werden.[269]

102 Bei **tagesaktueller Berichterstattung** über Straftaten wird regelmäßig das Informationsinteresse überwiegen.[270] Dies rechtfertigt sich nach Auffassung des BVerfG[271] insb daraus, dass derjenige, der den Rechtsfrieden bricht, durch diese Tat und ihre Folgen Mitmenschen angreift oder verletzt, sich nicht nur den hierfür verhängten strafrechtlichen Sanktionen beugen, sondern auch dulden muss, dass das von ihm selbst erregte Informationsinteresse der Öffentlichkeit auf den dafür üblichen Wegen befriedigt wird.

103 Während des **Ermittlungsverfahrens** ist die **Unschuldsvermutung** zu berücksichtigen; bis zur erstinstanzlichen Verurteilung überwiegt nach Auffassung des BVerfG[272] regelmäßig das Interesse des Betroffenen. Die (Bild-)Berichterstattung kann allerdings auch in diesem Verfahrensstadium gerechtfertigt sein, wenn der Betreffende sich eigenverantwortlich den ihm gegenüber erhobenen Vorwürfen in der medialen Öffentlichkeit gestellt hat[273] oder wegen seiner gesellschaftlichen Stellung oder eines Amtes in besonderer Weise im Blickfeld der Öffentlichkeit steht.[274]

104 Auch wenn es eine „vollständige Immunisierung" vor der ungewollten Berichterstattung über Straftaten auch längere Zeit nach der Begehung der Straftat und der Verurteilung nicht gibt,[275] gewinnt mit **zeitlicher Distanz** zu der Straftat und zu dem Strafverfahren das Recht des Täters „alleingelassen zu werden" und vor einer Reaktualisierung seiner Verfehlung verschont zu bleiben, zunehmende Bedeutung.[276] Eine feste zeitliche Grenze lässt sich naturgemäß nicht ziehen;[277] Anhaltspunkte bilden aber die **Haftentlassung**[278] und die Löschung von Vorstrafen aus dem **Bundeszentralregister**.[279] Diese Grenzen sind aber keineswegs absolut. Auch nach Verbüßung der Strafe und Löschung der Strafe aus dem Bundeszentralregister[280] kann die Berichterstattung zulässig sein; zu berücksichtigen ist hier stets vor allem, in welchem Ausmaß das Persönlichkeitsrecht und das Resozialisierungsinteresse beeinträchtigt werden.[281] Eine Bildberichterstattung, insb im Fernsehen,[282] wird dabei regelmäßig stärker in das Persönlichkeitsrecht eingreifen als eine reine Wortberichterstattung.[283] Zumindest eine nur durch das Verbrechen selbst prominent gewordene Person wird

267 BVerfG ZUM 2010, 243, 246.
268 BGH GRUR 2009, 150, 152 – Karsten Speck.
269 BVerfG ZUM 2006, 747, 748.
270 BVerfG ZUM 2010, 243, 246.
271 BVerfG ZUM 2010, 243, 246; BVerfG GRUR 1973, 541, 547 – Lebach; vgl auch BGH GRUR 2010, 266, 267 – Online-Archiv; BGH GRUR 2009, 150, 154 – Karsten Speck.
272 BVerfG ZUM 2010, 243, 246.
273 BVerfG ZUM 2010, 243, 246; vgl auch BVerfG ZUM 2009, 216, 219.
274 BVerfG ZUM 2010, 243, 246.
275 BVerfG ZUM 2010, 243, 246.
276 BGH GRUR 2010, 266, 267 f – Online-Archiv; BGH GRUR 2009, 150, 152 – Karsten Speck; vgl auch BVerfG ZUM 2010, 243, 246.
277 OLG Hamburg ZUM-RD 2008, 405, 406.
278 OLG Hamburg ZUM-RD 2008, 405, 406; KG NJW-RR 2008, 492, 493; OLG Frankfurt ZUM 2007, 546, 547.
279 LG Köln BeckRS 2009, 05256; vgl auch LG Köln NJW-RR 1993, 31, 32.
280 BVerfG NJW-RR 2007, 1340, 1341.
281 BVerfG GRUR 1973, 541, 546 – Lebach; BVerfG ZUM 2010, 243, 246.
282 BVerfG ZUM 2010, 243, 246.
283 BGH GRUR 2010, 266, 268 – Online-Archiv.

häufig zum Zeitpunkt der Haftentlassung nicht mehr namentlich genannt werden dürfen.[284] Anders kann es allerdings bei die Gesellschaft besonders berührenden Straftaten, etwa von RAF-Terroristen, sein.[285]

Auch ein **aktueller Berichterstattungsanlass** kann es rechtfertigen, über eine länger zurückliegende Straftat wieder zu berichten. Dabei reicht aber nicht jeder aus publizistischer Sicht nachvollziehbare Grund aus, um ein Thema wieder aufzugreifen; je schwerwiegender das Persönlichkeitsrecht des Betroffenen beeinträchtigt wird, umso dringlicher muss das Informationsinteresse sein, dessen Befriedigung die Berichterstattung dient.[286] An das Informationsinteresse sind insb dann besonders hohe Anforderungen zu stellen, wenn die erneute Berichterstattung über die Tat eine erhebliche neue oder zusätzliche Beeinträchtigung des Täters zu bewirken geeignet ist und die Wiedereingliederung des Täters in die Gesellschaft wesentlich zu erschweren droht.[287] Auch hier ist zudem die Situation zu berücksichtigen, in der der Betroffene abgebildet wird, so dass das Gewicht der Beeinträchtigung erhöht ist, wenn die visuelle Darstellung durch Ausbreitung von üblicherweise der öffentlichen Erörterung entzogenen Einzelheiten thematisch die Privatsphäre berührt oder die Medienberichterstattung den Betroffenen in Momenten der Entspannung oder des Sich-Gehen-Lassens außerhalb der Einbindung in die Pflichten des Berufs und Alltags erfasst.[288] **105**

Der **Strafvollzug** gehört zum Zeitgeschehen, so dass eine Berichterstattung darüber – auch wenn ein unmittelbarer zeitlicher Zusammenhang mit der Tat nicht mehr besteht – gerechtfertigt sein kann. Der BGH[289] hat es etwa als zeitgeschichtliches Ereignis angesehen, dass dem Moderator Karsten Speck, der zu einer erheblichen Freiheitsstrafe verurteilt worden war, schon alsbald nach Haftantritt die Unterbringung im offenen Vollzug genehmigt und Ausgang gewährt wurde, weil dies Anlass war, eine mögliche bevorzugte Behandlung prominenter Personen im Strafvollzug zu diskutieren. Die Veröffentlichung von Abbildungen, die den Moderator bei der Haftentlassung zeigten, hat der BGH daher als zulässig angesehen. **106**

Kein hinreichendes Informationsinteresse bildet allerdings die **Inhaftierung** als solche, wenn eine derartige Sonderbehandlung nicht im Raum steht, insb nicht während der Untersuchungshaft, bei der die Unschuldsvermutung noch gilt. Das Landgericht Köln[290] hat daher die Veröffentlichung von – noch dazu heimlich aufgenommenen – Fotos, die den Moderator Jörg Kachelmann bei einem Hofgang während seiner Untersuchungshaft zeigten, als unzulässig angesehen. **107**

Anders als eine neue Berichterstattung über länger zurückliegende Taten ist eine fortdauernde Veröffentlichung in einem **Online-Archiv** einer Publikation zu werten. Hier ist insb auch das Interesse an der Möglichkeit zu berücksichtigen, vergangene zeitgeschichtliche Ereignisse zu recherchieren. Die Medien könnten ihren verfassungsrechtlichen Auftrag, in Wahrnehmung der Meinungsfreiheit die Öffentlichkeit zu informieren, nicht vollumfänglich wahrnehmen, wenn es ihr generell verwehrt wäre, dem Zuschauer oder Hörer den Zugriff auf Mitschriften ursprünglich zulässiger Sendungen zu ermöglichen.[291] Denn wenn die dauerhafte Verbreitung bestimmter Bei- **108**

284 OLG Frankfurt ZUM 546, 547.
285 KG NJW-RR 2008, 492, 493.
286 BVerfG NJW-RR 2007, 1191, 1193; BGH GRUR 2009, 150, 152 – Karsten Speck.
287 BVerfG GRUR 1973, 541, 546 – Lebach; BGH GRUR 2009, 150, 152 – Karsten Speck.
288 BGH GRUR 2009, 150, 152 – Karsten Speck.
289 BGH GRUR 2009, 150, 153 – Karsten Speck.
290 LG Köln BeckRS 2010, 16987.
291 BGH GRUR 2010, 266, 269 – Online-Archiv.

träge in Archiven untersagt wäre, hätte dies eine ständige Kontrollverpflichtung zur Folge, die dazu führen könnte, dass die Medien gänzlich von der Archivierung der Beiträge absehen würden.[292] Eine dauerhafte Archivierung ist daher dann zulässig, wenn der Beitrag nur durch eine gezielte Suche abrufbar, nicht auf den aktuellen Seiten des Internetauftritts veröffentlicht und als Altmeldung gekennzeichnet ist.[293]

109 Auch die **sonstigen Beteiligten an einem Strafprozess**, insb Richter, Staatsanwälte und Rechtsanwälte dürfen abgebildet werden, wenn insoweit ein hinreichendes Informationsinteresse besteht. Dies dürfte regelmäßig bei besonders spektakulären Prozessen der Fall sein sowie bei weniger Aufsehen erregenden Prozessen, wenn sich ein Beteiligter selbst gezielt in das Licht der Öffentlichkeit begeben hat. Das BVerfG[294] geht zunächst sehr weitgehend davon aus, dass **Richter** und **Schöffen** kraft des ihnen übertragenen Amts anlässlich ihrer Teilnahme an öffentlichen Sitzungen im Blickfeld der Öffentlichkeit unter Einschluss der Medienöffentlichkeit stünden und dass deshalb ein schützenswertes Interesse zu ihren Gunsten, das eine Berichterstattung verbiete, wegen der Bedeutung des Grundsatzes der Öffentlichkeit für ein rechtsstaatliches Gerichtsverfahren regelmäßig nicht bestehe. Etwas anderes gilt aber, wenn besondere Umstände Anlass zu der Befürchtung geben, eine Abbildung der Mitglieder des Spruchkörpers werde dazu führen, dass sie künftig erheblichen Beeinträchtigungen ausgesetzt sein würden.[295] So wird das Persönlichkeitsrecht der Richter bei Prozessen im Bereich der organisierten Kriminalität häufig überwiegen. **Rechtsanwälte** haben in ihrer Funktion als Organ der Rechtspflege grundsätzlich Aufnahmen hinzunehmen, soweit sie als Beteiligte in einem Verfahren mitwirken, an dessen bildlicher Darstellung ein öffentliches Informationsinteresse besteht.[296] Anders kann es sein, wenn ein Rechtsanwalt nicht im Zusammenhang mit einem bestimmten Verfahren abgebildet ist, sondern im Rahmen eines allgemeinen Artikels über seine Tätigkeit.[297] Führt ein Rechtsanwalt laufend öffentlichkeitswirksame Verfahren, kann dies im Einzelfall allerdings durchaus einen hinreichenden Anlass auch für eine Bildberichterstattung bilden. **Zeugen** dürfen nur dann abgebildet werden, wenn sie sich selbst in den Medien zu ihrer Zeugenrolle geäußert haben[298] oder wenn sie im Verfahren selbst die Aufmerksamkeit auf sich ziehen.[299] Große Zurückhaltung ist bei **Opfern** von Verbrechen geboten,[300] soweit sie sich nicht selbst in die Öffentlichkeit begeben haben. Opfern und ihren Angehörigen muss zugestanden werden, dass sie für eine gewisse Zeit fern der Öffentlichkeit bleiben können, um die ihnen widerfahrenen Straftaten zu verarbeiten.[301] Insb ist es nicht zulässig, die Angehörigen trauernd am Grab des Verbrechensopfers abzubilden.[302]

110 **Polizisten** dürfen nur beim Vorliegen besonderer Umstände identifizierbar abgebildet werden. Dass sie an einer Festnahme mitwirken, die ein Ereignis der Zeitgeschichte darstellen, genügt meist nicht.[303]

---

292 BGH GRUR 2010, 266, 268 – Online-Archiv

293 BGH GRUR 2010, 266, 268 – Online-Archiv.

294 BVerfG NJW 2000, 2890, 2891.

295 BVerfG NJW 2000, 2890, 2891.

296 BVerfG ZUM 2007, 376, 377; aA OLG Celle AfP 1984, 236, 237.

297 LG Berlin AfP 2007, 164 165.

298 LG Berlin AfP 2004, 68, 69; LG Berlin AfP 2004, 152, 153.

299 *Soehring/Seelmann-Eggebert*, NJW 2005, 571, 577.

300 OLG Frankfurt AfP 1976, 181; LG Münster ZUM-RD 2004, 380, 382; LG Köln AfP 1991, 757, 758; LG Münster NJW-RR 2005, 1065, 1066.

301 LG Münster NJW-RR 2005, 1065, 1066.

302 LG Köln AfP 1991, 757, 758.

303 AA Dreier/Schulze/*Dreier* § 23 KUG Rn 9.

3. Darlegungs- und Beweislast

Auf Fragen der Darlegungs- und Beweislast wird es bei der Prüfung des § 23 Abs 1 Nr 1 KUG in der Praxis eher selten ankommen. Eine Rolle können sie allerdings bei Umständen spielen, die für die Interessenabwägung von Bedeutung sind, etwa bei der Frage, welchen Beeinträchtigungen der Abgebildete ausgesetzt ist oder ob er sich vor der Veröffentlichung bereits selbst in die Öffentlichkeit begeben hat. **111**

Bei der Verteilung der Darlegungs- und Beweislast ist zu gewährleisten, dass weder der Presse noch dem Abgebildeten die Darlegung und der Beweis der verfassungsrechtlich für die Abwägung bedeutsamen Belange in unzumutbarer Weise erschwert wird.[304] **112**

Kommt es für die Frage, ob eine Bildnisverwertung nach § 23 Abs 1 Nr 1 KUG zulässig ist, auf die tatsächlichen Umstände an, unter denen das Bild zustande gekommen ist, so trägt derjenige, der das Bildnis verwertet hat, insoweit die Darlegungslast, da es dem Verletzten nicht zumutbar wäre, zu den **Umständen des Fotografierens** vorzutragen, wenn er nicht einmal wissen kann, wann und von wo aus die fraglichen Fotografien angefertigt wurden.[305] Der Bildnisverwerter hat die Umstände so konkret darzulegen, dass überprüft werden kann, ob der Verbreitung des Bildnisses berechtigte Erwartungen des Betroffenen entgegenstehen.[306] Legt eine Zeitung etwa nicht substantiiert dar, dass ein Foto nicht in einem Moment der Zweisamkeit entstanden ist, sondern in Gegenwart vieler Menschen, ist prozessual zu unterstellen, dass der Abgebildete nicht von vielen Menschen umgeben war.[307] Beruft sich der Abgebildete hingegen bei der Abwägung auf **andere Umstände**, die seine berechtigten Interessen nach **§ 23 Abs 2 KUG** verletzen, trifft ihn die Darlegungs- und Beweislast.[308] Da die Rechtsprechung aber vielfach dazu neigt, eine einheitliche Interessenabwägung bereits bei Prüfung der Tatbestände des § 23 Abs 1 KUG vorzunehmen, wird sich diese Grenze schwer ziehen lassen. Als Faustregel kann gelten, dass der Abgebildete Umstände aus seiner privaten Sphäre, etwa Beeinträchtigungen durch die Bildnisveröffentlichung, darzulegen und zu beweisen hat; Umstände, die ein gesteigertes Informationsinteresse der Öffentlichkeit rechtfertigen, werden vom Bildnisverwerter vorgetragen und bewiesen werden müssen. **113**

II. Beiwerk

§ 23 Abs 1 Nr 2 KUG sieht eine Privilegierung für Abbildungen vor, auf denen Personen nur als Beiwerk neben einer Landschaft oder sonstigen Örtlichkeit erscheinen. Ein Beiwerk liegt nur dann vor, wenn die dargestellte Person sich zufällig in einer Umgebung befindet, die den eigentlichen Gegenstand der Abbildung bildet.[309] Die Landschaft oder Örtlichkeit und nicht die Person darf das Bild prägen.[310] Das Gesetz verwendet insoweit bewusst eine andere Terminologie und spricht nicht von einem Bildnis, dessen Merkmal die Abbildung einer Person ist,[311] sondern von einem Bild. **114**

---

304 OLG Hamburg GRUR-RR 2006, 421, 422 – Spaziergang in St Tropez.
305 OLG Hamburg GRUR-RR 2006, 421, 422 – Spaziergang in St Tropez.
306 BVerfG GRUR 2008, 539, 543 – Caroline von Hannover.
307 OLG Hamburg GRUR-RR 2006, 421, 422 – Spaziergang in St Tropez.
308 OLG Karlsruhe NJW 1982, 447, 648.
309 BGH GRUR 1961, 138, 140 – Familie Schölermann.
310 Dreier/Schulze/*Dreier* § 23 KUG Rn 14.
311 Dreier/Schulze/*Dreier* § 22 KUG Rn 1.

Die zufällig mit abgebildete Person muss auf dem Bild derart **untergeordnet** sein, dass sie auch entfallen könnte, ohne dass sich der Charakter oder der Gegenstand des Bildes änderten;[312] die Personendarstellung darf also nicht selbst Thema des Bildes sein.[313] Dass andererseits ein Bild durch mit abgebildeten Personen lebendiger wird, liegt auf der Hand und kann einer Charakterisierung von Personen als Beiwerk allein nicht entgegenstehen.[314]

115 So ist eine Gruppe Wanderer vor einem Gebirgspanorama in einem Reiseprospekt kein Beiwerk, wenn mit dem Foto gezielt für die Berg- und Tourenerlebnisse geworben werden soll;[315] gleiches gilt für ein Bildnis von Jägern, das gerade im Zusammenhang mit einer Berichterstattung über die Jagd verwendet wird.[316] Wird auf einem Wahlplakat einer Partei für Geschwindigkeitsbegrenzungen in Wohngebieten geworben und zu diesem Zweck eine Radfahrerin abgebildet, kommt es für den Zweck des Bildes gerade auf die Radfahrerin an, so dass eine Charakterisierung als Beiwerk ausscheidet.[317] Werden an einem Strand badende Urlauber halbnackt abgebildet, handelt es sich regelmäßig nicht um ein bloßes Beiwerk,[318] weil sie die Aufmerksamkeit der Betrachter gerade auf sich ziehen.

116 Es kann keine Rolle spielen, ob es dem Bildnisverwerter gerade auf die Erkennbarkeit der abgebildeten Personen ankommt, sondern nur darauf, ob die abgebildeten Personen überhaupt weggedacht werden können.[319] Denn die Ausnahmebestimmung des § 23 Abs 1 Nr 2 KUG stellt in erster Linie auf das **Verhältnis des Abgebildeten zu der übrigen Aussage des Bildes** und seinen Stellenwert im Gesamteindruck, nicht auf den Grad seiner Erkennbarkeit ab.[320]

117 Selbst wenn ein Bild grundsätzlich der Privilegierung des § 23 Abs 1 Nr 2 KUG unterfällt, ist davon die **Vergrößerung** einer Person aus einem Bild nicht gedeckt.[321]

118 Ein Problem des § 23 Abs 1 Nr 2 KUG stellt auch die Abbildung von Personen im Rahmen des Dienstes **Google Street View** dar. Die Personenaufnahmen sind dort zwar ganz überwiegend automatisiert unkenntlich gemacht worden. In vielen Fällen werden Personen gleichwohl identifizierbar gezeigt, weil wesentliche Gesichtszüge noch erkennbar sind oder wegen sonstiger Merkmale wie Körperhaltung oder der abgebildeten Umgebung. Hier stellt sich die Frage nach der Zulässigkeit der Abbildung. Grundsätzlich wird man nach den dargestellten Grundsätzen davon ausgehen müssen, dass es sich bei den abgebildeten Personen um Beiwerk handelt, die die Bilder lebendiger machen.[322] Ob dies auch noch gilt, wenn ein derartiges Heranzoomen möglich ist, dass eine Person den Bildschirm ausfüllt, ist strittig. Der Beiwerkcharakter lässt sich nicht allein mit dem Argument begründen, dass der Betrachter auch bei jeder anderen Aufnahme seine Aufmerksamkeit auf einen Teil des Bildes lenken könne.[323] Denn ein

---

312 OLG Oldenburg GRUR 1989, 344, 345 – Oben-Ohne-Foto; OLG Karlsruhe GRUR 1989, 823, 824 – Unfallfoto.

313 OLG Karlsruhe GRUR 1989, 823, 824 – Unfallfoto.

314 OLG Frankfurt AfP 1984, 115; vgl auch Löffler/*Ricker* 43. Kap Rn 17.

315 OLG Frankfurt GRUR 1986, 614, 615 – Ferienprospekt.

316 OLG Düsseldorf GRUR 1970, 618, 619 – Schleppjagd.

317 Vgl LG Oldenburg GRUR 1986, 464, 465 – DKP-Plakat, das die Unzulässigkeit mit einem überwiegenden Interesse des Abgebildeten begründet, nicht mit der Partei in Verbindung gebracht zu werden.

318 OLG Oldenburg GRUR 1989, 344, 345 – Oben-Ohne-Foto; vgl auch OLG München NJW 1988, 915, 916.

319 In diese Richtung LG Oldenburg GRUR 1986, 464, 465 – DKP-Plakat.

320 BGH NJW 1979, 2205, 2206 – Fußballtor.

321 Schricker/Loewenheim/*Götting* Anh zu § 60 UrhG § 23 KUG Rn 82.

322 Vgl *Lindner* ZUM 2010, 292, 294.

323 So aber *Lindner* ZUM 2010, 292, 294.

derartiges Herausvergrößern wie es Google Street View ermöglicht, wäre etwa bei einem Zeitungsfoto mit einem erheblichen Mehraufwand verbunden. Gleichwohl ist grundsätzlich von einer Zulässigkeit der Zoomfunktion auszugehen.[324] Andernfalls käme es zu Wertungswidersprüchen. Denn wenn man bei der Betrachtung des Gesamtbildes noch von einem Beiwerkcharakter der abgebildeten Personen ausgeht und damit selbst ihre Identifizierbarkeit für zulässig hält, ergibt es keinen Sinn, für die Zoomfunktion die Unkenntlichmachung zu fordern, zumal wegen der Auflösung der Bilder und der Verpixelung der Gesichter die Erkennbarkeit mit dem Zoomen in der Regel nicht steigt. Etwas anderes kann gelten, wenn erst das Heranzoomen im Einzelfall tatsächlich zu einer Erkennbarkeit einer Person führt. Die weiteren Begleitumstände der Abbildung können diese im Rahmen einer Interessenabwägung nach § 23 Abs 2 KUG allerdings im Einzelfall unzulässig machen. So kann insb die erkennbare Abbildung von Personen in Badebekleidung oder in kompromittierenden Situationen verboten sein. Auch die Abbildung von Personen auf Grundstücken, die wegen eines Zauns für den normalen Betrachter nicht von der Straße aus, wohl aber für die Google-Kameras, die aus größerer Höhe fotografiert haben, einsehbar sind, kann unzulässig sein.

III. Versammlungen, Aufzüge und ähnliche Vorgänge

§ 23 Abs 1 Nr 3 KUG erlaubt die Abbildung von Personen bei Versammlungen, **119**
Aufzügen und ähnlichen Vorgängen. Ebenso wie bei § 23 Abs 1 Nr 2 KUG darf nicht die abgebildete Person im Vordergrund stehen, sondern das dargestellte Ereignis,[325] auch wenn es gerade auf die Abbildung von Personen ankommt, aber nur in ihrer Gesamtheit. Für jeden einzelnen Abgebildeten gilt auch hier, dass er letztlich für das Gesamtbild nicht von entscheidender Bedeutung sein darf. Er muss also hinweggedacht werden können oder zumindest austauschbar sein. Erforderlich ist dafür vor allem eine gewisse **Größe** der Versammlung oder Ansammlung, die im Regelfall mindestens aus zehn bis zwölf[326] Personen bestehen muss.

Der Unterschied zwischen einem **Aufzug** und einer **Versammlung** dürfte wie im **120**
Versammlungsrecht darin bestehen, dass sich der Aufzug fortbewegt.[327] Die „ähnlichen Vorgänge" müssen zumindest in ihren Grundeigenschaften den Versammlungen oder Aufzügen ähnlich sein.[328] Praktisch spielt die Unterscheidung zwischen den Tatbestandsvarianten des § 23 Abs 1 Nr 3 KUG nahezu keine Rolle. Kennzeichnend für die Begriffe der Versammlung, des Aufzuges und der ähnlichen Vorgänge ist, dass die abgebildeten Personen einen kollektiven Willen haben.[329] Geschützt sind danach Abbildungen von **Demonstrationen**, **Kongressen** oder **Sportveranstaltungen**[330] sowie **Karnevalsumzüge**[331] oder **Public-Viewing-Veranstaltungen**.

Auch wenn die Begriffe grundsätzlich weit zu verstehen sind,[332] reichen bloße **121**
Menschenansammlungen ohne gemeinsamen Willen auch dann nicht aus, wenn sie zufällig etwas gemeinsam tun. So ist etwa eine Ansammlung von **Fahrgästen** öffent-

---

324 So im Ergebnis auch *Lindner* ZUM 2010, 292, 294; aA *Ott* WRP 2008, 393, 413.
325 *Von Gamm* Einf Rn 122.
326 *Prinz/Peters* Rn 872.
327 Erbs/Kohlhaas/*Wache* § 1 VersammlG Rn 34.
328 OLG München NJW 1988, 915, 916.
329 OLG München NJW 1988, 915, 916.
330 Dreier/Schulze/*Dreier* § 23 KUG Rn 18.
331 Wandtke/Bullinger/*Fricke* § 23 KUG Rn 29.
332 Dreier/Schulze/*Dreier* § 23 KUG Rn 18.

licher Verkehrsmittel nicht deshalb eine Versammlung, weil die Fahrgäste gemeinsam das Ziel verfolgen, sich fortzubewegen.[333] Auch eine Ansammlung von **Beteiligten an einem Verkehrsunfall** und Rettungssanitätern am Unfallort dürfte der Ausnahmevorschrift nicht unterfallen.[334]

122 **Private Veranstaltungen** wie insb Hochzeiten und Trauerfeiern fallen regelmäßig nicht unter den Begriff der Versammlung,[335] sondern können allenfalls ein zeitgeschichtliches Ereignis darstellen.[336] Zum Begriff der Versammlung gehört daher auch die Öffentlichkeit der Veranstaltung.[337] Selbst dann, wenn eine Familienfeier ausnahmsweise eine Versammlung darstellen sollte, kommt den Interessen der Abgebildeten bei der Abwägung nach § 23 Abs 2 KUG besondere Bedeutung zu. Insb die Abbildung von Trauergästen dürfte danach in vielen Fällen unzulässig sein.

123 Geschützt sind nicht nur Abbildungen von der Versammlung als Ganzes, sondern auch **Ausschnitte**, wenn sie einen repräsentativen Gesamteindruck von der Versammlung vermitteln.[338] Die Abbildung von Einzelpersonen bei Versammlungen ist aber grundsätzlich nicht von § 23 Abs 1 Nr 3 KUG gedeckt.[339] Das Gesetz spricht nicht davon, dass Aufnahmen von *Personen bei Versammlungen* zulässig seien, sondern *Bilder von Versammlungen* auf denen die teilnehmenden Personen zu sehen sind. Einzelabbildungen sind ausnahmsweise dann zulässig, wenn sich diese Personen durch ihr Verhalten besonders exponieren[340] oder als Anführer oder Organisator in Erscheinung treten,[341] wobei sich die Zulässigkeit der Abbildung dann eher aus § 23 Abs 1 Nr 1 KUG ergeben dürfte.

124 Auch **Polizisten** dürfen bei Demonstrationen als Teil der Masse abgebildet werden. Auch hier gilt aber, dass Einzelaufnahmen nicht zulässig sind.[342] Gleiches dürfte für die separate Abbildung von kleinen Gruppen gelten, die ausschließlich aus Polizisten bestehen. Ein Recht zur Abbildung kann sich allerdings aus § 23 Abs 1 Nr 1 KUG ergeben, insb wenn das Verhalten eines einzelnen Polizisten eine Pflichtwidrigkeit darstellt, weil hier in besonderem Maße ein Recht der Öffentlichkeit besteht, darüber informiert zu werden.[343]

IV. Höheres Interesse der Kunst

125 Nach § 23 Abs 1 Nr 4 KUG dürfen Bildnisse, die nicht auf Bestellung angefertigt werden, ohne Einwilligung des Betroffenen verbreitet und zur Schau gestellt werden, sofern die Verbreitung und Schaustellung einem höheren Interesse der Kunst dient.

126 Nach dem Gesetzeszweck soll damit die Veröffentlichung künstlerischer Bildnisstudien ermöglicht werden.[344] Die herrschende Meinung wendet die Bestimmung auch

---

333 OLG München NJW 1988, 915, 916.
334 Offengelassen von OLG Karlsruhe GRUR 1989, 823, 824 – Unfallfoto.
335 Dreier/Schulze/*Dreier* § 23 Rn 18.
336 In diese Richtung auch Wandtke/Bullinger/*Fricke* § 23 KUG Rn 30.
337 Vgl auch Dreier/Schulze/*Dreier* § 23 KUG Rn 19.
338 OLG Hamburg GRUR 1990, 35, 36 – Begleiterin; OLG Celle NJW 1979, 57, 58.
339 OLG Frankfurt MMR 2004, 683, 684 – Online-Fotoservice; OLG Karlsruhe NJW 1980, 1701, 1702; OLG Celle NJW 1979, 57, 58.
340 Wandtke/Bullinger/*Fricke* § 23 KUG Rn 29.
341 Dreier/Schulze/*Dreier* § 23 KUG Rn 21.
342 OLG Karlsruhe NJW 1980, 1701, 1702.
343 *Dreier*/Schulze § 23 KUG Rn 20.
344 Vgl Verhandlungen des Reichstages, 11. Legislaturperiode, II. Session, 1. Sessionsabschnitt 1905/1906, Anlagenband 2, 1526, 1541.

im Bereich der **künstlerischen Fotografie** an.[345] Dies ist abzulehnen. Es widerspricht nicht nur dem Willen des Gesetzgebers, der ausdrücklich erklärt hat, dass die Vorschrift „auf photographische Bildnisse nicht zu beziehen sein wird",[346] sondern wird auch dem Ausnahmecharakter des § 23 Abs 1 KUG nicht gerecht. Der Eingriff in das Persönlichkeitsrecht ist bei einem Foto deutlich intensiver als etwa bei einem Gemälde und einer Zeichnung. Im Übrigen ist kaum ersichtlich, wie die Abgrenzung zwischen einer Fotografie, die den höheren Interessen der Kunst dient und einer sonstigen Fotografie gezogen werden soll. Dem Interesse der Kunst an der Fotografie von Personen des öffentlichen Lebens kann durch § 23 Abs 1 Nr 1 KUG Rechnung getragen werden. Abzulehnen ist deswegen auch eine analoge Anwendung der Vorschrift auf die **Darstellung des Lebensbildes einer Person in einem Film**[347] – auch hier ist eine Rechtfertigung der Abbildung allenfalls möglich, wenn ein Ereignis der Zeitgeschichte vorliegt.

Es genügt nicht irgendein künstlerisches Interesse, sondern es muss ein in qualitativer Hinsicht gesteigertes, besonders starkes Interesse vorliegen.[348] Die künstlerischen Ziele der Bildnisverwertung müssen dabei deutlich im Vordergrund stehen, so dass § 23 Abs 1 Nr 4 KUG nicht anwendbar ist, wenn mit der Verbreitung und Zurschaustellung des Bildnisses überwiegend andere, etwa wirtschaftliche,[349] unterhaltende oder politische Zwecke verfolgt werden.[350] Schon eine gleichzeitige Verfolgung wirtschaftlicher Ziele kann einer Veröffentlichung entgegenstehen; nur ganz untergeordnete andere Zwecke schaden nicht, etwa Eintrittsgelder für eine Kunstausstellung.[351] **127**

Wird ein Polizist bei einem Einsatz auf einem Plakat abgebildet, das die sofortige Einführung einer Kennzeichnungspflicht für Polizisten fordert, tritt ein möglicherweise ebenfalls verfolgtes künstlerisches Ziel jedenfalls angesichts des in erster Linie verfolgten politischen Ziels derart in den Hintergrund, dass § 23 Abs 1 Nr 4 KUG nicht eingreifen kann.[352] Auch die Abbildung eines Fußballspielers in einem kommerziellen Computerspiel lässt sich nicht mit der Verfolgung künstlerischer Ziele rechtfertigen.[353] **128**

Ausgeschlossen ist die Anwendung des § 23 Abs 1 Nr 4 KUG in Fällen, in denen der Abgebildete das Bild **beim Künstler bestellt** hat. Der Grund liegt in dem besonderen Vertrauensverhältnis, das durch eine derartige Beauftragung entsteht und das es rechtfertigt, dass eine Veröffentlichung nicht mehr ohne Zustimmung des Abgebildeten zulässig sein kann.[354] **129**

Eine analoge Anwendung der Vorschrift auf **Bildnisse, die der Wissenschaft dienen,** ist zwar angesichts der gemeinsamen Regelung der Kunst- und der Wissenschaftsfreiheit in Art 5 Abs 3 GG nicht ganz fern liegend, im Ergebnis aber abzulehnen.[355] Die Inte- **130**

---

345 Dreier/Schulze/*Dreier* § 23 KUG Rn 22; Wandtke/Bullinger/*Fricke* § 23 KUG Rn 33.
346 Vgl Verhandlungen des Reichstages, 11. Legislaturperiode, II. Session, 1. Sessionsabschnitt 1905/1906, Anlagenband 2, 1526, 1541.
347 OLG München ZUM 2007, 932, 933.
348 BerlVerfGH NJW 2007, 1686, 1688.
349 So schon die Gesetzesbegründung, vgl Verhandlungen des Reichstages, 11. Legislaturperiode, II. Session, 1. Sessionsabschnitt 1905/1906, Anlagenband 2, 1526, 1540 f.
350 BerlVerfGH NJW 2007, 1686, 1688; OLG München ZUM 1997, 388, 391; LG Hannover ZUM 2000, 970, 971 f; vgl auch Wenzel/*von Strobl-Albeg* 8. Kap Rn 54.
351 Dreier/Schulze/*Dreier* § 23 KUG Rn 23.
352 BerlVerfGH NJW 2007, 1686, 1688.
353 OLG Hamburg ZUM 2004, 309, 310.
354 Vgl Verhandlungen des Reichstages, 11. Legislaturperiode, II. Session, 1. Sessionsabschnitt 1905/1906, Anlagenband 2, 1526, 1540 f.
355 So auch Dreier/Schulze/*Dreier* § 23 KUG Rn 24; aA LG Hannover ZUM 2000, 970, 971; Wandtke/Bullinger/*Fricke* § 23 KUG Rn 33; Schricker/Loewenheim/*Götting* Anh zu § 60 UrhG § 23 KUG Rn 104; Wenzel/*von Strobl-Albeg* 8. Kap Rn 54; *von Gamm* Einf Rn 124.

ressenlage eines Wissenschaftlers ist nicht mit derjenigen eines bildenden Künstlers vergleichbar, der sich auch durch die Auseinandersetzung mit tatsächlich existierenden Personen verwirklichen können soll. Wenn das Aussehen einer Person wissenschaftliches Interesse auf sich zieht, wird sie ohnehin meist des besonderen Schutzes vor der Abbildung bedürfen.[356]

V. Berechtigtes Interesse des Abgebildeten

131 Nach § 23 Abs 2 KUG darf ein Bildnis auch dann, wenn ein Befugnistatbestand des § 23 Abs 1 KUG eingreift, nicht veröffentlicht werden, wenn ein berechtigtes Interesse des Abgebildeten verletzt wird.

132 Die Rechtsprechung ist mittlerweile zumindest bei Bildnissen im Bereich der Zeitgeschichte dazu übergegangen, unter Berücksichtigung der Entscheidung des EGMR eine Interessenabwägung bereits bei der Prüfung des § 23 Abs 1 KUG vorzunehmen.[357] Gleichwohl ist eine weitergehende Interessenabwägung auch im Bereich zeitgeschichtlicher Ereignisse nicht obsolet. Im Rahmen des § 23 Abs 1 Nr 1 KUG sind Umstände zu berücksichtigen, die unabhängig von der konkreten Verwendungsart des Fotos sind, während nach § 23 Abs 2 KUG eine Prüfung der Umstände des Einzelfalls zu erfolgen hat, die einer an sich zulässigen Bildnisverwertung ausnahmsweise entgegenstehen können.[358]

133 Auch wenn die Grenze zwischen den zu berücksichtigenden Umständen gleichwohl oft schwer zu ziehen sein wird, ist die Einordnung der Interessenabwägung keine rein dogmatische Frage, sondern hat Auswirkungen für die **Darlegungs- und Beweislast.** Während der Bildnisverwerter darzulegen und zu beweisen hat, dass ein Tatbestand des § 23 Abs 1 KUG erfüllt ist, muss der Abgebildete, der sich auf ein Überwiegen seiner berechtigten Interessen beruft, die Voraussetzungen hierfür darlegen und beweisen.[359]

134 Wesentliche Abwägungskriterien sind das Informationsinteresse auf der einen Seite und das Interesse des Abgebildeten am Schutz seiner Persönlichkeit auf der anderen Seite. Je größer der Informationswert für die Öffentlichkeit ist, desto mehr muss das Schutzinteresse desjenigen, über den informiert wird, hinter den Informationsbelangen der Öffentlichkeit zurücktreten. Umgekehrt wiegt aber auch der Schutz der Persönlichkeit des Betroffenen desto schwerer, je geringer der Informationswert für die Allgemeinheit ist.[360] Das Interesse der Leser an bloßer **Unterhaltung** hat gegenüber dem Schutz der Privatsphäre regelmäßig ein geringeres Gewicht.[361]

135 Bei der Interessenabwägung ist insb zu fragen, ob die Privat- oder Intimsphäre des Abgebildeten betroffen ist. Ferner sind eine besondere Schmähung des Abgebildeten und seine Gefährdung zu berücksichtigen. Schließlich spielt die Interessenabwägung im Einzelfall in der Rechtsprechung eine große Rolle bei der Verwendung von Abbildungen prominenter Personen in der Werbung.

---

356 Ähnl Dreier/Schulze/*Dreier* § 23 KUG Rn 24.

357 BGH GRUR 2007, 523, 525 – Abgestuftes Schutzkonzept.

358 Dreier/Schulze/*Dreier* § 23 KUG Rn 25.

359 OLG Karlsruhe NJW 1982, 647, 648; OLG Hamburg ZUM 1998, 579, 582.

360 BVerfG GRUR 2000, 446, 453 – Caroline von Monaco; BGH GRUR 2007, 523, 526 – Abgestuftes Schutzkonzept; BGH GRUR 1996, 923, 926 – Caroline von Monaco II.

361 BGH GRUR 2007, 523, 526 – Abgestuftes Schutzkonzept; BGH GRUR 1996, 923, 926 – Caroline von Monaco II.

1. Privat- und Intimsphäre

Grundsätzlich unzulässig sind Aufnahmen aus dem Bereich der **Intimsphäre**. Insb gehört der **nackte Körper** zum intimsten Persönlichkeitsbereich jedes Menschen, so dass die Entscheidung über die Veröffentlichung seines Nacktbildes regelmäßig dem Abgebildeten vorbehalten bleiben muss.[362] Daraus ergibt sich zunächst, dass die Veröffentlichung von Nacktfotos einer Person, die entschieden hat, ihre Nacktheit der Öffentlichkeit nicht preiszugeben, per se unzulässig ist. Zulässig kann die Verwertung von Nacktaufnahmen dann sein, wenn der Abgebildete die Intimsphäre der Öffentlichkeit bereits umfassend preisgegeben hat.[363] **136**

Für die Zulässigkeit genügt es indes nicht, wenn sich der Abgebildete in gewisser Weise selbst nackt zur Schau gestellt hat.[364] So bedeutet ein Auftritt vor einem kleinen Theaterpublikum nicht, dass eine nackt auftretende Schauspielerin auch eine Veröffentlichung von Nacktfotos von der Aufführung in diversen Tageszeitungen dulden muss.[365] Andererseits hat das LG Hamburg[366] die Veröffentlichung des Fotos einer Entertainerin für zulässig erachtet, das ihre unter einem verrutschten Abendkleid versehentlich entblößte Brust zeigt, weil die Abgebildete selbst auf ihrer Internetseite Nacktfotos von sich veröffentlicht hatte, mehrere Sekunden mit der entblößten Brust vor Fotografen posiert und dann auch noch in einem anschließenden Interview geäußert hatte, dass man den Fotografen „doch irgendwas zum Fotografieren geben" müsse. Auch der Kontext der Fotoveröffentlichung kann zu einem überwiegenden Interesse des Abgebildeten führen; so ist insb selbst eine an sich zulässige Veröffentlichung eines Aktfotos auf einer Internetseite mit pornografischem Inhalt unzulässig.[367] **137**

Anders ist es, wenn von einer Schauspielerin **erotische Nacktaufnahmen in einem Männermagazin** veröffentlicht wurden. Sie muss es grundsätzlich dulden, dass diese Aufnahmen auch in einer Tageszeitung im Rahmen eines Berichtes über die Fotos in dem Männermagazin wiedergegeben werden.[368] Für die Zulässigkeit kommt es aber auf den redaktionellen Kontext an. Die schlichte Nachricht, dass Nacktaufnahmen einer Person im „Playboy" veröffentlicht wurden,[369] begründet ebenso wenig ein Informationsinteresse wie belanglose Bemerkungen zu „Playboy"-Fotos in einer Tageszeitung.[370] Für zulässig hat das OLG Frankfurt[371] den Abdruck einer „Playboy"-Aufnahme der Eiskunstläuferin Katharina Witt erachtet, weil sich der damit zusammenhängende redaktionelle Beitrag satirisch mit den Fotos und dem Verhältnis der Abgebildeten zu den politisch Verantwortlichen in der ehemaligen DDR auseinandersetzte. Geht es demgegenüber bei der Abbildung nur um das Zurschaustellen der Abgebildeten in unbekleideten Zustand,[372] um damit Voyeurismus, Schaulust und Neugier der Leser oder Zuschauer zu befriedigen, ist die Veröffentlichung nicht gestattet.[373] **138**

---

362 BGH GRUR 1975, 561, 662 – Nacktaufnahmen; OLG Dresden ZUM 2010, 597, 598; OLG Saarbrücken NJW-RR 2000, 1571 f.
363 Schricker/Loewenheim/*Götting* Anh zu § 60 UrhG § 23 KUG Rn 115.
364 OLG Dresden ZUM 2010, 597, 598.
365 OLG Saarbrücken NJW-RR 2000, 1571 f.
366 LG Hamburg ZUM-RD 2007, 427 f.
367 LG München I ZUM-RD 2005, 38, 40, 42.
368 OLG Hamburg ZUM 1991, 550, 551.
369 OLG Frankfurt NJW 2000, 594, 959 – Katharina Witt.
370 OLG Hamburg GRUR 1996, 123, 124 – Schauspielerin.
371 OLG Frankfurt NJW 2000, 594, 959 – Katharina Witt.
372 OLG Hamburg GRUR 1996, 123, 124 – Schauspielerin; OLG Frankfurt NJW 2000, 594, 595 – Katharina Witt.
373 OLG Frankfurt NJW 2000, 594, 595 – Katharina Witt.

139 Nicht schlechthin unzulässig sind Aufnahmen aus dem Bereich der **Privatsphäre.** Ein überragendes öffentliches Informationsinteresse kann die Bildberichterstattung rechtfertigen.[374] Zur Privatsphäre gehören Umstände, deren öffentliche Erörterung oder Zurschaustellung als unschicklich gilt, deren Bekanntwerden als peinlich empfunden wird oder nachteilige Reaktionen der Umwelt auslöst. Dazu gehören Auseinandersetzungen mit sich selbst in Tagebüchern, vertrauliche Kommunikation unter Eheleuten im Bereich der Sexualität sowie sozial abweichendes Verhalten oder Krankheiten.[375]

140 Daneben erstreckt sich der Schutz auf einen **räumlichen Bereich**, in dem der Einzelne zu sich kommen, sich entspannen oder auch gehen lassen kommen muss; ihm muss ein Raum verbleiben, in dem er die Möglichkeit hat, frei von öffentlicher Beobachtung und damit der von ihr erzwungenen Selbstkontrolle zu sein.[376] Dieser räumliche Bereich umfasst in erster Linie den häuslichen Bereich einschließlich des eigenen Grundstücks – auch ein Balkon zählt dazu, auch wenn er sich über einem Gehweg befindet.[377] Der Bereich erstreckt sich zudem auch auf die freie, abgeschiedene Natur und Örtlichkeiten, die von der breiten Öffentlichkeit deutlich abgeschieden sind und in der sich der Einzelne frei von öffentlicher Beobachtung in freier Weise bewegen können muss. Entscheidend ist, ob der Betroffene begründeten Anlass hat, davon auszugehen, dass er den Blicken der Öffentlichkeit nicht ausgesetzt ist.[378] Dies ist grundsätzlich auch in Situationen des gewöhnlichen Alltagslebens oder in einer Situation der Entspannung von Beruf und Alltag denkbar.[379]

141 Der Einzelne kann öffentliche Orte aber nicht durch ein typischerweise privates Verhalten **in seine Privatsphäre umdefinieren**; es kommt vielmehr auf die objektive Gegebenheit der Örtlichkeit zur fraglichen Zeit an.[380]

142 Als **privat** hat die Rechtsprechung eine Unterhaltung in einem spärlich beleuchteten Restaurant angesehen,[381] einen Waldweg[382] oder einen nur vom Wasser aus zugänglichen Strand.[383]

143 **Nicht zum privaten Bereich** gehören öffentliche Plätze, auf denen sich große Menschenmengen bewegen[384] oder ein öffentliches Strandbad.[385] Auch Fotos, die Caroline von Monaco beim Reiten, Paddeln, Radfahren und beim Einkaufen zeigen, hat der BGH[386] nicht zum Bereich der Privatsphäre gezählt. Gleiches gilt für öffentliche und öffentlichkeitswirksame Veranstaltungen, wie eine AIDS Gala.[387] Hier müssen Personen, insb wenn sie sich mit Politikern zeigen oder sich außergewöhnlich verhalten, damit rechnen, dass Aufnahmen von ihnen veröffentlicht werden.[388] Für zulässig

374 BVerfG GRUR 2000, 446, 453 – Caroline von Monaco.

375 BVerfG GRUR 2000, 446, 450 – Caroline von Monaco.

376 BVerfG GRUR 2000, 446, 450 – Caroline von Monaco.

377 So aber KG AfP 2007, 573, 574.

378 BVerfG GRUR 2000, 446, 450 – Caroline von Monaco.

379 BVerfG GRUR 2008, 539, 541 – Caroline von Hannover.

380 BVerfG GRUR 2000, 446, 450 – Caroline von Monaco.

381 BGH GRUR 1996, 923, 926 – Caroline von Monaco II.

382 KG ZUM 2007, 475, 477 f.

383 LG Hamburg ZUM 1998, 852, 859.

384 BVerfG GRUR 2000, 446, 450 – Caroline von Monaco; krit *Teichmann* NJW 2007, 1917, 1917 f, der dafür plädiert, dem Umstand, dass die Belästigung durch Fotografen eine Beeinträchtigung der persönlichen Entfaltungsfreiheit auch und gerade an öffentlich zugänglichen Orten bedeute, mehr Gewicht beizumessen.

385 BVerfG NJW 2000, 2192.

386 BGH GRUR 1996, 923, 926 – Caroline von Monaco II.

387 LG Hamburg ZUM-RD 2008, 75, 76.

388 LG Hamburg ZUM-RD 2008, 75, 76 zu einem Foto von einem Zungenkuss zwischen Klaus Wowereit und Désirée Nick, das in einem Wahlwerbespot verwendet wurde.

befunden wurde auch ein Foto eines Rechtsanwalts in seinen hell erleuchteten Kanzleiräumen ohne Vorhang bei einer staatsanwaltschaftlichen Durchsuchung.[389]

Bei der Abbildung Prominenter in Alltagssituationen kommt es nach der im Anschluss an die Entscheidung des EGMR im Jahr 2004 ergangene Rechtsprechung des BGH nunmehr vor allem darauf an, ob die Bildnisse zu einer **Debatte mit Sachgehalt** beitragen. Dies ist allerdings bereits bei der Entscheidung zu berücksichtigen, ob überhaupt ein Bildnis aus dem Bereich der Zeitgeschichte vorliegt.[390] **144**

Auch Personen des öffentlichen Lebens können den Schutz ihrer Privatsphäre beanspruchen.[391] Der Schutz vor öffentlicher Kenntnisnahme besteht aber insoweit nicht, als sich jemand selbst damit einverstanden erklärt, dass bestimmte, gewöhnlich als privat geltende Angelegenheiten öffentlich gemacht werden, etwa durch **Exklusivverträge mit der Presse**[392] oder den offenen Umgang mit dem Privatleben in der Presse. So hat das LG Berlin[393] die Veröffentlichung eines Fotos, das den Fernsehmoderator Thomas Gottschalk beim Einkaufsbummel in Malibu zeigte, für zulässig gehalten, weil er sich in der Vergangenheit in privaten Situationen hatte abbilden lassen. Auch wenn das schützenswerte Interesse einer Person des öffentlichen Lebens in derartigen Fällen gering ist, ist aber stets zu beachten, dass bereits im Rahmen der Prüfung des § 23 Abs 1 Nr 1 KUG ein hinreichendes Informationsinteresse nach den oben dargestellten Grundsätzen[394] vorliegen muss. Ferner darf auch nicht unberücksichtigt bleiben, wenn ein Prominenter sich nur entschieden hat, den „Hunger" der Presse und die Sensationsgier des Publikums nach Einzelheiten aus dem Privatleben gezielt und in nur begrenztem Maß oder nur in einem Teilbereich zu befriedigen.[395] Zulässig wird eine Berichterstattung dadurch zunächst nur in dem „freigegebenen" Teilbereich. Es sind allerdings durchaus Fälle denkbar, in denen durch die Preisgabe von Informationen auch ein weitergehendes berechtigtes Informationsinteresse geweckt wird.[396] **145**

2. Falscher Aussagegehalt und Schmähung

Eine entstellende oder den Ruf des Abgebildeten gefährdende bildliche Darstellung kann ein überwiegendes Interesse des Betroffenen begründen, das der Bildnisveröffentlichung entgegensteht.[397] **146**

Auch wenn niemand ein Recht darauf hat, von Dritten nur so wahrgenommen zu werden, wie er sich selbst gerne sehen möchte, besteht doch ein Anspruch darauf, dass ein fotografisch erstelltes Abbild nicht manipulativ so entstellt wird, dass die **Bildaussage unzutreffend** wird. Dabei kommt es nicht darauf an, ob die Veränderungen in guter oder in verletzender Absicht vorgenommen wurden oder ob die Betrachter die Veränderung als vorteilhaft oder nachteilig für den Dargestellten empfinden. Jedenfalls immer dann, wenn die **Verfremdung für den Betrachter nicht erkennbar** ist, wird die regelmäßig mitschwingende Tatsachenbehauptung über die Realität der Abbildung unzutreffend.[398] Eine falsche Aussage kann in der Abbildung des Betroffenen selbst **147**

389 OLG Karlsruhe ZUM 2006, 571, 572.

390 S Rn 69 ff.

391 BVerfG GRUR 2000, 446, 450 – Caroline von Monaco.

392 BVerfG GRUR 2000, 446, 450 – Caroline von Monaco; Wandtke/Bullinger/*Fricke* § 23 KUG Rn 39; aA Wenzel/*von Strobl-Albeg* 8. Kap Rn 75.

393 LG Berlin AfP 2007, 257, 259.

394 S Rn 69 ff.

395 So zu Recht Dreier/Schulze/*Dreier* § 23 KUG Rn 31.

396 Ähnlich Dreier/Schulze/*Dreier* § 23 KUG Rn 31.

397 Vgl OLG Karlsruhe NJW 1982, 647, 648.

398 BVerfG GRUR 2005, 500, 501 – Satirische Fotomontage.

enthalten sein, etwa durch die Bearbeitung seines Gesichts,[399] oder sich aus den Begleitumständen ergeben, etwa durch die Montage weiterer Personen in ein Bild.[400]

148 Ist die Verfremdung nicht offensichtlich, ist es dem Bildnisverwerter ohne weiteres zumutbar, das Bildnis – etwa durch den Schriftzug „Fotomontage" – entsprechend zu kennzeichnen.[401] Nach diesen Grundsätzen hat das OLG Hamburg[402] die Veröffentlichung eines satirischen und bearbeiteten Fotos des ehemaligen Telekom-Chefs Ron Sommer für unzulässig gehalten, nachdem der BGH eine bereits der Unterlassungsklage des Abgebildeten stattgebenden Entscheidung des Gerichts zunächst aufgehoben,[403] die Sache dann aber nach einer erfolgreichen Verfassungsbeschwerde[404] wieder an das OLG zurückverwiesen[405] hatte. Die Entscheidung wird wegen der eher geringfügigen Eingriffe in die Originaldarstellung, die das OLG im Detail untersucht, als Sezierung der Abbildung kritisiert, die den Gesamtzusammenhang nicht berücksichtige.[406] Dies zu Unrecht; auch eine geringfügig manipulierte Personenabbildung, die nicht als verändert erkennbar ist, ist nichts anderes als eine falsche Tatsachenbehauptung, die per se unzulässig ist.

149 Die **erkennbare Manipulation** kann als Meinungsäußerung bis zur Grenze der Schmähung zulässig sein.[407] Nur wenn, etwa bei einer nach § 23 Abs 1 Nr 1 KUG grundsätzlich zulässigen Abbildung, nicht mehr die Auseinandersetzung in der Sache, sondern die Herabsetzung einer Person im Vordergrund steht, hat das Interesse des Bildnisverwerters – auch wenn eine die Öffentlichkeit wesentlich berührende Frage thematisiert wird – regelmäßig hinter dem Persönlichkeitsrecht des Betroffenen zurückzutreten.[408] Dabei kann sich die Schmähung sowohl aus dem Bildnis selbst[409] als auch aus dem Zusammenhang mit einer Wortberichterstattung ergeben.

150 Zulässig ist die **satirische Darstellung** einer Person auf einem **Gemälde**, sofern hier, wie regelmäßig, offensichtlich ist, dass es sich bei der Abbildung nicht um eine authentische Wiedergabe einer Person handelt und auch nicht der fälschliche Eindruck entsteht, die gemalte Persönlichkeit habe dem Maler Modell gestanden.[410] Bei einer satirischen Darstellung in Gemäldeform kann es daher nicht darauf ankommen, ob die dargestellte Person in größtmöglichem Umfang verfremdet und damit für den Betrachter nicht mehr erkennbar ist, weil gerade die Erkennbarkeit der abgebildeten Person Voraussetzung dafür ist, dass der Betrachter eine in dem Gemälde liegende Meinungsäußerung erkennen und bewerten kann. Das OLG Dresden[411] hat die Veröffentlichung eines Gemäldes für zulässig gehalten, das eine Politikerin nackt zeigte und sich satirisch mit einem aktuellen, politisch umstrittenen Thema auseinandersetzte. Das LG München I[412] hat einen Unterlassungsanspruch von Jürgen Klinsmann gegen eine Zeitung verneint, die ihn während seiner Zeit als Trainer des FC Bayern München in einer Fotomontage als Gekreuzigten dargestellt hat. Ein Plakat mit einem Foto des Vorstandsvorsitzenden eines großen Chemie-Unternehmens und der Aufschrift

399 BVerfG GRUR 2005, 500, 501 – Satirische Fotomontage.
400 LG München I ZUM-RD 2003, 489, 490.
401 LG München I ZUM-RD 2003, 489, 490.
402 OLG Hamburg ZUM-RD 2008, 408.
403 BGH GRUR 2006, 255 ff – Satirische Fotomontage.
404 BVerfG GRUR 2005, 500, 501 – Satirische Fotomontage.
405 BGH GRUR 2004, 590 ff – Satirische Fotomontage.
406 Wandtke/Bullinger/*Fricke* § 23 KUG Rn 42.
407 OLG Karlsruhe AfP 1982, 48.
408 BVerfG NJW 1999, 2358, 2359; BVerfG NJW 1995, 3303, 3307; BVerfG NJW 1991, 95, 96; BGH GRUR 1994, 391, 393 – Alle reden vom Klima; OLG Köln ZUM-RD 2009, 658, 661; OLG Dresden ZUM 2010, 597, 599.
409 Vgl OLG Dresden ZUM 2010, 597, 599.
410 OLG Dresden ZUM 2010, 597, 599.
411 OLG Dresden ZUM 2010, 597, 598 ff.
412 LG München I ZUM-RD 2009, 409, 411.

„Alle reden vom Klima. Wir ruinieren es"; hielt der BGH[413] für zulässig, weil mit dem Plakat nicht in erster Linie eine Anprangerung des Abgebildeten bezweckt wurde, sondern damit zu einer Diskussion über ein die Öffentlichkeit interessierendes Thema angeregt werden sollte. Auch der Umstand, dass mit der Darstellung einer Person beim Publikum ein Lacheffekt erzielt werden soll, führt noch nicht zu einer unzulässigen Schmähung.[414]

3. Gefährdung

Stets unzulässig ist eine Veröffentlichung des Bildnisses einer Person dann, wenn dadurch deren **Leib, Leben** oder **Gesundheit** ernsthaft gefährdet ist.[415] Zu berücksichtigen ist etwa eine Anschlags- oder Entführungsgefahr bei wohlhabenden Personen,[416] die Gefahr von Gewalt nach einer anprangernden Berichterstattung im Internet,[417] das Risiko einer Gefährdung des Betroffenen wegen dessen Herzkrankheit[418] oder die Gefahr eines Racheaktes gegen einen im Bereich der organisierten Kriminalität ermittelnden Agenten.[419] Insb kann die Gefährdung der Abbildung von Verbrechensopfern und Zeugen entgegenstehen.[420] **151**

4. Werbung

Kritisch ist grundsätzlich die Verwendung von Bildnissen ohne Zustimmung des Abgebildeten in der Werbung.[421] Regelmäßig wird es an dem erforderlichen Informationsinteresse der Allgemeinheit fehlen, wenn ein Bild nur den Geschäftsinteressen des werbenden Unternehmens dient,[422] wenn das Bildnis also nur verwendet wird, um den Werbewert der prominenten Persönlichkeit auszunutzen und auf das beworbene Produkt überzuleiten.[423] Insb sollen bekannte Persönlichkeiten davor geschützt sein, dass nicht fälschlicherweise der Eindruck erweckt wird, sie identifizierten sich mit dem beworbenen Produkt oder priesen es an.[424] Die Ausnutzung des Werbewerts kann sich auch ohne den Eindruck des Anpreisens daraus ergeben, dass eine bekannte Person und ein Produkt unmittelbar nebeneinander gestellt werden und dadurch das Interesse der Öffentlichkeit an der Person und deren Beliebtheit auf die Ware übertragen wird.[425] Befriedigt die Werbung hingegen auch ein Informationsinteresse der Öffentlichkeit, kann sie zulässig sein.[426] **152**

---

413 BGH GRUR 1994, 391, 393 – Alle reden vom Klima.
414 LG Nürnberg-Fürth ZUM-RD 2009, 57.
415 OLG München NJW-RR 1990, 1364, 1366; Dreier/Schulze/*Dreier* § 23 KUG Rn 34.
416 OLG Frankfurt AfP 1990, 228, 229.
417 OLG Jena AfP 2001, 78, 79.
418 OLG Frankfurt AfP 1990, 229, 230.
419 OLG München NJW-RR 1990, 1364, 1366.
420 Dreier/Schulze/*Dreier* § 23 KUG Rn 34.
421 Vgl zum Ganzen *Beuthien/Hieke* AfP 2001, 353.
422 BGH GRUR 2010, 546, 547 – Der strauchelnde Liebling; BGH GRUR 2007, 139, 140 – Rücktritt des Finanzministers; BGH GRUR 1956, 427, 428 – Paul Dahlke; BGH GRUR 1992, 557 – Talkmaster-Foto; BGH GRUR 1997, 125, 126 – Künstlerabbildung in CD-Einlegeblatt; BGH GRUR 2000, 715, 717 – Der blaue Engel; BGH GRUR 2002, 690, 691 – Marlene Dieterich.
423 BGH GRUR 2007, 139, 140 – Rücktritt des Finanzministers.
424 BGH GRUR 2007, 139, 141 – Rücktritt des Finanzministers; BGH GRUR 1956, 427, 428 – Paul Dahlke; BGH GRUR 2000, 715, 717 – Der blaue Engel; BGH GRUR 2002, 690, 692 – Marlene Dieterich; BGH NJW-RR 1995, 789 f – Chris Revue.
425 BGH GRUR 2009, 1085, 1088 – Wer wird Millionär?
426 BGH GRUR 2010, 546, 547 – Der strauchelnde Liebling; BGH GRUR 2007, 139, 140 – Rücktritt des Finanzministers; BGH GRUR 1956, 427, 428 – Paul Dahlke; BGH GRUR 1992, 557 – Talkmaster-Foto; BGH GRUR

153 Je größer der Informationswert für die Öffentlichkeit ist, umso mehr muss das Schutzinteresse dessen, über den informiert wird, hinter den Informationsbelangen der Öffentlichkeit zurücktreten, während umgekehrt der Schutz der Persönlichkeit des Betroffenen umso schwerer wiegt, je geringer der Informationswert für die Öffentlichkeit ist.[427] Für das Informationsinteresse kann bereits ein inhaltlicher Bezug zu dem beworbenen Produkt genügen. Der BGH hat daher einer Abbildung von Bob Dylan auf einem **CD-Cover** einen hinreichenden Informationswert zugebilligt.[428] Die Abbildung auf einer CD, die ohne seine Zustimmung vertrieben wurde, hat der BGH gleichwohl an einer Interessenabwägung nach § 23 Abs 2 KUG im Einzelfall scheitern lassen, weil der Durchschnittsbetrachter nicht nur eine abstrakte Verbindung zwischen dem Abgebildeten und seiner Musik herstelle, sondern davon ausgehen müsse, der Abgebildete identifiziere sich auch mit dieser konkreten Aufnahme seiner Musiktitel.[429] Kein hinreichendes Informationsinteresse liegt vor bei der Verbreitung von einzelnen **Fußball-Sammelbildern** zum Einkleben in Alben, weil es hier an einer inhaltlichen Auseinandersetzung mit den Abbildungen fehlt und im Rahmen der Interessenabwägung im Übrigen zu berücksichtigen ist, dass die Abgebildeten, deren Werbewert ausgenutzt wird, nicht an ihrer Vermarktung partizipieren.[430] Hier sind die Grenzen jedoch fließend. So hat der BGH[431] die Abbildung eines Fußballspielers in einem **Kalender** im Ergebnis anders beurteilt als die Verwertung von Sammelbildern, und zwar mit der Begründung, der Kalender diene nicht nur als Wandschmuck, sondern werde, wenn ihm ein thematisches Konzept zugrunde liege, auch als Informationsträger zusammengestellt und gekauft. Anders kann es wiederum sein, wenn der Kalender in erster Linie dazu dient, die einzelnen verwendeten Bilder zu vermarkten, etwa durch Gestaltung der einzelnen Bilder als Postkarten, die dann einzeln herausgetrennt werden können.[432] Ein überwiegendes Informationsinteresse hat das OLG Frankfurt für die Abbildung des Tennisspielers Boris Becker auf einem **Tennislehrbuch** angenommen, weil sich das Lehrbuch inhaltlich mit der Schlagtechnik Beckers auseinandersetzte.[433] Zweifelhaft ist, ob es für das Informationsinteresse schon genügen kann, wenn ein Foto einen prominenten Sportler in der Werbung neben einem anderen, weniger prominenten, Sportler zeigt, der seinerseits bewusst als Werbeträger fungiert, wenn sich die Information der gemeinsamen Abbildung darauf beschränkt, die Bedeutung des werbenden Sportlers zu verdeutlichen.[434]

154 Auf dem **Titelblatt** eines Presseerzeugnisses darf mit dem Bildnis einer prominenten Person geworben werden, wenn das Presseerzeugnis eine dem Schutz der Pressefreiheit unterliegende Berichterstattung über diese Person enthält.[435] Dies gilt auch für **Kundenzeitschriften**, die Unternehmen in erster Linie zu Werbezwecken herausgeben, so lange diese auch einen redaktionellen Inhalt mit Bezug zu dem Bildnis haben.[436] Beschränkt sich der die Bildveröffentlichung begleitende Bericht aber darauf, einen be-

---

1997, 125, 126 – Künstlerabbildung in CD-Einlegeblatt; BGH GRUR 2000, 715, 717 – Der blaue Engel; BGH GRUR 2002, 690, 691 – Marlene Dieterich.

427 BGH GRUR 2009, 1085, 1087 – Wer wird Millionär?

428 BGH GRUR 1997, 125, 127 – Künstlerabbildung in CD-Einlegeblatt.

429 BGH GRUR 1997, 125, 127 – Künstlerabbildung in CD-Einlegeblatt.

430 BGH GRUR 1968, 652, 653 – Ligaspieler.

431 BGH GRUR 1979, 425, 427 – Fußballspieler.

432 BGH GRUR 1979, 425, 427 – Fußballspieler.

433 OLG Frankfurt NJW 1989, 402, 403 – Boris Becker.

434 So aber OLG Düsseldorf GRUR-RR 2003, 1 – Jan Ullrich.

435 BGH NJW-RR 1995, 789 – Chris Revue.

436 BGH NJW-RR 1995, 789 – Chris Revue.

liebigen Anlass für die Abbildung prominenter Personen zu schaffen, genügt dies nicht.[437] Der BGH hat etwa die Abbildung des Moderators Günther Jauch auf dem Titelblatt einer Rätselzeitschrift als unzulässig beurteilt, weil sich die mitgeteilte Information hier auf die Bildunterschrift „*Günther Jauch* zeigt mit ‚Wer wird Millionär?', wie spannend Quiz sein kann" beschränkte.

Zulässig ist es grundsätzlich, wenn das Titelblatt einer Zeitung oder Zeitschrift, **155**
auf der zulässigerweise eine prominente Person abgebildet ist, in einer Werbeanzeige abgedruckt wird. Denn dadurch entsteht nicht der Eindruck, der Abgebildete identifiziere sich mit der beworbenen Zeitung.[438] Anders ist es aber, wenn die abgebildete Ausgabe mit einem mit nur einer knappen Schlagzeile ohne eigenen Informationsgehalt angekündigten Bericht, auf den sich ein Bildnis bezieht, nie erscheint, sondern nur zu Zwecken der Werbung zusammengestellt worden ist.[439] Allerdings ist es vom Schutz der Pressefreiheit umfasst, dass eine Zeitung vor ihrem **ersten Erscheinen** mit einer beispielhaften Titelseite einer so genannten Nullnummer, die auch Fotos enthält, werben kann. Denn es wäre einem Verlag, der für eine künftig erscheinende Zeitung in zulässiger Weise mit der Abbildung einer beispielhaften Titelseite wirbt, nicht zumutbar, wenn er verpflichtet wäre, Beiträge zu Themen zu veröffentlichen, die zum Zeitpunkt des Beginns der Werbekampagne aktuell waren, zum Zeitpunkt des Erscheinens der Erstausgabe aber möglicherweise überholt sind.[440] Der BGH[441] hat daher die Werbung mit einem fiktiven Titelblatt der Frankfurter Allgemeinen Sonntagszeitung mit einem Bildnis von Boris Becker vor ihrem ersten Erscheinen für zulässig gehalten, nicht jedoch mehr nach dem Erscheinen der ersten Ausgabe, weil ab diesem Zeitpunkt nach Auffassung des Gerichts mit einer tatsächlich erschienenen Ausgabe hätte geworben werden können. Ebenso zulässig war eine Abbildung von Günther Jauch auf der Titelseite einer geplanten aber letztlich nie verwirklichten Zeitschrift mit dem Titel „Markt & Leute".[442] Ist ein Titelblatt hingegen erschienen darf auch nach einem Jahr damit noch geworben werden.[443]

Zu berücksichtigten ist schließlich auch, dass auch die Abbildung zu Werbe- **156**
zwecken den Schutz des Art. 5 Abs 1 GG genießen kann, wenn sie eine **Meinung transportiert.**[444] Der BGH[445] hat aus diesem Grund die Werbeanzeige eines Autovermieters, in der ein Foto des kurz zuvor zurückgetretenen Finanzministers mit dem Text abgebildet war „S verleast auch Autos für Mitarbeiter in der Probezeit." für zulässig erachtet und ausgeführt, die Anzeige vergleiche die kurze Amtszeit des Abgebildeten satirisch mit der Probezeit eines Arbeitsverhältnisses, während andererseits nicht der Eindruck entstehe, der Abgebildete empfehle das angepriesene Produkt.

---

437 BGH GRUR 2009, 1085, 1087 – Wer wird Millionär?; vgl dazu *Hölk* WRP 2009, 1201 ff.

438 BGH GRUR 2010, 546, 547 – Der strauchelnde Liebling.

439 BGH GRUR 2010, 546, 548 – Der strauchelnde Liebling.

440 BGH Urt v 18.11.2010, Az I ZR 119/08 – Markt & Leute (noch unveröffentlicht).

441 BGH GRUR 2010, 546, 549 – Der strauchelnde Liebling.

442 BGH Urt v 18.11.2010, Az I ZR 119/08 – Markt & Leute (noch unveröffentlicht).

443 OLG Köln Urt v 22.1.2011 – 15 U 133/10 (unveröffentlicht).

444 BVerfG GRUR 2001, 170, 172 – Benetton-Werbung; BGH GRUR 2002, 690, 691 – Marlene Dietrich.

445 BGH GRUR 2007, 139, 141 – Rücktritt des Finanzministers; vgl dazu *Balthasar* NJW 2007, 689; *Ladeur* ZUM 2007, 111.

§ 7
Sachaufnahmen

157 Auf die Verwertung von Sachaufnahmen sind die §§ 22, 23 KUG weder direkt noch – mangels vergleichbarer Interessenlage – analog anwendbar. Sachaufnahmen sind danach grundsätzlich zulässig. Der BGH hat in der Entscheidung „Friesenhaus“[446] auch Versuchen, das Verbreiten von Sachaufnahmen unter Hinweis auf einen Eingriff in das Eigentum untersagen zu lassen, eine Absage erteilt. Dies gilt jedenfalls dann, wenn ein Gebäude von einem allgemein zugänglichen Punkt aus fotografiert wird,[447] weil das Fotografieren weder die Nutzung noch die Verfügungsbefugnis durch den Eigentümer beeinträchtigt.[448] Zulässig ist auch eine gewerbliche Verwertung des Bildnisses eines Gebäudes; dies folgt auch aus der Wertung des § 59 UrhG. Einschränkungen können sich allenfalls aus dem Wettbewerbsrecht, dem Recht am eingerichteten und ausgeübten Gewerbebetrieb und dem Allgemeinen Persönlichkeitsrecht ergeben.[449]

158 Eine **Persönlichkeitsverletzung** hat der BGH etwa angenommen, wenn durch die Veröffentlichung der falsche Eindruck erweckt wird, der Eigentümer habe sich an einer Werbekampagne beteiligt.[450] Ferner kann ein Anspruch bestehen, wenn durch die Veröffentlichung eines Gebäudefotos gemeinsam mit dem Namen eines prominenten Bewohners in dessen Privatsphäre eingegriffen wird oder wenn ein Sichtschutz mit Hilfsmitteln wie Teleobjektiv, Leiter oder Flugzeug überwunden wird.[451] Unzulässig kann insb auch die Veröffentlichung im Zusammenhang mit einer **Wegbeschreibung** sein.[452] Ob auch der **Wohnort** genannt werden darf, hängt davon ab, wie groß der Ort ist und wie weit sich daraus Schlüsse ziehen lassen, die zu einer Beeinträchtigung des Wohnorts als Rückzugsstätte führen. Für unzulässig hat die Rechtsprechung den Hinweis auf den Wohnort „Potsdam“[453] gehalten, für zulässig den Hinweis auf Berlin[454] oder Köln.[455]

159 Auch **Innenaufnahmen** aus Häusern oder Wohnungen dürfen wegen des Eingriffs in die Privatsphäre des Bewohners nicht veröffentlicht werden.[456] Wer allerdings selbst in großem Umfang Einblicke in seine Privatsphäre gewährt, hat auch eine weitergehende Berichterstattung in größerem Maße zu erdulden als derjenige, der sein Privatleben vor der Öffentlichkeit verborgen hält.[457] Auch **Innenaufnahmen von Geschäftsräumen durch Wettbewerber** sind grundsätzlich nicht zulässig.[458]

160 Die **gewerbliche Nutzung** von Fotos, die von **nicht allgemein zugänglichen Orten** aufgenommen sind, ist grundsätzlich unzulässig. Der BGH[459] hat etwa den Vertrieb von Ansichtskarten mit Außenansichten des Schlosses Tegel, das von der Straße nicht sichtbar war, als Eigentumsverletzung (§§ 903, 1004 BGB) untersagt und ausgeführt, der Eigentümer habe die rechtliche und tatsächliche Macht, über die gewerbliche Nut-

---

446 BGH GRUR 1990, 390.
447 BGH GRUR 2004, 438, 440 – Feriendomizil I.
448 BGH GRUR 1990, 390 – Friesenhaus.
449 BGH GRUR 1990, 391 – Friesenhaus.
450 BGH GRUR 1971, 417 f – Haus auf Teneriffa.
451 BGH GRUR 2004, 438, 440 – Feriendomizil I.
452 BGH GRUR 2004, 438, 440 – Feriendomizil I.
453 KG NJW 2005, 2320, 2322.
454 KG AfP 2006, 564.
455 OLG Hamburg AfP 2006, 182.
456 BGH GRUR 2004, 438, 441 – Feriendomizil I.
457 BGH GRUR 2004, 438, 441 – Feriendomizil I.
458 Wenzel/*von Strobl-Albeg* 7. Kap Rn 91.
459 BGH GRUR 1975, 500, 501 – Schloss Tegel.

zung des Gebäudes zu entscheiden; zwar habe die Öffentlichkeit ein schützendwertes Interesse, künstlerisch oder sonst bedeutsame Bauten kennenzulernen, dies führe aber nur dann dazu, dass der Eigentümer die Verbreitung von Aufnahmen Dritter dulden müsse, wenn er diese Aufgabe selbst nicht wahrnehme.

Zum gegenteiligen Ergebnis ist das OLG Brandenburg[460] gekommen, das sich mit **161**
der Verbreitung von Aufnahmen der Preußischen Schlösser und Gärten zu befassen hatte und ausführt, eine Stiftung als Eigentümerin sei nicht wie ein Privateigentümer zu behandeln, sondern an den Stiftungszweck gebunden; der Stiftung sei das Eigentum an den Parkanlagen und Schlössern von den Ländern Berlin und Brandenburg gerade auch deshalb übertragen worden, damit sie der Öffentlichkeit zugänglich gemacht würden. Der BGH[461] hat die Abweisung der Klage zwar im Ergebnis bestätigt, jedoch nur deshalb, weil es die Rechtsverletzung dem Im-Anspruch-Genommenen nicht zurechnete. Die Verletzung des Eigentums hat der BGH, anders als die Vorinstanz, mit knapper Begründung bejaht.

Ein **Fotografierverbot** muss nicht ausdrücklich ausgesprochen werden. Vielmehr **162**
darf ein Besucher eines befriedeten Besitztums grundsätzlich nicht damit rechnen, dass der Eigentümer gewillt sei, jedermann eine solche Auswertung ohne Entgelt zu gestatten.[462]

§ 8
Ansprüche bei Verletzungen

Wird ein Bildnis unter Verstoß gegen die §§ 22, 23 KUG verbreitet oder zur Schau **163**
gestellt, kommen grundsätzlich dieselben Ansprüche wie bei einer Persönlichkeitsverletzung durch eine Wortberichterstattung in Betracht,[463] insb Ansprüche auf Unterlassung, Auskunft, Schadensersatz und Geldentschädigung. Daneben sind auch Ansprüche auf Veröffentlichung einer Gegendarstellung oder Berichtigung denkbar. Schließlich kann ein Anspruch auf Herausgabe oder Vernichtung der vorhandenen Bildnisse bestehen.

I. Anspruchinhaber

Ansprüche bei widerrechtlichen Bildnisveröffentlichungen stehen zunächst dem Ab- **164**
gebildeten oder nach seinem Tod seinen Angehörigen und Erben zu.

Während die **ideellen Bestandteile** des Persönlichkeitsrechts **unverzichtbar**, unver- **165**
äußerlich und nicht übertragbar sind,[464] kommt eine **Übertragbarkeit** der **kommerziellen Bestandteile** des Persönlichkeitsrechts in Betracht. Während der BGH in der Entscheidung „Marlene Dietrich“[465] von einer Vererblichkeit der vermögenswerten Bestandteile des Persönlichkeitsrechts ausgegangen ist, hat er die Frage, ob eine Übertragung unter Lebenden möglich ist, bisher ausdrücklich offen gelassen. Immerhin hat der BGH[466] einer **Verwertungsgesellschaft**, der die Sängerin Nena das Recht am eigenen Bild exklusiv übertragen hatte, einen **Bereicherungsanspruch** gegen einen Dritten, der die Bilder genutzt hatte, mit dem Argument zugesprochen, da Ansprüche aus Ver-

---

460 OLG Brandenburg BeckRS 2010, 04077.
461 BGH BeckRS 2011, 02772.
462 BGH GRUR 1975, 500, 502 – Schloss Tegel.
463 S oben Teil 1 Kap 3.
464 Dreier/Schulze/*Dreier* § 22 KUG Rn 37.
465 BGH GRUR 2000, 709, 712.
466 BGH GRUR 1987, 128 f – Nena.

öffentlichungen der Bilder von Nena ausschließlich der Verwertungsgesellschaft zustehen sollten, sei der Verletzter auf ihre Kosten bereichert.

166 Die Frage, ob auch eine Übertragung mit der Wirkung möglich ist, dass Dritte etwa auch **Unterlassungsansprüche** geltend machen können, ist damit nicht entschieden. In der Literatur wird die Übertragbarkeit vielfach mit Hinweis auf die höchstpersönliche Natur des Persönlichkeitsrechts verneint;[467] das Persönlichkeitsrecht könne seinen Träger nicht in die Lage versetzen, sich zu kommerziellen Zwecken persönlichkeitsrechtlich geschützter Bestandteile zugunsten einzelner Vertragspartner zu begeben und damit zugleich die Öffentlichkeit von der Wahrnehmung eben dieser Bestandteile auszuschließen.[468] Mit dieser Argumentation wird indes jegliche kommerzielle Verwertung des Rechts am eigenen Bild und damit auch die fiktive Lizenzgebühr bei seiner Verletzung in Frage gestellt. Der BGH führt in der Entscheidung „Marlene Dietrich"[469] zu Recht aus, die Persönlichkeitsrechte sollten die allein dem Berechtigten zustehende freie Entscheidung darüber schützen, ob und unter welchen Voraussetzungen sein Bildnis oder sein Name den Geschäftsinteressen Dritter dienstbar gemacht werde. Es kann dabei keinen entscheidenden Unterschied machen, ob der Abgebildete selbst seine Rechte in der Weise wahrnimmt, dass er bestimmten Dritten, etwa einer Boulevardzeitung, die Nutzung seines Bildes gestattet und andere davon ausschließt, oder ob er eine derartige Vermarktung einer Verwertungsgesellschaft oder seiner Agentur überlässt.[470]

167 Ansprüche auf Veröffentlichung einer **Gegendarstellung** oder **Berichtigung** oder **Zahlung einer Geldentschädigung** können Dritte mangels Übertragbarkeit der ideellen Bestandteile des Persönlichkeitsrechts indes nicht geltend machen.

II. Die einzelnen Ansprüche

1. Unterlassung

168 Für den Unterlassungsanspruch gelten zunächst die allgemeinen Ausführungen zu den presserechtlichen Ansprüchen.[471] Besonderheiten ergeben sich bei der Frage, wann eine Erstbegehungsgefahr oder eine Wiederholungsgefahr besteht, bei der Rechtswidrigkeit der Verletzung sowie im Hinblick auf den Umfang des Anspruchs.

169 a) **Erstbegehungs- oder Wiederholungsgefahr.** Eine **Erstbegehungsgefahr** setzt voraus, dass ernsthafte und greifbare tatsächliche Anhaltspunkte dafür vorhanden sind, der Anspruchsgegner werde sich in naher Zukunft rechtswidrig verhalten.[472] Die bloß theoretische Möglichkeit der Begehung genügt nicht.[473] Eine Erstbegehungsgefahr besteht insb, wenn sich jemand des Rechts berühmt, bestimmte Handlungen vornehmen zu dürfen.[474]

170 Die bloße Recherche begründet grundsätzlich noch keine Erstbegehungsgefahr.[475] Etwas anderes gilt nur, wenn feststeht, dass eine – geplante – Veröffentlichung von

---

467 *Von Gamm* Rn 109; *Helle* AfP 1985, 93, 99.
468 Wandtke/Bullinger/*Fricke* § 22 KUG Rn 12.
469 BGH GRUR 2000, 709, 712.
470 Für eine Übertragbarkeit auch *Ernst-Moll* GRUR 1996, 558, 561.
471 S oben Teil 1 Kap 3 Rn 3 ff.
472 BGH ZUM-RD 2002, 59, 61; GRUR 1992, 318, 319 – Jubiläumsverkauf; BGH GRUR 1999, 1097, 1099 – Preissturz ohne Ende.
473 OLG Frankfurt ZUM-RD 2008, 128, 130.
474 BGH ZUM-RD 2002, 59, 61; BGH GRUR 1987, 125, 126 – Berühmung.
475 LG Essen ZUM-RD 2006, 183, 184.

Abbildungen gegen das Persönlichkeitsrecht der abgebildeten Personen verstößt.[476] Regelmäßig wird aber die Rechtsverletzung durch eine Bildnis*veröffentlichung* noch nicht mit dem **Anfertigen eines Bildnisses** drohen,[477] so dass dann nach dem Anfertigen zunächst nur wegen bestehender Wiederholungsgefahr ein Anspruch auf Unterlassung der Herstellung bestehen mag, nicht aber auf Unterlassung der Verwertung. Vielmehr sind greifbare Anhaltspunkte für eine widerrechtliche Veröffentlichung erforderlich, während mit dem Anfertigen der Aufnahmen zumeist noch gar nicht feststeht, ob eine spätere Veröffentlichung unzulässig ist.[478] Dies ist davon abhängig, in welchem thematischen Zusammenhang ein Bild veröffentlicht wird, ob eine Unkenntlichmachung durch einen schwarzen Balken oder eine Verpixelung erfolgt oder ob ein Ausnahmetatbestand des § 23 KUG eingreift.[479] In diesem Stadium der Recherche einen Unterlassungsanspruch anzunehmen, würde regelmäßig erheblich in die Arbeit der Medien eingreifen und damit die Presse- und Rundfunkfreiheit ohne Not einschränken.[480]

Auch für das Bestehen einer **Wiederholungsgefahr** gelten die allgemeinen Grund- **171**
sätze. Die bei einer Verletzung vermutete Wiederholungsgefahr ist danach nur in Ausnahmefällen ausgeschlossen. Dies kann insb der Fall sein bei veränderten Umständen,[481] etwa, wenn sich der von der Berichterstattung Betroffene nach der Veröffentlichung des streitigen Fotos selbst derart in der Öffentlichkeit präsentiert, dass zumindest ab diesem Zeitpunkt das Berichterstattungsinteresse überwiegt.[482] So hat der BGH[483] die Wiederholungsgefahr im Hinblick auf die Veröffentlichung eines kontextneutralen Fotos der neuen Lebenspartnerin des früheren Ehemannes von Uschi Glas trotz der möglichen Unzulässigkeit der Erstveröffentlichung mit dem Argument verneint, die Abgebildete habe sich selbst nach der beanstandeten Bildnisverwertung derart in die Öffentlichkeit begeben, dass eine weitere Veröffentlichung nicht unzulässig sei.

b) **Rechtswidrigkeit.** Da der Unterlassungsanspruch ein Verschulden nicht voraus- **172**
setzt, kommt der Rechtswidrigkeit der Veröffentlichung besondere Bedeutung zu. Im Bereich der Wortberichterstattung geht die Rechtsprechung im Rahmen der nach Art. 5 Abs 1 GG und § 193 StGB vorzunehmenden Güterabwägung davon aus, dass eine zumindest nicht als Unwahr erwiesene Berichterstattung so lange nicht untersagt werden darf, als derjenige, der sie aufstellt oder verbreitet, sie zur Wahrnehmung berechtigter Interessen für erforderlich halten darf.[484] Dies ist insb der Fall bei Einhaltung der pressemäßigen Sorgfalt.[485]

Auch im Bereich des Bildnisschutzes stellt sich nicht selten die Frage, ob es den An- **173**
sprüchen eines ohne Einwilligung Abgebildeten entgegensteht, wenn der Bildnisverwerter von einer Einwilligung ausgehen konnte. Der BGH diskutiert in der Entscheidung „Hochzeitsbild“[486] die Frage, ob ein Bildnisverwerter bei der Prüfung der Einwilligung Sorgfaltspflichten verletzt hat, beim Verschuldenserfordernis. Da die Frage aber auch beim verschuldensunabhängigen Unterlassungsanspruch eine Rolle spielt, sollte sie in Anlehnung an die Rechtsprechung zur pressemäßigen Sorgfalt indes als

476 OLG Celle AfP 1984, 236.
477 LG Essen ZUM-RD 2006, 183, 184.
478 Vgl BGH NJW 1998, 2141, 2144.
479 LG Essen ZUM-RD 2006, 183, 184.
480 Ähnl LG Essen ZUM-RD 2006, 183, 184; Wandtke/Bullinger/*Fricke* § 22 KUG Rn 23.
481 BGH GRUR 2005, 76, 78 – „Rivalin“ von Uschi Glas.
482 BGH GRUR 2005, 76, 78 – „Rivalin“ von Uschi Glas.
483 BGH GRUR 2005, 76, 78 – „Rivalin“ von Uschi Glas.
484 BGH GRUR 1997, 396, 399 – Polizeichef.
485 S oben Teil 1 Kap 3 Rn 18 ff.
486 BGH GRUR 1962, 211, 214.

Voraussetzung der Rechtswidrigkeit behandelt werden.[487] Im Rahmen der Rechtswidrigkeitsprüfung ist demnach auch hier danach zu fragen, ob derjenige, der ein Bildnis verbreitet oder öffentlich zur Schau gestellt hat, weil er hinreichende Nachforschungen im Hinblick auf die Einwilligung angestellt hat, in Wahrnehmung berechtigter Interessen analog § 193 StGB gehandelt hat.

174 Was den **Sorgfaltsmaßstab** angeht, so haben sich sowohl die Medien als auch Werbeagenturen und Verlage nicht nur der Einwilligung zu vergewissern, sondern auch zu prüfen, ob die Einwilligung auch die geplante Veröffentlichung deckt.[488] Eine nähere Prüfung ist vor allem dann erforderlich, wenn die Fotos nicht unmittelbar von dem Abgebildeten, sondern von einem Dritten überlassen wurden.[489]

175 Auch wenn grundsätzlich Fälle denkbar sind, in denen eine Einwilligung zwar nicht vorlag, in denen der Bildnisverwerter berechtigterweise aber von einer Einwilligung ausgehen durfte, ist mit pauschalen Ausnahmen von der **strengen Prüfungspflicht** angesichts des hohen Rechtsgutes des Persönlichkeitsschutzes Zurückhaltung geboten. Der BGH setzt sich bereits in der Entscheidung „Wie uns die anderen sehen“[490] mit der Argumentation eines Zeitschriftenverlages auseinander, sein Betrieb habe einen derartigen Umfang angenommen, dass ihm eine Kontrolle der zu veröffentlichenden Bildnisse nicht mehr möglich sei. Er weist zu Recht darauf hin, dass in diesem Fall ein Organisationsfehler darin zu sehen sei, dass die Kontrollmöglichkeiten dem vergrößerten Geschäftsumfang nicht angepasst worden seien. **Bildagenturen** haften allerdings nach Auffassung des BGH[491] nicht für die widerrechtliche Fotoveröffentlichung ihrer Abnehmer. Der BGH geht davon aus, dass eine Prüfungspflicht die Agenturen überfordern würde. Dieses Argument ist indes zweifelhaft, denn zum einen geht es in vielen derartigen Streitfällen um Personen der Zeitgeschichte, bei denen sich die Prüfung der Einwilligung möglicherweise erübrigt, zum anderen muss die Bildagentur nicht zwangsläufig auch dann haften, wenn etwa das Foto, für dessen Veröffentlichung eine Einwilligung grundsätzlich vorlag, in ehrrührigem Kontext veröffentlicht wird, der von der Einwilligung nicht erfasst ist. Entgegen dem BGH spricht damit viel dafür, zumindest bei nicht prominenten Personen eine Prüfung der Einwilligung zu verlangen. Jedenfalls darf eine Bildagentur Fotos nicht ohne Einwilligung in einem frei im Internet zugänglichen Archiv veröffentlichen.

176 War die Bildnisverwertung ausnahmsweise rechtmäßig, obwohl weder eine Einwilligung vorlag noch ein Erlaubnistatbestand es § 23 Abs 1 KUG eingreift, bedeutet dies nicht, dass auch künftige Veröffentlichungen zulässig sind. Es besteht dann mangels Erstverletzung aber keine Wiederholungsgefahr. Bestehen Anhaltspunkte, dass das Bildnis erneut veröffentlicht werden soll, auch nachdem dem Bildnisverwerter die fehlende Einwilligung bekannt ist, kann wegen der dadurch entstehenden Erstbegehungsgefahr ein vorbeugender Unterlassungsanspruch bestehen.[492]

177 c) **Konkrete Verletzungsform.** Der Unterlassungsanspruch bezieht sich auf die konkrete Verletzungsform. Eine abstrakte Antragsfassung verbietet sich im Bereich des Bildnisschutzes – anders als etwa im Wettbewerbsrecht – regelmäßig deshalb, weil die

487 So im Ergebnis auch LG Hamburg ZUM-RD 2007, 425, 426.

488 Dreier/Schulze/*Dreier* § 22 KUG Rn 38; vgl zur Sorgfaltspflicht eines Zeitungsverlages auch BGH GRUR 1962, 211, 214 – Hochzeitsbild; OLG Frankfurt ZUM-RD 2009, 314, 317.

489 BGH GRUR 1965, 495, 496 – Wie uns die anderen sehen.

490 BGH GRUR 1965, 495, 496.

491 BGH GRUR 2011, 266, 268 – Jahrhundertmörder.

492 S oben Teil 1 Kap 3 Rn 13 ff.

Unzulässigkeit der Veröffentlichung zumeist nur anhand der konkreten Gesamtumstände beurteilt werden kann.[493] Eine kerngleiche Verletzungshandlung kann hier regelmäßig nicht mit verboten werden. Anders kann es sein, wenn ein Bild einer Serie veröffentlicht wird; hieraus kann sich eine Erstbegehungsgefahr im Hinblick auf andere Bilder der Serie ergeben.[494] Regelmäßig kann aber nicht einmal die erneute Veröffentlichung eines bestimmten Bildes generell verboten werden, weil sie sich in einem anderen Kontext als zulässig erweisen könnte.[495] Denn die erforderliche Interessenabwägung kann nicht in Bezug auf Bilder vorgenommen werden, die noch gar nicht bekannt sind und bei denen insb offen bleibt, in welchem Kontext sie veröffentlicht werden, weil die Möglichkeiten derart vielgestaltig sind, dass sie auch mit einer vorbeugenden Unterlassungsklage selbst dann nicht erfasst werden können, wenn man diese auf »kerngleiche« Verletzungshandlungen beschränken wollte.[496]

Die dargestellten Grundsätze können im Einzelfall dazu führen, dass die Wiederholungsgefahr daran scheitert, dass ein aktueller Berichterstattungsanlass weggefallen ist, während eine Erstbegehungsgefahr mangels Möglichkeit der Beurteilung künftiger Veröffentlichungen in anderem Zusammenhang nicht besteht, so dass trotz einer widerrechtlichen Bildnisveröffentlichung Unterlassungsansprüche ausgeschlossen sein können. **178**

2. Gegendarstellung und Richtigstellung

Ein Anspruch auf Abdruck einer **Gegendarstellung**[497] wird bei einer unzulässigen Bildnisveröffentlichung nur selten in Betracht kommen, nämlich dann, wenn mit der Verbreitung eines Bildnisses eine unzutreffende Tatsachenbehauptung verbunden ist,[498] etwa durch eine Bildverwechslung,[499] eine irreführende Aussage durch die Kombination von Bildnis und Begleittext[500] oder eine nicht erkennbare Fotomontage.[501] **179**

Bei einem unzutreffenden Aussagegehalt einer Bildnisveröffentlichung kann, wenn die sonstigen Voraussetzungen des Anspruchs vorliegen,[502] auch ein **Berichtigungsanspruch** bestehen.[503] **180**

Berichtigung und Gegendarstellung sind, wenn der unzutreffende Eindruck damit ausgeräumt werden kann, als Text abzufassen. Nur wenn die Textveröffentlichung hierfür nicht ausreichend ist, kann ausnahmsweise ein Anspruch auf eine Veröffentlichung eines Bildes bestehen.[504] **181**

3. Auskunft

Ist ein Anspruch des zu Unrecht Abgebildeten auf Schadensersatz, Herausgabe einer ungerechtfertigen Bereicherung oder Geldentschädigung denkbar, können dem Verletzten Auskunftsansprüche zustehen. Es muss ausreichen, dass ein derartiger An- **182**

493 BGH GRUR 2008, 446, 447 – „kerngleiche" Berichterstattung; BGH GRUR 2004, 592, 593 – Charlotte Casiraghi.

494 OLG Hamburg AfP 1997, 535.

495 BGH GRUR 2008, 446, 447 – „kerngleiche" Berichterstattung.

496 BGH GRUR 2008, 446, 447 – „kerngleiche" Berichterstattung; BGH GRUR 2004, 592, 593 – Charlotte Casiraghi.

497 Vgl im Einzelnen oben Teil 1 Kap 3 Rn 32 ff.

498 LG München I ZUM-RD 2003, 489, 490.

499 Wandtke/Bullinger/*Fricke* § 22 KUG Rn 25.

500 OLG München ZUM 1996, 160, 161.

501 LG München I ZUM-RD 2003, 489, 490.

502 S Teil 1 Kap 3 Rn 136 ff.

503 OLG München ZUM 1996, 160, 161.

504 OLG Hamburg AfP 1984, 115, 116.

spruch möglich ist, auch wenn dies unter Umständen erst nach Erteilung der Auskünfte abschließend feststeht.

183 Der Anspruch ergibt sich als Hilfsanspruch[505] aus Treu und Glauben.[506] Voraussetzung ist, dass eine Rechtsverletzung vorliegt, die Auskunft zur Rechtsverfolgung erforderlich ist und vom Verletzer unschwer erteilt werden kann.[507] Erforderlich ist die Auskunftserteilung nur dann, wenn der Verletzte in entschuldbarer Weise nicht über hinreichende Informationen zur Bezifferung des Anspruchs verfügt.[508]

184 Ein Auskunftsanspruch kann im Einzelfall **ausgeschlossen** sein, wenn die Erteilung der Auskünfte **unverhältnismäßig** wäre. Dies hat das LG München I[509] etwa in einem Fall angenommen, in dem die Auflage einer Zeitung durch eine widerrechtliche Bildnisveröffentlichung offensichtlich nicht gesteigert worden war und eine Auskunftserteilung über die Umsätze eines Tages, die von dem Verleger nicht getrennt erfasst wurden, nur mit einem Aufwand möglich gewesen wäre, der zu dem unter Umständen entstandenen Schaden in keinem Verhältnis stand.

185 Der Anspruch erstreckt sich auf die Mitteilung der Verbreitungsart, des Verbreitungsgebietes und der Auflage, bei Werbeveröffentlichungen auch auf Mitteilung aller Werbeträger, ihrer Auflage, Verbreitung und Größe des Abdrucks, den Zeitpunkt und die Dauer der Veröffentlichung und die mit der Werbung verbundenen Kosten,[510] die der Verletzte zur Bezifferung des Anspruchs möglicherweise gegenrechnen muss.

4. Schadensersatz und Herausgabe einer Bereicherung

186 Wie auch im Bereich der Verletzung des geistigen Eigentums gibt es im Bereich des Bildnisschutzes für den Geschädigten die Wahl zwischen drei Berechnungsmöglichkeiten für den Schadensersatz: den Ersatz des konkreten Schadens, die Abschöpfung des durch die Veröffentlichung vom Verletzer erzielten Gewinnes sowie die Zahlung einer fiktiven Lizenzgebühr.[511]

187 Anspruchsgrundlage kann sowohl § 823 Abs 1 BGB iVm Art 1 Abs 1, Art 2 Abs 1 GG wegen der Verletzung des Allgemeinen Persönlichkeitsrechts als absolutes Recht[512] als auch § 823 Abs 2 BGB iVm § 22 KUG als Schutzgesetz sein.[513] Der Anspruch auf Zahlung einer fiktiven Lizenzgebühr ergibt sich regelmäßig daneben auch aus § 812 Abs 1 S 1 Alt 1 BGB.[514] Die Anspruchsvoraussetzungen sind hier bis auf den Unterschied, dass der Anspruch aus ungerechtfertigter Bereicherung kein Verschulden voraussetzt, im Wesentlichen identisch.

188 Der **konkrete Schaden** durch eine Bildnisveröffentlichung wird sich meist nicht darlegen lassen. Auch der **Gewinn**, den etwa ein Zeitungsverlag gerade durch ein in einer Ausgabe enthaltenes Bild erwirtschaftet hat, wird sich nur selten beziffern lassen. Die praktisch bedeutsamste Art der Schadensberechnung ist daher die **Lizenz-**

---

505 BGH GRUR 2000, 715, 716 – Der blaue Engel.

506 KG ZUM-RD 2006, 552, 254; LG München I ZUM-RD 2003, 601, 606.

507 BGH GRUR 2008, 1017, 1019 – Einkaufsbummel nach Abwahl.

508 BGH GRUR 1971, 519, 521 – Urheberfolgerecht.

509 LG München I ZUM-RD 2003, 601, 606.

510 BGH GRUR 2000, 715, 717 – Der blaue Engel.

511 OLG München NJW-RR 1996, 93, 95; OLG Hamburg ZUM 1995, 202, 204; LG München I ZUM-RD 2003, 601, 606.

512 BGH GRUR 2010, 546 – Der strauchelnde Liebling.

513 BGH GRUR 1962, 211 – Hochzeitsbild; OLG Karlsruhe NJW 1982, 647.

514 BGH GRUR 2010, 546, 547 – Der strauchelnde Liebling.

analogie. Der Abgebildete kann danach das Honorar ersetzt verlangen, von dem er die Erlaubniserteilung hätte abhängig machen können.[515] Dies kommt regelmäßig nur bei der Verwendung eines Bildnisses in der **Werbung** in Betracht, nicht bei einer Verwendung im **redaktionellen Kontext.**[516] Stimmen in der Literatur, wonach der Verletzte eine doppelte Lizenzgebühr verlangen können soll,[517] haben sich bisher in der Rechtsprechung nicht durchgesetzt.

Während die frühere Rechtsprechung noch eine **Bereitschaft** des Verletzten zur Erteilung einer Lizenz verlangt hat,[518] geht sie heute davon aus, dass der Anspruch unabhängig davon besteht, ob der Abgebildete bereit oder in der Lage ist, gegen Entgelt Lizenzen für die Verbreitung und öffentliche Wiedergabe seiner Abbildung zu gewähren.[519] Dies gilt sowohl für den Schadensersatz- als auch für den Bereicherungsanspruch.[520] **189**

Voraussetzung des Schadensersatzanspruches ist schließlich ein **Verschulden** desjenigen, der ein Bildnis unbefugt verwendet hat. Hier gelten die allgemeinen Grundsätze. Regelmäßig wird Fahrlässigkeit vorliegen, wenn sich derjenige, der ein Bildnis veröffentlicht, nicht vorher vergewissert hat, dass eine Einwilligung des Abgebildeten vorliegt und sich auf die konkrete Form der Verwendung erstreckt.[521] Im Fall von Nacktaufnahmen sind erhöhte Anforderungen an die Sorgfaltspflicht zu stellen.[522] Recherchen sind in jedem Fall auch dann erforderlich, wenn das Bild von einer Presseagentur bezogen wird.[523] **190**

Der Schaden kann nach § 287 ZPO geschätzt werden.[524] Die Rechtsprechung hat etwa folgende Beträge zugesprochen, wobei die Umrechnung in Eurobeträge der besseren Übersichtlichkeit dient, auch wenn sie inflationsbedingt nicht den tatsächlichen D-Mark-Werten zum jeweiligen Entscheidungszeitpunkt entsprechen: **191**

DM 3050,– (= € 1559,44) für das Foto eines Torwarts in bundesweiter Werbeanzeige für Fernsehgeräte;[525] **DM 4000,– (= € 2045,17)** für ein Foto einer Frau in Artikel über Telefonsex;[526] **DM 4000,– (= € 2045,17)** für das Foto eines Nachrichtensprechers in regionaler Möbelhauswerbung;[527] je **€ 2500,–** für ein Hochzeitsfoto von einem nicht prominentem Paar als Werbung in Hochzeitszeitschrift;[528] **€ 5000,–** für Vorabveröffentlichung von Nacktaufnahmen für den „Playboy" in einer Boulevardzeitung;[529] **€ 5000,–** für das Foto einer Fernsehköchin in Flyer eines Supermarktes mit Werbung für Dosensuppe in Auflage von 100.000 Stück;[530] **DM 10000,– (= € 5112,92)** für das Foto eines ehemaligen DDR-Funktionärs auf beleuchteten Werbeplakaten für Zeitung an Bushaltestellen;[531] **je € 15000,–** für Bildnisse von Spielern **192**

515 BGH GRUR 1979, 732, 734 – Fußballtor.
516 LG Köln ZUM 2002, 162, 163; Wandtke/Bullinger/*Fricke* § 22 KUG Rn 26.
517 *Bodewig/Wandtke* GRUR 2008, 220, 229; *Wandtke* GRUR 2000, 942, 949 f.
518 BGH GRUR 1958, 408, 409 – Herrenreiter; OLG Hamburg ZUM 1995, 202, 204; *Schubert* AfP 2007, 20, 23.
519 BGH GRUR 2007, 139, 141 – Rücktritt des Finanzministers.
520 BGH GRUR 2007, 139, 141 – Rücktritt des Finanzministers.
521 BGH GRUR 1962, 211, 214 – Hochzeitsbild; LG München I ZUM 2004, 320, 323.
522 BGH GRUR 1985, 398, 399 – Nacktfoto; LG München I ZUM 2004, 320, 323.
523 BGH GRUR 1979, 732, 734 – Fußballtor; *Zentai* ZUM 2003, 363, 373.
524 BGH GRUR 1979, 732, 734 – Fußballtor.
525 BGH GRUR 1979, 732, 734 – Fußballtor.
526 OLG München ZUM 1996, 160, 162.
527 OLG Hamburg AfP 1983, 282, 284.
528 LG Hamburg BeckRS 2010, 15378.
529 LG Berlin ZUM 2002, 929 (im Leitsatz fälschlicherweise als „Geldentschädigung" bezeichnet).
530 BVerfG GRUR-RR 2009, 375 – Fiktive Lizenzgebühr.
531 LG Berlin NJW 1996, 1142, 1143.

aus der Weltmeistermannschaft von 1954 für Printwerbung eines Autoherstellers;[532] **DM 30 000,– (= € 15 338,67)** für das Nacktfoto einer bekannten Sängerin auf einem Zeitschriftentitel;[533] **€ 30 000,–** für das Foto eines prominenten Sportlers auf Werbebannern für Fitnessgeräte in mehreren Kaufhäusern und Fitnessstudios;[534] **€ 50 000,–** für ein Paparazzi-Foto aus der Privatsphäre eines Prominenten zu Werbezwecken;[535] **€ 70 000,–** für Abbildung eines Doubles von Marlene Dietrich in einer Kopiergerätewerbung;[536] **DM 155 000,– (= € 79 250,24)** für die Abbildung eines Doubles von Sänger Ivan Rebroff in TV-Werbung für Milchprodukte;[537] **DM 158 000,– (= € 80 784,12)** für Foto von Boris Becker in einer Werbung für Fernsehgeräte als Beilage zu einer Tageszeitung mit Auflage von 236.000 Stück;[538] **€ 100 000,–** für eine Abbildung von Oskar Lafontaine mit anderen Kabinettsmitgliedern in Printanzeige einer Autoleasingfirma;[539] **€ 200 000,–** für Abbildung von Joschka Fischer mit den Gesichtszügen eines Kindes in der Werbekampagne für eine Zeitung;[540] **€ 1,2 Mio** für Boris Becker in Werbekampagne für Testexemplar („Dummy") einer Tageszeitung.[541]

5. Geldentschädigung

193 Der Anspruch auf Geldentschädigung soll die immateriellen Schäden des Abgebildeten kompensieren. § 253 BGB schließt einen derartigen Anspruch wegen der Verletzung des Allgemeinen Persönlichkeitsrechts an sich aus. Der Anspruch wird aber unmittelbar aus dem Schutzauftrag der Art 1 Abs 1, Art 2 Abs 2 GG hergeleitet.[542] Er besteht nur in besonderen Ausnahmefällen.[543] Die Voraussetzungen des Anspruchs wegen einer unzulässigen Bildnisverwertung entsprechen im Wesentlichen denjenigen jedes presserechtlichen Geldentschädigungsanspruches. Voraussetzungen sind ein schwerwiegender Eingriff in das Persönlichkeitsrecht und der Ausschluss anderer Möglichkeiten zur Schadensbeseitigung. Die Funktionen des Anspruchs sind die Genugtuung für den Abgebildeten und die Prävention vor weiteren Eingriffen.[544] Hinsichtlich der Einzelheiten kann auf die allgemeinen Ausführungen[545] verwiesen werden. Folgende Besonderheiten sind im Bereich des Bildnisschutzes zu beachten:

194 a) **Schwere Persönlichkeitsverletzung.** Die Frage, ob eine schwerwiegende Verletzung des Persönlichkeitsrechts vorliegt, hängt insb von der Bedeutung und Tragweite des Eingriffs, ferner von Anlass und Beweggrund des Handelnden sowie von dem Grad seines Verschuldens ab.[546] Bei einer Bildveröffentlichung ist stets die Wortbe-

---

532 LG München I ZUM 2003, 418.
533 LG Hamburg AfP 1995, 526, 527 – Nena.
534 LG Frankfurt aM ZUM-RD 2009, 468.
535 OLG Hamburg BeckRS 2010, 21504 – Gunter Sachs.
536 OLG München GRUR-RR 2003, 194.
537 OLG Karlsruhe AfP 1998, 326, 327.
538 OLG München ZUM 2003, 139.
539 OLG Hamburg ZUM 2005, 164, aufgehoben durch BGH GRUR 2007, 139, der den Anspruch dem Grunde nach verneint hat.
540 LG Hamburg GRUR 2007, 143.
541 OLG München ZUM-RD 2007, 360; mittlerweile teilweise aufgehoben von BGH ZUM 2010, 529, der die Sache zurückverwiesen hat, da Veröffentlichung für einen Teil des Zeitraums der Nutzung zulässig war.
542 BVerfG GRUR 1974, 44, 48 – Soraya; BGH GRUR 1996, 373, 374 – Caroline von Monaco; BGH GRUR 1996, 227, 229 – Wiederholungsveröffentlichung.
543 Wandtke/Bullinger/*Fricke* § 22 KUG Rn 30.
544 BGH GRUR 2005, 179, 180 – Tochter von Caroline von Hannover; BGH GRUR 1996, 373, 374 – Caroline von Monaco; GRUR 1996, 227, 229 – Wiederholungsveröffentlichung.
545 S Teil 1 Kap 3 Rn 223 ff.
546 BGH GRUR 2010, 173, 175 – Kind eines ehemaligen Fußballprofis; BGH GRUR 2005, 179, 181 – Tochter von Caroline von Hannover; BGH GRUR 1996, 227, 228 – Wiederholungsveröffentlichung; das BVerfG, NJW 2004, 591, 592, hat diese Rechtsprechung ausdrücklich bestätigt.

richterstattung mit in die Beurteilung einzubeziehen.[547] Insb sind die Hartnäckigkeit der Verletzung, etwa durch wiederholte Veröffentlichungen und das Hinwegsetzen über einen ausdrücklich geäußerten Wunsch, ein Bild nicht zu veröffentlichen, zu berücksichtigen,[548] ferner die Motive der Veröffentlichung, wobei es sich hier zu Lasten des Verletzers auswirkt, wenn es ihm vor allem um einen bloßen wirtschaftlichen Vorteil geht.[549] Die Rechtsprechung nimmt teilweise an, im Bereich des Bildnisschutzes müssten geringere Anforderungen gelten, weil dem Abgebildeten regelmäßig keine anderen Abwehrmöglichkeiten zur Verfügung stünden.[550] Dieser Umstand ist indes schon Voraussetzung dafür, dass überhaupt der Anspruch auf Geldentschädigung in Betracht kommt[551] und kann nicht doppelt berücksichtigt werden. Nicht zu verkennen ist aber, dass der Eingriff in das Persönlichkeitsrecht bei unzulässigen Bildnisveröffentlichungen in vielen Fällen besonders schwerwiegend ist.

Eine Verletzung der **Intimsphäre** ist regelmäßig für sich genommen schon schwerwiegend genug, um einen Anspruch auf Geldentschädigung entstehen zu lassen.[552] Gleiches gilt, wenn Personen durch eine Abbildung mit ehrrührigen Ereignissen in Verbindung gebracht werden, mit denen sie nichts zu tun haben, etwa mit einem Bericht über sexuelle Erlebnisse[553] oder Unrechtstaten eines Diktators.[554] Ein schwerwiegender Eingriff kann sich ferner aus einem **herabsetzenden Begleittext** ergeben; so hat das OLG Hamm[555] eine schwere Persönlichkeitsverletzung darin gesehen, dass Moderator Stefan Raab in der Sendung TV-Total das Bild einer Minderjährigen gezeigt und sich über ihren Namen mit – wenig subtilen – sexuellen Anspielungen lustig gemacht hat; das LG Berlin[556] hat hingegen eine schwere Persönlichkeitsverletzung wegen der Aussage Raabs in dieser Sendung: „Die Dealer tarnen sich immer besser!“ im Anschluss an eine Bildeinblendung einer erwachsenen Frau mit einer Schultüte bei einer Einschulungsfeier verneint, da die Ironie offensichtlich erkennbar war und auch keine unzulässige Diffamierung vorlag. 195

Keine schwerwiegende Persönlichkeitsverletzung ergibt sich aus dem bloßen Umstand, dass ein Portraitfoto im Internet[557] oder ein Foto ohne Zustimmung des Abgebildeten in der Werbung[558] verwendet wird. Wenn auch Geldentschädigungsansprüche und ein Anspruch auf Zahlung einer fiktiven Lizenzgebühr sich nicht grundsätzlich ausschließen,[559] kann bei **Werbefotos** zu berücksichtigen sein, dass der Abgebildete regelmäßig einen materiellen Schaden beziffern und daher darüber eine gewisse Kompensation erhalten kann.[560] Auch die Veröffentlichung eines Fotos, das einen Kursmakler an der Frankfurter Börse beim Lesen einer Boulevard-Zeitung zeigt, ist zumindest dann keine schwerwiegende Persönlichkeitsverletzung, wenn der Abgebildete nicht geäußert hat, nicht fotografiert werden zu wollen.[561] 196

547 BGH GRUR 1962, 324, 325 – Doppelmörder; OLG Karlsruhe GRUR-RR 2009, 415, 416 – Bordsteinduell; LG Hamburg ZUM-RD 2009, 610, 611.
548 BGH GRUR 1996, 227, 229 – Wiederholungsveröffentlichung.
549 BGH GRUR 1996, 227, 229 – Wiederholungsveröffentlichung.
550 BGH GRUR 1996, 227, 229 – Wiederholungsveröffentlichung.
551 S dazu Rn 198 ff und Teil 1 Kap 3 Rn 236 ff.
552 Vgl BGH GRUR 1985, 398, 400 – Nacktfoto; OLG Oldenburg GRUR 1989, 344, 345 – Oben ohne-Foto; OLG Stuttgart NJW 1982, 652, 653.
553 OLG Hamburg ZUM 1995, 637.
554 AG Hamburg GRUR-RR 2004, 158, 159 – Saddams Giftmischer.
555 OLG Hamm ZUM 2004, 388, 391 – TV-Total.
556 LG Berlin ZUM 2005, 567, 568.
557 LG Bochum AfP 2007, 261, 262.
558 OLG Koblenz GRUR 1995, 771, 772.
559 OLG München NJW-RR 1996, 539, 541 – Telefon-Sex-Foto.
560 S Rn 186 ff.
561 LG Frankfurt ZUM 2003, 974, 975 f.

197 Ein **satirischer Hintergrund** der Veröffentlichung kann die Schwere der Verletzung entfallen lassen.[562] An einer schwerwiegenden Verletzung kann es auch deshalb fehlen, weil der Abgebildete sich in gewissem Umfang mit dem Thema, das Gegenstand der Berichterstattung ist, selbst in die Öffentlichkeit begeben hat.[563] Dies muss grundsätzlich auch nach der Entscheidung des EGMR[564] gelten.[565] Auch wenn danach die Frage der Persönlichkeitsverletzung großzügiger zu behandeln sein mag, muss damit nicht zwingend eine Ausweitung des Begriffs der schweren Persönlichkeitsverletzung verbunden sein.

198 b) **Fehlen anderweitiger Ausgleichsmöglichkeiten.** Bei der Verbreitung unwahrer Tatsachenbehauptungen kommen als andere den Anspruch ausschließende Möglichkeiten, die Beseitigung der Störung und Genugtuung zu erlangen, vor allem Gegendarstellungs- und Richtigstellungsansprüche in Betracht.[566]

199 Bis auf den seltenen Ausnahmefall, dass mit einer Bildnisveröffentlichung auch eine falsche Tatsachenbehauptung verbreitet wird, stehen diese Ansprüche einem durch eine Abbildung Verletzten indes nicht zu, so dass bei einer Verletzung des Rechts am eigenen Bild ein Bedürfnis für eine Geldentschädigung häufig besteht.[567] Keine anderweitige Ausgleichsmöglichkeit ist eine Spende in Absprache mit dem Betroffenen an eine karitative Einrichtung, denn diese kann zwar der Prävention dienen, regelmäßig aber nicht der hinreichend der Genugtuung des Verletzten.[568] Anders kann es bei einer öffentlich geäußerten Entschuldigung sein; diese kann im Einzelfall den Anspruch auf Geldentschädigung ausschließen.[569]

200 c) **Postmortales Persönlichkeitsrecht.** Eine Geldentschädigung wegen der **Verletzung des postmortalen Persönlichkeitsrechts** ist, wie grundsätzlich,[570] auch im Bereich des Bildnisschutzes ausgeschlossen,[571] weil die Genugtuungsfunktion des Anspruchs nicht mehr erfüllt werden kann.[572] Etwas anderes gilt nur, wenn gleichzeitig mit dem Persönlichkeitsrecht des Verstorbenen das **Persönlichkeitsrecht eines Angehörigen** unmittelbar tangiert wird.[573] Allein die Abbildung eines Leichnams verletzt dieses indes noch nicht.[574] Vielmehr müssen weitere Umstände hinzukommen. So kann eine Verletzung eigener Rechte der Eltern vorliegen, wenn über den Rauschgifttod ihres erwachsenen Sohnes unter anderem durch Veröffentlichung eines Familienfotos berichtet wird, durch das suggeriert wird, elterliches Versagen sei für den Tod verantwortlich.[575]

201 d) **Anspruchshöhe.** Die Höhe des Anspruchs hängt von zahlreichen Umständen des Einzelfalls ab. Zu Gunsten des Bildnisverwerters können bei der Höhe des Anspruchs Vorteile des Abgebildeten durch die Veröffentlichung, bei Prominenten etwa

562 OLG Hamm NJW-RR 2004, 919, 920.
563 LG Berlin ZUM-RD 2005, 282, 283.
564 EGMR GRUR 2004, 1051 – von Hannover/Deutschland.
565 Krit Dreier/Schulze/*Dreier* §§ 33–50 KUG Rn 25.
566 S Teil 1 Kap 3 Rn 236 ff.
567 BGH GRUR 1996, 227, 229 – Wiederholungsveröffentlichung.
568 AA Wandtke/Bullinger/*Fricke* § 22 KUG Rn 30.
569 Wandtke/Bullinger/*Fricke* § 22 KUG Rn 30.
570 S Teil 1 Kap 3 Rn 243 f.
571 BVerfG ZUM 2007, 38, 382; BGH GRUR 2006, 252, 254 – Postmortaler Persönlichkeitsschutz; BGH GRUR 2000, 709, 714 – Marlene Dietrich.
572 BGH GRUR 2006, 252, 254 – Postmortaler Persönlichkeitsschutz.
573 LG Heilbronn ZUM 2002, 160, 161.
574 BGH GRUR 2006, 252, 255 – Postmortaler Persönlichkeitsschutz.
575 BGH GRUR 1974, 794, 795 – Todesgift.

die Steigerung des Aufmerksamkeitswertes, zu berücksichtigen sein, die im Einzelfall den Anspruch auch ganz ausschließen können.[576] Ferner ist bei der Höhe zu berücksichtigen, wenn sich der Abgebildete selbst der Gefahr der Berichterstattung in besonderer Weise ausgesetzt hat.[577]

Die Rechtsprechung hat etwa folgende Beträge zugesprochen, wobei die Umrechnung in Eurobeträge der besseren Übersichtlichkeit dient, auch wenn sie inflationsbedingt nicht den tatsächlichen D-Mark-Werten zum jeweiligen Entscheidungszeitpunkt entsprechen: **202**

€ 150,– für eine nicht rechzeitige Unterbindung der Verbreitung einer kurzen Filmsequenz im Internet;[578] **DM 1700,– (= € 869,20)** für ein Bild in einer Kontaktanzeige mit falschem Text;[579] **DM 2000,– (= € 1022,58)** für das Bildnis einer Minderjährigen auf einem Buch zu antiautoritärer Erziehung;[580] **€ 2000,–** für verspottende Bildberichterstattung über einen Kellner, der einen Straßenmusiker wegschickt, weil er nicht erkennt, dass es sich um einen berühmten Popstar handelt;[581] **€ 2500,–** für die Ausstrahlung eines Fernsehinterviews mit einer Mutter, kurz nachdem ihr zuvor verschwundenes Kind wieder aufgetaucht war, in einem rein unterhaltenden Beitrag;[582] **DM 5000,– (= € 2556,46)** für die Veröffentlichung einer Nacktaufnahme aus einer Theaterprobe in Zeitungen;[583] **€ 3000,–** für die Ausstrahlung von an FKK-Strand heimlich aufgezeichneten Nacktaufnahmen in einer Filmsequenz in einem TV-Wissenschaftsmagazin;[584] **DM 8000,– (= € 4090,33)** für die Verletzung des Persönlichkeitsrechts einer Ehefrau durch Veröffentlichung eines Fotos ihres toten Ehemannes mit weit aufgerissenem Mund;[585] **€ 5000,–** für die Veröffentlichung von Nacktaufnahmen in einem anderem als dem genehmigten Kontext;[586] **€ 5000,–** für ein im Gerichtssaal aufgenommenes Foto der Mutter eines Verbrechensopfers;[587] **€ 5000,–** für ein Foto des Sohnes Saddam Husseins, durch das der Abgebildete unzutreffend in einen Zusammenhang mit den Taten seines Vaters gebracht wird;[588] **DM 10000,– (= € 5112,92)** für Foto einer nicht prominenten Person neben dem früheren Finanzminister Theo Waigel, der im „Stern" mit Sprechblasen Aussagen in den Mund gelegt bekommt, die ihn als „doofen lederbehosten Bayern" herabwürdigen;[589] **€ 6000,–** für ein live ausgestrahltes TV-Interview, während dessen Oliver Pocher gegenüber der Interviewten erklärt, sie sehe für ihr Alter „echt ganz schön alt aus" und es gebe bei Pro7 eine „schöne Operationsshow";[590] **€ 6000,–** für ein Foto, durch das Abgebildeter fälschlicherweise als Täter einer versuchten schweren Erpressung dargestellt wird;[591] **€ 10000,–** für ein Foto unter der Überschrift „Geisteskranker verprügelte Rentnerin auf dem Friedhof", das einen an dieser Tat nicht Beteiligten zeigt;[592] **€ 15000,–** für die Ausstrahlung eines Fernsehberichts, in der eine – in einem späteren Strafverfahren freigesprochene – Person gezeigt wird, in deren von mehreren Personen genutztem Dienstfahrzeug die Polizei vor laufender Kamera Rauschgift findet;[593] **DM 20000,– (= € 10225,84)** für eine **203**

576 LG Berlin ZUM-RD 2006, 133, 135; LG Berlin ZUM 2005, 330, 331; LG Berlin ZUM-RD 2005, 282, 283 unter Berufung auf *Ladeur* NJW 2004, 393, 398.
577 LG Köln AfP 1978, 149, 151.
578 AG Bremen NJOZ 2008, 3808.
579 AG Nürnberg NJW-RR 2000, 1293.
580 OLG Frankfurt NJW 1992, 441.
581 OLG Karlsruhe NJW-RR 2009, 1273.
582 OLG Karlsruhe ZUM 2006, 568.
583 LG Saarbrücken NJW-RR 2000, 1571.
584 LG München I NJW 2004, 617.
585 OLG Düsseldorf AfP 2000, 574, 575.
586 LG München ZUM 2004, 320.
587 LG Münster NJW 2005, 1065.
588 AG Hamburg GRUR-RR 2004, 158 – Saddams Giftmischer.
589 OLG München NJW-RR 1998, 1036.
590 LG Hannover ZUM 2006, 574.
591 OLG Frankfurt ZUM-RD 2008, 230.
592 OLG München ZUM 2004, 230.
593 AG Kleve BeckRS 2009, 04989.

Bildverwechslung, durch die ein katholischen Priester fälschlicherweise in Verbindung mit sexuellen Verfehlungen gegenüber Minderjährigen gebracht wird;[594] **DM 20000,– (= € 10225,84)** für einen Fernsehbericht, der eine psychisch erkrankte Frau zeigt, nachdem sie ihre Mutter getötet hatte, und in dem noch dazu aus einem psychiatrischen Gutachten über die Abgebildete zitiert wird;[595] **DM 30000,– (= € 15338,76)** für die Veröffentlichung einer Nacktaufnahme von Nina Hagen im „Focus" im Zusammenhang mit einem Bericht über die gerichtliche Untersagung der Verbreitung unter anderem dieses Fotos durch die Mutter von Nina Hagen in einem Buch;[596] **25.000,00 €** für die Veröffentlichung privater Nacktfotos der Ex-Freundin mit Anschrift und Telefonnummer im Internet;[597] **DM 50000,– (= € 25564,59)** für Fotos von Caroline von Monaco beim Beten und Abendmahl in einer Kirche;[598] **DM 90000,– (= € 46016,27)** für die Veröffentlichung eines Computerspiels, dessen Gegenstand eine sexuelle Beziehung zwischen einer dort gezeigten Person zu einem bekannten Tennisspieler war;[599] **DM 100000,– (= € 51129,19)** für 15 Veröffentlichungen von Prinz Ernst August von Hannover u.a. in Badebekleidung, teilweise mit Caroline von Monaco, teilweise mit seiner früheren Ehefrau;[600] **€ 70000,–** für eine Filmsequenz einer Minderjährigen in der Sendung „TV-Total" und sexuelle Anspielungen wegen ihres Namens;[601] **DM 150000,– (= € 76693,78)** für den wiederholten Abdruck von Paparazzi-Fotos der Tochter von Caroline von Hannover in privatem Umfeld;[602] **DM 150000,– (= € 76693,78)** für private und intime Paparazzi-Fotos, die Hera Lind – teilweise unbekleidet – auf der Titelseite und im Innern einer illustrierten Zeitschrift zeigen;[603] **DM 150000,– (= € 76693,78)** für intime Fotos von Caroline von Monaco und Ernst August von Hannover in einer illustrierten Zeitschrift und Werbung für diese in anderen Medien;[604] **DM 180000,– (= € 92032,54)** für drei Titelgeschichten in unterschiedlichen Publikationen mit erfundenem Exklusiv-Interview über Privatleben und seelische Verfassung von Caroline von Monaco.[605]

204 Im Prozess muss der Anspruch trotz § 253 Abs 2 Nr 2 ZPO nicht zwingend genau beziffert werden, sondern kann im Hinblick auf die Höhe in das **Ermessen des Gerichts** gestellt werden.[606] Dies bietet sich auch praktisch an, weil es das Risiko eines Teilunterliegens verringert. Eine ungefähre Größenordnung ist aber anzugeben.[607]

6. Beseitigungsansprüche (Vernichtung und Herausgabe)

205 § 37 KUG sieht vor, dass der Abgebildete die Vernichtung der widerrechtlich verbreiteten oder öffentlich zur Schau gestellten Bildnisse verlangen kann. Der Anspruch dient der Sicherung des Unterlassungsanspruchs,[608] setzt aber eine Wiederholungsgefahr nicht voraus.[609] Etwas anderes kann aber gelten, wenn eine **künftige Veröffentlichung** zulässig wäre.[610] Ein Verschulden ist nach § 37 Abs 3 KUG nicht erforderlich.

---

594 OLG Koblenz NJW 1997, 1375.
595 LG Köln ZUM-RD 2003, 50.
596 LG Berlin ZUM 2002, 153.
597 LG Kiel NJW 2007, 1002.
598 OLG Hamburg OLG Report 2001, 139.
599 LG München I NJW-RR 2002, 689.
600 LG Hamburg ZUM 1998, 852.
601 OLG Hamm NJW 2004, 919, 922.
602 BGH GRUR 2005, 179 – Tochter von Caroline von Hannover.
603 LG Hamburg ZUM 2002, 68.
604 OLG Hamburg OLG Report 2001, 139.
605 OLG Hamburg NJW 1996, 2870 – Caroline von Monaco, nach Zurückverweisung durch den BGH GRUR 1995, 224 – Erfundenes Exclusiv-Interview.
606 BGH NJW 1982, 340.
607 BGH NJW 1982, 340.
608 Schricker/Loewenheim/*Götting* Anh zu § 60 UrhG §§ 33–50 KUG Rn 6.
609 BGH GRUR 1961, 138, 140 – Familie Schölermann.
610 Vgl OLG Hamburg AfP 1997, 535, 536 f.

Nach § 37 Abs 2 kann die Vernichtung von allen Vervielfältigungsstücken im Eigentum der an der Bildnisverwertung Beteiligten, nicht aber des Originals verlangt werden.[611] Etwas anderes dürfte aber dann gelten, wenn schon die Herstellung des Originals widerrechtlich war. In diesem Fall ergibt sich der Vernichtungsanspruch allerdings aus §§ 1004, 823 BGB,[612] und es kann bereits nach der Herstellung unabhängig von einer Veröffentlichung Herausgabe verlangt werden.[613] Der Anspruch auf Herausgabe, der sich ebenfalls aus § 1004 BGB ergibt, kann nur anstelle des Vernichtungsanspruchs geltend gemacht werden.[614]

Nach § 37 Abs 1 und 2 KUG erstreckt sich der Anspruch ferner auf die zur widerrechtlichen Vervielfältigung oder Vorführung ausschließlich bestimmten Vorrichtungen. **206**

Soweit weitere Verletzungen in anderer Weise als durch Vernichtung ausgeschlossen werden können, etwa durch ein **Unkenntlichmachen**,[615] besteht der Anspruch auf Vernichtung nicht, soweit der Eigentümer der Bildnisexemplare die Kosten für die zum Schutz des Abgebildeten erforderliche Maßnahme übernimmt (§ 37 Abs 4 S 1 KUG). Dies dürfte sich auch bei den sonstigen Beseitigungsansprüchen unmittelbar aus dem Verhältnismäßigkeitsgrundsatz ergeben.[616] **207**

Die Vernichtung setzt nach § 37 Abs 4 S1 KUG eine **rechtskräftige Verurteilung** voraus. Der Anspruch wird, da die Vernichtung eine vertretbare Handlung ist, wenn der Tenor des Urteils nicht ohnehin eine Pflicht zur Herausgabe enthält,[617] nach § 887 ZPO im Wege der Ersatzvornahme und nicht nach § 888 ZPO mit einem Zwangsgeld vollstreckt.[618] Weigert sich der Schuldner, kann nach § 892 ZPO der Gerichtsvollzieher hinzugezogen werden.[619] Ansprüche auf Herausgabe und Vernichtung können durch eine **einstweilige Verfügung**, die eine Herausgabe an einen **Sequester** anordnet, vorläufig gesichert werden.[620] **208**

7. Kostenerstattung

Der Anspruch auf Erstattung der Kosten einer berechtigten Abmahnung folgt auch im Bereich des Bildnisschutzes aus Geschäftsführung ohne Auftrag (§§ 683 S 1, 670 BGB),[621] so dass auf die allgemeinen Ausführungen verwiesen werden kann.[622] Dem wegen einer angeblich widerrechtlichen Bildnisverwertung zu Unrecht Abgemahnten steht hingegen – anders als im Falle unberechtigter Schutzrechtsverwarnungen – kein Anspruch auf Ersatz der Kosten seiner Rechtsverteidigung zu.[623] **209**

---

611 Wandtke/Bullinger/*Fricke* § 22 KUG Rn 37; *von Gamm* Einf 130.
612 Wandtke/Bullinger/*Fricke* § 22 KUG Rn 37.
613 OLG Stuttgart AfP 1987, 693 f; OLG München AfP 1995, 658, 661.
614 Wandtke/Bullinger/*Fricke* § 22 KUG Rn 37.
615 Dreier/Schulze/*Dreier* §§ 33–50 KUG Rn 10.
616 Vgl Dreier/Schulze/*Dreier* §§ 33–50 KUG Rn 10.
617 Vgl OLG München NJW-RR 1996, 93, 95.
618 OLG Frankfurt GRUR-RR 2007, 30, 31.
619 OLG Frankfurt GRUR-RR 2007, 30, 31.
620 OLG Celle AfP 1984, 236.
621 Vgl etwa LG Frankfurt aM ZUM-RD 2009, 26 f; jüngst in Frage gestellt, letztlich aber offen gelassen von KG GRUR-RR 2010, 7, 8.
622 S Teil 1 Kap 3 Rn 250 ff.
623 Dazu ausf LG Hamburg ZUM-RD 2007, 425, 428.

Kapitel 4

Jugendmedienschutz (ohne Strafrecht)

Literatur

Amann Jugendliche und ihre Einstellungen zu Liebe, Sexualität und Partnerschaft. Die Sexualaufklärung der Bundeszentrale für gesundheitliche Aufklärung und ihre zentralen Ergebnisse zur Jugendsexualität tv diskurs 4 1/1998, 80; *Baacke* Kinder und ästhetische Erfahrung in alten und neuen Medien. Chancen für Qualifikationen und Qualitäten tv diskurs 1, 1/1997, 60; *Bachmair* Medienkompetenz als kulturelles Phänomen. Jugendschutz lässt sich nur bedingt wissenschaftlich begründen tv diskurs 38, 4/2006, 20; *Bandura* Social Learning Theorie of Identificatory Processes, in Goslin (Ed) Handbook of Socialisation Theory and Research, Chicago 1969, 213 (zit *Bandura* Social Learning); *Bannenberg* Ein bisschen Kriminalität ist normal. Gewaltphänomene bei Jugendlichen, ihre Entwicklung, ihre Ursachen tv diskurs 30, 4/2004, 32; *Beck* Position des rheinland-pfälzischen Ministerpräsidenten Kurt Beck zur Diskussion um Big Brother und vergleichbare Sendeformate tv diskurs 13, 3/2000, 42; *Bekkers* Der Bock als Gärtner? Viel Selbstkontrolle, wenig Staat tv diskurs 37, 3/2006, 4; *Benda* Jugendschutz und öffentliche Sauberkeit. Die Medienfreiheit und ihre Einschränkung durch Gesetze tv diskurs 15, 1/2001, 28; *Bente/Fromm* Affektfernsehen. Motive, Angebotsweisen und Wirkungen, Opladen 1997; *Berkowitz* The Contagion of Violence: An S-R Mediational Analysis of some Effects of Observed Aggression Nebraska Symposion of Motivation 18, Nebraska 1970, 95; *Berkowitz/Rawlings* Effects of film violence on inhibition against subsequent aggression Journal of Abnormal and Social Psychology 66, 1963, 405; *Blech/von Bredow* Die Grammatik des Guten Der Spiegel 31, 2007, 108; *Bornemann* Der Jugendmedienschutz-Staatsvertrag der Länder NJW 2003, 787; *Bragg/Buckingham* If they're happy they're happy. Wie Heranwachsende in Großbritannien mit Darstellungen von Liebe und Sexualität den Medien umgehen tv diskurs 34, 4/2005, 34; *Braml/Hopf* Das Verhältnis der KJM zur FSF anhand einer kritischen Würdigung der Entscheidung des VG Berlin vom 6.7.2006 ZUM 2007, 23; *Brandenburg/Lammeyer* Steht der Kommission für Jugendmedienschutz ein Beurteilungsspielraum zu? ZUM 8, 9/2010, 655; *Brüne* Nur dem Pfarrer traute man. Die FSK brauchte die Kirchen, um von den Alliierten akzeptiert zu werden tv diskurs 10, 4/1999, 46; *Büttner* Recht und Ordnung im Bewusstsein der neuen Mediengeneration. Eine explorative Studie tv diskurs 25, 3/2003, 26; *Castendyk* So viel Freiheit wie möglich, so viel Schutz wie nötig. Interpretationsspielräume und Grenzen für den Jugendschutz tv diskurs 31, 1/2005, 20; *Chevillard* Hartes Gesetz mit weichen Kriterien. Jugendmedienschutz in Frankreich: Alle Filme werden geprüft, aber die meisten werden ohne Altersbeschränkung freigegeben tv diskurs 5, 2/1998, 4; *Degenhart* Verfassungsfragen des Jugendschutzes beim Film, Sonderdruck UFITA 2009/II, 367; *ders* Grundwerte der Verfassung als Maßstab. Geschmack und Anstand sind keine Kriterien des Jugendschutzes tv diskurs 47, 1/2009, 70; *Dörr* Big Brother und die Menschenwürde, Frankfurt 2000; *ders* Spielräume, plausible Prognosen und transparente Verfahren. Für den Schutz der Jugend und der Menschenwürde sind Werte abzuwägen tv diskurs 23, 1/2003, 44; *Dolase* Auch Verlierer sollen im Film mal glücklich sein tv diskurs 24, 2/2002, 30; *Döveling* Superstar – Supershow? „DSDS" im Urteilzuschauer, in Döveling/Mikkos/Nieland (Hrsg) Im Namen des Fernsehvolkes, Konstanz 2007; *Drabman/Thomas* Does Media Violence increase Childrens's Toleration of Real Life Aggression Developmental Psycology 10, 3/1974, 418; *Dworkin* Against the male flood: Censorship, pornography and equality, in Itzin (Hrsg) Pornography: Women, violence and civil liberties, Oxford 1992, 515; *Erdemir* Neue Paradigmen der Pornografie? – Ein unbestimmter Rechtsbegriff auf dem Prüfstand MMR 2003, 628; *Ertel* Erotika und Pornographie. Repräsentative Befragung und psychophysiologische Langzeitstudie zu Konsum und Wirkung, München 1990; *Farin* Jugendkulturen gestern und heute. Immer die gleiche Provokation in neuen Gewändern? tv diskurs 37, 3/2006, 20; *Faulstich* Kuriose Bevormundung. Der Zuschauer soll Pornographie finden dürfen epd-Medien 8, 1997, 8; *Feshbach* The Stimulating vs Catharsis Effects of a Vicarous Aggressiv Activity Journal of Abnormal and Social Psychology 63, 1961, 381; *Festinger* Theorie der kognitiven Dissonanz, Bern 1978; *Gangloff* Baustellen für den Jugendschutz. Pornographie im TV-Kabel, Sex via Satelliten, Videos aus dem Internet tv diskurs 42 4/2007, 89; *Gangloff* Ich sehe was, was Du nicht siehst. Medien in Europa: Perspektiven des Jugendschutzes, Berlin 2001; *Gerbner/Gross* The scary World of TV's heavy Viewer Psychology Today 10 (4) 1976, 41; *Gernert* Generation Porno. Jugend, Sex, Internet, Köln 2010; *von Gottberg* Jugendschutz in den Medien, Berlin 1995 (zit *von Gottberg* Jugendschutz in den Medien); *ders* Vermittler zwischen unterschiedlichen Interessen. Mit Selbstkontrolle für mehr Jugendschutz im Fernsehen tv diskurs 4, 1/1998, 54 (zit *von Gottberg* Vermittler zwischen unterschiedlichen Interessen); *ders* Die FSK wird 50 tv diskurs 10, 4/1999, 34 (zit *von Gottberg* Die FSK wird 50); *ders* Prognosen auf dünnem Eis. Lassen sich Jugendschutzkriterien wissenschaftlich begründen? tv diskurs 14, 4/2000, 28 (zit *von Gottberg* Prognosen auf dünnem Eis); *ders* Sexualität, Jugendschutz und der Wandel von Moralvorstellungen tv diskurs 15, 1/2001, 60 (zit *von Gottberg* Sexualität und Jugendschutz); *ders* Angstauslöser oder Angstverarbeitung? Der schwierige Umgang mit gewaltauslösenden Bildern in den Medien tv diskurs 24, 2/2003, 24 (zit *von Gottberg* Angstauslöser oder Angstverarbeitung); *Göttlich/Krotz/Paus-Hase* Daily Soaps und Daily Talks im Alltag von Jugendlichen Opladen 2001; *Gräfe* Einstweilige Verfügung gegen Sky wieder in Kraft Digital Fernsehen 1.7.2010; *Grimm* Fernsehgewalt. Zuwendungsattraktivität, Erregungsverläufe, sozialer Effekt, Opladen/Wiesbaden 1999 (zit *Grimm* Fernsehgewalt); *Grimm/Clausen-Muradian* Gewalt und Pornographie auf Schülerhandys. Zuständigkeiten und Handlungsoptionen nach Strafgesetzbuch (StGB), Jugendschutzgesetz (JuSchG) und Jugendmedienschutz-Staatsvertrag (JMStV) JMS-Report, 5/07, 2007, 2 (zit *Grimm* Gewalt und Pornographie auf Schülerhandys); *Grimm, P* Porno im Web 2.0. Die Bedeutung sexualsierter Web-Inhalte in der Lebenswelt von Jugendlichen, Berlin 2009 (zit *Grimm* Porno im Web 2.0); *Groebel/Gleich* Gewaltprofil des deutschen Fernsehprogramms, Opladen 1993; *Grossman/DeGaetano* Wer hat unseren Kindern das Töten beigebracht? Ein Aufruf gegen Gewalt in Fernsehen, Film und Computerspielen, Stuttgart 2002; *Hanten* Geschützter Raum mit viel Bewegungsfreiheit. Ein geschlossenes Netz für Kinder als Aufgabe von Gesellschaft und Anbietern tv diskurs 41, 3/2007, 10; *von Hartlieb* Gesetz zur Neuregelung des Jugendschutzes in der Öffentlichkeit NJW 1985, 830; *ders* Zur Auslegung der Neufassung des § 131 StGB Film und Fakten, Heft 1, 1987, 12 (zit *von Hartlieb* Zur Auslegung der Neufassung des § 131 StGB); *von Hartlieb/von Gottberg* Gewalt im Film Film und Fakten, Heft 9 1989, 33; *Hartstein/Ring/Kreile/Dörr/Stettner* Jugendschutz. Jugendmedienschutz-Staatsvertrag, Jugendschutzgesetz, Mediendienste-Staatsvertrag, Teledienstegesetz, Heidelberg 2003; *Heinze* Der rechtliche Rahmen für Werbung im Fernsehen und Internet, in von Gottberg/Rosenstock Werbung aus allen Richtungen. Crossmediale Markenstrategien als Herausforderung an den Jugendschutz, München 2009; *Hilse* Die Altersfreigabe von Computer- und Automatenspielen durch USK und ASK JMS-Report, 3/2004, 2; *Hochstein* Zur Grenzziehung brauchen wir den gesellschaftlichen Konsens tv diskurs 1, 1/1997, 20; *Hönge* Hypothesen mit konkreten Folgen. Nach welchen Kriterien werden Filme freigegeben? tv diskurs 6, 3/1998, 58; *Höynck/Mößle/Kleimann/Pfeiffer/Rehbein* Jugendmedienschutz bei gewalthaltigen Computerspielen. Eine Analyse der USK-Alterseinstufungen, Hannover 2007; *Humberg* FSK-Spruchpraxis im Wandel der Zeit tv diskurs 38, 4/2006, 64; *Kloeppel* Frei und vielfältig. Die Berichterstattung und ihr Einfluss auf politische Entscheidungen tv diskurs 46, 4/2008, 46; *Knoll* Jugendliche und Jugendschutz. Eine Anmerkung wider einen statischen Jugendbegriff tv diskurs 10, 4/1999, 20; *Knoll/Müller* Jugendliche Medienwelt. Sexualität und Pornographie. Eine Expertise im Auftrag der BZgA, Köln 1998; *Kunczik/Zipfel* Medien und Gewalt. Der aktuelle Forschungsstand tv diskurs 33–37, 3/2005–3/2006 (zit *Kunczik/Zipfel* Medien und Gewalt); *dies* Gewalt und Medien. Ein Studienbuch, Köln/Weimar 2006 (zit *Kunczik/Zipfel* Studienbuch); *Lenzen* Das Problem ist die Kausalitätsannahme. Ist die Mediengewalt ein Modell für Wirklichkeit? tv diskurs 23, 1/2003, 50; *Liesching* Gesetzlicher Jugendmedienschutz. Eine Bestandsaufnahme BPJM Aktuell, 2/2007, 5; *Machura* Ansehensverlust der Justiz? Licht und Schatten des Gerichtsshowkonsums, in Döveling/Mikos/Nieland (Hrsg) Im Namen des Fernsehvolkes. Neue

Formate für Orientierung und Bewertung, Konstanz 2007, 83; *MacKinnon* Nur Worte, Frankfurt aM 1994; *Mahrenholz* Brauchen wir einen neuen Pornographie-Begriff? ZUM 1998, 525; *Markowitsch/Siefer* Tatort Gehirn, Frankfurt aM 2007; *Merkel* Zur Änderung des Gesetzes über die Verbreitung jugendgefährdender Schriften. Rede der Bundesministerin für Frauen und Jugend vor dem Deutschen Bundestag am 11. Februar 1993 BPS Aktuell 3/93, 1993, 3; *Merkens/Zinnecker* Jahrbuch Jugendforschung, 3. Auflage Opladen 2003; *Michaelis* Unsere Kinder sollen ohne Angst aufwachsen ... tv diskurs 31–33, 1–3/2005 (zit *Michaelis* Unsere Kinder sollen ohne Angst aufwachsen ...); *Mikos* Von der Zurschaustellung des Körpers zur Nummernrevue. Anmerkungen zur Pornographie-Diskussion aus film- und kulturwissenschaftlicher Sicht tv diskurs 3, 3/1997, 53; *Mynarik* Jugendschutz in Rundfunk und Telemedien. Freiwillige Selbstkontrolle und Co-Regulierung nach dem Jugendmedienschutz-Staatsvertrag, Baden-Baden 2006 (zit *Mynarik* Jugendschutz in Rundfunk und Telemedien); *dies* „Mobiles Entertainment" und das Jugendschutzrecht – Entwicklung von Mobilfunkrecht und -technik – Perspektiven für den Jugendschutz, ZUM 50, 3/2006, 183 (zit *Mynarik* Mobiles Entertainment); *Nieding/Ohler* Henne und Ei – oder etwas Drittes? tv diskurs 36, 2/2006, 48; *Nikles/Roll/Spürck/Umbach* Jugendschutzrecht. Kommentar zum Jugendschutzgesetz (JuSchG) und zum Jugendmedienschutz-Staatsvertrag (JMStV) mit Erläuterungen zur Systematik und Praxis des Jugendschutzes, Neuwied 2003; *Noltenius* Die Freiwillige Selbstkontrolle der Filmwirtschaft und das Zensurverbot des Grundgesetzes, Göttingen 1958; *Pastötter* Erotic Home Entertainment und Zivilisationsprozess. Analyse des postindustriellen Phänomens Hardcore-Pornographie, Wiesbaden 2003; *Pfeiffer/Kleimann* Medienkonsum, Schulleistungen und Jugendgewalt tv diskurs 36, 2/2006, 42; *Rausch* Jugendschutz in Online-Medien. Zusammenspiel von Selbstkontrolle und Medienkompetenz JMS-Report 3/2004, 7; *Retzke* Präventiver Jugendschutz. Eine Untersuchung des Jugendschutzgesetzes und des Jugendmedienschutz-Staatsvertrags unter besonderer Berücksichtigung des Systems der regulierten Selbstregulierung und der innerstaatlichen und gemeinschaftsrechtlichen Kompetenzabgrenzung, Göttingen 2006; *Sander* Die Lust auf Skurriles tv diskurs 29, 3/2004, 50; *Scarbarth* Werkanalytischer Blick statt (Vor)-Urteilen tv diskurs 1, 1/1997, 40; *Scheuer* Jugendschutz in europäischen elektronischen Medien. Klassifizierung. Filtersysteme, Medienkompetenz tv diskurs 40, 2/2007, 4; *Schmerl/Huber* Frauenfeindliche Werbung. Sexismus als heimlicher Lehrplan, Berlin 1981; *Schmidt* In Phantasiewelten spazieren gehen. Wie die Sexualisierung der Öffentlichkeit auf Jugendliche wirkt tv diskurs 15, 1/2001, 46; *Scholz* Jugendschutz, 3. Aufl München 1999; *Scholz/Liesching* Jugendschutz – Kommentar, 4. Aufl München 2004; *Schreibauer* Das Pornographieverbot des § 184 StGB, Regensburg 1999; *Schumann* Zum Begriff der Pornographie tv diskurs 2, 2/1997, 57 (zit *Schumann* Zum Begriff der Pornographie); *ders* Zum strafrechtlichen und rundfunkrechtlichen Begriff der Pornographie, in Eser/Schittenhelm/Schumann (Hrsg) FS Lenckner, München 1998, 565 (zit Eser/Schittenhelm/Schumann/*Schumann*); *Schwarzer* PorNo. Die Kampagne – Das Gesetz – Die Debatte. Emma Sonderband, Köln 1988; *Selg* Psychologische Wirkungsbefunde. Über Gewalt in den Medien tv diskurs 2, 2/1997, 50 (zit *Selg* Psychologische Wirkungsbefunde); *ders* Pornographie und Gewalt – Vorschläge zur Sprachreglung BPS-Report 4, 1988, 1 (zit *Selg* Pornographie und Gewalt); *ders* Pornographie und Erotographie tv diskurs 1, 1/1997, 48 (zit *Selg* Pornographie und Erotographie); *Siggelkow/Büscher* Deutschlands sexuelle Tragödie. Wenn Kinder nicht lernen, was Liebe ist, München 2009; *Sigusch* Thrill der Treue – Über Alterswahn und Jugendsexualität tv diskurs 15, 1/2001, 38 (zit *Sigusch* Thrill der Treue); *Sigusch/Schmidt* Jugendsexualität. Dokumentation einer Untersuchung, Stuttgart 1973; *Speck-Hamdan* Wie Kinder lernen. Vom Entstehen der Welt in den Köpfen der Kinder TELEVIZION 17/2004, 4; *Spitzer* Vorsicht Bildschirm, Stuttgart 2005 (zit *Spitzer* Vorsicht Bildschirm); *ders* Lernen. Gehirnforschung und die Schule des Lebens, Heidelberg 2002 (zit *Spitzer* Lernen); *ders* Fernsehen und Bildung tv diskurs 36, 2/2006, 36 (zit *Spitzer* Fernsehen und Bildung); *ders* Wer seinem Kind Gutes tun will, der kaufe ihm bitte keinen Computer Psychologie heute, 01/2006, 34 (zit *Spitzer* Wer seinem Kind Gutes tun will); *Stefen* Jugendmedienschutz in der Bundesrepublik Deutschland, in Wodraschke (Hrsg) Jugendschutz und Massenmedien, München 1983, 99; *Sturm* Medienwirkung – ein Produkt der Beziehung zwischen Rezipient und Medium, in Groebel/Winterhoff-Spurk Medienpsychologie, München 1989, 33; *Süss* Mediensozialisation von Heranwachsenden. Dimensionen – Konstanten – Wandel, Wiesbaden 2004; *Sulzbacher* Verfolgung von Gewaltdarstellungen unzureichend. Änderung des Paragraphen 131 StGB in der Diskussion:

Können Verschärfungen die Strafverfolgung verbessern? JMS-Report 5/2003, 5; *Tetz* Selbstbewusst und reflektiert. Trotz sexualisierter Medien liegen konservative Werte im Trend tv diskurs 16, 2/2001, 70; *Ulich* Der Pornographiebegriff und die EG-Fernsehrichtlinie, Baden-Baden 2000; *Vitouch* Fernsehen und Angstbewältigung, Zur Typologie des Zuschauerverhaltens, 3. Aufl Wiesbaden 2007; *ders* Gewaltfilme als Angsttraining tv diskurs 2, 2/1997, 40; *Walther* Begriff der Pornographie BPjM Aktuell 3/2003, 3; *Weides* Der Jugendmedienschutz im Filmbereich NJW 1987, 224; *Wilms* Kritik an getrennter Jugendschutzaufsicht im Fernsehen nimmt zu JMS-Report 3/2004, 9; *Wüllenweber* Voll Porno stern 06/2007, 67; *Zillmann* Pornografie in Mangold/Vorderer/Bente (Hrsg) Lehrbuch der Medienpsychologie, Göttingen 2004.

Folgende Dokumente können aus dem Internet geladen werden:
1. Grundsätze der FSK: www.fsk.de
2. Jugendschutzgesetz (JuSchG), Jugendmedienschutz-Staatsvertrag (JMStV), Prüfordnung der FSF (PrO-FSF), Richtlinien zur Anwendung der Prüfordnung der FSF (FSF-Richtlinien zur PrO-FSF), Satzung der FSF, Gemeinsame Richtlinien der Landesmedienanstalten zur Gewährleistung des Schutzes der Menschenwürde und des Jugendschutzes (Jugendschutzrichtlinien – JuSchRiL) sowie die Beiträge aus tv diskurs: www.fsf.de
3. USK-Grundsätze: www.usk.de
4. Verhaltenscodex der FSM (VK-FSM): www.fsm.de

Übersicht

§ 1
Medienfreiheit und Jugendschutz im Grundgesetz

I. Medienfreiheit und Jugendschutz

1 In Art 5 Abs 1 GG wird eine weitgehende **Medien- und Informationsfreiheit** garantiert. „Eine Zensur findet nicht statt", heißt es dort, und damit wird jedem Wunsch, Medienerzeugnisse **vor ihrer Vermarktung oder vor ihrer Ausstrahlung im Fernsehen durch staatliche Institutionen zu kontrollieren, ein Riegel vorgeschoben.**

2 Dies bedeutet jedoch nicht, dass dadurch gesetzlicher Jugendschutz unmöglich gemacht würde. Denn das Zensurverbot bezieht sich auf eine staatliche Kontrolle *vor* der Veröffentlichung, was bedeutet, dass Medien *nach* der Veröffentlichung auf dem Markt von staatlichen Kontrollen und Sanktionen nicht mehr verschont bleiben. Denn in seinem zweiten Absatz macht Art 5 GG deutlich, dass die Freiheit der Medien ihre Grenzen findet „in den allgemeinen Gesetzen, insb in den Gesetzen zum Schutze der Jugend". Das Grundgesetz verpflichtet dadurch den Gesetzgeber, Gesetze zum Schutze der Jugend vor bestimmten medialen Darstellungen zu erlassen. Es verbietet eine Kontrolle im Vorhinein, **lässt aber nach der Rechtsprechung des BVerfG eine Kontrolle im Nachhinein** zu.[1]

II. Die Kunstfreiheit und ihre Grenzen

3 Weitgehend uneingeschränkt dagegen gilt die Freiheit der Kunst, die Art 5 Abs 3 GG garantiert und die keine weiteren Einschränkungen erfährt. Das heißt jedoch nicht, dass Kunst alles darf. Die Freiheit der Kunst kann allerdings nicht durch einfache Gesetze eingeschränkt werden, **sie findet ihre Grenzen aber dann, wenn ihre Aussagen den Schutzbereich anderer Grundrechtsnormen berühren** und der Schutzbereich der Kunstfreiheit nach einer Güterabwägung zurücktreten muss. In verschiedenen Urteilen des BVerfG, die sich mit dem Verhältnis von Kunst und Jugendschutz befassen, wird deutlich, dass bei Inhalten, die einen künstlerischen Charakter haben könnten, zB bei der Indizierung sorgfältig zwischen den Interessen der Kunst und des Jugendschutzes abgewogen werden muss.[2]

---

1 S BVerfGE 33, 52, 71 ff; vgl dazu auch *Heinrich* Band 5 Kap 5.

2 Vgl hierzu auch die Entscheidung des BVerfG zur Indizierung des Romans „Josephine Mutzenbacher", BVerfGE 83, 130, ebenso BVerwG Urt v 26.11.1992, Az 7 C 20/92. Danach hat die BPjM bei der Abwägung der Interessen Jugendschutz-Kunst eine gutachterliche Funktion. Diese hat sie bei der Einordnung des Buches Opus Pistorum als *offensichtlich schwer jugendgefährdend* nach Auffassung des VG Köln nicht richtig ausgeübt, die Indizierung wurde aufgehoben. Dies bestätigt das BVerwG; vgl dazu Rn 30, 31.

§ 2
Inhaltliche Schwerpunkte des Jugendmedienschutzes

I. Aufgaben und Ziele

Der Jugendschutz gründet sich auf dem in Art 6 Abs 2 GG garantierten elterlichen Erziehungsrecht sowie auf dem Recht der Kinder und Jugendlichen auf freie Entfaltung ihrer Persönlichkeit, das sich aus Art 2 Abs 1 GG ableiten lässt.[3] 4

Das Erziehungsrecht der Eltern sowie die Persönlichkeitsentwicklung der Heranwachsenden können durch gesellschaftliche Einflüsse beeinträchtigt oder gefährdet werden, deren negative Folgen Kinder oder Jugendliche auf Grund der Verführungskraft und ihrer eigenen Unerfahrenheit nicht erkennen. Dazu zählen die Gefahr des frühen Konsums von Alkohol oder Zigaretten, der nächtliche Besuch von Tanzveranstaltungen oder Diskotheken sowie negative Einflüsse der Medien.[4]

Die Jugendhilfe hält erzieherische und bildende Maßnahmen bereit, um Eltern und Kinder über diese Gefahren aufzuklären und gegenüber negativen Einflüssen zu stabilisieren. Freizeitangebote und sportliche Aktivitäten sind ebenfalls geeignet, dem Heranwachsenden die nötige Stärke zu vermitteln, um Störungen seiner Entwicklung abzuwehren. 5

Die Grundlagen für den erzieherischen Jugendschutz werden in § 1 SGB VIII wie folgt beschrieben: *Jeder junge Mensch hat ein Recht auf Förderung seiner Entwicklung und auf Erziehung zu einer eigenverantwortlichen und gemeinschaftsfähigen Persönlichkeit.* 6

Daraus folgen Maßnahmen für den erzieherischen Jugendschutz (§ 14 SGB VIII), die das Ziel verfolgen, *junge Menschen* (zu) *befähigen, sich vor gefährdenden Einflüssen zu schützen und sie zu Kritikfähigkeit, Entscheidungsfähigkeit und Eigenverantwortlichkeit sowie zur Verantwortung gegenüber ihren Mitmenschen führen.* 7

Der gesetzliche Jugendmedienschutz ist eine flankierende Maßnahme zu den erzieherischen Aktivitäten der Jugendhilfe. Bestimmte Einflüsse werden als so dominant eingeschätzt, dass ihnen mit erzieherischen Maßnahmen allein nicht erfolgreich begegnet werden kann. Stattdessen soll mit Hilfe einer Art Konfrontationsschutz so weit wie möglich verhindert werden, dass Kinder oder Jugendliche mit diesen Gefährdungen in Berührung kommen. 8

Die *Erziehung zu einer eigenverantwortlichen und gemeinschaftsfähigen Persönlichkeit* des Sozialgesetzbuches finden wir in allen Jugendschutzgesetzen als Erziehungsziel wieder. Erscheinen Medieninhalte geeignet, dieses Ziel zu beeinträchtigen, setzen nach dem Jugendschutzgesetz mit Blick auf Altersgruppen differenzierte Beschränkungen ein, bspw in Form von Altersbeschränkungen für bestimmte Filme. Auch nach dem Jugendmedienschutz-Staatsvertrag sollen Kinder und Jugendliche durch Sendezeitbeschränkungen vor solchen Einflüssen ferngehalten werden. Für Medieninhalte, die geeignet erscheinen, dieses Erziehungsziel gefährden oder gar schwer gefährden, gibt es durch die Aufnahme in die *Liste der jugendgefährdenden Medien* weitergehende Vertriebsbeschränkungen bis hin zum Werbeverbot. Im Bereich des Fernsehens sind diese Inhalte ganz verboten. *Beeinträchtigung* und *Gefährdung* unterscheiden sich also 9

---

[3] § 1 SGB VIII.

[4] Durch den Schutz vor sittlichen Gefährdungen sollen verfassungsrechtliche Güter bewahrt werden. BVerfGE 30, 336, 347, 348.

einerseits durch die Stärke in der vermuteten Wirkung und, dadurch bedingt, das größere Ausmaß der Vertriebsbeschränkungen (für gefährdende Inhalte).

1. Kriterienfindung im Jugendschutz

10 Über diese allgemeinen Zielvorgabe hinaus enthalten die Jugendschutzgesetze keine Kriterien oder Definitionen, die für die Beurteilung von Inhalten unter Jugendschutzgesichtspunkten gelten. Der Gesetzgeber erkennt damit an, dass sich die Voraussetzungen dafür, was als jugendschutzrelevant gilt, ständig verändern. Dies hängt zum einen damit zusammen, dass Jugendschutzkriterien an die Entwicklung gesellschaftlicher Wertevorstellungen geknüpft sind. Zum zweiten muss beachtet werden, dass die Beeinflussung von Kindern und Jugendlichen durch Medieninhalte von ihrer eigenen Kompetenz abhängt, bspw zwischen fiktionalen Inhalten und realistischen Darstellungen zu unterscheiden. **Und diese Kompetenz verbessert sich mit zunehmender Medienerfahrung.**[5] Ältere Menschen, die mit zwei öffentlich-rechtlichen Fernsehangeboten aufgewachsen sind, werden in ihrer Jugend fast alle Fernsehsendungen inhaltlich als eine Art *abgefilmte Realität* wahrgenommen und verarbeitet haben. Das Fernsehen und seine Inhalte waren daher für die Konstruktion des Bildes von Wirklichkeit ausgesprochen entscheidend.

11 Kinder, die heute heranwachsen, werden sehr früh mit einer Fülle medialer Angebote konfrontiert. Sie erfahren sehr schnell, dass Vieles, was die Medien anbieten, bestimmten Interessen oder dem Ziel des finanziellen Gewinns (Marktanteile) folgt, ohne mit der Lebenswirklichkeit viel zu tun zu haben. Darüber hinaus sind in den Medien selbst zahlreiche Reflexionen über die Hintergründe zu finden, die bei der Produktion von Filmen oder Fernsehsendungen eine Rolle spielen. Der Produktionsweg eines Filmes (Drehbuch, Produzent, Regie und Schauspieler, aber auch Special Effects) ist heute bereits den meisten älteren Kindern im Groben bekannt. In den Medien selbst, vor allem in den Printmedien, gehört auch die Medienkritik zum Geschäft, so dass Jugendliche wissen, dass bspw die Vorliebe für brutale Gewaltdarstellungen gesellschaftlich zumindest kontrovers diskutiert wird. Die Distanz zu Inhalten entwickelt sich dadurch, dass man heute sehr viel mehr über die Medien und ihre Produktionsbedingungen weiß. In vielen Fällen sind darin Kinder bereits Erwachsenen überlegen. Wenn also heute bspw von der FSK manche Filme sehr viel weniger streng beurteilt werden als vor 10 oder 20 Jahren,[6] bedeutet das nicht, dass die Prüfergebnisse früher oder heute falsch sind. Es bedeutet eben auch, dass die heutige Generation von Kindern und Jugendlichen kompetenter mit Medieninhalten umgehen kann.[7]

12 **Allgemein herrscht die Vorstellung, im Bereich des Jugendschutzes würde im Laufe der Zeit immer großzügiger geurteilt.** Diese trifft nur bedingt zu. Zweifellos kann man eine solche Tendenz im Bereich der sexuellen Darstellungen erkennen. Während bis zu Beginn der 70er Jahre des letzten Jahrhunderts bereits die Abbildung nackter Menschen zur Indizierung führte, finden wir dies heute in allgemein zugänglichen Zeitschriften sowie im Tagesprogramm des Fernsehens. **Allerdings wäre die damals typi-**

---

5 *Baacke* setzt sich vor allem für medienpädagogische Aktivitäten ein, zeigt aber auch auf, dass Heranwachsende durch ästhetische Erfahrungen Inhalte zunehmend kompetent einschätzen können, vgl *Baacke* tv diskurs 1/1997, 60, 61, 70.

6 Einen Überblick über die Entwicklung der Spruchpraxis gibt *Humberg* tv diskurs 4/2006, 64 ff.

7 Vgl *Bachmair* tv diskurs 4/2006, 20, 22.

sche Reduzierung der Frauenrolle auf Haushalt und Kindererziehung (massiv bspw in der damaligen Werbung) heute völlig unvorstellbar.[8] Auch die Gleichsetzung attraktiver Frauen mit beworbenen Konsumgütern[9], was bis in die Achtzigerjahre hinein in der Werbung sehr häufig war, würde heute auf erhebliche öffentliche Proteste stoßen. Auch die Tatsache, dass Schauspieler in modernen Filmen nur sehr selten rauchen, während das bis in die 90er Jahre des letzten Jahrhunderts fast werbewirksam dargestellt wurde, zeigt, dass der Jugendschutz differenzierter, aber keineswegs immer liberaler wird.

2. Beurteilungsmaßstäbe, Kriterien, Spruchpraxis

Weder das JuSchG noch der JMStV legen also fest, welche Inhalte nach Auffassung 13
des Gesetzgebers geeignet sind, zu einer Entwicklungsbeeinträchtigung oder zu einer Entwicklungsgefährdung beizutragen. Die Gesetze geben lediglich ein Ziel vor, das aber selbst wiederum interpretiert und konkretisiert werden muss.

Urteile im Bereich des Jugendschutzes müssen zwar begründet werden, **allerdings** 14
reicht dafür eine plausible Annahme, dass ein medialer Inhalt beeinträchtigend oder gefährdend sein kann, ein Beweis ist nicht erforderlich.[10]

Im Bereich des Jugendschutzes wurde immer wieder der Versuch unternommen, 15
durch die Formulierung möglichst präziser Kriterien eine gewisse Objektivität und Vergleichbarkeit von Ergebnissen herzustellen. Ein solcher Versuch muss jedoch scheitern.[11] Auch wenn die Institutionen des Jugendschutzes ihre Kriterien durch wissenschaftliche Forschungsergebnisse untermauern, implizieren die Entscheidungen Werthaltungen, die sich je nach Zusammensetzung der Ausschüsse immer wieder neu formieren. Auch die Frage, ob die Prüfer eine grds positive oder negative Grundeinschätzung gegenüber den Medien haben, beeinflusst das Ergebnis. Ein dritter wichtiger Faktor ist der jeweilige Erfahrungshorizont der Prüfer mit Kindern oder Jugendlichen der entsprechenden Altersgruppen. Prüfer, die gerade jüngere Kinder erziehen, setzen sich meist für ein hohes Schutzniveau ein. Prüfer, deren Kinder erwachsen sind oder die bereits Großeltern sind, befinden sich nicht mehr in direkter Erziehungsverantwortung und sehen deshalb vieles gelassener. **In jedem Falle können die Prüfer persönliche Erfahrungen, aber auch persönliche Vorlieben für bestimmte Filme oder Programme bei der Anwendung von Kriterien nicht außer Acht lassen.**

Die Institutionen des Jugendschutzes haben in unterschiedlicher Intensität den Ver- 16
such unternommen, diese allgemeinen Vorgaben des Gesetzes in ihren jeweiligen Prüfordnungen zu konkretisieren. Die Bundesprüfstelle für jugendgefährdende Medien (BPjM) besitzt neben den gesetzlichen Vorgaben keine weiteren verbindlichen Kriterien, bemüht sich allerdings, ihre Spruchpraxis durch wissenschaftliche Erkenntnisse zu untermauern.[12] Das geschieht bspw dadurch, dass bei schwierigen Entscheidungen

---

[8] Einen guten, aus heutiger Sicht fast satirischen Einblick in die Reduzierung der Frau auf ihre Rolle als Mutter und Hausfrau bietet der Dokumentarfilm „Rendezvous unterm Nierentisch" von *Manfred Breuersdorf* ua, Deutschland 1987.

[9] Eine ausf Sammlung frauenfeindlicher Werbung dokumentieren *Schmerl/Huber*.

[10] BVerfGE 21, 150, 157; BVerfGE 49, 89, 131 ff; das gilt aber nicht, wenn Beeinträchtigungen oder Gefährdungen nach dem aktuellen Forschungsstand auszuschließen sind (BVerfGE 83, 130, 141).

[11] Vgl *von Gottberg* Prognosen auf dünnem Eis 28, 29 f.

[12] Der langjährige Vorsitzende der Bundesprüfstelle für jugendgefährdende Schriften, Rudolf Stefen, hat als erster begonnen, Erkenntnisse der Medienwirkungsforschung in die Spruchpraxis mit einzubeziehen. Er gründete

während des Indizierungsverfahrens Gutachter aus dem Bereich der Psychologie oder Pädagogik hinzugezogen werden. Sie verfügt allerdings über ein Papier, das wohl eher für die Öffentlichkeit die Sichtweise der BPjM erläutert. Auch die für die Erteilung von Altersfreigaben zuständige freiwillige Selbstkontrolle der Filmwirtschaft (FSK) begnügt sich mit der Vorgabe recht allgemeiner Bewertungskriterien in § 18 ihrer Grundsätze: *Unter Beeinträchtigungen sind Hemmungen, Störungen oder Schädigungen zu verstehen* (Abs 1), die Entwicklungsbeeinträchtigung wird durch Inhalte befürchtet, *welche die Nerven überreizen, übermäßige Belastungen hervorrufen, die Phantasie über Gebühr erregen, die charakterliche, sittliche (einschl. religiöse) oder geistige Erziehung hemmen, stören oder schädigen oder zu falschen und abträglichen Lebenserwartungen verführen* (Abs 3). Außerdem wird festgelegt, dass sich die Freigabe an den Schwächeren einer Altersstufe orientieren muss (Abs 4). Des Weiteren wird auf die Pluralität der Ausschüsse verwiesen, außerdem seien die Erkenntnisse der wissenschaftlichen Medienwirkungsforschung zu berücksichtigen.

17 Die *Orientierung an den Schwächeren*, wie sie die FSK-Grundsätze vorsehen, wird allgemein im Jugendschutz als *Orientierung an den gefährdungsgeneigten Jugendlichen* verstanden. Während zunächst der durchschnittliche, normal entwickelte Jugendliche als Maßstab diente,[13] hat das BVerwG später entschieden, dass nun von demjenigen auszugehen ist, der aufgrund seiner persönlichen oder sozialen Dispositionen gegenüber bestimmten Gefährdungen besonders anfällig ist.[14] Im Jugendschutz versucht man also, bestimmte Risikogruppen zu definieren, die medial vorgeführten Verhaltensmustern offener und weniger kritisch als andere gegenüberstehen.[15] Auszuschließen sind lediglich Extremfälle. In der Praxis der Prüfausschüsse wird auf die gefährdungsgeneigten Jugendlichen oft dann hingewiesen, wenn die Argumente zur Begründung der Jugendgefährdung oder Jugendbeeinträchtigung nicht überzeugend sind. Das Grundproblem besteht jedoch darin, dass jeder eine andere Vorstellung darüber hat, was die Voraussetzung für eine Gefährdungsneigung sind und wie groß die jeweilige Gruppe ist. Am ehesten macht dies noch im Rahmen von Filmen Sinn, die möglicherweise eine gewaltbefürwortende Wirkung beinhalten. Jugendliche, die in ihrem Alltag Gewalt als Mittel der Konfliktlösung erleben, könnten solchen Aussagen gegenüber unkritischer sein, weil sie mit ihren eigenen Lebenserfahrungen übereinstimmen. Oft wird aber Gefährdungsneigung mit mangelnder Bildung oder der Zugehörigkeit zu sozial schwachen Schichten in Zusammenhang gebracht. Dies könnte zu einem unverhältnismäßig hohen Eingriff in die Informationsfreiheit Erwachsener führen, der im Hinblick auf tatsächliche Wirkungsrisiken nicht zu rechtfertigen ist. Zielt jedoch das Angebot absichtlich auf besonders anfällige oder labile Jugendliche ab und wird dadurch für diese eine besondere Gefährdungslage geschaffen, dann muss eine entsprechende Einschränkung des Angebots durch den Jugendschutz hingenommen werden.[16]

18 In den fünfziger und sechziger Jahren ging man im Jugendschutz von einer schlichten *Übertragung* aus: Wenn Kinder oder Jugendliche unethisches Verhalten im Film oder Fernsehen vorgeführt bekommen, machen sie dies auch nach. Heute stellt sich die relevante Forschungslage weitaus differenzierter, jedoch nicht unbedingt einheitlich dar. Neben der Medienwirkungsforschung entstehen durch Erkenntnisse der Entwicklungspsychologie und der Hirnforschung inzwischen zusätzliche Erkenntnisse über

---

die Zeitschrift BPS-Report, in der zum ersten Mal öffentlich Entscheidungen vorgestellt und diskutiert wurden, vgl ua *Stefen* 99 ff.

13 BVerwG Urt v 7.12.1966, Az V C 47.64.

14 BVerwG NJW 1972, 596, 197.

15 Krit dazu *Ott* NJW 1972, 219 und *Erbel* DVBl 1973, 527.

16 So *Degenhart* tv diskurs 52, 65.

die emotionale und kognitive Entwicklung von Kindern und Jugendlichen. Dabei wird deutlich, dass sich das Gehirn in Abhängigkeit von realen Anforderungen entwickelt: Bei hoher Beanspruchung spezieller Leistungen oder Begabungen bilden sich Neuronen und das Gehirn wächst. Spitzer hält es für „nicht unwahrscheinlich, dass die Vergrößerung des Hippokampus bei Londoner Taxifahrern mit deren Aufgabe des Zurechtfindens in einem Straßengewirr ganz besonderen Ausmaßes in Zusammenhang steht."[17]

Der Prozess, sozialwissenschaftliche Erkenntnisse mit naturwissenschaftlicher Forschung zu kombinieren, steht erst am Anfang. In der Erziehungswissenschaft **setzt sich allmählich die Vorstellung durch, dass das Lernen kein einfacher Aneignungsprozess ist, sondern dass neue Informationen mit bestehenden Erfahrungen abgeglichen werden. Kinder und Jugendliche konstruieren sich ihre Vorstellung von Wirklichkeit, indem sie versuchen, reale Erfahrungen und mediale Bilder in Einklang zu bringen.**[18] Durch die Medienforschung und die Jugendforschung weiß der Jugendschutz einiges darüber, wie Heranwachsende Medieninhalte in ihren Lebenskontext einbeziehen.[19] **19**

3. Erziehungsziele und plurale Wertordnung

Will man feststellen, ob ein Medieninhalt geeignet ist, die Entwicklung und Erziehung zu beeinträchtigen oder zu gefährden, kann dies nicht geschehen, ohne dass man sich darüber einig ist, welches Menschenbild und welche Persönlichkeit man als Folge des Erziehungsprozesses anstrebt. **In unserer pluralistischen Gesellschaft gehen die Vorstellungen über einen erfolgreichen Erziehungsprozess weit auseinander.** Die in den Jugendschutzgesetzen gewählte Formulierung führt dazu, dass jeder sein eigenes Erziehungsbild als Grundlage für die Bewertung zu Grunde legt. Damit wird oft das Verständnis von Jugendschutz ebenso plural wie die Erziehungsvorstellungen, die unsere Verfassung zulässt. So garantiert Art 4 GG die Religionsfreiheit. Will man aber aus katholischer, evangelischer, jüdischer oder einer dem Islam nahe stehenden Sicht ein einheitliches Erziehungsziel formulieren, so ist das unmöglich. Darüber hinaus lässt Art 4 GG selbstverständlich auch zu, dass Menschen keiner Religion angehören. **20**

Es versteht sich, dass sich die Jugendschutzgesetze sowie die Auslegungen durch die Einrichtungen des Jugendschutzes an der Verfassung orientieren müssen. **Unsere Verfassung lässt verschiedene Erziehungsziele zu. Daher können sich die Kriterien der Jugendschutzorganisationen bzgl ihres Erziehungsbildes nur an den Rahmenbedingungen orientieren, die unsere Verfassung als unabänderliche Grundwerte festlegt.** Dazu gehören an erster Stelle die Würde des Menschen, das Recht auf Leben und körperliche Unversehrtheit, die Gleichstellung von Mann und Frau, die Friedensgesinnung sowie die freiheitliche, demokratische Grundordnung, Religionsfreiheit, Freiheit der Medien sowie die demokratischen Institutionen des Staates. Dies ist innerhalb der Jugendschutzinstitutionen unumstritten.[20] **21**

Umstritten ist allerdings, wie weit neben den Grundwerten unserer Verfassung so etwas wie der *allgemeine Wertekonsens* geschützt werden soll. Dies ist sicherlich noch dann sinnvoll und zulässig, wenn ein bestimmtes Verhalten durch die allgemeinen Gesetze unter Strafe gestellt wird oder für bestimmte Personengruppen, zB Minderjährige, verboten ist. Medien also, die den Konsum illegaler Drogen verherrlichen **22**

---

17 ZB *Spitzer* Lernen 32.

18 Vgl *Speck-Hamdan* TELEVIZION 17/2004, 4, 5.

19 So zB *Süss* 203 f.

20 Vgl *Castendyk* tv diskurs 1/2005, 20, 21, 27.

oder verharmlosen, fallen sicherlich unter die Jugendschutzbestimmungen. Schwieriger wird es, wenn Sichtweisen oder Verhaltensweisen, vor denen der Jugendschutz schützen will, nach unserer Verfassung und nach den allgemeinen Gesetzen erlaubt sind, aber dem vermeintlichen allgemeinen Wertekonsens widersprechen.

II. Die Beurteilung von Gewaltdarstellungen

1. Gewaltdarstellungen aus Sicht der Wissenschaft

23 Die knapp 5 000 Studien, die den Zusammenhang zwischen realer und fiktionaler Gewalt untersucht haben, führten nicht zu eindeutigen Ergebnissen. Die erste Studie wurde in den fünfziger Jahren aufgrund der Beobachtung des FBI in den USA durchgeführt, dass es eine direkte Korrelation zwischen dem Ansteigen von Gewaltverbrechen in den Großstädten und der Zunahme von Gewaltdarstellungen im Fernsehen gab. Der amerikanische Psychologe *Feshbach* wurde von den Fernsehsendern mit einem Gutachten über diese Frage beauftragt. Sein Ergebnis: Gewaltdarstellungen im Fernsehen haben einen *Katharsiseffekt.*[21] Aufgestaute Aggressionen, die aufgrund gesellschaftlicher Konventionen oder Machtverhältnisse nicht abgebaut werden können, werden in das Gewaltverhalten der Protagonisten des Filmes projiziert und damit ausgelebt. Die Folge sei eine Reduktion der Aggression, für den Zuschauer entsteht eher ein läuternder Effekt.[22]

24 Die Katharsistheorie wurde verständlicherweise von den Medienunternehmen gern aufgegriffen und lange Zeit verteidigt, unterstellte sie doch einen positiven Wirkungseffekt. Insgesamt bilden die Wirkungstheorien positive, neutrale und negative Effekte ab. Die wichtigsten Positionen sollen hier kurz beschrieben werden:

- **Einen prosozialen Effekt von Gewaltdarstellungen sieht neben der Katharsistheorie die *Inhibitionsthese*.** Sie geht davon aus, dass Menschen in der Regel Gewalt als Mittel der Konfliktlösung ablehnen. Vor diesem Hintergrund erleben sie Gewalt als Regelverstoß, den es zu bekämpfen gilt, denn sie empfinden in der Regel bei Gewalterfahrungen Angst und wollen vermeiden, selbst in solche Situationen zu geraten (Inhibition, Hemmung). Gewaltdarstellungen widersprechen also nicht nur ihren Gewalt ablehnenden Voreinstellungen, sie verstärken diese durch die Konfrontation sogar noch.[23]
- Die *Theorie der kognitiven Dissonanz* vermutet, dass Medien nicht in der Lage sind, Einstellungen oder Verhaltensweisen zu verändern. **Sie geht davon aus, dass mediale Darstellungen generell Grundeinstellungen von Menschen nicht verändern.** Durch die *präkommunikative Selektion* werden die medialen Inhalte so ausgewählt, dass sie mit den Grundeinstellungen weitgehend übereinstimmen. Ist das nicht der Fall, werden die Inhalte uminterpretiert oder als unglaubwürdig wahrgenommen.[24]

Die folgenden Theroien gehen von einer postiven Lernwirkung bei Gewaltdarstellungen aus:

---

21 Der Begriff *Katharsis* geht auf das *Buch der Poetik* des *Aristoteles* zurück, der im Miterleben einer tragischen Handlung einen reinigenden Effekt vermutete.

22 Vgl *Feshbach* Journal of Abnormal and Social Psychologie 63, 1961, 381 ff.

23 Vgl *Berkowitz/Rawlings* Journal of Abnormal and Social Psychology 66, 1963, 405 ff.

24 Vgl *Festinger* 1957, 15–42.

- Die *Habitualisierungsthese* vermutet, **dass sich durch das regelmäßige Anschauen vergleichbarer Gewaltdarstellungen eine Art Muster über Reaktionen in Konfliktfällen herausbildet.** Also: Nicht die einzelne Gewaltdarstellung ist das Problem, sondern das regelmäßige Anschauen vergleichbarer Gewaltmuster.[25] Die Folge könnte sein, dass die Empfindungen der Zuschauer gegen Gewalt durch Gewöhnung allmählich abgestumpfen.
- Ähnliches vermutet die *Desensibilisierungsthese.* Sie geht davon aus, dass **Menschen, deren Gefühle durch das Ansehen von Gewaltdarstellungen stark beansprucht werden, Methoden entwickeln, um die dargestellte Gewalt besser auszuhalten. Die Folge ist, dass sie Gewaltdarstellungen besser ertragen können.** Um denselben Erregungszustand zu erreichen, benötigen sie immer drastischere Gewaltdarstellungen. Diesen Prozess der Abstumpfung können wir als Zuschauer oft selbst erleben. Ob allerdings die Abstumpfung gegenüber medial dargestellter Gewalt gleichzeitig auch für reale Gewalt gilt, konnte niemals nachgewiesen werden.[26]
- Die *Stimulationstheorie* vermutet, dass Menschen in emotional erlegten Zuständen (Verärgerung, Frustration) eher bereit sind, aggressiv zu reagieren. Aggressive mediale Darstellungen von Gewalt könnten unter bestimmten (individuellen) Umständen solche reale Gewalt zusätzlich stimulieren, zB dann, wenn die mediale Gewalt gerechtfertigt erscheint.[27]
- Die *Kultivierungshypothese* geht weniger von einer Lernwirkung aus, **sondern eher von einem kulturellen Gewöhnungseffekt (*Mainstraming*).** Durch die ständige, ansteigende Konfrontation mit Gewaltakten im Fernsehen wird vor allem bei Vielsehern auch reale Gewalt zunehmend akzeptiert.[28]
- Die *sozial-kognitive Lerntheorie*[29] geht davon aus, dass **aggressives Verhalten durch das Nachahmen von Modellen erlernt wird. Auch Protagonisten aus Filmen dienen als Modell.** Das heißt aber nicht, dass gewalttätig handelnde Vorbilder ohne weiteres in das eigene Verhaltensrepertoire aufgenommen werden. Es findet vielmehr eine Art Filterprozess statt, indem die Darstellung im Film vor dem Hintergrund sozialer Erfahrungen und kognitiver Prozesse interpretiert wird. Die Beobachtung eines Menschen, der sich selbst verletzt, führt nicht dazu, dass man ihn imitiert – denn aufgrund der eigenen Erfahrung weiß man, dass dies Schmerzen bereitet. Wenn aber ein Protagonist gewalttätig handelt, damit Erfolg hat und nicht bestraft wird, könnte man lernen, dass Gewalt ein Erfolg versprechendes Mittel ist, um Interessen durchzusetzen oder Ziele zu erreichen.

Sog Metaanalysen[30] **finden in der Gesamtsicht der Studien und Untersuchungen zwar keinen Beweis dafür, dass mediale Gewaltdarstellungen ursächlich für reale Gewalttaten sein könnten, sie finden aber insgesamt viele Hinweise darauf, dass es einen Zusammenhang zwischen der Rezeption medialer Gewaltdarstellungen und realem Gewaltverhalten gibt.** Normalerweise würde man einen solch geringen Zusammenhang als Zufall bezeichnen. Da er aber immer wieder vorkommt, wird er als *Wirkungsrisiko*[31] interpretiert. 25

[25] Vgl *Drabman/Thomas* Psychology 1974, 418 ff.
[26] So *Grossmann/DeGaetano* Stuttgart 2002, 74 ff.
[27] Vgl *Berkowitz* Nebraska Symposion of Motivation 18, 1970, 95 ff.
[28] Vgl *Gerbner/Gross* Psychology Today 10 (4) 1976, 41 ff.
[29] Vgl *Bandura* Social Learning 213 ff.
[30] Vgl ua *Kunczik/Zipfel* Medien und Gewalt 79 ff, 249 ff.
[31] Zuerst *Selg* Psychologische Wirkungsbefunde, tv diskurs 2/2007, 50 ff.

26 In der neueren Forschung wird darauf hingewiesen, dass es eine mechanische Wirkung im Sinne eines Reiz-Reaktions-Systems nicht gibt. **In einer komplizierten Kette von Motivationen, individuellen biologischen und sozialen Dispositionen sowie biografischen Variablen, die letztlich dafür entscheidend sind, ob ein Mensch im strafrechtlichen Sinne oder im Sinne sozialer Konventionen gewalttätig handelt, können mediale Inhalte eine Rolle spielen.**[32] In der Forschung herrscht weitgehend Einigkeit darüber, dass **Gewaltdarstellungen niemals alleinige Ursache für gewalttätiges Verhalten sind.** Sie können aber entsprechend disponierte Menschen in konkreten Lebenssituationen, in denen sie aggressiv stimuliert sind, zu einer gewalttätigen Reaktionen anreizen. Das in Filmen gelernte Muster der gewalthaltigen Reaktion auf Frustration, Ärger oder Interessendurchsetzung ist unbewusst vorhanden und kann in Situationen aktiviert werden, die ein solchen Verhalten provozieren, vor allem dann, wenn es zufällig eine große Ähnlichkeit zwischen der realen und der fiktionalen Situation gibt. **Dabei darf aber nicht vergessen werden, dass mediale Gewaltdarstellungen reale Aggressionen auch hemmen können.** Denn der überwiegende Teil gewalthaltiger Filme vermittelt letztlich die Botschaft, dass Gewalt nur kurzfristig erfolgreich ist, langfristig hingegen hinter Gitter oder gar in den Tod führt.

27 Die meisten Menschen sind wohl in der Lage, medialen Gewaltkonsum als Fiktion bzw als Unterhaltung zu verstehen, ohne sich dadurch in ihrem realen Verhalten oder in ihrer Auffassung gegenüber Gewalt beeinflussen zu lassen. Es werden aber bestimmte Risikogruppen vermutet, die auf Grund individueller oder sozialer Dispositionen über eine ohnehin erhöhte Gewaltbereitschaft verfügen, die dann durch die Erfahrung der medialen Gewalt bestätigt wird. In der Psychologie wird dieser Effekt auch als *doppelte Dosis* bezeichnet: **Die realen Erfahrungen werden durch mediale Erfahrungen verstärkt.** Wie hoch jedoch der Anteil an solchen *gefährdungsgeneigten* Rezipienten ist, kann nur geschätzt werden, ebenso wenig herrscht über die Bedingungsfaktoren eine genaue Vorstellung. „Wir sprechen bei der Jugendkriminalität – das ist ja der Beginn – auf der einen Seite von einer ubiquitären Phase, die also fast jeder durchmacht, und auf der anderen Seite von einer Phase, die eher die Ausnahme darstellt: von Mehrfachtäterschaften und Intensivtäterschaften. Die Intensivtäter fallen schon relativ früh durch massive Straftaten auf. Internationale Studien zeigen, dass es vor allem Jungen sind und sehr wenige Mädchen. Es sind Jungen, die schon sehr früh verschiedenste Verhaltensauffälligkeiten und Probleme im Umgang mit Gleichaltrigen zeigen und häufig Gewalterfahrungen aus der Familie haben. Etwa fünf Prozent der Jungen kommen sehr früh mit dem Gesetz in Konflikt und sind für über fünfzig Prozent der schweren und mittelschweren Straftaten ihres ganzen Jahrgangs verantwortlich. Die sind das Problem, um das wir uns kümmern müssen. Man kann auf jeden Fall sagen, es ist eine Kumulation sozialer und persönlicher Risiken, die bei diesen Jungen zusammenkommen.“[33]

28 In der sozialwissenschaftlichen Forschung wird weitgehend davon ausgegangen, dass das moralische Urteilsvermögen sowie das Repertoire an Verhaltensmustern in einem Zusammenspiel von Persönlichkeitsvariablen und Sozialisation herausgebildet wird. In der Hirnforschung wird in letzter Zeit auch die Position vertreten, dass **Grundformen des moralischen Urteilsvermögens unabhängig von der späteren Sozialisation bereits im Gehirn angelegt sind.**[34] Kommt es zu einer Störung der Verbindung

32 Die Medienpsychologin Herta Sturm wies darauf bereits in den 1980er Jahren hin; vgl *Sturm* 33 ff.

33 *Bannenberg* tv diskurs 4/2004, 34 ff.

34 Vgl *Blech/von Bredow* Der Spiegel 31, 2007, 108 ff.

zwischen dem moralischen Urteilsvermögen und dem kognitiven Denken, ist die Wahrscheinlichkeit, dass ein Mensch später Gewaltverbrechen begeht, relativ hoch. Eine solche Störung kann auch durch Unfälle oder Krankheiten, bspw durch Gehirntumore, verursacht werden. Einige Forscher sind überzeugt, dass man ein solches Gewaltrisiko anhand bildgebender Verfahren prognostizieren kann.[35]

Angesichts der widersprüchlichen Ergebnisse innerhalb der Wirkungsforschung könnte man den Schluss ziehen, dass es entweder keine Wirkung gibt oder dass die Forschungslage zu einem Nachweis von Wirkungen nicht geeignet ist. Vieles spricht aber auch dafür, dass die Trennschärfe zu dem, was man als Gewaltdarstellung versteht, zu unpräzise ist. **So ist es wahrscheinlich, dass weniger die Menge an Gewaltdarstellungen, die man im Laufe des Heranwachsens anschaut, ausschlaggebend für eine gewaltfördernde Wirkung ist, sondern dass die Art und Weise der Darstellung sowie die Einbettung in den Kontext ausschlaggebend ist.** Die Wirkungen können also je nach Persönlichkeit des Rezepienten bzw des Kontextes sehr unterschiedlich, ja sogar widersprüchlich sein. Dieser Ansatz wird inzwischen auch in der Forschung vertreten. Ziel ist es, die typischen Elemente von Gewaltdarstellungen zu definieren, die geeignet sind, eine positive oder negative Einstellung zu realer Gewalt zu motivieren.

2. Wirkungsforschung und Jugendschutz

Der Jugendschutz kann mit solchen relativ allgemeinen Aussagen bei der konkreten Bewertung von Filmen oder Programmen wenig anfangen. Die meisten wissenschaftlichen Wirkungsuntersuchungen basieren auf dem Vergleich sog *Vielseher* und *Wenigseher* von Fernsehgewalt. Danach weisen die Vielseher von medialer Gewalt in ihrer Lebensrealität eine leicht erhöhte Bereitschaft zu Normverstößen auf. Es ist jedoch unklar, ob die Vielseher auf Grund ihrer bereits bestehenden Vordispositionen ein höheres Interesse an Gewaltdarstellungen haben oder ob ihre ex post gemessene erhöhte Bereitschaft zu Gewaltverhalten die Folge des Medienkonsums ist. **Unklar, aber zumindest möglich ist auch, dass für Menschen, die aufgrund individueller oder sozialer Dispositionen zur Aggression oder Normübertretung neigen, bspw in Kriminalfilmen lernen, dass sich Gewalt und Verbrechen nur kurzfristig lohnen.** Es ist jedenfalls zu kurz gegriffen, aus einer Korrelation auf ein Ursache-Wirkungsverhältnis zu schließen.[36] Das bekannteste Beispiel hierfür ist das der Störche in Schweden: Seit Jahren nimmt die Population der Störche im gleichen Umfang ab wie die Geburtenrate bei Menschen. Würde man dies nach dem Ursache-Wirkungsprinzip interpretieren, so könnte man dadurch beweisen, dass der Mensch doch vom Klapperstorch gebracht wird. Korrelationen sind zwar Hinweise auf einen Zusammenhang, müssen aber interpretiert werden, denn sie können, wie bei dem hier aufgeführten Beispiel, auch zufällig sein. 29

Ein weiteres Problem dieser Studien besteht darin, dass sie Gewaltdarstellungen rein quantitativ erfassen, also weder den dramaturgischen Kontext noch die Identifikationsangebote der Programme berücksichtigen. 30

Im Jugendschutz werden die Ergebnisse der Wirkungsforschung berücksichtigt, müssen aber in Kriterien aufgenommen werden, die man an konkrete Inhalte anlegen kann. Die Urteile der Jugendschutzinstitutionen sind also Wirkungsprognosen, in denen der Forschungsstand mit plausiblen Vermutungen und individuellen Erfahrun- 31

---

35 *Markowitsch/Siefer* 214 ff.

36 Vgl auch *Lenzen* tv diskurs 1/2003, 50 ff.

gen und Werthaltungen von Prüfern zusammenkommt. Ähnlich wie Steuerschätzungen oder Wetterberichte sollen und wollen sie möglichst genau sein, aber der Wirkungsprozess ist so komplex, dass wir von objektiven Aussagen weit entfernt sind.

3. Medienkritische Ansätze

32 Während in den Sozialwissenschaften bzgl negativer Auswirkungen von Medien überwiegend ein vorsichtiger Optimismus herrscht, ist die Haltung der Öffentlichkeit sowie der Politik sehr viel ängstlicher.[37] Bei Gewalttaten Jugendlicher oder den Amokläufen von Erfurt (2002), Emsdetten (2006) oder Winnenden (2009) wird immer wieder ein Zusammenhang zwischen medialer Gewaltdarstellung und realer Gewalt hergestellt. Dabei reicht oft die Kenntnis darüber, dass ein jugendlicher Täter bestimmte Filme gesehen oder bestimmte Computerspiele gespielt hat. Auch wenn detaillierte psychologische Täteranalysen meist sehr komplexe Ursachenstrukturen aufzeigen, wird in der ***subjektiven Medientheorie*** die Wirkungsmacht zB von Computerspielen wie *Counterstrike* überaus hoch eingeschätzt. Jede dieser Taten führt zu Forderungen nach strengeren Jugendschutzgesetzen. Derzeit ist das Verbot sog *Killerspiele* in der Diskussion.

33 Aufgrund solcher populären Vorstellungen[38] stoßen in der Öffentlichkeit vor allem medienkritische Stellungnahmen aus der Wissenschaft auf Interesse. Der Ulmer Neurologe Manfred Spitzer rät in populären Zeitschriften oder Fernsehsendungen dazu, Kinder möglichst lange von Fernseher und Computer fernzuhalten.[39] Er sieht vor allem die Gefahr einer frühen Gewöhnung (Mediensucht). Die Mediensucht verhindere reale Aktivitäten und verschlechtere die Leistungsfähigkeit in Schule und Ausbildung. Er fasst seine Thesen zur Medienwirkung in dem Satz zusammen: *Fernsehen macht dick, dumm und gewalttätig.*[40]

34 Auch Christian Pfeiffer, Kriminologe aus Hannover und Direktor des Kriminologischen Forschungsinstituts Niedersachsen (KFN) sieht in den Medien die Ursache für Schulversagen, Schulabbrüche und Jugendgewalt. Vor allem Computerspiele spielten bei der Entstehung realer Gewalt eine große Rolle, da der Spieler seine Hemmschwelle, zu töten, aktiv überwinden muss, wenn er das Spiel gewinnen will. Bei Filmen hingegen nehme der Zuschauer an einem Geschehen nur passiv teil. Durch das ständige virtuelle Töten würde der Spieler darüber hinaus seine Empathie gegenüber den virtuellen Opfern reduzieren müssen.

35 Aufgrund einer Untersuchung des KFN vertritt Pfeiffer die These, der Medienkonsum sei ursächlich für schlechte Schulleistungen. Die Studie untersucht den Medienkonsum von Kindern und Jugendlichen in verschiedenen deutschen Städten und stellt fest, dass die Nutzungsdauer in München sehr viel geringer ist als in Dortmund. Gleichzeitig seien die Schulleistungen in Dortmund durchschnittlich sehr viel schlechter als in München. Daraus folgert Pfeiffer, dass schlechte Schulleistungen die Folge

---

37 So hat die jetzige Bundeskanzlerin Merkel in ihrer Zeit als zuständige Bundesministerin ein härteres Vorgehen des Staates gegen Gewaltdarstellungen im Fernsehen gefordert. *Merkel* BPS Aktuell 3/93, 3 f.

38 So fordern verschiedene Politiker, vor 20 Uhr die Darstellung von Mord und Toten im Fernsehen zu verbieten, „Brutal TV. Macht Fernsehen Jugendliche zu Kriminellen? Politiker attackieren Sender“ Focus 3/2008, 17.1.2008, 120 ff.

39 Vgl *Spitzer* Wer seinem Kind etwas Gutes tun will Psychologie Heute 34 ff.

40 Einen Rundumschlag an negativen Wirkungen liefert *Spitzer* Vorsicht Bildschirm 155 ff.

von hohem Medienkonsum seien.[41] In dieser These stimmt er mit Spitzer überein, der sich auf internationale Vergleichsstudien beruft, die ebenfalls einen Zusammenhang zwischen hohem Medienkonsum und schlechten Schulleistungen herstellen.[42] Das Problem bei solchen Studien ist allerdings, dass sie aus Zusammenhängen Ursachen konstruieren. So kann bspw der hohe Medienkonsum in Dortmund mit einer schlechteren wirtschaftlichen Lage der Familien zusammenhängen, die mangels teurer Freizeitaktivitäten die Medien stärker nutzen als Familien in München. Die schlechtere wirtschaftliche Lage könnte gleichzeitig zu einer reduzierten Leistungsbereitschaft in der Schule beitragen, weil die Möglichkeiten zur Unterstützung fehlen oder die Hoffnung, durch gute Schulleistungen auch später beruflich erfolgreicher zu sein, angesichts der realen Erfahrungen sinkt.[43]

4. Wirkung abhängig vom Kontext

In der neueren Forschung wird daher sehr viel stärker die spezifische Wirkung von detaillierter oder wenig detaillierter Gewaltdarstellung sowie der Gesamtkontext des Filmes untersucht. **Es zeigt sich, dass Gewaltdarstellungen in Abhängigkeit von der Geschichte und der Gestaltungsform eines Filmes sowohl aggressionssteigernde als auch aggressionshemmende Effekte haben können.** Die Gewaltdarstellung in Kriegsfilmen ist von ihrer Grausamkeit her vergleichbar mit den Darstellungen in Antikriegsfilmen, trotzdem haben sie im anderen Kontext eine entgegengesetzte Wirkung. 36

Untersuchungen von *Grimm*[44] zeigen bspw, **dass Szenen, die drastische Folgen von Gewalt aus Sicht der Opfer darstellen, bei Zuschauern eher zu einer Reduktion der Aggressionen führen.** Grimm erklärt das damit, dass der Zuschauer Mitgefühl für die Opfer empfindet und Aggressionen vermeidet, um nicht selbst in eine ähnliche Situation zu geraten. Allerdings gibt es dennoch negative Effekte. Gehört der Täter bspw erkennbar einer ethnischen Minderheit an, so kann die Toleranz gegen diese Gruppe abnehmen, weil der Zuschauer sie für gefährlich hält. 37

Eine andere Wirkung haben die Szenen, die Gewalteinwirkungen auf die Opfer ausblenden und somit für den Zuschauer erträglicher sind. So fällt ihm die Identifikation mit dem Täter leichter, der Gewalt einsetzt, um sein Ziel zu erreichen. **Wenn die Schmerzen oder die Qual der Opfer ausgeblendet werden, steht das Gefühl der Macht und Omnipotenz über dem des Mitleids.** Solche Darstellungen können zu einem Anstieg der Aggressionsbereitschaft führen. Ob dies auch mit einem Anstieg der Gewaltbereitschaft verbunden ist, konnte in der Untersuchung nicht festgestellt werden. 38

Dies ist in der Praxis für Laien in Sachen Jugendschutz immer wieder überraschend: Die Filme, die man selber *nicht schlimm* findet, werden manchmal strenger freigegeben als die Filme, die man wegen ihrer unerträglichen Darstellung von Gewalt kaum aushalten kann. 39

Im Jugendschutz werden diese Forschungsergebnisse berücksichtigt. Es geht, jedenfalls bei Filmen, für die eine Freigabe ab 12 oder 16 Jahren angestrebt wird, weniger um die einzelne Gewaltdarstellung, als um die Gesamtaussage des Films, die er unter Berücksichtigung des gesamten Kontextes hat. **So stellen Krimis und Actionfilme zwar** 40

41 Vgl *Pfeiffer/Kleimann* tv diskurs 2/2006, 42 ff.

42 *Spitzer* Fernsehen und Bildung tv diskurs 2/2006, 36 f.

43 So *Nieding/Ohler* tv diskurs 2/2006, 48 ff.

44 Vgl *Grimm* Fernsehgewalt 706 ff.

Gewalt dar, allerdings wird in ihrem Kontext deutlich, dass es dem Helden des Filmes darum geht, die Gewalt zu besiegen und die *Norm* des friedlichen Miteinanders wiederherzustellen. Allerdings nutzt der Held in manchen Actionfilmen die Situation aus, um seinerseits rohe und unnötige Gewalt anzuwenden. So wird innerhalb des Jugendschutzes sehr darauf geachtet, ob **der Held Gewalt nur im Notfall (Notwehr) anwendet oder ob seine Gewalthandlungen über das hinausgehen, was notwendig ist, um die Gewalt des Täters zu stoppen.** Die Handlung der Täter wird meist drastisch dargestellt, um den Zuschauer gegen ihn einzunehmen und ein ebenso drastisches Eingreifen des Helden zu rechtfertigen. Das schafft beim Zuschauer Rachegefühle, die dazu führen können, dass er dem Helden nahezu alles zugesteht, was man dem Täter an Gewalt zufügen kann.

41 Hier ist der Grundsatz der Rechtsstaatlichkeit zu beachten: Aufgabe des Helden sollte es sein, den Täter der Justiz zu überstellen, soweit dies die Situation zulässt. **Die Tötung des Täters durch den Helden gilt als *Selbstjustiz*, wenn es sich nicht um Notwehr handelt und noch andere Möglichkeiten zur Verfügung stehen, dessen Gewalthandlungen ein Ende zu setzen.** Eine Verherrlichung von Selbstjustiz ist gegen die Prinzipien des Rechtsstaates gerichtet, da das Gewaltmonopol des Staates negiert wird und die Instanzen der Strafverfolgung als unfähig tatenlos hingestellt werden. Das darf allerdings nicht dazu führen, das jede Kritik an konkreten Missständen bei Polizei oder Gerichten als unzulässiger Aufruf zur Selbstjustiz gewertet wird. Die Frage ist, ob Einzelfälle auf die gesamte rechtsstaatliche Strafverfolgung verallgemeinert werden.

42 Neben der bildlichen Darstellung der Gewalthandlungen spielt auch die Sprache eine große Rolle. **Oft wird das Gewalthandeln des Täters mit zynischen oder menschenverachtenden Bemerkungen unterstützt. Dies wird durch die Gremien des Jugendschutzes in der Regel negativ berücksichtigt.**[45]

III. Angst und Angstverarbeitung

43 Ein weiterer Aspekt des Jugendschutzes hinsichtlich der Wirkung von Gewaltdarstellungen ist die Erzeugung von Ängsten, die vor allem jüngere Kinder nicht adäquat verarbeiten können. Dabei kann es nicht darum gehen, Kindern möglichst jede Konfrontation mit Angst erzeugenden Bildern zu ersparen,[46] sondern es gilt, mediale Angebote so zu differenzieren, dass man Darstellungen, die eine positive Angstverarbeitung ermöglichen, von solchen unterscheidet, die Kinder kurzfristig oder mittelfristig traumatisieren.

44 In den siebziger Jahren gab es in der Pädagogik eine Diskussion um die Frage, ob Märchen, die ebenfalls auf Gewalthandlungen basieren, bei Kindern eine positive Einstellung zur Gewalt fördern könnten. Bruno Bettelheim beendete diese Debatte mit seinem Buch *Kinder brauchen Märchen*, in dem er unter anderem darauf hinwies, dass Märchen eine wichtige Funktion für die Angstverarbeitung besitzen. **Da Kinder schnell in der Lage sind, Erzählstrukturen von Märchen zu verinnerlichen, wissen sie bald, dass Märchen zwar ein hohes Angstpotential entwickeln, dass aber zum Schluss derjenige, aus dessen Perspektive das Märchen erlebt wird, als Sieger aus der Geschichte**

---

45 Vgl *Hönge* tv diskurs 3/1998, 58 ff.

46 Die durch Medien symbolisch durchlebte Angst hilft Kindern, reale Ängste besser auszuhalten und die Gewissheit zu stärken, dass Ängste überwunden werden können, vgl *Michaelis* Unsere Kinder sollen ohne Angst aufwachsen, tv diskurs, Heft 31, 74 ff.

hervorgeht. Märchen, so *Bettelheim*, entwickeln also die Hoffnung und die innere Sicherheit, dass Situationen, die Angst erzeugen, zu bewältigen sind. Kinder haben so die Möglichkeit, auf einer fiktionalen, real letztlich ungefährlichen Weise Angst zu erleben, sie auszuhalten und zum Schluss durch die Dramaturgie wieder abzubauen.[47]

Der Wiener Psychologe Peter Vitouch[48] hat Untersuchungen mit angstneurotischen Jugendlichen durchgeführt, die eine Vorliebe für Horrorfilme hatten. Er beobachtete, dass die jungen Zuschauer diese Filme bewusst einsetzten, um ihre Angst zu verarbeiten. **Filme ermöglichen als Simulation (und damit letztlich real ungefährliche Weise) die Erzeugung von Angst, die aber, das ist für die Verarbeitung wichtig, kontrolliert werden kann.** Die Angstkontrolle kann stattfinden, indem bei verängstigenden Szenen die Hand vor die Augen gehalten wird, mit der Mutter oder der Freundin gekuschelt wird (Angstlusterlebnis) oder indem der Film schlicht ausgeschaltet wird. Vitouch beobachtete weiter, dass gerade solche Filme, die im hohen Grade Angst auslösten, von den Jugendlichen immer wieder angeschaut wurden. Das Ziel solcher Wiederholungen ist es, in den Filmen bestimmte Muster zu erkennen, deren Beherrschung in der Realität mutmaßlich helfen kann, Gefahrensituationen zu entkommen. Außerdem führen solche Muster zur Genrekenntnis: Man kann dadurch prognostizieren, wie in anderen Filmen, die man noch nicht kennt, die Handlung verlaufen wird. **Auch will man sich vergewissern, dass man die während des Filmes erlebte Angst immer wieder übersteht.**[49] Vitouch weist aber auch darauf hin, dass die beabsichtigte Angstbewältigung nicht immer funktioniert. Er stellt bestimmte Kriterien auf, die ein Film erfüllen muss, um tatsächlich zur Angstbewältigung beizutragen. **Danach ist es vor allem wichtig, dass der Film eine Figur enthält, die für den Zuschauer stabil und verlässlich ist, die sie gewissermaßen durch den Film leitet und der nichts geschehen darf.** Im ungünstigsten Fall kann die individuelle Unfähigkeit, Angst auszuhalten, durch Filme noch erheblich verstärkt werden. Die Folge kann sowohl völlige Angstvermeidung sein (zB Vermeiden von öffentlichen Straßen aus Angst vor Überfällen) als auch eine Sucht nach Konfrontation mit immer neuem Angsterleben. 45

Unter dem Gesichtspunkt des Jugendschutzes ist also festzuhalten, dass (Horror)-Filme gerade deshalb angesehen werden, weil der Nervenkitzel und die eigene Angst durch Identifikation mit den Protagonisten erlebt werden sollen, um am Schluss des Filmes, meist durch das Happy End, abgebaut zu werden. Es ist ein einfaches System von Spannung und Entspannung. Bei Zuschauern, die in der Lage sind, diese Dramaturgie eines Filmes nachzuvollziehen, kann ein solcher Film zu einem besseren Umgang mit Ängsten beitragen. Sie entwickeln schnell eine abstrakte Kenntnis solcher Dramaturgien und wissen dadurch, dass dem Angstaufbau die Entspannung folgt. Dieser Prozess ist als *Mood-* oder *Gefühlsmanagement* bekannt: Der Zuschauer entwickelt auch in seinem realen Leben die Hoffnung, dass beängstigende Situationen vorübergehen und gelöst werden. Um allerdings Filme in dieser Weise zu verarbeiten, sind bestimmte altersabhängige kognitive Fähigkeiten notwendig. **Insgesamt wird in der Forschung verschiedentlich darauf hingewiesen, dass medial vermittelte Angst aggressionshemmend wirken kann.** 46

47 Über die Problematik im Umgang mit Angst im Jugendschutz s *von Gottberg* Angstauslöser oder Angstverarbeitung tv diskurs 2/2003, 24 ff.

48 *Vitouch* Fernsehen und Angstbewältigung, 2007; das Buch enthält eine gute Zusammenstellung verschiedener Experimente zum Verhältnis „Angst und Fernsehkonsum", 67 f.

49 *Vitouch* Gewaltfilme als Angsttraining, tv diskurs Heft 2, 46 f.

IV. Verstehensfähigkeiten in den Altersstufen

47 Der jeweilige kognitive und emotionale Entwicklungsstand der Heranwachsenden ist entscheidend für die Fähigkeit, die Inhalte eines Films zu verstehen und zu verarbeiten. **Obwohl individuelle und soziale Dispositionen sowie das Geschlecht wichtige Faktoren für den jeweiligen Entwicklungsstand sind, steht dem Jugendschutz nur das Alter als Differenzierung zur Verfügung.**[50] Das bedeutet zum einen, dass Jugendschutzentscheidungen immer relativ grob gefällt werden, da bspw bei Zwölfjährigen die einen durchaus in der Lage sind, einen Inhalt ohne Schaden zu verkraften, während die anderen damit kognitiv überfordert sind.[51] Zum anderen muss entschieden werden, ob man sich am Entwicklungsstand eines durchschnittlichen Zwölfjährigen orientiert oder ob man vor allem die sog *gefährdungsgeneigten* Jugendlichen im Blick hat. **Insgesamt wird im Jugendschutz davon ausgegangen, dass bei der Alterseinstufung auf den Entwicklungsstand der jeweils Jüngsten einer Altersgruppe Rücksicht genommen werden muss.** Bei der FSK heißt es: *Dabei ist nicht nur auf den durchschnittlichen, sondern auch auf den gefährdungsgeneigten Minderjährigen abzustellen. Lediglich Extremfälle sind auszunehmen.*[52]

48 Bei Kindern unter 12 Jahren muss beachtet werden, dass sie in der Regel **nicht in der Lage sind, die gesamte Dramaturgie des Filmes zu verstehen.** Sie erleben Filme als Addition von Einzelszenen, sie brauchen also dann, wenn Angst aufgebaut wird, relativ bald eine Entspannungsphase, da sie noch nicht in der Lage sind, dem dramaturgischen Aufbau und der Lösung am Ende des Filmes zu folgen. Oft sind sie auch kognitiv gar nicht fähig, die Handlung in allen Einzelheiten zu verstehen. Das muss nicht unbedingt zu einer Beeinträchtigung führen, kann es aber dann, wenn das Verstehen der Handlung wichtig ist, um bspw Angst zu verarbeiten. **Durch die Fixierung von Kindern auf einzelne Szenen dürfen diese nicht drastisch oder detailliert Gewalt darstellen, weil sich sonst solche Bilder bei Kindern gewissermaßen in die Erinnerung einbrennen.**

49 **Zwölfjährige Kinder sind in der Lage, der filmischen Dramaturgie zu folgen.** Physiologisch ist das Gehirn inzwischen ausgewachsen, allerdings befinden sie sich jetzt in der Phase der Pubertät und der Identitätsentwicklung. Man kann die Entwicklungsaufgaben in der Altersphase bis zum zehnten Lebensjahr als Prozess der Aneignung verstehen, in der Kinder sich ihre Umwelt zu eigen machen und die sozialen Sichtweisen der Umgebung zu verstehen und zu übernehmen versuchen. Sie sind in der Regel an den Werthaltungen und Sichtweisen der Familie bzw der Gruppe, in der sie aufwachsen, orientiert.[53]

50 **In der Pubertät ist es zunächst eine wichtige Entwicklungsaufgabe, sich von der Bindung an die Eltern oder die Familie, die sich während der Kindheit fast übermächtig aufgebaut hat, zu lösen.** Kinder bzw Jugendliche suchen nach alternativen Wertvorstellungen, Meinungen, Weltbildern und Lebensweisen. Alles, was vorher selbstverständlich war, wird in Frage gestellt: Heute wird diese oder jene Ideologie, Musik-

---

50 Einen Einblick in die Entwicklung der Verstehensfähigkeit von Filmen bei kleinen Kindern bieten *Nieding/Ohler* tv diskurs 2/2006, 48 ff.

51 Die Geschwindigkeit der kognitiven Entwicklungsschritte sowie die Fähigkeit, mit medial vermittelter Angst umzugehen, hängt von vielen Faktoren ab, nur zu einem geringen Teil vom Alter; vgl *Dolase* tv diskurs 2/2002, 30 ff.

52 § 18 Abs 1 Nr 4 FSK-Grundsätze, abrufbar unter www.fsk.de.

53 Eine ausf Beschreibung der Entwicklungsstufen s *von Gottberg* Jugendschutz in den Medien, 67 ff.

richtung oder Literatur bevorzugt, nur um diese unmittelbar darauf durch eine neue zu ersetzen. Es herrscht das *Chaos im Kopf*, und es gelingt nur langsam, in dieses Chaos wieder eine Ordnung zu bringen. In dieser Phase ist die Lust auf Provokation besonders groß, und diese Provokation wird zum Teil auch über Identifikation mit Antihelden der Medien, die, ebenso wie die zuweilen während der Pubertät bevorzugten Musikstile, die Eltern und Lehrer oft verzweifeln lässt, ausgelebt.[54]

In dieser Altersphase findet die Entwicklung eines eigenen Wertesystems sowie des **51**
Ich-Gefühls statt. Thesen und Antithesen werden aufgebaut und verworfen, bis sich allmählich ein eigener Stil oder ein eigenes Wertesystem herauskristallisiert. Darüber hinaus wird in dieser Altersphase die Geschlechterrolle entwickelt. Diese Phase ist in modernen Gesellschaften besonders schwierig, denn Jugendliche sind nicht mehr Kind, sie sind aber auch noch nicht erwachsen. Sie sind geschlechtsreif, aber als Erwachsene fühlen sie sich erst, wenn sie ihre Ausbildung abgeschlossen und einen Beruf gefunden haben. Dieser Prozess dauert in hoch zivilisierten Gesellschaften immer länger, was die Übergangsphase des Jugendalters verlängert (Postadoleszenz).[55]

In dieser Entwicklungsphase sind Kinder besonders anfällig für die Wertvorstellun- 52
gen und Verhaltensstile, die durch die Medien transportiert werden. Ihre Werthaltungen sind, wenn auch meist nur vorübergehend, absolut. Kompromisse oder Relativierungen fallen schwer. Zwar können sie die Dramaturgie von Filmen durchschauen, aber bestimmte Werthaltungen der Filmfiguren können sie, zumindest vorübergehend, stark beeinflussen. Dies betrifft vor allem die Geschlechterrollen: **Mangels eigener Erfahrungen konstruieren sie sich nicht zuletzt aus den medialen Angeboten ihre Vorstellung darüber, wie man als Mann oder Frau zu sein hat, was von einem erwartet wird und wie man mit dem jeweils anderen Geschlecht oder den daraus erwachsenden Beziehungen umgeht.** Bei der Freigabe von Filmen ist darauf zu achten, dass kein Rollenverhalten vorgelebt wird, dass die Stärke und Macht eines Geschlechts über das andere setzt: **Die Gleichberechtigung der Geschlechter, wie unsere Verfassung sie will, ist zu beachten.**

In Bezug auf die Darstellung von Gewalt **muss vor allem auf die Einhaltung rechts- 53**
staatlicher Prinzipien geachtet werden. In dieser Altersphase herrscht noch ein Ungleichgewicht von Gerechtigkeit und Recht. Die Bereitschaft, Selbstjustiz zu befürworten, ist oft dann groß, wenn staatliches Handeln nicht in der Lage ist, den vermeintlichen Täter zu bestrafen.

In den letzten Jahren haben sich in den vorrangig an Jugendliche gerichteten **54**
Musiksendern (allen voran MTV) immer wieder neue Formate entwickelt, in denen Jugendliche gesellschaftliche Tabus in einer Art Spielshow austesten (*Jack Ass*, *Freakshow*). Dazu gibt es im Bereich des Jugendschutzes unterschiedliche Haltungen. Während die einen meinen, dies gehöre zu einer normalen Entwicklung dazu, insb dann, wenn Erwachsene kein Verständnis dafür haben, sind die anderen der Meinung, dass auch die spielerische Verletzung von Tabus mit Personen, die dies freiwillig mitmachen (bspw Spiele, bei denen die Gefahr der Verletzung besteht) jugendbeeinträchtigend ist oder gar ein gefährdendes Modell sein könnte.[56]

---

54 Durch alle Kulturen hindurch ist die Pubertät die Phase des Probierens, der Tabuüberschreitung und der Provokation; s auch *Farin* tv diskurs 3/2006, 20 ff.

55 In der Jugendforschung herrscht weitgehende Übereinstimmung darüber, dass das Jugendalter in der gesetzlichen Festlegung (14–18 Jahre) unzureichend bestimmt ist. In Gesellschaften, in denen Heranwachsende mit einer Vielzahl von problembelasteten Situationen konfrontiert sind, beginnt die Jugend für Viele früher, *Merkens/Zinnecker* 203.

56 Mit diesen Argumenten stufte die Bayerische Landeszentrale für neue Medien (BLM) im

55 Bei Sechzehnjährigen ist die wichtigste Phase der Wertentwicklung und Identitätsentwicklung abgeschlossen. Sie unterscheiden sich von Achtzehnjährigen aus psychologischer Sicht nur noch in der Differenzierung. **In den meisten europäischen Ländern (mit Ausnahme von Deutschland und Großbritannien) endet das Jugendschutzalter daher mit 16 Jahren.** Der Anteil der Filme, die bei der FSK keine Jugendfreigabe erhalten, ist deshalb auch sehr gering.[57] Es handelt sich dabei vor allem um solche Gewaltdarstellung, die besonders eindringlich sind und für die keine Relativierung durch den Kontext zu Verfügung steht.

V. Darstellung von Sexualität

56 In keinem anderen Bereich hat sich der gesellschaftliche Wertewandel so deutlich auf die Spruchpraxis des Jugendschutzes ausgewirkt wie bei sexuellen Darstellungen. Während in den fünfziger Jahren Filme allein deshalb nicht für Jugendliche freigegeben wurden, weil außereheliche Sexualität auch nur thematisiert wurde, ist heute selbst die Darstellung nackter Menschen allein kein Jugendschutzkriterium mehr, selbst für Sechsjährige nicht. Auch mögliche sexuell stimulative Effekte allein stehen heute nicht mehr unter Jugendschutzgesichtspunkten in der Debatte.[58]

57 Während man lange Zeit befürchtete, durch die Konfrontation mit medialer Sexualität würden Pubertierende zu immer früheren sexuellen Erfahrungen animiert (Verfrühung), geht es heute eher darum, **Heranwachsende vor medial vermittelten Normalitätskonzepten zu bewahren, die zB sexuelle Erfahrungen als notwendige Voraussetzung darstellen, um in der sozialen Gruppe akzeptiert und anerkannt zu werden.**[59] Der sexuelle Reifungsprozess läuft in sehr unterschiedlicher Geschwindigkeit ab. **Jugendliche sollen selbstbestimmt und unabhängig von medialen Darstellungen über ihr Verhalten entscheiden können.**

58 Ein weiterer wesentlicher Gesichtspunkt ist das durch sexuelle Darstellungen vermittelte Geschlechterbild. **Die Reduzierung der Frau auf die Rolle des Lustobjekts oder die Stilisierung des Mannes als ständig potenten Sexualpartner gehören zu den Klischees, die zahlreiche Softerotikfilme vermitteln.** Pubertierende können diesen Darstellungen noch keine eigenen Erfahrungen entgegensetzen und deshalb dadurch übermäßig beeinflusst werden. Dies steht der pädagogisch gewollten Selbstbestimmung und der grundgesetzlich garantierten Gleichberechtigung der Geschlechter entgegen.

59 Im Gegensatz zu der Wirkung medialer Gewalt gibt es bzgl der Wirkung sexueller Darstellungen wenig für den Jugendschutz relevante Forschung. Das hängt nicht zuletzt damit zusammen, dass man es aus ethischer Sicht kaum vertreten kann, Kinder

---

Jahre 2001 verschiedene Folgen des Formates *Freak Show* als *offensichtlich schwer jugendgefährdend* ein. MTV klagte dagegen, teilweise mit Erfolg. Das VG München vertrat die Auffassung, die offensichtlich schwere Jugendgefährdung müsse *jedem ungefangenem Beobachter* unmittelbar deutlich werden (VG München Urt v 4.11.2004, Az M 17 K 02.5297). Das Berufungsverfahren endete mit einem Vergleich. Der Sender verpflichtete sich, bei weiteren Ausstrahlungen auf besonders eindringliche Szenen zu verzichten.

57 Viele Experten fordern daher, auch in Deutschland die höchste Altersgrenze auf 16 Jahre zu senken. So *Knoll* tv diskurs 4/1999, 66 ff.

58 Für einen Überblick über den Wertewandel seit den 50er Jahren s ua *von Gottberg* Sexualität und Jugendschutz tv diskurs 1/2001, 60 ff.

59 Das fordert ua *Scarbarth* tv diskurs 1/1997, 40 ff.

und Jugendliche bewusst mit medialen Inhalten zu konfrontieren, die sie möglicherweise gefährden könnten. Da die Vorliebe für gewalthaltige Programme häufiger und offener zugegeben wird, ist es im Bereich der Forschung von Gewaltdarstellungen leichter, Gruppen mit unterschiedlichen Programmvorlieben zusammenzustellen. Ein großer Teil der Forschung stammt aus den USA, wo man keine Probleme damit hat, zu Forschungszwecken auch junge Kinder mit Gewaltdarstellungen zu konfrontieren. Das Gleiche wäre mit erotischen oder gar pornografischen Darstellungen undenkbar.

Ergebnisse der Jugendforschung und der Sexualwissenschaft weisen darauf hin, 60
dass sich trotz der unbestrittenen Liberalisierung sexueller Darstellungen in den Medien das durchschnittliche Alter erster sexueller Erfahrungen seit den siebziger Jahren nicht wesentlich nach unten verändert hat.[60] **Auch die Befürchtung, der sexuelle Lustgewinn könnte durch die mediale Präsens sexuell stimulativer Bilder die Beziehungen zwischen jungen Menschen zu Lasten zwischenmenschlicher Emotionen und Verantwortungen dominieren, scheint sich angesichts des hohen Stellenwerts eher konservativer Werte wie Treue und Zuverlässigkeit bei Jugendlichen nicht zu bestätigen.**[61] Jugendliche wollen zwar über die Sexualität der Erwachsenen gut informiert sein, aber sie antizipieren dies eher in der Phantasie als in ihrer Realität.[62]

Im Zentrum der Kriterien des Jugendschutzes stehen also vor allem die vermittelten 61
Normalitätskonzepte und die Selbstbestimmung: **Jugendliche sollen nicht aufgefordert werden, etwas zu akzeptieren, was sie selbst nicht wollen, sexueller Lustgewinn soll nicht isoliert von Gefühlen und Verantwortung dargestellt werden und nicht durch psychischen oder materiellen Druck einseitig zustande kommen.** Ebenso wird ein Geschlechterbild, das nicht auf der Gleichwertigkeit von Mann und Frau beruht, für Heranwachsende als kritisch angesehen, vor allem dann, wenn sich die agierenden Personen als Vorbilder für Heranwachsende eignen.[63]

Im Bereich des Jugendschutzes ist die Wirkung von sexuellen Darstellungen mit aus- 62
schließlich stimulativer Absicht (zB Pornografie) auf Jugendliche über 16 Jahren umstritten. Es geht dabei um die Frage, ob die Reduzierung von zwischengeschlechtlichen Partnerschaften auf den sexuellen Lustgewinn und das Fehlen von Gefühlen, Verantwortung und Bindung, wie sie typisch für Erotik- und Pornofilme ist, für Kinder oder Jugendliche überhaupt eine Relevanz für die Bildung der Geschlechteridentität hat. **Denn auch Jugendlichen ist inzwischen klar, dass der Reiz der Pornografie gerade darin besteht, dass sie Fantasiebilder anbietet, die absolute jenseits realer Erfahrungen liegen.** Jeder auch noch so junge Mensch kann angesichts seines realen Umfelds erkennen, dass Menschen nicht permanent nackt und sexuell stimuliert sind oder ohne jede persönliche Beziehung miteinander praktisch dauernd Geschlechtsverkehr haben. Hinzu kommt, dass es sich bei den Protagonisten pornographfischer Filme nicht um professionelle Schauspieler handelt, so dass ihre Inszenierung nicht den Eindruck vermittelt, als habe dies etwas mit dem wirklichen Leben zu tun. Gerade die schlechte künstlerische und technische Qualität der Pornografie sowie die Reduzierung auf sexuelle

---

60 Eine jährliche Vergleichsstudie über die Einstellung Jugendlicher zu sexuellen Werten wird von der Bundeszentrale für gesundheitliche Aufklärung durchgeführt, vgl *Amman* tv diskurs 1/1998, 80 ff.

61 Vgl *Merkens/Zinnecker* 317, danach wird der Familie ein „beachtlich hoher Stellenwert" eingeräumt, 90 % der Jugendlichen gaben an, ein „insgesamt gutes Verhältnis" zu ihren Eltern zu haben, 70 % würden ihre Kinder ähnlich erziehen wie ihre Eltern.

62 Vgl *Schmidt* tv diskurs 1/2001, 46 ff, sowie *Sigusch* Thrill der Treue tv diskurs 1/2001, 38 ff.

63 Richtlinien zur Anwendung der PrO-FSF § 10.

Stimulans verhindert, dass solchen Erzeugnissen ein Vorbild- oder Modellcharakter zueigen ist.

63 Mikos weist darauf hin, dass es auch in anderen Bereichen auf bestimmte Körperaktivitäten reduzierte Darstellungen gibt, ohne dass ihnen vorgeworfen würde, einen einseitigen Modellcharakter zu besitzen. Bspw würde bei einem abgefilmten Fußballspiel niemand befürchten, dass die Reduzierung auf körperliche Aktivitäten und die enorme Leistungsfähigkeit der Sportler auf den Zuschauer die Wirkung hätte, körperliche Leistungsfähigkeit ohne andere zwischenmenschliche Bezüge als Lebensinhalt zu erlernen oder Versagensängste zu empfinden, wenn man selber die Leistung nicht erbringen kann: „All diesen Genres ist gemeinsam, dass die Handlung nicht im Mittelpunkt der Filme steht. Während es im Actionfilm in erster Linie um die Action geht, in den Gag-Komödien um die Gags, in den Musicals um die Gesangs- und Tanznummern, stehen die verschiedenen Variationen sexueller Praktiken im Mittelpunkt der Erotik-, Sex- und Pornofilme. Das Genre wird nicht durch spezifische Arten von Handlungen bestimmt, sondern durch einzelne, aneinander gereihte Elemente, die sich in Variation immer wiederholen.“[64]

64 Auf der anderen Seite wird gerade in dieser Reduzierung der Sexualität auf den ausschließlichen Lustgewinn eine gefährdende Wirkung gesehen, und es wird gefordert, eines der wesentlichen Unterscheidungskriterien zwischen Pornografie und Erotik darin zu sehen, dass Erotik über eine Geschichte jenseits der sexuellen Lustbefriedigung verfügt. Nur so könne eine Fixierung auf den sexuellen Lustgewinn vermieden werden.

65 Dass die Medien bei der Konstruktion von Identität und Geschlechterrolle eine wichtige Rolle spielen, ist in der Wissenschaft unumstritten. Allerdings wird im Hinblick auf diesen Prozess eher von Spielfilmen, Fernsehserien oder Daily Soaps ausgegangen. Buckingham[65] sieht darin eine Art *Fenster zur Erwachsenenwelt*: Kinder und Jugendliche können sich so auf die Probleme des Heranwachsens vorbereiten, sie erfahren, was sie später in Beziehungen erwartet, wie man sich verliebt, aber auch, welche Schmerzen empfindet, wenn sich der geliebte Partner trennt. Sie können sich auch ein Bild über Sexualität machen, ohne dabei selber aktiv werden zu müssen.

66 Ob sich das auch auf Pornografie bezieht, ist ungewiss, denn auf all diese Fragen gibt sie keine Antwort. Ihre stimulative Absicht richtet sich eher an Ältere, für Jugendliche stellt sie angesichts ihrer Entwicklungsaufgaben meist eine Überforderung dar. Sie beschäftigen sich stark mit der Frage, wie man dem gewünschten Partner seine Liebe gesteht, wie man mit der Angst umgeht, dass diese nicht erwidert werden könnte und wie man sich auf die jeweiligen Wünsche und Ziele – dazugehört dann auch unter anderem die Sexualität – einstellt. Pornografie stellt aus Sicht der Jugendlichen die sexuellen Wünsche der Alten dar, von denen sie sich selbst eher abgrenzen wollen.[66]

67 In der Gesellschaft gibt es jedoch große Ängste vor möglichen schädlichen Wirkungen der Pornografie: „Als Gefahren des Pornographiekonsums seien die Herab-

64 Vgl *Mikos* tv diskurs 1/1997, 57 ff.

65 Eine interessante Studie zu diesem Thema wurde von den britischen Regulierungsbehörden in Auftrag gegeben. Darin wird darauf hingewiesen, dass Kinder und Jugendliche von den vielfältigen Medienangeboten nicht überwältigt sind, sondern dass ihnen ständig neue Entscheidungen abverlangt werden: wer sie sein wollen, was sie denken und für wie alt sie sich halten wollen (*Bragg/Buckingham* 34 ff).

66 So berichtet Margit Tetz als Leiterin des Dr.-Sommer-Teams bei der Jugendzeitschrift BRAVO über ihre Erfahrungen mit jungen Lesern, die sich mit Fragen und Problemen an BRAVO wenden, vgl *Tetz* tv diskurs 2/2001, 70 ff.

setzung der sexuellen Kontrolle, der Abbau von Inhibitionen gegenüber einigen Verhaltensweisen, die Verhinderung von Harmonisierung der Triebrichtungen, die Verursachung von Sexualdelikten, gravierende Persönlichkeitsstörungen, Nachteile für partnerschaftliche Beziehungen, Nachteile für die allgemein-seelische und insb für die sexuelle Reifung, der Verursachung der Überbewertung der Sexualität im menschlichen Leben und die Hervorrufung einer entwürdigenden Einstellung zu Angehörigen des anderen Geschlechts für nicht unwahrscheinlich gehalten worden."[67]

Betrachtet man dagegen die Forschungslage zur Wirkung von Pornografie,[68] fällt **68**
auf, dass es sich meist um Schreibtischtheorien handelt, die möglicherweise mehr über die ethische Grundposition der Autoren als über die Wirkung aussagen. Vor allem staatliche Kommissionen – zusammengesetzt aus Medienpsychologen und anderen Sozialwissenschaftlern – haben sich in den USA mit den Wirkungen des Medienkonsums von Pornografie und sexuell explizitem Material beschäftigt, da ab den 1970er Jahren verstärkt Bedenken der Öffentlichkeit über mögliche negative Wirkungen von Pornografie auf die sexuelle Moral bei der Regierung in Washington vorgebracht worden waren. Einige befürchteten, dass die Gesellschaft durch eindeutige pornografische Darstellungen „übersexualisiert"[69] würde und sich Anomalien zu Alltäglichkeiten entwickelten, was zu einem Problem der Gesellschaft werden könnte. Vertreten wurde auch, durch die Pornografie würde der *Vergewaltigungsmythos* und der *Nymphomaniemythos* verbreitet. Andere dagegen betrachteten einen liberalen Umgang mit diesem Thema als Teil einer sexuellen Revolution.

Zu den Gegnern gehört auch die feministische Sichtweise, die in der Pornografie **69**
vor allem Gewalt und die Missachtung des Mannes gegenüber der Frau sieht und befürchtet, dass sich dieses Geschlechterverhältnis durch die Pornografie verstärkt. Um die feministische Sicht auf das Thema Pornografie besser einordnen zu können, sei hinzugefügt, dass sog Prozensur-Feministinnen wie Andrea Dworkin oder Catharine MacKinnon eine Unvereinbarkeit zwischen der Freiheit einer Frau und ihrer Mitwirkung an sexuellen Beziehungen zu Männern voraussetzen. Das heißt, jeder heterosexuelle Geschlechtsverkehr wird mit Vergewaltigung gleichgesetzt.[70] In eine ähnliche Richtung ging die 1988 von der Zeitschrift Emma und ihrer Chefredakteurin Alice Schwarzer gestartete Kampagne *PorNo*. Schwarzer forderte, Pornografie wie folgt zu definieren: „Pornographie ist die verharmlosende oder verherrlichende, deutlich erniedrigende sexuelle Darstellung von Frauen oder Mädchen in Bildern und/oder Worten, die eines oder mehrere der folgenden Elemente enthält: die als Sexualobjekte dargestellten Frauen/Mädchen genießen Erniedrigung, Verletzung oder Schmerz; die als Sexualobjekte dargestellten Frauen/Mädchen werden vergewaltigt – vaginal, anal oder oral; die als Sexualobjekte dargestellten Frauen/Mädchen werden von Tieren oder Gegenständen penetriert – in Vagina oder After; die als Sexualobjekte dargestellten Frauen/Mädchen sind gefesselt, geschlagen, verletzt, misshandelt, verstümmelt, zerstückelt oder auf andere Weise Opfer von Zwang und Gewalt."[71] Schwarzer forderte, zivilrechtlich eine Klagemöglichkeit von Frauen gegen die Pornoindustrie zu schaffen. Grds kann man der Definition zustimmen, allerdings gibt es solche Darstellungen in der „weichen" Pornografie nicht, jedenfalls nicht aus der Sicht des objektiven Betrachters. Denn solche Darstellungen würden als Gewaltpornografie unter § 184 Abs 3

---

67 Vgl *Ulich* 69.

68 Einen Überblick über die Forschungslage aus der Sicht des Jugendschutzes bieten *Knoll/Müller* 57 f.

69 *Zillmann* 566.

70 *Dworkin* 520; *MacKinnon* S 26 f.

71 *Schwarzer* 44.

StGB fallen. Dennoch hat sich auch der Deutsche Bundestag mit den Vorschlägen Schwarzers beschäftigt. „Die Diskussion erregte vor allem moralisch kaum. Die Debatte in der von der SPD-Bundestagsfraktion initiierten Anhörung am 13. und 14. September des Jahres 1988 verlief durchweg sachlich, selbst Beate Uhse und die Pornofilm-Darstellerin Biggy Mondi durften sich äußern. Sinn und Zweck der Anhörung war es gewesen, herauszufinden, ob die gesetzlichen Handhaben ausreichten, um die harte Pornographie zu bekämpfen, was bei einer vorgesehenen Strafe von bis zu einem Jahr Freiheitsentzug und Geldbußen bis zu € 1,8 Mio bejaht werden musste.“[72]

70 In den 1970er Jahren wurde im Jugendschutz die sog Spiraletheorie vertreten: der Konsum sexuell stimulierender Bilder führe zu einem Verlangen nach immer stärkeren sexuellen Reizen und Tabuüberschreitungen bis hin zur Pornografie und später zur harten Pornografie. Diese Theorie gilt inzwischen als widerlegt. Der Psychologe Henner Ertel[73] führte zur Frage der Wirkung von Pornografie eine der wenigen empirischen Untersuchungen durch und konnte dabei wenige Änderungen bei Verhaltensweisen und Einstellungen beobachten: „Eine grobe Vereinfachung besteht [...] darin, die sexuellen Fiktionen der pornographischen Fantasiewelten als Handlungsanweisungen für sexuelles Verhalten miss zu verstehen. Nur bei einem sehr kleinen Prozentsatz von Personen spielt diese mögliche Funktion eine Rolle; vermutlich ist sie meist auf einen bestimmten Abschnitt in der sexuellen Sozialisation begrenzt. Aber selbst in diesem Fall ist die dazwischen geschaltete Bedeutungskonstruktion der Konsumenten maßgebend dafür, wie die sexuellen Darstellungen wahrgenommen und verarbeitet werden.“[74] Hinweise zu Bestätigung der Spiraletheorie fand Ertel nicht. Zwar wurde bei einigen Versuchspersonen ein verstärktes Interesse nach stärkerer Stimulans beobachtet, eine Veränderung sexueller Neigungen bspw in Richtung auf Kinderpornografie oder Gewaltpornografie wurden nicht beobachtet. Pornografie scheint danach eher Bedürfnisse zu bedienen, als sie zu schaffen oder auch nur zu verändern.

71 Eine mögliche Beeinträchtigung durch Pornografie wird in einer wachsenden Unzufriedenheit mit der eigenen Sexualität gesehen. Scarbarth sieht die Gefahr, dass vor allem Jugendliche, die unter Selbstwertproblemen leiden, ihre eigene Sexualität im Vergleich zu den Phantasiewelten der Pornografie als unbefriedigend empfinden könnten.[75] Ähnlich äußert sich auch Zillmann: „Ein erkennbarer Effekt der Pornographienutzung auf die allgemeine Lebenszufriedenheit ergab sich [...] nicht. [...] Die Beobachtung der exzessiven sexuellen Zufriedenheit anderer Personen, des utopischen Vergnügens in der Welt der Pornographie, führt tatsächlich zu sexueller Unzufriedenheit.“[76] Dieser Effekt könnte auch zu einem gewissen Suchtverhalten führen, da die empfundene Unzufriedenheit mit der eigenen Sexualität einer Fixierung auf die Stimulans durch Pornografie und Masturbation anreizt.

72 Die zunehmende Verbreitung schneller Internetverbindungen in den Haushalten ermöglicht, ungeachtet gesetzlicher Schranken, den Zugang zu jeder Form der Pornografie. **Wir müssen also davon ausgehen, dass nahezu jeder Jugendliche pornografische Inhalte finden kann, wenn er es will.** Bernd Siggelkow und Wolfgang Büscher, Gründer bzw Pressesprecher des Berliner Projekts *Die Arche*, das sich um Kinder und Jugendliche aus sozial schwachen Verhältnissen kümmert, beklagen dies und erwecken unter hoher öffentlicher Beachtung den Eindruck, die sexualethischen Werthaltungen deutscher Jugendlicher seien tief gesunken. Gemeinsamer Pornografiekonsum

72 *Pastötter* 80.
73 *Ertel* 473, danach zeige sich in der Pornografie „der Bodensatz menschlicher Sexualität“.
74 *Ertel* 20.
75 *Scarbarth* tv diskurs 1/1997, 40, 47.
76 *Zillmann* 565, 579.

mit den Eltern oder wahllose Sexualkontakte seien ein immer häufiger anzutreffendes Anzeichen für die sexuelle Verwahrlosung.[77] Dies scheint jedoch ein Randphänomen zu sein, das durch die besondere Perspektivlosigkeit des Klientels, das die Arche bedient, begünstigt wird. **Verschiedene Veröffentlichungen und Untersuchungen zeigen, dass der überwiegende Teil der Jugendlichen trotz des Zugangs zu Pornografie eher traditionelle Werte vertritt.** Eine Studie von Grimm zeigte, dass Pornografie zwar tatsächlich jedem Jugendlichen bekannt ist, dass der regelmäßige Konsum aber – wie in der Vergangenheit auch – ein Jungenphänomen ist, wobei die Regel gilt, dass sich der Konsum auf die Zeiten ohne Partnerin begrenzt. Aber auch bei Jungen ist die Haltung zur Pornografie nicht einhellig positiv und schwankt zwischen harter Kritik am Pornomarkt (Objektstatus der Frau) bishin zur unreflektierten Befürwortung. Mädchen kommen auch mit pornograpfischen Inhalten im Netz in Berührung, empfinden sie aber in der Regeln als ekelig und abstoßend.[78] Ein ähnliches Bild hätten wir in den 1970er Jahren wahrscheinlich auch gegenüber den damals verfügbaren Abbildungen in Sexheften wahrnehmen können. Die Vorstellung jedenfalls, die beziehungslose und am Lustgewinn des Mannes orientierte Werthaltung der Pornografie könnte Jugendliche mittelfristig in ihren Wertvorstellungen bzgl der Integration der Sexualität in ihr Lebenskonzept verändern, widerspricht allen wissenschaftlichen Erhebungen. Eine seriöse, regelmäßig aktualisierte Grundlage für die Beurteilung des Sexualverhaltens sowie der Sexualethik bei Jugendlichen bieten die Untersuchungen der *Bundeszentrale für gesundheitliche Aufklärung* (BZgA).[79] Danach nimmt die Koitituserfahrungen bei den 14-Jährigen von 12 % auf 7 % ab. Als Grund wird dabei vor allem genannt, dass man auf den bzw die Richtige warten will. Insgesamt kommt die Studie zu dem Ergebnis, dass die Verantwortungsbereitschaft bei den Jugendliche zunimmt, was sich vor allem in der Praxis der Verhütung zeigt. Dieser Trend, mit Sexualität eher bewusst und zurückhaltend umzugehen, steht im Widerspruch zur früheren Sexualreife. Interessant ist, dass nach der Studie die Bedeutung der Medien als Informationsquelle seit 2001 abnimmt. Gaben 2001 noch 37 % der Jungen Medien als wichtig an, waren es 2005 noch 22 % und 2009 nur noch 17 %.

Insgesamt geht es bei den gesetzlichen Bestimmungen zur Pornografie wohl weniger um Jugendschutz als um kulturelle Konventionen und empfundene Darstellungs- **73**
tabus. Die Vorstellung, etwas Unanständiges, sehr Intimes einer breiten Öffentlichkeit zugänglich zu machen, stößt angesichts unserer kulturellen Tradition auf Unbehagen. Für diese kulturelle Grenze dient der Jugendschutz als Erklärung nach außen, indem man sich vorstellt, dass das, was man selber als unanständig empfindet, auf Kinder und Jugendliche eine noch stärker abstoßende oder verderbende Wirkung haben müsse. Bzgl der bereits zurzeit der Strafrechtsreform durch die Liberalisierung der Pornografie befürchteten Enthemmung bei Jugendlichen meinten schon damals die Sexualwissenschaftler Sigusch und Schmidt: „Das öffentliche Gerede vom Sexualchaos ist einfach fehlplaziert und dient ganz offensichtlich Profitinteressen. Zeitungen, Illustrierte, pseudowissenschaftliche Bücher und Filme werden, so lange es sich rentiert, Tag für Tag den Versuch unternehmen, die Sexualität der Jugend anhand fast durchweg belangloser oder sogar erfundener Einzelereignisse zu diffamieren. Diese Medien werden weiterhin so tun, als sei die gegenwärtige Jugendsexualität mit Schlagwörtern wie ‚Sexorgie', ‚Blutschande', ‚Zerfall der guten Sitten', ‚häufiger Partnerwechsel' und

77 Vgl *Siggelkow/Büscher* 41, 60, 61.

78 Vgl *Gernert* 17 ff; vgl *Grimm* Porno im Web 2.0., 255.

79 Jugendsexualität. Repräsentative Wiederholungsbefragung von 14–17-Jährigen und ihren Eltern, Köln 2010, 8, 90, 100.

‚Sexbesessenheit' zu charakterisieren. Lüsternen und frustrierten Erwachsenen wird hier Jugendsexualität bewusst zum Konsum vorgeworfen. Man hofft, dass Erwachsene ihre heimlichen, verbotenen Wunschträume und fantasierten Erlebnisse auf die Jugend projizieren. Doch diese Erwachsenen werden den Jugendlichen Sexualparadiese neiden, die es gar nicht gibt."[80]

74 An dieser Sichtweise auf die Jugend hat sich bis heute nichts geändert. Das heißt nicht, dass es eine exzessive Sexualität bei Jugendlichen nicht gebe. Das Problem besteht darin, dass einzelne Phänomene als typisch für eine gesamte Generation herangezogen werden.[81] Repräsentative wissenschaftliche Untersuchungen, die geeignet wären, Einzelphänomene in einen statistischen Zusammenhang anzuordnen, schaden der beabsichtigten Empörung und werden deshalb ignoriert.

VI. Weitere neue Fernsehformate

1. Aktuelle Programmtrends im Fernsehen

75 Bereits seit Mitte der neunziger Jahre ist ein Trend zu beobachten, der den Jugendschutz vor neue inhaltliche Probleme stellt. Während der Anteil fiktionaler Programme im Fernsehen zurückgeht, entstehen immer mehr Mischformate, in denen Realität, Spiel, Spontanität und redaktionelle Vorgaben miteinander kombiniert werden. Begonnen hat diese Entwicklung mit den Talkshows, die dann später von den Gerichtsshows abgelöst wurden. Aber auch *Big Brother* oder das sog *Dschungel-TV* vermischen Realität und Showelemente.

2. Zum Identifikationspotential von Reality-Shows

76 Das inhaltliche Problem besteht darin, dass alle Untersuchungen über die Wirkung von Medieninhalten sowie die meisten Kriterien des Jugendschutzes zur Bewertung von Filmen oder Fernsehprogrammen an fiktionalen Unterhaltungsfilmen ausgerichtet sind. Filme wollen den Zuschauer für eine bestimmte Zeit in eine Scheinrealität mitnehmen und über attraktive Identifikationsfiguren fesseln. **Die Figuren in den Reality-Shows sind hingegen keine Medienprofis, sondern Menschen, wie man sie sie aus dem realen Leben kennt und es stellt sich die Frage, inwiefern sie als Identifikationsfiguren dienen.**

77 Zu dieser Frage gibt es im Jugendschutz verschiedene Auffassungen. Die einen folgen der auch in der Bevölkerung verbreiteten Überlegung, dass die Wirkung von scheinbar abgefilmter Realität stärker sei als die von fiktionale Filmen. Die bei Filmen bestehende Distanz, die aus dem Wissen resultiert, dass es sich um inszenierte, erfundene Geschichten handelt, würde fehlen, wenn der mediale Inhalt den Eindruck vermittelte, er bilde Realität ab.

78 Die anderen bezweifeln, dass allein die Tatsache, dass solche Sendungen zum Teil vorgeben, den Zuschauer an der Realität anderer teilnehmen zu lassen, dazu führt, dem Geschehen eine Vorbildfunktion für das eigene Verhalten oder das eigene Denken

---

80 *Sigusch/Schmidt* 58.

81 Ein typisches Beispiel: *Wüllenweber* stern 6/2007, 67 ff, hier entsteht der Eindruck, Jugendliche wären beim Sex ihrer Eltern dabei, würden ständig Pornografie konsumieren und seien regelmäßig auf Gang-Bang-Partys zu Gast. Dies sei die Folge der medialen Sexualisierung, früher hätten Jugendliche Sexualität untereinander gelernt.

zu geben.[82] Betrachtet man die bisher zu diesem Thema durchgeführten Untersuchungen[83], so scheint dies nur bei einer relativ kleinen Gruppe in einer bestimmten Altersphase der Fall zu sein.

Schon bei den Talkshows, stärker aber noch bei *Big Brother* oder bei *Ich bin ein Star – Holt mich hier raus!* wurde in der Öffentlichkeit die Frage diskutiert, **ob es einem Sender erlaubt sein darf, Menschen, die aufgrund mangelnder Medienerfahrung die Folgen ihrer Teilnahme an einer Sendung möglicherweise nicht richtig einschätzen können, einem Millionenpublikum zu präsentieren und sich vor diesem möglicherweise zu blamieren.**[84] Einige sahen darin sogar einen Verstoß gegen den in Art 1 GG garantierten Schutz der Menschenwürde.[85] Zwar waren diese Themen verschiedenen Male Gegenstand von Diskussionen in den Aufsichtsbehörden, eine Beanstandung ist jedoch bisher nie ausgesprochen worden.[86] 79

Auch die Gerichtsshows im Fernsehen wurden häufig kritisiert. Sie stellen eine Mischung aus Realität und Fiktion dar. Zwar handelt es sich um tatsächliche Richter, Staatsanwälte und Rechtsanwälte, die für diese Shows beurlaubt sind, die Fälle sind jedoch frei erfundene Geschichten, alle anderen beteiligten Personen sind Schauspieler. Dies erzeuge, so die Kritik, den Eindruck, in den Gerichtsshows würde das reale Geschehen in Gerichtssälen wiedergegeben.[87] **In der Tat folgt die Inszenierung der Gerichtsshows mehr dem Unterhaltungswert als dem normalen Alltag im Gericht.** Die Fälle sind extrem konstruiert, Zeugen und Angeklagte schreien sich an und beschimpfen sich, die Richter bemühen sich mit unterschiedlichem Erfolg, eine angemessene Disziplin herzustellen. **Allerdings scheinen Jugendliche zu durchschauen, dass der Wahrheitsgehalt solcher Shows begrenzt ist.** Bei einer Befragung von Jugendlichen (8. Klasse) waren diese durchaus in der Lage, den Showcharakter zu erkennen. Einen Einfluss der Gerichtsshows auf ihre Vorstellung von Recht und Gericht war nur bei den jüngeren auszumachen. „Es gibt jedenfalls nach unseren Ergebnissen keinen Grund zu größerer Besorgnis. Im Gegenteil: Einige der Schülerantworten zeugen im Hinblick auf Handlungsroutinen demokratischer Institutionen von einem hohen demokratischen Bewusstsein und gefestigten moralischen Begründungen."[88] 80

Unter Jugendschutzgesichtspunkten sind Gerichtsshows vor allem im Tagesprogramm dann ein Problem, **wenn Kinder Gegenstand der rechtlichen Auseinandersetzung sind und diese aus dem Geschehen als Opfer hervorgehen.** Hier ist bei jungen Rezipienten die Bereitschaft zur Identifikation besonders hoch und es besteht die Gefahr, dass sie existenzielle Ängste entwickeln, wenn Kinder Opfer von Verbrechen oder von Streitereien um das Sorgerecht werden, ohne dass dies letztlich positiv endet. **Problematisch werden auch kurze Einspieler gewertet, die nachgespielte gewalttätige Auseinandersetzungen darstellen.** Junge Zuschauer, die den Spielcharakter der Ge- 81

82 Einen Überblick über die Entstehung und Geschichte solcher Formate, die auf Skurriles und den Tabubruch setzen, gibt *Sander* tv diskurs 3/2004, 50 ff.

83 ZB *Göttlich/Krotz/Paus-Hase* 151.

84 So *Hochstein* tv diskurs 1/1997, 20 ff.

85 Vgl *Dörr*; Dörr untersuchte die Frage des Verstoßes gegen die Menschenwürde und arbeitet gut anwendbare, nachvollziehbare Kriterien aus, letztlich verneint er dies aber, 90 ff.

86 Unter anderem forderte der rheinlandpfälzische Ministerpräsident Kurt Beck die Landesmedienanstalten auf, Big Brother wegen des Verstoßes gegen die Menschenwürde zu verbieten, und das vor der Ausstrahlung. Damit brachte er die Anstalten in eine schwierige Lage, da sie als Befehlsempfänger für politische Wünsche gegolten hätten, wenn sie darauf eingegangen wären. Zu den Argumenten Becks s *Beck* tv diskurs 3/2000, 42 ff.

87 Vgl *Machura* 83 ff.

88 *Büttner* tv diskurs 3/2003, 26, 33.

richtsshows noch nicht sicher identifizieren, könnten dadurch übermäßig verängstigt werden.[89]

82 In den letzten Jahren ist vor allem die Castingshow *Deutschland sucht den Superstar* (DSDS) in die Kritik des Jugendschutzes geraten. Die Show, die erstmals im Winter 2002/2003 ausgestrahlt wurde, ist eine Art öffentlicher Gesangswettbewerb, dem Sieger winkt ein Plattenvertrag. In verschiedenen Städten haben junge Leute die Möglichkeit, vor einer Jury zu singen. Diese entscheidet, wer weiterkommt, was konkret heißt, dass er oder sie der Jury vorsingen darf, die bis zum Finale die Kandidaten kommentiert. Wichtigste und bekannteste Person in der Jury ist der ehemalige Sänger, Komponist und Produzent Dieter Bohlen (in den 1980er Jahren Mitglied des Duos *Modern Talking*). Beim Auswahlprozess geht es nicht nur darum, ob jemand gut singen kann und Chancen hat, die Spielshow zu gewinnen, sondern auch darum, ob jemand angesichts bspw völliger Unfähigkeit, die oft durch ein überhöhtes Selbstbewusstsein kontrastiert wird, einen hohen Unterhaltungswert aufweist. **Der Vorwurf des Jugendschutzes besteht darin, dass für die Show gezielt Kandidaten ausgesucht werden, die sich offentsichtlich nicht eignen, und dass diese durch zum Teil beleidigende und verachtende Kommentare der Jury, insb von Dieter Bohlen, lächerlich gemacht werden.** Kinder und Jugendliche würden so den Eindruck gewinnen, es sei normal und erlaubt, auf Schwächere, die keine realistische Einschätzung ihrer tatsächlichen Fähigkeiten besitzen, öffentlich mit bösartigen Kommentaren einzuschlagen. Hinzu kommt, dass durch Nachbearbeitung des Senders kleine Einspieler in Form von Comics die Schwächen der Kandidaten noch einmal unterstreichen. Die Kandidaten selbst wissen dies im Vorhinein nicht und können deshalb nicht einschätzen, in welchem Kontext sie in der Sendung dargestellt werden.

83 Auf der anderen Seite muss bedacht werden, **dass jeder, der sich heute für diese Show bewirbt, aufgrund der vorhergehenden Sendungen genau weiß, worauf er sich einlässt.** Verschiedene Untersuchungen zeigen, dass die jungen Zuschauer die meist verletzenden, aber zum Teil durchaus amüsanten Kommentierungen Dieter Bohlens zwar als Hauptgrund angeben, die Sendung zu sehen, dass diese von ihnen aber gleichzeitig oft als grenzüberschreitend eingeschätzt werden.[90] Die Gefühle der Zuschauer reichen von einfacher Schadenfreude über Empathie bis hin zum sog Fremdschämen. Damit ist gemeint, dass sich der Zuschauer derart in den Kandidaten einfühlt, dass er die verachtende Kritik der Jury auf sich selbst bezieht und sich anstelle des Kandidaten schämt.[91]

§ 3
Jugendschutzaspekte im Strafrecht

84 Im Strafgesetzbuch werden verschiedene Verbote für bestimmte Medieninhalte ausgesprochen. Medien können nach ihrem Erscheinen auf dem Markt von der Staatsanwaltschaft beschlagnahmt und später ganz oder in Teilen von einem Gericht verboten werden. Eine ausführliche Darstellung strafrechtlicher Aspekte im Medienbereich findet sich in *Heinrich* Band 5 Kap 5 dieses Handbuchs. Hier soll nur auf einige Fra-

89 Vgl Jahresbericht der FSF 2005, 44 ff, abrufbar unter www.fsf.de.

90 Vgl *Hackenberg ua* tv diskurs 1/2010, 58 ff.

91 So *Döveling* 2007, 179, 183.

gen eingegangen werden, die häufig in Zusammenhang mit dem Jugendschutz gestellt werden.

In der Praxis des Jugendschutzes sind vor allem §§ 131 und 184 Strafgesetzbuch (StGB) relevant. 85

I. Gewaltdarstellungen

§ 131 StGB verbietet die Herstellung, die **Verbreitung oder den Import** von Schriften (worunter alle Medien gefasst werden), „die grausame oder sonst unmenschliche Gewalttätigkeiten gegen Menschen in einer Art schildern, die eine Verherrlichung oder Verharmlosung solcher Tätigkeiten ausdrückt oder die das Grausame oder das Unmenschliche des Vorganges in einer die Menschenwürde verletzenden Weise darstellt."[92] 86

Das Ziel dieser gesetzlichen Bestimmung ist es, bereits die Herstellung, die Verbreitung oder den Import besonders grausamer Darstellungen unter Strafe zu stellen und dadurch zu verhindern. Von *Wirkungen* ist im Strafgesetzbuch nicht die Rede. **Der Gesetzgeber geht vielmehr davon aus, dass die hier bezeichneten Medieninhalte grds jugendgefährdend und sozialschädlich sind.** Bei der Formulierung dieser gesetzlichen Bestimmungen musste darauf geachtet werden, dass die Kriterien den Anforderungen des rechtsstaatlichen Bestimmtheitsgebotes[93] entsprechen, um zu vermeiden, dass hier für den Bürger unkalkulierbaren Entscheidungen der Strafverfolgungsbehörden Tür und Tor geöffnet wird. Damit würde die grundgesetzlich garantierte Meinungsfreiheit de facto stark eingeschränkt, weil sie nicht mehr mit der wünschenswerten Rechtssicherheit ausgeübt werden könnte.[94] Herausgekommen ist eine **Ansammlung von normativen Tatbestandsmerkmalen**, die nach der Überzeugung vieler Fachleute in der Praxis wenig handhabbar ist. Betrachtet man zB die Filme, die bisher bundesweit beschlagnahmt worden sind, so ist das Ergebnis in der Tat unbefriedigend: das Gewaltpotential der beschlagnahmten Filme ist sehr unterschiedlich. Auf der einen Seite sind viele erheblich brutalere Filme nicht erfasst worden, dafür sind auf der anderen Seite Filme verboten worden, die Kenner als vergleichsweise harmlos einstufen. Vielfach beruhen die Beschlagnahmungen auf dem Beschluss eines Staatsanwaltes, der im Eilverfahren von einem Gericht bestätigt wurde: Da normalerweise die Staatsanwaltschaft aktiv wird, nachdem der Film bereits für die Firma seinen Gewinn eingespielt hat, hat die Firma meist gegen die Einziehung des Filmes keinen Widerspruch eingelegt, so dass oft kein ordentliches Gerichtsverfahren folgte. 87

Die Bestimmungen des § 131 StGB sind schon verschiedene Male geändert bzw ergänzt worden, weil oft der Eindruck entsteht, dass Filme oder Computerspiele mit äußerst brutalen Inhalten nicht unter diese Bestimmung fallen. Bei Computerspielen bestand lange das Problem, dass es sich bei den im Spiel getöteten Figuren nicht um real abgebildete Menschen, sondern um animierte, menschenähnliche Wesen handelt. Dies galt lange als Argument, um die Bestimmungen auf Computerspiele nicht anzu- 88

---

92 S zum Schriftenbegriff *Heinrich* Band 5 Kap 5.

93 Art 103 Abs 2 GG.

94 Vgl *von Hartlieb* Zur Auslegung der Neufassung des § 131 StGB, 12 und *von Hartlieb/von Gottberg* 33, die im Sinne des Gesetzgebers aus Sicht der FSK argumentieren; Schönke/Schröder/*Lenckner* § 131 StGB Rn 2 ff vertritt die Auffassung, dass der § 131 StGB aufgrund mangelnder Bestimmtheit nur in einigermaßen eindeutigen Fällen angewendet werden kann.

wenden. Deshalb wurde der § 131 StGB 2003 entsprechend ergänzt. Aber offensichtlich sind die Hürden, um Computerspiele mit dieser Regelung zu erfassen, immer noch zu hoch, denn inzwischen wird wieder über eine Erweiterung nachgedacht.[95]

89 Ein erster Hinweis bei der Beurteilung, ob ein Film unter die Bestimmungen des § 131 StGB fällt, ist die **massive Aneinanderreihung detaillierter brutaler Gewaltdarstellungen.** Wo andere Filme ausblenden, wird hier die Gewalt fast in Echtzeit dargestellt. Sie wird nicht durch den Kontext relativiert, sie ist Gegenstand des Filmes und spekuliert auf einen Zuschauer, der sie genießt. **Die Gewalt muss aber auch „grausam oder sonst unmenschlich" sein.** Da aber im Grunde jede Darstellung einer Gewalttat grausam ist, ohne dass sie verboten werden müsste, muss es sich um eine besonders grausame Darstellung handeln, bspw einen Täter, der großes Vergnügen darin findet, Menschen möglichst schmerzvoll zu quälen und dabei gnadenlos zu töten. Und dies muss detailliert gezeigt werden.

90 Das allein reicht aber nicht aus, denn der § 131 StGB stellt nicht nur auf die Ebene der Darstellung ab, sondern er fragt nach der Zielsetzung des Inhalts. Eine brutale Gewaltdarstellung könnte auch das Ziel verfolgen, den Betrachter genau gegen diese Gewalt emotional einzunehmen, was letztlich einer Verurteilung der dargestellten Gewalt gleichkäme. Die Darstellung muss deshalb eine *Verherrlichung oder Verharmlosung* von Gewalt allgemein zum Ausdruck bringen. **Sie muss den Zuschauer nicht gegen, sondern für die Gewalt einnehmen.** Das ist nicht so einfach nachweisbar, denn es handelt sich hierbei um die Interpretation dessen, was zB der Autor oder Regisseur eines Filmes zum Ausdruck bringen will.

91 Selten stellen Medien jedoch Gewalt dar und fordern unverhohlen zur Nachahmung auf oder drücken aus, dass sie die gewalttätigen Handlungen der Protagonisten gutheißen. Deshalb wurde im Jahre 1985 ein weiterer Aspekt hinzugefügt, da sich in der Praxis herausgestellt hatte, dass § 131 StGB für viele einschlägige Filme nicht angewandt wurde. Sind die Kriterien „Verherrlichung" oder „Verharmlosung" nicht nachzuweisen, fällt ein Inhalt nun auch unter diese Bestimmung, wenn er „das Grausame oder Unmenschliche des Vorganges in einer die Menschenwürde verletzenden Weise darstellt". Aber auch diese Erweiterung des § 131 StGB hat nicht sehr viel bewirkt, da hier nicht beurteilt werden soll, ob innerhalb der Darstellung die Würde *eines* oder *mehrerer* Menschen, die Opfer von Gewalttaten werden, verletzt wird, denn dies ist ja wohl selbstverständlich: wenn ein Mensch Opfer eines Gewaltverbrechens wird, so tangiert dies immer seine Würde. Damit könnten dann mancher *Tatort* oder viele andere Krimis verboten werden.

92 Das BVerfG hat in einem Urteil zum Verbot des Filmes „Tanz der Teufel"[96] festgestellt, dass der Film gegen **die Würde des Menschen schlechthin** gerichtet sein muss, indem er den Eindruck vermittelt, als wäre die Verletzung der Menschenwürde durch brutale Gewalt ein normaler, erlaubter oder gar begrüßenswerter Akt. Dies bei einem Film nachzuweisen ist jedoch ausgesprochen schwierig; denn natürlich bezieht sich der Film auf die dargestellten Personen und nicht auf Menschen schlechthin.

---

95 S hierzu *Sulzbacher* JMS-Report 5/2003, 5 ff.

96 BVerfGE 87, 209.

II. Pornografie

1. Kurzdarstellung der rechtlichen Ausgangslage

Durch § 184 StGB werden pornografische Medien von vornherein zahlreichen Vertriebsbeschränkungen unterworfen, deren Ziel es ist, sie von Kindern fernzuhalten. 93

Pornografie darf Personen unter 18 Jahren nicht angeboten, überlassen oder zugänglich gemacht werden.[97] Sie darf nicht an Kiosken oder im Versandhandel[98] angeboten oder verkauft werden, die öffentliche Vorführung von pornografischen Filmen im Kino ist untersagt.[99] Die Vermietung pornografischer Trägermedien ist nur in Ladengeschäften gestattet, zu denen Kinder und Jugendliche keinen Zutritt haben und in die sie nicht einsehen können.[100] Darüber hinaus ist es untersagt, für Pornografie zu werben. Das gilt nicht für sog inhaltsneutrale Werbung, die selbst keine pornografischen Darstellungen enthält und bei der die Tatsache, dass für Pornografie geworben wird, nicht unmittelbar erkennbar ist.[101] Die Ausstrahlung pornografischer Darbietungen im Rundfunk ist verboten. Darunter sind live-Übertragungen sexueller Handlungen zu verstehen, fiktionale pornografische Darstellungen fallen nicht unter strafrechtliche das Verbot.[102] 94

2. Das Problem der Definition von Pornografie

Was genau unter Pornografie zu verstehen ist, überlässt § 184 StGB der Rechtsprechung. Eine Definition von Pornografie ist im Gesetz nicht zu finden. **Denn die Beurteilung dessen, was in einer Gesellschaft als pornografisch gilt, hängt sehr stark von der gesellschaftlichen Werteentwicklung ab, die einem ständigen Wandel unterworfen ist.** Allerdings weist die Übersetzung des Begriffes „Pornografie", ***Schreiben über Hurerei***, schon darauf hin, dass es sich um ausschließlich **auf die sexuelle Lust des Betrachters ausgerichtete detaillierte Schilderungen sexueller Vorgänge ohne zwischenmenschliche Beziehungen handeln muss.** 95

Bei der Verfolgung von pornografischen Inhalten hat sich die Staatsanwaltschaft lange Zeit insb auf die **Darstellung der Geschlechtsorgane** in sexueller Aktion und in Großaufnahme bezogen, so dass dies in der Praxis des Strafrechts das Hauptunterscheidungsmerkmal zwischen Softsexfilmen und pornografischen Filme geworden ist. Besonders befriedigend war das aus Sicht des Jugendschutzes nicht, da die Gefährdung eines Jugendlichen weniger in der Kenntnis der Geschlechtsorgane liegt als vielmehr in der **Vermittlung unerwünschter Rollenbilder und Wertvorstellungen.** Auf der anderen Seite ist es für den Händler, den Polizisten oder den Staatsanwalt nur mit hohem Aufwand möglich, die durch ein Werk vermittelte Wertvorstellung zu prüfen. Die Darstellung von Geschlechtsteilen in Großaufnahme kann jedoch jedermann ohne weiteres erkennen. 96

In der allgemeinen Vorstellung werden Bilder, Filmsequenzen oder Texte, die stimulativ (aus subjektiver Sicht) Sexualität von Menschen darstellen, schnell als *Pornografie* 97

---

97 § 184 StGB Abs 1 Nr 1.

98 § 184 StGB Abs 1 Nr 3.

99 § 184 StGB Abs 1 Nr 8, allerdings nur, wenn das Eintrittsgeld für den Film bestimmt ist (sog Entgeltklausel). So sollten Vorführungen in einschlägigen Etablissements möglich gemacht werden. Bis zur Einführung des Videorekorders haben zahlreiche Kinos statt einer Eintrittskarte eine Schallplatte oder ein Getränk angeboten, um das Verbot so zu umgehen.

100 § 184 StGB Abs 1 Nr 4; s bzgl der Tathandlungen *Heinrich* Band 5 Kap 5.

101 BGH NJW 1977, 1695.

102 So das BVerwG NJW 1966 ff.

bezeichnet. Für den einen handelt es sich bereits bei der Darstellung eines oder mehrerer nackter Menschen um Pornografie, für den anderen muss schon der Koitus gezeigt werden. **Die Haltung zu der Frage, was man selbst als pornografisch einschätzt und was nicht, hängt unmittelbar mit der individuellen Sexualmoral zusammen.**

98 Bei der Reform des Sexualstrafrechts in den siebziger Jahren wurde der damals geltende Begriff der *unzüchtigen Schriften* durch den Begriff der *pornografischen Schriften* ersetzt. Ziel war es, den Begriff zu versachlichen und die Orientierung am vermeintlichen sittlichen Empfinden zu reduzieren.[103] Im Vordergrund stand damals die Frage, ob pornografische Darstellungen geeignet sind, eine individuelle sozialethische Gefährdung zu erzeugen. Eine Anhörung von Sachverständigen zu dieser Frage führte zu keinem klaren Ergebnis. Vor allem bei Heranwachsenden sei zu befürchten, dass Pornografie eine einseitige Orientierung auf den sexuellen Lustgewinn und eine Reduzierung von Beziehungsfähigkeit und Verantwortungsgefühlen zur Folge haben könnte. **Daraufhin wurde beschlossen, Pornografie für Jugendliche zu verbieten, solange die Forschung nicht nachweisen kann, dass Pornografie auch für Minderjährige unschädlich ist.**[104] Auf eine Legaldefinition von Pornografie hat der Gesetzgeber bewusst verzichtet, um die spätere Rechtsprechung nicht unnötig zu binden.[105]

99 Allerdings ist später weder der Versuch gemacht worden, die gesetzliche Bestimmung auf der Grundlage neuerer Forschungsergebnisse zu überprüfen noch hat bei der Definition des Begriffes Pornografie durch die Gerichte die aktuelle Forschungslage jemals eine Rolle gespielt. Stattdessen greift die Rechtsprechung heute immer noch auf die Definition des BGH zurück, der 1969 in seinem bekannten Urteil zu dem Roman *Fanny Hill* den Begriff *unzüchtige Schriften* definierte. Danach muss eine Schrift (oder andere Medien) **ganz oder überwiegend das Ziel der sexuellen Stimulanz vorfolgen und den sexuellen Lustgewinn ohne zwischenmenschlichen Beziehungen verabsolutieren, wobei das Geschlechtliche grob aufdringlich und in übersteigerter oder anreißerischer Weise dargestellt wird und die Grenzen des gesellschaftlichen Anstands eindeutig überschritten werden.**[106]

100 Auch diese Definition lässt eine Reihe von Interpretationen zu. Zunächst ist festzuhalten, dass das Ziel des Pornografieverbotes nicht in der Verhinderung einer möglichen sexuellen Stimulanz liegt. Der BGH hat dieses Kriterium vor allem deshalb eingeführt, um die Darstellung sexueller Vorgänge in der Pornografie von solchen Darstellungen abzugrenzen, die bspw wissenschaftlichen Zwecken, medizinischen Absichten oder der sexuellen Aufklärung dienen. **Insgesamt zielt die Definition des BGH, positiv gesehen, vor allem darauf ab, bei Kindern und Jugendlichen die Integration der Sexualität in eine von zwischenmenschlichen Gefühlen und gegenseitiger Verantwortung getragene Beziehungsfähigkeit zu ermöglichen.** Die Darstellung einer ausschließlich am sexuellen Lustgewinn orientierten Sexualität, so die Befürchtung, könnte eine solche Beziehungsfähigkeit beeinträchtigen. Die *grob anreißerische Darstellung des Geschlechtlichen* hingegen wurde wohl deshalb in die Definition aufgenommen, weil verhindert werden sollte, dass Menschen mit engeren sexuellen Moralvorstellungen durch entsprechende Darstellungen kompromittiert werden könnten (Konfrontationsschutz).

101 Beim Pornografieverbot geht es also zum einen um Jugendschutz, zum anderen aber auch darum, in der Öffentlichkeit Darstellungen zu verhindern, die **die Grenzen**

103 Vgl *Walther* BPjM 3/2003, 3 ff.

104 Protokolle des Sonderausschusses für die Strafrechtsreform, 6. Wahlperiode, BT-Drucks VI/3521, 843 ff.

105 BT-Drucks VI/3521, 60.

106 BGHSt 23, 40 ff, 1 StR 456/68 v 22.7.1969.

eines gesellschaftlichen Wertekonsenses überschreiten. Unklar ist allerdings, wie in einer pluralistischen Gesellschaft dieser Wertekonsens ausgemacht werden soll. Dies bleibt letztlich innerhalb eines sehr großen Ermessensspielraums der Einschätzung von Staatsanwälten und Richtern überlassen.[107]

Grundsatzurteile, die die Frage der Definition von Pornografie betreffen, gab es seit dem bekannten *Fanny Hill*-Urteil des BGH aus dem Jahr 1969 nicht mehr. Pornografische Druckerzeugnisse wurden nach der Strafrechtsreform in sog Sexshops angeboten, zu denen nur Erwachsene Zutritt erhielten. Sexuelle Darstellungen unterhalb der offensichtlichen Pornografieschwelle in Zeitschriften, Illustrierten oder Magazinen waren häufig Gegenstand von Indizierungsverfahren bei der Bundesprüfstelle für jugendgefährdende Medien, die ihrerseits eine Einschätzung vornahm, ob es sich um Pornografie handelte. Die Strafgerichte waren daher mit diesen Fällen nur selten beschäftigt. In den siebziger Jahren gab es zwar eine Reihe von Sexfilmen, die die Schwelle zur Pornografie überschritten, allerdings wurden diese durch die freiwillige Selbstkontrolle der Filmwirtschaft (FSK) vor der Veröffentlichung geprüft und notfalls unter teilweise erheblichen Schnittauflagen in einer Fassung freigegeben, die nicht mehr als pornografisch gelten konnte. Erst in den neunziger Jahren, als private Fernsehsender vermehrt Sexfilme ausstrahlten, wurde wieder über die Frage der Grenzziehung zwischen den im Fernsehen erlaubten Sex- bzw Erotikfilmen und unzulässigen pornografischen Filmen diskutiert. **102**

3. Vollständig verboten: Harte Pornografie (§§ 184a–c StGB)

Verboten sind die Herstellung und die Verbreitung sog *harter Pornografie*, worunter pornografische Darstellungen mit Kindern und Jugendlichen, mit Tieren oder mit Gewalt verstanden werden. Wichtig dabei ist, dass es sich nicht allein um sexuell stimulative Darstellungen, sondern um Pornografie handeln muss. Im Bereich der Gewalt (Darstellungen, die sadistische Neigungen bedienen) kommt es oft gar nicht zu sexuellen Handlungen, so dass es hier schwer fällt, von Pornografie zu sprechen. Öfter kommen vollzogene Vergewaltigungen vor, die Androhung von Gewalt zum Erzwingen des Geschlechtsakts reicht nicht aus. Dies beklagt Schreibbauer: „Bedenkt man aber, dass es für ein potentielles Opfer, zB einer Vergewaltigung keinen großen Unterschied macht, ob die Verletzung der sexuellen Selbstbestimmung durch eine Gewaltanwendung oder -androhung verursacht wird, und berücksichtigt man zudem, dass auch die sexuelle Entwicklung von Minderjährigen und jungen Erwachsenen durch Darstellungen, die eine Verbindung zwischen Nötigungen und sexueller Befriedigung ziehen, wegen der kriminogenen Tendenz massiv gefährdet wird, so erscheint es wenig einsichtig, dass nur die Gewaltanwendung, nicht aber die Drohung mit Gewalt gem § 184a StGB verboten ist."[108] **103**

Während Eltern alle anderen jugendgefährdenden oder strafrechtlich relevanten Medien ihren Kindern zugänglich machen dürfen (Erzieherprivileg), gilt bei Kinderpornografie ein Abgabeverbot an Kinder und Jugendliche auch für sie. „Beim Schutz von Kindern vor einem realen Missbrauch bei der Herstellung (§ 176, 176a StGB) ist eine Darstellung dann als Kinderpornografie anzusehen, wenn sie einen realen Missbrauch eines Kindes zum Gegenstand hat (bzw dies nicht auszuschließen ist) und die Darstellung geeignet ist, beim Konsumenten einen weiteren Bedarf an einschlägigen Darstellungen hervorzurufen. Dies ist wiederum dann der Fall, wenn die Darstellung **104**

---

107 Vgl *Benda* tv diskurs 1/2001, 28 ff.

108 *Schreibauer* 136.

dazu geeignet ist, beim (pädophilen) Betrachter das Motiv für den Erwerb von Kinderrealpornografie, was vornehmlich in der sexuellen Erregung liegt, zu befriedigen, und dadurch das Verlangen nach weiteren realen Darstellungen geweckt werden kann.[109]

105 Da zur Herstellung von Kinderpornografie zahlreiche Kinder missbraucht werden, ist nicht nur die Herstellung und Verbreitung, sondern bereits der Besitz strafbar. Damit soll das Risiko für den Vertrieb und den Erwerb vergrößert werden. Außerdem wird damit die Verfolgung von Verstößen vereinfacht, da sich Hersteller und Händler in der Vergangenheit oft damit herausgeredet haben, dass die bei ihnen beschlagnahmten Materialien lediglich dem persönlichen Konsum und nicht der Verbreitung dienten.

§ 4
Das Jugendschutzgesetz (JuSchG)

I. Allgemeines

106 Im Jahre 2003 wurden im Rahmen einer Reform des Jugendschutzrechts das Gesetz zum Schutz der Jugend in der Öffentlichkeit und das Gesetz über die Verbreitung jugendgefährdender Medien zum Jugendschutzgesetz zusammengeführt. Eine wichtige Voraussetzung dafür war die Einigung von Bund und Ländern auf ein Eckpunktepapier, dass die Zuständigkeiten des Bundes für Trägermedien und die der Länder für Fernsehen und Telemedien neu festlegte.[110] Im Jugendschutzgesetz werden eine Reihe allgemeiner Bestimmungen bspw über die Abgabe von Zigaretten oder alkoholische Getränke an Kinder und Jugendliche getroffen. Darüber hinaus enthält das Gesetz Bestimmungen über jugendgefährdende Medien sowie über Altersbeschränkungen von Kino- und Videofilmen bzw DVDs und über Computerspiele.

107 Eine faktische Überprüfung der Einhaltung von Altersfreigaben ist nur bei öffentlichen Vorführungen möglich. **Vorausgesetzt, die Kontrollen funktionieren, kann ausgeschlossen werden, dass Kinder oder Jugendliche einen Film sehen, der für sie nicht freigegeben ist. Im Bereich des Handels mit bespieltem DVDs oder Videokassetten beschränkt sich die Kontrollmöglichkeit darauf, an wen ein Trägermedium abgegeben wird.** Ob derjenige, der ein solches Trägermedium erwirbt, dieses an Jüngere weitergibt, entzieht sich der Kontrolle. Aus diesem Grunde sind die Vertriebsbeschränkungen und Werbebeschränkungen für Trägermedien teilweise strenger als für Kinofilme.

II. Indizierung durch die Bundesprüfstelle für jugendgefährdende Medien (BPjM)

108 Medien mit jugendgefährdenden Inhalten können auf die *Liste der jugendgefährdenden Medien* (Index) gesetzt werden.[111] Dazu zählen Inhalte, welche geeignet sind, *die Entwicklung von Kindern oder Jugendlichen oder ihre Erziehung zu einer eigenverantwortlichen und gemeinschaftsfähigen Persönlichkeit zu gefährden. … Dazu zäh-*

---

109 *Schreibauer* 149.

110 Zur Problematik der Kompetenzen von Bund und Ländern vgl *Cole* 256.

111 § 18 JuSchG.

len vor allem unsittliche, verrohend wirkende, zu Gewalttätigkeit, Verbrechen oder Rassenhass anreizende Medien.[112]

Die Aufnahme in die Liste (Indizierung) soll erreichen, dass ein bestimmtes Produkt **Jugendlichen nicht mehr zugänglich** gemacht werden darf, während Erwachsene es erwerben können. Zuständig für die Indizierung ist die *Bundesprüfstelle für jugendgefährdende Medien* (BPjM). Im Gesetz[113] werden die Vertriebsbeschränkungen festgelegt, denen ein Produkt nach der Indizierung unterliegt. Indizierte Medien dürfen nicht an Kinder und Jugendliche abgegeben werden, sie dürfen nicht in Kiosken oder im Versandhandel verkauft werden. Ihre Vermietung ist nur in Ladengeschäften gestattet, zu denen Kinder und Jugendliche keinen Zutritt haben. Indizierte Medien dürfen nicht beworben[114] oder im Fernsehen ausgestrahlt werden. Die Ausstrahlung im Fernsehen für eine überarbeitete Fassung ist nur gestattet, wenn eine Bestätigung der Bundesprüfstelle darüber vorliegt, dass diese im Vergleich zur Originalfassung keine jugendgefährdenden Szenen mehr enthält. **109**

1. Zuständigkeitsbereich der Bundesprüfstelle

Nachdem die Bundesprüfstelle zunächst nur für sog Trägermedien (Schallplatten, Printmedien, Computerspiele, Videofilme und DVDs) zuständig war, wurde ihr Geltungsbereich inzwischen auch auf sog *Telemedien* (Internet) ausgedehnt. Damit soll vor allem die Verbreitung pornografischer, rechtsradikaler oder gewaltverherrlichender Internetangebote eingeschränkt werden. Obwohl die Indizierung nur gegenüber solchen Anbietern durchzusetzen ist, die ihren Sitz in Deutschland haben, werden auch Angebote aus dem Ausland in die Liste aufgenommen, weil die Anbieter nach einer Indizierung häufig freiwillig Inhalte verändern oder ganz aus dem Netz entfernen. **110**

2. Antragsberechtigte Stellen

Die Bundesprüfstelle wird in der Regel auf Antrag des für Jugendfragen zuständigen Bundesministeriums, einer Obersten Landesjugendbehörde oder eines Jugendamtes tätig. Seit 2003 kann sie auch auf Anträge anderer Behörden tätig werden.[115] Kommt ein Indizierungsverfahren zustande, muss die Bundesprüfstelle den für die Verbreitung des Mediums Verantwortlichen benachrichtigen. Dieser kann selbst oder durch einen Bevollmächtigten schriftlich oder mündlich zu dem Verfahren Stellung nehmen.[116] Wird ein Medium indiziert, so wird es in die Liste der jugendgefährdende Medien aufgenommen. Diese wird im Bundesanzeiger veröffentlicht. Um zu vermeiden, dass die Liste für Jugendliche einen werbenden Effekt hat und damit das Gegenteil von dem erreicht, was beabsichtigt ist, wird sie in verschiedenen Teilen (A–D) geführt, wobei Teil C und D weitgehend Telemedien betrifft und nicht öffentlich ist, weil die Veröffentlichung den Interessen des Jugendschutzes schaden könnte.[117] **111**

112 § 18 Abs 1 JuSchG.

113 § 15 Abs 1 Nr 1–5 JuSchG.

114 Im Gegensatz zu pornografischen Inhalten darf für indizierte Medien auch nicht inhaltsneutral geworben werden, BGH NJW 1985, 154.

115 § 21 Abs 2 JuSchG.

116 § 21 Abs 7 JuSchG.

117 § 18 Abs 2 JuSchG.

3. Das Procedere der Bundesprüfstelle

112 Die Bundesprüfstelle fällt ihre Entscheidungen in einem 12-köpfigen Gremium, das normalerweise einmal im Monat zusammenkommt.[118] Den Vorsitz führt der/die Vorsitzende der Bundesprüfstelle, der/die vom für Jugendfragen zuständigen Bundesministerium für einen Zeitraum von drei Jahren benannt wird. Die übrigen Beisitzer werden von verschiedenen im Gesetz festgelegten Behörden, Verbänden und Institutionen vorgeschlagen und vom zuständigen Bundesministerium ernannt. Sie rekrutieren sich aus den Bereichen der Kunst, Literatur, des Buchhandels und der Verleger, Vertreter der Anbieter, Träger der Jugendhilfe, der Lehrerschaft sowie Vertreter der Kirchen.[119] Jedem Gremium müssen mindestens drei Beisitzer aus den Bereichen angehören, die den Anbietern zugerechnet werden. Eine Indizierung erfolgt dann, wenn mindestens eine Mehrheit von zwei Drittel des Gremiums dafür stimmt.

113 Gegen die Entscheidungen der Bundesprüfstelle steht der Klageweg bei den Verwaltungsgerichten offen. **Allerdings gestehen diese den Gremien der Bundesprüfstelle einen weiten Beurteilungsspielraum zu. Eine Klage hat nur dann Aussicht auf Erfolg, wenn die Bundesprüfstelle gesetzliche Grundlagen missachtet hat oder ihr Verfahrensfehler nachzuweisen sind.** Dazu gehören zB Fehler bei der Besetzung der Gremien, unvollständiges Sichten der Prüfinhalte oder fehlerhafte Darstellungen in den Bescheiden, zB eine unzutreffende Wiedergabe des Inhalts.

114 **a) Offensichtliche und schwere Jugendgefährdung.** Ist die Jugendgefährdung eines Medieninhaltes offensichtlich, so kann ein Dreierausschuss, der aus zwei Beisitzern und des/der Vorsitzenden der Bundesprüfstelle besteht, darüber entscheiden. In diesem Falle muss die Entscheidung einstimmig sein. Kommt keine einstimmige Entscheidung zustande, so entscheidet das 12-köpfige Gremium.[120] Angesichts der Menge der zu prüfenden Inhalte ist die Bundesprüfstelle schon aus zeitökonomischen Gesichtspunkten nicht in der Lage, diese allein mit dem 12-köpfigen Gremium zu bewältigen. In früheren Zeiten waren vor allem Magazine und andere Printmedien Gegenstand des Indizierungsverfahrens. Inzwischen handelt es sich meistens um Videofilme, DVDs, Computerspiele oder Telemedien, die während der Sitzung angesehen werden müssen. Hierdurch entsteht ein erhöhter Prüfungsaufwand. Seitdem das Verwaltungsgericht Köln verschiedene Entscheidungen der Bundesprüfstelle aufgehoben hat, weil sich das Gremium Videofilme nicht vollständig, sondern nur in vorbereiteten Ausschnitten angesehen hat, müssen die Inhalte nun in voller Länge betrachtet werden. Um die Ressourcen der Bundesprüfstelle vor diesem Hintergrund möglichst effizient zu nutzen, wird der größte Teil der Indizierungsverfahren mittlerweile von 3-köpfigen Gremien durchgeführt.

115 **Medieninhalte, die als *offensichtlich* schwer jugendgefährdend gelten, fallen unter die Vertriebsbeschränkungen des Gesetzes, ohne dass ein besonderes Indizierungsverfahren notwendig ist.** Dazu gehören Trägermedien mit Inhalten, die durch Bestimmungen des Strafrechts[121] erfasst sind, die den Krieg verherrlichen, die leidende Menschen in einer ihre Würde verletzten Art und Weise darstellen oder die Kinder oder Jugendliche in unnatürlicher sexuell stimulierende Körperhaltung darstellen.[122] Als

---

118 § 18 Abs 5 JuSchG.
119 § 19 Abs 2 JuSchG.
120 § 21 Abs 1 JuSchG.
121 §§ 86, 130, 130a, 131, 184, 184a, 184b oder 184c StGB.
122 § 15 Abs 2 JuSchG, hier geht es vor allem um Abbildungen, die geeignet sind, pädophile Neigungen zu stimulieren. Solche Abbildungen sind eher für entsprechende Erwachsene gefährdend als für Kinder, deshalb gilt hier ein allge-

Folge der Diskussion über den Zusammenhang zwischen gewaltbeherrschten Filmen sowie Computerspielen und Gewalttaten Jugendlicher, insb nach verschiedenen Amokläufen, wurde 2008 eine Regelung ins Gesetz aufgenommen, deren Absicht es vor allem ist, sog Killerspiele praktisch aus dem öffentlichen Leben zu eliminieren. Es handelt sich dabei um Spiele, in denen das Töten von Menschen im Zentrum steht und nach Vollzug durch Punkte belohnt wird. Als offensichtlich schwer jugendgefährdend gelten danach „besonders realistische, grausame und reißerische Darstellungen, die das Geschehen beherrschen".[123] Diese Bestimmung hat zu erheblicher Kritik geführt. Es wird bemängelt, dass es sich um einen überflüssigen und unzulässigen Eingriff in die künstlerische Freiheit der Hersteller handelt, die auch für Filme und Computerspiele gilt. **Die Bestimmung sei so allgemein, dass sie auch auf Inhalte zutreffen könnte, die ein sachverständiger Ausschuss aufgrund zB der kontextualen Einbettung der Gewalt nicht als jugendbeeinträchtigend einschätzen würde.** Zwar läge noch keine formelle Zensur vor, dennoch sei die Grundrechtsbeeinträchtigung von maßgeblichem Gewicht.[124]

b) **Listenstreichungen und wesentlich inhaltsgleiche Fassungen.** Die Indizierung **116**
verliert nach 25 Jahren ihre Wirkung.[125] Will ein Anbieter einen indizierten Inhalt vor Ablauf dieser Frist erneut in einer veränderten Fassung veröffentlichen, so kann die Bundesprüfstelle feststellen, ob die vorgenommenen Änderungen oder Kürzungen ausreichen, um die Gründe, die zur Indizierung geführt haben, zu entkräften.

Wenn aufgrund des gesellschaftlichen Wertewandels die Gründe, die zur Indizie- **117**
rung geführt haben, nicht mehr zutreffen, kann eine Person, die durch eine Indizierung beschwert ist (zB ein Fernsehanbieter) bei der Bundesprüfstelle einen Antrag auf Listenstreichung stellen.[126] In solchen Fällen entscheidet die Bundesprüfstelle im 12er-Gremium. Solche Anträge auf Streichung aus der Liste waren schon immer möglich, wurden aber in der Vergangenheit nur sehr selten gestellt. Printmedien verlieren normalerweise nach einigen Jahren ihren wirtschaftlichen Wert. Bei Filmen ist das jedoch anders, insb, wenn Fernsehsender Filme ausstrahlen wollen, die in der Videofassung indiziert wurden. Daher wurde das Recht, in begründeten Fällen einen Antrag auf Listenstreichung zu stellen, 2003 in das Gesetz aufgenommen. Dies hängt möglicherweise auch damit zusammen, dass das Ausstrahlungsverbot von indizierten Filmen im Fernsehen, das ebenfalls seit 2003 gilt, umstritten ist. In den letzten Jahren haben tatsächlich vor allem Fernsehsender Anträge auf Listenstreichung gestellt, teilweise mit Erfolg.

III. Altersbeschränkungen im Kino und für Video/DVD

Die öffentliche Vorführung von Kinospielfilmen und der Verkauf oder die Ver- **118**
mietung bespielter Trägermedien (Video/DVD) ist grds ohne besondere Vorprüfung erlaubt, allerdings nur gegenüber Erwachsenen. **Kindern und Jugendlichen dürfen Kinofilme[127] öffentlich nur vorgeführt werden, wenn sie von den Obersten Landesjugendbehörden freigegeben sind.** Vergleichbares gilt für bespielte Trägermedien und für Computerspiele.

---

meines strenges Verbot, das sich praktisch vor allem auf das Internet bezieht.

123 § 15 Abs 2 Nr 3a JuSchG.

124 *Degenhart* UFITA 2009/II, 367.

125 § 18 Abs 7 JuSchG.

126 § 21 Abs 2 und Abs 7 JuSchG.

127 § 11 Abs 1 JuSchG.

119 Das bedeutet, dass jeder Film, **völlig unabhängig von seinem Inhalt**, ohne Freigabe durch die *Obersten Landesjugendbehörden* nur vor Erwachsenen gespielt werden darf, also selbst dann, wenn sein Inhalt offensichtlich keine Probleme des Jugendschutzes berührt. Nun ist das Kinopublikum ein junges Publikum; ein Film ohne Jugendfreigabe hat daher kaum eine Marktchance. Außerdem würden die Kinos einen nicht geprüften Film kaum spielen. Die Kinos, die Mitglied im größten Verband der Filmtheaterbesitzer (HDF) sind, haben sich vereinsrechtlich verpflichtet, nur Filme mit einer FSK Kennzeichnung vorzuführen. Aber auch andere Kinos sehen in der FSK-Freigabe eine Absicherung gegenüber möglicher öffentlicher Kritik oder gegenüber der Staatsanwaltschaft, falls strafrechtliche Aspekte in Betracht kommen. Daher gibt es im Kinobereich praktisch keinen Film, der ohne eine Prüfung in den Kinos vorgeführt wird.

120 Was genau als *öffentliche Filmvorführung* verstanden wird, definiert das Gesetz nicht. Vor allem die Frage, was als öffentlich angesehen wird, ist nicht immer zu klären. Eine öffentliche Vorführung findet auf jeden Fall statt, wenn sie auf öffentlichen jedermann zugänglichen Verkehrsflächen (Straßen, Parks, öffentliche Plätze) präsentiert wird.[128] Ein wichtiges Kriterium bei Vorführungen in geschlossenen Räumen ist es, dass jedermann, der die durch den Veranstalter vorgegebenen Kriterien (zB Eintrittsgeld, ein bestimmtes Mindestalter) erfüllt, zu der Veranstaltung Zutritt erhält[129] und die Besucher nicht durch persönliche Beziehungen miteinander verbunden sind. Private Veranstaltungen gehören nicht dazu, es sei denn, sie werden (bspw durch Anzeigen in Zeitungen oder Einladungen in Rundfunksendungen) für jedermann geöffnet. Sobald die Vorführung auf eine klar namentlich zu benennende Personengruppe beschränkt ist, handelt es sich jedenfalls nicht um eine öffentliche Vorführung. Ein Lehrer, der mit einer Schulklasse eine Filmvorführung besuchen will, ist also nicht an die Altersfreigaben gebunden.[130] Das Gleiche gilt, wenn er einen Film im Schulunterricht vorführt.

121 In der Praxis kommt es oft vor, dass auf einem Trägermedium Musik Clips oder Ausschnitte aus Filmen mit bestimmten Werbeaussagen verbunden werden und an öffentlichen Verkehrsflächen (Bahnhöfen, Plätzen oder in Vorräumen von Kinos oder Diskotheken) zu sehen sind. Dabei handelt es sich eindeutig um eine öffentliche Vorführung. Das gleiche gilt, wenn in Gaststätten oder in anderen öffentlichen Räumen Filme über Video, DVD oder das Pay TV vorgeführt werden. Bei Filmvorführungen in Flugzeugen handelt es sich wohl nicht um eine öffentliche Vorführung, da die Passagiere sich im Flugzeug nicht zum Zwecke der Filmvorführung versammeln und das Flugticket nicht als Eintrittskarte für eine Filmsichtung erworben wird. Außerdem kann man davon ausgehen, dass auf Langstreckenflügen Kinder kaum ohne ihre Eltern unterwegs sind. Andere vertreten die Auffassung, dass Passagiere eines Flugzeuges untereinander keine persönliche Beziehung haben und es sich daher um Öffentlichkeit handelt.[131] Tatsächlich spielt die persönliche Beziehung wohl eine Rolle. Bei Vereinen oder Veranstaltungen in Jugendklubs kommt es bspw darauf an, ob jedermann leicht Mitglied werden kann oder ob die Mitglieder durch ein gemeinsames Interesse oder Ziel miteinander verbunden sind.

122 Die Vorführung in der Privatsphäre gilt nicht als öffentliche Vorführung, **darunter ist auch die Vorführung in Hotelzimmern gefasst. Bei Programmen, die pornografisch**

---

128 So *Scholz* § 4 Nr 2.

129 Vgl BayObLGST 1952, 49; BayObLGST 1978, 105.

130 So auch *Nikles/Roll/Spürck/Umbach* 44, Rn 8.

131 So von Hartlieb/Schwarz/*Trinkl* 28, Rn 13.

oder indiziert sind, muss allerdings sichergestellt sein, dass das Angebot Kindern und Jugendlichen (das gilt auch für minderjährige Angestellte) nicht zugänglich gemacht wird. Empfehlenswert ist bspw die Vergabe einer PIN an den erwachsenen Hotelgast zur Freischaltung des Programms oder die Freischaltung entsprechender Angebote nach persönlichem Anruf in der Rezeption. Die überwiegend gängige Praxis, mit der Eingabe der Hotelzimmernummer entsprechende Inhalte freizuschalten, dürfte nicht ausreichen. Denn es fehlt die Kontrollmöglichkeit, ob nicht möglicherweise ein vorübergehend unbeaufsichtigtes Kind die Zimmernummer eingibt. Es muss auch darauf geachtet werden, dass die Ankündigung entsprechender Filme kein Verstoß gegen das Werbeverbot darstellt. Dies kann dadurch geschehen, dass die Ankündigung nur dem erwachsenen Hotelgast ausgehändigt wird.

1. Die Obersten Landesjugendbehörden

Für die Jugendfreigabe sind nach dem Gesetz die *Obersten Landesjugendbehörden*[132] zuständig, was praktisch bedeutet, dass es 16 Filmprüfstellen in der Bundesrepublik geben müsste. Eine bundesweite einheitliche Regelung durch eine Bundesbehörde wäre verfassungswidrig, da hierin ein Eingriff in die Kulturhoheit der Länder vermutet werden könnte. **123**

Die Jugendschutzbewertungen in den einzelnen Ländern sind je nach ihrem kulturellen und religiösen Hintergrund sehr unterschiedlich. Würden also tatsächlich die *Obersten Landesjugendbehörden* für die Freigabe verantwortlich sein, so könnte man zB damit rechnen, dass derselbe Film in Hamburg und Berlin mit einer anderen Freigabe auf den Markt kommen würde als etwa in Bayern.

Würde tatsächlich jedes Land einzeln prüfen, so käme dies für die Landeshaushalte sehr teuer. Denn man brauchte nicht nur eigene Prüfinstanzen, sondern müsste auch die Freigaben in die Kinos bringen und Berufungen organisieren. Außerdem ist fraglich, ob eine jugendschutzrechtliche Bewertung vor der Veröffentlichung eines Filmes durch eine Behörde nicht einen Verstoß gegen das Zensurverbot in Art 5 Abs 1 GG bedeuten würde. **124**

Auch für die Filmwirtschaft hätte ein solches uneinheitliches Freigabeverfahren nur Nachteile, weil auch die Werbung und das gesamte Marketing in enger Verbindung mit der Altersfreigabe eines Filmes stehen. Ein für 6- oder 12-Jährige freigegebener Familienfilm muss anders beworben werden als ein 16er Film. Bei einer unterschiedlichen Freigabe müsste also in Bayern eine andere Werbekampagne initiiert werden als in Hamburg oder Berlin. Insofern haben sowohl die Jugendbehörden als auch die Filmwirtschaft ein Interesse daran, eine für alle Bundesländer gültige Altersfreigabe zu ermöglichen. **125**

Die Obersten Landesjugendbehörden haben sich daher bereits in den fünfziger Jahren entschlossen, in einer Ländervereinbarung ihre Prüfkompetenz weitgehend an die *Freiwillige Selbstkontrolle der Filmwirtschaft (FSK)* abzugeben. Eine solche Möglichkeit sieht das Gesetz inzwischen (seit 2003) ausdrücklich vor. **126**

132 § 14 Abs 2 JuSchG.

2. Die Altersfreigaben

127 Es gelten folgende Alterskategorien: a) Freigegeben ohne Altersbeschränkung[133], b) Freigegeben ab 6 Jahren, c) Freigegeben ab 12 Jahren, d) Freigegeben ab 16 Jahren, e) keine Jugendfreigabe.

128 Für Filme, die eine Freigabe ab 12 Jahren erhalten haben, ist der Kinobesuch Kindern ab sechs Jahren in Begleitung einer personensorgeberechtigten Person[134] erlaubt. Diese Regelung gilt seit 2003 und beabsichtigt, die Erziehungsverantwortung der Eltern zu stärken. Außerdem soll dadurch berücksichtigt werden, dass die Entwicklungsspanne zwischen dem sechsten und zwölften Lebensjahr sehr groß ist. Das führt dazu, dass einige große, auf ein junges Publikum abzielende Filme für Sechsjährige stark verängstigend wirken, während sie für Achtjährige durchaus geeignet sind (zB *Der Herr der Ringe, Harry Potter* etc). Diese Filme werden ab zwölf Jahren freigegeben, können aber nun in der entsprechenden Begleitung von Kindern ab sechs Jahren gesehen werden.

129 Darüber hinaus gelten **unabhängig von der Altersfreigabe** für bestimmte Altersgruppen **zeitliche Grenzen für den Kinobesuch**, es sei denn, das Kind ist in Begleitung einer personensorgeberechtigten oder mit der Erziehung beauftragten Person. Danach dürfen Kinder unter sechs Jahren generell eine Filmvorführung nur in entsprechender Begleitung besuchen. Nur in Begleitung ist Kindern ab sechs Jahren der Kinobesuch gestattet, wenn die Vorführung nach 20 Uhr beendet ist, Kindern unter 16 Jahren, wenn die Vorführung nach 22 Uhr beendet ist und Jugendlichen ab 16 Jahren, wenn die Vorführung nach 24 Uhr beendet ist (§ 11 Abs 3).

130 Die Alterskategorien werden durch das Gesetz festgelegt und können von den Behörden oder der FSK selbst nicht verändert werden.

3. Ausnahmen von der Kennzeichnungspflicht

131 a) **Lehrprogramme.** Ausnahmen von der Kennzeichnungspflicht gelten dann, wenn es sich um ein Informations-, Instruktions- oder Lehrprogramm handelt.[135] **In diesem Fall kann der Anbieter eine entsprechende Kennzeichnung selbst vornehmen.** Das gilt auch für vergleichbare Inhalte auf Trägermedien (Videos, DVDs, Computerspiele).[136] Diese Regelung wurde ins Gesetz aufgenommen, um die Prüfinstitutionen nicht unnötig zu belasten und die Anbieter vor unnötigen Kosten zu bewahren. Bisher wurde von dieser Möglichkeit allerdings wenig Gebrauch gemacht. Unklar ist, ob dies an der Routine der Anbieter liegt, vor dem Kino- oder Videostart eine FSK-Freigabe einzuholen, oder ob die Firmen sich eine inhaltliche Einordnung selbst nicht zutrauen.

132 b) **Nichtgewerbliche Nutzung.** Weiterhin sind von der Prüfungspflicht Filme ausgenommen, die für die nichtgewerbliche Nutzung bestimmt sind. **Diese Freistellung entfällt allerdings, sobald ein für die nichtgewerbliche Nutzung vorgesehener Film später gewerblich genutzt wird.**[137] Von dieser Regelung profitieren zB Filme, die von Jugendgruppen, von Jugendverbänden, von Parteien, aber auch von öffentlichen Institutio-

133 Abweichend davon verwendet die FSK die Formulierung „freigegeben ab 0 Jahren".

134 Dabei kann es sich um die Eltern oder um Freunde, Verwandte handeln, die das Kind begleiten und notfalls sachgerecht reagieren können, wenn das Kind belastende Szenen nicht ohne weiteres verarbeiten kann. Vgl hierzu auch *Nikles/Roll/Spürck/Umbach* 83 Rn 8.

135 § 11 Abs 1 JuSchG.

136 § 20 Abs 2 FSK-Grundsätze.

137 § 11 Abs 4 S 2.

nen, die vor allem die Schulen und die außerschulische Bildung beliefern, angeboten werden. Solange sie unentgeltlich oder nur gegen eine geringe Schutzgebühr vertrieben werden (zB über die Landesbildstellen, die Bundeszentrale für politische Bildung oder über das Institut für Film und Bild in Wissenschaft und Unterricht (FWU), benötigen sie keine FSK-Freigabe.

Dieses Privileg entfällt, sobald der Film gewerblich verwertet wird. Dies ist in der Praxis nicht ganz unproblematisch: Es kann vorkommen, dass bspw das FWU die Rechte zu einem Film für die nichtgewerbliche Nutzung erwirbt, diese aber dann später durch Dritte gewerblich ausgewertet werden. In diesem Falle würde auch die Freistellung für die nichtgewerbliche Nutzung entfallen. Daher bemühen sich auch die nichtgewerblichen Verwerter, vorsichtshalber eine FSK-Freigabe einzuholen. Die FSK stellt dafür ein vereinfachtes und kostengünstiges Prüfverfahren zur Verfügung. **133**

c) **DVDs als Beilage von Zeitschriften.** In den letzten Jahren werden vermehrt DVDs als Beilage von Zeitschriften vertrieben. Ist darauf ganz oder teilweise Material enthalten, das der Kennzeichnungspflicht unterliegt, so ist eine Prüfung durch eine hierfür vorgesehene Selbstkontrolle erforderlich. Im Gesetz ist nicht bestimmt, welche Anforderungen an diese Selbstkontrolle gestellt werden. In der Regel werden solche DVDs durch DT Control in München geprüft.[138] Besteht bereits eine Freigabe durch die FSK (bis *freigegeben ab 12 Jahren*) oder durch die FSF (bis *freigegeben für das Hauptabendprogramm*), so kann diese verwendet werden. Eine Freigabe ist auf solche Inhalte beschränkt, die **keine Jugendbeeinträchtigung** enthalten (vergleichbar einer Freigabe ab 12 Jahren). Auf der Zeitschrift selbst sowie auf dem Trägermedium muss auf die Tatsache hingewiesen werden, dass der Inhalt des Trägermediums nicht als jugendbeeinträchtigend eingestuft wurde. Die Obersten Landesjugendbehörden haben die Möglichkeit, den Selbstkontrolleinrichtungen dieses Kennzeichnungsrecht zu entziehen. **134**

d) **Öffentliche Vorführungen auf Festivals.** Auch Filme, die auf Festivals gezeigt werden, benötigen eine Jugendfreigabe, solange Kinder und Jugendliche Zutritt zu der Veranstaltung haben. In solchen Fällen ist zu empfehlen, sich an die jeweils für das Land zuständige Oberste Landesjugendbehörde zu wenden, die in solchen Fällen eine auf die Zeit des Festivals beschränkte Freigabe erteilt. **135**

e) **Kennzeichen Keine Jugendfreigabe.** Besondere Regelungen gibt es für Filme, die *keine Jugendfreigabe* erhalten. Kommen die Prüfausschüsse zu dem Ergebnis, dass von einem Kinofilm eine **schwere Jugendgefährdung** ausgehen könnte oder dass dieser im Wesentlichen inhaltsgleich mit einem bereits indizierten Film ist, darf dieser nicht gekennzeichnet werden.[139] Liegen bei der Prüfung Hinweise vor, die auf einen Verstoß gegen § 15 Abs 1 JuSchG schließen lassen, müssen die Obersten Landesjugendbehörden darüber die Strafverfolgungsbehörden informieren. Das wäre bspw dann der Fall, wenn der Verleiher einen Film trotz Ablehnung des Kennzeichens in die Kinos bringen würde. Bei **Videofilmen oder DVDs muss die Kennzeichnung bereits dann verweigert werden, wenn es sich nach § 14 Abs 4 sich um eine einfache Jugendgefährdung** handeln könnte. Mit Zustimmung des Antragstellers kann ein Film aus dem FSK-Verfahren heraus der Bundesprüfstelle vorgelegt werden. Erst wenn die Bundesprüfstelle zu dem Ergebnis kommt, dass sie den Film nicht indiziert, **kann die Kennzeichnung statt-** **136**

---

138 § 12 Abs 5 JuSchG.

139 § 14 Abs 3 JuSchG.

finden. Werden jedoch Filme mit *Keine Jugendfreigabe* gekennzeichnet, ist eine Indizierung durch die Bundesprüfstelle ausgeschlossen.[140]

137 f) **Prüfpflicht für den Hauptfilm und das Beiprogramm.** Zu beachten ist, dass nicht nur die Hauptfilme freigegeben sein müssen, sondern auch Beiprogramme, also Werbung oder Programmankündigungen.[141] Dabei kommt es auf die Wirkung des Werbefilmes an, dessen Freigabe nicht an die des beworbenen Filmes gebunden ist. In dem Zusammenhang ist zu beachten, dass die **Werbung für alkoholische Getränke oder für Tabakwaren** generell erst ab 16 Jahren freigegeben werden darf.[142]

4. Zur Arbeitsweise der FSK

138 a) **Historie.** Die FSK wird von der Spitzenorganisation der Filmwirtschaft (SPIO) organisiert. Sie wurde 1949 gegründet, und ihre Aufgabe bestand zunächst darin, die nach dem Zweiten Weltkrieg geltende Militärzensur in den Besatzungszonen zu ersetzen. Bei der Militärzensur ging es weniger um Jugendschutz, sondern um die Befürchtung, dass Filme aus der Zeit des Nationalsozialismus entsprechende Ideologien transportieren könnten. Die deutschen Filmverleiher, vertreten durch ihren damaligen Vorsitzenden Horst von Hartlieb, wollten in einer freiwilligen Selbstkontrolle die Militärzensur durch eine Prüfung ersetzen, an der Personen beteiligt waren, die nachweislich der nationalsozialistischen Idee niemals nahe gestanden hatten. Vor allem Kirchenvertreter spielten dabei eine wichtige Rolle. Dieses Vorhaben wurde vom damaligen Filmoffizier der amerikanischen Besatzungszone, Erich Pommer, einem in die USA ausgewanderten, ehemals in Babelsberg bei der UFA tätigen Filmproduzenten, unterstützt. Ziel der Filmwirtschaft, aber auch der Amerikaner, war es, nach amerikanischem Vorbild auf Selbstkontrolle statt auf staatliche Zensurmaßnahmen zu setzen. Von der FSK geprüfte Filme sollten durch die zuständigen Militärbehörden so anerkannt werden, als hätten sie diese selbst geprüft.

139 Schon bald nach der Gründung der FSK war die Militärzensur aber durch die Konstituierung der Bundesrepublik Deutschland als souveräner Staat obsolet geworden. Die Filmwirtschaft begann deshalb, die FSK in eine Filmprüfstelle umzuwandeln, die für die Einhaltung des Jugendschutzes und bestimmter ethischer Maßstäbe für Erwachsene zuständig sein sollte. Die Filmverleiher verpflichteten sich, alle Filme vor der Veröffentlichung der FSK vorzulegen. Die Kinobesitzer ihrerseits sagten zu, die von der FSK erteilten Altersfreigaben zu kontrollieren und durchzusetzen. Das Ziel war, durch ein **System der Selbstkontrolle staatliche Eingriffe in die Filmfreiheit überflüssig zu machen.** Dies misslang jedoch. 1952 trat das erste Jugendschutzgesetz in Kraft. Danach waren die Obersten Landesjugendbehörden für die Altersfreigaben zuständig. Bevor diese in der Lage waren, eigene Prüfkommissionen zu gründen, mussten sie die Frage klären, wie die zahlreichen, bereits durch die FSK geprüften Filme zu behandeln waren. So war für eine Übergangszeit geplant, die Freigabe der FSK aufgrund einer Ländervereinbarung anzuerkennen. Dieses zunächst als Provisorium gedachte System hat sich letztlich bewährt und dient inzwischen als Vorbild für die Regelung des Jugendschutzes durch Selbstkontrolleinrichtungen.[143]

---

140 § 14 Abs 4 JuSchG.
141 § 11 Abs 4 JuSchG.
142 § 11 Abs 5 JuSchG.
143 Ausf *von Gottberg* Die FSK wird 50, tv diskurs 10/1999, 34–45.

Diese Entwicklung verlief allerdings nicht ohne Probleme. Nach der Freigabe des Filmes *Die Sünderin* im Hauptausschuss (für Erwachsene) drohten die Kirchenvertreter, ihre Prüfer aus den Ausschüssen der FSK zurückzuziehen. Aufgrund dieser und weiterer vergleichbarer Vorfälle wurden die Ausschüsse mehrfach umgebaut; letztlich gelang es immer wieder, sich zu einigen.[144] **140**

Als 1985 auch Videofilme in das System der Altersfreigaben einbezogen wurden, war zunächst unklar, ob die FSK auch hierfür zuständig sein sollte. Die Obersten Landesjugendbehörden waren dazu nur unter Bedingungen bereit. Sie setzten durch, dass sie einen Ständigen Vertreter in der FSK etablierten, der den Vorsitz in den Ausschüssen führen sollte. Dieser lag bis dahin beim Leiter der FSK, der von der Filmwirtschaft bestimmt wurde. Die FSK verlor im Laufe der Jahre, insb auch durch die Einführung des ständigen Vertreters, immer mehr ihren Charakter als *Selbst*kontrolleinrichtung. So wird sie zwar von der Film- und Videowirtschaft organisiert und finanziert, die Entscheidungen werden aber letztlich überwiegend durch unabhängige Dritte unter Beteiligung der zuständigen Behörden auf der Grundlage des Jugendschutzgesetzes getroffen. **141**

Auch die Verfassungsmäßigkeit der FSK ist immer wieder in Frage gestellt worden.[145] In der Rechtslehre wurde jedoch weitgehend eine andere Auffassung vertreten. Die Vorlage von Filmen oder Veröffentlichungen sei nicht verpflichtend, Zugangsbeschränkungen würden sich nicht auf Erwachsene, sondern auf Jugendliche auswirken.[146] Da sowohl die Obersten Landesjugendbehörden als auch die Wirtschaft letztlich die Vorteile dieses Systems anerkannten, ist es niemals zur offiziellen Beschwerde oder zu einem Prozess gekommen. Dennoch muss bedacht werden, dass eine Veröffentlichung ohne FSK-Freigabe nur theoretisch möglich ist, da sie aufgrund der durch das Gesetz geschaffenen Marktbedingungen keine Chance haben. **142**

Da es sich bei FSK-Entscheidungen durch die Einbindung der Obersten Landesjugendbehörden um **begünstigende Verwaltungsakte** handelt, ist die Klage beim Verwaltungsgericht zulässig. Die Klage richtet sich direkt gegen die Obersten Landesjugendbehörden, vertreten durch die federführende Stelle der Obersten Landesjugendbehörden für FSK-Angelegenheiten, die zurzeit im Kultusministerium des Landes Rheinland-Pfalz eingebunden ist. Da jedoch die Wirtschaft sowie die Behörden das Verfahren bei der FSK in hohem Maße akzeptieren, hat es bisher seit Bestehen der FSK eine solche Klage noch nie gegeben. **143**

b) Die Gremien der FSK. Für die Formalitäten der Prüfverfahren, die Besetzung der Ausschüsse sowie die Prüfkriterien ist die Grundsatzkommission zuständig. Sie ist ferner für die Verfassung und Fortschreibung der Grundsätze der FSK verantwortlich. In der Grundsatzkommission sind neben Vertretern der Obersten Landesjugendbehörden, der Filmwirtschaft, der Videowirtschaft, den Landesmedienanstalten und des öffentlich-rechtlichen Fernsehens auch Vertreter der Kirchen und der für den Kultur- **144**

---

144 Vgl *Brüne* tv diskurs 4/1999, 46 ff.

145 Es wurde argumentiert, die FSK sei zwar keine staatliche Einrichtung, sie treffe ihre Entscheidungen aber stellvertretend für die Obersten Landesjugendbehörden. Geht man von dem weitergehenden Begriff der Meinungsäußerung aus, so wird man das Zensurverbot auch auf eine „zensierende Tätigkeit formell-privatrechtlicher, durch vertragliche Einigung zustande gekommener Instanzen pluralistischer Kräftegruppen“ erstrecken müssen, so *Noltenius* 131 ff, anders OLG Frankfurt, das die Tätigkeit der FSK nicht für verfassungswidrig hält, NJW 1963, 113.

146 Vgl *von Hartlieb* NJW 1985, 830, 833 sowie *Weides* NJW 1987, 224, 226.

bereich zuständigen Landesministerien Mitglied.[147] Um die besondere Position der Obersten Landesjugendbehörden zu unterstreichen, haben diese bei allen Entscheidungen ein Vetorecht.

145 Als Rahmen für die Kriterien der Jugendprüfung wird in § 18 FSK-Grundsätze auf das Jugendschutzgesetz und bzgl der Interpretation auf die Pluralität und die fachliche Zusammensetzung der Prüfausschüsse verwiesen, die darüber hinaus die Erkenntnisse der Wirkungsforschung sowie der Entwicklungspsychologie ihren Entscheidungen zu Grunde legen.

146 c) **Ausschüsse und Antragstellung.** Die Entscheidungen werden vom Arbeitsausschuss getroffen.[148] Dieser besteht aus sieben Prüfern, der Vorsitz liegt beim Ständigen Vertreter der Obersten Landesjugendbehörden. Neben ihm prüft ein Jugendschutzsachverständiger, der im Rotationsverfahren jeweils von einer Obersten Landesjugendbehörde entsendet wird. Zwei weitere Prüfer entstammen der sog Liste der öffentlichen Hand, in der Vertreter der Kirchen, von Jugendorganisationen, Bundes- und Länderbehörden aufgeführt sind. Drei weitere Prüfer werden von der Film- bzw Videowirtschaft entsendet. Allerdings sind auch sie dem Jugendschutz gegenüber verantwortlich und dürfen nicht im Bereich der Wirtschaft beschäftigt sein.

Der Antragsteller kann angeben, **welche Altersfreigabe er anstrebt.** Er ist weiterhin berechtigt, vor oder nach der Sichtung des Filmes seine Argumente für die von ihm angestrebte Freigabe vorzutragen. Dies kann auch in schriftlicher Form geschehen. Der Ausschuss ist jedoch in seiner Entscheidung frei. Er muss, unabhängig von der durch den Antragsteller gewünschten Freigabe, immer auch prüfen, ob eine Freigabe für Kinder möglich ist.

147 Die Prüfung selbst ist vertraulich und findet in der Regel ohne Anwesenheit Dritter statt.[149] Nur in seltenen Fällen lässt der Ausschuss dritte Personen als Beobachter zu (bspw zu wissenschaftlichen Zwecken).

148 Die Beratung findet unter Leitung des Ständigen Vertreters der Obersten Landesjugendbehörden statt. Seine Aufgabe besteht unter anderem darin, eine gewisse Kontinuität in der Prüfpraxis zu gewährleisten. Darüber hinaus ist er für die Einhaltung der Formalien, die sich aus dem Gesetz und den Grundsätzen ergeben, verantwortlich. Nach eingehender Diskussion erfolgt eine Abstimmung, bei der alle Prüfer gleichberechtigt sind. Es gilt die einfache Mehrheit.

149 Die Freigabe eines Filmes gilt grds für die vorgeführte Fassung. Eine Freigabe unter Schnittauflagen, wie sie lange Zeit bei der FSK möglich war, ist nicht mehr vorgesehen.

150 Der Ständige Vertreter unterschreibt im Auftrag der Obersten Landesjugendbehörden eine Freigabekarte als Dokument für den Anbieter.[150] **Dadurch wird das Prüfergebnis zum Verwaltungsakt.** Die Freigabekarte wird dem Filmverleiher (inzwischen online) zur Verfügung gestellt, so dass dieser jeder Filmkopie eine Freigabekarte beiliegen kann. So kann der Kinobesitzer bei eventuellen Kontrollen die Freigabe des Filmes dokumentieren. Allerdings ist zweifelhaft, ob die Anforderungen des Verwaltungsaktes auf alle Prüfungen zutreffen. So ist der Ständige Vertreter bei den Einzelprüfungen nicht beteiligt, der Prüfer wird von der FSK bestellt und finanziert. Außerdem wird in der Einzelprüfung sowie generell bei Filmen unter 60 Minuten keine

147 Vgl § 4 FSK-Grundsätze.
148 § 5 FSK-Grundsätze.
149 § 10 FSK-Grundsätze.
150 § 26 FSK-Grundsätze.

Begründung (Jugendentscheid) angefertigt, was der Beründungspflicht für einen Verwaltungsakt nicht genügt.[151]

d) **Kennzeichnung mit Keine Jugendfreigabe.** Eine gesonderte Prüfung für Erwachsene gibt es, anders als zu Zeiten der *Sünderin*, nicht mehr. Selbst dann, wenn der Antragsteller lediglich eine Kennzeichnung mit *Keine Jugendfreigabe* beantragt, prüft der Ausschuss in seiner vollen Besetzung und kann gegebenenfalls auch eine Jugendfreigabe erteilen. **151**

Kommt im Ausschuss eine Jugendfreigabe nicht in Betracht, so wird über das Kennzeichen *Keine Jugendfreigabe* nur noch mit den Vertretern der Filmwirtschaft und dem Ständigem Vertreter verhandelt. Die Vertreter der Filmwirtschaft prüfen zunächst, ob der Film gegen die Grundsätze der FSK für die Freigabe vor Erwachsenen verstößt.[152] Ist dies nach ihrer Meinung nicht der Fall, muss der Ständige Vertreter entscheiden, ob es sich nach seiner Meinung um einen schwer jugendgefährdenden Film oder um ein Verstoß gegen strafrechtliche Bestimmungen[153] handelt. Der Antragsteller erhält hierüber eine Mitteilung und muss entscheiden, **ob er den Film dennoch veröffentlichen will.** Der Ständige Vertreter unterrichtet in diesem Fall die Obersten Landesjugendbehörden, die dann ihrerseits über eine Mitteilung an die Strafverfolgungsbehörden entscheiden.[154] **152**

Bei Filmen, die keine Aussicht auf eine Jugendfreigabe haben, geht es vor allem darum, zu prüfen, ob sie möglicherweise gegen strafrechtliche Bestimmungen verstoßen. Dabei stellt die SPIO als Trägerin der FSK eine **Juristenkommission** zur Verfügung. Die Juristenkommission erteilt keine Freigabe als Verwaltungsakt, sondern lediglich ein Sachverständigengutachten. Bei einer Freigabe durch die Juristenkommission darf nicht das Kennzeichen der Obersten Landesjugendbehörden *Keine Jugendfreigabe* verwendet werden. **153**

e) **Berufungen.** Gegen die Entscheidung des Arbeitsausschusses kann sowohl der Antragsteller als auch eine überstimmte Minderheit (mindestens zwei Personen) den **Hauptausschuss** anrufen, der über eine Berufung entscheidet.[155] Er besteht aus neun Personen, der Vorsitz liegt diesmal bei der Filmwirtschaft. Allerdings wird das Kräfteverhältnis (fünf neutrale Prüfer und vier Prüfer der Filmwirtschaft) beibehalten. Der Ständige Vertreter ist bei der Beratung anwesend, allerdings ohne Stimmrecht. Nach den FSK-Grundsätzen kann in der Berufung nicht strenger entschieden werden als im Arbeitsausschuss. **154**

Ist eine Oberste Landesjugendbehörde mit dem Ergebnis nicht einverstanden, kann sie den **Appellationsausschuss** als oberste Instanz der FSK anrufen. Dieser Ausschuss kann in Fällen grundsätzlicher Bedeutung auch auf Antrag des Antragstellers prüfen.[156] Der Appellationsausschuss ist ausschließlich mit Prüfern besetzt, die von den Obersten Landesjugendbehörden dafür benannt sind. Er besteht aus sieben Personen, von denen vier nach einem bestimmten Rotationsverfahren direkt von den Obersten Landesbehörden entsandt werden, drei Personen werden von der Geschäftsstelle der FSK aus einer hierfür von den Obersten Landesjugendbehörden zur Verfügung gestellten Liste in den Ausschuss berufen. Aufgrund der starken Stellung der Obersten Landesjugendbehörden in diesem Ausschuss ist nach den FSK-Grundsätzen eine weitere **155**

151 § 39 Abs 1 Verwaltungsverfahrensgesetz.
152 § 2 Abs 1 FSK-Grundsätze.
153 § 18 Abs 3 Nr 1 FSK-Grundsätze.
154 § 20 Abs 2 FSK-Grundsätze.
155 § 13 FSK-Grundsätze.
156 § 15 FSK-Grundsätze.

Appellation (durch eine andere Oberste Landesjugendbehörde) nicht mehr möglich. Nach dem Gesetz wäre jede Oberste Landesjugendbehörde befugt, für ihren Geltungsbereich eine abweichende Freigabe in Kraft zu setzen. Dies ist aber in der Vergangenheit noch nie geschehen.

156 **Weder für Berufungen noch für Appellationen gibt es zeitliche Beschränkungen.** Eine Ausnahme bilden Prüfungen für Filme, die auf Trägermedien veröffentlicht werden sollen. Bei ihnen wären die finanziellen Folgen einer veränderten Einstufung sehr hoch, da die Kennzeichen mit dem Bildträger und dem Cover im Druck verbunden sein müssen. Sollte sich die Alterseinstufung verändern, wären praktisch alle im Handel befindlichen Exemplare nicht mehr zu verwenden und müssten durch neu bedruckte Exemplare ausgetauscht werden. Die Kosten hierfür müssten die Behörden tragen, da die Anbieter im Vertrauen auf ihre Freigabe gehandelt haben. Kommt also aus Sicht des Ständigen Vertreters in Betracht, dass bei einer Altersfreigabe für Trägermedien eine Oberste Landesjugendbehörde Appellation einlegen könnte, kann er eine Freigabe so lange aussetzen, bis die Obersten Landesjugendbehörden mitgeteilt haben, dass eine Appellation nicht beabsichtigt ist.[157] Liegt eine solche Mitteilung nicht mindestens nach drei Wochen vor, so wird die getroffene Entscheidung gültig.

157 **f) Übernahmen von Kinoentscheidungen für Trägermedien.** Die Prüfverfahren für Kinofilme oder Filme auf Trägermedien **sind identisch.** Will bspw ein Videoanbieter einen Film herausbringen, der bereits über eine Kinofreigabe verfügt, so weist er der FSK-Verwaltung nach, dass es sich um eine inhaltsgleiche Fassung handelt. Ein wichtiger Anhaltspunkt hierfür ist der Vergleich der gemessenen Länge mit der Länge des Kinofilms. Bestehen bzgl der inhaltlichen Gleichheit keine Zweifel, so wird die Freigabe ohne weitere Prüfung **im Wege des Übernahmeverfahrens** erteilt.[158]

158 **g) Vorlage fremdsprachiger Filme.** Grds ist ein Film zur Prüfung in der Fassung vorzulegen, in der er in Deutschland veröffentlicht werden soll.[159] Liegt zum Zeitpunkt der Prüfung der Film noch nicht in der synchronisierten Fassung vor, kann der Antragsteller in Ausnahmefällen eine **Prüfung in der Originalsprache** beantragen. Voraussetzung dafür ist, dass mindestens drei Dialoglisten mit ausführlicher Inhaltsangabe in deutscher Sprache vorliegen. Erklären sich drei Prüfer außer Stande, die Jugendbeeinträchtigung eines Filmes in dieser Weise festzustellen, so muss der Film ganz oder in Teilen erneut einem Ausschuss vorgelegt werden.[160]

159 Soll ein Film in Deutschland in der originalsprachlichen Fassung veröffentlicht werden, so ist dem Ausschuss eine ausführliche Inhaltsangabe vorzulegen.[161]

160 Ist ein Film in der deutschsprachigen Fassung geprüft worden und soll später in der Originalfassung veröffentlicht werden, muss der Antragsteller versichern, dass es sich um eine inhaltlich identische Fassung handelt, die sich nur durch die Sprache unterscheidet. Der Ständige Vertreter entscheidet als Vorsitzender des Ausschusses über die Erstreckung der Freigabe der deutschsprachigen auf die originalsprachlichen Fassung.[162]

161 **h) Bedingungen für erneute Vorlage.** Ein Film, der bereits über eine gültige FSK-Freigabe verfügt, kann nur dann den Ausschüssen zur erneuten Prüfung vorgelegt wer-

157 § 12 Abs 4 FSK-Grundsätze.
158 § 22 Abs 1 FSK-Grundsätze.
159 § 22 Abs 1 FSK-Grundsätze.
160 § 23 Abs 2 FSK-Grundsätze.
161 § 23 Abs 3 FSK-Grundsätze.
162 § 23 Abs 4 FSK-Grundsätze.

den, wenn der Antragsteller entweder eine **wesentlich geänderte** Fassung hergestellt hat, auf welche die Gründe, die zu der gültigen Freigabe geführt haben, nicht mehr zutreffen, oder wenn **veränderte Zeitumstände** (Wertewandel oder eine veränderte Spruchpraxis) eine erneute Prüfung rechtfertigen.[163] Über die Annahme zur erneuten Prüfung entscheidet der Ständige Vertreter als Vorsitzender des Arbeitsausschusses. Ist das gültige Prüfergebnis auf eine Entscheidung des Hauptausschusses oder des Appellationsausschusses zurückzuführen, so sind die jeweiligen Vorsitzenden an der Entscheidung des Ständigen Vertreters, bei einer erneuten Prüfung zuzustimmen, zu beteiligen.[164]

i) **Vereinfachte Prüfverfahren.** Für Filme oder Trägermedien mit Inhalten, die in der Regel nicht jugendschutzrelevant sind (Musikvideos, Sportvideos etc), sind bei der FSK verschiedene sog vereinfachte Prüfverfahren eingerichtet worden. Ziel ist es zum einen, die Kosten für die Anbieter in vernünftigen Grenzen zu halten, zum anderen sollen die Ausschüsse nicht übermäßig mit Inhalten belastet werden, die nicht zu ihren zentralen Aufgaben gehören. **162**

Filme mit einer Spieldauer unter 60 Minuten und Filme, die nicht über eine zusammenhängende Spielhandlung verfügen (zB Dokumentarfilme oder Musikfilme), können in einem verkleinerten Ausschuss (drei Prüfer) freigegeben werden.[165] Das gleiche gilt für erneute Vorlagen wegen veränderter Umstände oder nach Durchführung von Schnitten, wenn die erste Prüfung mindestens 10 Jahre zurückliegt. Auch Filme, die bereits in einem öffentlich-rechtlichen oder privaten Fernsehsender ausgestrahlt wurden, werden in diesem Ausschuss geprüft. **163**

Zusätzlich wird für Videoclips, Dokumentationen, Beiprogramme (meist auf DVDs) und Zeichentrick/Animation ein weiteres vereinfachtes Prüfverfahren zur Verfügung gestellt. Die Prüfung erfolgt hier durch eigens dafür benannte Personen (Einzelprüfung), die vom Ständigen Vertreter der Obersten Landesjugendbehörden in Abstimmung mit der Film- und Videowirtschaft bestimmt werden.[166] Auch Fernsehserien (unter 60 Min), die ohne Beanstandungen zwischen 6 und 22 Uhr im Fernsehen ausgestrahlt wurden, können in der Einzelprüfung freigegeben werden. Das Kennzeichen *keine Jugendfreigabe* kann in diesem Prüfverfahren nicht erteilt werden. Auf eine Prüfung im vereinfachten Verfahren besteht kein Rechtsanspruch. Gegen die Entscheidung des Einzelprüfers kann der Antragsteller eine Prüfung durch den normalen Ausschuss herbeiführen. **164**

Filme, die ausschließlich im Bereich der nichtgewerblichen Nutzung ausgewertet werden, können ebenfalls in der Einzelprüfung freigegeben werden. Die hierfür antragsberechtigten Institutionen sind vor allem Landesbildstellen oder andere Einrichtungen, die im Bereich der schulischen oder außerschulischen Bildung arbeiten. **165**

k) **Anbringung des Kennzeichens, Verbindlichkeit der Freigabe. aa) Kinofilme.** Bei Kinofilmen muss die jeweilige Altersfreigabe **deutlich sichtbar an der Kinokasse** kenntlich gemacht werden. Der Kinobetreiber darf grds nur solche Personen zum Kinobesuch zulassen, die das Freigabealter erreicht haben. Wenn der Verantwortliche die Kontrolle nicht selbst durchführen kann, ist zu empfehlen, dass er eine klare Regelung für die Durchführung der Kontrolle trifft. Besondere Regelungen gibt es für Filme, die ohne Altersbeschränkung freigegeben sind: Kinder unter sechs Jahren dürfen diese **nur** **166**

163 § 16 Abs 1 FSK-Grundsätze.
164 § 16 Abs 3 FSK-Grundsätze.
165 § 24 Abs 1 FSK-Grundsätze.
166 § 25 FSK-Grundsätze.

in Begleitung eines Personensorgeberechtigten besuchen. Filme mit einer Freigabe ab 12 Jahren können **auch von Kindern ab 6 Jahren** besucht werden, sofern sie von einem Personensorgeberechtigten begleitet werden.

167 bb) **Trägermedien.** Bei Trägermedien (Video, DVD) muss das Kennzeichen sowohl auf der Hülle als auch auf dem Trägermedium selbst angebracht sein. Die Größe des Kennzeichens wird im Gesetz mit mindestens 1200 Quadratmillimetern (Hülle) und 250 Quadratmillimetern (Bildträger) festgelegt. Auf der Hülle muss es auf der Frontseite unten links angebracht werden. Die Gestaltung, der Text sowie die Farbe des Kennzeichens sind von den Obersten Landesjugendbehörden vorgegeben.[167] Wird eine DVD als Beilage einer Zeitschrift eingesetzt, so muss die Zeitschrift selbst auf die entsprechende Freigabe hinweisen.

168 Werden Filme, die eine Freigabe bei der FSK erhalten haben, im Internet angeboten, so **muss auf die Freigabe der FSK** hingewiesen werden.

169 Es darf **nur das Kennzeichen verwendet werden, das die FSK auch tatsächlich erteilt hat.** Es ist dem Anbieter auch nicht gestattet, abweichend vom FSK-Ergebnis eigenständig eine höhere Altersfreigabe anzugeben.

170 Einige Anbieter von Videos oder DVDs haben versucht, japanische Anime-Comics ohne FSK-Freigabe im Versandhandel anzubieten. Allerdings wurden die Filme von der in Großbritannien tätigen *British Board of Filmclassification (BBFC)* mit einer Altersfreigabe gekennzeichnet. Dagegen klagte ein Wettbewerber. Das Landgericht Koblenz hat das Verfahren bis zu einer Entscheidung des Europäischen Gerichtshofs (EuGH) ausgesetzt. Der EuGH hat dazu allerdings die Auffassung vertreten, dass Deutschland nicht verpflichtet werden könne, die Freigaben anderer Länder anzuerkennen.[168]

171 cc) **Zuständigkeiten, Regeln für den Verkauf bespielter Trägermedien.** Zuständig für die Überprüfung der Einhaltung des Jugendschutzgesetzes im Kino, in Geschäften und Videotheken sind die **lokalen Ordnungsbehörden**. Sie führen regelmäßig Jugendschutzkontrollen durch. Bei Verstößen gegen Jugendschutzbestimmungen muss der Betreiber mit Bußgeldern bis zu € 50 000,– rechnen.[169]

172 Bei Verkauf oder Vermietung bespielter Trägermedien müssen die Alterskennzeichnungen beachtet werden. Videos oder DVDs, die nicht über eine Alterskennzeichnung verfügen, dürfen Kindern und Jugendlichen nicht angeboten und nicht an sie verkauft werden. Sie dürfen nicht an Kiosken oder im Wege des Versandhandels verkauft werden. Als Versandhandel ist jedes entgeltliche Geschäft zu verstehen, das durch öffentlich zugängliche Kataloge oder andere Werbung – wozu inzwischen auch über das Internet verbreitete Werbung gehört – aufgrund einer Bestellung zustande kommt und bei dem keine persönliche Beziehung oder Verbindung zwischen dem Anbieter und dem Kunden besteht. Kann der Händler sicherstellen, dass es sich beim Empfänger um eine erwachsene Person handelt, gelten die Jugendschutzvorschriften nicht.[170] Dies ist entweder durch das sog Postidentverfahren oder eine persönliche Ausweiskontrolle bei der Übergabe der Ware möglich.

173 Weniger strenge Regeln gelten, wenn Filme bspw in Internet-Plattformen angeboten werden, auf denen Dritte eigenverantwortlich mit Waren handeln. Ein typisches

167 § 12 Abs 2 JuSchG.
168 EuGH Urt v 14.2.2008, Az C-244/06.
169 § 28 Abs 5 JuSchG.
170 § 1 Abs 4 JuSchG.

Beispiel hierfür ist eBay. Der Betreiber der Plattform wird nicht verpflichtet, bei jedem einzelnen Angebot zu prüfen, ob es gegen Jugendschutzbestimmungen verstößt. **Allerdings muss es in jedem Fall gesperrt werden, wenn der Betreiber davon Kenntnis erhält.** Darüber hinaus muss er **alles Mögliche und Zumutbare unternehmen, um auszuschließen, dass zB indizierte oder pornografische Trägermedien angeboten werden.** So verfügt eBay über eine Software, die alle Angebote nach indizierten Titeln durchsucht. Bei pornografischen Titeln hingegen ist ein solches Verfahren nicht möglich, da nur ein geringer Teil der Titel in der Indizierungsliste oder sonstigen Aufstellungen verzeichnet ist.[171]

In Ladengeschäften muss bei Filmen, die keine Jugendfreigabe erhalten haben, deut- **174**
lich darauf hingewiesen werden, dass dieses Angebot nicht für Kinder und Jugendliche gilt.[172] Trägermedien mit Inhalten, die indiziert oder pornografisch iSv § 184 Abs 1 StGB sind, dürfen nur *unter der Ladentheke* gehandelt werden. Sie dürfen also nicht öffentlich ausgestellt und beworben werden. Nur Erwachsene dürfen eine Liste der entsprechenden Angebote erhalten und diese erwerben.

In Ladengeschäften, in denen bespielte Trägermedien vermietet werden, dürfen **175**
pornografische oder indizierte Inhalte nur dann vorrätig gehalten werden, wenn Kindern und Jugendlichen der Zutritt generell verweigert wird. In diesem Falle muss das Schaufenster so gestaltet sein, dass man von öffentlichen Verkehrsflächen nicht in das Geschäft einsehen kann.

Strittig ist, welche Anforderungen an das Ladengeschäft gestellt werden und ob das **176**
frühere **Shop-in-the-Shop**-System ausreicht. Dieses System bietet innerhalb eines für jedermann zugänglichen Geschäftes einen abgeschlossenen Bereich an, in dem indizierte und pornografische Trägermedien vorrätig sind. **In der Rechtsprechung wird es überwiegend nicht als ausreichend angesehen.**[173] **Allerdings wird dies in manchen Städten unterschiedlich beurteilt.** Dies hängt zum einen damit zusammen, dass sich diese Vorschrift als nicht besonders sinnvoll erwiesen hat, denn sie hatte zufolge, dass 90 % Videotheken nur für Erwachsene zugänglich waren. Kinder oder Jugendliche mussten sich ihre Videos über erwachsene Dritte besorgen, wobei die Altersfreigabe keine Rolle spielt. Zum anderen ist ein Urteil des BGH zu einer Videothek, die pornografische Videokassetten in einem Automaten anbot, der in einem abgetrennten Raum stand, von der bisherigen Rechtsprechung abgewichen und hat die Anwesenheit eines eigenen Personals nicht mehr als zwingend erforderlich zur Erfüllung der Voraussetzungen für ein Ladengeschäft iSv § 184 Abs 1 Nr 3a StGB angesehen.[174]

---

171 Dies hat der BGH klargestellt. Geklagt hatte ein Verband der Videowirtschaft, der bemängelte, eBay würde auf seiner Auktionsplattform auch indizierte und pornografische Trägermedien anbieten. Er sah darin eine wettbewerbswidrige Handlung. Der BGH gab dem Kläger recht, stellte allerdings auch fest, dass eBay keine „unzumutbaren Prüfungspflichten" auferlegt werden können, die das gesamte Geschäftsmodell infrage stellen würden (Urt v 12.7.2007, Az I ZR 18/04).

172 § 12 Abs 3 JuSchG.

173 So LG Stuttgart BPS-Report 1/86, 14 f; LG Verden BPS-Report 2/86, 16 f.

174 BGHSt 48, 278; BGH NJW 2003, 2838. Als Grund vertrat der BGH die Auffassung, die technischen Sicherungsmöglichkeiten seien inzwischen besser geworden und würden somit ausreichen.

5. Jugendschutz und Computerspiele: Die Unterhaltungssoftware Selbstkontrolle (USK)

177 a) **Historie.** Nach § 12 Abs 1 JuSchG müssen seit 2003 auch Computerspiele mit Altersfreigaben versehen sein, wenn sie an Minderjährige abgegeben werden sollen. Auch hierfür sind die Obersten Landesjugendbehörden zuständig. Die Prüfung wird (analog zur FSK) von der Unterhaltungssoftware Selbstkontrolle (USK) in Berlin durchgeführt. Die Vertriebsbeschränkungen für Computerspiele sowie die Altersstufen sind identisch mit jenen für Trägermedien.

178 Bis 2003 arbeitete die USK als reine Selbstkontrolleinrichtung. Da es für Computerspiele keine Kennzeichnungspflicht gab, waren ihre Prüfergebnisse lediglich eine Empfehlung für die Konsumenten. Das hat sich durch das neue Jugendschutzgesetz geändert, das nun ausdrücklich Computerspiele mit einbezieht. Die Ausschüsse der USK prüfen nun auch unter dem Vorsitz eines von den Obersten Landesjugendbehörden benannten Ständigen Vertreters.[175]

179 b) **Struktur der USK.** Die USK wurde bis 2008 getragen vom *Förderverein für Jugend- und Sozialarbeit e.V.* in Berlin (FJS). Inzwischen ist sie als gemeinnützige, von den Verbänden der Spieleindustrie getragene GmbH organisiert, die die finanzielle Ausstattung garantiert. Einen Einfluss der Industrie auf die Prüfungen soll es dagegen nicht geben. Die USK verfügt über einen Beirat, in dem neben Kirchenvertretern, Behördenvertretern auch die Obersten Landesjugendbehörden und die Vorsitzende der Bundesprüfstelle für jugendgefährdende Medien vertreten sind. Dieser Beirat hat die USK-Grundsätze verabschiedet, die von den Obersten Landesjugendbehörden gebilligt wurden. Die Verfahren bei der USK sind im Wesentlichen mit denen bei der FSK vergleichbar. Die Aufgaben der USK werden in § 1 ihrer Grundsätze beschrieben. Dazu gehören in erster Linie die Prüfung von Spielen auf Bildträgern zur Kennzeichnung durch die Obersten Landesjugendbehörden, die Beratung der Anbieter, um auch dort Sensibilität für Aspekte des Jugendschutzes zu schaffen, sowie Öffentlichkeitsarbeit, um Kinder und Jugendliche, aber auch die Eltern, über Chancen und Risiken der Spiele zu informieren.

180 Die Prüfer (Gutachtenden) bei der USK müssen die notwendigen fachlichen Qualifikationen aufweisen.[176] Sie werden vom Beirat benannt. Sie dürfen nicht im Bereich der Softwarewirtschaft beschäftigt sein. Die Gutachtenden wählen aus ihren Reihen einen Sprecher (eine Sprecherin), der/die Mitglied des Beirats ist. Auch die Tester (die Personen, die nach ihrer Beschäftigung mit einem Computerspiel dieses den Ausschüssen vorführen) müssen entsprechende fachliche Qualifikationen verfügen, sie sind unabhängig und dürfen ebenfalls nicht im Bereich der betroffenen Wirtschaft beschäftigt sein.

181 Nach § 6 Abs 2 der Grundsätze der USK wird die Regelprüfung nach Eingang und Überprüfung der Unterlagen des Antragstellers in einem Ausschuss von fünf Personen durchgeführt, denen vier Gutachtende sowie der Ständige Vertreter, der den Vorsitz führt, angehören. Für eine Prüfentscheidung reicht die einfache Mehrheit.

182 Computerspiele, **bei denen der Antragsteller eine Freigabe ohne Altersbeschränkung oder ab sechs Jahren beantragt**, werden durch die USK in einem **vereinfachten Verfahren** geprüft, das aus drei Gutachtenden besteht. Der Ständige Vertreter wirkt an der Prüfung ohne Stimmrecht mit. Entschieden wird dann, wenn alle drei Gutachten-

---

175 Vgl *Hilse* JMS-Report 3/2004, 2 ff.

176 § 4 Abs 2 USK-Grundsätze.

den zustimmen.[177] Stimmt ein Gutachtender oder der Ständige Vertreter dem Ergebnis nicht zu, muss über das Spiel im Regelverfahren entschieden werden.

c) **Berufungen.** Gegen die Entscheidung des Regelverfahrens kann sowohl die antragstellende Firma als auch der Ständige Vertreter Berufung einlegen. Hierfür wird für den Antragsteller **eine Frist von zwei Wochen** festgelegt, für den Ständigen Vertreter gilt eine Frist von 24 Stunden. Über die Berufung entscheidet ein Ausschuss, der in seiner Zusammensetzung mit dem der Regelprüfung identisch ist. Allerdings dürfen Gutachtende, die an der Regelprüfung beteiligt waren, am Berufungsausschuss nicht teilnehmen.[178] 183

Gegen diese Entscheidung kann der Antragsteller oder der Ständige Vertreter eine weitere Berufung einlegen. In diesem Falle prüft ein aus sieben Gutachtenden bestehender Ausschuss. Ihm gehören der Sprecher der Gutachtenden, der Ständige Vertreter, der Vorsitzende des Beirates sowie vier nach einem bestimmten Verfahren ausgewählte Beiratsmitglieder an. Die Prüfentscheidung wird jeweils mit einfacher Mehrheit gefällt.[179] 184

Gegen die letztinstanzliche Entscheidung kann eine Oberste Landesjugendbehörde innerhalb einer **Frist von zehn Tagen** Appellation einlegen. Über die Appellation wird in einem Ausschuss von sieben Personen entschieden, die direkt von den Obersten Landesjugendbehörden benannt werden. An den Prüfungen können der Ständige Vertreter und der Leiter der USK ohne Stimmrecht teilnehmen. 185

d) **Besondere Prüfverfahren.** In § 11 der USK-Grundsätze werden verschiedene besondere Prüfungen ermöglicht, die ausschließlich durch den Ständigen Vertreter durchgeführt werden. Dabei geht es bspw um die Prüfung von Inhaltsgleichheit: unter anderem fällt hierunter auch die Feststellung, ob ein Spiel mit einem von der Bundesprüfstelle indizierten Spiel wesentlich inhaltsgleich ist. 186

e) **Verweigerung der Kennzeichnung.** Nach § 12 Abs 5 der USK-Grundsätze kann die Kennzeichnung verweigert werden. Das ist der Fall, wenn der Ausschuss zum Ergebnis kommt, dass das Spiel **gegen strafrechtliche Bestimmungen verstößt**, offensichtlich schwer jugendgefährdend oder sonst unzulässig ist oder eine Indizierung durch die Bundesprüfstelle in Frage kommt. Ist sich der Ausschuss bzgl der Frage, ob das Spiel von der Bundesprüfstelle als jugendgefährdend eingestuft werden würde, unsicher, so wird eine Entscheidung der Bundesprüfstelle herbeigeführt, wenn der Antragsteller diesem Verfahren nicht ausdrücklich widerspricht. 187

f) **Die USK in der Kritik.** Obwohl die USK rechtlich und organisatorisch mit der FSK vergleichbar ist, stand sie zum Teil massiv in der Kritik. **Die Hauptvorwürfe beziehen sich darauf, dass die USK nicht über ein transparentes Verfahren für die Auswahl und den Einsatz der Prüfer verfüge.** Abgesehen vom Ständigen Vertreter werden die Prüfer von der USK selbst benannt und eingesetzt. Des Weiteren wird kritisiert, dass die USK in ihren Ausschüssen ein Spiel nicht komplett zur Kenntnis nimmt, sondern sich auf sog Tester verlässt, die dem Ausschuss die wesentlichen Elemente des Spieles vorführen.[180] Dieser Vorwurf ist berechtigt, auf der anderen Seite ist es fast 188

177 § 7 USK-Grundsätze.
178 § 8 USK-Grundsätze.
179 § 9 USK-Grundsätze.
180 So *Höynck/Mößle/Kleimann/Pfeiffer/Rehbein* 62.

unmöglich, mit mehreren Personen gleichzeitig ein Computerspiel, das anders als Filme nicht linear vorzuführen ist, komplett durchzuspielen. Der USK wird eine zu liberale Freigabepraxis vorgeworfen und eine zu große Nähe zur Wirtschaft unterstellt. In einer vom Kriminologischen Forschungsinstitut Niedersachsen (KFN) vorgestellten Studie wird beklagt, dass 82 % der Jugendlichen zwischen 14 und 15 Jahren Spiele kennen, die über keine Jugendfreigabe verfügen oder gar indiziert sind. Dies weist aber wohl eher auf ein Defizit im Bereich der Kontrolle und der elterlichen Aufsichtspflichten hin. Mit einer strengeren Freigabe ist dieses Problem jedenfalls kaum zu lösen.

6. Die Automaten Selbstkontrolle (ASK)

189 Das Spielen an Automaten ohne Gewinnmöglichkeit darf Kindern und Jugendlichen ohne Begleitung einer personensorgeberechtigten oder erziehungsberechtigten Person nur gestattet werden, wenn der Inhalt des Spiels von den Obersten Landesjugendbehörden oder einer Organisation der Freiwilligen Selbstkontrolle geprüft wurde und mit der auch für Kinofilme oder Trägermedien geltenden Altersfreigabe versehen sind. In öffentlichen Verkehrsflächen dürfen solche Automaten nur aufgestellt werden, wenn **die Inhalte des Automatenspiels *ab sechs Jahren* freigegeben sind.** Die Freigabe für Automatenspiele wird von der Automaten Selbstkontrolle (ASK) mit Sitz in Berlin erteilt.

190 Der Aufenthalt in Spielhallen ist Kindern und Jugendlichen nicht gestattet. Die Teilnahme an Spielen mit Gewinnmöglichkeiten darf ihnen nur auf Volksfesten, Schützenfesten, Jahrmärkten, Spezialmärkten oder ähnlichen Veranstaltungen gestattet werden, wenn der Gewinn der Waren von geringem Wert ist.[181]

§ 5
Der Jugendmedienschutz-Staatsvertrag (JMStV)

I. Zielsetzung des JMStV

191 Der Jugendschutz im Fernsehen wird, ebenso wie der Jugendschutz für Telemedien (Internet), im Jugendmedienschutz-Staatsvertrag (JMStV) geregelt. **Ziel des Gesetzes ist es zum einen, für vergleichbare Inhalte unabhängig von der Art der Verbreitung dasselbe Maß an Jugendschutz zu gewährleisten.** Zum anderen geht der Gesetzgeber davon aus, dass angesichts der rasanten Vermehrung von Inhalten und Vertriebswegen **der Jugendschutz ohne die Mitwirkung der Anbieter nicht mehr einzuhalten ist.** Die Bestimmungen zum Jugendschutz im Fernsehen waren zunächst Teil des Rundfunkstaatsvertrags. Ab 2003 ist der JMStV in Kraft. Er gilt für alle Onlinemedien (Fernsehen und Internet).

192 Im Bereich des Fernsehens und des Internets muss bedacht werden, dass eine faktische Kontrolle der Jugendschutznormen nicht möglich ist. Wenn ein Film oder ein Programm aufgrund der Bestimmungen des JMStV nur im Nachtprogramm ausgestrahlt wird, ist die Wahrscheinlichkeit, dass jüngere Kinder zuschauen, zwar sehr

---

181 § 6 JuSchG.

gering, auszuschließen ist es allerdings nicht. **Auf der anderen Seite bedeuten Einschränkungen bei der Sendezeit aufgrund von Jugendschutzbestimmungen gleichzeitig auch, dass Erwachsene entsprechende Filme oder Programme zu dieser Zeit nicht wahrnehmen können.** In der Praxis heißt das zum einen, dass bestimmte Programme, die Erwachsene im Bereich des Kinos oder des Videomarktes jederzeit wahrnehmen können, im Bereich des Fernsehens oder des Internets gänzlich unzulässig sind (zB indizierte Filme). Zum anderen muss aber zwischen den Interessen der Erwachsenen und denen des Jugendschutzes abgewogen werden. Der JMStV setzt deshalb auf eine geteilte Verantwortung der Anbieter auf der einen Seite und der Familie auf der anderen.

Das Ziel dieses Staatsvertrages wird in § 1 JMStV wie folgt formuliert:

Zweck des Staatsvertrages ist der einheitliche Schutz der Kinder und Jugendlichen vor Angeboten in elektronischen Informations- und Kommunikationsmedien, die deren Entwicklung oder Erziehung beeinträchtigen oder gefährden, sowie der Schutz vor solchen Angeboten in elektronischen Informations- und Kommunikationsmedien, die die Menschenwürde oder sonstige durch das Strafgesetzbuch geschützte Rechtsgüter verletzen. **193**

1. Das System der regulierten Selbstregulierung

Zur Durchsetzung dieser Ziele geht der Staatsvertrag neue Wege. Die Durchsetzung und Kontrolle der Bestimmungen werden durch das System der sog *regulierten Selbstregulierung* vollzogen. Da nach Art 5 Abs 2 GG die Durchsetzung des Jugendschutzes Aufgabe des Staates ist, kann der Staat den Jugendschutz nicht ausschließlich Selbstkontrolleinrichtungen übertragen.[182] Deshalb bestimmt das Gesetz ein **Miteinander von der nach dem Gesetz zuständigen Aufsicht und Institutionen** der Freiwilligen Selbstkontrolle.[183] **194**

2. Die Anerkennung von Einrichtungen der Freiwilligen Selbstkontrolle

Zwar ist nach dem JMStV die Kommission für Jugendmedienschutz (KJM) für die Kontrolle der Jugendschutzbestimmungen im Fernsehen und dem Internet verantwortlich. Sie ist ein Organ der für die Lizenzierung und die Kontrolle des privaten Rundfunks in Deutschland zuständigen Landesmedienanstalten. Das Gesetz gibt den Anbietern aber gleichzeitig die Möglichkeit, eine Organisation der freiwilligen Selbstkontrolle einzurichten, die, sofern sie die in § 19 Abs 3 JMStV getroffenen Voraussetzungen erfüllt, von der KJM anzuerkennen ist. Eine anerkannte Selbstkontrolle kann in ihrem Zuständigkeitsbereich die Bestimmungen des Gesetzes weitgehend selbstständig durchsetzen. Die Zuständigkeit der KJM beschränkt sich auf solche Fälle, die der Selbstkontrolle nicht vorgelegt wurden oder in denen die Selbstkontrolle den ihr zustehenden fachlichen Beurteilungsspielraum überschritten hat. Dieses Modell der regulierten Selbstregulierung beabsichtigt, dass die Einschätzung von Programminhalten und die Durchsetzung der Jugendschutzbestimmungen weitgehend von den Selbstkontrolleinrichtungen übernommen werden, während die KJM **nur noch für grundsätzliche Fragen** verantwortlich ist und so dafür sorgen soll, dass die Selbstkontrolleinrichtungen ihre Aufgaben sachlich vertretbar und im erforderlichen Umfang wahrnehmen.[184] **195**

---

182 BVerfG 83, 130, 139 ff.

183 So bezeichnet Bornemann das System als „Teilprivatisierung der Aufsicht", *Bornemann* NJW 2003, 787.

184 Vgl *Mynarik* 127 ff.

II. Unzulässige Sendungen iSd JMStV

196 In § 4 Abs 1 JMStV werden Sendungen oder Telemedien aufgeführt, die völlig unzulässig sind, also auch in der Verbreitung an Erwachsene. Weitgehend handelt es sich dabei um bereits nach dem Strafrecht relevante Straftatbestände, Sanktionsmöglichkeiten sind nach dem JMStV jedoch leichter durchzusetzen. Soweit es sich um einen strafrechtlich relevanten Tatbestand handelt, ist die strafrechtliche Auslegung anzuwenden.[185]

197 Unzulässig sind Inhalte, die Propagandamittel iSd § 86 des Strafgesetzbuches darstellen oder Kennzeichen verfassungswidriger Organisationen iSd § 86a des Strafgesetzbuches verwenden, Inhalte, die zum Hass gegen Rassen oder Minderheiten aufstacheln oder die während der Herrschaft des Nationalsozialismus begangenen Grausamkeiten leugnen.[186] Des weiteren sind Inhalte verboten, die gegen §§ 131 und 184 StGB verstoßen oder in die Liste der jugendgefährdenden Schriften aufgenommen sind. Auch Darstellungen von leidenden Menschen in einer ihre Würde verletzenden Weise sind nicht gestattet, ebenso wie die Darstellung von Kindern oder Jugendlichen in *unnatürlich geschlechtsbetonter Körperhaltung.*[187]

198 Das Verbot der Darstellungen von Menschen, die sterben oder schwerem körperlichem oder seelischem Leiden ausgesetzt sind und dadurch in ihrer Würde verletzt sind, gilt auch für die Berichterstattung, es sei denn, dass gerade für diese Form der Darstellung ein berechtigtes Interesse vorliegt.[188] Diese Regelung erweist sich in der Praxis als problematisch. Es ist nachvollziehbar, dass bspw im Rahmen der Kriegsberichterstattung oder in Reportagen über Katastrophen, Unfälle oder Verbrechen das Leiden der Menschen nicht unnötig lang und detailliert ins Bild gesetzt werden soll. Auf der anderen Seite dienen solche Bilder aber auch dazu, den Zuschauern die Brutalität und Abscheulichkeit von Kriegen oder terroristischen Anschlägen zu verdeutlichen. Gerade in Berichten und Dokumentationen über die während der Nazizeit begangenen Gräueltaten und Menschenwürdeverstöße dienen solche Bilder dazu, Mitgefühl für die Opfer und eine Verurteilung der nationalsozialistischen Herrschaft zu erzeugen. Bei der Auslegung dieser Verbotsnorm muss also bedacht werden, dass der Gesamteindruck einer Sendung zu berücksichtigen ist, also die Frage, ob der gezeigte Verstoß gegen die Menschenwürde befürwortet oder verharmlost wird oder ob sich die Sendung insgesamt eindeutig dagegen stellt. Angesichts der in Art 5 Abs 1 GG garantierten Medienfreiheit, vor allem im Bereich der Berichterstattung oder der Dokumentation gesellschaftlich relevanter Begebenheiten muss die Bestimmung auf jeden Fall eng ausgelegt werden.

199 Eine Definition des Begriffs der Menschenwürde fällt schwer, würde man doch Menschen aus der Menschenwürde herausdefinieren, auf die die Definition nicht zutrifft. Sie ist nur im negativen Sinn zu definieren, indem darüber debattiert wird, ob ein Verstoß dagegen vorliegt.[189] Das BVerfG[190] folgt der sog Objekt-Formel, wonach

---

185 Vgl *Hartstein/Ring/Kreile/Dörr/Stettner* Fn 21.

186 Zu beachten ist, dass für Fälle von Nr 1–6 die Sozialadäquanzklauseln des StGB gelten, nach denen Darstellungen im Rahmen der Kunst oder Wissenschaft ausgenommen sind. In einem Spielfilm oder Dokumentarfilm über das Dritte Reich ist es erlaubt, zB Hakenkreuze zu zeigen.

187 Es handelt sich um solche Angebote, die sich in stimulativer Absicht an Pädophile wenden.

188 § 4 Abs 1 Nr 8 JMStV.

189 So Dörr tv diskurs 1/2003, 44 ff.

190 BVerfGE 96, 375, 399.

Menschen nicht zum bloßen Objekt degradiert werden dürfen, indem der soziale Wert- und Achtungsanspruch und damit die Subjektqualität des Menschen infrage gestellt wird. Da die Menschenwürde unantastbar ist, ist eine Abwägung mit anderen Grundrechten unzulässig. Das bedeutet aber auch, dass eine Menschenwürdeverletzung deutlich und offensichtlich sein muss, sie muss grundlegend und prinzipiell sein, und sie muss eine *gewisse Intensität* erreichen.[191]

In der Praxis gibt es erstaunlicherweise bisher keine Beanstandungen zu Kriegs- **200**
oder Katastrophenberichterstattung. Stattdessen wurde zB die Nachrichtensendung eines Privatsenders beanstandet, die den Pflegenotstand in Deutschland anhand eines zufällig von einem Hobbyfunker aufgenommenen Überwachungsvideos verdeutlichen wollte. Das Video zeigt, wie ein hilfloser alter Mann von seiner Stieftochter, die ihn eigentlich pflegen soll, beschimpft und misshandelt wird. Die Qualität des Videos ist sehr schlecht, so dass niemand zu erkennen ist, gleichzeitig wirkt es aber authentisch, so dass man sich als Zuschauer der Wirkung nicht entziehen kann. In der Sendung wird dies zum Anlass genommen, mit mehreren Sachverständigen über den Pflegenotstand und Möglichkeiten der Abhilfe zu debattieren. Die KJM warf der Sendung vor allem vor, dass Ausschnitte aus dem Video nicht nur einmal, sondern mehrere Male in der Sendung gezeigt wurden. Damit sei das Maß an berechtigtem Interesse der Berichterstattung überschritten. Der Sender argumentierte, die Sendung sei allein schon deshalb kein Verstoß gegen die Menschenwürde, weil sie Menschenwürdeverletzung anprangere. Die Wiederholung der Bilder sei wichtig, um die Empathie des Zuschauers während der Sendung aufrechtzuerhalten. Die abstrakte Schilderung, Statistiken oder Interviews würden nicht die Emotion des Zuschauers ansprechen, diese sei aber wichtig, um sich gegen entsprechende Menschenwürdeverletzungen zu wenden. Außerdem sei die Beanstandung ein Eingriff in die Freiheit der Berichterstattung. In erster Instanz folgte das VG Hannover[192] der Argumentation der KJM, auch die Berufung war erfolglos. Nach Auffassung des OVG Lüneburg ist in der Dominanz der Bilder, welche die Misshandlung des alten Mannes wiederholt darstellen, ein Verstoß gegen die Menschenwürde zu sehen.[193] Zu bezweifeln ist, ob es in die Kompetenz der Gerichte fallen soll, in die Art und Weise der Darstellung im Rahmen von Berichterstattungen derart einzugreifen. Immerhin handelt es sich um ein Ausstrahlungsverbot. Nach Auffassung des Senders ist die ausführliche Schilderung der Misshandlung notwendig, um die gewünschte Empathie beim Zuschauer zu bewirken. Dies sei erforderlich, um durch öffentlichen Druck eine Verbesserung der Pflegesituation alter Menschen zu erreichen.[194] Die reine Schilderung der Vorgänge sei zwar für den Zuschauer erträglicher, würde aber kein Engagement provozieren und den Bericht bald vergessen lassen.

Im Bereich des Fernsehens spielt in der Praxis vor allem das Pornografieverbot eine **201**
Rolle, da es hier oft schwierige Abgrenzungsprobleme gibt. Im Bereich des Internets haben auch die anderen Verbotsnormen eine mehr oder weniger große Bedeutung. Sie im Einzelnen hier zu erläutern, würde zu weit führen.[195]

---

191 So *Cole* 264.

192 VG Hannover Urt v 6.2.2007, Az 7 A 5470/06 (nicht rechtskräftig).

193 OVG Lüneburg, Beschluss v 20.10.2008, Az 10 LA 101/07.

194 So *Kloeppel* tv diskurs 4/2008, 46 ff.

195 Eine ausf Erläuterung findet sich in den *Richtlinien zur Anwendung der Prüfordnung* der FSF, Teil III, 25 ff, abrufbar unter www.fsf.de/fsf2/ueber_uns/bild/download/FSF_Richtlinien_gesamt.pdf; s auch *Heinrich* Band 5 Kap 5.

1. Grenzziehung zwischen Erotikfilmen und Pornografie

202 Dies spielt vor allem eine Rolle, seit nach der Einführung des privaten Fernsehens dort auch Erotikfilme ausgestrahlt werden. Während vorher sexuelle Darstellungen vor allem im Kino, auf Video oder in entsprechenden Magazinen veröffentlicht wurden, zu denen der Konsument gezielt und aus eigenem Antrieb Zugang suchte, geht man beim Fernsehen davon aus, dass auch solche Menschen mit entsprechendem Material konfrontiert werden, die dies nicht wünschen. Ende der neunziger Jahre hat es daher vor allem bei Programmen des Pay-TV-Senders Sky erhebliche Diskussionen um die Grenzen zwischen im Fernsehen erlaubten Erotikfilmen und verbotener Pornografie gegeben. Daran waren weniger die Strafgerichte beteiligt, sondern die für das Fernsehen zuständigen Landesmedienanstalten. Diese vertraten die Ansicht, dass die bis dahin in der Praxis als Unterscheidungskriterium geltende Definition, nämlich die detaillierte Darstellung der Geschlechtsteile, nicht allein zutreffend sei. **Nach Vorstellung der Landesmedienanstalten handelt es sich bereits dann um Pornografie, wenn ein Film überwiegend aus der Darstellung sexueller Handlungen mit wechselnden Sexualpartnern besteht, ohne dass dies in eine außersexuelle Rahmenhandlung eingebunden ist.**

203 Im werbefinanzierten frei empfangbaren Fernsehen wurden schon Ende der achtziger Jahre regelmäßig Erotikfilme ausgestrahlt. Allerdings handelte es sich dabei in der Regel um Filme, die in den siebziger Jahren für das Kino produziert wurden und, zumindest unter Schnittauflagen, über eine Freigabe vor Erwachsenen verfügten. Während die frei empfangbaren Sender ihr Erotikprogramm allmählich reduzierten, wuchs der Anteil der sog *Cableversions* im Pay-TV, die aus den USA importiert wurden. Dabei handelte es sich um Filme, die mit zwei Kameras aufgenommen waren. Die eine Kamera zeigte alle Details des Geschlechtlichen, der Film war für den Pornomarkt in geschlossenen Videotheken gedacht. Für das amerikanische Kabelfernsehen vermied die andere Kamera den direkten Blick auf die Geschlechtsteile. Dennoch unterschieden sich die Filme deutlich von den deutschen Sexfilmen der siebziger Jahre, bei denen das nostalgische Element manchmal stärker wirkt als die erotische Stimulans. **Die handelnden Personen wirken authentisch und modern, und wer die Produktionsbedingungen kannte, wusste, dass die sexuellen Handlungen nicht simuliert, sondern real waren.**

2. Erotikprogramme in Pay-TV-Sendern

204 Die Pay-TV-Sender argumentierten, ihr Programm sei nicht frei empfangbar, **die Decoder würden aufgrund der allgemeinen Geschäftsbedingungen nur an Erwachsene abgegeben, die sich mit dem Personalausweis identifizieren müssen. Deshalb waren sie der Meinung, mehr zeigen zu dürfen als ihre Kollegen vom frei empfangbaren Fernsehen.** Zwar war ihnen klar, dass ihre Programme als Rundfunk gelten und sie damit unter die Bestimmungen des Rundfunkstaatsvertrags[196] fielen, der die Ausstrahlung pornografischer Programme im Fernsehen verbot, aber sie vertraten die Auffassung, dass bei ihnen das Jugendschutzproblem aus den oben genannten Gründen geringer sei. Sie forderten, dass bei ihnen der Pornografiebegriff großzügiger auszulegen sei.

205 Alle einschlägigen Erotikfilme wurden der Freiwilligen Selbstkontrolle Fernsehen (FSF) vor der Ausstrahlung vorgelegt. Die für die Aufsicht über Sky zuständige

196 Bis 2003 waren die Jugendschutzvorschriften im Rundfunkstaatsvertrag geregelt.

Hamburgische Anstalt für neue Medien (HAM) stellte dennoch Erotikfilme mit einer Frei-gabe der FSF unter Beobachtung. Bald wurden zwei Filme, die gemäß ihrer FSF-Freigabe von Sky ausgestrahlt worden waren, als pornografisch eingestuft. Es wurde ein Beanstandungsverfahren eingeleitet. Einige Zeit später kamen fünf weitere Filme hinzu.

Ein von der HAM bei dem Leipziger Strafrechtsexperten Heribert Schumann in Auftrag gegebenes Gutachten kam zu dem Ergebnis, dass einige der Filme pornografisch seien. Nachdem ein von Herbert Selg verfasstes psychologisches Gutachten, das von der FSF in Auftrag gegeben wurde, jedoch zu dem Ergebnis kam, dass die betreffenden Filme keine jugendgefährdenden Wirkungen aufwiesen[197], änderte Schumann seine Auffassung. Die nach dem Strafrecht für die Beschränkung von Pornografie geltenden rechtlichen Bestimmungen seien verfassungsrechtlich nur zulässig, wenn eine Jugendgefährdung durch pornografische Inhalte zumindest im Bereich des Wahrscheinlichen liege. **Ginge es lediglich darum, durch das Pornografieverbot eine bestimmte Sexualmoral zu schützen, so würde dies gegen den freiheitlichen Grundgedanken der Verfassung verstoßen.**[198] Schumann schlug vor, nur noch solche Inhalte als pornografisch zu definieren, die durch die Entpersönlichung und Ignoranz der sexuellen Selbstbestimmung des Menschen gegen den Schutz der Menschenwürde (Art 1 GG) verstoßen.[199] 206

Die HAM wollte dies nicht nachvollziehen. Der Gesetzgeber habe entschieden, dass pornografische Inhalte Jugendlichen nicht zugänglich gemacht werden dürfen. Der BGH sowie weitere Gerichte hätten den Pornografiebegriff hinreichend definiert. **Außerdem gehe es nicht nur um Jugendschutz, sondern auch um den Konfrontationsschutz**, der vor allem im Bereich des Rundfunks von großer Bedeutung sei. Die Landesmedienanstalten hätten dies zu beachten. Drei Filme wurden beanstandet.[200] 207

Der Sender Sky klagte gegen diese Entscheidung vor dem Verwaltungsgericht Hamburg. Zum einen ging es um die Frage, ob die inzwischen nicht mehr ganz neue Definition des BGH vor dem Hintergrund neuer Wirkungserkenntnisse noch haltbar sei, zum anderen sollte geprüft werden, ob die besonderen Bedingungen der Ausstrahlung im Pay-TV ausreichend seien, um den notwendigen Jugendschutz zu gewährleisten. Zumindest müsse in diesem Bereich eine großzügigere Definition von Pornografie gelten. Die Klage wurde zurückgewiesen[201] und landete letztlich beim Bundesverwaltungsgericht in Berlin. 208

---

197 *Selg* interpretiert die Forschungslage so, dass stimulierende Bilder in der Pornografie in ihrer Absicht erkannt und von den Rezipienten nicht mit der Wirklichkeit in Verbindung gebracht werden. Dagegen sei die Verbindung sexueller Handlungen mit Gewalt als Muster äußerst gefährlich, vgl *Selg* Pornographie und Gewalt BPS-Report 4/1988, 1 ff sowie *Selg* Pornographie und Erotographie tv diskurs 1/1997, 48 ff.

198 Vgl *Schumann* Zum Begriff der Pornographie 2/1997, 57 ff.

199 Vgl Eser/Schittenhelm/Schumann/*Schumann* 565 ff.

200 Das Beanstandungsverfahren führte in der Öffentlichkeit zu einer sehr kontrovers geführten Diskussion darüber, ob der Pornografiebegriff noch zeitgemäß ist. Auf einer Veranstaltung der Landesmedienanstalten im Herbst 1997 mit dem Titel *Sex sells* unterstützte Mahrenholz zum Teil die Position Schumanns, der Kulturwissenschaftler Faulstich forderte einen neuen, zeitgemäßen Pornografiebegriff, vgl *Mahrenholz* ZUM 1998, 525 ff, sowie *Faulstich* epd Medien 8, 1997, 8 ff.

201 VG Hamburg Urt v 1.3.2001, Az 12 VG 2246/98, danach ist ein Film bei der Ausstrahlung im Fernsehen nach der von der Rechtsprechung zu § 184 StGB entwickelten Kriterien zu beurteilen. Für einen neuen Pornografiebegriff, der nach dem Schutzzweck der Norm (abgestufter Jugendschutz) differenziert, sei kein Raum.

209 Die Bayerische *Landeszentrale für neue Medien* (BLM) beanstandete 1997 vier im Programm des Münchner Pay-TV-Senders DF1 ausgestrahlte Filme. Der Streitgegenstand sowie die Argumente waren im Wesentlichen die gleichen. Bei RTL 2 wurden ebenfalls einige Erotikfilme als pornografisch beanstandet, obwohl diese eine Freigabe durch die Juristenkommission der SPIO erhalten hatten. Der Sender hatte gehofft, die Landesmedienanstalten würden diese Freigaben eher akzeptieren als die der FSF.[202]

210 Als im März 2001 Erotiksender wie Beate-Uhse-TV auf der Plattform von Premiere auf Sendung gingen, wollten die Landesmedienanstalten ebenfalls gegen einige Filme trotz FSF-Freigabe vorgehen. Die für den Sender zuständige Medienanstalt Berlin-Brandenburg (MABB) stellte Strafanzeige gegen den Geschäftsführer des Senders wegen unzulässiger Vorbereitung pornografischer Darbietungen im Rundfunk, vor allem wohl deshalb, um auf diese Weise eine Stellungnahme der Berliner Staatsanwaltschaft zu erhalten. Diese kam zu dem klaren Ergebnis, dass es sich bei keinem der Filme um Pornografie handelte und stellte das Verfahren ein.

211 Obwohl die Spruchpraxis der FSF sowie das Ausstrahlungsverhalten der Sender sich nicht erkennbar änderten, gab es danach keine weiteren Beanstandungen. Im Jahre 2002 hob das Bundesverwaltungsgericht das erstinstanzliche Hamburger Urteil auf[203]. Auch wenn viele erhofft hatten, durch das Gericht eine Entscheidung darüber zu erhalten, ob und wie der Pornografiebegriff neu definiert werden müsse, hat sich das Gericht in dieser Frage zurückgehalten. Stattdessen bemängelte es die fehlende Beschäftigung des erstinstanzlichen Urteils mit der Frage, ob die von Sky getroffenen Maßnahmen ausreichend seien, um den Jugendschutz effektiv zu sichern. **Darüber hinaus stellte das Gericht fest, dass sich das Ausstrahlungsverbot Pornografie im Fernsehen zumindest nach dem Strafrecht nur auf Lifedarbietungen bezieht.**

3. Der Fall „Adult Channel“

212 Als ein deutscher Kabelnetzbetreiber den in Großbritannien zugelassenen Erotikkanal *Adult Channel* in sein Netz einspeiste, vertraten wiederum einige Landesmedienanstalten die Ansicht, es würde sich um unerlaubte Pornografie handeln. Auf Konsequenzen wurde jedoch verzichtet, da es sich um ein in Großbritannien zugelassenes Programm handelte. **Gespräche zwischen den Landesmedienanstalten und der zuständigen Aufsichtsbehörde in Großbritannien ergaben, dass nach Ansicht der Briten die Programminhalte nicht pornografisch seien.**

III. Jugendschutz im Jugendmedienschutz-Staatsvertrag (JMStV)

213 Die Bestimmungen zum Jugendschutz werden in § 5 JMStV geregelt. Dessen Abs 1 lautet:

Sofern Anbieter Angebote, die geeignet sind, die Entwicklung von Kindern oder Jugendlichen zu einer eigenverantwortlichen und gemeinschaftsfähigen Persönlichkeit zu beeinträchtigen, verbreiten oder zugänglich machen, haben sie dafür Sorge zu tragen, dass Kinder oder Jugendliche der betroffenen Altersstufen sie üblicherweise nicht wahrnehmen.

---

202 Zum Pornografiebegriff der zuständigen Hessischen Landesmedienanstalt vgl *Erdemir* MMR 2003, 628.

203 BVerfG Urt v 20.2.2002, Az 6 C 13.01.

1. Sendezeitbeschränkungen und Vorsperren

Um dies zu gewährleisten, stehen dem Sender bestimmte Sendezeitbeschränkungen zur Verfügung, bei digitalen Kanälen (aus praktischen Gründen ist das derzeit nur beim Pay-TV möglich) gibt es die Möglichkeit zur **technischen Vorsperre**. Die Voraussetzungen für diese Vorsperre regeln die Landesmedienanstalten in einer entsprechenden Satzung. Derzeit gilt Folgendes: Der Sender muss Programme, die Sendezeitbeschränkungen unterliegen, so vorsperren, dass das Programm **weder optisch noch akustisch** wahrnehmbar ist (Schwarzbild ohne Ton). Der Zuschauer wird aufgefordert, den Jugendschutz-PIN einzugehen. Dieser wird dem (erwachsenen) Kunden beim Abschluss des Vertrages (der durch einen Händler unter Vorlage des Personalausweises abgeschlossen wird) ausgehändigt. Eine Möglichkeit für bestimmte Kunden – zB in kinderlosen Haushalten – die Jugendschutzsperre auszuschalten, ist nicht zulässig. Folgt nach Beendigung der vorgesperrten Sendung eine weitere Sendung, die vorzusperren ist, muss der Kunde **die PIN erneut** eingeben. Digitale Sender, die über die Möglichkeit der Vorsperre verfügen, dürfen nach der gegenwärtigen Satzung der Landesmedienanstalten Filme mit einer Freigabe ab 16 Jahren ohne zeitliche Beschränkungen ausstrahlen, Filme ohne Jugendfreigabe dürfen in der Zeit von 20 Uhr abends und 6 Uhr morgens gezeigt werden, vorausgesetzt, sie sind gesperrt.[204] **214**

Die Anforderungen an die Sicherheit der PIN muss von den Sendern hoch angesetzt werden. In einer einstweiligen Verfügung ging im April 2010 ein Unternehmer gegen den Pay-TV-Sender Sky vor, weil dessen PIN nicht sicher sei. Sie lasse sich aus der Personalausweisnummer des Kunden nach einem bestimmten System, das für Jugendliche im Internet zugänglich sei, errechnen. Daraufhin hat Sky seine Kunden aufgefordert, eine selbstgewählte PIN festzulegen.[205] **215**

Die Beschränkungen nach § 5 Abs 1 gelten nicht **für Nachrichtensendungen und Sendungen zum politischen Zeitgeschehen**. Ziel ist, durch Jugendschutzbestimmungen nicht Berichte über Kriege, Katastrophen, Terroranschläge etc zu verhindern, da das Interesse der freien Berichterstattung hier Vorrang hat. Allerdings gilt dieser Vorrang nur, soweit ein berechtigtes Interesse gerade an dieser Form der Berichterstattung besteht.[206] In letzter Zeit kommt es häufig zum Streit zwischen Sendern und der KJM über Dokumentationen aus der Zeit des Nationalsozialismus oder über Gräueltaten früherer Diktatoren in osteuropäischen Staaten. Streitpunkt ist zum einen die Frage, ob die Integration nachgespielter Sequenzen in einer ansonsten mit Originalmaterial arbeitenden Dokumentation dazu führen kann, dass der gesamte Inhalt den Charakter der Dokumentation verliert. Zweifellos ist es das Wesen von Dokumentationen, die sich mit der Judenvernichtung, der Bombardierung von Städten oder der Misshandlung von Menschen durch ein diktatorisches Regime beschäftigen, dass sie diese Taten so weit wie möglich anhand von Originalmaterial belegen. Diese Bilder können sicherlich auf Kinder beängstigend wirken. Allerdings gibt es auch Ereignisse, über die keine Archivbilder zur Verfügung stehen. Um dem Zuschauer einen möglichst nahen Eindruck zu vermitteln, werden sie nachgespielt. Die KJM argumentiert, dass dann auch ein Kriegsfilm für sich in Anspruch nehmen könnte, als Dokumentation zu gelten. Ein weiterer Streitpunkt ist die Frage, ob es sich bei Kriegsdokumentationen um Beiträge **216**

---

204 Satzung zur Gewährleistung des Jugendschutzes in digital verbreiteten Programmen des privaten Fernsehens – Jugendschutzsatzung (JSS) v 25.11.2003.

205 So *Gräfe* Digital Fernsehen vom 1.7.2010.

206 § 5 Abs 6 JMStV.

zum Zeitgeschehen handelt. Nach Auffassung der KJM fehlt der aktuelle Bezug. Gegen die Beanstandung einer Dokumentation über die letzten Kriegstage hat der Sender Klage beim VG Berlin eingelegt.[207]

2. Festlegung der Sendezeit für wiederkehrende Formate

217 Die KJM sowie die FSF sind für die Festlegung von Sendezeiten für Programme zuständig, die nicht über eine FSK-Freigabe verfügen. Dabei sind die Besonderheiten der Ausstrahlung von Filmen im Fernsehen, vor allem bei Fernsehserien, zu beachten.[208] Für sonstige Sendeformate, die regelmäßig über einen längeren Zeitraum ausgestrahlt werden, können die KJM oder die FSF für alle weiteren Folgen Sendezeitbeschränkung festlegen, wenn bereits mehrere Folgen gegen Jugendschutzbestimmungen verstoßen haben und aufgrund der Ähnlichkeit der Themen zu vermuten ist, dass auch spätere Folgen zu Verstößen führen werden.[209] Diese Regelung wurde vor allem für die nachmittäglichen Talkshows eingeführt. Sie wäre theoretisch bspw auch auf Gerichtsshows anwendbar. Bisher wurde von dieser Möglichkeit aber weder von der KJM noch von der FSF Gebrauch gemacht.

3. FSK-Freigaben und Sendezeitbeschränkungen

218 Die Sendezeitbeschränkung wird mit einer bestimmten FSK-Freigabe verbunden. Dazu heißt es in § 5 Abs 4:

Ist eine entwicklungsbeeinträchtigende Wirkung iSv Abs 1 auf Kinder oder Jugendliche anzunehmen, erfüllt der Anbieter seine Verpflichtung nach Abs 1, wenn das Angebot nur zwischen 23 Uhr und 6 Uhr verbreitet oder zugänglich gemacht wird. Gleiches gilt, wenn eine entwicklungsbeeinträchtigende Wirkung auf Kinder oder Jugendliche unter 16 Jahren zu befürchten ist, wenn das Angebot nur zwischen 22 Uhr und 6 Uhr verbreitet oder zugänglich gemacht wird. Bei Filmen, die nach § 14 Abs 2 des Jugendschutzgesetzes unter 12 Jahren nicht freigegeben sind, ist bei der Wahl der Sendezeit dem Wohl jüngerer Kinder Rechnung zu tragen.

219 Die Freigabe der FSK für die Kino- oder Videoauswertung ist also eine wichtige Voraussetzung für eine Sendezeitbeschränkung im Fernsehen. Filme mit einer Freigabe *ohne Altersbeschränkung* oder *freigegeben ab sechs Jahren* können ohne jede Sendezeitbeschränkung ausgestrahlt werden. Filme mit einer Freigabe ab 12 Jahren können ebenfalls ohne zeitliche Beschränkungen ausgestrahlt werden, es sei denn, dass Wohl jüngerer Kinder könnte beeinträchtigt sein. Auf jeden Fall dürfen diese Filme nach den Richtlinien der Landesmedienanstalten ab 20 Uhr ausgestrahlt werden, besondere Rücksicht auf jüngere Kinder muss also im Tagesprogramm genommen werden.

220 In der Praxis bereitet die Klärung der Frage, welche Filme mit einer Freigabe ab 12 Jahren das Wohl jüngerer Kinder beeinträchtigen können, immer wieder Probleme. **Denn im Prinzip sind diese Filme im Tagesprogramm zulässig, der Gesetzgeber will einen vernünftigen Kompromiss zwischen den Interessen der Erwachsenen, die am Tag fernsehen, und dem Jugendschutz erreichen.** Vieles spricht dafür, dass vor allem solche Filme nicht während des Tages ausgestrahlt werden sollen, bei denen die Freigabe ab 12 Jahren mit knapper Mehrheit und vielen Gegenargumenten erteilt wurde. Ebenfalls geht es wohl nicht darum, dass eine bestimmte Altersgruppe, etwa die Drei-

207 Die letzten Tage des Krieges, NTV, ausgestrahlt am 3.12.2007 um 16 Uhr.

208 § 8 Abs 1 JMStV.

209 § 8 Abs 2 JMStV.

jährigen oder die Achtjährigen, mit *jüngere Kinder* gemeint sind. Denn das hätte der Gesetzgeber ohne weiteres ins Gesetz aufnehmen können. In den Richtlinien der Landesmedienanstalten finden sich zu dieser Frage keine Erläuterungen, es heißt dort lediglich, dass der Anbieter auf jeden Fall dann die Bestimmung einhält, wenn er den Film zwischen 20.00 Uhr und 6.00 Uhr ausstrahlt.[210]

Bis zum Jahre 1994 konnten Filme mit einer Freigabe ab 12 Jahren ohne jede zeit- 221
liche Beschränkungen ausgestrahlt werden. Da die Sender aufgrund ihrer Lizenzverträge Filme innerhalb von 24 Stunden meist kostenlos wiederholen konnten, wurden nahezu alle Filme des Hauptabendprogramms am nächsten Tag im Tagesprogramm wiederholt, darunter auch gewalthaltige Kriminalfilme oder Kriegsfilme, die zum Teil mit sehr knapper Mehrheit eine Freigabe ab 12 Jahren erhalten hatten. Dies veranlasste den Gesetzgeber, die Bestimmung dahingehend zu verändern, die Ausstrahlung von solchen Filmen im Tagesprogramm davon abhängig zu machen, dass das Wohl jüngerer Kinder berücksichtigt werden musste. **Da die Ausstrahlung solcher Filme aber grds im Tagesprogramm erlaubt ist, müssen die Anbieter in jedem Einzelfall abwägen, ob das Wohl jüngerer Kinder tangiert ist.** Dabei geht es letztlich um eine gewisse Sensibilität, die aber schlecht anhand von klaren Kriterien verbindlich festzumachen ist. Daher führt diese Bestimmung oft zu Kontroversen zwischen den Sendern, der FSF und der KJM.

Filme mit einer Freigabe ab 16 Jahren unterliegen einer Sendezeitbeschränkung 222
zwischen 22 Uhr abends und 6 Uhr morgens, Filme, die „keine Jugendfreigabe" erhalten haben, dürfen nur zwischen 23 Uhr abends und 6 Uhr morgens ausgestrahlt werden. Will ein Sender von diesen Beschränkungen abweichen, so ist dafür eine Ausnahmegenehmigung bei der Kommission für Jugendmedienschutz (KJM) bzw der Freiwilligen Selbstkontrolle Fernsehen (FSF) erforderlich. Dies ist vor allem dann möglich, wenn zwischen dem Ausstrahlungszeitpunkt und der Prüfung bei der FSK mehr als 15 Jahre vergangen sind oder wenn es sich um eine Schnittfassung handelt, in der die Szenen, die für die Altersfreigabe verantwortlich waren, entfernt wurden. Eine klare Regelung für die Zulassung von Filmen im Ausnahmeverfahren gibt es nicht. **Der Antragsteller muss die Zulassung im Einzelfall plausibel begründen können.**

4. Die Jugendschutzbeauftragten

Eine wichtige Säule des Jugendmedienschutzes sind die Jugendschutzbeauftragten 223
bei den Fernsehsendern und Internetanbietern. Fernsehsender, die nicht bundesweit ausstrahlen, können auf die Bestellung eines Jugendschutzbeauftragten verzichten, wenn sie sich Einrichtungen der Freiwilligen Selbstkontrolle anschließen. Anbieter von Telemedien sind von der Einstellung eines Jugendschutzbeauftragten befreit, wenn sie weniger als 50 Mitarbeiter oder nachweislich weniger als 10 Millionen Zugriffe in einem Durchschnittsmonat haben. Die Jugendschutzbeauftragten sind beim Programmeinkauf, bei der Programmplanung und bei der Gestaltung der Angebote einzubeziehen. Sie sind Ansprechpartner für die Belange des Jugendschutzes innerhalb des Unternehmens, aber auch für die Nutzer.[211]

---

210 Gemeinsame Richtlinien der Landesmedienanstalten zur Gewährleistung des Schutzes der Menschenwürde und des Jugendschutzes (Jugendschutz-Richtlinien – JuSchRiL) vom 8./9.3.2005, 7; Abruf unter www.fsf.de/fsf2/ueber_uns/download.htm.

211 § 7 JMStV.

5. Regelungen für Werbung

224 Daneben finden sich noch jugendschutzrelevante Normen im Bereich des Werbe- bzw Wettbewerbsrechts, das jedoch nicht Gegenstand dieser Darstellung ist. Der Vollständigkeit halber erwähnt werden soll hier dennoch zum einen das Gesetz gegen unlauteren Wettbewerb (UWG), das Werbung, die geeignet ist, die geschäftliche Unerfahrenheit von Kindern und Jugendlichen auszunutzen, verbietet, § 4 Ziff 2 UWG, sowie der Jugendmedienschutz-Staatsvertrag (JMStV), der in § 6 jugendschutzrelevante Aspekte von Werbung und Teleshopping regelt. So dürfen Angebote, die indiziert sind, nicht frei beworben werden, § 6 Abs 1 JMStV. Daneben darf im Einklang mit dem Wettbewerbsrecht Werbung keine direkten Kaufappelle an Kinder oder Jugendliche enthalten, die deren Unerfahrenheit ausnutzen, § 6 Abs 2 Ziff 1 JMStV. An dieser Stelle kurz angesprochen werden soll auch der Schutz des besonderen Vertrauens, das Kinder oder Jugendliche zu Eltern, Lehrern oder anderen Vertrauenspersonen haben: es darf nicht für Zwecke der Werbung instrumentalisiert werden, vgl § 6 Abs 2 Ziff 3 JMStV.

6. Jugendschutz im öffentlich-rechtlichen Fernsehen

225 Die Jugendschutzbestimmungen des JMStV gelten uneingeschränkt auch für das öffentlich-rechtliche Fernsehen. **Allerdings unterliegen diese nicht der Aufsicht durch die KJM.**

226 Für die Festlegung von Sendezeiten nach § 8 JMStV sind die öffentlich-rechtlichen Rundfunkanstalten selbst zuständig. Für Ausnahmeanträge[212] können die zuständigen Gremien auf Antrag des Intendanten eine Genehmigung erteilen. Alle öffentlich-rechtlichen Sender verfügen gem § 7 JMStV über einen Jugendschutzbeauftragten. Allerdings sind diese im Regelfall nicht hauptamtlich in diesem Bereich tätig.

227 Sowohl von der KJM als auch aus den Reihen der Politik wird immer wieder eine gemeinsame Aufsicht über das öffentlich-rechtliche und das private Fernsehen gefordert.[213] Die öffentlich-rechtlichen Sender wehren sich jedoch vehement dagegen. Die Aufsicht der Gremien funktioniere gut, außerdem gebe es aufgrund des Auftrags des öffentlich-rechtlichen Rundfunks dort keine Jugendschutzprobleme. Dafür würden nicht zuletzt die strengen internen Richtlinien sorgen.

228 Vergleicht man die Programmstruktur öffentlich-rechtlicher und privater Sender, so ist es sicher richtig, dass das Jugendschutzrisiko in den Programmen der ARD und des ZDF geringer ist. Jugendschutzprobleme gibt es aber auch dort. Sowohl bei Ausnahmegenehmigungen[214] als auch bei der Festlegung von Sendezeiten für eigenproduzierte Filme (§ 8) wie bspw *Tatort* oder *Rosa Roth* kommt es zu Entscheidungen, die bspw von Seiten der KJM offen kritisiert werden. **Das Problem liegt wohl vor allem darin, dass es für ähnliche Fälle sehr unterschiedliche Entscheidungsgremien und Entscheidungswege gibt und dies je nach Perspektive den Eindruck der Ungleichbehandlung nahe legt.**[215]

---

212 § 9 JMStV.
213 Vgl *Wilms* JMS-Report 3/2004, 9 ff.
214 § 9 JMStV.
215 Auch von Seiten der Landesmedienanstalten wird kritisiert, das öffentlich-rechtlichter und privater Rundfunk unterschiedlich behandelt wird. Einige gehen so weit, dass dadurch das Ziel des JMStV verfehlt würde, so *Bornemann* NJW 2003, 787.

7. Regelungen für Telemedien

Telemedien werden ihrer Verpflichtung gerecht, wenn sie Programme, die eine Freigabe ab 12 Jahren erhalten haben oder inhaltlich mit einer solchen Freigabe vergleichbar sind, nicht im Umfeld von Programmen anbieten, die sich an Kinder richten.[216] Grds dürfen sie Inhalte, die Zeitbeschränkungen unterliegen, nur zu diesen (erlaubten) Zeiten ins Netz stellen. Inhalteanbieter müssen auch prüfen, dass nicht auf unzulässige Angebote verlinkt wird. Als Ausnahme von dieser Bestimmung gilt, wenn entsprechende Jugendschutzprogramme verwendet werden, so dass Kinder und Jugendliche die sie möglicherweise beeinträchtigenden Angebote normalerweise nicht wahrnehmen.[217] Das Jugendschutzprogramm muss eine Differenzierung nach Altersgruppen ermöglichen, es muss darüber hinaus von der KJM anerkannt werden.[218] Zwischen der FSM und der KJM ist umstritten, ob Jugendschutzprogramme auch von der FSM anerkannt werden können. 229

a) **Pornografische Inhalte in Telemedien.** Das Anbieten von pornografischen oder indizierten Inhalten ist bei Telemedien ausschließlich in geschlossenen Benutzergruppen erlaubt.[219] Über Altersverifikationssysteme soll sichergestellt werden, dass der Nutzer erwachsen ist. Die KJM hat strenge Voraussetzungen festgelegt, um einen Vertriebsweg als geschlossene Benutzergruppe im Sinne des Gesetzes anzuerkennen. **Danach muss mindestens einmal eine persönliche Ausweiskontrolle durchgeführt werden, um zu bestätigen dass es sich beim Kunden tatsächlich um einen Erwachsenen handelt. In der Praxis wird dies meist über das sog *Postidentverfahren* durchgeführt.** Der Kunde muss sich bei der Post unter Vorlage seines Personalausweises bestätigen lassen, dass er über 18 Jahre alt ist. Der Postangestellte schickt den Vertrag zusammen mit der Bestätigung an den Anbieter. Erst dann, wenn dieser beim Anbieter eingegangen ist, erhält der Kunde den Zugangscode. Darüber hinaus muss sich der Kunde bei jeder Anmeldung neu mit einem bestimmten Code identifizieren.[220] 230

Bei den Anbietern stoßen solche hohen Hürden zum Teil auf heftige Kritik. Sie haben versucht, verschiedene Systeme zu etablieren, die bspw durch die Eingabe der Nummer des Personalausweises und der Kontrolle bestimmter Kontobewegungen das Alter des Benutzers feststellen wollten. Die vorliegende Rechtsprechung hält dies allerdings nicht für ausreichend sicher.[221] 231

b) **Keine geschlossenen Benutzergruppen im Rundfunk.** Für den Rundfunk gilt die Möglichkeit, pornografische oder indizierte Inhalte in einer geschlossenen Benutzergruppe anzubieten, nicht. Warum das Gesetz Pornografie im Rundfunk selbst in einer geschlossenen Benutzergruppe nicht zulässt, hängt vermutlich damit zusammen, dass die Bedeutung des Rundfunks für die Meinungsbildung, aber auch für die Bewusstseinsbildung höher eingeschätzt wird als im Bereich des Internets. Es ist jedoch fraglich, ob sich diese Differenzierung auf die Dauer halten lässt. Eine Grauzone gibt es bereits jetzt im Pay-TV. So hat die KJM Sky bei einige Pay-per-View-Angebote unter Auflagen als an eine geschlossene Benutzergruppe gerichtet anerkannt. Auf mehreren digitalen Kanälen können drei pornografische Filme zeitversetzt ausgestrahlt werden 232

---

216 § 5 Abs 5 JMStV.
217 § 11 Abs 1 JMStV.
218 § 11 Abs 2 JMStV.
219 § 11 Abs 2 JMStV.
220 Daneben hat die KJM verschiedene technische Verfahren zugelassen, die auf ihrer Homepage abgerufen werden können: www.kjm-online.de.
221 BGH Urt v 19.10.2007, Az I ZR 102/05.

(Near-Video-on-Demand), so dass der Kunde den Filmbeginn wählen kann. Um daran teilzunehmen, muss er sich einmal entweder gegenüber einem autorisierten Händler oder gegenüber der Post mit seinem Personalausweis ausgewiesen haben. So erhält er eine Zugangs-PIN, mit der er sich jedes Mal entweder per Internet oder Telefon für das Programm freischalten lassen muss. Dies wird vor allem deshalb nicht als Rundfunk angesehen, weil das Programm kein redaktionelles Konzept aufweist und nicht meinungsrelevant ist.

233 c) **Jugendschutz und Handy.** Zunehmend können auch über Mobiltelefone (Handys) Internetangebote oder Fernsehangebote genutzt werden. Auch hierbei sind die Bestimmungen des JMStV zu beachten. Bei zeitgleich ausgestrahlten linearen Angeboten (mobiles TV) sind die selben Maßstäbe anzulegen wie gegenüber dem Fernsehen, werden die Angebote hingegen auf das Handy geladen und später angesehen, handelt es sich um Telemedien.[222]

234 Handys können unter Jugendschutzgesichtspunkten auf verschiedene Weise relevant werden. Das Handy kann ein Trägermedium sein, bspw für aus dem Netz geladene Spiele, Bilder oder Videos. Das Handy kann ebenfalls Bilder oder Bewegtbilder enthalten, die mit der eingebauten Kamera aufgenommen wurden. In letzter Zeit wurde berichtet, dass Jugendliche Schlägereien oder sexuelle Nötigung provozieren, diese mit dem Handy aufnehmen und per Bluetooth-Technik von Handy zu Handy übermitteln (*Happy Slapping*). Eine andere Variante ist das *Mobile Bullying*. Hier werden Dritte durch Drohungen, üble Nachrede oder Provokationen (bspw das Übersenden pornografischer Bilder) über das Handy belästigt. Unbestritten ist, dass die Inszenierung realer Gewalt sowie das Bullying strafrechtlich relevant sind. Schwieriger wird es, wenn solche Szenarien aufgenommen und über das Handy ausgetauscht werden, denn hier handelt es sich um individuellen Datenaustausch, der als solcher nicht unter die Bestimmungen des JMStV fällt, abgesehen davon, wenn bereits im Vorfeld aus dem Netz pornografische oder gewaltverherrlichenden Bilder oder Filme heruntergeladen wurden. Hier hat das Mobilfunkunternehmen eine Verantwortung, wenn es solche Inhalte zur Verfügung stellt bzw diese nicht sperrt, obwohl sie ihm bekannt sind.[223]

8. Die Kommission für Jugendmedienschutz (KJM)

235 a) **Allgemeines.** Für die Kontrolle der Bestimmungen des JMStV ist die KJM zuständig. Sie ist ein zentrales Organ der Landesmedienanstalten und ersetzt die frühere Zuständigkeit der einzelnen Landesmedienanstalt, die den betroffenen Sender lizenziert hat. Ziel dieser Neuerung war die Vereinheitlichung der Jugendschutzmaßstäbe sowie eine Beschleunigung der Verfahren. Die KJM besteht aus zwölf Mitgliedern. Die Hälfte der Mitglieder besteht aus Direktoren der Landesmedienanstalten, vier Vertreter werden von den Ländern, zwei Vertreter vom Bund benannt. Für jedes KJM-Mitglied wird ein Vertreter bestimmt. Die KJM wählt aus ihren Reihen einen Vorsitzenden und einen stellvertretenden Vorsitzenden. Dabei muss es sich um Direktoren der Landesmedienanstalten handeln. Die KJM entscheidet mit einfacher Mehrheit. Bei Stimmengleichheit entscheidet die Stimme des Vorsitzenden.[224]

---

222 Vgl dazu *Mynarik* Mobiles Entertainment 183 ff; *Liesching* BPJM Aktuell, 5, 10.

223 Für eine ausf, wenn auch etwas skandalisierende Darstellung der Problematik s *Grimm/Clausen-Muradian* JMS-Report 5/2007, 2 ff.

224 § 8 Abs 1 JMStV.

b) Aufgaben der KJM. Zu den Aufgaben der KJM gehören vor allem: 236

1. Verfassung und Verabschiedung von Richtlinien im Zusammenwirken mit den Landesmedienanstalten zur Durchsetzung der Bestimmungen des JMStV,
2. Einleitung von Beanstandungsverfahren gegen mögliche Verstöße der Anbieter von Rundfunk oder Telemedien gegen die Bestimmungen von §§ 4 und 5 JMStV,
3. Festlegung von Sendezeitbeschränkungen auch bei regelmäßig wiederkehrenden Formaten (zB Serien oder spezielle Talkshows), die in mehreren Folgen gegen Jugendschutzbestimmungen verstoßen haben,[225]
4. Anerkennung von Jugendschutzprogrammen,
5. Anerkennung von Selbstkontrolleinrichtungen gemäß den Voraussetzungen in § 19 JMStV
6. Erteilung von Ausnahmegenehmigungen bei Filmen, die aufgrund von FSK-Freigaben Sendezeitbeschränkungen unterliegen,
7. Zusammenarbeit mit der Bundesprüfstelle im Bereich der Indizierung von Telemedien
8. Festsetzung von Bußgeldern bei Verstößen.

Über Beanstandungsverfahren kann die KJM auch im verkleinerten Dreierausschuss entscheiden.[226] Die Mitglieder dieses Ausschusses müssen aus den Reihen der KJM-Mitglieder (oder deren Vertreter) gewählt werden. Außerdem müssen sie die Gruppen, aus denen sich die KJM zusammensetzt (Landesmedienanstalten, Länder, Bund), abbilden. 237

Anders als bei den Selbstkontrolleinrichtungen **ist im Gesetz nicht davon die Rede, dass die KJM über einen fachlichen Beurteilungsspielraum verfügt.** Die KJM selbst vertritt die Auffassung, sie urteile nach dem Gesetz abschließend, so dass eine besondere Nennung des ihr zustehenden Beurteilungsspielraums nicht notwendig sei.[227] In der wissenschaftlichen Literatur wird allgemein die Meinung vertreten, dass die KJM nicht über einen Beurteilungsspielraum verfügt.[228] Das bedeutet praktisch vor allem, dass die Entscheidungen der KJM auch inhaltlich gerichtlich überprüfbar sind. Diese Auffassung vertritt auch das VG München.[229] Die KJM hatte verschiedene Folgen der MTV-Serie *I want a famous face* bzgl der Sendezeit beanstandet, obwohl eine Freigabe der FSF vorlag. Der Sender klagte dagegen mit Hinweis auf den Beurteilungsspielraum der FSF. Die KJM argumentierte, der Beurteilungsspielraum gelte aus formalen Gründen nicht. Die FSF habe die Folgen in der Originalsprache (Englisch) geprüft, die Folgen wurden aber mit Untertiteln ausgestrahlt. Dadurch sei die Wirkung verändert worden. Dem folgte das Gericht. Eine vom Gericht bestellte Gutachterin kam zu dem Ergebnis, dass sowohl die Einschätzung der FSF als auch bei zwei Folgen die Einschätzung der KJM unzutreffend sei. Das Gericht folgte der Gutachterin in allen Fällen und hob somit auch die Einschätzung der KJM auf. Die KJM legte dagegen Berufung ein. 238

c) Prüfgruppen. Um die Menge an Prüfungen, vor allem aus dem Bereich des Internets, zu bewältigen, hat die KJM Prüfgruppen gebildet, deren Mitglieder von den 239

225 § 8 Abs 1 JMStV.
226 § 14 Abs 5 JMStV.
227 Mündliche Stellungnahme der KJM im Verfahren vor dem Verwaltungsgericht München zu Beanstandungen verschiedener Folgen des MTV-Formates *I want a famous face*, so auch *Braml/Hopf* ZUM 1/2007, 23 ff; ebenso VG Augsburg Beschluss v 31.7.2008-Au 7 S 08.659.
228 So von Hartlieb/Schwarz/*Castendyk* 62, Rn 27; *Brandenburg/Lammeyer* ZUM 2010, 655 ff.
229 VG München Urt v 4.6.2009, Az M 17 K 05.5329.

Landesmedienanstalten, den Obersten Landesjugendbehörden und dem zuständigen Bundesministerium benannt wurden, die aber keine KJM-Mitglieder sind. Diese Prüfgruppen bereiten die Entscheidungen der KJM vor, indem sie sich für ein bestimmtes Ergebnis einsetzen und dazu einen Beanstandungsentwurf vorbereiten. Aus Gründen der Zeitökonomie wird in der KJM bei entsprechenden Vorlagen durch die Prüfgruppen meist nur im Umlaufverfahren entschieden. Hiergegen richten sich die Veranstalter. Sie vertreten die Auffassung, dass nur eine Präsenzprüfung in der gesamten KJM zulässig ist. Nur so könne garantiert werden, dass alle KJM-Mitglieder das Programm in voller Länge sehen, dass alle Argumente, die für oder gegen eine Beanstandung sprechen, ausreichend diskutiert werden können und dass die Abstimmung auf der Grundlage eines ausreichenden Meinungsbildes stattfindet. Eine abschließenden Rechtsprechung gibt es zu dieser Frage bisher nicht.

9. Rechte und Pflichten der Selbstkontrolleinrichtungen nach dem JMStV

240 a) **Grundsätzliches.** Die Durchsetzung der Bestimmungen des JMStV und deren Kontrolle kann auch von Einrichtungen der anerkannten Selbstkontrolle durchgeführt werden. Die Selbstkontrolle muss allerdings bestimmte Voraussetzungen erfüllen, die in § 19 Abs 3 JMStV festgelegt sind. **Ziel dieser Voraussetzungen ist es, die Unabhängigkeit und die Sachkunde der Prüfergebnisse von Selbstkontrolleinrichtungen zu sichern.** Dazu gehören vor allem: die Unabhängigkeit und Sachkunde der Prüfer, die Beteiligung von gesellschaftlichen Gruppen, die im Bereich des Jugendschutzes im besonderen Maße tätig sind – gemeint sind hier vor allem die Kirchen –, Überprüfungsmöglichkeiten der Entscheidungen auf Antrag der hierfür bestimmten Institutionen der Jugendhilfe in den Ländern, transparente Kriterien für die Durchführung der Prüfung, Bestimmungen für die Vorlage durch die Anbieter, Anhörung der Anbieter bei von ihnen beantragten Prüfungen sowie die Existenz einer Beschwerdestelle, an die sich Zuschauer wenden können.

241 In ihrem Antrag auf Anerkennung legt die Selbstkontrolle der KJM die nötigen Nachweise über die Erfüllung der Voraussetzungen vor. Nach dem Anerkennungsbescheid der KJM entfällt die Anerkennung, wenn die Voraussetzungen in relevanten Bereichen ohne Kenntnis und gegebenenfalls Zustimmung der KJM geändert werden. Die Anerkennung gilt nach dem Gesetz für vier Jahre. Danach muss sie neu beantragt werden.

242 Aussagen darüber, welche rechtliche Stellung den Selbstkontrollen gegenüber der KJM eingeräumt werden soll, werden im Gesetz nicht getroffen. In der wissenschaftlichen Literatur wird weitgehend die Auffassung vertreten, **es handele sich durch die Anerkennung der Selbstkontrollen durch die KJM um eine Beleihung im verwaltungsrechtlichen Sinne.**[230]

243 b) **Aufsichtszuständigkeit bei Nichtmitgliedern einer Selbstkontrolleinrichtung. Anbieter, die nicht Mitglied einer Selbstkontrolleinrichtung sind, unterliegen ausschließlich der Aufsicht durch die KJM.** Dies hat auf den ersten Blick gewisse Vorteile. Denn abgesehen von Ausnahmegenehmigungen für Filme, die durch die Prüfungen der FSK bestimmten Sendezeitbeschränkung unterliegen, prüft die KJM immer erst im Nachhinein, da eine Vorprüfung gegen das Zensurverbot in Art 5 Abs 1 GG verstoßen würde. Da die KJM keine eigene flächendeckende Programmbeobachtung durchführt,

230 So ua *Retzke* 216.

ist vor allem bei kleineren Anbietern die Chance, dass Jugendschutzverstöße unentdeckt bleiben, relativ groß. Allerdings müssen sie mit erheblichen Bußgeldern rechnen, wenn ihre Programme beanstandet werden. Im Wiederholungsfall droht der Lizenzentzug. In der Regel bevorzugen die Sender daher die Sicherheit, die eine Vorprüfung durch die Selbstkontrolle bietet.

Auch Programmveranstalter, die nicht Mitglied in der FSF sind, können ihre Programme dort zur Prüfung vorlegen. Allerdings müssen sie mit doppelten Prüfgebühren rechnen, da sie sich an der allgemeinen Finanzierung durch Mitgliedsbeiträge nicht beteiligen. **244**

c) **Die Selbstkontrolle als gesetzgeberisches Ziel.** Ziel des Gesetzgebers war es, dass im Bereich des Fernsehens möglichst viele Programme vor der Ausstrahlung durch die Einrichtung der Selbstkontrolle geprüft werden. Deshalb bestimmt das Gesetz, dass für Prüfungen von Programmen durch die Selbstkontrolle vor der Ausstrahlung ein Beurteilungsspielraum gilt. In diesem Falle ist die Möglichkeit für die KJM, das Prüfergebnis der Selbstkontrolle aufzuheben, sehr stark eingeschränkt. Es reicht nicht, wenn sie inhaltlich zu einem anderen Ergebnis kommt. Nur dann, wenn die Freigabe unter fachlichen Gesichtspunkten nicht mehr akzeptabel ist, kann der Beurteilungsspielraum als überschritten angesehen werden.[231] Nur in solchen Fällen kann die KJM eine Entscheidung der Selbstkontrolle abändern (Missbrauchsaufsicht). **In jedem Fall ist der Sender von Bußgeldverfahren befreit (Privilegierung), wenn er sein Programm vor der Ausstrahlung durch die Selbstkontrolle hat prüfen lassen, vorausgesetzt, er hat das Prüfergebnis beachtet.** **245**

Der Beurteilungsspielraum gilt in jedem Falle bei Entscheidungen im Rahmen nach § 5 JMStV (Jugendschutz), aber wohl auch bei Entscheidungen, bei denen es um die Überprüfung der Unzulässigkeit (§ 4) geht, zumal bestimmte Normen des Strafrechts ebenfalls eine sachkundige Interpretation nahe legen. Allerdings schützt die Privilegierung nicht gegenüber einer Verfolgung durch die Staatsanwaltschaften.[232] **246**

Diese Privilegierung im Bereich des Fernsehens gilt nur, wenn der Sender das Programm vor der Ausstrahlung bei der Selbstkontrolle eingereicht hat. **247**

d) **Nichtvorlagefähige Programminhalte.** Eine Ausnahme gibt es für sog nicht vorlagefähige Programme. Bei Beanstandungsverfahren solcher Programme muss die KJM **vorher ein Votum** der Selbstkontrolle einholen. Für diesen Fall gilt ebenfalls der Beurteilungsspielraum. Unklar ist, wann ein Programm als *nicht vorlagefähig* angesehen werden kann. Einigkeit zwischen KJM und den Sendern besteht darin, dass Livesendungen und die aktuelle Berichterstattung darunter fallen. Die KJM vertritt jedoch die Meinung, dass jede Sendung, die bereits vor der Ausstrahlung vorliegt, als vorlagefähig anzusehen ist. Meinungsunterschiede hat es bspw anlässlich der Ausstrahlung der Casting-Show *Deutschland sucht den Superstar* gegeben. Der Sender verwies darauf, dass angesichts des langwierigen Produktionsprozesses das Sendeband über die Zusammenschnitte von circa 30.000 Castings erst zwei Tage vor der Ausstrahlung vorlag. Eine Ablehnung der Ausstrahlung für den geplanten Sendeplatz (Hauptabendprogramm) hätte für den Sender unzumutbare Konsequenzen gehabt, da die Ausstrahlung in den Programmzeitschriften angekündigt war und kein adäquates Ersatzprogramm zur Verfügung stand. Die KJM vertrat die Auffassung, das Programm sei vor- **248**

231 § 20 Abs 3 JMStV.
232 So *Scholz/Liesching* 307, Rn 9.

lagefähig, da es keine Livesendung gewesen sei. Eine Klärung dieser Frage ist gegenwärtig nicht abzusehen.

249 e) **Sicherheit der Prüfergebnisse.** Nach den bisherigen Erfahrungen bieten die Prüfergebnisse der Selbstkontrolle den Sendern ein hohes Maß an Sicherheit. Im Zeitraum seit Anerkennung der FSF (August 2003) wurden über 2.500 Programme geprüft. Seit der Anerkennung 2003 wurde in einem Fall von der KJM der Beurteilungsspielraum als überschritten angesehen. Der betroffenen Sender hat dagegen Klage vor dem Verwaltungsgericht München eingereicht. Das Gericht hat in seinem Urteil sowohl Entscheidungen der FSF als auch der KJM aufgehoben. Dagegen legten sowohl die KJM als auch der Sender Berufung ein. Der Fall[233] ist noch nicht abgeschlossen.

10. Zusammenfassung der Jugendbestimmungen für das Fernsehen

250 a) **Kinofilme und Videofilme.** Kinofilme und Videofilme, die nach dem JuSchG von der FSK mit *Keine Jugendfreigabe* gekennzeichnet wurden, dürfen nur in der Zeit zwischen 23 Uhr abends und 6 Uhr morgens gezeigt werden; Filme, die ab 16 Jahren freigegeben wurden, nur in der Zeit zwischen 22 Uhr abends und 6 Uhr morgens. Bei Filmen, die ab 12 Jahren freigegeben wurden, muss der Sender bzw zuständige Selbstkontrolleinrichtungen prüfen, ob der Film im gesamten Tagesprogramm ausgestrahlt werden kann oder ausschließlich im Hauptabendprogramm (ab 20 Uhr) zu platzieren ist.

251 b) **Fernsehprogramme.** Fernsehprogramme oder Filme, die nicht im Kino oder auf Video veröffentlicht wurden und daher über keine FSK-Freigabe verfügen, müssen von den Jugendschutzbeauftragten oder der Freiwilligen Selbstkontrolle im Hinblick auf die geplante Sendezeit unter Zugrundelegung der Jugendschutzbestimmungen eingeschätzt werden.

252 c) **Programmankündigungen.** Programmankündigungen in Bewegtbildern dürfen nach § 10 JMStV ausgestrahlt werden, wenn sie die in §§ 4 und 5 JMStV getroffenen Vorschriften einhalten. Hier gab es unterschiedliche Auslegungen durch die KJM und die Sender: Während die Sender die Auffassung vertraten, die Vorschrift weise lediglich darauf hin, dass Programmankündigungen die geltenden Jugendschutzkriterien berücksichtigen müssen, vertrat die KJM die Meinung, Programmankündigungen müssten prinzipiell den gleichen Sendezeitbeschränkungen unterliegen wie das Programm, das sie bewerben.[234] Derzeit wird eine Vereinbarung zwischen der KJM und der in der FSF vertretenen Sender erprobt, die eine Art Kompromiss darstellt: **Programme mit einer Sendezeitbeschränkung nach 22 Uhr dürfen nur in dieser Zeit beworben werden, Programme mit einer Sendezeit ab 23 Uhr dürfen ebenfalls erst nach 23 Uhr beworben werden.** Bei allen übrigen Programmen gilt für die Bewerbung keine Sendezeitbeschränkung, die Sender verpflichten sich allerdings, im besonderen Maße auf die inhaltliche Einhaltung der Jugendschutzbestimmungen zu achten.

253 d) **Akustische Kennzeichnung für FSK-16-Filme und Filme ohne Jugendfreigabe.** Bei Filmen, die aufgrund einer Kennzeichnung *Ab 16 Jahren* oder *Keine Jugendfrei-*

---

233 6 Folgen der Serie *I want a famous face* MTV 2004.

234 JuSchRiL 4.4.3.

gabe einer Sendezeitbeschränkung nach 22 Uhr unterliegen, muss durch eine akustische Ankündigung vor der Sendung oder durch ein optisches Kennzeichen während der Sendung darauf hingewiesen werden, dass dieser Film für Jugendliche unter 16 Jahren nicht geeignet ist. Die Sender haben sich darauf verständigt, dass dies durch eine akustische Ankündigung vor dem Film mit dem Text *Der nachfolgende Film ist für Jugendliche unter 16 Jahren nicht geeignet* geschieht.

e) **Ausnahmeregelungen.** Ist eine Altersfreigabe sehr alt oder wurden Szenen entfernt, die für die FSK-Freigabe eine Rolle gespielt haben oder ist aus anderen Gründen die FSK-Freigabe nicht mehr zeitgemäß, können durch die KJM oder durch die anerkannte Selbstkontrolleinrichtung Ausnahmen von den durch die Altersfreigaben festgelegten Sendezeiten zugelassen werden (§ 9 JMStV). Die öffentlich-rechtlichen Sender sind grds auch an die Altersfreigaben der FSK gebunden, können aber über Ausnahmen (im Gegensatz zu den privaten) eigenständig in ihren Gremien entscheiden. **254**

f) **Ausstrahlungsverbote.** Filme, auf denen die Kriterien des § 4 JMStV zutreffen, sind unzulässig. Zuständig für eine erste entsprechende Einschätzung ist der Jugendschutzbeauftragte des Senders oder die FSF, wenn der Sender eine Einschätzung beantragt. **255**

g) **Mit indizierten Filmen inhaltsgleiche Programme.** Filme, die in der Videofassung indiziert sind, dürfen nur in wesentlich veränderter Schnittfassung ausgestrahlt werden und dies nur dann, wenn eine Bestätigung der BPjM vorliegt, aus der hervorgeht, dass der Film nicht mehr inhaltsgleich mit der indizierten Fassung ist. **256**

11. Die Freiwillige Selbstkontrolle Fernsehen (FSF)

a) **Historie.** Nach Gründung der ersten privaten Fernsehsender Mitte der achtziger Jahre gab es in der Öffentlichkeit eine breite Diskussion über die Zunahme von Jugendschutzproblemen in den neuen Sendern. Tatsächlich hatte der Anteil an amerikanischen Filmen und Serien, die aufgrund ihres kulturellen Hintergrundes einen höheren Gewaltanteil haben als deutsche Produktionen, durch die privaten Sender zugenommen.[235] Erotikfilme oder indizierte Filme, die im öffentlich-rechtlichen Fernsehen Ausnahmeerscheinungen waren, wurden in den ersten Jahren im privaten Fernsehen häufig ausgestrahlt. **257**

In der Politik und in der Öffentlichkeit wurden strengere gesetzliche Maßstäbe und eine härtere Kontrolle für das Fernsehen gefordert. Die damals diskutierten Vorstellungen stießen allerdings teilweise an die Grenzen des Verbots der Vorzensur. Auch die für die Kontrolle zuständigen Landesmedienanstalten konnten Verstöße erst im Nachhinein beanstanden. Aufgrund ihrer recht komplizierten Konstruktionen vergingen zwischen der Ausstrahlung und der Beanstandung oft Monate, manchmal Jahre. Außerdem konnten die Beanstandungsbescheide bei den Verwaltungsgerichten angefochten werden. Dies erwies sich für den Jugendschutz in der Praxis als nicht besonders wirkungsvoll, denn bei Abschluss der Verfahren waren die zuständigen Programmverantwortlichen oft nicht mehr beim Sender beschäftigt. **258**

Aufgrund der positiven Erfahrungen der Obersten Landesjugendbehörden und der Filmwirtschaft mit dem System der Freiwilligen Selbstkontrolle entstand die Über- **259**

235 Vgl *Groebel/Gleich* 123 ff.

legung, auch im Bereich des Fernsehens eine ähnliche Institution einzurichten. Im Gespräch war ein System, das tatsächlich sehr stark an das der FSK angelehnt war. Geplant war, vergleichbar mit der Grundsatzkommission der FSK, ein Kuratorium zu schaffen, das aus Vertretern der Landesmedienanstalten, der Sender sowie unabhängigen Wissenschaftlern und Sachverständigen zusammengesetzt sein und für alle formalen und inhaltlichen Fragen der Programmprüfungen sowie die Auswahl der Prüfer die Zuständigkeit erhalten sollte. Die Landesmedienanstalten sollten im Gegenzug, ähnlich wie die Obersten Landesjugendbehörden im Bereich der Kino- und Videofilme, die Urteile akzeptieren. Für kritische Fälle war ein Appellationsverfahren vorgesehen.[236]

260 Die Landesmedienanstalten waren jedoch nicht bereit, an einer solchen Art der Vermischung von Aufsicht und Anbietern mitzuwirken. Auch die öffentlich-rechtlichen Sender verweigerten sich diesem System der Selbstkontrolle. Zum einen waren sie der Auffassung, der öffentlich-rechtliche Rundfunk habe keine Jugendschutzprobleme, zum anderen sahen sie in den Prüfungen einer solchen Selbstkontrolle eine unzulässige Bevormundung ihrer Aufsichtsgremien.

261 Als die FSF 1994 ihre Arbeit aufnahm, war von dem ursprünglichen Konzept nicht mehr sehr viel übrig geblieben. Beteiligt waren alle bundesweit ausstrahlenden privaten Sender, das Kuratorium wurde mit unabhängigen Sachverständigen ohne Mitwirkung der Landesmedienanstalten zusammengestellt. Die Prüfergebnisse wurden von den Landesmedienanstalten wie Sachverständigengutachten gewertet. Sie wurden berücksichtigt, aber es wurde ihnen oft nicht gefolgt. Da es sich bei Jugendschutzentscheidungen immer um Bewertungen handelt, waren unterschiedliche Entscheidungen fachlich möglich. Die FSF forderte daher, dass der Gesetzgeber ihren Gutachten eine stärkere Bindungswirkung sowie einen Beurteilungsspielraum zubilligen sollte. Die Sender, so die FSF, könnten nicht zur Vorlage von Programmen vor der Ausstrahlung motiviert werden, wenn das Prüfergebnis keinerlei Sicherheit gegenüber der Aufsicht bieten würde. Der Gesetzgeber ist diesen Argumenten im Wesentlichen gefolgt. Die Stärkung der Selbstkontrolle war ein Schwerpunkt der Reform des Jugendschutzgesetzes im Jahre 2003.

262 Die FSF ist ein eingetragener gemeinnütziger Verein. Ihre Aufgabe ist nach § 2 ihrer Satzung seit dem 1.4.2003 vor allem die Wahrnehmung der Aufgaben einer anerkannten Einrichtung der Freiwilligen Selbstkontrolle im Sinne des Jugendmedienschutz-Staatsvertrages, insbesondere durch die Förderung des Jugendschutzes im deutschen Fernsehen.

263 Eine wichtige Funktion der FSF besteht in der **Beratung und Weiterbildung der Jugendschutzbeauftragten der Sender**. Darüber hinaus unterhält sie eine **Beschwerdestelle**, die Kritik aus der Bevölkerung zu bestimmten Programmen entgegennimmt. Ihre Aufgaben und ihre Arbeitsweise werden in einem *Leitfaden für die Durchführung von Beschwerden* näher erläutert. Erscheinen Beschwerden gerechtfertigt, wird nach einem bestimmten Verfahren eine Prüfung durch die Ausschüsse der FSF herbeigeführt. Um eine möglichst lückenlose Beurteilung auch solcher Fernsehprogramme zu gewährleisten, die nicht der FSF vorgelegt werden konnten – zB Livesendung, Berichterstattung über Sportsendungen –, wird von der Geschäftsstelle der FSF eine Programmbeobachtung durchgeführt. Das Kuratorium enthält darüber einen Bericht.

---

236 Vgl *von Gottberg* Vermittler zwischen unterschiedlichen Interessen 54.

Die Mitglieder der FSF unterwerfen sich den Entscheidungen der Prüfausschüsse und den Vorgaben der Vorlagesatzung, in der geregelt wird, welche Programme die Mitgliedsender vor der Ausstrahlung zur Prüfung einreichen müssen. Bei Nichtbeachtung drohen verschiedene vereinsrechtliche Konsequenzen, die von Bußgeldern bis zum Vereinsausschluss reichen.[237] 264

Beantragt ein Sender die Mitgliedschaft in der FSF, so entscheidet darüber der Vorstand. Derzeit sind alle bundesweit ausstrahlenden privaten Sender Mitglied in der FSF. Grd ist es auch möglich, dass Lizenzhändler und Produzenten von Werbefilmen Mitglieder werden. Allerdings können auch solche Anbieter, die nicht Mitglied in der FSF sind, ihre Programme dort zur Prüfung vorlegen. 265

b) **Das Kuratorium.** Für alle Fragen, die formal und inhaltlich im Zusammenhang mit der Prüfung stehen, ist nach der Satzung ein unabhängiges Kuratorium zuständig. Ihm können zwischen 10 und 18 Personen angehören (derzeit sind es 16), die aus unterschiedlichen gesellschaftlichen Bereichen stammen, insbesondere aus Wissenschaft, Kultur, dem praktischen Jugendschutz oder anderen Institutionen, die sich mit Fragen des Jugendmedienschutzes befassen. Seit 2003 gehört dem Kuratorium darüber hinaus jeweils ein Mitglied der beiden großen Kirchen an. Ein Drittel der Kuratoriumsmitglieder können von den Sendern benannt werden. Die Kuratoren werden von der Mitgliederversammlung für die Dauer von vier Jahren gewählt. Bei der Nachbesetzung ausscheidender Kuratoriumsmitglieder hat das Kuratorium ein Vorschlagsrecht. 266

c) **Die Prüfer.** Zurzeit stehen der FSF ca 100 Prüferinnen und Prüfer zur Verfügung. Sie stammen aus unterschiedlichen Berufsgruppen und verfügen meist über ein abgeschlossenes Studium in den Bereichen Pädagogik, Medienwissenschaften, Psychologie, Jura oder Medizin. Bei der Auswahl der Prüfer durch das Kuratorium wird darauf geachtet, dass sie über Erfahrungen mit Medien, aber auch mit Kindern und Jugendlichen verfügen.[238] Die Benennung gilt für eine Zeit von zwei Jahren, Wiederbenennung ist zulässig. Die Prüfer dürfen während der Zeit ihrer Benennung nicht einem Mitgliedsender oder in dessen Umfeld beschäftigt sein. 267

Um die Kontinuität der Spruchpraxis zu sichern, wirkt in jedem Ausschuss ein **hauptamtlicher Prüfer** mit, der vom Kuratorium für diese Aufgabe benannt ist. Derzeit werden vier hauptamtliche Prüfer in den Ausschüssen eingesetzt. In besonderen Fortbildungen werden sie zu formalen, rechtlichen und inhaltlichen Entwicklungen regelmäßig geschult. Ähnlich wie der Ständige Vertreter der Obersten Landesjugendbehörden bei der FSK haben sie die Aufgabe, für die Einhaltung der rechtlichen und formalen Rahmenbedingungen durch die Ausschüsse zu sorgen. Das gilt auch für die Verfassung der Gutachten, die von den hauptamtlichen Prüfern mitverantwortet werden.

d) **Die Prüfung bei der FSF.** Inhaltliche und formale Grundlage für die Prüfung bildet die vom Kuratorium verabschiedete *Prüfordnung* (PrO-FSF) sowie die ebenfalls vom Kuratorium verabschiedeten *Richtlinien zur Anwendung der Prüfordnung.* In der § 31 der Prüfordnung werden die allgemeinen Bestimmung des Jugendschutzgesetzes für die jeweilige Wahl der Sendezeit konkretisiert. 268

Für die Antragstellung sind die Jugendschutzbeauftragten der Sender zuständig. Sie müssen entscheiden, welche Programme unter Gesichtspunkten des Jugendschutzes in 269

237 § 7 FSF-Satzung.

238 § 6 Abs 1 PrO-FSF.

Bezug auf die geplante Sendezeit relevant sind. Bei der Auswahl haben sie darüber hinaus die Vorlagesatzung der FSF zu beachten.

270 aa) **Prüfungsrelevante Programme.** Ein Teil des Programms (vor allem Spielfilme) ist bereits durch die FSK geprüft worden und unterliegt dadurch bereits Sendezeitbeschränkungen. Filme, die mit *Freigegeben ab 16 Jahren* oder mit *Keine Jugendfreigabe* gekennzeichnet sind, dürfen nicht vor 22 bzw 23 Uhr ausgestrahlt werden. **Solche Filme müssen der FSF nur dann vorgelegt werden, wenn der Sender beabsichtigt, sie bspw im Hauptabend- oder im Tagesprogramm zu platzieren.** Filme mit einer Freigabe *ab 12 Jahren* können ohne weitere Prüfung ab 20 Uhr (Hauptabendprogramm) gesendet werden. Sollen sie im Tagesprogramm gezeigt werden, so muss der Jugendschutzbeauftragte des Senders prüfen, ob durch eine solche Ausstrahlung *dem Wohl jüngerer Kinder Rechnung* getragen wird.[239] Im Zweifelsfall muss er den Film der FSF vorlegen, die dann über die Frage der Tagesprogrammierung entscheidet.

271 Eigenproduzierte Filme (TV-Movies), die in der Regel im Hauptabendprogramm eingesetzt werden, müssen nach der Vorlagesatzung in jedem Falle der FSF vorgelegt werden. Das gleiche gilt für Serien, es sei denn, sie sind für die geplante Sendezeit offensichtlich nicht jugendschutzrelevant.

272 Für Serien gilt nach der Vorlagesatzung der FSF eine besondere Regelung. Da sich die einzelnen Folgen normalerweise im Hinblick auf die Jugendschutzkriterien nicht sehr unterscheiden, trifft die Vorlagesatzung eine Regelung, die auf der einen Seite an den Belangen des Jugendschutzes orientiert ist, auf der anderen Seite aber eine unnötige Belastung der Prüfausschüsse verhindern soll. Es reicht danach aus, wenn der Jugendschutzbeauftragte mindestens drei typische Folgen zur Prüfung vorlegt. Erhalten diese geprüften Folgen eine Freigabe, die den beabsichtigten Sendeplatz bestätigt, kann die gesamte Serie an diesem Sendeplatz eingesetzt werden. Allerdings muss der Jugendschutzbeauftragte überprüfen, ob es bei einzelnen Folgen Jugendschutzprobleme geben könnte, die über das Maß der geprüften Folgen hinausgehen. Ist das der Fall, muss er diese Folge ebenfalls zur Prüfung einreichen. Darüber hinaus bieten die Prüfgrundsätze die Möglichkeit, nach der Prüfung der typischen Folgen durch den Ausschuss die Serie ganz oder teilweise durch einen einzelnen Prüfer begutachten zu lassen. Dieser kann im Zweifelsfall Schnittauflagen festlegen oder kritische Folgen dem Ausschuss vorlegen. Nach Auffassung der KJM gilt der Beurteilungsspielraum nur für die Folgen einer Serie, die auch tatsächlich eine Freigabe durch die FSF erhalten haben. Die andere Folgen können von der KJM ohne Rücksicht auf diese Platzierung mit einer abweichenden Sendezeitbeschränkung belegt werden. Dies ist bisher jedoch noch nie geschehen.

273 Besondere Regelungen gelten weiterhin für Programme, die vom Sender selbst produziert werden und erst so kurz vor der Ausstrahlung fertig sind, dass die Zeit für eine Prüfung bei der FSF nicht ausreicht. Dazu gehören vor allem Talk- und Gerichtsshows, sog Reality-Shows oder Casting-Shows.[240] Sind diese Sendungen möglicherweise jugendschutzrelevant, so muss der Jugendschutzbeauftragte im Nachhinein mindestens drei Folgen zeitnah der FSF vorlegen. Bei der Ausstrahlung weiterer Folgen muss er während des Produktionsprozesses dafür sorgen, dass die von der FSF gesetzten Kriterien beachtet werden.

274 Sendungen, die zwischen 23 Uhr und 6 Uhr ausgestrahlt werden, müssen normalerweise der FSF nicht vorgelegt werden. Eine Vorlage ist nur dann sinnvoll, wenn die

239 § 5 Abs 4 JMStV.

240 ZB *Deutschland sucht den Superstar*, RTL.

Bestimmungen über unzulässige Sendungen nach § 4 JMStV berührt werden. In der Praxis handelt es sich dabei vor allem um Erotikprogramme, bei denen in der Prüfung festgestellt werden muss, ob sie möglicherweise die Grenze zur unerlaubten Pornografie überschreiten. In seltenen Fällen handelt es sich um Programme, die möglicherweise gewaltverherrlichend sind[241] oder gegen die Menschenwürde verstoßen.[242] Die übrigen Bestimmungen zu unzulässigen Sendungen werden im Bereich des Fernsehens so gut wie nie tangiert.

bb) Das Prüfverfahren. Ein Prüfausschuss setzt sich aus fünf Personen zusammen, zu denen auch immer ein hauptamtlicher Prüfer zählt. Gäste können in begründeten Fällen zugelassen werden, wenn der Ausschuss dem zustimmt. Das gilt nicht für den Antragsteller. **275**

Zu Beginn jeder Prüfung wird in gemeinsamer Absprache ein sitzungsleitender Vorsitzender und ein Verfasser des Gutachtens benannt. Nach der gemeinsamen Sichtung des vorgelegten Beitrags wird über den Antrag diskutiert und abgestimmt. Es gilt die einfache Mehrheit. **276**

Der Prüfausschuss kann über den Einsatz des Programms in folgenden Zeitschienen entscheiden: **277**

1. Tagesprogramm (6 Uhr bis 23 Uhr)
2. Hauptabendprogramm (20 Uhr bis 20 Uhr)
3. Spätabendprogramm (22 Uhr bis 23 Uhr)
4. Nachtprogramm (23 Uhr bis 6 Uhr)

Ausschlaggebend für den Einsatz ist jeweils der Beginn der Sendung.

Die Sendezeitfreigabe kann mit Schnittauflagen verbunden werden. In diesem Fall wird eine Freigabe für die ungeschnittene Fassung erteilt und eine darüber hinausgehende, für den Antragsteller günstigere Freigabe für eine Fassung unter Schnittauflagen. In manchen Fällen ist es schwierig, den gesamten Umfang der Schnitte festzulegen und die dadurch veränderte Wirkung des Filmes exakt zu prognostizieren. In diesem Fall kann der Ausschuss bestimmen, dass die geschnittene Fassung dem Vorsitzenden des Ausschusses oder dem hauptamtlichen Prüfer vor der Ausstrahlung noch einmal vorgelegt werden muss. Kommt dieser zu dem Ergebnis, dass die Schritte nicht ausreichen, kann er den Antragsteller auffordern, weitere Schnitte durchzuführen oder den Film erneut einem Ausschuss vorzulegen.[243] **278**

Zu jeder Prüfentscheidung wird ein ausführliches Gutachten verfasst. Es enthält neben der Vorgeschichte des Programms (zB FSK-Freigaben, frühere FSF-Prüfungen) die wichtigsten Argumente, die diskutiert wurden und letztlich zu der Freigabe geführt haben. Gegebenenfalls werden die Schnittauflagen so exakt wie möglich beschrieben. Nach der Prüfung wird der Antragsteller über das Ergebnis unterrichtet. Das Gutachten soll dem Antragsteller eine Woche nach der Prüfung zugestellt werden.[244] **279**

Ist der Antragsteller mit dem Prüfergebnis nicht einverstanden, kann er den Berufungsausschuss anrufen. Dieser entscheidet in einer Besetzung von sieben Personen, zu denen auch ein hauptamtlicher Prüfer gehört. Für das Berufungsverfahren sind nur Prüfer zugelassen, die über eine mindestens zweijährige Prüfpraxis verfügen und nicht am ersten Ausschuss beteiligt waren. Der Antragsteller hat die Berufung schriftlich zu begründen. Er kann darüber hinaus seine Argumente persönlich vor oder nach der **280**

241 § 131 StGB iVm § 4 Abs 5 JMStV.
242 § 4 Abs 8 JMStV.
243 § 12 PrO-FSF.
244 § 13 PrO-FSF.

Sichtung vortragen. **Der Ausschuss ist in seiner Entscheidung frei, er kann – anders als bei der FSK – auch ein strengeres Ergebnis festlegen als der erste Ausschuss.** Im Gutachten wird ausführlich begründet, warum der Berufungsausschuss gegebenenfalls zu einer anderen Entscheidung gelangt ist als der erste Ausschuss.[245]

281 Gegen die Entscheidung des Berufungsausschusses kann das Kuratorium angerufen werden, allerdings nur, wenn es sich um einen begründeten Fall handelt, der für die Spruchpraxis von Bedeutung ist und möglicherweise eine Fortschreibung der Prüfgrundsätze erforderlich macht. Für die Prüfung wird ein Ausschuss von sechs Kuratoriumsmitgliedern zusammengestellt, Vertreter der Sender im Kuratorium sind davon ausgeschlossen.[246]

282 Bei Serien oder anderen wiederkehrenden Programmen, von denen bereits einzelne Folgen einem Ausschuss vorgelegen haben, kann ein Einzelprüfer die nicht geprüften Folgen auf der Grundlage der vorliegenden Gutachten prüfen.[247]

283 Die Prüfausschüsse oder der Einzelprüfer können ihr Prüfergebnis von der **Begutachtung durch einen juristischen Sachverständigen** abhängig machen, wenn in Betracht kommt, dass ein Film oder ein Programm unzulässig gem § 4 JMStV ist.

284 e) **Probleme bei divergierenden Prüfentscheidungen von FSF und FSK.** Die Anbindung bestimmter Sendezeitbeschränkungen an die Altersfreigaben der FSK nach dem Jugendschutzgesetz wird in § 5 Abs 4 JMStV sehr strikt festgelegt. Damit werden klare Auswirkungen einer Alterseinstufung nach dem JuSchG für die Ausstrahlung im Fernsehen festgelegt. Umgekehrt hat aber eine Entscheidung der KJM oder der FSF für Filme oder Fernsehsendungen, die erst nach der Ausstrahlung auf Video oder DVD veröffentlicht werden, nach dem Gesetz auf die Altersfreigabe keine Auswirkung. Das führt zu zwei Problemen: Zum einen muss ein Videoanbieter, der Fernsehsendungen auf Video herausbringen will, unabhängig von einer Freigabe durch die FSF eine erneute Prüfung bei der FSK durchlaufen. So musste bspw die Fernsehserie *Verliebt in Berlin* (Sat 1), die zur besten Sendezeit einem Millionenpublikum ohne Einschränkung gezeigt wurde, für die Veröffentlichung auf DVD komplett der FSK vorgelegt werden.

285 Abgesehen von den Kosten für diese Doppelprüfungen kommt es auch gelegentlich zu widersprüchlichen Entscheidungen, deren Bedeutung rechtlich bisher nicht geklärt werden konnte. So lag eine Fernsehserie zunächst der FSF vor, und alle Folgen wurden, zum Teil mit erheblichen Schnittauflagen, für das Hauptabendprogramm freigegeben. Parallel dazu wird die Serie von einem Videoanbieter auf den Markt gebracht. Er muss eine FSK-Freigabe einholen, wovon weder die FSF noch der Fernsehanbieter etwas wussten. Da bei der FSK eine ungeschnittene Fassung vorlag und der Videoanbieter kein großes Interesse an einer Freigabe ab 12 Jahren hatte, wurden einige Folgen der Serie erst ab 16 Jahren freigegeben, was nach den Vorgaben des JMStV eine Sendezeit im Spätabendprogramm vorschreibt. Die Frage ist, was das nun rückwirkend für die Ausstrahlung bedeutet: Gilt die FSF-Entscheidung oder muss der Sender gem § 5 Abs 4 der Altersfreigabe der FSK folgen und die Serie zukünftig erst ab 22 Uhr ausstrahlen?

286 Es kann auch vorkommen, dass ein Fernsehfilm von der FSF eine Freigabe ab 22 Uhr erhält und kurze Zeit später von der FSK aufgrund anderer Bewertungsmaßstäbe schon ab 12 Jahren freigegeben wird. Was gilt dann für den Fernsehanbieter?

---

245 §§ 19–22 PrO-FSF.
246 §§ 19–22 PrO-FSF.
247 §§ 19–22 PrO-FSF.

Dieses Problem ist dadurch entstanden, dass bis vor einigen Jahren der Verwertungsweg von Filmen mit dem Kino begann, dann folgte die Video- bzw DVD-Auswertung, danach das Pay-TV und erst dann das Free-TV. Bei einer solchen Verwertungskette gibt es die beschriebenen Probleme nicht. Niemand hat damit gerechnet, dass Fernsehfilme, Fernsehserien und andere Fernsehproduktionen praktisch parallel auf DVD ausgewertet werden. **287**

In der Praxis hat dieses Problem zwar zu erheblichen Unsicherheiten für die Anbieter geführt, Beanstandungen oder auch nur Beschwerden gab es bisher nicht. Im Grunde akzeptiert sowohl die KJM als auch die FSK, dass die FSF für den Fernsehmarkt prüft und nach dem Gesetz dafür zuständig ist. Die strikte Anwendung von § 5 Abs 4 JMStV ist in Fällen, in denen eine FSF-Freigabe vorliegt, also bisher von keiner Stelle angemahnt worden. **288**

12. Zuständig für Internet: Die Freiwillige Selbstkontrolle Multimedia (FSM)

a) **Historie.** Die FSM wurde 1997 als eingetragener Verein von Verbänden und Unternehmen der Online-Wirtschaft gegründet. Ziel der FSM ist es, dazu beizutragen, dass die Internetanbieter, insbesondere, wenn es sich um ihre Mitglieder handelt, die gesetzlichen Bestimmungen im Bereich des Jugendschutzes beachten. Darüber hinaus will sie die Öffentlichkeit, vor allem Eltern und Jugendliche, über die Voraussetzungen für einen verantwortungsvollen Umgang mit Internetangeboten informieren. Die in § 7 JMStV getroffene Verpflichtung für Internetunternehmen, deren Angebote möglicherweise jugendbeeinträchtigende oder jugendgefährdende Inhalte umfassen, einen Jugendschutzbeauftragten einzustellen, entfällt, wenn die Unternehmen Mitglied in einer Selbstkontrolleinrichtung (wie der FSM) sind. Damit soll vor allem für kleinere und mittlere Unternehmen eine Motivation geschaffen werden, der FSM beizutreten.[248] **289**

Die FSM wurde im November 2004 als Selbstkontrolle im Sinne des JMStV anerkannt. Die Verpflichtungen der Unternehmen, die Mitglied der FSM sind, ergeben sich aus ihrem Verhaltenskodex. Danach ist es unter anderem untersagt, jugendgefährdende oder verbotene Inhalte (zB Pornografie, Volksverhetzung) anzubieten oder zugänglich zu machen. **290**

b) **Besonderheiten des Prüfverfahrens der FSM. aa) Der Regelfall: nachträgliche Prüfung.** Anders als bei der FSF ist eine Prüfung von Inhalten, bevor sie ins Internet gestellt werden, zwar möglich, aber nicht die Regel. **Angesichts der großen Anzahl von Angeboten, die täglich neu hinzukommen, wäre eine Vorprüfung praktisch kaum möglich.** Stattdessen erfolgt eine Prüfung durch die FSM **aufgrund von Beschwerden.** Dies ist ein Verfahren, das bei vielen staatlichen oder freiwilligen Institutionen, die zur Regulierung des Medienangebotes geschaffen wurden, üblich ist. Der im Bereich von Zeitschriften und Zeitungen zuständige *Deutsche Presserat* sowie der *Deutsche Werberat* reagieren bspw ausschließlich auf Beschwerden; auch die KJM wird schwerpunktmäßig vor allem dann tätig, wenn Beschwerden aus der Bevölkerung vorliegen. **291**

bb) Die Beschwerdestelle der FSM. Für die Behandlung von Beschwerden unterhält die FSM eine Beschwerdestelle. Das Verfahren ist in einer Beschwerdeordnung genau festgelegt. Ein Vorprüfer hat die Aufgabe, den Sachverhalt zu ermitteln und den **292**

248 *Rausch* 7 f.

Anbieter, den die Beschwerde betrifft, zur Stellungnahme aufzufordern. **Häufig verändert der Anbieter bereits daraufhin seinen Inhalt oder nimmt ihn aus seinem Angebot heraus.** Kommt keine Einigung zustande, wird der Beschwerdeausschuss tätig.

293 Erhält die KJM entsprechende Beschwerden, so leitet sie diese an die FSM weiter. In diesem Falle wird das Angebot immer im Beschwerdeausschuss behandelt.

294 cc) **Der Beschwerdeausschuss.** Im Beschwerdeausschuss wirken drei Prüfer mit, von denen mindestens einer über ein abgeschlossenes juristisches Studium verfügen muss. Ein weiterer Prüfer verfügt über eine sozialwissenschaftliche Ausbildung, der dritte Prüfer stammt aus gesellschaftlichen Institutionen, die sich besonders mit Fragen des Jugendschutzes beschäftigen (die Kirchen, das Deutsche Kinderhilfswerk etc). Die Mitglieder im Beschwerdeausschuss werden auf Vorschlag der FSM-Geschäftsstelle vom Vorstand benannt.

295 Der Beschwerdeausschuss entscheidet, ob die Beschwerde begründet ist. Über das Ergebnis wird der Anbieter informiert. Er wird jetzt eindringlich aufgefordert, Abhilfe zu schaffen. Handelt er nicht, erfolgt eine Rüge, die er einen Monat lang in seinem Angebot veröffentlichen muss. Als nächster Schritt folgt eine Vereinsstrafe (Geldstrafe) oder im Wiederholungsfall der Ausschluss aus dem Verein. Da ein Vereinsausschluss für den Anbieter bedeutet, dass er einen Jugendschutzbeauftragten einstellen muss, ist seine Motivation relativ hoch, dem Votum des Beschwerdeausschusses zu folgen.

296 Betrifft die Beschwerde einen Anbieter, der nicht Mitglied der FSM ist, so wird er ebenfalls aufgefordert, sein Angebot zu verändern oder aus dem Netz zu nehmen. Sanktionsmöglichkeiten stehen der FSM hier nicht zur Verfügung. Allerdings wird der Host-Provider aufgefordert, das Angebot zu entfernen. Bei Nichtmitgliedern beschäftigt sich lediglich der Vorprüfer mit der Beschwerde, nur in besonderen Fällen wird der Beschwerdeausschuss damit befasst. Kommt keine Einigung mit dem Anbieter zustande, so werden die Landesmedienanstalten über den Fall informiert. Sie erhalten darüber hinaus die Begutachtung des Vorprüfers.

297 dd) **Angebotsbeobachtung.** Zur Sicherung des Jugendschutzes bei ihren Mitgliedern führt die FSM eine stichprobenartige Kontrolle von Inhalten im Internet durch. Stößt sie dabei auf Angebote, bei denen ein Verstoß gegen den Verhaltenskodex in Betracht kommt, wird der Fall behandelt, als würde eine Beschwerde vorliegen.

298 Anders als im Bereich des Fernsehens gilt der Beurteilungsspielraum im Bereich der Telemedien auch dann, wenn eine Prüfung nach der Veröffentlichung im Netz stattgefunden hat.

299 c) **Der Verhaltenskodex der FSM.** In § 1 Ziff 2 des Verhaltenskodex der FSM (VK-FSM) werden die Mitglieder verpflichtet, Kinderpornografie und Darstellungen, die Kinder in unnatürlichen sexuell aufreizenden Posen abbilden, zu ächten. Bei der Kinderpornografie handelt es sich um Medieninhalte, die inzwischen in nahezu allen Ländern der Welt verboten sind, so dass Zuwiderhandlungen auch gegenüber Anbietern gut abzustellen sind, wenn diese nicht Mitglied der FSM sind oder ihren Sitz im Ausland haben. In § 1 Ziff 3 werden die Mitglieder der FSM verpflichtet, keine unzulässigen Angebote iSv § 4 JMStV ins Netz zu stellen. **Sollten sie pornografische oder indizierte Inhalte zur Verfügung stellen,**[249] **so werden sie verpflichtet, die Voraussetzungen für geschlossene Benutzergruppen zu erfüllen.**

---

249 § 1 Ziff 4 VK-FSM.

Wenn Anbieter jugendbeeinträchtigende Angebote iSv § 5 Abs 1 JMStV im Internet publizieren, sind sie verpflichtet, über technische Maßnahmen Kindern und Jugendlichen, für die das entsprechende Programm nicht geeignet ist, den Zugang unmöglich zu machen oder zumindest erheblich zu erschweren. Als Alternative müssen sie dafür Sorge tragen, dass die Inhalte nur zu solchen Zeiten im Netz zu erreichen sind, zu denen die Angehörigen der entsprechenden Altersgruppen sie üblicherweise nicht wahrnehmen (vergleichbar mit Sendezeitbeschränkungen im Fernsehen). Als dritte Option können sie den Inhalt in ein geeignetes, anerkanntes Jugendschutzprogramm eingeben oder es ihm vorschalten.[250] **300**

Die Mitglieder der FSM werden aufgefordert, auch solche Angebote für ein Jugendschutzprogramm zu klassifizieren, die nicht jugendschutzrelevant sind. Hintergrund ist, dass die FSM ein positives Klassifikationssystem anstrebt.[251] Ebenfalls sollen die Anbieter bei solchen Angeboten, die sich gezielt an Kinder in entwicklungsfördernder Weise richten, auf diese Eignung für Kinder hinweisen.[252] **301**

Bei Angeboten, durch die eine beeinträchtigende Wirkung nur auf Kinder zu befürchten ist (unter 12 Jahren), muss bei der Programmierung beachtet werden, dass diese nicht im Rahmen von Angeboten zu finden sind, die sich direkt an Kinder richten. Darüber hinaus darf von diesen Seiten nicht auf Angebote verlinkt werden, die für Kinder entwicklungsbeeinträchtigend sind.[253] **302**

Beim Einsatz von Werbung verpflichten sich die Mitglieder der FSM, die in § 6 JMStV enthaltenen Bestimmungen zu beachten. Darüber hinaus verpflichten sie sich, keine Bezahlprogramme zu verwenden, die sich unerkannt automatisch installieren.[254] **303**

Stellen Anbieter Filme zur Verfügung, die in der Kino- oder Video/DVD-Fassung über eine FSK-Freigabe verfügen, sind sie verpflichtet, auf die Altersfreigabe hinzuweisen.[255]

Anbieter, die eine Mitgliedschaft in der FSM anstreben, ermöglichen der FSM vorher einen freien Zugang zu ihren Inhalten, damit diese feststellen kann, ob das Angebot den Prinzipien des Verhaltenskodex entspricht. Ist dies nicht der Fall, so kann über eine Mitgliedschaft nur dann positiv entschieden werden, wenn das Angebot entsprechend geändert wird. Eine erneute Prüfung ist dann vorgesehen, wenn das Angebot in jugendschutzrelevanter Weise geändert wird.[256] **304**

d) Weitere Tätigkeitsfelder der FSM. aa) Vereinbarung mit Suchmaschinenanbietern. Eine wichtige Verbesserung für den Jugendschutz im Internet stellt eine Vereinbarung der FSM mit den wichtigsten Suchmaschinenanbietern dar. **Darin verpflichten sich diese, bei Suchanfragen solche Angebote zu sperren, die indiziert sind.** Da die Suchmaschinen die wichtigsten Hilfen sind, um Angebote im Internet zu finden, ist dies eine wichtige Unterstützung im Sinne des Jugendschutzes. **305**

bb) Ein Netz für Kinder. Daneben engagiert sich die FSM auf der Grundlage einer Vereinbarung mit dem Bundesbeauftragten für Kultur (BKM) bei der Entwicklung und Realisierung des Projektes *Ein Netz für Kinder*.[257] **Dahinter steht die Überlegung,** **306**

250 § 1 Ziff 5 Nr 1a–c VK-FSM.
251 Hintergrund ist, dass die FSM eine Positivliste anstrebt, die durch bestimmte Jugendschutzprogramme nach Vorgaben der Eltern freigeschaltet werden können.
252 § 1 Abs 5 Nr 2 VK-FSM.
253 § 1 Ziff 5 Nr 3 VK-FSM.
254 § 1 Ziff 6 VK-FSM.
255 § 1 Ziff 10 VK-FSM.
256 § 1 Ziff 10 VK-FSM.
257 Vgl *Hanten* tv diskurs 3/2007, 10 ff.

Jugendschutz nicht nur auf dem Wege von Verboten und Beschränkungen zu gewährleisten, sondern Kindern einen geschützten Raum im Netz zu bieten, in dem alle Angebote versammelt sind, die sich direkt an Kinder wenden und für diese zumindest nicht entwicklungsbeeinträchtigend sind. Die FSM stellt sachverständige Personen zur Verfügung, die entsprechende Angebote prüfen und beobachten, die in diesen Bereich aufgenommen werden sollen. Sie stellt eine eigene Suchmaschine für Kinder zur Verfügung (*fragfinn.de*), die ausschließlich Zugang zu überprüften Inhalten bietet. Eltern können ihren Computer so programmieren, dass nur diese Seite von den Kindern geöffnet werden kann. Für die Nutzung des Gesamtangebotes muss dann ein Passwort verwendet werden.

13. Reform des JMStV abgelehnt

307 Im Juni 2010 unterzeichneten die Ministerpräsidenten eine aktualisierte Fassung des JMStV. **Ziel war es, der zunehmenden Konvergenz der Medien Rechnung zu tragen und stärker die Inhalte als die Vertriebswege bei der Freigabe zu berücksichtigen.** Derselbe Inhalt wird inzwischen vom Kino über DVD, das Fernsehen und das Internet verbreitet, benötigt aber je nach Verbreitungsweg die Freigabe unterschiedlicher Stellen. **Es war vorgesehen, dass die OLJB die Freigaben anderer Selbstkontrolleinrichtungen (FSF/FSM) unter bestimmten Voraussetzungen übernehmen sollten.** Da die Institution des Ständigen Vertreters der OLJB, durch dessen Mitwirkung die Freigaben der FSK zum Verwaltungsakt werden, bei den anderen Selbstkontrollen fehlt, sollte statt dessen eine Bestätigung der nach dem JMStV zuständigen Aufsicht eingeholt werden. Eine doppelte Prüfung hätte so vermieden werden können. Um dies zu ermöglichen, wäre das gesamte Freigabensystem von Zeitbeschränkungen auf Altersfreigaben umgestellt worden.

308 Ein zweiter wichtiger Punkt war der Versuch, den Jugendschutz im Internet zu verbessern. Zwar gelten bereits nach dem bestehenden Gesetz für das Internet nahezu die gleichen Regeln wie für das Fernsehen, sie sind angesichts der unübersichtlichen Menge an Inhalten im Netz aber praktisch wirkungslos. An Jugendschutzprogramme, die es ermöglichen, je nach Einstellung durch die Eltern solche Inhalte zu verhindern, die für das entsprechende Alter nicht programmiert sind, werden gegenwärtig so hohe Anforderungen gestellt, dass bisher noch kein Programm anerkannt wurde. Der ratifizierte Vertrag sollte hier zu einer Vereinfachung führen. **Die Anforderungen sollten sich nicht mehr am optimalen Sicherheitsanspruch orientieren, sondern am Stand des technisch Machbaren. Um den Aufwand für Prüfungen zu begrenzen, sollten Selbstklassifizierungssysteme von den Selbstkontrollen zur Verfügung gestellt werden, eine Art durch einen Leitfaden geführte Beurteilung.** Hätte ein Anbieter dieses System durchlaufen und dabei keine offensichtlichen Fehler gemacht, wäre er auch dann von einem Bussgeld befreit gewesen, wenn die Aufsicht zu einem anderen Ergebnis gelangt wäre. Der Vertrag musste noch durch die Länderparlamente verabschiedet werden und sollte am 1.1.2011 in Kraft treten.

309 **Am 16.12.2010 lehnte der Landtag von NRW den Vertrag ab.** Aufgrund der labilen Mehrheitsverhältnisse befürchtete die Regierung eine Abstimmungsniederlage und zog ihre Zustimmung zurück. Die CDU hatte zwar durch ihren Ministerpäsidenten Rüttgers den Vertrag selbst unterschrieben, schloss sich aber nun überraschend den Bedenken der Gegner des JMStV an. Diese warfen dem Vertrag Zensurbestrebungen vor, da, vorausgesetzt das Jugendschutzprogramm würde funktionieren, für Kinder oder Jugendliche alle Programme blockiert worden wären, die nicht nach dem System programmiert gewesen wären, darunter eine überwiegende Zahl von völlig harmlosen

Inhalten. **Auch wenn das Klassifizierungssystem sehr einfach sei, wäre es zB einem Blogger kaum zuzumuten, ein solches System zu durchlaufen**, so die Kritik.

Diese Kritik ist nicht unberechtigt, war aber von Beginn an bekannt. Es wäre gut **310**
gewesen, von Anfang an einen Kompromiss anzustreben, etwa eine sehr einfache einmalige Programmierung bei irrelevanten Inhalten. Selbst wenn nun bald ein neuer Anlauf gelingen würde, was derzeit nicht abzusehen ist, bleiben Zweifel, ob die Länder in der Lage sind, den Jugendschutz effektiv zu regeln. Durch das Scheitern des geplanten Gesetzes ist zwar kein Vakuum entstanden, da der alte JMStV uneingeschränkt weiter gilt. **Dennoch zeigt sich, dass die Anpassung der gesetzlichen Bestimmungen an die sich rasch entwicklenden Medienangebote schwierig ist.** Dadurch wird auch der Jugendschutz in den klassichen Medien immer unglaubwürdiger, da es kaum einzusehen ist, warum ein Kinofilm mit hohem Aufwand geprüft wird, der über das Internet ohne jede Beschränkung zugänglich ist. Diese Frage stellt sich insbesondere dann, wenn zum Ende 2011 das sog Hybridfernsehen im Markt eingeführt wird. Es vereint das Fernsehen und das Internet in einem Gerät. Je nachdem, welchen Knopf man drückt, erhält man Zugang zum ungeregelten Internet oder zum geregelten Fernsehen.

§ 6
Jugendschutzrecht im europäischen Kontext

I. Altersklassifizierung von Kinofilmen

Ein System der Altersklassifizierung von Kinofilmen gibt es in allen Mitgliedstaa- **311**
ten der Europäischen Union. Die gesetzlichen Voraussetzungen, die Organisationsformen und die Altersgruppen unterscheiden sich allerdings erheblich. Im Nachbarland Frankreich müssen per Gesetz alle Kinofilme der *Commission de classification des œuvres cinématographiques* vorgelegt werden, die im Auftrag und unter der Aufsicht des Kulturministeriums die Altersfreigaben erteilt. In Frankreich gilt allerdings der Grundsatz, dass Filme grds frei zugänglich sind.[258] Selbst eine Freigabe ab 12 Jahren wird bereits als Restriktion verstanden. Über 90 % aller Kinospielfilme erhalten deshalb eine Freigabe ohne Altersbeschränkung (in Deutschland 24 %). Eine Freigabe ab 12 Jahren kommt selten vor, eine Freigabe erst ab 16 Jahren ist die Ausnahme. In Spanien gibt es ebenfalls die Pflicht zur Altersklassifizierung, diese dient aber nur zur Orientierung der Eltern oder der Jugendlichen selbst und besitzt keinen rechtlich verbindlichen Charakter. Nur für besonders gewalthaltige Filme kann eine Beschränkung auf Erwachsene ausgesprochen werden. In den Niederlanden[259] gibt es für alle Medien eine Kennzeichnungspflicht, die allerdings von den Anbietern selbst durchgeführt wird. Ein zentrales Institut (NICAM) begleitet und moderiert das System. Nur bei Beschwerden wird ein Ausschuss tätig.[260]

Im Vergleich zu den anderen Staaten der EU ist das deutsche System im Bereich **312**
des Jugendschutzes überaus detailliert und reguliert, die Freigabekriterien sind beson-

258 So *Chevillard* tv diskurs 2/1998, 4 ff.
259 *Bekkers* tv diskurs 3/2006, 4 ff.
260 Zu den unterschiedlichen Jugendschutzsystemen in Europa s auch von Hartlieb/Schwarz/*von Gottberg* 65 ff.

ders streng. Lediglich Großbritannien kann ähnlich strenge Prüfergebnisse aufweisen. Eine Altersklassifizierung für Videofilme oder DVDs gibt es nur in wenigen europäischen Ländern.

II. Die EG-Fernseh-RL

313 Im Bereich der EU ist die Sicherung des Jugendschutzes grds Aufgabe der Mitgliedstaaten. Rechtlich verbindliche Vorgaben für den Bereich des Kino- oder Videomarktes gibt es nicht. Dies wird den Mitgliedstaaten überlassen, weil es sich in der Regel um nationale Märkte handelt.

314 Aufgrund der Satellitentechnik und der Einspeisung europäischer Programme in nationale Kabelnetze wurde im Jahre 1989 für Fernsehprogramme die *Europäische Fernseh-RL*[261] geschaffen. Sie bildet einen Regelungsrahmen für die Mitgliedstaaten, den diese in nationales Recht umgesetzt haben. Inzwischen wurde die Richtlinie „Audiovisuelle Mediendienste ohne Grenzen" (AVMS-RL) am 29.11.2007 im Europäischen Parlament verabschiedet. Sie ergänzt die Fernseh-RL um Regelungen für audiovisuelle Abrufmedien. Die Mitgliedstaaten haben nun zwei Jahre Zeit, die neue Richtlinie in nationales Recht aufzunehmen.

315 Ziel der neuen AVMS-RL ist es, die für das Fernsehen geltenden Bestimmungen auf nicht-lineare Dienste wie mobiles Fernsehen (Handy-TV, sofern es nicht-lineare Angebote sind) oder Abrufdienste (Video-on-Demand) mit abgestufter Regelungsdichte auszuweiten. Weiterhin gilt das Herkunftsland-Prinzip, nach dem für den Anbieter die gesetzlichen Grundlagen des Landes gelten, in dem er seinen Hauptsitz hat und in dem die wesentlichen redaktionellen und wirtschaftlichen Entscheidungen getroffen werden. Allerdings wird ein Verfahren eingeführt, dass davor schützen soll, dass ein Anbieter sein Angebot ganz oder überwiegend auf ein anderes Land ausrichtet, das nicht das Niederlassungsland des Veranstalters ist, und damit die strengeren Regelungen des Ziellandes umgeht. Die Bestimmungen für das Fernsehen bleiben erhalten, auch diejenigen zu zulässigen, einstweiligen Ausnahmen von der Freiheit der Weiterverbreitung; für den Bereich der nicht-linearen Dienste gilt zusätzlich, dass die Mitgliedstaaten „Notfallmaßnahmen" für Inhalte ergreifen dürfen (zB Sperrverfügungen), die gegen in der Richtlinie genannte Ziele des Allgemeininteresses verstoßen.

1. Unzulässig im Rundfunk: Pornografie und grundlose Gewalt

316 Nach Art 22 Abs 1 EU-Fernseh-RL ist die **Ausstrahlung von Pornografie in europäischen Fernsehprogrammen grds verboten.** Allerdings gibt es keine einheitliche europäische Definition darüber, was darunter zu verstehen ist. In Großbritannien ist als Definition von Pornografie die explizite Darstellung von Geschlechtsteilen ein maßgebliches Kriterium, in Frankreich hingegen sind solche Darstellungen nicht prinzipiell verboten, sondern in bestimmten Kontexten erlaubt. **In Schweden und Dänemark hingegen gelten sexuelle Darstellungen als pornografisch, wenn sexuelle Handlungen nicht freiwillig geschehen, sondern mit Gewalt erzwungen werden.** Ob es angesichts der Tatsache, dass Medien, vor allem das Internet und das Fernsehen, zuneh-

---

261 RL 89/552/EWG des Rates zur Koordinierung bestimmter Rechts- und Verwaltungsvorschriften der Mitgliedstaaten über die Ausübung der Fernsehtätigkeit, geändert durch die RL 97/36/EG v 30.6.1997.

mend grenzüberschreitend agieren, einen einheitlichen europäischen Pornografiebegriff geben sollte, ist umstritten. Dagegen sprechen die unterschiedlichen kulturellen Traditionen in Europa. Die Staaten mit strengen Regelungen befürchten durch eine Vereinheitlichung des Pornografiebegriffs deren Aufweichung, Staaten mit liberalen Gesetzen wollen eine Bevormundung ihrer Bürger verhindern. Allerdings ist zu befürchten, dass bspw angesichts der strengen Vorschriften in Deutschland Anbieter in die Niederlande oder nach Schweden ausweichen und von dort aus über das Internet problemlos Pornografie anbieten.[262] Ähnliches ist zum Teil auch im Bereich des Fernsehens geschehen. Dies könnte zu einer Diskriminierung der Anbieter in Deutschland führen, die strenge Regeln einhalten müssen, die für Angebote aus dem Ausland nicht gelten.[263]

Die Darstellung *grundloser Gewalt* ist gleichfalls nicht zugelassen. Doch auch hier gehen die Vorstellungen in den Mitgliedstaaten weit auseinander. Actionfilme wie *Rambo III*, die in Deutschland indiziert sind und im Fernsehen seit 2003 nicht ausgestrahlt werden dürfen, sind in französischen Kinos ohne Altersbeschränkung gelaufen. Die Szenerie solcher Filme ist nach französischer Vorstellung weit von der Realität europäischer Jugendlicher entfernt, außerdem seien sie eindeutig als Fiktion erkennbar. Bei Filmen hingegen, die Gewalt in französischen Vorstädten thematisieren, ist man in Frankreich sehr viel vorsichtiger. Sehr streng geht man in Frankreich auch mit Filmen um, die den Selbstmord Jugendlicher thematisieren. Hintergrund: Die Anzahl jugendlicher Selbstmorde ist in Frankreich so hoch wie in keinem anderen Land der EU. In Großbritannien ist die Befürchtung groß, Jugendliche könnten durch Filme zur Kriminalität motiviert werden. Auch hier gibt es reale Bezüge: Der Anteil an Jugendlichen, die bereits einmal wegen Kriminalität inhaftiert waren, liegt dort bei 10 % und damit höher als in anderen europäischen Ländern. **317**

Unter grundloser Gewalt werden Filme oder Programme verstanden, die grausame und detaillierte Gewalt selbstzweckhaft und ohne relativierenden, erklärenden Kontext darstellen. **Darüber jedoch, welche Formen von Gewaltdarstellungen im Fernsehen völlig verboten sind, gibt es in den Mitgliedstaaten der EU keine einheitlichen Vorstellungen.** Es zeigt sich, dass die Einschätzung der Gefahren, die von Pornografie oder Gewaltdarstellungen in den Medien ausgehen können, kulturell sehr unterschiedlich sind. **318**

2. Jugendschutz

Für den Jugendschutz gibt es in der Fernseh-RL weitere Bestimmungen. Filme und Programme, die geeignet sind, das *körperliche, geistige oder seelische Wohl von Kindern oder Jugendlichen zu beeinträchtigen*, sollen den gefährdeten Altersgruppen nicht zugänglich gemacht werden. Dies kann über Sendezeitbeschränkungen oder geeignete technische Maßnahmen geschehen.[264] Sowohl Kriterien als auch Umsetzung des Jugendschutzes bleiben den Mitgliedstaaten überlassen. Nach der Reform der Fernseh-RL im Jahr 2007 wird auch das System der regulierten Selbstregulierung als Möglichkeit zur Sicherung des Jugendschutzes ausdrücklich erwähnt.[265] Darüber hinaus **319**

262 Darauf weist zB *Gangloff* (tv diskurs 4/2007, 89 ff) hin. Die Landesmedienanstalten haben inzwischen angekündigt, sich mit dem Problem zu beschäftigt, weisen aber darauf hin, dass sie wenig unternehmen können, wenn die Anbieter über eine Zulassung aus einem anderen EU-Land verfügen. Es wird darüber nachgedacht, mit der Industrie zu vereinbaren, die letzten Programmplätze auf digitalen Satelliten generell zu sperren, weil dort die Angebote meist zu finden sind; vgl Medienwächter prüfen Schritte gegen „Sexsender" JMS-Report 5/2007, 9.

263 Vgl hierzu *Ulich* 116 f.

264 Art 22 Abs 2 EG-Fernseh-RL.

265 Vgl *Scheuer* tv diskurs 2/2007, 4, 4.

werden Regelungen für nichtlineare Dienste (vor allem Video-on-Demand) getroffen. Wie sich diese Regelungen auf die Praxis des Jugendschutzes bei den neuen Medien auswirken werden, bleibt abzuwarten.

320 Nach der Fernseh-RL gilt **grds das Sendestaatsprinzip**. Ein Fernsehprogramm, das in einem Mitgliedstaat lizenziert ist, darf – vor allem über Satellit – in allen anderen Mitgliedsstaaten ausgestrahlt werden. In der Praxis führte das bisher nur selten zu Problemen, da die meisten Sender, die vornehmlich Programme mit sexuell stimulierenden Inhalten ausstrahlen, nur verschlüsselt zu empfangen sind. Dies könnte sich jedoch ändern, wenn sich Konzerne bilden, die europaweit Fernsehen veranstalten.

321 Die den Jugendschutz betreffenden praktischen Probleme sind bisher noch überschaubar, da Fernsehprogramme normalerweise aufgrund der unterschiedlichen Sprachen noch sehr **stark für den nationalen Markt** produziert werden. Ausnahmen bilden Fernsehsender im Bereich der deutschsprachigen Länder. Aber auch dieses Problem ist noch verhältnismäßig gering, weil zwar die deutschen Sender – mit relativ strengen Jugendschutzkriterien – in Österreich und der Schweiz zu empfangen sind, die österreichischen und Schweizer Sender hingegen – mit einem geringeren Schutzniveau – jedoch in Deutschland derzeit nur in geringem Umfang über Satellit oder im Kabelnetz verbreitet werden.

Stichwortverzeichnis

Die fetten Zahlen verweisen auf die Kapitel, die mageren Zahlen verweisen auf die Randnummern

Printed and bound by CPI Group (UK) Ltd, Croydon, CR0 4YY

30/09/2026

14973056-0003